作者简介

王先明，南开大学杰出教授、历史学院博士生导师、中国社会史研究中心研究员，中国义和团研究会会长，中国史学会理事，中国社会史学会常务理事，国务院学科评议组专家，国家社会科学基金学科评审组专家。先后荣获人事部、国家教委的“全国优秀教师奖章”，教育部的“第三届高校青年教师奖”。相关著作荣获教育部高等学校科学研究优秀成果奖（人文社会科学）。主要从事中国近代社会史、文化史专业教学与研究，近年来主要从事中国近代乡村史研究。在《中国社会科学》《历史研究》《近代史研究》《中国史研究》《世界历史》等权威期刊上发表论文一百五十余篇，出版学术著作多部，代表作有：《末世：清王朝的最后十年》（人民出版社，2018 年）、《走向社会的历史学：社会史理论问题研究》（河南大学出版社，2010 年）、《变动时代的乡绅：乡绅与乡村社会结构变迁（1901—1945）》（人民出版社，2009 年）、《中国近代社会文化史续论》（南开大学出版社，2005 年）、《中国近代社会文化史论》（人民出版社，2000 年）、《近代新学：中国传统学术文化的嬗变与重构》（商务印书馆，2000 年）、《近代绅士：一个封建阶层的历史命运》（天津人民出版社，1997 年）等。

内容简介

《中国近代史（1840—1949）》分为十六章，简述鸦片战争以来至新中国成立的历史进程。全书以重大历史事件的展开为轴线，以政治、经济、社会、思想与文化的历史变迁为基本内容，在试图呈现中国百年历史影像的同时，力求揭示中国近代历史发展的基本趋势、历史动因和时代特征，并从中寻求建构在历史事实基石上的理性认识。本书立足“通史”视角，倒不是因为纵向之“通”（1840—1949），而是努力于政治、经济、社会、思想与文化“整体史”意义上的融通，尽管这种努力尚待检测和评判。

新编21世纪史学系列教材

中国近代史

(1840—1949)

第2版

Modern Chinese History

(1840-1949)

王先明 著

中国人民大学出版社
·北京·

第2版前言

当代中国历史学取得了丰硕的成果，无论是社会史与文化史的相继复兴，还是革命史与现代化史的交互促动，乃至新世纪以来相继出现的环境史、医疗史以及新社会史（或新文化史）、新革命史的开拓，其实都标志着一个学术新时代的到来。一代之兴，必有一代之学。

就史学而言，每一次重大的变革都意味着其知识体系的变革，也意味着史学知识体系在不断求真过程中的自我完善，这既是史学社会功能的体现，也是史学学科知识体系建构的内在价值。恩格斯在《自然辩证法》中指出："我们只能在我们时代的条件下去认识，而且**这些条件达到什么程度**，我们就认识到什么程度。"① 因此，作为史学系统知识的中国近代史的重新建构，就成为时代之需。这应该是中国人民大学出版社精心策划推出"新编21世纪史学系列教材"的旨趣之所在。

现今各种中国近代史教材和通史类著述众多，百花竞放中如何独具特色并能够获得广大读者的认可与接纳，的确是一项颇具挑战性的任务。为此，这部《中国近代史（1840—1949）》尽可能地吸收了当代中国史学研究的新成果：一方面，在知识体系建构上，适当地容纳了社会史和文化史的内容，力求对每一重大历史时期的政治、经济、社会、思想、文化有一个整体性呈现；另一方面，在学术理论或历史认知方面，吸收和融纳了史学界成熟的新知和新见——这一取向当然也是"新编21世纪史学系列教材"的题中应有之义。

"历史进程是受内在的一般规律支配的"，"在表面上是偶然性在起作

① 马克思恩格斯选集：第3卷. 3版. 北京：人民出版社，2012：933.

用的地方，这种偶然性始终是受内部的隐蔽着的规律支配的”，历史学的终极追求就在于“发现这些规律”①。所以马克思和恩格斯在《德意志意识形态》中指出：“我们仅仅知道一门唯一的科学，即历史科学。”②《中国近代史（1840—1949）》力求全面完整地呈现史事，同时在历史叙事中试图揭示历史发展的“公例”与“公理”，以期实现“历史研究是一切社会科学的基础，承担着‘究天人之际，通古今之变’的使命”③。

我深知，《中国近代史（1840—1949）》虽经全面修订，但错误和疏漏之处仍在所难免，诚恳地期待着读者和社会各界的批评指正！

王先明

2020 年 3 月于天津南开大学

---

① 马克思恩格斯选集：第 4 卷．3 版．北京：人民出版社，2012：254.

② 马克思恩格斯选集：第 1 卷．3 版．北京：人民出版社，2012：146.

③ 习近平致第二十二届国际历史科学大会的贺信．人民日报，2015-08-24（01）.

目　录

图表目录

第一章

千古变局

——鸦片战争与中国历史进程

1840 年（清道光二十年）爆发的中英鸦片战争，从根本上改变了中国历史运行的路向。中国人对于西方事物曾“皆以为卑卑不足道”，鸦片战争后一变而为“事事必须效法西人”，由此引动的时代之变“固不仅于政治、经济方面为然，即社会、文化方面亦感受极巨之影响矣”[①]。作为“三千年未有之大变局”的历史转折，它提出了中国必须近代化的历史使命[②]。时至今日，这场战争或已被西方世界轻易地遗忘和忽略，然而对于中国人以及其他东方民族来说，它“仍然是西方帝国主义统治的令人尴尬的历史印迹，其影响一直延续到今天”[③]。

第一节 鸦片战争前的中国与世界

一、传统中国社会的危机与新动向

中国是具有悠久历史传承的东方文明古国。在人类社会漫长的历史进程中，她曾经创造了独具特色的灿烂文化，并长期处于世界领先地位，为人类文明的发展做出了巨大的贡献。17 世纪以后，资本主义在欧美各国

① 武堉幹．鸦片战争史．上海：商务印书馆，1929：126-127.

② 茅海建．天朝的崩溃：鸦片战争再研究．北京：三联书店，2005：自序 1.

③ 特拉维斯·黑尼斯三世，弗兰克·萨奈罗．鸦片战争：一个帝国的沉迷和另一个帝国的堕落．周辉荣，译．杨立新，校．北京：三联书店，2005：2.

获得迅速发展，并后来居上成为主导和影响近代世界历史进程的力量，而中国社会仍处于君主专制时代。清代中国社会政治结构具有二元性，即一方面是以专制主义中央集权为特征的国家政权（其地方行政体制为督抚、司、道、府、州、县诸级），另一方面是以宗法制度为特征的乡族社会。国家政权凌驾于整个社会之上，对社会实行专制集权控制，乡族社会则依据宗法制度实行自我控制①。

以家庭为单位，个体农业与家庭手工业相结合的小农经济构成中国传统社会基本经济结构。中国传统农业曾在土地利用率、土地生产率和农业技术等方面长期处于世界领先地位。伏尔泰在18世纪中期曾赞扬中国的农业“已臻完美境地”。谢和耐在《中国社会史》中比较了18世纪中国和法国的农业，认为当时中国的农业“是近代农业科学出现以前历史上最科学和最发达者”。但中国传统农业潜藏着落后的因素，主要表现为两个方面：一是作为农学基础学科的理论和研究手段落后，二是农业劳动生产率停滞。明清时代，中国传统农业在土地利用上达到一个新的高度，精耕细作技术在广度上和深度上都有所发展，在农学理论上也有些新的东西，但进展不大，没有质的变化。但同时代的欧洲却出现了新的重大突破②。中国传统农学和传统农业，恰恰是从此开始落后于西方的。中国传统农业土地利用率和土地生产率一直处于世界领先地位，但劳动生产率与西欧中世纪农业的相差不远。中国传统农具的发展在宋元时代达到高峰后，就基本上停滞不前。在西欧，18世纪的传统农业技术虽然仍落后于中国，但当时已形成近代科学，已发生产业革命，用近代科学和近代工业改造传统农业的过程已经开始。在中国，18世纪既没有形成近代的实验科学，也没有发生近代的产业革命，传统农业自身还不具备向更高的形态发展的条件。在农业技术继续领先的表象下面，中国与西欧农业上的差距正在形成和拉大③。

中国这种稳定的小农经济结构曾经极大地促进了农业社会的发展，但小农经济是一种封闭性的经济结构，当农业经济的发展达到其极限，需要新的生产力出现时，小农经济的保守性和落后性暴露无遗，成为阻碍社会发展的重要因素之一。此外，地主、商人、高利贷者三位一体，使得社会剩余财富往往转化为土地资本或高利贷资本，导致商业资本不足，难以进行扩大再生产。

经历“康乾盛世”，至18世纪末，清王朝已然衰相毕现，危机四伏。官僚、贵族以及大地主等统治者利用封建特权，对百姓百般盘剥，贪腐盛行，阶级矛盾和社会冲突日益激化。乾嘉时，大学士和珅侵占土地8 000余顷，他的家人刘全也占地600余顷④。道光时，大官僚琦善除了房屋及在90家钱庄和典当行有股份之外，还拥有18 058 820两白银、10 912两黄金、2 561 217亩田地和11箱珠宝⑤，一个大臣在家贮藏的白银数

---

① 虞和平. 中国现代化历程：第1卷. 南京：江苏人民出版社，2001：13.

② 石涛，毛阳光. “中国传统经济再评价”研讨会纪要. 中国经济史研究，2002（1）：156-157. 此为李根蟠发言要点。1590年（明孝宗十三年），荷兰的詹森父子发明了最早的复式显微镜。1665年（清康熙四年），英国的胡克用自制的显微镜发现了细胞，从此打开了解释动植物生命结构的奥秘之门，动物授精的概念、植物营养的概念、病原微生物的概念相继出现，农业生物学获得飞跃的发展。

③ 同②.

④ 关于和珅贪财的数额，近年学界认为传统的说法并不确切，其中不免故意罗织和夸大的因素。

⑤ 马士. 中华帝国对外关系史：第1卷. 张汇文，等译. 北京：三联书店，1957：315注.

量实属惊人。在官僚地主集团大量兼并土地的趋势下，大批失地农民或降为佃农，或沦为流民，“其得以暖不号寒，丰不啼饥，而可以卒岁者，十室之中无二三焉”①。社会矛盾日益尖锐，民众反抗斗争不断爆发。“自 1770 年起，有产者与人民大众之间在经济上和精神上的鸿沟再次成为一些明智的官僚频频提出的问题。”② 1796 年，白莲教大起义爆发于鄂、川、陕等省，数百万起义军呼啸于湖北、四川、陕西、河南、甘肃等地，为清王朝的“盛世辉煌”抹上浓重的阴影。清政府耗费军费银 2 亿两，除集中五省兵力外，又先后调集京营满兵、蒙古兵、陕甘回兵、苗疆兵、山西兵和广东兵，花了 9 年的时间，才得以剿灭起义。1813 年，属于白莲教的天理教在河南滑县起义，其中一支队伍在林清指挥下一度攻入皇宫，震惊紫禁城。面对变乱四起的危象，心忧天下的思想家龚自珍（1792—1841）深切地感受到清王朝统治“日之将夕”的“衰世”命运。他用犀利的笔调描绘出清王朝江河日下的没落景象：“自乾隆末年以来，官吏士民，狼艰狈蹶，不士、不农、不工、不商之人，十将五六……自京师始，概乎四方，大抵富户变贫户，贫户变饿者，四民之首，奔走下贱，各省大局，岌岌乎皆不可以支月日，奚暇问年岁？”③

社会危机的形成与历史演变的新动向相伴而生。在清代社会发展进程中，预示未来趋向的时代特征也隐约可见。其一是中国的商品经济发展到一个新的水平。清代是中国商品经济高度繁荣发展的时期，城市化进程已经十分明显。东南沿海地区自不必说，即便是地处内陆的山西省，亦出现诸多变化。李燧《晋游日记》卷三记载：榆次县的什贴，本系偏僻之地，乾隆时居然“人烟稠密，为一巨镇”。至于绛州，“城临（汾）河，舟楫可达于黄。市廛辐辏，商贾云集。州人以华靡相尚，士女竞衣绮罗，山右以小苏州呼之”。江南市镇，以及广州、临清、汉口等工商业中心，大商人及商帮的出现（像“江浙殷富至多，拥巨万及一二十万者更仆难数，且有不为人所知者，惟至百万则始播于人口”），正在形成的区域性经济分工（如“江浙粮米，历来仰给于湖广，湖广又仰给于四川”，“棉花产自豫省，而商贾贩于江南”，等等），此等足以勾画出清代商品经济和城市化进程的概貌。与此同时，新的生产形式和规模也在孕育着。雍正八年（1730），浙江总督李卫在一道奏折中说：“苏郡五方杂处，百货聚汇，为商贾通贩要津。其中各省青蓝布匹，俱于此地兑买。染色之后，必用大石脚踹砑光。即有一种之人，名曰包头，置备菱角样式巨石、木滚、家伙、房屋，招集踹匠居住，垫发柴米银钱，向客店领布发碾，每匹工价银一分一厘三毫，皆系各匠所得，按名逐月给包头银三钱六分，以偿房租家伙之费。习此业者，非精壮而强有力不能，皆江南江北各县之人，递相传授，牵引而来，率多单身。”④ 布商提供布匹和工资，包头提供设备，招集、管理工人，工人通过劳动，计件获取报酬，而生产的产品，则供应市场。其生产组织形式和 16 世纪一些英国人所描绘的资本主义手工工场十分相似。类似的资本主义性质的生产方式，在清前期并不少见，“富者出资本以图利，贫者赖佣工以度日，惟利是图，不敢扰民滋事”，是当时比较常见的生产组织形式，而雇工在身份上，对雇主并不存在严重的人身依附，

---

① 章谦. 备荒通论//皇朝经世文编：卷 39. 北京：中华书局，1992：951.

② 魏丕信. 18 世纪中国的官僚制度与荒政. 徐建青，译. 南京：江苏人民出版社，2003：61.

③ 龚自珍. 西域置行省议//龚自珍全集. 上海：上海人民出版社，1975：106.

④ 高翔. 论清前期中国社会的近代化趋势. 中国社会科学，2000（4）：183.

所谓“平日共坐共食，彼此平等相称，不为使唤服役，素无主仆名分”。事实上，乾隆时期，随着商品经济的发展，社会财富的积累，中国资本主义萌芽较明代有了新的发展①。

其二是反传统观念的兴起与传播。在清前期近两百年的历史中，中国文化完成了一场意义深远的历史性变革，这就是结束了宋明理学在知识界的独尊地位，知识阶层的社会观念出现了明显的多元化趋势：反对传统礼教束缚、主张人性自由，反对学术垄断、主张独立思考，反对极端君主专制、主张“公天下”，成为清前期反传统观念的重要特色。这一变革肇始于清初，完成于18世纪，在客观上为19世纪中叶以后中国近代化的启动奠定了原始的，但却是必不可少的文化基础。

否定理学存天理、灭人欲的道德说教，主张人性自由，是清前期伦理观念变革的核心内容。汉学大师戴震愤怒地谴责理学“以理杀人”，提出了以“遂欲”“达情”为核心的伦理主张：“天下之事，使欲之得遂，情之得达，斯已矣。”袁枚反对礼教束缚，主张人性自由。在袁枚看来，情是人的天性，是自然而且必然的存在，脱离人情谈性，脱离人情谈理，都违背了圣贤学问的本义。袁枚明确提出，治理国家，必须以尊重人之情欲为基础。“圣人之所以殷殷然治天下者，何哉？无他，情欲而已矣。老者思安，少者思怀，人之情也；而‘老吾老以及人之老，幼吾幼以及人之幼’者，圣人也。‘好货’‘好色’，人之欲也；而使之‘有积仓’‘有裹粮’‘无怨’‘无旷’者，圣人也。使众人无情欲，则人类久绝而天下不必治；使圣人无情欲，则漠不相关，而亦不肯治天下。”② 戴震、袁枚的反礼教思想，在清前期知识界并不孤立，“人心不可强抑，王道必本乎人情”，已经成为不少学者的共识。在主张独立思考过程中，清朝知识界形成了一股疑经之风，即对儒家经典提出大胆质疑甚至批判，从而推动了社会思想的进一步解放。

反对君主专制是清前期中国知识界的重要传统。这个时期激进政治观念主要包括以下内容：一是主张“公天下”，反对以天下私一人。崔述提出，完善的政治体制是天下为公，不存在一人一姓对国家最高权力的垄断，不存在君权世袭，“天下者，天之天下”，“天下诸侯自择有德之人而归之，天子不能以天下传之一人也。不惟无传子者，亦并无传贤者”。二是要求调整君臣权力分配体制，反对尊君抑臣，主张扩大臣僚在政治生活中的发言权。尹会一、陆生楠、谢济世等人都提出了十分具体的限制君权的政治设想。三是对作为君主专制行政基础的郡县制的合理性提出质疑。

在文化思想界的求变诉求中，隐然可见从传统向近代演变的历史走向。

二、进逼中国的西方列强

18世纪80年代，西方世界的“生产力有了‘一个进入自驱动的发展的起飞’”③。在这个世纪的最后三十年，近代大工业首先在英国产生，并由此引领了整个世界历史新时代的到来。18世纪末叶，英国首先有了应用蒸汽机的新式纺织工厂，随后蒸汽机又被应用到其他工业生产。此后，英国的工业以突飞猛进的速度发展起来。以棉织业的用

---

① 高翔．论清前期中国社会的近代化趋势．中国社会科学，2000（4）：184．

② 袁枚．清说//王英志．袁枚全集：第2集．南京：江苏古籍出版社，1993：374-375．

③ 斯塔夫里阿诺斯．全球通史：1500年以后的世界．吴象婴，梁赤民，译．上海：上海社会科学院出版社，1999：276．

棉量和煤、铁的产量为例：1771—1775 年，英国加工的棉花仅 500 万磅，1841 年便达到 52 800 万磅；1795 年煤的产量为 1 000 万吨，到 1836 年提高到 3 000 万吨；1796 年生铁的生产数字为 12.5 万吨，到 1840 年增加到 139 万吨。“蒸汽发动机在生产中的运用，是大机器工业最突出的标志之一”，到 19 世纪 30 年代，在英国棉织业中，蒸汽机已完全代替水力来开动机器了。到 19 世纪中叶，英国已经从农业国转变为工业国，基本实现了工业化①。

伴随着资本主义在欧美的发展和巩固，18 世纪中叶于英国开始兴起的工业革命，迅速向欧美其他地区传播。18 世纪法国资产阶级革命，为资本主义在本国的发展创造了政治制度的保障。拿破仑长期的对外侵略战争以及战后经济的严重破坏，给法国的经济发展以不利影响，直到 1825 年英国取消机器输出的禁令以后，法国工业才得以加速发展。1830 年，法国工业应用蒸汽机数量仅 650 台，1839 年则增至 2 450 台；1825 年铁的产量为 20 万吨，到 1840 年为 35 万吨；1830 年煤的产量为 180 万吨，到 1841 年为 300 万吨；1788 年毛织品出口总值为 2 400 万法郎，1838 年增至 8 000 万法郎；从 1815 年至 1840 年，棉织品的产量也增加了 3 倍。

美国在 1812—1814 年对英战争以后，资本主义获得了进一步发展。1814 年美国出现第一个新式棉纺织工厂。1822 年棉织工业中心罗卫尔开始建立纺织工厂，到 1834 年该地纺织工厂增加到 19 个。从 19 世纪 30 年代起，工厂开始广泛应用蒸汽机。1840 年棉纺业中开动的纱锭为 228 万多个。当时美国工业仍是远远落在英、法两国的后面。但此时的美国工业进入第二发展阶段，工厂制度开始出现，小型工厂逐渐发展，为其后续发展奠定了坚实基础。美国工业总产值在世界各国工业总产值中所占的比重也快速上升。

工业革命及其大工业体系的产生，极大地提高了欧美各国的生产力水平，使得世界其他地区同欧美的差距迅速扩大。

工业革命对世界历史来说具有头等重要性，它不仅为 19 世纪欧洲的世界霸权提供了经济基础和军事基础②，而且是“欧洲庞大的殖民地结构在亚洲和非洲得以建立的主要原因”③。资本主义制度是一种外向型的经济政治结构，不断扩大商品市场和原料产地，把越来越多的国家和地区纳入自身体系中是其发展的必然结果。于是，伴随着资本主义在西方的不断扩大，列强殖民扩张的规模也越来越大。由刚开始对于财富和奴隶的掠夺发展为军事、政治、经济、文化等全方位的侵略，涉及的地区逐渐包括非洲、美洲、澳洲、西亚、南亚乃至东亚。实现了资产阶级革命的英国迅速取代了葡萄牙、西班牙、荷兰等老牌殖民主义国家的地位，掌握了海上霸权，奉行侵略扩张的炮舰政策，并把地大物博、人口众多的中国视为重要的扩张目标。

西方列强在争夺殖民地的过程中，以工业化为基础建立了强大的武装力量。英国是当时主要的海上强国，此外陆军约有 14 万，连同用于内卫的国民军，兵力共 20 万左

---

① 虞和平. 中国现代化历程：第 1 卷. 南京：江苏人民出版社，2001：44.

② 斯塔夫里阿诺斯. 全球通史：1500 年以后的世界. 吴象婴，梁赤民，译. 上海：上海社会科学院出版社，1999：276.

③ 同②311.

右。鸦片战争前，欧洲除英国外，各主要国家已普遍实行征兵制。除本国军人外，英、法等国还招募外籍雇佣兵。各国普遍设立培训军官的军事学校。法国曾规定所有军官都要经过军事学校训练。平时，大多数国家军队的最高编制单位通常是团，也有的编基干军，军（军团）、师、旅的建制多半在战时才采用。步兵一般以营为基本战术单位，编制数800～1 000人。英军每营有10个连，每连90～120人；法军每营有6个连，每连人数不等。骑兵一般以连为基本战术单位。在武器装备方面，到19世纪初，欧洲各国都能用生铁和铜铸造各种前装滑膛火炮，并依其口径与炮管长度之比例，区分为加农炮、榴弹炮和臼炮，炮身重量从几百斤、几千斤直至万余斤，口径从几英寸到十余英寸，炮弹有实心弹、霰弹、燃烧弹和爆炸弹（英国已发明空中爆炸的榴霰弹），有效射程达到千余米。随着炮车的不断改进，火炮的机动性能大大增强，逐渐成为西欧各国作战的重要武器，有时在一次会战中，双方各自动用的火炮达四五百门之多。步枪的改进则比较缓慢，在相当长的时期中，始终以前装滑膛为基本型式。英军在第一次鸦片战争时期使用的博克式和布伦司威克式步枪，也都是滑膛枪，有效射程为300米左右。

为适应对外贸易和掠夺海外殖民地的需要，西方国家十分重视发展海军。自1807年美国发明第一艘用蒸汽作动力的客轮以后，英国于1827年首先将蒸汽机装在军舰上。这种舰只可以不受风向和水流的影响，从而加快了航速，增强了机动性。由于蒸汽机体积庞大，机器和燃烧用煤占了很大的空间和重量，以致装载火炮的数量大受限制，加以机器和划水轮都暴露在外，作战时易被敌方炮火击中，因此，19世纪40年代前后，装有蒸汽机的明轮舰只一般只用于巡航、侦察、通信和短途运输。第一次鸦片战争时，英国的战列舰仍全部依靠帆力，大型战列舰有二至三层甲板，分别装备有70～120门火炮，可发射32磅炮弹；舰首和舰尾装有可发射56、68磅实心弹的加农炮，或装有可发射爆炸弹的大口径加农炮。

英国是海军发展最快的国家，到1836年，已拥有大小舰艇560艘，并积累了许多海战和登陆作战经验，成为称霸世界的最大的海军强国。英、法等资本主义列强，正是以强大的现代工业为基础，凭借装备有先进的军舰、大炮和具有战争经验的侵略军，实行炮舰政策，到处横冲直闯，打开了一个又一个经济不发达国家的大门。

三、“闭关政策”与中外贸易

“不断扩大产品销路的需要，驱使资产阶级奔走于全球各地。它必须到处落户，到处开发，到处建立联系。”① 资本主义一开始就与殖民主义紧密相连。17世纪初，英国侵占印度并建立了英国东印度公司，以掠夺印度和垄断东方贸易。东印度公司是英国侵略远东的巨大机构，它除了在东印度拥有政治统治权外，还拥有茶叶贸易、同中国的贸易和对欧洲往来的货运的垄断权。中国方面垄断对外贸易的是公行，它是由专营对外贸易的洋行共同组织起来的。这些加入公行的洋行习惯上称为“十三行”，其实它的数目历年不同，并非恰好十三家。公行在清朝政府对外关系上起着一种特殊的作用：一方面，清政府给予参加公行的行商以承销外洋进口货物和代办内地出口货物的独占权；另

① 马克思恩格斯选集：第1卷. 3版. 北京：人民出版社，2012：404.

一方面，公行对清政府承担一定的义务，其中特别重要的几项是，担保外商缴纳税饷，负责约束外商在广州的居住和行动，以及充当清政府与外商之间一切交涉的中间人。

1689 年，在清朝开放海禁后，英船“防御号”首航广州，开始对华贸易。1715 年，英国在广州开设商馆，对华贸易额扶摇直上。面对西方列强的强势东进，清王朝奉行“闭关政策”①。但是，不能简单地把“闭关政策”理解为将外商“关在门外”。因为清代的对外贸易虽是一种畸形，却也是实实在在地不断增长着；而且在 1830 年英国下议院关于对华贸易的审查委员会会议中，几乎所有出席的证人都承认，在广州做生意比在世界上任何其他地方都更加方便。其实，清政府的“闭关”绝不是针对外商贸易的一项具体政策。如果把对“闭关政策”的理解仅仅局限于对外贸易方面，我们甚至可以说，这样的“闭关政策”从来也没有出现过。

“闭关政策”赖以确立的基点，不是经济贸易问题，而是“杜民夷之争论，立中外之大防”② 的文化忧虑。真正导致“闭关政策”产生的直接原因是西方人的传教，而不是西洋人的贸易；它产生于雍正元年（1723）而不是乾隆二十二年（1757）。从雍正年间开始渐次形成的“闭关政策”，事实上也是对康熙时期较为宽松的对外政策的反动。明末清初，中西海道大通，西方传教士来华人数激增，据统计，1650 年到 1664 年，全国教徒已达到 254 800 人③。顺康时期传教士的在华活动，确是盛况空前。随着西方传教士活动范围的扩展，以及中西文化交汇的加深，清王朝对于“夷夏之辨”的担忧日趋警觉。因而，如何对付西方传教士就不再简单地是“轸念远人，俯垂矜恤”的区区小事，而成为一项关系王朝统治秩序稳定与否的根本之图。1723 年，雍正皇帝诏谕各省督抚将各该处西洋人“来京与安插澳门者，委官沿途照看”④，即除送京效力者外，余者被其驱至澳门。雍正此举一反康熙时期的对外政策，实为清代“闭关政策”之滥觞。

清朝“闭关政策”的根本之点在于防范西洋“邪教”对于中国“圣道”及世俗人心潜移默化的瓦解，所以自雍正开始，清廷屡颁圣谕，严正告诫臣民要杜绝外夷传播“邪教”，严禁官民信奉洋教。“闭关政策”作为清王朝防范西方文化侵蚀中国“民心风俗”的基本政策，从雍正年间确立后就一直奉行不辍。“闭关政策”不是乾隆二十二年（1757）才形成的一种限制对外贸易的基本政策，而是自雍正元年（1723）就开始形成的一种防范西方文化的基本政策；其着眼点并不在于贸易利益，而主要在于“人心之大防”。嘉庆皇帝颁发的谕旨，再次昭示了这一基本政策的主旨：“西洋人等来至内地授徒传教，为害风俗，早在圣明鉴察之中……嗣后著该督抚等饬知地方官于澳门地方严查，西洋人等除贸易而外，如有私行逗留讲经传教等事，即随时饬禁……惟当善为经理，实力稽查，绝其根株，正其趋向，亦整饬风俗之要务也。”⑤

---

① 史学界通常认为，清朝的“闭关政策”主要包括两个内容：一是乾隆皇帝于 1757 年谕令关闭漳州、宁波、云台山三口，限定广州一口通商；二是设立公行制度，垄断对外贸易。对“闭关政策”做这样的概括是很不确切的。

② 萧一山．清代通史：第 2 册．北京：中华书局，1986：819.

③ 王先明．中国近代社会文化史论．北京：人民出版社，2000：162.

④ 印鸾章．清鉴纲目：卷之六．长沙：岳麓书社，1987：265.

⑤ 清朝圣训（仁宗朝）：卷九九.

“闭关政策”实际是清王朝面对“西学东渐”而采取的一项具有指导意义的总政策。鸦片战争之前，“闭关政策”的实际效果主要体现在两个方面：一是严禁西洋人在华传教，二是限制外夷通商。从嘉庆年间开始，到鸦片战争前夕，清王朝颁行了一系列“防夷”条款，构成了清代限制外商制度的主体内容①。在世界历史发展进程中，基于保护民族经济利益的合理的“限制贸易”政策，无论就其目的还是效果而言，均无可指责。然而，清王朝推行的“防夷”措施却并不是什么“限制贸易”政策。从其颁行的规章来看，它所防范的主要内容为“以免滋事”“番妇住馆”“乘坐肩舆”“华夷勾通”；从其实践结果来看，也唯有“番妇住馆”“乘坐肩舆”执行得最为严厉。因此，“防夷”的根本点就在于“杜民夷之争论，立中外之大防”，而不是一种单纯的对外贸易政策。

从长远的历史影响看，“闭关政策”导致中国社会错失了追步西方的历史机遇。在康熙亲政的半个多世纪中，西方文化的传入表现得极为活跃。西方传教士南怀仁、白晋、汤若望等在科技事业上的积极努力，曾经为中国科学文化的发展提供了契机。但是，清朝“闭关政策”的确立，终于阻断了西方科学文化的传入，非但如此，还毁弃了明末清初西方文化带来的积极成果。受西方地理科学的影响，清初一些知识分子已经开始抛弃“天朝中心”“华夷隔绝”的观念，对于地球和世界地理的概念有了初步的认识。但是1739年刊行的清修《明史》卷三二六《外国七》中却说，利玛窦所讲的五大洲说“荒渺莫考”。“闭关政策”使中国社会失去了走向世界的难得的历史机遇。

以通商为前导的中西交往，对于中国经济社会发展而言，同样是历史转折的一次机遇。但是，清朝厉行的“防夷”措施和垄断贸易制度，仅仅在于“防范民夷交接”，而无视民族经济利益本身。在中英贸易领域中产生的官与商的畸形经济组合——公行，是最早的一种官商劣化结合形态。“公行无异是他的一种工具，凭以榨取对外贸易并从中勒索一笔自罗马帝国鼎盛时代以来举世无双的私人收入。同样，自总督以下各级官员也都摊分一部分赃款。”② 就在英国通过伦敦—印度—广州中英三角贸易千方百计获取利润、增殖资本，推动其经济迅猛发展的同时，大量白银也通过公行流入了清朝由官吏、行商严密钩织而成的私囊之中。尽管公行使朝廷的“贡银”不断增长，“行佣”的抽取范围不断扩大，数额不断增长，但是，整个民族或国家的经济却没有真正意义上的增长。因而，“闭关政策”决定了清王朝必然悲凉和凄惨的历史命运，使之错失了曾经面临的历史机遇。

一心称霸世界的英国急于打开清朝“闭关”的大门。1793年（清乾隆五十八年），正值康乾盛世的末期，此时，中国经济总量占世界第一位，人口占世界的1/3，对外贸易长期出超。是年，英国马戛尔尼使团以祝寿为名请求扩大通商，乾隆皇帝则不屑于计较经济利益，声称：“天朝物产丰盈，无所不有，原不借外夷货物以通有无，特因天朝所产茶叶、瓷器、丝斤为西洋各国及尔国必需之物，是以加恩体恤，在澳门开设洋行，

---

① 而集其大成者却是1760年两广总督李侍尧奏陈的“防夷五事”：（1）禁止外商在广州过冬。（2）外商到粤后由行商管束稽查。（3）借领外夷资本及雇请汉人役使，应一并查禁。（4）严禁外夷雇人传递信息。（5）夷舶停泊处，调拨营员弹压稽查。

② 马士，宓亨利．远东国际关系史：上册．姚曾廙，等译．北京，商务印书馆，1975：60.

俾得日用有资，并沾余润。”① 马戛尔尼悻悻而归。1816 年，英国再次派特使来华，提出允许英国使臣驻北京、开辟通商口岸扩大对外贸易等要求，也遭拒绝。

然而，具有雄厚工业基础和先进军事装备的英国，同时具有开拓市场的强大利益诉求和武力冲动。1827 年，鸦片贩子马地臣在《广州纪事报》上公开煽动武装侵华。19 世纪 30 年代以后，英国更加紧了对华侵略的步伐，多次派遣胡夏米、郭士立等到中国东南沿海各口岸测绘地形，搜集军事情报。1836 年，英国政府代表、驻华商务监督义律发出对中国动武的战争叫嚣。同年，英国资本家在伦敦成立“印度和中国协会”，以敦促英国政府加紧对中国的扩张。清王朝的“闭关政策”终于遭遇到了西方列强的“炮舰政策”。

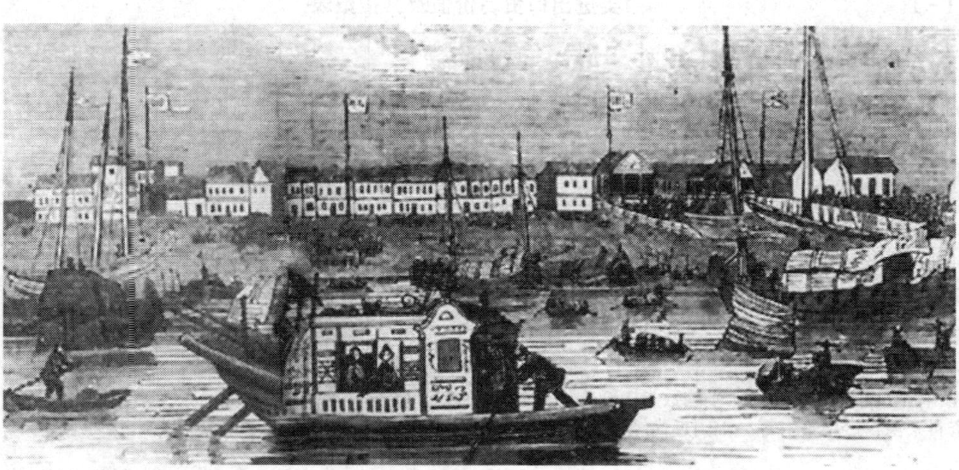

图 1-1　鸦片战争前的广州港

第二节　从鸦片贸易到鸦片战争

一、鸦片贸易与禁烟斗争

1. 鸦片贸易的巨大影响

在鸦片战争前的中外贸易中，中国的茶叶、生丝和土布成为欧美市场的畅销货，而英国输往中国的毛纺织品和工业产品却难以推销。茶叶出口量每年增加，成为清政府关税收入中的大宗。根据东印度公司档案记载，1817—1833 年广州口岸出口的茶叶占出口总值的 60%②。此后直至鸦片战争前，广州茶叶出口平稳增长，年均达 42.3 万担，价值达 1 692 万元，约占当时广州出口总值的 63%，这还不包括从陆路运往俄国的茶

① 梁廷枏. 粤海关志：卷 23：贡舶.

② 上海社会科学院经济研究所，上海市国际贸易学会学术委员会. 上海对外贸易：上册. 上海：上海社会科学院出版社，1989：11.

叶。茶叶在19世纪中国进出口贸易中具有头等重要的地位①。这使得中国在鸦片战争前的对外贸易中长期处于出超的地位，英、美商人为获取中国的茶叶、生丝和土布，每年不得不支付100万至400万两现银。

直至19世纪初，中国仍是一个大量吸收白银的国家。相关研究表明，从16世纪中期到17世纪中期，全世界共生产了38 000吨白银（其中美洲生产了30 000吨，日本生产了8 000吨），即使按照最低的估计，减去留在美洲以及在转运过程中流失的部分，最终流入中国的白银有7 000～10 000吨，约占世界总产量的1/4到1/3。这是一个很可观的数量，高于欧洲、西亚、南亚和东南亚分别占有的份额②。（见下表）

表1-1　　中英进出口贸易价值及其指数表

年度	进口银两	进口指数	出口银两	出口指数
1760—1764	470 286	36.1	979 586	47.0
1770—1774	1 466 466	112.6	2 119 058	101.7
1780—1784	1 301 931	100.0	2 083 346	100.0
1790—1794	5 007 691	384.6	5 843 714	280.5
1800—1804	7 715 556	592.6	7 556 473	362.7
1820—1824	6 525 201	501.2	9 816 066	471.2
1830—1833	7 335 023	563.4	9 950 286	477.6

注：指数以1780—1784年平均数为100.0。

资料来源：严中平，等. 中国近代经济史统计资料选辑. 北京：科学出版社，1955：2-3. 为原表数据。

据统计，在18世纪最初60年里，英国输入中国的物品中只有10%是货物，其余都是金银货币，1721—1740年，输入中国的金银比例更高达94.9%③，货物的比例几乎可以忽略不计。鸦片战争前，东印度公司平均每年从中国所购茶叶值银400万两，而运到中国来销售的商品总值，尚不足以抵消从中国运出的茶叶一项。引发贵金属单向流动的根本原因，显然是因为在19世纪以前300年的中西贸易史上，西方急切地需求中国的商品，而中国对西方的商品并没有形成市场需求。西方商人只能用硬通货主要是白银来购买中国的瓷器、丝绸、茶叶等商品。因此，“早期中西方的贸易史，主要是一种单向贸易史”④。为了从根本上扭转对华贸易的逆差，英国资本势力在其政府的强力支持下开始致力于鸦片贸易。

鸦片又名阿芙蓉，俗称大烟，是从尚未成熟的罂粟果里取出的乳状液体经干燥后变成的固状物。唐朝起即有少量输入以作药用。16世纪中叶至18世纪中叶，主要由葡萄牙人向中国输入，中国海关按药材征税，每10斤税银2钱。17世纪吸食鸦片的恶习从南洋传入中国，鸦片输入量渐次递增。葡萄牙人以澳门为基地，将印度麻洼产的鸦片运

① 仲伟民. 茶叶、鸦片贸易对19世纪中国经济的影响. 南京大学学报（哲学·人文科学·社会科学），2008（2）：99-113，143.

② 贡德·弗兰克. 白银资本：重视经济全球化中的东方. 刘北成，译. 北京：中央编译出版社，1999：210.

③ 张馨保. 林钦差与鸦片战争. 徐梅芬，等译. 福州：福建人民出版社，1989：43.

④ 郭卫东. 转折：以早期中英关系和《南京条约》为考察中心. 石家庄：河北人民出版社，2003：88.

入广州。1767年以前，每年输入中国约200箱，尚不成规模。

英国向中国出售鸦片，起因于东印度公司①广州财库日益支绌，要求英属印度政府给予财政支援。其具体做法是：东印度公司将鸦片批发给有鸦片特许经营权的散商，这些散商在广州出售鸦片后将收入纳入公司的广州财库，广州财库支付给散商伦敦汇票，后者可于英国将汇票兑换成现金。此招果然奏效，东印度公司趁势扩大生意，专门成立鸦片事务局，垄断印度鸦片生产和对华出口。据统计，1840年前输入中国的鸦片多达40余万箱，其价值共计约2亿两白银②。对华鸦片输出使英国平衡了50多年以来持续的对华贸易逆差，再也无须运送白银到中国，反而还有大量贸易顺差可换成白银运出中国。1840—1842年中英战争后，英国众议院一个特别委员会就鸦片贸易问题举行了一次听证会（1847年4月15日）。该委员会主席问一位中英贸易参与者："你能说一说鸦片在贸易报告中所占的地位吗?"答："鸦片主要是用现金即纹银支付的，但据报告，现银差不多全部流出了这个国家。"③ 一位美国历史学者说："在19世纪的最初十年，中国的国际收支结算大约盈余二千六百万元。从1828年到1836年，从中国流出了三千八百万元。使国际收支逆转的正是鸦片烟，结果就资助了英国加速使印度殖民地化的大部分活动。"④

美国从1805年开始也对华输出鸦片。据粗略统计，美国鸦片贩子在鸦片战争前输出中国的鸦片在1.8万箱上下。有研究者据马士《中华帝国对外关系史》第1卷第239页所附表中外国交货数量和货物总值计算，1821—1828年，平均价格为每箱1 084元；1828—1835年，平均价格为每箱755元；1837—1838年，平均价格为每箱700元：综合年平均价格，每箱当在850元。美国向中国销售的鸦片总数权且按1.8万箱计，其总价值也在1 500余万元。鸦片贸易中的巨额利润和正常贸易中的利润一起，源源不断地流入美国，成为美国资本家手中的财富，使普金斯、约翰·顾盛之流的鸦片贩子得以暴富，大财阀阿斯特得以起家，西鲁斯·巴特勒攫取了三四百万美元的巨额资本。这些掠夺来的大量财富，在美国迅速转化为工业资本，促进了美国工业的发展。美国人丹涅特就曾说过，"鸦片贸易，就像奴隶和酿酒厂一样，成为许多美国大资产的基础"⑤。

鸦片价格昂贵，经营鸦片贸易有巨利可图。马克思曾引用下面一段话辛辣地揭露资本的本性："如果有10%的利润，它就保证到处被使用；有20%的利润，它就活跃起来；有50%的利润，它就铤而走险；为了100%的利润，它就敢践踏一切人间法律；有300%的利润，它就敢犯任何罪行，甚至冒绞首的危险。"⑥ 不断升涨的鸦片贸易利润，是刺激英、美鸦片商人不择手段地向中国走私鸦片的兴奋剂。

19世纪20年代，中国从长期出超变为入超，白银的流向也由长期流入变为流出；

---

① 1598年伦敦商人合组东印度公司，1600年英女王许以设立军队和专卖权，其后发展为英国侵略东亚之总机关。

② 龚缨．求知集．北京：商务印书馆，2006：320-322.

③ 姚贤镐．中国近代对外贸易史资料（1840—1895）：第1册．北京：中华书局，1962：519.

④ 费正清，刘广京．剑桥中国晚清史（1800—1911年）：上卷．北京：中国社会科学出版社，1985：184.

⑤ 鸦片战争：第1册．上海：神州国光社，1954：300.

⑥ 马克思恩格斯全集：第23卷．中文1版．北京：人民出版社，1972：829.

中国对外货物贸易总体平衡首次因鸦片进口出现逆差，规模为110万两白银。这应该是一个标志性的时间。从1826—1827年开始，这种逆差变得经常化，平均年度规模在200万银两以上；1833—1834年是这种逆差规模达到一个新高峰的年度，为824万银两（这部分是因为该年中国对欧美诸国的合法贸易出现小幅度逆差）。总体来看，包括鸦片贸易在内的中国对外货物贸易总体平衡，1817—1833年累计逆差979万银两，平均每年逆差58万银两。这些数字是中国当时白银外流（或者说“白银净外流”“漏银”等）的程度①。

鸦片是19世纪中国经历的苦难的见证。向中国推销鸦片是英国商人为了解决中英之间巨额贸易赤字而采取的手段。鸦片在19世纪初期即已成为“港脚贸易”的首位商品，在此后相当长的一段时期，英国的主要工业品棉纺织品始终无法打进中国市场，这迫使英国商人只能采用三角贸易，即英国的棉纺织品卖到印度，印度的鸦片卖给中国，中国的茶叶出口到英国。正是通过这个三角贸易的运转链条，英国既卖出了自己的工业品，又得到了国内最急需的商品，从而推动着英国经济的快速增长。

鸦片贸易却使中国大量财富流失，搅乱了中国经济秩序，阻碍了中国社会经济的正常发展，使本来就已普遍贫困的中国人更加贫困，严重影响了中国的经济稳定和人民生计。鸦片泛滥还造成了国内生产力和劳动生产率的下降，并直接导致了人们购买能力的下降。这一时期中国人口也呈下降趋势，这其中有战乱和灾荒的因素，但鸦片危害不能不是一个重要原因。总之，鸦片泛滥使中国国力衰退，人民精神萎靡，经济严重滞后，国际地位也走向衰落。

英国人疯狂地向中国推销鸦片，而中国人痴迷于购买和食用鸦片，构成19世纪中国危机的重要根源之一。

2. 禁令之下的鸦片泛滥

对于鸦片之贩卖、烟馆之开设、鸦片之吸食，清政府很早就颁有禁令②。其后鸦片流播日见其烈，禁例也随之更严。道光皇帝也曾先后数十次下诏禁烟，加重了惩处条例，并对吸食者也加以严惩。但是，就在清政府的严禁政策之下，进入中国的鸦片数量却成倍增长，1821—1827年年均9 708箱，1828—1835年年均18 712箱，1836—1839年年均35 445箱③。

所谓禁烟法令，“其内容虽渐周密，而其效力仍甚小也”④。正是在此虽“严立科条，而鸦片之输入反加增，因而纹银出洋亦日多”⑤ 的“禁法”与现实一再背驰的情况下，朝中大员中开始出现了另一种针对性的对策，即“弛禁策”。

1836年（道光十六年），时任太常寺少卿的许乃济奏《鸦片烟例禁愈严流弊愈大亟

① 贺力平. 鸦片贸易与白银外流关系之再检讨：兼论国内货币供给与对外贸易关系的历史演变. 社会科学战线，2007（1）：63-80.

② 最早在雍正七年（1729）即有“禁烟法例”；其后禁例日严，至嘉庆年间又对吸食者加以治罪。（于恩德. 中国禁烟法令变迁史. 台北：文海出版社，1973：9-26.）

③ 马士. 中华帝国对外关系史：第1卷. 张汇文，等译. 北京：三联书店，1957：234.

④ 于恩德. 中国禁烟法令变迁史. 台北：文海出版社，1973：41.

⑤ 同④57.

请变通办理折》，正式提出“弛禁策”。许乃济的“弛禁策”的着眼点是“截纹银出洋”，其要点则在于“鸦片烟例禁愈严，流弊愈大……法令实有时而穷”。既然严禁历史与现实表明“闭关不可”“峻法不行”，那么“只有仍用旧制，照药材纳税，但只准以货易货，不得用银购买”，如此变通办理，可以杜绝海关漏银而有益于国家大计①。道光皇帝对于许乃济之“弛禁策”“似亦稍有所动”，故将其批由两广总督、广东巡抚及粤海关诸地方大吏详议，以求解鸦片久禁不止的困局。那些身处烟害前沿的地方大员也“颇赞同许乃济弛禁以货易货之意”，认为以此可挽救国家白银外泄之忧。然而，许乃济之“弛禁策”并未在朝中引起太大反响。对于大多数官员而言，在朝廷既有的“严禁”规则下议事，对于个人前程而言具有更高的安全系数，所以，当道光皇帝将许乃济的“弛禁”奏折“交疆臣会议，时九卿台谏多不为然”②。很快，给事中许球站在不由分说的道德至高点上予以驳斥：“明知毒人之物而听其流行，复征其税课，堂堂天朝无此政体。”“与其纷更法制，尽撤藩篱，曷若谨守旧章，严行整顿。”③ 所以，当时朝堂之上并没有形成“弛禁派”与“严禁派”两个对立阵营，“是时鸦片弛禁之议已不行，疆臣奏复，率请严定贩卖吸食罪名”。直到两年之后（1838），黄爵滋上奏《严塞漏卮以培国本疏》后，朝堂上才形成了是否赞同黄之主张的两大阵营。“然当时对黄氏之奏陈虽分赞同与反对两派，而并无弛禁之议。”④

1838 年 6 月，鸿胪寺卿黄爵滋向道光帝上奏《严塞漏卮以培国本疏》。黄爵滋明确指出鸦片输入导致白银外流之患：“臣窃见近年银价递增，每银一两易制钱一千六百有零，非耗银于内地，实漏银于外洋……自道光三年至十一年，岁漏银一千七八百万两；自十一年至十四年，岁漏银二千余万两；自十四年至今，渐漏至三千万两之多。此外福建、江、浙、山东、天津各海口合之，亦数千万两。以中国有用之财，填海外无穷之壑，易此害人之物，渐成病国之忧，日复一日，年复一年，臣不知伊于胡底!”⑤ 这些数字仅指广东一地，如算上其他地区，每年白银外流量可再增加 1/4 多。更重要的是，如无应对措施，这种白银外流形势在未来将会无限地继续下去。为此，黄爵滋提出不仅严惩鸦片贩卖者、烟馆开设者，还要“重治吸食者”。要求吸食鸦片者，必须在本年内戒绝，过期不戒者，平民则处以死刑，官吏罪加一等，本人处死，其子孙不准参加科举考试。同时又提出，五家邻右互保，举发者给奖，包庇者治罪。道光皇帝将这份“严禁吸食鸦片”的奏折，批阅给盛京、吉林、黑龙江将军及各省督抚议论回奏。结果在覆奏的 28 份奏折中，全力支持或基本同意黄爵滋主张的只有湖广总督林则徐等少数 8 人，其他大部分人对黄爵滋严禁主张的现实性都提出反对意见。两派意见的争执在于是否“对吸食鸦片者处于死刑”，并未论及所谓“弛禁”问题。由于道光皇帝倾向于黄爵滋的严禁主张，因此在禁烟活动中“严禁派”暂居上风。不久，时任湖广总督的林则徐向道光皇帝上奏《钱票无甚关碍宜重禁吃烟以杜弊源片》，明确而坚定地支持黄的“严禁

① 黄少司寇奏疏研究．大陆杂志，1962，24（5）．

② 李圭．鸦片事略：卷上．台北：文海出版社，1990：9．

③ 同②10．

④ 于恩德．中国禁烟法令变迁史．台北：文海出版社，1973：65．

⑤ 赵靖，易梦虹．中国近代经济思想资料选辑：上册．北京：中华书局，1982：68-72．

策”。林则徐强调说：“鸿胪寺卿黄爵滋所云岁漏银数千万两，尚系举其极少之数而言耳。”他对于由鸦片泛滥而引发的社会危机深感忧虑，认为只有断然决断才可计及未来，“若犹泄泄视之，是使数十年后，中原几无可以御敌之兵，且无可以充饷之银”①。

正是基于王朝的久远之图，道光皇帝在众多疆臣中选用林则徐来完成严禁鸦片危害的历史重任。

3.“苟利国家生死以”——林则徐与虎门销烟

林则徐（1785—1850），福建侯官（今福州）人，字少穆。1811年中进士，入翰林院。在按察使、布政使、河督、巡抚之任上官声日隆，民望甚高。1838年12月31日，道光帝任命时任湖广总督的林则徐为钦差大臣，节制广东水师，前往广东查办鸦片烟毒。严禁烟毒本是清廷的一贯政策，但这一政策一再遭遇贪腐官僚的抵制而难以生效。“官吏贪贿，尝阳禁而密许……斯禁止以后，烟之进口反愈加多。”② 在“习俗濡染已深，戒绝实不易”之际，林则徐挺身而出，负此重任。

图1-2 鸦片战争前的广州城外街景

1839年1月8日离京南下的林则徐，于3月10日到达广州。抵达广州后，林则徐与两广总督邓廷桢、广东巡抚怡良等“先事密查，熟商办法”，雷厉风行地实施严禁鸦片的措施：

首先，知会英方，表明中国禁烟之宗旨及基本立场。“照得天道无私，不容害人以利己，人情不远，孰非恶死而好生？贵国虽在重洋二万里外，而同此天道，同此人情，未有不明生死利害者也。”“天朝”现将“内地贩卖鸦片并吸食之人，一体严行治罪，永绝流传”。故“移会贵国王，欲将此害人之鸦片，永远断绝”。如果外商再有夹带鸦片前

① 赵靖，易梦虹．中国近代经济思想资料选辑：上册．北京：中华书局，1982：81.
② 武堉幹．鸦片战争史．上海：商务印书馆，1929：30.

来，不能不一体烧毁①。

其次，采取断然措施，严厉追缴鸦片。除晓谕鸦片吸食者立即呈交烟土烟具，限期戒绝外，林则徐勒令外国烟贩将所存贮鸦片“尽数缴官”，并具结保证“嗣后来船永不敢夹带鸦片，如有带来，一经查出，货尽没官，人即正法”。

3 月 24 日，针对试图拖延交出鸦片的外国商馆，林则徐做出最后决定：一、中止一切中外贸易。二、封锁商馆，撤退仆役，断绝供应。林则徐曾以“苟利国家生死以，岂因祸福避趋之”为自己的座右铭，值此鸦片烟毒危及国计民生之际，林则徐向社会宣示：“若鸦片一日未绝，本大臣一日不回，誓与此事相始终，断无中止之理。”② 面对林则徐发起的强大而持续的禁烟举措，英国驻华商务监督义律也无计可施，只得同意英商呈交鸦片，并皆具结。英、美商人共交出鸦片 21 500 多箱，林则徐的禁烟运动首战告捷。

6 月 3 日，林则徐率领地方官员在虎门举行销烟活动，将收缴的约重 237 万斤的鸦片当众销毁，冲入大海，史称“虎门销烟”。这一壮举，以实际行动向世界宣示了中国禁绝烟毒抵御外侮的决心。不仅接报后的道光皇帝备感欣慰，在奏报上批注“可称大快人心一事”，而且“各国洋商，闻风来观，作文纪事，颂中国之政”③。因此，在清朝屡禁不绝的禁烟史上，虎门销烟具有非同寻常的意义。林则徐随即向朝廷报告称，此举已收缴鸦片十之七八，乘势剪除鸦片的前景似已成竹在胸。不久，林则徐又奏报说，英国等国趸船呈交鸦片一律收清，“夷人成本千余万金，已成虚掷，谅不敢更寻覆辙”④。此时的林则徐对于自己推动的禁烟运动，充满了希望与信心！

二、鸦片战争的进程

1. 战火骤起——东方远征军的行动

在早期中英贸易进程中，英国“对华政策初尚极力主张和平”，但并不甘心于被动受制的地位。随着其经济力量的强盛和军力扩张，“商船之外，常有兵船游弋，即可知其意不在小”⑤。1837 年后，英国对华政策发生逆转，由和平通商为主转而为武力强硬之策。英国外交大臣巴麦尊发给新任驻华商务监督义律的训令中明确提出：“欲使通商政策之有效，非可以寻常之手段成就之也。”⑥ 至 1838 年（道光十八年）7 月 13 日，英国东印度舰队司令官梅特兰少将抵粤，即率军舰“在虎门附近示威”，“英政府之侵掠政策更尽情暴露，于是鸦片战役，更为不可免矣”⑦。巴麦尊接到义律要求英国政府对中国的禁烟采取“迅速而沉重的打击”报告后，立即表示，对付中国唯一的办法，“就是先揍它一顿，然后再作解释”⑧。

---

① 武堉幹．鸦片战争史．上海：商务印书馆，1929：43-44.
② 鸦片战争：第 2 册．上海：神州国光社，1954：243.
③ 姚薇元．鸦片战争史实考．台北：文海出版社，1983：30.
④ 林则徐．林文忠公奏稿．台北：文海出版社，1986：638.
⑤ 同①50.
⑥ 同①56.
⑦ 同①58.
⑧ 丁名楠，等．帝国主义侵华史：第 1 卷．北京：科学出版社，1985：38.

虎门销烟后，英方加紧了军事对抗的行动，英国驻印度总督应义律的请求派出战舰“窝拉疑号”。1839 年 9 月 4 日，义律和“窝拉疑号”舰长士密率 3 艘舰船至九龙，要求中国官员供应食物，未达目的后，士密下令开炮。“中英之间的对抗，开始诉诸武力。”①

在曼彻斯特纺织资本家、对华棉货出口商、伦敦印度和中国协会主席以及大鸦片贩子颠地等对华利益集团、人士的积极推动下，1839 年 10 月 1 日，英国内阁会议仅以九票之多数议决，“派遣一支舰队到中国海去”，正式决定发动对华战争。1840 年 2 月，英国政府任命懿律和义律分别为正、副全权代表，懿律为侵华英军总司令。1840 年 6 月，在懿律率领下，一支由 16 艘军舰、4 艘武装汽艇、28 艘运输船、540 门大炮和 4 000 名士兵组成的东方远征军，已经游弋在中国广东海面。

英国不惜以战争手段达到鸦片贸易的目的。

面对骤然而至的战争，林则徐并非没有准备。为了应对可能出现的严重事态，林则徐在广东沿海做了尽可能多的设防：实施严防海口的“以守为战”的制敌方略，在珠江入海口，经伶仃洋至虎门及狮子洋一带，加固和增设炮台，增调守军，重点布防；倡行民间团练，以自保村庄，招募渔民、蛋户丁壮 5 000 人，日夜操练，以备不时之需。

1840 年 6 月 22 日，英国东方远征军海军司令伯麦，“以广东有备，遂变更方略”，放弃进攻广东之谋划，利用其机动性、灵活性优势，留下执行封锁珠江口外的少数兵力后，举兵北上，其战略意图在于占领舟山群岛并形成对长江口和黄河口的控扼之势。

英国策动的战争行为，一开始并没有引起朝野足够的关注。“以逸待劳，主客之势自判，彼何能为也？”② 是举国上下较为普遍的认识。何况，就直接的军事力量对比而言，清军总兵力约 80 万（八旗兵约 20 万，绿营兵约 60 万），这是当时世界上人数最多的常备军③。即使在发生战事的广东、福建、浙江、江苏四省，其驻守的清军也有 22 万之多。但是，近代战争的展开，已经远远超越了单纯的兵员力量的对比，而有着更为深厚的时代内涵了。

2. 战争的展开——血与火的较量

1840 年 7 月初，英军舰队抵达舟山之定海。定海属浙江，为正对钱塘江口之孤岛，东南诸省至北京之海上交通要道，亦为进取北方水路之枢纽。因此，英军以此为先行攻取之目标。据英方记载，7 月 5 日下午 2 时半开始进攻，英军舰炮仅用了 9 分钟就基本使港口的清军战船和岸炮丧失了还击能力；然后，在炮火掩护下其陆军很快登陆，并完成了对县城的进攻组织。次日清晨，英军再次发起向县城的攻击时，发现清朝守军早已乘夜色溃逃。守卫定海的总兵张朝发在炮击中中弹落水，之后送镇海而不治。知县姚怀祥目睹败局，投水自尽。在参战的 1 540 名清军士兵中，战死者仅 13 人，受伤者 13 人。而英方宣称其为零伤亡④。

---

① 茅海建. 天朝的崩溃：鸦片战争再研究. 北京：三联书店，2005：127.
② 姚薇元. 鸦片战争史实考. 台北：文海出版社，1983：46.
③ 茅海建. 鸦片战争时期的中英兵力//宁靖. 鸦片战争史论文专集续编. 北京：人民出版社，1984：181.
④ 同①158-159.

定海之战后，英军以定海为据点，频频举兵于乍浦、厦门、宁波等处。英军舰队“连克海疆重镇”① 的警讯足使朝野震动。1840 年 8 月 6 日，英军舰队 8 艘船只一路无阻，竟然径抵天津白河口，遂成进逼北京之势。道光皇帝面对海疆重镇连连丢失的警讯和英军直逼京师的窘况，急召廷臣会议筹划应对之策。历史的悲剧在于，危局中的朝廷，却将曾勇于为朝廷担当重任的林则徐当作了牺牲品。廷议结果是，“欲逃此危急，除欺英军退天津外无他良策。而欺之之法，惟有先夺两广总督林则徐之官，归罪于彼以谢英军，如此方可议和”②。

接到英军照会的次日，道光皇帝即授命直隶总督琦善向英军示好，称林则徐上年禁烟“措置失当”，“必当重治其罪”。只要英军退回广东，清朝保证“秉公查办，定能代伸冤抑”③。得到琦善的保证后，英军舰队遂“返棹南还”，回广东了。

1840 年 9 月 17 日，道光皇帝任命琦善为钦差大臣，赴广东与英国举行议和谈判。同时下令革职查办林则徐、邓廷桢，并由琦善署理两广总督。南下广东的琦善，与当年南下的林则徐不同，他的使命是“上不可以失国体，下不可以开边衅”④。

奉令以“抚”为上策的琦善，于 1840 年 11 月 29 日抵达广州，即照会义律，举行中英议和事宜。接下来一个多月的谈判中，琦善对英方提出的割让香港一事未敢做主，答应代为上奏朝廷，其余英方所提条件，均一一照准。久于海外殖民事业的英国政府更相信武力的作用，谈判不过是军事交手过程的补充而已。巴麦尊在 1840 年 2 月 20 日训令中明确主张用大炮来说话，对方要么接受条件，要么动武，不必纠缠于交涉⑤。英方甚至没有给一意退让的琦善更多筹谋“抚让”的机会，遂于 1841 年 1 月 7 日，发动了对虎门外的沙角、大角炮台的突袭。战前已经做过充分防备的清朝守军，仍然不堪一击，在英国军舰猛烈炮火轰击下，清军死亡惨重，副将陈连升战死，炮台转瞬失守。沙角、大角之战中，清军共伤亡 744 人，英军受伤 38 人，无人死亡⑥。

借助于军事行动的强势，1841 年 1 月 20 日，义律单方面公布了与琦善议及的《穿鼻草约》，其主要内容包括割让香港、赔偿烟价 600 万元、恢复广州通商等条款。英军据此无效的条约，于 1 月 26 日强占了香港。

从 1840 年 6 月英军封锁广州洋面开始，至 1841 年 1 月义律单方面公布《穿鼻草约》，是鸦片战争的第一阶段。

以“抚”为计的道光皇帝终于被一再挑起“边衅”的英国军队所震怒，1 月 27 日接报沙角、大角炮台连连失陷后，当即下令对英宣战。鸦片战争的第二阶段由此开始。变“抚”为“剿”的道光皇帝，理所当然地要将“主抚”的琦善问罪。在交部议处的谕令之后，道光皇帝又据广东巡抚怡良奏报，对琦善罪加一等，谕令指斥：“朕君临天下，尺土一民，莫非国家所有；琦善擅予香港，擅准通商……不知是何肺腑！如此辜恩误

---

① 武堉幹．鸦片战争史．上海：商务印书馆，1929：72.

② 同①73.

③ 筹办夷务始末（道光朝）：第 1 册．北京：中华书局，1964：387.

④ 同③399.

⑤ 马士．中华帝国对外关系史：第 1 卷．张汇文，等译．北京：三联书店，1957：713.

⑥ 茅海建．天朝的崩溃：鸦片战争再研究．北京：三联书店，2005：227.

国，实属丧尽天良，琦善著即革职拿问，所有家产，即行查抄入官。”① 随后，道光皇帝又派皇侄、御前大臣奕山为靖逆将军，户部尚书隆文、湖南提督杨芳为参赞大臣，调集清军 17 000 人，急赴广东对英作战。

清朝转“抚”为“剿”的谋划尚在进行，英军在广州却不失时机地展开第二轮进攻。1841 年 2 月 23 日，义律率舰队进攻虎门炮台。“英船连樯而进，我军众寡不敌，纷纷溃散。”② 水师提督关天培及 20 余名兵弁奋勇战死。虎门之战中清军计丢失大炮 380 门，战死 400 多人，另被俘 1 300 余人，而英军只有 5 人受轻伤③，其伤亡几可忽略不计。

攻陷虎门炮台后，英军长驱直入珠江，兵临广州城下。

1841 年 4 月 14 日，将军奕山到达广州。就在奕山赶赴广州的途次，英军频频在内河出击，短时间内就摧毁了清军大小炮台十余座，击毁各种战船数十艘，缴获大小火炮约 400 门，攻陷了广州东西两路的主要炮台，并占领了广州西南角的商馆，重新升起了英国国旗。广州城已无屏障可恃，完全暴露在英国舰队炮火的有效射程之内。

当时，在奕山统率下的广州驻守清军的总兵力当在 2.5 万人以上，数倍于英军人数。然而，自 5 月 21 日奕山下令与英军开战以来，奕山就未能真正获得一次胜战（尽管向朝廷频传所谓捷报）。5 月 25 日，经过 5 天激战，英军攻取城郊的泥城、四方炮台，形成包围广州之势，并以炮火轰击广州城，“连发大小炮，清军死伤者无算，瞬时达数百人之多，将士全无战意”④。奕山等朝廷命官惊慌失措，惶惶然在城头竖白旗乞降求和。5 月 27 日，奕山与英军订立《广州和约》，规定：清军在 6 天内撤驻广州城外，7 天内缴纳 600 万元“赎城费”，赔偿英国商馆损失 30 万元。《广州和约》标志着鸦片战争第二阶段的结束。

英国政府对华利益的胃口绝不限于《广州和约》。骄横的巴麦尊决计扩大侵华战争规模，以从中获取更多的利益。1841 年 4 月，英国派遣璞鼎查取代义律的全权代表一职，并更换军队司令官。璞鼎查于 8 月 10 日与新任远征军海军司令、东印度舰队总司令海军少将巴加一同到达澳门，随即决定了北上的军事行动。鸦片战争第三阶段由此开始。

英军此次行动以厦门为首取目标。战斗于 8 月 26 日正式打响，参战的 10 艘英军战舰载炮约 310 门，武装轮船 4 艘，运输船 22 艘，载送陆军 4 个团计 2 500 人⑤，这是一支机动性和实战性极强的军队。清朝守军达 5 680 人，另有雇勇 9 000 余人协防地方。战斗竟然出奇地迅速结束：不足两小时的炮火打击就摧毁了曾经精心设防的炮台工事和清军战斗力。8 月 27 日清晨，当英军登上厦门城墙时，发现清朝守军早已逃逸，英军不战而据有城池。战后统计结果，清军减员 324 人，英方仅战亡 1 人，伤 16 人。

---

① 武堉干. 鸦片战争史. 上海：商务印书馆，1929：78.

② 同①80.

③ 茅海建. 天朝的崩溃：鸦片战争再研究. 北京：三联书店，2005：231.

④ 同①83-84.

⑤ 同③341.

图 1-3　第一次鸦片战争定海保卫战中的抗英炮台

远征的英军舰队一路杀来，兵锋不曾受挫：10 月 1 日，英军仅用一日就攻陷定海。清朝守军苦战不支，三总兵葛云飞、王锡朋、郑国鸿力战而亡。9 天后，英军攻陷镇海，两江总督裕谦愤恨投水自尽。随即，英军攻占宁波。

浙东三城的失陷，意味着江南财赋之区的丢失。情急之下的道光皇帝再次遣兵派将，决心再次对英开战，试图扭转战局。10 月 18 日，他调派皇侄奕经为扬威将军，侍郎文蔚和副都统特依顺为参赞大臣，从各省调集 2 万军队，赶赴浙江作战。然而，1842 年 3 月 10 日，奕经制订的分三路进攻宁波、镇海、定海的军事行动，却被英军轻易挫败。英军乘势追击，又陷慈溪。此前不久曾被道光皇帝嘉许为“调度有方，出奇制胜”① 的奕经则败退杭州，再也不敢轻言出战。

浙江战事惨败后，道光皇帝已无意主战，再度变计“求和”。在下令前线清军停止进攻的同时，任命盛京将军耆英为钦差大臣，与已被革职问罪的两江总督伊里布驰往浙江，办理议和事宜。然而，和与战的主导权不取决于屡战屡败的清王朝。璞鼎查决计用进一步的军事行动，“侵入扬子江，扼镇江要害，以断运河之漕运，并封锁吴淞口，以断海运”②。

1842 年 5 月 13 日后，英军舰队主动撤离宁波、镇海，集结兵力溯江而上。顺风借势的英国远征军在海军司令巴加、陆军司令郭富的率领下，先后攻取了杭州湾的乍浦和长江入口处的吴淞口、宝山，并不战而据上海。然后驶入长江，直取镇江。在这新一波的攻势中，英军遭遇到开战以来从未有过的顽强抵抗和最大伤亡。5 月 18 日的乍浦之战，英军 9 人毙命，55 人受伤。而清朝驻防八旗官兵大都拼死与战，并上演一幕幕举家自杀的悲壮场面。在 7 月 21 日的镇江之战中，英军投入的兵力最多，遭到的损失也最大，共有 39 人毙命，130 人受伤，3 人失踪③。清军在镇江之战中，战死 234 人，受伤 264 人，副都统海龄全家自杀殉难。但镇江之战却最终为英国谋取在华最大利益奠定了基础。8 月 5 日，英国舰队主力 80 余艘闯入南京下关江面，将填满弹药的炮口指向中国南方最重要的城市——南京。

---

① 姚薇元. 鸦片战争史实考. 台北：文海出版社，1983：129.

② 同①132.

③ 茅海建. 天朝的崩溃：鸦片战争再研究. 北京：三联书店，2005：443-444.

清王朝已经完全丧失了抵抗的信心和能力，鸦片战争注定在屈辱中结束。

三、《南京条约》与中国近代史的开端

炮口下的“议和”并无悬念。受命为清朝全权议和大臣的耆英、伊里布、牛鉴没有任何与英方讨价还价的条件和余地，只能考虑如何稍微“体面”地接受侵略者开出的各项条件。耆英提出若干文字上的修改意见，全被璞鼎查拒绝，只能一字不改①。

经过20多天的谈判，1842年8月29日，耆英、伊里布等与英国全权代表璞鼎查在南京江面的英舰“皋华丽号”上，签约画押。“时长江英船，皆高悬英国国旗，庆祝胜利，诸舰英兵，并欢呼英后万岁。”② 不平等的《南京条约》共十三款，最主要的内容是：

（1）割让香港。

（2）赔款2 100万银元。

（3）开放广州、福州、厦门、宁波、上海五处为通商口岸。

（4）协定关税。条约规定，居住五口的英国商民缴纳进出口货税，“均宜秉公议定则例”，破坏了中国的关税自主权。

（5）取消公行制度，英商在通商口岸自由交易。

英军带着胜利者的喜悦于10月2日开始逐步从南京退出长江，入海南下广州。紧张不安的道光皇帝及一干朝臣才稍有所安，开始考虑所谓“善后事宜”。但是，英国政府却并不就此停息利益的谋取。璞鼎查于1843年6、7月与耆英在香港就关税税率和开埠通商等事项进行了更详尽的谈判。1843年10月，又签订了《中英五口通商章程》、《五口通商附粘善后条款》（即《虎门条约》），以为《南京条约》的补充条款。由此扩大的英国在华特权主要包括以下几项：

（1）领事裁判权。即英国侨民在中国犯刑事罪时，由英国领事根据英国法律处理。中国司法主权遭受侵害。

（2）片面最惠国待遇。中国与任何国家签订不平等条约出让新的权益时，亦应准英人一体均沾。

（3）在华租赁土地。英人可在通商口岸租地建屋，永久居住。这成为日后殖民势力在华设立租界的口实。

鸦片战争之结果，即为《南京条约》之签订。“自此以后，中国国际地位遂发生急剧的变化”③。自有此约以后，西方各国相继而来，借故强立种种不平等条约，中国遂受列强之桎梏而莫能自拔。

1844年7月3日，美国专使顾盛与耆英在澳门望厦村订立《望厦条约》（即《中美五口贸易章程》）。1844年10月24日，法国专使拉萼尼与耆英在停泊于黄埔的法国军舰上签订了《黄埔条约》（即《中法五口贸易章程》）。除依据利益均沾原则美、法两国

---

① 蔡美彪，等．中国通史：第11册．北京：人民出版社，2007：94.

② 姚薇元．鸦片战争史实考．台北：文海出版社，1983：152.

③ 武堉幹．鸦片战争史．上海：商务印书馆，1929：108.

取得了英国在《南京条约》中的同等特权外，美国还扩大领事裁判权，规定不但中国人与美国之间，而且美国人与其他外国人在华发生的一切诉讼，“中国官员均不得过问”。同时，也扩大了关税协定权，规定中国要变更关税税则，必须取得美国的同意才能变更。法国还获得在五口建造教堂和墓地，以及清政府必须保护教堂和传教士的特权。

继英、美、法三国之后，比利时、西班牙、荷兰、瑞典、挪威、葡萄牙、丹麦等国也群相效尤，与清政府订立了相应的通商条约。从此，中国被西方国家的各种不平等条约拖入世界体系之中，在民族和国家权益不断丧失的屈辱中逐步沉沦于半殖民地的境地。

另外，作为改变中国历史进程的鸦片战争，同时也激发和推进了具有近代意义的中华民族意识的觉醒。以民众为主体的民族抗争运动与清朝的军事抵抗不同，它在另一个层面上展开。1841 年 5 月 29 日，即英军占领广州越秀山期间，小股英军窜到城北五里的三元里抢掠，村民“愤起报复，号召各乡壮勇，枪械云集，四面邀截”①。在社学乡绅的组织下，“一时鸣金揭竿，荷锄携锹而至者，凡一百有三乡，数以万计”②。31 日，三元里民众再次将英军占领的四方炮台包围。英军最终在广州地方官兵出手施救下得以解围。三元里抗英斗争，预示着民族危机下全民抗争运动的到来。这是传统民族意识向近代民族精神转型的开端。

从三元里抗英斗争到其后广州民众持久的抵御英军入城的斗争，都是超越朝廷控制的大规模民众运动。从当时士绅动员民众的揭帖、檄文所包含的基本内容来看，发生在广州的以民众为主体的抗英斗争，显然还不具备近代意义上的民族意识，而更多地表现为传统文化意义上的“华夷”观念。借以动员和组织民众的理由无疑是“华夷之辨”：“西南诸夷，亦莫不候风占月，输忱效顺。乃独英吉利者，其主忽女忽男，其人若禽若兽，凶残之性，甚于虎狼，贪黩之心，不殊蛇虺。惟蚕食夫南夷，辄夜郎以自大。”③所谓“夷性犬羊，难保不生事端”④。这是以文化为出发点，注重文化分辨成分远大于民族利益权衡成分的传统民族意识。以士绅为领导中心的民族抗争运动，主要体现为传统文化对西方文化执拗的抗拒。这种冲突本身虽然也具有民族利益、爱国情感的理性因素，但它却被深深地包裹在“华夷之辨”的话语体系之中。但是，我们没有理由否认民族利益和国家安危始终是推动民众慷慨就义的根本前提，“恭维天朝大统，岂容裂土以与人？而草野效忠，但知杀贼而报国”⑤。当然，历史在昭示我们，具有近代理性意义的民族主义及其运动，只有在彻底摒弃“华夷”观念的基础上才能形成。这将是一个艰难曲折而又充满希望的历史过程。

从此，反对西方殖民势力或帝国主义的斗争，就自觉或不自觉地构成中国近代历史的主题。

---

① 武堉幹. 鸦片战争史. 上海：商务印书馆，1929：86.

② 姚薇元. 鸦片战争史实考. 台北：文海出版社，1983：90-91.

③ 全粤义士义民公檄//鸦片战争：第 3 册. 上海：神州国光社，1954：353.

④ 姜义华，等. 港台及海外学者论近代中国文化. 重庆：重庆出版社，1987：87.

⑤ 同③.

第三节 悲惨圆明园——第二次鸦片战争

一、民族抗争运动的持续展开

《南京条约》的签订只是使清王朝退出了与英国侵略者的军事冲突。但是，广东民众——被士绅借助社学动员组织起来的广东百姓，却在另一个战场上与侵略者展开了持久的较量，“决心不让外国人得到更多的有形的特权”。璞鼎查从南京返回香港仅仅几天，就发生了广州民众火烧英国商馆的事件，“这表现出外国人与广州人民间继续存在的仇视情绪”①。

为了有效地抵制英国人入住广州城，地方士绅发起组织了城厢社学，“得百名为一甲，并八甲为一总，设文武各一；并八总为一社，设文武各二；并八社为义勇，设文武各四”②。5万余众的强大阵势，构成鸦片战争后以民众为主体、以士绅为主导的民族抗争运动。广州士绅在引人注目的墙壁上“张贴告白，号召人民反抗外国人居住区域在商馆以外的任何扩展”③。1842年11月25日，城厢社学张贴《全粤义士义民公檄》，号召全城民众抵制英人入城，并痛斥清朝文吏武臣畏犬如虎，不顾国愁民怨，遽行割地输金的行为④。因而，从1842年底开始，英国人要求香港开市和在广州城南黄埔地方“搭建楼房，建造衙署”的努力，尽管有地方大吏的允诺，却终究因广州民众运动的抵制而无法实现。

1847年4月3日，英方试图强行入城，德庇时率火轮船2艘，划艇舢板20余只，士兵1 000余名，直驱闯入省河。广州民众群起抵抗，决定“夷人入城之日，闭城起事”，并火烧知府刘浔的朝珠公服。广东大吏在民众压力下，只得暂时取消洋人入城的命令。此后两年，广东民众自发的民族抗争运动持续发展，走向高潮。1848年，英国新任香港总督文翰再次与广东官吏商定入城事宜。广州城内的粤秀、越华、羊城三书院及以梁廷枏为首的士绅动员民众达十余万人，“为拒夷入城之备”。次年2月，英国再次强行开兵船进入省河，以武力威胁。广东民众群集珠江两岸，声势相连，造成“四城灯烛照耀，殆同白日，枪炮声闻十里”的强大声势。英方只得再次放弃入城要求。面对广东民众的抵抗运动，文翰不得不承认：“我绝对认为附近民众和团勇会坚决抵抗我们入城，结果使我们非用极大的武力不能达到目的，因为他们的抵抗力量比1841年第一次抵抗要强得多。”⑤

在军事对抗中，清王朝无可奈何地败于英国的坚船利炮之下，但是在以民众为主体的民族抗争运动中，英国侵略者却遭遇到顽强、持久的抵御。当然，从三元里抗英

---

① 马士．中华帝国对外关系史：第1卷．张汇文，等译．北京：三联书店，1957：416.

② 列岛．鸦片战争史论文专集．北京：人民出版社，1990：239.

③ 同②418.

④ 全粤义士义民公檄//鸦片战争：第3册．上海：神州国光社，1954：354.

⑤ 丁名楠，等．帝国主义侵华史：第1卷．北京：科学出版社，1985：99.

斗争到广州民众持久不绝的反入城运动，士绅动员民众的精神武器仍然是传统的"华夷"观念，所谓"华夷未可杂居，人畜不堪并处"。但在他们保卫家园的具体诉求中，也包含着走向近代民族主义的内在动因，"是则英夷不平，诚为百姓之大害，国家之大忧"①。

重要的是，在近代中国走向半殖民地化的历史进程中，特定历史时代赋予以民众为主体的民族抗争运动以天然的正义性和合理性，它是这一时代的"天理""人心"之所在，"作事贵循天理，尤贵顺人心，天视自我民视，天听自我民听，故民心之向背，即可验天心之从违"②。这一深深扎根于民众之中的"天理""人心"，将是最终赢得民族独立和国家强盛的强大内驱力。

二、列强对华利益的继续扩张

1. 英法联军与《天津条约》

广州民众顽强持久的抵制英人入城运动，使英国基于不平等条约的利益与权利，并不能顺利地实现。1852 年（咸丰二年），英国政府以宝林取代文翰为香港总督，推行"积极侵略主义"。1856 年巴夏礼为英国驻广东领事后，与两广总督叶名琛力争英人入城问题，仍陷于困局。巴夏礼遂决意"觅机开衅"③，力求破此困局。自鸦片战争后，"中英交涉，波澜起伏，事故虽繁，要以入城问题为之骨干，直演成第二次中英战役(英法联军)"④。

更重要的是，借助于炮舰打开了中国门户的英国资产阶级，其在华商品却没有获得畅销，并未真正占有中国市场。相反，英国对华贸易在 1846 年出现下降趋势，"降到了 1836 年的水平以下"⑤。直到 1856 年前夕，也未能恢复到 1845 年前的水平。这一状况的形成，既有中国传统自然经济对英国商品的抵制，也有鸦片贸易的迅速增长对其他商品销售的排斥。但英国政府认定其商品滞销在于中国通商口岸太少，遂从 1854 年到 1856 年，伙同法、美等国先后多次向清政府提出"修约"要求。其主要内容为：允许外国人进入中国整个内地，至少允许进入长江流域和沿海各城市；实行鸦片贸易合法化；改订税则；外国公使驻北京；等等。咸丰皇帝表示，它们提出的各条"均属荒谬已极！"应杜绝其"无厌之求"。两广总督叶名琛和两江总督怡良也对列强的"修约"要求加以拒绝。因此，西方列强不惜再次诉诸武力，逼迫中国开放全境，进一步扩大其在华特权和利益。

1856 年 10 月 8 日，广东水师在停泊于黄埔的"亚罗号"船（该船曾在香港注册，但已过期）上缉捕了几名海盗和嫌犯。中国水师上船缉捕海盗，本属中国内政，但巴夏礼诬称中国水师侮辱了英国国旗，寻衅制造战争事端。10 月 23 日，三艘英国军舰突袭广州，悍然挑起侵华战争。英军被广州守军击退后，据守虎门待援。是年 2 月，广西西

---

① 全粤义士义民公檄//鸦片战争：第 3 册. 上海：神州国光社，1954：355.

② 夏燮. 中西纪事：卷 13. 台北：文海出版社，1967：123.

③ 刘彦. 中国近时外交史. 台北：文海出版社，1983：34.

④ 谢兴尧，等. 英法联军史料. 台北：文海出版社，1983：5.

⑤ 马克思论中英条约//鸦片战争：第 1 册. 上海：神州国光社，1954：13.

林地方政府将擅自潜入广西西林进行非法活动的神父马赖处死。法国遂借此与英国合谋发起侵华战争。

1857年12月，英、法两国聚集联军5 000多人（其中法军1 000人），以“基督诞降节”为最后通牒。两广总督叶名琛迷信扶乩，“一切军机进止，皆于此取决”，信守“过十五日必无事”[①] 之乩语，未谋任何战守之策。事后，广州民众讥之为“不战不和不守，不死不降不走，相臣度量，疆臣抱负，古之所无，今也罕有”。28日，英法联军发起进攻，29日广州失陷，叶名琛被俘，广东巡抚柏贵、广州将军穆克德纳投降。联军随即组成“联军委员会”，扶植柏贵为傀儡，对广州进行殖民统治长达4年之久。

1858年4月，英法联军舰队直驶天津。5月20日英法联军攻取大沽炮台，进逼天津，并占领城外望海楼一带。英法联军沿海一路轻取直进，使清王朝惊恐大惧。朝廷一方面急调科尔沁亲王僧格林沁驰赴天津增援，防阻英法联军北进；另一方面则命大学士桂良、吏部尚书花沙纳为议和全权大臣，赶赴天津议和。英、法各持所定新约五十六款和四十二款，要求清朝议和大臣照约画押。清朝廷对此“虽多愤激，然战守俱无把握，不得已允之”[②]。俄、美两国则以“调停人”出面，谋取更多的在华特权。

在列强军事威胁加外交合谋的胁迫下，清政府在1858年6月13日至26日分别与俄、美、英、法各国签订了《天津条约》。此后又在上海签订了《中英通商章程》《中法通商章程》作为《天津条约》的附约。中英、中法《天津条约》主要内容为：英、法公使驻北京；增开牛庄（后改营口）、登州（后改烟台）、台湾（后选定台南）、淡水、潮州（后改汕头）、琼州、南京、镇江、九江、汉口等地为通商口岸；外国商船自由航行长江各口岸；允许外国人到内地游历、传教和通商；修改关税税则；清政府分别赔偿英、法银400万两和200万两。附约中又规定了“鸦片贸易合法化”、由英国人“帮办税务”等条款。

《天津条约》及其附约的形成，标志着中国被迫对西方列强进一步开放，除沿海和长江中下游的主要城市几乎全部开埠通商外，外国人和传教士还可以深入内地游历、传教和通商。

2. 战火再起与《北京条约》

1859年初，英、法分别以普鲁斯和布尔布隆为驻华公使。英、法公使到上海后，与美国公使会合，准备赴北京换约。普鲁斯还率领一支“足够有力的舰队”，以便相机以武力威逼。清政府则恐公使进京有损“天朝”体面，谕令桂良等提出在上海换约的要求。英、法公使拒绝清廷请求后，于6月17日率舰队北上天津大沽口外示威。25日，英国海军司令何伯组织千余人的英法联合舰队闯入白河，突袭大沽炮台。大沽守军奋起抵抗，经夜激战，击沉击伤英、法兵舰10余艘，毙伤400多人，英、法军司令均受伤。侵略军受重创后退回上海。

白河之败后，英、法两国政府蓄谋更大的军事行动。1860年2月，英法联军共2.5万人、战舰和运输船200余艘陆续来到中国。4月，联军连陷舟山、烟台等地，7月28

---

① 刘彦．中国近时外交史．台北：文海出版社，1983：34.

② 同①39.

日，英法联军到达大沽口外。8 月 1 日，在俄使情报指引下，联军避开了设防颇严的大沽口，一举突袭了未加设防的北塘。随后，联军从水陆两路以强大攻势夹攻大沽炮台，清朝守军全体阵亡，8 月 21 日炮台失守；次日，天津失陷。

9 月 9 日开始，英法联军举兵进逼北京。北京沿线清军虽多有布防，却未能从根本上阻止联军的推进。21 日，英法联军在通州八里桥与清朝守军激战，清军伤亡 1 200 余人后惨败（联军死伤四五十名）。败局已定，北京固守无望，咸丰皇帝仓皇任命其六弟恭亲王奕䜣为议和钦差大臣以收拾败局，自己立即出逃热河。10 月 5 日，英法联军兵临北京城下。10 月 6 日后，法、英两军先后闯入圆明园，大肆抢劫后又纵火焚烧，三天之内将这座经营 150 余年、聚集古今艺术珍品的宫殿园林掠夺一空，毁为一片瓦砾。

清王朝再次屈辱于列强的炮火之下，由议和钦差大臣奕䜣于 10 月 24 日、25 日，分别与英、法代表交换了《天津条约》，并另订立了中英、中法《北京条约》（即《续增条约》）。除确认《天津条约》各款外，其内容主要有：

（1）开放天津为商埠。

（2）准许华工出国。

（3）割让九龙司给英国。

（4）《天津条约》中规定的赔款增加为英、法银各 800 万两，恤金英国银 50 万两、法国银 20 万两。

同年 11 月，沙俄也强迫清政府签订《北京条约》。而美国则以“一体均沾”条款，同样享有其他列强获取的权益。第二次鸦片战争由此结束了。在进一步丧失主权和利益的历史进程中，中国的半殖民地化日趋深重，其间原因除列强军事实力的强大外，清廷“官吏的苟且偷安，尤其是愚昧无识，实负有极大的责任”①。

三、沙俄对中国北方领土的侵吞

俄国沙皇尼古拉一世时代（1825—1855），向中国的东进侵略是其主要政策。鸦片战争后，他更认为有可乘之机，遂加紧对华的侵略行动。早在 1850 年，已被革职却仍然心系天下安危的林则徐，通过抄寄的京报消息，便预见性地判断：“终为中国患者，其俄罗斯乎！”② 第二次鸦片战争中沙俄趁火打劫的行为，证实了林则徐的远见。

1847 年 9 月，沙皇尼古拉一世任命少壮军人穆拉维约夫为东西伯利亚总督，积极部署侵占中国的黑龙江地区的计划。1850 年起，沙俄即于黑龙江口筑城屯兵，兼及库页岛，多方布置，而“中国政府毫无所知”。1854 年，穆拉维约夫开始实行“武装航行黑龙江”方案，率领 70 余艘军舰，强行越过中俄边界，通过雅克萨、瑷珲等地顺流东下，横穿中国领土 2 000 多公里，在黑龙江下游地区强行建立俄国居民点。中国方面却无所动，只是“好言道达”，“尾随侦探”而已。此后，穆拉维约夫派兵不断向黑龙江中下游推进，沿江遍设哨所。此时新任黑龙江将军奕山昏聩无能，他的应对之策是：“于抑制之中，仍寓容涵之意。”与此同时，沙俄又不断入侵中国巴尔喀什湖东南的库克乌

① 金兆梓. 近世中国史. 台北：文海出版社，1978：42.

② 杨国桢. 林则徐传. 北京：人民出版社，1995：595.

苏河地区。第二次鸦片战争前，巴尔喀什湖以东、以南的大片中国领土已经被沙俄占据。

第二次鸦片战争爆发后，沙俄加快了侵略中国的步伐。1858 年（咸丰八年）5 月 22 日，趁英法联军攻陷大沽炮台、清政府方寸已乱之际，穆拉维约夫率领数百名俄军，乘两艘炮艇直趋瑷珲，向黑龙江将军奕山提出重新划界的无理要求。在武力恫吓下，奕山未经清政府允许，即与穆拉维约夫于 5 月 28 日签订了《中俄瑷珲条约》，沙俄强行霸占了黑龙江以北、外兴安岭以南 60 多万平方公里的中国领土，并把乌苏里江以东的中国领土划为中俄共管。“此约不仅割让黑龙江以北区域，是为断送满洲之初步。庸臣误国，盖至于是。”①

得寸进尺的沙俄政府步步进逼，1860 年 11 月 14 日又以“调停有功”，迫使清政府签订《中俄北京条约》，将乌苏里江以东约 40 万平方公里的中国领土强行占有。1864 年 10 月 7 日，沙俄又强迫清政府签订了《中俄勘分西北界约记》，将中国西部巴尔喀什湖以东、以南 44 万多平方公里土地据为己有。通过上述一系列不平等条约，共侵占中国 144 万多平方公里的领土。穆拉维约夫“十余年对中国侵略之大抱负，至此悉告成功”。沙俄不仅享有英、法所得各项权利，而且轻易地掠夺了中国东北、西北大片土地，成为第二次鸦片战争中列强在华最大的获利者。马克思愤怒地指斥说：“俄国不要花费一个钱，不用出动一兵一卒，到头来能比任何一个参战国都得到更多的好处。”②

历史不堪回首！对于清王朝而言，与当年“尼布楚、恰克图缔约时之国威相比，已成隔世之梦矣！”

第四节　“三千年未有之大变局”

一、变局时代的到来

1. 国门洞开——沦为半殖民地化地位

鸦片战争不仅摧毁了清王朝的“天朝上国”的梦幻，而且从根本上逆转了中国在国际社会的地位。两次鸦片战争中，列强以有限的兵力，凭借“坚船利炮”，长驱直入中国内地，竟然可以堂皇而入帝都——北京。时人以“千古未有之大变局”一语形象而深刻地揭示了由此而引起的历史巨变。

两次鸦片战争的历史成就了西方列强以诉诸武力获取对华利益的经验，一部中国近代史几乎就成为列强以战争和逼签不平等条约而使中国沦为半殖民地的历史。血与火始终构成了中国近代历史的主色。据王铁崖编《中外旧约章汇编》统计，晚清 70 余年间，中国被迫签订 1 145 个条约、章程、则例，它们成为资本主义列强奴役和掠夺中国的罗网和枷锁，并被迫开放 87 处通商口岸。

---

① 刘彦. 中国近时外交史. 台北：文海出版社，1983：85.

② 马克思. 俄国的对华贸易//马克思恩格斯选集：第 1 卷. 3 版. 北京：人民出版社，2012：786.

第二次鸦片战争中所签的《天津条约》规定了值百抽五的税则，主要进口货物税率比道光二十三年（1843）降低了13%至65%。而实际上许多货物的税率甚至连5%这样低的水准都达不到，比如进口的斜纹布、印花布、袈裟布、棉纱就是如此。为了夺取更大权益，列强又进一步强行压低中国的内地税，并迫使清政府在《天津条约》中同意洋货进入中国内地，或洋商从内地收购货物出口，只需缴纳一次2.5%的子口税。这对中国的社会经济，特别是对外贸易的打击和破坏十分严重。最明显的后果是，中国由长期出超迅速跌落为入超大国。据同治四年（1865）中国海关贸易册的统计，这一年入超银1 657.8万海关两，第一次显示了入超的走势。"1877年，中国对外贸易开始了年年入超的格局，这种格局一直延续到全国解放"①，对中国经济造成历史性威胁。此后，仅同治十一年至光绪二年（1872—1876）一度出现短暂可喜反弹，但很快又陷入入超的不利境地，而且越陷越深，难以自拔。

在进口货物中，鸦片长期高居榜首。道光二十二年（1842），鸦片在中国常年进口货物总值中占50.2%，居第一位。第二次鸦片战争后，虽然外国机器纺织品激增，但鸦片仍稳居首位。同治六年（1867），鸦片在进口货物总值中占46%。此外，鸦片走私甚是疯狂，帝国主义为牟取暴利而不择手段地输入鸦片。这不仅造成了白银的大量外流，使中国对外贸易严重入超，而且还毒害人民，带来严重的社会危机。棉纺织品是鸦片以外另一大宗进口货物。自19世纪六七十年代起，棉纺织品进口量就逐年递增，最终以进口货物总值35.7%的优势压倒鸦片跃居首位进口货物。英国、印度和美国是向中国出口棉制品的主要国家。洋布、洋纱充斥中国市场，并以其低廉的价格占据销售优势。而中国的手工纺纱制布业则因成本过高不敌洋纱、洋布而纷纷破产。

中国出口的货物以农产品为主，其中又一直以丝、茶为大宗，占出口总值的50%到90%。19世纪七八十年代后，在国际市场上中国的这两项大宗货物先后遇到了强有力的竞争。中国茶最先遇到挑战，在英国市场上，印度茶和锡兰茶打破了中国茶独占英国市场的优势。而在美国市场上，随着日本茶的崛起，中国茶出口受到重挫。所以，虽然中国茶的出口每年都有所增加，但在国际市场上的地位却在逐年下降。到光绪十九年（1893），中国茶的输出量只占国际市场的一半，称霸世界茶叶市场的业绩已经成为明日黄花。综合进出口两方面情况，不难看出19世纪80年代以前，中国丝、茶两项大宗货物的出口总值还足以抵消外国输入的棉制品总值而有余。但80年代以后，外国棉制品进口突增，已经超过丝的出口值，90年代以后又超过茶的出口值，继而超过这两项的总值，反映出中国对外贸易的不利地位。西方列强通过两次鸦片战争和一系列奴役、掠夺中国的不平等条约，已把独立的中国逐渐变为半殖民地的国家。不但领土、主权被侵夺，经济上遭受侵略与掠夺的形势也日趋严重，渐渐被西方列强控制的国际市场所左右，逐步丧失了自己的经济主导性。

第二次鸦片战争结束后，列强从清政府获得相应的侵华权益后，与清政府一度"相安无事"，并携手来共同对付农民起义。同时，西方列强采用了政治和经济的手段进一步扩大其在华权益。

---

① 许涤新，吴承明．中国资本主义发展史：第2卷．北京：人民出版社，2003：82.

1861年（咸丰十一年）至1862年（同治元年），西方列强相继在北京建立使馆。各国的驻华使节以征服者的姿态，傲慢地“教导在崭新的国际关系中并无经验的那些中华帝国大臣”①，以干涉中国内政来增加他们对清政府的政治影响。1867年，英国驻华使馆参赞威妥玛向清政府提出了《新议略论》，摆出一副太上皇的嘴脸，指令清政府保护列强在华特权和利益，否则必然会受到列强的干涉。

中国海关在第二次鸦片战争后也落入列强之手。中国海关先后由英国人李泰国和赫德充任总税务司。由于海关关税在清政府岁入中的比重逐年增长，海关总税务司的地位也日渐重要，赫德等人就利用这个职位来影响清政府。1865年，赫德向清政府递交《局外旁观论》，以教训人的口吻劝告清政府忠实履行不平等条约。他甚至提议任命张凯嵩为云贵总督、吴棠为四川总督，清政府也不得不照办。

两次鸦片战争对清朝的对外关系的影响至深且重。首先，它从制度上彻底摧毁了清政府的闭关政策，加深了中国半殖民地化的进程。《天津条约》《北京条约》扩大了列强的侵略特权，使西方资本主义国家的侵略触角得以合法地伸向中国沿海沿江的各个角落，使中国经济上逐渐沦为资本主义世界的附庸。作为签订条约的回报，列强答应帮助清政府镇压太平天国起义，形成中外反动势力政治上结合的起点。其次，中外交往的新体制开始建立。《中英天津条约》规定：英国“钦差各等大员及各眷属可在京师或长行居住，或能随时往来”，清政府“特简内阁大学士尚书中一员，与大英钦差大臣文移、会晤各等事务，商办仪式皆照平仪相待”，各口英国“领事官、署领事官与道台同品，副领事官、署领事官及翻译官与知府同品。衙署相见，会晤文移，均用平礼”，各式公文中不得称外国人为“夷”。这些规定确立了外国使领人员的地位，是对清朝既有对外交往体制的否定，表明清政府在一定程度上放弃了华夷等级秩序的传统观念。最后，中国丧失了大片领土。战争期间和之后的一段时间，沙俄通过《瑷珲条约》、《北京续增条约》（即《中俄北京条约》）、《中俄勘分西北界约记》等不平等条约，强占中国144万多平方公里的土地。此外，九龙半岛的尖沙咀割给英国。这种领土主权的沦丧在中国的对外关系史上是前所未有的。

“国中之国”租界的形成，更是中国半殖民地化地位的重要标志之一。所谓租界，就是西方列强以不平等条约为护身符，在一些通商口岸强行划定的居留地以及自行管理的地域和社区。早在1845年（道光二十五年），英国在上海强行设立租界，遂开列强设立租界之先河。1854年（咸丰四年），英、法、美三国在上海租界率先成立了工部局（即市政委员会，Municipal Council），其领导机构为租界纳税外国人会议选举的董事会，负责租界内重大问题的决策及立法，然后交付工部局实施；工部局则具体负责租界市政建设、财政收支、治安、公共卫生及消防等等。租界内的司法，因有不平等条约中的领事裁判权而由各国领事负责审理外侨间或华洋间的各种案件。1864年（同治三年），上海又在租界内成立了会审公廨，凡涉及洋人的案件，由上海道委派专员主审，外国领事陪审。其他设有租界的城市如天津、广州、厦门、汉口，其租界管理基本相同，实际上是把西方城市“自治”型的管理体制搬到了租界。在34座设有租界的口岸

① 马士．中华帝国对外关系史：第2卷．张汇文，等译．北京：三联书店，1958：125.

城市中，上海的英美租界（公共租界）、法租界和天津的英、法、德、日、俄、意、比、奥八国租界最具有典型性，具有浓厚的殖民主义的特色，对中国社会的异变也最有影响力。列强在华租界实行完全独立于中国行政系统和法律制度之外的殖民制度，而使租界成为“国中之国”。

两次鸦片战争对于中国创痛既深且巨。从此，清王朝的国际地位一落千丈，在对外关系上战守无应对之策，和谈无国际常识，每以丧权辱国为结果，终成此“三千年未有之大变局”。

2. 社会经济的新变化

与“大变局”不同的是，中国传统自然经济与社会生活的变动虽然迟缓，却是走上了另一种畸形演变之路。持续了数千年之久的传统中国农耕文明，虽然自晚明时期发生了局部的“传统内变迁”，但在西方工业资本的强烈冲击下，在晚清之际已经走到了它的尽头，被改变常规而发生转型，其间经历了相当复杂的历史进程。

鸦片战争前，中国仍然是一个自给自足的自然经济占主导地位的社会。农民不但生产自己需要的粮食、棉花等农产品，而且生产自己需要的大部分手工业产品。鸦片战争后，自然经济的分解和商品经济的发展日渐加速加深。农村自然经济分解，主要表现在农村家庭手工业遭到破坏，从而导致以耕织结合为核心的自给自足的经济结构的解体；同时也表现在有些地主将一部分地租收入投资于近代工业，而不再用于生活消费。这主要是由外国商品输入和资本输入促成的。凭借不平等条约特权，西方列强把大量商品输入中国。“由于在世界各国机器劳动不断降低工业品的价格，旧的工场手工业制度或以手工劳动为基础的工业制度完全被摧毁。……随之也就被迫脱离了它们的闭关自守状态。这些国家购买比较便宜的英国商品，把本国的工场手工业工人置于死地。……事情已经发展到这样的地步：今天英国发明的新机器，一年之内就会夺去中国千百万工人的饭碗。”①

“洋货日销，土货日绌”，始于商埠、蔓于内地、流于边鄙的洋货，给中国以耕织结合为特征的自然经济结构以强烈冲击。许多农村传统手工业者纷纷破产，失去生计。据统计，第二次鸦片战争后，外国棉纱布的进口大幅增加。同治六年至宣统三年（1867—1911），进口棉布值由 12 152 701 海关两增加到 87 875 960 海关两，增加了 75 723 259 海关两，增加了 6 倍多；进口棉纱值由 1 615 766 海关两增加到 49 735 140 海关两，增加了 48 119 374 海关两，增加了 29 倍多。“自洋纱、洋布进口，华人贪其价廉质美，相率购用，而南省纱布之利半为所夺。”② 光绪中叶以后，“机杼不闻”，“间有织者，以洋纱为经，棉纱为纬，或经纬皆用洋纱”。四川达县，自洋纱输入，而纺织业日益衰落。贵州织布业原都是用汉口运来的手纺纱和华南的棉花，但输入的洋棉纱很快代替了土纱；到 19 世纪末，曾经是农家必备的纺车都蒙上了尘土。

总之，“棉纱线消费的巨大增长是一个值得注意的重要现象。不仅上海邻近地区如此，全中国也都如此。在每一个村庄里都有英国棉线出售，每一个商店的货架上都可看

---

① 恩格斯．共产主义原理//马克思恩格斯选集：第 1 卷．3 版．北京：人民出版社，2012：299.

② 夏东元．郑观应集：上册．上海：上海人民出版社，1982：715.

到英国棉线”[①]。大体而言，这一时期除整个西北和北方部分地区以外，其余大部分地区都有洋纱的销行。

洋纱布排挤土纱布的趋势日趋突出，尤其是洋纱排挤土纱显得更为强烈（见下表）。当洋纱进入中国市场后，造成了植棉与纺纱（棉与纺）、纺纱与织布（纺与织）的分离。洋布的输入减少了土布商品布的产量，据估计，光绪二十年（1894）比咸丰十年（1860）农村纺织户减少140余万户，他们已脱离耕织结合的自然经济体系；另有1/4是从市场买纱织布的，已不是严格意义上的自然经济了。中国的手工棉纺织业，到19世纪六七十年代以后，由于资本主义国家机制纺织品的打击，已经进一步破坏了。

表1-2　　　　洋（机）纱排挤土纱的过程（1840—1894）

	1840年	1860年	1894年
全国土布应有产量（万匹）	59 732.7	60 471.0	58 915.8
土布消用棉纱量（万担）	620.9	628.6	612.4
其中：消用洋（机）纱量（万担）	2.5	3.5	143.4
比重（%）	0.40	0.56	23.42

资料来源：许涤新，吴承明．中国资本主义发展史：第2卷．北京：人民出版社，2003：278.

伴随着自然经济结构的分解，传统经济领域中商品化趋势在逐步增强。首先是主要农产品商品值的增长。1840年茶叶、蚕茧、棉花、鸦片、粮食等5种产品的商品值为19 243.81万两，1894年增长至55 984.06万两，净增36 740.25万两，增加了191%，年平均增长率为2%；如将鸦片这种毒品除外，1840年至1894年，其他4种农产品的商品值由1.9亿元增至4.3亿元，年增长率仅为1.5%；如按1894年不变价格计算，1840年至1894年，茶叶、棉花、粮食的商品值从28 447.38万两增至45 295.2万两，比1840年仅增加59.2%。若以1894年5种商品值与1840年3种商品值比，则增加了96.8%，年增长率不足1.3%。但总体看来，这半个多世纪中，中国农产品商品化的进程还是比较缓慢的[②]。其次，传统手工业，特别是棉纺织业、丝织业、井盐业、榨油业、陶瓷业中的资本主义因素，持续存在而且有所发展，成为民族资本主义工业的一个有机组成部分，不仅为机器工业的产生、发展提供了一定的工人、技术和市场条件，而且有的更逐渐转化为机器工业[③]。最后，传统商业在鸦片战争后逐步具有了资本主义的性质。其经营的商品逐渐以资本主义生产为主要基础，其市场流通范围逐步扩大，其取得的利润已成为资本主义平均利润的一部分，其生产关系已具有明显的资本主义雇佣性质，其经营方式逐渐采用经销、代销、包销、拍卖、批发、信用结算等新方式[④]。

---

① The Commercial Reports from Her Majesty's Consuls in China，1883：226.

② 许涤新，吴承明．中国资本主义发展史：第2卷．北京：人民出版社，2003：279-305.

③ 彭泽益．近代中国工业资本主义经济中的工场手工业．近代史研究，1984（1）：125-137．汪敬虞．中国近代手工业及其在中国资本主义产生中的地位．中国经济史研究，1988（1）：88-100．许涤新、吴承明．中国资本主义发展史：第2卷．北京：人民出版社，2003：900.

④ 朱英．近代中国民族商业资本的发展特点与影响．华中师范学院研究生学报，1985（1）．黄逸平．近代中国民族商业资本的产生．近代史研究，1986（4）．张国辉．晚清钱庄和票号研究．北京：中华书局，1989.

郑观应在《盛世危言》中揭示出，光绪中叶输入中国的大宗外货有二，一是鸦片，二是棉纱、棉布。英国人发动鸦片战争的目的是强迫中国政府承认鸦片贸易合法化，《南京条约》虽然并未提及鸦片贸易合法化问题，但是事实上英国人争取到了这种权利。英国商人在武力保护下进行的或明或暗的鸦片走私，不仅逃避交纳海关关税，而且贸易数量比战前增加很多。以1855—1859年为例，几年间走私进入中国的鸦片每年达61 827箱①；以每箱售价500元计，价值达3 091.35万元，即使按照5%的低关税，关税收入亦达154.6万元，可见中国海关税收损失之大。鸦片贸易的合法化，导致鸦片进口数量急剧增加。直至19世纪90年代，鸦片进口值始终占进口总值的第一位，某些年份甚至将近进口总值的一半。“鸦片主要是用现金即纹银支付的，但据报告，现银差不多全部流出了这个国家。”② 鸦片战争后，白银外流日益增多，输出的白银差不多全部用于购买鸦片。这见证了中国在19世纪的全球化和近代化过程中处于从属的地位与被动的角色。

图1-4　鸦片战争后香港男子吸食鸦片、旱烟和水烟

3. 社会结构与阶级关系的新变动

社会结构一经形成，便具有自我维系和复制的再生机能。中国传统的专制型家国同构农耕社会，虽经受了几千年的社会动荡、经济兴衰、民族冲突、政权更易，但其基本的社会结构却少有变动。但是，当晚清社会在西方社会文化的强烈冲击下仓促回应时，强推硬挽的世界历史进程的合力，却最终导致了晚清社会结构的变动。

嘉道之际，西方商人携带着另一种社会文明的信息，与古老的中国社会文化在广州滩头交手，二者都不曾预料到历史的最终结局。社会结构的历史性变动，是在不经意间的日常生活中悄悄进行的，它没有政治事件猝然爆发的惊心动魄，却有着不容逆转的制约社会发展的内力。正是在中外贸易活动中，形成传统“士农工商”社会群体之外的另一种社会群体——买办。买办，先是作为一种特殊的职业集团，后又形成一个特殊的社

① 马士. 中华帝国对外关系史：第1卷. 张汇文，等译. 北京：三联书店，1957：626.

② 姚贤镐. 中国近代对外贸易史资料（1840—1895）：第1册. 北京：中华书局，1962：519.

会阶层，终于撕裂了中国传统的社会结构模式，成为重构中国近代社会阶级、结构的重要力量之一。鸦片战争后，随着列强在华经济、政治特权的强化，新的社会阶层逐渐形成，并由此开启了中国社会结构及其阶级关系的新变动。

“买办”一词早见于明清文献。明代系指供给宫廷商品的商人。清初，府宅大第人家的采购人员亦称买办。这里所说的买办，原指在清政府限定的对外贸易港口广州、澳门的商馆和税馆中为外商服务并受政府委托，与行商、通事一起，管理与外商有关的事务的那部分人。鸦片战争之前，与外商打交道的是广州十三行。行商带有官商性质，在与外商进行贸易的同时，被清政府赋予管理外商的职权；向外商宣示清政府法令并为外商办理手续的还有通事，其下又有买办。按照清政府规定，外商船只到中国后，须先泊澳门，经粤海关监督派人查验许可后，由引水引入黄埔，大班、二班住在广州的商馆，船上其余人员住澳门税馆中，商馆、税馆和商船都设有买办，他们为外商保管账目、银钱和贵重物品，为外商购买食物。商馆仆役人夫责成买办代雇，买办责成通事保充，实行层递钳制。买办是为外商服务的商馆仆役的总管。鸦片战争后，买办制度发生了很大变化。

第一，行商制度被废除，外商可以自由雇用买办而不受清政府约束。道光二十二年（1842）《南京条约》规定：“凡大英商民在粤贸易，向例全归额设行商，亦称公行者承办，今大皇帝准以嗣后不必仍照向例，乃凡有英商等赴各该口贸易者，勿论与何商交易，均听其便。”道光二十四年（1844）《中美望厦条约》中亦有这样的条款：“凡合众国民人贸易船只进口……其雇觅跟随、买办及延请通事、书手……或添雇工匠、厮役、水手人等，均属事所必需，例所不禁，应各听其便。所有工价若干，由该商民等自行定议，或请各领事官酌办，中国地方官勿庸经理。”买办从在清政府主使下为来华外商服务并参与管理外人事务的人，变成了脱离中国政府控制而依附于外商并为其服务的人。

第二，买办职能扩大，从为外商服务的仆人头目变成了中西贸易的桥梁。通商口岸培养的买办，是东西方制度和文化的混血儿，充当了东西方之间的桥梁①。买办的确是外国资本主义列强走向中国的桥梁，是外商推销其工业品、收购中国农产品的中介。“在远东的美国洋行必须熟悉若干不平常的营业方法，其中之一就是买办制度，这种制度在中国已经有了最大的发展。外国洋行与中国人交易要经过一个中国代理人，这个人就叫作‘买办’。最初这个代理人只不过是雇用的一些仆人，并为其主人在当地市场购买日常生活用品。然而近年来，这种制度发展到外国人同中国人做生意，不论买卖或借贷，都要经过这一类的代理人。在许多洋行中买办就是合伙人，也有许多事例说明他实际也就是这类营业的主人。他供给资本，管理营业，利用外国人的名义得到保护以避免商界中许多弊端及损害。真正的买办是一个出纳员，办理一切收款及付款事宜。在许多洋行中，账单由营业处的代表用该行买办开出的本票支付，这种本票就如同银行支票或汇票一样存入银行。所有的仆人都由洋行的买办雇用，对于这些仆人的行为，买办对洋

---

① 李荣昌，钱小明．国外学者论对外经济同中国近代化的关系//中国近代经济史丛书编委会．中国近代经济史研究资料：七．上海：上海社会科学院出版社，1987：22．

行负责保证。……他在远东贸易中是一个不可忽视的因素。”①

第三，买办制度逐渐完善。大约在五口通商之后，外商在雇用买办时即开始签订买办合同。以后，其内容不断完备。“现时雇用买办必须订立合同，一般都是书面的合同，合同中规定某几项佣金，并规定买办要保证对一切协议条款都忠实地履行。”②

第四，买办制度活动地盘扩展，从广州口岸向沿海沿江通商口岸迅速发展。鸦片战争后，上海逐步取代广州的地位，成为中外通商贸易的中心。许多洋行纷纷从广州迁移到上海，并将其在广州实行的买办制度移植到上海。随着通商口岸的增加，外商企业及其分支机构分布区域不断扩大，买办势力也逐步从以上海为中心向沿海、沿江城市蔓延，其触角深入到乡镇市集，乃至穷乡僻壤。

买办的财富积累主要有三个来源。一是代理买卖的佣金收入。外商在华经济活动，无非收购土产和推销洋货。买办为外商进入内地收购土产，而且中外商人双方议定价格，签订合同，支付款项，接受货物，都由买办代外商全权办理，就是连内地货商是否可靠、信实，也都由买办判断和保证。“洋行把所有签订贸易合同的权力都交给它们的买办”③。洋行进出口商品的成交，都要首先征得买办的同意，在中外贸易的进行过程中，买办承担着唯一中介的角色。因此，充当洋行买卖代理人的买办，当然要从洋行取得报酬，即佣金。上海洋商总会规定丝茶鸦片商的佣金为3%，一般佣金为2%～3%，最高佣金为5%。二是自立行号的利润收入。在中外贸易过程中，买办对于整个经济活动十分熟悉，对于商品的销售也了如指掌，这就为买办自己设号经营创造了条件。许多买办都有完全属于自己的行号，当然，买办的行号大都和他的雇主“经营同样的商品”，“插手贸易场中的一切买卖”。它们主要和洋行从事对外贸易，或者经营洋行从事进出口贸易所需要的各种辅助行业，和洋行直接挂钩。实质上，他们的行号无异于洋行的分支机构。到19世纪60年代，买办自立行号已成普遍现象④。买办通过为洋行积累资本的方式为自己积累起来的资本，数量巨大，“一个每月工资只有25元的买办，6年后就变成为成千上万的富翁”⑤。三是周转资金的利息收入。买办代理洋行业务或者自立行号为洋行服务，又为洋行的金库保管和现金出纳，自然和钱庄发生密切关系，进而投资于钱庄。从19世纪四五十年代杨坊在上海开设泰记钱庄后，向钱庄投资的买办逐年发展，到60年代，许多很有实力的买办如徐润、唐廷枢、王槐山、席正甫等人都相继开办了钱庄。借此，买办通过为外国入侵势力积累资本方式以积累自己的资本。他们用钱庄的庄票供给洋行作为支付手段，或者以现金保管员身份，利用洋行资金，周转取息。如此，买办积累了大量财富，成为中国近代社会中经济上最具影响力的社会集团，从而也成为中国近代社会结构和阶级结构变动中的重要力量。

买办最早作为一种新的职业，后来发展为一个特殊的社会阶级力量，始终是伴随着外国资本在华势力的发展而成长起来的。鸦片战争后，通商口岸扩大，外国在华企业得

---

① 姚贤镐. 中国近代对外贸易史资料（1840—1895）：第3册. 北京：中华书局，1962：1510-1511.

② 同①1517.

③ 严中平. 试论中国买办资产阶级的发生. 中国经济史研究，1986（1）：91.

④ 同③.

⑤ 严中平. 中国近代经济史（1840—1894）：上册. 北京：人民出版社，1989：386.

到迅速发展，洋行大量涌现。据统计，19 世纪 50 年代初在华洋行约 209 家，70 年代初约 550 家，19 世纪末叶增至 933 家，20 世纪 20 年代初就达到 9 511 家[①]。作为外国洋行代理人的买办也得到相应的发展，到 19 世纪末买办总数已达 1 万余人。人数众多的买办不仅在数量上发展较快，更重要的是他们在经济上拥有相当雄厚的实力，对社会生活的影响至关重要。

二、鸦片战争后思想、文化的新趋向

1. “师夷”先声：走向世界的开端

鸦片战争中，直接打开中国门户的是西方列强的“坚船利炮”。一再的败局使朝野上下一片震惊，“三千年未有之大变局”提出了一个必须回答的时代性问题：如何应对拥有先进技术且又咄咄逼人的西方世界？问题的实质是：面对着资本主义侵略的腥风血雨，中国向何处去？坚持把西方先进的军事装备视为“奇技淫巧”，拒绝一切变革，固守“闭关政策”，还是顺时应变，学习西方先进的技术，走向自强？不同的人做出截然不同的历史选择。从而，一个力图认识西方、学习西方并走向自强变革的思潮在鸦片战争的刺激下逐步涌动。林则徐、魏源就是这个思潮的代表人物。

林则徐是近代学习西方的先行者。身处鸦片战争最前沿的林则徐，在实践中体认到英国军事技术上的先进性。林则徐历来“实事求是，不尚时趋”，他深信为了抵抗入侵之敌，必须知己知彼，了解西方。他初到广州，“日日使人刺探西事，翻译西书，又购其新闻纸”[②]。他组织力量先后译出《四洲志》《华事夷言》《各国律例》等书，并翻译了大炮瞄准法、战船图式等技术资料。正是在战争实践基础上他形成了学习西方的认识，率先提出“师敌之长技以制敌”[③] 的方略。在他的推动和影响下，魏源、姚莹、徐继畬、汪文泰等相继在介绍西方知识方面做出了贡献，在沉闷僵化的思想界掀起一股积极求新之风。林则徐不愧是晚清社会睁眼看世界的第一人。

林则徐以他实事求是的真知灼见提出了中国近代最重要的一个思想命题：学习西方并超越西方。他是中国近代向西方学习的思想先驱。

林则徐的挚友魏源明确提出并较系统地论述了向西方学习的思想。魏源曾在浙江前线亲历了抗英战争。此后他按林则徐的嘱托，据《四洲志》和其他资料编成《海国图志》，这是一部系统介绍西方地理、历史、政治、人文和科技成果的著作。他在该书序言中开宗明义地提出：“是书何以作？曰：为以夷攻夷而作，为以夷款夷而作，为师夷之长技以制夷而作。”魏源认为：“夷之长技三：一战舰，二火器，三养兵、练兵之法。”[④] 所谓“款夷”是指对待外国的策略。所谓“制夷”是指抵抗侵略、克敌制胜。魏源的眼光看得更远，除了向西方学习军事技术外，还主张中国自行设厂制造枪炮，允许私人设立厂局造船制械，其产品可以自行出售。此外，《海国图志》还对西方民主政治做了一些介绍和称赞，称美国的总统制“四年一任，期满更代”，“总无世袭终身之

---

① 复旦大学历史系，等. 近代中国资产阶级研究. 上海：复旦大学出版社，1984：295.

② 魏源集：上册. 北京：中华书局，1976：174.

③ 同②.

④ 魏源. 海国图志：上册. 长沙：岳麓书社，1998：26.

事”；议会制议决“军国重事”，“设所见不同，则三占从二”①。魏源对西方政治制度的朦胧向往，对中国近代思想的发展和转变启示颇多。魏源在林则徐的基础上进一步提出了“师夷之长技以制夷”思想，将之理论化、系统化，是中国近代系统思考“向西方学习”的启蒙思想家。

图 1-5 《海国图志》

2. 从“华夷”到中西：传统与近代

对“三千年未有之大变局”所造成的中外关系的认知，由“华夷”到“中西”话语模式的转变，构成了近代民族主义形成的基本前提。鸦片战争时期，是一个完全的“华夷”话语的时代。对此，当时身临其境的外国人的感触是深刻而具体的：“这种对外部世界的无知导致他们产生了一种荒谬的认识：他们是整个世界的主人；他们居住在世界最重要的地盘上，不在中国疆域内生活的人都是野蛮蒙昧的。”② 其时，中英之间的很多纠纷和争执，都与此相关。如 1834 年 8 月间，英国驻华商务监督律劳卑与中国官员（广州知府、潮州知府和广东协台）会晤，关于双方的座次排列有过一番争执：中国方面在英国商馆的客厅里的布置是：“将北面的上座完全留给中国的官吏；行商们则坐在东边，即旁座的上席；而把英国监督们——包括律劳卑男爵在内——的座位都放在西边，这不但是边座的下席，而且是背着英王的肖像”③。这不是一个简单的座次安排问题，至少英方看来，是“把他和一切外夷比作是天朝皇帝所任命的官宪脚下的尘埃”④的一种鄙视。所以，作为英方驻华商务监督的律劳卑坚持更改座次布置，他采用了一张会议桌，将“自己放在主人的席位上，把三个上宾的席位留给那三位中国官员，第四席位留给监督处的一位同僚，并将秘书阿斯迭的席位放在长桌的末端，行商们的座位则未加更动”。“以现在的眼光来看”，“是一种唯一可能的或合理的布置”，“但在当时则被视

① 魏源. 海国图志：下册. 长沙：岳麓书社，1998：1652.

② M. G. 马森. 西方的中国及中国人观念（1840—1876）. 北京：中华书局，2006：82.

③ 马士. 中华帝国对外关系史：第 1 卷. 张汇文，等译. 北京：三联书店，1957：152.

④ 同③153.

为一种太过分的平等权主张”①。

鸦片战争之后，“确认英、中两国以及它们的官吏和代表身份上的平等，是当中主要的，并且几乎是唯一的一点。……所以条约就被写成这样的形式，并且还包括有这样的规定，以便把英国撤出进贡国之列，并且把英国君主和她的官员置放在同中国君主和官员互相平等的地位之上。民族的平等是以条约的形式确认的”②。但是，英国人的这项要求并没有获得中国社会的认可，反而在鸦片战争后广泛而激烈的民族冲突中，朝野上下更加强化和突出了“华夷”话语。

朝廷方面，对于列强仍然坚持“夷”的认定。1850 年 6 月，清朝皇帝对英全权公使巴麦尊送致白河的抗议信，下发谕旨说：“迩者夷人在天津之行径，实属桀骜侮慢已极，乃竟恬不知耻，径自投函枢臣。……况礼有常规，凡国家官吏，均不得交通夷人，著该军机大臣等，即勿予以置复，以免轻启该夷僭越无礼之渐。”③ 如何冲破“华夷之辨”的障碍，至少从正式的中国官方表达中剔除“夷”的字眼，也成为鸦片战争后西方列强的一种持久不息的努力。从 1834 年到 1860 年，西方国家做了各种努力以保持其对于“天朝”的“国家地位”，要求“后各式公文，无论京外，内叙大英国官民，自不得提书‘夷’字”④。“以前中国是处于命令的地位去决定国际关系的各种条件，而现在则是西方各国强把他们的意图加在中国身上的时候了。”⑤

在民间，鸦片战争后，广州民众抵制英人入城的社会运动持久不绝，用以动员民众的揭帖将“华夷之辨”发挥到极端：“查尔英夷素习，豺狼成性……尔不过贪利而来，有何知识？尔之贪利，犹畜生之贪食，不知法度，不知礼义。尔试揽镜自照，尔模样与畜生何异？不过能言之禽兽而已。”⑥ 1849 年 3 月号《澳门月报》刊发的广州绅民的告示也宣称：“该蛮夷一有举动，即在各地响起警钟，同心协力，一鼓作气，杀尽叛夷，寸草不留，不容蔓延。”⑦ 可以说，整个 19 世纪在民间涌动的民族抗争运动的思想资源，都局限在“华夷之辨”的传统民族意识层面。

于士大夫而言，“（同文馆）选翰林及部员科甲出身、年三十及以下者学习行走，则以中华之儒臣而为丑夷之学子，稍有人心，宜不肯就”⑧。1853 年，对西学已经颇有体悟的王韬，在日记中也还不免“华夷之辨”的意识：“法与英本世仇，因助兵伐俄，缔好已密。然夷性无常，一旦见利所在，不能不保其不败盟也。”⑨ 须知，当时的王韬早已在上海英国教会开办的墨海书馆工作，而且时与西方学者如伟烈亚力接触交流，对于西方知识已有一定了解。但是，置身于举国皆言“华夷”的时代，真正面对客观的世界

① 马士. 中华帝国对外关系史：第 1 卷. 张汇文，等译. 北京：三联书店，1957：152.

② 同①349.

③ 同①449.

④ 中英《天津条约》第五十一款。

⑤ 同①696.

⑥ 全粤义民谕英夷檄//鸦片战争：第 4 册. 上海：神州国光社，1954：18.

⑦ 澳门月报，1849（3）.

⑧ 徐一士. 倭仁与总署同文馆//一士谈荟. 北京：书目文献出版社，1983：382. 越缦堂国事日记. 同治六年七月三日.

⑨ 王韬日记. 北京：中华书局，1987：121.

大势，放弃“夷”的认知仍然是十分艰难的选择。通过 1859 年 5 月 6 日王韬与西人伟烈亚力的一番争论，或可体悟到当时士人的思想与心境：

王韬说：“西国政之大谬者，曰男女并嗣也，君民同治也，政教一体也。”

伟烈亚力答称：“是不然。泰西之政，下悦而上行，不敢以一人揽其权，而乾纲仍弗替焉。商足而国富，先欲与万民用其利，而财用无不裕焉。故有事则归议院，而无蒙蔽之虞；不足则筹国债，而无捐输之弊。今中国政事壅于上闻，国家有所兴作，小民不得预知……”

王韬辩对说：“泰西列国，地小民聚，一日可以遍告。中国则不能也。中外异治，庶人之清议难以佐大廷之嘉猷也。……中国所重者，礼义廉耻而已。上增其德，下懋其修，以求复于太古之风耳。奇技淫巧凿破其天者，摈之不谈，亦未可为陋也。”①

然而，就是在“华夷”话语充斥朝野的时代，徐继畬的《瀛寰志略》却特立独行地放弃以“夷”来指称西方各国，建构起一种具有近代意义的话语模式。我们发现，《瀛寰志略》全书中很少或几乎没有对于西方各国的“夷”的表述。

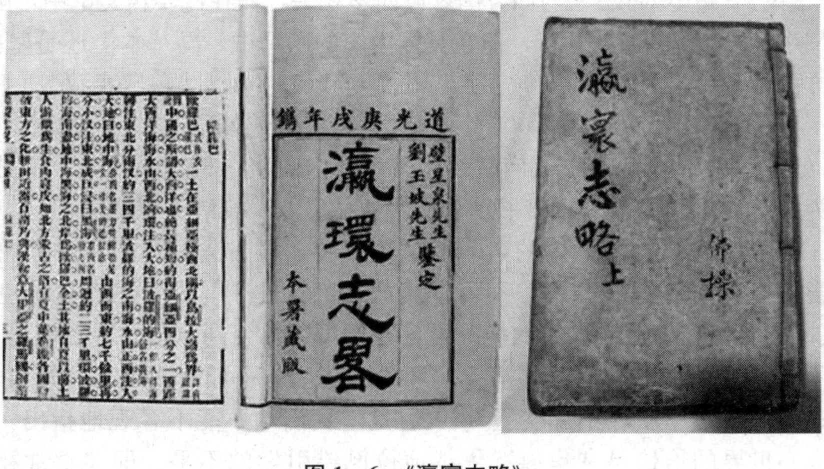

图 1－6　《瀛寰志略》

首先，在几百字的《自序》中，称“泰西人善于行远，帆樯周四海”②，在涉及国外民族和国家时，通常用“泰西人”“域外诸国”等来表述。在《瀛寰志略》的《凡例》千余字中，对于西方各国称谓是“泰西诸国”“泰西”“外国”，或直接称为“英吉利”“花旗国”“葡萄牙”③ 等等。

其次，全书用“夷”字者仅有可数几处：卷七《葡萄牙国》，“按”中说“粤东之居夷”“南洋诸夷”“澳门之夷”④。对西方国家治下属地有用“夷”称者，如卷四《欧罗巴》：“所传畏冷者乃黑夷，黑夷皆印度或南洋各岛人”⑤；卷六《意大里亚列国》：“适

① 王韬日记．北京：中华书局，1987：112－113.
② 徐继畬．瀛寰志略．上海：上海书店出版社，2001：6.
③ 同②7－9.
④ 同②224.
⑤ 同②113.

有夷族自东北来侵”[①]。这里的“夷”并不用于国家民族指称，而只是相对于土著的一种表述。

最后，《瀛寰志略》中的“夷”是在引述他人言论时所用，如顾亭林《天下郡国利病书》“有至部者不行跪礼，朝见欲位先诸夷”；嘉靖中，“私舶杂诸夷中”[②]；等等。

面对一个新的世界秩序和“三千年未有之大变局”的时代，《瀛寰志略》率先超越了“华夷”话语。重要的是，比起同时代人的思想认识和境界，《瀛寰志略》远远出乎其上！它所具有的卓识远见，成为未来中国社会发展的指示器！

19世纪60年代后，经过两次鸦片战争的创痛，迫于西方列强的压力，又经过朝野上下“中学西学”论争后形成的对“中体西用”文化原则的相对认可，强固的“华夷之辨”话语模式逐步开始消解，并一度出现“夷”“洋”或“夷”“西”并行局面。这种情形突出体现在冯桂芬使用的话语中。冯桂芬《校邠庐抗议》完成于1861年，全书40篇，涉及政治、经济、社会、文化、军事各个方面。有4篇文论（《制洋器议》《善驭夷议》《采西学议》《重专对议》）与西方国家或西学相关，而在此4篇文论中，虽然题目中“洋”“夷”并用，“夷”“西”同行，但在具体内容的阐释中，冯基本上还是坚持“华夷”话语。一方面，《制洋器议》约3 000字，用“夷”字34处；《善驭夷议》1 500字，用“夷”字27处；《采西学议》约2 000字，用“夷”字8处；《重专对议》800多字，用“夷”字5处[③]。另一方面，《校邠庐抗议》其余谈内政事，偶有用“夷”字处，如“诸夷以开矿为常政，不闻滋事”，“夷书动言鸦片害人”[④]，“彼诸夷以利为国，富商辄与大酋敌体”[⑤]；而代表冯氏变法思想的名言“法苟不善，虽古先吾斥之；法苟善，虽蛮貊吾师之。尝博览夷书而得二事焉，不可以夷故而弃之也”[⑥] 的思想表达，也几乎是一“夷”到底。尽管，在事后和世后的境况下，人们可以体会到思想先行者们努力的不易，诚如王韬所评：“一代大儒，千秋硕学”，“不泥于先法，不胶于成见”，“知西学之可行，不惜仿效；知中法之已敝，不惮变更”[⑦]。但是，我们却不能不客观地指出，当时，激愤于冯氏内心世界的恰恰是“华夷”优越地位倒错引发的不平，即“堂堂礼义文物之邦，曾夷法之不若，可慨也已！”[⑧]

摒弃“华夷之辨”是由传统民族意识向近代民族意识转型的历史前提。鸦片战争以后进步的思想家们为此付出了艰苦的探索和不小的代价。被社会所认可的进步思想，经历了漫长的历史进程，其间产生的社会冲突、思想碰撞和内砺外烁，注定成为我们认知和体悟历史真知的基石。思想史演变的进程表明，鸦片战争后即使是学习西方的各种“师夷”之策，也始终是“犹抱琵琶半遮面”地在“华夷”话语中运行着，这种状况直到

---

① 徐继畬．瀛寰志略．上海：上海书店出版社，2001：188.

② 同①210.

③ 冯桂芬．校邠庐抗议．上海：上海书店出版社，2002：48-51.

④ 同③32.

⑤ 同③61.

⑥ 同③75.

⑦ 同③88.

⑧ 同③76.

19 世纪 80 年代后才得以改观。60 年代之际，王韬在与伟烈亚力论争中西差别时，还不时以“夷”指称西方，而到 80 年代时，王韬却专门撰写了驳斥持此言论的文章——《华夷辨》。文中说：“自世有内华外夷之说，人遂谓中国为华，而中国以外统谓之夷，此大谬不然者也。《禹贡》画九州，而九州之中诸夷错处。周制设九服，而夷居其半。《春秋》之法，诸侯用夷礼则夷之，夷狄之进于中国者则中国之，夷狄虽大曰子。故吴、楚之地皆声名文物之所，而《春秋》统谓之夷。然则华夷之辨，其不在地之内外，而系于礼之有无也明矣。苟有礼也，夷可进为华；苟无礼，华则变为夷。岂可沾沾自大，厚己以薄人哉?”①

王韬自己的思想演变，其实也是时代思潮嬗变的历史缩影。重要的是，这一思想很快获得社会的认同，从而，制约人们走向近代的“华夷之辨”就被时代的进步所扬弃了。因此，站在近代民族主义演进的时代高点上，回视历史，我们又怎能不慨叹徐继畬《瀛寰志略》中超越时代的卓见！——还在举国皆为“华夷之辨”的话语时代，它就已经超越了同时代的主流话语模式，孕育着具有近代性的民族主义话语。

首先，《瀛寰志略》将对中国与西方各国的认知，置放在具有对等或平等的世界体系中，以抛弃“华夷”话语，构建了从传统观念的“天下”到近代意义的“世界”的新的认知体系。这种基于“世界地理”知识建构的思想认识，对近代中国思想和社会的触动、影响，比之于地理知识本身的影响而言，更为持久而深远。当时人们对它的关注并不在地理知识本身，而更多地集中在“思想观念”层面上。因此，史策先写道：“立论多有不得体处……张外夷之气焰，损中国之威灵。予初见此书，即拟上章弹劾之。”②李慈铭在日记中如此斥责：“轻信夷书，动涉铺张扬厉……似一意为泰西声势者，轻重失伦，尤伤国体。”③ 由此反证出《瀛寰志略》思想史的意义与价值，超越了它的地理学知识本身。

其次，《瀛寰志略》将学习西方的思想从“夷技”层面隐约扩展到更深广的层面，为近代变革思想的提升、发展提供了思想资源。当时社会上涌动的进步思想是“师夷之长技以制夷”，但是，这一思想的起点仍是“华夷”话语，即使更进一步的冯桂芬，也同样坚持着“法苟善，虽蛮貊吾师之”的原则。它的逻辑前提是中国礼教远超乎西方之上，而只是“技术”（或“治法”，如冯氏思想）层面落后于西方；而“礼教”恰恰是划分“华夷”的标准。所以，所可“师”者“夷技”而已。但是，《瀛寰志略》对于西方世界的描述和评价，已经突破了“技术”和“治法”所限。关于西方文教，其言巴黎“为欧洲都会第一，城内有大书院，藏印本书三十六万册，钞本书七万册，游学之士许住院借读”④。“佛郎西颇重读书，学优者超擢为美官。其制宰相一人，别立五爵公所，又于绅士中择四百五十九人立公局。”⑤ 尤其对英、美的民主政治制度建设表达出渴慕之情，评述英国之议会民主制度，于国计民生之事由“爵房酌议，可行则上之相而闻于

① 王韬．弢园文录外编．上海：上海书店出版社，2002：245.

② 近代史资料，1982（2）：219.

③ 李慈铭．越缦堂读书记．北京：中华书局，1963：480-481.

④ 徐继畬．瀛寰志略．上海：上海书店出版社，2001：207.

⑤ 同③209.

王，否则报罢”，而且“此制欧罗巴诸国皆从同，不独英吉利也”[①]。那番对于美国民主制的评述，更是具有久远的思想意义：“米利坚合众国以为国，幅员万里，不设王侯之号，不循世袭之规，公器付之公论，创古今未有之局，一何奇也！泰西古今人物，能不以华盛顿为称首哉！”[②]

固然，徐继畬并没有就鸦片战争后中国之对策提出直接方案，但是我们却难以否认蕴含于《瀛寰志略》字里行间那种超越同代人“华夷”之见的远略之识——这是比单纯的“夷技”和“洋器”以及“西治”更为本质的一种久远的思想识见。它为中国近代民族主义的转型和凝练，提供了最初的思想基石和历史资源。

3. 经世学的新走向

内忧外患的双重煎迫，不能不引起一代有识之士的忧虑与深思。时势的变化要求学风的转变，那种“喜搜古义，一字聚讼，动辄数千言”[③]，于“一拇一指，察之罗纹之疏密，辨其爪之长短厚薄”，“而一手一足之全，已不能遍识”的僵化烦琐、无补于实际的乾嘉汉学已越来越无法适应社会变化的需要。再次转变学风，提倡入世致用已势在必行。

经世致用，或称通经致用、明体达用、经邦济世，是中国伦理政治型文化的传统特质之一。从入世出发、主动参与社会的风气乃随着今文学派的壮盛，“到了 19 世纪中叶又逐渐汇成了一股不可抗拒的思想主流”[④]。以经世济民为标志的常州今文学派的学术思想，逐步形成了自己的营垒，开始与戴震所代表的皖派及惠栋所代表的吴派分庭抗礼，并直接间接地影响了道咸之际学术思想的根本性转变。

魏源指出，“自乾嘉中叶后，海内士大夫兴汉学”，只知“争治诂训音声”，“罔知朝章国故为何物”，也“罔知漕、盐、河、兵得失何在，有奋志讲求抱负宏远之人，反群笑为迂阔”，致使“锢天下聪明智慧，使尽于无用之途”。而那些终身埋首考据的学者，最终也认识到这种学术路径于世无补。龚自珍幼时服膺家学，推崇乾嘉，时势的冲击，促使他“烧尽虫鱼学”，改换门庭，学《公羊春秋》。嘉庆十九年（1814）秋，他感于嘉庆十八年林清率天理教徒攻入紫禁城之事，作《明良论》抨击清王朝的种种弊端，成为经世学风再度兴起时第一篇令人瞩目的代表作。段玉裁对此文大为赏识：“四论皆古方也，而中今病，岂必别制一新方可哉？髦矣，犹见此才而死，吾不恨矣。”[⑤] 真挚、称许的话语透露出了清代学风由卑琐陆沉转向明变致用的历史趋向。

道咸间的学术文化转向所逢时代已然不同。不但“鸦片战役以后，志士扼腕切齿，引为大辱奇戚”，更主要的是，“海禁既开，所谓‘西学’者逐渐输入，始则工艺，次则政制。学者若生息于漆室之中，不知室外更何所有，忽穴一牖外窥，则粲然者皆昔所未睹也，还顾室中，则皆沉黑积秽。于是对外求索之欲日炽，对内厌弃之情日烈”[⑥]。适

---

① 徐继畬．瀛寰志略．上海：上海书店出版社，2001：235.

② 同①291.

③ 张瑛．读毛诗传//知退斋稿：卷一.

④ 李三宝．经世传统中的新契机：康有为早期思想研究之一//“中央研究院”近代史研究所．近世中国经世思想研讨会论文集．1984：561-576.

⑤ 康沛竹．尊隐：龚自珍集．沈阳：辽宁人民出版社，1994：15.

⑥ 梁启超．清代学术概论．上海：上海古籍出版社，1998：72.

逢“千古变局”的历史剧变，人们赖以生存的社会环境和文化条件都发生了史所未有的变动：新的社会生产力的出现以及由此形成的社会交往形式、社会生活方式、社会结构的变化，从根本上改变了人们的生存环境；传统的闭锁的文化体系被冲破，中国传统文化开始走出大一统的封闭格局而直面世界文明变动大势。因而，这次学术文化的历史转向，就使得“中学”不可能再在传统学术文化的天地里自我打转、自然变易，而是“以其极幼稚之‘西学’知识，与清初启蒙期所谓‘经世之学’相结合，别树一派，向于正统派公然举叛旗矣”①。

时运所会，这次学术文化转向便成为中国“旧学”走向近代“新学”的历史契机。“经世致用”是中国儒学传统的一种学风，梁启超对此有一高度概括：“谓学问当讲求者，在改良社会增进其幸福，所谓国计民生者是也。”② 但道咸之际的“经世致用”学术文化却与清初“经世实学”的侧重点完全不同，主要表现为四个方面：一是讥切时政、诋排专制、倡言变法，二是研讨漕运、海运、盐法、河工、农事诸大政，三是探究边疆、域外史地以筹边御外，四是变一味考辨古史为“写当前的活的历史”③。

鸦片战争前后，不仅龚自珍、魏源、姚莹、汤鹏、包世臣等下层官员和失意文人，而且像陶澍、贺长龄、林则徐一类官声正隆的督抚大吏，他们于举国文恬武嬉、沉酣太平之日，抱着经世务实、救世济民的志向，关心民瘼，解决社会生活中的实际问题。其中，那些手握重权的经世派大员改革漕运、整顿盐法、疏通河道、奖掖人才，事必躬亲，做出了不少实绩。经世实学关注实际、面向现实、躬行实践的精神，使经世派思想家在变动了的近代社会中，积极主动地追随时代的变化，直面世界大势和“西学”东来的现实，在“求变”“图新”的追求中，吸纳了新的内容和因素。“虽言经学，而其精神与正统派之为经学而治经学者则既有以异”④。虽然他们原来大都致力于旧学，但在时势的驱动下，他们开始转而研求农政、刑名、典章制度、河工、漕运、盐法、币制、战守、边防、舆地等“实学”，以求致用。“士林中遂形成了一股‘经世致用’的新思潮和讲求实学的新学风。”⑤ 近代以来，中国在走向世界的历史进程中不断地向西方学习，从坚船利炮到声光化电，以至政教制度、思想文化，但无论人们的改革要求如何变化，其内在的学术文化动因仍是“经世实学”。许多人的学术文化思想的转变都经历了经世实学的历史阶段。如丁文渊对梁启超的评说：“戊戌变政失败以后，他就和他的几位同学互相约定：从此发奋努力，以图救国；不再学八股制艺，要从事实学；不再临帖习字，以免虚耗光阴。那时他们的所谓‘实学’，就是要研究古人的言行，实事求是，不尚虚伪，于是乃从攻读正史着手。”⑥ 经世务实的学风，使站在传统门槛上的人们找到了与时代的契合点，也影响了近代向西方学习的士人。

---

① 梁启超．中国近三百年学术史//梁启超论清学史二种．上海：复旦大学出版社，2003：59.

② 同②.

③ 冯天瑜．道咸间经世实学在中国文化史中的方位//葛荣晋．中日实学史研究．北京：中国社会科学出版社，1992：186-195.

④ 梁启超．清代学术概论//梁启超论清学史二种．上海：复旦大学出版社，2003：63.

⑤ 许纪霖，陈达凯．中国现代化史：第1卷．上海：上海三联书店，1995：55.

⑥ 丁文渊．《梁任公先生年谱长编初稿》前言（节录）//夏晓虹．追忆梁启超．北京：中国广播电视出版社，1997：271.

作为在“内忧外患”的双重危机中学术救世的自觉意识，道咸之际的“经世之学”却主要表现出一种对于现存政治制度的关爱，尽管这种“关爱”体现为强烈的批判意识。“落红不是无情物，化作春泥更护花”（龚自珍语），所表达的是经世学者对于现存王朝及其制度的一种痛惜之情，而不是像清初经世学者那样表现出对于王朝及其制度的敌视和冷漠。他们从经济、政治和文化教育诸多层面，对现存制度的时弊痛加鞭笞，与清初经世学者着眼于未来的抱负不同，他们讥切时政、抨击流弊的精神，“构成道光前后经世实学的核心内容”①。

“经世”这一范畴所揭示出的时代意义，既不在于学术研究方法的更新，也不在于学术研究领域的拓展，而是从根本上引领了一个时代的学术风尚和学术关怀。

思考题

1. 试述清朝闭关政策的产生及其内容。
2. 简述鸦片战争前中国历史演变的新动向。
3. 简述鸦片贸易的形成及其影响。
4. 试分析鸦片战争后中国思想、文化的新趋向。

阅读书目

1. 姚薇元. 鸦片战争史实考. 北京：人民出版社，1984.
2. 茅海建. 天朝的崩溃：鸦片战争再研究. 北京：三联书店，2005.
3. 麦天枢，王先明. 昨天：中英鸦片战争纪实. 北京：人民文学出版社，1992.
4. 于恩德. 中国禁烟法令变迁史. 台北：文海出版社，1973.
5. 张馨保. 林钦差与鸦片战争. 徐梅芬，等译. 福州：福建人民出版社，1989.
6. 费正清，刘广京. 剑桥中国晚清史（1800—1911年）：上卷. 北京：中国社会科学出版社，1985.
7. 马士. 中华帝国对外关系史：第1卷. 张汇文，等译. 北京：三联书店，1957.

① 冯天瑜. 道咸间经世实学在中国文化史中的方位//葛荣晋. 中日实学史研究. 北京：中国社会科学出版社，1992：186.

第二章

历史悲歌

——太平天国的兴与衰

鸦片战争造成的创痛尤在，声势浩大的太平军就揭竿而起了。对于清王朝而言，这个“心腹之患”超过了由列强步步紧逼而成的“肘腋之患”。甚至时刻关注世界革命进程的恩格斯，也对中国农民的这场起义充满希望。他说：“过不了多少年，我们就会亲眼看到世界上最古老的帝国的垂死挣扎，看到整个亚洲新纪元的曙光。”① 然而，历史的演变在成就清王朝“中兴”的同时，却铸就了太平天国的悲局。其兴亦遽、其亡亦速的历史，在深刻地影响中国近代历史进程的同时，也留下了历史的警醒与思想的启迪。

第一节　兴起与发展：从金田到天京

一、山雨欲来：农民的生存危机

1. 危机深重的局势

“鸦片没有起催眠作用，反而起了惊醒作用。”② 这是马克思 1862 年在《中国记事》中关于鸦片战争对中国社会作用的一个历史洞察。19 世纪中叶后，由治乱兴衰现象所显示的“王朝轮回”的历史阴影已经出现。

① 恩格斯．波斯和中国//马克思恩格斯选集：第 1 卷．3 版．北京：人民出版社，2012：800.

② 马克思．中国记事//马克思恩格斯全集：第 15 卷．中文版．北京：人民出版社，1963：545.

危机开始弥漫于政治、经济与社会的各个领域，惨然之象令人痛彻而揪心。传统社会基于稳定的重要指标，即人地矛盾已经呈现十分紧张之势，人口从1741年的1.43亿猛增到1850年的4.3亿，增长了200%，而耕地则从1661年的5.49亿亩增加到1833年的7.37亿亩，仅增长35%。此后的耕地不仅没有增长，反而出现了下降①。人地之间的紧张关系，揭示了农民生存状态日见下降的基本趋势，并由此不断造成社会动荡。

两次鸦片战争后，中国国门洞开，在“三千年未有之大变局”的推助下，社会危机持续加深，社会矛盾更趋激化。第一次鸦片战争后，英、美等国仍对中国进行鸦片走私，鸦片的输入量激增。有学者统计，鸦片战争前的18年间，中国每年有1万多箱鸦片输入②。1840年输入量达20 619箱，而到1853年为66 574箱，鸦片的输入量增加了2倍多。由于鸦片的大量输入，中国白银大量外流，从1842年到1848年每年约计流出1 000万元。大量白银外流，使银贵钱贱的问题更加严重。1842年，银一两兑钱1 600多文，以后逐年增加，到1849年银一两竟可兑钱2 300多文③。在银贵钱贱的生存环境中，广大人民的负担大大加重，生活更为贫困④。在大肆走私鸦片的同时，门户洞开的中国市场刺激着列强对中国倾销商品的狂热。1837—1839年，英国输华商品总值每年为100万英镑，1843年增加到145.6万英镑，1845年为239.4万英镑，这些输华商品主要为工业产品棉纱和棉布。同一时期，美国的输华商品也显著增加。尽管中国自给自足的封建经济结构对资本主义商品有顽强的抵抗力，加上鸦片走私的影响，1846年英国输华商品总值下降到179.1万英镑，此后每年都徘徊在150万英镑左右，直到1851年才回升到216.1万英镑。从此，总的趋势为回旋式缓慢上升，到1859年，达到445万英镑⑤。中国卷入世界经济市场的步伐是被动的，同时也是无奈的。

鸦片战争后外国资本主义对中国的商品倾销，破坏了通商口岸及其附近地区传统的手工业生产，使广大手工业者的生计受到影响。据史料记载：苏州、松江一带，由于“洋布盛行”，“布市销减，蚕棉得丰岁而皆不偿本，商贾不行，生计路绌”⑥。广东顺德一带的手工织布，也因洋布充斥市场而“贱售”，“女工几停其半”⑦。五口地区自然经济开始解体，手工业生产遭到破坏，大批农民和手工业者失业、破产。

五口通商后，上海逐步成为列强扩展其势力和扩大对华侵略的基地。继英国1845年11月在上海黄浦江边洋泾浜以北和李家场以南设立租界后，美国、法国也相继夺取一块租界。在这些租界中，外国人成立行政、税收、警察和司法机构，以所谓工部

---

① 罗尔纲. 太平天国革命前的人口压迫问题. 中国社会经济史集刊，1949，8（1）：39.

② 吴义雄. 鸦片战争前的鸦片贸易再研究. 近代史研究，2002（2）：50-73.

③ 王志华，刘超文，崔薇圃. 中国通史：第2卷. 郑州：中州古籍出版社，1994：31.

④ 清代币制，银两与制钱并行流通。在一般情况下，国家度支和大宗交易多用银，铜钱主要用于平民百姓与商人进行交换等日常生活中，最突出的便是农民以谷帛易钱，以钱购物，缴纳赋税不能直接以钱文，而必须折色兑银缴纳。因此，银与钱在流通中的比价如何，对国计民生影响甚巨。银贵钱贱的问题严重，对整个社会经济生活产生巨大的冲击，使社会矛盾更加尖锐化。[杨胜勇. 道光末年银贵钱贱的加剧及其社会影响. 历史教学，2002（3）：48-51]

⑤ 同③.

⑥ 包世臣. 致前司马许太常书//安吴四种：第27卷. 台北：文海出版社，1968.

⑦ 顺德县志：卷三：清咸丰三年刊本.

局为中心建立殖民地式的统治，使之成为国中之国。在香港，英国侵占后迅速将之殖民地化。1842年2月26日，英国宣布香港为自由港，委派总督组织了香港殖民政府，实行殖民统治。澳门亦如此，葡萄牙乘清政府对侵略者妥协投降之机，步英国后尘，于1849年3月5日擅自发布公告，封闭粤海关办公处，强占澳门，逼迫海关迁至黄埔。港、澳两地成为资本主义国家侵略中国的桥头堡，上海成为殖民统治下的城市。

传统社会危机叠加在列强侵略的民族危机之上，各种社会矛盾和社会冲突已成一触即发之势。这是足以让人心胆惊惧的一幅严峻的社会图景：

第一，土地高度集中，地租剥削加重，许多农民失去土地，破产流亡。长期以来，中国广大农民在封建地主的压迫、剥削下，过着极其贫困和不自由的生活。鸦片战争以前，土地集中情况已相当严重，战后发展更快，到太平天国农民起义爆发前夕，全国80%以上的土地集中在占人口总数不到10%的地主、官僚、贵族手中，而占人口90%以上的农民仅占有不到全国20%的土地。地主依靠其占有的大量土地，对农民进行残酷的地租剥削，许多地区的地租率高达70%至80%。失去土地、生活无着的农民被迫流亡，致使整个社会动荡不安。

第二，清政府为了支付鸦片战争的军费和对外赔款，加重了赋税剥削。鸦片战争期间，清政府所耗费的军费约合白银7 000万两，英军勒索的“赎城费”也不下银3 000万两，加上2 100万银元的对英赔款，相当于清政府近两年的全部税收。为了弥补巨大的亏空，清政府不断加捐加税，仅地丁税一项，就从1841年的银2 943万两增加到1849年的银3 281万两，8年间增加了338万两①。各级官吏在征收田赋、税银时，又巧立名目，大肆敲诈勒索，农民的实际负担倍增不已。正如天地会《万大洪告示》所说：“天下贪官，甚于强盗，衙门污吏，何异虎狼”，“民之财尽矣，民之苦极矣”②！

第三，鸦片泛滥、白银外流及由此而引起的银贵钱贱问题比鸦片战争前更加严重。农民和手工业者出售农副产品得到的是铜钱，而交纳捐税则必须折合银两，而且，各级官府在征收税捐时于银钱比价中还要增加浮收。因此，农民“昔日卖米三斗，输一亩之课而有余。今日卖米六斗，输一亩之课而不足”③。农民田赋负担实际增加一倍以上。中国社会累积的矛盾和冲突，在鸦片战争后的创痛中更形尖锐，也更趋复杂。“中国在1840年战争失败以后被迫付给英国的赔款、大量的非生产性的鸦片消费、鸦片贸易所引起的金银外流、外国竞争对本国工业的破坏性影响、国家行政机关的腐化，这一切造成了两个后果：旧税更重更难负担，旧税之外又加新税。”④ 从而，“不管引起这些起义的社会原因是什么，也不管这些原因是通过宗教的、王朝的还是民族的形式表现出来，推动了这次大爆发的毫无疑问是英国的大炮，英国用大炮强迫中国输入名叫鸦片的麻醉剂”⑤。“官逼民反”的又一轮历史性动荡，就在新的历史条件下展开。

---

① 王志华，刘超文，崔薇圃. 中国通史：第2卷. 郑州：中州古籍出版社，1984：36.
② 荣孟源. 中国近代史资料选辑. 北京：三联书店，1954：115.
③ 曾国藩. 备陈民间疾苦疏//曾国藩全集：奏稿一. 长沙：岳麓书社，1986：29-30.
④ 马克思. 中国革命和欧洲革命//马克思恩格斯选集：第1卷. 3版. 北京：人民出版社，2012：780.
⑤ 同④779.

2. 动荡不安的广西

失去了土地，农民就失去了最基本的生存条件，当时广西、云南、贵州等地有许多失地垦山的人，以杨秀清为首的金田起义骨干（平在山“烧炭者”）①，便是这种无田耕种的垦山贫农。“至贫者莫如东王，至苦者亦莫如东王，生长深山之中……困厄难堪”。李秀成一家，也是“种山”的贫农。李秀成自述他“家中之苦，度日不能，度月格（更）难”。他们都在生活的重压下挣扎着。更多的人，连可以垦种的山地都找不到，在家乡再也活不下去了，只得喊出“在家做饥民，不如出外做流民”② 的呼声。

首先，两广既是鸦片战争中直接受害的地区，也是外国资本主义势力最先侵入的地方。一方面，除广东直接遭受到战火侵害外，清政府还从这两省征调了大批的兵员和粮饷。因此，两广地区的人民负担尤重，受害最深，社会矛盾也更形尖锐。鸦片战争结束后，清政府又将招募的大批兵勇就地遣散，大批散兵游勇流落广西、湖南，为早已不稳的社会增添了更多动荡的因素。另一方面，广州在鸦片战争前曾是清政府规定的唯一的对外通商口岸，洋货和鸦片从广州入口后，沿西江而上，倾销广西，使这些地区的农业和手工业生产受到一定摧残，造成大批农民和手工业者破产。鸦片战争后，由于五口通商特别是中外贸易的重心从广州移到上海，改道海运，致使两广特别是广西原有的水陆运输线荒废，造成大批的水手、挑夫等运输工人失业，他们被迫流落广西、湖南，成为随时扰动社会的又一重要因素。

其次，两广一带是反清秘密结社天地会长期活动的地区。鸦片战争前，天地会的活动已遍及广西全省，起义“延及七府一州”③，“几于无地无之，无时无之”④。两广一带尤其是广西少数民族聚居的地区，汉、壮、苗、瑶、侗、回、仡佬等各族人民长期杂居。清政府长期推行民族压迫和民族歧视政策，不断制造民族纠纷。满洲贵族、汉族地主和各少数民族土司互相勾结，残酷压迫剥削各族劳动人民，促使反抗封建统治的斗争不断发生。广西境内土客杂居，矛盾尖锐，械斗之事常有发生。例如，道光二十四年(1844)，“田州属之八角山，因土客争雄，各集亡命，肆行焚劫”⑤。道光二十八年(1848) 发生在贵县北岸的土客械斗，尤为惨烈，双方“杀戮相寻者五年，百姓流离颠沛，多遭掳掠”⑥。当然这种民间大仇杀的背后，土地问题是其主要原因⑦。当地土客矛盾尖锐，械斗不断，更增加了社会的动荡不安。尤其是广西地处西南边陲，距清朝统治中心和两广总督行辕所在地较远，清朝在这里的统治力量比较薄弱。广西山多地少，十分穷困，清政府在此地的政治、经济、军事力量都较弱。广西巡抚周天爵曾这样叙述广西的情况：“一言兵，则省城仅有懦劣八九百名之兵；一言饷，则藩库拨米（来）朝不保夕之饷；一言官，则通省皆是求参不得之官；一言将，则通省皆是石郎之将；一言案

① 平在山原叫鹏隘山（现为木山乡），《桂平县志》卷四《纪地·山川上》说：“鹏隘山，在县北宣二里观山东，有路通武宣东乡，为洪秀全起事时卵覆之区。”上帝会总机关设在这里。太平天国时改为平在山。

② 王先谦．乾隆东华录：卷二七．

③ 莫炳奎．邕宁县志：第 34 卷．1937：109．

④ 太平天国历史博物馆．太平天国史料丛编简辑：第 2 册．北京：中华书局，1962：3．

⑤ 同④．

⑥ 太平天国学刊：第 4 辑．北京：中华书局，1987：428．

⑦ 夏春涛．客家人与太平天国农民运动．东南学术，1998 (5)：85-90．

牍，则无一不是被杀被焚之案牍。”[①] “日之将夕，悲风骤至”的“昏时”，成为“天下大乱”孕育农民起义的温床。

最后，广西地区自然灾害接连不断，民众生存状况如雪上加霜。太平天国农民起义爆发前十年间，正是全国自然灾害频发时期，1841—1843 年，黄河连续三年决口；1846 年，很多省份又发生持续旱灾；1848—1850 年，东南各省“大水奇灾”。与此同时，地处西南的广西也几乎年年成灾，据方志统计，19 世纪四五十年代，广西境内各种灾害多达 20 多起。连年不断的自然灾害不仅导致人口死伤、房屋倒塌、土地荒芜，对社会生产造成巨大破坏，而且，“连年凶荒，流亡载道，百姓既无以自安，铤而走险者实繁有徒”[②]。无家可归的饥民与流民生存无着，在流浪中寻求任何可能的机会以改变现存状况。历史性的社会巨变，在剧烈的社会动荡中可能随时触发。

鸦片战争后，外国资本主义的侵入和掠夺，促使国内封建剥削加剧，农民、手工业者大批破产，阶级矛盾空前激化，各地反抗斗争不断爆发。据不完全统计，1841—1849 年全国各地的起义达 110 多起，其中多数集中在两广和湖南，而以广西尤为激烈，成为各种反抗力量的汇合地和各种矛盾的焦点。又加上连年灾荒，特别是 1849 年遍及广西全省的严重灾荒，造成了饥民遍地。再加上集中在广西的散兵游勇和失业工人达数十万之多，各地天地会起义和饥民暴动不断发生。正如马克思所指出：“中国的连绵不断的起义已经延续了约十年之久，现在汇合成了一场惊心动魄的革命”[③]。

二、上帝会：造反的理论与组织[④]

1. 洪秀全与上帝会

鸦片战争后一年，清道光二十三年（1843）六月，广东花县的一个农村书塾中的落魄书生洪秀全，创立了上帝会。这个受示于《劝世良言》[⑤] 的“上帝会”，宣传上帝为“天下凡间大共之父”，人人是“天生天养”，“天下多男人，尽是兄弟之辈；天下多女子，尽是姊妹之群”，“人人都平等”。这个上帝会显然“是秘密会党之中乃忽有基督色彩之新分子”[⑥]，其基本教义和组织结构与传统中国宗教和秘密组织都有所区别。面对民间秘密结社之“反清运动”，清廷亦曾兴兵扑杀，虽尽出计谋也难获事功。在此“群盗蜂起”之际，上帝会异趋而出，新的“历史遂由兹开幕矣”[⑦]。

1814 年生于广东花县一个农民家庭的洪秀全，7 岁即入塾读书，熟读四书五经。他和中国乡村中许多普通的士子一样，在“学而优则仕”的道路上寄托着个人和家族的全

---

① 太平天国历史博物馆．太平天国史料丛编简辑：第 6 册．北京：中华书局，1963：3.

② 王钟麟．太平天国革命史．台北：文海出版社，1976：2.

③ 马克思．中国革命和欧洲革命//马克思恩格斯选集：第 1 卷．3 版．北京：人民出版社，2012：779.

④ 夏春涛通过考证，认为冯云山创建的宗教组织名为“上帝会”，而不是“拜上帝会”。[夏春涛．“拜上帝会”说辨正．近代史研究，2005（5）：169-174]

⑤ 《劝世良言》为我国最早的基督教教徒之一梁发著，经新教来华传教的开山祖马礼逊修改，于 1832 年在马六甲出版，全书共 9 卷，约 10 万字。关于洪秀全得到《劝世良言》的年份，应为清道光十三年（1833），系从梁发处所得。

⑥ 同②.

⑦ 同②3.

部追求与梦想，期望通过科举功名跻身于上流社会——统治阶级的行列。洪秀全应试了七八年，县考时每试必高列十名内，但到院考时却落选，连秀才也没有考上。道光十七年（1837）二月，25岁的洪秀全再次应试落选回家后，竟大病不起。病愈后，在苦闷与绝望中他从《劝世良言》的阅读中进入了另一个思想的世界，由此逐步确立了对于“天父上帝”的信仰，并由此形成系统的反抗现实社会的思想理论。1843年洪秀全第四次乡试失败，他同往次一样抱恨归来，决绝地掷笔于地，愤恨而言：“等我自己来开科取天下士吧！”①

篝火狐鸣神道设教的历史传统，向来就是动员民众造反起义的精神武器。洪秀全从莲花塘回乡找到表弟冯云山、族弟洪仁玕密谋起事。冯云山、洪仁玕也都是科场屡试不第的失意士子，三个人一拍即合，决定利用“上帝”鼓动民众，反清起义。这些在清王朝科场上落败的年青士子，决意创造一个可以由自己主宰的新世界。次年初夏，洪秀全和冯云山入广西进行动员活动。冯云山深入桂平县紫荆山组织了上帝会，并于道光二十七年（1847）秋，在紫荆山区内的平在山建立上帝会的总机关。

1845—1847年，洪秀全先后写作了《原道救世歌》《原道醒世训》《原道觉世训》等，完善了上帝会的思想教义。其主要内容为：“皇上帝”是唯一真神，人世间的最高主宰，人间无分帝王与平民百姓，同为“皇上帝”的子女。人间的理想社会本应是“公平正直”，“天下一家，共享太平”，“天下多男人，尽是兄弟之辈；天下多女子，尽是姊妹之群”，人与人相亲相爱，各得其所，但现实却是“世道乖漓，人心浇薄”，社会充满了“陵夺斗杀”。由于“乱极则治，暗极则光”是“天之道”，因而黑暗社会一定会被理想社会所替代。现实社会的黑暗，都是由“阎罗妖”即清朝统治者及其妖徒鬼卒造成的，“当共击之，惟恐不速”。“皇上帝”被塑造成受压迫的农民群众利益的天堂代表，与现存社会中统治阶级的政治代表清朝皇帝势不两立；它所描绘的理想社会，是对现实统治秩序的否定，同时也是劳苦群众对美好未来憧憬的集中反映；它所号召的击灭“阎罗妖”及其妖徒鬼卒的诉求，一定意义上迎合了农民奋起反抗现存统治的迫切要求。上帝会借用了基督教中“独一真神”和某些仪式作为凝聚人心的宗教形式，但却赋予其完全不同的思想内容。尽管基督教教义本身具有浓厚的宗教色彩，但洪秀全却借力造势将其锻造为发动农民起义的思想武器，主张武装反清，“当开创新朝”是其最终的目标。“他经历了追求个人功名和用宗教道德救世的曲折过程，终于走上了刘邦、朱元璋的道路，也就是代表农民推翻现存封建统治的革命道路。”②

明清之际中国社会中一直存在许多反清的秘密组织，“反清复明”的思想一直传承绵延。但是，“在岁月的迁流中这种感情和意识已经日趋淡化，或成为意识深处的潜流”。在岁月无情的磨洗之下，“‘反清复明’变成了内容模糊的观念躯壳”。上帝会“同样以种族意识讨胡”，但洪秀全高出一筹之处就在于“他不要‘复明’，而要建立新朝”③。

---

① 多次科场落败后，他决心放弃功名，曾说过：“不考清朝试，不穿清朝服，要自己来开科取士。”（花县洪秀全史迹调查工作组. 花县洪秀全史迹调查简报. 未刊稿. 1961）

② 王庆成. 太平天国的历史和思想. 北京：中国人民大学出版社，2010：30.

③ 陈旭麓. 近代中国社会的新陈代谢. 上海：上海人民出版社，1992：69.

2. 起义领导核心的形成

紫荆山区在广西桂平县县城以北，全境近 300 平方公里，形势险要。紫荆山区有壮、瑶、汉各族人民居住。他们或种田务农，或垦山烧炭，遭受封建地主阶级的残酷压迫和剥削。他们不断进行反抗斗争，阶级斗争的形势比较有利。1844 年，冯云山来到此地，以塾师的职业做掩护，宣传新教，拯救世人。许多农民群众怀着摆脱苦难的强烈愿望，纷纷皈依新教。到 1847 年上半年，紫荆山区的信徒，已经发展到 2 000 多人，正式建立了上帝会组织。1847 年 8 月，洪秀全来到紫荆山区，制订、完善了宗教仪式和各种章程、纪律，并创造出严密的组织方法，同时率领信徒捣毁神庙偶像，以其极大的声威震动了整个紫荆山区，鼓舞了广大群众的胆量和斗争热情，同时也遭到当地地主豪绅的仇恨和对抗。

在洪秀全等人的积极组织及实际斗争的促进下，上帝会组织的力量迅速发展起来，以紫荆山为中心，扩及周围的东自平南、藤县，西至贵县，北起武宣、象州，南迄陆川、博白，以及广东的信宜、高州、清远等地。上帝会以紫荆山为总会地，各地都有分会，自上而下成为一个系统的组织，有统一的纪律、统一的领导，在组织上日益完备。其成员以汉、壮、瑶等族的农民为主，其中有不少是种山烧炭的贫苦农民，另外，还有矿工（主要是采石工）、手工业者、挑夫、小商贩以及无业游民等。更为重要的是，它很快形成了一个领导核心集团。

1823 年出生于广西桂平县平在山东旺冲的杨秀清，自幼失去父母，颠沛流离，以种山烧炭为业。他烧过炭，打过铁，也一度浪迹江湖，阅历较多，富于谋略，有记载称其“性机警，喜用权智”。1848 年春，冯云山被囚在桂平县牢狱，洪秀全前往广州申诉营救，上帝会突然受挫，陷入没有首脑主持的瘫痪状态，人心动摇。当三月初三会众聚集时，杨秀清就利用当地迷信的降僮巫术，倒地“不省人事”，片刻之后，他在“昏迷”状态下，挺身而起，以“严厉肃穆”之态厉声对众人说：“众小子听着！我乃天父是也！今日下凡，降托杨秀清，来传圣旨。”以此稳定了会众的情绪，凝聚了起义组织的力量。等到冯云山出狱、洪秀全返回后，只得承认杨秀清有代天父传言的权力。是年九月，洪秀全又和萧朝贵串演了天兄降托萧朝贵的把戏。从而，此前“并不知机”的杨秀清和“僻处山隅”的萧朝贵，就从会众中突现出来，一跃而成为太平军起义的核心领导者。

萧朝贵和杨秀清既是表亲，也是邻居，关系十分密切，由杨秀清介绍，在杨秀清参加上帝会的同年萧朝贵加入组织，成为骨干分子，苦难的生活磨炼出他勇敢刚强的性格。杨、萧一起参加了紫荆山根据地的开辟和上帝会的创建工作。他们是本地人，其群众基础的根基要比远离家乡的冯云山、洪秀全更稳固。

韦昌辉，广西桂平县金田村人，出身于地主兼典当商家庭。韦家原住王谟村，因受到刘姓地主欺压，迁居金田。诨名“花头鸭”的韦昌辉时常受更大功名的绅富欺凌，遂加入上帝会以有所庇护，并倾家产以为资助。金田起义之前，韦家开设 12 座铁炉炼铁，打造起义兵器。

1831 年生于广西贵县一个富有农家的石达开，父母早故，“自幼读书未成，耕种为业”。在土客争斗十分频繁和严重的贵县，“客家人”石达开常受欺压，屡担风险。洪秀全闻其名，遂偕冯云山拜访他，并与之结拜为兄弟，称之为天父第七子。之后，石达开也毅然加入组织起义行列中来。

“洪秀全起兵粤西，先与中表冯云山共说杨秀清，秀清约其妹夫萧朝贵同说乡绅韦昌辉。昌辉偕行，说富人石达开。六人共誓生死，立会召众，势甚盛。”① 这些来自不同社会阶层却又同样不满于现存社会的人，在上帝会的组织中，开始谋划着久远的未来——这注定是一个既震撼当时的“天朝”，也深刻地影响未来的群体。

三、定鼎天京：胜利的欢欣

1. 金田团营

“窃念粤西近日情事，如人满身疮毒，脓血所至，随即溃烂。”② 在籍翰林院侍讲龙启瑞这番心言，表明了当局对于局势的忧心与惶恐。1849—1850 年，广西灾荒严重，饥民被迫铤而走险，各种民变与暴动此伏彼起。天地会纷纷开堂纳众，竖旗反清，社会危机的加重为洪秀全建立“新朝”提供了难得的历史机遇。1850 年夏，洪秀全命令上帝会会众到金田村集中，开设团营。各地会众接令后，纷纷动身，陆续到达金田村。起义之前所集中的人数（包括男女老幼在内）在两万人以上。会众来到金田后即入营，按军队编制组织起来。所谓“团营”，就是组织军队。会众编成军队，开始过集体生活，并且进行军事训练，做行军打仗的准备。洪秀全等人用军事制度把会众组织起来，武装力量正式诞生了。

金田团营引起了清廷的注意，地方地主武装极力镇压，团营民众针锋相对与之抗击。与此同时，清政府急忙调兵遣将，先后撤换了镇压不力的广西提督和广西巡抚。1850 年 9 月，清廷调湖南提督向荣为广西提督，10 月，起用告病在籍的前云贵总督林则徐为钦差大臣，前往广西镇压。但林则徐在赴命途中病死于广东潮州。接着，清政府任命前两江总督李星沅为钦差大臣，组织镇压。团营民众在 1850 年底，在平南县思旺击溃清军；在 1851 年元旦，又在金田村附近的蔡江村大败清军。这两次战斗稳定了金田形势，为起义的举行提供了保障。

道光三十年十二月初十（1851 年 1 月 11 日），是洪秀全 38 岁生日，上帝会会众在金田举行庆祝，同时宣布起义，建国号“太平天国”。

宣布起义后，洪秀全颁布五条简明的军事纪律：一遵条命；二别男行女行；三秋毫莫犯；四公心和睦，各遵头目约束；五同心合力，不得临阵退缩。太平军全体将士蓄发易服，头包红巾，表示与清朝统治者势不两立。

金田起义后，清钦差大臣李星沅发现太平军与天地会不同，“实为群贼之尤”，决定集中兵力围攻太平军，由广西提督向荣指挥。在清军的围攻下，太平军英勇奋战，在大湟江口击败清军。咸丰元年（1851）二月，太平军转进武宣县东乡扎营。3 月 3 日，洪秀全在东乡正式登极，就任天王。这一天在太平天国历史上称为“登极节”。登基称天王的洪秀全在这里建立了军师和五军主将制度，封杨秀清为左辅正军师，领中军主将；萧朝贵为右弼又正军师，领前军主将；冯云山为前导副军师，领后军主将；韦昌辉为后

---

① 《中华野史》编委会．中华野史：卷十一．西安：三秦出版社，2000：9345.

② 龙启瑞．上某公书//经德堂文集：第 6 卷．1878 年刻本．

护又副军师，领右军主将；石达开领左军主将。

图 2-1　太平天国将士

6 月，太平军北进至象州一带与清军作战，7 月初折回桂平金田地区。太平军经过一段时间的整顿，复又出击。9 月中旬，在平南县的官村一带击败清军向荣所部，直趋永安。9 月 25 日，太平军攻克永安州城。洪秀全下令把州衙改名为“天王府”。10 月 1 日，在全城一片欢呼和惊天动地的鞭炮鼓乐声中，洪秀全端坐轿中，前呼后拥地进入了“天王府”。府内的各门都分别悬挂“第一朝门”“第二朝门”“第三朝门”“第四朝门”的牌子。门上都涂了象征帝王的黄色，上面画有龙虎图案。在内厅中，还停放着一辆装饰一新的龙凤四轿车。

1851 年 12 月 17 日，洪秀全发布封王诏令，封杨秀清为东王，萧朝贵为西王，冯云山为南王，韦昌辉为北王，石达开为翼王，西王以下各王“俱受东王节制”。与此同时，洪秀全颁行“天历”，刊刻颁行太平天国官方文书，整顿军纪，肃清内奸，对官兵进行思想教育。永安建制使太平天国政权初具规模。当然，“天国”新朝的规制、威严和后来悲局的历史走向，也已隐伏其中了。

2. 建都天京

洪秀全永安封王之际，清政府在调兵遣将的布置中完成了包围永安的布阵。超出太平军两倍以上的清兵，严实地围困着永安，企图择机一举消灭太平军。1852 年 4 月，由于城中粮、盐、弹药缺乏，太平军强行撕开清军包围圈，突围北进，直逼广西省城桂林。5 月 19 日，久攻不克的太平军主动撤围北上，在 6 月初以冯云山牺牲的代价攻克全州。6 月 12 日太平军攻克道州，并以此为大本营，分兵四路出击。7 月 24 日攻克江华，随即攻克永明、蓝山、嘉禾、桂阳，8 月 17 日占领郴州。

太平军在道州一带驻军两个月，进行休整。随着大批群众的踊跃加入，到 9 月间，太平军已达 10 万之众。萧朝贵率一支先锋部队经永兴、安仁、茶陵、醴陵直取长沙。在长沙城下，萧朝贵不幸中炮牺牲。太平军围攻长沙 81 天未能攻克，11 月 30 日夜，自长沙撤围，向西北走宁乡、益阳，围攻岳州。太平军在益阳、岳州一带得到大批船只，借舟楫之利，建立水营。12 月，太平军水陆两路继续北进。此间，清钦差大臣赛尚阿以“日久无功”被革职，改以徐广缙为钦差大臣。

图 2－2　1852 年 9 月太平军进攻长沙时东王杨秀清和西王萧朝贵发布的诰谕

12 月 17 日，太平军水陆两路，直逼湖北省城武汉。23 日攻克汉阳，29 日夺取汉口，1853 年 1 月 12 日攻克武昌。这是太平军出师以来第一次攻克省城，是太平军在军事上的重大胜利。

1853 年 2 月 9 日，太平军放弃武昌，分水陆两路顺江东下。50 万太平军沿江而下的壮阔情景被清军间谍记录在《贼情汇纂》中：“帆幔蔽江，衔尾数十里……行则帆如叠雪，住则樯若丛芦。炮声遥震，沿江州邑，无兵无船，莫不望风披靡。”① 诚然一派气吞山河之势。太平军沿江而下，以日行 40 多里的速度进军，势如破竹，攻九江，夺安庆，取芜湖，占和州，“所欲城池，不战即得”。3 月 19 日，太平军攻破南京外城，斩两江总督陆建瀛。翌日，攻克内城，杀江宁将军祥厚等。太平军攻占南京后，迅速肃清了城内残敌，建立起新的生活秩序。1853 年 3 月 29 日，天王洪秀全进入南京，以两江总督衙门为天王府，并改南京为天京，定为都城，正式建立起与清王朝对峙的太平天国农民政权。

从金田起义到建都天京，历时 26 个多月的时间，一路胜利进军，太平军在战火中不断发展壮大。起义之初，太平军不过 2 万人，至永安时扩充至四五万人，从武汉东下时，已拥有 50 万之众。太平军在进军途中，坚决镇压和打击官僚、豪绅、地主，焚烧衙门、粮册、田契、借券，对封建统治秩序进行了扫荡。而对于人民群众则爱护备至，“所过之处，以攫得衣物献给贫民……谓将来概免租赋三年”②。这使太平军到处受到群众的欢迎和拥护，连反对者也不得不承认，太平军至“争迎之，官军至皆罢市”，“乡民处处助贼打仗”③。因此，太平天国起义获得迅猛发展。

为了更好地拱卫天京，太平军于 3 月下旬发兵两支：一支由指挥罗大纲、总制吴如孝率领，于 3 月 31 日占领镇江；一支由地官正丞相李开芳、天官副丞相林凤祥、春官

① 太平天国：(一). 上海：上海人民出版社，1957：141－142.

② 同①271.

③ 同①275.

副丞相吉文元率领，于3月22日克江浦，31日占仪征，4月1日占领扬州。镇江、扬州等地的占领，既屏蔽了天京的东面和北面，又切断了南北漕运，给清王朝以严重威胁。太平军攻占镇江后，原拟乘势攻取常州、苏州等地，由于向荣已率军追至天京城外，于是停止东进，分军一部回援天京。

太平军由武昌开拔到攻克南京，一个多月的时间便席卷了三省，其进军速度，诚为史所罕见。太平天国文献曾以酣畅的笔墨描述这段历史说："自武昌而至金陵，地经千余里之遥，关津之险要若何，城池之坚固若何，攻取似非易易；即曰可胜，亦将旷日持久而后可耳。乃不过一月之久，由武昌顺流而东，历江西，过安徽，直捣金陵，毫无阻滞。及至省城，其城垣之高厚，地方之辽阔，实有倍于他省者，攻之宜较难焉。孰知十日之内，一举而成，金陵已唾手而得矣。"①

南京城阔大，城墙坚厚，形势险要。它地处江南富庶之区，可备充足之供需；且可俯瞰长江，控扼南北通道，兼利水陆兵事活动。元末朱元璋领导的农民起义军，就是据南京以为基础，完成灭元大业。太平军占领南京之后，正可效法朱元璋，据金陵以匡天下。况且太平军在转战两年多以后，在军事和政治上都需要立有固基，形成进退可据之地。因此，洪秀全、杨秀清等决定久据南京，也符合时势之需。但是，这一举措毕竟构成太平天国命运历史性转折的关键，并对太平天国的历史进程造成了根本影响与制约。从此，太平天国由政治军事上的攻势，转而变为局于半壁天下的守势。它更多体现了"多保守小天堂于一隅之心，少经营八表以取天下之志。同小天堂相比，北京成了非常遥远的东西"②。利弊之转换与把握，虽受制于天时、地利，更取决于人事之谋。历史的兴衰起落之由，常可深察于毫末之远微。

四、危机下的清廷：对策与措施

1. 设营围堵与设厘筹饷

太平天国起义之时，咸丰帝就采用以汉治汉之策，先后起用了诸如林则徐、李星沅、徐广缙、向荣等汉族官僚。林则徐赴任途中病逝；李星沅督师武宣，未捷先死；周天爵协助，两败武宣；乌兰泰受伤桂林，死于阳朔；陆建瀛被斩，命丧南京；徐广缙以湖广总督指挥无能，失守武昌被革职拿问；向荣在江南大营被击溃后，命丧丹阳……清廷对太平军占领南京后的军事行动，一时无法判明。它既怕太平军东下苏浙，占领其财赋之区，更害怕太平军北上豫鲁，进而威胁其京畿重地。在此情况下，咸丰帝严令向荣、琦善率所部迅速东下，截击、防堵太平军。3月28日，向荣部赶至天京城外板桥，31日绕至城东二十里之沙子冈，4月7日移营孝陵卫，建立"江南大营"，共有兵勇17 000余人。3月30日，琦善的先头部队4 000人抵达江浦，4月4日攻陷浦口。4月16日，琦善、陈金绶率部进至扬州城外，扎营雷塘集、帽儿墩一带，建立"江北大营"，计有兵勇一万七八千人。清军建立江南、江北大营的目的，是为了阻扼太平军向东、向北发展，并伺机夺取天京。

---

① 刘仁坤，贾承先，等．太平天国兴亡．哈尔滨：哈尔滨出版社，2000：61-62．

② 陈旭麓．近代中国社会的新陈代谢．上海：上海人民出版社，1992：80．

太平军当时号称百万，实际上能战之兵不过十余万人。以这样一支部队对付近在咫尺的江南、江北大营，在兵力上自然处于压倒优势。但与全国八九十万清军相比，太平军仍处于劣势。另外，这时清王朝仍控制着全国政权和绝大部分人力、物力与财力；而太平天国仅控制天京附近一隅，人力、物力、财力都极其有限。因此，就全国形势而言，敌强己弱的基本态势并未改变，太平军仍然处于被"围剿"的状态。为镇压太平军，至咸丰三年（1853）六月，清廷已拨军饷银 2 963 万余两，户部库存正项待支银仅剩 22.7 万余两，"度支万分窘迫，军饷无款可筹"①。清政府军需孔急，千方百计进行搜刮，除加重原有捐税、广开捐输、行大钱、发钞票等外，又创设了厘金制度。咸丰三年九月，清帮办江北大营军务大臣雷以諴在扬州仙女庙等地开征。第二年，随着形势发展，推行地区逐步扩大。厘金分为两种，一是行商的货物过境税，一是坐商的交易税，税率约为 1%。最初只征收过境的粮食，后来范围日益扩大，成为一种常规税。

2. 兴办团练，组建湘军

"政以贿成，人以干进"的清王朝，已呈江河日下之势，面对太平军，清军无所应对，一路败退；不敢贸然与战，只在远处跟进监视、围困或尾追。曾国藩不无叹息地说："自军兴以来，二年有余，时日不为不久，糜饷不为不多，调集大兵不为不众，而往往见贼逃溃，未闻有与之鏖战一场者，往往从后尾追，未闻有与之拦头一战者。"②清王朝依凭其经制之师——八旗兵与绿营兵重整江山的迷梦，已被严酷的现实所击碎。面对危困之局，清政府不得不大幅调整政治、经济和军事体制，因应时势而另取对策。

团练自唐代就有，原为政府军事组织，到清朝演变为地主自卫武装。太平天国起义爆发后，清兵毫无作战能力，一触即溃，身临前敌的各级军政大员对此无可奈何。在这种情况下，咸丰二年底（1853 年初），清政府命令各省在籍官绅举办团练，并先后任命了 43 个在籍官僚为团练大臣。曾国藩、李鸿章等一批所谓"中兴名臣"，都是由举办团练起家的。团练遍及全国各省，据估计，团丁总数在 2 000 万人上下。团练自筹经费，既可节省清政府开支，又能随地牵制和打击太平军。例如，在太平天国占领的皖北地区，有些地方团练势力很强，太平军征收赋税，常遭残杀③。安徽寿州的苗沛霖，他的团练武装控制了安徽、河南数十个州县，经常同太平军、捻军交战。

清王朝原有的正规部队是八旗兵和绿营兵。这两种军队早已腐败，加上实行"兵无专将"的军制，打仗时临时委派统帅，同太平军交战，根本不是对手。团练为地方武装，分散各处，仅有警防之效，没有攻取之力。所以，在 1854 年以前，清军一败再败，绝少获胜。直到湘军和淮军崛起，形势才为之一变。

1853 年初清政府命令大江南北各省在籍官绅举办团练，曾国藩所办湘军，就是其中之一。曾国藩（1811—1872），字涤生，湖南湘乡人，道光末年官至侍郎。咸丰二年（1852）底，他因丧母在籍，咸丰帝命他去长沙帮同湖南巡抚办理团练。他以罗泽南的湘勇为基础，略仿明朝戚继光的成法，募集了一支不同于绿营的军队——湘军。湘军任

---

① 王先谦. 东华续录（咸丰朝）：卷二四.

② 罗尔纲. 湘军新志. 上海：上海书店出版社，1996：28.

③ 罗尔纲，王庆成. 太平天国：（一）. 桂林：广西师范大学出版社，2004：22.

用一批笃信程朱理学、热心于经世致用的知识分子为营官，主要有罗泽南、彭玉麟、李续宾等。曾国藩以同乡和伦常的封建情谊作为维系湘军的纽带，选将募勇坚持同省同县的地域标准，鼓励兄弟亲朋师生一同入伍，甚至同在一营。湘军兵丁由官佐招募，兵丁效忠于招募之官佐，官佐则效忠于曾国藩，形成一种严格的隶属关系，整个湘军只服从曾国藩一人。同时，曾国藩对士兵进行以三纲五常为核心的思想教育，严禁扰民、嫖赌、吸食鸦片的军纪教育，以及技击、枪法和阵式的军事训练。咸丰四年（1854）二月，湘军编练成水陆两军，共 1.7 万余人。

1853 年 3 月，李鸿章曾在安徽协助工部侍郎吕贤基举办团练。1859 年拜投曾国藩后，颇多建树，深受赏识，1861 年受曾国藩之命编练淮军。1862 年，编练成军的淮军共 13 营 6 500 人，开赴上海与太平军作战。迅速崛起和壮大的湘、淮军，成为清朝统治的重要支柱和太平天国的最大对手。

五、北伐与西征：从攻势到守势

1. 挥师北伐

“奔腾湍急的农民战争巨流一下子汇成一片以南京为中心的浅滩”，自金田起义而来席卷一切的强势兵锋立时顿挫，原因固然很多，而无不以定都天京为其转捩点。洪秀全等人决定同时分兵北伐与西征的战略，虽不免进取之心，却主要着眼于屏障天京或以攻为守的思虑。比之于迷恋或经营天京“小天堂”而言，北伐或西征均不过是偏师之图。洪秀全将全军分为三大支：东王为全军统帅，总管全部军事，领重兵留守天京，并在镇江、扬州等地分兵驻守，与天京互为掎角；二是组织北伐军，企图以偏师远进谋得北京；三是组成西征军，拟迅速夺取皖、赣、两湖等地。这个战略是不符合当时主客观条件的，它使太平军在多个遥远的战略方向和漫长的战线上分兵与强敌作战，往往顾此失彼，为清军提供了各个击破的机会。

1853 年 5 月上旬，太平军将领林凤祥、李开芳、吉文元率太平军 2 万多人，自扬州出师。出师后经浦口进入安徽，破临淮关，克凤阳、怀远、崇城、亳州，6 月进入河南境内。6 月 13 日占归德府。6 月 19 日太平军到开封城下，因地形不利，无船可渡，继续西上，到达汜水、巩县一带。7 月，北伐军在汜水、巩县之间乘运煤船渡过黄河。渡河后，太平军进而围困怀庆府。清政府急忙派直隶总督讷尔经额为钦差大臣，调集北方兵力约 6 万人防堵。北伐军围攻怀庆两个月之久，仍不能攻下。9 月北伐军撤围，自济源入山西，连克垣曲、绛县、曲沃、平阳、洪洞、屯留、潞城，再经河南北部，进入直隶。太平军自武安入直后，如入无人之境，清军无能为力。清政府将山西巡抚哈芬革职拿问，又以胜保代讷尔经额为钦差大臣。胜保一路尾追，但屡被北伐军所败。9 月底北伐军破军事重镇临洺关，乘胜继续北上，连克任县、柏乡、赵州、栾城、藁城等县城。清朝统治者惊恐万状，北京一片混乱，“都中大员家眷及官绅无不各鸟兽散，正阳门大市若荒郊，无人迹”[①]。咸丰帝急忙召集王公大臣商讨对策，并宣布京师戒严，加强京师巡防处，并派惠亲王绵愉、科尔沁郡王僧格林沁统率大军，会同胜保拼死抵抗。

---

① 邓文滨．哭不足以济事//醒睡录初集：第 3 卷．上海：申报馆，1868．

太平军北上遇阻后，转向东乘虚进军，准备进攻天津。从藁城过滹沱河便折向东，克晋县、深州。又连克献县、交河、沧州等地。10 月底，太平军攻占静海和独流镇，前锋抵达天津附近的杨柳青。太平军攻静海后，因清军决堤放水，进军受阻。从11 月起太平军屯居静海、独流，准备过冬。北伐军将士绝大部分是南方人，不习惯北国严寒，又缺少棉衣、粮食，加之清军四面围攻，兵力大受消耗，处境趋于困难。又因北伐军此前都是流动作战，而一旦停驻待援，放弃继续流动作战，就使自己由进攻态势转入防御态势，由主动转入被动，故不能长久在天津附近与清军对峙。北伐军于 1854 年 2 月放弃静海、独流南撤。3 月北伐军退守阜城（在衡水和东光的中间），与清军作战，吉文元在此牺牲。5 月初，北伐军退至东光县连镇坚守待援。

洪秀全、杨秀清得知北伐军在津南受挫的消息后，派曾立昌、许宗扬和陈仕保率援军 7 000 人由安庆出发增援，4 月到达山东临清一带，在清军的堵击下几乎全军覆没。之后，天京方面又派秦日纲率军再次增援，但秦军出师不远即败回。当北伐军听到援军北上的消息后，由李开芳率骑兵 2 000 余人南下接应（此时援军已败，北伐军尚不知情），被清军困在山东高唐州，而林凤祥率主力仍驻连镇。从此，北伐军被分割两地，更加孤危。

林凤祥在连镇，在极其艰苦常人所不堪忍受的情况下，同多于自己十倍之敌相持将近一年之久。僧格林沁绕连镇筑墙 40 里，外掘深壕，加紧围困，并引运河水淹灌连镇。城中弹尽粮绝，大水汪洋，竟无立足之处，太平军将士们饥疲已极。1855 年 3 月，林凤祥率众突围，部众“半死刀枪之下，半死运河水中”，林与 30 余名将士躲进地道，后因叛徒出卖英勇就义。

李开芳固守高唐，与胜保对峙。胜保因师久无功，被逮捕治罪，僧格林沁转军高唐。1855 年 3 月，李开芳部突围南下，退守茌平县冯官屯，僧格林沁重施故技，筑围墙，掘长壕，引运河水灌冯官屯，使北伐军皆陷入泥淖中，“水秽臭多蛆，人马粪溺，皆酿其中，风日熏蒸，饮者辄死”①。在极其艰难的境况下，李开芳派心腹百余人“泅水出降，意欲借为内应”。但僧格林沁没有上当，杀了伪降之人，并督军加紧进攻。在这种情况下，李开芳“复呈降表”，到清营叩见僧格林沁，僧格林沁虚伪地答应受降，把他执送北京，于6 月 11 日凌迟处死②。自此，长驱六省（江苏、安徽、河南、山西、直隶、山东），转战 5 000 里，历时两年多的太平军北伐，以失败而告终。

北伐军及其援军的全部覆没，是太平天国自金田起义以来在军事上所遭到的最严重的失利和挫折。它所带来的影响甚大，教训也极为深刻。

第一，战略决策错误。太平天国的领导者在刚刚占据南京一隅之后，就以区区二三万之众，远离后方，进军数千里，深入清王朝的腹心地区，冀图控制一两个外围要点，坚守待援，然后再增兵攻占北京，这完全是一种轻敌冒险的战略决策。战略上的这种错

---

① 张集馨．道咸宦海见闻录．北京：中华书局，1981：162.

② 李开芳在敌人面前表现得不如林凤祥坚决，写了供词，有言：“江南瓜镇各营，我可招致，若专恃兵力，转难得手。”对此后人评价不一，或说其伪降，或说其叛徒。比较公正的评价应该是，他的招供确实表现了他的动摇失节，是个污点，但还不能说已堕落为叛徒，其供词中并未供出多少实质性的重要事端，未给太平天国造成多大实际损失，并且最后被敌人凌迟处死。

误决策，又未能及时察觉和改正，以致前方将士虽然英勇善战，也难以挽回失败的命运。

第二，援军派出过迟。北伐军到天津驻扎之后，洪秀全才发援兵，显然失之迟缓。倘若后续部队尽早派出，与先遣部队互相策应以成掎角之势，即使不能直下京津，也可与河北、山东、河南、安徽等地起义军声势联结，相机而动，以成角逐中原之势。

第三，机械执行指令。北伐军打到天津外围之后，即遵照出发前洪秀全等给予的指令，在静海、独流坚守待援，从而失去了根据实际情况机动作战的特长，陷入了被动挨打的困境。其后在被迫南撤行程中，单纯地以阵地防御战为主，始终处于被追赶、被包围、受困的被动状态。林凤祥、李开芳等如能随机行事，或不致全军覆没。

2. 举兵西征

太平天国在北伐的同时，又举兵西征，以夺取安庆、九江、武汉三大据点，控制长江中上游各省，以确保首都天京。西征的统帅最初是胡以晃、赖汉英①和曾天养。

1853年6月，西征的太平军从天京出师，当月占领安庆（安徽省城）后，直逼南昌（江西省城）。7月杨秀清又派国宗石祥祯（石达开兄）、韦志俊（韦昌辉弟）等率军增援江西。清军据城顽抗，太平军久攻不克。9月，西征军撤南昌围，北上克九江。赖汉英因久围南昌不下，被革职调回天京。西征军由此兵分两路，一路由胡以晃、曾天养率领，自安庆经略皖北；一路由石祥祯、韦志俊率领，沿江西上，直取武昌。由胡、曾率领的北路军自安庆出发后，连克集贤关、桐城、舒城等地，1854年1月，攻占皖北重镇庐州（今合肥）。新上任不久的安徽巡抚、湘军元老之一江忠源投水自尽。西征军年内即在安徽攻克20余州县，使安徽成为当时太平天国军事、政治最巩固的地区。由石祥祯、韦志俊率领的西路军，自九江沿江而上，1853年秋攻克汉口、汉阳。这时，因扬州战事吃紧，需要分兵回援，于是暂回撤汉口、汉阳，退还黄州。1854年2月，西征军大败清军于黄州，湖广总督吴文镕投塘而死，西征军复占汉口、汉阳，继而乘胜向湖南进军，连克岳州、湘阳、靖港、宁乡等地，逼近省会长沙。在此，西征军遭遇到曾国藩湘军的拼死抵抗，经数次战斗后西征军主动回撤湖北。1854年4月，太平军得到汉阳方面的增援，再次攻占岳州，并乘胜攻克湘潭，又大败湘军水师于靖港。曾国藩兵败无颜，投水寻死，被随从捞起。太平军准备两路夹击，围攻长沙。曾国藩集中全部兵力反扑，力挽败局，在湘潭与太平军展开激战，太平军失利。5月初，湘潭沦陷，太平军突围走靖港，放弃攻取长沙之图。曾国藩乘机休整，用了将近3个月的时间重造战船，调整部署，准备适时进攻，扭转战局。1854年6月，太平军第二次攻克武昌（首次为建都天京前）。10月，湘军会同湖北清军反扑武昌。武昌、汉阳相继得手后，湘军顺流东下，于1855年1月围攻九江，形势对太平军方面十分不利。洪秀全、杨秀清为了扭转处于失利地位的战局，决定首先集中力量打击湘军，于是增派翼王石达开和秦日纲率军西援。胡以晃部奉命自安庆移军湖口，陈玉成部则自江北增援九江。

此时，九江、湖口一带便成为双方决战的战场。1855年2月，太平军坚壁高垒不与攻战，只派小船夜袭敌船，使敌军彻夜戒严，疲惫不堪，急于求战。然后，太平军佯撤湖口守军，引诱湘军100多艘舢板快船冲入鄱阳湖内，其笨重大船仍留在长江水面。

① 洪秀全的妻舅，广东花县人，精医术，通文史。太平天国失败后逃亡香港，后隐居故乡。

太平军乘机重新封锁湖口，把湘军水师截成内湖和外江两处，断其首尾，使之互不能救。2月11日深夜，太平军集中优势兵力围歼留在江面的船只，湘军水师溃不成军。罗大纲率师直取曾国藩座船，杀该船管驾等官员，曾国藩惊骇至极，再次投水寻死，又被部下救起，狼狈逃回南昌。此役挫败了湘军攻势，战局一时回转。

1855年底，石达开率军大举挺进江西，在3个月中，席卷了赣中、赣北。到1856年3月，江西13府中的8府50余州县，尽入太平军手中。湘军大将塔齐布、罗泽南先后在九江和武昌毙命。曾国藩困守南昌，遂有瓮中之危，筹谋莫展，日夜惊惶不安。

太平军西征虽受到挫折，但战略目的总体实现，使千里长江成为太平天国的一条生命线，粮食和其他物资源源运进天京，为太平军在1856年一举击溃清军江北、江南大营创造了有利条件。

3. 天京破围

在江西大捷的同时，太平军又在天京外围进行了一场激烈的破围战。咸丰六年（1856）二月，太平军镇江守将吴如孝率部与增援的秦日纲军内外夹攻，大败清军，解镇江之围。太平军随即乘胜渡江，连克扬州、浦口，大破江北大营。四月，太平军又回师镇江，大破清营七八十座，江苏巡抚吉尔杭阿自杀。太平军乘胜攻破江南大营，向荣率残军败退至丹阳毙命。太平军击溃江北、江南大营，解除了威胁天京3年之久的军事压力。

太平天国经过3年多激烈的军事斗争，在长江中下游取得了重大成就，控制了从武昌到镇江沿岸的城镇，安徽、江西、湖北东部以及江苏部分地区都为太平天国所掌握，其在军事上达到了全盛时期。

自1851年初金田起义到1856年夏季天京解围，其战场胜负诚可圈点。就战略谋划而言，占领南京之前太平军多以集中兵力图谋一隅为要，选取清军之要害且防御薄弱之处为攻取目标，又甚得百姓拥戴，于兵员与物力资源补充获得颇易，故能长驱直进，屡破清军围追堵截，连战连胜，势如破竹。据守天京后太平军迅速攻占镇（江）、扬（州），切断北京的粮运孔道以构筑拱卫天京之屏障，其筹划图谋也有远见之略。但洪、杨等对跟踪包围的清军却未有适时清除之举，而任其构筑（江南与江北）两座大营，遂成牵制天京之势。尤其分兵北伐与西征，以有限之兵力同时出击互不关联的两个战略方向，既失集中兵力以取胜之优势，又陷孤军深入疲军远劳之大忌，以致北伐军全军覆灭，西征军受挫严重，牵连整体战局陷入被动。太平天国领导者在定都天京之后满足于"小天堂"的经营，既失主动进取之志，也乏通观和驾驭全局之识。而领导集团内部的分裂和自相残杀，更为太平天国的致命之患。1856年秋，天京内讧后太平天国军事实力骤减，在人心离散中酿成颓败之局。被动的战略态势与分崩离析的政治格局，终使太平天国开始滑向败亡之渊。

六、从天地会到捻军：风起云涌的起义

1. 天地会起义

创立于康熙十三年（1674）的天地会①，以"反清复明"为宗旨，对内称"洪门"，

---

① 因其拜天为父，拜地为母，会员同为兄弟姐妹，故称天地会。

隐含明“洪武”年号之意；下分许多支派，如小刀会、红钱会、边钱会等。参加天地会的成员主要是破产农民、手工业者和其他游民群众。天地会起自福建漳州地区，到18世纪末19世纪初已遍及福建、两广、湖南、江西、云贵等广大地区。太平天国义旗高举后，各地天地会及其支派纷起响应，遂使清王朝面临“天下纷乱”之势。

（1）两广天地会起义。咸丰二年（1852），广西天地会首领朱洪英（？—1874，又名朱世雄或朱洪胜、朱声洪）、胡有禄（？—1855，又名吴有禄）率会众在南宁竖旗起义，很快发展到三四万人。次年，克湖南永明县城。咸丰四年（1854）攻占广西灌阳，建立“升平天国”，朱洪英称镇南王，胡有禄称定南王。其后，起义军转战于湘、桂、黔三省边区。在广西天地会起义的同时，广东天地会也揭竿而起。咸丰四年五月十五日（1854年6月10日），天地会首领何禄（？—1856，又名何六）率众起义，二十一日攻克东莞县城，起义军增加到两万多人。其后又爆发了影响较大的陈开、李文茂领导的起义。陈开（1822—1861），广东佛山人，驾船为业。李文茂（？—1859），广东鹤山人，原为粤剧艺人。咸丰四年六月十一日（1854年7月5日），陈开在佛山起义，建号大宁。李文茂、陈显良等率领数万人在广州郊区响应，起义军蓄发易服，头裹红巾，世称“红巾军”。起义军声势浩大，“旬日之间，连陷数十州县”，顺德、香山、东莞相继克复，省城广州势孤援绝，陈开、李文茂率起义军乘势围攻广州。两广总督叶名琛纠集地主豪绅组织团练，并勾结英、美、法侵略者血腥镇压起义群众。十二月二十四日（1855年2月10日），起义军以统领水陆兵马大元帅陈显良名义照会英、美、法三国驻广州公使，斥责侵略者派兵船“用米盖住火药，载运进省，其火炮名为防贼，而实卖与奸官，殊非正理”，要求他们停止类似行动。英、美、法侵略者不顾起义军抗议，继续协助清政府守城。起义军围攻广州达半年之久（一说10个月），在中外联军抵抗下，终未攻克，咸丰五年（1855）正月（一说三月），被迫撤围。陈显良部仍留广东坚持斗争，陈开、李文茂率主力先抵肇庆，与另一支天地会起义军梁培友部会合。然后率战船千余艘，溯西江扬帆直上，进入广西，一路攻梧州，破藤县，于四月二十一日（6月5日）抵浔州府城外。起义军采用“穴地攻城法”，未果。又派军扼守大湟江口，使浔州城内的清军粮尽援绝。八月十七日（9月27日），起义军乘机发起总攻，杀知府刘体舒和桂平知县李庆福等，占领浔州城，建立“大成国”，改元“洪德”，改浔州城为“秀京”，陈开称镇南王。设官分职，开炉铸钱。继而起义军攻占武宣、平南等地，军威大振。次年秋，陈开、李文茂、梁培友在梧州会师，决定陈开改镇南王为“平浔王”，守秀京；李文茂称“平靖王”，兼陆路总管；梁培友称“平东王”，兼水路总管，并率军向柳州挺进。李文茂曾发布告示，“要救百姓水火，贪官财主杀清”，让“大齐共享太平，人人安居乐业”。正当起义军迅速成长壮大之际，湖南巡抚骆秉章应广西巡抚劳崇光（1802—1867）的请求，派蒋益澧（？—1874）率湘军进入广西，向起义军发起进攻。咸丰七年（1857）梁培友牺牲。八年（1858）李文茂死于怀远山中。十一年七月十六日（1861年8月21日），湘军攻陷浔州城，陈开向贵州退却，二十八日夜，于横州东北被团练俘获，后被押回浔州城，英勇就义。起义军余部在黄鼎凤领导下，继续坚持斗争。至同治三年（1864）四月下旬，在广西坚持了10年之久的天地会起义以失败告终。

（2）湖南天地会起义。咸丰二年（1852）浏阳人周国虞聚众万人，竖旗起义，建号

“征义堂”。咸丰三年道州人何贱苟率领衡州、永兴、桂阳、常宁等地天地会起义，以常宁之五洞、桂阳之白水洞为中心，转战周围十余州县。

（3）福建小刀会起义。鸦片战争前，漳浦一带已有小刀会组织，道光二十九年（1849）或三十年，又在厦门重建。咸丰三年四月初七（1853年5月14日），福建小刀会首领黄威（又名黄位）率领会众在海澄起义，克海澄、漳州、厦门、同安、漳浦等地。起义军在厦门建立政权，黄威以“汉大明统兵大元帅”名义发布告示，声讨清朝统治者的罪行，号召人民奋起斗争。起义军“所到之地，军法甚严，出示安民。米谷定价，不许贵卖，百姓秋毫无犯”。不久，清军进攻，十月初十（11月10日），起义军撤出厦门，退至闽、粤海面，坚持斗争达5年之久。黄威曾派人与太平天国联络，未果。起义军最后于咸丰八年（1858）在海上失败。

（4）福建红钱会起义。1853年5月，福建永春县武秀才林俊（又名林万青）率红钱会起义。他们在康熙年间的制钱上刻画，填上朱红，作为会凭，故称红钱会。起义军先后攻占德化、永安、大田、沙县、龙溪、仙游、安溪等州县，一度发展到数万人。后林俊率众在南安、惠安一带坚持斗争到1857年，曾与太平天国取得联系，并被封为烈王。次年北上迎接太平天国，途中负伤牺牲。至此，红钱会起义失败。

（5）上海小刀会起义。1853年9月7日，在太平军定都天京之后，上海小刀会在刘丽川等领导下举行了起义。起义者占领了上海县城，推举刘丽川为“大明国总理政教招讨大元帅”，刘丽川曾上书洪秀全，表示愿接受太平天国领导。但由于当时太平军正进行北伐、西征，无力东顾，未能增援小刀会。清政府与外国侵略者联合起来镇压义军，包围了上海县城。1855年2月义军被迫突围，刘丽川不幸牺牲。坚持了17个月的上海小刀会起义终归失败。

（6）浙江红巾军起义。咸丰四年（1854）底，瞿振汉、金佩铨领导浙南红巾军起义。起义军以乐清为根据地，在临海、黄岩、大罗山、温州等地活动。曾发出告示，痛斥地主阶级的残暴统治，提出除凶暴、济贫民、扫除鸦片流毒的正义主张。瞿振汉还自称接受太平天国东王札委，说明浙南红巾军起义是在太平天国影响下爆发的。

（7）江西边钱会起义。早在太平天国起义之初，江西吉安、建昌一带就有边钱会活动。会众“以钱涂朱，描金为字”，故称边钱会。咸丰六年（1856），边钱会数千人在吉安、建昌交界处竖旗起义，在太平军的配合下，攻克南丰、新城、贵溪、铅山等县城，击毙建昌知府何栻。

天地会起义，是南方各省响应太平天国的主要力量。虽然因其组织松散，随起随灭，被清军各个击破，但因其波及地域广泛，人多势众，在广大的中国南部，星罗棋布，一呼百应，极大地牵制了清朝的统治力量，有力地配合了太平天国的反清起义斗争，并与北方捻军反清斗争相呼应，形成以太平天国为中心，席卷全国的农民起义风暴。

2. 捻军的斗争

捻军源于捻党，亦称“捻子”。捻党是长期活动于皖北、苏北、河南、山东一带的贫苦农民进行反封建压迫剥削的民间组织。捻是皖北方言，当地人民俗称一股、一束、一伙为一捻。各部捻党首领通称为“捻头”或“趟主”，没有统一的组织和领导，参加者主要是农民，还有盐贩、船夫、渔民、手工业者等。“居则为民，分则为捻。”① 经常在苏、鲁、豫、皖一带护送“私盐”，并与清政府发生武装冲突。太平天国起义爆发后，安徽、河南等地的捻众纷纷举行武装反抗起义，捻党迅速转化为捻军。

1852年初，捻党著名首领张乐行（1810—1863）和龚得树等人在雉河集聚众起义，攻克河南永城。第二年，太平军北伐途经皖北、江南一带时，各地捻党纷纷起义响应，到处劫牢释囚，开仓济贫，从者甚众。1855年8月，张乐行召集各路捻党首领在雉河集举行会盟，建号“大汉”，推张乐行为“大汉盟主”，称“大汉明命王”，统一编军，建立黄、白、红、黑、蓝五旗，虽然规定“各旗统将皆听盟主调遣”②，但实际上是个松散的联盟，标志着捻军在组织上由分散趋于初步统一，在政治上有了比较明确的反清目标。此后，捻军多次打败清军，声威大震，成为北方反清斗争的主力。

1857年，张乐行等率捻军渡淮河南征，与太平军李秀成、陈玉成部会师于安徽霍邱及正阳关等地，并接受太平天国的领导，改换太平天国旗帜，张乐行被封为征北主将。此后，捻军转战豫、皖、苏、鲁各省，屡败清军，张乐行被晋升为沃王。陈玉成死后，张乐行遭到清军包围。1863年春，僧格林沁率20万清军攻破雉河集。张乐行惨败后率残部退到宿州，在蒙城西阳集被叛徒出卖被俘，在亳州义门集附近的周家营英勇就义。其侄张宗禹统领其部，继续坚持斗争。

3. 西南少数民族起义

我国西南的云贵地区是少数民族聚居之地。在清朝统治者的民族压迫和阶级压迫政策下，各族人民生活悲惨，反清情绪普遍高涨。太平天国定都天京后，各族人民纷纷举起反清义旗，响应太平天国运动。势力和影响较大的有：张秀眉领导的贵州苗民起义，杜文秀领导的云南回民起义，李文学领导的哀牢山彝民起义，等等。

1855年，贵州台拱苗民要求减免过重的赋税，未能实现。4月30日，雇农出身的苗民领袖张秀眉在台拱率领苗民举行抗税起义，被推为大元帅，此后两年间控制了以台拱为中心的贵州东部、南部苗民聚居的数十州县，队伍发展到数十万人。起义军没收屯田和逃亡地主的土地分给苗民耕种，废除苛捐杂税，实行有利于群众的商业政策，深得群众拥护。同时，贵州其他各族人民也纷纷起义，有以汉族为主体的白莲教支派发动的号军③、斋教起义，姜映芳、于天柱等领导的侗族起义，杨元保率领的布依族起义，等等。各支起义军密切联系，协同作战，给清朝统治者以沉重打击。

云南汉回杂居，清政府为达到分而治之的目的，一贯挑拨两族互斗。1855年，回汉豪绅争夺楚雄石羊银矿，发生械斗，云南官吏乘机残杀回民，激起云南回民纷纷起义。1856年春，马金保、蓝平贵在姚州，马德新（又名马复初）在新兴，马如龙在临

---

① 王定安. 求阙斋弟子记：第12卷. 台北：文海出版社，1967.

② 捻军：（二）. 上海：上海人民出版社，1957：100.

③ 1855年，黔东北铜仁府一带的白莲教教徒在徐廷杰领导下发动起义。他们用红布包头，被称为红号军。1857年贵州白莲教首领刘义顺在思南县以“反对捐输”为名起义，用白旗、白头巾为标志，称为白号军。此外，还有活跃在瓮安、黄平一带的黄号军和活跃于川黔边界的青号军。在各支号军中，白号军声势最为壮大。白号军以石阡荆竹园为根据地，建立政教合一的政权机构，联合其他义军，连克湄潭、仁怀、大定等州县。1866年，清政府调派重兵进犯贵州，镇压各路义军。1868年，清军围攻荆竹园，刘义顺因叛徒出卖被俘，在成都遇害。白号军余部继续抵抗，直到1872年7月最后一个堡垒上大坪被攻破才完全失败。

安，徐元吉在澂江，马凌汉在昆明，马联升在曲靖，马荣在寻甸，杜文秀在蒙化相继起义。这些起义队伍很快会合成两大势力：一支是以马复初、马如龙为首的回民军，活动于黔东南一带，兵力雄厚，彪悍善战；一支是杜文秀领导的有回、汉、白、彝各族人民参加的起义军。后者自蒙化起义后，很快攻克大理，建立“平南国”，杜文秀称总统兵马大元帅，宣布“遥奉太平天国南京之号召，革命满清，改正朔，蓄全发，易衣冠”①，在辖区内废除苛捐杂税，奖励农业生产，保护工商业，打击贪官污吏，制止民族仇杀，“不分汉回，一体保护”②，提倡“回汉同席”③，号召“回汉一心，以雪国耻”④。因此，得到了各族人民的支持和拥护，在其军中“汉兵十之七八，回民十之二三”⑤，起义队伍发展迅速，不断取得攻城夺地的胜利，先后占领滇西53州县。

1856年5月，云南哀牢山区彝族雇农李文学在弥渡县率汉、彝人民5 000人起义，建立政权，李文学被推为“彝家兵马大元帅”，并发布檄文，揭露清政府和汉族地主的罪恶，指斥“汉庄主（地主）”与“满贼”狼狈为奸，“苛虐我彝汉庶民，食不就口，衣不蔽体；白发爹娘，呻吟在床，幼弱子女，扶门饥啼”的罪恶，采取“彝汉庶民，共襄义举”的方针，提出“铲尽满清赃官，杀绝汉家庄主”的口号，深受各族人民的拥护和支持⑥。各族人民纷纷起义响应，参加起义的除彝民外，还有汉、白、傣、苗、哈尼、傈僳等各族群众。起义军在密滴设“彝家兵马大元帅府”，以密滴为中心，控制蒙化、弥渡、镇南、楚雄、双杨、景东、镇远、新平、元江等10余州县，人口达50万左右⑦。

西南地区的各族人民起义是各族人民的自发联合，共同反对封建统治压迫，响应太平天国运动的起义；各支起义军的领袖把民族团结合作放在突出的地位，增强了各族人民的战斗友谊，孤立和打击了清朝统治势力。

“创开新朝”的太平天国与各地纷起的反清起义，使清朝遭遇到立朝以来从未有过的统治危机。它们彼此呼应，互相支援，互相配合，形成了以太平天国运动为中心的反清斗争的高潮⑧。但各地起义力量大多缺乏明确的斗争纲领，内部成分复杂，既不相统属，更难以团聚成军，未能摆脱被清军各个击破的命运。

第二节 理论与实践：太平天国的制度与政策

一、太平天国的军政制度

自金田团营始，太平天国就建构了军政合一的制度，并逐步形成了一支强大的农民

---

① 回民起义：（一）．上海：上海人民出版社，2000：29.

② 回民起义：（二）．上海：上海人民出版社，2000：300.

③ 同①47.

④ 同①127.

⑤ 同①142.

⑥ 夏正寅．哀牢夷雄列传．近代史资料，1957（2）：20-66.

⑦ 李资源．中国近现代少数民族革命史要．北京：中央民族大学出版社，1995：62.

⑧ 王志华，刘超文，崔薇圃．中国通史：第2卷．郑州：中州古籍出版社，1984：59-62.

武装——太平军，成为“天国”的坚强柱石。从军种来看，太平军的军种有陆营、水营、土营，最初仅陆营，在向南京进军途中，及至湖南，得道州、柳州煤矿工人数千人，始建土营。到了攻占岳州时始建水营。太平军中有单独组建的女军。另外还有“童子兵”，大都是16岁以下的少年儿童，一般不单独成军，而是分属各军各馆之中。军队中还设有“诸匠营”和“百工衙”，负责太平军军需品、生活用品的生产和供应。

太平天国的军制仿行《周礼》（即五人为伍，五伍为两，四两为卒，五卒为旅，五旅为师，五师为军）之制，实行军政合一。“凡所克地方则遍置乡官，以一万三千一百五十六家为一军，编造民兵”，造册呈送。士卒也是农民，官佐同时担任军职和政职。其编制以军为基本单位。每13 125人设一军帅，军帅辖5个师，每师帅各辖5个旅，每旅帅各辖5个卒，每卒长则各辖4个两司马，每两司马各辖5个伍长，每伍长各辖4名士卒。如此，一个军含1万名士卒，3 125名官佐。从兵员成分来看，太平军主要是由农民、手工业者和城市贫民组成，其中以农民为主体，另外还有游民无产者和知识分子。游民无产者是社会生活中最不安定的力量，生活条件造就出他们勇敢无畏、易于铤而走险有破坏性的特点。他们参加到农民起义队伍中，勇于冲锋陷阵，敢于力挡艰危，但也具有流寇主义和无政府主义习性。

定都天京后，随着形势的发展和现实斗争的需要，太平天国完善了金田起义后初步形成的军政合一的政权机关，以天王为核心的权力体系进一步完备。太平天国的最高领袖为天王，天王之下设王、侯两级爵位（后来在诸王之下陆续设义、安、福、燕、豫、侯六等）。职官分级而设，有军师、丞相、检点、指挥、将军等。体制上有两大特点：第一，军政合一，官制不分文武，各王既领军又治政；丞相、检点、指挥、将军等官，居内则办政务，出外则统军民。第二，没有正式建制上的总理国务的机构，杨秀清的东王府成为实际上的总理国务的机关。开国的各王（天王、东王、北王、翼王，因为南王和西王在建都前牺牲）都分别开府设殿。天王府很庞大，但里面主要是负责礼仪、警卫和服侍生活起居的人员。东、北、翼王之府殿里，不仅有礼仪、警卫和服侍人员，而且各有吏、户、礼、兵、刑、工六部，俨然成为天朝之内的若干小朝廷。东王杨秀清实际掌握着军政大权，所以东王府规模最大。

太平天国的地方政权分省、郡、县三级。前期其政区分界大体沿用清制旧界。省级政权的行政长官，由中央统属“朝内官”的丞相、检点、指挥等官员担任。郡设总制，县设监军，称为“守土官”。郡县长官产生的途径，大致有两种，一是由太平天国中央直接委派“朝内官”充任，二是由当地统军将领随时委派然后呈报中央批准。县以下的基层单位则仿照太平军组织体系把农户编组起来，建立地方基层政权，设立师帅、旅帅、卒长、两司马、伍长等官，由本乡人充任，故称为“乡官”。各级官吏的产生方式主要有两种：一是公举，二是委派。由此，太平天国建立了从中央到地方的自上而下的严密的政权系统。

二、政治纲领与经济政策

1.《天朝田亩制度》

太平天国建都天京后，为了巩固农民政权，废除清王朝的苛政剥削，实现“天下一家，共享太平”的理想，于咸丰三年（1853）冬颁布《天朝田亩制度》，咸丰十年重刻刊行。这是一个以解决土地问题为核心，包括政治、军事、经济、文教和社会生活等各方面制度和政策的农民起义纲领，是太平天国各项制度、政策的依据。

《天朝田亩制度》以宗教语言提出了否认一切私有财产权、废除一切私有制的总原则。一切土地和财富都属于上帝所有，“天下人人不受私，物物归上主”。根据这个总原则，提出了废除封建土地所有制，把土地平均分配给天下人耕种的总方针。“凡天下田，天下人同耕。此处不足则迁彼处，彼处不足则迁此处。”“凡天下田，丰荒相通。此处荒则移彼丰处，以赈此荒处；彼处荒则移此丰处，以赈彼荒处。”据此，《天朝田亩制度》制定了平分土地的具体方法：把全国土地按产量分为尚（上）尚、尚中、尚下、中尚、中中、中下、下尚、下中、下下九等，规定每亩一年两季可产 1 200 斤者为尚尚田，以下每减 100 斤即减一等，每亩年产 400 斤者为下下田。再按人口多寡、土地等级，以户为单位平均分配。凡 16 岁以上者，无论男女，均分田；15 岁以下者减半；每户分田，“好丑各半”。

《天朝田亩制度》又规定了全国农民仿照太平军军队编制组织起来，建立县以下的地方基层政权——乡官制。具体形式是：每五家为一伍，设伍长一人；每五伍为一两，设两司马一人；每四两为一卒，设卒长一人；每五卒为一旅，设旅帅一人；每五旅为一师，设师帅一人；每五师为一军，设军帅一人。各级乡官组成县以下的地方基层政权，既管理地方军政、民政，又负责组织经济生活和文化生活。与乡官制并行，还实行乡兵制，即每家出一人为伍卒，有警则为兵，杀敌捕贼；无事则为农，耕田生产。全国农户均按此编制组织社会生活，非常整齐划一。

《天朝田亩制度》还规划了农民的政治、经济和文化生活制度，规定每 25 家（即一两）设国库一所、礼拜堂一所，成为一个政治、经济、文化生活的基本单位，由两司马统一管理，这 25 家又以一家一户为单位进行个体农业生产，除了耕种每家分到的土地以外，还必须进行副业生产：种桑、养蚕、缝织衣裳；每家养五母鸡、二母彘；每五家中的“陶冶木石等匠”，由“伍长及伍卒为之，农隙治事”。这 25 家又是一个统一分配的基层单位，规定每个农户生产的农产品，除留下口粮外，余均归国库；副业产品如苎麻、布帛、鸡犬各物及银钱，亦均交国库。各家婚娶、弥月等项开支，都由国库统一按定制发给，“给钱一千，谷一百斤”，“通天下皆一式”。鳏寡孤独病残者，由国库统一供养。由 25 家农户组成的基层单位——两，同时还是农村的司法、文化、教育、宗教等各方面社会生活的基层组织，两司马不仅是农副业生产的领导者，而且也是司法、文化、教育、宗教等一切社会生活的组织者和领导者。各户儿童每天须到礼拜堂听两司马讲书传教，两司马就是教师；每礼拜日，伍长率各户男妇到礼拜堂听讲道理；各种宗教仪式，亦由两司马主持；各家发生诉讼情事，必先由两司马裁决、处理；两司马还负责保举人才；遇有婚丧嫁娶之事，也由两司马主持祭告上帝。

《天朝田亩制度》规定的农民生活的基层组织，就是这样一个以 25 家为单位，把土地、民政、军事、财政、宗教、教育、司法、选举等等社会职能统一起来的基层组织。同时又是一个废除了一切私有制、绝对平均主义的经济单位。这样，由一个两司马统一管理的 25 家就成为农民理想的公有制社会细胞，无数这样的社会细胞就成为理想的

“地上天国”。这是一种“通天下皆一式”的小农经济的自给自足的生活方式。太平天国的起义者就是企图通过这种途径达到消灭一切贫富不均的现象，而实现“有田同耕，有饭同吃，有衣同穿，有钱同使，无处不均匀，无人不饱暖”的理想社会。

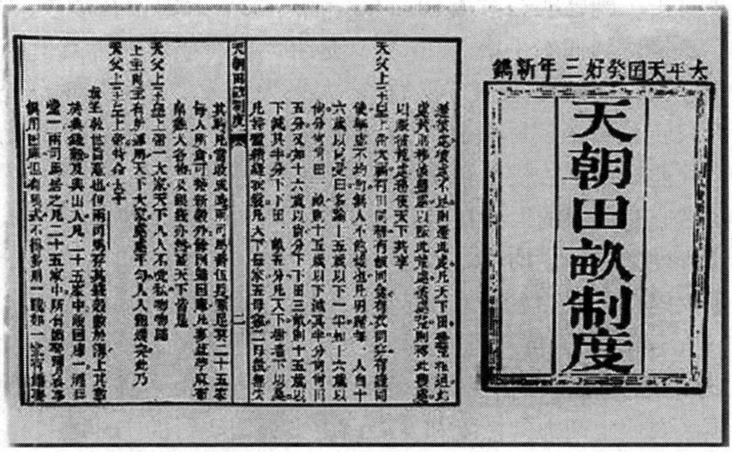

图 2-3 《天朝田亩制度》

《天朝田亩制度》的主张，是对地主土地所有制的否定，体现了广大农民要求平均分配土地的强烈愿望。它也传递了对此前农民战争的“均贫富”、“等贵贱”和“平均”思想试图超越并发展的努力，但这个方案并没有超出农民小生产者的狭隘眼界。它所描绘的理想天国，仍然是闭塞的自给自足的自然经济，是小农业和家庭手工业相结合的传统生活方式，同时又是一个没有商品交换的和绝对平均的社会。《天朝田亩制度》一方面规定平均分配土地，但同时又规定耕作者不能自由支配赋税后的农副产品。它所设计的具体分配方案与社会现实条件相去较远。《天朝田亩制度》中的平均分配土地方案即使在太平天国占领地区也并未付诸实行。主观构想与现实运作形成的巨大矛盾，必然会在现实社会生活中沉积为制度性缺憾。

2. 经济政策及其实践

太平天国建都天京后，有了全面施政的条件。但它所颁行的充满理想色彩的《天朝田亩制度》，却难以在现实制度建设上真正落实，部分内容在试行中即遭碰壁，窒碍重重。在太平天国的实际施政中，与《天朝田亩制度》关联最密切的经济政策主要有：

（1）“照旧交粮纳税”的政策。建都天京后，太平天国曾试图实行一个《百姓条例》，但未能得以通行。为了维持政权，为战争之需提供保障，必须保证有充足的财政经济来源。而《天朝田亩制度》《百姓条例》都缺乏现实操作的制度价值，故而太平天国不得不弃置“空想”方案，务实地在历史条件所许可的范围内“下科派之令”，改行“照旧交粮纳税”政策，即仿照清朝旧制征收田赋。地主是田赋的主要承担者，而“赋由租出”，既要向地主收田赋，就必须维持地主收租的权利，亦即承认租佃关系的合法性，承认旧有的封建土地所有制的合法性。如此，土地公有的理想被事实上的维系旧制所否定。但是，我们必须明确，太平天国政权在被迫实行“照旧交粮纳税”政策的同时，又在可能的条件下维护农民的利益，打击地主豪绅。这主要表现在：

第一，太平天国无论在它的前期和后期，都对官僚、土豪劣绅和地主团练的头目，实行坚决打击和镇压。史料记载，苏浙地区“富户百无一存”①；在皖南各地，“今日乞儿昔公子”②；在徽州城外，“指点累累饿殍堆，半是当年富家子”③。太平天国时期许多巨富豪绅遭到了打击。既已实行“着佃交粮”制，太平天国便在颁发“田凭”的过程中，把“田凭”直接发到佃农手中。“田凭”是土地所有权证书。由于地主被镇压、逃亡远徙，或者地主虽存在而拒绝领“田凭”，太平天国发“田凭”时，把它发给佃农，这便把土地所有权转移给了实际耕种田地的农民。在这样的历史性变动过程中，大财主、大豪绅的世代业田便从法权上转移到农民佃户的手中，部分实现了“耕者有其田”的政治主张，虽然它是局部的而非在所有地区全面施行。此举使苏浙地区原来土地高度集中的占有一定程度上趋于平均化。

第二，太平天国在所辖的苏浙地区各州县，实行大幅度的减租减赋。自明以降的五百年间，“苏、松、嘉、湖、杭五府，田赋之重甲于天下”。太平军克复苏浙地区后，洪秀全“体恤民艰”，迅即颁诏“酌减征收舒民力”，实行减租减赋、轻徭薄赋政策，促进了太平天国占领区农业生产力的恢复和发展。太平天国实行的土地政策，一定意义上表达了历史发展的要求，顺应了农民佃户的愿望。它绝非“退回到中世纪”去，而是在历史的门槛上大大地跨进了一步④。

（2）圣库制度。圣库制度早在金田起义时就开始实行。群众将田产屋宇变卖为现金，缴归圣库，全体衣食均由圣库开支。1851 年太平军攻克永安后，天王下令：“各军各营众兵将，各宜为公莫为私”，“凡一切杀妖取城所得金宝绸帛宝物等项，不得私藏，尽缴归天朝圣库，逆者议罪”。太平军进攻长沙时，又命令：“通军大小兵将，自今不得再私藏私带金宝，尽缴归天朝圣库，倘再私藏私带，一经察出，斩首示众。”这一制度首先在军中实行，到了建都天京后，又在天京全面推行。1853 年颁布的《天朝田亩制度》对圣库制度做了具体规定：“凡二十五家中设国库一，礼拜堂一，两司马居之。凡二十五家中所有婚娶、弥月、喜事俱用国库，但有限式，不得多用一钱”，“凡当收成时，两司马督伍长，除足其二十五家每人所食可接新谷外，余则归国库。凡麦、豆、苎麻、布、帛、鸡、犬各物及银钱亦然”，达到“天下皆是天父上主皇上帝一大家，天下人人不受私，物物归上主，则主有所运用，天下大家处处平均，人人饱暖”的目的。当时，在天京水西门灯笼巷内设总管全国的“天朝圣库”专司其事，分正、又正、副、又副四员，职同检点；“协理”二员，职同将军。每礼拜日，各官开单赴各典官衙领礼拜钱、粮米、油盐及祭上帝物品。官员每人每七日给钱 100 文，士兵 50 文。每 25 人每七日给米 200 斤，油、盐各 7 斤。另有买菜钱，下级军官可向上级申请，钱数不等，买猪、鸡等供众兵会餐。天京群众的生活也由国库供给。

严厉实行圣库制度，杜绝了贪污与战争时一些非法的行为，给廉洁政治与严明军纪

---

① 冯桂芬．启李宫保论减赋//显志堂稿：第 5 卷．台北：文海出版社，1981.

② 黄德华．锁尾吟・乞行//竹瑞堂诗抄.

③ 胡在渭．徽难哀音．1926 年油印本.

④ 郭毅生．如何评价太平天国的历史和有关的历史人物//沙健孙，龚书铎．走什么路：关于中国近现代历史上的若干重大是非问题．济南：山东人民出版社，1997：214-226.

创造了条件。太平天国前期政治的清明、军纪的严肃，与圣库制度的执行不无关系。到太平天国后期，在天京还是实行供给制，禁止人民私藏金银的法律还在施行，城市商店也还禁止开设，但是，不准蓄私财的原则在太平天国高级官员中已经遭到破坏，出现了严重的贪污纳贿的不法行为。至于军队，到了太平天国晚期，凡攻城所得，只有米、牛、羊、猪、鸡等食物归公，而银钱衣服都可以各自收藏。这从根本上损害了圣库制度。总之，这一供给制度，对太平天国的发展起了重要作用；但这种绝对平均主义的制度，在财产私有制的社会基础上，又确实难以维持①。

(3) 工商业政策。在太平天国前期，曾有忽视商品经济、禁止私人工商业的倾向，在南京城内一度实行供给制生活，废除了私人工商业。南京城中原有的商铺与手工工场改为“百工衙”或收归圣库，私营商业被取消。圣库供给制负担着城中军民衣食生活所需。但是，这种制度设计大大违逆了社会经济规律而无法长期维持。停止城乡之间商品交流，无法保证南京军民生活必需品，特别是农副产品的需要，迫使太平天国不得不逐步改变对私人贸易的政策。实际领导和主持太平天国政治、经济事务的杨秀清、石达开等人在实践中修正了洪秀全的错误，采取了保护和鼓励私营工商业的政策。1853 年 5 月东王杨秀清颁行了《安抚四民诰谕》，要求“士农工商，各力其业。自谕之后，尔等务宜安居桑梓，乐守常业”②。9 月，石达开到安庆主持军政，颁发了要“良民各安生业，勿受妖惑”的训谕，劝告老百姓不要受清兵宣传的迷惑，在安庆设关榷税，对过往客商船货发给凭照，使之在太平天国辖区内往来不禁，以实践表明太平天国是保护私人工商业的。面对社会实践的压力和事实上的政策调整，洪秀全不得不修正自己的主张，于 1854 年批准杨秀清等人所上奏章，对田亩改行“照旧交粮纳税”的政策；在商业上允许私人贸易在太平军占领区普遍推行。太平天国还给私人商业、手工业作坊发给了允许经营的“店凭”。这种政策的变化在当时的历史条件下，有利于商品经济与资本主义萌芽的发展，也曾促进了占领区的经济发展，不少“乡镇之买卖”较清王朝时“转盛”，市镇上“货财充斥，增设市廛”。此外，太平天国在商业政策上也反对商人“垄断渔利”，强调“商贸贩卖，平价交易，不准低昂其价”；并约束太平军遵守法令，“给价公平”，严禁“恃势抢民货物，不依平买给价”。

总之，由于太平天国逐渐制定和执行了正确的工商业政策，太平天国辖区内工商业得到了迅速恢复和一定程度的发展。

三、社会、文化与外交政策

1. 社会政策：别男营女营

在《天朝田亩制度》中，规定仿照太平军的组织形式进行社会的组织管理。在建都天京后，对天京城内的组织管理更是走到了极端，把太平军的组织形式推及整个天京城内。第一，废除家庭制度，男女设馆分居，每馆大约 25 人，16～50 岁的男子称牌面，居牌面馆；其余老少男子称牌尾，居牌尾馆；妇女则设女馆。第二，除诸王以外，暂停

---

① 戴逸. 中国近代史通鉴 1840—1949：第 2 卷. 北京：红旗出版社，1997：196.

② 罗尔纲. 太平天国诗文选. 上海：上海人民出版社，1956：43.

婚娶，虽夫妇不得聚首。第三，既然没有了家庭，财产公有，人们按新型组织为单位，参加所分配的劳动。这种政策显然违背人们意愿，甚至可以说是践踏起码的人道主义原则。违背了现实生活需要和社会经济发展的客观规律，绝不可能长久执行，到了1855年初，因群众抵制，此项制度被废除。

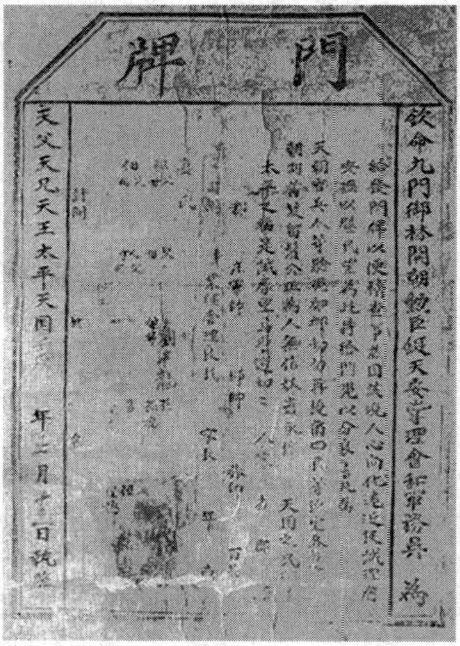

图2-4　太平天国门牌

资料来源：丽水市博物馆.

妇女群众是太平天国的一支重要战斗力量。太平天国在一定程度上反对男尊女卑的封建教条，从“天下多男人，尽是兄弟之辈；天下多女子，尽是姊妹之群”的原则出发，初步实行了妇女解放的政策。如《天朝田亩制度》中规定妇女跟男子同样分得土地，规定“凡天下婚姻不论财”，废除买卖婚姻。太平天国曾提倡“一夫一妇”，禁止娼妓、缠足、买卖奴婢等封建陋习。他们还建立了女军，设立了女官，女子还享有参加考试的权利。这些措施对封建宗法制度起了冲击作用。

当然，洪秀全等人还不可能萌发近代意义上的妇女解放或男女平等意识。比如，洪秀全、杨秀清等领导者仍沿袭历代封建帝王的妃嫔制，并且宣扬“妻道在三从，勿违尔夫主”之类的封建伦理道德观念。定都天京后，洪秀全等首义诸王在频繁选美的同时，还借助严刑峻法，继续推行隔绝男女、拆散家庭的政策，规定即使夫妻同居也是死罪，使得两性关系成为太平军中最大的禁忌，动辄得咎，导致广大军民的不满和抵触情绪日益滋蔓。弛禁后，太平天国推行严判上下尊卑的婚姻政策，同时仍然强调严男女之大防，严禁异性在婚姻之外稍有混杂，实行隔绝男女、拆散家庭的政策，这对太平天国运动产生了不小的影响①。

---

① 夏春涛. 太平军中的婚姻状况与两性关系探析. 近代史研究，2003（1）：537.

2. 文化教育政策

太平天国的文教政策是以反孔学而到头来又离不开孔学基础为特征的。一方面，太平天国在意识形态领域，对封建专制统治的精神支柱——孔孟儒学进行了猛烈的抨击。所到之处毁学宫，拆孔庙，砸偶像，查禁孔孟“妖书”。太平天国定都天京后，曾明令规定：“凡一切妖书如有敢念诵教习者，一概皆斩。”在太平军管辖地区，出现了“敢将孔孟横称妖，经史文章尽日烧”[①] 的场面，更有诗歌形象生动地描绘当时的情况：“搜得藏书论担挑，行过厕溷随手抛，抛之不及以火烧，烧之不及以水浇。读者斩，收者斩，买者卖者一同斩。”[②] 可见，太平天国对儒家典籍采取严禁的政策。

在教育方面，太平天国对封建科举制度没有因袭，而是仿其形式，在内容上则进行了一些改革，目的是选拔“德才兼备”之才，为农民政权服务。应试者不限门第出身。考试仍沿用八股试帖体，但试题皆本太平天国文献，而不本四书五经，对违反的官吏曾给予严厉的惩罚。

3. 对外政策

在对外政策方面，太平天国虽然对西方资本主义国家的侵略本质认识不清，对外国人一概笼统地认为，“既系同拜上帝，皆系兄弟”[③]，但他们反对不平等条约，严禁鸦片输入，很大程度上坚持了反对侵略而又保持与各国之间正常往来的立场。早在农民起义准备时期，洪秀全就曾对洪仁玕说：“如果上帝助吾恢复祖国，我当教各国各自保管其自有之产业，而不侵害别人所有；我们将要彼此有交谊，互通真理及知识，而各以礼相接。”[④] 建都天京后，太平天国的领导者在与西方侵略者的交往中，初步阐明了自己的对外政策。咸丰三年（1853）三月到四年五月，英国公使文翰、法国公使布尔布隆、美国公使麦莲等先后打着“中立”的幌子到天京访问，以窥视太平天国的实际情况，试探太平军及其领导对西方国家的态度。洪秀全、杨秀清等人没有屈服于外国侵略者的恫吓，拒绝承认《南京条约》。而对于正当贸易，太平天国则加以鼓励。当时中国大宗出口的丝、茶，一部分产自太平天国辖境之内，另一部分则必须通过太平天国占领区才能外运。太平天国建都天京后，丝、茶出口不但没有减少，反而逐年上升[⑤]。

基于以上基本制度与政策的分析，我们可以理解理想的追求与现实的需求之间形成的巨大反差。由此我们可以领悟到复杂、多变的历史现象背后所蕴含着的富于永久性的思想与社会价值。

第一，《天朝田亩制度》虽然是一个不只包括经济方式，而且包括军事、政治、文化等多方面内容的纲领性文件，但它的中心点在经济方面。《天朝田亩制度》中的规定反映了太平天国农民起义的追求和向往，但这并不等于现实；在实际施政中，《天朝田亩制度》中的规定并没有完全落实，有的着力试行过，但因碰壁而改变，有的连试行都

① 太平天国历史博物馆．太平天国史料丛编简辑：第6册．北京：中华书局，1963：386.

② 太平天国：（四）．上海：上海人民出版社，1957：735.

③ 殿左五检点罗大纲致上海英国领事馆书//太平天国历史博物馆．太平天国文书汇编．北京：中华书局，1979：295.

④ 罗尔纲，王庆成．太平天国：（九）．桂林：广西师范大学出版社，2004：854.

⑤ 白寿彝．中国通史：第11卷．上海：上海人民出版社，2004：91.

没有。政策最终能否推行、能否成功，都要视当时的历史条件而定。

第二，注意地域上的差别。太平天国建都后，一些政策主要是在天京城内实行的（如将圣库制度、诸匠营、百工衙推行社会），或是由于在实践中失败没有能再向别处推广，或者由于是在天京特定条件下采取的特定措施，并没有在全社会实行。这样，天京和其他地区的状况大有不同，不能一概而论。

第三，注意时间上的差别。政策的实施必然是根据条件的变化而有所变化的，不能用静止的眼光来看。即使在天京城内这样一个范围，在太平天国前期这样一个断限之内，就经历了一个从取消商业到恢复商业，从取消私营手工业到放松这种限制的过程。至于太平天国的全面政策，后期与前期有较大变化。

4.《资政新篇》

1859 年（咸丰九年）初，留居香港多年的洪仁玕怀着希望与重托从香港来到天京，被洪秀全引为天朝砥柱，封为干王，“总理朝纲”。不久，洪仁玕向洪秀全提出了一个统筹全局的改革方案——《资政新篇》。

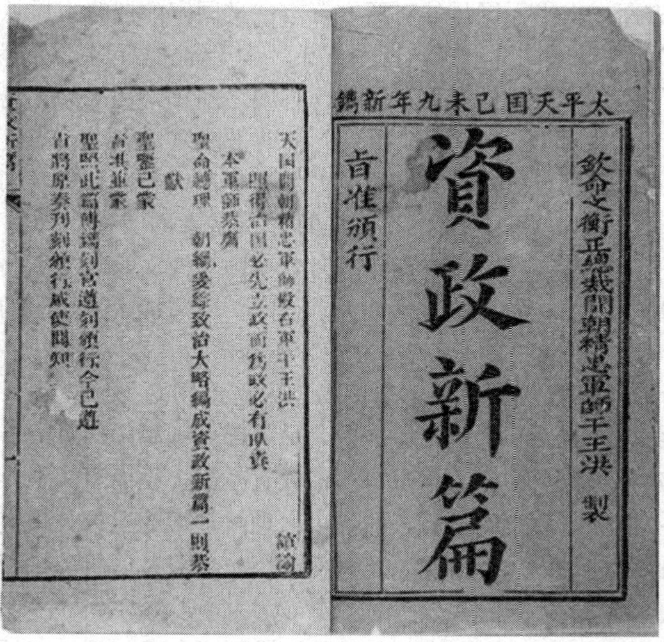

图 2－5 《资政新篇》

《资政新篇》分用人察失类、风风类、法法类、刑刑类四部分。用人察失类，针对太平天国分散主义倾向，主张“设法用人”，反对“结党联盟”，强调“权归于一”。风风类，针对社会上存在的各种恶习，主张兴办教育、医院、慈善事业，禁止旧的风俗习惯。刑刑类，仿效西方资本主义国家改革刑法。这三部分论述都很简单，全书主要部分在于法法类，所有关于政治、经济改革的各项立法和政策都集中于这一类。《资政新篇》的政治改革方案中，法治思想占有突出的位置。洪仁玕认识到，以法治取代人治，是近代国家区别于古代国家的分水岭。篇中指出：国家“以法制为先，有法制而后有国家，此千秋不易之大经”。又强调指出：英国“为最强之邦，由法善也”。它将法分为“大纲”与“小纪”两类。所谓“大纲”，相当于宪法和国家根本大法，是稳定的，“一定不易”的；所谓“小纪”，即具体的法律和条例，是可以因时变通和修订的，即“每多变迁”的。对于如何推行法治，篇中强调了三个环节：（1）“立法善”；（2）“持法严”；（3）“代有贤智”以相维持。

无论在思想价值上还是在制度意义上，《资政新篇》卓越的识见和务实的追求，都超越了《天朝田亩制度》。其要义可概括为四个方面：

第一，主张学习西方的科学技术。《资政新篇》认为科学技术并非“奇技淫巧”，而是“有用之物”，可以提高和促进生产发展，有利于富国强兵。科学文化知识可以消除中国的愚昧闭塞状态，扩大人民的视听，推动社会的进步。所以不仅建议应由上倡导，“以风风之，自上化之”，而且设法把“外国人技艺精巧”传入中国，准许“教技艺之人入内，教导我民”，以便尽快地使西方科学技术在中国传播、推广。在主张引进西方科学技术的同时，又十分强调鼓励中国人的发明、创造，一再提出“任乎智者自创，首创至巧者赏以专利”，建议采取资本主义国家实行的专利制度。

第二，主张建立和发展资本主义性质的近代企业。《资政新篇》主张“兴车马之利”，造“火轮车”，修筑全国四通八达的道路网；“兴舟楫之利”，使用“火船气船”；“兴器皿技艺”，制造“精奇利便”的用品；“兴宝藏”，开采金、银、铜、铁、锡、煤、盐等矿产。此外，还主张建立“银行”，“兴保人物之例”（保险公司），兴“邮亭”“书信馆”“新闻馆”等。《资政新篇》还主张私人投资、获取利润、雇佣劳动、自由竞争等等，这就把向西方学习，从生产力的领域扩展到生产关系的领域。

第三，重视并积极发展商品货币关系。《资政新篇》对兴办某些近代企业的着眼点之一，就是如何有利于商品流转，例如兴办交通企业是为了便于“大商则搭客运货”，为了与“外国可通和好”（“通和好”主要为“通商”，即对外贸易）；兴办银行，发行“银纸”，是为了商人从事“银货相易或纸银相易”的存放、兑换活动，“此举大利于商贾士民出入便于携带”；办“新闻馆”考虑到“报时事常变，物价低昂”，以供“商农览之，得以通有无”；设立保险公司是考虑在商品流转中如何使“货物船等有防于水火者”。此外，《资政新篇》主张太平天国官兵采取俸禄制，把原来的供给制改为发给“俸值”，即通过货币关系来实现个人消费品的分配，使一切生活必需品都通过市场购买，扩大商品货币关系。

第四，主张对外开放，引进科学技术。在洪仁玕到天京之前，太平天国已执行独立自主的外交政策，但对于对外开放的必要性的认识却很浅薄。《资政新篇》极力批判中国过去闭关政策的愚昧，指出“拘拘不与人交接”是夜郎自大的“浅量者之所为也”，“以致全体闭塞，血脉不通，病其深矣！”主张对外开放，吸收各国之长，开通民智，以引进西方科学技术：“外邦人技艺精巧，邦法宏深，宜先许其通商，但不得擅入旱地。……惟许牧司等并教技艺之人入内，教导我民，但准其为国献策，不得毁谤国法也。”《资政新篇》这种认识，显然是和它向西方学习科学技术、建立近代化企业的规划相联系的①。

---

① 罗尔纲．太平天国史：第2册．北京：中华书局，1991：90．

作为政治改革方案，《资政新篇》体现了后期太平天国领导者努力求进和力挽衰势的追求，尽管已经失去了最佳的历史机遇。虽然实施方案并不完善，实现的社会条件也不完全具备，内容上也不乏空想成分，甚至在实践上也未付诸实施，但总体上来讲，《资政新篇》反映了时代特点和历史发展的方向。

第三节　历史的悲局：天京变乱与天国消亡

一、天京事变：走向衰亡的转折

1. 自相残杀的天京事变

咸丰六年（1856）八月，正当太平天国在军事上达到全盛时，领导集团内部发生了公开分裂。

东王杨秀清是太平天国的领导人之一，为太平天国建功立勋不少。建都之后的东王，更是居功自傲，“威风张扬，不知自忌”①。咸丰六年七月，清军江南大营被打垮，天京被困之围暂时解除，杨秀清乘机逼洪秀全封他为“万岁”。洪秀全为应对危机，密召督师江西的韦昌辉和督师湖北的石达开迅速返回天京。韦昌辉对杨秀清素怀不满，接获洪秀全密令后，立即率领心腹部队深夜疾趋天京，八月初三（9 月 1 日）包围了东王府，于次日晨将杨秀清及其眷属杀害。此举引发天京城内混战，致使太平天国优秀将领和战士两万多人死亡。韦昌辉以大规模屠杀手段暂时控制了天京，并独揽军政大权，天京城内气氛恐怖，人人自危。八月中旬，石达开从湖北回到天京，责备韦昌辉擅权滥杀。韦昌辉图谋加害石达开，以确保自己的权势。石达开闻讯后逃往安徽安庆，起兵讨伐韦昌辉。天京的太平天国将士愤怒于韦昌辉的屠杀和专擅横暴，多有思变之心。洪秀全接受将士的要求，于十月初斩杀韦昌辉，结束了韦昌辉对天京历时约两个月的恐怖统治。十月下旬，石达开回到天京，洪秀全命他总理政务，“合朝欢悦”。经杨、韦事件之后，洪秀全对石达开也心存疑忌，又封其兄洪仁发为安王、洪仁达为福王，同理政事，以牵制石达开。咸丰七年（1857）五月，石达开离开天京，率大批精锐部队单独作战。内部严重分裂的太平天国，不免危机重重，前景惨然。石达开的军队起初在江西、浙江、福建等省活动，屡战不利。从咸丰九年（1859）起，转战于湖南、广西、湖北、四川、云南、贵州等省，曾多次战场获胜，但他毕竟是孤军作战，既无根据地之依凭，又少粮食、武器之补给，战斗力日益削弱，分离降叛之事时有发生。同治二年（1863）四月，石达开在四川大渡河紫打地被清军围攻，全军覆没。

天京事变是农民领袖之间争权夺利之争，是历史上农民阶级中常见的火并事件的重演，即是一次内讧。太平天国领导集团的分裂，带来了极其严重的后果。第一，天京事变搞垮了领导核心。经天京变乱，东王杨秀清被杀，北王韦昌辉遭诛，翼王石达开出走，开国元勋中仅剩洪秀全自己在朝，大有孤掌难鸣之势。第二，天京事变削弱了农

① 太平天国：（二）．上海：上海人民出版社，1957：791.

民起义力量。在天京变乱的互相残杀中，仅东王部属被杀的就有两万人，其他各王的部众也有损耗，死者中亦有不少文臣武将。石达开出走，带走十万精兵。尽管他仍然打着太平天国的旗帜，坚持反清斗争，但与天京农民起义力量各自为战，远不如合力对敌。这些削弱了农民起义力量。第三，太平天国农民起义是披着宗教外衣的一场农民战争，天京事变摧折了太平天国的信仰支柱。第四，天京事变导致战局急剧逆转。由于天京变乱破坏了内部的团结，削弱了军队的战斗力，损伤了元气，丧失了乘胜歼灭敌人的有利时机，太平天国方面从军事全盛的局势迅速跌落下来，被迫从战略进攻转入战略防御。而清廷却获得喘息和乘机反扑的良机，迅速纠集军队，于咸丰六年（1856）底，攻陷武昌、汉阳，随后占领江西大部分地区，并重建江北、江南大营，围困天京。

天京变乱是太平天国史上一次影响巨大的事变，它成为太平天国走向败亡的转折点。

2. 洪秀全的勉力支撑

太平天国领导集团分裂后，形势顿挫。为扭转危局，洪秀全提拔了陈玉成、李秀成、李世贤等一批青年将领担负军事重任。咸丰九年（1859）三月，洪仁玕从香港来到天京（金田起义后，洪仁玕迫于清军缉捕，于咸丰二年避居香港。他在香港接触了西方资本主义国家的一些情况），被封为干王，总理太平天国朝政。因为诸将的不满，不久洪秀全又先后封陈玉成为英王、李秀成为忠王。

咸丰八年（1858）六月，陈玉成、李秀成会集各路将领，在安徽枞阳镇召开军事会议，决定采取联合作战方针，同心协力解除清军对天京的包围。七月，陈玉成等部太平军在皖北作战，击溃安徽巡抚李孟群部湘军，攻占庐州。八月，陈玉成、李秀成两军在滁州境内会师东进，攻破浦口，再次击溃江北大营，并进占江浦。浦口一带战斗的胜利，打通了天京与江北的交通，解除了江北清军对天京的封锁。其时，湘军主力李续宾部在攻陷江西九江后，乘势侵入安徽，进逼庐州咽喉三河镇。十月，陈玉成、李秀成率军救援。太平军乘大雾发起猛攻，李续宾部乱成一团，拼死突围，终不得出。经过激战，太平军摧毁了湘军全部营垒，歼灭曾国藩之弟曾国华等湘军数千人，李续宾自杀。太平军乘胜追击，收复桐城，围困安庆的清军不战而逃，皖北复为太平天国所有。天京上游局势，至此暂时得到稳定。

咸丰十年（1860）二月，太平天国为打破江南大营对天京的围困，派李秀成等奇袭浙江杭州，以分散江南大营兵力，然后太平军迅速由杭州回军，会同陈玉成等部猛攻江南大营。闰三月，击溃了江南大营，解除了对天京的包围。钦差大臣和春、帮办大臣张国梁率残部逃奔丹阳。太平军乘胜追击，连克丹阳、常州、无锡。清军节节溃败，张国梁在丹阳落水而死，和春在浒墅关自杀。四月，太平军又相继克苏州、嘉兴等许多州县，开辟了苏南地区，建立了以苏州为首府的苏福省。

二、“借师助剿”：清廷的新对策

1. “洋枪队”的加入

当太平军席卷江南、逼近上海的时候，上海的官僚、地主、买办大为恐慌。江苏巡抚薛焕派上海道吴煦向英、法领事请求派兵防守县城，得到了他们的同意，表示将协助清军“弭平一切不法叛乱，保卫上海”①。美国人华尔也在薛焕、吴煦的支持下，招募在华的一些外国亡命徒组成了洋枪队。咸丰十年（1860）六月，李秀成率太平军在江苏青浦大败洋枪队，重伤华尔。七月，太平军逼近上海城时，遭到协助清军防守的英军和停泊在黄浦江的英、法军舰炮火的攻击，李秀成还想与“洋兄弟”取得谅解，严禁还击，致使太平军遭受重大伤亡，只得从上海地区撤退。

图2-6　华尔

安庆是太平军和皖北捻军联系的纽结，也是保障天京、保证粮食供应的战略要地。当太平军向东南进军时，曾国藩的湘军包围了安庆。为解安庆之围，太平天国决定由陈玉成、李秀成分兵两路攻武昌，以牵制湘军回援。陈玉成率北路军从安徽入湖北，于咸丰十一年（1861）二月攻克黄州，逼近武昌。武昌城内一片混乱，湖广总督官文惊慌失措，官员纷纷逃遁。当时在汉口租界的英国参赞巴夏礼为阻止太平军进攻武汉，赶到黄州会见陈玉成，声明要保护武汉的商务，太平军“必须远离该埠”。由于外国侵略者的干涉，加上李秀成大军迟迟不来会师，安庆形势又日益吃紧，陈玉成放弃进攻武昌，回师救援安庆。李秀成锐意经营苏南、浙江，对救援安庆抱消极态度。直到咸丰十年十月，因江西、湖北一带的大批起义群众要求参加太平军，他才以招兵西进为主要目的，留下主力部队防守苏州、常州，自己率领一部分太平军从皖南经浙江进入江西。咸丰十一年五月进兵湖北，前锋攻占武昌。李秀成在兴国会见了英国驻汉口领事金执尔，金执尔加以阻挠和恐吓。当时陈玉成已从湖北折返安庆，李秀成终于放弃了进攻武汉的计划，率军从湖北撤入江西。

太平军攻武汉、保安庆的战略决策未能实现，曾国藩认为已无后顾之忧，于是集中兵力围攻安庆。陈玉成屡次组织援军，在安庆外围与湘军展开激烈的争夺战，终未能与城内守军会合。咸丰十一年八月初一（1861年9月5日），安庆失守。从此太平天国在上游的重镇尽失，天京已无屏蔽。同治元年（1862），陈玉成在庐州与清军激战三个月，

① 呤唎. 太平天国革命亲历记：上册. 王维周，译. 北京：中华书局，1961：205.

突围至寿州，不幸被俘，五月初八（6 月 4 日）在河南延津英勇就义，年仅 26 岁。

当陈玉成等部太平军与湘军争夺安庆时，李秀成、李世贤的军队由江西入浙江，到咸丰十一年（1861）九月间，先后攻克金华、处州、严州等城，控制了浙江中部。李秀成进兵攻克临安、余杭，围攻杭州。十一月，太平军攻破杭州城，巡抚王有龄自杀。李世贤部黄呈忠、范汝增也于同月攻克重要港口宁波。浙江和苏南成为太平天国最后两三年中的主要根据地。苏浙地区，太平军和乡官的成分严重不纯。充任乡官的除劳动人民外，有地痞、流氓，还有大批地主、士绅和依附地主阶级的人；新参加太平军的，有会党队伍，有土匪、地痞、流氓，还有大批清朝的败兵溃勇。太平军队伍被严重腐蚀，烧杀掳掠、虐待百姓、逃亡叛降的事件经常发生，一些将领也在蜕化变质。

苏杭是地主势力比较强大的地区，他们采取各种手段抵抗太平军。浙江诸暨的地主包立身纠集了一两万人的团练武装，盘踞包村半年多；湖州举人赵景贤率团练据城困守，历时近两年。在苏南地区，团练武装的重要首领有：苏州的徐佩瑗，常熟的庞钟璐，无锡的华翼纶、杨宗濂，江阴的王元昌，等等。太平军对这些地主武装往往满足于招抚，结果使地主武装得以保存下来。徐佩瑗等人表面上打着太平天国的旗号，暗中仍受清朝官员的接济和指挥，并拉拢太平军将领熊万荃、钱桂仁、骆国忠等，组成一个叛乱集团，策划在苏州一带发动叛乱。阴谋暴露后，徐佩瑗等被处死。

太平天国后期虽然开辟了苏浙根据地，但在这些地区内存在着复杂的矛盾斗争和严重的危机。

2. 天京陷落：天国的悲局

太平军占有苏浙，并不能弥补它在皖北战场和天京上游的损失，无法扭转军事上的不利局面。已取得统辖四省军务大权的曾国藩，事权更重，筹饷较易。他自己坐镇安庆指挥，委其胞弟江苏布政使曾国荃率湘军主力由皖北沿长江东下，进攻天京；继派左宗棠率另一支湘军由江西进犯浙江。不久，左宗棠被清廷任命为浙江巡抚，他开始联合英、法列强，形成中外合力镇压太平军的形势。

咸丰十一年（1862）十二月，李秀成兵分两路，由苏、杭出发，再次进攻上海。敌对势力在上海成立“中外会防公所”，策划防守方案和筹措饷械。在上海的英法侵略军增至数千人，华尔的洋枪队改称“常胜军”，扩编至 5 000 人。同治元年（1862）三月初，英、法、俄侵略军和华尔的“常胜军”联合清军，向沪西的王家寺、罗家港等太平军阵地进攻。由于太平军的几个阵地被迫相继放弃，上海得以解围。

三四月间，李鸿章率淮军从安庆乘轮船到达上海。1862 年春，他奉曾国藩之命，仿照湘军营制，在安徽编练成一支拥有 6 500 人的淮军，成为继湘军之后又一支重要军事力量。李鸿章到达上海之日，清廷授他为江苏巡抚。在官僚、豪绅、富商、买办的支持下，他积极与外国侵略者合作，于四月间，率淮军联合英法侵略军和华尔的“常胜军”攻陷青浦，随后进犯奉贤南桥镇。太平军与敌军展开激烈战斗，杀伤了不少侵略军，击毙法国海军司令卜罗德，但终因伤亡过多，南桥失守。李秀成率精锐万余人反击，在太仓大败敌军，乘胜克复嘉定。五月，太平军又在青浦大败敌军，活捉“常胜军”副统领法尔思德，收复县城。太平军又一次进逼上海近郊，侵略军龟缩上海不敢出战。此时，曾国荃率湘军扎营雨花台附近，围攻天京甚急。李秀成在洪秀全的严令催迫下，不得不率师回援，第三次攻取上海功败垂成。

图 2-7　淮军

同治元年（1862）闰八月，太平军与湘军在雨花台展开了一场激烈的战斗。李秀成、李世贤率军 20 余万，装备了相当数量的洋枪洋炮，向湘军发动猛烈攻势。曾国荃全军约 3 万人，凭借深沟高垒，坚守顽抗。太平军围攻 44 天，虽毙伤湘军约 5 000 人，但未能攻破营垒。十月，李秀成撤兵。随后李秀成奉洪秀全命渡江进兵皖北，企图诱使围攻天京的湘军回援江北，虽损兵十数万，却未能取得战果。这时，太平天国的处境已非常不利。

湘、淮军联合外国侵略军乘天京被围，加紧在江浙地区展开进攻。浙江方面，同治元年（1862），英法侵略军伙同清军攻陷宁波，随即成立了“中法混合军”（“常捷军”）和“中英混合军”（“常安军”“定胜军”）。外国侵略者和清军结为同盟，向太平军进犯。太平军英勇抵抗，在慈溪击毙来援的“常胜军”统领华尔，同治二年（1863）在绍兴屡败敌军，先后打死“常捷军”统领勒伯勒东及其继任塔提夫。但这些局部战斗的胜利，未能扭转整个战场的被动局面，慈溪、绍兴等城都先后失守。这时，衢州、严州、金华各府县也相继被左宗棠的湘军攻陷。此后，左宗棠的湘军和“常捷军”全力进攻杭州。同治三年（1864）二月，杭州失守。太平军浙江据点全部丧失。

在江苏，英法侵略军和英国军官戈登继任统领的“常胜军”，伙同李鸿章的淮军组成联合武装，配备了优势的炮舰、轮船和洋枪、洋炮，以上海为基地，向西进犯。同治二年（1863）三月，中外联军攻陷太仓、昆山，七月进逼苏州。慕王谭绍光率领太平军英勇抵抗。李鸿章因强攻损失重大，遂致书诱降。谭绍光坚决抵抗，誓不投降；而以纳王郜永宽为首的苏州其他守将密谋叛降。十月二十四日（12 月 4 日），郜永宽等刺杀谭绍光，献城投降。两天之后，他们都被李鸿章杀死。苏州的失守，标志着太平天国苏南根据地已陷于绝境。同治三年（1864）四月，常州失守。太平军在苏南的根据地全部丧失，天京形势更加危急。城外太平军的防御工事已被破坏殆尽，天京城被曾国荃的湘军四面围困，内无粮食，外无援兵。洪秀全拒绝了李秀成提出的“让城别走”、另辟农民起义根据地的建议。同治三年四月二十九日（1864年6月3日），洪秀全病逝，长子洪天贵福继位为幼天王。六月十六日（7月19日），用火药轰塌天京城墙后，湘军突入城内，大肆抢劫烧杀。战旗伏地，天京陷落。

忠王李秀成突围后，在天京城外被俘（在留下几万字的供词后，被曾国藩杀害）。洪仁玕在江西被俘，从容就义。天京的陷落，标志着太平天国事业败亡命运的不可逆转，散落各地的太平军余部虽奋力征战，终究回天无力。继同治五年（1866）江南太平军余部失败不久，遵王赖文光率领下的江北太平军及捻军，也于同治七年（1868）被最后镇压。

奋战14年，攻克600余城，夺取半壁江山的太平天国在震撼清王朝的同时，曾经给予受压迫的人民以巨大的希望和力量，甚至连无产阶级革命导师马克思也对其充满了期望：“中国革命将把火星抛到现今工业体系这个火药装得足而又足的地雷上，把酝酿已久的普遍危机引爆，这个普遍危机一扩展到国外，紧接而来的将是欧洲大陆的政治革命。”① 以悲局完结的这场声势浩大的农民起义，在兴与衰的历史演变中却留下了弥足珍贵的历史教训。

3. 兴亡俱可鉴：太平天国失败的原因

从历史上思考，人们不难列举出许许多多导致太平天国失败的原因。从客观来看，当时太平天国面对的敌人不只是清王朝，还有外国侵略者。第二次鸦片战争结束后，清朝开始实行“借师助剿”的政策，与西方列强联手镇压，西方国家的军队甚至直接同太平军作战。外国资本主义和清政府联合起来形成的政治、军事、经济、文化等方面的总体实力，远远超过太平天国。从主观来看，太平天国推行的制度和诸多政策均有许多缺陷，失误甚多：

首先，在文化政策方面。金田起义之后，在独一真神唯上帝的思想驱使下，太平军视“诸凡百神皆为妖魔，遇庙像辄焚毁”，以致“所过庙宇祠观，无论土木形骸，金碧神像，悉遭残刬”。建都天京后，更是“所陷之处，凡学宫正殿两庑木主亦俱毁弃殆尽，任意作践，或堆军火，或为马厩，江宁学宫则改为宰夫衙，以璧水圜桥之地为椎牛屠狗之场”。对于儒家经典，则禁之唯恐不绝，毁之唯恐不尽。其后，因杨秀清提出不同意见，洪秀全虽下诏设删书衙，宣布孔孟经书待删改刊行后始准习读，但直到太平天国败亡，删改之书也未能问世。太平天国如此摧毁作为汉族文化象征的儒家经典，其结果不啻将整个士大夫阶层乃至普通民众，都推离了自己的阵营。

太平天国初期因为非常需要贤才，也曾竭力搜罗知识分子，或开科取士，或设榜招贤，甚至与江南士人群体进行一定程度的文化互动②。但士大夫阶层的精英人物基本上站在清王朝一边，这与太平天国的宗教、文化政策不无关系。太平天国运动是中国历史上规模最大的农民起义，但所吸收参与的士大夫却极为有限，甚至对进入太平军中的文

① 马克思．中国革命和欧洲革命//马克思恩格斯选集：第1卷．3版．北京：人民出版社，2012：783.

② 张德顺．江南士人群体与太平天国文化冲突述论．人文杂志，2002（1）：134-138.

人，也多用于文案而不允参与军政。史载："贼掳我官吏绅衿读书有心计人，或挫折以死，或分为各馆充当书手，号曰先生，所办无非写奏章、诰谕、封条，出告示，造家册、兵册等事，一切军令盖不与闻，盖防有用之才之算己也。"故在李秀成被俘后的问对中，才有"官兵多用读书人，而太平军中无读书人"的分判。

其次，在经济和社会管理方面。进入南京之前太平军还采取保护农工商政策，"买饭求浆，多给市值"。但建都之后，杨秀清便发布《待百姓条例》，实行废除工商、田亩归公的政策，"铺店照常买卖，但本利皆归天王，不许百姓使用"，"不要钱漕，但百姓之田皆系天王之田，收取子粒，全归天王"①。太平天国又设立百工衙，集中各种工匠为天国服务，"但有口粮，并无雇钱"。以剥夺农民和手工业者利益为前提的、违反经济规律的政策不仅难以推行，而且从根本上损害了其社会基础。

在社会管理方面，太平军所占之地，凡城镇居民不管信仰爱好，先将财产集于圣库，按男女分编入馆，然后严格履行拜上帝仪式，诵习天条，赞美皇上帝。这种取消家庭、违背人伦的禁欲政策，引起大多数人民的强烈不满，以致"嗟怨之声"长久不息。同时，太平天国还将上帝信仰强行推向社会，迫使人们改变风俗，如：不许奉佛敬神，崇拜祖宗，"禁民间供奉家堂"；禁止人们按传统的旧历过年，并取缔民间过节时与"天情"相悖的所有旧俗；禁止民间饮酒、吸烟；等等。这一系列以宗教治国的政策必然与传统社会发生激烈的冲突，故当时处罚、杀戮之事所在多有。

最后，在军事战略战术方面，纵观太平天国史，我们很难看到一种谋定后动、贯穿全局的战略计划，却常出现坐困突围、随机性较大的战略失误。如金田起义之后，洪秀全不及时带兵北上，而是先于大湟江口驻扎57天；在武宣东乡登极后，也屯兵两月之久；其后在永安"蕞尔山城"中，又亟亟封王建政，盘桓半载有余。这些都给了清廷从容调兵遣将的机会。军事上的一连串胜利，又使天国领袖们忘乎所以，以为"百万铜关，尽行打破，实赖天父天兄之权能"，而非人力之所为。故建都天京后，洪、杨等人置清军在天京和扬州城外建立的江南、江北大营于不顾，分兵北伐和西征。

当时太平军虽号称百万，但除去老弱妇孺，能战之兵只有10万左右。如集中兵力先摧毁威胁天京的江南、江北大营（时两大营兵力不足3万人），然后以天京为中心，上取武汉、九江、安庆，下取上海、苏、杭，建立巩固的江南根据地，最后再挥师北伐，与清廷争夺天下，也许会取得刘邦、朱元璋一般的胜利。但天国领袖们计不出此，却兵分为三，结果无论是留守天京，还是北伐、西征，其兵力均不占优势，实际上给了清军各个击破的机会。

此外，随着战争形势的发展和起义队伍的壮大，不少地主、士绅、胥吏、商人以及游民、溃勇等进入太平军，成分日益复杂，其中不乏暗藏的敌对势力和投机分子。他们或在太平军中挑拨离间，煽动逃亡叛变，甚至与清军暗通消息，企图从内部进行破坏，或以剥削阶级的思想意识和作风来腐蚀太平军。

如此种种，难以悉举。然而，比之于起义之初对清军的一路狂飙席卷之势而言，仅仅纠结于政策缺陷与制度弊端的寻因探原，又怎能从根本上解答太平天国事业的衰亡之

① 佚名．金陵被难记//太平天国：（四）．上海：上海人民出版社，1957：750.

由？历史的昭示在于沉静下来的认真体悟。

举义于金田村的太平军，曾经以“天下尽兄弟”“天下皆姊妹”的诉求，感召着成千上万的农民相率加入起义，那种直观而朴素的平等思想，对于渴望推翻不平等现实社会的人们，具有强大的吸引力。经历了战场残酷的拼搏和惨烈牺牲后，在建都天京的同时，起义之初那种“兄弟姐妹”般的平等愿望，被“开新朝”的严格等级制度完全消解了。太平天国颁布了一套“贵贱宜分上下，制度必判尊卑”的礼制，从天王到普通士兵之间，等级非常森严，天王及诸王侯均世袭相沿。权力控制者尤其上层领袖集团中享乐腐化之风逐渐形成，起义初期那种“敝衣草履，徒步相从”的质朴作风湮没不彰，代之而起的则是对权力名位和豪奢生活的追求。太平军进入南京后，立即大兴土木，拆毁了大批民房，动用了成千上万的男女劳动力，把两江总督衙门扩建为天王府。“半载方成，穷极壮丽”，旋被大火烧毁。咸丰四年（1854）又在原址复建，方圆十余里，宫殿林苑，“金碧辉煌”，“侈丽无匹”。东王府的修建也是“穷极工巧，骋心悦目”。至冠履服饰、仪卫舆马等，都备极奢华。核心领导层之间原来“寝食必俱，情同骨肉”，变为“彼此睽隔，猜忌日生”，权力纷争与派系争斗时明时暗，乱象迭起。当然，这与农民小生产者的历史局限性又密切相关。太平天国起义及其失败表明，在半殖民地半封建的中国，农民具有巨大的革命潜力，但其自身不能担负起领导反帝反封建斗争取得胜利的重任。单纯的农民战争，尤其缺乏远大目标追求的农民起义，不可能为中国找到出路，不可能完成争取民族独立和人民解放的历史任务。

还在1854年6月24日（咸丰四年五月二十九日），正当太平天国气旺势盛之时，《北华捷报》就刊出了一篇外国人的预判，其中讲道：“照现在形势来看，没有什么东西可以阻碍他们的胜利，有之，唯内讧而已。”① 历史的逻辑昭然可鉴：内讧引发了天京事变，天京事变导致天国人心的离散，从而由此急速地走向败亡。比之于制度或政策而言，人心的凝聚和向背更具有决定性意义。

第四节 太平天国运动的社会影响与历史地位

一、太平天国与社会变迁

1. 社会思想的影响

太平天国农民起义及其“开新朝”的政权建立，在一定范围和程度上影响着社会思想的变化。1861年4月，曾国藩的幕僚赵烈文看到洪仁玕撰写的《资政新篇》，十分赞赏。他说：“庚申七月刻《资政新篇》一本，贼族洪仁玕所作以上洪逆者，文理较明白，其中所言，颇有见识。一曰风风类，言中国民人浮侈之习，难以法禁，惟在上者以为可耻之行，见则鄙之忽之，民自厌而去之矣。二曰法法类，皆是效法西人所为，其钦折外洋，殆为心悦诚服，而于夷情最谙练，所有在沪西国教士皆列名在上，此皆两粤人习染

① 罗尔纲. 太平天国史事考. 北京：三联书店，1979：293-294.

年深，视外邦如神明，然其长处颇能变通用之，亦未可抹杀。三曰刑刑类，以为用刑当体第六天条弗杀之义，凡人重罪，惟当吊死云云。以此观之，其人亦尚仁恕，非暴虐之徒。此三类每条上皆有洪秀全批，云‘此策是也’数字。闻洪仁玕在贼中甚得权……观此一书，则贼中不为无人。志云：‘知彼知己，百战百胜。’有志之士，尚无忽诸。”五个月后，赵烈文又上书曾国藩说：“历世以来，轻信妄言以启边衅多矣。始则视之如犬羊不足一问，终又怖之如鬼神，而卒不求其情实，倏战倏和，一彼一此，覆辙之败，千古共蹈……夫夷人非异人也，术非异术也，反其所为而用之，其效可必也。……用夷之道，还施于彼，其事亦易，非甚难为也。”① 1861 年，曾国藩在安庆创办安庆内军械所——中国第一个近代军火工厂，作为洋务运动的起始之步，与赵烈文从《资政新篇》中所获得的认识不无关系。

作为一场深刻地反映社会变动的农民运动风暴，太平天国播撒的反抗火种和思想资源仍然在历史中延续、发展。太平天国的故事影响着早年孙中山的成长，是他青年时代决心走上反清革命道路的动因之一。辛亥革命时期，孙中山和他的同志更是以太平天国的后继者自居，革命党人在自己的报刊中赞扬和宣传太平天国的革命精神。孙中山不止一次地讲述太平天国历史，从中发掘可资利用的思想资源。在“三民主义”演讲中谈及提倡民权主义反对皇权主义时，孙中山说：“从前太平天国便是前车之鉴。洪秀全当初在广西起事，打过湖南、湖北、江西、安徽，建都南京，满清天下大半归他所有。但是太平天国何以终归失败呢？讲起原因有好几种。……但是依我的观察，洪秀全之所以失败……最大的原因是他们那一班人到了南京之后，就互争皇帝，闭起城来自相残杀。……那种失败，完全是由于大家想做皇帝。”②

太平天国运动的历史教训成为孙中山的革命事业的历史鉴戒。失败了的太平天国没有完成推翻清王朝——中国社会进步和发展障碍的任务，但它对尔后的社会改造及革命运动仍然发挥着持久而深远的影响。

2. 谶谣的盛行

所谓“谶谣”，是一种利用隐晦而通俗的语言形式表述预言的神秘性歌谣。它在中国历史上存在久远，在重大社会变动和历史转折时期，时常具有特殊影响力。太平天国时期又出现了一个相对的高潮。甚至影响所及，过后还有人热衷编造有关太平天国的谶谣③。这个时期出现的谶谣以清廷与太平天国对立、争斗的情势为中心题材，数量颇多，内容和形式繁杂多样。最典型的是所谓童谣、谶语、谶诗，它们多以书面和口传为主，间有碑载谶谣。

谶谣作为传闻的形态之一，是一种特殊的社会信息和舆论，它并非无源之水、无本之木，而是有其一定的编造源，总是体现着编造者的某种愿望，带有强烈的主观色彩。有关太平天国的谶谣于此即有十分典型的体现。它们虽然也有些属“中性”者，但大多还是能够从中体察出动机、立场、感情色彩等因素，分辨出由何方所作。事实上各方都

① 太平天国历史博物馆. 太平天国史料丛编简辑：第 3 册. 北京：中华书局，1962：191-192.

② 茅家琦. 农民战争与社会发展. 福建论坛（人文社会科学版），2001（5）：31-35.

③ 董丛林. 有关太平天国的谶谣现象解析. 安徽史学，2003（1）：58-62.

能在一定程度上有意识地利用谶谣作为舆论斗争的武器。太平天国起义酝酿期间，洪秀全辈即大力渲染一种“神谶”氛围。有知情的外国人员记述说：“叛乱发生以前，已经有若干征兆透露出几分消息。先是民间发生道门，传布一种预言，使广西叛乱带有先知们的预见并为信徒们所期望的性质，从而赋予这种事变某种威信。纷纷传说本甲子第四十八年亦即1851年初，按照谶记，明朝即当复国。……民间对于这件事实是一点也不怀疑的。我们对于这种神谶是屡见不鲜的，它的那些不可解的语句，简直与诺斯特拉达姆斯（Nostradamus，法国16世纪预言家）和圣恺撒留斯（St. Caesarius，法国5世纪的一个主教）的咒语如出一辙。”① 这显然是一种有意利用。

太平天国的诸多文献“谶味”浓重。如《太平天日》记述的洪秀全“丁酉升天”场景中，有皇上帝为洪秀全命名唱诗的一个情节。皇上帝对洪秀全说：“尔今名为全，朕唱诗与尔听，尔牢记在心，待后有对验焉。”其诗云：“有个千字少一笔，在尔身尚说话装。有个介字头尚顶，财宝来装就成王。一长一短尔名字，有刀无柄又无光。爷爷生尔是乜名，一横一点不是谎。有个胡须五寸长，弯弯一点在中央。”② 这分明是故意编造的谶诗之属，并且不是句句都很容易破译其隐意所在。正如有的论者所说：“这种叫人似懂非懂的诗句，大约是为了更显得皇上帝的高深莫测，太平天国后来的文书和洪秀全的著作有不少这种遗风。”③ 的确，甚至太平天国日常的用字用语，也不乏谶味，如以“山山”隐示“出”字，“禾乃”为“秀”字拆字隐语，还有“三星兄”“禾王”也隐指洪秀全，诸如此类，使得清方人士都颇为注意④。

太平天国的敌对方面也把谶谣作为一种舆论武器来利用，旨在蛊惑人心，丑化、攻击、诅咒乃至迷乱对方。如时人张景沂的《七竹山房诗草》卷一《城守纪略》中记述：“该逆（按：指称太平军）北犯时，占之者曰：‘天河难过，遇僧而亡。’天河者，天津、河间也；僧者，僧王也。亦神矣哉！”黄钧宰的《金壶七墨·遁墨》中“北军凯旋”条云：“贼之初起也，投珓佛寺，有‘见僧即止’之谶，至是（按：指其北伐失败）果验。天人合发，固非偶然。”⑤ 版本不一，题材相同，却都“预示”所谓“该逆”的北伐必败。

二、社会、经济的变化

1. 太平天国占领区农商并盛的景象

在太平天国所辖苏浙地区的各城市和乡镇，商业贸易得到鼓励和发展。英国人呤唎（《太平天国革命亲历记》作者）曾叙述他在太平天国地区的所闻所见。他往来于苏州、嘉兴从事丝、茶等贸易，看到太平天国辖下的苏南农村，农民辛勤而愉快地耕作着，绿野田畴，桑麻禾稻，一派欣欣向荣的景象。另有一位常熟本地人沈梓在《自怡日记》中记载太平天国辖下的常熟农村秋收情况：“但见稻堆蔽场，一派丰年景象。”日记中也记载桐乡、嘉兴地区农桑并茂，颇有升平的气象。

---

① 加勒利，伊凡．太平天国初期纪事．徐建竹，译．上海：上海古籍出版社，1982：19.
② 太平天国：（二）．上海：上海人民出版社，1957：639-640.
③ 苏双碧．洪秀全传．北京：中国大地出版社，1989：104.
④ 像张德坚《贼情汇纂》中即有搜集记述。［太平天国：（三）．上海：上海人民出版社，1957：242］
⑤ 张守常．中国近世谣谚．北京：北京出版社，1998：355-356.

重本抑末、重农抑商，这是中国传统社会的政治特色。在洪秀全前期的政治思想中，他不仅单纯地重农抑商，而且是从“天下人不受私，物物归上主”的角度去否定和取消城市私人工商业。1853 年 3 月攻取南京后，他提出了个既堂皇而又荒谬的理由：“天京乃定鼎之地，安能安作生理，潜通商贾。”① 于是他把南京发达的私人工商业收归公有，变为“诸匠营”与“百工衙”，商店则挂上“天”字号牌子，变为公营。在中国资本主义尚处于萌芽之时，这无疑是粗暴的摧残和打击，理所当然地遭到反对。天京居民“以为荡我家资，离我骨肉，财物为之一空，妻孥忽然尽散，嗟怨之声，至今未息”②。杨秀清看出了危害性，他不久就做出决策，昭示朝内与民间：“士农工商，各力其业”③。驻守安庆的石达开与驻守镇江的罗大纲等人都采取了保护和鼓励私商贸易的政策：“各安恒业，如常贸易”。太平天国又在南京城外开设买卖街，以挽救城内不许经商的失误。此后，太平天国所辖城镇，都兴起买卖街，成为新的商业市场。

图 2－8　太平天国圣宝钱

清初的黄宗羲提出了“工商皆本”的新颖思想。太平天国的洪仁玕在《资政新篇》中，把这种新思想具体化，拟订为政策，以期与西方列强并驾齐驱。这与后来郑观应、何启等人提倡“商战”“工商立国”的维新主张前后辉映。在太平天国后期，保护和奖励私人工商业、发展国内与国际的通商贸易，态度鲜明，效果十分显著。例如太平军克苏州时，阊门、胥门等商业区被清军焚掠，“万户成寒灰”。杭州初克时饿殍载途，铺户倒闭，一片凄凉景象。李秀成面对这种局面，在苏州毅然给商民发出贷款，这笔政府贷款无利息且手续简便，即“借其本而资其生，不要其利，六个月将本缴还”④。在杭州则发出赈米十万担，贷款给商民“二十万千”。对苏浙地区各城镇的工商贸易，也给予扶助。现存材料一致记载：在太平天国统治苏浙这三四年间，商业贸易得到迅速恢复和发展。苏州等地成为“流民雨集，百货云屯，盛于未乱时倍蓰”⑤ 的经济中心；杭州也商铺兴隆，尤其武林门外“十里长街列市廛，丝绸百货充盈”。各县集镇贸易的发展为清统治时期所未见，更令人刮目相看。如常州安镇，“其热闹十倍于前”⑥；无锡的东亭镇，“商贾往来如织，小市遂为雄镇”⑦；荡口镇发展的规模尤大，“人烟转盛，城市富

① 马寿龄．金陵癸甲新乐府//太平天国：(四)．上海：上海人民出版社，1975：738.
② 杨秀清．劝告天京人民诰谕//太平天国历史博物馆．太平天国文书汇编．北京：中华书局，1979：114.
③ 杨秀清．安抚四民诰谕//太平天国历史博物馆．太平天国文书汇编．北京：中华书局，1979：111.
④ 李秀成自述．影印本．北京：中华书局，1963：44.
⑤ 王韬．上当事书//弢园尺牍：第 6 卷．台北：文海出版社，1983：228.
⑥ 张绍良．蒙难琐言．抄本.
⑦ 华翼纶．锡金团练始末记//太平天国资料．北京：科学出版社，1959：122.

民往来贸易，货财充斥，增设市廛，贼但抽租增税而已，初不知其为乱世也”①；浙江的盛泽镇是丝业集散地，“商店鳞次栉比”，“是一个巨大的商业中心”②。该镇巨商沈枝珊，“集资至数十万金之多”③。在战火纷飞的年月而无乱世之感，“贸易若承平然”，这谈何容易！可见太平天国当局在保护农商、创造贸易环境方面颇多努力。

太平天国工商贸易取得了迅速发展的原因约有以下数端：其一，太平天国改正了初建国时取消私营工商业的错误，采取积极保护和扶持的方针。特别到后期，洪仁玕的《资政新篇》得到天王的批准颁行，对工商业大开绿灯。洪仁玕更将工商科技视为“正正堂堂之技”，经纬于天地之间“永古可行者也”④。这种认识冲破了士大夫的一般识见，颇具有近代化色彩。李秀成和太平天国各省郡的地方当局，也“奉令通商”，招徕“贸易者前来买卖生理”⑤。从某种意义上说，他们实施的是一条重商政策。其二，太平天国税法良好，商业税很轻，一次抽税后，凭税单通行各关卡，不再重征或加厘，这与清方重征、抽厘金，商贾裹足，恰成鲜明的对比。其三，太平天国实行的减租减赋、“着佃交粮”等政策，使农业生产力得到复苏和迅速发展，这是城市集镇商业隆盛兴旺的源泉。太平天国对大地主的镇压、打击，使有资财者视买田置地为畏途，于是有大量资金转移到工商业领域来，推动了太平天国辖区工商贸易的繁荣。其四，太平军纪律优良，不枉取商民财物，不仅“公平买卖”，而且多付高价，所以苏浙商贩往往“利市三倍”，皆趋之若鹜。

太平天国还有一个特色，就是它自前期开始就采取对外友好、开放通商的政策。它公开答复英国公使：“不唯英国通商，万国皆通商”，唯鸦片是禁⑥。太平天国后期，洪仁玕对各国也是“许其通商”，“准其为国献策”。李秀成三次进军上海，很大程度上是为取得这个重要的商埠和海关财源。

在中国专制社会的末期，当社会矛盾日渐激化而朝廷又无以应对时，农民群众的造反和起义就成为必然的历史选择。《天朝田亩制度》体现了农民群众对于土地的渴望，同时它的减租减赋、“着佃交粮”政策也使农村生产力得到复苏。《资政新篇》作为太平天国后期的政纲，给中国发展近代资本主义提供了政策保证。太平天国改正了初期取消商业的错误后，对私人工商贸易与对外通商都积极支持和推进。由此可见，太平天国的近代化趋向是鲜明的，它将推动中国历史前进的步伐，而不会也不可能开历史的倒车，将中国拉回到过去的⑦。

2. 太平天国战后的变化

太平天国农民起义失败后，许多地区经战争摧残和影响，社会经济残破不堪，个别

---

① 太平天国历史博物馆．太平天国史料丛编简辑：第4册．北京：中华书局，1962：191.

② 呤唎．太平天国革命亲历记：上册．王维周，译．北京：中华书局，1961：48.

③ 太平天国历史博物馆．太平天国史料丛编简辑：第2册．北京：中华书局，1962：184.

④ 资政新篇：风风类//太平天国印书：下册．南京：江苏人民出版社，1979：680.

⑤ 朗天安陈炳文劝嘉兴士民赶紧输粮纳贡钧谕//太平天国历史博物馆．太平天国文书汇编．北京：中华书局，1979：126.

⑥ 杨秀清．答英使包令诰谕//太平天国历史博物馆．太平天国文书汇编．北京：中华书局，1979：300.

⑦ 郭毅生．如何评价太平天国的历史和有关的历史人物//沙健孙，龚书铎．走什么路：关于中国近现代历史上的若干重大是非问题．济南：山东人民出版社，1997：224-226.

地区更成一片废墟①。例如，江苏南部地区，素以农业发达、商业繁盛著称。太平天国失败后，这里“一望平芜，荆榛塞路”。截至19世纪70年代初，江苏抛荒土地，“凡数百万亩”。浙江“夙称饶富”，经过战争，“膏腴之地，尽成荒瘠”，全省“田土荒芜，弥望白骨黄茅，炊烟断绝”。江西也“凋敝异常”。特别是沿长江一带，数百里间不闻鸡犬之声。安徽全省破坏严重，从安庆往皖北的宿、亳一带，“千余里间，人民失业，田庐荡然”。华北平原上曾经被兵的地区，同样“村落丘墟”。山东、河南各省“田亩荒芜”，“庐井零落”。就是京师附近的“畿内”各地，也是“邑里萧索”，“凋敝不堪”。豫东与安徽毗邻地带，“东西三百余里，南北二百余里，皆无人烟”。太平军首义省份广西，全省“工商失业，田地荒芜”，“庐舍为墟”，“百姓流离转徙，不安其生”，地方十分凋敝。桂林府属永福至思恩府属迁江的五六百里间，官马大道两旁，“绝少人烟，遍生榛莽”。贵州、云南、陕西、甘肃的苗、回等族起义被镇压后，地方残破程度，同样严重。

即使未曾被兵的地区，如北部边陲的蒙古，特别是漠南，社会经济生活也受到程度不同的损害。清廷为镇压大起义，动员、调遣了大量的蒙古兵马。作为兵源基地的漠南蒙古东三盟——哲里木、昭乌达与卓索图——和锡林郭勒等盟及喀尔喀诸部落，一再被征丁、派马，使本区的生产力，无论是人是畜，都大受损害，终于呈现出“民力已竭，游牧者寥寥”② 的景象。太平天国运动期间部分地区的社会经济遭到了严重破坏，这是清军与太平军双方征战的结果。

与此同时，太平天国农民起义引发了江南历史上规模空前的大移民，也促使江南地区中心城市的历史性位移。“条约口岸”上海取代了苏州、杭州，成为江南新的中心城市，而上海的崛起又重构了江南的经济秩序和人文秩序，江南因此而成为中国近代化的先行区域③。

三、社会风习的嬗变

与以往单纯攻城略地、杀富济贫的旧式农民起义相比，太平天国有着自己独特的改造社会的思想和政策。为了确立独尊上帝的局面，并按照其理想中的模式来改造中国社会，使人们与传统的生活方式和观念决裂，太平天国曾经采用强硬手段，在民间大力倡导移风易俗。在此背景下，太平天国境内的社会风习经受了一场前所未有的冲击④。

1. 信仰重建

中国民间盛行多神崇拜，内以佛教诸神最具影响。洪秀全等人创设的上帝会是一神教，奉上帝为独一真神，排斥一切偶像崇拜，贬斥一切神像为“死妖”，寺庙为“妖庙”，掀起了一场大规模的摧毁偶像运动。太平军通常将木制神像直接抛入水中或茅坑，或劈成碎木充当柴薪，铜佛、钟磬之类的金属物件被改铸为兵器，拆寺观庐舍改建衙署。在天京，就连男馆中被划为“牌尾”的耄耋之辈⑤也被征派来从事拆庙工

---

① 王戎笙. 清代简史. 沈阳：辽宁人民出版社，1997：231.

② 同①232.

③ 周武. 太平军战事与江南社会变迁. 社会科学，2003（1）：93-102.

④ 夏春涛. 太平天国时期社会风习的嬗变. 文史知识，2001（5）：4-11.

⑤ 耄耋之辈，指八九十岁的人。

作。除庙宇外，大凡设有偶像的建筑也受到牵累。祖先木主、孔子木主均在被毁之列，各地的宗祠更是首当其冲。曾国藩在《讨粤匪檄》中说太平军“无庙不焚，无像不灭”，尽管过于夸张却并非纯属捏造。个别建筑仅仅因为名称特别才得以幸存，如苏州的“天后宫”和常州的“天王堂”。此外，太平天国还严禁民间沿袭与偶像崇拜相关的信仰习俗，诸如烧香拜佛、设斋建醮、祭拜祖先（包括清明节踏青扫墓）等等。由于大举摧毁偶像，加上战争所造成的自然损坏，江南地区的名胜古迹受到严重毁损。以六朝古都南京为例，城南在繁盛时期共有 480 座寺庙，当时尚存数十座，以牛首、栖霞为最绝，战后几乎无一幸存；南门外的报恩寺琉璃塔原名长干塔，天京事变期间被毁，时人遂有“一塔长干冠天下，可怜金碧总成尘”① 之叹。又如，太平军 1860 年占领句容后，将道教圣地茅山的数十处宫观或付诸一炬，或拆除其栋梁运到京城。

洪秀全并不是无神论者，禁止偶像崇拜政策是由上帝会作为一神教的性质所决定的，原本并不具有反对迷信、排斥一切神灵的意义。因此，随着信仰危机在后期日益蔓延，违禁现象在太平军内部也开始抬头。1863 年初，苏州胥门一带风传夜夜闹鬼，太平军为了禳灾，居然烧起了纸钱；在杭州，由于战局吃紧，一些将领的家眷又重修殿宇，争相烧香拜佛，祈求保全性命。民间的情形更是不容乐观，人们对禁令极为反感，认为“神佛塑像，吴人敬奉如生，偶一触犯，即有疾病灾殃，应验不爽”②。这种心理很具有代表性。因此，无数的神像尽管被清除了，但太平天国所期待的四民“急崇真道”的局面却迟迟未能出现。

2. 移风易俗

为了表示应天承运，太平天国重定正朔，颁行了天历。与清时宪书相比，天历不置闰，不计朔望，所以彼此的节令在时间上并不一致。太平天国大力推行天历，严禁民间按照“妖朝历”过节，并取缔了一些旧的岁时风俗，从而使民间的传统节日呈现出一幅奇特的画面。

农历正月初一为新年，是民间最为隆重的一个节日。太平天国严禁人们按旧历过年，违者必究。咸丰四年（1854）元旦，天京城内女馆中的民女共贺新年，结果各自受到了杖责或枷锁的处罚。至于民间过年时的一些传统习俗，诸如腊月二十三日祭送灶王升天，除夕拜神祭祖，以及画米囤、贴门神、写“福”字等，也都遭到查禁。在此背景下，民间过年时原有的喜庆娱乐色彩和促进社会交往的功能大为淡化。例如，旧历辛酉年（1861）元旦，苏州一带“不拜贺，不宴客，民间不换衣冠，不贴春联，无一新年景象”③。

太平军按天历过年时则是另一番情形。以浙江平湖县壬戌（1862）新年为例，除夕前三天，各馆太平军开始屠宰牲畜，洒扫门庭，糊窗贴画。春联行楷不限，纸用红黄两色；头领的拜年帖则写“某某顿首拜贺新禧”。除夕之夜，士兵每人领一百文压岁钱，茶食不一。全馆吃团年饭，每桌八道菜，头领和管笔墨的书手均上座，金鼓喧天，通宵

---

① 太平天国历史博物馆. 太平天国史料丛编简辑：第 6 册. 北京：中华书局，1963：420.

② 潘钟瑞. 苏台麋鹿记//太平天国：(四). 上海：上海人民出版社，1957：273.

③ 蓼村遁客. 虎窟纪略//太平天国史料专辑. 上海：上海古籍出版社，1979：28.

爆竹。大年初一，众人鸡鸣时分起身，盥洗后齐集天父堂，先敲三通锣鼓，点百子高升，然后齐诵赞美经。礼毕，下属向头领拜年，齐呼“老大人高升”，头领答以“大家高升”。新年共放假三天，除清晨举行拜上帝仪式外，众人均以打锣、赌博自娱，其与民俗同化的色彩已经十分浓厚。事实上，太平天国后期某些地方也已默许老百姓仍按旧历过年。

3. 改换服饰

除颁行天历外，太平天国还以留发易服作为开创新朝的政治象征，谴责清廷“削尔父母毛发，毁我往古冠裳”。太平军一律蓄发不剃（俗称“长毛”），并在民间力倡恢复汉族衣冠，查禁清朝服饰。

清朝以顶戴为朝冠，朝冠后有孔雀翎羽，名曰“花翎”；朝服的主要特征为马蹄袖和露颈圆领。太平天国先后以风帽和角帽作为朝冠，朝服则沿用明代上衣连下裳的旧制，其特征是窄袖无领，腰不系带。他们斥清朝衣冠为“妖装”，凡穿戴或收藏者必予严惩；另将两广客家女子的习俗推广到民间，严禁女子穿裙、缠足，并严禁男子戴毡帽。在南京，太平军“初破城，即下教，女子去裙男去帽”①。后期在苏南，太平军依旧严申：“凡道里间戴毡帽则除之，拖辫发者则割之，女子衣裙则扯之。”② 此外，太平天国还勒令和尚、道士还俗，不准穿袈裟戴黄冠，不许着羽士服；另重新设计了科考中榜的各级士子的袍帽款式。

对于太平天国的留发易服政策，社会反应不一。城市是太平天国的统治中心，所以基本上能够做到令行禁止。以天京为例，全城居民分别被编入男女馆，改穿天朝服饰。其中，男子一律以红巾扎额，因红巾不敷使用，一时竟出现了“制巾不及裹红布，觅布不及裹红纸”③ 的场面。但在鞭长莫及的偏远乡村，人们的服饰基本上没有大的变化。

图 2-9　太平军的帽箍和发式

资料来源：李新，董谦．图说近代中国．北京：光明日报出版社，1991：84.

① 马寿龄．金陵癸甲新乐府//太平天国：（四）．上海：上海人民出版社，1957：737.

② 太平天国历史博物馆．太平天国史料丛编简辑：第4册．北京：中华书局，1962：134.

③ 同①729.

图 2-10 太平天国妇女

资料来源：李新，董谦. 图说近代中国. 北京：光明日报出版社，1991：76.

总之，服饰改变与否此时已成为反映人们政治认同的一种标志，远远超出了民俗或时尚的范畴。置身于变幻莫测的时局，一般民众颇感无所适从。迫于清政府的淫威，人们一旦脱离太平天国辖境，均想方设法剃发换衣，以免杀身之祸。

4. 婚丧改革

依据其独特的宗教教义，太平天国还对民间婚丧习俗进行了改革。就婚娶仪式而言，1853年刊行的《天朝田亩制度》明确规定"凡天下婚姻不论财"，"总要祭告天父上主皇上帝，一切旧时歪例尽除"。不过，婚姻起初仅是首义诸王才享有的特权，且他们实行的是多妻制。至于军中和民间，则普遍推行男女分馆制度，取消了家庭，即便是夫妻也不得同宿。直到次年秋，太平天国才在一片怨嗟声中被迫恢复了京城的家庭生活，后又专门设立婚娶官，负责审批龙凤合挥。"合挥"类似于今天的结婚证书，上面盖有龙凤大印，并摈弃了吉凶八字等内容。由于时局动荡，民间大多匆匆迎娶，草草举办，不少沿用旧式婚礼的民人通常在夜深人静后闭门行礼。到了后期，个别地方的太平军已经允许民间仍按旧俗婚娶，一些首领甚至入乡随俗，托媒人、送聘金，以鼓乐彩旗迎娶当地民女。

丧葬习俗方面，太平天国将官兵阵亡或病故解释为"升天"，是随天父到大天堂享万年之福，宣布人死"是好事，不准哭泣"，"俱不准照凡情歪例私用棺木，以锦被绸绉包埋便是"①。天王洪秀全便身体力行，生前并没有营造陵寝，死后也未沿用梓宫，而是以绣龙黄袍裹尸，就地安葬在天朝宫殿的御林苑。当时，由于战争、瘟疫、饥馑、蝗灾、地震等因素，民间非自然死亡人数激增。在传统的宗法社会中，棺葬死者，使其入

① 张德坚. 贼情汇纂//太平天国：(三). 上海：上海人民出版社，1957：229.

土为安，往往被生者视为血亲人伦意义上义不容辞的责任。因此，尽管太平天国三令五申，但只要条件许可，民间依然暗地里实行棺葬。后期在苏浙一些地方，棺葬之风更是盛行一时，导致棺价暴涨，设醮超度亡灵之类的旧俗也随之死灰复燃。

5. 革除陋俗

为了扭转颓废奢靡的社会风气，太平天国还厉行查禁烟、酒、赌、嫖等恶习陋俗。洪秀全、洪仁玕等人均就此提出了不少闪光的思想。洪秀全对鸦片深恶痛绝，把吸食鸦片者划为“生妖”。定都天京后，太平天国力倡“革除恶习，禁遏浇风”，强调“洋烟为妖夷贻害世人之物，吸食成瘾，病入膏肓，不可救药。黄烟有伤唇体，无补饥渴，且属妖魔恶习”①。太平军禁律规定：“凡吹洋烟者斩首不留”，“凡吃黄烟者，初犯责打一百，枷一个礼拜；再犯责打一千，枷三个礼拜；三犯斩首不留”②。当时，清政府的八旗、绿营兵贪吸鸦片成风，所以时人有“吸烟未了又熬烟，烟鬼满营烟满天”一说，并以“手乍持枪头已悬”为例，赞叹太平军法令森严③。

不过，违禁现象在太平军中并未完全消失。一些官兵为此还专门使用隐语，称烟筒为“长龙”，旱烟为“红粉”。到了后期，吸食鸦片之风迅速蔓延，天京外的不少官员几乎已是公开吸食。民间的情形与此相仿，前后期反差很大，尤其是那些重新被清军控制的地区。

洪秀全滴酒不沾。他从王朝兴衰的角度剖析了嗜酒的弊端，敦告“即如好酒亦非正，成家宜戒败家汤。请观桀纣君天下，铁统江山为酒亡”④。太平天国就此正式颁布了禁酒令，规定“凡聚集饮酒，私议军事，巡查拿获，一概同斩”⑤。不过，喝酒滋事的现象在太平天国早期远没有绝迹，一些地位显赫之人更是明知故犯。1854 年春，东王杨秀清为此重申禁酒令，强调“酒之为物，最易乱人性情”，严申“重究严禁以后，如再有饮酒者，定即斩首不留”⑥。相比之下，天京的执行情况较为理想，天京外则越到后期越失控。例如，浙江秀水县陡门卡某首领在举办婚礼时，居然办酒席 30 余桌，十分铺张。太平军自身尚且如此，民间的情形也就可想而知了。

赌博是清代社会的一大顽症。洪秀全认为赌博是“暗刀杀人心不良”，敬告“无所不为因赌起，英雄何苦陷迷乡。不义之财鸩止渴，士农工商耐久长”⑦，将其利害关系分析得鞭辟入里。他还将赌博定性为触犯第十天条“不好起贪心”。太平军禁律也规定：“凡朝内军中，如有兄弟赌博者斩首。”与前期令行禁止相比，后期赌博之风在太平军中逐渐抬头，某些地方甚至已经处于半合法化的状态。无锡一带的太平军便时兴“扛子宝”的赌法。聚赌时，挑选两枚乾隆年间的青钱，旋转后用碗盖上，或字或背，猜中者获胜。

---

① 国宗提督军务韦石革除污俗禁娼妓鸦片黄烟诲谕//太平天国博物馆. 太平天国文书汇编. 北京：中华书局，1979：90.

② 杨家骆. 太平天国文献汇编：第 3 册. 台北：鼎文书局，1973：231.

③ 马寿龄. 金陵城外新乐府//太平天国：（四）. 上海：上海人民出版社，1957：742.

④ 原道救世歌//太平天国印书：上册. 南京：江苏人民出版社，1979：13.

⑤ 罗尔纲. 太平天国史：第 2 册. 北京：中华书局，1991：1165.

⑥ 东王杨秀清通令朝内军中人等禁酒诰谕//太平天国历史博物馆. 太平天国文书汇编. 北京：中华书局，1979：89.

⑦ 同④.

在苏南民间，由于枪船的存在，赌博恶习更是像瘟疫一样迅速蔓延开来。所谓“枪船”，指啸聚于太湖和内河水面上的当地地痞、恶棍的小船，因船上配有枪支而得名。这些枪匪聚党数千，昼夜开设赌场，甚至杀人越货，与清军暗中勾结。正是由于枪匪肆虐，太湖流域一时出现了畸形的繁荣，在一些小镇的内河沿岸，赌场、烟铺、妓船、酒坊、茶馆、戏楼鳞次栉比，异常喧闹，民间赌风大作。为了铲除这一隐患，1862 年 7 月间，忠王李秀成部太平军重拳出击，在太湖流域围剿枪匪，致使“赌匪逃匿净尽，各镇各乡无枪船踪迹”。寒士沈梓就此由衷地感叹说：“余生三十余年，目不见赌，独有此时。窃叹长毛号令，清时地方官所不逮也。”①

取缔娼妓也是太平天国严厉推行的法令之一。早在定都初期，太平天国就颁布过取缔娼妓的法令，强调“一夫一妇，理所宜然”，严申“倘有习于邪行，官兵民人私行宿娼、不遵条规当娼者，合家剿洗”②。在太平天国实际控制区域，几乎见不到娼妓的踪影，故时人有“莫道桑间旧染渐，烟花禁令却森严”③ 一说。太平军兜剿枪匪后，江南水乡的娼妓活动也有所收敛。

后期总理朝政的干王洪仁玕就杜绝恶习陋俗一事提出了新的思路和方案。在《资政新篇》“法法类”部分草拟了十余条针对性的法例，包括禁止溺婴、买卖奴婢等，其中的一些具体主张，诸如屋宇之制不得迷信风水，为发展近代工矿业革除阴阳八煞之谬，等等，均具有开风气之先的意义。

总之，晚清时期所流行的风俗习惯带有鲜明的二重性，既不乏极富民族和地方特色的健康向上的内容，同时又有大量愚昧丑陋的成分。因此，社会变革与改良习俗密不可分。太平天国力图扭转颓废奢靡的社会风气，厉行查禁烟、酒、赌、娼妓、缠足等恶习陋俗，无疑值得大书特书。至于其他一些举措，诸如严禁偶像崇拜，取缔旧的岁时、婚丧习俗，服饰改革，尽管蕴含着其特定的政治、宗教意义，但大多过于偏激，与社会惯制和民众认同距离甚远，常常难以实行。太平天国改良社会风习的另一局限性在于，他们在对陈规陋俗进行猛烈冲击的同时，却又沿袭了不少旧的礼俗，并建立了一套完整的礼仪制度。例如，早在建都之初，太平天国便颁布《太平礼制》，厘定了对各级官员及其子女、妻室、亲戚的称呼制度，极为烦琐。

太平天国移风易俗的政策与举措未能善始善终，其原因固多。忠王率部挺进苏南后，众多倒戈的清军和游民加入了太平军，导致军纪日渐松弛，局面失控。此外，随着后期官场萎靡风气的蔓延，不少官员执法不力，甚至以身试法，也使得相关法令形同虚设。同时，社会风习的演变有其自身的规律，必须经过一个潜移默化、循序渐进的过程，虽然难免受到现实政治的制约，但又并不完全为其所左右。太平天国的一些相关法令与民俗原本就格格不入，加上所采取的手段过于简单粗暴，遂使民间响应者寥落。人们大多迫于高压勉强听命或敷衍了事，并没有心悦诚服地予以接受，相反，却在心理上拉大了与太平天国政权之间的距离。也正因为如此，太平天国败亡后，民间社会生活便

① 太平天国历史博物馆．太平天国史料丛编简辑：第 4 册．北京：中华书局，1962：191.
② 张德坚．贼情汇纂//太平天国：（三）．上海：上海人民出版社，1957：225.
③ 太平天国历史博物馆．太平天国史料丛编简辑：第 6 册．北京：中华书局，1963：403.

又基本上恢复了原貌。

四、太平天国运动的历史地位

1. 撼动了清廷的统治根基

太平天国农民起义强烈撼动了清政府的统治根基，加速了清王朝的衰败过程。太平军的征战，基本摧垮了清王朝的军事支柱——八旗与绿营。在清王朝不得不依赖曾国藩、李鸿章集团新建的湘军、淮军的同时，清王朝的权力格局也发生了重大变动，中央集权的相对弱化和地方督抚权力膨胀的趋势日益显著。在战争期间，为了对付太平军，清王朝地方督抚有权编练军队，战后他们继续拥有编练军队的权力，而且得到慈禧太后的鼓励。曾国藩攻占天京以后曾经遣散他编练的军队，但在他担任直隶总督进京陛见时，慈禧太后却三次要他好好练兵。刘铭传任台湾巡抚，所部淮军随之去台。张树声任广东巡抚，所部淮军亦去粤。李鸿章任直隶总督，淮军主力则长期驻防在直隶、辽东一带。光绪十一年（1885）设海军衙门，虽以醇亲王为督办、李鸿章为会办，然上谕又“责成李鸿章专司其事”。北洋海军成为李鸿章的“禁脔”。

布政使、按察使原来直属中央指挥。太平天国战争期间，督抚便宜行事，控制了地方财政与司法大权，将这两名高级官员变成自己的属员。这种隶属关系在战争结束以后沿袭下来。督抚既有兵权又有财权，既有行政权又有司法权。康有为在《裁省议》一文中说：

> 昔徐寿蘅为兵部尚书，吾问其举国兵数，徐尚书答曰：“吾兵部惟知绿营兵数，若其勇营练军，各督抚自为之，吾兵部安得知？”夫以兵部尚书而无由知全国兵数，况于调遣训练乎？此其可笑真不能令外国闻也。……若甲午东事之起，征师各省，经年累月，旨檄频下，各督抚勉强应征，则募乞丐以充，而各自供其饷。饷不一律，兵不相统，枪尤不一，此岂待敌强国哉？①

朝廷兵部茫茫然不知底里，而督抚却各私其兵。军权、财权、人事权的下移，地方督抚权力的坐大，已是晚清政治格局的一个基本态势。几十年后辛亥革命爆发，各地纷纷响应，清王朝迅速土崩瓦解，很大程度上是因为太平天国以后形成的这种格局②。

太平天国运动对地主阶级的打击，使不少地主家族死亡殆尽，大量田册地契毁灭。太平天国虽然没有实施《天朝田亩制度》，但在一些地区实行“着佃交粮”的政策，实际上承认了佃农对所耕土地的所有权。起义失败后，清朝虽实行“田归原主”的政策，但很多土地已经无法归还原来的地主，于是，部分耕作这些土地的农民成为土地的新主人，这就使长江中下游地区出现了一批新自耕农，这在经济上有利于生产关系的调整。清王朝的统治在中央集权的削弱和地方分权的增长中，日趋衰减，终至消亡，太平天国的影响实为重要原因之一。早在太平天国失败三年后，曾国藩心腹幕僚赵烈文就据以推断说，清朝灭亡不出五十年：“天下治安一统久矣，势必驯至分剖。然主威素重，风气未开，若非抽心一烂，则土崩瓦解之局不成。以烈度之，异日之祸必先根本颠仆，而后

---

① 康有为．裁省议//康南海文集．台北：文海出版社，1972：348．

② 茅家琦．农民战争与社会发展．福建论坛（人文社会科学版），2001（5）：31-35．

方州无主，人自为政，殆不出五十年矣。”①

2. 打击了外国侵略势力

太平天国反抗外国侵略势力，主要表现在太平天国拒绝承认不平等条约，要求外国不得干涉太平天国的内政和遵守太平天国的法律，严禁鸦片贸易。当外国侵略者表示，如果太平天国触犯了他们的侵略利益，外国将会以武力对待时，太平天国并没有在威胁下屈服。据李秀成说，外国侵略者曾经向洪秀全提出以“平分”中国为条件联合反对清朝，被洪秀全严词拒绝②。尤其是当中外反动派勾结起来向太平军举起屠刀时，太平天国起义者毫不犹豫地同英法军队以及由外国军官组织和指挥的“常胜军”（1862 年洋枪队改名“常胜军”）、“常捷军”进行斗争，表现出英雄的气概。1862 年 4 月，太平军在上海郊区与英、法、俄军队激战，打伤英国海军司令何伯；5 月，击毙法国海军司令卜罗德；6 月，俘虏“常胜军”副统领法尔思德；9 月，“常胜军”头目华尔被太平军打伤毙命。太平军在同外国侵略者作战时的表现远远优于清军。

在 19 世纪中叶西方资本主义国家对亚洲各国进行侵略的时候，亚洲各国人民掀起了第一次民族解放运动的高潮，在波斯有巴布教徒起义，在婆罗洲有反抗荷兰殖民统治的斗争，在印度爆发了民族起义，而太平天国起义历时最长、规模最大、影响最为深远，是这次亚洲反对殖民主义斗争的洪峰。它和其他亚洲国家的民族解放运动汇合在一起，冲击了西方殖民主义者在亚洲的统治，对其他国家的民族独立和改革运动也有所促进③。

“历次革命的一般进程表明了这一点，在这些革命中，往往有过短时间的、暂时得到农村支持的劳动者专政，但是却没有过巩固的劳动者政权”④。列宁此言对于我们理解太平天国政权的性质颇有启示。金田起义发动之初，千百万农民即踊跃参与，两年后迅速壮大为数十万人的队伍。太平天国北伐军出发时不足两万人，但沿途贫苦农民不断加入，转战期间队伍曾不断壮大。没有农民的支持、响应和广泛参与，太平天国绝难高擎义旗走出金田，定鼎南京。太平天国把千百年来农民对拥有土地的渴望在《天朝田亩制度》中比较完整地表达了出来，并以理想的天国世界吸引着世代遭受欺凌的农民群众为此生死与共。《资政新篇》则是中国近代史上第一个比较系统的发展资本主义的方案，反映了太平天国某些领导人在后期试图通过向外国学习来寻求出路的一种努力。因此，太平天国起义具有不同于历史上农民战争的新的历史特点。从中国的农民战争史看，太平天国起义是中国旧式农民战争的最高峰。

思考题

1. 太平天国农民起义爆发的原因是什么？

---

① 赵烈文．能静居日记：同治六年六月二十日．台北：学生书局，1964.
② 李秀成自述//太平天国：(二)．上海：上海人民出版社，1957：938-939.
③ 王晓秋．太平天国革命对日本的影响//太平天国史论文集．广州：广东人民出版社，1983：542-546.
④ 在全俄运输工人代表大会上的讲话//列宁全集：第 41 卷．中文 2 版．北京：人民出版社，1986：131.

2. 试评价《天朝田亩制度》。
3. 评价太平天国的宗教。
4. 如何认识太平天国农民战争失败的原因、教训？
5. 论述太平天国运动的社会影响与历史地位。

阅读书目

1. 茅家琦. 太平天国通史. 南京：南京大学出版社，1991.
2. 罗尔纲，王庆成. 太平天国. 桂林：广西师范大学出版社，2004.
3. 简又文. 太平天国全史. 香港：猛进书屋，1962.
4. 中国史学会. 太平天国. 上海：上海人民出版社，1957.
5. 白寿彝. 中国通史：第11卷. 上海：上海人民出版社，2004.
6. 夏春涛. 天国的陨落：太平天国宗教再研究. 北京：中国人民大学出版社，2006.

第三章

从“自强”到“求富”

——洋务运动与近代中国发展道路的选择

以“求强”“求富”为导向的洋务新政，事实上也催生了中国近代工业、近代教育事业与近代制度的生成。历史运行方向的转折清晰可辨：鸦片战争以来形成的处处被动应变局面，逐渐向主动应对的轨道上转变，从而，近代中国现代化道路与方向的抉择由此拉开序幕。因而，如何应对和认识中学与西学的问题，就不再仅仅是理论层面的思想论题，而且也是社会实践层面的一个重大的时代命题。

第一节　辛酉政变与晚清政局

一、辛酉政变与西太后权势的形成

1861年（咸丰十一年，辛酉年），26岁的慈禧太后，在25岁的慈安太后的配合下，在30岁的奕䜣及其集团的支持下，发动了一次宫廷政变，史称“辛酉政变”，又称“祺祥政变”或“北京政变”。

1860年9月英法联军逼近北京，咸丰皇帝仓皇偕皇后钮祜禄氏（后来的慈安太后）和懿贵妃叶赫那拉氏（后来的慈禧太后）以及一班亲信，逃亡热河。京城危局由恭亲王奕䜣留下来善后。奕䜣几经周折，与英、法两国签订《北京条约》而结束战事。奕䜣以议和之功在当时复杂的政局中，取得了相对的优势地位；同时，又与留守京城的王公大臣及僧格林沁、胜保等统兵大员结盟，成为影响朝政的重要势力。一时，在京城与热河形成“分理朝政”的特定政治格局。

1861 年（咸丰十一年）8 月，《北京条约》签订后不久，咸丰皇帝病亡，其唯一之子载淳即位，改年号为“祺祥”。咸丰遗命怡亲王载垣、郑亲王端华、大学士肃顺、驸马景寿，以及军机大臣中的穆荫、匡源、杜翰、焦佑瀛等八人为“赞襄政务大臣”，以辅佐年仅六岁的载淳处理朝政。同时，咸丰临终前，又将自己刻有“御赏”和“同道堂”的两枚御印分别赐给了皇后和懿贵妃，并颁诏规定此后新皇帝所颁的一切诏书，都要盖上这两枚御印才能有效。载淳的母亲懿贵妃叶赫那拉氏，以皇帝年幼为由欲行“垂帘听政”的意图，遭到了辅政八大臣的坚决抵制，载垣等以“本朝未有皇太后垂帘”之理由加以阻挠。慈禧遂暗中行事，联合在京的奕䜣集团力争扭转局势。奕䜣不顾八大臣梗阻，于 9 月中旬奔丧热河，与两宫太后密谋政变之策。在两宫太后催促下，八大臣同意回銮北京。

10 月 26 日，两宫太后偕幼帝载淳启程回京，肃顺护送咸丰帝灵柩后行。11 月 1 日，两宫太后抵京，即召见奕䜣等王大臣，商妥政变事宜。次日，将载垣、端华、肃顺等革职拿问，罢景寿等军机大臣职。3 日，命奕䜣为议政王，入军机处，并以桂良等五人为军机大臣。7 日，改年号“祺祥”为“同治”，含有两宫太后共同治理朝政之意。8 日，诏赐载垣、端华自尽，肃顺处斩，景寿、匡源、杜翰、焦佑瀛褫职，穆荫遣戍军台。随即，以皇帝名义颁发上谕，确定“一切政务，均蒙两宫皇太后躬亲裁决”，“一切中外奏章，均首先呈递两宫太后慈览”。“若谓辛酉政变之结果，为慈禧太后独握政权，固无不可也。”① 1861 年 11 月 11 日，为载淳举行登基大典，改次年为同治元年。12 月 2 日，两宫太后在养心殿垂帘听政。自此，“清代历史上从未有过的第一次垂帘听政便宣告开始了”②。

慈禧—奕䜣集团的联手合谋击败了肃顺集团，清朝中央权力结构的重组随即展开。“慈禧秉政之初，一切政事尚未熟习。且京中党派分歧，尤难操纵……恐己不易压服，遂引恭王以为己助。”③ 为稳定“垂帘听政”的体制，西太后首先倚重奕䜣，在政变发动的次日即授其为议政王，在军机处行走；随后又补授宗人府宗令、总管内务府大臣；再赏食亲王双俸、紫禁城内坐四人轿等特别礼遇。其次，西太后提拔亲信，改组军机处，形成以奕䜣为首，由大学士桂良、户部尚书沈兆霖、户部右侍郎宝鋆、鸿胪寺少卿曹毓英、户部左侍郎文祥组成的新的六人军机处。

改组后的军机处成为西太后“垂帘听政”体制的权力中枢，但真正统治权威的确立却并不能随着军机处改建自然形成。面对岌岌可危的政治危机，攫取最高权力后的慈禧太后断然决然地先后诛杀两员大臣，借以确立自己的统治权威。

1862 年 12 月 12 日，慈禧经同治帝发布了对两江总督何桂清“即行处决”的上谕。1860 年 5 月间，在太平军陈玉成部欲攻取常州（两江总督驻所）时，两江总督何桂清竟弃城逃往上海。当时咸丰皇帝曾下谕将其革职拿问，却一拖两年未成。慈禧太后主政

① 徐彻．慈禧大传．沈阳：辽海出版社，1994：168．
② 同①166．
③ 濮兰德，白克好司．慈禧外纪．陈冷汰，译．上海：中华书局，1916：42．

后，立即下令于同治元年（1862）五月将何桂清拘捕投入刑部大狱。在接下来的廷议中，朝中大臣虽不乏力主严惩者，但为何桂清上疏申辩求情者也不在少数。慈禧太后则断然决定立即斩决，以严明官纪，力挽颓风。

图 3-1　慈禧太后

胜保（字克斋，苏完瓜尔佳氏，满洲镶白旗人），是官至正二品的兵部左侍郎，上三旗的正黄旗满洲都统、正蓝旗护军统领。他既是手握重兵的权臣，又是辛酉政变的功臣之一。同治元年六月，胜保授钦差大臣督办陕西军务，镇压回民起义，是西太后所倚重的大臣之一。不久，光禄寺卿潘祖荫等举奏胜保骄纵贪淫、冒饷纳贿、拥兵纵寇等不法情事。慈禧太后立即传旨将其褫职逮京，并于 1863 年 8 月 31 日以“挟制朝廷”与“不臣之心”的重罪令其自尽。

半年之内，“垂帘听政”的慈禧太后始则拔擢奕䜣倚为股肱，随而改组军机处重建中枢，继则诛杀大臣，整肃官吏，借此确立了“垂帘听政”的权威，不仅“军政为之一肃”①，甚至使本已摇摇欲坠的清王朝“可支撑至数十年耳”②。

在诛杀胜保之后不到两年，在辛酉政变中居首功的恭亲王奕䜣，也同样领教了慈禧太后擅权独专的手段。

1865 年 3 月 30 日（同治四年三月初四），两宫太后避开以奕䜣为首席军机大臣的军机处，单独召见内阁大学士周祖培等大臣，提出“王植党擅权，渐不能堪，欲重治王罪！”一时，朝中大臣尽皆惊悚不知所措。尽管慈禧将奕䜣“革去一切差使，不准干预公事”的努力遭到一些王公大臣的劝阻，但奕䜣仍受到严厉惩处：西太后在重新任命奕䜣在内廷行走并负责总理各国事务衙门的同时，剥夺了他的议政王大臣和首席军机大臣衔。奕䜣终被排除于最高权力领导层之外，不再与闻决策枢密。

经过朝堂上几番政治风波后，在清廷最高权力中枢中，终于演成慈禧太后独断操弄之势。“昔日冲抑之怀，今则专断而把持之矣。”③

---

① 刘体仁. 异辞录：卷一. 北京：中华书局，1988：25.

② 萧一山. 清代通史：第 3 册. 上海：华东师范大学出版社，2006：354.

③ 徐彻. 慈禧大传. 沈阳：辽海出版社，1994：210.

二、洋务派的兴起与晚清政局

太平天国兴起后，清王朝的八旗、绿营等经制之师不堪一击，难以支撑危局。1853年，清廷下令各省举办团练，以维护地方秩序。湘军乘势而起。

曾国藩，湖南湘乡人，字伯函，号涤生，进士，曾任礼、兵等部侍郎。1852年因母殁回籍守丧，次年即受命督办湖南团练。曾国藩提出，一方面应把团丁（团练）改为官勇，粮饷取之于公家；另一方面，以明将戚继光的“戚家军”为标准，独立于官军之外。湘军自成体系，特点鲜明：其一，湘军无论士兵将领，都有同乡、同学、师生、亲友等关系。士兵则以一乡一村同在一伍，每一营都是语言相近性情相通的同县人。招募士兵时，互相之间都要承保。其二，实行“兵为将有”的编制，五百名士兵为一营，营官上为统领，控制二至十几个营。曾国藩先设官，然后由官招兵。如果统领或营官换了，其军营就全部解散，由新统领、营官重新招募。各军、营之间互不相通，全军只服从曾国藩一人。湘军以将帅自招的募兵制，代替了兵权归兵部的世兵制，改变了兵与将、军队与国家的关系。其三，强调军事训练和思想控制。曾国藩强调对军队进行“忠”“诚”的教育，认为“凡得忠诚者，可视死如归，无所顾忌”。其四，严明军纪，禁吸鸦片、聚赌及侵犯妇女。到1856年，湘军达六万人，几乎尽为湖南人。湘军成为战斗力较强的军队。

图3-2　曾国藩

李鸿章是安徽合肥人，曾国藩的学生。1853年2月，太平军占领安徽省城安庆，杀死巡抚蒋文庆，清廷派工部右侍郎吕贤基往安徽办团练，吕奏请李随营帮办。1859年投靠曾国藩后，曾国藩委派李鸿章在安徽招募扩军，并按湘军建制于1862年组建淮军。由此，湘军、淮军成为清廷镇压太平军的主要武装力量。

辛酉政变后西太后主持朝政，依然奉行咸丰时实施的重用汉臣的“以汉制汉”之

图 3-3 李鸿章

策。1860 年 5 月，江南大营被打破，清廷不得不在军事上主要依靠曾国藩。8 月，任命其为两江总督。1861 年 11 月，又任命他统辖四省（江苏、浙江、安徽、江西）军务（四省巡抚、提督均由他管辖，统一调度）。曾国藩又推举李鸿章为江苏巡抚，左宗棠为浙江巡抚，沈葆桢为江西巡抚。从此，出身于湘、淮集团的大员更多地出任地方督抚，从 1861 年到 1890 年，清廷任命的 44 个总督中，汉人占 34 个，其中大半是乡勇领袖；任命的巡抚 117 人中，汉人占 104 人，其中半数以上为勇营出身。就是说，他们中多数是通过军功取得权力的。他们中的曾国藩、李鸿章、左宗棠、刘铭传、刘坤一、郭嵩焘等，都成为影响晚清政局的人物。这些崛起于湘、淮军事集团的将领逐步控制了一些地方行政和财政；而且，督抚自己控制一部分军队，这些军队“兵为将有”，非经本人同意，中央难以调遣，兵部除八旗、绿营之外，各省勇数不能知。各省督抚借口弹压，多招勇营，形成了对中央具有足够影响力的地方督抚势力。

鸦片战争前，清政府没有办理外交事务的专设机构，相关事务主要由礼部和理藩院兼理。鸦片战争后，清政府设立五口通商大臣（由两广总督或两江总督兼任），专门管理对外通商、交涉事宜。西方列强对此体制十分不满，而且日趋繁重也日见复杂的对外事务也非五口通商大臣所能应对。

1862 年 1 月，清政府正式批准了恭亲王奕䜣的奏请，设立总理各国事务衙门（简称总理衙门、总署、译署），其大臣为奕䜣、文祥（户部左侍郎）、大学士桂良 3 人（此后有所增加，最多时达 12 人）。总理大臣由皇帝指派，其职权范围主要是管理外交，并经管通商、海防、军务、关税等事务。其下属的南洋大臣，掌握长江以南对外交涉、通商事务，由两江总督兼任；北洋大臣管理北方通商口岸关税及海防等，实际权力重于南洋大臣，由直隶总督兼任。总理衙门的设立，在一定意义上表明清政府对外体制的变化。清政府结束督抚兼办外交的局面后，才开始了真正近代意义上的外交活动。总理衙门之于近代中国的历史变迁，确如陈旭麓所言："从礼部、理藩院到总理各国事务衙门，毕竟有旧与新的区分和联系，这种区分和联系表现了近代政治制度的第一个变化。"① 1876 年，清政府在伦敦建立了第一个驻外使馆，第一个驻外公使郭嵩焘到达伦敦（驻英法公使）。此后，相继任命常驻美、西、秘（鲁）、日、德、法、俄各国公使，19 世纪 80 年代增设驻意、荷、奥（地利）、比利时各国公使。1876 年总理衙门制定出使章程十二条，规定了驻外人员的品级、薪俸和年限等，使中国遣使驻外制度化、正规化，从而打破了多年来只有外国使领常驻中国而没有中国代表常驻外国的局面，中国外交从单向变为双向，相互间完全的国家关系至此逐渐建立。总理衙门管理的事务十分广泛，除外交之外，还包括了矿务、机器、铁路、电线及购置军械、枪炮等一系列洋务活动，实为"新政"之总枢。光绪年间刑部官吏沈瑞琳概乎言之说："凡策我国之富强者，要皆于该衙门为总汇之地，而事较繁于六部者也。……固不独繁于六部，而实兼综乎六部矣。"②

辛酉政变之后，晚清政局为之一变。两宫太后垂帘听政、恭亲王奕䜣辅政的制度建立了起来。奕䜣被授为议政王、军机处首席大臣、宗人府宗令，总揽朝政，权倾朝野。在外交方面，奕䜣推行"外敦信睦，隐示羁縻"的方针，以实现中外和好、相安无事的局面；在此基础上"借师助剿"，以求尽速镇压太平军起义。在内政方面则大力主张兴办洋务，图谋"借法自强"。

图 3-4　奕䜣

由此，上有清廷总理衙门以及军机大臣，下有掌控地方实权的曾国藩、李鸿章等督抚大员，形成了积极主张并实力推行"洋务新政"的政治势力。清廷中央除奕䜣外，还有军机大臣兼总理衙门大臣文祥、桂良，地方大吏除曾国藩、李鸿章外，还有左宗棠、

① 陈旭麓．近代中国社会的新陈代谢．上海：上海人民出版社，1992：108.
② 添裁机构及官制吏治//戊戌变法档案资料．北京：中华书局，1958：179-180.

沈葆桢、丁日昌、郭嵩焘等大员，在他们的周围又都各自聚集了一批思想活跃、明了国内外大势并主张“师法西方”以达到富国强兵的幕僚和士人。一个具有相当权势和影响力的政治集团——洋务派应运而生。

图 3-5 总理衙门的大臣们

洋务派在同治初年的许多举措基本得到了清廷的支持。奕䜣主持的总理衙门突破了只能办理对外通商的限制，练兵、采买制造枪炮军火、修铁路、开矿、办企业等无所不管，成为主管全国洋务的总机关。在奕䜣、曾国藩等实权派的提倡和支持下，洋务运动在全国范围内渐次推展，成为清朝“同治中兴”的主要内容之一。

三、中西之争：洋务派与守旧派的交锋

鸦片战争后，思想领域中虽然涌现出“师夷长技”的新思想，但抵制西学依然是士大夫们的基本态度。具有五千年独立发展历史的高度成熟的“中学”与另一种不同类型的“西学”猝然相逢，其冲突和误解将是难以避免的。随着洋务派的崛起和洋务新政的展开，朝野上下反对和抵制的势力也逐渐聚合起来，形成与之针锋相对的政治集团——守旧派。洋务派与守旧派的对峙和较量始终存在，但双方最大的冲突主要表现为 1867 年前后的“中学”与“西学”的论争。

1866 年 12 月 11 日，总理衙门大臣奕䜣等人奏请在同文馆增设天文算学馆，招生对象不限于八旗子弟，而扩大到满汉举人，恩、拔、岁、副、优贡生员，以及正途出身五品以下京外各官，延请西人教习。经过一段洋务实践后，洋务派官员已经认识到西方列强的船坚炮利和机器制造的精密无一不是从天文、算学中来；如果不研习天文、算学，不从根本上下功夫，所谓的“求强”就无济于事。一个月后，奕䜣又上一折，不但重申前议，而且对于反对派提出的“舍中法而从西法”“拜夷人为师”实乃“奇耻大辱”

的言论进行了抨击。由此，触发了近代中国历史上的第一次文化论争——“中西之争”。

在同文馆设立天文算学馆时，朝堂上的争论可算是近代中国中西学或中西文化的第一次大交锋，冲突的焦点是如何对待西学的问题。以大学士倭仁为代表的守旧派主要从两个方面提出反对西学的论点：

（1）天文、算学等西学即使有用，也为益甚微，属于一艺之末，可从工匠中选取从学人员，不应令正途科甲之士操此末艺。应保持正途科甲官员的纯洁性，守尧舜之道，成明体达用之才。张盛藻认为西学的引入是“令正途科甲人员习为机巧之事，又借升途、银两以诱之，是重名利而轻气节”①。因而，“无论偏长薄技不足为中国师，即多才多艺，层出不穷，而华夷之辨不得不严，尊卑之分不得不定，名器之重不得不惜”②。结论是，“西教本不行于中国，而总理衙门请皇上导之使行也”。

（2）国家自强根本，不在机巧技艺，而在纪纲气节。“若以自强而论，则朝廷之强，莫如整纪纲、明刑政、严赏罚、求贤养民、练兵筹饷诸大端。臣民之强，则惟气节一端耳。”③

大学士倭仁则从根源上彻底否定了同文馆存在理由，提出：“立国之道，尚礼义不尚权谋；根本之图，在人心不在技艺。今求之一艺之末，而又奉夷人为师……古今来未闻有恃术数而能起衰振弱者也。天下之大，不患无才，如以天文、算学必须讲习，博采旁求，必有精其术者，何必夷人？何必师事夷人？”④

对于倭仁等人坚拒西学反对洋务的条陈，奕䜣等总理衙门的主持人连续拟折上奏，一方面陈述引入西学的必要性和紧迫性，一方面针对反对派的意见进行驳斥。第一，天文、算学本“为儒者所当知，不得目为机巧”。因而，朝廷取用正途之士学习，因其“用心较精”，“亦于读书学道无所偏废”。此举不过是“借西法以印证中法，并非舍圣道而入歧途，何至有碍于人心士习耶！”⑤ 第二，“欲图自强”并筹思“长久之策”，当讲求制造机器、枪炮之法；而“制造巧法，必由算学入手”，所以“西学之不可不急为肄习也”⑥。况且，“今日之学，学其理也，乃儒者格物致知之事，并非强士大夫以亲执艺事也”⑦。第三，“忠信为甲胄，礼义为干橹”是道义空谈，仅“取誉天下”，而不可能折冲樽俎，制敌之命⑧。

几个月后，借“天灾之变”，候选直隶知州杨廷熙列举了10条罪名，奏请撤销同文馆。除了一纸荒唐的理由之外，杨廷熙十分具体地就政治与技艺问题，再次提出了守旧派一再强调的“中西”与“本末”关系问题。他认为：“此时当务之为急者，不在天文而在人事，不在算学机巧而在政治修明。”目前“善政未修于上，实学未讲于下”，纵然

---

① 朱有瓛．中国近代学制史料：第1辑上册．上海：华东师范大学出版社，1983：551.

② 筹办夷务始末（同治朝）：第5册．北京：中华书局，2008：2067.

③ 同②2001.

④ 同②2009-2010.

⑤ 同②2002.

⑥ 同②1983.

⑦ 同①15-16.

⑧ 同②2021.

精于天文、算学和机器制造，也无补于事①。天文算学馆的“中西之争”只是一个开端，此后，在1874年围绕着设厂制造船炮机器和筹备海防问题、在1880年围绕着建筑铁路问题的论争，是规模更大、辩论更加激烈的中西之争。

无论是“练兵”“造船”的“筹海防”之策，还是兴建铁路的自强之图，都不能不引入西学，由此引发的朝堂上的争论也是“由末而及本”的中学与西学之争。洋务派与守旧派的交锋几多回合，学理论争的背后也更有政争的因素参与其间，与晚清的政局演变和人事起伏也关联颇多。但历史发展的大潮已如江河之势，简单地排拒西学已为时势所不容。洋务派与守旧派之间的中西之争，终以接纳西学为目标的“中体西用”原则而告一段落。

第二节 洋务新政：“自强求富”

一、借法自强与早期工业化的启动

“洋务（原来叫‘夷务’）本来是指清政府与外国打交道的一切事务。鸦片战争后，逐渐变为以学习和利用西方先进的科学技术为中心的包括外交、贸易的一些事务称为‘洋务’。”②

1860年前后，客观经济条件和人们的眼界，始为近代工业在中国的发生创造了特定的时势，可谓“箭在弦上，一触即发”。冯桂芬甚至已提出实践的步骤，即“始则师而法之，继则比而齐之，终则驾而上之”③。新崛起的洋务派就在“两害相较取其轻”的决策下，触动了“弦上”之箭，洋务运动顺势而起。

洋务“新政”以“采西法”练兵为起步，将“师夷长技”思想落实于朝廷以“灭发、捻为先”的“借师助剿”政策上。显然，以冯桂芬、王韬为代表的士人阶层提出应对时局的方策为：“当今要务，首在乎贼”，“用夷固非常道，不失为权宜之策”。王韬并提出具体操作的方案：（1）组织洋枪队，“以西人为领队官，教授火器，名曰洋枪队”。（2）设立中西联合的巡防局④。这实际上是成立于1862年的“上海会防局”的设想和先声。

1862年1月，以“中外会防”为标志，在上海展开了大规模的“借师助剿”军事行动。在这次军事行动中，外国侵略者最多时曾直接间接地投入近5 000名正规军，在上海约50公里的半径范围内以绝对优势火力攻击大部分情况下处于守势的太平军。正是通过“中外会防”及其“借师助剿”行动的展开，清政府将其“师夷”为主导的洋务“新政”建立在以“练兵”与“制器”的基础上。而曾国藩涉足洋务，也是以1861年下半年与沪上买办官绅谈判“借师助剿”并参与“中外会防”为其开端。也就在这一年，

---

① 朱有瓛. 中国近代学制史料：第1辑上册. 上海：华东师范大学出版社，1983：565-566.

② 夏东元. 洋务运动发展论. 社会科学战线，1980（3）：141-151.

③ 冯桂芬. 校邠庐抗议. 上海：上海书店出版社，2002：50.

④ 夏东元. 洋务运动史. 上海：华东师范大学出版社，1992：56.

他创办了安庆内军械所，制造新式枪械弹药和试造小火轮①。洋务运动几乎与“借师助剿”同步进行，都是产生于19世纪60年代前期。但前期是买其器而未用其人，“借师”是既用其器又用其人。以此为契机，开始了“师夷长技”以拯救清政府垂危统治的洋务运动，开始了洋务派所意想不到的生产力和生产关系变革的实践。

总理衙门在洋务运动中起着枢纽的作用，“洋务关键，在南、北洋通商大臣，而总理衙门揽其全局”②。奕䜣主持总理衙门之始，就提出“借西法以自强”的国策，认为“探源之策，在于自强；自强之术，必先练兵”③。因此，练兵就成为“借法自强”的起步之选。

“练兵”，即使用新式枪炮和聘请英、法等国军官对士兵进行配合新式武器使用的训练。1861年从北京神机营开始，而后逐步推广至湘军、淮军乃至于各省兵营。清军使用洋枪洋炮较早者当推曾国藩的湘军，但它的操法基本上仍是旧式。练兵不仅是军事上的一项革新，而且也应该说是洋务运动一个显著的标记。因为“‘练兵’既然是使用新式枪炮和新式操练方法的综合体现，新的科学技术的学习和广泛推行运用就会随之而来，这也必将导致经济上的进步与飞跃”④。因此，它也可认为是中国军队近代化的开端。

曾国藩虽较早倡导购置和仿造洋式武器，但进展并不迅速。迅速而全面使用洋式武器的当推李鸿章的淮军。1862年4月间，李鸿章率淮军从安徽来到上海，一与外国军队接触，即惊叹洋枪洋炮的“神技”，他致书曾国藩说：“其大炮之精纯，子药之细巧，器械之鲜明，队伍之雄整，实非中国所能及。”⑤ 并推崇洋人的“战守操练”。在洋务派势力的推动下，总署大臣会商奏明，于1862年初派出第一批京兵126名，会同地方绿营同在天津接受西式操练。

继直隶之后，各省也陆续设练军。据兵部1873年统计，除京师神机营、直隶练军六军外，闽、浙、苏、粤、晋、鲁、湘、豫、甘等九省设置了练军。这些练军大致可分为三类：第一类是以神机营和直隶练军为代表，其特点是朝廷直接主持，由户部统筹练饷，特设营制。第二类是以山西、山东、湖南为代表，即仿直隶之法，兵于额外抽练，费于额外略增。第三类是以福建、浙江、江苏、广东为代表，将疲弱营兵裁汰，所剩之饷，加于所练之兵，费用不另增加。除上述九省加直隶共十省已设练军外，内地另八省及新疆先后也开始练兵之举。湘、淮军较早运用洋枪炮并练洋操，似乎与各省练军相似，但实际上近代化程度要远超各省之上，淮军尤其如此。这种情况虽不合清政府“自强”政策本意，但因湘、淮勇营已具有国防主力的实际地位，清廷对这一事实也不得不予以默认⑥。

练军使用洋枪洋炮，并采用与之相适应的训练方法，这种改变有力地突破了传统牢

---

① 夏东元．洋务运动史．上海：华东师范大学出版社，1992：63.
② 筹办夷务始末（同治朝）：第6册．北京：中华书局，2008：2152.
③ 筹办夷务始末（咸丰朝）：第8册．北京：中华书局，1979：11.
④ 同①40-41.
⑤ 吴汝纶．李文忠公全书：朋僚函稿：卷二．台北：文海出版社，1980：46.
⑥ 同①45.

笼。“这种‘突破’，促使科学技术的引进和学习，促使近代军用、民用工业企业的创办乃至新型知识分子的培养，也就必然促进意识形态的近代化。”① 军事技术的率先更新，“决不是一种暴力行为，而是一种工业的，也就是经济的进步”②。洋务运动以“练兵自强”揭开了近代化历史的序幕。

正是基于镇压太平军中“实赖洋炮之力”的经验，曾国藩充分认识到西方先进技术既能“平内患”又能“勤远略”的优势，率先同意和支持容闳所提“觅制器之器”的建议；并尽速创办起新式军火工厂——安庆内军械所。早在1860年12月初，曾国藩就上奏清廷“将来师夷智以造炮制船，尤可期永远之利”，中国人“智者尽心，劳者尽力，无不能制之器，无不能演之技”③，全靠自己的力量和智慧制造轮船火器，也就成了安庆内军械所一个特点。

安庆内军械所是一个综合性军火工厂，主要生产子弹、火药、炸炮、劈山炮和火轮船。其重要成就是自己试造的小火轮，主持该轮制造的是蔡国祥，科技人员则为徐寿、华蘅芳。完全靠手工操作，他们于1862年8月制成了中国第一台实用的蒸汽机，为后来江南机器制造总局制造各种机器创造了前提和基础。安庆内军械所另一个成就是造成了中国第一艘木壳小火轮。中国造船业在世界上向列前沿，造船工场规模和技术均很发达，这就为试制轮船提供了技术条件和技术工人。④

李鸿章也是到上海后，亲眼看到外国兵人数少“即当大敌”，中国兵“多至数倍，而经年积岁不收功效，实由于枪炮窳滥”⑤ 的情况，从而加快了自己设厂制造军火的步伐。“鸿章以为中国欲自强，则莫如学习外国利器。欲学习外国利器，则莫如觅制器之器，师其法而不必尽用其人。欲觅制器之器与制器之人，则或专设一科取士，士终身悬以为富贵功名之鹄，则业可成，艺可精，而才亦可集。”⑥ 1865年9月20日，曾国藩、李鸿章在上海设立江南机器制造总局。这是清政府洋务派开设的规模最大的近代军事企业，又称江南制造总局、江南制造局、上海机器局等。1865年李鸿章以银4万两在虹口买下美商的旗记铁厂，并将苏州洋炮局的部分机器和曾国藩派容闳从美国买回的机器，以及上海洋炮局并入铁厂，成立江南制造总局。造办经费银54万余两，以后屡加扩充，由清政府指拨上海海关税收的二成作为常年经费。雇用工人2 000多人。1867年搬到高昌庙镇，扩充设备，建有机器厂、洋枪楼、汽炉（锅炉）厂、铸造厂、轮船厂等，占地70余亩。及至1867年，这所兵工厂每天生产毛瑟枪15支，12磅开花弹100发，同时每月生产发射12磅炮弹的开花炮18门——在对捻战争时，这些武器立刻被证明是有用的⑦。至19世纪80年代又相继建成炮弹厂、水雷厂、炼钢厂、栗色火药厂、无烟火药厂等，总计，江南制造总局包括16个分厂。该局以生产枪炮子弹为主，辅之

---

① 夏东元．洋务运动史．上海：华东师范大学出版社，1992：45.

② 恩格斯．反杜林论//马克思恩格斯选集：第3卷．3版．北京：人民出版社，2012：547.

③ 曾国藩．复陈购买外洋船炮折//曾文正公全集：第2册．台北：世界书局，1991：417-418.

④ 同①72.

⑤ 李鸿章．上曾相//李文忠公全书：朋僚函稿：卷三．台北：文海出版社，1980：17.

⑥ 筹办夷务始末（同治朝）：第2册．北京：中华书局，2008：1089.

⑦ 费正清，刘广京．剑桥中国晚清史（1800—1911年）：上卷．北京：中国社会科学出版社，1985：507.

以修造船舰，并附设翻译馆、机械学校。到19世纪90年代，江南制造总局已成为中国乃至东亚最先进最齐全的机器工厂了①。

图3-6 江南机器制造总局

资料来源：中国历史博物馆．中国近代史参考图录．上海：上海教育出版社，1986：188.

马尾船政局，是左宗棠1866年任闽浙总督时创办的中国近代史上第一个制造轮船的专业工厂。第一次鸦片战争期间，他看到英国以火轮兵船“数十艘之众，牵制吾七省之兵”的“可虑”时势，提出“设造船之厂”制造火轮炮船的设想。船政局筹建工程于1866年12月23日破土动工，经多年的努力经营，到1874年建成了一个以造船为中心的大型机器工厂。船厂的机构主要有核对处、稿房处、会计处、支应处、文案处、绘事院、船政局衙门，以及健丁营、水师营、艺圃和前后学堂等。车间则有铅木、铸铁、锻铁等13个。马尾船政局建厂速度快，因而造船很快提上日程，1868年1月即开工造第一艘轮船，次年6月下水，名为“万年清号”。

马尾船政局在洋务运动期间可分为初创和发展两个阶段。从造第一艘轮船到1874年为初创阶段，从1874年到19世纪90年代末为发展阶段。从第五艘船“安澜号”开始，轮机即由船厂自己制造，这是左宗棠早就定下的“轮船一局，实专为习造轮机而设”的方针的实现，对中国近代“船厂的发展有着奠定基础的意义”②。马尾船政局发展阶段的主要特点是由靠洋员造船变为华人设计自造，所造轮船由木壳为主变为钢铁壳为主。为解决技术人才培养问题，除自办前后学堂和技工培训班——艺圃外，最主要的措施是派遣留学生出国学习。1875年沈葆桢趁日意格回国采购之便，从前后学堂中挑选5名学生随同去法国学习。此后，先后派三批学生赴欧洲留学。

清政府在兴建江南制造局和马尾船政局之外，还直接拨款筹建了金陵机器制造局和天津机器制造局。

---

① 夏东元．洋务运动史．上海：华东师范大学出版社，1992：80.

② 同①105.

图 3－7　金陵机器制造局

1865 年夏，江苏巡抚李鸿章升任两江总督，李鸿章离苏州移驻南京时，将其所办的苏州洋炮局一个车间随之迁往南京，名为金陵机器制造局。在李鸿章的全力支持下，金陵机器制造局之规模与各省机器制造局相比，始终处于领先的地位。金陵机器制造局于 1865 年兴工，次年 8 月告竣，火箭分局于 1870 年 7 月竣工。金陵机器制造局下属的各分厂分局中，以洋火药局的规模为最大。1894—1895 年，因中日甲午战争的需要加造火药，共造成枪炮所用各种粗细洋火药 31 万磅，为抵御外侮起到了一定的积极作用。

天津机器制造局是在奕䜣授意下，由清室贵族、三口通商大臣崇厚于 1867 年在天津创办起来的。经过逐年扩建，天津机器制造局颇具规模：东局以制造洋火药、洋枪、洋炮、各式子弹和水雷为主，并附设水师、水雷、电报各学堂；西局以制造军用器具和开花子弹为主，同时也制造各种炮车器具、电线、电机、电引、布置水雷用的轮船及挖河船等。经扩充后的天津机器制造局也是李鸿章扩张淮军实力的一张王牌。天津机器制造局的制造情况，可以用李鸿章所说的一句话来概括，即“洋军火总汇”①。在洋务运动中，清政府直接控制的江南、马尾、金陵和天津四个军工厂，李鸿章实有其三②。天津机器制造局建局数十年，耗去了千余万两白银，曾是李鸿章视为命根子的派系军工厂。但在 1900 年的八国联军侵略战争中，天津机器制造局遭到了毁灭性的破坏。到 1908 年，天津机器制造局的东、西两局“久已鞠为茂草，扫地无存”③ 了。

在洋务新政推动下，近代军事工厂由当初以手工制作为主的安庆内军械所，发展到 1890 年时的 21 个局厂。各省督抚为了强化本辖区内的武装力量，也纷纷自筹经费创办机器局，于是中小型机器局相继出现。其中，大中型军事工厂有 10 个，均可制造新式枪炮、弹药、机器和冶炼钢铁，成为近代中国经济产业结构中最早的一批现代机器生产企业。

---

① 洋务运动：（四）. 上海：上海人民出版社，2000：261.

② 夏东元. 洋务运动史. 上海：华东师范大学出版社，1992：127.

③ 张国辉. 洋务运动与中国近代企业. 北京，中国社会科学出版社，1979：61.

二、编练海军与海防现代化

“时则欧洲诸邦，凭船坚炮利之用，蚕食南洋诸岛，倚为外府，已与我闽、广相接，而海军之名始显。道光庚子，海衅骤开，我水师器械之窳，船舰之旧，至是毕见。”① 鸦片战争的血火洗练，使中国人痛切地感受到传统水师与近代海军的时代性差距，同时也认识到海防的重要。因此，洋务运动中的“设厂造船”事实上也是中国“发展近代海军的起点”②。

咸丰十一年（1861）初，曾国藩即奏请在长江下游设立造船厂，制造新式船舰以规取天京和苏、常。奕䜣认为制造船舰“缓不济急”，决定直接购买一支新式舰队。经与海关总税务司赫德磋商后，确定委托退休回国的李泰国操办购买英国舰队的计划。同治二年（1863）四月，李泰国回京师复命，称购得炮舰 7 艘、运输舰 1 艘；舰队聘用英国海军官兵 600 人，由海军大佐阿思本为司令；舰上官兵月薪银 10 万两，拟定 4 年服役期限，要预支银 1 000 万两。1863 年 9 月，阿思本舰队驶抵上海。在李泰国与阿思本自订合同 13 条中，有阿思本只接受通过李泰国签署的中国皇帝的谕令，对其他人传达的谕旨、命令皆可“置之不理”。李泰国公然将舰队称为“英中联合海军舰队”，试图借此从根本上控制中国海军。曾国藩得知此事，认为“水陆将士皆将引为大耻”③。奕䜣等断难接受李泰国的条件，认为“事事欲由阿思本专主，不肯听命于中国，尤为不谙体制，难以照办”④。李泰国则“反复抗论，大言不惭”。双方争执近两个月之久，清政府只得同意将舰队驶回变卖，并为遣散舰队又花费一笔巨款，一买一卖之间清政府白白耗费银 70 万两。“阿思本舰队”终被遣散。

在借外力筹建的所谓阿思本舰队遣散之后，总理衙门即着手自办海军。“中国社会的近代化进程是以创建近代造船工业为起点的。所以，近代海军的产生和发展是中国近代化运动的一个主要内容和重要组成部分。”⑤ 1870 年夏，左宗棠将陆续购置的“长胜”“靖海”两艘兵轮，与马尾船政局所造轮船初步组建成军。1871 年 4 月 10 日，清廷批准并颁发了仿照西方各国兵船条例，参以中国水师营制而制定的《轮船出洋训练章程》和《轮船营规》，标志着中国近代第一支海军的成立。到 1874 年，这支海军已拥有 15 艘船，总排水量约 1.5 万吨，可谓初具规模。这支新式海军主要驻泊于福建海域，“故习惯上仍称之为‘福建海军’”⑥。

1874 年，日本侵台事件引起朝野震动，“海防问题”日趋严重，总理衙门奏请“切筹海防”，并提出具体对策，即练兵、简器、造船、筹饷、用人、持久六策。其中特别强调要发展海军，“请设水军三大营”驻泊于天津、长江口与福建。在 19 世纪 70 年代朝野上下的海防之争中，李鸿章与左宗棠扮演着举足轻重的角色。

---

① 吴廷燮.《海军实记》书后//北洋海军资料汇编：（下）. 北京：中华全国图书馆文献缩微复制中心，1994：1331.

② 戚其章. 晚清海军兴衰史. 北京：人民出版社，1998：前言 5.

③ 洋务运动：（二）. 上海：上海人民出版社，2000：268.

④ 海防档：（甲）：购买船炮. 台北：“中央研究院”近代史研究所，1957：164.

⑤ 戚其章. 晚清海军兴衰史. 北京：人民出版社，1998：前言 7.

⑥ 同⑤196.

1874年12月10日，李鸿章在《筹议海防折》中坚定地支持总理衙门和丁日昌创建海军的主张，认为中国海疆门户洞开，“实为数千年来未有之变局”，面对的“又为数千年来未有之强敌”，力主购置铁甲兵船，创设海军。此后，清政府确定了海防政策，光绪初年，总理衙门奏定“海防专款”，每年从关税和厘金项下拨银400万两为加强海防之用；并议定10年内建成新式海军。

1881年9月，新购置的“超勇”“扬威”兵船驶抵大沽港。李鸿章奏请以丁汝昌统领北洋海军，并定长方形龙旗为海军军旗。至此，北洋海军从英国购进2艘快船、6艘炮船，加上从沪、闽调进的5艘船，共配置了13艘舰船，已初具规模。中法战争之后，清政府设立海军衙门，加快了海军建设。至19世纪80年代末，清政府的海军基本成军，形成了北洋、南洋、福建、广东四支海军，拥有大小军舰70余艘。

在晚清海军建设进程中，马尾船政局克服重重困难，颇多贡献。从船政草创之际到1894年的20年间，该局共制造各式轮船33艘，其中，共有28艘舰船分拨给北洋、南洋、福建和广东四洋海军。这些舰船“成为建立四洋海军的基础”。船政之设或“为中国海军萌芽之始”①。

当然，面对既拥有先进科学技术支撑又有“海权”战略扩张图谋的列强，新组建的清朝海军的确相形见绌，即使与新崛起的日本海军相比也有差距。“这时代，发明迅速，一日千里，所以中国的政治家们很快地觉悟到，在近代的铁甲舰出世之后，他们的新船已经落伍了，正像帆船落伍于英法联军的炮船一样。”但是，历史的进程不可逾越，近代海军及其装备配置本身毕竟是踏着现代化进程的鼓点走向了进步。正是第一批近代军工企业制造出了“中国政府需要”的战舰和武器，“这就是中国海军的发端”。由此，“在甲午中日战争爆发时，中国已拥有一支在机械上与数目上强有力的舰队”②。

三、“求富”活动与民用企业的兴办

1. 轮船招商局与近代交通事业的兴起

近代军事工业的兴起与发展需要强有力的财政经济的支撑。但是，太平天国运动后清政府国库空虚，民生凋敝。财政经济危机必然在军事上带来危机，求富成为时势之必需，发展之必然。对此，李鸿章深以为忧，曾说：“军兴以来，凡有可设法生财之处，历经搜刮无遗，商困民穷，势已岌岌。”③ 到19世纪70年代，清政府开始把“求富”之道提到议事日程上，并与“自强”的目标明确地联系在一起。由此，近代民用企业借势而起。洋务民用企业主要有四大类：(1) 轮船航运业，这以轮船招商局为代表；(2) 电线电报业；(3) 矿业，即煤炭、铁、铅等矿的开采和冶炼，煤以开平、基隆、兴济各煤矿为代表，金属的开采与冶炼以贵溪、大冶和汉阳各铁厂为代表；(4) 纺织业，以兰州织呢局、上海机器织布局和华盛纺织总厂为代表。1873年轮船招商局的开办是洋务派民用企业的开端，是洋务运动从举办求强的军用工业向举办求富的民用工业企业转变的

---

① 洋务运动：(八). 上海：上海人民出版社，2000：481.

② 高斯特. 中国在进步中//洋务运动：(八). 上海：上海人民出版社，2000：440.

③ 致总署论海防筹饷//顾廷龙，戴逸. 李鸿章全集：第31册. 合肥：安徽教育出版社，2008：242.

标志。

列强打开中国门户后，洋轮得以直入长江、大沽口，各国闻风而至。英、法轮船公司和在华洋行，纷纷派轮航行于各埠，谋取在华利益。19 世纪 60 年代的 10 年间，外商在港、沪、津等处设立轮船公司，主要有：美国的旗昌，英国的会德丰、上海拖驳、大沽驳船、太古洋行，以及英葡合营的省港澳轮船公司，德国的美最时，等等。70 年代后，外轮侵入的势头继续扩大和深入，航运之利，尽落外人之手。中国航运业惨遭摧残：一是向之航行于江海的沙船停业。咸丰年间沙船 2 000 余只，到 70 年代初只剩 400 只，因为它们不能与迅速、安全和价廉的外轮抗衡。中国沿海内河航行权逐渐沦于洋商之手。二是原为中国沙船、钓船所得的水脚，日益流入洋商之腰包。面对利权之失、民生之困，朝野上下遂形成创办轮船航运以争回利权的呼声①。

1873 年 7 月，李鸿章札委唐廷枢任轮船招商局总办，改组全局，重订局规及章程。额定招股 100 万两。局务由股东推举的商总和商董主持，并报北洋大臣批准，更换亦须“禀请大宪”，形成官督商办体制。改制后的招商局经营顺利，发展步入正常轨道。1877 年收购美商旗昌轮船公司，船只由 12 艘增至 30 余艘。其营运初步达到“分洋商之利”的目的。李鸿章于 1881 年上奏所说“统计九年以来，华商运货水脚，少入洋人之手者，约二三千万两”②，并非言过其实。

1885 年 8 月 1 日盛宣怀被委任为轮船招商局督办，招商局从此设置了督办。立足既稳，轮船招商局居然能与强敌——怡和、太古等列强的轮船公司鼎足而立，成为航运业的三强之一。为打破洋商垄断航运，在竞争中轮船招商局以实力迫使怡和、太古轮船公司多次签订齐价合同，主要是：与太古订立长江、宁波等线齐价和约，与怡和订立天津、烟台、福州等线齐价和约。这是轮船招商局在与外国轮船航运公司竞争中的胜利。当时，首先发动攻势者为怡和、太古，但是，轮船招商局有效地加强了竞争能力，使其无法吞并吃掉招商局，反而在竞争中处于被动，遂不得已“始肯与商局重订合同”。招商局也认为“合同可立之机”到了，于是彼此妥协，于 1893 年将谈判近三年之久的齐价合同，基本上按照招商局的要求加以确定。在执行第三次齐价合同后不久，即产生了实际的效益，致使招商局的净余额，从 1891 年的 17 000 余两，增为执行新合同第一年的 1893 年的 276 400 余两，此后更逐年增多。招商局面值百两的股票价格，也由 1890 年的 50 两左右，1893 年上涨为 140 两以上，不久达到 200 两上下。

作为第一个洋务民用企业的轮船招商局，是民族性很强的资本主义航运企业，它在分洋商之利挽回利权上起了颇大的作用③。

自 19 世纪 70 年代开始，清政府将铁路兴建提上议事日程，尽管在此前几年已有计划地酝酿。西方列强以修建淞沪铁路为开端，图谋在华利权的扩张。早在 1865 年，英商即组织了淞沪铁路公司，请筑上海至吴淞口约 15 公里的铁路，被上海道应宝时拒绝。英商并不甘心，不久又向新任海关道沈秉成含糊地提出修通至吴淞口道路的请求。1874

① 夏东元. 洋务运动史. 上海：华东师范大学出版社，1992：193.
② 洋务运动：（六）. 上海：上海人民出版社，2000：60.
③ 同①213.

图 3-8　1850—1919 年的怡和洋行

年日本侵略台湾后“海防议起”，清政府意识到铁路对于军事防务的价值，洋务派大员及总理衙门力主自筑铁路。

就在洋务派与守旧派在朝堂上就“铁路”问题论辩之际，口舌之争中似乎并不占上风的洋务派，却获得既成事实的成功——唐胥铁路建造完工（1881 年 5 月开工，11 月即建成）。这条全长 9.7 公里的铁路，采用了当时大部分欧洲国家通行的 1 435 毫米标准轨距；在金达总工程师指导下，自制了一台小型机车，机车名“中国洛克号”（中国火箭）。虽因言官弹劾，在机车行驶扰动东陵的荒诞流言影响下，“中国洛克号”行驶不久即被禁行，但它却是中国使用机车牵引火车之始。象征近代化方向的近代铁路的潮流毕竟无法阻挡，几个月后，唐胥铁路重新获准行驶机车。当隆隆轰鸣的机车在铁轨上奔驰时，唐胥铁路才称得上一条完整意义的铁路①。

1886 年，由开平矿务局商董提请李鸿章上奏，以运河浅阻，“矿内积煤日多，欲运煤而路不畅”为由将唐胥铁路延展至大沽口和天津。为此，开平铁路公司成立，并招集商股资本 25 万两，其中一半为开平矿务局股本。这条商本商办的开平铁路，随即于是年秋开工，1888 年 10 月 3 日即全线竣工。10 月 9 日，李鸿章亲往查验，并第一次乘坐火车直抵唐山，甚为满意。他声言“于国计民生大有裨益，关系非浅”②。将传统社会拉向近代之轨的铁路，也将在历史的运行中把中国拉向世界、拉向未来。

2. 近代通信与邮政的兴起

“西洋军火日新月异……中国若不认真取法，终无由以自强。”③ 以“自强”为目标，洋务运动以军事工业为先导所拨动的近代化机棙的运转，必然超越军事领域而扩展

① 汪林茂. 中国走向近代化的里程碑. 重庆：重庆出版社，1998：333.

② 李鸿章. 海军照章定议并筹津通铁路//李文忠公全书：海军函稿：卷三. 台北：文海出版社，1980：9.

③ 洋务运动：（四）. 上海：上海人民出版社，2000：244.

到社会生活的方方面面。近代邮电通信业的兴起也自然构成洋务运动的重要成果。

清政府考虑需要架设电线以实现通信的近代化，也以1874年“海防议起”为起点。日本侵略台湾之举，给清政府及洋务派以极大刺激，使它们意识到了办电报的必要性和紧迫感。李鸿章在《筹议海防折》中说：“今年台湾之役，臣与沈葆桢函商调兵，月余而始定，及调轮船分起装送，又三月而始竣。而倭事业经定议矣。”① 一方面是清政府从军事、政治感到架设电线迫切需要，另一方面是从19世纪70年代中期起大力举办并很快发展起来的洋务民用工业企业，为了能在市场上取胜和达到分洋商之利的目的，也意识到近代电讯的重要价值，于是架设和利用电线电报，也成了发展工商业的迫切之需。到19世纪70—80年代，架设电线、创建电报，已成了中国历史的必然和时势的要求。1870年沈葆桢提出由自己设线以供中外使用的意见终于被提到实践的日程上。电报线路1880年从津沽设线开始，逐渐推广，到1881年建津沪电线，1882年建沪粤电线、长江电线，乃至后来推及全国。

李鸿章在接受1874年抵御日本侵台时因无电报信息不通以致误事的教训后对清廷说：“设有紧急，诚恐缓不及事，故臣尝谓办洋务制洋兵，若不变法，而徒骛空文，绝无实际，臣不敢明知而不言也。”李鸿章是从军事需要的目的出发，而具体负责架线的盛宣怀却把电线电报为商业服务的目的放在很重要的地位。他在建议李鸿章创办津沪电报之初，虽在亲笔起草的《电报局招商章程》底稿中说过“中国兴造电线，以通军报为第一要务，便商民为其次”的话，但在其所拟并基本定稿的《电报局招商章程》中则说：“中国兴造电线，固以传递军报为第一要务，而其本则尤在厚利商民，力图久计。”“其本则尤在厚利商民”一语，是很可贵的思想②。

官本官办是清政府架设电线之初的体制。1876年福建省把丹麦大北公司所设福厦等线买归官办；1880年自设的津沽线为官本官办；1881年设津沪线时，开始也是官本官办，但随即改为官督商办。此后，则以商线为主。在洋务运动期间，商线约占70%强。1890年前后电报局分为电报官局和电报商局两个部门，但盛宣怀仍总揽全局。

电报局创业的艰苦历程与其他洋务企业相似，但从成就上来说是最成功的。这从股票价格上可以得到说明。以较为成功的轮船招商局、开平煤矿来说，它们的股票价格固然大多数情况下是在面值以上，但也多次跌到面值以下，轮船招商局的百元面值股票有两次跌到40两到60两之间。而电报局的股票基本未曾跌到面值以下，多数在面值以上50%左右。股票价格是企业经营好坏的寒暑表，于此可见电报业的经济效益了③。

3. 近代矿产与冶炼业的兴起

在洋务运动从军用工业到民用工业、从求强到求富的历史性转折过程中，轮船招商局属于过渡性的企业。而煤炭金属矿的开采和冶炼工业的兴办，则是洋务派以求富为主要目的兴办民用工业的正式开端，也是“以富求强”的起点。从19世纪70年代中期开

---

① 李文忠公全书：奏稿：卷二四. 台北：文海出版社，1980：23.

② 夏东元. 洋务运动史. 上海：华东师范大学出版社，1992：223.

③ 同②241.

始，运用机器开采煤炭的热潮标志着中国近代矿业生产的发端。它是在资本主义列强大肆掠取中国矿产的企图中勃然兴起的民族产业。

西方列强掠夺中国煤炭资源的活动，始于19世纪四五十年代英、美对台湾基隆煤矿的觊觎。第二次鸦片战争以后，通商口岸扩及北方和长江上游，外国兵商各轮也随之畅行于这些地区，寻求资源或燃料的范围很自然地从台湾一个地区发展到北方和长江流域。英、美等国除继续力求获取台湾基隆煤炭的购买和开挖权利外，将视线转向京津地区和长江流域。面对列强掠夺中国煤炭资源的图谋，清政府以及洋务派也逐渐着手于机器开采煤矿的举措，并针对性地选取为英、美等国所觊觎的台湾、开平和湖北这三个地方着手进行。

清政府内部经过较长时间的酝酿和斗争形成决策，先行修筑了一条从唐山煤矿至胥各庄的近10公里的单轨铁路，以马拉车，将煤运至胥各庄，再由水路运出。这样，通过水陆联运的办法，暂时解决了煤炭外运问题。照预计的那样，开平煤矿如期于1881年出煤，日产煤300吨，且不断提高。李鸿章又选用“通晓西国语言文字，于矿务、商务尤为熟悉”的广西候补知府吴炽昌来做开平局会办，局务更形起色。开平煤矿开采成功后，声誉大振，招股也颇顺利，到1881年底，仅从上海一地就集资达100万两。开平煤矿经过数年的艰苦创业，渐渐步入正常的生产经营轨道，煤产量上升很快，日产量，从1881年的300吨增至1884年7月以后的900吨；年产量，从1882年的36 000多吨增至1889年的247 800余吨。产量的迅速增长，推动了运输业的近代化进程，1889年，为开采唐山以北的林西煤矿，又将铁路延长15公里，直达林西，于1890年建成通车。从此，唐山至林西之间和唐山至天津之间，铁路联运畅通，煤炭顺利转运，进一步促进了煤炭产量的上升。到1894年，开平煤矿的日产量据称已达到2 000吨了。1888年第一次分配股息后的10余年间，平均每年获利36万两，百两面值的股票价格常在200两上下。其经营成效，是其他洋务企业难与匹敌的①。

汉阳铁厂也是洋务运动中兴建的近代民用企业。它从1891年底开始动工，到1893年11月建成，主要由炼生铁、炼熟铁、炼贝色麻钢、炼西门士钢、造钢轨、造铁货六大厂，机器、铸铁、打铁、造鱼片钩钉四小厂，以及铁路运道、轮船码头、运矿铁桥、起矿机器房等生产、运营部门构成。大冶铁矿于1891年投产，马鞍山煤矿于1893年开始出煤（王三石煤矿因“石质极坚”，一直未能出煤，不得已于1894年废弃，50万投资付之东流）。这样，炼钢铁、采铁矿、采煤炭三者齐全配套的钢铁联合企业基本建成了。1894年2月正式升火开炉炼铁，6月先开一座大炉，生产能力通常日出铁50余吨，间有日出60～70吨者。钢年生产能力可达3万吨。张之洞称它为“东亚第一”，并非言过其实。但这个规模宏大、设备先进的远东第一流的钢铁联合企业，开工伊始就出现妨碍其生产经营的一系列制度问题，即封建官僚衙门式体制使预期的“开利源”、“塞漏卮”、求富以自强的目的无法达到。汉阳铁厂也不得不于1896年招商承办——这就是历史的逻辑②。

---

① 夏东元. 洋务运动史. 上海：华东师范大学出版社，1992：258.

② 同①294.

4. 近代纺织业的设立

洋务运动中的纺织工业企业主要有兰州织呢局、上海机器织布局和焚后重建的华盛纺织总厂，以及湖北织布官局、纺纱官局等。兰州织呢局是洋务派创办和投产最早的一家纺织工厂。1877年兰州制造局总办赖长“试制洋绒的尝试”获得左宗棠大力支持。左宗棠一方面饬令胡光墉尽速向外洋购买织呢机器设备，另一方面命令赖长等人选择厂址和建造厂房等。由德国购进的全套织呢机器，历时约一年才断断续续地于1880年5月最后运抵兰州。织呢局经过一段时间的艰苦筹建，于1880年11月建成投产。官本官办的兰州织呢局存在一般官办企业的共同致命弱点，那就是“干领薪俸”，冗员太多，“缺乏良好的管理”，等等，最终只能以失败告终，于1884年完全废弃。

上海机器织布局则是官府倡导商人承办的模式。1878年10月5日，具有道员衔的彭汝琮分别呈禀给南洋大臣沈葆桢、北洋大臣李鸿章，请在上海筹建机器织布局，并附呈章程。因掣肘颇多，上海机器织布局筹办仍归于失败。李鸿章于1880年委派编修戴恒为总办、道员龚寿图为会办，和郑观应、经元善一起办理上海机器织布局的筹建工作，并确定了“此举以招集商股为第一要义”①。织布局从弹花、纺纱到织布全用机器，是中国第一家机器棉纺织工厂。所纺之纱和所织之布，质量大体上可以与进口纱、布相比。然而，正当织布局建成投产并大力扩充之际，1893年10月19日（光绪十九年九月初十）被大火焚毁，损失极为严重，估计达100万两以上。洋务派在织布局遭此挫折时没有后退，而是在布局原址成立了华盛纺织总厂。不到一年，于1894年9月16日正式投产。《北华捷报》于1894年9月28日有一段较为中肯的评语：

> 上海织布局已于去年10月19日被焚，这次大灾并没有阻住中国工业的努力建设。规模更大、设备更好的织布局又建起来了，并于上星期一开工。……旧局有布机五百台，纱锭三万五千枚；新局现有布机一千五百台，纱锭七万枚。②

盛宣怀、张之洞于19世纪90年代在武汉设立了织布官局、纺纱官局、缫丝局。其中以织布官局与纺纱官局最具规模。湖北织布官局于1890年3月始兴工建造厂房，用银近百万两，全由官筹措，官本官办。1892年11月工厂竣工，随即开机，首先纺纱，日出纱100担，售价颇佳，次年初布机始开织。据张之洞说，“所织布匹甚为坚洁适用”，但从营销而言，则所纺纱“销路颇畅”③，其布匹却积压甚多，严重滞销，以致流动资金发生困难，也陷入“官办终无大起色”之困境。

洋务新政创建的民用企业成效有限，许多矿厂经营难以为继。其中原因，其实时人已有发现：“近年行驶轮船，设制造局厂，煤铁之需益夥。顾历年试办开矿，率少成效，何也？盖由官办不由商办也。事经官办，积习难除，繁费既多，亏挪不免。或兼摄他务，不能专壹，派员经理，漫不经心，何能持久？”“盖向来统归商办，而官不助其经理，则势弱而利微；近时名为商办，而官独专其事权，则弊多而利少。故不如今商任其

① 夏东元. 洋务运动史. 上海：华东师范大学出版社，1992：390.

② 孙毓棠. 中国近代工业史资料：第1辑下. 北京：中华书局，1962：1080.

③ 同①402.

事，而官考其成，以期有利无弊，风气亦可渐开矣。”①

四、办学堂、遣留学：中国教育现代化的先声

1. 京师同文馆等外语学堂的设立

在走向“自强”和“求富”的历史实践中，无论是军事工业的兴建和管理，还是民用事业的创建和经营，人才的培养是其根本。1862 年由总理衙门主办的京师同文馆，是一所培训中西外交所需译员的新式学校。洋务派急需的新式人才首先是对外交涉中的翻译人员，但又不仅仅限于译员。随着洋务事业的发展，对西方科学技术乃至社会政治等方面的书籍的翻译和使用，更为社会所急需。1868 年曾国藩说过：“翻译一事，系制造之根本，洋人制器出于算学，其中奥妙，皆有图说可寻，特以彼此文义扞格不通，故虽日习其器，究不明夫用器与制器之所以然。”因此，他提议在江南制造局“另立学馆，以习翻译”，选聪颖子弟，一方面学习外文，另一方面学习科学技术知识。近代新学堂的建立已是呼之欲出了。

图 3-9　京师同文馆翻译处

左宗棠对此也有很明确的见解。他所办求是堂艺局，在教习外语的同时，将数学、物理等科学知识课程列为必修课，一反“专心道德文章，不复以艺事为重”的陋规。他认为没有广博深邃的新学知识，就不可能有器物上的创新，只能停留在模仿上。左氏自豪地说，他的外文与科技知识并重培养人才的方针，将来在技艺方面不仅可与西洋并驾齐驱，且有可能超乎其上②。李鸿章也已认识到培养外语人才是引进西方先进科学技术的必要前提，他在筹办广方言馆之初即强调：“彼西人所擅长者，推算之学，格物之理，制器尚象之法，无不专精务实，泐有成书，经译者十才一二。必能尽阅其未译之书，方可探赜索隐，由粗显而入精微。我中华智巧聪明，岂出西人之下？果有精熟西文者，转

① 矿务档：一般矿政：(一). 台北：“中央研究院”近代史研究所，1960：1-2.

② 夏东元. 洋务运动史. 上海：华东师范大学出版社，1992：149.

相传习，一切轮船、火器等巧技，当可由渐通晓，于中国自强之道似有裨助。”① 李鸿章此论，既把学外语与阅读和翻译西方科学技术书籍联系起来，又将学外文、科技与“自强之道”联系起来，无疑是远超出奕䜣等人的识见。由此，李鸿章主持下建立的广方言馆的教习、学生待遇，都优越于京师同文馆：汉文教习年薪 480 两，另给纸张笔墨书籍等项银每月 4 两，饭食日给 120 文；洋文教习年薪 1 200 两，另给纸张笔墨银每月 16 两。学生馆月各结 3 两膏火银，另有奖赏银等补贴。

其他如台湾于 1887 年设立了西学馆，另一些地方也设立类似的学习语言文字的学馆。这些学馆大多是学习西方先进科学技术兼习外国语言的学堂，与同文馆所习内容有所不同。即使是同文馆，在时代需求的推动下，也适时扩充着自己的内容与功能，不再拘泥于创立时的“同文”所限。1888 年格致馆设立于同文馆，标志着朝廷对于“新学”的一定程度的接纳。洋务派官僚通过洋务活动和办学馆的实践，认识到“格致一门，为新学之至要，富国强兵，无不资之以著成效”。在该馆设立之前，同文馆也曾讲授这门课程，但没有设此专业。至此乃与天文、算学、化学等并列为一个学馆，这应说在学习西方先进科学上前进了一步。格致馆以英文教习欧礼斐为专职教员，“俾广其传，以启后进”②。此时同文馆学生的招收范围更加广泛，质量以及教学水平均有所提高。诚如《中国在进步中》的作者高斯特所说：同文馆开始是失败的，但后来“略略地有些推进”③，甚至在“资深学生的襄助下，京师同文馆出版的书籍终于包括了国际法、政治经济学以及连同俄国在内的欧洲国家的历史等著作”④，为近代中国文化转型与建构，提供了最初的思想与文化资源。

2. 洋务科技学堂的创设

无论是对引入的先进机器的操控，还是对以“制器”为本的近代企业的经营，所需技术人才显然不是传统书院和科举制度所能提供的。因此，培养技术人才的新式科技学堂几乎是与洋务企业同步建立的。马尾船政局所办求是堂艺局（半年后改为前后学堂），一开始就是以学习先进科学技术为主，尽管对学习外国语言文字也很重视，但那不过是作为学习和运用科学技术的必备的手段而已⑤。左宗棠对新学堂的学生期以厚望，在他招收的学生中，列上等者 70～80 名，次亦 30～40 名。左宗棠认为，这些青年学子将来进步未可限量，“如果优其廪饩，宽以时日，严其程督，加以鼓舞，则以机器造机器，以华人学华人，以新法变新法，似制造、驾驶之才固不可胜用也”⑥。在“洋务”本身还处在非议之际，左宗棠的这份期许之言，不仅表现了他对中国走向近代化的热切向往和信心，而且那种以机器造机器、以华人学华人、以新法变新法以“衍于无穷”的阐述，更蕴含着一种远见卓识。立足于自主性科技人才的培养，即如左宗棠所说的“彼之聪明有尽，我之神智日开，以防外侮，以利民用，绰有余裕”并从而“突过西人”的主

① 筹办夷务始末（同治朝）：第 1 册．北京：中华书局，2008：612.
② 洋务运动：（二）．上海：上海人民出版社，2000：91.
③ 洋务运动：（八）．上海：上海人民出版社，2000：432.
④ 费正清，刘广京．剑桥中国晚清史（1800—1911 年）：上卷．北京：中国社会科学出版社，1985：517.
⑤ 夏东元．洋务运动史．上海：华东师范大学出版社，1992：170.
⑥ 洋务运动：（五）．上海：上海人民出版社，2000：111.

张，体现出的是一种时代的高度。“以中国幅员之广，人才之众，竭其聪明智力，何难驾出西人之上哉！”①

洋务教育是从学习外国语言文字开其端，随着近代工业的产生，对科学技术人才的需求而逐渐及于天文、算学等自然科学领域，其中比较系统地招生培养工科技术人才的，当首推左宗棠所办的求是堂艺局。洋务教育随着洋务事业而开创和发展，在洋务企业向民用领域大规模扩展的进程中，在19世纪70年代中期以后，以服务于工商业为特征的实业学堂，如电报学堂、实学馆、矿务学堂以及铁路、商务、医学等学堂就应时而起了。

表3-1　　洋务学堂简况表

类别	时间	数量（所）	地点	备注
外语学校	1862—1864	3	北京、上海、广州	学制三年
军事学校	1874—1894	9	上海、天津、广州、南京、旅顺、威海、刘公岛	
技术学校	1867—1896	16	福州、上海、天津、广州、武昌、南京、台湾	

据统计，截至1896年，各地洋务派开办的洋务学堂近30所。这些学堂大多是专门性的实用技术学堂，规模大小不等，程度高低不同。据一些资料估算，到甲午战争前后，各洋务学堂毕业的学生已有一千数百人。同时，这些新式学堂传播的内容也不仅仅是技术，而且也扩展到思想文化与社会政治方面。上海广方言馆和江南制造局从1868年到1875年，译出书籍40余种。到1904年，所译刊的西书159种，共1 075卷，其中多数为科学技术方面的书，少数属于社会政治历史著作。前者如《汽机发轫》《汽机新制》《汽机必以》《制火药法》《代数术》《微积溯源》《三角数理》等，还有化学方面的《化学鉴原》《化学分原》等。这些科技知识的基本书被学堂用作课本，并被各机器局所采用。这些书大都刊印于1870年前后中国掀起创办近代民用工业企业高潮之际，对民用工业企业的发展起到了促进的作用。

3. 开留学海外之先声

洋务派在实践中已经意识到，西方技艺之先进，实以西学为本原。要把西学西技学到手，聘洋师到中国教习、译西书为中国人学习不失为可行路径，但更根本、更长远的发展，则莫过于派留学生。早在19世纪60年代后期，容闳就先后与丁日昌商议留学海外之计划。1870年，丁日昌又与曾国藩多所商讨谋划，曾国藩认为此乃“收远大之效”② 的举措。为此，曾国藩与李鸿章专折会奏，并提议四品衔刑部候补主事陈兰彬为正委员，江苏候补同知容闳为副委员，主持其事。曾、李并为留学计划拟订了具体方案：（1）派出洋学生额数120人，分4批前往，每批30人。学生年龄定为12～20岁。（2）设立预备学校于上海，校长为曾国藩幕府的刘开诚。凡身家清白、身体健康、经考试汉文被录取的学生，即进预备学校肄习中西文字，学习一年后派赴美国留学。（3）确定留学年限

① 夏东元. 郑观应集：上册. 上海：上海人民出版社，1982：109.

② 洋务运动：（二）. 上海：上海人民出版社，2000：153.

为15年，另加2年游历以验所学。（4）关于经费。预计学生束脩、膏火、房租、衣服、食用费每人每年400两，连委员、翻译、教习薪水及其他用费，20年共120万两，由江海关洋税项下指拨。曾、李之上奏很快得到朝廷同意并获总理衙门的支持。奕䜣奏称："臣等查西人长技在于制器，而其大要皆本于算法。现欲取彼所长，辅我所短，自非选材前往学习未易得其要领。"① 就中国教育史而言，确亦如容闳所称，此举为"中国二千年历史中特开新纪元"。

派幼童出洋留学之举，正如曾国藩等所说："固属中华创始之举，抑亦古来未有之事"②，所遭遇的反对势力非常大。为尽量减缓朝野上下的阻力，他们精心择选陈兰彬为委员，"利用陈之翰林资格，得旧学派人共事，可以稍杀阻力"，用心可谓良苦。1872年夏秋之交，第一批留美学生抵达美国哈特福德市的清朝留学使团的办事处。至1875年最后一批送毕，清政府共派赴美国留学生四批120名。但留美学生的学业未能获得精进，留学活动也未能持续发展。1881年，赴美留学使团被撤销，留学生们大都先后"凄然返国"。1900年梁启超游美国至哈佛时，谈起20年前幼童中途撤回事，亦"为欷歔久之"③。

图3-10　幼童赴美前留影

19世纪70年代中期以后，赴欧留学却颇为顺利。1873年船政大臣沈葆桢曾提议选派学生留学欧洲，左宗棠率先在马尾船政局前后学堂学生中选派出洋留学，头批留欧学生学习3年后于1880年先后回国。李鸿章和江督沈葆桢在第一批留欧学生即将回国时，

① 洋务运动：（二）. 上海：上海人民出版社，2000：160.
② 同①157.
③ 夏东元. 洋务运动史. 上海：华东师范大学出版社，1992：416.

即奏请续派，提出“西学精益求精，原无止境，推步制造，用意日新。……我尚刻舟求剑，守其一得，何异废于半途”。因此，必须“因其已新者而日新之，又日新之”，才能不断地取西人之长，使“人才蒸蒸日盛”①，为此非续派学生出国留学不可。

洋务运动时期派遣出洋留学的人数共有200余人，他们学成回国后，在实业、外交、教学等各个方面，均起到较为重要的作用。如著名的铁道工程专家詹天佑，便是洋务派派赴美国留学的第一批学生之一。而北洋海军舰队的“镇远”“定远”管带，其他“靖远”“济远”“超勇”等主力舰的管带，均为留欧学生所担任。至于严复，不仅担任福建、天津水师学堂教习、总教习20余年，且翻译《天演论》《原富》《法意》《名学浅说》等宣扬进化论、天赋人权论等的西学名著，为近代中国思想启蒙和文化转型提供了基本的思想资源。

第三节　洋务运动与中国社会文化的变动

一、中国近代民族资本主义工业的初步发展（商办企业的出现）

1. 初兴的民族资本企业

新式生产方式及其技术经洋务企业引入，一旦扎根于中国社会，就逐步积聚成势，并引动中国近代民族资本企业的兴起。19世纪六七十年代，近代中国第一代新式产业资本家开始出现，他们开始投资创办新式商业和机器工业。民族资本投资的主导产业缫丝业，也是最早出现的中国民间商人自办工业产业。1873年华侨商人陈启源在广东南海西樵简村筹办机器缫丝厂，经过几年努力，规模达到800余部丝釜，六七百名工人，缫机逐步由足踏发展为蒸汽动力。“开工以后，期年而获重利。”这成为近代中国民族资本主义兴起的标志性成果之一。

19世纪末，以“实业救亡”相激励的民族资本主义得以迅速发展，新式机器工厂适时勃兴，在珠江和长江三角洲地区发展尤为突出。民族资本主义工业在许多生产领域兴起并获得发展，除缫丝业外，还有轧花业、棉纺业、面粉业等。其中，第一家火柴厂于1879年在广东佛山由华侨卫省轩创办，开风气之先，此后，天津、上海、重庆、厦门、太原等地先后创办了火柴厂。1894年前共建火柴厂11家，资本额40余万元②。这一时期，商办企业情况略如下表：

表3-2　　甲午战争前商办企业表

行业种类	厂数	创业资本总数（两）	企业平均资本（两）	企业分布地区
船舶和机器修造	16	10 000	625	上海12家，广东2家，津、汉各1家

① 洋务运动：（五）. 上海：上海人民出版社，2000：234.
② 许涤新，吴承明. 中国资本主义发展史：第2卷. 北京：人民出版社，2003：486.

续表

行业种类	厂数	创业资本总数（两）	企业平均资本（两）	企业分布地区
缫丝	97	3 723 990	38 392	上海 8 家，广东 88 家，烟台 1 家
轧花	4	315 000	78 750	上海 3 家，宁波 1 家
棉纺织	2	480 000	240 000	上海 2 家
火柴	11	415 200	37 745	上海 1 家，广东 3 家，余分散各地
面粉	3	40 000	13 333	上海、天津、北京各 1 家
印刷	8	100 000	12 500	上海 6 家，广东、杭州各 1 家
造纸	2	237 500	118 750	上海、广东各 1 家
榨油	2	20 000	10 000	汕头 2 家
电灯	1	50 000	50 000	广东
小轮航运	5	700 000	140 000	上海 2 家，汕头 2 家，芜湖 1 家
合计	151	6 091 690	40 342	

资料来源：虞和平．中国现代化历程：第 1 卷．南京：江苏人民出版社，2001：149-150.

近代中国较早的机器制造工厂是 1866 年创办于上海的发昌机器厂。初创之际，它仅仅是资本 200 元左右、工人 4～5 人的一家打铁作坊。到 1869 年时，开始使用车床生产，并于 1876 年制造出第一艘小火轮。至 1890 年已发展为拥有车床 10 多台，可以容纳 200 多人工作的工厂。1866—1894 年，上海、广州、天津、汉阳先后创办的机器制造厂共 16 家。

新兴的商办工厂的资本和规模都显得势单力薄，但其数量和区域分布事实上远超过官办工厂。当年，在引入新式机器制造时，李鸿章提出，"机器制造一事，为今日御侮之资，自强之本"，"洋机器于耕织、刷印、陶埴诸器皆能制造，有裨民生日用，原不专为军火而设。……逮其久，风气渐开……臣料数十年后，中国富农大贾必有仿照洋机器制作以自求利益者"①。历史演进的结局也确乎如此！

2. 近代资产阶级的产生

社会阶级的产生和发展状况，既受社会经济结构状况的制约，又与社会历史文化和政治状况密切相关。世界历史上各民族和国家的近代历史进程不同，新兴的阶级力量成长、发展过程和时代特征也就必然不同。西欧近代资产阶级的前身是市民等级。与西欧资产阶级生长的历史条件不同，中国的资产阶级并不来源于市民等级。与西方资产阶级决然不同，晚清新兴资本家有 55.9%来自官僚地主，有 18.3%来自商人，有 24.8%来自买办②。

在近代社会结构变动过程中，早期投资于新式企业的大都是具有官僚身份的洋务大员或其幕僚。"他们的投资，主要还不是来自地租，而是依靠社会活动；他们投资近代

① 洋务运动：（四）．上海：上海人民出版社，2000：14.

② 《旧中国的资本主义生产关系》编写组．旧中国的资本主义生产关系．北京：人民出版社，1977：23-24. 汪敬虞．十九世纪外国侵华企业中的华商附股活动．历史研究，1965（4）：39-74.

企业后，并未放弃土地经营，或者还扩大了土地经营，像张謇、聂缉椝都是这样。”①因此，由传统社会向近代社会的历史性转化首先发生在社会阶级的上层。“最初一期所谓兴办实业，实在非可怜的小商人阶级所能担任，因此私人公司也往往先归那处于治者地位的士绅阶级，以官为业的官僚阶级，以及少数巨商，大半仍是官商合办等的把戏；处处惯于借政权作弊，绝不能发生资产阶级最初期所当有的纯粹商品经济，就是不能全靠真正的经济力量来‘自由竞争’。”②

中国近代企业家的来源和形成特点，决定了它基本的社会分层状况：中国资产阶级一般分为官僚资产阶级和民族资产阶级两大集团。在近代化的启动过程中，是官僚首先涉足于近代化企业的创建和经管活动，并由此形成拥有相当雄厚的资本积累的富有阶层。“我国创一厂，设一局，动称官办，既有督（办），又有总（办），更有会办、提调诸名目，岁用正款以数百万计，其中浮支冒领供挥霍者不少，肥私囊者尤多。”③晚清时代的较大型企业尤其军事工业，主要由清政府的大官僚曾国藩、李鸿章、张之洞、盛宣怀所控制。从 19 世纪 60 年代开始，曾国藩、李鸿章等洋务官僚创办一批大型军工企业和民用企业，构成早期的官僚资本形态。30 年间，洋务官僚创办了江南制造局、福州船政局、湖北枪炮厂等重要军事工业，也创建了兰州织呢局及湖北纺纱、织布、缫丝、织麻四局等民用工业，还创办了汉阳铁厂、大冶铁矿、萍乡煤矿、开平煤矿等许多能源工业。在此后相继出现的官僚资本家，也大都是位高权重的清朝政府官员，如湖广总督张之洞在湖北经营的钢铁、纺织和枪炮工厂，出身李鸿章幕僚后任天津海关道和邮传部侍郎、尚书的盛宣怀所经营的轮船招商局和电报总局，等等。在近代资本家集团产生的过程中，官僚资本始终占有重要地位：清末资本在 1 万元以上的新式工矿企业，共设立了 549 家，资本总额为 12 029.7 万元，其中官办、官督商办、官商合办的 86 个，资本额 2 947.6 万元，约为新增工矿资本总额的 1/4。在采煤业中，属于官办、官督商办、官商合办的煤矿，其资本额约占采煤业资本总额的一半④。在中国资本主义兴起阶段，官办和官督商办一类民用企业，在全部近代企业中占有绝对优势。虽然洋务官办企业为数不多，但其资本额却是商办厂矿的近 4 倍，成为当时中国近代企业的主要构成力量。

随着新式企业与资本集团的出现及其力量的发展，社会阶级结构也将发生历史性变动——传统社会结构的解体和新的社会结构重构的历史过程将同步展开。

二、社会结构的历史性变动

1. 阶级结构的新变化

19 世纪 70 年代后，一批地主官僚、商人、买办开始投资于民族工业，形成由传统

---

① 吴承明. 中国资本主义发展述略//复旦大学历史系，等. 近代中国资产阶级研究. 上海：复旦大学出版社，1984：135.

② 瞿秋白. 中国之资产阶级的发展//复旦大学历史系，等. 近代中国资产阶级研究. 上海：复旦大学出版社，1984：4.

③ 郑观应. 盛世危言：卷七. 纺织.

④ 汪敬虞. 中国近代工业史资料：第 2 辑下. 北京：中华书局，1962：869-919.

阶级向新兴民族资产阶级的历史性转化。从19世纪70年代开始到甲午战争前，民族资本企业的发展比较缓慢，在72家企业中，商办企业53家，其资本额只占总资本额的22%；而官办、官商合办企业虽只有19家，但其资本额却占总资本额的78%。民族资本主义还处于起步阶段。甲午战争后，在实业救国热潮推动下，民族资本企业获得较快发展，在549个近代企业中，商办企业达到463家，官督商办和官办企业只有86家；商办企业资本额占到总资本额的76.3%，官僚资本额只占总资本额的23.7%。19世纪末20世纪初期，中国民族资本企业发展形成了一个高潮，仅光绪二十一年至二十六年（1895—1900），民族资本企业创办资金达万元以上的已有104个，资本总额达2 300万元。而且，这一时期还形成了比较大的资本家企业集团，即出身官僚士绅阶层的张謇、沈云沛、严信厚、许鼎霖等14个资本家，共占有企业136家，最多的拥有企业27家，最少的也拥有3家，形成了拥有百万元至数百万元的大资本家①。

资本与雇佣劳动力的结合，并与机器本身重构了近代意义上的社会生产方式。资产阶级形成的历史也是工人阶级形成的历史。“在最初，下层阶级中的变化似乎远不是引人注目的。产业工人是唯一的新的社会集团。”② 中国最早的一批产业工人，是从19世纪40年代起，在外国资本经营的企业里首先是船舶制造厂和修理厂产生的。第一代产业工人最初主要是由有专门手艺的城市工匠组成，其人数十分有限。大多数企业只有工人300人左右，最少的仅有工人30人，最大的香港黄埔船坞公司也只有2 500名工人。在外国资本企业里形成的中国产业工人人数，据估计在光绪二十年（1894）时，有3万余人，其行业分布情况如下表：

表3-3　外国资本在中国经营的近代企业中雇佣工人人数估计表（1894）

业别	雇佣工人人数	说明
船舶修造厂	9 000	人数为估计数
砖茶业	7 000	
机器缫丝业	6 000	人数为估计数
各种加工工业	6 000	
各种轻工业	4 600	
公用事业	1 400	
合计	34 000	

资料来源：孙毓棠：中国近代工业史资料：第1辑下. 北京：中华书局，1962：1175-1182.

19世纪60年代以后，清政府创办了一批军用企业和民用企业，在这些企业中大量雇佣工人从事生产，又出现了第二批产业工人。70年代后，伴随着民族资本主义工业产生，又形成了第三批产业工人。从此，新的劳动者阶级——近代中国工人阶级，就逐步发展成长起来。据估算，在光绪二十年（1894）时，近代中国产业工人大约有10万人，如下表：

① 汪敬虞. 中国近代工业史资料：第2辑下. 北京：中华书局，1962：1069，1091-1096.

② 费正清，刘广京. 剑桥中国晚清史（1800—1911年）：下卷. 北京：中国社会科学出版社，1985：635.

表3-4　近代企业中雇佣工人人数的总估计表（1894）

业别	外国资本在中国经营的近代企业	清政府经营的近代军用企业	清政府经营的炼铁与纺织企业	近代矿业	民族资本经营的近代企业
雇佣工人人数	34 000	9 100～10 810	5 500～6 000	6 000～20 000	27 250
合计	81 850～98 060				

资料来源：孙毓棠．中国近代工业史资料：第1辑下．北京：中华书局，1962：1201.

直到清末，中国产业工人已达到66.1万人，基本形成一支正在成长中的新生的阶级力量。近代中国工人阶级作为新生的阶级力量，虽然与大机器生产方式和先进的经济形式相联系，但他们基本上直接从农民转化而来，与中国农民阶级有着天然的联系。被雇用的工人“大都来自农村，往往是新近加入了城市贫民的行列，其中包括大批妇女和儿童”①。很多工人是按季节变化和企业需求，冬闲则进城做工，夏秋农忙则回乡务农，他们与农村社会和农民阶级本身保持着难以割舍的密切联系。

中国工人阶级的生活水平极为低下。一方面，通常工人的基本工资很微薄，一般工人每人每天工资只有2角～3角钱，女工还不到男工的1/2，一般童工只有几分钱。工人劳动所得很难维持其最基本的生活所需。另一方面，中国工人的劳动强度很大，工作时间较长。同治六年（1867），金陵制造局的劳动时间是11小时/天，天津机器制造局是11.5小时/天，每两周有一个休息日。而很多工厂的劳动时间每天长达12～14小时。山东的中兴煤矿，每班工人在井下的时间竟达24小时。此外，中国工人还受到合同制和包工制的盘剥，许多工人处于被奴役的地位，甚至没有人身自由。加之晚清社会动荡剧烈，物价上涨较快，物价平均涨1倍，而工资只增75%。一些工厂的工人往往一天只能吃到一顿饭②。中国工人阶级一直处于社会生活的最底层，“这些工人比街头乞丐好不了多少”③。因而他们对于现实社会、现存生活状况具有很强的反抗意识和斗争精神。

中国工人阶级虽然人数有限，但相对比较集中。近代机器生产企业主要集中在少数通商口岸城市和沿江沿海等大城市中，而且又相对集中在少数大型工厂企业中。据光绪二十六年至宣统二年（1900—1910）13个省的不完全统计，雇用500名工人以上的156个厂矿集中了24万多工人，约占当时全部工人总数（130万人）的20%。其中，在外国资本企业中的中国工人则占将近一半。（见下表）

表3-5　雇用500名工人以上的厂矿、工人数量统计表（1900—1910）

	中国		外国		合计	
	厂矿数	工人数	厂矿数	工人数	厂矿数	工人数
江苏	48	66 360	18	36 030	66	102 390
浙江	5	5 890	—	—	5	5 890

① 费正清，刘广京．剑桥中国晚清史（1800—1911年）：下卷．北京：中国社会科学出版社，1985：635.
② 汪敬虞．中国近代工业史资料：第2辑下．北京：中华书局，1962：1245-1254.
③ 同②1224.

续表

	中国		外国		合计	
	厂矿数	工人数	厂矿数	工人数	厂矿数	工人数
山东	7	7 030	2	4 200	9	11 230
湖北	9	15 529	3	4 200	12	19 729
直隶	5	4 719	4	14 100	9	18 819
广东	38	21 620	—	—	38	21 620
湖南	1	600	—	—	1	600
江西	1	3 600	2	1 400	3	5 000
福建	1	3 107	—	—	1	3 407
河南	1	2 330	1	8 400	2	10 630
奉天	—	—	8	33 080	8	33 080
蒙古	—	—	1	7 000	1	7 000
贵州	—	—	1	1 000	1	1 000
合计	116	130 385	40	109 410	156	240 395

资料来源：汪敬虞．中国近代工业史资料：第2辑下．北京：中华书局，1962：1183.

原资料编者注：这个表是根据附录明细表计算得来，它是一个初步的统计，遗漏和错误在所难免。同时，它不是某一年的数字，只可看作1900—1910年这个时期大约的数字。

虽然近代早期的工人阶级还不曾有属于自己的阶级意识，但作为一个新生的劳动者阶级和与大工业生产相联系的时代特征，使得它在未来社会变动的历史进程中将会产生巨大的作用。而且，产业工人与资产阶级的形成和发展，从根本上改变了传统中国社会的构成，成为近代中国社会结构性变动的主导内容。“聚集于这些企业中的成百成千雇佣工人体现了近代中国新的社会力量。这些人的存在依连于大机器生产，他们操作机器，而机器生产的特性又会养成他们不同于传统手工生产的利益和观念。”“只有在洋务企业出现之后，才有数量意义上的整整一代产业工人的产生，究其原始，军事企业正是催生者。这两个方面是洋务军事企业的时代意义所在。”①

2. 城市化与近代化进程的展开

城市化是近代工业革命的产物和概念，是指社会人口向城市或城镇集中的过程，这一历史过程在不同的历史阶段具有不同的历史特征。中国是一个有着古老城邑文明的大国，但中国古代城镇主要是作为行政中心、军事设防而建立，缺乏以工商业为主导的城市成长。“19世纪中叶五口通商以后，城市化进程转入一个崭新的阶段，沿海各大商埠相继开辟，现代化的工业逐渐兴起，再加上政治不安定，迫使人口向沿海商埠集中。”②在中国近代化与城市化的历史进程中，洋务运动也扮演着重要角色。“从19世纪60年代开始掀起了洋务运动，清政府中的洋务派通过引进西方的军用民用生产技术，创建了一批军事工业和民用企业，使中国产生了资本主义生产力；而这些新的生产力，又主要集中在城市之中，从而使中国某些城市开始向近代化起步。”③

---

① 陈旭麓．近代中国社会的新陈代谢．上海：上海人民出版社，1992：111.

② 赵冈．从宏观角度看中国的城市史．历史研究，1993（1）：16.

③ 王守中，郭大松．近代山东城市变迁史．济南：山东教育出版社，2001：684.

近代中国社会的结构性变化之一就是城市化的初步启动，其显著特点就是一批因工而兴、因商而兴、因路而兴、因港而兴的城市的诞生和发育。这些城市逐步以工业文明代替农业文明，成为半殖民地半封建型、有一定程度近代化的城市。洋务运动对城市化和城市近代化的推动是有积极作用的，办工矿、兴商贸、修铁路和建学堂等，都直接或间接推动了城市化的启动，使一些古城古镇扩大，一些村落演变为城市，一部分农业人口被吸引到城市做工、谋生，从而加速了城市人口集聚。

洋务运动兴起后，近代中国的城市开始步入新的发展期。就近代城市化发展而言，基本依循两大路径展开：一是城市的近代化运动，二是乡村的城市化运动。就其大者而言，从 19 世纪 60 年代到 1894 年甲午战争前兴办的军用企业有 21 家，民用企业有 40 家。在甲午战争后洋务派也创办了一些工厂。武汉的官办、官督商办企业有 20 家，其中不少是甲午战争后兴办的。从近代城市的发展特征和格局来看，城市的近代化或近代城市化进程往往与工业化进程相伴相随，城市工业开始产生并迅速发展，成为城市近代化的主要标志。1840—1894 年，西方国家在华设立的企业 103 家，主要分布于上海、天津、汉口、广州、厦门等通商口岸城市①。19 世纪 60 年代洋务新政开始，中国人开始创办企业，无论是官办的洋务企业，还是后期的民用企业，都主要集中在上海、广州、武汉、杭州、无锡、天津等通商口岸城市②。洋务派还主持或督办了唐胥铁路、京汉铁路、津沽铁路、基隆到台北的铁路、大冶到长江边铁路的修建，开拓沿海沿江航线。在天津设电报总局，在许多省建立电报线路，1894 年前形成了全国性电讯网，其对近代中国城市网络的形成关系殊深。中国近代 207 座城市中，直接受惠于洋务运动的占 1/4 以上，洋务运动的间接影响则遍及所有城市。近代新兴城市大致可划分为以下几类：

第一类，通商口岸城市。从“五口通商”始，至甲午战争前，全国通商口岸 34 个。这些口岸一般是被迫开放的，但也有一些（如武昌）是自动开放的。像上海、天津、广州、汉口、青岛等口岸城市都是以外贸为先导发展起来的，这可以说是中国近代城市发展的新道路。上海的外贸，从 1864 年到 1910 年，大体占全国对外贸易货值的一半左右，其中最高年份达 65.64%。通商口岸城市的兴起与发展和对外贸易的增长、机械化交通的引进密切相关。“1893 年为止对外贸易达到的水平在帝国晚期是空前的（虽然在中世纪决非如此），而机械化交通则当然是一个全新的因素。”③ 结果，在半个世纪里，一批近代化城市开始崛起，“崭新的港口城市（如香港和汕头）兴起了”，而“最引人注目的是上海和天津。长江下游地区的城市体系大量重建，在其他三个沿海地区也发生了重要的变化”④。

第二类，工业城市。中国各地工厂有外资工厂、官办和官商合办工厂、民族资本主义工厂三大类。洋务派所主办的工厂，虽然数目不很大，但规模较大、引进设备多、资金投入多，因而对所在城市基础设施的建设和城市的经济发展，具有相当推动力。这些

① 孙毓棠．中国近代工业史资料：第 1 辑上．北京：中华书局，1962：234-241.

② 汪敬虞．中国近代工业史资料：第 2 辑下．北京：中华书局，1962：654.

③ 同②.

④ 施坚雅．中华帝国晚期的城市．叶光庭，等译．北京：中华书局，2000：262.

城市经历了从封建镇邑的农业文明到近代工业文明的转型，出现了成片的厂区和服务行业，以及工棚和相关的交通、电讯设施。洋务派所办的工厂主要在上海、天津、武汉、南京、福州、西安、广州、济南、长沙、成都、吉林、北京、杭州、昆明、太原、台北，对推动这些城市的发展有一定作用。特别是洋务运动的中心城市，如上海、天津、武汉等，均成为旧中国重要的工业基地。近代天津城市的早期工业化运动同样是由洋务运动启动，并首先从军事工业起步。1866 年，清政府决定在天津“专设局厂”，经过四年之久，天津机器局“一律告成”，并逐步形成具有规模的大型近代化军工企业。近代化进程的连锁效应很快出现，在近代企业及其需求的推动下，相应的近代通信如电报、电话和铁路设施也先后在天津发展起来，至光绪十八年（1892），天津已经成为远东最大的信息中心之一。李鸿章不无得意地说：“中国创设电线，已阅十年。近来风气渐开，推行日广。东北则达吉林、黑龙江俄界，西北则达甘肃、新疆，东南则达闽、粤、台湾，西南则达广西、云南。遍布二十二行省，并及朝鲜外藩。殊方万里，呼吸可通，洵称便捷。”① 显然，工业化与城市化进程的密切相关，一定程度上揭示出传统城市发展与近代城市化的不同时代特征。“近代大工业对天津城市发展的刺激是不容忽视的。天津机器局的设立，如同在天津传统城市之外，又出现了一个新的城市。”② 至少在 19 世纪末，借助于工业化推动之力，天津的发展已经脱离传统之轨，成为一个正在重组中的兼军事工业和若干轻工业门类为一体的北方工业重镇。

第三类，矿冶城市。洋务派也开采铁矿、煤矿、铜矿、金矿，据不完全统计，煤矿官办 6 处，官督商办 9 处；金属矿官办 3 处，官督商办 18 处。采矿以及相应的冶炼企业的发展，导致了一批矿冶城市的产生。荒郊变为闹市，旷野成为聚落，像唐山、安源、焦作因煤矿采掘而兴。安源本是赣西人烟不稠的乡野小村，由于煤矿的开采，集结几万矿工和商民，形成数里长街，一时号称“小南京”。李鸿章在 1878 年奏准、1881 年建成的唐山煤矿，乃我国第一个采用机器开采的现代化煤矿，唐山由此而从一片农家村落发展成为工业城市③。

第四类，港口码头城市，其中有沿江沿海港口和水路码头，也有沿铁路线的陆路码头。有人对旧中国 207 座城市做了分析，其中 176 座位于水陆交通线上，尤其是铁路和江海之滨。不仅上海、北京、天津、武汉等城市的发展离不开水陆码头，还有一些城市如京汉、粤汉线上的石家庄、衡阳，津浦线上的浦口、蚌埠，都是因路而兴的。蚌埠又处在铁路与淮河交汇处，商业发达，人口集结，1914 年已增至 10 万人，1926 年达 26 万人。

近代新兴城市的崛起及其区位分布和功能的变化，从根本上改变了传统社会的城乡结构关系。许多明代以来盛极一时的运河沿岸城市，从清中叶开始，不再沿着正常轨道发展下去，而逐渐走向衰落，有的甚至蜕变成为偏僻的县城。究其直接原因，固然不免“一是社会动乱，二是经济地理条件的改变”④，但开埠通商和洋务新政所启动的工业化

---

① 洋务运动：（六）. 上海：上海人民出版社，2000：446.

② 罗澍伟. 近代天津城市史. 北京：中国社会科学出版社，1993：223.

③ 涂文学. 洋务运动与晚清城市社会近代化. 近代史研究，1996（2）：127-155.

④ 王守中，郭大松. 近代山东城市变迁史. 济南：山东教育出版社，2001：99.

进程却是时代性导因。

由于洋务运动及其他因素所形成的历史合力，近代中国城市化发展走出了传统城市的停滞、封闭的模式，启动了现代化城市的进程。尽管举步维艰，却也在晚清时大体奠定了近代城市体系的格局，形成了以上海、北京为主的城市网络以及各区域城市网络：以天津为首位城市的华北城市系统，以武汉为首位的华中城市系统，以广州为首位的华南城市系统，以重庆为首位的西南城市系统，以沈阳等为首位的东北城市系统，以兰州为首位的西北城市系统。这对于近代中国社会结构的变动，产生着持久而深远的影响。

三、洋务运动与近代文化转型

1. 洋务运动与西学之输入

洋务运动将“采西学”付诸“求强求富”的“自强”实践，使西学本身与中国新的生产方式、生产组织融为一体，从而改变了传教士那种与中国社会生活相脱节的单纯输入西学的格局；同时，洋务运动又将“采西学”与中学的“经世”传统相结合，使“士大夫知格致为入圣之门径，即报国之经纶”①，从而也为西学的引入寻到合理的学术文化依据。洋务运动将自己的一个支点建立在具有悠久文化传统的中学的“致用”基础上，将另一个支点奠基在西学强烈的“实用”价值上，从而发挥了沟通中西学的桥梁作用。

1862 年清政府设立京师同文馆，既标志着洋务运动的开始，也揭开了主动引入西学的序幕。

从洋务运动开始，西学输入不仅如潮随风，成为最具时代特征的事业，而且西学输入的内容也逐步扩展和深化，在知识结构上走向全面和完善。在 1878 年傅兰雅的《译书

图 3－11　傅兰雅

---

① 苏云峰．张之洞的经世思想//“中央研究院”近代史研究所．近世中国经世思想研讨会论文集，1984：531－560．

事略》统计中，分为16类的书目主要体现为技术工程类，而在1896年的《西学书目表》中，学科分类已增至28类，更多体现为自然科学科目的增设，如格致（自然科学总类）、重学、电学、声学、光学、全体学等，另外，社会科学方面增加了官制、学制、商政等。（见下表）

表3-6　西学输入科目表

	分类	部数	所占比例（%）		分类	部数	所占比例（%）
1	兵政	53	15.5	15	游记	8	2.2
2	医政	39	11.4	16	动植物学	7	1.9
3	工政	38	11.1	17	学制	7	1.9
4	史志	25	7.3	18	农政	7	1.9
5	算学	22	6.4	19	天学	6	1.6
6	法律	13	3.8	20	图学	6	1.6
7	化学	12	3.5	21	报章	6	1.6
8	格致	11	3.1	22	光学	5	1.4
9	全体学	11	3.1	23	商政	4	1.3
10	西人议论	11	3.1	24	声学	3	0.8
11	地学	9	2.5	25	汽学	3	0.8
12	船政	9	2.5	26	电学	3	0.8
13	矿政	9	2.5	27	官制	1	0.3
14	重学	8	2.2	28	其他	18	5.1

晚清西学大规模的引入，遵循着一条应用科学—自然科学—社会科学的逻辑顺序①，并由此逐步扩展、深化，形成了比较完整的西学知识结构体系，其间虽然包含着深刻的历史教训，但它的最初启动却始于洋务运动。

2. 洋务运动与新学制的建构

京师同文馆及一批洋务学堂的建立及其课程的设置，成为近代中国“新学”（新式教育）制度方面改革的尝试。同文馆和相继兴建的一批洋务学堂，完全从洋务实践需要出发，设立具有“实效”的课程，而将传统的义理、考据、词章和八股时文排除在外，形成了不同于旧学的新学课程体系，并把西学置于“为新学之至要，富国强兵，无不资之以著成效”② 的地位。

上海广方言馆设立之初，由监院冯桂芬拟订《试办章程十二条》，课程设置按中西两大类分经学、词章、史学和算学4门，各聘西教习2人和中教习4～5人授课。虽然就课程上看，传统中学占不少，但章程却明确规定了“所有学生均以算学为主课”③。在后来改定的《广方言馆课程十条》和《开办学馆事宜章程十六条》中，中西合璧的课程设置仍是其主要特色。课程设置除了西学的“格致”和工程技术外，还特别突出了中

① 鲁军．清末西学输入及其历史教训//丁守和，等．中国文化研究辑刊：第2辑．上海：复旦大学出版社，1985：115.

② 同文馆题名录//洋务运动：（二）．上海：上海人民出版社，2000：91.

③ 熊月之．西学东渐与晚清社会．上海：上海人民出版社，1994：337.

学传统经义、史鉴掌故和小学一类。

张之洞在后期洋务运动中创办了很多学堂，无论是专门性的水师、自强学堂，还是普通学堂，其课程体系也是秉承中西结合的原则，但在具体做法上，专门学堂侧重于西学，普通学堂则侧重于中学。如1887年的水陆师学堂的主要课程是被称之为“洋务五学”的矿学、化学、电学、植物学和公法学。1893年的自强学堂的主要课程是方言、格致、算学、商务四门。而两湖书院和广雅书院的课程改革则是以中学为主，纳入了西学，如两湖书院课程分为经学、史学、理学、文学、算学和经济六门；广雅书院课程为经学、史学、理学、经济四门，兼习词章①。虽然在专门学堂的课程体系中似乎不列中学，但中学的内容却须贯彻于学堂之中，如要求水陆师学堂学生“每日清晨先读四书五经数刻，以端其本。每逢洋教习歇课之日，即令讲习书史，试以策论，俾其通知中国史事兵事，以适于用”②。

无论是张之洞的“治术以培植人才为本，经济以通达时务为先”，设立学堂须以“讲求时务，融贯中西”为原则，还是同文馆、求是堂艺局注重“格致”实用课程的方案，都是与中国传统科举、旧式书院教育体系完全不同的新式制度。

“采西学”是洋务运动沟通中学西学的第一步，而且“采西学”本身不是目的，只是改造“中学”虚而无用的手段，一个“采”字形象地揭示了洋务派引入西学的工具性意义。沟通中西的目的，是借西学改造中学，容闳对此充满了希望，力主“借西方文明之学术以改良东方文明之文化，必将使老大帝国，一变而为少年之新中国”③。郑观应虽然给予西学极高评价，但他仍然冷静而睿智地认识到，单纯地输入并推崇西学和一味地固守中学一样，都是无补于中国“自强”之业的。他说：

> 从事西文西学固为知几之士、识时之杰，然必以我本国文字学问为始基，而后能融会中西之学，贯通中西之理。若蹈浮薄少年之习，略识洋人，略谙西语，便诩诩然夸耀于世，以为中国文字学问不足学，不必知，弃若弁髦，视同疣赘，则非余之所敢知也。④

输入西学的最终目的在于“以西学化为中学，不及十年，中国人材无难与泰西相颉颃”⑤。“化西为中”既是一个时代性的艰巨课题，也是一个民族性极强的课题，它所蕴含的复杂内涵和文化的整合，当然既非洋务派所能担负，也非洋务时期所能够完成。但“化西为中”这个必然的历史进程，却由于洋务运动沟通中学西学的桥梁作用而开其端了。

3. 洋务运动与中学的结构性变动

随着西学大规模的引入和适度的接纳，传统中学的知识结构体系和发展趋向就发生了历史性变革。

---

① 张文襄公全集：卷一 奏议一. 台北：文海出版社，1963：26-27.

② 同①26.

③ 容闳. 西学东渐记. 长沙：湖南人民出版社，1981：79.

④ 夏东元. 郑观应集：上册. 上海：上海人民出版社，1982：285.

⑤ 同④301.

首先，西学知识广为传播，已经成为传统士人学术文化的构成部分。据统计，江南制造局翻译馆开办的11年中，销售书籍31 111部，共计83 454本，另售出地图4 774张①。“夷书”“夷学”一向被蔑视的风气，在洋务运动的推动下逐步变成了读西书、求西学的新风，《西学书目表序例》记述了当时风尚的转移：

> 海禁既开，外侮日亟，曾文正开府江南，创制造局，首以翻译西书为第一义，数年之间成者百种，而同时同文馆及西士设教会于中国者，相继译录，至今二十余年，可读之书略三百种。……故国家欲自强，以多译西书为本；学子欲自立，以多读西书为功。②

在上海格致书院的课士命题中，西学和时务是主要的考试内容，显与传统的书院和八股课士内容大异其趣。1886—1893年格致书院刻印的《格致书院课艺》，收录每次考课名列前茅者6人优秀试卷296篇。这些试卷共征引西学书籍约200种，大多数为新译西学著作，其中江南制造局译刻者就有70多种③。

图3-12 《格致书院课艺》

从己丑（1889）春季超等第一名孙维新的试卷，我们可了解到他所引录的西学书籍情况：算学13种，重学3种，天学4种，地学2种，地理8种，矿学4种，化学11种，总类5种。所引录的西学书籍科目十分齐全，几乎涉及当时输入的西学的各个方面。在各次考题中，有些题目是直接就西学发问的，如关于西学源流问题、中西格致之学异同问题、光电热测定问题。课卷说明，学子们对于西学知识体系已相当熟悉，他们整体的

① 傅兰雅．江南制造总局翻译西书事略//张静庐．中国近代出版史料初编．北京：中华书局，1957：23.

② 邵之棠．皇朝经世文统编：卷一：文教部：学术.

③ 李长莉．先觉者的悲剧．北京：学林出版社，1993：192.

“西学素养，决不在康有为之下”①。

其次，西学知识体系导致了传统中学“经世之学”内在结构的变化。“经世之学”是道咸年间中学学术文化的主流，但自贺长龄、魏源创立学术、政体、吏政、户政、礼政、兵政、刑政、工政的学术结构体系后，继起者如《皇朝经世文续编》《皇朝经世文三编》基本恪守此模式，但是也已感受到时代变动与学术结构体系之间的差距，《皇朝经世文续编·例言》称，虽然“八纲六十三目”，均一仍其旧，但“自道光壬寅后，中外交涉益繁，有非海防、塞防所能概者”，而且，“京师总署之设，既与六官并重”，“贺编学术文学类”又“不及算学”，“阙而莫载，遗憾实多”②。西学和洋务新政的兴起，社会生活和学术文化的发展，均已超出中学传统“经世文编”模式，呼唤着中学知识结构体系的变革。《皇朝经世文三编》的编者已然感受到了传统模式变革的迫切性：

> 中日有事以后，海内士大夫奋然而起研求当务之急，以图自强，风气为之一变。承学之士，转移心志，弃其帖括词章而从事于西学洋务者，日见其多，于是洋务西学之书日新月异，层见叠出。③

但最初的变动不过是在原有结构模式之外，另加“时务”“洋务”以为补充而已。随着西学知识的扩展和逐步“化西学为中学”的涵化过程，西学就渗入中学之内，并成为新的中学的一部分，从而引发了传统“经世之学”结构模式的变动。1898 年的《皇朝经世文统编》已经不同于以前，其知识结构体系是一种全新的模式，共分为 10 部。（见下表）

表 3-7　《皇朝经世文统编》分部情况表

分目	基本内容
文教部	学术、经义、史学、诸子、字学、译著、礼乐、学校等十五门
地舆部	地球事势通论、各国志、地利、风俗、水道、农务等十一门
内政部	治术、科举、官制、用人、议院、正俗、刑律、火政等十九门
外交部	交涉、通商、遣使、约章、中外联盟、中外和战等十门
理财部	富国、银行、钱币、茶务、公司、国债、赋税、盐务等十四门
经武部	武备、各国兵制、中国兵制、兵法、海军、船政、弭兵等十七门
考工部	工艺、制造、矿务、铁路、机器、纺织、电报、邮政共八门
格物部	格致、算学、天文、地学、医学共五门
通论部	五门
杂著部	三门

资料来源：邵之棠．皇朝经世文统编：总目．

此后由麦仲华编辑的《皇朝经世文新编》和杨凤藻编辑的《皇朝经世文新编续集》的体例结构也都采用了全新的模式，除通论外，全书分为君德、官制、法律、学校、国

① 熊月之．西学东渐与晚清社会．上海：上海人民出版社，1994：367．

② 葛士濬．皇朝经世文续编：例言．台北：文海出版社，1972：3．

③ 甘韩．皇朝经世文新增时务洋务续编：序．台北：文海出版社，1972：1．

用、农政、矿政、工艺、商政、币制、税则、邮运、兵政、交涉、外史、会党、民政、教宗、学术、杂纂20类。分类虽然未必全面和准确，但已经超越了旧学范畴，走入了近代“新学”的领域。

“经世之学”内在学术文化结构的变动，已经超出了传统中学所能包容的范畴，新的知识体系和新的学科分类的出现，既是西学输入的必然结果，更是中学“经世”思潮主动回应西学的成果。洋务运动以连接中学与西学为起始，在“自强”的口号下通过“采西学”到“化西学”，使中国传统学术文化在接纳西学的条件下，走上一条新的道路。

思考题

1. 简述辛酉政变与西太后权势的形成。
2. 评述洋务运动时期的中西之争。
3. 简述洋务运动时期的民用企业。
4. 试述洋务运动时期的新式教育。
5. 简述近代中国资产阶级的形成。

阅读书目

1. 陈旭麓. 近代中国社会的新陈代谢. 上海：上海人民出版社，1992.
2. 熊月之. 西学东渐与晚清社会. 上海：上海人民出版社，1994.
3. 徐彻. 慈禧大传. 沈阳：辽海出版社，1994.
4. 夏东元. 洋务运动史. 上海：华东师范大学出版社，1992.
5. 王先明. 近代新学：中国传统学术文化的嬗变与重构. 北京：商务印书馆，2000.
6. 张国辉. 洋务运动与中国近代企业. 北京：中国社会科学出版社，1979.

第四章

忧患重重

——同光时期的中外关系

在中西方发生碰撞之前，东亚一直存有一种以中国为中心的国际关系体系，即以“宗藩”关系来维系的“华夷秩序”。清廷的制度中没有专设的近代外交机构，只有司理朝贡国和藩属国事务的相关机构。第一次鸦片战争后，国门洞开的结果是西方列强的大举进入，对外事务内容和性质远远超出原有体制功能。走向近代的制度变迁，首先从清王朝的对外事务方面将传统制度撕开了一个缺口。但是，孱弱的清政府既不能有效抵御列强的强势侵入，而其愚昧的外交也不能折冲于列强“条约体系”的利益搏动之中。因此，烽火连天的边疆危机和连续不绝的侵华战争，就构成了这一历史时期民族危难的重重忧患。

第一节　近代外交的起步与边疆危机

一、外交体制的近代转向

1. 总理各国事务衙门

鸦片战争前，清廷由中央层级的礼部会同四译馆和理藩院以及地方层级的督抚和将军，负责接待由海陆而来的“朝贡使臣”。第一次鸦片战争后，清政府向西方国家开放了沿海五口，在对外交往及其相互关系事务方面发生了很大变化，而清朝对外机构和理念一仍其旧，未能因势而动。在闭关自守政策的惯性之下，对外交涉事务仍由礼部和理藩院分管，只是五口通商事宜，饬令由两广总督负责，衔兼五口通商大臣，但遇有重大事情务须请旨定夺。西方各国对华事务和一应交涉，均无法与清政府最高决策部门直接对话、沟通，因此异常不满。

第二次鸦片战争后，通商口岸骤增，外国公使开始进驻北京，中外交涉事务更加频繁。有鉴于此，英、法等国公使多次向清政府建议在北京设立交涉机构，其职权至少要比广州钦差大臣更为广泛。对于清政府来说，上海这个新兴城市的崛起，已使广州的重要性黯然失色，中国的通商和外交中心亦由广州北移上海。新增的通商口岸遍布沿海沿江各省而成全国性规模，不可能设一个十六口通商大臣作为某一省总督的兼职，客观上需要有一个足以统辖全国通商和外交事务的中央官署。1861 年，在恭亲王奕䜣、大学士文祥等人的奏请下，清政府设立了中国有史以来第一个主管外交事务的中央机构——总理各国事务衙门[①]。

总理衙门在组织建构上兼具军机处和六部的特征[②]，在原则上仿照军机处，作为直接受皇帝指挥的办公机构，而不属正式的政府机关；打破了各部首长一律采用满汉双轨制的旧例，人员并无定额，可以灵活设置。在体制上则沿袭六部编制，分大臣和章京两级。大臣分三等：(1) 总理各国事务亲郡王、贝勒，特简[③]，无定额；(2) 以军机大臣兼领总理大臣，特简，无定额；(3) 大臣上行走，由内阁、部院满汉京堂内特简，亦无定额。章京分四等：(1) 总办章京；(2) 帮办章京；(3) 章京；(4) 额外章京。此外，还有一些佐理人员，即负责具体工作的司员，由各部院保送。就司员的编制而言，先后经历了分署办事制、分班办事制和分股办事制三个发展阶段，其中分股办事制始于同治三年（1864），终于光绪二十七年（1901），历时最为长久，共分五股办事，其职掌大致如下：英国股，掌管英国、奥地利事务，以及各国通商、各关税务；法国股，掌管法国、荷兰、巴西事务，以及保护民教、各处招工；俄国股，掌管俄国事务，以及陆路通商、边防疆界、庆典、礼宾、有关官吏的人事行政和考试等；美国股，掌管美国、德国、秘鲁、意大利、瑞典、挪威、比利时、丹麦、葡萄牙事务，以及海防设埠、保护华工等事；海防股，掌管南北洋海防、长江水师、北洋海军、沿海炮台、船厂要塞、制造、学校、电线、铁路、矿务等，该股于光绪九年（1883）添设，甲午之战后裁撤。此外，还设有司务厅（类似后来的秘书处，主管收发文件和典守印信、监视关防等）和清档房（即后来的缮校室和档案室，主管缮写、校对文件和保管、编辑等事务），并附设培养外语和洋务人才的京师同文馆。

总理衙门可以说是办理洋务的总机关，所办一切事，均与洋务有关。它的职掌逐渐扩大而显得相当复杂，很快就变成一个不以经办交涉和通商事务为限的包罗万象的洋务衙门，或称“洋务内阁”。总理衙门设立之初即由恭亲王奕䜣管理，显示其地位不同于一般部院。同时担任总理衙门大臣的有大学士桂良、户部左侍郎文祥。它与军机处虽无对等的关系，却有实际的分工。凡属对内的事务一律由军机处处理，凡属对外的事务则

① 第二次鸦片战争：（五）. 上海：上海人民出版社，1978：358.
② 章开沅，罗福惠. 比较中的审视：中国早期现代化研究. 杭州：浙江人民出版社，1993：642.
③ 特简：皇帝对官吏的破格选用，或在特定范围内选用某些官吏。

由总理衙门管辖。但就两者的地位而言，从来就不是平行的。军机处是皇帝直接掌握的机要处，是一切政务的总汇处和枢纽，而总理衙门则仅仅是一个办理军机处所不屑掌管的“洋务”的外府①。

总理衙门建立后，为“妥善”办理中外交涉，在办事规则上进行了调整。过去，清政府将一切涉外事件都视为机密，各地只能直接报告朝廷，而各有关方面却“互不关会”，引起许多歧误和嫌隙。此时，明确规定南、北洋大臣所办一切事件，必须随时咨报总理衙门，并且还要和督抚们互相咨会，做到“息息相通”，“以归划一”。此外还规定：各地按月向总理衙门咨送新闻纸，以便了解外情；简化办事手续，提高工作效率，以利迅速协调中外关系。

总理衙门的设立，适应了国际交往的需要，无疑是中国外交制度现代化的一个重要里程碑。它标志着以六部为中心的传统中央政权机构开始转型，中国的对外关系进入了一个新的时代：清政府开始放弃闭关政策，希冀运用近代国际生活的一些惯例和准则来处理对外关系。由于它的设立，以往分掌对外事务的传统部院——礼部和理藩院，就停止了对西方国家事务行使职权。但是，作为一个过渡性的主管对外事务的中央官署，总理衙门仍然存在着诸多缺陷②。如与政府其他机构的法定关系不清楚，在称呼上含混，职掌过于庞杂，总理衙门大臣的人数太多，缺乏专职，人选又不甚得当，等等。

2. 南、北洋大臣的设立

清廷设置总理衙门的同时，为了阻挠外人入京与其交涉，使地方上的中外交涉事务得到就地处理，又设置了南、北洋大臣。南、北洋大臣是由南方五口通商大臣和北方三口通商大臣演变而来的。第二次鸦片战争后，在列强的压力下，清廷又增加了许多沿海沿江开放口岸，长江以南由原来的五口增设为十三口，长江以北新开牛庄、天津、登州三口。清政府于是将原来的五口通商大臣改为“办理江浙闽粤内江各口通商事务大臣”，设在上海，后来改称南洋通商大臣或南洋大臣；在天津新设“办理牛庄、天津、登州三口通商事务大臣”，后来改称北洋通商大臣或北洋大臣。

北洋大臣在设置之初是专职，专办洋务兼筹海防，而直隶总督不兼北洋大臣，因此从体制上说此时直隶总督与外交无缘。自1870年以后，北洋大臣由直隶总督兼任，负责直隶、山东、奉天三省通商、交涉、海防及官办军事工业等事务。南洋大臣一直由两江总督兼任，管理南方各口通商、交涉各项洋务事宜。

南、北洋大臣与总理衙门在外务处理上的关系，是一种微妙的组合与分工。它们各有责权，不存在统属关系。但从外交职权与地位上来看，南、北洋大臣常常是作为总理衙门的外交总代表，其职权本应局限在地方交涉上，但由于是督抚兼领，始终都有钦差大臣的头衔，地位高于其他总督，既有兵权又有地方行政权，自然成为国防、外交上的重臣。特别是李鸿章担任直隶总督兼北洋大臣以后，几乎成为清政府的“首辅总督”和“准外务大臣”。而就南、北洋“分量”而言，由于南洋大臣早设约20年，加之近代前期南方对外交涉事件远多于北方，所以早期是“南重于北”；后来由于外交重心北移，

---

① 章开沅，罗福惠．比较中的审视：中国早期现代化研究．杭州：浙江人民出版社，1993：641-642.

② 同①642-644.

北洋大臣更多地参与全国外交，渐渐地“北重于南”。

南、北洋大臣尚未完全摆脱传统外交体制的影响，清廷国力和专制政体的制约使南、北洋大臣本身的外交素质不高，在外交中缺乏一套完整的外交策略，这些都使其在对外交涉中存在诸多局限。但是它们的设立毕竟顺应了世界历史发展潮流，催动了中国传统外交观念向近代化的迈进，促进了觐见礼仪制度的变革和近代使节制度的建立，对于近代外交体制形成和西方科技、文化的引进均有积极意义。

3. 海关总税务司

海关是国家的门户，是国家管理进出境事务的行政机关，中国关税行政管理原属户部。自《南京条约》签订中国门户打开，帝国主义国家就一直觊觎中国海关。1853 年小刀会起义时，上海海关被破坏，英、美、法三国撇开中国这个主权国家，擅自成立一个以英人威妥玛为首的关税管理委员会，搞所谓“领事代征制”，成为外国人窃夺中国海关行政管理权的开端。1858 年，《中英通商章程善后条约》第 10 款规定：“任凭总理大臣邀请英人帮办税务”，致使外国人窃据中国海关管理权合法化。1859 年南洋大臣何桂清任命英人李泰国为总税务司。1863 年英人赫德继任，直至 1908 年退休离职为止，把持中国海关长达 45 年之久。赫德离任后，总税务司仍由外人担任。

总税务司一职设立之初隶属于两江总督，总理衙门成立后隶属于总理衙门。1865 年，总税务司署由上海迁到北京，它是管理中国海关税务行政的总机关。另在各通商口岸设税务司，直接隶属于总税务司。中央和地方的税务管理人员，大都由英国人和其他国家的洋员充任，这严重地损害了中国主权，影响到关税的收入和支配。但由于赫德的精心策划和巧妙周旋，他一时成为外国和清政府共同依赖的特殊人物，大大地便利了西方列强对中国内政外交的干涉①。

表 4-1　　晚清总税务司一览表

姓名	国籍	时间	职务
李泰国	英国	1859 年 5 月至 1861 年 4 月	总税务司
费事来	英国	1861 年 4 月至 1863 年 5 月	署理总税务司
赫德	英国	1861 年 4 月至 1863 年 5 月	署理总税务司
李泰国	英国	1863 年 5 月至 1863 年 11 月	总税务司
赫德	英国	1863 年 11 月至 1908 年 4 月	总税务司
裴士楷	英国	1908 年 4 月至 1910 年 3 月	署理总税务司
安格联	英国	1910 年 3 月至 1910 年 10 月	署理总税务司
安格联	英国	1910 年 10 月至 1927 年	总税务司

海关作为晚清的一个重要政治机构，在晚清政局中起着举足轻重的作用，统治阶级对其寄予厚望。一方面希望通过海关税收增加清政府的财政收入，加强对全国的统治；另一方面希望通过海关能够规范中外之间的交往。在总税务司管理下的中国海关渗透到近代中国社会的各个领域，业务非常庞杂，它以征收对外贸易关税、监督对外贸易为核

① 董守义，张立真，焦润明．中国近代史教程（1840—1949）：上册．北京：中国社会科学出版社，2000：162.

心，兼办海务、航政、气象、检疫、引水、灯塔、航标等海事业务，还经办外债、内债、赔款及以邮政为主的洋务，从事大量的业余外交活动。总税务司业务广泛，势力庞大，它对中国近代社会产生了广泛的影响和作用。

二、遣使出访和驻外使领

1. 遣使出访欧美

两国建交、互通使节本是国际交往的惯例，但清廷囿于成见却迟迟不愿对外派使。1866 年总税务司赫德回英国休假，总理衙门委派章京斌椿带 3 名同文馆学生随同赫德出国考察风土人情，这是清朝派出的第一个巡回考察团，由此开启了国家派人出访考察西方的第一步。

他们在欧洲游历了 110 多天，访问了 11 个国家。这是清政府被迫打开国门，“试探着走出了开放政策的一小步”①。

1867 年末，美国公使蒲安臣卸任准备回国时，总理衙门委任他为“办理各国中外交涉事务大臣”，代表中国出访欧美。使团成员中有英人翻译柏卓安，法籍海关职员德善，中国记名海关道志刚、礼部郎中孙家谷。经两宫太后批准，“中国第一个近代外交使团”于 1868 年 2 月从上海出发，首赴美国。这个在当时颇受争议、迭遭后世诟病的使团，此行有两个目的：远期目的是为日后派遣常驻使节做准备，近期目的是修改《天津条约》中不利于中国的内容②。7 月，蒲安臣使团在美国与国务卿西华德订立了《中美天津条约续增条约》8 条，又称《蒲安臣条约》。其中除有关文化方面的条文外，主要是放宽了华工出国的条件。条约中规定，中国人与美国人前往各国，“或愿常住入籍，或随时来往，总听其自便，不得禁阻”③。这一条款有利于美国在西部开发中对劳动力的吸收。1870 年 2 月，蒲安臣率使团访问了英、法、德等国后，在俄国圣彼得堡病死，使团一行草草结束了欧洲访问。这个光怪陆离的使团，因向所到之国积极地宣传中国，在一定程度上增进了西方对中国的了解。但又因为夸大了中国对外开放的步伐而往往引起误解，而且在蒲安臣主持下，有时竟擅自订约，有损中国主权④。两年多时间内，使团行程 3 万余公里，访问了欧美十余个国家，了解了外交关系和交涉原则，同时也为以后常驻大使的派遣做了准备。

2. 驻外使领馆的设立

外国公使进驻北京始于 1861 年 3 月。法使布尔布隆首先在京设立使馆，接着，英使普鲁斯、俄使巴留捷克、美使蒲安臣也先后在京设馆。继而有德意志、丹麦、荷兰、比利时、意大利、奥匈、日本、秘鲁、巴西、葡萄牙、墨西哥等国要求设使建馆并获得允准。

清政府既受缚于“闭关自守”的惯性，又怯于列强“坚船利炮”的威吓，缺乏主动

---

① 朱诚如. 清朝通史：咸丰同治朝. 北京：紫禁城出版社，2003：475.

② 同①477.

③ 黄月坡. 中外条约汇编. 北京：商务印书馆，1935：131.

④ 董守义，张立真，焦润明. 中国近代史教程（1840—1949）：上册. 北京：中国社会科学出版社，2000：163.

进取的外交建树，在对外关系上心存疑虑，颇多游移。因而对外国公使向中国皇帝亲呈国书，以及中国政府向外国派出公使等问题，朝廷一直拖延不决。关于觐见一事，清廷提出外国使节必须向皇帝行跪拜礼，各国公使均予拒绝，但表示愿意施站立鞠躬之礼，却未获慈禧太后允准。1873 年春，同治帝载淳亲政，在慈宁门举行贺礼。各国公使联衔照会，要求觐见亲政的新皇帝。经过几次协商，1873 年 6 月 29 日，公使的首次觐见在紫光阁举行，以免冠五鞠躬礼行之，西方列强多年执拗的坚持终于得以实现。尽管举行了历史上的首次觐见，但并没有建立觐见制度。一年以后，同治帝病死，太后重新垂帘听政，外国公使的觐见再次推至 1891 年 3 月 5 日。从本次觐见开始，正式的觐见制度基本确立①。

为适应外交事务的需要，奕䜣、李鸿章等人曾先后奏请实行遣驻外使节一事，但由于外交人才缺乏和经费掣肘而一再耽搁。至 1876 年，清政府才正式决定向英国派遣常驻使节。1876 年 12 月 3 日，第一任驻英公使郭嵩焘由上海启程，于 1877 年 1 月 21 日抵达伦敦，并在伦敦波克伦伯里斯 45 号建立了中国第一个驻外使馆。2 月 7 日，郭向英国女王递交了国书。这是中国走进国际社会的重要标志之一。此后，清政府陆续向欧美及日本派使设领，并实行一使兼驻数国的制度②。此时距西方国家公使来北京已有 16 年之久。

图 4－1　1878 年首任驻美公使陈兰彬在华盛顿白宫蓝厅递交国书

三、边疆危机

1. 日、美图谋与台湾危机

列强最初来华目的只是通商，在中国弱点未露之前，卑辞厚币以求；及弱点已露，

---

① 王洪运. 论外国公使觐见清帝制度的确立. 四川师范大学学报（社会科学版），1999（3）：111-116.

② 董守义，张立真，焦润明. 中国近代史教程（1840—1949）：上册. 北京：中国社会科学出版社，2000：164.

则军舰大炮以胁。19 世纪 70 年代之后，列强“开始了夺取殖民地的大‘高潮’，瓜分世界领土的斗争达到了极其尖锐的程度”①。当时，远东地区特别是中国成为世界资本主义列强争夺的重要场所。英、俄、美、法以及后起的日、德，纷纷角逐于这一地区。美、日侵略中国的台湾和邻国朝鲜，英、法侵略中国的邻国缅甸、越南和中国的西南边疆，沙俄先侵吞中亚的布哈拉和浩罕，继而把魔爪伸入中国的西北边疆。由于资本主义列强的侵略，中国边疆地区出现了严重危机。

台湾位于我国的东海和南海之间，其战略地位和丰富物产早就为美国、日本所注意。美国对台湾蓄谋已久，从 1840 年末以来先后几次窥测台湾，1867 年更是利用“罗佛号事件”② 发起对台湾的武装进犯。此后，美国又派其海军军官贝尔率舰队进行武装进犯，舰长马肯基率陆战队 180 人在琅峤登陆，被高山族人民打退。当时美国受海军力量及其他多方面条件的限制，便与刚走上扩张道路的日本相勾结，合伙共谋侵略台湾。

日本与中国一衣带水，友好邦交源远流长。在西方势力东来之际，日本也长期实行闭关自守的“锁国”政策。19 世纪中期，在西方列强的强势叩关下，日本被迫“开国”，先后与英、法、美、俄、荷等国签订了一系列不平等条约。鸦片战争后中国的境遇，对日本统治者产生极大反响和刺激，发誓日本“决不能出现中国那样的情况”。1867 年睦仁即位，定年号为“明治”。以明治天皇为首的日本统治集团认为，日本要摆脱半殖民地危机，走上富国强兵之途，须对西方列强妥协退让，接受不平等条约的屈辱；另一方面，对西方列强的退让必须得到更大的补偿，即向外扩张，所谓失之于欧洲，取之于亚洲，并进而称霸亚洲，跻身于世界列强之列。

其实，日本侵略台湾蓄谋已久。16 世纪末丰臣秀吉就声称要吞并中国、朝鲜。明治维新前，不断有人狂热地鼓吹进攻中国，吉田松阴在《幽囚录》中写道：“今宜急修武备……北割满洲之地，南收台湾、吕宋诸岛，渐示进攻之势”③。在以吉田松阴为代表的扩张主义者的思想和言论影响下，明治即位的第二年 1868 年 3 月 14 日发表了宸翰，宣布要“继承列祖列宗的伟业”，“安抚尔等亿兆，开拓万里波涛，布国威于四方”。明治天皇的这番誓言表明，日本已经把对外侵略扩张作为自己的国策。伴随着日本的明治维新的进程，日本的大陆政策开始形成。

日本把扩张计划的首选目标指向了积贫已久的朝鲜和中国，而把地大物博的中国纳入自己囊中，更是日本实现称霸亚洲目标的最重要的一环。从 1870 年开始，日本明治政府不断派出外交人员来华，向清政府强索不平等条约的签订，企图通过不平等条约获取经济和政治利益，同时，也以此对清政府进行试探。对日方的强索纠缠背后掩藏的野心，清政府毫无察觉。当时主政的洋务大臣李鸿章在“以夷制夷”的思想指导下，同意了日方订约的要求。1871 年 6 月 11 日，日本政府任命大藏卿伊达宗诚为钦差全权大臣，来中国商议订立条约之事。在谈判过程中，伊达宗诚力争援引西方国家与中国签订的不平等条约的内容，企图把种种不平等特权写入条约。日本的要求被中国谈判代表拒

---

① 帝国主义是资本主义的最高阶段//列宁选集：第 2 卷．3 版修订版．北京：人民出版社，2012：641.

② “罗佛”是一艘美国船，1867 年，该船在台湾南部的琅峤（今恒春）附近触礁沉没，船上的十余人被当地高山族人所杀，这就是所谓“罗佛号事件”。

③ 古川万太郎．近代日本的大陆政策．东京：书籍出版社，1991：49.

绝，但是条约仍有领事裁判权、协定关税等特权内容。经过谈判，产生了《中日修好条规》，标志着近代中日外交关系的开始。

区区几款条约根本无法满足日本的贪欲。1874 年日本按捺不住扩张的野心，公然发兵进攻中国的台湾，从此拉开了日本武力侵略中国的序幕。

1871 年 10 月 29 日，琉球太平山岛民乘坐的船只在向中山王府纳贡后返回途中遭遇飓风，船只倾覆。船上岛民除 3 人溺水身亡外，其余 66 人弃船登山，11 月 7 日误入台湾牡丹社区域，其中 54 人被高山族人杀害①。这就是“琉球船民事件”。日本为了寻找侵华借口，直接插手这一事件。1873 年，派副岛种臣、柳原前光来中国进行外交讹诈。清政府总理衙门大臣表明立场，指出这是中国和琉球之间的问题，我方“自有措置，何预贵国事而烦为过问”？日本讹诈未成，便加紧集结武装，做进犯台湾的准备。这时，美国驻厦门领事李仙得回国，路经日本，经美国驻华公使推荐，被日本聘为顾问，成为日本侵台的得力帮凶。在李仙得和其他美方人员的直接策划下，美国供给日本军火船只和大批军事人员，日、美联合起来共同发动了对台湾的侵略。1874 年 5 月 8 日，以西乡从道为头目的侵略军在琅峤登陆，分三路向台湾进犯。

日军登陆台湾后，在大肆屠杀台湾人民的同时，设立都督府，开设医院，修桥筑路，妄图长期霸占台湾。但由于高山族人民的英勇抵抗，加之适逢酷暑，日军极不适应台湾的气候，大量士兵因肠炎和痢疾而死亡，日军战斗力大为减弱。另外，清政府派福州船政大臣沈葆桢率大军渡海，保卫台湾。在这种情况下，日本不得不与清政府和谈。李鸿章与日本全权大使大久保利通签订了《北京专约》（又称《台事专条》）。条约载明，清政府承认“台湾‘生蕃’曾对日本国属民妄为加害”，日本出兵台湾是“保民义举”。条约还规定，日军撤出台湾，清政府须赔偿日本 50 万两白银。

日本侵华初试锋芒，取得了成功，在经济上、政治上获得利益，对日本内外政策产生了很大影响，日本统治集团侵略扩张的野心更加坚定。1875 年日本强迫琉球断绝与中国的一切关系，并于 1879 年 4 月 4 日废琉球藩，改为冲绳县，完全吞并了琉球。

2. 马嘉理事件与《烟台条约》

英、法等国在打开中国沿海门户及长江流域口岸后，又想打开内陆的“后门”。从 19 世纪 60 年代起，不断探测从缅甸、越南进入云南的通路，图谋修筑一条从缅甸仰光到中国云南思茅地区的铁路。1874 年初，英决定派一支庞大的探路队前往中国云南。英国驻华公使威妥玛为此事走访了总理衙门，称英国驻印度总督将派三四名官员，从曼德勒来华“游历”，请求清政府发给护照。此后，英国组成了由上校军官柏郎率领的 193 人的武装“探路队”，其中有政府官员、商务官员、医务官员，并配有军官、士兵，携带新式武器，从曼德勒出发，北上探测滇缅陆路交通。同时英公使威妥玛特派上海领事馆翻译马嘉理由湖北、湖南前往云南入缅接应。1 月 17 日，马嘉理与先期到达八莫的柏郎探路队会合后，于 2 月初启程，挂起“游历”的招牌，擅自越过中国边境，侵入云南腾越地区的曼允。云南腾越参将李珍国在绅民的要求下，布置兵勇于各要隘堵截洋人。2 月 21 日，马嘉理与 4 名中国随员抵达户宋河，遭到当地景颇族人民的袭击，5 人

① 米庆余．琉球历史研究．天津：天津人民出版社，1998：121.

都被杀死。探路队不敢继续前进，退回缅甸。这就是“马嘉理事件”，又称“云南事件”或“滇案”。当时，威妥玛就马嘉理事件向清政府施加外交压力，声言将派兵入滇。其时，新疆正值多事之秋，清廷已命令左宗棠西征以收复新疆。由于担心英国会与俄国联合起来阴谋占据新疆，遂命令李鸿章、丁日昌一同妥善办理此事。清朝政府屈从于英国的压力，以“盗匪”罪名派清军围捕景颇族同胞，杀害了参与滇案的景颇族勇士 23 人。1876 年 9 月 13 日李鸿章与威妥玛在山东烟台签订中英《烟台条约》(又称《滇案条约》《芝罘条约》)，主要内容为：(1) 英国可以派员到云南调查，准备商订滇缅边界及通商章程。(2) 洋货在各口租界内免收厘金；洋货运入内地，不论华商、洋商，一律只纳子口税，全免内地税。(3) 增开宜昌、芜湖、温州、北海为通商口岸，开放大通、安庆、湖口、武穴、陆溪口、沙市为轮船停泊码头，英国可派员驻寓查看川省英商事宜。(4) 凡遇内地各省或通商口岸有关英人生命财产的案件，英国使馆可派员前往“观审”；各口发生中外诉讼案件，应由被告所属国官员各按本国法律审断。(5) 英国可派员经甘肃、青海、四川前往西藏及转赴印度；也可由印度进入西藏。(6) 中国对“滇案”及 1876 年以前中英间各案赔款银 20 万两，并派员赴英表示“惋惜”。英人由此获得了侵入中国西南边境的便利条件。

3. 西藏与新疆危机

18 世纪中叶西藏发生了重大变化。清政府于 1750 年废除了藏王、贝子、汗王等封爵及职位，设噶布伦 4 人，行使过去藏王的职权；驻藏大臣权力增大，并驻兵 3 500 人。西藏直接属于北京清朝皇帝管辖之下①。英国侵略势力通过东印度公司企图由尼泊尔、不丹进入西藏，经多次努力而未能成功。1774 年 5 月后，东印度公司秘书波格尔两度进入西藏，虽未完成通商任务，却扮演了英国侵略西藏地方先锋的角色。

为加强西藏地区的管理和防范外力入侵，清政府提高了驻藏大臣的职权，有关西藏的一切人事、行政、经费、军事和对外问题都规定由驻藏大臣会同达赖最后决定，对达赖、班禅一切待遇、职权及其活动都做了规定，进一步加强了清朝中央政府对西藏地方的统治②。这些措施在一定程度上阻止了东印度公司打开西藏大门的努力。但是，英国并未放弃侵略西藏的企图，它采取了先控制、占领西藏外围国家然后再侵入西藏的策略。其后，英国逐步控制了尼泊尔、哲孟雄和不丹，已打开了侵入西藏的门户，就开始实施侵略西藏的计划。

太平天国运动爆发后，清政府无力顾及西藏边防，1855 年后英国趁机加紧了入侵西藏的活动，“派遣侵略分子以传教、游历为名入藏侦查”，受到当地军民的阻挡和驱逐③。1876 年的中英《烟台条约》的有关规定，给了英国侵略西藏的便利。英国迫使清政府同意其派员入藏“探路”。1884 年，英政府官员马科雷率领一支约 300 人的武装队伍从锡金越境，闯入西藏，为藏族人民所阻。随后，英国就蓄意对西藏地区发动武装侵略。中国为防备侵略，在隆吐山设防驻兵，英方诬其为“越界戍守”，强迫清政府撤防，

① 余素. 清季英国侵略西藏史. 北京：世界知识出版社，1959：8.

② 同①34.

③ 翦伯赞. 中国史纲要：下册. 北京：人民出版社，1995：369.

遭到西藏官兵的抵制。1888 年 3 月 20 日，拉累诺率领英军 2 000 多人，突然袭击隆吐山防地，西藏军民奋起抵抗，歼敌 100 多人后退入春丕谷。5 月 14—20 日，侵入纳荡一带的英军再次寻衅，藏军出其不意，猛力袭击，几乎生擒英属印度的孟加拉代理省督，但终因力量悬殊，被迫退却。但暂时的挫折并没有影响西藏军民反侵略的决心，他们宣誓："凡我藏众男女，誓不与英人共天地，有渝此誓者，众先殛之!"西藏各地掀起反英浪潮，援兵源源而来，达一万数千人，奋勇抵御着英国侵略者，限制了它不断扩大侵略的企图。这就是著名的"隆吐山之战"。英国不断向清政府施加压力，终于在 1890 年和 1893 年，先后订立《中英藏印条约》和《中英藏印条款》(《中英藏印续约》或《藏印议订附约》)，主要内容：(1) 规定哲孟雄归英国管辖；(2) 开放亚东为商埠；(3) 亚东自开放之日起，5 年内藏印哲互不收税。从此英军不但侵占了哲孟雄，也把侵略触角伸入了中国西藏。重要的是，"遗留下的通商、游牧等问题，尤其是划界问题，后来又成了英帝侵略的新的借口"①。

沙俄对我国西藏地区也早就怀有侵略野心，1870 年以后的十几年间，先后 5 次派"调查团"潜入我国西部地区活动，曾两次进入西藏境内（1879 年和 1884 年），不仅刺探情报，还杀害藏民，制造流血事件。更阴险的是培植间谍分子，打入西藏政权内部，离间西藏地方政权和中央政府的关系，拉拢西藏地方政权向沙俄靠拢，伪装最巧、潜伏最久的是一个叫阿旺德尔智的，他利用担任十三世达赖经师的身份，在达赖身边集结了一个特务集团，直接对达赖施加影响，甚至操纵控制，以致当时十三世达赖和沙俄打得火热。

1861 年以后，沙皇俄国对农奴制度实行了改革，资本主义有了很大发展。沙俄迫切要求掠夺新的地盘，以便从国外攫取更多的财富，加速自己的发展。由于克里米亚战争（1853—1856）的失败，俄国企图独占黑海海峡和巴尔干半岛的野心遭受严重挫折，于是把侵略扩张的矛头转向中亚和中国西部地区。1864 年，俄国开始向邻近中国新疆的浩罕国发动军事进攻。同年，沙俄通过签订《中俄勘分西北界约记》夺占了中国西部 44 万多平方公里领土以后，野心并未满足，随即企图深入准噶尔地方，吞并中国的伊犁、塔城和喀什噶尔等地区。

1864 年，新疆发生少数民族反清起事，这些反清斗争的领导权大多被军队和当地民族上层分子所掌握，他们建立了许多割据政权，相互攻伐争夺，造成新疆政局的混乱。这给侵略者以可乘之机。当时回族封建主金相印等到浩罕国请求把匿居在那里的大和卓之曾孙、张格尔之子布素鲁克等遣回新疆。1865 年阿古柏以护送布素鲁克回国为名，带兵入侵新疆，渐次占领南疆各城。到 1867 年，阿古柏把布素鲁克逐出新疆，并宣布成立所谓"哲德沙尔"（七城）汗国。1870 年，阿古柏又进占乌鲁木齐等处，势力伸展到玛纳斯（在今乌鲁木齐西北 200 余里石河子处），至此占领了南疆全部和北疆的部分地区。阿古柏勾结沙俄和英国，企图依靠他们的支持分裂中国，在新疆进行野蛮统治。

而俄国则利用阿古柏扩大自己的对华侵略。阿古柏出兵新疆以后，沙俄多次派遣军官同阿古柏接触，进行拉拢。1866 年俄国同阿古柏签署协定，规定俄有权到阿古柏占

① 佘素．清季英国侵略西藏史．北京：世界知识出版社，1959：91．

领下的南疆追捕逃犯。1872年，沙皇政府与阿古柏订立条约，俄国承认阿古柏是“独立国君主”，阿古柏承诺给予俄国某些在南疆的特权。但是在同阿古柏的关系上，沙俄遇到英国的争夺，而英国比较成功地使阿古柏充当了自己的走狗。沙俄的目的在于，首先保证与阿古柏共享南疆的侵略权益；其次，创造条件达到直接占领阿古柏控制区以外的北疆伊犁地区（1866年，伊犁为阿布特拉地方政权占领）的目的。于是，1871年沙俄悍然出兵侵入伊犁，占领了伊犁九城及其附近地区，并宣布“伊犁永远归俄国管辖”。当时清政府派伊犁将军荣全与之交涉，毫无结果。中国的新疆面临着被肢解侵吞的危险。

四、新疆收复与中俄《伊犁条约》

1.“海防”与“塞防”之争

历史上中国边患主要发生在西北边境。但鸦片战争使中国第一次遭到从海上来的大规模外敌入侵，一向较为安全平静的东南沿海竟烽火连连，危机迭现。就在新疆面临严重危机的同时，列强在东南沿海地区的侵略活动也日甚一日。1874年日本侵台的炮声，打破了自1860年以来“中外和好”的相对平静，“蕞尔小国”日本竟敢发兵中国台湾，并迫使中国赔款了事。东南海疆危机再现，不能不使清政府大为震惊，海防问题再度突现，成为朝野上下热议之事。于是，财政困窘的清廷面临东西两面边防的艰难选择。

1874年底1875年初，清政府内部开始了一场“海防”与“塞防”之争。朝堂上下，文武各员纷纷上奏，表明主张，提出建议。大体说来，有主张专事海防经营而放弃固守塞防，主张注重塞防、放弃海防建设，以及主张海防、塞防并重这三种观点。其中影响最大、最具代表性的是李鸿章和左宗棠的观点。

图4-2 左宗棠

当时左宗棠是陕甘总督，李鸿章是直隶总督兼北洋大臣，正在开始经营北洋海军，争论的焦点是收复新疆的问题。在李鸿章看来，新疆是一片荒废的旷地，“新疆不复，于肢体之元气无伤”①，劳师糜饷实属不值；何如将塞防之饷移作海防之饷，“备东南万

① 吴汝纶．李文忠公全书：奏稿：卷二四．台北：文海出版社，1980：19.

里之海疆”。而左宗棠则认为，新疆面积广阔，有“腴疆”“瘠区”之分，但归根到底不是什么旷地。而就其形势来看，新疆是边防藩篱，国防要冲，不仅值得收复，而且必须收复。否则，“自撤藩篱，则我退寸而寇进尺”，而收复新疆，加强塞防，“俄人不能逞志于西北，各国必不构衅于东南”，提出“东则海防，西则塞防，二者并重”的观点①。不过他的主要侧重点还是在西北塞防上。

在这场争论中，清政府基本上支持和采纳了左宗棠的意见，一面任命由李鸿章和沈葆桢（时任两江总督、南洋大臣）主持加强东南海防，一面于1875年4月任命左宗棠为钦差大臣，督办新疆军务，用兵新疆。

2. 新疆收复

经过充分准备，1876年3月，左宗棠衔命出关，率三路大军进军新疆。左宗棠亲自驻节酒泉，指挥西征军主力挺进新疆；以刘锦棠所部为先锋，首先向天山北麓进兵，同阿古柏的手下白彦虎等部进行激战，1876年8月就收复了乌鲁木齐。乌鲁木齐雄踞天山东西段的结合部，地理位置很重要，占据了乌鲁木齐，西征军就有险可扼，并取得居高临下的战略优势，不仅切断了阿古柏伸入北疆的触角，并且对控制南疆有决定性意义。同时，这也是“缓进急战”的一个典型。为了收复新疆，左宗棠费了两年的时间（在“海防”“塞防”之争前就有准备）做准备，进度表面缓慢，但一旦发起战争，就力争速决，收复乌鲁木齐等地先后用了不到半个月的时间。接着，左宗棠又兵不血刃地占领玛纳斯，盘踞在北疆的阿古柏主力及白彦虎势力被剪除，除伊犁地区被沙俄继续占领之外，北疆全部光复。因为冬季来临，大雪封山，无法南进。左宗棠就地整顿军队，到第二年开春后，挥师南进，迅速攻下阿古柏、白彦虎及其他部将据守的吐鲁番、托克逊、达坂等地。阿古柏向西南退到库尔勒，绝望自杀。1878年初，左宗棠率领的清军取得了全胜，阿古柏之子伯克胡里和白彦虎逃往俄境，阿古柏势力被消灭，清军收复了除伊犁以外的新疆全部领土。

3. 中俄《伊犁条约》

左宗棠收复新疆后，清廷一再向俄国提出归还伊犁地区。俄国拒不交还，反而提出一系列无理要求。光绪四年（1878），清廷派吏部侍郎崇厚为全权大臣出使俄国谈判索还伊犁问题。崇厚在俄国的胁迫下，于次年擅自签订了《交收伊犁条约》（即《里瓦几亚条约》）。条约规定：中国偿付俄国“代收代守伊犁兵费”500万卢布（合白银280万两），割让霍尔果斯河以西及伊犁南境的特克斯河流域的大片领土，塔尔巴哈台附近边界作有利于俄国的修改，俄商在中国蒙古、新疆地方贸易免税，俄国在嘉峪关、科布多、乌里雅苏台、哈密、吐鲁番、乌鲁木齐、古城（今奇台）设领事，增辟两条由陆路到天津、汉口的通商线路。消息传来，舆论大哗，群情激愤。清廷将崇厚革职拿问，并向俄国声明，崇厚所议条约“违训越权”，拒绝承认，同时任命驻英公使曾纪泽兼任驻俄公使，谈判改订条约。

光绪六年（1880），曾纪泽赴俄国圣彼得堡谈判。在谈判中，俄国代表蛮横无理，声称“只要照办，无可商议”。经过半年多的反复交涉，1881年2月24日，双方签订

① 左文襄公全集：奏稿：卷四六. 台北：文海出版社，1979：1842.

了不平等的《伊犁条约》(也称《改订条约》)和《改订陆路通商章程》。根据条约规定，中国虽然收回伊犁和特克斯河流域及穆索尔山口，但霍尔果斯河以西原属中国的大片领土划归俄国；赔款增加到900万卢布（约合银500万两）；喀什噶尔及塔尔巴哈台边界另订界约；俄商在蒙古地方贸易照旧不纳税，在新疆则暂不纳税；等等。此外，条约还规定，伊犁居民“或愿迁居俄国入俄国籍者，均听其便”①，为俄国劫迁大量中国各族居民造成借口。清廷收回伊犁后，于光绪十年（1884）在新疆建立行省，设置州县。

《伊犁条约》签订后，俄国又加紧侵略中国的帕米尔地区。光绪十八年（1892），俄国违背中俄关于帕米尔地区边界的光绪十年（1884）《续勘喀什噶尔界约》，强占了萨雷阔勒岭以西2万多平方公里的中国领土。清廷当时曾声明，不放弃对中国军队当时所驻地区以外的帕米尔领土的所有权。光绪二十一年（1895），俄国竟然背着中国跟英国立约，私自瓜分了中国萨雷阔勒岭以西的帕米尔地区。

第二节　中法战争

一、历史背景

1. 战前的中越关系

中法战争（1883—1885），是由于法国推行殖民掠夺政策，武装入侵越南，进而侵略中国而引起的侵略战争。它是帝国主义列强瓜分中国狂潮的一个前奏，也是中国人民援越抗法反对外来侵略、进行民族自卫的正义战争。

越南与中国山水相连、唇齿相依。在中法战争前，中国东起广东省的钦州，迤西至广西省的南宁、太平、镇安三府，再至云南省的临安、广南、开化三府，都与越南毗连，中越两国边民来往频繁。在10世纪末叶到中法战争以前的绝大部分时间里，中国与越南维持着册封与朝贡的宗藩关系。越南封建王朝的每一个新君即位，都必须得到中国封建中央政府的正式册封。越南的封建统治者定期遣使前来中国进行朝贡，接受中国封建皇帝的各种赏赐。有时，中国也派出使臣前往越南进行册封、宣谕和凭吊等活动。这就是传统的以中国为中心的东方型国际关系的一般模式。明嘉靖十九年（1540），越南被削为明帝国直接统治下的安南都统使司。清顺治十七年（1660），越南遣使归清。康熙二十二年（1683），清廷册封黎维正为安南国王，赐给诰命，并换给新铸镀金银印及“忠孝守邦”四字匾额。康熙时规定越南三年一贡，后改为六年两贡并进；乾隆时又改为二年一贡和四年两贡并进。越南国内使用《康熙字典》，任官取士也仿行中国的经义及诗赋考试办法②。

---

① 吴汝纶. 李文忠公全书：奏稿：卷二四. 台北：文海出版社，1980：19.

② 清史稿：卷五二七：属国二.

山水相连的地域关系、血脉相通的民族关系、唇齿相依的宗藩关系①，使得中越之间休戚与共，利益相关。

2. 法国的侵越活动

17世纪初，法国天主教传教士开始到越南活动。1787年传教士百多禄向法王路易十六上书："按着我的意见，在交趾支那建立一个法国的殖民地是达到这个目的最稳妥、最有效的方法……如果我们把这个国家占领，则无论平时战时，都可以获得最大的利益。……这些利益就是从这个国家的天然富源以及从建设一条达到中国中部去的商道所将获取的莫大的利益。"② 这个上书除利用占领越南去削弱英国的商业利益外，还明显地暴露了法国以越南为基地入侵中国的阴谋。法王路易十六采纳了百多禄的建议。11月，百多禄代表越南国王同法国政府签订了《凡尔赛条约》。后来虽因法国大革命风暴使条约未能实施，但这并不意味着法国放弃了侵占越南的计划。

1858年法国联合西班牙，借口保护传教正式进攻越南，先后占领了广安、西贡。1862年，第二次鸦片战争后自中国撤退的法国军队在越南南部登陆，会同已在西贡的部队夺占了边和、嘉定、定祥三省，法越签订《西贡条约》。越南割让上述三省及康道尔群岛。1867年，法国又攻占永隆、安江、河仙三省，从而把越南南部完全吞并，建立起法属交趾支那的殖民统治。此后，法国侵略锋芒直指越南北部和中国西南边境省份。

1866年，法国派遣专门探测队寻找经由湄公河通航中国的水道，结果发现上游滩多流急，不宜通航，但却意外地发现通过红河可以直通中国的云南。法国冒险分子、军火商堵布益在法国驻西贡总督杜白蕾和法国海军部的支持下，于1871年第一次试航红河并取得成功。法国变本加厉地谋求将整个越南据为其殖民地，并进而开辟中国的西南市场。它把进犯越南北部，看成是"将来法国远东势力之生死问题"③。

1872年，堵布益又率4艘军火船溯红河安全抵达中国云南，向提督马如龙兜售军火，牟取暴利。次年4月，当他返回河内时，被越南政府严令禁止，并要求法国西贡当局将其引渡出境。杜白蕾借口解决堵布益之事，派遣海军军官安邺率军北上，11月，攻陷河内，继而占领宁平、海阳、南定等地。越南政府无力抗击法国侵略军，忙向驻扎于保胜（今越南老街）一带的刘永福黑旗军请求援助。

3. 黑旗军的助越抗法

刘永福（1837—1917），字渊亭，广东钦州（今属广西）人。早年曾为水手，咸丰七年（1857）后，先后参加郑三、吴亚忠领导的反清起义军，以七星黑旗为军旗，称黑旗军。同治六年（1867），清军进攻吴亚忠的黑旗军，次年刘永福率余部三百余人进驻保胜，屯垦安民，队伍很快发展到两千余人。由于军纪严明，深受当地群众拥护。同治十二年（1873），法国侵略军进攻越南河内等地，他应越南政府的邀请，率黑旗军与越军联合作战，在河内西郊大败法军，斩法军首领安邺上尉等数百人，乘胜收复河内。次

---

① 廖宗麟. 中法战争史. 天津：天津古籍出版社，2002：41.

② 中法战争：(一). 上海：上海人民出版社，1955：363-364.

③ 邵循正. 中法越南关系始末. 台北：文海出版社，1976：35.

年，越南国王授予他三宣副提督之职，让他管理宣化、兴化、山西三省。

图 4-3 刘永福

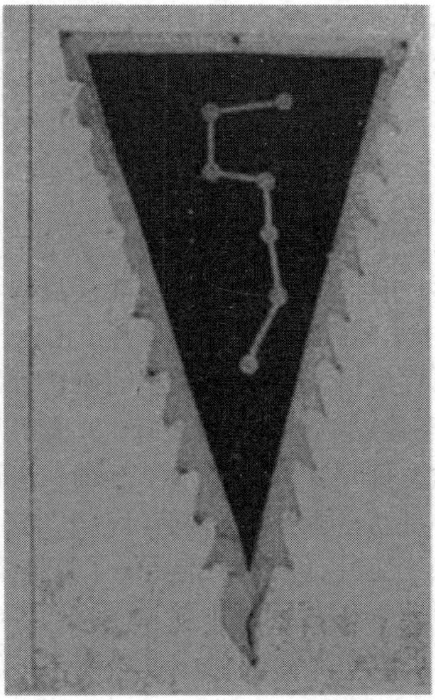

图 4-4 黑旗军军旗

光绪六年（1880），茹费理出任法国总理，极力推行殖民扩张政策，增兵越南。光绪八年（1882），法军攻陷河内，企图利用红河入侵中国云南。越南政府再度邀请黑旗军参战。次年，法军占领越北南定省，企图进犯广西。刘永福的黑旗军和越南军民一起向河内的法国侵略军发起进攻，在城西纸桥又一次打败侵略军，击毙法军司令李维业。

越南国王封刘永福一等义勇男爵，任三宣提督。

面对法国侵略越南给中国造成的严重威胁，清政府内部出现主战和主和两派。主和派以李鸿章和奕䜣为首，包括军机处、总理衙门的大臣以及一批地方官员。他们认为中国如援助越南，就是与法国“失和”，中国“兵单饷匮”，“海防空虚”，即使“一时战胜，未必历久不败；一处战胜，未必各口皆守”，“断不可轻于言战”，而应“遇险而自退”，力保“和好大局”①。掌握军事、外交大权的李鸿章寄希望于“以夷制夷”，甚至企图诱使英国与越南立约，借以制止法国。主张抵抗的有左宗棠、曾纪泽、张之洞等人，他们认为中国与越南唇齿相依，法国侵占越南，“此唇亡齿寒之患也”②；法国“规取越南北境，命意所在尤注滇南”③。他们主张在广西、云南布置重兵，援助越南政府和黑旗军，力抗法军，“一战不胜，则谋再战；再战不胜，则谋屡战”④。当时的舆论认为：“天下臣民，怒法人之横逆，志切同仇，故皆以左（宗棠）为是，以李（鸿章）为非。”⑤ 主战者中，不少是言官，还有一部分封疆大吏和办外交的人物，但缺少有实力的领袖人物。清政府对法国的态度既受到主战舆论的制约，也认识到法国侵略越南则中国藩篱尽失，后患无穷。同时，主导政府外交和军事的实力派李鸿章的态度也直接影响到清政府的决策。清政府于光绪九年（1883）分别令广西布政使徐延旭和云南布政使唐炯率兵进驻越南北部，以为增援，却又三令五申，“不可衅自我开，转滋口实”；一面颁谕奖励刘永福率黑旗军抗法，一面又暗藏借法军消灭黑旗军的阴谋；一面抗议法国侵略越南，一面又企图通过和谈或第三国调停同法国妥协。这种举棋不定、游移不决的态度，使中国始终在战场上处于被动地位。

二、战争过程与结局

1. 山西、北宁之战

清廷的左右顾盼和进退不决，无疑助长了法国主动进攻的气焰。光绪九年（1883）十一月，法军悍然发动对驻越南北部清军的进攻，中法战争由此开始。

从1883年12月到1884年3月，法军先后攻占了山西、北宁、太原、兴化，完成了占领红河三角洲的计划，直逼中越边界。清廷为掩饰败绩，将徐延旭、唐炯革职拿办，任命潘鼎新、张凯嵩分别署理广西、云南巡抚。一直跟恭亲王奕䜣有权力矛盾的慈禧太后，借机指责奕䜣因循失职，办事不力，撤去他的一切职务，并改组军机处，以礼亲王世铎为首席军机大臣；贝勒奕劻主持总理衙门，并封庆郡王；同时特谕：“军机处遇有紧要事件，著会同醇亲王奕譞商办”⑥。清廷做了这样重大的人事变动，并不是下决心要抵抗法国的侵略，而是急于妥协求和。奕劻掌权不久，即授权李鸿章设法寻求与法国和谈。光绪十年（1884）四月，李鸿章与法国海军军官福禄诺在天津进行谈判，签

① 中法战争：（五）. 上海：上海人民出版社，1955：158，257.
② 中法战争：（四）. 上海：上海人民出版社，1955：89.
③ 张靖达公奏议：卷六. 清光绪二十五年（1899）刻本.
④ 同②263.
⑤ 中法战争：（六）. 上海：上海人民出版社，1955：99.
⑥ 清德宗实录：卷一七九.

订了《中法简明条约》。主要内容是：清廷同意对于法国与越南间“所有已定与未定各条约”不加过问，中国军队从越南北部撤回边界，中越边界开放通商①。表明了清廷对法国侵略的妥协与屈服，但图谋更大利益的法国，并未就此罢手歇战。

2. 海上交锋与镇南关决战

《中法简明条约》签订后，法军急于要接管越南北部的清军防地，即向谅山推进。驻谅山的清军代表向法军军官解释没有接到清廷撤军的命令，法军军官蛮横地宣称，“和与不和，三日内定要谅山”。闰五月初一（6 月 23 日），法军竟然开枪打死清军代表，炮击清军阵地。清军被迫还击，打退法军。法国制造了这次军事冲突，却反诬中国破坏《中法简明条约》，以此进行讹诈，要清军立即从越南北部撤回边界，赔偿兵费 2.5 亿法郎；同时，任命孤拔为舰队司令，将法舰调往福建福州和台湾，把战火扩展到中国领土。

清廷深恐和局破裂，决定限期撤军，速派两江总督曾国荃去上海与法国驻华公使巴德诺谈判，并严令沿海各省“静以待之”，“不可先发开衅”。闰五月二十三日（7 月 15 日），法国海军中将孤拔率领舰队进入福建水师基地马尾军港，监视港内福建水师。福建水师广大官兵要求起锚整训，以图自卫。但船政大臣何如璋和帮办军务张佩纶唯恐妨碍“和谈”，“不准无令自行起锚”，甚至下令“不准先行开炮，违者虽胜亦斩”②。

清廷的妥协退让和战场将领自缚手脚的举措，助长了法军肆意进攻的狂傲。光绪十年（1884）六月，法国舰队副司令利士比率领一支分舰队向台湾基隆炮台发动进攻，强行登陆。督办台湾事务大臣刘铭传指挥守军英勇抵御，把法军赶回舰上。法军转而集中力量进攻福建福州。七月初二（8 月 22 日），停泊在福州马尾军港的法国舰队司令孤拔得到进攻福建水师的命令。次日上午，孤拔将开战通知交给何如璋等人。但是，何如璋等人仍然不做任何战斗准备，却向法军请求将开战日期改在明日。孤拔立予拒绝，并随即命令舰队开炮进攻。福建水师在毫无准备的情况下，仓促应战，有的军舰还未及起锚就被击沉。何如璋和张佩纶弃师不顾，仓皇逃跑。战斗只经历了半小时，福建水师的军舰和运兵船几乎全被击沉、击毁，官兵伤亡 700 余人。次日，法国军舰又炮击马尾造船厂，击毁马江两岸的炮台和民房。七月初六（8 月 26 日），清廷被迫对法宣战。

光绪十年（1884）八月，孤拔率法国舰队再次侵犯台湾，强占基隆。督办台湾事务大臣刘铭传率部退守淡水，与来犯的法军展开激战。法军受挫，伤亡几十人，其余狼狈逃回海上。为了截断大陆对台湾的接济，孤立台湾守军，法舰封锁了台湾。法国军舰还侵犯浙江镇海。光绪十一年（1885）正月，法舰几次进犯镇海招宝山炮台，都被守卫炮台的清军击退。法军未能得逞，于二月转而侵占澎湖。

法国侵略者在侵扰浙江省的同时，又在中越边境地区增兵，并向驻越南北部的清军潘鼎新部发动进攻。潘部一触即溃，法军乘势入广西镇南关（今友谊关）。镇南关失守后，潘鼎新被革职。但法军也因兵力不足，补给困难，从镇南关撤走。年近 70 的老将、

① 中法战争：（三）. 上海：上海人民出版社，1955：131. 中法战争：（二）. 上海：上海人民出版社，1955：144.

② 中法战争：（六）. 上海：上海人民出版社，1955：384.

帮办广西军务冯子材率军赶到镇南关前线，积极修筑工事，重新部署了兵力。二月，法军猛攻关前御敌的长墙，并有局部突破。紧急关头，冯子材手持长矛，跃出墙外，奋勇当先，杀进敌阵。全军将士异常振奋，跟随着扑向敌人，展开了激烈的肉搏战。当地壮、瑶、白、彝、汉等各族人民和1 000多名越南人民也赶来助战。法军大败溃退。冯子材率各军乘胜追击，取得了胜利。法国侵略者称这次战役是灾难性的失败。

3. 战争的结局

法军惨败的消息传到巴黎，导致了茹费理内阁的倒台，法国在政治上、军事上都陷于混乱。此时形势对中国的抗法斗争十分有利，但是清廷的本意是求和，“时时为和计”，最终在胜利声中屈辱议和。光绪十一年二月十九日（1885年4月4日），英籍海关职员金登干代替清廷在巴黎跟法国签订停战协定。二十一日（6日），清廷即命令前线停战，关外驻军分别撤回。两广总督张之洞、督办广东防务彭玉麟等表示反对，分别致电清廷，指出“条款未定，万万不可撤兵”，“停战则可，撤兵则不可”①。但是，清廷决意议和，授权李鸿章在天津与法国驻华公使巴德诺于四月二十七日（6月9日）缔结不平等的《中法新约》。条约规定：法国侵略军从台湾、澎湖撤出；清廷承认法国对越南的殖民统治；同意法国在云南和广西两省中越边界开埠通商；中国修建铁路时，应向法国人商办；等等。中国西南的门户终被法国侵略者进一步打开了。

中法战争以《中法新约》的签订而结束。中法双方均在一定程度上做出妥协和让步形成“和局”，其结果是，法国放弃了在扩大战争到中国领土时的战略目标，不再提出割地赔款的要求；中国则放弃了在战争初期提出的保藩固边的战略目的，承认法国对越南的保护国地位，并开放西南边境。虽然中法两国都有妥协让步，但这种妥协让步对中法两国的利益是有根本区别的。从战争全局来看，法国是受益者，它的妥协让步仅仅是利益获取的多少而已；而中国则是受害者，它的妥协让步是丧权失利的让步，它从法国让步中所获得的仅仅是少受害而已。这个和局是一个不平等条件下的和局②。

就中国政府而言，第一，清政府没有足够的力量击败法军，解放越南领土，实现保藩固边的战略目标，且因越南朝廷完全投降法国而难以扶植，清廷只好以放弃对越南的宗主权，换取法军从台湾、澎湖的撤退，保证中国领土的完整和边境的安全。第二，日、俄势力侵入中国的另一个藩属国朝鲜，朝鲜发生了甲申政变，中日军队对峙，剑拔弩张，大有一触即发之势。英国也派兵占领了朝鲜的巨文岛。这就严重威胁着中国东北部边界，直接影响京津地区的安全，使清廷不得不采取“战日和法”的决策。第三，英、德等国不愿意使战争再继续下去危害它们在华的巨大经济利益，极力施压力于清廷签约罢战。清军谅山获胜后，德国首相俾斯麦立即告诫清廷，可乘机议和，否则战祸无已。赫德极力促成中法议和，也主要是维护英国的利益。第四，清军在镇南关、谅山获得至大军事胜利，正是实现慈禧“以战求和”方针的最好时机，决定“乘胜即收”，以保全体面和争取有利地位。

就法国而言，并没有完全实现其全部的战略目标。法国之所以接受这个和局是因

① 中法战争：（六）. 上海：上海人民出版社，1955：385.

② 刘子明. 中法战争始末. 南昌：江西人民出版社，1988：130.

为：第一，占领越南、通商滇桂的战略目的已经达到。第二，中国的不屈服态度，使战争旷日持久，法国陷入得不偿失的被动局面，加之法军劳师远袭，消耗过大，人员伤亡惨重，法国本土受到德国的威胁，不可能抽出足够的兵力、财力继续进行和扩大侵华战争。第三，英、法在埃及关系恶化，双方发出战争叫嚣，英、法在缅甸矛盾也加深。为与英国抗衡，法政府不得不尽早结束中法战争。第四，中国的军事胜利促成了法国内部反战情绪的高涨，法国人民和左、右反对派都反对茹费理政府，法国人民亦在法军谅山失败后高呼“打倒茹费理”，迫使茹费理政府倒台。因此法国总统不待新内阁成立就批准签约①。

1885 年 11 月 28 日，《中法新约》在北京交换批准。1886—1888 年，清政府又被迫与法国签订了《中法越南边界通商章程》《中法界务条约》《中法续议商务专约》等一系列不平等条约，使法国又得到很多权益。中国西南门户洞开，法国侵略势力即以印度支那为基地，长驱直入云南、广西和广州湾，并使这些地区一度变成法国的势力范围。

三、中法战争的影响

1. 甲申朝变与清流瓦解

中法战争是清政府在镇压太平天国运动和推行洋务新政 20 年后，与列强侵略者进行的一次较量。“自强新政”的现代化因素并没有在战争中显现其积极作用，而传统政治和制度的弊害却始终成为制约战争的因素。同时，战争本身对近代中国社会也产生了多重的影响。

第一，引发甲申朝变。光绪十年（1884，甲申年），清廷朝局发生突变，其变故与中法战争密切相关。中法战端一起，慈禧太后态度游移不决，恭亲王奕䜣在中央，李鸿章在地方，对和战也举棋不定。山西一战而败，唐炯“弃军而逃”，北宁、太原、兴化相继失陷。慈禧以前方军事之败，在朝中寻替罪羊，借以确立自己的独裁统治。光绪十年三月，西太后采取非常之举，没有如常召见军机大臣，却单独召见领班军机章京，依她的意见御前拟旨，指斥奕䜣“每于朝廷振作求治之意，谬执成见，不肯实力奉行”，故将其“开去一切差使”，“居家养疾”，借此将军机处全班人马罢斥。同时颁发上谕，组成以礼亲王世铎为首的新的军机处。这次发生在甲申年的朝变，史称“甲申易枢”或“甲申朝变”。慈禧太后借此除掉了唯一能够与她分庭抗礼的政敌，巩固了自己大权独裁的政治统治，持久而深远地影响着晚清政局的发展。不过，就中法战争而言，新的军机处对法态度却比较强硬。首先，当法国因“观音桥事件”② 再次寻衅后，清政府顶住了法国勒索赔款的讹诈，坚持抗法战争，对争取一个不割地不赔款的结局起了决定性的作用。其次，在战争的关键时刻，清廷果断地启用休致在家的刘铭传和冯子材到重要的军

① 刘子明. 中法战争始末. 南昌：江西人民出版社，1988：131.

② 1884 年 6 月 23 日至 25 日，侵越法军与驻越清军在谅山附近观音桥发生冲突。法军被清军击溃后，败退屯梅。这一事件，中国称之为“观音桥事件”（或“谅山事件”），法国则称为“北黎事件”。事件发生后，法国政府先发制人，立即照会清朝政府，指责中国破坏《中法简明条约》，要求立即撤回北圻驻军，并赔偿损失。清朝政府当即复照法国政府，指出衅端开自法国官兵，理应中国向法国要求赔偿。清朝同意撤兵，拒绝赔款。16 日，清朝下诏将驻越清军撤至边境。但法军仍于 8 月份发动马尾海战，清朝被迫于 8 月 26 日对法宣战。

事指挥岗位，为取得台湾保卫战胜利和镇南关大捷创造了条件。最后，长期流亡于越南的刘永福及其黑旗军早就有回归中国的要求，但旧的军机处一直没能解决这个问题。新的军机处顶住了李鸿章、岑毓英等大臣的反对意见，在对法宣战的同时，毅然给刘永福授官，接纳黑旗军进入清军抗法队伍，最终解决了这个久拖不决的问题。从这些方面来看，它对中法战争还是有贡献的。

第二，导致清流派的解体。清流，一般指那些不掌实权却敢于指斥时政、弹劾权贵的御史、翰林等言官或讲官。同光之际，在政治斗争和派系之争中，“清流互相标榜，徒党甚众”①。中法战争爆发前夕，以张佩纶为首的一批清流派言官，经常上奏弹劾权臣，议论朝政，他们的笔锋关系到一些文武大员的升降黜退。但这些清流派官员在战争进程中，不知适当收敛，以致书生谈兵干预军政，褒贬进退前敌将帅，有时起了消极作用。如张佩纶青睐素不知兵的徐延旭，却憎恶能征善战的广西提督冯子材，因而上奏举荐徐延旭为广西巡抚，却逼迫冯子材称病开缺，终至酿成北宁一战的惨败。清流派主将张佩纶、陈宝琛因此遭到严谴。重要的是，清流“久为西朝所不满”②，西太后将清流完全用于权力争斗之中，她借盛昱的奏折削除奕䜣的一切权力后，又以清流干扰朝政对其加以抑制。此后，清流派趋于瓦解。

2. 海防建设与台湾建省

中法战争暴露了清政府军事防务上的严重问题，即海防薄弱，海军不堪一击；而台湾防务尤为急迫，一旦援绝，难以自守。中法战争教训深刻，清政府此后开始调整防务战略。一是加强海防建设。1885 年 10 月 12 日，慈禧太后颁发懿旨，诏设海军事务衙门，总理海军事务，负责加强海防建设。二是诏准左宗棠等人奏请，正式于台湾建立行省。

台湾自古以来就是中国的神圣领土，在明末清初，一度为荷兰殖民者侵占，后被郑成功率兵收复。清康熙年间，清政府统一台湾，并在岛上设兵驻守。但由于兵力单薄，进入近代以来，外国侵略者觊觎台湾的事件层出不穷，其中尤其以 1874 年日本出兵侵扰台湾为最严重。台湾限于自身条件，驻军有限，难以独力抵御外敌。吸取这方面的教训，在中法战争之初，清政府就及时调兵遣将，拨械济饷援助台湾防务，终于挫败法军企图以台湾为质向中国勒索巨款的阴谋，成为两岸合作、共抗外敌的光辉典范。中法战争结束，法军撤出台湾、澎湖后，清廷于 1885 年设置台湾省，任命刘铭传为第一任巡抚。1886 年 4 月，刘铭传等上台湾建省事宜十六条，清廷批准施行。从此，台湾正式成为中国第二十个行省。台湾建省后，全面推行新政，社会经济迅速发展，军事力量大为增强，海防得以稳固，成为中国海疆重镇。

3. 清廷外交新面相

在中法战争爆发前，中国虽然已经派遣外交使节出国，但未能很快扭转在国际外交舞台上的孤立状态。其间曾因修改《里瓦几亚条约》而与沙俄进行交涉，也因琉球被吞并及朝鲜被侵而与日本进行交涉，但这些交涉都没有引起国际社会的广泛关注和介入。

---

① 徐彻．慈禧大传．沈阳：辽海出版社，1994：293.

② 黄濬．花随人圣庵摭忆．北京：中华书局，2008：57.

这种情况在中法战争时期有较大的改变。

中法战争旷日持久，而且双方势均力敌，从而给各种形式的外交斡旋提供了空间。国际关系的维系和国与国之间的战争，刀兵相向总是暂时的，最终都要通过外交斗争来解决问题。无论是战前的酝酿、战中的谈判、战后的签约，都少不了外交上的老谋深算和妥帖周旋。中法战争从酝酿到结束，如果从曾纪泽于光绪六年（1880）过问法越矛盾算起，到光绪十一年（1885）签订和执行《中法新约》止，前后约有 5 年。在这 5 年中，清政府突破了过去在国际外交舞台被孤立的情形，开始为维护自身的利益在各国外交官和政府中多方周旋①。清政府逐步摆脱了传统“闭关自守”模式，开始以近代外交方式出现于国际舞台上。

此外，形成以战争方式解决藩属国被侵略的处理模式。在中法战争爆发前，曾发生过法国侵略越南南圻，日本吞并琉球和出兵侵扰朝鲜、迫签《江华条约》等事，这些都威胁到中国的藩属国。那么，清政府如何对待这些问题呢？李鸿章认为当时中国的国力无法保护这些藩属国，因此，主张不必为争藩属国“朝贡”的虚名而冒与强国开战的风险。但曾纪泽出使法国后，却在没有清政府训令的情况下，擅自过问法越纠纷，并很快就建议清政府出兵抗敌，清政府接受了他的建议，变外交交涉为出兵干预。自此以后，宁冒战争风险也要出兵干预，就成了清政府处理藩属国被侵事件的模式，以致甲午日朝矛盾乍起，清政府就迫不及待地出兵援朝，掉入日本的战争圈套②。

中法战争自 1883 年 12 月开始到 1885 年 6 月结束，持续 19 个月，双方投入兵力 10 万余人。而清政府军费开支更是惊人，以至于 8 次举借外债以维持战争之需。这是中国政府首次举借外债从事反侵略战争。可见，战争的结果对于近代中国的社会、政治和国际地位均产生了重大而深远的影响。

第三节　甲午中日战争

一、战前中日双方形势

1. 蓄谋已久：日本的扩张野心

为了推行称霸世界的既定国策，日本在 1894 年发动了侵略中国的战争，史称甲午战争。“中日甲午战争是中国乃至远东近代历史上划时代的重要事件，不仅对中日两国产生了巨大的直接影响，而且使远东国际形势的格局发生了深刻的变化。”③ 日本对以中国为主的周边国家进行扩张的野心，由来已久。早在 1577 年，丰臣秀吉就表示出假道朝鲜入侵中国实行海外扩张的思想。幕府末期，日本的“征服朝鲜”声调普遍高涨，“海外雄飞”成为其朝野上下共同的梦想。

---

① 廖宗麟．中法战争史．天津：天津古籍出版社，2002：783.

② 同①784-785.

③ 戚其章．走近甲午．天津：天津古籍出版社，2006：541.

明治维新后，日本分期征服世界的“大陆政策”出笼，叫嚣要“开拓万里波涛，布国威于四方”：在南面，占领中国东南沿海的台湾，并以此为基础，向东南亚扩张；在北面，以朝鲜作为侵入中国东北的桥梁，进而征服全中国，称霸亚洲。1874 年，日本为实施这一目标，曾以琉球渔民遇害一事做借口，向我国台湾出兵。但当时日本刚刚走上资本主义道路，实力有限，还不是中国的对手。因此，它在台湾受挫后，便暂时放弃侵占台湾的打算，转而把力量集中于对朝鲜的扩张。

朝鲜与中国相邻，东北端与俄国有陆地相连，东面为日本海（包括东朝鲜湾），西南面为黄海（包括西朝鲜湾）。从地缘环境看，朝鲜是中国的战略屏障。清代，朝鲜是中国的藩属国。日本政府酝酿侵略朝鲜，始于 1868 年（明治维新的当年）。这年 12 月，日本政府派人到朝鲜要求通使，遭到执政的大院君李昰应的拒绝①，日本曾考虑以此为借口出兵。1869 年 12 月，日本决定向朝鲜派遣使者，实际上是为武装侵略做准备。激进的“征服朝鲜论”者久留米藩士佐田白茅成为理想的人选。佐田白茅调查后回国提出了自己的方策，即“屠朝鲜，伐中国，并括吕宋和我台湾为己有，一派武力征服的论调”②。到 1873 年，日本统治集团内部就“征服朝鲜”展开争论，分成“缓征”和“即征”两派意见。前者以岩仓具视、大久保利通为代表，后者以西乡隆盛为代表。由于财政困难、兵力尚弱等一系列现实问题，“缓征”派占了上风，“征服朝鲜论”一时有所收敛。然而，日本政府并没有因此放松向朝鲜扩张势力。

清光绪元年（1875），一艘日本军舰停泊在朝鲜江华岛沿海附近进行海域测量。朝鲜江华岛炮台守军对日舰发炮攻击，日舰全力反击，摧毁江华岛炮台并攻陷永宗城。第二年 2 月，日本强迫朝鲜签订《江华条约》（又称《丙子修好条约》《朝日修好条约》），规定朝鲜为“自主之邦”，并取得在朝鲜派驻公使、享有治外法权、日本货币自由流通和免税通商等特权。

19 世纪 80 年代初，朝鲜国内发生了“壬午兵变”③，日本也以护侨为名，派出四艘军舰和一营陆军开进汉城，借此迫使朝鲜签订了《济物浦条约》，日本攫取了在朝鲜的驻兵权。日本势力侵入朝鲜后，加紧干涉朝鲜内政，积极扶植和支持亲日派集团，妄图制造傀儡政权，以达到驱逐清朝势力、将朝鲜彻底变为日本殖民地的目的。1884 年日本利用中法战争之机，支持朝鲜开化党人密谋发动政变，企图建立亲日傀儡政权，从而以朝鲜为入侵中国的桥头堡④。清廷派袁世凯率领 2 000 名清军进入汉城击败日军，救出朝鲜国王李熙，平定叛乱，史称“甲申政变”。1885 年中、日两国代表李鸿章、伊藤博文于天津签订《中日天津条约》，约定：中、日两国均自朝鲜撤兵，“将来朝鲜如有事，中、日两国或一国要派兵，应先行文知会；及其事定，仍即撤回，不再留防”。这

---

① 朝鲜以旁支入继王位的国王的生父称大院君。当时，朝鲜实行锁国政策，除中国外，不与任何国家往来。而李昰应拒绝的理由是，日本国书中有“皇上”字样。

② 王芸生．六十年来中国与日本：第 1 卷．北京：三联书店，1979：118.

③ 1882 年 6 月，汉城士兵起义反对日本侵略者和执掌朝政的闵妃集团（1873 年，朝鲜国王李熙亲政，实权则入闵妃之手）。清政府应闵妃集团的请求，派淮军将领吴长庆率兵三千前往镇压，将乘机夺权的大院君李昰应押往保定拘留。事平后，闵妃集团重新执政。史称“壬午兵变”。日本也以护侨为名，派出四艘军舰和一营陆军开进汉城，借此迫使朝鲜签订了《济物浦条约》，日本攫取了在朝鲜的驻兵权。

④ 戚其章．走近甲午．天津：天津古籍出版社，2006：8.

一条约为日本后来大规模进兵朝鲜发动侵略战争提供了依据。清政府苟且于眼前的短视对策，实际上埋下了历史性灾难，“这一变化，使中日外交对峙日益转化为武装对峙，事机一如悬崖转石，不达于地则不止”①。

在向朝鲜加紧扩张的同时，日本一直做着直接侵略中国的战争准备。1878 年日本参谋本部设立后，即明确地推行“大陆政策”，以中国为主要侵略目标。1879 年秋，即派将校十多名到中国进行军制、军备及地理考察，为发动侵华战争做准备。1880 年后，日本参谋本部部长山县有朋向明治天皇呈奏《邻邦兵备略》，在论述中国军备的前提下，阐明为了准备中日战争，扩充军备是当务之急，强兵是富国之本。1882 年壬午兵变后，明治天皇随即下令，以吞并中国和朝鲜为明确目标的扩充军备计划立即实施，并将此前时限为 20 年的造舰计划修改为 8 年，每年造新舰 6 艘，届时可造成 48 艘。睦仁登基不久即发布谕令：“海军为当今第一急务，务必从速建立基础。”② 每年拨出 300 万元，以为造舰经费。1886 年日本发行公债 1 700 万元，作为第一期海军扩张经费。对了对付清政府北洋舰队的“定远”和“镇远”两艘 7 000 吨级的铁甲舰，日本高薪聘请法国专家为其特别设计制造了“三景”舰③。此时，日本国内的海外扩张势力达到空前的高度，到 1889 年，除年度海军经费外，又增加 107 万，使该年度的海军经费达到 930 余万元，占财政支出的 117%④。此后的 6 年，明治天皇每年都拿出内廷经费 30 万，同时要求文武官员拿出薪俸的 1/10，以补充海军经费。

1887 年，日本参谋本部提出了《征讨清国策》，详细拟定了对华作战方案，强调要在 1892 年前完成一切战备工作，以抢在清政府完成军备改革和欧美各国增强远东实力之前发起进攻。其中第三部分“善后处理”明确提出：日本战胜中国缔结和约时，应将盛京和盖州以南的辽东半岛、山东登州府、舟山群岛、台湾、澎湖以及长江两岸十里之地，直接并入日本版图，并设想了肢解中国的详细方案。在这一计划的指导下，日本开始了疯狂的扩军备战计划，军国主义分子还在国内煽动战争狂热。1890 年日本继“征服朝鲜论”之后，又抛出“大陆是日本的生命线”的谬论，提出要用武力“保卫”生命线，十分明显地把矛头指向了中国，要对中国发动大规模战争。

进入 19 世纪 90 年代，列强在远东的争夺更加激烈。1891 年俄国开始修筑西伯利亚铁路，以加强对远东的控制。日本为确保自己的利益，也在加速扩军备战，寻找机会与清朝作战。与此同时，日本国内接连发生经济危机和政治危机，扩军备战的步伐进一步受到刺激。从 1890 年到 1893 年，日本工人大批失业，农业连年歉收，米价不断上涨。城乡失业工人和破产农民纷纷暴动，许多地方出现抢米风潮，阶级矛盾极其尖锐。统治阶级内部各派系也借此互相倾轧，争权夺利，使得日本政府一再改组，政局动荡不定。日本政府企图通过对外战争摆脱困境，转移国内矛盾，加之帝国主义列强暗中支持，日本更加野心勃勃。1894 年日本驻美公使建野乡三在同美国副国务卿的谈话中，曾直言不讳地承认：“为了使日本国民的注意力从对国内现状的不满中转移出来，我们

---

① 陈旭麓．近代中国社会的新陈代谢．上海：上海人民出版社，1992：151.

② 内田丈一郎．海军辞典．东京：弘道馆，1943：1.

③ “严岛”“松岛”“桥立”三舰，号称“三景”舰。

④ 戚其章．晚清海军兴衰史．北京：人民出版社，1998：378.

宁愿欢迎反华战争。”① 日本政府甚至训令驻朝公使大鸟圭介：“促成中日之冲突，实为当前之急务。为实行此事，可以采取任何手段。”② 1890 年日本用于建立和发展近代化海陆军的军费开支占财政支出的 60%，1893 年日本已提前完成自 1885 年开始的 10 年扩军计划，在日本天皇与官员的侵略野心下，海军扩张计划得以提前完成。“到甲午战争前夕，日本海军已拥有各种舰只 33 艘，计 63 000 多吨。”③ 至此，日本建立了一支由 6.3 万名常备军和 23 万名预备兵组成的陆军，以及总排水量达 7.2 万吨的海军，其总吨位超过了北洋海军。

在全力扩充军备的同时，日本也在精心制造着“侵略理论”。1890 年山县有朋提出了所谓的“保卫主权线”和“防护利益线”的计划，并在此基础上形成了《军备意见书》，提出择机同北洋舰队决一雌雄。“日本从政府到军队，预先便设想了和中国交战的时机并做了尽可能的准备，在这种情况下才断然出兵的。而且，日中间的交战，至少从 1887 年开始，具体的作战计划就已经被构想出来了。”④ 蓄势以待的日本，现在需要的只是一个合适的战机而已。

2. 战机的制造与把握

1894 年春，朝鲜全罗道古阜郡在“东学道”首领全琫准领导下揭竿而起。起义者举起“尽灭权贵”“逐灭洋倭”的旗帜，反对国内封建剥削，反对西方列强和日本军国主义的侵略。6 月 1 日，起义军占领全罗道首府——全州，各地农民纷纷响应，起义势力逐渐波及全国。面对迅猛的起义风暴，朝鲜王朝惊恐万状，一面假意同意农民军提出的平分土地等 12 条要求，一面又请求清朝政府派兵协助镇压。朝鲜突变的局势，为谋划侵略战争机会的日本提供了机遇。日本外务大臣陆奥宗光就十分得意地宣称：“将来如有人编写中日两国间当时的外交史，当必以东学党之乱为开宗明义第一章。”⑤

6 月 4 日，李鸿章接到朝鲜政府关于“酌遣数队，速来代剿”⑥ 的正式请求，随即命北洋海军提督丁汝昌派“济远”和“扬威”两舰⑦赴仁川、汉城护商，并命直隶提督叶志超率领太原镇总兵聂士成，统兵 2 000 余人，由海道赴朝。从 6 月 6 日开始到 25 日为止，清军分三批共 2 465 人，在聂士成、叶志超和夏青云率领下先后抵达朝鲜，按预定方案进驻牙山。在派兵之先，丁汝昌先期令“济远”舰率“扬威”舰驶至仁川口，与“平远”舰合为一队，以谋应变。在派兵赴朝的同时，按照《中日天津条约》的规定，由中国驻日公使汪凤藻将出兵情况通知日本外务部，并表明一旦完成镇压东学党起义后，随即班师回国。

东学党起义后，日本外务大臣陆奥宗光认为借口侵朝的良机已到，不可失之交臂，因此，阴险地怂恿中国出兵，以便为自己出兵朝鲜制造借口。在朝鲜政府向中国送出请

① 孔祥吉. 小论清朝甲午战争中帝后的党争. 光明日报，1980-07-08.
② 陆奥宗光. 蹇蹇录. 伊舍石，译. 北京：商务印书馆，1963：69.
③ 戚其章. 走近甲午. 天津：天津古籍出版社，2006：10.
④ 中塚明. 日清战争前的日本对清战争准备. 抗日战争研究，1997（2）：1-9.
⑤ 戚其章. 甲午战争史. 上海：上海人民出版社，2005：2.
⑥ 王芸生. 六十年来中国与日本：第 2 卷. 北京：三联书店，1980：27.
⑦ 连同已在仁川的“平远”舰，共计三艘。

援照会的当天，日本驻天津领事荒川已次也前往拜会李鸿章，完全掌握了清政府派兵的计划。同时，“面对复杂多变的远东国际情势，日本当权者应付裕如，抓住了英俄对峙这一关键而分别采取不同的策略，一手稳住俄国，一手对英国打‘俄国牌’，将英国拉到自己一边，使预定的侵略图谋得以实现”①。在中国派兵赴朝之前，日本内阁会议已于6月2日做出决定，以保护使馆和侨民的名义出兵朝鲜，并立即下达秘密动员令。日本侵略者决定采取先发制人的政策，命正在休假的驻朝公使大鸟圭介返回朝鲜，由海军陆战队400余人以“护送”公使为名，进入汉城。接着，又悍然派出一个混成旅团②，共8 000余人，由陆军少将大岛义昌率领赴朝，占据汉城至仁川一带战略要地。海军则派出“松岛”“千代田”“高雄”“赤城”“筑紫”“大和”“八重山”“吉野”等军舰，控制海港釜山和仁川，监视海面，并布设水雷障碍等。络绎而至的日本军舰，既以“大和”“筑紫”“赤城”三舰泊于仁川口，又以汽艇盘桓于牙山湾，摆出了“黄雀在后”的阵势。朝鲜上空战云密布，对峙紧张的情势却在中日之间。

图4-5 日军在朝鲜仁川登陆

3. 战与和？清政府举棋不定

6月22日，陆奥宗光照会清政府“断不能撤现驻朝鲜之兵”，在强横之态度中暗藏了战争的杀机。面对日本政府的战争方针，清政府又如何应对？日本步步进逼，预设了诸多陷阱，执意将清政府拖入战争的旋涡。然而，直到此时，清廷最高决策层仍然在战与和的问题上游移不定。

1875年光绪帝即位，慈禧太后垂帘听政。1889年慈禧宣称“归政”，让年已19岁的光绪帝“亲政”，实际上朝政仍由慈禧一手操纵。光绪帝不甘心做傀儡，一些亲信官僚也都希望他成为有实权的皇帝，因而逐渐形成帝党集团。帝党的中坚是翁同龢，他既是光绪的师傅，又是户部尚书，光绪“每事必问同龢，眷倚尤重”③。此外，文廷式、志锐、张謇等清流派人物，也属帝党。随着列强势力的入侵和边疆危机的加重，国内社会矛盾也日趋尖锐，帝党人物对形势有了比较清醒的认识，因而对外反对列强蚕食，对

---

① 戚其章. 走近甲午. 天津：天津古籍出版社，2006：72.

② 以驻广岛的第五师团和第九旅团为基础，计有第十一和第二十一两个步兵联队、一个骑兵中队、一个野战炮兵大队、一个工兵中队，以及辎重队、卫生队和两个野战医院。

③ 清史稿：卷四九一. 翁同龢传.

内主张革新政治。但他们大多没有实权，只是对慈禧的内外政策深为不满，支持光绪掌握政权。

慈禧及其周围的贵族官僚，力图保持自己的权势，便形成后党集团。后党阵容强大，内有控制军机处的慈禧亲信大臣孙毓汶、徐用仪和众多的六部九卿官员，外有封疆大吏中地位最高、权势最重的北洋大臣兼直隶总督李鸿章。这种情形使京内部院大臣、文武百官以及京外督抚藩臬，或慑于慈禧淫威，或诱于权势利禄，“半皆西后之党”。

面对险恶的局势，帝党人物主张“有争无让，事在不疑”。光绪接连发布上谕，要北洋“厚集兵力”，“不可意存轻视”①。他们认为：“我若急治军旅，力敌势均，犹冀彼有所惮，不敢猝发。是示以必战之势，转可为弭衅之端。不然，则我退而彼进，虽欲求无衅不可得也。”② 帝党坚决反对失败主义、投降主义的指导方针。光绪再三责成李鸿章认真备战，反对临阵退缩，指出：“彼顿兵不动，我先行撤退，既先示弱，且将来进剿，徒劳往返。”③ 而后党人物所担心的是战争会削弱他们的最高统治地位和军事实力，慈禧更害怕战争会冲击她的万寿庆典。“北京朝廷之最高领袖为慈禧太后，后之为人，才力足以控驭群下于一时，而学识则远不能相副。对于当时中国所处之变局，以及敌强我弱之悬殊，实无根本如实之体认。”④ 因而她极力反对贸然抗战，支持李鸿章斡旋求和。李鸿章认为现有海陆军“守有余而攻不足”，为保全地盘与实力积极奔走于俄、英等国公使之间，企求列强出面调停，并且要求前线清军“静守勿动”，“可守则守，不可守则退”⑤。寄望于列强调停的清廷最高决策层，显然最终陷入了被动的困局。正如赫德所说那样：“外交把中国骗苦了。因为依赖调停，未派军队入朝鲜，使日本一起手就占了便宜。”⑥

尤为重要的是，清廷最高层关于战争的态度分歧和有关战争的动向等最高机密，日方了如指掌。7月9日，当英国出面调停在北京进行的面临破裂的日中谈判之时，化名堤虎吉，从事情报活动的驻天津武官泷川大尉，就将绝密的北京动向提交给日本决策方：

> 内廷正在举办万寿庆典（祝贺西太后的六十寿辰），原本不好动用干戈。北京政府中不仅有反对和非难李（鸿章）之行为者，而且愈近开战之际，堪为名将之声望者愈乏。当然，兵力方面未能稳操胜算，则寄希望于俄国公使调停，暗中依赖此种调停下之和平谈判。对此，据以往之经历，我确信无疑。唯我国不变最初之决心，断然行动，终将开战。⑦

一周后，日本召开第一次大本营御前会议，会议决定，开战业已不能阻挡。随后，日本立即做了动员和准备，将开战行动准确地编入了既定的时间表。

---

① 清光绪朝中日交涉史料：卷十九．北平：故宫博物院，1932：25．
② 中日战争：（二）．上海：上海人民出版社，2000：623．
③ 清德宗实录：卷三四二．
④ 石泉．甲午战争前后之晚清政局．北京：三联书店，1997：50．
⑤ 吴汝纶．李文忠公全书：电稿：卷十七．台北：文海出版社，1980：16．
⑥ 中国近代经济史资料丛刊编辑委员会．中国海关与中日战争．北京：中华书局，1983：59．
⑦ 藤村道生．日清战争．东京：岩波书店，1973：73．

二、战争的展开

1. 日本不宣而战

中、日军队分批抵达朝鲜，东学党农民起义军闻讯，不战而溃。5月，当清朝政府以东学党人溃散、叛乱已平，要求根据《中日天津条约》同时撤兵时，日本政府反要求中、日两国留兵，共同改革朝鲜内政，为清廷所拒。

在朝鲜前线，清军与日军两军对峙，剑拔弩张。战争迫在眉睫之际，清廷并未采取紧急措施，做好应战部署。李鸿章寄希望于"以敌制敌"，徒劳地奔波于俄、英等国驻华公使之间，乞求欧美帝国主义列强出面"调停"，结果四处碰壁。他明知"日兵分驻汉、仁，已占先着"①，非但不与抗争，反而于7月初将在朝军舰全部调回。这一行动在战略上是一大失策。因为丢失仁川，无异于给日军提供了由海道进犯中国的前进基地，并使牙山清军处于孤立无援的危险境地。

日本政府则以默许英、俄等国的在华利益为条件，换取了列强在中、日两国冲突中采取有利于日本的"中立"立场。7月14日，日本政府见其阴谋外交得逞，而且军事上已占先着，便照会清政府，断然拒绝中、日双方同时从朝鲜撤兵的建议，反诬中国政府"有意滋事"，声言"嗣后因此即有不测之变，我政府不任其责"②，企图把开战的责任归咎于清政府。实际上，陆奥宗光早在7月12日即已电告日本驻朝公使大鸟圭介："目前有采取断然措施的必要……不妨利用任何借口，立即开始实际行动。"③ 随后，日本海军主力舰艇于佐世保军港集结，成立由常备舰队和西海舰队合编而成的联合舰队，伊东祐亨任司令官，下辖本队和第一、第二游击队。7月中旬，侵朝日军已超过3万人。7月19日，日本驻朝公使大鸟圭介据其外务大臣陆奥宗光的训令，强逼朝鲜政府废除《中朝通商条约》，并驱逐清军出境。7月23日，日军突然冲入王宫，囚禁国王李熙，成立以大院君李昰应为首的傀儡政府，并强迫朝鲜宣布废除过去同中国所签订的一切条约，驱逐在朝鲜的所有华人出境。

面对一触即发的战争局势，国内舆论强烈要求备战，增援、解救牙山被围清军。北洋大臣李鸿章发觉事态严重，急调总兵卫汝贵、提督马玉崑率军火速由大东沟登陆，进驻平壤；另调北洋陆军十余营分梯次驰援朝鲜。7月23日，掩护运送清军的"济远"和"广乙"两舰抵达朝鲜牙山，增援清军登陆牙山。7月25日清晨7时20分，日本联合舰队第一游击队在丰岛海面发现离开牙山返航的中国"济远"和"广乙"两舰。当时在丰岛海面上占绝对优势的日舰，立即以15节的时速驶向"济远"，在相距3 000米时"吉野"舰突然向"济远"舰开火，"浪速"和"秋津洲"两舰也随后以尾炮轰击"济远"。中国军舰随后还击，两军展开激烈炮战。日本军舰在吨位、火炮、时速方面，较中国军舰有较大优势。福建船政局自制的炮舰"广乙"已受重伤，无法发射鱼雷，船身倾斜，退出战斗，在朝鲜十八岛附近搁浅，纵火自焚。"济远"舰在接战初始就有伤亡，没有任何实战经验的管带方伯谦临阵率舰退出。8时30分，"济远"舰全速向西撤退。

---

① 李鸿章．覆译署//吴汝纶．李文忠公全书：电稿：卷十五．台北：文海出版社，1980：49.

② 清光绪朝中日交涉史料：卷十四．北平：故宫博物院，1932：32.

③ 陆奥宗光．蹇蹇录．伊舍石，译．北京：商务印书馆，1963：68.

日舰猛追，“济远”舰悬起白旗。日舰追近，“济远”舰又加挂日本海军旗。此时载有第二拨增援朝鲜清军并悬挂英国国旗的“高升”商轮和满载军械的“操江”舰驶来。日军立即以“浪速”舰拦截“高升”，以“秋津洲”舰拦截“操江”舰。“济远”舰借机西撤，日舰“吉野”穷追不舍，“济远”舰发尾炮将“吉野”击伤，迫使其放弃追击，最终驶抵威海。“操江”舰被“秋津洲”逼降。“高升”被“浪速”击沉，船上清军 1 116 人，除 245 人遇救获生外，其余 871 名官兵全部殉难①。与此同时，日本混成旅团长大岛义昌率马、步、炮兵 4 000 余人从汉城出发，偷袭驻牙山的清军。7 月 29 日，日军进攻成欢清军，聂士成率部抵抗，战败退往公州，而叶志超怕与日军遭遇，已先弃公州，率军逃往平壤。日军不宣而战地进攻丰岛海面和牙山的中国海陆军，标志着中日战争正式爆发。8 月 1 日，清政府被迫宣战，日本明治天皇也正式颁布宣战诏书。甲午中日战争正式爆发。

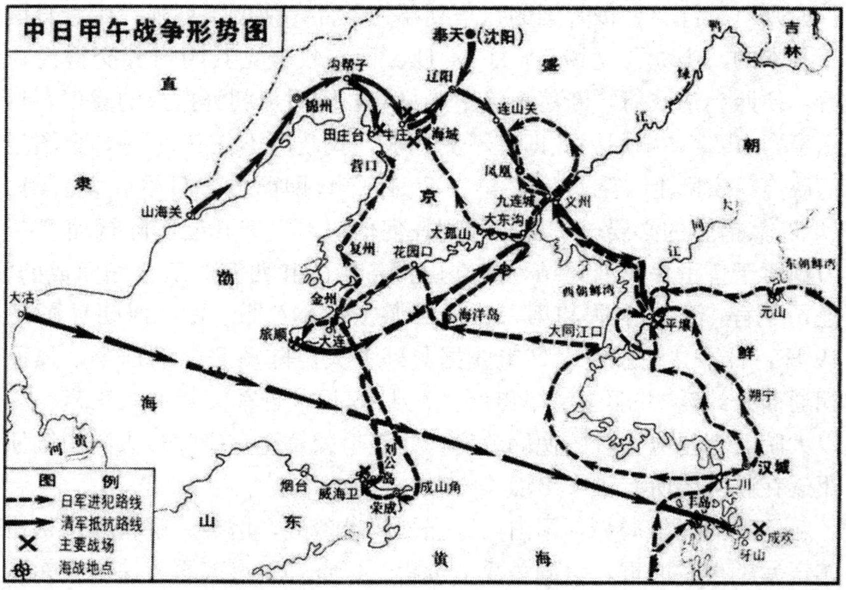

图 4-6　中日甲午战争形势图

2. 战争进程

中日甲午战争从 1894 年 7 月 25 日的丰岛海战始，至 1895 年 4 月 17 日中日两国签署《马关条约》而告结束，整个战争持续近 9 个月。这期间，除去战争开端的丰岛海战和牙山战役，依据战场转换及双方作战态势的变化，大致分为三个阶段。

第一阶段从 1894 年 8 月 1 日中、日两国同时宣战算起，到同年 10 月为止，战场在朝鲜半岛及西岸海面，其间有两次大战役：

一是平壤战役。平壤驻有清军 1 700 余人，主要分属于左宝贵、马玉崑、卫汝贵、丰升阿四部，败军之将叶志超任各军总统。9 月 15 日，1 万多日军分四路向平壤发起进攻。其中，有两路合攻北城。负责北城防御的左宝贵登城指挥，拼死奋战，最后中炮牺

① 戚其章．走近甲午．天津：天津古籍出版社，2006：103.

牲，此门失守。当时日军未敢进入城内，因为其他几路日军遭到马玉崑、卫汝贵等部的坚决抵抗，进展并不顺利。清军本来还可以背城一战，可是叶志超却率诸将弃城而遁，逃跑途中遭日军伏击，2 000 多人遇难，600 多人被俘。平壤一败，日军轻易地控制了全朝鲜，中朝关系从此中断。

二是黄海海战。平壤战役后两天，中、日两国舰队在黄海海面展开了一场激战。9月 17 日上午，中国海军提督丁汝昌率北洋舰队完成护送陆军去朝鲜的任务后，在返航途中到达鸭绿江口的大东沟海面时，遭日本舰队的袭击。投入战斗的北洋军舰共 10 艘，日舰 12 艘。日舰的总吨位重，航速快，速射炮多。北洋舰队“定远”“镇远”两艘铁甲舰铁甲厚，重炮多，为日舰所惧。中午，日舰组成一字竖阵队形来袭，避开“定远”“镇远”，从右侧拦击“超勇”“扬威”二舰。北洋军舰组成人字形阵，由“定远”“镇远”两舰居人字形顶部，沉着应战。旗舰“定远”发出第一炮，但因常年失修，舰上飞桥被震断，丁汝昌坠落负伤，仍坚持督战。这时由右翼总兵兼“定远”管带刘步蟾代替指挥，将敌舰队冲为两段，使敌舰“比睿”“赤城”“西京丸”皆中弹负伤，逃离战场。“济远”管带方伯谦、“广甲”管带吴敬荣贪生怕死，临阵脱逃。“济远”在逃跑中撞伤“扬威”，致使“扬威”被敌炮击沉。“致远”骁勇敢战，中炮后船身倾斜，管带邓世昌仍沉着指挥，他平时即精于训练，在战前曾表示过与敌决一死战的决心：“设有不测，誓与日舰同沉!”① 当弹药用尽后，邓世昌下令鼓轮向敌舰“吉野”撞去，不幸中敌鱼雷沉没。邓世昌被随从拉出海面，但他以“阖船俱没，义不独生，仍复奋掷自沉”②。他的爱犬用嘴叼住他的发辫，使他不能下沉，他用力将犬按入水中③，同全舰 200 多名官兵一起壮烈牺牲，用生命实践了自己的誓言。“经远”中炮起火后，管带林永升和全舰官兵坚持战斗到沉没的最后一刻，舰上 200 多人英勇牺牲。“镇远”管带林泰曾指挥官兵发炮猛击敌舰“松岛”，两次击中敌舰炮塔，引起敌舰弹药爆炸起火，敌人“死伤达一百余人，死尸山积，血流满船”④。“松岛”完全丧失战斗能力。北洋舰队大部分官兵都奋勇战斗，给敌舰以沉重打击。下午 4 时许，旗舰“定远”桅楼起火，“靖远”主动挂旗代替旗舰，准备继续战斗。其余各舰向“靖远”靠拢，这时又有巡洋舰、炮舰各 2 艘，鱼雷艇 4 艘来会合，北洋舰队声势复振。此时日舰多受重创，不复能战，于 5 时 30 分首先逃离战场。北洋舰队尾追十余海里，因日舰速度较快而逃脱。黄海海战结束。

黄海海战历时 5 个多小时，其规模之大，时间之长，为近代世界海战史上所罕见。战斗中，北洋舰队损失“致远”“经远”“超勇”“扬威”“广甲”5 艘军舰⑤，“来远”“定远”“镇远”“靖远”等舰受重创，死伤官兵千余人。日本旗舰“松岛”中弹累累，陷于瘫痪，“吉野”“赤城”“比睿”“西京丸”均受重创，死伤官兵 600 余人，“赤城”舰长丧命。黄海海战，北洋舰队的损失虽然大于日方，但亦给日舰以重创，并迫使其率先逃跑。因此，当时中外舆论对于谁是这次海战的胜利者，众说纷纭。从客观效果看，

---

① 中日战争：(一). 上海：上海人民出版社，2000：167.

② 中日战争：(三). 上海：上海人民出版社，2000：136.

③ 戚其章. 北洋舰队. 济南：山东人民出版社，1981：215.

④ 同①241.

⑤ 一说“广甲”舰至三山岛搁浅，后于 23 日被日舰击毁。一说“广甲”舰逃离战场后触礁，几天后自毁。

经过黄海海战，日本联合舰队未能达成“聚歼”北洋海军的目的。但从某种意义上来讲，北洋舰队在黄海海战中失利了。失利的原因：一是北洋舰队指挥失误，排出的阵形不利于进攻，发挥不了中方舰队在舰艇数量、大口径火炮和防护能力等方面的优势，开战不久即失去统一指挥，始终处在被动地位；二是“济远”率先逃跑，影响了斗志；三是弹药不充足。日方则充分利用其航速、中小口径速射火炮方面的优势，运用灵活的战术，掌握了战场主动权。

尽管黄海海战整体上失败了，但在力量对比相对劣势和指挥失灵的情况下，北洋舰队大部分官兵仍能奋勇拼杀，创下了海上鏖战5个多小时的纪录，其顽强英勇的精神值得称颂。

中国损失惨重，但北洋舰队还拥有大小舰艇40余艘，其中包括铁甲舰“定远”“镇远”和炮舰、巡洋舰、鱼雷艇，仍有一定战斗力。然而李鸿章为了保存实力，故意夸大舰队损失的程度，说北洋海军“仅足守口，实难纵令海战”①。于是，他命令北洋舰队躲藏在威海卫港内，不许出港巡海。这使日本轻而易举地取得了制海权，并造成北洋海军坐守待毙的局面，对后来中日战争的进程产生了重大影响。

清军在平壤战役的失败和黄海海战的失利，在国内引起巨大的反响，要求抵抗日本侵略、惩办李鸿章以及怯懦逃跑将领的呼声传遍朝野上下。主战派也乘势谴责李鸿章贻误战机，要求清廷惩处。光绪帝利用主战声势，发布上谕训斥李鸿章，免去李鸿章三眼花翎，褫去黄马褂，任命湘系将领北上御敌，期望对外一战而改变局势。9月底，慈禧太后起用64岁的奕䜣主持总理衙门，并派他总理海军事务，会同办理军务。然而，奕䜣重新上台以后，再次请求西方列强出面“调停”。英、俄出于自身利益考虑，愿意调停，但因美、德不愿参加，英国提议的联合调停宣告失败。

第二阶段从1894年10月下旬到1895年1月。这一阶段的战斗在辽东半岛进行。平壤、黄海战役后，日军把战火烧向中国本土。从10月24日起，日军分两路向中国东北大举进犯。一路是以山县有朋为司令官的日本第一军，由朝鲜义州横渡鸭绿江，入侵辽东；一路是日本陆军大臣大山岩率领的第二军，自朝鲜仁川渡海，攻取大连、旅顺。

日本第一军渡鸭绿江后的战役，主要有九连城之战，也称鸭绿江江防之战。当日军渡江时，沿江驻守的清军有8支部队，共计70余营，近4万人。除聂士成率部进行抵抗外，其他几部或不战自溃，或望风而逃。因此，日军很快占领九连城，不久又侵占安东、凤凰城、长甸、宽甸、岫岩、海城等地，掩护另一路日军从辽东半岛登陆。

另一路日军从辽东半岛的花园口登陆，迂回包抄大连、旅顺后路。大连湾和旅顺是李鸿章多年经营的重要海军基地。大连有炮台6座，旅顺有水陆炮台50余座，并有海军学堂、船坞及火药库等各种海军设施，号称“北洋精华”。但当地的清军将官多无斗志。日军登陆期间，运输辎重长达20天，当地清军竟无一兵一卒出来阻拦。此后发生的战役有两次：

一次是金州之战。金州为旅大后路重镇。日军为避免从海上正面进攻旅顺，在花园

---

① 吴汝纶. 李文忠公全书：奏稿：卷七八. 台北：文海出版社，1980：61.

口登陆后，没有遭清军阻击，就进犯金州。旅顺、大连两处的将领大都忙着逃跑，只有驻守旅顺的总兵徐邦道率军前往抵抗。11 月 6 日，徐邦道部败退，日军破金州，清军撤往旅顺。第二天，日军又不战而得大连。

另一次是旅顺之战。金州失守后 10 天，日军进攻旅顺。旅顺驻军有 6 部，共 13 000 多人，本可同日军一较短长。但日军未到，总管各军的道员龚照屿先已逃往烟台，各军将领除徐邦道外纷纷逃离，军心涣散。徐邦道孤军奋战，终以后援不继失败。日军自 11 月 21 日占领旅顺后，进行了灭绝人性的大屠杀。整个旅顺只有 36 人因被日军留下来掩埋尸体而幸免于难①。

第三阶段从 1895 年 1 月到 3 月。这一阶段战场主要在山东半岛与辽东半岛，主要战役有威海卫之战和辽河下游之战。

日军夺取旅顺后，大本营决定出兵山东半岛，攻打北洋舰队的基地威海卫军港，消灭北洋海军。清廷对日军的下一步行动仍缺乏正确估计，依旧将军事部署的重点放在奉天和山海关至天津一线，防守山东半岛沿海地区的兵力十分薄弱，仅 48 营约 17 000 人。北洋舰队虽尚有 15 艘军舰，但自黄海大战后一直蛰居威海卫港内，不敢主动出击。

1895 年 1 月下旬，大山岩率领 2 万日军，在联合舰队护航下，分批从荣成湾龙须岛登陆，包抄威海卫军港后路，同时派军舰封锁威海卫海口，从正面炮击港内北洋舰队。清军稍行抵抗即溃，日军前锋乘势占据荣成。当时，港内北洋舰队尚有各种舰艇 20 多艘，只要突围出走，仍可以同日军一决胜负。但因李鸿章有严令不准出港，北洋舰队只好坐以待毙。不久，在荣城登陆的日军占领了港湾南北帮炮台，并击沉北洋舰队的不少舰只。丁汝昌拒绝投降，与刘步蟾自杀殉国。马格禄、浩威等盗用丁汝昌的名义起草投降书，北洋舰队所剩“镇远”等 10 艘舰艇、刘公岛炮台及军资器械，全部落于敌手。2 月 17 日，日舰开进威海卫港，清政府苦心经营数十年的北洋舰队全军覆没，渤海南北门户均被日军控制，清政府败局已定。

在陆战前线，由于淮军屡败，清政府决定起用湘军将领魏光焘、陈湜、李光久等率军援辽，任命湘系军阀首脑、两江总督刘坤一为钦差大臣，又命淮军主将宋庆和自请从军的湖南巡抚吴大澂为帮办，统率关内外清军 8 万人，赴山海关准备抵抗。这次出师虽声势浩荡，但军事上并无起色。实际上决定性的战事大部分已经过去，败局已无法扭转。清军连续 4 次反攻海城皆遭败绩。3 月 4—9 日，日军由盖平、海城、凤凰城等地出战，清军 6 天之内连失山海关外牛庄、营口、田庄台等军事要地，清军全面溃退。辽东的全线崩溃彻底粉碎了清政府以战取胜的希望。此后，清廷上下转向求和罢战。3 月 29 日，日本海军侵占澎湖列岛。

3. 沉痛的历史

北洋海军，一个拥有当时先进装备的新建海军，曾经盛极一时，却在中日甲午战争中与另一支同样新建的日本海军的交手中，落了个灰飞烟灭的命运。据当时世界军事年鉴的统计，清朝这支海上武装，居世界海军的第八位，排名仅次于英、美、俄、德、法、西、意七大列强。此时日本亦雇有大批欧美专才，订购船舰，锐意发展海军。然在

---

① 艾伦. 在龙旗下. 伦敦，1898：79-80.

甲午前夕，日本海军全部吨位、炮位及海战潜力，在世界排名仅为第十六位①。更何况，其时清朝的陆军尤其是湘、淮两军，在剿平“粤逆”、消灭“捻匪”、镇压西北“回乱”中，几经历练。在甲午前夕，清朝百万貔貅都是久战之师。这时日本陆军新建，可用之兵不过十余万人。显然，北洋海军的覆灭不仅仅是一个简单的军事上的失败。

近代以来，国际实力较量中制海权具有至为重要的意义。一个具有漫长海岸线的国家，有了制海权，其抵抗力就可增加几十倍。自1890年美国海军理论家马汉将“海权论”具体为战略高度的制海权后，战争的主动权与胜负更大意义上就取决于海军及其海防战略。无论丰岛海战、黄海海战，还是威海卫的最后一战，每一个具体战役的失误、失策背后，都蕴含着制约整个战争走向的共同因素。也许，这只有从战略的高度才可能有所洞悉，尽管这样的认识也有着天生的局限性。

“对比中、日两国的海军战略，可以看出，北洋舰队最终走向全军覆没，绝非偶然的因素在起作用。战争爆发前，日本海军发展迅速，与北洋舰队相比较已居于优势地位，从而制定了以夺取制海权为目标及海陆统筹的战略方针，对它获得战争的胜利起了重大的作用。”② 制海权问题，实质上是海军战略的理论核心。主动进攻和积极防卫，又是夺取制海权的关键之所在。19世纪80年代以来，日本的“征服朝鲜论”和“大陆政策”甚嚣尘上，已明示中日之战在所难免。不幸的是，与日本海军战略进取的态势恰恰相反，清王朝基本没有真正意义上的海权思想，而只是在海疆危机下生发了简单的海防意识。而且，在李鸿章“不必定与（敌）拼击，但令游弋渤海内外”的“保船制敌”③ 政策制约下，北洋海军在战场上完全丧失了主动性，“自动地把制海权让与敌人，最后只能走向失败”④。

1888年10月，清政府批准的北洋海军终告成军。至此，北洋海军拥有铁甲舰2艘、快船7艘、蚊炮船6艘、鱼雷艇6艘及其他辅助船4艘，共25艘，与《北洋海军章程》所规划之43艘相差还远。与日本天皇倾全国之力，甚至动用内廷经费和文武官员薪酬扩充海军的行为不同，西太后却不惜挪用海军经费建造供自己享受的园林。而且，关于海军事权问题，朝堂上争执了20年而无结果，又遑论近代意义上的“海权论”！

日本为战争做足了准备。日本战时大本营在挑起这场战争之前，制定了海陆军统筹兼顾的“作战大方针”。其战略目标是在中国华北平原与清军进行主力决战，打败清军，压迫清政府屈服。认为能否实现这一目标，关键在于海军作战之胜负。为此，提出了两期作战计划。首先派陆军一部进入朝鲜，以牵制清军；海军则寻机与中国海军主力决战，迅速夺取黄海制海权。此后作战则视海军胜败情况而定：如海军取胜，掌握了黄海制海权，陆军便由渤海湾登陆，实施华北平原决战；如海上决战胜负未分，则以舰

① 其实所谓世界列强海军排位问题，只是当年海军年刊等一类书刊编辑根据各国吨位与武器装备所做的比较之辞，并无绝对标准。甲午战前，中国海军实力通常被估计在第六与第八位之间，日本海军则在第十一与第十六位之间。

② 戚其章．走近甲午．天津：天津古籍出版社，2006：348.

③ 清光绪朝中日交涉史料：卷十八．北平：故宫博物院，1932：28.

④ 同③.

队控制朝鲜海峡，协助陆军主力占领整个朝鲜；如舰队决战失败，制海权归中国，则以陆军主力实行本土防御，海军守卫本土沿海。其中以争取实现第一案为基本战略方针。

清政府方面，战前没有明确的战略方针和作战计划。由于统治集团内部主战、主和意见分歧，相互掣肘，事先既未组成专门的作战指挥机构，更无统筹全局的战略指导。始则寄希望于俄、英等国的“调停”，继则在海陆战端已启的情况下仓促宣战，并命令北洋大臣李鸿章“严饬派出各军，迅速进剿”，沿江沿海“遇有倭人轮船驶入各口，即行迎头痛击，悉数歼除”①。实际上是实行海守陆攻的作战方针。据此，清廷决定增调陆军赴朝，先在平壤集中，然后南下驱逐在朝日军；以海军各舰队分守各自防区海口，北洋舰队集结于黄海北部，扼守渤海海峡，确保京畿门户安全，并策应在朝清军。这种消极退让的政策助长了日本侵略者的嚣张气焰。

更有甚者，即使是在战争爆发后，清政府内部的纷争与权斗亦不曾停歇，却愈演愈烈。最高决策层的战和之争与帝后党争相掺杂，在复杂多变的中日对决的形势中，清朝中枢权力场上的角力更是暗潮汹涌，凶险无比。“闻宫廷种种龃龉，季孙之忧，不在颛臾，而在萧墙。”②

中日甲午战争，又一次以惨痛的失败留下了深刻的历史教训！

三、《马关条约》与战后中国

1.《马关条约》的签订

清政府自始至终未放弃求和活动。日本则是根据战争进程和形势的需要，在战与和的取舍上掌握着完全的主动。经过半年多的战争，日本的兵力、财力和武器大量消耗，无力将战争继续进行下去。更为重要的是，作为对手的北洋海军已经被摧毁。因此，1894 年 11 月间，还在战争进行中，日本开始向美国驻日公使表明，如果中国愿意开始媾和谈判，日本并不反对。在军事和外交利益的不断谋求中，在日本获得完胜的条件下，议和谈判开始了。

1895 年 1 月，清政府派户部侍郎张荫桓和湖南巡抚邵友濂为全权大使，聘请美国前任国务卿福斯特为顾问，赴日本议和。2 月 1 日，张荫桓等与日本代表伊藤博文、陆奥宗光在广岛会晤。日方代表按照预谋，借口张荫桓等“全权不足”，拒绝谈判。张、邵被迫于 2 月 12 日启程回国。清政府只得根据日本的私下指名，改派李鸿章为头等全权大臣赴日议和。

3 月中旬，日军已击败在中国东北的清军主力，占领辽东半岛和威海卫。这样就可以在谈判桌上向中国夺取最大的侵略利益。3 月 20 日，李鸿章和他的儿子李经方、美国顾问福斯特等与日本代表伊藤博文、陆奥宗光等，开始在日本马关（今下关）进行和谈。4 月 17 日，中日双方在马关签订《马关条约》。主要内容有：（1）中国承认朝鲜“完全无缺之独立自主”，实质是承认日本对朝鲜的完全控制。（2）中国割让辽东半岛、

---

① 清光绪朝中日交涉史料：卷十六. 北平：故宫博物院，1932：2-3.

② 中日战争：6. 北京：中华书局，1993：469.

图 4-7　签订《马关条约》时的李鸿章（左）和日本首相伊藤博文（右）

台湾全岛及所有附属岛屿与澎湖列岛给日本。(3) 赔偿日本军费白银 2 亿两①。(4) 开放沙市、重庆、苏州、杭州为通商口岸，日船可以沿内河驶入上述各口，搭客载货。(5) 日本可在中国通商口岸任便设立工厂，各项机器可任便装运进口，其产品免征一切杂税，日货准在内地设栈寄存。

图 4-8　签订《马关条约》

《马关条约》是最严重的丧权辱国条约。消息传出，举国哗然，拒和、废约、迁都再战的呼声震动整个京城，并在全国掀起反割地、反投降的斗争。在北京应试的维新派人士康有为发起"公车上书"，强烈要求改革政治，挽救民族危机。辽东和台湾人民誓死不做亡国奴的反日、抗日斗争轰轰烈烈。光绪帝徘徊半月之久，最终与翁同龢"相顾挥泪"，5 月 2 日批准《马关条约》。

2. 列强的资本输出

甲午战争后，列强对中国经济侵略的一个显著特点就是变商品输出为主为资本输出

---

① 日本在甲午战争中实际支出的军费总数不超过 1.25 亿日元，而清政府的实际支付，陆续折换成日元，却总计 3.583 6 亿。扣除战争所用的军费支出，日本从中国强行掠夺的资金高达 2.333 6 亿日元，是当时日本全国年度财政总收入的 3 倍。[蒋立文. 甲午战争赔款数额问题再探讨. 历史研究，2010 (3)：164]

为主。其主要形式有：

（1）向清政府进行政治贷款。《马关条约》规定了巨额战争赔款，加上后来所谓的“赎辽费”，共计2.3亿两白银，相当于当时清政府3年的财政总收入。清政府只得举借外债，而列强为了加强对中国的控制和掠夺，争着向中国投放贷款，并附加苛刻的政治条件。战后3年内，清政府以海关税、盐税、厘金做抵押，分别向俄、法、英、德等国借巨款共计3亿多两白银。这些贷款利息重、折扣大，使帝国主义列强轻而易举地捞取了高额利润。更为严重的是，列强通过贷款合同中附加的政治条件，进一步控制了中国的海关、内地的部分盐税、厘金、外贸和运输，从而控制了中国的经济命脉。

（2）在中国投资办厂。甲午战争之前，外国资本虽已在中国开设工厂，但一般投资额较小，规模不大。《马关条约》是第一个允许外国资本家在中国开设工厂、利用中国廉价原料榨取中国人民剩余价值的不平等条约。自此，列强在中国开办工厂合法化、规模化。1895年至1900年，外国资本投资总额达到5.2亿元①，比1894年以前50年的总和还多30倍；外资新办工厂达933家，为甲午之前几十年总和的9倍。对中国的矿产，列强早就有所企图。甲午战争后，外国资本家与中国买办官僚互相勾结，千方百计掠夺中国矿产。他们以“合办”形式，诱迫清政府签订矿务合同，取得在中国开采矿藏的特权。德国在直隶、山东，俄国在奉天、东山铁路沿线以及蒙古、新疆，英国在四川、河南、云南、山西等省，美国在直隶、山西，法国在四川、云南，都取得了一些地区的采矿权。

（3）投资修筑铁路，攫取路权。在当地修筑铁路，是列强争夺势力范围的重要手段，也是他们用来压榨殖民地半殖民地人民的有力工具。甲午战争后，外国在华投资的重要目标之一就是攫取路权。1896年至1900年，列强共争得8次对清政府的铁路借款权，贷款总额达8 967万元，攫取的路权到1898年为止，已达10 336公里。同时它们还控制了沿线的大片土地和资源，有些还享有沿线的行政权和警察权，使中国对这些领土的主权名存实亡。

另外，帝国主义各国还通过开设银行和扩大银行活动范围，进一步控制了中国的金融和财政。

总之，甲午战争后，帝国主义列强从各方面争相向中国输出资本，进而控制了中国的政治、经济甚至军事，加深了中国的半殖民地化程度。

3. 实业救亡：民族资本企业的发展

甲午战争的失败，一定程度上也使清政府标榜的“自强新政”（从19世纪60年代开始的洋务运动）受到顿挫。备受指斥的洋务派既不能垄断民族工业，陷入财政困难的清政府也无力设厂开矿，不得不给民族工商业让出更多空间。同时，甲午之后由于允许外国资本在中国自由办厂，清政府也不得不放松了对商办企业的限制。加之民族危机加剧，促使有识之士转而投资实业，以挽救被列强侵夺的民族权益。在这些因素的共同作用下，甲午之后一段时间内，中国商办企业得到一定的发展，其速度远远超过了所谓的

① 柳长毅. 论中日甲午战争对中国近代社会的影响：纪念甲午战争100周年. 江汉论坛，1994（7）：63-65.

官办企业。

1895年至1898年，可查的资本额1万元以上80家国内企业中，商办资本占资本总额的70%，官办与官督商办资本仅占30%，而在1894年之前这二者比例正好相反。另据人统计，从1895年到1913年，新投资1万元以上的国内工厂已有463家，资本总额达到9 100多万元，为1894年的数倍①。

但是，甲午之后民族资本主义的发展也遭到重重阻碍，表现在以下几个方面：第一，清政府虽然给民族工商业让出了一点空间，但仍然没有给予真正的法律保障；第二，国货从口岸到内地的税金负担往往比洋货重；第三，列强一方面在中国经营厂矿，一方面还向中国输入大量的过剩商品，使中国民族工业处于受排挤的状况；第四，帝国主义控制着路权及主要矿产资源，为民族工业发展带来极大困难。正如毛泽东指出的，“帝国主义列强还在中国经营了许多轻工业和重工业的企业，以便直接利用中国的原料和廉价的劳动力，并以此对中国的民族工业进行直接的经济压迫，直接地阻碍中国生产力的发展”②。

4. “反割台”斗争

1895年5月20日，清政府令台湾巡抚唐景崧率在台官员陆续内渡，撤出台湾，以保障《马关条约》中日本侵台利益的兑现。同时，派李经方为割台大臣，由美国顾问福斯特陪同，前往台湾办理交割手续。李经方在基隆口外的日舰“西京丸”上会见日本“台湾总督”桦山资纪，将台湾全岛和澎湖列岛以及台湾的所有兵工厂、公物财产等清单交日本。

台湾原是福建省下属一府，1885年建省。台湾首任巡抚刘铭传，安徽合肥人，淮军将领，因镇压太平军、捻军擢升直隶提督。1884年中法战争中，刘铭传奉命督办台湾军务，率军队击退法舰。1885年刘铭传任台湾巡抚后，除加强海防、整顿吏治和增加财政收入外，又开办铁路、煤铁矿以及新式学堂等，使台湾成为当时全国最先进的省份之一。1891年他告病还乡。1895年清朝战败割台，他悲愤交集，吐血而亡。

《马关条约》割台的消息传到台湾，台湾人民“骤闻之，若午夜暴闻轰雷，惊骇无人色，奔走相告，聚哭于市中，夜以继日，哭声达于四野”。台湾绅民见割台之事已无可挽回，便决心自主拒日保台。他们联名发布檄文，表示“愿人人战死而失台，决不愿拱手而让台”。在在籍工部主事丘逢甲的倡议下，5月25日组织了抗日政府，定名“台湾民主国”，年号“永清”，以台湾巡抚署为总统府，以长方形蓝地黄虎图案为旗帜，虎首内向，尾高首低，以示臣服清朝。在台北设议院，并制定了临时宪法草案。推举台湾巡抚唐景崧为总统，丘逢甲为副总统兼抗日义军统领，台湾总兵刘永福为大将军。

5月下旬，日军侵台部队搭乘大批运船，在军舰护卫下，由琉球中城湾出发，分两路扑向台湾。英勇的台湾人民为了抗击日本侵略者，为了保卫祖国的神圣领土不受侵犯，纷纷组织义军，以秀才徐骧、吴汤兴、姜绍祖等人为首领，与黑旗军及驻防清军联

---

① 全慰天．中国民族资本主义的发展．郑州：河南人民出版社，1982：93.

② 毛泽东选集：第2卷．2版．北京：人民出版社，1991：629.

合抗日。6 月初，台北失陷，唐景崧假扮商民逃回大陆。这更激起了台湾广大爱国军民的悲痛和愤慨，他们不惧强敌，拿起武器，推举著名的爱国将领刘永福为首领，同日本侵略者展开了不屈不挠的极其悲壮的武装反抗斗争。10 月下旬，日军占领台南府城。11 月 18 日，侵台日军向参谋本部报告："台湾全岛'平定'。"至此，震惊中外的长达 5 个月之久的台湾军民武装反割台斗争终归失败。存在了 149 天的"台湾民主国"也宣告灭亡。

"台湾民主国"是在台湾已经被割让的情况下，由当地士绅联合清朝命官为御敌保台而建立的，是台湾人民反侵略、反投降的产物。它虽然昙花一现，但是起了积极的作用。首先，"台湾民主国"是日本帝国主义侵占台湾时，最早出现在日本侵略者面前的一个有组织、有影响的直接对立物，它在集结抗日力量、推动抗日斗争方面起了某些推动作用。其次，"台湾民主国"是反抗日本帝国主义侵略斗争过程中的一种民族斗争形式，其组织者在主观上不是为了脱离中国而自立为国，而是为了保卫祖国领土的完整，在"无天可吁，无主可依"的形势下，不得已而采取的一种斗争形式。正如"台湾民主国"总统唐景崧的布告所言，台湾虽自立为"民主国"，"仍应恭奉正朔，遥作屏藩，气脉相通，无异中土"。由此可见，"台湾民主国"是台湾爱国士绅在无可奈何的情况下，为了反对割台，反对台湾沦为日本的殖民地，保全祖国领土完整的一次不成功的尝试。但是，它最终未能使台湾免于日本帝国主义的奴役，一定程度上把台湾人民的抗日斗争引入歧途，特别是"台湾民主国"的领导者幻想用台湾主权换取其他帝国主义保台的做法，更是错误的，也是注定要失败的。

台湾人民反割台斗争虽然失败了，但其影响是深远的，其意义是重大的。从 1895 年 5 月底至 10 月下旬，台湾军民的抗日斗争历时 5 个月，打了大小 100 多场仗，抗击日本 3 个近代化师团和一支海军舰队，合计 5 万多人，打死打伤日军 3.2 万多人，这一数字比日军在甲午中日战争中死伤的人数多了近一倍。台湾人民的英勇斗争，不仅使日本侵略者付出了巨大的代价，更重要的是，它向全世界表明：中国人民不可侮，中华民族不可欺！台湾人民用自己的鲜血为中国人民近百年反帝斗争史，谱写了极其慷慨悲壮而又光辉灿烂的篇章。

5. 惊醒中华

甲午战争的惨败不仅扫除了统治阶级的盲目骄妄之气，而且也促使中国有志之士重新认识自己的民族。甲午战争的失败对中国人民是一次大刺激、大震动，是中国近代史进程中的一次大转折、大变化。从此之后，变法救亡运动和新的思潮广泛兴起，新的社会政治力量——民族资产阶级及其知识分子，无论是改良派还是革命派，自此登上了政治舞台，从而开始了中华民族觉醒的新时代。

1840 年以来，中国在因外患而遭受失败时都出现过惕然于时势、号召民众的先觉者。但他们的周围和身后没有社会意义上的群体，他们走得越远就越是孤独。甲午大败，"成中国之巨祸"，中国具有群体意义的民族觉醒也因此而开始。这是近代百年的一个历史转机。过去，人们多以甲午战争当中和甲午战争之后各地民众的反抗斗争来描述这种觉醒，其实并不确切。因为在社会历史现象中，"觉醒"一词并不归结于愤激，其确切含义应在于，主体对自身历史使命的自觉意识，即由自在到自为。民众的反抗主要体现了一种反侵略的自卫本能，其中愤激的感情色彩居多。50 多年前的三元里已经出现过这样的场面，我们不能据此而把中国民族觉醒的时间提前半个世纪。正如梁启超后来所说：

> 唤起吾国四千年之大梦，实自甲午一役始也。吾国之大患，由国家视其民为奴隶，积之既久，民之自视亦如奴隶焉。彼奴隶者苟抗颜而干预主人之家事，主人必艴然而怒，非摈斥则谴责耳，故奴隶于主人之事，罕有关心者，非其性然也，势使之然也。吾国之人视国事若于己无与焉，虽经国耻、历国难，而漠然不以动其心者，非其性然也，势使然也。且其地太辽阔，而道路不通，彼此隔绝，异省之民，罕有交通之事，其相视若异国焉。各不相知，各不相关，诚有如小说家所记巨鲸之体，广袤数里，渔人劚其背而穴焉，寝处于是，炊爨于是，而巨鲸渺然不之知也。故非受巨创负深痛，固不足以震动之。昔日本当安政间，受浦贺米舰一言之挫辱，而国民蜂起，遂成维新。吾国则一经庚申圆明园之变，再经甲申马江之变，而十八行省之民，犹不知痛痒，未尝稍改其顽固嚣张之习，直待台湾既割，二百兆之偿款既输，而鼾睡之声，乃渐惊起。①

变法维新宛若曙色晨光，成为漫漫长夜中我们民族觉醒的一个时代标志。它引领着一切爱国的中国人开始从改革奋进中寻求民族的出路。康有为、谭嗣同、章太炎、孙中山等人，也都是在这个时候走上了救亡中华的道路。他们分别代表两个不同的历史阶段，但惊醒他们的，同样是甲午战争的炮声。

思考题

1. 试析外交体制的近代转向。
2. 简述 19 世纪 70 年代列强对华的侵略。
3. 分析中法战争的影响。
4. 简要评析日本军国主义的大陆政策。
5. 简述《马关条约》内容及对中国社会的影响。

阅读书目

1. 胡绳．从鸦片战争到五四运动．北京：人民出版社，1981.
2. 王芸生．六十年来中国与日本．北京：三联书店，1982.

---

① 梁启超．戊戌政变记：附录一　改革起原．北京：中华书局，1954：113.

3. 章开沅，罗福惠. 比较中的审视：中国早期现代化研究. 杭州：浙江人民出版社，1993.

4. 廖宗麟. 中法战争史. 天津：天津古籍出版社，2002.

5. 戚其章. 走近甲午. 天津：天津古籍出版社，2006.

6. 陈旭麓. 近代中国社会的新陈代谢. 上海：上海人民出版社，1992.

第五章

“行变法”，“定国是”

——维新变法与近代思想启蒙

1898年的戊戌变法，在“世变之亟”的近代中国具有特殊的意义：与鸦片战争后的“变局”之“变”乃被动之变完全不同，其为主动求变；与“同光新政”的洋务取向主要限于“器物”之求也有所不同①，其谋“制度”之变。尽管当时在上书言变的有限议论中，“并没有涉及西方代议制之根本，即议会的权力及议员的产生方法，更未谈及议会之理念，即‘主权在民’”②。不过，在那个时代，官员们能够向朝廷提出“泰西议院，为立国最良之规模，实有国不易之宏纲”③ 的思想，也足以彰显其时代意义了。接踵而起的资产阶级革命运动，也给其时代属性和阶级属性标上了确切的印记。因此，将其认定为“向资产阶级转化的士大夫及其知识分子群体发起的维新变法”④，既于史有征，也于理有据。

第一节　甲午战后的民族危机

一、三国干涉还辽

1895年4月23日，即《马关条约》签订后仅六天，俄、法、德三国联合照会日本，提出警告说，日本占有辽东半岛将威胁北京的安全，使朝

① 康有为在《日本变政考》中说：“购船置械，可谓之变器，不可谓之变事；设邮使、开矿务，可谓之变事，而不可谓之变政。”（陈旭麓. 近代中国社会的新陈代谢. 上海：上海人民出版社，1992：169）

② 茅海建. 戊戌变法史事考. 北京：三联书店，2005：291-292. 据此，茅海建似不认同戊戌变法“为资产阶级改良主义运动，其方向是资本主义君主立宪”（同上，285）。

③ 同②289. 候选郎中陈时政上书请开议院。

④ 陈旭麓. 近代中国社会的新陈代谢. 上海：上海人民出版社，1992：196.

鲜的独立成为欺人之谈，并且还威胁着整个远东的和平。三国干涉的始作俑者是俄国，俄国对日本在亚洲大陆取得立足点感到威胁，它自己也在觊觎大连和旅顺这两个不冻港。俄财政大臣维特特别强调说：“为俄国的最大利益着想，要求维持中国的原状。”“决不可让日本渗透到中国的心脏，在辽东半岛攫得立足点。”① 因此，俄国人决定要努力使辽东半岛保持“战前原状”，并决定采取任何必要的行动，包括轰击日本港口，以强制取得日本同意。对外，俄国宣称对中国无任何野心。法国是俄国在欧洲的盟国，愿意参与干涉，而德国欲使俄国卷入亚洲的事务，转移其视线，以期减轻俄国在欧洲对它所形成的压力，于是也参加干涉。俄、法、德三国各有打算，互相利用，促成了以俄国为主的三国干涉还辽。

日本此前一直避免列强特别是俄国的干涉。当三国联合干涉的态势形成后，日本顿时陷入意料不及的困境。日本政府自忖无力与三国作战，急向英、美两大国求援。而英、美两国既不愿冒此风险，也害怕日本在华势力过分膨胀，都劝告日本接受三国的要求，并表明“局外中立”的立场。于是，日本被迫退还辽东半岛，向中国索取了 3 000 万两的“赎辽费”。

当时清政府的岁入为 8 900 万两，根本无力偿付《马关条约》的巨额赔款和“赎辽费”，必须对外借款。俄国在这次干涉成功中的作用，以及同意在清政府还债第一年借银 1 亿两给其偿付对日赔款的行为，提升了它在清政府外交关系中的地位。

二、《中俄密约》的签订

三国干涉还辽是 19 世纪末列强瓜分中国狂潮的开端。俄国人伸出“友好之手”的行动使李鸿章、张之洞等清廷高级官员对俄国产生很大幻想，主张“一意联络俄人”，牵制其他列强。李鸿章一向亲俄反日，而英国在中日战争中袖手旁观，更使他深感失望，他强烈认为联俄是中国未来外交的主要原则。慈禧太后对联俄的方针完全同意。

俄国欢迎与清政府密切合作，希望清政府同意其取道东北，把西伯利亚的铁路扩展到海参崴。1896 年 6 月，沙皇尼古拉二世举行加冕典礼。俄国人准备利用这个机会，与清政府的贺冕专使秘密谈判。清政府原拟派遣布政使王之春前往圣彼得堡参加典礼，但俄国政府表示，王之春“人微言轻，不足当此责。可胜任者，独李中堂耳”②。于是清廷改派李鸿章为头等公使，赴俄庆贺沙皇加冕，并前往英、德、法、美四国“联络邦交”。

4 月 30 日，李鸿章到达圣彼得堡。尼古拉二世亲自接见，给予最隆重礼遇。5 月 3 日，李鸿章与俄国人开始秘密谈判。俄国人为躲避外国人注目，不是让外交大臣，而是让财政大臣维特出面。维特竭力使李鸿章相信，为了在紧急情况下维护中国的领土完整并向中国提供军事援助，俄国需要一条从欧洲部分贯穿蒙古与东北而直达海参崴的最短铁路。仅一个月左右的时间，就与李鸿章签订了《御敌互相援助条约》，即《中俄密约》。密约的主要内容有：（1）日本如侵占俄国的远东或中国以及朝鲜领土，中、俄两国应以全部海、陆军互相援助。（2）中国允许俄国修造一条通过黑龙江、吉林两省直达

① 维特. 维特伯爵回忆录. 傅正，译. 北京：商务印书馆，1976：64-65.

② 梁启超. 李鸿章传. 天津：百花文艺出版社，2001：67.

海参崴的铁路，该铁路的修筑和经营，由中国交与华俄道胜银行承办，其详细合同由中国驻俄公使与华俄道胜银行商订。（3）中国划出一片土地以供路局建筑房屋和管理之用，路局在该区内拥有全权，包括警察权。36年后中国可用7亿卢布赎回铁路，80年后则无偿交还中国。

表面看来，《中俄密约》是中、俄两国共同防御日本的军事同盟。实际上，俄国的目的是在"共同防日"的名义下，通过修筑中东铁路把自己的势力伸入中国东北地区，加强对中国的控制。李鸿章热衷"以夷制夷"的外交政策，这次他欲利用俄国对付日本。他宣称，该条约将保中国二十年平安无事。但是，和平仅维持了不到两年。

按照《中俄密约》的规定，在中国境内修筑的铁路即中东铁路（又称东省铁路）交由俄国的华俄道胜银行承办经理。为此，清政府和华俄道胜银行于1896年9月签订了《合办东省铁路公司章程》。华俄道胜银行是由俄国政府控制的，因此俄国事实上掌管了中东铁路。《中俄密约》使俄国不费一枪一弹，就在事实上把中国东北变成了它的势力范围。条约中虽然有中、俄两国"御敌互相援助"的条款，但那不过是空头支票。后来历史证明，俄国没有给清政府任何援助，相反，它在"共同御敌"的幌子下，掠取在中国境内的筑路权和开矿权，并加强对中国的军事威胁。

三、瓜分狂潮与"门户开放"政策

《中俄密约》的签订，加剧了列强对中国利益的争夺，可谓后患无穷。"《中俄密约》以前为一局面，《中俄密约》以后为一局面。"① 列强纷纷开始在中国强占港湾，掠夺铁路修筑权，划分势力范围。

在三国干涉还辽后，德国向清廷要求取得一处海军基地作为酬劳，因为此时其他列强都在东亚拥有基地，如英国之在香港，法国之在北部湾，俄国则可以在胶东过冬，等等。1896年12月，它向清政府正式提出了租借要求，遭到拒绝。德皇威廉二世于1897年8月访问俄国，就侵占中国胶州湾问题同尼古拉二世达成默契。11月14日，德国借口两个德籍传教士在山东巨野县被杀，派军舰占了胶州湾。1898年3月6日，与清政府签订了《胶澳租界条约》②，迫使清政府将其出租给德国，租期99年。另外德国还取得在山东境内修筑两条铁路的特权。1897年12月，俄国借口保护中国不受德国侵略，强行占领旅顺和大连湾。之后于1898年3月27日同清政府签订条约，攫取了租借旅顺与大连湾25年的权利，同时获取从中东铁路修建一条铁路以达这两个港口的权利。这样，三年前中国以3 000万两白银从日本手中赎回的辽东半岛完全落入俄国手中，东北全境也成为俄国的势力范围。

循此先例，列强纷起效尤，掀起割地狂潮。英国不甘落后于俄、德两国，借口均势之局，先租借了威海卫，为期25年；继而又租借了九龙新界，为期99年；为了保持它在长江流域的优势，又于1898年2月迫使清政府宣布不将长江沿岸各省让与或租给他国，从此，长江流域沦为英国的势力范围。日本也不甘落后，于1898年2月迫使清政

---

① 梁启超．李鸿章传．天津：百花文艺出版社，2001：71.

② 孙瑞芹．德国外交文件有关中国交涉史料选译：第1卷．北京：商务印书馆，1960：208.

府宣布不把福建租让给其他国家，使福建成了日本的势力范围。法国以 99 年为期租借了广州湾，并在云南与两广建立了它的势力范围。意大利也于 1899 年 3 月向清政府要求租借浙江沿海的三门湾，由于列强之间的矛盾和清政府的拒绝，没有得逞。

图 5-1 《时局图》

从 1898 年 3 月到 6 月，不到一百天的时间里，俄、德、英、法四国就攫取了中国从北到南五处重要海湾港口——旅大、胶州湾、威海卫、九龙、广州湾，建立租借地。在有关条约中，虽然规定租借地“自主之权，仍全归中国”，但同时又规定，租借期内中国不得治理，由租借国治理，这就在事实上把主权出卖给列强，而且列强不付分文租金。所谓租借地就是列强割据中国领土直接进行殖民统治的地区，是列强确立、保持、强化在华势力范围的军事基地和进行政治、经济、文化侵略的据点。

通过资本输出，抢夺路权、矿权，强占租界港湾等方式和手段，帝国主义各国在中国的不同地区取得了经济、政治乃至军事地位的优势。为了确保和扩大优势，各国或者迫使清政府发表声明，保证不把它们已得到优势的地区让给其他国家，或者彼此达成协议（有时只是一种默契），承认对方在中国某一地区具有特殊利益，这就是所谓势力范围。大体上，各国的势力范围是：俄国在长城以北，德国在山东，英国在长江流域和云南、广东两省的一部分，日本在福建，法国在广西以及云南、广东两省邻近越南的地区。

当列强争相在中国强占租界港湾、划分势力范围的时候，美国正忙于和西班牙争夺菲律宾，一时未能顾及参与瓜分中国的行动。在美西战争之后，列强在华的势力范围已经大体划定，重要和富庶的地区都被分割占有，美国已很难插足，它无论要划出一个势力范围，还是要抢夺一个海港，都必然要与其他列强发生尖锐冲突。美国是一个后起的国家，当时军事力量还很有限，它虽然战胜了西班牙这个衰落的老牌殖民主义国家，但毕竟还不是其他大国的对手。而且，美国工商界也对划分势力范围兴趣不大，它瞄准的是整个中国市场。此外还有一个重要原因，当时美国国内出现了蓬蓬勃勃的反战运动。在这种复杂背景和力量制衡情况下，美国提出了对中国的“门户开放”政策。从1899年9月到12月，美国国务卿约翰·海伊训令驻英、俄、德、法、意、日等六国大使，向各驻国政府递交一份照会，这就是近代史上著名的所谓第一次关于中国的门户开放通牒，它要求六国政府承认以下三项原则：

（1）各国对于其在中国的所谓势力范围或租借地内的任何条约口岸或任何既得利益，一概不得干涉。

（2）中国现行条约税则适用于所有势力范围内一切口岸（自由港除外）所装卸的货物，不论其属何国籍。此种税款由中国政府征收。

（3）在各自势力范围内任何口岸，对他国入港船舶所征收的入港费，不得高于对本国船舶所征收的入港费；在各自势力范围内修筑、管理或经营的铁路，对他国臣民运输的货物，应与对本国臣民运输的同样货物、经过同等距离所征收的铁路运费相等①。

从上述三项原则看来，门户开放政策是以承认列强在华的势力范围和既得权利为前提的。它所要求的，仅仅是势力范围和租借地内实行同等的关税、入港费和铁路运费，也就是保持各国在华租借地和势力范围对美国开放。美国在1899年9月6日致英国的照会中还提出：美国希望中国“为全世界商业保留一个开放的市场，消除国际摩擦的危险根源，从而使各列强在北京采取一致的行动”②。

美国政府不征求清政府的同意，擅自与其他国家交换照会，要求在列强控制的势力范围和租借地内享受同等的贸易地位，这是对中国主权的粗暴践踏。当清政府得知门户开放照会的消息，向美国国务院提出质询时，约翰·海伊对此不做解释，也没有表示歉意。列强对美国照会的态度也不一致，只有意大利表示无条件接受，其余各国都做了不同程度的保留，而俄国基本上没有接受。但约翰·海伊却于1900年3月20日宣称，各国都已“断然而明确地”同意了照会的内容。后来，义和团运动时期，“门户开放”原则受到列强行为的威胁，美国于1900年7月3日发表了第二份声明，宣称“门户开放”原则包括保护中国领土和行政权力完整。

“门户开放”只是一项原则宣言，而不是美国的正式政策。“门户开放”宣布后，没有一个国家敢于公开反对，列强担心彼此之间互相冲突对撞，瓜分中国的步伐因而有所缓和，对华政策开始有所调整。由此而形成的均势，一定程度上延缓了清王朝的崩溃。而美国也在国际上获得了很大的声誉，扩大了它在中国的影响，在列强侵华活动中的地位有了显著的提高，“它保护了现在的利益，保障了未来的利益，使美国立于一个牢不可破的地位”③。

---

① 中美关系资料汇编：第1辑．北京：世界知识出版社，1960：45C．

② 福森科．瓜分中国的斗争和美国的门户开放政策．杨诗浩，译．北京：三联书店，1958：212．

③ 卿汝楫．美国侵华史：第2卷．北京：三联书店，1956：465．

四、列强对华的经济扩张

列强在瓜分中国的过程中，还向中国大量输出资本，形成了这一时期对华进行经济侵略的新特点。当时，列强向中国输出资本的主要方式有：

1. 向清政府进行政治贷款

《马关条约》规定清政府要在三年内偿付对日赔款白银2亿两，后来又加上赎辽费3 000万两。由于清政府战争消耗大，财政极为困难，1894年财政收入尚不足8 900万两①，根本无力筹还。列强认为这是掠取特权的大好机会，争相兜揽借款。在列强的争夺和逼迫下，清政府在甲午战后三年多的时间里，先后三次向列强借款。

第一次是1895年7月向俄法集团所借的“俄法洋款”。清政府鉴于此前外债大部分借自英国，并且总税务司赫德竭力拉中国向英国借款，便与英国银行秘密商谈有关事宜②。而此时，俄、德、法三国又正与日本谈判“还辽”问题，当三国得知中国正与英国银行商谈借款时，都扮成中国的“朋友”出来阻止。德国暗示俄国驻德代办，德国有借款之意，沙俄外交大臣罗拔诺夫对清驻俄、德等国公使许景澄说：“此事俄国户部已筹良策，有益中国，预备询商。”“先商俄国，方见交谊。”③ 但俄国的金融资本力量薄弱，一时无法独占借款利益，便拉法国金融界和它合伙。

1895年5月，俄、德、法三国都向中国表示愿意借款，总理衙门的意向是三国分借，但俄国不愿他国参与，俄财政大臣维特威胁说：“少借须加息、扣”。四天后，罗拔诺夫又表示：“俄、法一气，无庸虑；德国一边，可另想办法。”并称：“他国银行［分借］，万办不到，分办不如勿借。”④ 当时三国干涉还辽正在进行之中，因此他的表示对清政府是很有分量的政治压力。清政府不得不接受了俄法合借的款项。7月6日，总理衙门派许景澄同俄法银行团代表在圣彼得堡签订中俄《四厘借款合同》，规定借款4亿法郎（折银9 800余万两），年利4厘，折扣94.125%，期限36年，中国以海关税收担保，起债后6个月不向别国借款⑤。同时还规定，中国若不能如期付还本利时，由俄法银行团代为付给，“惟中国国家应另许俄国以别项进款加保；至另商加保之事，应由两国大臣在北京办理”，即增加了对清政府的经济与政治压力。并且，“中国声明无论何国何故，决不许其办理照看税入等项权利；如中国经允他国此种权利，亦准俄国均沾”⑥，即中国不许他国干预财政监督或行政权，否则俄国也要干预。俄国还强迫清政府接受《四厘借款声明文件》，使俄、法通过借款插手中国海关行政管理，1896年中国海关就增加了俄、法人员的名额，因此发生了俄、法两国与英国争夺中国海关控制权的严重矛盾。《泰晤士报》忧心忡忡地预言，俄国以后会继续提供借款，把中国海关抓在手里。俄国公使喀西尼在1896年底的报告中得意扬扬地写道：“我敢毫不夸张地说，英国过去这么多年在远东特别是在北京享有的强大的感召力，几乎已经无影无踪了……英国在这

---

① 刘岳云．光绪会计表：卷一．教育世界社，清光绪二十七年（1901）．

② 马士．中华帝国对外关系史：第3卷．张汇文，等译．上海：上海书店出版社，2006：123．

③ 中国近代经济史资料丛刊编辑委员会．中国海关与中日战争．北京：中华书局，1983：161．

④ 王彦威．清季外交史料：卷一一一．北京：书目文献出版社，1987：11．

⑤ 同④18．

⑥ 同③181．

里彻底丧失了先前那种优势大国的作用。”① 而俄国却通过干涉还辽，提供借款，加强了对清政府的政治控制。

第二次是 1896 年 3 月向英德集团所借的“英德洋款”。清政府实得俄法借款 9 000 多万两，偿付第一期对日赔款 5 000 万两、赎辽费 3 000 万两后，所余无几，不得不再度举债。由于俄法借款时，清政府曾答应英、德两国可有下次借款权，英国驻华公使便向清政府宣称：若清政府不向英国借款，英国将“不惜诉诸武力”。英国银行家得知俄国有意承揽第二次大借款，十分紧张，立即与德国银行家商量对策。英、德两国外交部就借款问题进行频繁的接触。新任英国驻华公使窦纳乐和德使绅珂一再到总理衙门要求尽先履行向英、德借款的许诺。1895 年 12 月，英德银行团达成协议，由两国公使向中国提出借款条件：汇丰、德华两银行合借 1 600 万英镑（约合银 1 亿两），年息 5 厘，折扣 95%，佣金 5.5 厘。清政府嫌利息太重，要求降到 4.5 厘，英、德拒不答应。总理衙门为了获得低息借款，与其他国家洽商。俄、法、美等国都不愿放过这个机会。俄大臣维特 1896 年 1 月上旬提出由俄、法、德、荷四国金融界共同承借的建议。英国闻讯坚决反对。德国银行家鉴于在第一次借款中被俄国摈弃，发誓不再与俄国合作。维特的建议因而失败。法国财政部敦促该国金融界承办借款，施阿兰奉令向总理衙门竭力兜揽，最初表示借款利息仍为 5 厘，但折扣必较英、德大减。但多次磋商后，仅仅减少佣金 5 毫，折扣反增到 90%②。3 月 6 日，施阿兰到总理衙门“大肆咆哮”，胁迫清政府接受法方条件，引起总署大臣极大反感。在俄、法等国竞争下，英、德稍稍放宽了借款条件，答应免去佣金，折扣改为 94%。总理衙门决定向英、德借款，并通知赫德经办③。3 月 7 日，赫德与英、德两国银行谈妥借款。总理衙门随即停止与俄、法的谈判。3 月 23 日，清政府与汇丰、德华银行订立借款合同，借款总数为 1 600 万英镑，汇丰、德华各出一半，年息 5 厘，折扣 94%，海关收入做抵，36 年还清。借款合同还规定，借款偿还期内，中国海关总税务司职位一直由英国人充任，从而使英国获得了控制中国海关行政 36 年的保证。

第三次是 1898 年 3 月再次向英德集团续借的“英德洋款”。清政府从 1897 年开始筹借第三期对日赔款。英德集团再一次压倒俄法集团，取得了这次借款权。1898 年 3 月，《续借英德洋款合同》（又称《英德续借款合同》）签字，借款总额 1 600 万英镑（约合银 1 亿两），仍由汇丰、德华两银行贷给，折扣 83%，年息 4.5 厘，分 45 年还清，以苏州、淞沪、九江、浙东等处货厘及宜昌、鄂岸盐厘为担保。通过这笔借款，英国又获得控制上述各地常关 45 年的保证，此外还取得了一些地区的厘金抵押权。

以上是清政府在 1895 年至 1898 年为偿付对日赔款而举借的三次外债，这三次外债与甲午战争前举借的外债有重要不同。甲午战争前，商品输出是资本主义国家对中国经济侵略的重要方式，资本输出为数很少。据不完全统计，从 1853 年到 1893 年，清政府共借外债 43 次，总金额为银 4 500 多万两④，地方政府向外国银行举借的外债，数目不

---

① 王彦威．清季外交史料：卷一一一．北京：书目文献出版社，1987：18.
② 王彦威．清季外交史料：卷一一三．北京：书目文献出版社，1987：19.
③ 王彦威．清季外交史料：卷一二〇．北京：书目文献出版社，1987：7.
④ 徐义生．中国近代外债史统计资料（1853—1927）．北京：中华书局，1962：5.

大，债期也短，偿付本息并不困难，全部借款在战前已经还清。甲午战争后，情况就完全不同。清政府为筹措对日赔款，三次举借巨额外债，各大国金融资本家把对华贷款视为利薮，由其政府出面抢先揽夺，恣意胁逼，“闹得总理衙门像个大拍卖场”①。战后4年间的三次大借款，数额巨大，共合银30 900多万两，除去外国银行回扣，清政府实得26 200多万两，几乎都用于对日赔款。这笔外债使清政府须每年偿付本息2 000多万两，这相当于一年的关税收入②。清政府的财政因此更加困难，不得不继续大量举借外债。结果，中国在金融上和经济上更加依赖列强。几次偿日借款使俄法财团获得厚利，更使英德银行大发横财。更有甚者，列强在借款合同和有关协议议定书中还附加许多政治性条件，其中特别重要的是：第一，在英德两次借款合同中都规定在还款期间，中国海关管理办法不变，即继续由英国人主管。第二，借款除以海关税收担保外，还规定以某些地区的厘金和盐厘做担保，并由海关总税务司英国人赫德派人代收，这就扩大了赫德的权力，使他能够更直接地干涉中国财政。借款合同所附加的这些政治性条件，说明这些借款不是一般性借款，而是政治性借款。列强企图通过这种政治性借款对中国进行“和平吞并”。甲午战前，清政府财政收入主要用于供养皇室、庞大的官僚体系，财政收支大体平稳。甲午战后，平衡被打破了，外债、军费、洋务成为当时清政府的三大支出，“近今之大费有三，曰军饷，曰洋务，曰息债”③，外债成为清政府一项重要财政支出。中国财政失去独立，从此日益陷入外债的罗网之中。

2. 争夺中国铁路的投资权

甲午战后几年间，列强在中国共夺取了长达1万余公里的铁路投资权和修筑权。它们控制了铁路沿线的大片土地和资源，有的甚至还享有铁路沿线的行政权和警察权，严重损害了铁路沿线的中国领土主权。

帝国主义为夺取这些铁路的投资权，相互展开激烈的斗争，1898年秋至1899年夏，对卢汉、津镇、粤汉、京奉四条铁路的争夺达到了高潮。1897年7月到1898年6月，俄法集团几经谋划，由比利时银行团出面，取得了卢汉铁路的投资、修筑和经营权。俄国的势力从此可由东北地区直趋南下，沿铁路线伸入河南和湖北，在英国的势力范围长江流域打开了一个缺口。英国为了减轻卢汉铁路的重要性和阻挡俄、法插足长江流域，争到关内外铁路的借款权，向清政府提出了修筑天津至镇江、山西经河南至长江沿岸、九龙至广州、浦口至信阳、苏州经杭州至宁波五条铁路的要求。清政府迫于压力，表示除津镇路另行商议外，其他完全接受。

清政府之所以不敢答应英国修筑津镇铁路，主要因为该路横贯直隶、山东、安徽、江苏四省，地位极其重要，而且美国和德国早已开始争揽。当英国提出修筑这条铁路的要求时，德国竟向清政府表示：德国在山东有修筑铁路的独占权，如果这条铁路不由德国修筑，就不能穿过山东境内。英国被迫和德国政府直接交涉，以两国共同分割英国在非洲的殖民地为条件，来换取德国在津镇铁路上的让步。德国觊觎非洲已久，愿与英国

① 范文澜．中国近代史：上册．北京：人民出版社，1979：286.

② 房德邻．清王朝的覆灭．郑州：河南人民出版社，1996：6-7.

③ 周伯棣．中国财政史．上海：上海人民出版社，1981：468.

妥协。双方议定：天津到山东南境的一段由德国修建，镇江至山东南境的一段由英国修建，全线竣工后由双方共同经营。此外，双方还议定：英国的铁路投资范围是长江以南各省和北经河南至山西；德国的铁路投资范围是山东省以及自黄河沿岸至南京一带。这项协定表面上是划分在华铁路投资范围，实际上却公开承认了各自在华的势力范围。英德签订协定后，两国联合向清政府提出承筑津镇铁路的要求，并于1899年5月18日逼迫清政府签订了《津镇铁路借款草合同》。

美国在争夺津镇铁路的过程中受到英、德两国的排挤，很不甘心，便于1898年4月夺取了粤汉铁路的借款权和承筑权。不久，美西战争爆发，修建粤汉铁路的计划被暂时搁置起来。这时，德国倡议欧洲各国干涉美西战争。英国便乘机以反对这一倡议为交换条件，于1899年2月与美国签订协定，议定美国所取得的粤汉铁路允许英国投资，英国所取得的广九铁路也容许美国投资，从而瓜分了粤汉和广九两条铁路的投资权。

英国虽然早在1898年6月就争得了关内外铁路的借款权，但由于俄国的反对，清政府不敢批准借款合同。英国只得与俄国寻求妥协，双方于1899年4月达成协议，议定俄国保证不在长江流域进行铁路投资，同时也不直接或间接妨碍英国在长江流域的铁路投资；英国则保证不在长城以北地区进行铁路投资，同时也不直接或间接妨碍俄国在长城以北地区的铁路投资。从此，双方互相划定了在华的铁路投资范围，瓜分了中国的铁路权，进一步巩固了各自在华的势力范围。

铁路借款和铁路修筑是帝国主义对华资本输出的一个重要内容。甲午战后，列强竞相掠夺中国路权。从1896年法国强求承办广西镇南关到龙州的铁路开始，至1898年11月止，俄、英、德、法、美等在三年内共掠得长达6 420英里（约10 336公里）的铁路修筑权[①]，其中英国2 800英里，俄国1 530英里，德国720英里，比利时650英里，法国420英里，美国300英里。夺得在华铁路修筑权，给列强带来了巨大的经济利益。铁路借款为剩余资本找到了获取高额利润的机会。而且，更为重要的是，谁掌握了筑路权，谁就控制了铁路和铁路沿线的广阔地区，它的政治势力和影响也就到达那里。因此，争夺铁路权的斗争和划分势力范围的斗争是紧密联系、互为因果的。也正因为这样，中国近代的铁路分布并不取决于中国自己发展经济的需要，而取决于列强在华划分势力范围的需要。

3. 投资工矿企业的竞争

1896年，美国首先和中国“合办”门头沟煤矿，外资从此侵入中国矿业。此后，列强纷纷与清政府签订矿务合同，攫取矿产投资权和开采权。到1899年，美国先后夺取了山西平定、盂县煤矿的开采权和四川麻哈金矿的开采权；英国先后夺取了四川全省和山西盂县、平定、泽州、潞安以及河南怀庆附近地区的矿产开采权，还夺取了热河朝阳煤矿的开采权；俄国除了夺得中东铁路及其支路沿线的矿产开采权外，还攫取了新疆全省金矿的开采权；法国先后取得了四川灌县、犍为、威远、綦江、合州、巴县煤矿的开采权和四川金矿的开采权；德国先后取得了山东胶济铁路两旁和沂水、沂州、诸城、潍县、烟台等地矿产的开采权。

---

① 英国议会文件（British Parliamentary Papers，China），1899，1：341.

甲午战前，外国资本在中国设立的工厂已有80余家，资本总额约为2 800万元，大多为船舶修造厂和原料加工厂。1895年至1900年，列强在华设厂总数激增到933家，资本雄厚的怡和纱厂、老公茂纱厂、增裕面粉厂、鸿源纱厂、三井制面厂、美国机器碾米厂和美国纸烟公司都是这时期建成的。外资企业已经伸入到中国的各个经济部门。它们利用中国的廉价劳动力和原料，节省了运费，又享有免纳种种苛捐杂税的特权，从而攫取了巨额利润，严重排挤了中国民族企业的产品。

19世纪末，列强对中国进行疯狂经济掠夺，中国面临着被瓜分的危险。在民族危亡的空前刺激下，中国人民用各种不同的方式纷纷掀起挽救民族危亡的斗争。以康有为、梁启超为代表的维新派在这个时期提出了全然不同于洋务新政的变法方案，突出了制度变革的价值与意义：“一切要其大成，在变官制。”① 一个全民族的变法救亡潮流在中国大地上开始奔腾不息。

第二节　维新运动的初步发展

一、维新思想的主要代表

甲午一战，中国的惨败固然不能简单地说宣告了洋务运动的失败，却也使30多年的洋务自强顿挫不振。当时，将战败归咎于洋务运动已成为一种社会舆论。朝野上下都认为需要一场更为彻底的改革，才能够挽救败亡之局，尽管不同身份、立场的人对变革的性质、范围和领导权的问题存有分歧。19世纪80年代后期代表早期维新派的一批知识分子批评洋务运动，要求“变法革新”的主张，很快得到传播，并且逐渐形成了一股社会思潮。新思潮的主要内容认为只有向西方学习，引进西方先进政治制度，从本原上变革，才能使中国转弱为强，以挽救迫在眉睫的瓜分危机。其代表人物有康有为、梁启超、严复、谭嗣同等。

1. 康有为及其变法理论

康有为（1858—1927），广东南海人。他出身于富裕的官宦家庭，少年时期受到严格的儒家传统教育。幼时志向远大，自视甚高，但19岁时首次参加乡试，名落孙山，羞愤难当，拜广东著名理学大师朱次琦为师，在其门下受教多年，从而打下理学的坚实基础。朱次琦治经学，注重大义，讲求致用，给康有为的思想打下深深的烙印。1878年冬，康有为“渐厌旧学”，离开朱次琦入西樵山“习静”。两年后走出这段心智上的迷失，回乡重新开始读书生活，所读之书扩展到西学知识。

1879年的冬天，康有为首次前往香港。这一次为时短暂、浮光掠影的游览，却给了康有为耳目一新的震撼。他目睹了香港“西人宫室之瑰丽，道路之整洁，巡捕之严密，乃知西人治国有法度，不得以古旧之夷狄视之”②。此后，对上海租界的游历进一

① 梁启超．论变法不知本原之害//戊戌变法：第3册．上海：神州国光社，1953：21.

② 康南海自编年谱//戊戌变法：第4册．上海：神州国光社，1953：115.

图 5-2　康有为

步加深了他的这一印象。西人治下的香港、上海租界是西人治国最直观的缩影，之所以如此，必然有其原因，非致力研究一番不可。从此遂“渐收西学之书”，将学术文化的注意力移向西学。1882 年，他离乡出游京师，道经上海时，“悉购江南制造局及西教会所译出各书，尽读之”①，“自是大讲西学，始释故见”②。他从非常有限的西书及报纸中获得了不少知识，能“举一反三，因小以知大，自是于其学力中，别开一境界”③。他认识到西方国家的制度比中国古老的封建制度更优越，主张向西方国家学习，抵抗侵略，使中国独立富强。

1888 年，康有为到北京参加顺天乡试。当时，民族危机日益严重，康有为具有敏锐的感觉，认为这个时候若赶紧变法维新，还可以挽救危局，如果再迁延下去，将不可救药。10 月 9 日，写了一篇长达五千字的“上皇帝书”，陈述变法图强的必要性和紧迫性，指出：如果继续因循守旧，则“强邻四逼于外，奸民蓄乱于内，一旦有变，其何以支?”他要求皇帝赶紧“变成法，通下情，慎左右”，以挽救国家的危亡④。这是康有为把酝酿已久的变法思想变为正式建议的开端。这份送到国子监的上书，虽被国子监官员拒绝转呈给皇帝，但其内容却在京城里广泛传播。康有为一时名声大噪。

1888 年的顺天乡试中，康有为本来已被定为第三名，但主考官是极其保守顽固的官僚，对康有为极其不满，竟把康有为已被录取的试卷取出来，判为“如此狂生，不可中”，以致康有为中举失败。乡试和上书言政均告失败，使康有为深受刺激。他

---

① 梁启超. 南海康先生传//戊戌变法：第 4 册. 上海：神州国光社，1953：9.

② 康南海自编年谱//戊戌变法：第 4 册. 上海：神州国光社，1953：116.

③ 同①.

④ 康有为上清帝第一书//戊戌变法：第 2 册. 上海：神州国光社，1953：127.

决心创立一种不拘泥于常规的新理论，以推动变法。1889 年，他在广州会见了著名今文学家廖平，多受其启发，从尊尚古文经学转向尊尚今文经学。此后，他把今文经说和西方社会政治学说相结合，杂糅多说，创立新见，为变法制造理论根据。康有为认为：“欲任天下之事，开中国之新世界，莫亟于教育。”① 1890 年起，康有为在广州设立“万木草堂”，招收学生讲学，宣传他的主张。他讲课的主要内容已不同于传统中学授课模式，而是中西兼顾，“大发求仁之义，而讲中外之故，救中国之法”②。陈千秋、梁启超、麦孟华、徐勤等人，就在这时拜康有为为师，其中不少人后来成为变法维新的骨干。

1890 年至 1893 年，康有为在广州一面聚徒讲学，积极培养维新变法的骨干，一面致力于理论方面的著述，其诸多著作中，最重要的有《新学伪经考》、《孔子改制考》和《大同书》。

《新学伪经考》是康有为撰写的第一部关于变法维新的理论著作，1891 年刻版发行。所谓“新学”，并不是指“新旧”的“新”，而是指“新莽”的“新”（王莽的国号为新）。所谓“伪经”，系指古文经。康有为在此书中极力辨明：汉朝刘歆所争请立于学官的几种古文经书，即《周礼》《逸礼》《毛诗》《左氏春秋》等书，都是伪造的。他指出刘歆伪造古文经书，系为了替王莽夺取政权制造理论根据，因而湮灭了孔子的微言大义。他认为清朝的古文经学家不辨真伪，所高谈的“汉学”，实际上不配称为“汉代之学”，只能称为“新代之学”（简称“新学”）。康有为所提出的理论，在学术上是否成立，确大有商榷余地。但他一针见血的观点、大胆的假设和尖刻的批评，如同思想界之一大飓风，激发起怀疑精神，把历代王朝视为不可侵犯的古文“经典”，公然宣布为“伪经”，对维护封建统治的理论提出了挑战。

《新学伪经考》一书刊行后，立即有各种不同的翻版和石印本出现，在社会上流传颇广。康有为第二部著名的理论著作是《孔子改制考》。这部书从 1892 年开始写起，于 1896 年才最终定稿，次年在上海刊行。在该书中，康有为极力发挥今文经学家所主张的孔子“托古改制”的理论。他认为儒家所尊奉的经典——六经，都是孔子所作，古人说“孔子删述六经”的看法是完全错误的。他着重指出，孔子为了改变当时的社会现状，按照自己的观点，假托古人的言论而著述六经。他相信尧舜便是孔子改制所寄托的古代先王，历史上究竟有无尧舜其人已不可知，即使真有其人也至为寻常。他强调经典所载的尧舜的盛德大业，完全是由孔子按自己的理想构成。孔子著述六经并借此推进改制，其他的周代和秦代思想家也像孔子一样提倡改制，所有这些人都在取法过去的托词下为自己的行动辩护。很显然，康有为打出孔子托古改制的旗号，是企图利用孔子这个招牌来为变法维新制造理论根据和历史根据。

在《孔子改制考》一书中，康有为又根据公羊学派的理论，发挥了“通三统”“张三世”的学说。所谓“通三统”，即夏、商、周三代不同，当随时因革。所谓“张三世”，是说中国社会历史的发展可以分为三个阶段，即据乱世、升平世、太平世，愈变

---

① 谢国桢. 近代书院学校制度变迁考. 台北：文海出版社，1979：20.

② 康南海自编年谱//戊戌变法：第 4 册. 上海：神州国光社，1953：124.

愈进步。他把这种“三世说”的理论和古代典籍《礼运》篇中的“小康”及“大同”的思想结合起来，认为升平世即“小康”之世，太平世则为“大同”之世。他说：“乱世者，文教未明也；升平者，渐有文教，小康也；太平者，大同之世，远近大小如一，文教全备也。”① 他还指出，人类最初生活在据乱世，那时尚无文明，与之相适应的政体是君主专制；以后进入升平世，与之相适应的政体是君主立宪；最后进入太平世，文明高度发展，与之相适应的政体是民主共和。康有为还特别强调社会历史的发展必然沿着一个个阶段前进，也就是必然要由据乱世进入升平世，由升平世进入太平世，绝非人力所能阻挠，他指出：据乱世、升平世、太平世“特施行有序，始于粗粝而后至精华”②。

很显然，康有为的“三世说”，实际上是一种进化论的历史观，已完全不同于《公羊传》的“三世说”，他赋予古老、简单、抽象的“三世说”以崭新、丰富、具体的内容，借以说明从君主专制到君主立宪再到民主共和的历史发展方向。这样，康有为就为中国的维新运动建立起一套比较系统的社会发展史观，只是披着儒学的外衣。它反映了19 世纪末 20 世纪初中国社会发展的基本趋势。

如果康有为的第一本书是飓风，那么第二本就是“火山大喷火”③，给知识界以巨大震撼。顽固保守派指责他“假素王之名，行张角之秘谋”④，“明似推崇孔教，实则自申其改制之义”⑤；正统的儒家学者给他的解释以“野狐”的污名。他的书被严禁，但他却声名鹊起。

康有为的另一重要著作为《大同书》，初稿叫作《人类公理》。他除了对自己的几位得意门生陈千秋、梁启超等授《大同书》的内容外，最初并没有公开宣传。在此书中，他通过自己丰富的想象力，绘声绘色地描述了他理想中的社会远景，认为在未来的“大同”社会中，没有国家和家庭，在各种工作中，男女一样服务，人人享有参与政权的权利，各级政府均由人民选举。他看出私有财产是导致人类生活痛苦和社会发生争乱的根源，因此，他觉得在“大同”世界中，私有财产制度已经不复存在，社会上也没有欺诈和掠夺的行为，人人都从事劳动生产，由政府抚养和教育社会上的每一个成员。至于如何废除私有财产制度，他认为在家庭消灭之后，人人都将不愿意再保有私有财产，私有财产制度便自然消灭了。

康有为的这种“大同”思想，既充满了民主主义的平等精神，也包含着更多的社会主义的空想。他没有公开宣传大同思想，是由于认为当时的中国社会处于“据乱世”的阶段，只能以“小康”之义来挽救，如果宣传“大同”的道理，就会使中国社会陷于更加紊乱的状态。

2. 梁启超及其变法思想

梁启超（1873—1929），广东新会人。从小熟读四书五经，8 岁能作诗文，10 岁中

① 康有为. 春秋董氏学：卷二//姜义华，张荣华. 康有为全集：第 2 集. 北京：中国人民大学出版社，2007：671.

② 康有为. 孔子改制考：卷十二. 北京：中华书局，1958：284.

③ 梁启超. 清代学术概论//饮冰室合集：专集之三十四. 北京：中华书局，1989：57.

④ 叶德辉. 翼教丛编：卷四. 台北：文海出版社，1971：35.

⑤ 同④82.

图 5-3 梁启超

秀才，享有“神童”的称号。12 岁考入书院治帖括之学，15 岁入广州学海堂习训诂词章。17 岁中举。

1890 年，康有为在广东讲学。梁启超以弟子礼拜谒康有为。初次见面，康有为就对训诂词章之学大加抨击，指斥其不切实际，迂腐琐屑，是千年来无用的旧学，八股士人只知功名利禄，专习帖括之学，终将一无所志、一无所知。康有为所言，对梁启超无异于冷水浇头、当头一棒。他十多年来所习帖括、训诂词章，竟被康有为批驳得体无完肤，不禁大吃一惊，回家后终夜未入睡。第二天，他又去拜谒康有为请教为学方针。康有为“教以陆王心学，兼及西学和史学”，使他心悦诚服。对新鲜事物极其敏感的青年知识分子梁启超在康有为的启发下，觉得非抛弃旧学而改学西学不可，于是，他退出学海堂，改从康有为受业，“生平知有学自兹始”①。

1890 年至 1893 年，梁启超一直在康有为的门下受业，广泛阅读中西名著。康有为正从事《新学伪经考》与《孔子改制考》等书的著述，他则从旁帮助编纂与校勘。虽然他基本上接受了康有为的一套学术思想与政治主张，但在某些问题的看法上，师生之间并不相同。如梁启超认为康有为《新学伪经考》一书，“大体皆精当，其可议处乃在小节目”②。他不同意康有为所提出的《史记》《楚辞》经刘歆篡改者达数十条的说法，尤其反对康有为所坚持的某些出土的钟鼎彝器均为刘歆私铸埋藏以欺后世的主张；又如梁启超虽然同意康有为《孔子改制考》一书所发挥的孔子“托古改制”的基本理论，但是，他反对康有为“以神秘性说孔子”。康有为虽然写成了《大同书》，但不愿意公开宣传。梁启超读了《大同书》初稿后，坚决主张宣传其中一部分理论。

① 丁文江，赵丰田. 梁启超年谱长编. 上海：上海人民出版社，1983：23.

② 梁启超. 清代学术概论//饮冰室合集：专集之三十四. 北京：中华书局，1989：57.

1896年8月至1897年11月，梁启超写出《变法通议》《论报馆有益于国事》《西学书目表》《古议院考》《论中国积弱由于防弊》《论君政民政相嬗之理》《论加税》《论群自序》等重要论文，先后在《时务报》上发表，较为系统而详细地宣传了变法维新的理论。

他根据西方进化论的观点，阐述自然界中的一切事物都在不断地变化，进而推论人类社会中也没有一成不变的制度。他相信人类社会中的各种制度，由上古、中古以至近代，已经不知经历了多少次变化，人类社会中的各种制度必须随着时代的变化而变化，这是“古今之公理”。他还列举了1840年清政府由“闭关自守”一变而为“开埠通商”，由“刀矛弓石”一变而为“洋枪洋炮”。他请求清政府仿效日本明治维新，掌握变法的主动权，使国家强大。不然的话，中国就会像印度、波兰和土耳其，走上殖民地的道路。他还尖锐地批驳了洋务派所创办的“自强”新政。他认为富强之道，绝不是如洋务派所主张的“练兵置械”，必须由社会改革入手。他在批判守旧的“墨守祖宗成法”思想及洋务派的“练兵置械”思想后，提出了自己的变法主张。他认为“变法之本在育人才，人才之兴在开学校，学校之立在变科举，而一切要其大成在变官制”①。他指出清朝吏治的败坏已达到了中国历史上空前未有的程度，如将变法的事业委诸这群“肉食官吏”之手，必将一事无成，因此，他提出了“变法”必先“变人”的主张，要求清政府破格擢用新人才，逐渐淘汰旧官吏，改革官制。

他还极力称颂西方国家的议会政治，认为中国应该解决的基本问题，是封建专制的“政体”问题，并且提出了在中国设立议院的主张。根据西方国家的“民权学说”，他提出“伸民权”的政治主张，他把历代专制帝王斥之为“民贼”，认为“君权日益尊，民权日益衰，为中国致弱之根源”②，呼吁“伸民权”、“设议院”、行君主立宪，是变法维新中最根本的问题。他满怀信心地说：“西人百年以来，民气大伸，遂尔浡兴，中国苟自今日昌明斯义，则数十年其强亦与西国同，在此百年内进于文明耳。”③

梁启超是19世纪末鼓吹维新变法的思想启蒙人物，是一位出色的鼓动家。他的文章一泻千里，酣畅淋漓，热情充沛，震撼人心，说服力和感染力都极强。他在《时务报》上所宣传的维新变法思想及“民权”学说，对当时中国古老的思想界起了振聋发聩的作用。

在这种日益复杂的思想激荡时代背景下，还有两个人物扮演着领袖群伦的角色，其一是严复，另一位是谭嗣同。

3. 严复与《天演论》的思想传播

严复（1854—1921），福建侯官人。他在14岁的时候，便考入了福州船政大臣沈葆桢所主持的福州船政学堂，很得沈葆桢的赏识。1877年被派往英国留学，1879年回国后充任福州船政学堂教习。次年到李鸿章创办的天津水师学堂担任总教习。由于留学英国的经历，严复广泛地接触到西方自然科学与社会科学，不但精通西方语言，而且直接体验过西方社会。

① 梁启超．变法通议//饮冰室合集：文集之一．北京：中华书局，1989：10.
② 梁启超．西学书目表序例//饮冰室合集：文集之一．北京：中华书局，1989：128.
③ 梁启超．与严幼陵先生书//饮冰室合集：文集之一．北京：中华书局，1989：109.

图 5-4 严复

《马关条约》的签订使严复备受刺激，尤感屈辱，民族危亡之忧深植于心。1895 年至 1898 年，他在天津报纸上发表了《论民变之亟》等一系列文章，用“天赋人权”说批判封建专制，宣传维新变法，提出挽救民族危机和政治改革的观点。他所创办的《国闻报》很快成为当时华北地区最主要的报纸，与梁启超在上海主编的《时务报》遥相呼应，宣传维新变法。他对洋务派的“自强新政”十分不满，认为救亡自强，必须学习西方的社会政治制度和思想文化。他先后翻译了赫胥黎的《天演论》、亚当·斯密的《原富》、孟德斯鸠的《法意》和斯宾塞的《群学肄言》等书，比较系统地介绍了西方的政治、社会学说。其中，影响最大的是《天演论》一书。在严复介绍西学之前，西学在中国传播主要由在华传教士承担。他们翻译的书籍侧重自然科学方面的内容，社会科学著作较少，质量也不尽如人意。严复以传播西学为己任，以《天演论》为开端，开始了独自系统地介绍西学的宏大工程，成为西学东渐进程中的枢纽性人物。

《天演论》译自英国博物学家赫胥黎的论文集《进化论与伦理学》中的前两部分。严复翻译了其中的主要内容，并附加了许多按语以阐发他自己的见解。这部书在 1895 年已译成初稿传抄，1897 年 12 月才在《国闻报》上陆续发表。严复认同斯宾塞的观点，认为人类社会的发展也和自然界其他生物一样，都是遵循“物竞天择”的自然规律，强者、智者获得生存，弱者、愚者被淘汰。这种社会达尔文观点为帝国主义弱肉强食提供了理论依据，但在当时中国面临瓜分危机的特殊历史条件下，却起到了积极作用。严复之所以翻译此书，正是由于《天演论》“于自强保种有关”①。严复站在挽救民族危亡的反侵略立场大声疾呼，中国如果再不变法图强，就无法逃脱“优胜劣败”“弱

① 严复. 天演论. 北京：中国青年出版社，2009：自序.

者先绝”的亡国厄运，号召学习西方，“与天争胜”，“自强保种”。《天演论》出版后，立即风靡全国。它以“物竞天择，适者生存”的残酷法则敲响民族危亡的警钟，激发了国人合群保种意识，促进了中国现代民族主义的形成，为救亡运动提供了强大的动力。它还从根本上改变了人们的世界观，开辟了思想史上进化论时代，直接为戊戌维新提供了基本的思想武器。“物竞天择，适者生存”也成为社会上广泛流行的口头禅。康有为读到这部书后，称誉严复是中国精通西学第一人，并在《孔子改制考》中吸收了进化论的观点。梁启超也对严复介绍的进化论，在《时务报》上大力宣传。可以说，《天演论》是严复对戊戌维新以至于整个近代中国最大的贡献。严复也因此成为中国近代史上杰出的启蒙思想家。

4. 谭嗣同及其《仁学》

谭嗣同（1865—1898），字复生，号壮飞，湖南浏阳人，清末巡抚谭继洵之子，善文章，好任侠，长于剑术。少年时代曾在浏阳著名学者欧阳中鹄的指导下学习和钻研王夫之与黄宗羲的著作。后来多次游历南北各省，考察民情，结交名士。他看到祖国各地的壮丽河山，又目睹国家和人民的深重苦难，增加了对祖国的热爱和对现实的不满。甲午战争的惨痛失败，进一步激发了谭嗣同的爱国思想。他逐渐对中国古代的儒家经典和治国思想开始怀疑，并开始由信奉“中学”向主张“西学”转变。他努力钻研西方的自然科学和社会政治学说，热烈地主张变法维新，成为维新运动中杰出的思想家、理论家和政治活动家，是戊戌时期最激进的维新志士。

图 5-5　谭嗣同

1896 年春，谭嗣同到北京结识了梁启超等维新派人士，积极地投身于变法救亡运动。1897 年 1 月，谭嗣同完成了他的主要哲学著作《仁学》，系统地阐述了他的哲学观点和社会政治思想。这部书杂糅儒、释、道、墨各家和西方自然科学、社会政治学说，构成一种独特的哲学体系。《仁学》明确指出：“变法则民智”，“变法则民富”，“变法则民强”，“变法则民生”。《仁学》力图从圣教之旨、自然之理、孔子改制之道、《春秋》“三世”之义，证明“变化”“日新”是事物发展的规律；“变化”“日新”则存，反之则亡，从而为变法维新提供哲学依据。谭嗣同还大声疾呼：“网罗重重，与虚空而无极。初当冲决利禄之网罗，次冲决俗学若考据、若词章之网罗，次冲决全球群学之网罗，次冲决君主之网罗，次冲决伦常之网罗，次冲决天之网罗，次冲决全球群教之网罗，终将冲决佛法之网罗”①，矛头直指君主专制制度。他不顾“非圣无法”的压力，大胆揭露维护封建统治秩序的纲常名教的虚伪性，愤慨地指出：“俗学陋行，动言名教，敬若天命而不敢渝，畏若国宪而不敢议。嗟呼！以名为教，则其教已为实之宾，而决非实也。又况名者，由人创造，上以制其下，而不能不奉之，则数千年来，三纲五伦之惨祸烈毒，由是酷焉矣。”谭嗣同对“三纲”中的“君为臣纲”，抨击尤为激烈。他说：“二千年来君臣一伦，尤为黑暗否塞，无复人理，沿及今兹，方愈剧矣。”② 谭嗣同反对君主专制的激进态度，使他的社会政治思想闪烁着朦胧的革命意识。

图 5－6　维新派代表人物的著述

二、公车上书

1895 年 4 月，康有为在京参加会试期间，传来了日本逼签《马关条约》的消息，举国上下无不痛心疾首。先是京城官员“各具公疏，大臣中单疏者亦十余人”，请求拒和，紧接着“各省之公车会试京师者亦联名具疏，请都察院代奏”③，反对签约求和。在全国反对签订卖国条约的巨大声浪中，康有为愤慨异常，连夜起草了一封长达一万四千余字的“上皇帝书”，试图征集在京应试举人签名，递交都察院代奏。力主议和签约的军机大臣孙毓汶闻知后，立刻派人到举人居住的各会馆进行威胁、阻挠，一些举人怯而退出，结果“万言书”未能递交都察院，但已在社会上广为传抄。康有为策动举人上

① 谭嗣同．仁学//蔡尚思，方行．谭嗣同全集：下册．增订本．北京：中华书局，1981：290.

② 同①337.

③ 朱诚如．清朝通史：光绪宣统朝．北京：紫禁城出版社，2003：327.

书事件，史称“公车上书”[1]。

康有为在“万言书”中痛陈对日割地、赔款，必将引起民心丧失、列强接踵而至的严重后果，提出“拒和、迁都、练兵、变法”的主张，请求皇帝“下诏鼓天下之气，迁都定天下之本，练兵强天下之势，变法成天下之治”[2]，即请求皇帝下罪己诏，处分丧权辱国的大臣；迁都西安，整军再战；加紧练兵，将对日赔款移作军费；发愤变法，推行“富国”“养民”“教民”之法。还提出以府县为单位，每十万户公举一个“议郎”，供皇帝咨询和讨论重要政令，中央及地方的一切重要政令和筹饷事宜，均由“议郎”开会讨论，经过多数同意后，立即由政府执行。全体“议郎”每年更换一次。此项建议，实质上具有仿行议院的立意。康有为认为这四项中的前三项都是“权宜应敌之谋”，变法才是立国自强的根本大计。

“公车上书”是19世纪90年代中国士人第一次作为一个社会政治力量表现出的群众性爱国行动，虽然参加者均是举人，局限于知识阶层，但其联系广泛，对社会震动和影响很大。它冲破了清政府不准“士人干政”的禁令，提出了维新变法的变革主张。它虽然没有阻止《马关条约》的签订，但这次爱国知识分子的上书请愿，却将酝酿多年的维新变法思潮推进为爱国救亡的政治活动，直接作用于社会政治变革，从而将思想的影响转变为社会的变动。“公车上书”后，要求变法革新的呼声日益高涨，很快酝酿为举国同声的大潮，站在潮头的康有为也从此取得了维新运动领袖的地位。

“公车上书”后不久，康有为考中进士，由于顽固派的阻挠，他并没有进入士人渴望的翰林院，而是去了六部中最微不足道的工部任主事。未到工部就主事之职的康有为，决定集中精力通过一连串的上书来获取皇帝的注意，以实现自己的变法主张。同年5月，他又以进士的名义独自呈上一封长达一万三千余字的“上皇帝书”。此时，中日《马关条约》已由清政府批准，并与日本政府互换了约本。康有为在“上皇帝书”中，删去了之前“公车上书”时有关拒和、迁都等项建议，而把变法的部分详加发挥，并从多方面申明中国必须进行变法的道理。此外，还提出了“设议院以通下情”的主张，从正面论证了设立议院的必要性。开设议院之论，此前王韬等人早已提出并有所申论，但康有为无疑是直接向皇帝提出此议的第一人。在设立议院问题上，他为了避免顽固势力的反对，特别是为了消除光绪的顾虑，一再解释设立议院并不损害“君上之权”。他说：“至会议之士，仍取上裁，不过达聪明目，集思广益，稍输下情，以便筹饷，用人之权，本不属是，乃使上德之宣，何有上权之损哉？”[3] 他极力要使光绪理解，设立议院对于皇帝是有利无害的事情。这封“上皇帝书”终于在6月3日由都察院转呈给光绪。光绪帝认为，康有为的变法主张或有利于救治危机、刷新政治，并由此获取真正的威权，因此非常重视，遂下令誊抄分送慈禧、军机处和各省督抚。维新派开始取得了光绪皇帝的支持。

---

① 据《辞源》释义，“公车”为汉官署名，汉代曾用公家车马接送应举的人，后来便以“公车”作为举人入京应试的代称。

② 康有为上清帝第二书//戊戌变法：第2册．上海：神州国光社，1953：133.

③ 同②187.

三、帝党的支持

光绪皇帝对变法主张的重视和支持，为维新派的政治进取带来希望。朝廷中的党争权斗为时已久，因光绪亲政、甲午战和等问题，清廷内部的派系分立和矛盾纠葛，大体上演变为“帝党”和“后党”两大势力①，同时也有游移于帝后两党之间的一些洋务派官僚。一般来说，帝党官僚倾向改革，后党官僚反对变法。维新派反对议和、主张变法的要求，也符合帝党官僚的政治需要。因此，维新派和帝党官僚在反对后党、主张变法的政治活动中逐步联合起来，形成新的声势。不过，“在受派系支配的宫廷政治大旋涡中，帝后之间的对峙只是一股成长中的潮流”，虽然“站在皇帝一边的大多数官员是倾向维新的”，却不能简单地“把两宫之间的派系斗争同保守派与维新派之间的思想冲突等同起来”，因为“诸如翁同龢和汪鸣銮等帝党人士，不一定比通常认为是后党的李鸿章、荣禄更具有维新的思想”②。

帝党的代表人物主要有翁同龢、李端棻、宋伯鲁、张元济、陈炽、文廷式等，除了帝师、户部尚书翁同龢之外，大都是一些不掌握中枢要政的中小官吏和文人名士，中枢机要及军政大权仍由慈禧太后及后党官僚把持。户部尚书翁同龢曾担任过同治皇帝的师傅，并负责给两位皇太后讲读古籍和史书。1876 年，他被任命为年幼的光绪皇帝的师傅，任职达 20 年之久，与皇帝建立起了亲密的关系。作为帝党集团的中心人物，他希望通过改革，从李鸿章和张之洞手中夺取领导改革的权力，以改革进取为政治资本，与较为保守的后党相抗衡。为了巩固自己的势力，他向年轻有为的官员与士子寻求支持。因此，康有为等维新领袖便可结为援手，资以利用。

帝党试图利用维新力量，通过变法从后党手中夺取权力，维新派则希望依靠帝党来实现其政治目的。翁同龢与康有为接触频繁，对康有为的才识颇为赏识。他还曾走访康有为，与其反复讨论变法的事宜。翁同龢曾仔细阅读过康有为的有关维新变法的理论著作，并向光绪皇帝密荐康有为。光绪亲政后，许多重大问题的决策仍然必须听命于慈禧太后，所谓“寻常事上决之，稍难事枢臣参酌之，疑难者请懿旨”③，亦即政治、经济、军事方面的大计仍归西太后决断。处于无权地位的光绪皇帝企图通过实行某些改革，推行新政，从慈禧手中夺取统治大权，改变困局。维新派人士则把光绪及其亲信官僚倚为靠山，他们认为“变法本原，非自京师始、非自王公大臣始不可”④。

维新派受到帝党的支持，维新运动开始持续高涨。帝党与维新派的明显结合便是强学会，无论是在北京还是在上海，强学会的成员中都有帝党官员或他们的援助与支持。西太后面对光绪皇帝变法维新的强烈要求，提出“凡所施行之新政，但不违背祖宗大

① 光绪皇帝 4 岁登基，慈禧借姨母身份保留太后资格继续垂帘听政。作为皇太后，她是皇帝的正式母亲，在以孝治天下的王朝传统中，她以尊亲的地位行使权力。1889 年，19 岁的光绪皇帝大婚，按惯例亲政。慈禧不得不“撤帘”，却根本不想“归政”，仍然隐然操控实际大权。朝廷中大多数高级官员都出自她的恩赐并效忠于她，她的心腹军机大臣刚毅、荣禄等，随时向她传达朝内动向。光绪帝也必须经常到颐和园向慈禧太后请安，并请求训示。“皇帝每遇国事之重要者，必先禀商太后，然后降谕。”光绪帝试图改变现状，政治上有所作为，所以朝中逐渐形成了以光绪帝为首的“帝党”和以慈禧为首的“后党”两大势力。

② 费正清，刘广京．剑桥中国晚清史（1800—1911 年）：下卷．北京：中国社会科学出版社，1985：373.

③ 陈义杰．翁同龢日记：第 4 册．北京：中华书局，1992：2262.

④ 康南海自编年谱//戊戌变法：第 4 册．上海：神州国光社，1953：132.

法，无损满洲权势，即不阻止”[1]。但是，复杂微妙且充满变数的朝廷政治生态中，任何一个偶发的因素都会导致局势的瞬间改变。尤其是当维新派走向前台并紧锣密鼓地进行变法时，任何不慎或失误，都会遭到反对派力量的致命反击。在纷扰不断的新旧之争中，西太后在静观其变。

第三节 维新运动的高涨与“百日维新”

一、维新运动的高涨

1. 勃兴的学会与报刊

“公车上书”之后，变法呼声日趋高涨，康有为意识到营造社会舆论并集结社会力量来推动维新事业的迫切性与重要性。在以翁同龢为首的帝党支持下，康有为等维新派人士纷纷在北京、上海、湖南、广东、天津等地创办报刊，组织学会，开办学堂，为变法大造舆论声势。

1895 年 8 月底，北京强学会成立。一批维新派人士和帝党官僚，每十天集会一次，发表演说，演讲“中国自强之学”和挽救民族危亡的道理；探讨政治，研究国是，宣传新知；并出版了《万国公报》（后改名为《中外纪闻》）作为机关报。每次演讲，都吸引大批听众，影响日大，一些地方督抚、将军、道员包括袁世凯亦列名入会。强学会成立后，英、美传教士李提摩太、李佳白、林乐知，甚至当时英国驻华公使欧格讷也纷纷加入，并捐助图书。署两江总督张之洞也为学会捐款。北京强学会是“具有浓厚的官方色彩的组织”，其成员多为朝廷官员，“像康有为师徒这样的布衣或半布衣人士在会中寥寥无几，且不占主导地位”[2]。强学会开近代士民结社之先声，意义重大，一经成立即轰动京师，谤言四起，攻击不断。李鸿章也闻风而来体察情势。

1895 年 10 月，在守旧势力的弹劾和内部纷争的双重压力下，康有为只得离京南下。在南京会见张之洞后，与张达成协议，由张带头出资，康有为在“得风气之先”的上海成立上海强学会，于 1896 年 1 月创刊《强学报》，并刊发章程，规定强学会“是专为中国自强而立，以中国之弱，由于学之不讲，学之未修，故政治不举。今者鉴万国强盛弱亡之故，以求中国自强之学”，其宗旨是“专为联人心，讲学术，以保卫中国”[3]。在上海活动的名士如张謇、黄遵宪、章炳麟、汪康年、陈立三等人纷纷入会，以上海为中心的维新运动迅速在东南地区发展起来。

维新变法的声势愈来愈大，顽固势力的反扑也日益加紧。御史杨崇伊首先发难，于 1896 年 1 月上疏弹劾，说强学会“专门贩卖西学书籍”，“复借口公费，函索外省大员，以毁誉为要挟，请饬严禁”。随即奉谕：“著都察院查明封禁。”3 月间，杨崇伊又奏文

① 濮兰德，白克好司．慈禧外纪．陈冷汰，译．上海：中华书局，1916：135.
② 蔡乐苏，张勇，王宪明．戊戌变法史述论稿．北京：清华大学出版社，2001：324.
③ 汤志钧．康有为政论集：上册．北京：中华书局，1981：177.

廷式“互相标榜，议论时政”，结果文廷式被革职。北京强学会被查封之后，张之洞撤回了他对上海强学会的经费支持。报纸标出的孔子纪年又惹怒了朝廷，上海强学会也随之被解散，《强学报》也只出了三期即告停刊。

南、北强学会被迫解散，再次显示了守旧势力的强势。组织庞杂、宗旨混乱的强学会及其他维新派组织，难以在复杂的局势和阵营变幻中应付裕如。当然，强学会被查封后，维新运动没有因为受挫而止步，维新派仍然继续努力，竭力将变法主张付诸实践，维新运动在全国许多地区得到开展。经过翁同龢、李鸿藻等的策划，在强学会旧址设立官书局，由孙家鼐主持，每月拨给经费银 1 000 两，供购买、翻译外国新书和报刊之用。

1898 年 1 月 29 日，康有为上《应诏统筹全局折》（第六次上书），请求光绪皇帝厉行变法。康有为的上书受到光绪的赏识，这对维新派人士是一个很大的鼓舞。他们根据当时形势发展，联络和发动各省旅京人士组织地区性的学会。在北京相继成立的即有粤学会、关学会、闽学会、蜀学会，接着又出现了保滇会、保川会、保浙会等等。1898 年春，会试举人从全国各地来到北京，经过康有为等人的积极奔走，由御史李盛铎出面和康有为共同倡议，建立了保国会。《保国会章程》第一条开宗明义即提出：“本会以国地日割，国权日削，国民日困，思维持振救之，故开斯会以冀保全。”它以“保国、保种、保教”[①] 为宗旨，并决定在北京、上海各设总会，各省、府、县均设分会，以讲求“内治变法之宜”“外交之故”，讲求“经济之学，以助有司之治”。但由于保国会存在的时间很短，在各地设立分会的计划并未实行。康有为在撰写的《保国会序》中，痛切地指出中国面临的危殆局面，大声疾呼：“惟有合群以救之，惟有激耻以振之，惟有厉愤气以张之。我四万万之人知身之不保，移其营私之心，以营一大公；知家之不存，移其保家之心，以保一大国。”十分明显，保国会是维新派发动和组织的以爱国救亡为宗旨的团体。这个隐然有近代政党雏形的组织，必然会遭到顽固派的恶毒诽谤，他们指使御史文悌上章弹劾，诋毁保国会名为保国，实为乱国；名义保中国，实为置大清于不顾。光绪皇帝对这些诬蔑之词不但拒不听信，而且还为保国会辩护说：“会为保国，岂有不善？”下令将文悌革职。

保国会并不是一个严密的政治团体，其成员的动机各有不同，难以形成具有强固凝聚力的组织。在顽固派的攻击威吓之下，许多投机分子纷纷畏祸退出，连充当保国会发起人的李盛铎，也转而攻击保国会。保国会接连召开了三次大会，会员由二百人减至百人左右，随后不得不停止集会。保国会虽短命夭折，但它发布的宗旨和主张救亡图存、改革政治的演说内容，却被天津、上海、广东各地报纸相继刊载，形成广泛的社会影响，兴办学会以言时政一时成为潮流。“一年之间，设会数百，学者不复以此为戒矣。”[②]“君子不党”的藩篱已不成羁绊。到 1898 年 9 月“戊戌政变”止，短短两三年中各地兴办的各类学会就达 70 余个，有政治性学会，也有各种专门学会，如算学会、测量会、不缠足会、农学会、法律学会、地图公会、工商学会等等，分布在全国 30 多

① 汤志钧. 康有为政论集：上册. 北京：中华书局，1981：233.

② 梁启超. 南海康先生传//戊戌变法：第 4 册. 上海：神州国光社，1953：10.

个城市里，一时成为引人注目的时代新象。

康有为等人认为，建立“学会”既可“学之”以治“愚”，又可“群之”以治“散”，是近代中国人改进学术和制度、增强民族生存发展能力的必不可少的制度性工具。“以群为体，以变为用”，是维新派从事变法维新运动的基本思路，而“学会”正是“群”和“变”最现实的一种结合。“会”以合群聚势，“学”以应变致用。戊戌学会是中国近代社团组织的滥觞，它的诞生标志着中国社会组织结构由传统向现代的转型。同时，在严重的社会政治危机下成立的戊戌学会，一开始就隐含着明显的政治功能，成为中国近代政党的雏形。康有为写道：“割台行成后……开强学会于京师，以为政党嚆矢，士夫云从。”① 它以近代组织的形式对近代中国社会变迁产生了持久而深远的影响。

报刊、学会是一种相互联结、相互依存的关系。“以书报为起点，而以学会为归宿。”② 维新派认识到报纸是在民众中间传播新知识、新观念以及启蒙思想的最为有力的工具。为了推动变法运动的开展，1895 年 8 月底康有为等在北京创办《万国公报》宣传西学，鼓吹变法。开始每期印一千份，随邸报免费分送给北京的官员，曾在部分官员中产生了一定的影响。

上海强学会停办后，它的剩余经费由张之洞的亲信幕僚汪康年用于 1896 年 8 月 9 日创办《时务报》旬刊，黄遵宪也参与创办，并邀请梁启超为主笔。《时务报》从创刊到 1898 年 8 月 8 日停刊，共出刊 96 册。它以新颖的言论，流畅的文笔，风行海内，影响深远，对维新运动的开展起了很大的推动作用。特别是梁启超发表的《变法通议》等一系列论文，揭露和批判封建君主专制的弊害，评介近代西方政治经济制度，进而阐发伸民权、设议院的政治观点，从而比较系统地宣传了变法维新的主张。梁启超宣传变法图强的政论文字，在当时的爱国知识分子和一部分开明官僚中，引起了强烈反响。当时有人说读梁启超的这些文章，“虽天下至愚之人，亦当为之蹶然奋兴，横涕集慨而不能自禁”。数月之间，《时务报》销量增加到一万多份，散布全国 70 个县市，连张之洞也一度对之大加赞赏，称《时务报》“实为中国创始第一种有益之报”。《时务报》成为全国影响最大的政论报纸，《时务报》的有力宣传，不但大大加强了维新变法的声势，而且梁启超的名声也迅速提高，时人把他与康有为并称为“康梁”。

在天津，1897 年 10 月，严复、夏曾佑等创办《国闻报》，另出《国闻汇编》。严复翻译的英国博物学家赫胥黎的《进化论与伦理学》的前两部分（中文译名《天演论》），发表在《国闻汇编》上，着重阐发“物竞天择，优胜劣败”、“保种自强”和“合群进化”的道理，激发国人变法图强的斗志，影响深远。之后，严复还相继翻译了亚当·斯密的《原富》、孟德斯鸠的《法意》、斯宾塞的《群学肄言》和穆勒的《名学》等西方名著，比较系统地介绍了西方近代的政治社会学说，以西方的天赋人权、自由、平等学说武装维新变法的志士仁人，有力地推动了维新变法理论的发展。天津也成为传播真正意义上的西方近代政治学说与思想启蒙运动的重要基地。

在湖南，1897 年 4 月，江标、唐才常等人创办《湘学新报》（后改名《湘学报》），

---

① 汤志钧. 康有为政论集：上册. 北京：中华书局，1981：163.

② 蒙学会公启//戊戌变法：第 4 册. 上海：神州国光社，1953：453.

作为宣传变法的舆论阵地；1898 年春，谭嗣同、唐才常等人组织南学会，创办《湘报》，积极领导湖南维新运动。

东南沿海地区，1897 年 2 月，康有为在澳门创办了《知新报》，由他的弟弟康广仁和何廷光为经理，他的学生徐勤担任主笔，这是当时在中国南部沿海地区宣传维新变法的重要报纸。同年春，康有为去广西桂林讲学，并与唐景崧、岑春煊发起组织“圣学会”，创办了《广仁报》。广西的维新运动，也逐步开展起来。

利用报纸进行“开民智”的工作，是中国近代报刊史上一个重要的里程碑，也是中国近代思想文化史的一个新起点。维新派人士把报纸比喻为一股强烈的“电流”，自觉把它作为斗争的“利器”，他们认为这个“电流”可以将新思想传布到全国各地。在现实斗争中，他们始终把报刊放在首位，利用它打开局面，营造声势，再进行办学会、建学堂和移风易俗的工作。这一时期的报纸，内容集中在两个方面：

（1）通过新闻、评论，陈述中华民族面临的严重危机，谴责帝国主义侵华的种种罪行，揭露地方官员的卖国丑态；提出设议院、伸民权、开学校、废科举、关税自主、发展民族工业、与帝国主义“商战”等一系列主张，广泛宣传了维新变法思想，启迪了民智。

（2）传播和介绍西方近代社会政治学说、自然科学知识（即西学和新学），特别是及时发布当时西方最新的科技信息，还注意西方舆论和西方情况报道。

1896 年以后的两年内，维新派人士及支持维新运动的知识分子主办的鼓吹或赞助变法的报刊达十种之多。1898 年 6 月 4 日，变法新政发布后，各地维新派的办报活动更加活跃[①]，使“中国民气为之一变”，“天下人咸知变法”，人们开始关心国事，改变了以往不敢言国事的沉闷局面。“要救国，只有维新；要维新，只有学外国”逐渐成为国人的共识。报刊宣传的兴女学、废缠足、废封建礼教等新思想渐渐深入社会，从灵魂深处开始瓦解绵延千年的封建道统。它开阔了人们的眼界，对社会思潮的转变、历史进程的嬗变、国民识见的深化起了重要作用。

中国向来只有官家“邸报”[②] 而无真正的“报刊”。中国现代报刊之产生，均出自外国人之手。随着通商口岸的开辟，外报外刊的增多，人们开始认识到报刊在社会生活中的重要作用，要求创办报刊之呼声日渐高涨。维新时期的报刊在中文报刊发展史上，起了承先启后的作用，它改变了外人垄断中国新闻事业的局面，为中国近代报刊发展史书写下重要一笔。在形式上，维新派以“白话为维新张本”，使文体口语化，形成一种新颖的文体——时务文体（又叫政论文体），其主要特征是：“务为平易畅达，时杂以俚语、韵语及外国语法；纵笔所至不检束；条理明晰，笔锋常带情感”，把宗旨定而高、思想新而正、材料富而当、报事确而速作为衡量报刊质量的尺度。这既成为其与近代早期报刊所不同的特点，也成为其社会感染力和生命力之所在。在近代新闻报刊史上，维新派报刊具有重要的历史意义。

---

① 方汉奇. 中国近代报刊史：上. 太原：山西人民出版社，1981：86.

② 所谓“邸报”，只是传抄朝中诏令章奏，约略等于现代的“政府公报”。后又有《京报》，但内容“首宫门抄，次上谕，又次奏折，皆每日内阁所发抄者也”。

2. 维新运动在湖南——区域特色

在北京、上海维新运动相继展开、新旧之争不断之际，湖南的维新志士也积极活动起来。一方面有谭嗣同、唐才常等人的努力倡导、开通风气，另一方面又有湖南巡抚陈宝箴、署按察使黄遵宪等的积极支持，湖南于是成为当时全国最具有维新朝气的区域。

19世纪后半期，地方督抚的权力增加，绅士的政治地位提高。湖南巡抚陈宝箴是当时地方督抚中唯一明确倾向和支持变法的大员。他周围的一些官吏，如署按察使黄遵宪、督学江标及其后任徐仁铸也都赞同变法，并邀请谭嗣同、梁启超等到长沙兴办新政。除了一个有志于维新的抚署外，湖南还处于湖广总督张之洞的治下，对于维新运动的重要活动，如办报纸、开学会等，他都给予有力的支持。同样重要的是，这时省内许多有影响的绅士领袖对维新也不乏热情。他们不仅对湖南维新给以支持，而且多采取主动措施，将新政付诸行动。在他们的推动下，湖南的变法运动颇具声势。

谭嗣同的密友唐才常、老师欧阳中鹄以及皮锡瑞等人，也在湖南各地宣传维新理论。1897年4月，江标、唐才常等人创办第一份湖南报纸——《湘学新报》（后改名《湘学报》），每十天出版一次，进行宣传鼓动，后发展成为宣传维新运动和传播新知识的主要的地区性工具。同年10月，陈宝箴在地方绅士的支持下在长沙设立新式学校——时务学堂，聘请梁启超、李维格分任中、西学总教习，以唐才常、韩文举等为中学分教习。这是一所培养维新人才的新式学校，受到当地人士的普遍关注，不少有志青年纷纷入校学习。第二年春，谭嗣同、唐才常又创立南学会，长沙设总会，各县设分会。总会每七天集会演讲一次，每次都有近千人听讲。主讲人有谭嗣同、皮锡瑞、黄遵宪等，他们在演讲中讲解世界形势和西方社会政治学说，阐述变法维新、救亡图存的主张。推行新政的机构如课吏堂、新政局、保卫局等也相继建立。与其他学会不同之处是，南学会实际上已经带有地方议会的性质，在推行新政方面起了积极的作用。为了适应维新运动发展的需要，谭嗣同、唐才常等人又于1898年3月创办了《湘报》（日报）。作为南学会的机关报，《湘报》的刊行，使湖南的维新运动向纵深发展。

图5-7 《湘学报》与时务学堂筹办人合影

维新思想的广泛传播，维新学会的广泛出现，以及地域性变法实践的展开，为维新变法的政治实践准备了条件，具有历史意义的维新变法呼之欲出。

3. 变法与守法之争

维新变法舆论声动天下，“朝野议论，无处不谈康有为”① 的形势，引起了守旧势力的惊恐和仇恨。守旧者攻击康有为等维新派人士是“名教罪人”“士林败类”，咒骂变法维新思想是“异端”，是“邪说”，叫嚣“天下之祸，不在夷狄，而在奸党（指维新派)”，要求严惩康有为。

在社会变革的大潮中，人们的基本立场始终离不开对基本利益的权衡。反对变法的主要力量是统治阶级中的既得利益集团和社会习惯势力，它们“非不知变法之利国也”②，“非实有见于新法之害于国病于民也”③，而是害怕变法触及它们的既得利益和地位。因此，“全国千万数之守旧党人，不谋而同心，异喙而同辞，他事不顾，而惟阻挠新法之知”④。面对“其人极多，其势甚大”的守旧势力，维新派以“冲决网罗”的精神进行了针锋相对的辩驳。它们通过学会、学堂、报纸，同阻挠变法和反对维新的各种势力进行针锋相对的辩论和斗争，形成了19世纪末变法与守旧的思想论战。具有思想启蒙意义的这场论战，虽然在多个层面展开，论争内容也十分庞杂，但主旨却不外乎三个方面：“要不要变法”，“要不要兴民权”，“要不要兴新学”。

守旧者以“天不变，道亦不变”为原则，坚持“祖宗之法不能变”，否则便是违天悖理，祸乱国家。洋务派虽也主张变法，但他们的变法只限于枝节方面，而不务根本之图。他们坚守“不可变者，伦纪也，非法制也；圣道也，非器械也；心术也，非工艺也”⑤。坚持三纲五常所维系的封建伦理和政治制度是永远不可改变的“祖制”。就这一点而言，守旧派与洋务派有相通之处。

维新派人士根据进化论的观点，认为事物的进化是自然界和人类社会发展的必然趋势，既然万事万物都“无时不变，无事不变”，“祖宗之法”自然就没有永恒不变的道理。因此，“不变一言，决非天运”。世间万物“新则壮，旧则老；新则鲜，旧则腐；新则活，旧则板；新则通，旧则滞”，从而“法既积久，弊必丛生，故无百年不变之法”⑥。人类社会“且演且进，来者方将”，所以绝不能再“以千百年之章程，范围百世下之世变”，“祖宗之法”必随时而变。他们以历史上各朝制度的变化，特别是第一次鸦片战争后五十年间清军的武器由“刀矛弓石”变为“洋枪洋炮”和清政府新设总理各国事务衙门等事实，来论证“古圣先王”的典章制度和清朝的“祖宗成宪”事实上都是在不断变化的，从而指斥“墨守祖宗成法”的谬误。他们嘲笑那些崇古轻今、因循守旧的顽固派：“古而可好，又何必为今之人哉?”同时，他们对洋务派“中学为体，西学为用”的观点，也进行了批判，认为“体”与“用”是互为表里，不可割裂；洋务派的所

---

① 苏继祖. 清廷戊戌朝变记//戊戌变法：第1册. 上海：神州国光社，1953：335.

② 严复. 今上皇帝万言书//戊戌变法：第2册. 上海：神州国光社，1953：327.

③ 梁启超. 论变法后安置守旧大臣之法//戊戌变法：第3册. 上海：神州国光社，1953：33.

④ 同③34.

⑤ 张之洞. 劝学篇//戊戌变法：第3册. 上海：神州国光社，1953：220.

⑥ 康有为上清帝第六书//戊戌变法：第2册. 上海：神州国光社，1953：198.

谓“变法”，绝不可能使中国富强起来。

维新派在批驳守旧派的时候，把变法与救亡直接联系起来，认为中国积弊已深，“不变法则必亡”①。康有为说：“观大地诸国，皆以变法而强，守旧而亡……能变则全；不变则亡；全变则强，小变仍亡。”② 严复提出“早一日变计，早一日转机”③。他们诘问守旧派：“且法者，所以守地者也。今祖宗之地既不守，何有于祖宗之法乎？夫使能守祖宗之法而不能守祖宗之地，与稍变祖宗之法而能守祖宗之地，孰得孰失，孰重孰轻？”④ 用民族危机的严峻现实驳斥守旧派的迂腐守旧，不思进取而失地赔款。

维新派也批判了洋务新政不务其本的枝节变法，认为洋务派所搞新政，如总署、使馆、同文馆、招商局、制造局、税务局、船政厂、电线、铁路等，不可谓不新，不可谓不多，“然则不变其本”，“不筹其全局”，而“支支节节以变之，虽使各省得许多督抚皆若李鸿章、张之洞之才之识，又假以十年无事……则于中国之弱之亡能稍有救乎？吾知其必不能也”⑤。鉴于洋务运动“补漏之无成功”，维新派主张“别立堂基，涤除旧弊”，进行全面变法。维新派所说的全面变法，包括了政治制度的改革，其核心是兴民权、开议院，实现君主立宪的政治主张。维新派强调，这才是使中国走上真正独立富强道路的“真正的变法”。

守旧派和洋务派对兴民权、开议院的主张十分恐惧，叫嚷“民权之说一倡，愚民必喜，乱民必作，纪纲不行，大乱四起”，宣扬民权制度“无一益而有百害”⑥，“君臣之义，与天无极”，“民主万不可设，民权万不可重，议院万不可变通”⑦，坚决反对改变君主专制制度。

维新派对守旧派和洋务派的谬论进行了驳斥，维新派指出：中国致弱的根源就在于“君权日益尊，民权日益衰”⑧，要改变这种状况，就必须兴民权、开议院。认为只要中国实行“立宪”，开设“议会”，就能使“国家无难决之疑，言路无壅蔽之患”⑨，以“解生民于倒悬之危，置国家于磐石之安”。把设议院看作改革的核心，如严复说：“设议院于京师，而令天下郡县各公举其守宰。是道也，欲民之忠爱必由此，欲教化之兴必由此，欲地利之尽必由此，欲道路之辟、商务之兴必由此，欲民各束自好而争濯磨于善必由此。呜呼！圣人复起，不易吾言矣！”⑩ 坚信在中国设议院是形势发展所必需的，任何人也阻挡不了。

维新派还将近代西方国家的政治学说与中国历史上进步思想家的理论相整合，在论证国家和君主的起源基础上，提出了新的君民关系。如严复所说，“生民之初，本无所

---

① 救亡决论//戊戌变法：第3册．上海：神州国光社，1953：60.

② 康有为上清帝第六书//戊戌变法：第2册．上海：神州国光社，1953：197.

③ 同①70.

④ 同②198.

⑤ 梁启超．戊戌政变记//戊戌变法：第1册．上海：神州国光社，1953：275-276.

⑥ 张之洞．劝学篇//戊戌变法：第3册．上海：神州国光社，1953：221.

⑦ 叶德辉．翼教丛编：卷三．台北：文海出版社，1971：14.

⑧ 梁启超．西学书目表后序//饮冰室合集：文集之一．北京：中华书局，1989：128.

⑨ 赵而霖．开议院论//戊戌变法：第3册．上海：神州国光社，1953：159.

⑩ 严复．原强修订稿//严复集：第1册．北京：中华书局，1986：31-32.

谓君臣，则皆民也。民不能相治，亦不暇治，于是共举一民为君”，既然君可以由民“共举之，则且必可共废之”，所以“君末也，民本也”[①]。国家是“民之公产”，王侯将相不过是“通国之公仆隶”，而人民才是“天下之真主”[②]。这就戳穿了几千年来君权神授的谎言。同时，维新派又揭露封建的纲常名教是用来维护封建君主专制制度的，必须予以革除，认为君臣、父子和夫妻之间的关系应该是平等的，不应该拿什么“君臣之义”和“君臣之纲”来钳制人们的思想、行动。维新派从理论上阐明了要求改变君主专制政体的合理性和正义性。

维新派热情宣传西学，希望能用西学来改造中学。维新派指出，要在中国实现君主立宪，挽救民族危亡，就必须改革旧的教育制度，废除科举，兴办学校，培养维新人才，“变化之本，在育人才；人才之兴，在开学校；学校之立，在变科举”[③]。守旧派则认为，“中学所以为教，人皆知之，无待别求门径也”，攻击维新派兴办学校是散布“邪说”，“名为培才，实则丧才”，“且贻人心风俗无穷之忧”[④]，坚持尊孔读经、八股取士的封建教育制度不能改变。对此，维新派指出，科举制度有“锢智慧”“坏心术”“滋游手”三大祸害，只能“长人虚骄，昏人神智”[⑤]，培养了一些空谈性理、玩弄词章、抱残守缺、无裨实际、置国家安危于不顾的“腐儒”和“学究”[⑥]，痛切指出科举制度是封建统治者“牢笼天下”的愚民政策，“为中国锢蔽文明之一大根源”。维新派认为“覆中国，亡中国，必自科举愚民不学始也”[⑦]。要使中国富强，就必须改革旧教育，兴办新式学校，学习西方近代自然科学和社会政治学说，按照通古今、知时务、学以致用的原则来培养人才，并强调：“救亡之道在此，自强之谋亦在此。”[⑧]

更为重要的是，在民族危机空前严重的情势下，维新派对救亡之策的探讨终于超越了洋务方案，开始从学术文化的本原上从事旧学的改造和更新，使人们救亡图存的眼界从“制洋器”转向了“变政体”，从“采西学”转向了“新学术”。“学校者，造就人才之地，治天下之大本也。”[⑨] 康有为努力于学术文化体系创造，其“新学”的基本精神和特征“不过略采西国学制，兼取新说”，“合中西之学并为一谈”而已。“以中西学课士”，并将西学融进他创建的新的中学体系之内，是康有为新学的明显特点，体现了他学术文化上“化西为中”的时代性；但他创立新学和传授新学的立足点却又是中学，更多地体现为“以中释西”的民族性。康有为是半个多世纪以来许多先进之士不断追求文化革新的集大成者，同时也代表了这一发展的时代高度[⑩]。他创立的新学——戊戌新

---

① 谭嗣同. 仁学//蔡尚思，方行. 谭嗣同全集：下册. 增订本. 北京：中华书局，1981：339.

② 严复. 辟韩//戊戌变法：第3册. 上海：神州国光社，1953：81.

③ 梁启超. 变法通议//饮冰室合集：文集之一. 北京：中华书局，1989：10.

④ 宾凤阳等上王益吾院长书//戊戌变法：第2册. 上海：神州国光社，1953：639.

⑤ 救亡决论//戊戌变法：第3册. 上海：神州国光社，1953：60-63.

⑥ 徐勤. 中国除害议//戊戌变法：第3册. 上海：神州国光社，1953：123，126.

⑦ 同⑥131.

⑧ 同⑤70.

⑨ 郑观应. 盛世危言：学校//戊戌变法：第1册. 上海：神州国光社，1953：45.

⑩ “正是康有为，集中了从龚自珍、冯桂芬以来绵延了半个多世纪的改革要求和理论，构成了一个体系。”（朱维铮. 求索真文明. 上海：上海古籍出版社，1996：215）

学，成为旧学家最集中的攻击对象。

当时的湖南，是新旧学两种势力冲突最为激烈也最具典型的地区。岳麓书院山长王先谦纠集一批守旧士绅向陈宝箴递交《湘绅公呈》，攻击梁启超、唐才常、谭嗣同等人使时务学堂的学生“不知忠孝节义为何事”，并要挟陈宝箴“整顿”时务学堂，屏退梁、唐。这一无理要求未被采纳，王先谦又伙同守旧绅士叶德辉、孔宪教等人，煽动他们控制下的三个书院的部分守旧学生，制定所谓《湘省学约》，用“正心术”“尊圣教”“辟异端”等条规，加强对三个书院学生的控制，防止他们受时务学堂的影响。他们还著书撰文，大肆攻击“平等”“民权”学说，逼走长沙南学会主讲人之一皮锡瑞，并给南学会邵阳分会负责人樊锥加上了“首倡邪说，背叛圣教，败灭伦常，惑世诬民”① 等罪名，将其驱逐出境。此外，他们还纠集一些人到南学会哄闹，殴打《湘报》主编，运动同乡京官向清政府上奏攻击湖南维新派。在新旧冲突接连发生的关键时刻，湖广总督张之洞的态度也发生了变化，明确反对康有为的主张，并不断打压变法维新活动，从而使湖南的新旧之争白热化。湖南的新旧之争是当时新旧学两种势力冲突的一个缩影，它表明，新旧势力的搏杀已经在学术思想层面和社会政治领域广泛展开，尖锐对立和激烈交锋中充满了权谋的阴险和利益的算计。

在新旧之争趋于白热化之际，1898 年 4 月，张之洞刊行了所撰的《劝学篇》一书，试图从思想上调和新旧矛盾。这本书分内、外篇，“内篇务本，以正人心；外篇务通，以开风气”。他主张新旧兼学，“旧学为体，新学为用”。而何谓新学、旧学？其答案是：四书五经、中国政书、史事、地图为旧学，西政、西艺、西史为新学。值得注意的是，《劝学篇》用“旧体新用”替换了“中体西用”这一人们早已烂熟于心的口号，但事实上二者并不等同。

其一，《劝学篇》认为西学与中学是不同的学术文化类型，但二者并不完全对立，甚至可以作为两个各有特色的文化因子共同构成另一类学术文化体系，所以对此采取的态度是“会通中西”。

其二，“新学”与“旧学”是相互对立的两个学术文化体系，“今日新学、旧学互相訾謷”，“则旧者愈病新，新者愈厌旧”；但张之洞认为新与旧又各有短长，“图救时者言新学，虑害道者守旧学”，“旧者不知通，新者不知本。不知通，则无应敌制变之术；不知本，则有菲薄名教之心”②。因而，对二者的态度是“权衡新旧”。

当然，张之洞始终认为“不知本”之学不是西学，而是“横行天下”的邪说。所以，从学术文化危机而言，张之洞深以为忧的“中国之祸不在四海之外，而在九州之内”。对于西学，甚至对于西政，张之洞也采取比较宽容的态度，“西政西学，果其有益于中国、无损于圣教者，虽于古无征，为之固亦不嫌”③。尽管张之洞认为西政中的“民权之说，无一益而有百害”，但他对于议院制度并没有完全否定。他辩称：“此时纵欲开议院，其如无议员何？此必俟学堂大兴，人才日盛，然后议之，今非其时也”④。

---

① 叶德辉．翼教丛编：卷五．台北：文海出版社，1971：341.
② 张之洞．劝学篇：序．上海：上海书店出版社，2002：1.
③ 张之洞．劝学篇：会通．上海：上海书店出版社，2002：147.
④ 张之洞．劝学篇：正权．上海：上海书店出版社，2002：56.

张之洞的“新者不知本”，是特指康、梁的“孔子改制论”“谓孔子为教主”“不用国家建元号纪年”等，认为这既是对孔子的反叛，也是对经典的反叛。因而，《劝学篇》中所谓“不知本”的“新学”并非指西学。

牵涉到朝政和学术文化方方面面的新旧之争，远比中西之争要复杂得多，身处纷争中心的张之洞对于这场惊险无比的论争，基本上采取了“调停”的态度，却又深感“调停”的艰难。在一首《新旧》诗中，张之洞隐约地表露了他对于新旧两派的看法，诗曰：

> 璇宫忧国动沾巾，朝士翻争旧与新。
> 门户都忘薪胆事，调停头白范纯仁。①

这首“主旨”在于“调停”新旧的诗，为他的《劝学篇》中的“权衡新旧”做了明确的注解。二者相互参证，足可说明张之洞的“旧体新用”不是“中体西用”的同义语。《劝学篇》中充满矛盾的表述，正是学术文化和社会政治领域里深刻矛盾的曲折表现。这种特定情势下调和中西、折中新旧的立场，具有减缓冲突、降低危机成本的作用，因此受到权力中枢的推崇，光绪皇帝也说它“持论平正通达，于学术人心，大有裨益”，并发布上谕，颁发全国，指示各省督抚、学政“广为刊布，实力劝导，以重名教而杜危言”②。结果，《劝学篇》“挟朝廷之力以行之，不胫而遍于海内”。尽管“学术上新旧之斗，不久便牵连到政局……表面上，所谓‘新学家’完全失败了”③，但是，历史论争中这浓重的一笔，却必将深刻地影响未来的历史进程。

4. 变法运动与帝后党争

1897 年 11 月，胶州湾被蓄谋已久的德国悍然强占。康有为闻讯即自上海赶赴北京，连续三次向光绪上书，痛陈民族危亡之势，再次强调变法维新。他指出，德国强占胶州湾为列强瓜分中国之警讯，“万国报馆，议论沸腾，咸以瓜分中国为言。若箭在弦，省括即发”，“瓜分豆剖，渐露机牙”。中国的处境“譬犹地雷四伏，药线交通，一处火燃，四面皆应”。瓜分危机，迫在眉睫。

国际形势既如此险恶，国内情况又是“乱民蠢动”，“奸宄生心”，“揭竿斩木，已可忧危”。他警告光绪皇帝，必须当机立断，“发愤维新”，否则“皇上与诸臣，虽欲苟安旦夕、歌舞湖山而不可得矣，且恐皇上与诸臣求为长安布衣而不可得矣”④。康有为的第五次上书⑤在北京的官员和士大夫中间辗转传抄，天津、上海的报纸还公开发表，广为流传。都察院给事中高燮曾上奏折推荐康有为，并请求光绪召见，授以重任。一些顽固守旧大臣以“本朝成例，非四品以上官不得召见”为借口，从中阻拦。于是本来想要召见康有为的光绪皇帝下令，要五大臣传康有为“问话”。

1898 年 1 月 24 日，康有为被召到总理衙门，由李鸿章、翁同龢、荣禄以及刑部尚

---

① 张文襄公全集：卷二二七　诗集四．北京：中国书店，1990：1003.

② 张之洞．劝学篇//戊戌变法：第 2 册．上海：神州国光社，1953：43.

③ 梁启超．清代学术概论//梁启超论清学史二种．上海：复旦大学出版社，2003：123-124.

④ 康有为上清帝第五书//戊戌变法：第 2 册．上海：神州国光社，1953：188-190.

⑤ 康有为第五次上书递到工部，工部尚书松溎不肯代呈，这封上书仍未到达光绪手里。

书廖寿恒、户部侍郎张荫桓等五大臣“问话”。问对之间，思想的交锋和立场的对峙彰然可见，荣禄被驳得哑口无言，气得中途退场。

荣禄开宗明义说：“祖宗之法不能变。”

康有为机敏应对：“祖宗之法以治祖宗之地也，今祖宗之地不能守，何有祖宗之法乎？即如此为外交之署（即总理衙门），亦非祖宗之所有也。因时制宜，诚非得已。”

廖寿恒单刀直入问：“宜何变法？”

康有为则正面回应道：“宜变法律、官制为先。”

李鸿章咄咄逼人道：“然则六部尽撤，则例尽弃乎？”

康有为坦然应对说：“今为列国并立之时，非复一统之世，今之法律、官制，皆一统之法，弱亡中国皆此物也，诚宜尽撤。即一时不能尽去，亦当斟酌改定，新政乃可推行。”

翁同龢关心的是变法的具体问题，遂借势而问：“筹款之法如何？”

康有为胸有成竹地应对说：“日本之银行纸币，法国印花，印度田税，以中国之大，若制度既变，可比今十倍。”

借此，康有为将自己心中酝酿已久的变法方案进行了阐述，提出可以效法日本，“日本维新，制度甚备，最易摹行”。他自己所著《日本变政考》和《俄大彼得变政记》，可以参考。变法问对提出的问题并不深奥，但所涉及的权力、利益再分配问题却十分复杂。但是问题在于，当康有为亮明变法的方案与步骤时，变法反对者或反对康有为变法者的行动选择和意向，却不甚清晰。围绕着“变法”的力量较量，不会取决于论辩的优劣高下。

图 5-8　五大臣与康有为问对

这次“问对”得到翁同龢的赞赏，在翁的推荐下，光绪皇帝谕令对康有为的条陈随到随送，不得阻拦扣压。随即，康有为向光绪皇帝呈上了他撰写的《日本变政考》和《俄大彼得变政记》等书，并递上了《应诏统筹全局折》（第六次上书），呼吁厉行变法。这是康有为历次上书中最重要的一书。他以当时土耳其、波兰、埃及、缅甸等国由于守旧不变遭到瓜分或亡国的事实为殷鉴，认为当时世界各国的形势是“能变则全，不变则亡；全变则全，小变仍亡”。中国出现的危机局面，就是守旧、不思改革引起的。因此，康有为建议，光绪帝应召见群臣，宣布变法，准许士民上书，设立制度局，制定规章制度，下设法律、学校等十二个局，策划变法。光绪皇帝阅后非常满意，变法的态度愈加坚决。康有为提出的变法具体措施中最重要的是设制度局，试图借鉴西方政体三权分立的原则，将议政和行政分开，制度局负责草定章程，制定宪法。制度局议定章程之后，交由十二局执行。制度局类似议政机构，法律局等十二局则是行政机构。

与前几次上书相比，康有为第六书的变法建议有所缓和。第二书、第三书、第四书建议设“议郎”，第五书要求开国会，都明显要限制君权，但第六书却不限制君权，而是借助君权以推行变法。康有为政治主张的这种变化，主要是为减少顽固守旧势力反对的阻力，以尊崇君权、依靠皇帝去推行变法，即梁启超后来所说的“以君主之法，行民权之政”。依此方案，康有为只是提到建立新局，尚未提出裁撤旧的官僚机构，但即使如此，也已经触及既得利益者的利益和权势，他们立即上奏反驳，并造谣中伤康有为等人，恨不能诛灭康、梁。一时，“举京师谣言纷纭不可听闻，皆谓康有为欲尽废京师六部九卿衙门。彼盈廷数千醉生梦死之人，几皆欲得康之肉而食之”①。光绪皇帝非常重视第六书，谕令王公大臣讨论如何实施。王公大臣请示慈禧太后，慈禧指示：“尽管驳议”，于是王公大臣逐条驳回康有为的建议。

尽管守旧派反对变法，但变法维新还是得到了光绪皇帝的支持。面对这种形势，康有为希望光绪帝尽快颁诏定国是，通过光绪帝的明诏来排除干扰启动变法维新。5 月末 6 月初，康有为连续写出数份请定国是的奏折，分别由支持变法的官员陆续进呈给光绪帝。康有为明确地提出了维新变法的举措：“请上告天祖，大誓群臣，以定国是而一人心”；康有为把光绪帝的明定国是，视为具有战略意义的变法誓师之举。

5. 维新运动与西方列强

在维新运动期间，英国、日本对维新运动表现出极大的兴趣与关注。英国、日本政府的对华外交，在国际殖民主义的大背景下，首先考虑的是本国利益，即扩大它们的在华利益，并尽可能地与中国修好，增强亲英、亲日政治势力，以在与俄争夺中处于相对有利的位置；其次，从本国的经验出发，它们在一定程度上同情中国变法，在其经济利益、政治利益丝毫无碍的情况下，也愿意对中国的维新施以援手。

从国际力量对比上看，19 世纪 90 年代，列强在东亚壁垒分明。英、日对于俄、德、法阵线极其不安，希望与中国联合。德占胶州湾后，英、日分别向刘坤一、张之洞游说，日本更为积极。1898 年，日本武官访问张之洞，力言中国联合英、日的重要性。又游说谭嗣同、唐才常，指出中、日两国唇齿相依，中国若不能存，日本也必亡，对于从前交战甚为后悔，愿意与中国结盟；如中、日结盟，再引英国相助，定可遏止俄国在东亚的侵略。英、日将维新派视为中国亲英、亲日的政治力量，与维新派交往甚密，对中国的维新运动也予以一定程度的参与，客观上起了一定作用。

早在 19 世纪 70 年代，许多比较开明的英美新教传教士开始认为，他们的工作应当“世俗化”，由宗教宣传扩展到对西方知识和文化的介绍。他们设立学校，发表公开演讲，开办图书馆和博物馆，并出版报纸和杂志。他们适应了西学东渐的潮流，把传教和宣传西学结合起来，成为先进中国人了解西方的重要媒介，客观上起到了促进西学在中

① 梁启超．戊戌政变记//饮冰室合集：专集之一．北京：中华书局，1989：71.

国传播、推动中西文化交流的积极作用。1875 年到 1907 年，美国人林乐知在上海创办著名的《万国公报》月刊，推广和普及诸多领域的西方知识。1887 年在上海成立广学会，学会主要成员林乐知、李提摩太、丁韪良等谙熟汉语，他们通过翻译、发表时事评论、公开演讲等形式介绍西方文明，推进改革事项，扩大了中国知识分子的思想境界，康有为的许多维新思想即来自传教士。1895 年 10 月，随着维新运动的展开，英美传教士更为活跃。李提摩太在北京会见康有为，并加入维新派的组织——强学会，继续宣传他的变法主张。英国驻华公使欧格讷也表示要向强学会捐赠图书。康有为推荐他的学生梁启超担任李提摩太的中文秘书。强学会出版的机关刊物《中外纪闻》大量转载李提摩太等人在《万国公报》上发表的文章。1895 年秋，李提摩太拜访帝党主要人物翁同龢，宣传他的变法纲领，给翁同龢留下了良好的印象。他所翻译出版的英国马恳西著的《泰西新史揽要》，成功地通过光绪的师傅孙家鼐送到了光绪面前，颇得好评。从此，李提摩太声名鹊起，成为中国政坛风云人物。欧格讷同李提摩太紧密配合，努力从事联络维新派的工作。1895 年 11 月，欧格讷离任回国，行前，他敦促恭亲王奕䜣从速实行新政，并嘱咐翁同龢，说中国变法“须参用西人”，欧格讷讲的“西人”主要指英国人，清王朝多次有意聘请李提摩太担任同文馆负责人或在官书局任职。

1898 年春，康有为在北京成立保国会，维新运动再次蓬勃兴起。英国对中国的维新运动极为关注，认为作为弱国，中国在许多重大问题上，常常以列强的意见为指导。日本也曾声明“帮助”中国变法，具体办法是：日本派军官到中国来，替中国练兵，中国派留学生到日本学习军事，等等。在京师大学堂创办过程中，日本对清方的要求也尽可能予以协助。

以康有为和梁启超为代表的维新派认为英国、日本会真心诚意赞助中国变法，帮助光绪摆脱西太后控制，掌握实权。他们想借助外力，推动维新。康广仁称颂英国为“救人之国”，会拯救中国。康有为、谭嗣同、唐才常等维新派的领导分子都曾发表文章提倡联合英、日，并不止一次地进行联合英、日的活动。康有为曾经向光绪推荐李提摩太做清政府的顾问大臣。日本前首相伊藤博文来华，维新派竭力主张光绪召见他，康有为还亲自到日使馆访晤，希望伊藤博文能指导中国变法，“维持东方时局”，还请他在觐见慈禧太后时劝其回心转意，减少掣肘，锐意变法。维新派不但在改革内政时希望得到英、日的支持，而且在外交上也企图依靠英、日来对抗沙俄。

二、“百日维新”与政治现代化的尝试

1. 冒险变法的皇帝

随着维新运动的不断推进，新旧之争与帝后党争的矛盾交错纠葛，既日趋复杂，又更形尖锐。作为一国之君的光绪皇帝，支持变法但无实权。甲午战争之后，民族危机空前严重，光绪知道，非变法不足以图存，也不利于团结人心，他不想做亡国之君。随着列强对中国压迫愈紧，光绪帝的变法求存之志愈益坚定，但其手中无权的处境却未改变。在这种情况下，光绪帝公开支持变法维新，必须具有风险的担当。如果毫不改革，坐等国土被割殆尽，无异沦为亡命之君，贻谤千古；若冒险变法，一旦成功，即可保国保土，即使失败也可开启民智，以图中国将来复兴。

图5-9　光绪皇帝（中）与康有为（右）、梁启超（左）

1898年5月29日，奕䜣死后，康有为立即致书翁同龢，建议“亟变法，勿失时”。他一方面为维新变法积极献策，一方面加紧敦促光绪帝尽早诏定国是，公开宣布变法为国策，作为推行新政的开端。光绪皇帝变法决心已定，通过慈禧的亲信，实际上主持清廷日常政务的庆亲王奕劻转告慈禧：“我不能为亡国之君，如不与我权，我宁逊位。”① 慈禧得知光绪帝政治上欲有作为后，颇为恼怒地说：“他不愿坐此位，我早已不愿他坐之。”② 但与奕劻商量之后，她却表示“由他去办，俟办不出模样再说”③。奕劻奉慈禧之命转告光绪帝：“皇上欲办事，太后不阻也。”④ 静观其变的西太后，摆出了政治守势，实际上却赢得了以退为进的主动。表面上光绪帝取得了一定的权力，形成了主动攻势，却隐伏了更大的政治危机。

2. “百日维新”的举措

1898年6月11日，光绪皇帝颁布了明定国是的诏书，宣布变法⑤。

6月16日，光绪皇帝第一次召见了康有为，商讨和确定变法的步骤和措施。康有为鉴于光绪受到慈禧的多方挟制，为了减少守旧派的阻力，建议“就皇上现在之权，行可变之事”⑥，“勿去旧衙门，而惟增置新衙门；勿黜革旧大臣，而惟渐擢小臣；多召见才俊志士，不必加其官，而惟委以差事，赏以卿衔，许其专折奏事足矣”⑦。召见之后，光绪皇帝特许康有为专折奏事，并任命他在总理衙门章京上行走。康有为便利用“专折奏事”之便，不断地上奏折，递条陈，提出了一系列的新政建议。同时，经由光绪皇帝发出的变法维新诏书达数百件，内容涉及广泛，其主要内容有：

（1）政治、人事方面。广开言路，准许士民上书言事，严禁官吏阻挠。“士民上书

---

① 康南海自编年谱//戊戌变法：第4册．上海：神州国光社，1953：143.

② 同①.

③ 同①.

④ 戊戌朝变纪闻//戊戌变法：第1册．上海：神州国光社，1953：331.

⑤ 维新变法由此开始，到9月21日慈禧发动反动政变为止，共103天，历史上称作“百日维新”。

⑥ 同①145.

⑦ 梁启超．戊戌政变记//饮冰室合集：专集之一．北京：中华书局，1989：16.

造成了当时的新气象，北京政治温度由此急剧上升。”他们的参与“使得戊戌变法有了更大的展开面，波及更多人的内心”。言路由此大开，“变法的局势因此而发生了根本性的变化”①。人事上破格召见、起用新人，许多识时务、行新法的中下层官员被陆续召见。“如果照正常发展，全国真正通达时务的优秀年轻人才将逐步汇集到光绪皇帝维新变法的大旗之下。”② 此外，一个值得关注的人事动向是重用满族官员于关键权位。变法初始，满人荣禄、刚毅和崇庆先后被安排在大学士、直隶总督的重位上，继而又任命奎俊、德寿、松寿等人为总督、巡抚要职。军机大臣中不仅由数量上的对等（满、汉各三人）变为了以满为重心（满五汉三），而且汉人均为新进，且在军机大臣上“学习行走”，没有实权。人事改革上的另一举措是，删改则例，撤销重叠闲散机构，裁汰冗员；澄清吏治，倡导廉政之风；准许旗人自谋生计，取消其靠国家供养的特权。显然，这种相互矛盾、冲突的政治、人事改革，为百日维新的失败埋下了隐患。

（2）学术教育方面。明定国是诏发布之日，即命兴办京师大学堂，派孙家鼐管理，节制各省学堂。所有书院、祠庙、义学、社学一律改为兼习中西学的学堂。省会设高等学堂，郡城设中等学堂，州县设小学堂。朝廷奖励私人兴学，劝导海外华侨开办。改革科举，废除八股，改试策论。开经济特科。上海设立译书局，翻译外国书籍。允许自由设立报馆和学会，派人出国留学和游历。

（3）经济方面。保护及奖励农工商业，京师设立农工商总局。鼓励垦荒、私人办实业。奖励发明创造。成立铁路、矿务总局，鼓励商办铁路、矿业。裁撤驿站，设立邮政局。改革财政，创办国家银行，编制国家预算。

（4）军事方面。改练洋操，挑留精壮，裁空粮，节饷需，实行团练，裁减绿营，准备举办民兵。定兴造枪炮特赏章程，筹设武备大学堂，武科停试弓箭骑剑，改试学科。采用西洋兵制，裁汰绿营练勇，筹建海军。力行保甲。

这个一揽子改革计划，既表达了光绪皇帝救亡图存的急切之情，也传递了他政治上缺乏深谋远虑的信息。变法，尤其是政治制度的根本性改革，应选择性地单向进入并深入突破，取得成功后，次第渐次展开，最终实现全面变革，这比一揽子方案的全面展开，更具有价值。

光绪帝在颁布新政谕旨时，为了减少阻力、防止掣肘，也给被裁人员留有出路，如命农工商总局酌用詹事府等被裁人员，并任用后党试行新政，负责大学堂工程，王文韶管理铁路，端方、徐建寅、吴懋鼎经办农工商总局，等等。然而实施新政仍然要侵夺既有权势阶层的既得利益，裁减机构、官吏的改革不免引起“百官震骇”，遭到守旧势力的百般阻挠。光绪颁布的诏令，除了湖南巡抚陈宝箴还能认真实施外，各地督抚对“谕令筹办之事”，大都“竟无一字覆奏”。电旨催问时，两江总督刘坤一声称“部文未到”，谭钟麟也“置若罔闻”，戊戌新政在地方仍然不能得到全面推行。由于朝廷中枢权力基本上被后党或守旧派所把持，奉令创设的新政机关形同虚设，变法诏书大都成了一纸空文。新政的光绪皇帝，仍然被缚于旧制陈法而徒叹无奈！而与此同时，静观待变的西太

① 茅海建．戊戌变法史事考．北京：三联书店，2005：340．

② 蔡乐苏，张勇，王宪明．戊戌变法史述论稿．北京：清华大学出版社，2001：602．

后及其势力，却蓄势待发，悄然调配政变棋盘中的关键布局！

第四节　戊戌政变：政治现代化进程的顿挫

一、戊戌政变的发动

1. 西太后的精心谋划

慈禧太后自1889年形式上就已归政，退居颐和园。但她嗜权如命，仍牢牢掌握着朝廷实权，光绪帝只有唯诺听命。慈禧通过“事后报告制度”“事前请示制度”把握权力。“事后报告制度”是指慈禧允许光绪帝在朝廷一般事务的处理上有朱批权、口谕权，并可以对谕旨的形成有相当的处置权。但在事后第二天，光绪帝对于重要的奏折及其所做出的相关决定，必须向其报告。“事前请示制度”即慈禧在光绪亲政以前确立的：“简放大员及各项要差”由皇上“奏明皇太后”；满汉尚书、侍郎及地方布政使、按察使等重要官员的任命“拟请暂照现章”，依然由其做主。如此，慈禧对于光绪帝以及朝中事务通盘把握。在权力关系上，国家机器对光绪帝负责，而光绪帝要对慈禧负责。慈禧对最高权力十分敏感，不能忍受削弱其最高地位的任何变革。面对严重的民族危机和朝廷政治危机，她虽然也赞同变法，但绝不容许损及她的权威和势力。在维新变法启动之机，慈禧就迫使光绪帝连下三道谕旨，来控制与“规范”变法所能达到的深度和广度。明定国是诏书颁布后四天，即6月15日，慈禧就迫使光绪下令免去翁同龢的军机大臣等一切职务，驱逐回籍。这对帝党与维新派打击巨大。

同一天，慈禧又迫使光绪下令，凡二品以上大臣授新职，要具折到皇太后面前谢恩。慈禧向朝野宣布，她对于二品以上的高级官员有任免权力，这意味着她牢牢控制着中央高级官员以及地方封疆大吏的用人权；同一天，慈禧还强迫光绪任命她的亲信荣禄署直隶总督。不久，荣禄便由署理而实授，并加文渊阁大学士衔，统率董福祥（甘军）、聂士成（武毅军）、袁世凯（新建陆军）三军。于是，荣禄“身兼将相，权倾举朝”①。与此同时，慈禧派亲信将北京城内外和颐和园的警卫权牢牢掌控在自己手里。

完全控制了京津地区的军政大权，并获得对于全局的机动掌控后，西太后便退居颐和园静待时机。

2. 光绪帝的抗争

百日维新的新政诏书频发，然而在实际中却常常被化为无形，很多内容只是流于表面粉饰而无实效。各部堂官、各省督抚都持观望、延宕、抵制态度，拒不奉诏，形成“明诏但言其始，则彼必不竟其终”的局面。光绪皇帝严责守旧大臣的诏令也下了十多道，并采取了相应的措施，力求有所推动。

6月20日，御史宋伯鲁、杨深秀参劾礼部尚书、总理各国事务衙门大臣许应骙守旧迂腐，阻挠新政。御史文悌为许应骙辩护，严参康有为。光绪帝下谕革去文悌御史职

---

① 梁启超．书十二月二十四日伪上谕后//戊戌变法：第3册．上海：神州国光社，1953：38．

务。9 月 4 日，光绪帝抓住顽固派阻挠礼部主事王照上书一事，将礼部尚书怀塔布、许应骙等六人全行革职，并奖励敢于上书言事的王照，“给三品顶戴，以四品京堂候补”。革除礼部“六堂官”之举是对后党及守旧派的一次打击，也是对维新变法力量的鼓励。9 月 5 日，光绪帝特别授杨锐、刘光第、林旭、谭嗣同等四品卿衔，担任军机处章京，参与新政事宜（时称“军机四卿”）。接着，光绪帝又在 7 日把帝党仇视的李鸿章从总理衙门赶走，并准备开懋勤殿，以康有为、梁启超等 10 人为顾问官。新旧两派的政争权斗迭起高潮。

先变法律、官制，在皇帝的身边新设制度局，在清朝现行的政治体制之外，建立由其控制的议政机构，并由此进入政治核心，这是康有为维新变法的政治纲领。它所遇到的阻力和风险当然是巨大的。康有为先是自己上奏设制度局，后代宋伯鲁上奏设议政处，再后代奏设议院（议政机构），又再后代徐致靖上奏设散卿，与徐致靖同时上奏的张元济，多少也受康有为影响，也要求设立议政局，最后由梁启超代李端棻上奏开懋勤殿。形式、名称虽多变，然性质则大体相同。光绪帝对康有为等的建策虽有赞同之意，但将维新派接二连三的提议交总理衙门、军机处等核议覆奏，却均被驳回。从开制度局到开懋勤殿，是维新派的政治变法的重要布局，是关涉政治大权的重新分配和清朝体制的根本变革的问题，也涉及很大一部分官员的地位和切身利益。这个议政机构人员不受品秩的限制，设于宫中，直接对皇帝负责，表面上是政治咨询机构，实际上是政治决策机构。“当时的高官在内心中对此非常清楚。”① 原有的负责咨询和议政功能的军机处和总理衙门等机构，将会变成单纯的执行机构，既得利益者、守旧势力将会失去权力。百日维新中，康有为及其党人的许多提议都被接受，唯此一条守旧派决不让步。军机处、总理衙门及其他高官立场一致，决不退让。

9 月 14 日，光绪帝到颐和园向慈禧太后“请安”，并借机直接向慈禧请示开懋勤殿事宜。深于算计的慈禧太后对此了然于胸，深悟由此导致怎样的结局。若同意开懋勤殿，其与光绪帝之间的政治权力关系将发生重大修改，而且会是实质性的修改。开懋勤殿成为慈禧太后与光绪帝发生根本冲突的导火线。

在与慈禧的对话中，光绪帝发现，慈禧太后的神色与平常迥异。光绪帝感到形势严重，9 月 15 日回宫后，立即召见杨锐，并让其带出密诏，转交康有为等人。密诏透露：“近来朕仰窥皇太后圣意，不愿将法尽变，并不欲将此辈老谬昏庸之大臣罢黜而登用英勇通达之人令其议政，以为恐失人心……即如十九日之朱谕，皇太后已以为过重，故不得不徐留之，此近来实在为难之情形也……但必欲朕一旦痛切降旨，将旧法尽变而尽黜此辈昏庸之人，则朕之权力实有未足。果使如此，则朕位且不能保，何况其他?”② 对于罢免礼部堂官一事，慈禧认为处罚过重，继续严厉指责；对于开懋勤殿，慈禧坚决反对，此举超越了慈禧划定的权力范围，光绪帝恐“位且不能保”。

当变法处于危难之际，光绪帝将挽救新政的重任寄望于康有为是顺理成章的事。杨锐带出密诏后，惊惧异常，竟茫然无措。在犹豫了两天多之后，杨锐才将密诏转给

① 茅海建. 戊戌变法史事考. 北京：三联书店，2005：262.

② 清华大学历史系. 戊戌变法文献资料系日. 上海：上海书店出版社，1998：1019-1021.

康有为。为了防止后党守旧派发动政变，康有为等人曾一方面提议光绪帝聘请日本明治维新名臣伊藤博文为“客卿”，英国传教士李提摩太任顾问，以借重日本、英国的势力；另一方面想请光绪帝仿效日本，设立参谋本部，选用和任命亲信将领，以掌握兵权。同时，康有为等人还设想拉拢甘军首领董福祥、武毅军首领聂士成，均没有结果。他们转而认为袁世凯是可以拉拢和依靠的对象。袁世凯曾驻朝鲜，熟悉外国事务，拥有兵权，又曾为强学会联系募捐，有“维新”言行。康有为便自拟折稿，请侍读学士徐致靖奏荐袁世凯，又请谭嗣同递密折，建议光绪帝安抚袁世凯，以备应付时局之用。

对徐致靖、谭嗣同的奏请，光绪帝予以采纳，并于9月12传谕袁世凯觐见。16日在颐和园的毓兰堂召见袁世凯，在首次接见中，光绪帝只是做了一些试探性的询问，并不涉及实质性问题。袁世凯却奏称，9月慈禧太后和光绪帝要去天津阅兵，荣禄命令他修理操场，做一些阅兵的准备工作，自己须返回天津处理此事。在召见后，光绪帝即颁谕，以袁世凯“办事勤奋，校练认真”，特授予侍郎候补衔，命其“专办练兵事务，所有应办事宜，著随时具奏”。9月17日，光绪再次以接受谢恩的名义召见袁世凯，暗示袁世凯今后可以不受荣禄的节制，自行其是，从而点出了召见与重用袁世凯的意图。光绪帝企图把手握兵权的袁世凯拉到自己一边来。精明的袁世凯察觉到光绪帝的用意，对前来祝贺的人说：“以无寸功，受重赏，决不为福。”① 已经充分意识到被推向前台的政治风险和同时存在的机遇。

9月18日，康有为看到由林旭转交给他的光绪帝的密诏，悲愤不已。他立即拟折，表示“誓死救皇上”，并告知光绪帝将于近日起程出京。康有为在委托林旭代递此折之后，又将梁启超、谭嗣同、康广仁等召来筹划救上之策。并无实权也没有实力的维新派人士面对骤然发生的政变，难以找到一个切实可行的应对措施，只好再次把希望寄托在袁世凯身上。

谭嗣同担当了劝说袁世凯的重任。他于9月18日夜密访京郊法华寺，要求袁亲自率领敢死队数百名，拥光绪皇帝登上午门，杀荣禄，除旧党。袁世凯慷慨表示誓死效忠皇上，但又表示立即举兵勤王有困难。他说：“杀荣禄乃一狗耳，然吾营官皆旧人，枪弹火药皆在荣禄处，且小站去京二百余里，隔于铁路，虑不达事泄，若天津阅兵时，上驰入吾营，则可以上命诛贼臣矣。”② 谭嗣同无奈，只能等待天津阅兵时再做计议。

3. 西太后的“训政”

罢免礼部“六堂官”、请开懋勤殿，这些使慈禧对光绪皇帝深为不满，并发出了对其皇位的威胁，但尚未促使她由后台走向前台。促成慈禧太后尽速“训政”的关键，则是御史杨崇伊的一份密折，其重点陈述了对日本前首相伊藤博文访华的忧虑。

伊藤博文是日本明治时期的风云人物，他作为明治天皇的顾问，直接参与和指导了明治维新。康有为对伊藤博文非常崇拜，变法期间，康有为曾设想“楚才晋用”，

① 袁世凯．戊戌日记//戊戌变法：第1册．上海：神州国光社，1953：549．

② 康南海自编年谱//戊戌变法：第4册．上海：神州国光社，1953：161．

也就是聘用那些富有政治经验的外国政治家作为顾问，参与变法。9月10日，伊藤博文以“个人游历”的身份坐船抵达天津，9月14日来到北京，随后康有为前往日本使馆拜见伊藤，希望他能够留在中国，帮助挽救变法危局。这一消息不胫而走。慈禧太后担心一旦伊藤留在北京参与变法，将威胁到自己对皇权的控制。御史杨崇伊的密折正好投其所需，使她得以借口发难。杨崇伊在密折中指控维新派“蛊惑人心，紊乱朝政，引用东人，深恐贻祸宗社”。他预言：“伊藤果用，则祖宗所传之天下，不啻拱手让人”，他竭力呼吁慈禧“即日训政”①。在政治力量的两军对垒中，除了力量的调配布置，还有时机的把握与营造。对西太后而言，此时她需要的只是发难的机会与借口。而杨崇伊呼吁慈禧再次训政的密折，使慈禧断然做出了要改变一切的决定。

慈禧太后于9月19日与前来请安的光绪帝自颐和园回宫，严密控制光绪。次日，光绪帝在慈禧太后的严密监视下按原计划召见袁世凯及伊藤博文。

9月21日，慈禧太后正式宣布重新训政，当即下令逮捕康有为。谭嗣同于9月18日深夜访法华寺后，袁世凯于9月20日请训后当晚返回天津，拜见荣禄，略述内情。还没来得及详述经过，恰遇叶祖圭等人来访，打断了他俩的谈话，不得已，只好约定第二天再谈。9月21早晨，袁世凯将维新党人“围园杀后”的计划全部泄露给荣禄，荣禄大惊。当晚，御史杨崇伊到天津向荣禄报告慈禧太后重新训政的消息，荣禄遂将袁世凯泄露的关于“围园杀后”的密折，于9月22日由杨崇伊带回北京，并于9月23日上奏给慈禧太后。袁世凯的告密使政变程度加剧，光绪帝的处境急转直下。当天，慈禧下令逮捕谭嗣同等人，9月25日，以光绪名义下发谕旨，称其四月以来，身体屡有不适，请求精通医术之人进宫为其调适。慈禧意在诏告天下，光绪帝从四月起即处于病中，有关政策皆是在病中拟定。同日，她电令荣禄来京，决心重组中枢，彻底更换军机处。

清军在查抄南海会馆时，只抓住了康广仁，没有找到康有为。谭嗣同在政变后还想方设法援救光绪帝，且拒绝了人们要他出走日本的劝告，慷慨表示：“各国变法，无不从流血而成，今中国未闻有因变法而流血者，此国之所以不昌也。有之，请自嗣同始。”② 9月23日、24日，杨锐、刘光第、谭嗣同、林旭先后被捕入狱。28日，谭嗣同、杨锐、林旭、杨深秀、刘光第、康广仁被杀害于北京菜市口③，时人称他们为“戊戌六君子”。接着，参加维新的官员张荫桓等被放逐新疆，徐致靖、张元济、宋伯鲁等被革职。严复因为未参加“百日维新”活动，免遭查究。在政变后的一两个月内，大部分新政被推翻，后党废除农工商总局，禁止士民上书，查禁报馆，禁立会社，复置冗官闲衙，恢复八股，但也保留了一些新政，京师大学堂继续筹办。至此，戊戌变法宣告失败。

---

① 杨崇伊．吁恳太后即日训政折（光绪二十四年八月初三日）．中国第一历史档案馆藏．

② 梁启超．戊戌政变记//饮冰室合集：专集之一．北京：中华书局，1989：109．

③ 茅海建称：“西太后不审而诛六君子，是对清朝审拟定罪制度的破坏。”（茅海建．戊戌变法史事考．北京：三联书店，2005：134-135）但政治斗争中的罪罚又何尝可以定罪程序加以判量?!

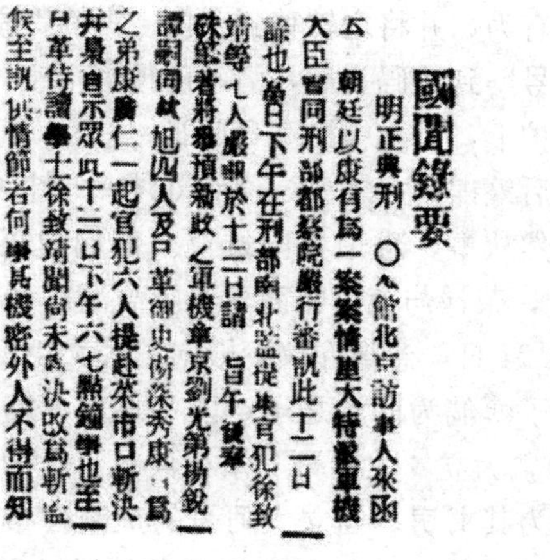

國聞錄要

明正典刑 ○本館北京訪事人來函云：朝廷以康有爲一案案情重大，特派軍機大臣會同刑部都察院嚴行審訊，此十一日諭也。翌日下午在刑部南北監提集官犯徐致靖等七人嚴訊，於十三日請旨，午後奉硃諭，著將預聞亂政之軍機章京劉光第、楊銳、譚嗣同、林旭四人及戶部御史楊深秀、康有爲之弟康廣仁一起官犯六人提赴菜市口斬決，并梟首示眾，此十三日下午六七點鐘事也。至已革侍讀學士徐致靖聞尚未定，決改爲斬監候。至訊供情節若何，事屬機密，外人不得而知。

图 5-10 戊戌六君子被杀的新闻报道

二、戊戌政变后的政局

戊戌政变后，一些朝臣恶意宣扬光绪帝“得罪祖宗”，违逆祖制，应当废其帝位。慈禧本有此意。然而，公开废黜一国之君势必将震惊天下，慈禧未敢遽然施行废立之举。慈禧先诏告天下光绪帝生病以为试探，又命太医将光绪身体状况定时公布，并把这一情况通报给驻京各国公使并电告各督抚，为其废掉光绪帝制造借口，同时观察外界反应。

光绪帝生病的消息立即引起中外各方关注。早在变法维新期间，英、美、日等国在华的一些人，就有支持光绪帝和维新派的迹象，将维新派视为亲英、亲日的中国政治派别。当维新运动失败后，列强意识到慈禧的政变有可能使中国“回复到四十年前排斥外国人的时代”。在得到光绪帝“患病”的消息后，英、日、法、德等国公使对光绪皇帝的健康表示了极大关怀，一再要求面见光绪帝，以摸清其“病情”与下落。10 月 15 日，英国公使提议由外国医生给光绪帝看病，清廷表示同意。10 月 18 日晨，总理衙门请法国使馆医官入西苑探视，结果认为光绪帝仅是身体虚弱，没有大的病症。同时，英、日等国公使频繁地向其本国政府电告政变后的中国政局和光绪帝的情况，加紧筹划对策。英国在华的舆论工具《字林西报》等连续发表抨击慈禧和赞扬光绪帝的文章，《泰晤士报》的驻京记者也不断发回报道光绪帝的消息。一些外国的兵舰驶进中国沿海进行示威性的游弋。慈禧“看到国内舆论人情的反抗”和列强方面的强烈反响，不得不继续利用光绪帝名义号令天下。慈禧的废立之谋，暂时告一段落。

戊戌政变后，列强对康有为、梁启超也施以援手，积极庇护。9 月 21 日下午，即政变的当天，梁启超来到日本使馆要求保护。第二天，梁启超在日本人掩护下化装逃往天津，登上日本“大岛”军舰。在日本人的庇护下，梁启超得以安全逃脱。

康有为于 9 月 20 日离开北京，次日戊戌政变发生。9 月 21 日晚康有为在塘沽搭乘英商太古轮船公司轮船“重庆号”前往上海。当康有为乘船南下时，上海已经铺开了大网，上海的官吏已接奉慈禧太后关于抓住康有为“就地正法”的电令。但与此同时，英国也密切关注康有为的行踪。9 月 24 日，当“重庆号”到达吴淞口外时，英国领事拦船查证。他们找到了康有为，并将之转移到英国“斯克”军舰，后英国轮船又护送他安全到达香港。而“重庆号”到达码头后，清政府搜捕落空。在港期间，康有为派弟子赴日本使馆，在日本的保护下，于10月19日赴日。

戊戌政变后，西太后筹谋废立之事，遭到刘坤一、李鸿章等实力派的反对。他们认为光绪罪责不明，若贸然从事，恐怕各国抗议。他们建议不妨先立太子，待机再行废立。1899年12月31日，荣禄与慈禧密商，选中载漪的儿子溥儁（时年15岁）以取代光绪皇帝。1900年1月24日，慈禧在仪鸾殿向王公大臣们公布了以光绪帝名义颁发的上谕，立端郡王载漪之子溥儁为同治之子，以备将来承继“大统”，并定于明年正月初一（1900年1月31日），为立“大阿哥”举行典礼，是为“己亥建储”。接着，溥儁便被接入宫内，辟弘德殿为其书房。当立大阿哥的上谕公布后，京都人心大多为之震动，上海、湖北等地的广大绅商士庶纷纷起来揭露慈禧的这种行径是“名为立嗣，实则废立”的阴谋，人们不约而同地发出甘愿与皇上共“存亡”的怒吼。上海各界2 500多人“合词电奏”，强烈反对立大阿哥；湖北官绅50多人亲赴北京“拼命力争”。南洋各埠和美国旧金山等地的华侨，闻读之后亦均“异常哗愤”，接连电达总理衙门“谏阻此事”。通过维新变法，光绪皇帝的影响已遍及海内外，人心昭昭，势所必然。与此同时，英、日、美等国的驻华公使也纷纷表示要出面“干预”，各国兵船先后自上海北驶。国内外激起了一场来势迅猛的波澜。次年初，清廷正式立大阿哥时，一些国家的公使拒不致贺，不断向慈禧施加压力，慈禧虽然极为愤怒，却又无可奈何。她虽然立了大阿哥以为储君，却迟迟未敢废掉光绪帝。戊戌政变后的政局走向，在扑朔迷离中仍然充满了变数。

三、深远的历史影响

曾经声势颇壮的戊戌变法，转瞬间即被颠覆。其间，新旧之争与帝后党争的多重面相固然复杂交错，利益分割与权力纷争亦然惊险连连，每一个因素或都值得深入分析与辨识。但是，面对重大历史事件的成败结局，人们更关注追究其必然的历史原因。尽管历史认识并不一致，但由此引发的历史反省和值得借鉴的出发点，却并无二致。

戊戌变法时期，新旧力量对比悬殊，守旧势力十分强大，“天下滔滔，皆入于此”。维新志士大多是青年士人，为国家民族之救亡图存大业挺身而出，以天下为己任，但却未能走入民间获得民众的支持和力量，缺乏足够的社会支援。它是一场准备很不充分的政治运动①。以康广仁当时对康有为的认识而言，的确不无道理：“规模太大，志气太锐，包揽太多，同志太孤，举行太大。当此排者、忌者、挤者、谤者盈街塞巷，而上又无权，安能有成？”② 戊戌维新的失败悲剧有其深刻的根源，一定意义上也体现着历史的必然。然而，它以虽败犹荣的历史结局，却赢得了历史的未来。

第一，戊戌维新运动是一次爱国救亡运动。近代中国社会发展的首要问题是反对殖

---

① 中国史学会戴逸会长开幕词//戊戌维新与近代中国的改革：戊戌维新一百周年国际学术讨论会论文集．北京：社会科学文献出版社，2000：6.

② 康广仁．致易一书//戊戌六君子遗集．台北：文海出版社，1986：602.

民主义的侵略，维护民族独立。维新派没有正面提出反对列强的口号，但他们鼓吹变法的首要目的却是救亡图存。19 世纪末列强掀起瓜分中国的狂潮，维新派在民族危亡的关键时刻，高举救亡图存的旗帜，希望通过变法，使中国走上富强的道路。当时维新派揭露殖民主义企图瓜分中国的阴谋，在朝野上下到处为救亡图存奔走呼号。康有为不厌其详地说明只有变法才能御侮图存。光绪皇帝赞同变法，也主要是因为面临列强侵逼的巨大压力，感到不变法自强，中国就没有任何出路。维新派人士以“物竞天择，适者生存”的进化理论，动员人们“与天争胜”，“自强保种”。他们提出近代意义上的民族主义和爱国主义概念，强调国家为国民所有，而非一人一姓之私产，从而为中华民族的觉醒达到一个更高水平奠定了思想基础。

第二，戊戌变法是中国第一次政治现代化的尝试。戊戌变法是中国进步知识分子进行政治现代化变革的一次努力，它突破了洋务新政的“中体西用”的思维定势，开启了全面学习西学并以西学改造中学的路径，标志着中国人第一次全面提出了近代化的纲领和措施。这一历史进程，强劲地改变着中国传统的价值观念和理论结构。它将由洋务运动开始的“中西之争”推动到了戊戌时期的“新旧之争”。这一历史性转变不是洋务运动的简单继续，而有着质的飞跃，它使得近代中国的改革由器物层面深入到了政体层面。这在中国历史上是破天荒的，它符合中国近代社会发展的大趋势。

第三，戊戌维新运动更是一场思想启蒙运动。维新派提倡新学、批判旧学，通过办报刊、学会和学堂，大量地传播西方近代自然科学和社会科学知识，介绍西方的自由、平等学说。它鼓吹“兴民权”“开议院”“君民共主”，希望建立君主立宪制度，废除八股取士的科举制度，打开了人们的眼界，出现了“家家言时务，人人谈西学”①，“智慧骤开，如万流潏沸，不可遏抑”的局面，从而将守旧顽固的思想壁垒打破了一个缺口。这就为人们在新的条件下接受新的思想扫除了障碍。戊戌变法是中国近代民主启蒙运动的真正起点。

维新派通过各种手段，包括向朝廷上书、报章撰言、学会演说等，反复而详尽地提出并宣传自己的一系列变法改革的主张，得到了强烈的社会反响，对人们的政治生活产生了深刻影响。在维新派的推动下，“诗界革命”“文体革命”“小说界革命”“戏剧改良”“史学革命”等相继而起，形成了广泛的文化革新运动。在教育方面，维新派主张采用西方近代教育制度，兴办新式学堂，这对中国近代教育的发展起了积极推动作用。京师大学堂的创设，更成为中国近代国立高等教育的发端。新闻出版事业也有了初步发展。据不完全统计，当时全国主要报刊已有 30 多种，还出现了新开设的多家书局。

维新派不仅在思想启蒙和文化教育方面开创了新的局面，而且对近代知识分子队伍的集结以及社会习俗的变化等社会各个领域都产生了深远的影响。维新派在改革社会风俗方面也提出了许多新的主张，并身体力行地做了大量工作。如主张革除吸食鸦片及妇女缠足等恶俗陋习，提出“剪辫易服”的主张，倡导讲文明、重卫生、反跪拜，等等。其移风易俗、开启社会新风的效用不可低估。

第四，为近代民族资本企业发展创造了有利条件。维新运动期间，清政府颁布了一

① 欧榘甲. 论政变为中国不亡之关系//戊戌变法：第 3 册. 上海：神州国光社，1953：156.

些保护和鼓励民族资本企业发展的政策，激发了人们“实业救国”的热情，形成了民族资本企业发展的第一次投资高潮。戊戌变法前后三年中，在中国创办的厂矿中，商办者占到70%，民间企业已成工商业的主流。民族资本主义的发展，为以后的民主革命运动提供了物质条件和阶级基础。更为重要的是，“维新时代产生了新的社会类型的人，这些人和旧式士大夫截然不同”，他们的出现与正在成长的社会舆论一起，“构成了维新时代的主要遗产”①。

思考题

1. 试析今文经学与康有为的变法思想。
2. 试述维新派的新学与新旧学之争。
3. 试述百日维新的经过及其失败原因。
4. 试述戊戌维新时期的报刊与学会。
5. 谈谈戊戌变法深远的历史影响。

阅读书目

1. 茅海建．戊戌变法史事考．北京：三联书店，2005.
2. 黄彰健．戊戌变法史研究．上海：上海书店出版社，2007.
3. 梁启超．戊戌政变记．桂林：广西师范大学出版社，2010.
4. 王先明．近代新学：中国传统学术文化的嬗变与重构．北京：商务印书馆，2000.
5. 郭廷以．近代中国史纲．上海：格致出版社，2009.
6. 徐中约．中国近代史．北京：世界图书出版公司，2008.

① 费正清，刘广京．剑桥中国晚清史（1800—1911年）：下卷．北京：中国社会科学出版社，1985：331.

第六章

庚子之变

——反洋教与义和团运动的兴起

戊戌政变后不到两年即发生义和团运动，“庚子拳匪之乱，戊戌维新之极大反动也”①。旧历的庚子纪年对于近代中国形成了创痛尤深的记忆。一百多年来，关于义和团运动的认识经历了从“妖魔化”到“神化”的过程，甚至两歧的观点交锋还在持续。但作为一个震惊中外的历史运动，它对于当时和未来的影响仍被人们不断地记忆和反思。史景迁曾这样概括：义和团运动“对欧洲的思想产生了深远的影响，甚至可能比太平天国的影响还大”②。《时代》周刊1998年4月进行“20世纪里程碑”盘点时，将义和团运动列为人类进入20世纪的头一件大事。评论认为，它是唤醒一个新巨人的征兆！说明义和团运动的重要性并没有随着时间的流逝而褪色③。

第一节　炮口下的传教

一、洋教的迅猛发展

西学东渐不可避免地引起了中西文化的碰撞和冲突，而来华传教士的

---

① 梁启超. 戊戌政变记. 台北：文海出版社，1973：11.

② 姚斌. 拳民形象在美国：义和团运动的跨国影响. 北京：世界知识出版社，2010：9注（1）.

③ 同②66-67.

传教策略与方式也引发了教会内部的矛盾冲突。1720 年（康熙五十九年），因“礼仪之争”，清朝宣布对天主教实行“严禁”，直至鸦片战争以后才改行“弛禁”。1757 年（乾隆二十二年），清政府实行闭关政策，传教士大多转为秘密活动。

东正教入华始于 18 世纪中叶①。1727 年（雍正五年）7 月 18 日，清政府与俄国使臣签订的《恰克图条约》使俄国东正教会取得了定期派遣传教士的权益，并且取得了在北京东江米巷（即后来的东交民巷）建立教堂的权利。东正教驻北京传教士团由神职人员、学生、医生、画家、科学家、外交官等人员组成，除传教外，还“对中国的经济、文化进行全面研究，并应及时向俄国外交部报告中国政治生活中的重大事件”②。但东正教会过分彰显的政治使命影响了中俄早期文化交往，驻北京传教士团实质上成了沙俄政府派驻北京的一个官方代理机构。从 1715 年起，俄国东正教会共派出二十届驻北京传教士团，前后跨越了三个世纪。其中，从 1715 年至 1902 年，俄国一共派遣传教士团成员 178 人次，其中神职人员 111 人次，世俗人员 67 人次③。

伴随并适应资本主义的兴起而产生的新教是 16 世纪欧洲宗教改革运动的产物。新教宗派众多，其基本神学信仰与天主教、东正教大体一致。新教大体上又分为路德宗（又称信义宗，早期来华的荷兰礼贤会、巴色会及德国信义会等教派均系路德宗）、长老宗（又称加尔文宗，早期来华的有北美长老会、英国长老会、加拿大长老会、基督同寅会等）、圣公宗（又称安立甘派，早期来华的有美、英、加拿大的圣公会）、公理宗（早期来华的有英国伦敦传道会④、美部会⑤等）、浸礼宗（早期来华的分别有美、英浸礼会）、监理宗（又称卫斯理宗、循道宗）等诸多宗派。

新教在中国内地的传播始于 1807 年（嘉庆十二年）。1807 年 9 月 4 日，英国伦敦会传教士罗伯特·马礼逊经由美国抵达中国澳门，9 月 8 日到达广州，从而正式揭开了新教在中国传播的帷幕。马礼逊在华的 20 余年里，为新教在华传播做了大量开创性的贡献。1808 年至 1819 年，马礼逊将《新约全书》与《旧约全书》译成中文，1823 年在马六甲正式出版。他第一次将《圣经》完整地译介给中国人，完成了天主教在华传教士 200 余年没有做到的事业。1815 年 8 月 5 日，《察世俗每月统记传》在马六甲创刊，这是传教士创办的第一份中文期刊。1818 年，马礼逊在马六甲开办英华书院，这是第一所在华人中进行西学教育的教会学校。马礼逊另一重要贡献是编纂《英华字典》，1817 年至 1823 年陆续出版，共 6 卷 4 595 页，仅从《康熙字典》中收译的汉字就达 4 万余个，在沟通中英文化方面功不可没。1832 年 5 月，由马礼逊倡议、裨治文创办的英文月刊《中国丛报》在广州出版。随后，1830 年美国美部会和德国礼贤会、1834 年美国

---

① 1054 年，基督教东、西两派教会正式分裂后，以君士坦丁堡为中心的大部分东部教会自称维护正统教义，又因其主要分布在地中海东部沿岸地区，故称“东正教”。

② 布纳科夫．十九世纪上半叶中俄关系史的一页．苏联东方学，1956（2）：101.

③ 肖玉秋．论俄国东正教驻北京传教士团的特殊性．俄罗斯研究，2008（1）：83-89.

④ 1795 年 9 月 21 日，英国国教会、公理会和长老会的领袖人物在伦敦集会，决议成立伦敦传道会，一般中文著作简称为“伦敦会”。伦敦会自成立之日起，一直是影响最大的新教差会之一。（吴义雄．在宗教与世俗之间：基督教新教传教士在华南沿海的早期活动研究．广州：广东教育出版社，2000：29-30）

⑤ 美部会成立于 1810 年 6 月 29 日，到 19 世纪 30 年代，已成为新教传教势力中的主要差会之一。1830 年 2 月 25 日，美部会派出的裨治文和雅裨理到达广州，开始了美部会在华传教的历史。

公理会、1835 年美国圣公会、1836 年美国浸礼会、1837 年美国长老会等差会组织，都相继派遣新教传教士来华传教。

总之，鸦片战争之前，受到康熙末年和雍正、乾隆年间的禁教与闭关政策的影响，中西文化交流时断时续，传教士在中国内地的传教活动也只能秘密进行，西方宗教对中国文化的冲击尚不明显，在传统文化的浸染下，绝大多数民众对西方宗教并不认同，游离于上帝信仰之外，皈依基督宗教信仰的民众少之又少。据 1810 年的统计，仍有欧籍传教士 31 名在中国内地 16 省从事秘密活动，天主教徒共有 21.5 万人①。到 1839 年 6 月，据报告，天主教在中国内地 13 省有活动，欧籍传教士有 65 名，天主教徒约有 30.3 万人②。

鸦片战争之后，清政府与西方列强签订了一系列不平等条约。在不平等条约的护佑下，来华传教士依靠西方国家强大的军事武力威慑，开始了炮口下的传教事业。

1842 年签订的中英《南京条约》并无专门关于教会的文字，基督教在华取得突破是在中美《望厦条约》中。《望厦条约》第 17 款规定："合众国民人在五港口贸易，或久居，或暂住，均准其租赁民房，或租地自行建楼，并设立医馆、礼拜堂及殡葬之处。"③ 1844 年 10 月 24 日（道光二十四年九月十三日），法国强迫清政府签订《黄埔条约》（亦称中法《五口贸易章程》），其中第 22 款规定："佛兰西人亦一体可以建造礼拜堂、医人院、周急院、学房、坟地各项，地方官会同领事官，酌议定佛兰西人宜居住、宜建造之地。……在五口地方，凡佛兰西人房屋间数、地段宽广不必议立限制，俾佛兰西人相宜获益。倘有中国人将佛兰西礼拜堂、坟地触犯毁坏，地方官照例严拘重惩。"④

1858 年清廷与俄、法、美、英签订的《天津条约》均涉及保障各国传教活动的所谓"宽容"条款。如 1858 年 6 月 13 日（咸丰八年五月初三）签订的中俄《天津条约》第 8 条规定："若俄国人有由通商处所进内地传教者，领事官与内地沿边地方官按照定额，查验执照，果系良民，即行画押放行，以便稽查。"⑤ 中英《天津条约》规定："耶稣圣教暨天主教原系为善之道，待人如己。自后凡有传授习学者，一体保护，其安分无过，中国官毫不得刻待禁阻。"⑥ 1860 年英、法、俄等国与清政府订立的《北京条约》，规定了传教士可以到内地活动的条款，特别是中法《北京条约》使传教士取得了在中国内地租买土地建造教堂的权利，"任法国传教士在各省租买田地，建造自便"⑦。由此给予了传教士在中国内地传教置产的特权。

受庇于不平等条约，来华传教士的足迹跃出香港、澳门及广州等地，从沿海五个通商口岸逐渐深入到中国内地。鸦片战争前后，由早期马礼逊、裨治文等在南洋地区开创的新教宣传与文化事业中心，也从南洋、澳门地区移至五个通商口岸，上海逐渐成为西

---

① The Chinese Repository (Second Edition): Vol. Ⅰ (1832.5－1833.4). March, 1833: 443.
② The Chinese Repository (Second Edition): Vol. Ⅱ (1844.1－1844.12), Nov., 1844: 595.
③ 王铁崖. 中外旧约章汇编：第 1 册. 北京：三联书店，1982：54.
④ 同③62.
⑤ 同③88.
⑥ 同③97.
⑦ 同③147.

学传播的窗口。继马礼逊、裨治文、伯驾、雅裨理外，美国传教士卫三畏、罗孝全、晏玛太、嘉约翰、丁韪良、林乐知等人相继前往中国。1840 年美国传教士罗孝全首先到香港传教，1842 年雅裨理与文惠廉最先到厦门开教，1843 年麦都思到上海并创办墨海书馆，1847 年美以美会的柯林和怀德首次前往福州。据 1867 年美国传教士伟烈亚力出版的《基督教在华传教士纪念录》一书分析，自 1807 年至 1860 年，英美各传道会派遣来华的传教士合计 254 人之众，除 30 人于 1842 年前未能到华传教外，实有 224 人到华，信徒从 6 人增至 2 000 人①。到 19 世纪末，传教士增至约 1 500 人，信徒增至 8 万人。来华传教的新教差会，到 1900 年达到 61 个。

图 6－1　传教士（中）

鸦片战争以后，天主教在华势力迅速恢复并获得长足发展。中国天主教徒在 1860 年至 1870 年已达 37 万～40 万人。到 19 世纪末，在华的天主教各修会的传教士增加到 886 人，信徒则增至 70 万人②。

从 1840 年到 1898 年，第十二届至第十七届俄国东正教驻北京传教士团先后在北京从事东正教的传教工作，但是在华的东正教会的发展远较天主教和新教为弱。从 1892 年俄国东正教驻北京传教士团登记的教徒名册来看，当时信仰俄国东正教的中国籍信徒一共只有 459 人。到 1906 年，受洗的中国籍教徒有 725 人，该年在中国的俄国东正教教徒有 3 万人左右。

二、基督教与近代化事业的兴起

1. 兴办学堂

来华传教士为便利其传教事业，将输入西学作为使中国民众信奉基督教的基本手

① 顾卫民. 基督教与近代中国社会. 上海：上海人民出版社，1996：108.

② 以耶稣会统辖的江南教区为例，1860 年有信徒 7.7 万人，传教点 400 余处，传教士约 50 名。到 1886 年，已拥有信徒 15 万人，传教点扩大到 1 000 余处，传教士增加至 170 人，并拥有相当数量的学校、医院和育婴堂。

段，从而对西学的引入和传播多有助益。作为外来的文化势力，基督教在中国创办报刊、兴办学堂、译介西学、开设医院、举办慈善活动、倡导风俗改良，也有助于中国现代化的启动与推进。

中国教会教育事业的起源，可追溯至新教在南洋、澳门地区传教之时。1818 年伦敦会在马六甲开办的英华书院，是近代传教士开办的第一所中文学校，其课程包括英文、中文、数学、天文、地理、历史、伦理和哲学等，聘请西人和本地华人担任教习，以培养前往中国传教的欧籍教士和华侨子弟为宗旨，1843 年该校迁往香港。1844 年，英国东方女子教育会派遣阿尔德赛女士在宁波开设女子学塾，这是传教士在中国设立的第一所女子学校。1850 年天主教耶稣会士南格禄在上海创办的徐汇公学，初名为圣依纳爵公学，是上海开办最早的新式教会学校，也是天主教在中国开办的最早的近代学校之一。1850 年英国圣公会在上海创办英华学塾，美国北长老会在上海创办清心书院。1853 年美国公理会在福州开设格致书院。到 1860 年，基督教会在中国开办的学校约有 50 所，学生 1 000 人①。

图 6-2　徐汇公学

第二次鸦片战争以后，借助从不平等条约所获得的传教条款，西方传教士的触角也从沿海五口延伸到中国内地，从而在中国沿海和内地都出现了教会学堂，学校与学生数

① 顾卫民. 基督教与近代中国社会. 上海：上海人民出版社，1996：240.

量增加很快。1863 年天主教在上海设立圣芳济书院。1864 年美国长老会传教士狄考文在山东登州开办蒙养学堂，1876 年改称文会馆，1904 年文会馆与广德书院合并，迁往潍县，更名为广文学堂，成为后来齐鲁大学的前身。1879 年，美国圣公会施若瑟在上海曹家渡附近创办圣约翰书院，1896 年增设大学部。1881 年林乐知在上海开创中西书院，“意在中西并举，特为造就人才之举”①。1884 年美国哈巴牧师在广州筹建格致书院，1888 年正式开学，1904 年更名为岭南学堂，是后来岭南大学的前身。

1875 年前后，在华教会学校的总数约 800 所，学生 3 万人，其中新教开设的约 350 所，学生 6 000 人，其余均为天主教开设。到 1877 年，在新教学堂中已有 6 000 人就读，同年基督教成立了在华统一的教会学校领导机构益智书会（The School and Textbook Series Committee），同年改名为中华教育会。1890 年，新教学堂学生上升到 16 836 人，到 1906 年又上升到 57 683 人②。

教会学堂在近代中国的出现和发展，实是因为传教士将此作为宣教的辅佐手段，借助兴办学校而便利其开展传教工作。但教会学校在传播西学、输入西方教育教学模式、推动中国教育现代化方面起了一定的推动作用。教会学校虽然突出宗教性质，但借鉴西方大学的课程设置与教学方法，并结合宣教实际，重视外语教学，在传播西学的同时兼顾汉学，形成会通中西的教育教学模式。教会学校还打破了中国传统教育对女子的禁锢，创办女学，开创了中国女性学校教育的先河，教会女学的创办开启并推动了中国女子学校教育的发展。同时，教会大学的创办开启并推动了中国高等教育的发展，为国内的公立和私立大学提供了样板。1882 年，山东登州文会馆由中学升为学院，成为国内第一所大学。随后，又有北京文汇书院于 1888 年创立，华北协和大学于 1889 年创立，上海圣约翰大学于 1890 年创立，杭州长老学院于 1893 年创立，这些大学均早于中国官办的第一所大学京师大学堂。

总之，教会学校虽然是基督教会为了传教而创立的教育机构，但它们开设的科学课程无疑为中国人做了一定的近代科学启蒙工作，作为中国近代教育史上的一种特殊现象，对中国古代教育的近代化起到了示范和推动作用③。

2. 出版报刊

出版报刊、译介西学是西方传教士在华宣教工作的重要组成部分，他们的办报办刊活动使中国有了近代意义上的报刊。

鸦片战争前，来华传教士已经开始报刊编辑与出版工作，从 1815 年到鸦片战争结束，外国人在南洋和华南沿海一带共创办了 6 种中文报刊和十几种外文报刊。罗伯特·马礼逊是第一位来中国传教的新教传教士，也是创办近代中文报刊的第一人。1815 年 8 月 5 日，马礼逊与其助手米怜在南洋马六甲创办了中国近代历史上第一份中文期刊——《察世俗每月统记传》，参与其事的传教士还有麦都士、理雅各和中国刻工梁发。《察世俗每月统记传》为月刊，木刻竹纸印，每期 5～7 页，仿线装书样式装订成册，到 1821

---

① 林乐知．中西书院规条//万国公报：第 18 册．台北：华文书局，1968：11807.

② 费正清，刘广京．剑桥中国晚清史（1800—1911 年）：上卷．北京：中国社会科学出版社，1985：621.

③ 安岩，杜恩龙．教会学校在中国近代教育中的作用．河北师范大学学报（教育科学版），2009（9）：23-28.

年停办时，总共出版7卷84期。1833年7月25日，德国传教士郭士立在广州创办中文月刊《东西洋考每月统记传》，成为在中国境内创办报刊的第一位来华传教士。1832年5月，美国公理会传教士裨治文创办英文月刊《中国丛报》，该刊是美国人在华创办的第一份英文期刊，直至1851年12月终刊，共出20卷，对了解鸦片战争前后中国社会具有重要价值。

鸦片战争以后，传教士和教会所办报刊也急剧增加，1840年前不过10种，1860年发展到32种，1890年则增至76种①。丁韪良、傅兰雅、林乐知、李提摩太等传教士对这一时期报刊发展贡献尤著。1861年11月，由英商字林洋行主办的《上海新报》创刊，1866年起傅兰雅担任该刊主编。傅兰雅最重要的报刊活动是他自筹资金创办并主编《格致汇编》。该刊创办于1876年2月17日，1892年冬停刊，前后共出60卷，傅兰雅力图借此实现“中国能广兴格致至中西一辙”的良好愿望。1872年8月，丁韪良在北京创设华北地区最早的中文刊物《中西闻见录》，1875年8月出至第36期后停刊。《万国公报》的创办人、主编林乐知是最有代表性和影响最大的传教士报人。1868年林乐知创办中文周刊《中国教会新报》，从1872年9月5日第201期起改名《教会新报》，两年后即1874年9月5日从第301期起改名《万国公报》，直至1883年7月停刊。《万国公报》是一份以时事政治为主的综合性刊物。1887年，基督教在华的最大出版机构同文书会（后改名广学会）在上海成立，该会成立初期决定恢复《万国公报》作为它的机关刊物，仍由林乐知为主编。1889年复刊后的《万国公报》大量发表涉及当时中国政治、经济、军事问题的新闻和评论，并大力推广“西学”，推崇“新学”，对中国维新运动的兴起影响尤为巨大，发行量一度跃至38 400份，成为当时中国国内发行量最大的刊物。

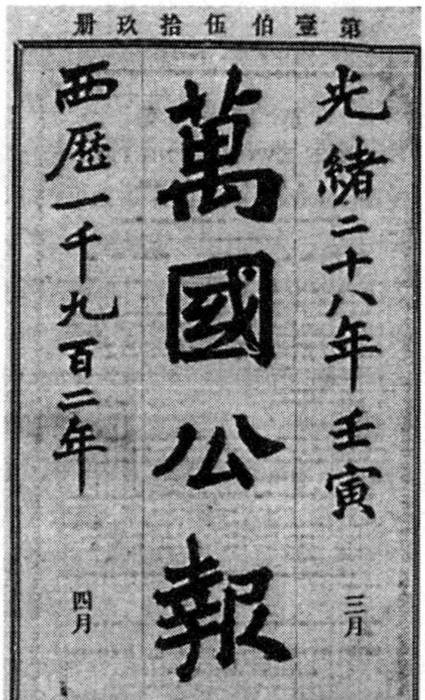
第壹伯伍拾玖冊
光緒二十八年壬寅　三月
萬國公報
西歷一千九百二年　四月
上海美華書館鉛版

图6-3　《万国公报》

① 顾长声．传教士与近代中国．上海：上海人民出版社，1981：31.

近代传教士和教会出版的报刊，在中西文化交流的背景下，似不能简单地以“侵略”“诱饵”“精神鸦片”概而论之。这些报刊所传播的自然科学和社会科学知识，拓展了国人的认知空间，促成了西学思潮的进一步高涨和崭新的世界意识的形成，促进了中国近代第一次启蒙思潮的发生。它将“新闻纸”这种大众传播媒介移植到中国，促进了中国近代报刊事业的产生。19 世纪在华传教士的报刊活动，是近代中西文化交流的一个重要组成部分。它在西学东渐和中学西传中所起作用应该予以肯定[①]。

3. 开设医院

近代教会医疗事业始于鸦片战争前夕。1834 年美国公理会派遣传教士伯驾来华，这是第一个来华的传教医生。次年 11 月 4 日，他在广州创立眼科医院（亦称新豆栏医局），由此而奠定了基督教在华医药事业的起点。鸦片战争后签订的中美《望厦条约》与中法《黄埔条约》使西方国家获得了在华设立医院的权利，“医学传教”从此处于不平等条约的庇护之下，传教士开办的医院诊所从澳门、广州一隅发展到五个通商口岸。1844 年，雒魏林到上海设立一家诊所，成为仁济医院的前身。1859 年 1 月，美国传教医生嘉约翰在广州创办博济医院，成为 19 世纪基督教会在中国最著名的医疗机构。他不辞辛劳地为人治病和传播西方医学科学，一生共诊治病人 74 万人次，施行手术 4.9 万人次，培训西医 150 人，编译西医、西药书籍 34 种，为基督教在华医疗事业做出了突出的贡献。1861 年雒魏林到北京，在任英国驻华使馆医生的同时，开办了北京首家基督教会医院，即后来协和医院之前身。到 1877 年，在华基督教传教士第一次大会召开时，共计有医院 16 所，诊所 24 处[②]。随后医疗工作受到越来越多的基督教差会和传教士的重视。1889 年，来华的 40 个基督教差会中，有 21 个从事各种形式的医疗活动，共有 61 所医院、44 处诊所，其中英国各差会开办了 28 所医院、16 处诊所，美国各差会开办了 32 所医院、18 处诊所。这些机构一年诊治病人 348 439 人次。传教士医生的数量也直线上升，1881 年为 34 人，1887 年有 60 人左右，1890 年则达到 100 人。据 1900 年稍前的一份统计资料，当时男女传教士总数为 1 800 人，传教士医生约占 10%，为 181 人，其中男医生 122 人，女医生 59 人[③]。1886 年中华基督教博医会的成立表明，传教士医生已成为在华基督教中的一股重要势力，医疗工作也已成为教会一项重要的活动内容。

“就医院言之，施医散药，教士视为施惠行仁。”[④] 但是基督教会医疗事业在服务传教的同时，其作用和影响实际上超出了宗教和治病的范围。教会医疗事业在一定意义上有助于改变旧中国社会缺医少药的状况。西方近代医学科学和技术得以输入中国，传教士在中国行医，客观上把西方的医术和西药以及近代医院制度、医学教育（包括护理教育）传入了中国，推进了西医在中国的传播和发展，启动了中国现代医疗卫生事业的发展，形成了与传统中医药相并立的格局。中国医学因此从“数千年来哲学的医学，一变

---

① 沈继成．试论 19 世纪在华传教士的报刊活动．华中师范大学学报（人文社会科学版），2002（6）：78-86.

② 同①.

③ 田涛．民初在华基督教医疗卫生事业及其专业化．近代史研究，1995（5）：169-185.

④ 李刚己．教务纪略：卷四（下）．上海：上海书店出版社，1986：3.

而为科学的医学”①。同时，近代教会医疗事业在普及医药卫生知识、培养中国医务人才、译介西方医学书籍、改良社会风俗等方面均有积极的意义。可以说，基督教会在中国开展的医疗事业，既是一种有效的传教手段，同时也是一项有利民生的慈善事业，对中国社会的发展起了一定的推动作用。

4. 慈善赈济

育婴慈善事业是教会在中国兴办的近代慈善事业的重要组成部分，它包括育婴堂、孤儿院、盲童学校、聋哑学校等慈幼机构，其中以育婴堂和孤儿院为主。近代教会慈善事业首先由天主教发起。1843 年，法国天主教耶稣会即在上海设立圣婴会。1855 年，耶稣会传教士在上海创设了土山湾孤儿院，这大概是外国传教士在近代中国较早创办的一所孤儿院。1867 年，上海圣母院育婴堂创立。1868 年，意大利传教士在汉口鄱阳街创办了武汉地区第一所孤儿院。1894 年，天主教会又在武昌花园山天主教堂旁添建婴孩院一所，收容男孤儿。1896 年，意大利天主教红衣修女在昙华林会院兴办了一所孤女院。天主教会在直隶举办的育婴慈善事业，据清末外务部官员钱恂关于直隶四区天主教事业的调查统计，直隶北区（以顺天、保定、宣化、天津四府为境）有育婴堂 10 所，收养婴儿 1 292 人；东区（大约以关东为境）建有育婴堂 2 所，收养婴儿 24 人；东南区（以河间、广平等府为境）有育婴堂 4 所，收养婴儿 128 人；西南区（以正定等府为境）有育婴堂 5 所，收养婴儿 627 人②。基督教会在近代中国也开办了一些慈幼机构，如 1860 年九江开埠之后，“府城内美国赫教士开设化善堂一所”③。

灾荒赈济也是近代教会慈善事业的内容之一，外国传教士在华的赈灾慈善活动发端于 19 世纪 70 年代中期。光绪初年，山东、直隶、河南、山西、陕西五省发生特大旱灾，其中以旧历丁丑、戊寅两年（1877、1878 年）灾情最为严重，史称“丁戊奇荒”。这次大旱还波及苏北、皖北、陇东等地，死亡人数逾千万，其时间之长、区域之广、饥民之众、死者之多，为近代史上最严重的灾荒。西方传教士以华北大旱为契机，纷纷进入灾区进行赈济活动，从而拓展了教会慈善事业的内容，扩大了教会在中国民众中的影响。1877 年 3 月，在李提摩太的推动下，一批传教士、洋商及外交官员在上海联合成立了山东赈灾委员会。截至该年 11 月，山东赈灾委员会从世界各地募集到赈款银 30 361 两，其中经李提摩太放赈的有 19 119 两，受助饥民达 7 万余人。1878 年 1 月 26 日，西方来华的传教士、外交官和外商在山东赈灾委员会的基础之上，联合组成了中国赈灾基金委员会，总部设在上海，至 1879 年底，中国赈灾基金委员会共向海内外募得善款银 204 560 两。“丁戊奇荒”之后的清末历次大灾的施救活动中几乎都有传教士的身影，传教士或受差会派遣，或受慈善团体的委托，纷纷前往灾区进行勘灾、放赈等慈善活动。教会的慈善赈济无疑也构成近代中国慈善救济事业的内容之一。

---

① 陈邦贤. 中国医学史. 上海：商务印书馆，1937：257.

② 钱单士厘. 归潜记. 长沙：岳麓书社，1986：863-865.

③ 朱金甫. 清末教案：第 2 册. 北京：中华书局，1998：81.

第二节 传教与侵略：传教士的另一面

一、协助西方列强侵略中国

西方传教士在近代中国的活动具有历史的复杂性和强烈的时代性。他们所进行的教育传教、医学传教、慈善赈济、出版报刊等活动，对近代中国社会变迁而言具有积极意义。但是，传教士还从事了一些并不光彩的活动：发出战争叫嚣，服务列强侵华战争，刺探政治军事情报；袒护入教教民，霸占民产房产，侵夺百姓生计；甚至直接参与武装侵略活动。在列强武力与炮舰的护卫下，传教士一改以往谦卑、儒雅、低调的传教策略，开始以傲慢、凌人的姿态传播“基督福音”。

鸦片战争前后，部分在华传教士竭力鼓吹战争，煽动本国政府发动侵华战争，叫嚷要使鸦片战争“成为将耶稣教介绍到中国去的一种手段”①。1835 年 1 月，《中国丛报》公然发出战争叫嚣：“根据中华帝国目前的态度，如不使用武力，就没有一个政府可与之保持体面的交往。”②

部分传教士还充当了间谍的角色。德国传教士郭士立从 1831 年至 1838 年到中国沿海各地搜集情报不下 10 次。1832 年 3 月，郭士立受东印度公司驻澳门大班的委派，带领武装间谍船“阿美士德”，到中国沿海进行了 6 个多月的侦察刺探活动，获取了中国厦门、福州、台湾、宁波、上海和山东沿海等地的大量经济、政治、军事情报，绘制了航道图、港口图等，了解了清军的布防及军备废弛等情况，为后来英国发动鸦片战争做了准备。在战争中，郭士立也起到了极其恶劣的作用。1842 年 6 月英军进攻上海时，郭士立不仅充当向导，协助指挥作战，并且代表英军司令官向城里出安民告示和筹措粮草，事后还勒索到了 30 万银元的赎城费。7 月间英军攻打镇江，又是郭士立带路，冲进城后一路沿街焚烧房屋，屠杀掳掠。

西方传教士还积极参与了被马克思称之为“极端不义的战争”③ 的第二次鸦片战争。1853 年，法国天主教神父马赖非法从广州潜入广西西林县。他在西林县勾结官府，作恶多端，并包庇教徒马子农、林八等抢掳奸淫，激起民愤。1856 年 2 月，新任知县张鸣凤将马赖和不法教徒等共 26 人逮捕归案，后判处马赖及教徒 2 人死刑。正在寻找时机准备侵略中国的法国政府，为了进一步取得教会的支持，就抓住这个所谓的“马神父事件”作为借口，参与发动了第二次鸦片战争。东正教传教士在此期间不遗余力地参与战争，1858 年 5 月，俄国东正教传教士团第十三届领班修士大司祭巴拉第到大沽向先期到达的俄国公使和英军司令报告了清军在大沽口的设

① 鸦片战争：第 5 册．上海：神州国光社，1954：58.

② 冀满红．传教士与近代西方列强的侵华战争．军事历史，2000（6）：37.

③ 马克思．英人在华的残暴行动//马克思恩格斯选集：第 1 卷．3 版．北京：人民出版社，2012：792.

防、北京缺粮、皇室计划逃跑、京津间的清军部署等重要情报，随即英法联军出其不意地占领大沽，直逼天津城下。1860 年，英法联军准备再度进犯北京。在北京的东正教传教士团第十四届领班固礼向俄国公使伊格纳提耶夫送出了清政府“正在通州集结重兵，皇帝的全部重炮队已从北京调往通州；而在京城和京津之间的道路上则布置了大量的步兵”① 的情报。在沙俄侵吞中国黑龙江地区的活动中，东正教传教士团也提供了大量的情报，巴拉第定期提供给俄国军事当局“关于中国事态的极为详细的情报”②。

二、霸占民产，危害民生

以传教士为首的一些教会组织霸占田地，兴建房产，成为空手而来的传教士的生财之道。除了传教所需的大量经费支出，教会在华举办的各类学校、医院与慈善事业也需要大量的经费支持，这就使一些传教士采取不正当手段谋求传教经费，传教士“谋田地房产，不先禀商地方官，硬立契据”③ 的事件遍及全国。“教中神父于择地建堂诸事，皆极精能，且善于治生，广置田宅，经营蓄息，川至云兴。其中办事之人，皆理财能手，佃田赁屋，概凭大道生财。”④ 教会霸占民房地产的手段，不外如下几种：（1）借口归还教堂旧址，霸占勒索；（2）通过不法教徒盗卖公产或亲属产业，转手给教堂；（3）利用灾荒年头，用极低的价钱购进或永租；（4）仗势占领垦地，召佃开垦；（5）哄骗教徒捐献⑤。在取得大片田地后，除用于教堂及其附属建筑外，即利用教民充当佃农耕种。

到 19 世纪末叶，教会根据不平等条约的规定，在许多省份拥有大量的田地。耶稣会在江南拥有地产达 200 万亩，仅佘山（松江县）即达 6 000 余亩。以在蒙古传教的比利时天主教圣母洁心会（即圣母圣心会⑥）为例，该会在扒子捕隆一带三大区中拥有大量的土地：（1）亚伦巴区：该区在扒子捕隆以西约四日路程。天主教在这里有田产一百余顷，每顷一百亩。（2）阿拉善区：该区在扒子捕隆西南约十日路程。天主教在这里有一座城，周围有田产一万顷。（3）苏克威拜申区：该区在扒子捕隆以南约五日路程。天主教在这里设有蒙汉二族差会各一个，信徒甚多。他们经常利用经济手段引人入教，信教者可以在教会垦地中居住，每户发给牛一头、犁一张、土地一小块及种子若干。信徒耕种教会田产，每年给教会交纳一小部分盈余作为田租。东正教在蒙古一些重要地区也有宣教事业⑦。据统计，到 1900 年，天主教在中国的地产值已达 3 700 万法郎，约合 540 万美元，大批房产还未计算在内⑧。在有些地区，往往整个村落、大片乡场，乃至

---

① A. 布克斯盖夫登．1860 年《北京条约》．王瓘，等译．北京：商务印书馆，1975：73.

② 卡巴诺夫．黑龙江问题．哈尔滨：黑龙江人民出版社，1983：156.

③ 吴汝纶．李文忠公全书：朋僚函稿：卷十二．台北：文海出版社，1980：12.

④ 李时岳．近代中国反洋教运动．北京：人民出版社，1985：12.

⑤ 同④13.

⑥ 圣母洁心会于 1861 年在比利时首都布鲁塞尔西郊斯格脱成立，又名圣母圣心会，亦称斯格脱传教会．（中华续行委办会调查特委会．1901—1920 年中国基督教调查资料．北京：中国社会科学出版社，1987）

⑦ 中华续行委办会调查特委会．1901—1920 年中国基督教调查资料．北京：中国社会科学出版社，1987.

⑧ C. F. Remer．Foreign Investments in China．New York：The Howard Fertig Inc.，1968：621.

周围数百里地方，均属于某一教堂的“势力范围”。教堂“拥有该处土地……且强迫当地居民信教，神父或即为该地实际统治者”①。

三、挑起民教冲突

教会包庇教民，滥用治外法权于教民，甚至直接武装寻衅滋事，也是传教士们的惯用手法。

近代教民大致分为四类，一是“信教”的，多为真心祈求上帝赐福和希望死后升入天堂的善男信女；二是“依教”的，依靠教会产业以养家糊口而不得不入教，如佃种教会田地的农户及教会其他产业中的伙计等；三是“吃教”的，贪图教会的小恩小惠，把“教民”当成一种职业或头衔，大多是穷极无聊的为虎作伥的地痞流氓之类；四是“投教”的，仰仗教会势力以抵抗欺压，反过来欺压别人，包括少数借外力以作威作福的恶霸恶棍。在近代信教民众当中，“信教”和“依教”的占大多数，“吃教”与“投教”者并不多，但这些人的所作所为，却招致非议：“乃比年以来，各省教民恃为护符，作奸犯科，无所不为。而传教士一味袒护徇庇，且有从旁扛帮插讼，与地方官为难者。”②一旦教民犯事，传教士就妄加包庇，甚至包揽词讼，逼令地方官让步：“凡教中犯案，教士不问是非，曲庇教民；领事亦不问是非，曲庇教士”③，甚而出现“民控教则拘传不到，教控民则挟制忿争，偶拂其心，教士则饰词上诉”④。传教士的纵容挑唆，不仅恶化了民教关系，造成民教冲突不断，而且使“教士之势乃张，其为祸乃至无穷”⑤。教徒中的败类“作奸犯科，无所不至，或乡愚被其讹诈，或孤弱受其欺凌，或强占人妻，或横侵人产，或租项应交业主延不清偿，或钱粮应交公庭抗不完纳，或因公事而借端推诿，或因小忿而殴毙平民，种种妄为，几难尽述”⑥。19 世纪 60 年代以后，民教纷争、冲突愈演愈烈，全国教案此起彼伏。

受制于不平等条约和武力恐吓，在应对民教矛盾方面，清政府与地方官吏总是倾向于保教抑民。早在 1861 年，恭亲王奕䜣奏称：“（传教士）每以民间琐事前来干预，致奉教与不奉教之人讦讼不休……奉教者必因此倚恃教众，欺侮良民……为地方官者，又或以甫定和约，惟恐滋生事端，遂一切迁就了事，则奉教者之计愈得，而不奉教者之心愈不能甘。”⑦ 不甘欺侮的民众于是“郁极必发，则聚众而群思一逞”⑧。遍布各地的反洋教斗争成为中国社会民众慨然反对“基督福音”的时代音符。义和团运动就是近代以来中国人民反洋教斗争的顶峰。

---

① 廖兆骏．绥远志略．台北：南天书局，1987：179.
② 王明伦．反洋教书文揭帖选．济南：齐鲁书社，1984：351.
③ 朱金甫．清末教案：第 1 册．北京：中华书局，1996：920.
④ 顾长声．传教士与近代中国．上海：上海人民出版社，1981：128.
⑤ 王彦威．清季外交史料：卷十．北京：书目文献出版社，1987：5.
⑥ 范文澜．中国近代史：上编第 1 分册．北京：人民出版社，1953：351.
⑦ 筹办夷务始末（同治朝）：第 1 册．北京：中华书局，2008：70-71.
⑧ 筹办夷务始末（同治朝）：第 8 册．北京：中华书局，2008：3096.

第三节　反洋教与义和团运动的兴起

一、教案频发的原因

自1848年青浦教案开始，到1900年义和团运动为止，全国各地先后发生了400余起民教之争。持续不断、区域广泛、逐步升级的民教之争，有着复杂的政治、经济、军事乃至中西文化冲突的深刻背景。与此同时，中国人民从来就没有停止对外来侵略的反抗，从天津教案到余栋臣起义，再到义和团运动，近代以来中国人民反洋教斗争渐次推进，不仅是近代中国人民勇于反对外来侵略的见证，也是中西文化交流中难以避免的文化碰撞与冲突。

作为一种文化现象，宗教是民族文化心理的积存。近代教案的频发与高潮迭起，与中西宗教信仰差异不无关系。基督信仰的上帝观念、一神信仰、礼拜仪式与传统中国以儒家思想为中心的敬天、祀孔、祭祖等多神信仰和崇拜，存在明显的对立与冲突。明清时期的礼仪之争就已经凸显了这一矛盾。伴随着鸦片、商品和大炮迅速深入中国各地的基督教，企图替代中国传统的神祇信仰和祖宗崇拜，树立起基督教的绝对权威。但中国“从古至今，自天子以至于庶人，未有不从尧、舜、禹、汤、文、武、周公、孔子之教者”①，这种摧毁中国人的传统信仰、蔑视中国文化的行径，必然引起中国社会各界的强烈不满和抵拒。1848年法国传教士在福州传教，欲侵占黄竹岐地方当地村民的茔地改建教堂而酿成黄竹岐教案，1862年上海民众反对教士强占关帝庙而引发教案，1887年山东冠县梨园村民众反对教士强占玉皇庙引发的教案，等等，无不源于此。

风俗习惯上的差异也造成民教之间的诸多仇视。基督教的宗教仪式，诸如入教施洗、忏悔、终敷等仪式，尤其是基督教特有的做礼拜、吃圣餐、唱圣歌、洒圣水、涂圣油、念祷文、受洗礼等仪式，更被人们视为离奇古怪，荒诞不经。基督教主张男女平等，男女同堂听道聚会，并无忌讳。这些仪式与风俗习惯差异，突破了中国传统礼法中男女授受不亲的道德禁区，被认为是荒诞可怕、淫乱丧伦、伤风败俗的行为，因而遭到了官僚、士子及广大民众的普遍反对。1862年，教士教民在湖南衡州“邪妄奸污，肆无顾忌，士民受害最酷”，广大民众忍无可忍，奋起焚毁教堂，拆毁教民房屋，导致了衡州教案。1891年山东《滋阳县士民公呈》径直指出：“盖中国礼法自持，首重男女之别。而教士开堂传教，男女并收，嫌疑所在，众情难堪。”②

传教士还将中国人的烧香祷告、求神祈雨、迎神赛会等视为愚昧无知，想方设法破坏中国人的各种祭祀活动，一系列教案也由此发生。1869年的遵义教案，就是由于“本年五月初五日，城乡文武官绅士民，庆祝炎帝，设坛建醮。是日午时，士民捧香接表，巨恶杨希伯（教徒）突由天宝斋铺内，拥出街心，声称辟除异端，扯毁表文，士民

① 张力，刘鉴唐．中国教案史．成都：四川省社会科学院出版社，1987：676.

② “中央研究院”近代史研究所．教务教案档：第5辑（一）．1977：488-489.

等畏威回庙，暂避其锋。孰知希伯肆行无忌，谅士民等未敢与争，乘势统伊教党百余人，入庙中毁神扯榜，掳抢钱粮，打毁器具什物，胆敢将坛内之人群殴。一时激得两城士民，奋不顾身，拥至教堂，打毁门壁”①。1861年的开州教案也是由于正月十五日，开州欢度元宵节，援例应每户出捐搭龙灯、祭龙神。教士指使教民抗交，民教双方发生冲突，几至动武。

传教士干涉官员行政，公然藐视地方官，而且辱及朝政，损害国家权威，从而加剧了传教士与官僚阶层的矛盾和冲突，成为清末教案频发的一个诱因。19世纪中后期各地发生的排教风潮，大都由各省的反教士绅策动发起。他们首先刊行反教揭帖，制造和酝酿仇外情绪，进而煽动民众从事排教运动。西方传教士进入中国社会之后，“对绅士历来把持社会领导权的情况构成了直接威胁”②。传教士“所到各省，无论有无官爵，动辄与大吏抗衡，且乘坐绿舆，仪从喧耀”③。贵州法国主教胡缚理，1861年接到依据《天津条约》而获得的传教护照后，大肆庆祝。他组织外国传教士和教徒举行大规模的游行，并乘坐与中国巡抚相同规格的紫呢大轿，在一百多人组成的仪仗队簇拥下，招摇过市，前往拜会贵州巡抚和其他高级官吏，并“呈送执照”，声称从此可在内地任意传教，地方官不得干预。这些举动自然会引起中国官绅以及民众的强烈不满和极端行为，进而导致焚毁教会学堂、处死传教士的事件接连发生。

基于中西文化和习俗的隔阂而生成的误解，也是近代反洋教运动的导因之一。反教官民认为基督教内盛行多种邪术，如男女混杂，教士诱奸妇女，诓取目睛炼作白银、丸药惑人，骗取童精、红丸，等等，这些错误认识主要是由于国人对基督教洗礼、男女同堂聚会、终敷等仪式不够了解所致。基督教会的育婴、医疗等宗教慈善事业也造成诸多误解与谣言。1861年，法国神父罗安当、方安之在南昌扩建教堂，增设育婴堂，南昌民众怀疑他们有“拐骗男女幼孩，取其精髓造作丸药”的勾当，而且数月以来，南昌“致死童男不下数百十人”。1862年3月17日，南昌市民拆毁筷子巷育婴堂及袁家井、庙巷等处教堂，将传教士驱赶出城，此即南昌教案。1868年，扬州盛传传教士“拐骗”“虐待”婴儿，愤怒的群众攻入教堂，捣毁家具陈设，并举火烧毁了教堂，酿成了扬州教案。1870年6月的天津教案，即是由天主教育婴堂收养的婴孩死亡被与当时迷拐幼孩的案件和传闻联系起来而引发。曾国藩向清廷奏报查明天津教案大概情形，其中就谣言之事说：“惟此等谣传，不特天津有之，即昔年之湖南、江西，近年之扬州、天门及本省之大名、广平，皆有檄文揭帖，或称教堂拐骗人口，或称教堂挖眼剖心，或称教堂诱污妇女。”④

二、天津教案与《传教章程》

1870年6月21日（同治九年五月二十三日）爆发的天津教案，是中国近代史上一次重要的反洋教斗争。

---

① “中央研究院”近代史研究所. 教务教案档：第2辑（二）. 1974：1146-1147.

② 费正清，刘广京. 剑桥中国晚清史（1800—1911年）：上卷. 北京：中国社会科学出版社，1985：608.

③ 顾卫民. 基督教与近代中国社会. 上海：上海人民出版社，1996：202.

④ 曾国藩. 查明天津教案大概情形折//曾国藩全集：奏稿十二. 长沙：岳麓书社，1986：6980.

1870年6月间，天津法国天主教育婴堂所收养的婴孩不断死去，同时天津一带又不断发生迷拐幼孩的事件[①]。同治九年（1870）五月后，天津地方便开始陆续出现有关“拐案”的实例，引发教案的直接导火索是武兰珍迷拐案。据张光藻忆述：“（五月）二十日晚，有某村李二之兄在园浇灌，被匪迷拐，李二邀众人追及之，救醒其兄，而缚置拐匪于庙中，群相诘问，该匪自供武兰珍，迷药系教堂王三所给等语。次早乡民将武兰珍送案，当堂质讯，供悉如前。津民共见共闻，遂亦信迷药出自法国矣。街谈巷议，几有刻不能忍之势。”[②]

6月21日上午，天津官员带同拐犯前往望海楼天主教堂查验，但与供情不符。天津地方官员离开之后，仍有不少人在天主教堂门外围观，并因教堂中人的无理取闹而相互发生争斗。法国领事丰大业要求三口通商大臣崇厚派兵弹压，因崇厚只派出几名官弁，丰大业及其秘书西蒙遂到三口通商大臣衙门质问，并开枪向崇厚射击，连发两弹，未能命中。此时，已有天津数千民众聚集在三口通商大臣衙门前，丰大业在返回教堂途中，恰遇天津知县刘杰。丰大业击伤天津知县随从，西蒙向群众连开两枪，燃起了群众的愤怒，丰大业及西蒙立即被群众殴毙，投尸河中。随后天津民众又火烧法国教堂、育婴堂、领事署及英、美教堂数所，打死洋教士、洋商及外国职官20名，其中法人13名，俄人3名，比利时人2名，意大利和爱尔兰人各1名。从天主教堂救出中国人10名，从仁慈堂救出中国人150名，在天主教堂内搜获拐匪教民王三，在教堂门前抓获拐犯教民安三。这就是震惊中外的天津教案。

事件发生后，西方列强陈舰于天津海口，对中国进行军事威胁。清政府急令直隶总督曾国藩赶赴天津查办此案。曾国藩坚持“凡可以屈志求和，不恤失民心而为之”，遣2 000名铭军赴津弹压。抵津后即抓紧拿获凶手，拷讯余党，委派官绅，兴修教堂，对伤毙洋人许以优厚恤银，对拐犯教民王三、安三尽行释放，将天津道、府、县三员撤任，听候查办。紧接着又奏请将天津府、县交刑部治罪，奏请朝廷颁发明谕，为洋人辩白挖眼剖心之诬[③]。经过四五个月的审理，清政府完全接受法国要求，不仅向法国赔款银50万两，派大臣赴法国道歉，而且判杀无辜中国平民20人，从重惩处天津地方官员。天津教案就此“结案”。

天津教案的处理受到社会各界的激烈攻讦。由当时发生教案的情势分析，众所周知，法国驻津领事丰大业的行凶施暴，是激发天津民众暴力行动的最直接和首要的因素。而当时因相信教会主使“迷拐”“折割”的传闻而激动起来的广大民众，已经陷入了一种传播学上所谓“集体无意识”的失控状态，周围犹如火药遍布，只要某处有一点火星，便会连锁爆炸，势不可免，这也是教案发生的重要情境条件[④]。

天津教案的发生，实际上是自第二次鸦片战争以来基督教在华大肆扩展和恣意妄

---

①　“迷拐”“折割”等传闻与天津教案有着直接关联。所谓“迷拐”，不是指一般的“诱拐”，而是特指用“迷药”甚至“妖术”拐人，俗谓“拍花”者当属此类。而“折割”，通常与“采生”联称，是指“取生人耳目脏腑之类，而折割其肢体也”。[董丛林.“迷拐”“折割”传闻与天津教案.近代史研究，2003（2）：204-226]

②　董丛林.“迷拐”“折割”传闻与天津教案.近代史研究，2003（2）：204-226.

③　曾国藩全集：书信十.长沙：岳麓书社，1986：7219.

④　同②.

为的反映。不断出现的各地教案，多是由外国教士的不法行为所引起，天津教案后，清政府注意到这一严重问题，于 1871 年向各国驻华使馆提出了旨在取消外国在华天主教保护权的《传教章程》①。各国公使在收到《传教章程》后完全加以拒绝，“会商各国，皆置不理”，“此件到欧洲，各国政府不甚嘉纳，意谓中间所指教士劣迹无据非真”②。基督教传教士杨格非认为“这些要求是要打击在华基督教差会的根基，如果答应的话，就要关闭在中国的每一座教会、教堂和学校”③。清政府无非想通过上述条款限制传教士的活动，企图借以平息民教冲突，保持民教两安。但清政府这种一厢情愿式的愿望只能是泡影和幻想。天津教案以后，全国各地教案仍然连续不断，且愈演愈烈。

三、余栋臣与“顺清灭洋”口号

四川是近代中国民教冲突比较激烈的地区之一，1886、1887、1890 年的大足教案，就是近代四川人民与外来基督教势力冲突的体现。余栋臣起义，也就成为义和团运动的前奏和先声。

1886 年川东大足县龙水镇民众前往龙水镇参加灵官会，当时教民数十人持械护持新建教堂，不让群众围观，进而发生口角，继以斗殴，群众怒而拆毁龙水镇、三驱场、万古场等处教堂。1887 年灵官会时群众再次将重建的天主教堂捣毁。1890 年天主教堂再次修竣，鉴于前两次教堂都是在灵官会期被捣毁，教士便令大足县令出示禁止迎神赛会。但到了会期，民众再次聚集，与教民发生冲突，教堂又被捣毁。当地官府诬指三次毁教事件均为富商蒋赞臣（余栋臣的表弟）指使，密谋缉拿。龙水镇哥老会首领余栋臣约同煤窑、纸厂工人及苦力挑贩唐翠坪、余翠坪等秘密准备，1890 年 8 月 8 日余栋臣率众起事，攻入龙水镇，焚毁附近的强家坝教堂，正式竖旗起义。1892 年在与清军激战中，寡不敌众，余栋臣率部突围，远避他乡。

光绪二十四年（1898）二月底，余栋臣在龙水镇再次举行起义，不到 10 天起义队伍即发展到 6 000 余人。7 月 2 日，余栋臣发布檄文，号召人民起义，以武力驱逐洋人出境，得到群众积极响应。9 月到 10 月，起义军分头出动，北攻铜梁、安岳，南攻永川、江津，东攻重庆，西攻内江，所过地方，教堂一律被毁，教民财产被没收以充军用。参加起义的群众最多时达到一万人，编为一百哨。邻近四川的湖北宜昌、施南等地的群众也声言入川与余栋臣会师，川、鄂为之震动。12 月，清政府派兵进剿镇压，起义受挫，余栋臣放弃龙水，率众退入西山，次年 1 月起义失败。

---

① 《传教章程》共八条，其主要内容有：“外国育婴堂概行裁撤，以免物议”；“中国妇女不准进入教堂，外国修女亦不准在中国传教”；“传教士居住中国当从中国法律风俗，不得自立门户，尤不可有违国法官令，僭越权柄……遇有教民涉讼，听凭地方官从公审断，传教士不得插手帮讼”；“中外相居密迩，用法两无所偏”；“传教士往何省传教，于所领执照内必将某省某府详注照内，指定在某省传教，不得暗赴他省”；“传教士系劝人为善，当于收人入教之先，细访其人有无作恶犯罪之事，当收者收之，不可收者去之。应照中国所有庙宇知会地方保甲登记册内，便于核查之”；“洋教士在中国，当照中国规矩，不可干名犯义，擅用关防印信于大小衙门送递照会”；“嗣后教士不得任凭私意指请索还教堂，以免启衅”。

② 李刚己. 教务纪略：卷三（下）. 上海：上海书店出版社，1986：12-13.

③ 顾长声. 传教士与近代中国. 上海：上海人民出版社，1981：149.

余栋臣起义的影响及于四川三十余州县，焚毁教堂、教会医馆二十余处，在近代反洋教运动中具有较大影响。这是近代中国首次以武装起义的形式出现的反洋教斗争。

余栋臣起义将反教会侵略和反对帝国主义瓜分中国的斗争结合起来，体现出了有组织、有纲领、有策略的大规模武装起义的特征。1898 年 7 月发布的檄文历数西方列强入侵中国的罪行，将洋教视为帝国主义侵华工具大加挞伐：海船通商，夺小民生计；耶稣传教，废中国伦常；贩卖鸦片，煽惑人民；侮慢朝廷，把持官府；占据都会，巧取银钱；残害婴儿，奸淫妇女；火烧圆明园，吞并各藩属；割取台湾，强租胶澳；等等①。更为重要的是，余栋臣起义提出的“顺清灭洋”的政治口号，在当时曾产生过重要的影响，是义和团提出“扶清灭洋”口号的发端②。余栋臣起义提出“但诛洋人，非叛国家”的口号，并揭出“以剪国仇，以维圣教，以除民害，以雪沉冤”的起义目的。“顺清”口号使起义军暂时避开清政府的剿杀，获得了暂时的发展之机；“灭洋”将起义矛头直指洋教势力，是西方教会势力发展引起的民族危机尖锐化的反映。云贵、两湖地区相继迸发的“顺清灭洋”“保清灭洋”的反侵略斗争，就是余栋臣起义影响下的结果。

余栋臣起义还显示了会党等民间秘密结社在近代中国反侵略斗争中的重要角色和地位。川东是哥老会势力较为强盛的地区，哥老会在起义中扮演了重要角色，不仅帮助起义军筹集钱粮，而且起义的基本队伍和骨干力量，也大多是哥老会的成员，其中有不少是被裁湘军的营勇。这次起义意味着会党取代了地方士绅，成为近代中国反洋教斗争的领导者，从而使反洋教斗争具备了更为广阔的群众基础。

四、义和团勃兴于山东

鲁西北地区及直鲁交界地区是义和团运动的发源地之一。19 世纪末，随着西方列强侵略的步步深入，活跃在鲁西北地区的民间秘密教门逐渐走上历史前台，成为 19、20 世纪之交反对外来侵略的历史主角。“民间秘密结社成为晚清中国社会中抵抗外来侵略，尤其是反对外国传教士斗争的中坚力量。”③

鸦片战争以后，基督教深入山东广大乡村，各国传教士麇集山东，势力不断扩张。到甲午战后，全省 108 个州县中就有 72 个州县出现了教会的活动，共有教堂“大小一千三百余处，教士一百五十余人”④。山东西部是天主教势力的集中之地，意大利方济各会的势力集中在济南、东昌、泰安、武定 4 府和临清直隶州等地，德国圣言会势力集中在兖州、曹州、沂州 3 府和济宁直隶州等地。到 19 世纪末年，天主教方济各会和圣言会在山东共有 56 名教士，教徒 8 万人，占当时全国教徒总数的 1/10。深入山东内地的新教，到 19 世纪末共有 15 个差会，教徒 13 364 人⑤。教会无视官府，包揽词讼，纵容教民横行不法，欺压良民，使山东成为全国民教纠纷最多的省份之一。19 世纪末曹县、巨野、沂水、平度、威海、临清、即墨、冠县等地掀起的反教斗争，其次数之多，

① 李时岳．近代中国反洋教运动．北京：人民出版社，1985：79．
② 涂鸣皋．余栋臣起义和“顺清灭洋”口号．社会科学研究，1982（5）：77－81．
③ 张海鹏．中国近代通史：第 4 卷．南京：江苏人民出版社，2006：354．
④ 天津图书馆．天津社科院历史所．袁世凯奏议：上．天津：天津古籍出版社，1987：117．
⑤ 陶飞亚，刘天路．基督教会与近代山东社会．济南：山东大学出版社，1994：122．

声势之大，影响之深远，远在全国其他地区之上。

教会势力的扩展引发了山东乡间反教势力的组织和联合。明清以来山东地区的民间秘密教门、宗教结社和习武组织，到19世纪末在“义和拳”“义和团”等的名义下逐渐组织起来，并走向公开化。据各种文献记载，1895—1899年在北方地区至少存在着武圣教（金丹道支派）、如意教（儒门教）、大刀会、红拳、义和拳、弥勒教、梅花拳、铁布衫、金钟罩、红灯照、八卦教、离卦教、黄洋教、在理教、混元门、六合拳、圣贤道、一炷香、白莲教、江湖会、仁义会、红枪会、天地会、哥老会等组织。义和团在起源之初，其中影响较大的有曹县、单县地区的大刀会的斗争，冠县义和拳的斗争，以及茌平、高唐、平原一带的神拳的斗争。

1894年，由曹县刘士瑞领导的、以教习金钟罩武术为纽带的大刀会，以“保卫身家”为口号开始公开活动，“人皆推其侠义，争归附之”①。影响所及达于山东、安徽、河南、江苏四省交界十数县的村庄，入会者总数达十余万人②。大刀会“以诛锄西教为本旨”，1896年6月，江苏砀山县（今属安徽省）刘隄头村教民凭借教会方面的势力无理抢割平民地里的庄稼，双方发生械斗。山东曹县、单县大刀会群起声援响应，在山东、江苏交界处的马良集捣毁官署，焚毁教堂，并与清军展开激烈战斗。不久，大刀会被镇压，刘士瑞惨遭杀害。曹县、单县的大刀会斗争是甲午战争之后山东地区第一次规模较大的反教会斗争。

1897年，由冠县义和拳领导的反洋教斗争也如火如荼地展开。冠县反洋教斗争的导火索是梨园屯教案。梨园屯又名李阎屯，属东昌府冠县，但在直隶威县境内被称为“冠县十八村”（实为二十四村）的“飞地”上。1873年天主教民企图在梨园屯玉皇庙修建天主教堂，为争夺玉皇庙地基，双方的斗争持续了20余年，由地方士绅领导的控争历时20余年，屡屡失败。梨园屯农民阎书琴、高元祥等气愤不过，意识到不能再沿袭旧的控争方式，而决定诉诸自身的力量。该村的志同道合者共有18人，人称“十八魁”。甲午战争以后，冠县、威县一带逐步形成以威县沙柳寨梅花拳第十四代传人赵三多及梨园屯“十八魁”之首阎书琴等人为首领的拳会组织，他们同天主教方济各会成对立之势。1897年3月24日，赵三多、阎书琴传帖集合直隶威县、曲周、清河、南宫及山东临清、邱县等地的拳会3 000余人，到梨园屯“亮拳”三天，向教会示威。27日，拳民攻打梨园屯玉皇庙教堂工地，打死教民一人。冲突发生后，民教双方的争讼日趋激烈。1898年，赵三多以所属梅花拳联合其他拳会、民众，打出了“义和拳”的名号，由此揭开了义和团运动的序幕，直接推动了山东乃至全国反洋教斗争的深入发展。1898年10月26日，阎书琴、赵三多等首领在冠县蒋家庄聚众祭旗起义，并打出“扶清灭洋”的旗号。清政府急令直隶总督裕禄、山东巡抚张汝梅加速镇压，义和拳势力受到一定程度打击。

冠县义和拳举事发生以后，临近的高唐、恩县、茌平、临清、平原一带的拳会及其他民间秘密会社在其影响下也纷纷起事，反洋教斗争逐步形成以朱红灯为首的山东全省

---

① “中央研究院”近代史研究所．教务教案档：第6辑（一）．1980：151．

② 佐藤公彦．义和团的起源及其运动．宋军，等译．北京：中国社会科学出版社，2007：158-159．

规模的义和团运动。

朱红灯本名朱红登。1898 年春，朱红灯因避水灾到长清县大李庄舅父家，以卖药行医为生，并设坛练习神拳，招收门徒。后来因受挫于当地民团，移坛于茌平县五里庄，遂以茌平为基地，发展组织，训练拳众，从事反对教会的宣传与斗争。在朱红灯的领导下，茌平反教会势力迅速壮大，全县 860 个自然村几乎都设有供拳众练拳的专门场所。1899 年 9 月，平原县杠子李庄拳民与教徒冲突，该县知县蒋楷率勇役前往镇压，捕拿拳民六人，激起众怒，该村神拳首领李长水遂邀请朱红灯相助。10 月 9 日，朱红灯联合高唐、茌平、长清等地拳民数百人前往平原县杠子李庄支援，并传帖邀请附近拳民相助。11 日，知县蒋楷闻讯率领捕快数十人前往杠子李庄捕拿，朱红灯闻讯将旗号各不统一的各路拳民改变成“义和拳”，竖起“天下义和拳，兴清灭洋”的旗帜。义和拳击退蒋楷并于 17 日攻打恩县刘王庄、庞庄两个教堂。18 日，在森罗殿战斗中，朱红灯率领拳民取得重大胜利，以朱红灯为首领的反洋教斗争初显威力。森罗殿战斗后，朱红灯将各地队伍改称为“义和团”。

山东地区义和团运动的兴起与高涨，与历任山东巡抚对各地民间秘密结社的治理态度直接相关。包括李秉衡、张汝梅、毓贤在内的历任山东巡抚均对其采取了有限镇压的策略方针。李秉衡坚持“会匪区别”政策，仅对不愿屈从的“悍匪”与武装抗拒者严厉查拿。1898 年 6 月 30 日，山东巡抚张汝梅上奏清廷，建议清政府“化私会为公举，改拳勇为民团”，力图将民间力量纳入官方轨道。毓贤则提出了“惩首解从”的方针，对投身拳会的平民“分别良莠，悉令解散”。上述政策所体现的有限镇压意图，促成了山东地区义和团运动的高涨。但是，1899 年 12 月 6 日，袁世凯接替毓贤出任山东巡抚后，即于 27 日颁布《禁止义和拳匪告示》，对义和团采取剿抚兼施政策，造成山东义和团运动的重大挫折，大批义和团首领被杀害，许多义和团队伍被迫解散，各路团民或转为秘密活动，或进入直隶继续进行斗争。山东的义和团运动由此陷入了低潮。

义和团运动的另一中心是直鲁交界地区与直隶南部。1898 年 9 月 15 日山东巡抚张汝梅给直隶总督裕禄的电报称：“威县沙柳寨拳民聚众，现在冠、威两县交界，忽聚忽散，意欲滋事。”9 月 20 日，大名道万培因电称曲周境内“练勇无多，拳民随处皆有”，在直隶威县、曲周境内“勾结蔓延，滋扰教堂，酿成巨患”①。可见，1898 年下半年，直隶、山东交界地区即已出现义和拳组织的活动。到光绪二十五年（1899），义和团运动已在大名、曲周、邱县、鸡泽、威县、清河、枣强、冀州、景州、阜城、河间、献县等广大地区迅猛地发展起来，并形成大名府和冀、深二州所属各县及河间府三个早期斗争的主要地区。1898 年 4 月 27 日，大名府义和团趁府考之机散发揭帖，号召人民群众进行反帝斗争。同年 8 月 14 日，山东曹县大刀会首领刘赞虞率领会众 200 余人进入大名。同年冬，枣强县张家屯人王庆一请来师傅在家铺坛立团，名曰“五祖神拳”，竖起“助清灭洋”旗帜。1899 年秋，王庆一先后到故城、景州一带“铺场”，声势日渐壮大。冀州武邑县 1900 年初全县已经设有拳场 100 余处。在直隶东南部河间府景州，到 1899 年底，全县已设有拳场数十处，是年 12 月 18 日，义和团首领武修和尚领导团众攻打景

① 义和团运动史料丛编：第 2 辑. 北京：中华书局，1964：29-31.

州朱家河教堂的斗争，成为该地反洋教斗争的高潮。

义和团在直隶南部、东南部的日益发展，引起直隶总督裕禄的极大忧虑。1899 年 11 月底，裕禄命令直隶统领梅东益率军开赴景州、献县、阜城等地，“择要分扎，认真查办”，并责令他在“凡有教堂处所，派队驻巡，随时保护”①，同时裕禄要求山东巡抚袁世凯派兵会剿。在直、鲁两省的联合镇压下，这些地区的义和团实力大损。但义和团继续向直隶西南各州和中部地区发展，到 1900 年 4 月至 5 月，义和团在保定、北京、天津等地得到发展，形成新的运动中心。

五、义和团运动的高涨

进入庚子年（1900），山东的义和团开始沉寂，但直隶、天津、北京地区的义和团运动却呈现不可遏止之势。义和团运动在北方地区的发展进程，与清朝中央和地方督抚对义和团运动的态度直接相关，同时也与因清政府镇压义和团不力而产生的中外交涉和矛盾冲突相关。由此，义和团运动获得发展和高涨的空间。

1900 年以后，义和团在直隶境内的一些地区，特别是在直隶西南部、中部以及邻近京津地区获得了比较迅速的发展。4、5 月，义和团运动在京、津、保一带形成新的斗争中心。在景县，出现了“习拳者益众，焚香设坛，人心若狂，官亦不敢过问”② 的局面。在直隶固安、定县、清苑以及涿州等地，亦于 2 月到 3 月出现了义和团的活动。3 月 12 日，直隶河间府任丘县“拳厂林立”，并“持械抗官”，与前来“劝禁”清军发生激烈冲突，击伤千总一名。

1900 年 4 月至 5 月，直隶省府保定城内坛口“日盛一日”，到 5 月底，义和团已经控制了保定城，教堂“无论天主、耶稣，悉付之一炬”，并竖起“保清灭洋”的旗帜③。在保定城内的义和团活动高涨之时，保定周围各县如清苑、定兴、新城、霸县等地，义和团活动也颇为活跃。4 月中旬，清苑的张天庄、谢庄、姜家庄和张登等村，都有义和团“聚众演拳之事”，且“起而与教民为难”④。在保定北部的定兴县，义和团自 2 月起“数十余日间，蔓延牛家庄、老李村等村”。5 月初，“又传染东江村、石柱等十数村，涞水亦有之，禁不胜禁”⑤。3 月初，新城县城内就有团众数百人“与教堂滋闹”，并聚众同往县署大堂与县令抗争，使县令也“无法可施”⑥。在霸县，2、3 月，义和团即“传布几遍全境”，5 月 31 日，霸县两千多团民焚毁了高家庄教堂。同年 5 月 12 日，涞水高洛村团民联合各地团民焚毁教堂，并于 27 日攻占涿州城，在四个城门上竖起了“兴清灭洋”旗帜。

直隶境内影响巨大的义和团，是静海县独流镇以张德成为首的“天下第一坛”。张德成自幼在白沟镇操船为业，1899 年冬独流镇群众开始在刘连胜、李镇德领导下开坛

---

① 义和团运动史料丛编：第 2 辑. 北京：中华书局，1964：55.

② 民国景县志：卷十四. 1932.

③ 义和团：(二). 上海：上海人民出版社，1957：163.

④ 义和团：(一). 上海：上海人民出版社，1957：110.

⑤ 同④444.

⑥ 中西教会报：庚子三月：64.

练拳，张德成始有机会接触义和团。1900 年 5、6 月，张德成先后建立了北坛、中坛、南坛三个大坛口，其中北坛命名为“义和神团天下第一坛”，入坛者达千余人。张德成被团众推举为坛主，统辖独流镇所有义和团组织，成为义和团领袖。在静海境内还有以曹福田为首的义和团众数千人，经常往来于南皮、庆云、盐山、青县等地。

从 1900 年 2 月开始，义和团运动开始向京津一带转移。京畿一带的义和团活动出现较早。1899 年秋，京城内以青少年为主的群众练习神拳活动开始盛行，1900 年春，义和团在北京城内的活动已经发展到中心城区，外地潜入北京的团民不断增加，他们遍贴揭帖，宣扬反洋教思想。4 月底，东单牌楼西裱褙胡同的于谦祠堂内出现了北京城内第一个义和团坛口。到了 5 月下旬，当外国军队进入京津地区之后，义和团反对外来侵略的怒火燃遍直隶和京畿地区。28 日义和团揭帖写道：“兹因天主教并耶稣堂，毁谤神圣，上欺中华君王，下压中华黎民，神人共怒，人皆缄默，以致吾等俱练习义和神拳，保护中原，驱逐洋寇，截杀教民，以免生灵涂炭。”①

1900 年 2 月，义和团运动已经发展到天津城厢内外，“正月间，其术已流入天津县，每日有人在南门外瑞和成机器磨坊后宽阔地方习练，河北一带亦有之”②。3 月下旬，天津通城贴有揭帖，“练拳者较众”。5、6 月，天津县城内也“渐有立坛者，河北、河东城内外，皆先后踵起”，“数日之间，多至数十处，众至数百人”，“上至老，下至幼，皆争相学习”③。6 月以后，外地团民进入天津城者与日俱增。1900 年 6 月下旬，全县城乡约计有坛口 300 个，人数约为 4 万，按八卦分支，有乾、坎、离、震等名号，其中以乾字团最多，坛口约 80 个，人数 2 万左右；坎字团次之，坛口 60 多个，人数 1.4 万左右；离字团坛口二三十个，人数两三千；其他支派坛口 100 个左右，人数约 1 万④。

六、义和团的组织结构

义和团运动是一个波及面广、参加人员众多、成分复杂的群众运动，根据参加者来源及在义和团运动中的作用，其主体大概可分为以下几类。

源自民间秘密结社的义和拳、义和团组织，吸引了处于饥饿与灾害中的广大农村下层民众。义和团运动期间“人人练拳、村村布坛”局面的出现，说明这一运动广泛的群众基础。19 世纪末年直隶和山东境内的黄河溃决和饥馑，造成了大量流民。直隶威县“是时岁大无，贫民无以聊生，争附和拳民，名为均粮，实则仇教”⑤。天津“三月间仍无雨……人多信之，由是习其术者益众……四月间仍无雨……各处拳匪渐有立坛者，河北、河东城内外，皆后先踵起”⑥。津西自庚子入春以来，“久旱不雨，农民

① 义和团：(四). 上海：上海人民出版社，1953：149.
② 义和团：(二). 上海：上海人民出版社，1953：8.
③ 同②8-9.
④ 廖一中，李德征，张旋如，等. 义和团运动史. 北京：人民出版社，1981：167.
⑤ 中国社科院近代史所. 义和团史料：下册. 北京：中国社会科学出版社，1982：961.
⑥ 同②.

无所事事，若假以时日，俾资演拳者”[1]。背井离乡、啸聚结社的下层农民成为义和团运动的主要成员。

图 6－4　义和团团民

义和团的师傅、团首、坛主、大师兄、二师兄等是义和团运动的主要领导者。义和团运动的基干力量和首领人物都是游民无产者，诸如道士、和尚、拳师、术士、游勇、流民等。从文献记载和民间口碑可知，各支义和团的首领大都是散兵、游勇、僧徒、道士、拳师、船工、贩夫之类的游民无产者，如朱红灯“籍隶泗水，家无亲属，只身游荡”[2]，“张德成者，船户也”[3]，山东齐东团首王敬典“实系赤贫无赖，并无产业可追”[4]。这些游民阶层长期脱离土地，浪迹江湖，见多识广，行踪诡秘，飘忽无常，身无所有，勇于反抗，具有一定的组织能力和组织策略，依靠自身影响聚集起大量民众，随其练拳习武，以神灵崇拜、诸神附体、刀枪不入、画咒吞符等传统仪式号召人们投入到斗争中去，充当了义和团组织的领导者角色。

此外，义和团的成员构成，虽然体现了反洋教斗争的主体从士绅、乡绅向民间结社和民间秘密团体的转变，不过部分乡绅、乡村塾师、文生也参加了义和团运动。乡绅以他们的社会地位和办理乡团的经验，对义和团的设坛、出资方面加以支持、同情。运动中众多的揭帖、传单、书信当出自他们之手。山东惠民县令柳堂在《宰惠纪略》中记载：“不惟村农学之，间有读书人子弟，父兄亦不深禁。即不学，亦绝不以为非，而心向之者。”从中可见乡村知识分子阶层对义和团运动的基本态度。

义和团运动虽是一次缺乏统一组织、统一领导的自发、分散的群众斗争运动，但从其起源来看，也并不表现为毫无组织的乌合之众的运动。义和团起源于“向为教门渊薮”的鲁西北以及与之毗邻的直隶境界。长期流播于该地区的民间教门组织

---

① 义和团：(二). 上海：上海人民出版社，1953：75.

② 中国社科院近代史所. 山东义和团案卷：上册. 济南：齐鲁书社，1981：19.

③ 同①26.

④ 同②179.

早已与华北农村社会密切相连，成为乡土社会结构不可或缺的组成部分。义和团运动对以往民间宗教资料的吸取和组织形式的依托，主要是具有文武场特征的“拳教”①。

各地义和团的基层组织，一般是散处于各地的大小不一、各自为主的坛口。坛口又称坛厂（场）、拳厂（场），最初多设在庵观、寺院等公共场所，后来在署衙、书院、营房等都设有坛口。各坛口人数不一，少者数十人，多者几百人，各坛口的首领，一般称为大师兄、二师兄，总坛或其系统的领袖，一般称老师或祖师。各坛口始终处于分散作战状态，其活动范围、人数、名称很不固定。在宗教信仰上，义和团运动具有宗教信仰的多样性，多神信仰包括了人们熟悉的宗教神灵和小说中的英雄，如鸿钧老祖、玉皇大帝、关圣帝君、张天师、张飞、刘备、诸葛亮等众多的神灵仙人和英雄。揭帖《南苑三台山神字三百六十》云：“西来如来倒念弥陀佛，北来恶佛，关圣帝君作了难，统领众神面奉玉皇。南来善佛观世音菩萨办的好。东来日佛就是三太爷了，全神下了界，律办十五年。”② 可见，义和团的宗教信仰也很不一致，各地义和团没有统一固定的信仰。

不过，义和团组织都具有“降神附体”“刀枪不入”等标志性的传统思想和习俗仪式。“在这次比较自发的民众运动中，在其兴起过程中起了关键作用的是它的仪式，而不是它的组织。”③ 义和团团民通过揭帖、坛谕、传言、告白等各种方式，宣扬民间宗教的“劫变”观念，宣称义和团是顺应天意、拯救劫难、有神佛保护的团体，以此作为动员群众、组织群众、扩大影响的工具和手段。他们在习拳练武之外，兼习法术，举行各种具有明显荒诞特征的宗教仪式，宣扬各种“刀枪不入”的超自然本领，因而具有强烈的神秘主义色彩。

义和团运动的口号，从 1894 年大刀会的兴起，经 1898 年的义和拳举事，到 1899 年的以朱红灯为首的神拳的反教，口号一脉相承，基本上是“兴华灭洋”或“兴清灭洋”；1899 年 12 月以后从直隶南部的义和团开始，口号转变为“扶清灭洋”或“助清灭洋”。1899 年 9 月以后，从山东到直隶，还出现了“保清灭洋”的口号，后来各地义和团较为普遍地采用了“扶清灭洋”这一口号。这些口号的提出，反映了义和团与清政府关系上的变化，但将斗争矛头直指以洋教为象征的西方列强则是一致的。

“扶清灭洋”口号只是继承了历史上群众在反教会斗争中自发形成的“灭洋保国”的朴素认识和爱国情感，客观上并没有超出当时人民群众自发斗争的思想认识水平。“扶清”表明义和团在主观上并不反对清政府的专制统治。“灭洋”虽然触及了当时救亡图存的时代主题，也起到了广泛吸引群众参加反帝爱国斗争的历史作用，但是在实践过程中，形成见“洋教”就反，见“洋人”就杀，见“洋货”就毁，对外来思想和文化一概加以排斥，表现出义和团运动“盲目排外”的消极落后特性。这种笼统“灭洋”“排外”的思想意识，给义和团反帝斗争带来了诸多消极后果。

---

① 路遥．义和团运动发展阶段中的民间秘密教门．历史研究，2002（5）：53-65，191．

② 陈振江，程歗．义和团文献辑注与研究．天津：天津人民出版社，1985：8．

③ 周锡瑞．义和团运动的起源．张俊义，王栋，译．南京：江苏人民出版社，1998：中文版前言 7．

第四节　八国联军与清廷的“宣战”

一、西摩尔进犯北京

义和团运动的兴起并日趋高涨，引起了西方列强的高度恐慌。1900 年 1 月 23 日，法国公使毕盛提议召开法、美、德、英四国公使会议，讨论正在中国发生的义和团事件及其对策。27 日，四国公使联合照会清政府，要求清政府对义和团和大刀会进行全面镇压和取缔。3 月 2 日，英国公使窦纳乐、美国公使康格、德国公使克林德、意大利公使萨尔瓦葛和法国代办唐端联合“访问”总理衙门，仍然要求清政府严厉镇压义和团和大刀会。3 月 10 日，五国公使举行会议，表示如果清政府不同意他们的要求，且形势没有得到根本改变，那么他们将建议各自的政府，为了他们的侨民、传教士在中国的生命财产而采取必要的措施，包括在中国北部水域举行联合海军示威的形式。4 月 6 日，法、美、德、英四国公使再次联合照会清政府，要求清政府在未来两个月内必须将义和团“一律剿除，否则将派水路各军驰入山东、直隶两省，代为剿平”①。5 月 21 日，西班牙驻华公使葛络干代表各国公使向总理衙门提交联合通牒。在对总理衙门的答复并不满意后，28 日各国公使召开会议，决定向北京派遣使馆卫队。31 日，总理衙门秉承慈禧太后意旨致函四国公使，同意撤回反对外国军队进入北京保护使馆的意见，并强调各国所调军队不得超过 30 名，而且一旦北京秩序恢复之后必须立即撤退。同日，由英、俄、美、日、法、意等国军队组成的 300 余人联军，从天津乘火车抵达北京，随后德、奥两国援例派出官兵参加联军，到 6 月 8 日，进入北京的外国军队已近千人。这批所谓的“使馆卫队”即是八国联军的先遣军。

1900 年 6 月 10 日，英、俄、美、日、法、意、德、奥八国组成的联军，共计 2 000 余人，在英国海军中将西摩尔的率领下，由天津乘火车进犯北京。八国联军的行动，激起了义和团和部分清军的强烈愤怒，京津铁路沿线的义和团立即行动起来，拆毁铁路，阻止侵略军西进。义和团在杨村、落垡、廊坊等地，屡次打击侵略军。18 日，联军在廊坊遭到清军与义和团的联合袭击，遭受重创。19 日，八国联军在万般无奈之下，撤回天津，直到 6 月 26 日才回到天津租界。在战斗中，八国联军死伤近 300 人，进京的计划被完全粉碎。

二、大沽之战与清廷的“宣战”

当西摩尔所率领的八国联军被困廊坊时，在天津大沽口外游弋的各国军舰也在加紧准备夺取大沽炮台，登陆天津。6 月 15 日和 16 日，各国驻大沽口海军将领连续召开两次会议，讨论夺取并占领大沽炮台，然后以大沽炮台作为联军进攻中国的滩头阵地。会议决定限中国驻大沽炮台守军 17 日凌晨 2 时之前投降。17 日凌晨零时 50 分，大沽炮台

---

① 义和团：（三）. 上海：上海人民出版社，1953：169.

图 6-5　八国联军廊坊之役

守军开始向联军舰艇开火，双方展开猛烈的炮击，尽管中国守军在提督罗荣光率领下英勇作战，终因后继无兵，经过几个小时的激战，大沽炮台在 17 日凌晨 5 时 30 分陷落。大沽炮台虽然陷落，但 3 000 多名中国守军给联军以沉重打击，共打死侵略者 33 人，伤 103 人，击伤敌舰 6 艘，“在兵舰中丧失者，计有一百十九人”①。

失陷的大沽炮台变成八国联军进攻中国的桥头堡，从八国联军进攻大沽炮台开始，一场帝国主义列强联合侵略中国的战争就正式爆发了②。

形势变得复杂而严峻：义和团于京津大张旗鼓之际，八国联军又兵锋进逼，气势汹汹。清廷惊恐失措，内部争论激烈，主张严厉镇压义和团的官员如许景澄、徐用仪、袁昶、联元、荣禄、奕劻、王文韶，以及地方督抚中的李鸿章、刘坤一、张之洞等人，都反对与列强开战。他们认为列强的联合军事行动是由义和团的仇外行为引起，基本对策是应尽快平定义和团，以祛除列强采取军事行动的口实。以端王载漪、刚毅、那桐等人为首的后党官僚则主张改变对义和团的镇压之策，利用义和团的力量与列强抗衡。1900 年 5 月 30 日，军机大臣、刑部尚书兼顺天府尹赵舒翘联合何乃莹上奏朝廷，认为义和团到处蔓延，诛不胜诛，不如采用招抚办法，编入清军序列，统以将帅，“因其仇教之心，用作果敢之气，化私忿而为公义，缓急可恃，似亦因势利导之一法”③。

慈禧太后对此最初含糊其词，举棋不定。随着京津局势的日趋严重，慈禧太后于 6 月 16 日召集御前会议，急谋解救危机的对策。以载漪为首的主战派和以荣禄、许景澄、袁昶为首的主和派围绕着对八国联军的和战问题争辩不决。在朝廷上剿、抚两派争持不

① 义和团：(三)．上海：上海人民出版社，1953：289.
② 陈振江．新编中国通史：第 3 册．福州：福建人民出版社，2001：358.
③ 国家档案局明清档案馆．义和团档案史料：上册．北京：中华书局，1959：110.

下时，因光绪废立问题对列强已极为不满的慈禧更倾向于载漪、刚毅提出的招抚团民以敌各国之议，决定“姑开一面之网”，将团民中“年力精壮者，即行招募成军，严加约束”。6 月 17 日，慈禧太后接到裕禄关于列强强索大沽炮台的报告，同时又接到一份“要她归政光绪皇帝”的所谓外国“照会”。权位受到挑战的慈禧太后立即召开第二次御前会议，意欲强行开战。但是，此举因受到光绪皇帝及主和官员坚决反对而暂时放弃。18 日，慈禧太后召开第三次御前会议，决定派王文韶、立山、许景澄前往使馆，要求各国公使出面劝阻联军勿犯北京，但毫无结果，大沽炮台沦陷的警讯又传入，京城已在联军炮口之下。在走投无路之际，慈禧太后召开第四次御前会议，决定号召全国军民“同仇敌忾”，与列强“一决雌雄”。

1900 年 6 月 21 日，清政府发布上谕，一方面对义和团“执干戈以卫社稷”表示赞扬，同时宣称“与其苟且图存，贻羞万古，孰若大张挞伐，一决雌雄”①。清政府“宣战”② 后，清廷即行给予义和团粳米两万石，白银十万两；并任命载勋、刚毅等统辖义和团，制定团规，加强对义和团的利用和控制。义和团暂时获得了朝廷的认可。

清廷的对外开战一开始就具有盲目性，是在情急之下的应急之举，并无真正充分的战争准备。更不足取的是，一意孤行的慈禧太后将对西方列强的积怨都归结到各国驻华公使的身上，在狂热与激愤中做出了进攻外国驻华使馆的决策。1900 年 6 月 18 日，载漪在第三次御前会议上，提出攻打使馆借以威胁各国公使，达到“使馆朝夷，皇位夕易”的政治目的。6 月 20 日起，董福祥所率领的甘军及武卫中军联合义和团开始围困东交民巷使馆区，各国驻华公使和其数千眷属及那些避难于使馆的中国教民被困长达 50 余天。不过，清军围攻使馆的军事行动颇受清廷内部战、和两派矛盾的掣肘，荣禄采取明攻暗保、围而不攻的策略，将其表面强势的进攻化解为虚应故事。从 21 日到 25 日，仅仅攻占了比利时、奥地利、荷兰、意大利四国使馆和华俄道胜银行，对洋人较为集中的英、俄、美、法、德等国使馆，则围而不攻，虚张声势。

并无充分准备的“开战”决定与虚应故事的战争行为，典型地揭示出清政府政治上的昏聩无能与统治集团内部的严重分裂。力不从心的清政府既无法形成解救危机的共识，也难以完成步调一致的行动，国际声誉也大幅跌落。

三、“东南互保”的形成

1.《东南保护约款》

清廷“宣战”上谕的颁布，并没有在各地督抚等地方大员中获得普遍认同与支持。清廷虽然已经宣战，中外战争在使馆内外、京津铁路沿线已经开始，但主和派与主战派之间的分歧并没有弥合。山东巡抚袁世凯、两江总督刘坤一、湖广总督张之洞、两广总督李鸿章等都极力主张严剿义和团，避免与西方列强发生战争，并与西方列强结成“保境安民”的“东南互保”。

① 国家档案局明清档案馆．义和团档案史料：上册．北京：中华书局，1959：163.

② 林国华认为，清政府的上谕属于对国内发布的“战争动员令”，而不是对外的“宣战书”。（林国华．历史的真相：义和团运动的史实及其再认识．天津：天津古籍出版社，2002：114）

在“东南互保”的酝酿、实施过程中，两江总督刘坤一、湖广总督张之洞、两广总督李鸿章起着领导作用，而奔走其间的主要是地方士绅，如汤寿潜、盛宣怀、张謇、何嗣焜、沈瑜庆、沈曾植、陈三立、赵凤昌、汪康年等。特别是时在上海的督办卢汉铁路大臣盛宣怀，为了促成“互保”局面而在西方列强和东南各省督抚之间牵线搭桥，往返交涉。1900年6月14日，英国驻上海代总领事霍必澜致电英国外交大臣索尔兹伯里，建议英国政府派出军舰前往南京，与刘坤一、张之洞合作保护英国在长江流域的权益。6月16日，英国军舰“仙女”“红雀”“无畏”陆续前往南京、汉口和上海。张之洞、刘坤一在与英国领事的交涉中，也一再重申“力任保护”之责，表示愿意谋求妥协之策。

在清廷宣战之前，刘坤一、张之洞等已在为此而努力奔走。1900年6月20日，他们联合长江巡阅水师大臣李秉衡、湖北巡抚于荫霖、江苏巡抚鹿传霖、安徽巡抚王之春、江西巡抚松寿、湖南巡抚俞廉三等会衔致电总署和荣禄，要求“速剿义和团”，饬令驻各国使臣分别向各国道歉，明谕各省保护洋商教士，认为唯有如此才能使各国“众怒稍平，庶可徐商挽救”①。就在6月21日清廷正式“宣战”时，东南地区严密封锁了消息，盛宣怀通令各电报局不得传抄，“致碍东南大局”。他们广征兵勇，一方面防备外国入侵，一方面制止可能出现的反帝活动，制定了周密的防范措施。6月22日，在清廷“宣战”的第二天，刘坤一、张之洞联名上奏，以东南无义和团，不能执行“宣战”谕旨为由，要求解散义和团，保护使馆，以“东南互保”的旗帜公开表明了与朝廷截然相反的立场。同日，张之洞还致电清政府驻英、美、日三国公使，要他们转告各驻在国政府：“目下长江沿海一带，各督抚力任保护之责。诸国洋人，均可无庸顾虑。”② 6月24日，盛宣怀致电李鸿章、刘坤一、张之洞，提议“从权”，在上海与各国领事订约互保：“上海租界准归各国保护，长江内地均归督抚保护，两不相扰，以保全商民人命产业为主。一面责成文武弹压地方，不准滋事，有犯必惩，以靖人心。”③ 6月26日，上海道余联沅根据两江总督刘坤一的训令邀请各国驻沪领事举行会谈，讨论局势。经过周密的谈判，余联沅与各国驻沪领事正式议定《东南保护约款》④ 和《保护上海城厢内外章程》。

---

① 义和团：(三). 上海：上海人民出版社，1953：330.

② 张文襄公全集：卷一六〇 电牍三十九. 台北：文海出版社，1963：26.

③ 愚斋存稿：卷三十六. 台北：文海出版社，1975：3.

④《东南保护约款》九款内容：一、上海租界归各国公同保护，长江及苏、杭内地均归各督抚保护，两不相扰，以保全中外商民人命产业为主。二、上海租界公同保护章程，已另列条款。三、长江及苏、杭内地各国商民教士产业，均归南洋大臣刘、两湖督宪张允认（任）切实保护，并移知各省督抚及严饬各该文武官员一体认真保护。现已出示禁止谣言，严拿匪徒。四、长江内地，中国兵力已足使地方安静，各口岸已有各国兵轮者，仍照常停泊，惟须约束水手人等不可登岸。五、各国以后如不待中国督抚商允，竟至多派兵轮驶入长江等处，以致百姓怀疑，借端启衅，毁坏洋商教士人命产业，事后中国不认赔偿。六、吴淞及长江各炮台，各国兵轮切不可近台停泊及紧对炮台之处，兵轮水手亦不可在炮台附近地方操练，彼此免致误犯。七、上海制造局、火药局一带，各国允兵轮勿往游弋驻泊及派洋兵巡捕前往，以期各不相扰。此局军火，专为防剿长江内地土匪、保护中外商民之用，设有督巡提用，各国毋庸惊疑。八、内地如有各国洋教士及游历各洋人，遇偏僻未经设防地方，切勿冒险前往。九、凡租界内一切设法防护之事，均须安静办理，切勿张皇，以摇人心。（王铁崖. 中外旧约章汇编：第1册. 北京：三联书店，1982：968-969）

《东南保护约款》是东南各省督抚与帝国主义国家联合稳定南方局势免受义和团运动干扰的结果，反映了双方共同的利益诉求。“互保”是东南各省督抚对后党顽固派盲目排外愚昧政策的抵制，在一定程度上维护了中国南方地区的稳定，也保护了西方列强在南方的经济利益和政治权益。但是，“东南互保”也对北方人民的反帝斗争造成更大的压力，使西方列强能够集中精力镇压义和团运动，客观上加速了义和团运动的失败。

2. 各地督抚的支持与呼应

就在“互保”草约签订的当日，刘坤一、张之洞、盛宣怀立即分别致电东南各省督抚，告以实行“互保”乃“委曲求全之策”，要求他们“似可一律照办”，“以顾大局”①。两广总督李鸿章立即复电刘坤一，表示全力支持，“在粤当力任保护疆土”②。山东巡抚袁世凯也表示，决心“仿照南各省”进行“互保”③。闽浙总督许应骙明确表示“与江、鄂办法不谋而合”④，7 月 14 日仿照《东南保护约款》，与俄、英、美、日等国签订《福建互保协定》，规定福建地方当局切实“保护各国驻福建官员、商人及教士的生命财产不受侵害”，“如有不良分子散布侵害外国人的谣言”，须“认真予以逮捕及惩罚”⑤。浙江巡抚刘树棠称：“浙省自接岘帅电，力任保护，即通饬各属”⑥ 照章办理。随后，四川总督奎俊、陕西巡抚端方等均对“东南互保”表示了赞同态度，使互保范围远远超出了最初设想的长江流域。事实上，除边远地区外，只有直隶、山西等地支持义和团，而全国绝大多数督抚均加入或事实上采取了“互保”。这样“互保”的范围由原来的江苏、浙江、安徽、湖南、湖北五省，扩展到了浙江、福建、广东、四川、陕西、河南、山东等十余省。

“东南互保”范围的扩大，体现了晚清崛起的地方实力派对中央权威的挑战。同时，它也反映了半殖民地社会状态下中国南北方在政治、经济、社会意识形态上发展的不平衡性。在“东南互保”运动中，与西方资本主义接触较多的东南各省督抚，特别是刘坤一、张之洞、李鸿章三人“砥柱东南”，“互保”扩展至全国大部分省份，体现了清末中央集权的衰落与地方实力派的强势崛起。它的出现和日趋发展，事实上也加速了晚清中央集权崩溃的步伐⑦。

“东南互保”也并非一味地对外妥协退让，它也具有抵制和限制西方列强活动的意图。刘坤一曾经指出：“北方已决裂至此，东南各省若再遭蹂躏，无一片干净土，饷源断绝，全局瓦解，不可收拾矣。惟有稳住各国，或有保全疆土。”⑧ 张之洞在函电中也指出，实行“互保”，可“内防奸匪借端，外免洋人口实”，只有先“顾全东南大局，方

---

① 刘坤一遗集：第 6 册. 北京：中华书局，1959：2567.

② 义和团：（三）. 上海：上海人民出版社，1953：335.

③ 愚斋存稿：卷三十七. 台北：文海出版社，1975：4.

④ 愚斋存稿：卷三十六. 台北：文海出版社，1975：34.

⑤ 胡滨. 英国蓝皮书有关义和团运动资料选译. 北京：中华书局，1980：206.

⑥ 同③2-3.

⑦ 吴云翔. 东南互保与晚清地方实力派的崛起. 中州学刊，2009（5）：189-191.

⑧ 国家档案局明清档案馆. 义和团档案史料：上册. 北京：中华书局，1959：195.

能接济京师也”[1]。

思考题

1. 简述鸦片战争后西方传教士在华活动的角色与作用。
2. 如何评价近代西方宗教对中国的文化侵略?
3. 试析义和团运动的起源。
4. 评述义和团的组织结构。
5. 试析义和团“扶清灭洋”口号。
6. 试述“东南互保”。

阅读书目

1. 胡滨. 英国蓝皮书有关义和团运动史料选译. 北京：中华书局，1980.
2. 林国华. 历史的真相：义和团运动的史实及其再认识. 天津：天津古籍出版社，2002.
3. 周锡瑞. 义和团运动的起源. 张俊义，王栋，译. 南京：江苏人民出版社，1998.
4. 陈振江，程歗. 义和团文献辑注与研究. 天津：天津人民出版社，1985.
5. 廖一中，李德征，张旋如，等. 义和团运动史. 北京：人民出版社，1981.
6. 陶飞亚. 边缘的历史：基督教与近代中国. 上海：上海古籍出版社，2005.

① 张文襄公全集：卷一六一　电牍四十. 台北：文海出版社，1963：14.

第七章
时代转型

——义和团运动与近代民族抗争运动的时代特征

近代中国的民族抗争运动以1900年为界，明确显示出不同的时代特征，体现出民族运动的两个不同的价值取向，其历史转折点恰恰是义和团运动。可以说，1900年后大规模民族抗争运动的思想内涵和精神武器发生了时代性变化，正是这种历史性变化决定了民族主义鲜明的时代特色。芮玛丽也是从历史转折意义上给予义和团这样的评价："历史上没有哪一年能像1900年对于中国那样具有分水岭般的决定性意义。"①

第一节　京津陷落与列强暴行

一、天津保卫战

1900年6月中旬以后，义和团在天津捣毁教堂、官电报局，砸毁天津海关道署，释放县署囚犯，实际上主导了天津局势。列强高度关注并着手加大军事行动以平息天津的"骚乱"。驻守天津的清军聂士成部、马玉崑部等，在义和团的积极配合和支持下，奋起迎击联军，成为抵抗侵略、保卫天津的主力。

6月17日，联军攻占大沽炮台后，天津城内的英、德、意、奥等国组成的175人的联军进攻位于天津紫竹林租界对面的天津武备学堂。联军

① 柯文．历史三调：作为事件、经历和神话的义和团．杜继东，译．南京：江苏人民出版社，2000：9.

焚毁校舍，引爆军火库，学堂学员全部遇难。天津驻军和附近团民闻声而来，并将复仇的炮弹射向了紫竹林租界。这是清军与义和团第一次冠冕堂皇地并肩作战，是义和团运动史、八国联军侵华史上的一个重大转折点。“这是天津驻军参加抗击八国联军侵华战争的开始，也是他们由镇压、同情义和团到与团民并肩抗敌的转折点。”① 紫竹林租界内的联军凭借优势火力负隅顽抗，并得到包括败退回津的西摩尔联军在内的大批援军的增援，到26日紫竹林租界的联军已经达到1.2万余人。联军在得到大量增援的情况下，决定攻打对紫竹林租界威胁最大的，也是清军在华北最大的军火工厂东局子。

6月27日，2 000余名俄国军人冲出紫竹林租界向东局子发起进攻，英、美、德、日军近千人前往增援，与在此守卫的清军武卫前军潘金山部发生激战，联军伤亡惨重。11时，一火药库为炮火击中爆炸，联军乘势猛攻，到下午1时，俄军攻入东局子，守卫清军300余人阵亡，联军死伤约百人，东局子遂被联军占领。

7月9日，为改变天津战局的不利局面，联军在天津城南向清军发起进攻。清军聂士成部与联军于八里台附近激战两个多小时，“洋兵四面环击，枪炮如雨”。聂士成督师苦战，“身中数炮，腹裂肠出而死，其死状为最惨”②，该营营官宋占标亦随同殉难（此役清军阵亡350人，义和团团民牺牲450人）。联军由此获得了租界西面的炮兵阵地与小营门、跑马台、八里台等重要战略据点，为攻占天津城创造了机会和条件。

7月12日，联军各国司令官举行会议，决定次日兵分两路攻打天津城。7月14日清晨，日军炸塌天津城南城墙的一段，由此突入，英军相继跟进，占领了天津南城。因清军主力已随裕禄撤退，城内团民奋战至下午，天津城最终陷落。八国联军占领天津城之后，进行了疯狂野蛮的屠杀，故意纵火，无辜市民尸骸横陈，死尸遍地。联军大肆抢掠，被各国军队抢走的金银财宝难以计数。天津城变得面目全非，“锦绣繁华之地，变为瓦砾纵横之场，实有目不忍睹者”③。经此洗劫，天津城内人口从100万锐减为10万。

7月16日，联军各国司令官举行会议，成立主要由外国人参与的天津“临时政府”。7月30日，联军在原直隶总督衙门旧址成立了以俄国沃加克上校、日军参谋长青木宣纯中佐、英军第一威海卫团团长鲍威尔中校三人委员会为核心的“天津都统衙门”，全称“暂行管理津郡城厢内外地方事务都统衙门”，作为对天津进行殖民统治和进一步扩大侵略的机构。下设秘书处、巡捕局、卫生局、库务司、军事部、司法部及公共粮食供应署等机构。“天津都统衙门”管辖的范围相当广泛，主要包括：（1）外国租界，包括德、英、法、日租界；（2）兵械厂、营盘、铁路、电报局以及联军已占领的其他军事机构。“临时政府”需要负责的事项有：（1）整顿管辖区的秩序与治安；（2）在“临时政府”所管辖区域及其周围地区采取卫生防疫措施，预防发生流行性疾病和其他病患；（3）为联军驻扎提供方便，供应粮食及交通工具（役畜、车辆、船只及苦力等）；（4）清理中国政府及私人放弃的动产和不动产，编造清单并且采取必要的保护措施；

---

① 李德征，等．八国联军侵华史．济南：山东大学出版社，1990：129.

② 中国社科院近代史所．义和团史料：上册．北京：中国社会科学出版社，1982：158.

③ 义和团：（二）．上海：上海人民出版社，1953：173.

（5）采取防止本地人发生饥馑的措施①。

"天津都统衙门"是八国联军侵华战争期间成立的殖民统治机构，在其存在的两年多时间里，为八国联军侵华战争提供了诸多便利，是列强联合侵华的重要见证和组成部分。1902 年 8 月 15 日，"天津都统衙门"正式撤销。

二、西太后离京"西狩"

八国联军攻陷天津以后，各国陆续向华大量增兵，到 1900 年 7 月底，集结在天津附近的八国联军总兵力大约 3 万人。8 月 4 日，八国联军出动约 2 万人，从天津出发沿运河两岸向北京进犯。清政府加紧布防，在京津地区集结兵力超过 10 万人，在京津地区的义和团有 7 万余人，其中约有 5 万人在北京城内，2 万人分布在京津间的交通沿线。

1900 年 8 月 5 日，以日军为主力的联军向北仓发起进攻，死伤 400 余人后，占领北仓。次日，英、美、俄联军进攻杨村，经过 4 个小时激战，清军失利，联军顺利占领杨村，直隶总督裕禄自杀，极大地影响了清军士气。还是在同一天，联军攻占西沽，扫清了前往北京的水陆交通。8 月 11 日，联军以日军为先导，长驱直入，几乎没有遇到多大抵抗即逼近张家湾，清军统帅李秉衡所率各部全面溃败，李秉衡愤而自杀。次日，联军占领通州。13 日晚，联军提前发起对北京的全面进攻。14 日，英军冲破广渠门防线，进入英国使馆，守卫北京和围困使馆的清军随即开始溃退，至此北京失陷。此役侵略军死伤 400 余人，清军亦有 640 余人战死。

还在北京失陷之前，慈禧太后已知京师不保，开始了离京"西狩"的准备。8 月 15 日，慈禧太后偕光绪皇帝、端王载漪、庆亲王奕劻等王公大臣，仓皇逃出北京，经怀来、宣化、大同、太原而至西安。

三、八国联军的暴行

慈禧太后等已经出逃，朝廷的权威与颜面已然扫地。八国联军攻陷北京以后，北京随即陷入极为混乱的无秩序状态。8 月 28 日，八国联军举行了正式入城仪式，以此显示战胜清王朝的象征意义。随即各国继续向中国大量增兵，麇集京津地区的八国联军，总数多达 10 万人。为了协调侵略步骤，在沙俄的支持下，由德皇威廉二世建议，经各国磋商同意，由德国元帅瓦德西出任联军总司令。9 月 25 日瓦德西到达天津，10 月 17 日到达北京，在仪鸾殿设立了联军司令部。

联军攻陷北京以后，"毁门而入，见人就杀"②，以"剿灭"义和团的名义，仅在半年之内就抓了 26 900 多人，在庄王府一处地方就一次性杀害 1 700 多人。据不完全统计，自 1900 年 12 月至 1901 年 4 月，联军共出动 46 支远征军（其中 35 支为德军）到北京周边地区进行"讨伐"骚扰，西到直晋边境的娘子关、紫荆关，西北到张家口，南

① 刘海岩，等．八国联军占领实录：天津临时政府会议纪要：上册．天津：天津社会科学院出版社，2004：1.

② 王神父日记//拳时杂录：第一函：66.

图 7-1　八国联军侵略者合影

到直鲁边境，先后侵占保定、张家口、正定、井陉及山东边境等地，烧杀掠夺，罪行累累。直到 1901 年 5 月，联军的军事行动才逐渐停止下来①。

图 7-2　1900 年德国侵略军在颐和园合影

在攻陷北京之时，联军曾公开命令全体官兵抢劫三天，但实际上在联军撤出北京之前，抢劫始终未曾停止。曾经设立拳坛的庄王府、端王府、户部等地被联军引火焚烧，

① 马士. 中华帝国对外关系史：第 3 卷. 张汇文，等译. 上海：上海书店出版社，2006：338-339.

翰林院、弘仁寺、仁寿寺、大光明殿、天元阁等著名建筑均被联军付之一炬。北京城内随处可见身挎洋枪、手持利刃的联军士兵，三五成群，窜街入巷，搜索银钱细软等值钱之物。甚至有“带同二套大车数乘，在各胡同挨户装运；不独细软之物，即衣服、床帐、米面、木器，无所不掳”①。联军司令瓦德西供认，联军所至，“沿途房屋未经被毁者极为罕见，大都早已变成瓦砾之场”，“所有中国此次所受毁损及抢劫之损失，其详数将永远不能查出，但为数必极重大无疑”②。经过八国联军大规模的抢劫，北京自元明以来之积蓄，上自典章文物，下至国宝奇珍，丧失殆尽，而“因抢劫时所发生之强奸妇女、残忍行为、随意杀人、无故放火等事，为数极属不少”③。

图 7-3　1900 年八国联军占领北京后残酷杀戮团民

四、沙俄肆虐中国东北

庚子国难为沙俄大肆侵华活动提供了更多便利。从 1900 年 6 月 24 日开始，沙俄阿穆尔省驻军司令发布动员令，要求阿穆尔河（黑龙江）沿岸军区部队进入战争状态，到沙俄出兵侵入中国东北腹地为止，从海兰泡惨案、江东六十四屯惨案、焚毁黑河屯（今黑河市）和瑷珲城，直至攻陷墨尔根（今嫩江）和卜奎（今齐齐哈尔），占领哈尔滨，陈兵中东铁路，沙俄可谓不择手段，竭尽趁火打劫之能事。俄国强占中国东北是从牛庄开始的。1900 年 7 月 6 日至 9 日，沙皇尼古拉二世自任侵略军总司令，陆军大臣罗巴特金为参谋长，动员了沙俄所有的远东部队，加上从欧洲调来的军队，共 17.7 万多人，以保护正在修筑的中东铁路为借口，分兵六路大规模地入侵中国东北地区。7 月 16 日和 7 月 18 日，制造了骇人听闻的海兰泡惨案和江东六十四屯惨案。

江东六十四屯位于黑龙江东岸精奇里江以南，与海兰泡隔江相望。1900 年 7 月 14

① 庚子记事. 北京：中华书局，1978：40-41.

② 义和团：（三）. 上海：上海人民出版社，1953：34.

③ 同②.

日，沙俄轮船在瑷珲挑衅遭受重创后，海兰泡沙俄驻军于15日又向瑷珲进攻，被击退。7月16日，沙俄在海兰泡搜捕了数千名中国人，17日将这些中国人驱赶到黑龙江边，刀砍斧劈，强驱渡河，尽数溺亡。此后，又进行了三次大屠杀，除80余名“随浪力”过江者幸存外，共有近万名中国人遇难。18日，俄军又闯入江东六十四屯地区，将六十四屯居民“聚之一大屋，焚毙无算，逸生者不及半”。逃出者有的未及江边即遭杀害，有的淹死江中，溺亡者有7 000余人，江东屯舍被俄军举火夷为平地。与此同时，俄国军队又对居住在尼布楚（涅尔琴斯克）、伯力（哈巴罗夫斯克）、海参崴（符拉迪沃斯托克）等地的数十万中国人野蛮杀戮。在上述惨案中被枪杀、焚烧以及溺水而亡的中国人在20万以上①。

8月1日起，俄军以海兰泡、伯力、海参崴等为基地，分兵攻入中国东北。8月28日，东路俄军强行攻入齐齐哈尔，黑龙江将军寿山被迫自杀。西路俄军从赤塔出发，相继攻陷海拉尔、牙克石、博克图等地。自伯力出发的俄军于7月30日占领三姓（依兰），随后占领哈尔滨。自海参崴出发的俄军相继占领珲春、宁古塔，9月22日占领吉林省城。10月1日，盛京失陷，至此东北三省全部沦陷②。

为使军事占领合法化，俄国政府于1900年11月8日强迫清政府东北地方当局盛京将军曾祺派员与俄国代表在旅顺签订《奉天交地暂且章程》。章程规定奉天清军一律解散，所有军械统统收缴给俄国军队；奉天将军可设马步巡捕，拥有一定数量的警察，负责维持秩序；俄国军队驻扎盛京等地，营口等处亦归俄军“暂为经理”；俄国派员驻盛京办理交涉事件；等等。这一赤裸裸的侵略行径，遭到举国上下的坚决反对，也为其他列强所反对。1902年4月，沙俄政府同清政府签订《交收东三省条约》，规定俄军分三期撤离东北。

五、列强的分赃和争夺

八国联军占领北京以后，共同的军事目标背后隐藏着的列强内部的矛盾逐渐显露，特别是英、俄之间矛盾更加激烈。

1900年9月15日，李鸿章一行自上海起程前往北京，着手与列强各国进行谈判。但由于列强之间矛盾重重，李鸿章既无法与列强中的任何一方进行双边谈判，更无法进行多边会谈。俄国摆出一副对清“友好”姿态，承认李鸿章为清政府的议和全权代表，主张立即撤离各国在北京的占领军，开始议和，以便换取清政府对它强占东北的承认。英国反对俄国主张，不承认李鸿章为议和代表，声称要等“中国立有合例政府方可开议”。德国在联军占领北京后，继续派遣大批陆军和军舰来华，计划侵占烟台以进一步控制山东，向清政府勒索更多的权益，也反对立即撤兵，以及与清政府开始议和。

为达成统一协调的谈判立场，1900年9月5日，德国政府首先提出七项议和条件，主要内容包括：清政府必须严惩“有罪的人”，赔偿损失，派遣“谢罪”使节到柏林，

---

① 国家档案局明清档案馆．义和团档案史料：上册．北京：中华书局，1959：641.

② 罗曼诺夫．帝俄侵略满洲史．民耿，译．台北：学生书局，1973：211.

在北京举行适当的赔罪仪式，国际共管中国财政，占领山东个别地点，山东巡抚也得承担义务，等等。次日，俄国政府也提出恢复与中国的正常关系、委托各国驻华代表制定对华要求草案、惩办“叛乱”首犯、赔偿损失四点建议。10 月 4 日，法国政府向有关各国递交了一份备忘录，提出以下各点作为各国与中国政府进行谈判的基础：惩罚战争罪犯，这些罪犯应由各国驻北京使节指定；禁止向中国出口军火；对各国、团体及个人做出公正赔偿；在北京设立一支永久性的使馆卫队；拆毁大沽炮台；对北京到大沽途中的两三个地方进行军事占领，以便在各国使领人员希望到达沿海，或各国部队企图自沿海前往北京的时候，道路可因此始终保持畅通①。

法国政府的建议得到各国政府的呼应和重视，1900 年 10 月 10 日，各国驻北京公使就此进行磋商，决定在法国政府备忘录的基础上达成列强对华谈判的共同方案。10 月 16 日，法国政府根据公使会议的意见修改了备忘录，从而为列强对华谈判提供了一个基本框架。至此，在对华谈判问题上，列强之间的纷争逐步趋缓并初步达成共识，与清政府的议和步伐也开始加快。

六、美国“门户开放”再提出

19 世纪末 20 世纪初，美国国务卿约翰·海伊先后三次发出照会，要求在中国实行“门户开放”“机会均等”的政策。它反映了美国政府在对华政策问题上试图协调列强在中国关系，谋求对外扩张，争夺在中国乃至远东国际事务发言权的外交政策。第二次“门户开放”政策的提出，也体现了美国政府处理和协调八国联军侵华矛盾问题的基本立场。

1899 年 9 月 6 日，美国国务卿约翰·海伊发表对华宣言，并分别照会各国列强，此即第一次“门户开放”照会。1900 年 7 月 3 日，在八国联军集结大沽，准备进攻北京和天津、镇压义和团运动之际，美国担心列强乘机武力瓜分中国，损害美国在远东的既得利益和政策目标，于是向各国递交了第二次“门户开放”照会。除了重申和进一步肯定“门户开放”政策之外，它进一步强调了以下几点：第一，敦请列强支持那些握有实权和保护外国人生命财产的地方督抚，承认他们是中国人民的代表。第二，强调保护在中国各地的美国人的生命财产及美国的侵华利益，强调维护列强强加给中国的一切不平等条约及其在华的侵略权益。第三，使中国获得永久安全与和平，保持中国的领土与行政完整。第四，协助防止骚乱蔓延至中国其他省份，并防止其再发生，即镇压与防止中国人民的反抗斗争。

“保持中国的领土与行政完整”的承诺，实质上不过是美国为了在经济贸易方面保持中国市场的完整性罢了。美国的侵略野心和企图在于打开整个中国门户，在“统一、完整”的中国市场实现“利益均沾”，倡议帝国主义列强集体侵占中国的权益。这一立场符合八国联军侵华战争以后各国亟须协调在华利益矛盾的需要。因此，美国的“门户开放”政策“遂成了侵略者在北京进行分赃谈判的基本原则”②。

---

① 张海鹏. 中国近代通史：第 4 卷. 南京：江苏人民出版社，2006：521.

② 陈振江. 新编中国通史：第 3 册. 福州：福建人民出版社，2001：373.

第二节　保皇会与自立军：维新派的分化

一、自立会和“中国国会”

庚子之际，义和团运动一时成为时代之焦点。然而，遭受戊戌政变打击的维新派却并没有停止自己的政治活动，而是以另一种方式表达着自己的政治诉求。康有为、梁启超在海外发起成立保皇会，唐才常等成立自立会和“中国国会”，并发起了“讨贼勤王”的自立军起义，这既体现了维新派力量走向分化的趋势，也预示了新世纪的新的时代诉求，也表现了一个历史新纪元的开始。

1898年9月戊戌政变后，康有为和梁启超逃亡到日本东京，与随后赶来的唐才常筹商应变办法，制订了“组织军事，计划起义”的方针。为此，康有为决定“劝导侨胞，广筹经费”[①]，借助华侨力量以成勤王之举的策划自此而起。1899年7月20日，在海外华侨的支持下，康有为在加拿大正式发起成立保皇会，又名中国维新会。保皇会以澳门《知新报》和横滨《清议报》为宣传喉舌，以保救光绪皇帝，排除慈禧太后、荣禄、刚毅等顽固势力为宗旨，即“专以救皇上，以变法救中国救黄种为主”[②]。经康、梁的奔走运动，保皇会成立不久即星罗棋布于日本、南洋、美洲及夏威夷、澳洲、香港、澳门等地，上海、宁波等地也出现了保皇会名目的团体。保皇会势力及于五大洲，遍布世界各地170余埠，拥有会众数十万，成为气势惊人的政治团体。其中，设于《知新报》馆的澳门保皇会，于1900年春被指定为各处保皇会的总机关，统司勤王起兵事宜。保皇会直接产生于康、梁借勤王而尝试武装斗争的需要，体现了康、梁思想中激进的一面，属于进步性的爱国团体[③]。

1900年1月24日，清政府发布上谕，宣布封端郡王之子溥儁为大阿哥，继承穆宗毅皇帝同治为子，派崇绮为师傅授读，并派徐桐“常川照料”。国内外舆论认为“己亥建储”是清廷废黜光绪皇帝的一大阴谋，由此引发的“勤王运动”促使维新派走上武装斗争之路。

与康有为、梁启超的政见稍有不同，一度游移于兴中会和保皇会之间的唐才常、秦力山等人，准备酝酿武装起义。唐才常（1867—1900），号佛尘，湖南浏阳人，长沙岳麓书院学生，与谭嗣同同为欧阳中鹄门下。1899年秋，唐才常经兴中会会员毕永年介绍，与孙中山会晤于日本横滨，共同“商讨湘、鄂及长江起兵计划，甚为周详”[④]。同年冬，唐才常在上海发起组织正气会，在《正气会章程序》中严厉指斥清政府“文恬武嬉，蚩蚩无睹，方领矩步，奄奄欲绝，低首膻腥，自甘奴隶，至于此极！”号召一切有正气的爱国志士，发愤为雄，群策群力，共赴国难。1900年春，唐才常将正气会改名

---

① 唐才质. 自立会庚子革命记//杜迈之，等. 自立会史料集. 长沙：岳麓书社，1983：66.

② 保救大清皇帝公司序例//上海文物保管委员会. 康有为与保皇会. 上海：上海人民出版社，1982：258.

③ 陈长年. 庚子勤王运动的几个问题. 近代史研究，1994（4）：92-107.

④ 唐才质. 唐才常烈士年谱//唐才常集. 北京：中华书局，1980：274.

为自立会，以示脱离清政府自立，表现了明显的反清革命倾向。

1900 年夏秋间，八国联军大举侵华。7 月 28 日，唐才常加紧起义准备工作，与汪康年等发起，接连两次在上海愚园召开“中国议会”（亦称“中国国会”），“欲俟起事成功，即暂以此会为议政之基础”①。“中国国会”公举容闳、严复为正副会长，唐才常为总干事，宗旨大略为：“一、保全中国疆土与一切自主之权；二、力图更新，日进文明；三、保全中外交涉和平之局；四、入会之人专以联邦交、靖匪乱为责任，此不认现在通匪诸矫传之伪命。”在此宗旨下，多数人又决定，“实行以下三点：尊光绪帝；不认端王、刚毅等；力讲明新政法而谋实施之，但并不一定排除满人”。而其绝密的真正宗旨，则是要“废弃旧政府，建立新政府，保全中外利益，使人民进步”②。由此明确提出了勤王拥帝、改革政治的目标。

自立会和“中国国会”的成立，体现了维新派中的激进分子如唐才常等与革命党人渐趋接近的态势。同时，自立会和“中国国会”的武装勤王也得到康、梁和海外华侨、会党群众的大力支持。“运动各省会党及防军发难之责，才常任之；向海外华侨募集饷糈接济义师之责，康梁师徒任之”③，“而唐才常亦思利用保皇会款，为起事之需”④。与此同时，唐才常又以汉口自立会机关为中心，借助兴中会的力量联络长江流域各省的数十万会党群众，筹划武装勤王，积极组建自立军武装。

二、自立军起义

获得“饷糈接济”后，唐才常联络长江中下游地区的会党，“勾煽三江两湖等处哥老会党纠众谋逆”⑤，成立了“讨贼勤王”的自立军。自立军共组建七军，以大通为前军，安庆为后军，常德为左军，新堤为右军，汉口为中军，另置总会亲军及先锋军。各军设统领，分别以秦力山、田邦璇、陈犹龙、沈荩、林圭担任，唐才常为诸军督办。各军约定于 1900 年 8 月 9 日同时发动起义，并预拟了《自立军现在之布置及其将来兵事》、《安民布告》、《对外宣言》及《军令》等文件，明确宣布：“我等谓满洲政府不能治理中国，我等不肯再认为国家”，“保全善良，革除苛政，共进文明，而成一新政府”，“所有清国专制法律，建设文明政府后，一概废除”。文件同时声称，起义军要“讨贼勤王”，“请光绪帝复辟”⑥。

受康、梁海外筹集款项的影响，自立军起义时间一再延宕。由于通信联络所限，更改的计划未及时下达各军。1900 年 8 月 9 日，秦力山领导的自立军前军按原定时间在安徽大通发难，并揭橥“讨贼勤王”名号，却未能得到其他各军响应而陷入孤军奋战的境地。8 月 21 日，湖广总督张之洞勾结英国驻汉口领事逮捕唐才常等人，并于次日将唐才常处死。各地自立军遂陷入群龙无首境地，武装勤王之举即告失败。

---

① 唐才质. 唐才常烈士年谱//唐才常集. 北京：中华书局，1980：277.

② 井上雅二日记//近代史资料：第 74 号：102-132.

③ 冯自由. 革命逸史：二集. 北京：中华书局，1981：68.

④ 辛亥革命：(一). 上海：上海人民出版社，2000：253.

⑤ 冯自由. 革命逸史：六集. 北京：中华书局，1981：31-38.

⑥ 刘泱泱. 唐才常与自立军起义. 湖南社会科学，2000 (4)：54-56.

由维新志士发起的自立军起义，发动会党群众多达数十万人，以勤王为号召，以武装斗争为手段，成为庚子年间与北方义和团运动遥相呼应的一大事件。自立军起义是在戊戌维新运动失败之后，中国民族危机与社会危机更加严重的历史条件下发生的。与维新运动不同，它试图将挽救民族危机与武装推翻清朝政权结合起来，并且开始走上自下而上的武装斗争的道路。它在一定程度上体现了近代中国政治维新运动由和平改良走向暴力革命的历史转折。唐才常等人与康、梁的合作，使自立军起义将海外的保皇勤王运动转变成直接的革命实践。

三、维新派与义和团

义和团运动和保皇勤王运动，前者体现了普通中国民众在民族危机时义无反顾抗击侵略的精神，后者体现的是处于改良与革命之间的资产阶级重新寻求政治变革的努力①。身处保皇勤王运动之中的资产阶级改良派人士，对同时发生在北方地区的义和团运动予以更多赞许之情，而并非一味地简单否定。其中不少人对义和团英勇抗击八国联军、抵抗外来侵略的行为做出了客观公正的评价。

"其时义和团倡乱京津，大杀洋人，各报纪录均称之曰'拳匪'或'团匪'，唯《中国日报》独称之曰'拳民'或称'义和团党'，此为少白先生所主张，谓拳党标榜扶清灭洋虽无意识，而具有爱国热忱，不当以匪目之。港政府深滋不悦，然亦无如何也。"② 1900 年 11 月 26 日《中国旬报》刊载的《中国轻重论》称："今支那虽民力已竭，民俗已漓，而民气犹未死也。彼其仇杀洋教，嫉恶外人，如鹰鹯之逐鸟雀者，岂其本心欲滋生事变？以上召忧虞于君国，下贻患害于闾阎哉！毋亦欲杜彼凶焰，伸我主权，则犹是人心自由之公理也。"③ 义和团运动的反侵略性质，以及由此所显现的中国之民气，成为维新派人士高度评述的内容。如容闳曾说："予默观现时大势及中国将来情形，当竭诚以授汝，汝其阐行吾志乎？汝以义和团为乱民乎？此中国之民气也，民无气则死，民有气则动，动为生气，从此中国可免瓜分之局。纳民气于正轨，此中国少年之责也。十三州独立，杀英税吏，焚英船货，其举动何殊义和团？"④

义和团运动不仅体现了"仇杀洋教，嫉恶外人"之民气，而且也是将来中国自立之起点。1900 年 12 月 26 日，《中国旬报》刊载《主权篇》，将义和团运动与太平天国运动、维新变法运动加以对比，认为："盖洪秀全与本国争权，义和团与外国争权，虽所争之事未尽合理，而争权之兆已隐伏于四百万兆人之方寸间矣。呜呼！今则义和团与各

---

① "迄今为止，学人对于庚子的关注仍以北方的义和团为重，而对南方趋新各派的努力，则置于次要或旁支的地位。若从历史发展的方向看，南方趋新各派的勤王运动，其意义远在义和团之上。因为北方的义和团毕竟是民众自发的抗争，而南方的勤王运动则是趋新各派的自觉努力。尤其是各派联合，欲在长江流域实行民主变政，更被视为立国之基。这一努力不仅吸引了中国的各派趋新势力，所动员的范围还包括全球的华侨华人，引起全球华人的民族和群体意识的首次普遍觉醒。"（桑兵. 庚子勤王与晚清政局. 北京：北京大学出版社，2004：7）

② 陈春生. 陈少白先生与香港《中国日报》及《中国日报》与中国革命之关系//辛亥革命史料选辑. 长沙：湖南人民出版社，1981：44.

③ 义和团运动研究会. 义和团运动史论文选. 北京：中华书局，1984：469.

④ 刘禺生. 世载堂杂忆. 北京：中华书局，1960：114.

国争权，维新党与国内之君相争权，斯岂非中国自立之绝大起点？”① 1901 年《开智录》刊载了为义和团运动大唱赞歌的战斗檄文《义和团有功于中国说》，高度赞扬了义和团运动的英勇斗争精神和无畏气概。该文开篇即称：“世界上最令人可惊、可惑、可憎、可恶者，莫如今日之所谓文明国也。”恃其坚船利炮，以强凌弱，割地赔款，横侵强索，“故北部山东、直隶之人民，日唱外人之侮我，上天亦代为不平，当联络民气，共竭腕力，顺天之命，尽人之责，幸则杜绝列强，不幸亦振起国民排外之思想，此义和团之所由作也”。作者宣称：“使义和团一战而胜，奏凯而旋，有志者乘其机而导之以国民之义务，夺回自由之民权，扭转乾坤，开共和之善政，民权独立，扫专制之颓风，则此际之排外灭洋者为义和团，安知顺手倾满洲政府、大倡改革者非义和团耶？”② 鲜明地表达了义和团在中国民主运动中的地位。

1902 年 2 月，《新民丛报》第一号登载蔡锷（署名奋翮生）《军国民篇》一文，将甲午之战后中国人民的爱国救亡运动并列：“未几有戊戌变法自强之举，此振兴之自上者也！逾年有长江一带之骚动，此奋起之自下者也！同时有北方诸省之乱，此受外族之凭陵，忍之无可忍，乃轰然而爆发者也。”③ 这在当时维新派人士的认识中，实在是颇具慧眼。维新派的领袖人物梁启超，也对义和团的英勇斗争精神和爱国精神赞赏有加：“故义和团之运动，实由其爱国之心所发，以强中国拒外人为目的者也。”④ 维新派的两大喉舌《清议报》和《中外日报》对义和团运动也颇为同情。《清议报》译载一位美国人的话：“今回北清之变，人皆知端、荣、刚等为首魁，然推其原由，实不独此。盖其因有二焉，其首因盖由德人在山东敷设铁道及其他行政上多有横行暴虐之举。……若夫其第二之原因，不过端等借之以遂私而已。始吾闻拳匪之举动，吾甚究责其野蛮残酷，后细查知如上之情，然后知拳匪之无辜可哀也。”⑤

当时的维新派与革命派人士虽然对义和团运动的“盲目排外”“愚昧无知”不无指斥，但也对其抵抗侵略的爱国精神予以高度的褒扬。这恰恰成为 20 世纪中国近代民族精神重构中的重要内容之一。

第三节 《辛丑条约》

一、《议和大纲》与中外谈判

从八国联军攻陷北京开始，各国即在与清政府谈判问题上逐渐摒弃矛盾，协调立场，依照法国政府 10 月 16 日的备忘录，形成了对华谈判的基本框架。随后，各国驻北

---

① 义和团运动研究会．义和团运动史论文选．北京：中华书局，1984：469.

② 张枬，王忍之．辛亥革命前十年间时论选集：第 1 卷上．北京：三联书店，1960：59-60.

③ 骆宝善，桑兵．民族资产阶级与义和团运动//义和团运动研究会．义和团运动史论文选．北京：中华书局，1984：474.

④ 梁启超．灭国新法论．清议报，第 89 册.

⑤ 同③482.

京公使密集聚会，反复讨论议和的具体内容，以期最大限度地攫取在华利益。11 月 15 日，各国公使会议决定成立一个专门委员会，负责起草与清政府谈判的议和照会。12 月 22 日，各国公使在同文照会的最后文本上签字。12 月 24 日，英国、美国、法国、俄国、德国、日本、意大利、奥地利、西班牙、比利时和荷兰 11 国公使向清政府全权议和大臣庆亲王奕劻递交了各国联合照会的正式文本。由于这份文件总计十二条款，故称《十二款议和大纲》或《议和大纲十二条》，简称《议和大纲》①。

《议和大纲》的道歉谢罪、严惩祸首、武器禁运、赔款、修约、各国留兵驻守等条款，基本成为以后《辛丑条约》各条款的蓝本。“西狩”在外的慈禧太后等收到《议和大纲》后，对自己没有被列入“祸首”大喜过望，清政府内部也基本倾向于委曲求全，尽量接受条款。12 月 27 日，军机处电寄奕劻、李鸿章：“览所奏各条，曷胜感慨。敬念宗庙社稷，关系至重，不得不委曲求全。所有十二条大纲，应即照允。”②

虽然清政府已经接受《议和大纲》，并希望早日正式开议，但对《议和大纲》的惩凶、赔款，以及《议和大纲》没有涉及的各国从中国撤军等问题，清政府与各国之间仍存在分歧，即使列强内部也还存在分歧和斗争。从 1901 年 1 月起，驻北京各国公使举行了 70 多次会议，直到该年 8 月 12 日，才确定了对华和约的全部内容。

惩办所谓“祸首”问题成为议和谈判的焦点。围绕着对支持义和团运动的顽固派王公大臣的处罚问题，各国公使与清政府进行了多次磋商。清政府除对作为皇族的载漪、载澜的惩处未加接受外，几乎秉承帝国主义的意旨，对“肇祸王公大臣”分别予以处死、斩监候、流边、革职等不同处分。

赔款问题是谈判涉及的另一焦点问题，也是列强争执最为激烈、费时最长的问题，包括对各国的赔款标准、范围、数额、方式等问题。经过几个月的争吵，1901 年 2 月 23 日，公使团委托美、德、荷、比四国公使组成赔款委员会，负责制定赔款原则。3 月 22 日，又委托英、德、法、日四国公使组成赔款偿付委员会，负责研究赔款支付方式以及调查清政府可以用来赔款的财政收入状况。赔款偿付委员会向各国公使提出书面报告，认定这个能够负担的赔款总额不超过 4.5 亿海关两（合 6 750 万英镑）。5 月 9 日，公使团将此赔款数额照会清政府，清政府为尽早结束联军对北京、直隶的军事占领，尽早回銮，几乎未做任何抗争就接受了列强的索赔要求。5 月 26 日，清政府电寄奕劻和李鸿章：“各国赔款共四百五十兆，四厘息，著即照准。”③

二、清政府被迫“惩办祸首”

1901 年 2 月 5 日，各国公使要求清政府将包括端王载漪、辅国公载澜、董福祥、

---

① 《议和大纲》条文共计 12 条，主要内容有：中国派亲王专使就克林德被杀一事前往德国谢罪，并在遇害之处树立铭志的牌坊；严惩祸首，杀害凌辱外国人的城镇停止科考五年；中国必须用优荣之典就日本书记生被害一事向日本政府谢罪；中国必须在各国人民坟墓遭到亵渎之处建立墓碑；军火及制造军火的器材不准运入中国；公平补偿外国人身价财产损失；各国驻兵护卫使馆并划定使馆区；削平大沽炮台；京师至海边由各国留兵驻守；永远禁止军民等加入仇视各国的团体；修改通商行船各条约；改革总理衙门和各国公使觐见礼节。

② 国家档案局明清档案馆. 义和团档案史料：下册. 北京：中华书局，1959：853-854.

③ 同②1148.

庄亲王载勋、毓贤在内的12名大臣处以死刑。清政府除对载漪、载澜的惩处提出异议外，2月13日连发三道上谕，宣布加重对“首祸诸臣”的惩处，赐令载勋自尽，载漪、载澜均发往新疆，永远监禁，毓贤即行正法，董福祥即行革职，英年、赵舒翘定为斩监候，连已经病故的刚毅、殉难身故的李秉衡也追加革职。同时，对反对围攻使馆的兵部尚书徐用仪、户部尚书立山、吏部左侍郎许景澄、内阁学士联元、太常寺卿袁昶五名大臣平反昭雪，开复原官。但列强对清政府发布的惩办祸首的决定仍表示不满，2月22日，清政府再次发布上谕，接受各国提出的关于对诸亲王和高级官员处以刑罚的全部要求。

除了“惩办祸首”之外，各国公使于1901年4月4日又向清政府提出一份上自宗室督抚、下至知县士绅的142名必须受到惩处的官员名单。鉴于列强的巨大压力，清政府于4月29日发布上谕，以义和团运动期间奉行不力，致酿事端，焚烧教堂，伤害教民、教士等罪名，惩处地方军政官员56人。6月3日又发布上谕，对前盛京副都统晋昌等11人处以发往极边、充当苦差等不同处分。8月19日，清政府在列强压力下又发布第三道上谕，惩处地方官员士绅58人。在惩处了祸首及百余名地方官员之后，列强的所谓“惩凶”要求才告结束。

三、《辛丑条约》与“洋人的朝廷”

惩凶和赔款两大问题基本解决之后，列强加快了辛丑议和谈判的进程。1901年7月中旬，西方列强成立专门委员会，负责起草中外合约的最后议定书。8月18日，首席公使葛络干将议和合约条款备文送交奕劻和李鸿章，8月27日，清廷电示奕劻和李鸿章：“公约业已议定，即行画押。”[①] 9月7日，11国公使与清政府全权大臣庆亲王奕劻、李鸿章在和约上最后签字，长达近一年的和约谈判至此结束。1901年为农历辛丑年，故将此条约称为《辛丑条约》，又称《北京议定书》。《辛丑条约》签订之后，逃亡西安的慈禧开始动身回銮，于1902年1月8日回到京城。

图7-4　签订《辛丑条约》

① 国家档案局明清档案馆. 义和团档案史料：下册. 北京：中华书局，1959：1298.

图 7-5　慈禧回銮

《辛丑条约》的正式文本包括"正约"十二款和"附件"十九件，正约十二款的主要内容包括：

第一款　大德国钦差男爵大臣克林德被戕害一事……奉谕旨钦派醇亲王载沣为头等专使大臣，赴大德国大皇帝前，代表大清国大皇帝暨国家惋惜之意……大清国国家业已声明，在遇害处所竖立铭志之碑，与克大臣品位相配，列叙大清国大皇帝惋惜凶事之旨，书以辣丁、德、汉各文。

第二款　惩办伤害诸国国家及人民之首祸诸臣。……端郡王载漪、辅国公载澜，均定斩监候罪名；又约定如皇上以为应加恩贷其一死，即发往新疆永远监禁，永不减免。庄亲王载勋、都察院左都御史英年、刑部尚书赵舒翘，均定为赐令自尽。山西巡抚毓贤、礼部尚书启秀、刑部左侍郎徐承煜，均定为即行正法。协办大学士吏部尚书刚毅、大学士徐桐、前四川总督李秉衡，均已身故，追夺原官，即行革职。又兵部尚书徐用仪、户部尚书立山、吏部左侍郎许景澄、内阁学士兼礼部侍郎衔联元、太常寺卿袁昶，因上年力驳殊悖诸国义法极恶之罪被害……开复原官，以示昭雪。……将上年夏间凶惨案内所有承认获咎之各外省官员，分别惩办。……将诸国人民遇害被虐之城镇，停止文武各等考试五年。

第三款　因大日本国使馆书记生杉山彬被害，大清国大皇帝从优荣之典……简派户部侍郎那桐为专使大臣，赴大日本国大皇帝前，代表大清国大皇帝及国家惋惜之意。

第四款　大清国国家允定，在于诸国被污渎及挖掘各坟茔，建立涤垢雪侮之碑；已与诸国全权大臣会同商定，其碑由各该国使馆督建，并由中国国家付给估算各费银两，京师一带每处一万两，外省每处五千两。此项银两业已付清。

第五款　大清国国家允定，不准将军火暨专为制造军火各种器料，运入中国境内。

第六款　大清国大皇帝允定付诸国偿款海关银四百五十兆两，此款系西历一千九百年十二月二十二日即中历光绪二十六年十一月初一日条款内第二款所载之各国各会各人及中国人民之赔偿总数。

第七款　大清国国家允定各使馆境界，以为专与住用之处，并独由使馆管理。中国民人概不准在界内居住，亦可自行防守……中国国家应允诸国分应自主，常留兵队分保使馆。

第八款　大清国国家应允将大沽炮台及有碍京师至海通道之各炮台一律削平，现已设法照办。

第九款　按照西历一千九百零一年正月十六日即中历上年十一月二十六日文内后附之条款，中国国家应允由诸国分应主办，会同酌定数处留兵驻守，以保京师至海通道无断绝之虞。今诸国驻守之处，系黄村、廊坊、杨村、天津、军粮城、塘沽、芦台、唐山、滦州、昌黎、秦皇岛、山海关。

第十款　大清国国家允定两年之久，在各府、厅、州、县将以后所述之上谕颁行布告……以永禁或设或入与诸国仇敌之会，违者皆斩……各省督抚文武大吏暨有司各官，于所属境内均有保平安之责，如复滋伤害诸国人民之事，或再有违约之行，必须立时弹压惩办，否则该管之员即行革职，永不叙用，亦不得开脱别给奖叙。以上谕旨现于中国全境渐次张贴。

第十一款　大清国国家允定将通商行船各条约内，诸国视为应行商改之处，及有关通商各他事宜，均行议商，以期妥善简易。

第十二款　将总理各国事务衙门按照诸国酌定，改为外务部，班列六部之前。……且变通诸国钦差大臣觐见礼节，均已商定由中国全权大臣屡次照会在案。①

《辛丑条约》是中国近代史上空前屈辱的奴役性条约，是近代以来赔款数目最为庞大、主权丧失最为严重、精神屈辱最为深重的不平等条约。

通过《辛丑条约》，列强进一步获取了中国政治、经济、军事、文化等方面的更多权益，给中国社会带来了难以估量的危害。1901 年 2 月 14 日，清廷发布“罪己诏”，郑重表示要“量中华之物力，结与国之欢心”②，公开承认沦落为“洋人的朝廷”和西方列强的附庸。《辛丑条约》的签订，标志着近代中国社会完全沦为半殖民地半封建社会。

《辛丑条约》基本将《议和大纲》的十二条内容全部纳入，对中国国家主权的攫取和掠夺达到了无以复加的程度。

《辛丑条约》首先对“惩办祸首”，派出专使大臣远赴德国、日本就德国公使和日本书记生遇害之事道歉及竖立铭志之碑等问题做了详细视定，严重践踏了国际外交原则和中国法律，对清政府竭尽羞辱之能事。而对支持义和团运动的中国官员的惩处，完全属于中国内政。清政府对列强提出的上述羞辱性条款几乎全部接受，按照各国公使团的要求对涉案各级官员做出了处死、监禁、流放、革职等不同处分，成为沦落为“洋人的朝

---

① 义和团：（四）. 上海：上海人民出版社，1953：491-500. 以下所引条约各款，均出自此。

② 国家档案局明清档案馆. 义和团档案史料：下册. 北京：中华书局，1959：945.

廷”的实证。

《辛丑条约》“诸国人民遇害被虐之城镇，停止文武各等考试五年”的规定，粗暴干涉纯属中国内政的科举制度；“中国国家应允诸国分应自主，常留兵队分保使馆”的规定，完全无视国际公例和外交法则，将使馆置于本国军队的卵翼之下。《辛丑条约》还禁止中国人民成立或加入反帝组织，各级地方官员负责弹压一切反帝活动，清政府实际上成为替列强维持秩序的工具。

《辛丑条约》对偿付巨额赔款做了约定，承担赔款的财源包括：“一、新关各进款，俟前已作为担保之借款，各本利付给之后余剩者，又进口货税增至切实值百抽五，将所增之数加之。所有向例进口免税各货，除外国运来之米及各杂色粮面并金银以及金银各钱外，均应列入切实值百抽五货内。二、所有常关各进款，在各通商口岸之常关，均归新关管理。三、所有盐政各进项，除归还泰西借款一宗外，余剩一并归入至进口货税，增至切实值百抽五。”通过这些规定，西方列强进一步控制了中国财政，海关、常关及盐税等各项税收，悉数纳入赔款担保，严重破坏了中国的关税自主权和财政独立权。

《辛丑条约》规定中国向各国赔款 4.5 亿两白银，分 39 年还清，年息 4 厘，本息共计高达 9.82 亿多两。此外，还有各省、府、州、县分别与当地外国教会订约承担地方教案赔款，总额多达 2 270 万两。二者合计高达 10 亿余两。当时清政府财政状况已经十分恶化，入不敷出，清政府中央财政每年有 8 000 多万两收入，而实际支出每年在 1 亿两以上，年财政赤字多达一千数百万两。这笔“庚子赔款”严重摧残了中国社会经济，加深了中国人民的苦难，不仅使清政府的财政日趋枯竭，也使中国的海关、常关及盐税收入均为列强所控制。

《辛丑条约》还使列强取得了在中国的驻兵权。列强武装保卫使馆，特别是列强对北京至山海关的军事控制，使中国的行政权力受到极大削弱，中国的领土主权和国防能力受到严重损害。列强在沿海的驻军，使中国北部沿海门户洞开，北京几乎成为不设防的城市，中国社会政治受到列强的严重干扰和控制。《辛丑条约》的签订，标志着中国半殖民地半封建社会完全形成，也标志着清政府几乎成为帝国主义列强的在华代理。

义和团运动最终惨烈地淹没于《辛丑条约》的签订之中。但是，更为深重的民族危机和清政府的沦落，却唤醒了更多的社会阶层走到反帝反封建的行列中来。即使在统治集团内部，“自强雪耻”以图改变现状的力量，也在逐步成长中。此后迅速而起的革命风潮和清末“新政”，无一不与庚辛之际的剧变因果相连。

第四节　时代转型：近代民族抗争运动的历史演进

一、历史分界：义和团运动与近代民族抗争运动

从社会运动层面而言，近代中国的民族抗争运动以 1900 年为界，明确显示出不同的时代特征，体现出民族抗争运动的两个不同的价值取向。其历史转折点恰恰是义和团

运动。可以说，1900 年后大规模民族抗争运动的思想内涵和精神武器发生了时代性变化，正是这种变化决定了民族主义鲜明的时代特色。

其一，从“华夷之辨”向主权认同的转变。19 世纪的民族抗争运动从三元里到义和团，动员民众的精神力量是“华夷之辨”。因此，从三元里斗争到反洋教乃至义和团运动，主要是从传统文化遗存中发掘动员民众的思想武器，形成“华夷之辨”“人禽之辨”“正邪之辨”的文化认同，来抵拒“西夷”的入侵。虽然我们不否认其斗争具有反侵略的民族性价值，但民族利益的意向却被传统的文化认同严密地包裹着，并没有凸显为时代性价值。

20 世纪勃兴的民族主义运动的主要精神武器是立足于民族—国家的“主权”认同。这一时期民族主义运动的中心议题是“利权意识”，而所谓“利权”，最终表达的是国家或民族利权。收回路矿利权运动显然并不仅仅是基于经济利益的考量，更是立足于民族—国家主权危亡的深层思虑。当时，动员民众起而奋争的立足点是“亡人国之法，计无巧妙于铁路者”① 的民族危亡意识。路权集中体现了“国权”，“故今欲言自立于强权之漩涡中，非先保其路权，以渐复其国家主权不可”②。“路权即国权”的认识构成了新世纪民族主义运动的基本前提。

其二，从天朝话语向国家—民族话语转变。就世界秩序而言，鸦片战争后一再而起的民族抗争运动，始终坚持传统中国文化体系中的“天朝”观念。这一观念从三元里斗争到反洋教一直延续到义和团运动。因而，19 世纪一直存续于民族抗争运动中的“恭维天朝大统，岂容裂土以与人”③ 的“天朝”意识与 20 世纪收回利权运动所揭示的“财产属于人民，人民属于国家，所有国有、民有者，为名义上之分别，而于事实上究不必强分离”④ 的民族—国家观念有着天壤之别。正是这种巨大的差别，揭示出中国民族主义运动由传统向近代转型的时代价值。

其三，从臣民话语向国民话语的转变。就民众自身称谓而言，在 19 世纪的告白、揭帖中更多地以“臣民”“义民”“子民”⑤ 相称，这是与“天朝”相匹配的传统民族意识概念。然而，在 20 世纪初期，我们可以清晰地感受到新世纪“国民”概念取代传统“臣民”概念的历史趋向。1902 年《大公报》的一篇题为《说演说》的文章中说：“须知古今天下国民，从未有纯由书册报篇能使一律晓然于所当之危险、所短之知能、所可乘之事机与其所享之权利者。今欲作其上下之气，皋其通国之魂，则死文字断不及生语言感通之为最捷。此后起爱国之贤不可不讲演说之术。”⑥《顺天时报》更多地以“国民”“权利”话语取代了传统的“子民”“臣民”“华夷”话语。“是以各强国之民族，人人有国家思想，有政法思想，有权利义务思想，其收效于演说者良多。而演说之关系于

---

① 大悲. 呜呼腾越铁路之命运//云南杂志选辑. 北京：科学出版社，1958：461.

② 东方杂志，1906，3（1）：7.

③ 全粤义士义民公檄//鸦片战争：第 3 册. 上海：神州国光社，1954：353.

④ 申报，宣统三年五月五日.

⑤ 延平民人告白//清季教案史料：第 2 册. 北平：故宫博物院，1912：159. 仇教记//民国重修大足县志：卷四：8-11. 宁波众义民公启//中国通史参考资料（近代部分）：上. 北京：中华书局，1980：62，65. 义和团告白//拳时上谕. 北平：救世堂，1919：116.

⑥ 大公报，1902-11-06.

国家人民，非浅鲜也!”[①] 从社会舆论和民众话语中，我们可以感受到具有现代性的国民意识被普遍认同的程度。

梁启超在 1901 年 10 月发表《国家思想变迁异同论》，揭橥了近代民族主义的时代特征：“民族主义者，世界最光明、正大、公平之主义也，不使他族侵我之自由，我亦毋侵他族之自由。”[②] 此后，梁氏在其《论中国学术思想变迁之大势》一文中，又首次提出了“中华民族”的概念，为此后学者谈民族主义问题立一典范。

如果不是过分拘泥于细枝末节的历史表象，我们可以从历史演变的大势中分辨出近代中国民众抗争运动所具有的时代性界标：无论是从其组织形式还是从其精神内容来看，义和团运动显然是划分两大时代民族主义运动（即传统民族主义运动与近代民族主义运动）的历史界限。

二、时代特征：从“排外”到“争利权”

以“主权”为核心、以“争利权”为基本诉求的一系列民族抗争运动，构成 1900 年以后近代民族主义的时代表征。而这一运动的历史起点则是义和团运动。

首先，义和团的“排外”实践及其精神成为新的“主权观”和“争利权”诉求的历史起点。当“主权”观念成为重构民族主义运动的新的要素时，20 世纪初期的民族主义运动并不是简单地割断历史，将义和团的“排外”与“文明抵制”对立起来，而是在“排外”与“争利权”之间建构起历史的也是必然的联系。《中国旬报》第 33 期（1900 年 12 月 26 日）的社论申明：“洪秀全之举义也，旗上大书曰‘官逼民变’；义和团之举事也，旗上大书曰‘扶清灭洋’。此皆为中国国民能知争权之显据。何也？盖洪秀全与本国争权，义和团与外国争权，虽所争之事未尽合理，而争权之兆已隐伏于四百兆人之方寸间矣。呜呼！今则义和团与各国争权，维新党与国内之君相争权，斯岂非中国自立之绝大起点？必发为自立、自主、自由之胚胎，而使支那大陆终成为一民主之大国也。”[③] 因此，“排外”与“争主权”、“保利权”[④] 是一脉相承的关系。20 世纪之初的反美爱国运动、收回利权运动等在斗争内容和方式上与义和团运动相比具有明显的时代之别，但其爱国思想之本相未变：“近者美约之抵制，公堂之扰乱，南昌之暴动，层见迭出，纷纷不已……夫国民排外举动实出于爱国思想，吾岂不崇拜而祷祀之……为今之计，保全利权之心，万不可无。”[⑤] 甚至，20 世纪的民族主义运动就是义和团“排外”主张的直接继承和发展，区别只是义和团“有形迹上之排外，无精神上之排外也”，因而，“当联络民气，共竭腕力，顺天之命，尽人之责，幸则杜绝列强，不幸亦振起国民排外之思想，此义和团之所由作也”[⑥]。所以，正是站在新时代的民族主义立场上，

---

① 论中国宜普兴演说会. 顺天时报，1906-06-08.

② 李华兴，吴嘉勋. 梁启超选集. 上海：上海人民出版社，1984：191.

③ 骆宝善，桑兵. 民族资产阶级与义和团//义和团运动研究会. 义和团运动史论文集. 北京：中华书局，1984：469-470.

④ 同③.

⑤ 张枬，王忍之. 辛亥革命前十年间时论选集：第 2 卷下. 北京：三联书店，1963：622.

⑥ 张枬，王忍之. 辛亥革命前十年间时论选集：第 1 卷上. 北京：三联书店，1960：59.

孙中山也给予义和团的“排外”斗争以高度评价：

> 然自卫其乡族，自保其身家，则必有出万死而不辞者矣。观于义和团民，以惑于莫须有之分割，致激成排外之心而出狂妄之举，已有视死如归以求幸中者矣。……然义和团尚仅直隶一隅之民也，若其举国一心，则又岂义和团之可比哉！自保身家之谋，则支那人同仇敌忾之气，当有不让于杜国人民也。①

事实上，在新兴的民族主义运动中，“排外”主张已经被纳入或内化为近代民族主义，并被提升为具有世界普遍性的民族抗争运动的诉求。“世界未臻大同，则不得不严国界。国界之观念明，则排外之现象起。古代欧陆列强，盛倡排异国的主义；今日美洲人民，盛倡排异种的主义”②，因而，“排外”主义“虽未谐于人道之公谊”，却是新时代“国民主义发达”的必然产物。难道面对列强肢解中国的现状，“若谓排外者为非，则岂媚外者为是乎？夫群吾民而相率以媚外，即惟有戢然驯伏，以为外人之顺民耳！宁非亡国之现象乎？”③

客观历史进程表明，20世纪以抵制美约、收回利权为主体的民族主义运动，与义和团的“排外”运动既有着内在的历史关联，又显示着时代的超越和进步。“自义和团运动以后，中国民众已不再是单纯被动的群体，而是成为具有民众民族主义和独立意识且保有自己的初步的近代文明世界相的民众群体，从而具备了克服瓜分危机的力量。”④曾任驻华公使的田贝说过：抵抗外来侵略和资本渗透的民众反帝民族主义，在“1900年义和团运动时出现，至抵抗美货运动时期更加发展，并进一步发展为全中国人的反外势力感情，成为对抗外国人的有力武器”⑤。

其次，义和团张扬的“民气”构成了锻造新时代“民族精神”的历史前提。20世纪之初，具有时代特征的民族抗争运动，高举着“民族精神”的时代旗帜，推动着传统民族抗争运动跃升到一个新的时代高度。这一历史性的跃升并不是一个概念或范畴的移借，而是根植于民族历史深层尤其是源于民族抗争运动的“自然历史”的发展结果。

面对20世纪之初民族危机的不断加深，义和团的“民气”成为新时代民族抗争运动中凝聚民心、激励民力的精神财富。“义和团此举，实为中国民气之代表，排外之先声矣！”“有此数功，则我国民精神可从此振刷矣。”⑥ 虽然义和团运动中不乏后来“识者”经常指斥的“迷信”“愚昧”行为，但在20世纪之初的民族主义运动倡导者看来，义和团之兴乃完全出于民族危机激发而成的爱国精神：“熟察其所由来，以德人横于胶州，民不能忍，故以外界触起其士心。”⑦ 更为重要的是，在“民权”“主权”“国民”

---

① 孙中山全集：第1卷．北京：中华书局，1981：223.

② 张枏，王忍之．辛亥革命前十年间时论选集：第2卷下．北京：三联书店，1963：1071.

③ 同②1072.

④ 金希教．从“灭洋”到“反美”：清末中国民众对外观的变化//苏位智，刘天路．义和团运动一百周年国际学术讨论会论文集：上．济南：山东大学出版社，2002：111.

⑤ 同④113.

⑥ 张枏，王忍之．辛亥革命前十年间时论选集：第1卷上．北京：三联书店，1960：62.

⑦ 同⑥426.

等新时代话语体系中，“出于爱国之心，忍之无可忍，故冒万死以一敌八”① 的义和团的“民气”，构成其当然的历史前提和精神资源。“义和团虽一败涂地……而亦为中国种无算之强根，播国民独立之种子……使非天假义和团之手，借联合军之力，而为我国民雪二百余年之深根，茁固有民权之萌芽，曷克至此!”② 另一方面，义和团凝聚的“民气”当为国家独立、强盛的根基：“国者，人民之聚合体也，民强斯国强，民弱斯国弱。善觇其国者，不觇其国势之强弱，而观其民气之盛衰。”③ 所以，从义和团的“民气”到 20 世纪之初的“民族精神”的演变，也就从一个侧面揭示了传统民族抗争运动向近代民族主义运动演变的历史轨迹。

最后，义和团运动也是 20 世纪“下层启蒙”运动的历史起点。清末下层社会的启蒙运动的广泛展开，是从义和团运动之后开始的。根据李孝悌的统计，1900 年到 1911 年，共出版了 111 种白话报，“因其说理平浅，最易开下等人之知识，故各报从而效之者日众”④，以至于“担夫走卒居然有坐阶石读报者”⑤。这一普遍的“开民智”——以新的理论、新的话语对民众进行民族主义动员——的推力，也源于义和团运动。

“鸦片战争时，两广之书院、社学成为反西人之中心，社学中之士绅鼓励村中团练排外，是一件很容易的事。”⑥ 这是一种基于传统组织机制形成的民族抗争运动，它体现为“绅民同构”模式。这种模式一直延续到义和团的兴起。直隶士绅在义和团运动兴起后，凭借自己在当地的威望，组织义和团。“各处拳党，尽有衣冠之族、殷实之家杂乎其中。”⑦ “义和团的揭帖、歌谣、告示等大多出自他们之手”⑧。一方面，这种传统组织机制和动员模式无法完成近代民族运动所应当担负的历史使命；另一方面，义和团本身呈现出来的愚昧无知和盲目排外，也成为新时代民族主义运动倡导者必须面对的课题。容闳就提出：“汝以义和团为乱民乎？此中国民气也……纳民气于正轨，此中国少年之责也。”⑨ 因此，清末最后十年的下层社会启蒙运动，“最初和最主要的原动力是义和团运动所带来的刺激”。同时，它又成为“中国现代史上最引人注目的文化、思想和社会运动——知识分子走向人民的‘民粹运动’（populist movement）——的源头”。就这一层意义来说，1900 年实在是中国近代史上一个新动向的起始⑩。

义和团运动反推了“开民智”时代的到来。“在这样一个开民智的前提下”，不单单“白话文因此有了长足的发展”⑪，更重要的是，民智既开，不仅使得民族抗争运动达成

---

① 张枬，王忍之. 辛亥革命前十年间时论选集：第 1 卷上. 北京：三联书店，1960：59.

② 同①60-61.

③ 张枬，王忍之. 辛亥革命前十年间时论选集：第 1 卷下. 北京：三联书店，1960：938.

④ 李孝悌. 清末的下层社会启蒙运动：1901—1911. 石家庄：河北教育出版社，2001：256.

⑤ 同④25.

⑥ 郑亦芳. 清代团练的组织与功能：湖南、两江、两广地区之比较研究//中国近代现代史论集：第 28 编. 台北：台湾商务印书馆，1986：670.

⑦ 义和团：(四). 上海：上海人民出版社，1953：452.

⑧ 黎仁凯，姜文英. 直隶义和团运动与社会心态. 石家庄：河北教育出版社，2001：408.

⑨ 陈振江. 庚子国难百年纪念与反思//苏位智，刘天路. 义和团运动一百周年国际学术讨论会论文集. 济南：山东大学出版社，2002：46.

⑩ 同④6-8.

⑪ 同④17.

“一概排外者，此惩于媚外者之愤兵，非救亡存弱之通津也”的共识，而且也推动了全民动员的民族抗争运动的兴起。义和团之后，“国民当自保利权之说，至此遂遍于通国，延及于下流社会矣。夫以今日之局，较诸三年以前国家有大得失士大夫皆熟视无睹时，岂不谓之大有进步？”① 民族主义、爱国情操和休戚与共的同胞感情渐渐在一般人心中滋长，相继而起的抵制美货、争矿、收回利权等运动，新知识群体、传统绅士等知识精英常常直接诉诸群众力量的态度，既体现了“社会启蒙”的成功，也反映了当时“民间社会”势力的茁壮②。

思考题

1. 评述八国联军侵华活动及其暴行。
2. 试析美国的“门户开放”政策。
3. 简述自立军起义。
4. 评述《辛丑条约》及其影响。
5. 试论义和团运动的性质。
6. 义和团运动以后，中国近代民族主义经历了怎样的转型？

阅读书目

1. 佐藤公彦．义和团的起源及其运动．宋军，等译．北京：中国社会科学出版社，2007.

2. 李德征，等．八国联军侵华史．济南：山东大学出版社，1990.

3. Daniel H. Bays. Christianity in China：From the Eighteenth Century to the Present. Stanford：Stanford University Press，1996.

4. 李孝悌．清末的下层社会启蒙运动：1901—1911．石家庄：河北教育出版社，2001.

5. 桑兵．庚子勤王与晚清政局．北京：北京大学出版社，2004.

6. 周锡瑞．义和团运动的起源．张俊义，王栋，译．南京：江苏人民出版社，1998.

7. 柯文．历史三调：作为事件、经历和神话的义和团．杜继东，译．南京：江苏人民出版社，2000.

---

① 张枬，王忍之．辛亥革命前十年间时论选集：第2卷上．北京：三联书店，1963：8.

② 李孝悌．清末的下层社会启蒙运动：1901—1911．石家庄：河北教育出版社，2001：125.

第八章

晚清“新政”

——制度变迁与“民变”风潮

近代中国带着历史的屈辱（《辛丑条约》的订立）走入了20世纪。清统治者尚未及返回北京即在西安宣布“变法”，意图推行新政，刷新政治，以收拾人心，挽救危机。然而，危机蜂起的社会变乱不仅昭示出新世纪特有的深层社会危机，而且颇具反讽意味的是，“新政”本身也构成了“民变”风潮的动因。迭起的“民变”风潮不仅呼应着有组织的革命党人和立宪党人的政治吁求，而且成为制约和影响20世纪初期中国历史运行基本构架的因素之一。

第一节 “新政”的提出与实施

一、倡行“新政”

1900年8月14日八国联军占领北京，“以西太后慈禧为首的清王朝统治者，仓皇逃离北京，备受颠沛流离之苦，其‘九五之尊’的虚伪面子几乎丧失殆尽”①。遭受重创之后，以慈禧太后为代表的统治者意识到“旧政”已经无法维持其有效的统治，变革已是刻不容缓。“报纸舆论，朝野上下，呼吁改革，成为共识。”② 1901年1月29日，慈禧太后以光绪皇

---

① 张宪文，等．中华民国史：第1卷．南京：南京大学出版社，2005：41.

② 同①42.

帝名义在西安发布变法诏谕："我中国之弱，在于习气太深，文法太密。庸俗之吏多，豪杰之士少。文法者，庸人借为藏身之固，而胥吏倚为牟利之符。公事以文牍相往来，而毫无实际。人才以资格相限制，而日见消磨。误国家者在一私字，困天下者在一例字。"[①]"欲求振作，须议更张"，"著军机大臣、大学士、六部、九卿、出使各国大臣、各省督抚，各就现在情弊，参酌中西政治，举凡朝章、国政、吏治、民生、科举、军政、财政，当因当革，当省当并，或取诸人，或求诸己，如何而国势始兴，如何而人才始出，如何而度支始裕，如何而武备始修，各举所知，各抒己见，通限两个月，详悉条议以闻"[②]，以推行"新政"。

"新政"上谕颁布后，部院大臣、地方督抚以及绅商名流纷纷上书，陈述变法主张和改革方案。1901年，张謇发表了《变法评议》，张之洞和刘坤一等联署提出了《江楚会奏变法三折》。《江楚会奏变法三折》对清末的改革拟订了详细规划，颇获朝廷嘉许并予以采纳。1901年4月，清政府成立督办政务处，作为施行"新政"的中央办事机构，由奕劻、李鸿章、荣禄、昆冈、王文韶、鹿传霖、瞿鸿禨等人担任督办政务大臣，刘坤一、张之洞、袁世凯等人为参预政务大臣，共同主持新政工作。督办政务处负责制订"新政"的各项措施，接受各地官吏章疏，办理全国学校、官制、科举、吏治、财政、军政、商务、邦交、刑律等新政事务。为适应新政改革的需要，清政府对中央机构也做了相应的调整：一是创设新的中央管理机构，于1903年9月设立了商部，1905年冬设立了学部和巡警部。二是改组临时性的旧的中央管理机构，1901年8月，清政府将总理衙门改制为外务部。中央机构的调整和改革，打破了自隋唐以来传统的六部建置[③]，一定程度上反映了清朝政府推进中国社会改革的理念和思路，成为近代中国制度现代化进程中的重要步骤。

二、编练新军

八旗和绿营为清王朝的正规军，共同担负着维护清朝统治的任务。经历太平天国沉重打击后，其经制之师的兵威已衰退不再；在中日甲午战争中，经过整顿后的清军一再败北。清政府已经认识到非常需要训练有素和具备西方装备的军队[④]，提出："一代有一代之兵制，一时有一时之兵制，未可拟古剂以疗新病，居夏日而御冬裘也。"[⑤] 1894年11月，清政府成立了以恭亲王奕䜣为首的督办军务处，并指派胡燏棻依照西方军制先行试练新军。1895年，胡燏棻在天津小站招募壮丁，编练十营，号称"定武军"。不久，清政府调袁世凯接办编练新军事务，改"定武军"为"新建陆军"（简称"新军"）。它的编练是中国军事史上的一个重大转折，实开陆军近代化之先河。在袁世凯于天津组织"新建陆军"的同时，张之洞在南京也组编自强军。1896年初，张之洞就任湖广总督，自强军由两江总督刘坤一接续办理。张之洞从两江返湖广时，依照编练自强军取得

---

① 清德宗实录：卷四七六.

② 义和团：（四）. 上海：上海人民出版社，1953：82.

③ 费正清，刘广京. 剑桥中国晚清史（1800—1911年）：下卷. 北京：中国社会科学出版社，1985：384.

④ 同③377.

⑤ 《中国军事史》编写组. 中国军事史：第3卷　兵制. 北京：解放军出版社，1987：489.

的经验，在湖北编练新军。

图 8-1 北洋新军在操练中

1901 年清政府实行“新政”后，着力“裁汰旧军，扩展新军”①。为全面推行编练新军计划，清政府于 1903 年 12 月 4 日设立练兵处，任庆亲王奕劻为总理大臣，统筹练兵事务；袁世凯为会办练兵大臣，铁良为帮办大臣，实际负责编练新军事务。在各省设立督练公所，由督抚兼任督办，统筹全省军队编练事宜②。1905 年，清朝政府计划将新军扩展为三十六镇，并就各省人力、物力及战略需要，进行任务分区，限期编训完成。1906 年 11 月 7 日，清政府改兵部为陆军部，统一指挥全国新军。陆军部于 1907 年 8 月奏准《全国陆军三十六镇按省分配限年编成办法》，拟于两三年内，除近畿四镇、四川三镇外，其他各省各编练一至二镇。实际上到辛亥革命爆发时已练成 14 镇 18 个混成协，另外还有禁卫军一镇，共计约 16 万人③。

晚清新军的编练，一方面，改变了传统旧军队的单一营制，建立了一支以步兵为主，骑兵、炮兵、工程兵、辎重兵为辅的合成军。由常备军、续备军、后备军组成的第一支近代军队，开启了中国军事近代化之先河。另一方面，使近代新式军人阶层迅速崛起。在新军的编练过程中，大量的革命党人投身军队，在新军中广泛宣传反清和革命思想，使部分新军成为反清革命的重要力量。

三、举办警政

19 世纪 90 年代，何启、胡礼垣、郑观应、陈炽等思想家提倡在中国建立警察制度。1898 年，黄遵宪、谭嗣同、梁启超等人在长沙创办了湖南保卫局，是清末地方举

① 命令河南、山东、山西等省选派官员到北洋军中学习新法操练，江苏、安徽、江西、湖南等省选调官员到湖北学习新法操练，然后回本省编训新军。(《中国军事史》编写组．中国军事史：第 3 卷 兵制．北京：解放军出版社，1987：495)

② 《中国军事史》编写组．中国军事史：第 3 卷 兵制．北京：解放军出版社，1987：495-496.

③ 屈新儒．试论中国陆军近代化历程．人文杂志，1998 (1)：121-125.

办警政的一次有益尝试，可视为中国近代警察制度的萌芽①。

八国联军攻占天津和北京后，京津地区社会秩序混乱不堪，维持治安的步兵统领衙门和五城兵马指挥司陷入瘫痪状态。1900年8月，京城各地绅商创立安民公所以维持社会治安，但它的领导权却落入西人之手，成为殖民性质的警察机构。1901年2月，清政府下令各省将军督抚“将原有各营严行裁汰，精选若干营，分为常备、续备、巡警等军，认真训练，以成劲旅”。1901年6月，为了收回警察权和整顿京师秩序，清政府开始筹划和酝酿举办警政。7月，清廷在北京设立京城善后协巡总局，其具体职能是维持京师地区治安、分段巡查缉盗、审理案犯及办理交涉等，由此开启中国近代举办警政的序幕。1902年5月，应西方国家加强治安要求，清政府在北京城内设立工巡局，负责整顿京师地方治安、督修内城街道并管理京师巡捕事宜。内城工巡局的设立成为清末京师举办警政的开端②。1902年六七月间，袁世凯将正在直隶训练的新军3 000人改编为巡警，编成十局，暂驻保定。天津交还后，他将十局巡警派驻天津，分别成立天津南段、北段巡警总局，任命赵秉钧专门办理天津、保定两地警务，由此开启了清末地方警政的先河③。

京师和直隶警政的开办，迅速扭转了庚子事变后两地的混乱局面。1902年10月，光绪皇帝谕令各省总督和巡抚效仿直隶办理警政。此后，各省纷纷效仿直隶，在省城和重要商埠开办了警察机构。1905年10月，除少数边远省区外，各省城基本建立了近代警察制度④。但各省警局大多数是由原来的保甲、绿营改编而来，以致“各省警政虽已先后创行，而编制各殊，章程互异。不独精神未能统一，即形式亦复差异”。此时，发生了革命党人吴樾用炸弹袭击出访五大臣事件，清政府认识到“巡警关系紧要，自应专设衙门，俾资统率”。奕劻、袁世凯等建议设立巡警部，以统一警政管理，强化社会治安。1905年10月，清政府发布上谕，成立了巡警部，下设警政、警法、警保、警学、警务五司，任命署兵部左侍郎徐世昌为尚书，直隶候补道赵秉钧为右侍郎，内阁学士、工巡局总监毓朗为左侍郎。巡警部是清政府专理全国警察事务的最高指挥监督机关。1906年9月，清政府改巡警部为民政部，除将原巡警部主管的警察事务并入该部外，同时将步军统领衙门的职掌，户部监管的疆里、户口、保甲事项，以及工部所掌之城垣、工廨、仓廒、桥梁等工程等，也划归民政部管理。随着新政机构的建立、调整，京师的工巡局改组为京师内、外城巡警总厅，成为巡警部（民政部）直接领导下的管理京师警政的专门机构。

根据清政府通令，各省及上海等地效法直隶，纷纷倡办警政，在省城（市）设立“巡警总局”或“警察总局”，统一主管全省（市）警政，在督抚的统一指挥下，执行省城（市）的警察事务，并监督所辖州县的警察机构。在州县设立巡警局或警察局，具体办理州县的警察行政。1907年春，清政府决定裁撤各省巡警（警察）总局，改设巡警道，作为一省警政的主管机关，直接由督抚节制，间接受民政部监督。各州县原设的巡

---

① 黄晋祥．论清末警政演变的历史轨迹．社会科学家，1997（2）：77-82.

② 杨玉环．论中国近代警察制度的开创．辽宁大学学报（哲学社会科学版），2003（6）：51-55.

③ 同②.

④ 同①.

警局或警察局则改为巡警署，由警务长、分区区官和巡官、巡长、巡警组成，归地方行政长官统辖。1908 年，宪政编查馆和资政院共同拟订《议院未开以前逐年筹备事宜清单》，预计用八年时间（从 1907 年巡警道设立算起）完成地方建警工作。由于清朝灭亡，乡镇巡警建设刚刚筹办，并未进入实施阶段①。尽管如此，清朝的地方警察机构渐趋一致，警察制度渐趋完备和定型化，逐渐形成了以京师为中心的全国性警察网。

晚清举办警政，体现了中国由传统的治安体制向近代警察制度的转变，具有很强的过渡性特征，它为民国警察制度的改革和建设提供了基础，在中国警政史上具有不可忽视的历史影响。

四、废科举，兴学堂

科举是隋以后中国读书人参加的人才选拔考试，是朝廷通过考试选拔官吏的一种制度。由于采用分科取士的办法，所以叫作科举。在近代社会变动的历史条件下，科举制度的正当性与合理性荡然无存，科举制度日益衰亡②。清末科举的废除，分为三个步骤：首先是对科举考试内容的改革，其次是对科举名额的递减，最后是科举制度的全部废除。改革科举制度是清政府“新政”的主要内容之一。1901 年 8 月，清政府下令“嗣后乡、会试，头场试中国政治史事论五篇，二场试各国政治艺学策五道，三场试四书义二篇、五经义一篇”。1903 年 3 月，张之洞、袁世凯在《奏请递减科举折》中指出：“况科举之为害，关系尤重，今纵不能骤改，亦当酌量变通，为分科递减之一法”，“拟请俟万寿恩科举行后，将各项考试取中之额，预计均分，按年递减。学政岁科试分两科减尽，乡、会试分三科减尽。即以科场递减之额，酌量移作学堂取中之额，俾天下士子舍学堂一途，别无进身之阶，则学堂指顾而可以普兴，人才接踵而不可胜用”③。1904 年 1 月，张百熙、张之洞、荣庆在《奏请递减科举注重学堂折》中再次提出：“当此时势阽危，非人才莫济，除兴学堂外，更无养才济时之术”，“凡科举之所讲习者，学堂无不优为。学堂之所兼通者，科举皆所未备”。因此，他们建议：“乡、会试中，请自下届丙午科起，每科减中额三分之一。俟末一科中额减尽以后，即停止乡、会试”，“俟末一次学额减尽，即行停止学政岁科试，以后生员即尽出于学堂”④。1905 年，袁世凯、赵尔巽、张之洞、端方等联名奏请立即停止科举，他们认为：“科举一日不停，士人皆有侥幸得第之心……学堂决无大兴之望。”在各方面的压力下，清政府不得不于 1905 年 9 月再次谕令，从 1906 年开始所有乡试、会试、岁科考试一律停止。至此，在中国实行了一千多年的科举考试制度终于被废弃。

废除科举制度，在中国近代史上具有十分重要意义，也产生了深远的社会影响。美国学者罗兹曼在《中国的现代化》一书中认为，1905 年废除科举使这一年成为新旧中国的分水岭，其划时代的重要性甚至超过辛亥革命，其意义大致相当于 1861 年沙俄废除农奴制和 1868 年日本明治维新后不久的废藩。传教士林乐知在废科举不久就发表评

① 夏敏．晚清时期中国近代警察制度建设．江苏警官学院学报，2003（4）：142-147.

② 杨齐福．科举制度与清末社会问题．福建论坛（人文社会科学版），2008（9）：60-66.

③ 朱有瓛．中国近代学制史料：第 2 辑上册．上海：华东师范大学出版社，1987：105.

④ 同①107-108.

论道："停废科举一事，直取汉唐以后腐败全国之根株，而一朝断绝之其影响之大，于将来中国前途当有可惊可骇之奇效。"①

19世纪60年代后，废科举、兴学堂的呼声渐成"时务之论"，至戊戌变法时期日趋高涨。1901年9月14日，清政府发布上谕："著各省所有书院，于省城改设大学堂，各府及直隶州均改为中学堂，各州县均改为小学堂，并多设蒙养学堂。"② 书院改章以后，各级各类学校逐渐增加，需要厘定新的学校体系，于是建立新学制的议论再次兴起③。由罗振玉等人创办的《教育世界》，译介了外国教育制度、教育理论，报道了教育改革、建立新学制等问题；湖北教育部编辑的《师范讲义》，详细介绍了德、法、美、英、日等国各类各级学校的教育制度。在国外，留日学生翻译或介绍了有关日本和欧美各国的教育制度④。梁启超在日本还发表了《教育政策私议》，在文中拟定了《教育区分表》和《教育制度表》，提出了完整的教育体系。这是中国近代最早拟定的学校教育系统表，对清末制定新的学制，尤其是拟定《奏定学堂章程》有很大的影响⑤。建立新学制的议论和宣传，引起了清政府对制定新学制问题的高度重视，加快了新学制的出台。1902年8月15日，管学大臣张百熙进呈《京师大学堂章程》《考选入学章程》《高等学堂章程》《中学堂章程》《小学堂章程》《蒙学章程》等六项章程。随后，由清政府颁布，统称《钦定学堂章程》。1902年是农历壬寅年，史称"壬寅学制"，但未得实行。该学制分学校为三段七级：第一阶段为初等教育，分三级，蒙学堂4年，寻常小学堂3年，高等小学堂3年；第二阶段为中等教育，只有一级中学堂4年；第三阶段为高等教育，分高等学堂或大学预科3年，大学堂3年，无定期大学院。儿童自6岁入学至大学毕业共计20年。此外，与高等小学堂并行的有简易实业学堂，与中学堂并行的有中等实业学堂和师范学堂，与高等学堂并行的有高等实业学堂、仕学馆和师范馆。壬寅学制虽然比较完备，但还有了科举制度的痕迹，规定对高小、中学、师范、高等学堂和大学堂的毕业生，分别授予附生、贡生、举人、进士等出身。壬寅学制是近代中国正式公布的第一个学制。

清政府没有允准新学制的实施，要求张百熙、荣庆和张之洞共同拟定学堂章程。1904年（农历癸卯年）1月13日，他们共同上奏《奏定学堂章程》（史称"癸卯学制"）。癸卯学制明确规定新教育的宗旨为："无论何等学堂，均以忠孝为本，以中国经史之学为基，俾学生心术一归于纯正，而后以西学瀹其知识，练其艺能，务期他日成材，各适实用，以仰副国家造就通才、慎防流弊之意。"⑥ 整个学制分三段七级，长达29～30年。第一段为初等教育，分为蒙学院4年、初等小学5年、高等小学4年，共三级13年；第二段为中等教育，设中学堂一级5年；第三段为高等教育，分高等学堂或大学预科3年、大学堂3～4年、通儒院5年，共三级11～12年。与纵向各级学校并行

① 林乐知．中国教育之前途//万国公报：第39册．台北：华文书局，1968：24014．
② 朱寿朋，等．光绪朝东华录：（四）．北京：中华书局，1958：4719．
③ 董宝良．中国教育史纲（近代之部）．北京：人民教育出版社，1990：244．
④ 同③245．
⑤ 同③248．
⑥ 朱有瓛．中国近代学制史料：第2辑上册．上海：华东师范大学出版社，1987：78．

图 8－2　张百熙与京师大学堂译学馆中外教员合影

的学校设置，主要包括：与高等小学堂并行的实业补习普通学堂、初等农工商实业学堂和艺徒学堂，与中学堂并行的有初级师范学堂、中等农工商实业学堂，与高等学堂并行的有优级师范学堂、实业教员讲习所、高等农工商实业学堂、译学馆、仕学馆和进士馆等①。

图 8－3　晚清的新式学堂

癸卯学制颁布后，人们认为学制太长，建议缩短学制年限。1909 年，江苏省教育

① 陈景磐．中国近代教育史．北京：人民教育出版社，2004：211－214．董宝良．中国教育史纲（近代之部）．北京：人民教育出版社，1990：250－251．

总会呈请学部变通小学堂章程，提出缩短初等小学的年限并简化学习科目。1911 年，清政府规定小学实行义务教育，年限为 4 年。1910 年，清政府仿效德国学制，实行中学文、实分科制度，文科重经学，实科重工艺。1906 年，清政府推行法政教育，改仕学馆为京师法政学堂，各省设立法政学堂，1910 年推广私立法政学堂。1907 年，在师范教育中颁布了《女子师范学堂章程》，进一步完善了近代中国新学制。

图 8-4　1904 年北京慕贞女校的教室

为了从组织上保证新学制的推行，加强中央政府对新学教育的领导和管理，清政府于 1905 年成立了中央教育行政机关——学部。1906 年，各省废除省学政和省学务司或学校司，成立提学使司，专门管理全省教育事业；各府州县设立劝学所，作为各府州县的教育行政机关。

癸卯学制的颁布和实施，体现了中国传统教育向近代教育的转变，是晚清制度变迁的重要内容。

科举制度的废除，为新式教育的发展创造了制度性基础。全国各地出现兴办学堂的热潮，学堂数量直线上升，学生人数急剧增加。据袁希涛在《五十年来中国初等教育》中的统计，清末全国幼稚园学生人数如下：1909 年初等小学生 1 481 380 人、蒙养院幼儿 2 664 人、半日学堂学生 25 251 人、女学生 13 498 人，共计 1 522 793 人①。1909 年京师及各省中小学堂与学生人数统计，参见下面二表。

表 8-1　　1909 年京师及各省小学堂与学生人数统计表

	全日制		半日制	
	学堂（所）	学生（人）	学堂（所）	学生（人）
京师	218	8 054	9	294
直隶	10 569	230 813	168	3 853

① 陈景磐. 中国近代教育史. 北京：人民教育出版社，2004：216.

续表

	全日制		半日制	
	学堂（所）	学生（人）	学堂（所）	学生（人）
奉天	2 571	100 264	3	161
吉林	248	9 953	3	99
黑龙江	144	5 527	1	47
山东	3 803	55 841	50	884
山西	1 786	53 293	23	622
陕西	2 447	56 503		
河南	3 296	52 105	52	1 240
江宁	881	28 397	22	530
江苏	1 005	37 434	12	457
安徽	646	19 693	13	481
浙江	1 822	68 897	65	2 219
江西	924	25 681	9	246
湖北	2 600	88 327	27	1 492
湖南	1 140	42 310	32	1 215
四川	9 737	328 097	203	6 353
广东	1 628	78 729	9	715
广西	1 080	55 555	10	295
云南	1 484	53 140	3	76
贵州	552	23 977	5	130
福建	536	25 388	7	137
甘肃	1 054	22 035	7	152
新疆	74	2 421	241	3 788
合计	50 245	1 403 537	974	25 486

资料来源：李桂林，等．中国近代教育史资料汇编（普通教育）．上海：上海教育出版社，2007：91-93.

表 8-2　　1909 年京师及各省中学堂与学生人数统计表

	学堂（所）	学生（人）		学堂（所）	学生（人）
京师	22	1 587	江西	33	2 286
直隶	31	2 419	湖北	21	2 560
奉天	5	505	湖南	47	3 992
吉林	5	526	四川	51	5 828
黑龙江	1	156	广东	29	3 122
山东	22	1 206	广西	15	1 700
山西	15	1 360	云南	7	416
陕西	14	943	贵州	4	445
河南	22	2 551	福建	15	1 044
江宁	20	1 516	甘肃	11	373

续表

	学堂（所）	学生（人）		学堂（所）	学生（人）
江苏	11	1 639	新疆	1	21
安徽	25	1 844	浙江	23	2 430
合计	学堂 460 所，学生 40 468 人				

资料来源：李桂林，等．中国近代教育史资料汇编（普通教育）．上海：上海教育出版社，2007：316.

至 1909 年，晚清政府建立各级学堂 51 736 所，学生人数为 561 977 人。从创办学堂数目和学生人数，可以推断清政府废除科举制度后，新式学堂已经普遍设立，取代书院和私塾而在教育中占有重要地位。

五、鼓励留学

在大量兴办学堂的同时，清政府积极鼓励留学教育。在当时中国的留学教育中，日本和美国成为晚清中国学生留学的两个最主要的国家。

1. 赴日留学的兴盛

1896 年，嘉纳治五郎带领 13 名中国青年学生赴日，这是中国第一批留日学生。经过义和团运动和八国联军侵华战争，中国人认识到学习外国的重要性，同时，封疆大吏张之洞和刘坤一等人积极推动留学教育。1901 年 12 月，中国留日学生达到 280 多人①。“新政”时期，清政府提出将逐渐废止科举制度，奖励海外留学；另外，日俄战争中日方的胜利以及日本政府和民间的推波助澜，使“留日成为格外响亮口号”②。1905 年和 1906 年，留日学生人数大约为 8 000 人③。当时，留日学生分两个部分：一部分是官费留学生，政府通过选拔派遣；另一部分是自费留学生，他们留学日本几乎没有什么限制。官费生与自费生比例为 3∶7。1904 年，清政府制定和颁布《奖励游学毕业生章程》，规定只要在日本的学校获得学历证书，就可以分别获得举人和进士等相应的头衔，并授予一定的官职。因此，当时留日学生中，毕业于速成科的约占 60%，普通科的约占 30%，专门学校和高中的约占 3%，大学的约占 1%，中途退学的约占 6%④。许多留日学生为了能在短时间内获得文凭而选择速成留学，造成了留日学生所入学校和专业比例失衡，学生学业成绩不很理想。1906 年 3 月，清政府学部公布了《选派游学限制办法》；8 月，学部向各省发布即刻停止派遣速成学生的指令，要求留学生需要具有中等以上的学历，而且要通晓日语才允许留学。1907 年，清政府与日本政府达成了“五校特约”留学计划。此计划实行后，清政府对留日学生考核管理更加严格，由此造成留日学生数量锐减。1908—1910 年，各省的五校留学人数分别为 184 人、154 人、147 人，共计总人数为 485 人⑤。

① 实藤惠秀．中国人留学日本史．谭汝谦、林启彦，译．北京：三联书店，1983：32.

② 同①36.

③ 关于留日学生人数，有人认为是 2 万人，有人认为是 6 000 人，实藤惠秀考证后认为应该是 8 000 人。（实藤惠秀．中国人留学日本史．谭汝谦，林启彦，译．北京：三联书店，1983：39）

④ 吕顺长．清末留学生从量到质的转变：关于清末“五校特约”留学的考察．浙江大学学报（人文社会科学版），2001（1）：83-88.

⑤ 同④.

清末留日生多以革命救国为己任，东渡的主要目的是猎取功名和革命排满，他们重视社会科学，尤其重视法政和军事，因此，留日学生回国以后主要从事政治、军事和外交，而从事文化、科技和教育事业的人较少，他们在近代军事革命和文化革新方面做出了重大贡献，这是与留欧和留美学生不同之处。

2. 赴美留学的兴起

1872年8月11日，我国第一批留美学生抵达旧金山。从1872年到1875年，清政府先后选派120名官费留学生分四批到美国留学，1881年这批留美学生因故中途撤回。除上述官费留美学生外，还有少部分自费留美学生。1874—1895年共有45名自费留美学生①。后来美国实行排华政策，以至于赴美留学一度中断，1900年留美学生只有10余人。1901年，北洋大臣从北洋学堂中派王宠惠、陈锦涛等8人赴美留学，成为幼童撤回后首批官派留美学生。1908年，美国宣布退还部分庚款，用于兴办留学教育。1909—1911年，清政府共派遣3批180名庚款学生赴美，成为清末民初留学美国高潮的开端。在积极实施庚款留学教育的同时，清政府还规定一般留学生由各省呈报学部，照章考试，及格者可批给官费；由国内大学堂毕业生中选拔出来的学生，可不经考试直接派出；各省督抚也可自选学生，经费各省自给。此外，清政府大力推进自费留美教育，规定允许外国人带出留学，经费自理；教会可以派遣留学，费用由教会承担，由洋务局颁发出国执照。对自费留美者，政府在每年庚款经费有余时，拨出若干资金予以补贴。清末民初，留美学生主要由庚款留美生、各类官费留美生和自费留美生组成。1910年留美学生增加到500人，1911年辛亥革命前夕，留美学生已经增加到650人②。由于清末留美学生以官费生为主，这批留美学生不仅经费有保障并比较充裕，而且学习条件和环境也很优越；他们大多数在国内已经受过良好的中等或高等教育，并经过严格选拔。不少人进入美国名牌大学，主要从事自然科学学习，养成了"刻苦沉实，孜孜务学"的踏实学风；他们大多数学有所成，回国后积极从事自然科学研究和教学，成为中国科技发展的主导力量③。

第二节　清末立宪运动

一、立宪派的活动

在清政府不得不变推行"新政"过程中，举国上下逐步形成了一个政治派别——立宪派④。立宪派在清末"新政"转入立宪主题后，取代以刘坤一、张之洞为代表的洋务派，成为中国立宪运动的主导力量⑤。立宪派积极开展各种活动，推进了清政府立宪运

① 李喜所，刘集林，等. 近代中国的留美教育. 天津：天津古籍出版社，2000：52.

② 同①91.

③ 徐曼. 近代留美生留学特点考. 内蒙古大学学报（人文社会科学版），2003（2）：93-98.

④ 它主要由戊戌变法时期的维新派发展而来，以部分开明的上层士绅官员为基础。他们的成员包括部分汉族官员、满族贵族及封疆大吏。（张宪文，等. 中华民国史：第1卷. 南京：南京大学出版社，2005：41）

⑤ 李金河. 中国政党政治研究（1905—1949）. 北京：中央编译出版社，2007：44-45.

动的进程。

戊戌变法失败后，要求实施立宪的呼声渐次高涨①。清政府实行“新政”后，立宪派积极宣传君主立宪制度，认为君主立宪是清政府转弱为强的良方。1903 年，康有为在《新民丛报》上发表《官制原理》，提出立即制定宪法，设立议院。但在议院设立之前，应当设立“一院”，招聚四方贤士，称为“议大夫”“议郎”，议论时政，作为顾问。1904 年，张謇在代两江总督魏光焘拟写立宪奏稿时，写信给湖广总督张之洞和直隶总督袁世凯，规劝他们奏请立宪。立宪派还出版了《中国新闻》《大同报》《政论》《国风报》《自治学社杂志》《预备立宪公报》等刊物，大量翻译国外介绍西方政治思想、制度和宣传君主立宪的著作。立宪派的舆论宣传对部分汉族官僚产生了重大影响，他们也纷纷要求政治变革，实行立宪。1905 年，驻法公使孙宝琦、两江总督周馥、湖广总督张之洞、直隶总督袁世凯等封疆大吏奏请立宪。面对强大的社会压力，1906 年，清政府宣布实施“预备仿行宪政”。立宪派又大肆宣传“立宪救国论”，呼吁清政府派员出洋考察，提出中国自强的根本在于立宪。

以张謇为代表和以康、梁为首的国内外立宪派异常活跃，开始组织立宪团体，以促进立宪政治的实现。据统计，当时各地组织的立宪团体大约有 80 个②。其中最有影响和代表性的立宪团体如下表所示。

表 8-3　清末主要立宪团体一览表

	存在时间	领导人	成立地点	纲领或宗旨
国民宪政会	1907 年 2 月至 1910 年底	康有为	纽约	“本会名为宪政，以君主立宪为宗旨”
政闻社	1907 年 10 月至 1908 年	梁启超	东京	一是实行国会制度，建设责任政府；二是制定法律，建立司法独立制度；三是建立地方自治，明确中央和地方权限；四是对外交采取谨慎政策，在对外交往中保持平等权利
预备立宪公会	1906 年 12 月至 1911 年	郑孝胥 张謇 汤寿潜	上海	“敬尊谕旨以发愤为学，合群进化”为宗旨，“使绅民明悉国政，以预备立宪基础”
宪政讲习会	1907 年始，后逐渐消失	杨度 熊范舆	东京	以“预备立宪之方法，以期宪政之实行”为宗旨
宪政预备会	1909 年成立	唐尔镛 任可澄 陈廷棻	贵州	以宣传立宪为宗旨

① 梁启超发表了《立宪法议》，提出了君主立宪的要求。此后，张謇在《变法评议》中呼吁清政府设立议院，进行政治改革。康有为则利用华侨的名义拟定奏折，提出还政光绪帝，制定宪法。由此形成民间要求立宪的力量。

② 张玉法．清季的立宪团体．台北：“中央研究院”近代史研究所，1971：90-142．

续表

	存在时间	领导人	成立地点	纲领或宗旨
宪政筹备会	1909 年 5 月成立	姚晋圻 汤化龙 张国溶	湖北	以宣传立宪为宗旨
粤商自治会	1907 年至 1911 年	陈惠普 李戒欺	广州	没有统一的纲领
宪友会	1911 年 6 月 14 日成立	孙洪伊 徐佛苏 雷奋	北京	“以发展民权，完成宪政为目的”。具体纲领为：尊重君主政体，督促联责政府，厘定行省政务，开发社会经济，讲求国民外交，提倡尚武教育
帝国宪政实进会	1911 年成立	陈宝箴 于邦华 姚锡光		尊重君主政体、发展地方自治、完善法律、讲求经济、注意教育等等
辛亥俱乐部	1911 年 6 月成立	杨度等	北京	阐扬帝国精神，提倡军国民教育，发展地方自治、经济、外交、国防，等等
政学会	1911 年春成立	汪荣宝 曹汝霖 章宗祥 陆宗舆	北京	

资料来源：李金河．中国政党政治研究（1905—1949）．北京：中央编译出版社，2007：45-51.

除了上述团体外，还有上海的宪政会，北京的谘议局联合会、八旗维持宪政会，吉林的自治会，以及海外华侨、留学生的立宪团体，等等。但是，立宪派组织的立宪团体除预备立宪公会组织较为严密外，多数团体组织十分松散，各团体之间也缺乏联系，直到国会请愿运动的开展，各立宪团体才互相呼应，逐渐实行了全国性的联合①。立宪团体为中国立宪派参与中国民主政治提供了组织基础，加速了中国近代政党的组建，在中国民主宪政史上具有重大的历史意义。

1907 年 9 月，清政府在派五大臣出洋考察宪政后，在北京设立资政院，在各省设立谘议局，这大大鼓励了立宪派参与立宪的热情。另外，革命派在大力批判清王朝假立宪的同时，也发动了一系列的反清武装起义。清政府面对国内形势的急剧变化，未能做出足够的反应，这引起立宪派深深的担忧。因此，立宪派自愿联合起来，组织联合大请愿，以催促清政府加快立宪政治的实行。

1907 年秋，宪政讲习会在会长熊范舆的领导下，向都察院呈递请愿书，要求速开国会，从此开启了国会请愿运动的先河，引起各地立宪派的广泛响应。1908 年 3 月，河南再次发起了召开国会的请愿签名。6 月，预备立宪公会联合湖南宪政公会、湖北宪政筹备会、广东自治会，并与直隶、山东、河南、山西、四川、安徽、贵州等省的宪政

① 张学仁，陈宁生．二十世纪之中国宪政．武汉：武汉大学出版社，2002：28.

团体联系，共同上书清政府请求召开国会。8月，各省立宪请愿代表齐聚北京，向都察院递交召开国会的请愿书，把立宪运动推向了高潮。

立宪、请愿、集会如火如荼，尽管立宪法派始终坚持“文明”“和平”的政治参与方式，清政府却仍视之为祸患。清廷在下令封闭政闻社，捉拿康、梁等人的同时，适当加快立宪进程，在北京成立资政院，各省成立谘议局，公布了《钦定宪法大纲》。《钦定宪法大纲》颁布后，立宪派对清王朝维护皇上权力、限制议会权力感到十分不满，认为九年的立宪期限太长，纷纷要求政府缩短预备立宪期限，速开国会，组织责任内阁，一度消寂的国会请愿运动再度兴起。各省谘议局成立后，立宪党人基本控制了谘议局，把各立宪团体之间的合作推进到各省谘议局之间的联合。1909年10月，江苏省谘议局议长张謇发表《请速开国会建设责任内阁以图补救书》，指出清政府如果不立即召开国会，将会众叛亲离，届时眼看革命派推翻清政府，而立宪派却只能“袖手旁观”。他要求清政府必须缩短预备立宪时间，在1910年召开国会，并呼吁各省组织联合请愿。

1909年12月，湖南、湖北、江西、江苏、浙江、福建、广西、吉林等十六省谘议局代表在上海开会，商讨组织国会请愿同志会，并决定分道赴北京上书请愿。1910年1月，各省谘议局代表聚集北京，向都察院递交请愿书，请求速开国会。但是，清政府以国民知识程度不够为由，拒绝了请愿代表的要求。

图8-5　第二次国会请愿代表合影

资料来源：中国历史博物馆．中国近代史参考图录．上海：上海教育出版社，1986：403．

二、出洋考察宪政

为摆脱日益严重的政治危机，维护基本的统治权威，清政府内部形成了要求政体改革的力量。1905年7月2日，袁世凯、张之洞、周馥联衔奏请清政府，要求12年后实行立宪政体。袁世凯还单独上奏，请求政府选派亲王、贵族分赴各国考察政治。7月4

日，清政府召集枢臣会议，讨论立宪问题。7 月 16 日，清政府发布《派载泽等分赴东西洋考察政治谕》，决定派镇国公载泽、户部侍郎戴鸿慈、兵部侍郎徐世昌、湖南巡抚端方等朝廷重臣分赴东西洋各国考察政治。7 月 27 日，又增派商部左丞邵英随同出洋考察。8 月 26 日，五大臣从北京正阳门火车站出发时，遭到革命党人的炸弹袭击，邵英等人受伤，出洋考察的行期被迫推迟。10 月，俄国颁布《十月十七日宣言》，承认人民有言论、出版、结社、集会、信仰、人身自由和参政的权利，并决定召开国家杜马。俄国政治体制改革，一定程度上推动了西太后和光绪帝考察各国政治的决心。他们先后召见载泽等人，催促考察大臣尽快出洋①。

1905 年 12 月 19 日，端方、戴鸿慈等人从上海出发，先后考察和游历了日本、美国、德国、丹麦、瑞典、挪威、奥地利、俄国、荷兰、瑞士、比利时、意大利、匈牙利等 13 个国家，于 1906 年 6 月完成考察，由意大利返回，7 月 21 日抵达上海。1906 年 1 月 14 日，载泽、李盛铎、尚其亨等人从上海出发，先后考察和游历了日本、美国、英国、法国、比利时五国，6 月 10 日从法国马赛起程回国，7 月 12 日抵达上海。考察结束后，五大臣在被召见和上奏中提出了实行立宪政治的重大意义和基本原则。端方认为，在考察的东西洋各国中，只有俄国以前实行过君主专制政体，但它在日俄战争失败后，也锐意改革，实行立宪政体。因此，在考察诸国中已经没有一个国家还保留君主政体②。中国要实现富国强兵，除了实行立宪政体外，没有其他办法了③。载泽也提出：世界上多数弱小国家，要转弱为强，都是先进行立宪，他反复思考后认为实行立宪政治，可以挽救民族危机，使国家臻于富强。他们还认为，在专制政体中，君主对人民负责，容易使人民的怨恨集中于君主，不利于长治久安；而在立宪政体中，君主没有责任，由大臣代为承担责任，君主便可以转危为安。因此，实行君主立宪可以使“皇位永固”“外患渐轻”“内乱可弭”④。他们还指出立宪政体应当“远法德国，近采日本”“兼取列强”⑤。但是，由于中国国情与立宪政体不相适应，实行立宪政体需要一个预备期，否则，可能导致社会更加混乱⑥。

历经宪政考察，五大臣至少形成了“宪法者，所以安宇内，御外侮，固邦基，而保人民者也”⑦ 的共识。这对推动清末立宪政治的进程不无积极意义。

三、“预备仿行宪政”

清政府内部对是否应该实行君主立宪，是立即实行还是暂缓实行君主立宪，存在着不同意见。五大臣出洋考察宪政回国后，极力主张实行君主立宪。同时，他们又提出实行立宪政体需要有一个预备期，以便全体国民得以适应立宪政体。1906 年 9 月 1 日，

---

① 由于徐世昌被任命为巡警部尚书，邵英伤势较重住院，清政府改派原顺天府丞、新任驻比利时大臣李盛铎及山东布政使尚其亨取代徐世昌和邵英充任出洋考察大臣。

② 夏新华．近代中国宪政历程：史料荟萃．北京：中国政法大学出版社，2004：44.

③ 同②47.

④ 辛亥革命：（四）．上海：上海人民出版社，2000：28-29.

⑤ 张晋藩．中国法制通史：第 9 卷．北京：法律出版社，2002：28-29.

⑥ 夏新华．近代中国宪政历程：史料荟萃．北京：中国政法大学出版社，2004：47.

⑦ 故宫博物院明清档案部．清末筹备立宪档案史料：上册．北京：中华书局，1979：110.

图 8-6 清政府派考察团赴各国考察立宪

清王朝颁布了“预备仿行宪政”的上谕，指出：“各国之所以富强者，实由于实行宪法，取决公论，君民一体，呼吸相通，博采众长，明定权限，以及筹备财用，经画政务，无不公之于黎庶。又兼各国相师，变通尽利，政通民和有由来矣。时处今日，惟有及时详晰甄核，仿行宪政，大权统于朝廷，庶政公诸舆论，以立国家万年有道之基。”① 由于“目前规制未备，民智未开”，“不可操切从事”，故而，目前当以改革官制、整顿法律、广兴教育、清理财政为首要。天下臣民要“保守平和，以豫储立宪国民之资格”，“俟数年后规模粗具，察看情形，参用各国成法，妥议立宪实行期限，再行宣布天下，视进步之迟速，定期限之远近”②。

预备立宪诏旨颁布后，清廷开始筹备宪政，其主导思想是：(1)“大权统一于朝廷，庶政公诸舆论”；(2) 由于目前规制未备，民智未开，先从改革官制入手，同时兴办各项有关事宜，作为预备立宪的基础；(3)“俟数年后规模粗具”，再定实行立宪期限。实施步骤则以改革官制为先。1906 年，清政府派载泽等编纂官制，并于 11 月宣布中央官制改革。同时，许诺设立资政院，“以立议院基础”。1907 年 7 月，光绪帝颁布上谕，明确提出设立资政院：“立宪政体，取决公论，上下议院，实为行政之本。中国上下议院一时未能成立，亟宜设资政院，以立议院基础。”③ 资政院是清末立宪运动的议会准备机构，职权是议定国家出入预算、决算、税法、公债以及制定法规、弹劾大臣等。10 月，光绪帝又发布上谕，要求各省设立谘议局，并定其职能是“指陈通省利病，筹计地方治安，并为资政院储才之阶”④。1908 年 7 月，清政府颁布《各省谘议局章程》和

① 张学仁，陈宁生．二十世纪之中国宪政．武汉：武汉大学出版社，2002：24.

② 故宫博物院明清档案部．清末筹备立宪档案史料：上册．北京：中华书局，1979：44.

③ 朱寿朋，等．光绪朝东华录：（五）．北京：中华书局，1958：5736.

④ 同③5749.

《谘议局议员选举章程》，并下令各省在一年内完成组建谘议局工作。至 1909 年 10 月，奉天、吉林、黑龙江、直隶、江苏、安徽、江西、浙江、福建、湖北、湖南、山东、河南、山西、陕西、甘肃、四川、广东、广西、云南、贵州等省设立谘议局 21 局，选举议员 1 643 人①。1908 年 8 月，清廷颁布《钦定宪法大纲》，规定了制定正式宪法的基本原则和国家的基本政治体制；颁布《议院法要领》，规定了制定议院法的原则。同年，制订《钦定行政纲目》，明确规定了君主立宪政体的行政原则和议院、政府、法院分别辅助君主行使立法权、行政权、司法权的政权体制；确定预备立宪以九年为期（即 1908 年到 1916 年为预备立宪期间，从 1917 年开始正式实施立宪政治）。1909 年 8 月，清政府颁布《资政院章程》，资政院设立总裁和副总裁，下设秘书厅，有秘书长、秘书等。1910 年 10 月，资政院第一次全体会议召开。

图 8-7　1910 年 10 月 3 日清朝资政院第一次全体会议代表合影

在立宪与革命的双重压力下，清政府实行“预备立宪”无疑具有消解立宪、抵制革命的意图，但是政制或政治变革的历史进程或作用，并不完全受控于统治者的主观设计。“由于政府的预备立宪和立宪派的努力奋争，清末的政治制度确实发生了明显变化，成为中国政治制度近代化的开端。”②

四、“皇族内阁”的出台

1906 年，清政府宣布实行预备仿行宪政，确立了立法、司法和行政三权分立的政治改革原则。但是，由于当时还没有立法机构，清王朝只是对行政机构和司法机构进行改革。其行政改革主要是改革中央、省级官僚机构和建立责任内阁。1910 年 10 月 25 日，17 省督抚联名上奏，要求政府立即设立责任内阁，1911 年设立国会，借此以限制中央集权。10 月 26 日，资政院通过《陈请速开国会具奏案》，请求清政府于 1911 年召开国会。清政府受到来自立宪派、革命派和地方督抚三个方面的强大的压力，因此决定缩短预备立宪期，将九年改为五年，并承诺于 1913 年召开国会，1911 年成立新的责任内阁。

1911 年 5 月，清政府下令裁撤旧内阁、军机处和督办政务处等机构，公布新订立

---

① 张学仁，陈宁生. 二十世纪之中国宪政. 武汉：武汉大学出版社，2002：29.

② 侯宜杰. 预备立宪是中国政治制度近代化的开端. 历史档案，1991（4）：127.

的内阁官制，责任内阁由一名总理大臣和两名协理大臣以及外务部、民政部、度支部、学部、陆军部、海军部、法部、农工商部、邮传部、理藩院各部大臣组成，成员为13人；还任命庆亲王奕劻为内阁总理大臣，筹组责任内阁。5月8日，清政府宣布成立第一届责任内阁。新成立的内阁由13名汉族、满族、蒙古族大臣共同组成。他们分别是：总理大臣奕劻，协理大臣那桐、徐世昌，外务大臣梁敦彦，民政大臣善耆，度支大臣载泽，学务大臣唐景崇，陆军大臣荫昌，海军大臣载洵，司法大臣绍昌，农工商大臣溥伦，邮传大臣盛宣怀，理藩大臣寿耆①。

晚清责任内阁成员13人中，汉族只有4人，其余9人为满族，其中7人为皇族②。满族乃至皇族权贵在该内阁中占绝对优势，真可谓名副其实的"皇族内阁"。新的责任内阁出台，立宪派大失所望，气愤异常，他们立即发表《谘议局联合会宣告全国书》和《通告各省团体书》，明确指出清政府成立的责任内阁是"名为内阁，实则军机；名为立宪，实则专制"③。"皇族内阁"的出台进一步打破了由立宪而勉为其成的政治平衡，不仅将立宪派推离了维系清廷统治的营垒，而且也导致统治集团内部的分裂。嘲弄天下人心的"皇族内阁"，终将被历史所嘲弄！

第三节 官制改革

一、中央官制改革

在清政府新政改革中，中央官制改革分为三个阶段：1901—1906年为第一个阶段，1906—1908年为第二个阶段，1908—1911年为第三个阶段。1901年，清政府设立了统筹新政的机构——督办政务处；1903年以后，清政府先后设立财政处、练兵处、商部、巡警部、学部、农工商部等新的中央机构；1905年，又设置了考察政治馆（后改为宪政编查馆），以统筹清末新政和中央机构的改革事宜。

1906年9月，清政府诏内外大臣厘定官制，以适应预备立宪之需。"这次改定官

① 关于该内阁13名成员中各类人员所占的具体数目，长期以来一直众说纷纭，莫衷一是。归纳起来主要有以下几种不同说法：第一，翦伯赞在《中国史纲》及《中国史纲》修订本下册中，认为满蒙贵族占了9人，其中皇族占5人；第二，胡绳在《从鸦片战争到五四运动》、陈旭麓在《中国近代史》、苑书义等在《中国近代史新编》中认为内阁成员中，8名是满族人，其中5名是皇族；第三，李侃等在《中国近代史》（第4版）、白寿彝总主编的《中国通史》第11卷上册认为13名阁员中，4名为汉人，9名均为满族，其中皇族占5人；第四，《中国近代史知识手册》中认为内阁中皇族占6人；第五，章开沅、林增平在《辛亥革命史》中册、郑师渠在《中国近代史》、王文泉和刘天路在《中国近代史》中认为内阁成员中，汉族占4名，满族占9名，其中皇族占7人；第六，郭豫明在《中国近代史教程》中提出，13名内阁成员中，满族占9名，其中宗室占7名；第七，陈旭麓在《中国近代史词典》、陈振江和江沛在《中国历史·晚清民国卷》中认为，13名内阁成员中，汉族占4人，满族占9人，其中皇族占7人（一说是5人）；第八，孙寅生在《"皇族内阁"中的皇族知多少》一文中认为13名内阁成员分别属于满族、汉族和蒙古族，其中，满族8人、汉族4人、蒙古族1人，而满族内阁成员中皇族占5人。

② 董丛林．"皇族内阁"人员成分问题辨析．历史教学，2006（9）：73-74.

③ 宣统政纪：卷五五．北京：中华书局，1987：12.

制，既为预备立宪之基，自以所定官制与宪政相近为要义。按立宪国官制，立法、行政、司法三权并峙，各有专属，相辅而行。”① 史称“丙午改制”的清末官制改革，拟定了清末中央机构的框架，为预备立宪奠定了基础。中央机构改革按照“留、并、改、增”的原则，做了较大规模的调整：（1）留用的机构，主要包括内阁、军机处、外务部、吏部、学部、宗人府、翰林院、钦天监、銮仪卫、内务府、太医院、各旗营、侍卫处、步军统领衙门、顺天府、仓库衙门等。（2）并、改的机构，主要有财政处并入户部，改称度支部；练兵处、太仆寺并入兵部，改称陆军部；工部并入商部，改称农工商部；太常寺、光禄寺、鸿胪寺并入礼部；巡警部改设为民政部；刑部、理藩院、大理寺分别改称法部、理藩部、大理院。（3）增设的机构，如新设邮传部、税务处、资政院、审计院和暂隶陆军部的海军处、军谘处。另外，还统一行政组织体制，除外务部外，各部不分满汉，设尚书 1 名，左右侍郎各 1 名；各部内部统一设置承政厅、参议厅两个办事机构。规定各部尚书皆为专任，不得兼充繁重差缺。

1908 年 11 月，光绪皇帝和慈禧太后相继去世，年幼的溥仪继位，由其父载沣担任摄政王，主持国政。载沣摄政后，进一步落实并深化第二阶段的行政改革，积极筹备立宪。首先，厘定官制，设立责任内阁，并决定于 1913 年召开国会；其次，他下令军机大臣仿照立宪国的副署制度行署名之制；再次，督促各省成立谘议局，颁布法院编制法和地方自治章程等；最后，成立资政院，并着手纂拟宪法。由于形势所迫，清政府决定缩短筹备立宪年限，即令宪政编查馆迅速修订筹备清单，拟订内阁官制。根据《议院未开以前逐年筹备事宜清单》，1911 年 5 月，清政府废除军机处，成立责任内阁，任命奕劻为总理大臣，那桐、徐世昌为协理大臣，并任命各部部长；随后中央各部长官均改为大臣、副大臣，尚书改为大臣，左右侍郎改为副大臣，下设左右丞、参议、参事等官，实行分司办事制。裁撤吏部，改礼部为典礼院；改盐政处为盐政院，不久并入度支部。增设弼德院为顾问机构，设院长 1 人，副院长 1 人，顾问大臣 32 人。取消海军处，设立海军部，海军部设大臣、副大臣各 1 人，下设参谋官、参事官、秘书官若干。但是，这次中央官制改革因清王朝的覆灭而结束。

二、地方官制改革

地方官制改革涉及中央与地方的权力划分，地方督抚希望通过官制改革，巩固已获的权力，并借机向中央索取更多的权力；清政府则力图借机剥夺督抚的财权和兵权，收回已经失去的中央权力。地方与中央的权力矛盾纠葛和博弈较量，使得地方官制改革方案迟迟不能出台。1907 年，督办政务处及宪政编查馆制定的地方官制改革草案出笼后，地方督抚意见分歧很大，难下定论。同年 7 月，宪政编查馆出台折中的各省官制改革方案——《各直省官制通则》。在省一级，各省督抚依旧管理地方外交、军政，统辖地方文武官员，督抚衙门设立交涉、吏、民政、度支、礼、学、军政、法、农工商、邮传十科，与中央各部院对接，辅助地方督抚处理政务。在督抚以下，各省原设的局所一律归并各科或裁撤；保留管理行政的布政司；裁撤各省学政，设立提学使司，“统辖全省学

---

① 朱寿朋，等．光绪朝东华录：（五）．北京：中华书局，1958：5577.

务，归督抚节制”；改按察使司为提法使司，管理地方司法行政，监督各级审判厅，调度检察事务。增设省巡警、劝业两道，分管警政和农工商事务。设置各级审判厅，为专门的司法审判机关。省级以下的地方机构，分为府、州（直隶厅、直隶州）和县，其中直隶厅不再辖县。将以前各直隶州、直隶厅和各州县所设州同、州判、县丞、主簿、典史等佐贰杂职，一律裁撤。同时在各州县分别设警务长掌理消防、户籍、巡警、营缮、卫生等事宜，设视学员掌管教育，设劝业员掌理农工商务及交通事宜，设典狱掌理监狱事宜，设主计员管理税收事宜。这些州县佐治官员与督抚司道衙门官员对接。此外，各省设立谘议局，作为省议会的基础。与省谘议局相对应，各府州县成立参事会和议会，作为其代议机构。地方官制改革由东三省先行开办，“直隶、江苏两省，风气渐开，亦应择地试办，俟著有成效，逐渐推广”。随着东三省、直隶、江苏的试办，地方官制改革渐次向全国各地推行和扩展。

图 8-8　广州谘议局旧址

首先，对省级职官的性质和责任进行区分和定位，使得省级地方行政基本实现了科层化，各机构和官员的职能范围和上下隶属关系得到明确，改变了过去职官层次多而权限不清的弊端。其次，随着省级行政机构的调整和设立，省级行政机构的行政职能进一步分化和专业化，其权力运作也产生了相应变化：在横向上，教育、警察、司法行政等都有专门机构进行管理，各部门分工明确而权力分立；在纵向上，又与各部院对接，受制于中央，这对督抚专断擅权起着制约作用。州县级官制改革主要是裁撤佐贰杂职而设立佐治各官，改变了州县行政的正印官独任制度；设立了相对独立的职能官员，改变了佐贰杂职游离于以正印官为首的行政系统之外的凌乱状态，从而整合了互相割裂的州县行政。这种改革具有现代行政的特点，大体上体现了近代中国县乡行政改革的方向①。

① 魏光奇．晚清的州县行政改革思潮与实践．清史研究，2003（3）：19-29．

第四节 法制改革

一、修订法律馆

1902年3月，清廷发布了修律的上谕，提出：“中国律例自汉唐以来代有增改。我朝《大清律例》一书，折衷至当，备极精详。惟是为治之道，尤贵因时制宜。今昔情势不同，非参酌适中，不能推行尽善。”① 4月，清政府任命沈家本和伍廷芳两人为修律大臣，负责法律修订工作。1904年5月，沈家本和伍廷芳上奏朝廷，要求将刑部律例馆更名为修订法律馆，并正式开馆办公。修订法律馆成立后，清政府除聘请日本法学博士志田钾太郎、冈田朝太郎、松冈正义等为法律馆的顾问外，还积极延请中国政法人才如严锦镕、王宠惠、陈箓、章宗元等加盟法律馆，从事法律制定与修订工作②。

1906年，清政府改革中央官制，实行司法独立原则。为此，清王朝把刑部改为法部，专门负责司法工作；把大理寺改为大理院，专门掌管审判工作。法部是中央司法行政机关，负责司法行政事务，但拥有对大理院的司法监督权和全国重罪案件的复核权。法部兼具行政机关和司法机关的双重职能。大理院名义上是最高审判机关，仍需要接受法部监督。这样的职权划分，反映了审判机关受司法行政机关的制约，而只能行使有限的独立审判权，以至于预备立宪所宣扬的司法独立的司法改革有落空的危险，终于酿成法部和大理院对司法权的争夺。

1907年5月，法部尚书戴鸿慈上奏《酌拟司法权限缮单呈览折》，指出：“审判权必级级独立，而后能保执法之不阿，而司法权则必层层监督，而后能防专断之流弊”，并提交了关于司法权限十二条上奏朝廷。但时任修订法律大臣、大理院正卿的沈家本认为法部的方案削弱了大理院的权力，与司法独立原则不符。同月，他上奏《酌定司法权限并将法部原拟清单加具案语折》，提出法部司职司法行政，而大理院司职审判，两者界限分明，并对法部提出的司法权限十二条进行针锋相对的反驳。朝廷对部院之争十分恼火，立即下旨，要求大理院和法部“会同要议，和衷商办，不准各执意见”。迫于上谕之压力，法部和大理院最终达成妥协。1907年4月，清政府调任沈家本为法部右侍郎，任命张仁黼为大理院正卿。5月，张仁黼向朝廷上奏，“拟请钦派各部院堂官，一律参与修订法律事务，而以法部、大理院专司其事，并选用通晓中外法律人员充纂修、协修各官，将法律馆改为修订法律院”。根据张仁黼的建议，清政府下令所有法律的修订，均由法部和大理院共同办理。7月，法部尚书戴鸿慈领衔，法部和大理院会奏拟定修订法律办法，提出由法部、大理院负责修订法律事宜。同时，钦派王大臣为总裁，特派各部院堂官为会订法律大臣，各地总督、巡抚、将军为特派参订法律大臣。10月11日，朝廷颁布上谕：“著派沈家本、俞廉三、英瑞充修订法律大臣，参考各国成法，体

① 中国第一历史档案馆．光绪宣统两朝上谕档：第28册．桂林：广西师范大学出版社，1996：36-37．
② 新设立的修订法律馆基本没有开展实质性工作，却因部院之争陷于停顿。

察中国礼教民情，会同参酌，妥慎修订，奏明办理。”[①] 修订法律馆脱离法部、大理院而独立，成为独立的法律修订机构。

1907年12月，重组的修订法律馆重新办公。1909年，修订法律馆已成为一个颇具规模的法典草拟机构[②]。修订法律馆的职责有如下四项：（1）拟订奉旨交议各项法律；（2）拟定民法、商法、刑法、刑事诉讼法、民事诉讼法诸法典草案及其附属法，并奏定刑律草案之附属法；（3）删订旧有律例及编纂各项章程；（4）编译各国法律书籍[③]。修订法律馆前期的主要工作是改造旧有法律、翻译外国法律和进行法制调查。改造旧有法律包括修正《大清律例》，编定《大清现行刑律》；翻译外国法律主要包括日本、德国、美国、俄国、英国、法国、瑞士、芬兰、西班牙等国的刑法、民法、刑事诉讼法、民事诉讼法、国籍法、公司破产法、身份证法等法律及有关法律书籍。修订法律馆后期主要是编定《钦定大清刑律》《大清民律草案》《刑事民事诉讼律草案》《大清刑事诉讼律草案》《大清监狱律草案》《法院编制法》《大理院审判编制法》《违警律》《国籍条例》《著作权律》《破产律草案》《海船法草案》《商律草案》《票据法草案》等。

作为清末新设的机构，修订法律馆本身就是法律近代化在立法机构上的表现。修订法律馆的修律和纂修新典，打破了已被沿用了两千余年的诸法合体的旧律结构，按照西方法典模式编纂了中国法制史上第一批近现代意义上的部门法法典，实现了中国古代传统的法典编纂向现代法典编纂的转折和过渡，为中国近现代法制发展奠定了基本格局。

二、《公司律》与《破产律》

鸦片战争前后，陆续有外国公司在中国经营业务。洋务运动后，由中国人出资开办的公司也先后出现，但当时中国并没有近代意义上的民商法，更不用说是专门的公司法了。近代企业的设立没有法定的制度化的注册程序，只是到所在地区的行政衙门或行政官员处报批。由于缺乏完整的法律规制，很多不具备公司特点的企业都冠以公司之名，使正当的公司无法按照正常规范运作，从而造成了市场混乱。1901年，两江总督刘坤一、湖广总督张之洞上奏朝廷，提出尽快制定商律。1903年，清政府派载振、袁世凯和伍廷芳负责制定商律。但他们认为商律种类繁多，并非短时间内就可以完成，当务之急是制定公司法。1903年，载振和伍廷芳草拟了《公司律》。1904年1月，清政府奏准颁行了《钦定大清商律》，由《商人通例》和《公司律》构成[④]，近代中国第一部公司法产生，同时，清政府还制订了《奖励华商公司章程》《奖给商勋章程》等法规。1904年的《公司律》确立了以有限责任、分权治理结构为代表的世界通行法律规则，它改变了中国传统法文化对私权的漠视，公开倡导保护私权的近代法律精神，开创了近代中国

---

① 清德宗实录：卷五七九.

② 到1910年，修订法律馆除修律大臣沈家本、俞廉三外，还有提调官4人，总核官1人，总纂官5人，纂修官12人，协修官12人，校理官3人，校对官3人，集掌官2人，共44人。（故宫博物院．钦定大清现行刑律：第33册．海口：海南出版社，2000：5-6）

③ 修订法律大臣沈家本等会奏开馆日期并拟办事章程折附清单．东方杂志，1908（2）：115.

④ 《公司律》分11节，共131条。第一节规定了公司分类及创办呈报法，第二节关于股份问题，第三节有关股东权利各事宜，第四节关于董事问题，第五节关于查账人，第六节关于董事会议，第七节关于众股东会议，第八节关于公司账目，第九节关于更改公司章程，第十节关于公司停闭，第十一节关于公司罚则。

公司法之先河，奠定了我国近代公司制度的基础，决定了公司立法的走向；另外《公司律》的制订、颁布比较仓促，机械地照抄外国的法律，使其内容和实施都存在很多缺陷，限制了其作用的发挥。

近代中国工商企业资本薄弱，技术落后，管理水平相对较低；而这些工商企业从建立伊始就面临激烈的国际竞争，由此而导致的纠纷和案件日增月累，遂成为严重的社会问题。“朝集股本，暮既卷逃；昨方下货，今已移匿栈单房契，轻赍远遁。倒盘贬价，弊端百出，贻害无穷。”① 由工商经济发展所产生的社会问题，迫切需要相应的法律规范予以调整。颁布有关法律法规来清除因破产所生之时弊，取缔破产者的诈亏倒骗行为，成为当时发展工商业经济最重要的任务。清末“新政”为商法的产生提供了历史机遇。1904 年，清政府在颁布《钦定大清商律》和《商会简明章程》等一系列有关商事行为的法律后，认为颁布《破产律》的时机已经成熟。1906 年 4 月，颁布《破产律》，补续《钦定大清商律》的内容②。《破产律》条文虽少，但基本上涵盖了申请破产的全过程。

1906 年《破产律》主要仿照日本破产法，并参照了德国破产法的主要原则，外来移植特征比较明显。因此《破产律》颁布后，受到商界的激烈批评。1906 年 6 月，上海、镇江、宁波、汉口等城市的钱业商人纷纷批评《破产律》，并通过商部顾问官张謇和上海商会向商部反映意见，认为《破产律》难以通行，请求暂缓施行。1906 年 7 月，商部宣布第四十条暂缓实行。1907 年 11 月，农工商部指出：“嗣经各省商会迭次呈称，中国现时商智尚未大开，商业亦未齐同，恳请暂缓实行各等情。查，修律大臣沈家本等奏颁刑事民事诉讼法各省均未实行，而破产律与诉讼法实属互相关合，自应一律办理，现在宪政编查馆奏明设馆修订法律，特派专员编纂民法、商法诸法典，此项破产律应由臣部咨送法律馆统筹编纂，以免抵触。”③ 1908 年，商部明令废止《破产律》。1909 年，修订法律馆调查员松冈义正草拟《破产法草案》，该草案分 3 编，计 360 条。但是，《破产法草案》并未完成立法程序，也无疾而终。

三、《钦定宪法大纲》

1906 年，清王朝在颁布“预备立宪”上谕的同时，却以“规制未备，民智未开”为理由，认为实行立宪政治的时机未到。此举引起社会各界强烈不满。为了缓和社会各界的对立情绪，安抚民众，1907 年 9 月，清政府采纳袁世凯的请求，派于式枚、汪大燮、达寿三人赴英、德、日等国考察宪政。三位考察宪政大臣回国后，立即上奏朝廷，认为：“非实行立宪，无以弭内忧，亦无以消外患；非钦定宪法，无以固国本而安皇室，亦无以存国体而巩主权。”④ 清政府根据宪政考察大臣的建议，参考了端方、载泽等大

---

① 十月准刑部议定奸商定例治罪专条//光绪政要. 台北：文海出版社，1985：1483.

② 《破产律》共有 9 节 69 条。第一节呈报破产，第二节选举董事，第三节债主会议，第四节清算账目，第五节处分财产，第六节有心倒骗，第七节清偿展期，第八节呈报销案，第九节附则。

③ 王雪梅. 从商人对《破产律》的批评看清末的社会法律环境. 四川大学学报（社会科学版），2006（2）：120-126.

④ 故宫博物院明清档案部. 清末筹备立宪档案史料：上册. 北京：中华书局，1979：41.

臣关于日本宪法的介绍，命令宪政编查馆和资政院参照日本宪法，共同草拟宪法大纲。1908 年 8 月，清政府批准公布了宪政编查馆和资政院共同拟定的《钦定宪法大纲》，准备实行宪政，以 9 年为立宪预备期，1916 年颁布宪法和选举国会，1917 年召开国会。清政府还颁布了《议院未开以前逐年筹备事宜清单》，以 9 年为期，规定每年需要筹备的事项①。

《钦定宪法大纲》共计 23 条，其中关于“君上大权”14 条，“臣民权利和义务”9 条。它规定如下“君上大权”：“大清皇帝统治大清帝国，万世一系，永永尊戴。”“君上神圣尊严不可侵犯。”“钦定颁行法律及发交议案之权。”“召集、开闭、停展及解散议院之权。”“设官制禄及黜陟百司之权。”“统率海陆军及编定军制之权。”“宣战、讲和、订立条约及派遣使臣，与认受使臣之权。”“宣告戒严之权。”“爵赏及恩赦之权。”“总揽司法权。”“发命令及使发命令之权，惟已定之法律，非交议院协赞奏经钦定时，不以命令更改废止。”“在议院闭会时，遇有紧急之事，得发代法律之诏令，并得以诏令筹措必需之财用。惟至次年会期，须交议院协赞议。”“皇室经费由君上制定常额，自国库提支，议院不得置议。”“皇室大典由君上督率皇族及特派大臣议定，议院不得干涉。”

它还规定臣民享有的权利和义务：“臣民中有合于法律命令所定资格者，得为文武官吏及议员”；“臣民于法律范围以内，所有言论、著作、出版及集会、结社等事，均准其自由”；“臣民非按照法律所定，不加以逮捕、监禁、处罚”；“臣民可以请法官审判其呈诉之案件”；“臣民应专受法律所定审判衙门之审判”；“臣民之财产及居住，无故不加侵扰”；“臣民按照法律所定，有纳税、当兵之义务”；“臣民现完之赋税，非经新定法律更改，悉仍照旧输纳”；“臣民有遵守国家法律之义务”。

《钦定宪法大纲》是一个作为将来制定宪法的准则的纲领性文件，制定者将民主政治与君主专制两种对立的制度嫁接在一起，一方面它肯定了宪法是国家的根本大法，要求君主和臣民共同遵守；另一方面它强调了君主独揽大权的原则，清政府企图用“君主立宪”这件时髦外衣来包装它那腐朽的君主专制躯体②。尽管《钦定宪法大纲》有重君权、轻民权的倾向，但它是在革命浪潮不断高涨形势下所制定和颁布的中国历史上第一部宪法性文件，它以根本法的形式确认了君主立宪制，在中国法律史上第一次明确规定了臣民的权利和义务，这对于近代中国开启民智、培养近代化的法律意识具有历史性意义③。

四、修订刑律

1646 年，清政府制定《大清律》，1647 年又颁布《大清律集解附例》，这是清王朝颁布实施的第一部刑法典。1740 年，乾隆对清律进行了较大的修订，并更名为《大清

---

① 《清单》分设立资政院和谘议局、调查户口、编纂法典、司法独立、办理巡警、办理地方自治、编订官制和官规、清理财政、编国民课本、变通旗制、设行政审判院、设弼德院、颁布宪法及选举法等项。

② 张学仁，陈宁生. 二十世纪之中国宪政. 武汉：武汉大学出版社，2002：26.

③ 对此有各种不同评价，如：贺嘉. 评《钦定宪法大纲》. 比较法研究，1994，21：384-391. 程舒伟. 议会政治与近代中国. 北京：商务印书馆，2006：45。

律例》。此后，清政府规定5年进行小修，10年进行大修。但是《大清律例》从同治九年（1870）以后就不曾修订，有些体例和内容已经不能适应新的时代的发展需要。1904年，修订法律馆删除了凌迟、枭首、戮尸、缘坐和刺字五种酷刑；削减了死罪的条目；主张仿照西方死刑秘密处刑的方法，建造刑场；提出删除奴婢律例，禁止买卖人口。1905年，清政府完成《大清律例》的删改工作，颁行《大清现行刑律》（分30门，律文389条，例文1 327条）。由于它依旧采取刑法与民法混合编纂的“诸法合体”的传统模式，《大清现行刑律》实为出于应急和方便未来推行新法典之需要而形成的一部过渡性的法典①。

同时，新刑法制定工作也在紧张进行中。1906年，沈家本聘请日本法学博士冈田朝太郎“帮同考订”刑律。1907年，《大清刑律草案》起草完毕（分为总则17章、分则36章，共387条）。在体例、原则和内容等方面较旧律有很大改动的“草案”，遭到了以军机大臣张之洞为首的“礼教派”的激烈反对，因此清政府下令重新修订。沈家本会同法部对《大清刑律草案》重新修改，六易其稿，于1911年1月颁布了《大清新刑律》②。

《大清新刑律》从体例上改变了以前用六部统领法条的格局，采用了总则与分则以及编、章、条的现代立法体例。它废除了凌迟、枭首、戮尸、缘坐和刺字等五种“特殊刑罚”，规定死刑只有绞刑，徒刑包括有期徒刑和无期徒刑两种，把传统的笞和杖改为罚金或拘役，增设了剥夺公权和没收两种从刑，建立了以自由刑为主的新刑罚体系；确立了罪刑法定的原则，规定“凡律例无正条者，不论何种行为，不得为罪”；体现了刑法人道主义的追求，减少死刑条目，奉行“死刑唯一”原则；设立了刑事责任的制度，按照年龄，对被告人实行区别对待，体现了“惩治教育”、预防主义的刑罚思想。从形式上和内容上来看，《大清新刑律》摆脱了传统法典民法、刑法不分，“诸法合体”的模式，移植、确立了资产阶级刑法原则和制度，是中国历史上第一部真正现代意义上的独立刑法典，从而推动了中国法制建设的现代化进程。

第五节 地方自治

一、袁世凯与天津地方自治

地方自治思想最初由西方传教士传入中国，戊戌以后广为传播。晚清预备立宪时

① 杨鸿烈．中国法律发达史：下．北京：商务印书馆，1930：872.

② 它分总则和分则，共36章323条，附《暂行章程》5条。总则包括法例、不论罪、未遂罪、累犯罪、俱发罪、共犯罪、刑名、宥恕减轻、自首减轻、酌量减轻、加减例、犹豫行刑、假出狱、恩赦、时效、时期计算、文例等17章88条；分则包括侵犯帝室罪、内乱罪、外患罪、妨害国交罪、漏泄机务罪、渎职罪、妨害公务罪、妨害选举罪、骚扰罪、逮捕监禁脱逃罪、藏匿罪人及湮灭证据罪、伪证及诬告罪、放火决水及妨害水利罪、危险物罪、妨害交通罪、妨害秩序罪、伪造货币罪、伪造文书印信罪、伪造度量衡罪、亵渎祀典及发掘坟墓罪、鸦片烟罪、赌博罪、奸非及重婚罪、妨害饮料水罪、妨害卫生罪、杀伤罪、堕胎罪、遗弃罪、私擅逮捕监禁罪、略诱及和诱罪、妨害安全信用名誉及秘密罪、窃盗及强盗罪、诈欺取财罪、侵占罪、赃物罪、毁弃罪等。

期，地方自治也成为制度变迁的内容之一。但是，作为一种有别于传统中国的政治制度，在“规制未备，民智未开”的前提下，清政府对实施地方自治非常慎重，一方面派员出洋考察东西洋政治，另一方面要求在直隶、奉天等省先行试点。

直隶总督袁世凯对地方制度改革比较积极，率先在天津实行地方自治。1905 年 4 月，袁世凯派士绅到日本调查地方自治情况，并拟定准许村正和村副参与地方政务，作为实行地方议会的基础，并强调“欲求民智之开，非由官绅入手不可……此项官绅游历为目前行政改良之渐，即将来地方自治之基”①。1906 年 8 月，袁世凯任命天津知府凌福彭、翰林院检讨金邦平共同举办天津自治局；选派直隶举人高振鋆、赵宇航、步以韶及附生高振伟任宣讲员，到天津府属城乡宣讲实行自治的法理和意义。此外又编印《法政官话报》《自治讲义》，每月各一册，分发各属学习、张贴，进行广泛动员；还在天津初级师范学堂内设立地方自治研究所，研究自治的学理法则，并要求天津府所属七县选送士绅入所学习 4 个月，毕业后回原籍筹设自治学社，宣传地方自治知识，培养自治人才。在此基础上，袁世凯仿照日本模式批准成立天津自治期成会，并适时拟定了《直隶天津县地方自治公决草案》，共 110 条。《公决草案》中规定：天津地方自治，由议事会及董事会两部分组成。议事会由议员 30 人组成，并选举议长、副议长各 1 人。董事会设会长，以本县知县兼任之；副会长、会员均由议事会选举出任，副会长任期四年，会员任期四年，每两年改选半数，副会长和会员均可连选连任。1907 年 6 月 16 日，天津地方自治选举正式开始，首先在城内举行选举，投票者达 1 700 余人；然后在天津四乡进行投票，参加人数达 7 000 人。城乡合计为 8 764 人，投票率达 70%。7 月 24 日，复选工作开始，共选出议员 30 名。8 月 18 日，天津议会开会，选举在籍度支部郎中李士铭为议长，分省补用知县王邵廉为副议长，并由议长自行筹设董事会。天津地方自治正式宣告开始。

二、自治章程的颁布

清朝宣布“预备仿行宪政”以后，直隶、江苏、奉天、广东、湖北、江西、福建、安徽、吉林、浙江、贵州、山东、广西、京师、湖南等省区，建立了五六十个自治团体。它们积极宣传地方自治，推进了地方自治的实施。清政府要求将地方自治活动纳入政府设计的轨道，朝着朝廷预设的方向发展。

1907 年 9 月，编纂官制大臣通电各省督抚，要求“每府州县各设议事会，由人民选举会员，辅助地方官办理议事会所决议之事，俟府州县议事会及董事局成立后，再推广设城镇乡各议事会、董事会及各城镇乡长等自治机关”。1908 年，清政府宪政编查馆拟定预备立宪《议院未开以前逐年筹备事宜清单》，对地方自治的实施步骤做了统筹规划②。1909 年 1 月，清政府正式颁布由民政部拟定、宪政编查馆核议的《城镇乡地方自治章程》和《城镇乡地方自治选举章程》。1910 年 2 月颁布《京师地方自治章程》《京

---

① 天津图书馆，天津社科院历史所．袁世凯奏议：下．天津：天津古籍出版社，1987：1161-1162．

② 即 1908 年颁布《城镇乡地方自治章程》；1909 年筹办城镇乡地方自治，设立自治研究所，颁布《厅州县地方自治章程》；1910—1912 年筹办、续办城镇乡地方自治和厅州县地方自治；1913 年城镇乡地方自治一律成立；1914 年厅州县地方自治一律成立。

师地方自治选举章程》《府厅州县地方自治章程》《府厅州县议事会议员选举章程》。这些章程对地方自治的区域、选民资格、地方自治机构及设置、自治经费的筹措及监督等方面做了具体规定：(1) 自治区域。清末的地方自治分为两级，府、厅、州、县为上级，城、镇、乡为下级。府厅州县自治区域规定，府所直辖地方、直隶厅、厅、直隶州、州、县，基本上以行政区划为准。(2) 地方自治事业范围。《城镇乡地方自治章程》规定自治内容分学务、卫生、道路工程、农工商务、善举、公共事业等。学务包括设立中小学堂、蒙养院、教育会、劝学所、宣讲所、图书馆、阅报社等；卫生包括清洁道路、清除污秽，设立医药局、医院、公园、戒烟会等；道路工程包括修缮道路、建筑桥梁、疏通沟渠、建筑公用房屋、设置路灯等；农工商务包括改良种植、畜牧、渔业，设立工厂、工艺学堂及改良工艺、整理商业、开设市场、保护青苗、筹办水利、整理田地等；善举包括救贫、恤嫠、保节、育婴、施衣、放粥、义仓积谷、贫民工艺、救生会、救火会、救荒、义棺义冢、保存古迹等；公共事业包括电车、电灯、自来水等。(3) 地方自治职员的选举。《城镇乡地方自治章程》规定，城镇乡议事会议员由本城镇乡选民互选产生。城镇乡议事会议员以 20 人为定额，人口每增加 5 000 人，增加议员 1 人，但最多不能超过 60 人。议事会设立议长 1 人、副议长 1 人，由议员无记名选举产生，任期 2 年，任满改选。议员任期 2 年，每年改选半数。议长和议员都是名誉职位，不领薪水。城镇董事会设总董 1 人，董事 1～3 人，名誉董事 4～12 人。总董由议事会从选民中推选 2 人，报地方官选定 1 人任命。董事经议事会从选民中选举产生，报地方官核准。总董和董事酌情领取薪水，任期 2 年，任满改选，可连选连任。(4) 地方自治机关职责权限。《城镇乡地方自治章程》规定，城镇乡议事会具有以下职能：一是议定本城镇乡自治规约，议事会议决事件由议长、副议长报地方官查核后，交城镇董事会或乡董执行；二是议决本城镇乡自治经费岁入、岁出及自治经费的筹集、处理方法；三是负责选举城镇董事会职员或乡董、乡佐，监察其执行事务、检阅文件和收支账目；四是议事会遇到地方官咨询事件，应该将所见到的情况，如实呈报；五是董事会对议事会议决的事件，如果认为是越权或违背律例章程，或妨碍公益事业的，应说明缘由，交议事会复议；若议事会坚持不变，则交府厅州县议事会决定。(5) 自治机关的监督。《城镇乡地方自治章程》规定：“地方自治以专办地方公益事宜，辅佐官治为主。按照章程，由地方公选合格绅民，受地方官监督”，“城镇乡自治职，各以该管地方官监督之”，“该管地方官有权查其有无违背定章，令其报告办事成绩，征其预算、决算表册，随时亲往检查”。《府厅州县地方自治章程》规定：“府厅州县长官对于议事会及参事会之议决事件，有交令复议及撤销之权。”地方官有申请督抚“解散城镇乡议事会、城镇董事会及撤销自治职员之权”。地方自治机关基本受控于地方政府，其活动受政府监督，所谓自治的主要目的乃为官治之辅助。

三、地方自治的推广

晚清地方自治可以分为如下两个不同的阶段。1908 年前为地方自治试办阶段，清政府要求部分地区进行地方自治的试验，以便从中获得地方自治的经验。1904 年 8 月，清政府在东北三省举办东三省保卫公所，揭开了东北地方自治的历史序幕。1905 年 9

月，上海士绅组成了上海城厢内外总工程局，这是当时民间社会自发组织地方自治机构的一个典型。1906 年，在袁世凯的倡导下，天津成立自治局，它成为地方官员督导推行地方自治的典型。在东北三省、上海及天津等地方自治的影响和推动下，各省纷纷仿效试办。据统计，1908 年前各省成立的自治局有 14 处，成立的地方自治研究会多达 50～60 个。

为加强对地方自治的统筹规划和督导，1909 年初，清王朝相继颁布《城镇乡地方自治章程》《府厅州县地方自治章程》《京师地方自治章程》。各省依据地方自治章程筹办地方自治，从而使地方自治运动进入了第二阶段。此时的地方自治主要包括三个方面的内容：一是设立地方自治筹办处，从事调查和选举事宜；二是开办自治研究所，培养和训练自治人才；三是选举各级议事会、董事会等自治团体和自治职员，建立地方自治公所。1909 年到 1911 年，全国各省相继完成了地方自治的调查和选举工作，依次成立自治公所。根据宪政编查馆和各省督抚奏报，全国成立城市自治公所 1 000 多所，占当时府厅州县数量的 60%。同时，各城镇和乡地方自治公所也在积极举办。

在举办城镇乡地方自治的基础上，各省纷纷筹办府厅州县地方自治，成立府厅州县议事会和参事会。截至 1911 年 10 月，大多数省的府厅州县自治公所先后成立。其中，直隶省由于开办地方自治较早，成立的地方自治公所数目最多，达 137 所。山东、山西、河南、广东、福建、陕西等省会和首县均已经成立自治公所；奉天、吉林、黑龙江、江苏、浙江、江西、湖北、湖南、贵州、新疆等省，均在积极筹办当中。至此，地方自治筹办工作已有初步成效。

清末地方自治的举办是近代中国地方政制改革的尝试，它对晚清社会、政局不无影响。清末地方自治的推行，使地方政权结构、功能和性质发生了某种程度的变化，逐渐改变了皇权一统天下的格局。同时，清末地方自治的推进，促进了社会政治参与的进一步扩大。因此，地方自治具有某种民主启蒙和社会动员的意义。

清王朝地方自治实施的主要目的并非从事“政权”的改造，而是在“治权”上权衡取舍，“故自治者，乃与官治并行不悖之事，绝非离官治而孤行不顾之词”，“使与官治相倚相成，自治与官治，乃有合则双美离则两伤之势矣”①。清政府设计地方自治，是以官治统率自治，以自治辅佐官治。清朝政府的操纵和控制，使得清末的地方自治带有浓厚的官办色彩。

第六节　“新政”时期的社会文化变迁

一、思想文化的变迁

1. 新学的流行

新学与旧学是一组相对的概念。相对于近代新学而言，旧学是指远离现实社会生活

① 故宫博物院明清档案部．清末筹备立宪档案史料：下册．北京：中华书局，1979：725.

需求和发展趋向的学术文化，特指以科举八股为制度内容，以汉学、宋学、词章学为知识内容的与时代发展相脱节的陈旧的学术文化体系①。新学是在中西会通基础上形成的，与传统中国旧学体系在知识体系和价值标准上全然不同的新的知识系统：在结构体系上，新学兼有中学和西学的二元知识因子，因此既与单纯的西学也与传统的中学的一元结构有别；在制度层面上，新学以近代学校体制和专业人才培养模式为标志，与以书院和科举八股人才为标志的旧学体制有别；在社会政治作用上，新学是晚清一系列社会变革和政治变革的学理基础，并以此从学理层面上与维护旧制度旧政体的旧学相对立；在时代意义上，新学标志着一个学术文化新时代的到来和旧时代的终结②。

西学的引入和传统中学朝经世致用方向的转化，为近代新学产生提供了基础性条件。洋务运动时，西学和中学通过致用实现了成功嫁接。戊戌变法时期，近代新学已经初步形成③。20世纪初，清政府废科举、改书院和兴学堂，新式学堂迅速发展，以新学堂为标志的中国近代新学体制得以建立。历经风吹雨打的近代新学，在清末学制改革中赢得了制度性胜利，从而在知识体系和制度体系上取代了旧学的地位。随着世纪之交新学的形成和体制的建立，旧学终于走向衰亡，退出了学术文化的主流地位。

晚清的新学发展方向和力量整合呈分散状态，没能构成相对统一的合力。除了张之洞以及清政府围绕学制改革的新学建设外，据梁启超粗略划分，其时新思想之中心就有四支：康、梁“输入外国学说，且力谋中国过去善良思想之复活”为一支，章太炎“专倡种族革命，同时也想把考证学引到新方向”为一支，严复“专翻译英国功利主义派书籍，成一家之言”为一支，孙中山等“提倡社会主义，以他为最先”为一支。四支力量各有宗旨，各有自己追求的方向，“各自发展他自己的个性，始终没有什么合作。要之，清末思想界，不能不推他们为重镇。好的坏的影响，他们都要平分功罪”④。这些力量的形成和发展，影响了新学体系的整体建构。

在近代新学的形成和发展过程中，以大量输入西学和搬用西方词语为手段的新学，在学术文化发展方向上产生了“欧化”倾向，出现了混乱和肤浅两大毛病，未能真正地扎根于中国传统学术文化的土壤之中，完成中学与西学的整合。因此，新学未能形成一个相对稳定和成熟的体系，并以此成为规范社会和文化发展的模式。另外，新学是在救亡图存的特定历史条件下形成的，近代新学在创建过程中，具有强烈的“功利性”，而缺少一种求真求是、以学术为目的的精神，学术本身变成了一种追求功利的手段。将新学作为救亡的手段是时代本身提出的要求，这一“功利性”特征，通过近代新学的历史起点——经世之学所具有的对实用价值的高度重视，进一步得到了强化，从而制约了一个新的学术文化在精神价值方面的目标的实现。近代新学是极不成熟和极不成型的过渡性学术文化体系，它的出现意味着传承了数千年的旧学体系的衰亡，却不能宣告一个成熟的新学时代的到来⑤。

---

① 王先明. 中国近代社会文化史续论. 天津：南开大学出版社，2005：164-165.
② 王先明. 近代“新学”形成的历史轨迹与时代特征. 天津社会科学，2002（1）：118-124.
③ 王先明. 近代新学：中国传统学术文化的嬗变与重构. 北京：商务印书馆，2000：40-156.
④ 梁启超. 中国近三百年学术史//梁启超论清学史二种. 上海：复旦大学出版社，2003：125.
⑤ 王先明. 关于晚清的“新学”与“旧学”. 天津师范大学学报（社会科学版），2003（3）：31-36.

在近代新学狂热猛进的势头上，出现了以挽救和倡导中国传统学术文化为旗帜的“国学”或“国粹”主张。1902年梁启超创办《国学报》，预示着近代国学思潮的兴起。1905年逐步形成了一种保全国学、弘扬国粹的学术流派。在清末民初近代新学已经取代旧学而居主导地位之时，国学思潮的兴起表现出学术文化的历史性的转向，由以学习西方为主要宗旨转向了以提倡国学、保存国粹为主要目标。虽然，国学思潮的兴起，既不意味着已经退出历史主流地位的旧学的回潮，也不意味着反对新学的思想暗潮的涌动。但是，国学家对新学提出了严厉的斥责：以前是受科举的“障害”，功名利禄、词章帖括把士人引入歧途；现今是受新学的“障害”，“新学者，亦利禄之途也，而其名为高”。因此，科举时代昌明绝学倒还比较容易，而在“新学溃裂时代”，由于“含种种混杂之原因”，“国学必至于不兴”，所以“亡中国者必新学也”[①]。此即意味着，新学发展的结果与人们寄予的厚望相去甚远，不仅未能实现挽救民族危亡的目的，反而在学术层面上加深了民族危机，也就预示了已经成为主导地位的新学的历史命运。

2. 译书热潮

中日甲午战争后，中国知识界震撼于日本的成功，从而形成了由日本转输西学的新模式。20世纪初，以留日学生为主体的“译书热”产生。

20世纪初，留日学生的翻译团体主要有译书汇编社、教科书译辑社、湖南编译社、闽学会等。它们翻译的日文著作主要包括近代西方理论著作、教科书、政治小说等三个方面。除此之外，1896年至1911年，国内还有包括商务印书馆在内的95家机构翻译、出版日文西书。众多的出版机构纷纷选择日文西书进行翻译和出版，对日文中译事业的贡献是巨大的。据香港谭汝谦《中国译日本书综合目录》统计，1896年到1911年，日文中译书共958种。其中，社会科学类最多，达366种，约占整个译书总量的38%；世界史地有175种，约占18%；语言类133种，约占13%；其他科技类译书仅近100种[②]。教科书翻译共计27类507种，其中修身类2种，外文类18种，历史类76种，算术类14种，代数类22种，几何类36种，三角类17种，物理类19种，化学类27种，地理类38种，矿物类9种，博物类5种，植物类19种，动物类20种，生理卫生类14种，经济类13种，法制类19种，美术类4种，音乐类2种，体操类2种，家事类7种，手工类1种，农学类3种，教育类88种，心理学类12种，伦理学类11种，论理学类9种[③]。这些书籍的大量出现，成为清末翻译界和出版界的一大特色。特别是清末留日学生大量翻译了政治、法律、哲学、经济、思想道德、民权宪法等社会科学书籍，这反映了资产阶级知识分子通过日文中译传播西学、积极向西方寻求救国救民真理的思想。

当然，这个时期的日文中译也存在着严重问题，一方面，日文中译对象毫无选择性，唯“以多为贵”，日文翻译的形式与方式也比较功利，结果在译介西学过程中，难免出现一些错误，使部分西学知识失真，使西学传播在内容上出现了一定错位；另一方

① 丁伟志．晚清国粹主义述论．近代史研究，1995（2）：1-15.

② 孙建国．清末民初日文中译与转贩西学问题研究．河南大学学报（社会科学版），2001（6）：59-64.

③ 毕苑．汉译日本教科书与中国近代教育的建立（1890—1915）．南京大学学报（哲学·人文科学·社会科学），2008（3）：92-105，144.

面，由于一些翻译机构商业色彩较浓，翻译、出版活动中存在趋利性商业特点，使日文中译在一定时期形成若干个竞争激烈的热点版块，市场竞争加剧，削弱了西学传播的系统性，也形成大量日文中译书籍的重复出版，造成一些不必要的社会资源的浪费①。

二、社会阶层的变动

1. 绅商阶层的崛起

在传统社会结构中，绅士是封建社会的主干力量，尤其在地方社会中，绅士阶层居于不可动摇的统治中心。但是随着近代社会经济、文化的深刻变化，随着社会结构的裂变，传统绅士不得不改变自己的立身之基，地方社会权力中心力量也不得不纳入新的成分。在迈向近代社会的转折过程中，逐步产生了一批有别于传统绅士的特殊社会群体，它们程度不同地肩负了推进近代化的社会职责，并在变动着的地方社会中扮演着社会中坚的角色。

近代绅士阶层的转型，最初表现为绅与商的交叉渗透，而绅、商的互渗又经历了一个商对绅的渗透、绅向商的转化变动过程。绅与商两个集团之间的渗透，使居于四民之两端显分尊卑的阶层处于一种历史汇合、交叉的运动过程，由此导致整个社会结构发生明显变动。绅与商在新的变动了的社会经济、文化基础上互相渗透、趋近，使基层社会权力中心和传统社会领袖力量发生了新的组合，一个新的社会集团力量，即既不同于传统绅士也不同于传统商人的绅商力量，开始活跃于世纪之交的社会舞台上。

绅商其实是新旧时代更替中绅与商的组合体，是传统绅士阶层在社会近代化内力驱动下的社会转型。它以亦绅亦商的外显特征和包含着传统与趋新的时代内涵，形成一股具有新旧两个时代因子的过渡性力量。

在晚清社会结构的历史性变动过程中，在新生的阶级生长发展过程中，传统与近代、新生与旧存之间，并没有一条截然分明的界限，而是传统社会力量孕育出新的社会力量，新生的阶级蕴含了旧有的阶级根基。而且，在传统社会向近代社会转型的历史阶段，具有过渡时代特征的社会阶级和阶层，常常扮演着历史发展的“中介”作用。因此，在晚清社会中，一些既具有传统身份也拥有近代特征的社会阶层，便成为当时社会中十分重要的社会力量。这就是在19世纪末20世纪初产生的绅商阶层。

2. 自由职业者

20世纪初，清政府“废科举、兴学校、派游学”的政策，造就了一支以学生为主体的新型知识分子队伍。它主要包括三部分：一部分是从传统的士大夫中分化出来，具有新思想的人；一部分是各类新式学堂培养出来的学生；一部分是从海外归来的留学生。但是，科举制度的废除彻底切断了“士”与“大夫”的内在逻辑，为学做官的途径被堵塞，这些受过现代教育的知识分子一般摆脱了官、绅、士的传统身份，投身于城市商业社会中，成为各种各样新型职业的从业者，如教师、律师、医师、工程师、编辑、记者、翻译、作家、教练、职员等等。他们大多数接受过新式教育，文化修养、思维方式和知识结构不同于传统的士大夫，“已不再像过去那样作为传统的特殊社会集团而把

---

① 孙建国．清末民初日文中译与转贩西学问题研究．河南大学学报（社会科学版），2001（6）：59-64.

持着社会。他们不再因为是支持同一政治制度，或一致信仰儒家思想，或维护共同的合法特权，而团结在一起了”①。与传统社会的士阶层相比，新兴自由职业者团体是一个最为分裂、涣散的社会群体，其成员不再具有传统士绅那种以科举制度为中心的“固定团体格式”，也没有共同的经济基础或职业基础，他们按照各自所认同的价值观念、政治信仰、知识系统，分化成种种隔离甚至对立的文化政治集团。由于无法通过自己的知识获得政治地位，自由职业者逐渐成为近代中国社会边缘化的社会群体。

3. 新军人阶层

在传统士农工商社会中，军人社会地位不高，也不为人所重视。近代军人阶层的崛起与当时的社会结构解体密切相关。“在20世纪，中国军队组织阶梯不仅仅代表职业的地位……一般来说，一个人的军队等级越高，他就得到越多的尊敬，能获得更多的财产，得到更大的政治权力，能够影响更多人的生活。这些事实使军队里的升迁比别的职业具有更大的价值。”② 科举制的废除，使社会流动渠道豁然畅通，各阶层都获得从军入伍的机会，社会各阶层的流动开始向军人职业倾斜，为士农工商与兵的社会整合开辟了途径，开始了从以兵为民向以民为兵的转变，近代中国的兵取得了与士农工商并列的地位。近代军人阶层在完成自身角色转变后，军事权威和军人权势逐渐膨胀，开始支配政治生活，军人群体从传统的边缘角色进入政治中心舞台。无论是谁，只要拥有军队，就可以左右政局，与中央政府分庭抗礼。军人群体在清末的崛起犹如一把双刃剑，在砍向无兵文化的传统社会的同时，也砍向了一个无序化的转型社会，近代中国社会中的军阀政治由此奠定了根基③。

三、社会动荡与晚清民变

《辛丑条约》签订后，帝国主义不断加紧对中国的政治控制和经济掠夺。“今外人之对我中国，曰势力范围，曰特别利益，为各国独营之政策；曰商务，曰开矿筑路，曰内河航运，为各国共同之政策。美其名曰交通利益，输入文明。从表面观之，一似平和无事，依然锦绣河山，而不知夺我主权、灰我民气之狡谋，其毒不知几千万倍于枪林弹雨也。夫岂必待屠鼎、易器、改正朔、易服色而始谓之亡国哉？”④ 帝国主义对中国的经济掠夺，使中国陷入百业凋敝、国衰民穷的悲惨境地，刺激着中国人民爱国运动的持续高涨，引起清末社会持续动荡与晚清民变。

1. 社会动荡

1900年，沙俄武装侵占我国东北三省，妄图吞并黑龙江以南100多万平方公里的土地。沙俄的侵略行径引起中国人民强烈的愤慨，人们自动组织起来开展拒俄运动。1901—1905年，中国人民的拒俄运动分三个阶段：1901年，人民自动组织起来，反对沙俄强迫签订条约，霸占奉天；1903年，人们积极行动，发动了反对沙俄拖延撤兵的斗争；1903—1905年，反对沙俄重占奉天和在东北进行日俄战争的斗争。但是，此次

---

① 费正清，刘广京．剑桥中国晚清史（1800—1911年）：下卷．北京：中国社会科学出版社，1985：653.

② 齐锡生．中国的军阀政治（1916—1928）．杨云若，萧延中，译．北京：中国人民大学出版社，1991：80.

③ 陈国庆．中国近代社会转型研究．北京：社会科学文献出版社，2005：122-123.

④ 郑师渠．中国近代史．北京：北京师范大学出版社，1994：302.

拒俄运动却遭到了清政府的残酷镇压，最终失败。1903 年，广西巡抚王之春将全省路矿权出卖给法国，留日学生和广西人民因此发动了拒法和驱逐王之春的运动。清政府迫于国内外广大舆论的压力，最终将王之春免职，拒法运动取得了一定胜利。1911 年初，中国民族危机进一步加深，立宪派和革命党人分头发动，掀起了拒英、拒法和拒俄运动。这场运动由云南开始，迅速向全国各省蔓延，东北、福建、浙江、山东、江苏、广西、广东、湖北、直隶等地积极响应，形成全国性的反帝爱国运动。在拒英、拒法和拒俄运动之后，四川保路运动爆发，并且迅速演变为推翻清王朝的武装起义。

1904 年，中国人民和海外华侨要求废除美国歧视华侨和华工的 1894 年《中美华工条约》，却遭到美国方面的无理拒绝。1905 年，上海商务总会决定开展“合全国誓不运销美货以为抵制”的运动，并要求外务部和商部坚决拒绝签订新约。抵制美货运动开展后，迅速获得了广州、福州、长沙、南京、武昌、天津等大城市的响应，在工商业者、学生、教员、工人、农民、妇女等社会各界和海外华侨中轰轰烈烈地展开，他们纷纷成立各种拒约团体，举行集会。这场抵制美货运动使美货在华销售遭受沉重打击，因此，美国政府要求清政府加以禁止。8 月 21 日，清政府下令各省督抚“晓谕商民”，不要再抵制美货。但在小资产阶级、小商人、手工业者和工人的坚决抵制下，清政府不敢与美国签订新约，抵制美货运动取得了初步成效，直到 1906 年这场运动才渐渐平息。

由于帝国主义在中国攫取路矿权益，1903 年，收回利权运动先后在全国展开。1904 年，湖南、湖北和广东三省人民要求废除清政府与美国签订的粤汉铁路合同，收回改归商办，此行动很快得到全国人民和留学生的支持。1905 年，粤汉铁路最终由清政府收回，改为商办。粤汉铁路的收回，鼓舞了其他地方的人民收回铁路权的信心。1905—1906 年，苏、浙两省人民要求收回沪杭甬铁路，经过两省民众坚持不懈的努力，1911 年沪杭甬铁路最终被成功收回。1908 年，直隶、山东、江苏、安徽等省人民要求收回津浦铁路。同时，云南、陕西、山西等省纷纷发动收回路权的斗争。从 1907 年到 1911 年，在民众斗争风潮的推动下，许多矿产权益得以收回①。

在中国人民发动反帝爱国运动的同时，以同盟会和光复会为主的革命派也先后多次发动反对清王朝统治的武装起义。1906 年 12 月，黄兴、刘道一、蔡绍南等在萍乡、醴陵和浏阳发动了大规模的会党起义。1907 年 5 月到 1908 年 4 月，在孙中山领导下，同盟会在华南沿海和沿边地区先后发动了 6 次武装起义，即 1907 年 5 月的潮州黄冈起义、6 月的惠州七女湖起义、9 月的钦廉防城起义、12 月的镇南关起义，1908 年 3 月的钦廉上思起义、4 月的云南河口起义。光复会领导发动的起义有 1907 年秋瑾领导的绍兴起义、1908 年的安庆新军起义。此时，四川革命党人联络会党在江安、泸州、成都、叙府等地多次发动武装起义，湖南、湖北等省革命党人也在组织和发动会党起义。革命派没有能力改造会党，造成了会党起义发动容易但成功却很难的局面。于是，革命党人开始把工作重点转移到新军方面。1910 年后，同盟会先是发动广州新军起义，随后又组

---

① 包括山西福公司煤矿、奉天锦西暖池塘煤矿、山东峄县华德中兴公司煤矿、山东华德矿务贸易公司矿场、安徽铜官山中英企业公司矿场、四川江北厅煤矿、云南七府隆兴公司锡矿、山东矿务局矿场、湖北阳新万顺公司炭山湾煤矿。

织了广州黄花岗新军起义和湖北汉口新军起义。

2. 晚清民变

对民变概念的界定，学术界目前还没有形成统一的认识[①]。20世纪初，清政府推行“新政”，全面实施官制、经济、文化、教育、军事、法制和社会风俗改革。这些改革使新旧文化观念发生猛烈的碰撞，引起了权力和利益格局的重组，使社会矛盾日趋激化，整个社会陷入极度的混乱之中。在此背景下，晚清民变风起云涌，此起彼伏，不断地冲击着清王朝的统治秩序。1902—1911年，全国共发生民变1 028次，其中1902年57次，1903年38次，1904年69次，1905年77次，1906年133次，1907年139次，1908年74次，1909年116次，1910年217次，1911年108次。从晚清民变的时代特征来看，它具有与以往时代民变的不同特色。

（1）在晚清民变中，相当多民变发生的原因、目的、形式和口号都可以在历朝历代中找到先例，它可以说是传统民变的延续。但是，在近代社会转型、西学东渐和欧风美雨的濡染下，晚清民变也表现出新的方式，如学潮四起、罢工罢市、毁学风波、反新政、反户口调查等。有学者认为，在晚清社会大变革时代，传统民变渐渐地包含了新的特征，而新的民变在一定程度上又沾有旧的色彩，整体上呈现出社会转型期复杂多变、新旧杂糅的时代特征[②]。因此，它体现了晚清时代发展和变革的过渡性特征。

（2）晚清“新政”是清政府为应对时局而采取的重要举措。由于事起仓促，一方面，清政府不可能在社会上进行广泛的动员，“于一切新政，既为平素所未见未闻，一旦接触于耳目间，自不免传为异事，演成不经之说”；另一方面，晚清“新政”改革范围广泛，需要的费用巨大，而清政府财政十分困难，“新政”的推行势必导致政府增赋加税。繁重的苛捐杂税超出了民众承受能力，由此而引发抗捐抗税，捣毁学堂、警署和自治公所，反对禁烟，反对调查户口等民变。这种民变既有反压迫、反剥夺、反欺凌及维护基本生存权的一面，也具有反现代化变革、守旧落后的历史内容。

（3）在传统中国的官、绅、民的社会结构中，传统士绅与乡民虽有身份之别，却并不发生直接的利益冲突，“官与民疏，士与民近。民之信官，不若信士”[③]。但是，晚清“新政”的推进和地方政制的演变走向却拉大了绅民之间的利益反差，使得占据乡村公共权力和公共利益的权绅与乡民的生存利益直接发生冲突。传统时代基于文化、社会身份之等差而形成的乡民对于士绅阶层的社群敬畏，蜕演为基于权力压榨而形成的对劣绅集团的社会性愤恨。

（4）晚清民变大量表现为乡村民变，加入民变队伍的农民基本上不是随意组合的乌合之众，而是以同一村落或邻近几个村落为单位组成的群体。他们的主要斗争目的是维护整个村落乡民的利益和宗族关系。城镇是县以下农村社会新政活动的中心，“由于税收从全县征集，而学堂和其他新政设置集中在县城和省城，因此，尽管按照地方上的水平征税，却仍然存在着为城市而朘削榨取农村的趋势”[④]，晚清民变的斗争对象基本是

---

① 关于民变的概念界定，参见：郑清坡．“民变”话语考论．安徽史学，2007（1）：120-122。

② 马自毅．新旧杂糅的清末民变．华东师范大学学报（哲学社会科学版），2004（1）：43-50，122.

③ 李燕光．清代的政治制度//明清史国际学术讨论会论文集．天津：天津人民出版社，1982：257.

④ 周锡瑞．改良与革命：辛亥革命在两湖．杨慎之，译．北京：中华书局，1982：314.

城镇，“村落社会在反抗城镇新政活动中表现了相当的整体一致性”①。

“新政”给予了传统士绅权力扩张的制度性、合法性基础。而权绅在资源的束聚过程中与民众利益形成直接的冲突，再加之新的权力制衡关系的缺位②，使绅民矛盾和利益冲突缺乏及时和适度的调整而频繁地走向激化，不断以民变的方式爆发。晚清“新政”构成绅权体制化扩展的制度性基础，而权绅的体制化也就构成了民变或绅民冲突的制度性根源。

思考题

1. 简述清末“新政”的内容及其影响。
2. 简述清末立宪运动。
3. 试评析清末官制改革。
4. 简述晚清法律改革的进程及其内容。
5. 概述“新政”时期的社会文化变迁。

阅读书目

1. 魏光奇. 官治与自治：20世纪上半期的中国县制. 北京：商务印书馆，2004.
2. 王先明. 中国近代社会文化史论. 北京：人民出版社，2000.
3. 柯文. 历史三调：作为事件、经历和神话的义和团. 杜继东，译. 南京：江苏人民出版社，2000.
4. 张学仁，陈宁生. 二十世纪之中国宪政. 武汉：武汉大学出版社，2002.
5. 张玉法. 清季的立宪团体. 台北：“中央研究院”近代史研究所，1971.
6. 李孝悌. 清末的下层社会启蒙运动：1901—1911. 石家庄：河北教育出版社，2001.

---

① 朱英. 辛亥革命与近代中国社会变迁. 武汉：华中师范大学出版社，2001：657.

② 已有的研究认为，士绅管理的地方性活动的范围，从未很清楚地与官方统治范围划分开来，所以官方的软弱必然导致名流的越权，反之则处于无休止的争议之中。明确划分地方人士管理地方事务的范围，有可能使地方名流的积极参与和官方的压制都不至过分。（R. Keith Schoppa. Chinese Elites and Political Change：Zhejiang Province in the Early Twentieth Century. Cambridge，Massachusetts：Harvard University Press，1982：31-33）关于山东和江苏自治机构的详细情况，见张玉法和王树槐的论文（“中央研究院”近代史研究所集刊：第6集. 1977年6月：159-184，313-328）。

第九章

走向共和

——辛亥革命与民国创建

曾经寄望于政治改良的一代志士遭受挫折后，“转而采用暴力推翻政治制度，就这样经历着一条从改良走向革命的道路”①。进入 20 世纪，《国民报》第 1 期（1901）发表的《二十世纪之中国》一文就揭橥了“革命”言说：号召“种吾民革命之种子，养吾民独立之精神”，预言 20 世纪乃革命之世纪！由此拉开了共和革命的历史序幕。

第一节 “全球革命潮”：辛亥前十年的中国

一、民族危亡之秋

《辛丑条约》签订以后，列强打出“保全主义”的旗号，以替代其直接“瓜分中国”的政策。在“托保全之名，而行灭国之实”② 的政策下，列强加紧了对中国的政治、经济权益的侵略和争夺，致使“国势危急，岌岌不可终日。有志之士，多起救国之思，而革命风潮自此萌芽矣”③。

政治上，列强采取“以华治华”政策，胁迫清政府为其宰制中国的工具。帝国主义不但在京津一带驻扎军队，把清朝中央政府置于自己的刺刀

① 周锡瑞. 改良与革命：辛亥革命在两湖. 杨慎之，译. 南京：江苏人民出版社，2007：38.

② 二十世纪之中国. 国民报，1901（1）.

③ 辛亥革命：（一）. 上海：上海人民出版社，2000：9.

保护之下，而且通过广开通商口岸和建立租界，多方控制清朝地方政权。到1911年，全国通商口岸共达82处，租界30多个。而且，帝国主义的对华侵略有了新的时代特点：一是以资本输出代替商品输出为主要特征，二是形成在华划分势力范围的斗争，三是加大了对中国的政治控制①。

围绕着对华利益的掠夺，帝国主义列强之间展开了激烈争夺，东北地区成为争夺的焦点。1902年，清政府与沙俄签订条约，规定侵占中国东北的沙俄军队在18个月内分三期全部撤走。此后，沙俄不但违约不撤，反而在1903年增派军队，并向清政府提出扩大侵略的七项无理要求，甚至还在旅顺设立远东总督府，将旅大租借地和中东铁路沿线划归这一机构管辖，实际上等于把我国东北变成沙俄远东领土的一部分，向实现"黄俄罗斯"计划迈出了一大步。

俄国的行动引起了力图将侵略势力伸向东北的英、美两国的不满，更与日本吞并东北的野心尖锐冲突。在得到英、美的支持后，日本于光绪三十年（1904），在中国的领土上与俄国爆发了一场为争夺中国东北而进行的帝国主义战争。战争中双方动员了几十万陆军，在旅顺、沈阳等地激战。这场发生在中国土地上的帝国主义战争给中国人民造成了巨大的灾难。盛京地区"陷于枪林弹雨之中，死于炮林雷阵之上者数万生灵，血肉飞溅，产破家倾，父子兄弟哭于途，夫妇亲朋号于路，痛心疾首，惨不忍闻"②。然而，清政府不顾国家主权和人民生命财产安全，将辽河以东划为战场，自守"局外中立"。经过一年多的厮杀，俄国战败，双方在美国的"调停"下签订《朴次茅斯和约》，俄国将我国旅顺、大连租借地及相关权益转让给日本，沙俄势力退到东三省北部。

日俄战争使日本在中国本土建立起侵华基地。《朴次茅斯和约》签订后，日本先是强迫清政府于1905年订立《中日会议东三省事宜正约》，承认沙俄对"南满"特权的转让，第二年即成立南满铁道株式会社（简称"满铁"）和关东都督府。"满铁"以股份公司为名，实则是日本政府直接管理下的一个经济侵略机构。关东都督府不但对旅顺、大连地区，即日本所谓关东州实行殖民统治，而且以其所辖的关东军，控制了整个东北南部地区。至此，"满铁"和关东军就成为日本从军事、政治、经济上全面侵略和支配中国东北三省的武器。

日俄战争还导致了列强以重新分割中国为目的的关系调整。19世纪后期，侵华列强间存在英日与俄法两大集团。日俄战争后，它们之间的相互关系发生变化。起初日、法接近，并于1907年6月签订《日法协定》，协定中日本承认法国在广东、广西、云南三省有特殊权利，法国则承认日本在东北有特殊权利。同年7月，日、俄表面上言归于好，签订《日俄协约》，在说明此约真实意图的《日俄密约》中双方划定了"南满""北满"界线，俄国承认日本兼并朝鲜，日本则承认俄国在外蒙古的特殊利益。同年8月，《英俄协定》也出笼，双方用仅承认中国对西藏有宗主权的手法，否定中国对西藏有完全的主权，并为日后各自强占西藏预做准备。

长期以来，英、俄对中国西藏地区就进行着激烈的争夺。1903—1904年，英国乘

---

① 金冲及，胡绳武．辛亥革命史稿：第1卷．上海：上海人民出版社，1980：3.

② 盛京时报，光绪三十二年九月初一.

俄国的注意力更多集中在东北的时机，发动了入侵西藏的战争。西藏地方军民进行了坚决的抵抗，他们在江孜保卫战中表现得英勇壮烈，多次打退敌人的进攻。1904 年 6 月，英军攻占拉萨，大肆抢掠。1906 年，英国迫使清廷签订了不平等的《中英续订藏印条约》，规定开放江孜、噶大克为商埠；清廷保证非经英国政府允许，外国人不准租买西藏土地，不准干涉西藏一切事宜，不准派员入藏，不准享受铁路、电线、矿产等各项权益。此时，沙俄也欲出兵控制西藏。在中国边疆危机再次显现的同时，德国则企图将势力延伸到原属英国势力范围的长江流域。

庚辛之后，中国主权急剧丧失，中国的经济命脉和金融财政都为帝国主义所控制。在 1901—1905 年的短短 5 年间，中国进口商品总额陡增了一倍以上，除继续在中国遍设各种工厂外，列强还进一步夺取筑路和开矿的权利。

甲午中日战争以后，帝国主义大规模地攫取中国铁路权。1895 年，法国要求由费务林公司修筑并经营从越南同登到中国龙州的铁路，得到清政府同意，首开外国侵占中国铁路权的恶例，开后来法国强修滇越铁路的先声。英国索取由缅甸修铁路入云南境内的权利，以之与法国相抗衡。沙俄野心更大，通过《中俄密约》，取得了东清铁路（即中东铁路）的修筑和管理权利。德国也夺得了胶济、胶沂两条铁路的修筑权。此后，帝国主义列强既互相勾结，又互相争夺，展开了对中国卢汉（京汉铁路）、津镇、粤汉、京奉诸线的激烈竞争，并且用直接投资或贷款给清政府、由外国监督等方法来强夺中国铁路的修筑权和经营权。《辛丑条约》签订后，列强又掀起了一场对华铁路投资的狂潮：英、俄、日三国在退还山海关内外铁路的交涉中明争暗斗；法国成立滇越铁路公司，加紧修筑滇越铁路，并试图谋取两广路权；日、美、德等国为控制闽、浙、赣的路权而大肆活动；日本成立了南满铁道株式会社，相继取得了南满铁路、新奉铁路和吉长铁路的控制权，并以保护铁路为名，在沿线驻扎了日本军队；俄国以中东铁路公司为大本营，垄断了东北北部的水陆交通。1902—1903 年，正太、卞洛和沪宁三条铁路的修筑权，分别落入了俄、比、英等国的手中。短短几年间，中国大部分铁路的修筑权和经营权都先后被列强掠夺而去。迄至 1911 年，在中国土地上共修筑铁路 9 618.1 公里，其中帝国主义控制的铁路达 8 952.48 公里，占全长的 93.1%；而中国自主的铁路仅有 665.62 公里，占全长的 6.9%①。

列强把夺取铁路权作为其扩张侵略势力的有效手段，在铁路修筑中，他们不仅可以强迫沿线农民提供无偿劳役，践踏庄稼，破坏农田，强占村镇，开铺埠，控制铁路沿线的森林砍伐、矿山开采权，甚至可以派驻军队，干预行政。当铁路修成后，铁路不仅成为列强吸吮中国人民血汗、掠夺中国内地丰富农矿产品的“吸血管”，而且成为他们控制中国政治的战略举措。对此，日本的《朝日新闻》一语道破其玄机：“铁路所布，即权力所及。凡其地之兵权、商权、矿权、交通权，左之右之，存之亡之，操纵于铁道两轨，莫敢谁何！故夫铁道者，犹人之血管机关也，死生存亡系之。有铁路权，即有一切之权。有一切权，则凡其地官吏，皆吾颐使之奴；其地人民，皆我俎上之肉。”②

---

① 严中平，等. 中国近代经济史统计资料选辑. 北京：科学出版社，1955：190.

② 宓汝成. 中国近代铁路史资料：第 2 册. 北京：中华书局，1963：684.

对中国的矿产资源，列强垂涎已久。继光绪二十六年（1900）开平煤矿落入英国之手后，全国10余省的主要矿权又逐渐被英、美、俄、法、比等国所夺取。至清末，帝国主义国家已经控制了中国煤矿机器开采量的90%以上，而中国的铁矿生产则全部被帝国主义所控制①。

除铁路、矿业外，在航运业、棉纺业、造船业、烟草业、金融业等方面，帝国主义的投资也迅速增加。航运业，随着通商口岸和商埠的不断增加，许多内地城市也开来了外国轮船。1902年和1903年，英、美、日等国先后强迫清政府订立《通商行船条约》，扩大了外轮在内河航运的范围和权利，垄断了中国的内河航运业。到1911年，外轮占各通商口岸总吨位的84.4%，而且获得免除厘金、增开口岸等特权。各地出现了许多俨然以主子姿态君临中国国土的“洋人”，激起了人们的愤怒和不安②。

金融领域，外资银行遍布各地，不仅投资企业、举借外债，成为帝国主义对华资本输出的重要杠杆，而且发行货币，占据中国货币市场，1912年，在中国流通的外籍银行纸币达4 390余万元，而同年作为中国国家银行的中国银行，只发行纸币106万元③。

洋人的朝廷，是对《辛丑条约》后清政府颇为形象的一种描述。“政府自庚子、甲午之后，蔑外之手段变为媚外之手段，将十八省之路权、矿权、邮政权、森林、航海诸权，直接间接，掬而送之列强之手。”“是各国政府为捍圉扩张土地、财产之政府，而中国政府为断送土地、财产之政府也。”④ 帝国主义列强对中国社会政治、经济、文化的渗透和控制，把中国进一步推向了半殖民地的深渊。“经济既尽，国家随亡，于是分割土地以为殖民地，中国完结矣!”⑤

二、社会经济崩溃

与溃败政局相伴生的是社会经济的衰退和民生的困苦竭蹶。由传统社会矛盾（土地兼并问题）引发的农民失地无地状况再度出现，且日趋严重，不仅地主、官僚，而且新起的大小军阀、商人都乘机兼并田地。据材料记载，李鸿章一家约占有60万亩土地，袁世凯在辛亥革命前已拥田400顷。由土地兼并导致的贫富分化趋势日见其烈。“一邑之中而拥田万亩者有焉，千亩者有焉，百亩者有焉，数千亩、数百亩、数十亩者有焉。”⑥ 外资入侵如火上浇油，加剧了这一进程，列强在中国修铁路、开矿设厂、建造教堂等时强买强占的土地数字惊人，仅俄国修筑中东铁路就占地近260万亩⑦。自耕农丧失土地乃至无地的过程加速，农民家庭平均拥有田亩的数量急剧减少，家无一亩之地者占“十之七八”。至于租种土地的佃农，随着土地大量集中，地租缴纳份额不断上升。

---

① 刘克祥，陈争平．中国近代经济史简编．杭州：浙江人民出版社，1999：249-250.

② 金冲及．辛亥革命的前前后后．北京：中国文史出版社，1991：7.

③ 有关方面的资料，可参考徐义生的《中国近代外债史统计资料》、中国人民银行编的《中国近代货币史资料》、宓汝成的《中国近代铁路史资料》。

④ 不白．警告同胞勿受要求立宪者之毒论．河南，1907，5：34.

⑤ 铁厓．警告全蜀．四川，1907，1：19.

⑥ 章有义．中国近代农业史资料：第2辑．北京：三联书店，1957：4.

⑦ 董守义，张立真，焦润明．中国近代史教程（1840—1949）：上册．北京：中国社会科学出版社，2000：346.

农村约有90%是贫困农户，他们只能勉强糊口，缺少流动资金，无法扩大生产经营①。

《辛丑条约》后清政府每年向列强偿还巨额外债。不堪重负的清政府以借债度日，仅1900—1911年，剔除由庚子赔款等转化而来的外债数额，清政府举借的外债就高达3.4亿两，其中铁路借款占76.86%，财政军火借款占14.66%②，再加上练兵等“新政”的开展，财政开支急剧增长。1903年，清政府财政收入10 492万两，支出13 492万两，赤字3 000万两，比1900年以前增加一倍以上。1910年度支部制定的1911年财政预算收入296 962 719两，支出338 652 272两，赤字几近4 169万两③。为了解决财政困难，清政府把大量赔款、偿还外债的负担分摊到各省，最终转嫁为人民的负担。各地方政权不断加捐加税，除田赋、厘金、盐课等旧税一再追加外，各种巧立名目的税种、捐种层出不穷，各级官吏借以中饱私囊，罗致以尽，致使社会矛盾加剧，民怨沸腾。辛亥革命前全国各地水旱灾害频仍，又造成生产资料毁损，出现了百千万破产毁地的流民。梁启超对此社情民意评论说：“中国亡征万千，而其病已中于膏肓，且其祸已迫于眉睫者，则国民生计之困穷是已。盖就国家一方面论之，万事皆有可补救，而独至举国资本涸竭，驯至演成国家破产之惨剧，则无复可补救。所谓四海困穷，天禄永终，虽有善者，亦无如之何也。就个人一方面论之，万事皆可忍受，而独至饥寒迫于肌肤，死期在旦夕，则无复可忍受。所谓铤而走险，急何能择，虽有良善，未有不穷而思滥者也。呜呼，近日中国之现象当之矣。”④

三、社会动荡加剧

急剧而频繁的民变和各种不同形式的抗争运动⑤，构成了20世纪初期中国基本的社会情状。伴随着西方列强的侵略，清王朝“新政”、预备立宪的进行，自然灾害的频仍，社会经济濒临崩溃，社会矛盾与民众的不满情绪几乎充斥在各个阶层之中，而且呈现着愈演愈烈之势。在紧张不安的氛围中，越来越多的民众将利益诉求诉诸暴力反抗，其中包括各阶层人民的反洋教斗争，农民、手工业者的抗捐、抗税、抗租斗争，工人的罢工斗争，少数民族与会党的起事，等等。据不完全统计，1905年103次，1906年199次，1907年188次，1908年112次，1909年149次，1910年则达到266次⑥。以农民和城镇下层群众为主体的民变，在持续不绝的罢市、抗捐、抗税和抢米风潮中，不断地走向更为激烈的斗争——武装暴动。

1902年4月，在直隶广宗县爆发的景廷宾起义，就是因反抗清政府勒派“赔款”

① 董守义，张立真，焦润明. 中国近代史教程（1840—1949）：上册. 北京：中国社会科学出版社，2000：347.

② 周育民. 晚清财政与社会变迁. 上海：上海人民出版社，2000：404.

③ 同②384.

④ 沧江. 论中国国民生计之危机. 国风报，1910，1（11）.

⑤ 陈旭麓将“民变”与“革命”区分开来，提出：“民变是下层群众用直接诉诸行动的方式以表达自己对现存社会的不满和反抗，是中国社会内在矛盾激化的产物。与革命相比，民变具有自发性、分散性和落后性，因此二者并不相同。”他根据民变内容将民变大体概括为抗捐抗税、抢米风潮、为求食而导致的城乡骚乱、会党和农民起义、罢工斗争、兵变、学潮、反对教会与外国侵略者的斗争、反对“新政”以及其他反对压迫的斗争共十类。（陈旭麓. 近代中国社会的新陈代谢. 上海：上海人民出版社，1992：296-304）

⑥ 李新. 中华民国史：第1编（下）. 北京：中华书局，1982：1.

而起。起义军打出了“官逼民反”“扫清灭洋”的大旗，攻县城，毁教堂，得到了附近州县的广泛响应，队伍迅速发展到数万人，影响波及河南、山东。清政府调兵遣将，最终将起义镇压下去了，但民众的反抗斗争却在全国此起彼伏。1902 年，广西省汉、壮、苗、瑶等各族人民的武装起义烽火燃遍全省，斗争持续了 3 年。

1901—1905 年，各地发生的抗捐抗税斗争达 70 多起。1910 年山东莱阳人民的抗捐抗税斗争就是其中规模最大的一次。参加斗争的群众冲进县衙，提出悉免杂捐、清查积谷、革除劣绅和不许巡警出城鱼肉乡里等要求，官府不仅拒绝，还派兵前来镇压。愤怒的群众聚集起来，与官兵发生冲突。在这次斗争中，群众被杀害者千余人。江西的乐平，陕西的扶风，浙江的乌程、归安，广东的香山等地的抗捐抗税斗争，也都发展成了规模不等的民众武装暴动。20 世纪初期，大江南北，灾荒频仍，地主富商乘机囤积居奇，勾结官府操纵米价，造成广大贫苦的城镇居民忍饥挨饿，于是抢米事件迭起。各地成千上万的饥民先是向富户索取银米，继而抢劫米店，终至愤极冲击官府，酿成地方暴动。据统计，辛亥革命前 10 年间，由饥民抢米导致的风潮总数在 150 起以上，仅 1901 年就发生了 50 余起，遍及南北各省。其中影响最大的是 1910 年 4 月的湖南长沙的抢米风潮。当时长沙米价日昂，城镇贫民惊恐不已。4 月 13 日，民众因反对巡抚纵米出境，遂抢米店数十家，并焚毁教堂。次日，复聚万人，围攻巡抚衙门。清军枪杀民众数人，群情大愤，焚毁抚署、税关、巡警局、教堂、大清银行，并抢米店。15 日，清军残酷镇压了抢米群众。广西、江苏、江西、山东、安徽、湖北、河南、新疆、奉天等省，也发生了抢米风潮。

与偶发的民众反抗斗争不同，各地有组织的会党也纷纷起义①。1903 年，广西各地会党互通声气，形成规模颇大、声势颇壮的起义。清政府调集湖北等省兵力，历时两年，耗费 300 余万元，才将起义镇压下去。

此外，义和团运动失败后，传教士横行无忌，气焰更加嚣张，各地的反教会斗争仍不时发生。1901—1905 年，浙江、福建、湖南、四川、直隶、河南、山东等地发生的所谓“闹教”事件就有 60 起。其中，1901 年热河朝阳锛子沟联庄会的聚众起义、1902 年湖南辰州人民的反洋教斗争、1903 年浙江海宁的伏虎会起义，都具有相当的声势。

绵绵不绝的民众反抗此起彼伏，虽然绝大部分仍处于自发状态，缺乏明确的斗争纲领，呈现出明显的自发性、广泛性、分散性、非理性、频发性和目标不明确等特征，却使得清政府陷于四处应对却救治无方的困境②。这些民变“如千波万澜，起伏于南北各地。他们用自发的形式反映了 20 世纪头十年中国社会矛盾的激化。民变以动乱的形式为革命创造了社会环境”③。列宁曾指出：“如果没有群众的革命情绪的蓬勃高涨，中国民主派不可能推翻中国的旧制度，不可能争得共和制度。”④ 值得注意的是，某些自发

---

① 会党是以孙中山为代表的资产阶级革命党人对鸦片战争后以“反清复明”为宗旨的民间秘密团体的总称。会党最早的组织是天地会，成立于清初，是南方一个带有政治性的秘密会社。会党发展到清末，势力非常大，几乎遍及全国，是一支非常活跃的社会力量。

② 李新. 中华民国史：第 1 编（下）. 北京：中华书局，1982：2.

③ 陈旭麓. 近代中国社会的新陈代谢. 上海：上海人民出版社，1992：289-290.

④ 中国的民主主义和民粹主义//列宁选集：第 2 卷. 3 版修订版. 北京：人民出版社，2012：293.

的群众运动已经开始逐渐转变为自觉的民主运动[①]，最为典型的就是各地发生的拒俄、拒法、抵制美货等爱国运动以及收回利权运动和保路运动等。在这些运动中，资产阶级开始成为主要的角色，运动的方式和利益诉求更多地披上了新时代的色彩。

1901 年开始的拒俄运动，揭开了新世纪反帝爱国运动的序幕。武装占据东北的俄国侵略军拒不如约按期撤兵，反而向清廷提出了七项无理要求，企图长期占领东北，这激起全国人民的愤慨。上海各界爱国人士纷纷举行集会，抗议沙俄的侵略行径，致电清廷外务部，表示对俄国的要求“我全国人民万难承认”；并通电各国外交当局说：“即使政府承允，我全国国民万不承认，倘从此民心激变，遍国之中，无论何地，再见仇洋之事，皆系俄国所致。”[②] 北京、武汉等地的学生也相继集会抗议，罢课示威。在日本的中国留学生召开了拒俄大会，组成拒俄义勇队（后更名“学生军”），发誓要与侵略军血战到底。留学生还派代表回国，请求清廷出兵抗俄，并表示学生军愿为先锋。但是，清廷却指责学生军“名为拒俄，实则革命”，密谕“地方督抚于各学生回国者，遇有行踪诡秘、访闻有革命本心者，即可随时获刑，就地正法”[③]，并命令驻日公使蔡钧勾结日本政府强制解散了学生军，压制了运动。清政府的倒行逆施使许多人由爱国走向革命，黄兴、陈天华等人在激进留学生群体中还建立起了革命团体——军国民教育会。

1903 年，广西巡抚王之春将全省路矿权卖给法国，消息传出后，留日学生群情激愤，召开声讨大会，揭露王之春的卖国行径，得到了国内人民的支持，清政府迫于舆论压力，将王之春免职，拒法运动取得了一定胜利。

抵制美货运动是中国人民为反对美国虐待华工、要求废止《中美华工条约》而掀起的爱国主义运动。自鸦片战争以来，美国资产阶级从中国诱骗走了大批的华工。这些华工在美国垦荒、修路、开矿，担负着极为繁重的劳动，促进了美国的繁荣。同治、光绪年间，美国发生经济危机，美国资产阶级为了摆脱困境，开始煽动排华。1894 年，美国强迫清政府签订《中美华工条约》，加强了对华侨、华工的虐待和排斥。美国各州也发布了各种排华法令，迫害华工、华侨的罪行愈演愈烈。1904 年，条约期满，海外华侨和各界人民要求废除这一条约，遭到美国的无理拒绝，这激起了中国人民的极大愤慨。1905 年 5 月，上海商务总会决定，以两个月为期，如美国强我续约，则联合全国誓不运销美货以作为抵制。运动以上海为中心，迅速波及全国许多大中小城市，并得到了海外侨胞的大力声援。工商业者、学校师生和各界群众组成了各种爱国团体，举行集会演说，商家不进、不卖美货，人们不买、不用美货，码头工人不装、不卸美货。抵制美货运动的迅速高涨，使美国政府大为震惊。于是，对清廷不断施加压力，要求清廷出面压制。在美国的压力下，清廷下令停止对美货的抵制，并电令严办运动的领导者、上海商务总会会长曾铸等人。压力之下，民族资产阶级内部出现分化，上层人物开始动摇。曾铸发表了《留别天下同胞书》后，从此就称病不出。但广大群众坚持斗争，终于迫使清廷和美国未敢再续签限制华工的条约。抵制美货运动表明了民族资产阶级正在作

① 吴雁南. 清末“民变”研究中的几个问题. 中州学刊，1980（4）：83-90.

② 本省时评. 江苏，1903，2.

③ 密谕严拿留学生. 苏报，癸卯五月初十.

为一种独立的政治力量登上历史舞台。这次运动首创的抵制外货的斗争方式几乎为以后历次反帝爱国运动所沿用，它给民族资本主义的发展创造了有利条件，推动了当时全国各地正在进行的收回利权运动。

1903 年起，资产阶级领导的反对帝国主义控制我国路矿权的收回利权运动，在全国的许多地区迅速开展起来。湖南、湖北、广东三省绅商要求收回粤汉铁路主权的斗争，是全国收回路权斗争的发端。1905 年，美国迫于压力，于 9 月 6 日同清政府签订《收回粤汉铁路美国合兴公司的售让合同》，清政府付出 675 万美元的赎款将粤汉铁路赎回。之后，三省人民分别成立铁路公司，筹集资金，分段修筑铁路。

接着，浙江、江苏人民要求商办苏杭甬铁路的斗争进入高潮。迫于苏浙人民顽强不屈的斗争，邮传部尚书盛宣怀于宣统三年（1911）与英国银行公司协议，将苏杭甬借款移作开封至徐州铁路借款，浙江人民终于争得了商办苏杭甬铁路的胜利。同时，由于绅商各界的努力，四川人民于光绪三十三年（1907）争得了商办川汉铁路的胜利；直隶、山东、江苏三省人民争取自办津镇铁路和云南人民反对法国修筑滇越铁路的斗争也先后开展起来。

与收回路权斗争相呼应，收回矿权斗争于 1905 年以后也日益高涨起来。斗争首先发生在山西。经过艰苦的斗争，1908 年福公司被迫同意与山西省商务局订立《赎回英商福公司开矿合同》，山西绅民以 275 万两的代价赎回福公司凭一纸合同所攫得的山西矿权。次年，奉天人民收回锦西暖池塘煤矿，安徽人民收回铜官山等处矿权，山东人民收回峄县华德中兴公司煤矿。此后，四川人民为收回江北厅矿权、湖南人民为收回醴陵锑矿、河南人民为抵制福公司掠夺矿权以及黑龙江人民为收回都鲁河及吉拉林河砂金矿权，都进行了持续不懈的斗争，取得了不同程度的胜利。

拒俄、拒法、抵制美货、收回利权的运动接踵而起，标志着 20 世纪初中国人民的反抗斗争进入一个从民众自发、分散的反抗斗争到资产阶级领导的民族民主运动迅速高涨的新时期。社会大众对清王朝的不满和愤怒，为辛亥革命的爆发创造了客观的社会环境和群众基础。孙中山曾满怀信心地说："全国革命的时机现已成熟"，"满清王朝可以比作一座即将倒塌的房屋，整个结构已从根本上彻底地腐朽了，难道有人只要用几根小柱子斜撑住外墙就能够使那座房屋免于倾倒吗?""中国现今正处在一次伟大的民族运动的前夕，只要星星之火就能在政治上造成燎原之势"①。

四、"新政"改革失利

为摆脱社会危机和政治困境，清政府于 1901 年 4 月成立督办政务处，宣布实行"新政"。"新政"某些内容的实行，对早期中国现代化进程有积极意义，却未必有利于清王朝专制统治的维护。

第一，慈禧太后强调要"严祛新旧之名，浑融中外之迹"，强调"新政"的原则是"三纲五常"②。这说明，"新政"并没有脱离"中学为体，西学为用"的窠臼，因此很

① 孙中山．中国问题的真解决//黄彦．孙文选集：中册．广州：广东人民出版社，2006：145-147.

② 朱寿朋，等　光绪朝东华录：（四）．北京：中华书局，1958：4601.

多人都认为，“新政不新”。当时有报纸评论道：“新政”是“以貌不以心新，以浮不以实新，以外不以内新，以伪不以真始”，各种不满之声日益增多。尤其是清政府在“新政”中的预备立宪活动，没能挽救清王朝，相反却激化了矛盾，加重了危机。在革命党持续不绝的反清武装起义的撼动下，在日俄战争的刺激下，统治集团内部要求以“政治立宪”化解危机的呼声也日渐高涨。但是，在形势所迫之下不得不成立的“皇族内阁”，不仅使立宪派大失所望，而且使统治集团内部在满汉矛盾和中央与地方矛盾的激化中走向分化。当社会危机发酵为统治集团的内部危机时，一个政权的分崩离析将注定不可避免。

第二，1905 年废除科举制的教育改革无疑是革命性的。传统旧学是一种与皇权结构相互支持的官学制度，是传统社会的一种独特的整合与凝聚机制。清末废科举、兴新学的举措，加剧了传统社会结构的分解与转型，其影响远远超出了教育改革本身。科举制的废除斩断了两千多年来逐步积累和加强起来的社会制度的根基，堵塞了传统社会读书人“学而优则仕”的人生之途，从而割断了社会精英与政治体系的传统联系，直接破坏了原先的支持系统和社会基础，使原来效忠于清廷的士绅阶层变为无所凭依、不安现状的游离分子，并不断将其推向自己的反面，加剧了社会结构和政治的分化与解体。革新学制和奖励游学培养的一批具有新思想、新价值观的新型知识分子，成为清王朝的掘墓人。“终止科举制度的行为，斩断了两千多年来经过许多步骤而加强起来的社会整合制度的根基。这个行动逐渐呈现出来的事与愿违的后果，远比推行这一改革的士大夫在 1905 年所明显预见到的那些后果来得严重。舵手在获得一个新的罗盘以前就抛弃了旧的，遂使社会之船驶入一个盲目漂流的时代。”①

第三，清政府为了自救图强而编练的具有早期现代化素质的新式军队，并没有始终如一地同一个腐朽皇朝保持一致而不发生脱节现象。各省新军从筹饷募兵到训练成军，多由地方督抚直接负责，中央政府所能直接控制的财权与军权已十分有限。各省新军在清王朝政治危机到来的关键时候能否始终如一地听从中央调遣，在很大程度上还取决于各省督抚对中央的态度，尤其取决于朝廷对各省督抚的政治威慑力与控制力。此外，新军中有相当一部分官兵有新学背景，很容易接受反清思想，甚至结成反清团体。以孙中山为首的革命党人正是注意到了新军的革命倾向，重视在军队中争取革命士兵和下级军官的工作。他们的努力使新军的反清革命倾向转化为辛亥革命的行动，以至于武昌起义后全国新军大都站在了清王朝的对立面。显然，清政府已失去了自己赖以存在的支柱，这对结束清王朝的统治起到了关键性作用。

第四，清政府整顿经济政策，允许和奖励民间设厂，促进了民族资本主义的发展，为资产阶级民主革命的发展，为辛亥革命的爆发打下了比较深厚的经济基础和阶级基础。据统计，1895—1913 年设立的资本在 1 万元以上的厂矿，共计有 549 家，资本额总计 12 029.7 万元。同 1872—1894 年比，厂矿数和资本额都增大了 6 倍②。除了数量

① 吉尔伯特·罗兹曼. 中国的现代化. 国家社会科学基金“比较现代化”课题组，译. 南京：江苏人民出版社，1988：336.

② 章开沅，林增平. 辛亥革命史：上册. 北京：人民出版社，1980：25.

增加外，民族资本投资的范围也扩大了。除原有的缫丝、棉纺织、火柴外，还投资烟草、肥皂、电灯、玻璃等行业，并出现了一批同时投资于几个行业或拥有较雄厚资本的上层资本家。如南通人张謇，以创办大生纱厂起家，直接创办、参与投资的企业 27 家，资本额累计 4 500 多万元，范围包括纺织、面粉、榨油、垦牧、轮船、肥皂、盐业、渔业、瓷业、电灯。浙江人严信厚由盐务起家，后又办轧花、纱厂、面粉厂、通商银行等，资本 800 多万元。江苏东海沈云沛，资本 400 多万元。武汉的宋炜臣，经营水电公司、汉口燮昌火柴厂等 8 家企业。

虽然民族资本主义有了发展，但在半殖民地半封建的社会条件下，发展是非常困难的。它们仍然存在着资金少、规模小、设备不全、技术落后等弱点。1895—1913 年开设的资本在 1 万元以上的 549 家企业中，资本在 10 万元以上的 303 家，只占总数的 55.2%。而同期新增加的 136 家外国在华厂矿中，有 129 家的资本都在 10 万元以上。1913 年，被英国劫夺的开滦煤矿资本额达到 2 063 万元，而中国所有 41 家煤矿的资本总额只有 1 410 万元。就设备和技术而言，1912 年全国使用原动力的工厂仅有 363 家，全部原动力（包括蒸汽机和电机等）不过 24 544 马力，平均每家只有 67.6 马力。中国民族资本主义的发展是在很低的生产力水平上进行的①。但是，随着民族资本主义的发展，中国民族资产阶级力量也在增长，并成为社会经济生活中不可忽视的新生力量。1902—1903 年，在上海等工商业比较发达的城市和江苏、湖南、直隶、山东、河南、山西、福建等省份，先后出现了新型组织——商业会议公所。

同时，清政府正式在全国劝办商会，上海商业会议公所正式改组为上海商务总会，这是中国的第一个正式商会，其势力和影响也为全国商会之最。此后，以“公会”“商会”等命名的新型工商组织，依法在各地相继成立，例如在上海，1905 年出现了书业商会，1908 年出现了专为机器面粉厂采购小麦的办麦公会，1910 年以后还有保险公会、教育用品公会、中华布厂公会、皮货商业公会、北市花业公会、棉业公会、木器商会等 30 多个工商组织。到 1912 年，商会已普及除蒙古和西藏之外的全国各省，大小商会总数近 1 000 家。商会是一地各业全体商人的共同组织，克服了以地区、帮派和行业划分商人的狭隘性，其活动是以振兴、保护商业为出发点、中心和归宿的，其内部治理结构更具现代性。原有的行会加入商会是完全自愿的，任何行会只要交纳一定数额会费，即可推举行董加入商会做会董或会员。

在清末的拒法运动、拒俄运动、反美爱国运动、收回利权运动、保路运动、抢米风潮、立宪和国会请愿运动中，新兴的资产阶级及其组织都起了重要的作用。

五、新思想与新力量

20 世纪初期，在中国政治舞台上引人注目的是资产阶级、小资产阶级知识分子队伍。这个群体的出现主要有两个途径：兴办学堂和奖励留学。新学堂于 1901 年后陆续开设，1904 年清政府进行学制改革，实行癸卯学制，建立了从小学、中学到高等学堂的新学制体系。据不完全统计，1902 年全国兴办的各类学堂有 222 所，1907 年增

---

① 章开沅，林增平. 辛亥革命史：上册. 北京：人民出版社，1980：31.

至16 895所[①]，1911年增至52 500所。1868年明治维新以来，日本全面学习西方，并卓有成效，这引起了中国人的注意。中日甲午一战，日本形象在中国陡然高大，并成为中国人学习的楷模。在民族危机的强烈刺激下，在维新派以及洋务派张之洞等人的鼓吹下，清政府被迫选派大量官费留学生，并鼓励青年学生自费出国留学。从1896年清政府选派唐宝锷、朱忠光等13名青年学生留学日本起，留日学生人数逐年增多。据统计，1901年274人，1902年608人，1903年达1 300人，1904年2 400人，1905年达到8 000人，1906年达12 000人，后来略有减少，但到1909年仍不下3 000人[②]。留日求学几成一种社会风尚。"沿海苏、浙、粤东诸省，游学之盛，至于父遣其子，兄勉其弟，航东负笈，络绎不绝。"[③]

这些人接受了西式教育，他们观察世界的世界观是进化观；在价值取向上，他们以美、法革命和资产阶级民主共和国作为自己追求的最高目标。他们的眼界比较开阔，对中国的贫穷落后、民族危机有着深刻的体会，对前途充满信心。这些特点使他们成为中国民主革命中首先觉悟的分子[④]。

在留日学生中涌现出一大批著名的政治家、军事家、文学家和教育家。政治家如国民党元老居正、宋教仁、张继、廖仲恺、胡汉民，中国共产党的创始人董必武（曾在日本法政大学速成科学习）。清末大批的资产阶级革命志士曾留学日本，如革命派领袖黄兴，女革命家秋瑾，还有"黄花岗七十二烈士"中的林觉民、方声洞、俞培伦等。民国时期爱国将领蔡锷，文学家鲁迅、郭沫若（毕业于九州帝国大学），等等，也曾留学日本。他们对近代中国的革命运动和新文化的发展，都产生了非常大的影响。

留日风潮兴起的同时，从日本转介西学成为当时的一种潮流。这一时期从日本转介西学的主要载体是译著。早在1897年罗振玉等人在上海农学社时，就以其机关刊物《农学报》为阵地，组织人才翻译了一批日本出版的农业科技书籍，揭开了中国人翻译日本书的序幕。随着大量中国学生东渡求学，在留学生中出现了译书热潮，形形色色的西学知识，以译著为载体，向中国滚滚涌来，诚如梁启超所言：

> 戊戌政变，继以庚子拳祸，清室衰微日益暴露，青年学子相率求学海外，而日本以接境故，赴者尤众。壬寅癸卯间，译述之业特盛，定期出版之杂志不下数十种。日本每一新书出，译者动则数家，新思想之输入如火如荼矣。然皆所谓"梁启超式"的输入，无组织，无选择，本末不具，派别不明，惟以多为贵，而社会亦欢迎之。[⑤]

从译书出版机构看，19世纪末20世纪初，中国沿海城市与留日人员中，雨后春笋般冒出许多出版机构，很多是集翻译、出版为一体。先前业已存在的出版机构亦竞相翻

---

① 学部总务司. 第一次教育统计图表（1907年）//中华民国第三次教育图表（1915年）. 台北：文海出版社，1986：161.

② 李喜所. 近代中国的留学生. 北京：人民出版社，1987：127.

③ 张枬，王忍之. 辛亥革命前十年间时论选集：第1卷上. 北京：三联书店，1960：381.

④ 沙健孙，李捷，龚书铎.《中国近现代史纲要》教师参考书. 北京：高等教育出版社，2007：85.

⑤ 梁启超. 清代学术概论. 北京：中华书局，1954：71.

译、出版日文书籍。据熊月之统计，从1896年到1911年，中国和留日人员中翻译、出版日文书籍的机构至少有95家①。较为著名的有商务印书馆、湖南编译社、会文学社、闽学会等等。

从译书数量来看，自1897年以来，日书中译数量急剧上升，据不完全统计，从1896年至1911年，15年间中国翻译日文书籍至少1 014种②。这个数字远远超过了此前半个世纪中国翻译西文书籍数量的总和。以1902—1904年为例，所译日书321种，占全部译书的60.2%③，即使译自西洋诸国者，也主要是留学生从日本重译过来的④。总体来看，这些译书以人文社会科学书籍为主，应用科学、自然科学数量较少。据《译书经眼录》统计，1901—1904年国内共译书533种，其中社会科学和文学类的就占到3/4⑤。这是因为在甲午战争以及戊戌变法之后，人们逐步认识到西方不仅在器物方面优于中国，更重要的是在社会制度上比中国先进。于是中国的知识界和学术界就把兴奋点放在西方的思想和文化方面，留日生“所学者，政治也，法律也，经济也，武备也，此其最著者也”⑥。所译书籍当然也以人文社会科学为主。

除译书外，名目繁多的报纸、杂志也是转介西学的载体。自1900年《译书汇编》创刊始，留学生纷纷结社创办刊物，如《游学译编》（1902）、《大陆》（1902）等等。与此同时，流亡日本各党派集团的新型杂志以及中国的新型杂志也开始出现。如《新民丛报》（1902）、《民报》（1905）、《新世界学报》（1902）、《大陆报》（1903）等。据容应萸统计，1898—1911年，仅留日学生创办的杂志就达70种之多⑦。由于杂志出版周期较短，较书籍又易于行销，能更快地将各种译著送到读者面前。因此这一时期的杂志以其丰富的内容、较强的辐射力，有力地推动了西学的输入。

总之，19世纪末20世纪初，中国人以日本为跳板和模板向西方学习。以东渡留学和聘请日籍教师为途径，以译著、报纸、杂志为载体，从日本引进了许多西方资产阶级思想文化和科学技术。这些转口输入的西学，直接影响了中国近代的政治变革和思想变革，也使中国文化在一些方面受到了日本的影响，诚如郭沫若在《中日文化的交流》一文中所说：“中国就是这样地倾力向日本学习，更通过日本学西洋的文化。由于当时受到某种客观的条件的限制，中国的资本主义阶段的革命并未成功。但向日本学习的结果，却有巨大的收获。这个收获，既有助于打破中国古代的封建的因袭，同时又有促进中国近代化过程的作用。换言之，近代中国的文化，是在很多方面受了日本的影响的。”⑧

---

① 熊月之. 西学东渐与晚清社会. 上海：上海人民出版社，1994：641.

② 同①640.

③ 李喜所. 近代中国的留学生. 北京：人民出版社，1987：202.

④ 实藤惠秀. 中国人留学日本史. 谭汝谦，林启彦，译. 北京：三联书店，1983：241.

⑤ 张静庐. 中国近代出版史料二编. 北京：中华书局，1957：100.

⑥ 梁启超. 敬告留学生诸君//饮冰室文集. 上海：广益书局，1948：57-61.

⑦ 容应萸. 留日学生与辛亥革命//中华书局编辑部. 辛亥革命与近代中国：纪念辛亥革命八十周年国际学术讨论会文集. 北京：中华书局，1994：326-341.

⑧ 同④204.

六、“全球革命潮”

进入 20 世纪后，资产阶级革命派的民主共和思想迅速传播并成为时代潮流。孙中山则是这个时代的开创者。

图 9-1 孙中山

孙中山，名文，字德明，1866 年 11 月 12 日生于广东香山县（今中山市）翠亨村一个普通农民家庭。贫寒的家庭，使他从小备尝艰辛，从而对农民的痛苦充满了同情。10 岁时入私塾读书，1878 年 12 岁时被哥哥孙眉接到檀香山，入意奥兰尼书院读书，开始接受资本主义教育。这些教育，使他朦胧地产生一种新的社会理想。他回忆说：“忆吾幼年，从学村塾，仅识之无。不数年得至檀香山，就傅西学，见其教法之善，远胜吾乡。故每课暇，辄与同国同学诸人，相谈衷曲，而改良祖国、拯救同群之愿，于是乎生。当时所怀，一若必使我国人人皆免苦难、皆享福乐而后快者。”① 但怎样才能改良祖国？孙中山当时还没有明确的答案。在檀香山，因表现出基督教倾向而引起哥哥不满，被送回国内。1884 年，他到香港求学，1886 年开始学医，先入博济医院附设的南华医学堂学习，后转入西医书院。

随着中华民族危机的加深，孙中山逐渐产生反清革命思想。他说：“予自乙酉中法战败之年，始决倾覆清廷、创建民国之志，由是以学堂为鼓吹之地，借医术为入世之媒。”② 他与一些志同道合者如陈少白、尤列、杨鹤龄常在一起谈论革命，时人称“四大寇”。但当时的孙中山尚无革命之行动，只是处于“革命言论之时代”。

随着国内维新改良思潮的发展，孙中山与维新人物也多有接触，也受到维新改良思

---

① 孙中山. 非学问无以建设//黄彦. 孙文选集：中册. 广州：广东人民出版社，2006：304.

② 辛亥革命：(一). 上海：上海人民出版社，2000：3-4.

想的影响。1894 年 2 月，孙中山北上京津向李鸿章上书，提出“人能尽其才”“地能尽其利”“物能尽其用”“货能畅其流”的主张，即改良教育制度、选拔人才；发展农业生产力，改良耕作方法，提倡农业科学；采用先进科学技术以发展工农业生产；振兴交通运输业，扩大国内商品市场。孙中山认为这是“富强之大经，治国之大本也”①。

心忧天下的《上李鸿章书》被冷拒后，孙中山开始确信“和平方法无可复施”，“积渐而知和平之手段不得不稍易以强迫”，决心以革命的方法推翻清政府的统治。孙中山的好友陈少白回忆说：“孙先生所以要上李鸿章书，就因为李鸿章在当时算为识时务之大员，如果能够听他的话，办起来，也未尝不可挽救当时的中国。岂知所有希望完全成泡影。所以到了这时候，孙先生的志向益发坚决，在檀香山就积极筹备兴中会，找人入会，一定要反抗满洲政府。”②

1894 年 11 月，孙中山在檀香山创立了中国资产阶级第一个革命组织兴中会。最初入会者 20 余人。檀香山兴中会可查的 126 人中，华侨资产阶级商人有 80 人，其他有工人、职员、教师、记者，说明它是一个以资产阶级及其知识分子为主体的革命团体。它的成立，标志着资产阶级革命民主派的诞生。1895 年春，孙中山到达香港，成立香港兴中会。

孙中山起草的《兴中会章程》宣布兴中会的宗旨为“振兴中华，维持国体”，在所附的秘密誓词中，孙中山明确提出了“驱逐鞑虏，恢复中华，创立合众政府”的共和革命目标。“合众政府”就是以美国为模式的民主共和政府。这是中国历史上第一次提出推翻封建专制、实现民主政治的口号。由于当时孙中山的活动范围仅限于少数华侨当中，更由于当时的中国还缺乏接受这一思想的广泛的社会基础，因此那时以及整个戊戌变法时期，较君主立宪的改良思想而言，民主共和的革命思想仅在思想界流传，没有很大的号召力。

兴中会成立后，孙中山等人便筹划重阳节在广州举行起义。他们相继建立秘密据点数十处，在防营、水师和会党、游勇、绿林中进行策反及联络活动。由于事机不密，计划泄露，清朝官员四处搜捕，孙中山逃离广州，东渡日本。

20 世纪初期留日风潮兴起后，以西方民主政治学说和各国民主革命历史为主流的西学从日本蜂拥而来，对中国知识界产生了很大影响。与此同时，庚子年间的社会变乱，以及随之而来的八国联军的侵略，使越来越多的有识之士更加清醒地认识到清政府的腐朽本质，坚决抛弃了对清政府或地方官僚的幻想，开始倾向于革命。1901 年，《开智录》《国民报》等刊物就公开指出：“恃今日之政府官吏以图存”是不可能实现的幻想，“欲立新国乎？则必自亡旧始”，唯一的出路在于革命③。随后，《游学译编》《大陆》《湖北学生界》《浙江潮》《童子世界》《江苏》等倾向革命的刊物陆续创办，上海一家原来偏于保守的《苏报》也转而宣传革命。到 1903 年拒俄运动发生后，更多的人意识到清廷的君主专制是中国复兴的障碍，于是“有志之士，多起救国之思，而革命风潮

---

① 孙中山．上李鸿章书//孙中山全集：第 1 卷．北京：中华书局，1981：8-18.

② 辛亥革命：(一)．上海：上海人民出版社，2000：28-29.

③ 张枬，王忍之．辛亥革命前十年间时论选集：第 1 卷上．北京：三联书店，1960：92.

自此萌发矣”①。又有一批新的革命报刊如《国民日报》《觉民》《中国白话报》《女子世界》等相继创办，同时，一批宣传革命的书籍也如雨后春笋般出现，民主革命思想迅速传播开来。

革命派以孙中山“创立民国”的民权主义为旗帜，从欧美资产阶级革命武库里搬来民主、自由、平等、博爱、天赋人权等思想武器，严厉批判封建专制制度，反复论述救中国的唯一道路只有用革命的手段推翻清王朝的反动统治，建立资产阶级民主共和国。

首先，革命派从建立资产阶级民主共和国理想的原则出发，对封建专制主义的政治和道德观进行了深入的批判。驳斥了君权神圣不可侵犯的说教，宣称国家的主人不是皇帝，而是国民，专制政体是“侵害国民之公益、剥削国民之权利之利斧也”②，皇帝专权就是把中国弄到亡国灭种边缘的主要因素。抨击以“三纲五常”为核心的封建礼教，认为礼教是“圣人”制定出来的，被历代的“独夫民贼”加以利用，作为奴隶人民的精神枷锁，遂使“我国民乃相沿二千年有退化而无进化”③。因此，呼吁人们奋起推倒皇权制度，建立“公天下”的资产阶级民主共和制度，只有这样，国才昌，民才强。“故人生当文明之世，公理既明，权利之观念既强，未有不求去专制政体者也。”④ 推翻封建专制政体，争取人生的合法权利是历史发展的必然，是天赋的正义的使命。

其次，革命派为民主共和国描述了一个美好的蓝图：“一国主权平民操之，万般政务舆论决之，政治之主人则属一国之平民，政治之目的则在平民大多数之幸福，政治之策略则取平民之公意。国中有国民而无臣民，有主人而无奴隶，一国大多数之平民莫不享有公权，法律之外无论何人均不得而剥夺之，而人之天赋权能得以保存不失。”⑤ 这种对资产阶级民主共和国的歌颂，虽然有很大的空想性，但反映了爱国青年对民主要求的渴望。从 1903 年起，孙中山对民主共和思想的宣传更是极为重视，几乎是每会必讲。1903 年他在对华侨的一次演讲中说：“我们必要倾覆满洲政府，建设民国，革命成功之日，效法美国选举总统，废除专制，实行共和。”⑥ 更加清楚地描绘了未来国家的民主色彩和政体形式。

最后，资产阶级民主革命思潮的重要内容是排满革命思想。“排满”是一个古老的口号，明末清初就有人提出。但在以前，它是地主阶级反满派的口号，是农民号召群众的旗帜。到 20 世纪初，资产阶级革命派也举起了这面旗帜进行反清斗争。其“排满”的矛头是指向封建专制制度的。章太炎说：“排满洲者，排其皇室也，排其官吏也，排其士卒也……非排一切政府，非排一切满人，所欲排者，为满人在汉之政府。”⑦ 还把“排满”与建立资产阶级民主共和国的目标联系在一起，即建立民族统

① 辛亥革命：（一）．上海：上海人民出版社，2000：9.
② 张枬，王忍之．辛亥革命前十年间时论选集：第 1 卷下．北京：三联书店，1960：566.
③ 同②555.
④ 同②.
⑤ 同②584.
⑥ 孙中山全集：第 1 卷．北京：中华书局，1981：226.
⑦ 张枬，王忍之．辛亥革命前十年间时论选集：第 3 卷．北京：三联书店，1977：51.

一国家；并把排满与反帝联系在一起：朝廷是外国人的政府，“难道这样洋人的朝廷也不该违抗么?”其“排满”，就是反对帝国主义的奴才。正是这些新的内容，使资产阶级革命派的“排满”在一定程度上超越了满汉矛盾的局限，超出了狭隘民族主义的范围。其反满宣传，加速了清政府的瓦解过程，吸引了一定的群众。但这个口号又容易滋长民族主义的情绪，模糊了斗争方向，把一切仇恨简单地集中到满族统治者身上。

当时在宣传资产阶级民主共和思想方面影响最大的是邹容、章太炎和陈天华。

邹容，重庆巴县人，原名绍陶，又名桂文，字蔚丹，留学日本时改名为邹容。1903年，邹容从日本回到上海后发表了脍炙人口的《革命军》，以洋洋两万言的篇幅，深刻揭露了清政府的腐败，并以满腔的热情歌颂革命，歌颂民主，大力赞扬和鼓吹西方资产阶级革命时代的天赋人权、自由平等学说，主张用革命手段“扫除数千年种种之专制政体”，恢复人民应当享有的民主权利，详细提出了建立“中华共和国”的方案。《革命军》出版后，受到广大读者的欢迎，风行海内外，各地翻印时或改名为《革命先锋》，或改名《国存篇》，或改名《救世真言》，销售逾百万册，占清末革命书刊销量的第一位，对民主共和思想的传播起了很大的作用。

图 9-2 邹容及其所著的《革命军》

邹容发表《革命军》的同时，学者章太炎在上海《苏报》上发表了《驳康有为论革命书》，猛烈抨击了康有为宣扬的“中国只可立宪，不可革命”的论调，指出“公理之未明，即以革命明之；旧俗俱在，即以革命去之”。他歌颂革命为“启迪民智，除旧布新”的良药。认为现在提倡革命，必然要提倡“合众共和”，“在今之世，则合众共和为不可已……以合众共和结人心者，事成之后，必为民主”，相信革命之后中国人民完全有能力建立民主共和制度①。

---

① 章太炎．驳康有为论革命书//汤志钧．章太炎政论选集：上册．北京：中华书局，1977：203.

《革命军》是秘密出版的小册子，《驳康有为论革命书》传布的范围也有限。1903年5月，在上海租界内出版的《苏报》从原来大多刊登社会新闻的无聊小报转变为革命派的公开宣传阵地，使革命宣传的影响大大增加了。6月上半月，《苏报》连续刊载文章，公开向读者介绍邹容的《革命军》，发表论说《论中国当道者皆革命党》，还连载章太炎、柳亚子、蔡孑民、邹容合写的《驳〈革命驳议〉》，言辞激烈，一切在所不顾。上海新闻界原来的沉寂空气顿时为之一扫而空。

《苏报》如此大张旗鼓地进行革命宣传，引起清政府的极大震动。江苏巡抚恩寿饬上海道袁树勋向各国驻沪领事发出照会，又向上海的帝国主义租界当局——工部局交涉，要求查封《苏报》，逮捕章太炎、邹容等。6月30日，章太炎在爱国学社被捕。7月1日，邹容到租界巡捕房自动投案。7日，《苏报》被封。清政府原来要求引渡章、邹两人到南京，以便置之死地。但因各方面的强烈反对，拖延到第二年5月21日，由租界会审公廨判决章太炎监禁三年，邹容监禁二年。可是，邹容在监禁期满前两个多月，竟"因病"死于狱中。章太炎到1906年方才出狱。

《苏报》案发生在上海，对内地所起的开风气之先的作用，自然是香港以及海外的日本等地难以比拟的。清政府本来想借《苏报》案将当时国内方兴未艾的革命思潮扑灭下去。结果却适得其反，更使革命思潮成为万众瞩目的焦点，促进了它的传播。日本出版的《江苏》第四期上有一篇时评生动地描写道："前日之《苏报》与《革命军》，议论虽激，然而阅此报与此书者几何人也？一般之国民固未尝知其所号呼者为何事，其鼓吹者为何事。今日《苏报》之被禁，章、邹之被锢，其势固已激荡于天下。然《苏报》何以被禁，章、邹何以被锢之一问题，出诸于一般国民者必多，则必应之曰：为逐满故。何为而逐满？则又必应之曰：为汉族之受满族之荼毒已不胜其苦，满族实汉族之世仇故。以此而互相问答，互相传说，一传十，十传百，百传千万。于是，排满之一主义，遂深入于四万万国民之脑髓中。"①

1903年冬，参加拒俄运动后归国的湖南籍留学生陈天华，又写了《警世钟》和《猛回头》这两部震撼人心的宣传爱国救亡的小册子。在《警世钟》一开头，陈天华就以令人惊心动魄的语言写道："嗳呀！嗳呀！来了！来了！甚么来了？洋人来了！洋人来了！不好了！不好了！大家都不好了！老的，少的，男的，女的，贵的，贱的，富的，贫的，做官的，读书的，做买卖的，做手艺的，各项人等，从今以后，都是那洋人畜圈里的牛羊，锅子里的鱼肉，由他要杀就杀，要煮就煮，不能走动半分。唉！这是我们大家的死日到了！"② 他以异常愤怒的心情，列举大量的事实，向读者揭示出当时民族危机的极端严重性，说明局势已不容许人们再有丝毫的犹豫和迟疑。

陈天华直截了当地称清政府为"洋人的朝廷"，号召人们万众一心地奋起，准备以最激烈的手段起来救亡。他写道："满人若是帮助洋人杀我们，便先把满人杀尽；那些贼官若是帮助洋人杀我们，便先把贼官杀尽。'手执钢刀九十九，杀尽仇人方罢手！'我所最亲爱的同胞，我所最亲爱的同胞，向前去，杀！向前去，杀！向前去，杀！杀！杀！杀我累

---

① 咄！满汉两种族大争讼．江苏，1903，4：119-120.

② 陈天华．警世钟//陈天华集．长沙：湖南人民出版社，1958：57.

世的国仇，杀我新来的大敌，杀我媚外的汉奸。杀！杀！杀！”①

《警世钟》和《猛回头》出版后，成为革命派极为重要的宣传品。陈天华那炽热的爱国感情和浅显通俗的文笔，使这两本小册子能产生强烈的感染和鼓舞力量。许多革命分子将它秘密翻印，达成千上万册，广为流传。曹亚伯记载道：“《警世钟》《猛回头》等输入湖南、湖北之各学堂各军营中，而新化学界革命之思潮，几不可遏止矣。”②

在革命派广泛宣传和孙中山一再倡导下，民主共和思想在青年知识分子中蓬勃兴起。“出保皇党入革命党者，不可以千数计”。以建立资产阶级民主共和国为最高理想的革命团体次第成立。从 1904 年开始，出现了 10 多个革命团体，其中重要的有黄兴、陈天华等人在长沙成立的华兴会，蔡元培等人在上海成立的光复会、科学补习所、岳王会等。这些革命团体为革命思想的传播及革命运动的发展提供了不可缺少的组织力量。

真正使民主共和观念广泛传播并深入人心的，要归功于以孙中山为首的革命派与以康有为、梁启超为首的改良派在政治思想领域的论战。这次思想交锋自 1900 年出现，1905 年《民报》创刊后形成高潮。论战双方以《民报》和改良派的喉舌《新民丛报》为主要阵地，还有其他十几种报刊投入这场论战。中国向何处去？是以暴力革命的手段推翻清王朝的专制统治，建立一个民主共和国，还是以改良的、和平渐进的方式对君主专制制度进行改造，使之完成向君主立宪政体的转化？这是革命派和改良派这场大辩论的焦点。

首先，革命派系统地驳斥了改良派的一系列谬说，如满汉早已平等，革命必然杀人盈野、流血成河，革命困难、立宪容易，革命必生内乱、必遭瓜分、必然亡国等全面揭露了清政府残民卖国的罪行，旗帜鲜明地认为革命有百利而无一害，只有革命才能救中国。

其次，革命派用“取法乎上”批判改良派的“循序渐进”，声称自由、平等是人的本性，有着几千年历史的中华民族，绝不会没有实行民主共和的能力，国民的政治程度虽低，但和“不辨菽麦”的皇帝及“蝇营狗苟”的大臣相比，“固已优之万万”，所以政治改革不能期望政府，而应“专望之国民”。革命派认为，通过革命实践，人民的政治程度可望迅速提高，在推翻清朝统治之后，一定能够建立世界上最完善的“共和政体”。

虽然这场论战也暴露了革命派在思想理论方面的弱点。比如，主张推翻清政府，但对“革命是否会招致帝国主义干涉”的问题不敢做出理直气壮的正面回答，只是希望通过“有秩序的革命”来避免动乱和帝国主义的干涉。所说的“国民”，也还局限于资产阶级及其知识分子，而不是广大的劳动群众。对封建地主土地所有制是否应该改革的问题也是语焉不详，并且反对贫苦农民“夺富人之田为己有”。这些理论和认识的局限不可避免地会影响辛亥革命的进程和结局。

“在火热的意识形态争论中，排满思潮沸沸扬扬，掩盖了其他问题。”这场“思想战

---

① 陈天华．警世钟//陈天华集．长沙：湖南人民出版社，1958：66.

② 曹亚伯．武昌革命真史（前编）．上海：上海书店出版社，1982：自序 2.

线大辩论令人奇怪地脱离了中国的生活。辩论的内容不但忽视了百分之八十住在农村的人口，而且也脱离了城市新兴的运动”。在言论上赢得了主动地位的革命党，虽然“打赢了意识形态上的一场小遭遇战，却丢掉了争取对新中国的领导权。后来，当清廷已倒而排满思想已达目的时，他们就再也没有什么东西可以提供给国家了”①。

这场激动人心的大辩论以革命派的胜利而告终。通过这场辩论，民族觉醒意识、民主共和观念开始逐渐深入人心，反满—革命—建立共和国，在人们心目中成为同一链条上紧密相连的几个环节。推翻清王朝、建立民主共和国的主张受到当时进步人士的普遍拥护。这一思想成为日益壮大的资产阶级革命派共同奋斗的目标。1907 年《新民丛报》承认说：“数年以来，革命论盛行于国中，今则得法理论、政治论以为之羽翼，其旗帜益鲜明，其壁垒益森严，其势力益磅礴而郁积，下至贩夫走卒，莫不口谈革命而身行破坏。”② 很显然，革命派的民主共和思想在思想舞台上居主导地位。

在借鉴西方资产阶级政治学说，总结前人特别是近代以来的经验基础上产生的民主共和思想把民主和革命有机地结合起来，第一次举起民主革命的大旗，为在黑暗中彷徨、求索的爱国志士指明了前进的方向，也为即将到来的革命风暴奠定了一定思想基础。

为适应国内革命形势的需要，1905 年 8 月，在日本东京，兴中会、华兴会、光复会联合会党合并组成以孙中山为首的同盟会，这是第一个全国性的具有政党性质的资产阶级革命组织。同盟会以“尤在废除专制，创造共和”③ 为最终目的。同盟会章程规定，同盟会本部设在东京，按三权分立的原则，总理之下设评议、执行、司法三部。评议部具有议会的性质。执行部由总理直接管辖，下设庶务、内务、外务、书记、会计、调查六科。六科中以庶务科最为重要，如总理不在本部，即由庶务代行其职权。第一任庶务由黄兴担任，辅佐总理主持总部工作。同盟会章程还规定，国内设东、西、南、北、中五个支部，但实际上只设了两个支部，即设于香港的南方支部和设于上海的中部支部。国外设四个支部，即南洋支部、欧洲支部、美洲支部、檀岛支部。支部之下设立分会。国内各省区分会，先后推定黄兴、宋教仁、秋瑾、蔡元培、廖仲恺等为各省区的主盟人。中国同盟会主要成员来自农、工、商各阶层，以中小资产阶级及其知识分子为多数。不到一年，会员发展到万余人。

同盟会确立“驱除鞑虏，恢复中华，建立民国，平均地权”为政治纲领。至此，“建立民国”即建立资产阶级民主共和国被正式确立为全国资产阶级革命派共同奋斗的宏伟目标。1905 年 11 月，同盟会机关刊物《民报》创刊，孙中山在发刊词中公开宣布以“倾覆现今之恶劣政府”、“建立共和政体”和“土地国有”④ 为主义，并以此来充实资产阶级民主共和方案。这样，孙中山将同盟会的纲领概括为三大主义，即民族主义、民权主义、民生主义，后被称为三民主义。孙中山还宣布要将三民主义“灌输于人心，

① 费正清，刘广京．剑桥中国晚清史（1800—1911 年）：下卷．北京：中国社会科学出版社，1985：572-573.

② 与之．论中国现在之党派及将来之政党．新民丛报，1907，92.

③ 邹鲁．中国国民党史稿：第 1 册．北京：中华书局，1960：47.

④ 张枬，王忍之．辛亥革命前十年间时论选集：第 2 卷上．北京：三联书店，1963：383.

而化为常识”。

民族主义包括“驱除鞑虏，恢复中华”两项内容。一是要以革命手段推翻清政府，改变它一贯推行的民族歧视和民族压迫政策；二是追求独立，建立“民族独立的国家”。孙中山指出，民族主义不是简单排满，不是针对一切满人，而是“应将满洲政府所有压制人民之手段，专制不平之政治，暴虐残忍之刑罚，勒派加抽之苛捐，及满洲政府所纵容之虎狼官吏，一切扫除”。也就是要结束清政府的专制统治及其媚外政策。但是，同盟会纲领中的民族主义没有从正面鲜明地提出反对帝国主义的主张。当时的革命派对于帝国主义的本质认识不清，害怕帝国主义干涉，甚至幻想以承认不平等条约继续有效为条件来换取列强对自己的支持。同时，也没有明确地把汉族军阀、官僚、地主作为革命对象，从而使这部分人后来有机可乘，从内部和外部破坏革命。

民权主义的内容是“创立民国”，即推翻封建专制制度，建立资产阶级民主共和国。这就是孙中山所说的政治革命。政治革命的目的是建立民国。《军政府宣言》指出：“凡为国民，皆平等以有参政权。大总统由国民共举。议会以国民共举之议员构成之。制定中华民国宪法，人人共守。敢有帝制自为者，天下共击之。”孙中山强调，政治革命应当与民族革命并行。民族革命是扫除“现在恶劣政治”，而政治革命则是扫除“恶劣政治的根本”，从而把斗争矛头直接指向集国内民族压迫与封建专制统治于一身的清政府。不过，民权主义虽然强调了要建立民主共和国，却忽略了广大劳动群众在国家中的地位，因而难以使人民的民主权利得到真正保证。

民生主义在当时指的是“平均地权”，也就是孙中山所说的社会革命。孙中山主张核定全国地价，其现有之地价，仍属原主；革命后的增价，则归国家，为国民共享。国家还可按原定地价收买地主的土地。他认为，西方资本主义发展中的诸多社会问题，其根源在于未能解决土地问题，因此他试图探讨一种一劳永逸的办法，既使中国富强，又避免产生贫富悬殊的现象，避免社会危机。为此，他希望“举政治革命、社会革命毕其功于一役”。但是“平均地权”并不触动土地所有制，不能真正满足农民的土地要求，难以成为发动广大工农群众的理论武器。

孙中山的三民主义学说，初步描绘出中国还不曾有过的资产阶级民主共和国方案，是一个比较完整而明确的民族、民主革命纲领。尤其是当历史进入“文字收功日，全球革命潮”的时代后，孙中山及其学说就代表了一个时代的高度，它同时也成就了孙中山“中国革命之父”的历史地位。

第二节　清王朝的覆亡

一、清廷政局乱象

1908 年 11 月 14、15 日，光绪皇帝和慈禧太后先后去世，清朝最高统治集团陷入一片混乱，整个政局变得更加动荡不安。光绪皇帝死的当天，清廷即宣布由他的弟弟醇亲王载沣的将满三岁的儿子溥仪为嗣皇帝，由载沣以摄政王监国。

12 月 2 日，溥仪即位，宣布明年为宣统元年。1909 年 1 月 9 日，清廷发布上谕，让原来倚为柱石的重臣袁世凯以“养疴”为名，回家乡河南①。清廷的这一举动，不仅将满族王室和汉族官僚集团之间的矛盾暴露于世，而且也透露出中枢权力重新分配的新动向。全面危机状态下，袁世凯的被放逐，对清末政局的影响不小。清朝皇室本来打算借此来实行集权以收拾局面，结果却适得其反。

隆裕太后、摄政王载沣的统治经验和能力，本来远远不能同西太后相比。袁世凯被罢斥后，满朝大臣中又没有一个人能替代他起作用。袁的旧部和势力遍布各方，素来是“只知有袁宫保，不知有大清朝”。而清皇室因害怕袁世凯的势力重新抬头，又进一步加以裁抑：“如雷震春、倪嗣冲、段芝贵等已先后参革，曹锟要求保一头品顶戴而退休，张彪、何宗莲等亦正设法撤换，段祺瑞亦调充江北提督。”② 这些力量的暗中集结和私下活动，成为从内部动摇和瓦解清朝统治的因素。

帝国主义列强的干涉和庇护，以及清廷内部力量的制约，使以摄政王为首的清廷中枢还不敢贸然杀掉袁世凯，甚至不得不继续保留同袁世凯深相结纳的庆亲王奕劻所担任的首席军机大臣要职。对于已经被时人指斥为“洋人的朝廷”和处在急剧衰变中的清廷而言，站在袁世凯背后的列强的态度和力量，更具有举足轻重的影响。“回籍养疴”的袁世凯，仍然成为影响当时政局的一个不容忽视的因素。辛亥革命爆发后，帝国主义列强采取“换马”的办法，宁可抛弃清政府而支持袁世凯。这种重要的政策变化，在此时已可隐约地看出端倪。

清朝皇室罢黜袁世凯的意图之一，是收归兵权。溥仪说：“我父亲并非是个完全没有主意的人。他的主意便是为了维持皇族的统治，首先把兵权抓过来。这是他那次出使德国从德国皇室学到的一条：军队一定要放在皇室手里，皇族子弟要当军官。他做得更彻底，不但抓到皇室手里，而且还必须抓在自己家里。在我即位后不多久，他就派自己的兄弟载涛做专司训练禁卫军大臣，建立皇家军队。袁世凯开缺后，他代替皇帝为大元帅，统率全国军队，派兄弟载洵为筹办海军大臣，另一个兄弟载涛管军谘府，后来我这两个叔叔就成了正式的海军部大臣和军谘府大臣。”③ 问题是，这些年轻皇族亲贵都是纨绔子弟，尽管担任了重要军职，却根本不懂军事。朝廷实际倚仗的是禁卫军协统良弼。从日本士官学校毕业的良弼，力主重用日本士官学校毕业生，试图借各省编练新军之际，在军官中形成一股便于自己掌握的力量，以取代并排挤袁世凯蓄积已久的势力。但这些士官生在留日时期大都受到革命思想的影响，有些还秘密加入了同盟会。这些回国不久即得到提升的新军士官，有些还担任了标统、协统以至统制等高级军职。这在客观上对武昌起义后各省新军纷纷响应创造了有利条件。

光绪皇帝和西太后之死引起的清廷中枢之变，是清末政局演变中一个重要的转折。此后，最高统治集团中已没有一个比较强有力的主政者，内部分崩离析，一片混乱④。清廷中央政局之变及其乱象，为辛亥革命的适时爆发提供了历史的契机。

---

① 金毓黻．宣统政记：卷四．

② 蒋作宾．蒋作宾回忆录．台北：传记文学出版社，1967：30．

③ 溥仪．我的前半生．北京：群众出版社，1964：26．

④ 金冲及．辛亥革命的前前后后．北京：中国文史出版社，1991：95．

二、立宪大请愿

1906 年 9 月，清政府正式宣布“预备仿行立宪”。欣喜若狂的立宪派以为倡导多年的宪政开始有了实现的企盼。为了在“预备仿行立宪”中有效地参与政权，立宪派在各地相继建立了政治团体。在国外，康有为于 1907 年 2 月改保皇会为国民宪政会，10 月梁启超在日本东京成立政闻社。在国内，有江浙地区的预备立宪公会、湖北的宪政筹备会、湖南的宪政公会、广东的粤省自治会等等。要求清政府召开具有制定法律、监督政府职权的国会，建立有实权的责任内阁，是这些立宪团体的共同目标。但是，清政府的官制改革实践使立宪派很快发现清政府只不过是“假立宪之名，以行专制之实”。为了迫使清政府真立宪，立宪派团体互通声气，积极联合，采取“匍匐都门，积诚罄哀”的方式，举行了轮番的国会请愿，从而推动清末立宪运动一波接一波地走向高潮。

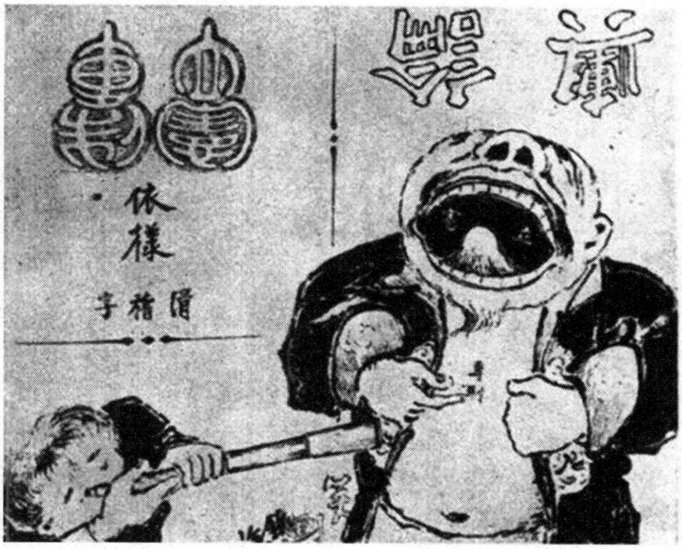

图 9－3　清政府假立宪、真专制的漫画

注：图中之人口中是“立宪”二字，心中是“专制”二字。此图揭露了清政府口头上宣布立宪，实际包藏专制祸心。

资料来源：中国历史博物馆．中国近代史参考图录．上海：上海教育出版社，1986：403.

1906 年冬，宪政讲习会的实际主持人杨度，首先提出了国会请愿问题。1907 年秋，宪政讲习会的主要成员领衔给清廷上了第一份要求速开国会的请愿书。1908 年，全国各省的立宪派陆续派代表进京请愿。与之相配合，一些留学生、海外华侨以及清廷驻外使节、官僚也纷纷电请和奏请开国会。一时全国上下掀起要求速开国会的高潮。对此，清政府一方面以查禁政闻社的严厉措施压制立宪派的请愿；另一方面继续玩弄骗术，宣布定期九年召开国会，并同时公布了《钦定宪法大纲》和《议院未开以前逐年筹备事宜清单》。《议院未开以前逐年筹备事宜清单》确定 1909 年各省一律成立谘议局，在中央设立资政院。各省立宪派在得到这样一个答复后，便投入筹备谘议局的活动，请愿活动遂暂时沉寂下来。

1909 年 10 月，各省谘议局成立，议员多为科第或留日学生出身，也有曾任过官吏的士绅，立宪派的许多代表人物都成了谘议局的议员，取得了合法活动的讲坛。立宪派声势大增，上海、北京等各大都市均有他们的宣传机关。于是，立宪派决定以谘议局为阵地，再度发起国会请愿。在张謇策动之下遂有谘议局的三次请愿。张謇颇有时誉，重要督抚多和他相识。12月，他任江苏谘议局议长后，邀请16省谘议局代表会于上海，组织谘议局请愿联合会，要求速开国会，由直隶孙洪伊领衔。请愿团于1910年1月到京，遍谒王公大臣，向都察院呈递请愿书，要求一年内召开国会。清政府以“筹备既未完全，国民智识程度又未画一”① 为理由，拒绝了提前召开国会的要求。

第一次请愿无果而终，立宪派代表团不甘失败，准备扩大力量，开展第二次请愿。他们在北京组成国会请愿同志会，分头在各省召开大会，募集捐款，征集签名，推选代表入京。一时，立宪活动声势颇壮，各省参加签名请愿的竟达30多万人。1910年6月，请愿代表分别以全国各社会团体名义（如各省商会、教育会、政治会社等）向都察院递交了10份请愿书，结果又遭到拒绝。清廷并警告立宪派“毋得再行渎请”。

第二次请愿失败，立宪派“决为第三次准备，誓死不懈”，定于1911年进行第三次请愿。当时日、俄第二次协定及密约签订，英国抗议中国派兵入藏，日本吞并朝鲜，大局愈为危急，请愿代表决定提前集会。1910年8月，各省谘议局联合在北京召开，向即将召开的资政院提出要求速开国会的提案。为配合京城的立宪请愿活动，各省也积极举行集会游行，要求督抚代奏请愿呈稿。10月，资政院开会，立宪派正式发动第三次请愿。资政院提出速开国会请求，各省督抚也联电军机处，呼吁速开国会和建立责任内阁，一时上下联动，不仅参与立宪请愿的代表更为广泛，而且拥有实权的各省督抚亦互通声气，支持和呼应立宪，同时，北京、天津、保定及奉天、四川等地学生也纷纷罢课响应。大势所趋之下，清政府被迫缩短“预备立宪”的期限（将9年改为5年），同意提前在1913年召开国会，在国会召开前两年先行成立新内阁；同时下令遣散各地请愿代表。以张謇为代表的江浙立宪派上层人士决定“奉令”停止请愿，其他各省代表仍要求再缩短预备期限，立宪派内部步调已不一致。

1910年12月，奉天省的代表启程赴京进行第四次请愿，北京学界群起响应，并倡议全国学生罢课响应请愿。清政府感到形势紧迫，下令将正在北京活动的东三省请愿代表押送回籍。1911年1月，清政府进一步下达镇压学生请愿运动的命令，并将天津学界请愿运动的组织者温世霖遣戍新疆；聚京的各省立宪党人则无望而去，大规模的立宪请愿活动被迫停止。1911年5月，“皇族内阁”的出台，使立宪派渴望的“立宪政治”化为泡影。从此，立宪派一方面筹组政党，仍然在为尔后的国会席位做准备；另一方面则准备另谋出路，其中不少立宪派开始向革命派靠拢。

对于清王朝而言，立宪政治确曾是又一个历史机遇，正像曾经的戊戌维新一样。立宪派曾苦口婆心地向清廷说：“国运非收拾人心，无可挽回；人心非实行宪法，无可收拾。”甚至“以假立宪者真革命之说儆之”②。但是，在社情民意压力之下，清政府虽颁

① 故宫博物院明清档案部．清末筹备立宪档案史料：下册．北京：中华书局，1979：641.

② 杨立强，等．张謇存稿．上海：上海人民出版社，1987：21.

布立宪之诏已三年之久，却“内而枢密，外而疆吏，凡所为违拂舆情，摧抑士论，剥害实业，损失国防之事，专制且视前益剧，无一不与立宪之主旨相反”①。历史的机遇并不随时可遇。当“皇族内阁”作为清政府“立宪政治”的成果推出后，它已经全面注释了所谓的宪政不过“又是一番新气象，依然两件旧东西”罢了。“历史提供了可能的条件，但清王朝却没有一个认识这种条件的人。他们用假改革来欺骗历史，而欺骗历史是不可能不受历史惩罚的。”②

三、起义：前赴后继的革命党

兴中会成立后，积极筹备武装起义。1895 年 10 月，由于起义计划不密，清政府将广州起义镇压，孙中山遭到清廷通缉，被迫逃亡国外。义和团运动期间，兴中会择机于 1900 年 10 月在广东省惠州发动武装起义。起义军在半个月内发展到 2 万余人，曾获小胜，后在清军优势兵力的围攻下，弹尽援绝而失败。兴中会早期起义虽迭告失败，但孙中山没有气馁，而是继续坚持武装起义。

1904 年 2 月 15 日，在湖南长沙华兴会成立了，黄兴为会长，宋教仁、刘揆一为副会长。华兴会成立后，立即着手组织武装起义。黄兴等联络会党首领马福益，商定在慈禧太后 70 岁生日（11 月 16 日）那天，在长沙起义，并联合外省的革命党人以配合这次起义。但起义前夕计划泄露，起义发动者遭清廷捕杀，黄兴幸得脱逃而避难日本。

同盟会成立后，孙中山与黄兴等人制定《革命方略》，明确提出武装反清的基本方针。此后，同盟会或其他革命团体发动了十余次武装起义。1906 年 12 月，江西省萍乡县和湖南省浏阳县、醴陵县一带爆发了由会党、农民、矿工参加的武装起义。同盟会会员参加了起义活动，并为起义军发布了以同盟会政纲为内容的革命文告，号召群众奋起反抗。起义队伍很快发展到 3 万余人，并迅速控制了四五个县，屡次击败清军。清廷急调数省军队 5 万多人加以围剿，才把起义镇压下去。1907—1908 年，孙中山在中国南部边境地区先后发动了 6 次武装起义：潮州黄冈起义、惠州七女湖起义、钦廉防城起义、镇南关起义、钦廉上思起义、云南河口起义。

就在同盟会连续发动武装起义的同时，光复会也在浙江、安徽发动了起义。同盟会成立之后，光复会的部分成员加入了同盟会，一些人实际上仍以光复会的名义自行活动。光复会的陶成章、徐锡麟、秋瑾等人，在浙江秘密联络会党，在绍兴创办大通学堂作为据点，策划起义。因事机败露，徐锡麟闻讯后仓促行动，于 1907 年 7 月 6 日刺杀了安徽巡抚恩铭，发动起义，事败后被捕遇害。受此牵连，秋瑾也被捕牺牲。

1911 年 4 月 27 日，孙中山和黄兴等经过半年精心筹备，发动了震动全国的广州起义。黄兴率领的 100 多人攻破了两广总督衙门，与前来镇压的大队清军展开激烈的巷战。由于孤军力薄，激战一夜而失败，起义军牺牲和被捕就义者近百人，黄兴等负伤逃脱。广州人民不顾生命危险，把殉难烈士中 72 人的遗体葬于城郊红花岗，并将其改名为黄花岗（这次起义后来又被称为“黄花岗起义”）。被孙中山赞誉为“碧血横飞，

① 张季子九录·政闻录：卷三. 上海：中华书局，1931：40.

② 陈旭麓. 近代中国社会的新陈代谢. 上海：上海人民出版社，1992：288.

图 9-4　秋瑾

浩气四塞，草木为之含悲，风云因而变色”的黄花岗起义，成为激励全国革命党人舍生就义的重要历史事件，“全国久蛰之人心乃大兴奋，怨愤所积，如怒涛排壑不可遏抑，不半载而武昌之大革命以成。则斯役之价值，直可惊天地泣鬼神，与武昌革命之役并寿”①。

革命党人发动的武装起义屡次失败，固然不能排除“皆金钱之不足”、敌我力量悬殊等客观原因，但是从革命党人方面来看，采取突然袭击的单纯军事冒险方式和过分依赖会党而群众动员不足也是非常重要的原因。

20 世纪初，国内群众斗争已风起云涌，但革命党人并没有对此予以足够重视，却独自频频发动武装起义，通常都以一支敢死队突袭一个战略据点，以图侥幸成功的方式进行。这种军事冒险主义使他们的武装斗争与烽火四起的群众斗争相疏离，未能因势而成一呼百应之势。黄花岗起义虽然准备周密，但仍没有做艰苦的发动群众工作，仍只是寄希望于敢死队的侥幸成功。本来寄予厚望的新军非但没有成为起义的主要力量，且其领导人之一陈炯明见敌我力量悬殊，不仅不肯相机发动，还临阵脱逃。所以，这种单纯的军事冒险，虽然以极大的牺牲推动和影响了革命形势的出现，却难以从根本上奠定革命胜利的根基——他们既没有组建自己的军队，也未能建立根据地，从而使他们的武装斗争成为脱离群众的单纯军事行动。

革命党人武装起义依靠的主要力量之一会党，其成员大多是破产农民、游民、流氓无产者。他们处于社会底层，备遭社会歧视，缺乏固定职业，生活不安定，故对社会现实不满，富有强烈的反抗性。而且会党是一支有组织的力量，成员之间讲“江湖义气”，只要取得首领支持，就可形成一呼而起之势。会党还具有“反清复明”的传统，容易接受革命党人的“排满”主张，可以说是现实社会中一股不可小视的重要力量。孙中山充分认识到：“内地之人，其闻革命排满之言而不以为怪者，只有会党中人耳。”② 但会党成员出身三教九流，不仅成分复杂，而且染有诸多社会恶习。因而，如果没有经过充分

① 孙中山．继承先烈遗志为国奋斗：邹鲁编《黄花岗烈士事略》序//黄彦．孙文选集：下册．广州：广东人民出版社，2006：127.

② 孙中山．建国方略//孙中山选集：上．北京：人民出版社，1956：172.

改造和训练而直接利用既缺乏真正的觉悟又缺乏严格纪律的会党力量，难成革命的宏业。如河口起义时，会党首领黄明堂不听号令，进军时未及一里，“各兵群向天开枪一排，齐声呼疲倦不已。克强（黄兴）再三抚慰无效”。再行半里，则多作鸟兽散，不得已折回河口①。多次失败以后，革命党人也意识到会党“发动易，成功难”，难以指挥，因此开始把发动起义的重点转移到新军方面。

不断起义又不断失败的革命结果，不能不在革命党中产生负面的影响：不仅使革命丧失了大批优秀骨干，而且消极悲观情绪也在潜滋暗长。更为重要的是，它加深了同盟会内部的涣散和分裂。1907 年 6 月至 1909 年，同盟会及革命党人内部出现两次“倒孙风潮”②。1910 年 2 月，光复会在东京设立总部，推章炳麟、陶成章为正、副会长，与同盟会形成分立之势——这不能不成为革命事业的隐患。

四、保路运动与武昌起义

普遍的社会骚动与目标明确的武装起义，只是立在时代潮头的浪花罢了，足以从根本上倾覆清王朝的社会变动力量却深潜于浪潮之下。“普遍社会心态的变动，通常是默默地并不显眼地进行着的，但它却是不可逆转的。”③ 当“要救国非推翻满清王朝不成功”④形成共识并汇集为方向明确的时代大潮时，清王朝的结局就已经被历史地注定了！

引发焚毁清王朝之巨焰的导火索是保路运动，“辛亥革命之起由于川变，川变由铁路收归国有”⑤。

1911 年 5 月 9 日，清廷宣布铁路干线“收归国有政策”，接着与四国银行团签订了粤汉、川汉铁路借款合同，借“国有”名义把原来由各省铁路公司商办的铁路权出卖给帝国主义。这激起湖北、湖南、广东、四川四省的保路风潮。

图 9－5 揭露清政府出卖铁路的宣传画

---

① 冯自由. 革命逸史：五集. 北京：商务印书馆，1947：161.
② 1907 年 6 月，东京同盟会本部出现了一场倒孙风潮；1909 年，陶成章到南洋又掀起一次倒孙风潮。
③ 金冲及，胡绳武. 辛亥革命史稿：第 3 卷. 上海：上海人民出版社，1991：3.
④ 詹秉忠. 辛亥革命前后的回忆//辛亥革命回忆录. 第 7 集. 北京：中华书局，1963：410.
⑤ 杨开甲. 川路风潮之演变//隗瀛涛，赵清. 四川辛亥革命史料：上册. 成都：四川人民出版社，1982：45.

从6月至8月，川汉铁路股东代表始则在成都召开会议，成立保路同志会，各府州县纷纷响应，成立分会，有几十万人参加。继而举行保路誓死大会，号召罢市、罢课和抗粮抗捐，旋即发展为全省的抗粮抗捐斗争。群众性运动的规模和声势愈演愈烈，不时出现的群体性暴动事件早已突破了立宪派设定的“文明争路”的限制。9月上旬，四川总督赵尔丰奉旨逮捕保路同志会和川路股东负责人蒲殿俊、张澜等人。数万群众闻讯后到督署请愿，赵尔丰下令枪杀请愿群众数十人，造成震惊全国的成都血案。同盟会会员龙剑鸣乘机联络会党，组织保路同志军，在各县发动起义，形成围堵省城之势。9月25日，刚从日本回川主持同盟会工作的吴玉章在荣县宣布独立，建立革命政府。荣县独立比武昌起义早十多天，是辛亥革命时期革命党人建立的第一个政权。保路运动由请愿、示威走向武装起义，引发了全社会对清王朝积之已久的愤怒之火，成为辛亥革命的导火索。

图9－6　保路运动中民众抗争请愿

向称“九省通衢”的武汉，也是革命力量积聚比较充分的地区。从1904年科学补习所成立起，湖北革命党人就开始了革命的组织和发动工作，他们先后建立日知会、湖北军队同盟会、群治学社、振武学社等革命团体。许多革命党人投笔从戎，从一开始就确立了“以运动军队为主，不轻率发难”的方针。他们在新军中办阅报社、开演讲会，还开办学校、印刷所，印刷革命书籍，做了大量的宣传动员工作。他们利用新军本身的建制，在队一级建立基层组织，全力在士兵中发展革命力量。到1911年7月，在总数1.5人的湖北新军中，有组织的革命党人近2 000人，经联系而同情革命的4 000余人，与革命为敌的至多1 000余人，其余摇摆不定。经过革命党人的工作，到起义前夕，新军士兵1/3以上都成了革命党人①。“身在曹营心在汉”的新军士兵，随时准备着事变的到来。

四川保路风潮骤起，牵动全局。湖北革命党人审时度势，决定择机在武汉发动起义。湖北地区的两个革命团体共进会和文学社决定联合行动，成立统一的起义领导机

① 章开沅，林增平．辛亥革命史：下册．北京：人民出版社，1980：25.

构，推举文学社社长蒋翊武为总指挥，共进会领导人孙武任参谋长，预定在中秋节（10月6日）奋起举义。湖广总督瑞澂虽然并不确知革命党人的详细计划，但他通过所控制的情报系统完全了解他所面临的危急形势。时至1911年秋天，湖北新军总共1.5万人中，已经有超过6 000名真正革命党人和同情革命的士兵，分布在各个新军营、队中。存在于各营、队中的革命团体虽几经挫折，其名称不断变化，却始终抱定一个反清宗旨，发挥着凝聚革命的作用。拥有现代化武装的新军，一旦调转枪口，历史的改写就会在瞬间完成①。身处即将喷发的烈焰中心的瑞澂，急切地采取了相应措施：以换防为名将"不稳"的新军分调各处，并以打乱建制的混合调配，破坏军中的革命组织系统②。起义计划的实施，无疑困难加重。革命党人决定将起义延期到10月11日。不料，在9日发生了孙武检测炸弹不慎爆炸事件，起义的领导机关遭到破坏，起义计划暴露。湖广总督瑞澂立即下令全城戒严，开始大肆搜捕革命党人。蒋翊武逃脱，彭楚藩等被捕牺牲。新军里的革命党人见事态紧急，决定提前起义。

10月10日晚，一个静谧异常的月夜，新军工程第八营的革命党人打响了起义的第一枪，城内新军中的革命党人闻风而动，相率响应，积极应对。火光与枪声的动员是迅速的：

20时左右，右旗第二十九标几十名士兵冲天放枪，打开军械库，强取弹药，奔向楚望台（军械库）；

20时左右，右旗第三十标二营代表大呼集合站队，随后一百四五十名士兵杀死在营部分旗兵后，即向楚望台集结；

20时半，南湖炮兵第八标已有准备的革命党士兵，立即在操场发炮响应，300余士兵携炮而出，向中和门进发；

…………

半个多小时内，在火光和枪声中动员集结的起义新军，总数达4 000余人③。

革命军奋不顾身，血战通宵，占领了总督衙门、藩库等重要机关，湖广总督瑞澂仓皇逃到停泊在长江的兵舰上。起义军一夜之间占领了武昌城，取得了首义的胜利。11日晚和12日晨，驻汉阳、汉口的新军先后起义，武汉三镇完全为革命党人所控制。

尽管参加武昌起义的士兵有4 000余人，但与清王朝统辖的全国25万新军相比根本就不成比例；即使与张彪控制下的武昌城内5 000余清军相比，也不占优势。然而，迅速崩溃的王朝江山，不仅是王朝意料之外的结局，也是革命党人自己也不曾想到的结局。十多年后，孙中山在黄埔军校开学典礼训词中评述道："当在武昌、汉口的革命党，总共还不足三百人……所有的枪，都没有子弹，临时到处搜索，只得了两盒子弹，一共不过五十粒。革命党分到了五十粒子弹，便在城内的工程营中发难。"④ 事变之初，起义士兵郑重其事般拎在手中的"炸弹"，多是由一块白布包着的牛奶罐或大型灯泡之类，虽有类似炸弹的音响效果，却并无真正的杀伤力。"但戏剧般的起义，却终于取得了戏

① 章开沅，林增平．辛亥革命史：下册．北京：人民出版社，1980：25.

② 王先明．清王朝的崩溃：公元1911年中国实录．天津：天津人民出版社，2007：212.

③ 同②216.

④ 陆丹林．革命史谭//近代稗海：第1辑．成都：四川人民出版社，1985：615.

剧般的历史成果。”①

武昌起义成功后，由于孙中山等领导人远在海外，在群龙无首的情况下，革命党人邀请湖北谘议局议员和地方绅商举行会议，成立湖北军政府，推举清朝高级官员、第二十一混成协（旅）的协统黎元洪为军政府的都督，宣布废除清朝“宣统”年号，改国号为中华民国，公布《中华民国鄂州约法》，规定主权属于人民。资产阶级民主共和国的理想在中国第一次用法律形式确定下来。

图 9-7　黎元洪

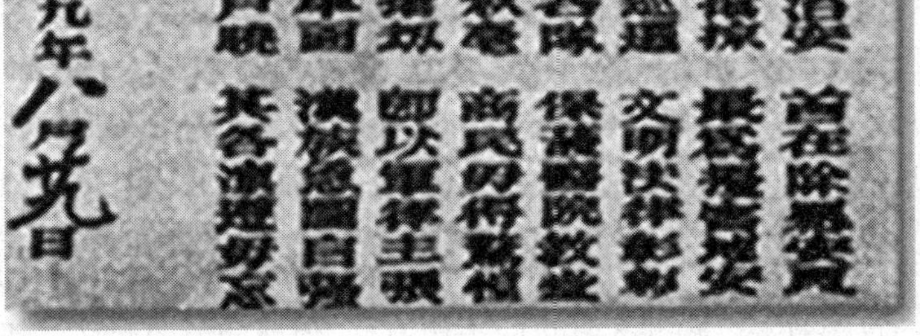

軍政府示

照得保衛治安　首在除暴安良
流氓乘機擄掠　罪惡豈能寬貸
警察嚴街巡邏　文明法律彰彰
兼派巡防各隊　保護醫院教堂
地方不擾秋毫　商民切勿驚慌
[illegible]明匪類搶[illegible]　即以軍律主張
從此洗心革面　漢族急圖自強
深望家喻戶曉　其各凛遵勿忘

黃帝紀元四千六百零九年八月十九日

图 9-8　湖北军政府发布的安民告示

① 王先明. 清王朝的崩溃：公元 1911 年中国实录. 天津：天津人民出版社，2007：218.

武昌起义后，各地革命党人纷纷响应，短短一个月内，全国已有湖北、湖南、陕西、江西、山西、云南、浙江、江苏、贵州、安徽、广西、福建、广东等省及上海宣布脱离清朝的统治，清朝海军的一部分也投奔到革命阵营来。在辛亥年最后的日子里，就在陆续落下的龙旗和高高升起的义旗中，一个延续了260多年的清王朝的天下，很快就变成了中华民国的天下。

各地多数资产阶级立宪派人士选择了从权应变、附和革命的态度。他们利用自己在各省谘议局中所取得的地位，策动清朝官员“反正”，宣布“和平光复”，对清王朝的崩溃起了积极的作用。然而，他们也凭借旧有的政治地位和社会声望，干预乃至抢夺革命成果，甚至不惜发动政变，杀害革命党人而攫取革命政权。在湖南，他们唆使旧军官在起义10天后发动兵变，杀害都督焦达峰等人，推立宪派首领谭延闿为都督。就这样，立宪派与旧官僚采用“和平”乃至流血政变的手段，先后取得了湖北、湖南、江苏、浙江、广西、贵州等许多省军政府的权力。革命时代的历史性变动，纷纭复杂而五光十色，并非完全呈现为革命的光谱。

广泛和迅猛的革命高潮瞬间来临，而革命力量却没有形成一个统一的、坚强的领导核心。同盟会组织并不健全，缺乏夺取全国胜利的统一部署和切实行动。由于缺乏坚持长期艰苦武装斗争的思想准备，资产阶级革命派既十分害怕帝国主义出面干涉，又非常恐惧农民群众把反封建斗争深入开展下去，希望赶快推翻清朝，建立共和制度，尽量缩短革命的进程，取得廉价的胜利。因此，当被清廷开缺的袁世凯重新掌握清朝军政大权后，革命派寄希望于这个汉族官员能够倒戈反正，只要他能迫使清帝退位，赞成共和，就可以推举他为大总统。立宪派对地方社会和政权的攫取，革命派的妥协退让，为辛亥革命的历史成果和最终事业，埋下了走向失败的种子。

第三节　民国创建：辛亥革命的结局

一、中华民国的建立

武昌起义胜利后，各省纷纷独立，建立一个统一的共和国政权的问题已经提上了议事日程。12月25日，孙中山从海外回到上海。12月29日，苏、浙、鄂等17省代表在南京召开代表会议，选举孙中山为中华民国临时大总统。1912年1月1日，孙中山在南京就职。他在就职仪式上庄严宣誓：“颠覆满清专制政府，巩固中华民国，图谋民生幸福。”随后，临时政府选举黎元洪为副总统，成立临时参议院作为立法机关。中华民国临时政府的成立，标志着资产阶级民主共和国在中国的建立。

南京临时政府的成立是资产阶级民主革命的成果。临时政府虽然容纳了归附革命的一些立宪派和旧官僚的头面人物，但在孙中山的领导下，革命党人利用手中掌握的有限权力，为建设一个真正的民主共和国做出了极大的努力。

首先，在政府各部人员的安排上。以孙中山为首的革命党人谋求“由党决定”，而

图 9-9　中华民国临时大总统选举会代表合影

立宪派也极力争夺，黄兴据此提出“部长取名，次长取实”① 的变通之法。9 个部中，虽然只有陆军、外交、教育 3 部的总长为同盟会人，但 9 名次长除 1 人外均为革命党。其中陆军总长兼参谋长黄兴职权最重，被称为“虽无内阁之名，实各部之领袖也”②。革命党人在政府中居主导地位。

其次，通过立法的形式确定民主共和国政体。1912 年 3 月 11 日，孙中山亲自公布《中华民国临时约法》（《临时约法》）7 章 56 条。总纲规定，中华民国主权属于国民全体，中华民国领土由全国 22 个行省加上内外蒙古、西藏、青海组成。中华民国由参议院、总统、国务院、法院行使其统治权。国务总理为政府首脑。内阁辅佐临时大总统，为行政机关，行使行政权；法院行使司法权；参议院为立法机关，行使立法权，参议院还有弹劾大总统和国务院的权力。第二章“人权”规定，中华民国人民一律平等，无宗族、阶级、宗教之区别，人民享有人身、居住、财产、言论、出版、集会、结社、通信、信仰等自由，享有请愿、诉讼、考试、选举及被选举等权利，有纳税、服兵役等义务。其他几章规定参议院行使立法权，临时大总统、副总统由选举产生，国家整体为内阁制，法院独立审判，不受上级官厅干涉。

无疑，资产阶级的“三权分立”和“代议政治”为临时政府的建构原则，鲜明地体现了资产阶级民主共和国的性质。《临时约法》以根本大法的形式废除了两千多年的封建君主专制制度，确认了资产阶级民主共和国的政治制度。毛泽东说：“民国元年的《中华民国临时约法》，在那个时期是一个比较好的东西；当然，是不完全的、有缺点的，是资产阶级性的，但它带有革命性、民主性。”③ 同时，南京临时政府在成立后短短的 100 多天中，还颁布了一系列具有划时代意义的法令和举措。

在扫除封建陋习方面，限期剪辫，劝禁缠足，禁止刑讯，保障人权，改变“贱民”

① 居正. 梅川日记. 上海：大东书局，1947：72.
② 章开沅，林增平. 辛亥革命史：下册. 北京：人民出版社，1980：307.
③ 毛泽东文集：第 6 卷. 北京：人民出版社，1999：325-326.

身份，禁止买卖人口，严禁鸦片，禁止赌博；改变称呼为先生或某君，废止跪拜；提倡廉洁奉公，临时政府各级职员，都未规定薪金，除政府提供食宿外，每人每月只给军用券 30 元。这些措施，有力地触动了封建专制的弊习，起到了解放思想、移风易俗的作用。

在经济政策方面，宣布保护私有财产，保护工商业，鼓励人民兴办实业，把发展工商各业作为"富国裕民之计"。还制定商业注册章程、商业银行暂行条例，奖励华侨在国内的投资，提倡垦殖事业，废除清政府的一些苛捐杂税。

在教育方面，把旧时学堂一律改为学校，男女同校；提倡以"自由、平等、博爱为纲"的"公民道德"，否定忠君尊孔的封建教育，废止小学读经；增加自然科学等方面的课程，禁用清学部颁布的各种教科书。

作为不同于此前历史上迭次出现的农民起义、造反和王朝更迭，辛亥革命具有完全属于自己的时代内涵。社会习俗的改革既是政治革命之后的必然选择，也是革命走向深入的历史结果。1912 年 4 月 1 日，孙中山在南京参议院解职辞中说："又凡政治、法律、风俗、民智种种之事业，均须改良进步，始能与世界竞争。"① 南京临时政府颁布的一系列革除"旧染污俗"的政令，从更广义的层面诠释了辛亥革命的社会意义。

南京临时政府标志着一个全新的时代的开始，它也是资产阶级民主革命胜利的标志。当然，对于临时政府而言，历史的局限性与生俱来。孙中山就任临时大总统后，在《对外宣言书》中说："凡革命以前所有满清政府与各国缔结之条约，民国均认有效"，"革命以前，满清政府所借之外债及所承认之赔款，民国亦承认偿还之责，不变更其条件"，"凡革命以前满清政府所让与各国国家或各国个人种种之权利，民国政府亦照旧尊重之"②。他们幻想以保护外国人在华权益的承诺来换取帝国主义各国的"承认"。这反映了革命党人对帝国主义本质缺乏足够的认识。此外，革命党人不仅无视广大农民渴望解决土地问题的要求，相反，许多省的军政府采取了镇压自发抗捐抗税的农民群众和会党武装，从而把工农推向自己的对立面，最终削弱了革命政权及其成果的社会基础。

二、辛亥革命的失败

1. 袁世凯：东山再起

自 1894 年孙中山创立兴中会起，资产阶级革命派经过了长期的努力奋斗，最终辛亥革命推翻了清王朝、建立了资产阶级民主共和国，取得了推翻两千余年之久的皇权专制制度的伟大胜利。这是中国近代历史的第一次伟大的历史性转折。但好景不长，革命成果很快落到袁世凯的手中，"无量头颅无量血，可怜购得假共和"，资产阶级民主共和国的理想落空了。

溥仪继位后，以载沣为首的少壮亲贵集团并不是"洋人的朝廷"里真正的权威，而被载沣开缺的袁世凯依旧是帝国主义和封建势力所倚重的人物。客居彰德洹上的袁世

① 陈旭麓．近代中国社会的新陈代谢．上海：上海人民出版社，1992：323．

② 孙中山全集：第 2 卷．北京：中华书局，1982：10．

凯，通过设在别墅里的电报房，一直同各地党羽和外国公使保持着密切联系，并通过段祺瑞、冯国璋等人，控制着北洋新军。静中待变的袁世凯，一直为复出做着充分的准备。在保路运动刚刚兴起的时候，帝国主义及袁世凯在清政府内部的同党奕劻、徐世昌等就纷纷提出要求，敦促载沣起用袁世凯。及至武昌起义爆发，更进一步对载沣施加压力。帝国主义吹捧袁世凯是“时代的宠儿”，扬言“除非清政府再次召用袁世凯参与国事，没有任何行动能使清朝取得国内外的信任”①。奕劻、徐世昌等则以各国公使的意见作要挟，说“非袁不能收拾”②。载沣无可奈何，于 10 月 16 日任命袁世凯为湖广总督，负责镇压起义。

袁世凯迟迟不动，利用革命形势向清政府索要军政大权，借口“足疾未愈”，拒不受命。同时暗中指使率军南下的冯国璋“慢慢走”“等着看”，以拖延行军时间。继而又通过徐世昌，提出自己出山的六条件：(1) 明年召开国会；(2) 组织责任内阁；(3) 宽容参与此次事变诸人；(4) 解除党禁（此条针对康、梁，立宪运动中此事曾被提出，因张謇等作梗，清政府否决）；(5) 授予指挥水陆各军及关于军队编制的全权；(6) 予以充足军费。对此，载沣一时还不是心甘情愿。但由于派到武昌前线镇压起义的荫昌一再失败，海军统制萨镇冰又辞职而去，载沣不得不稍做让步，于 10 月 27 日改任袁世凯为钦差大臣，全权指挥湖北前线水陆各军，并由其亲信冯国璋、段祺瑞分任第一、二军的统领。袁世凯仍然逗留不出，意存观望。正在这时（10 月 29 日），清军第二十镇统制张绍曾与第二混成旅协统蓝天蔚等发动了“滦州兵谏”，联名通电清政府，提出速开国会、改定宪法、组织没有皇族参加的责任内阁等十二条“政纲”。资政院也加紧活动，提出类似的要求。载沣在多方催促下被迫将皇族内阁解散，下罪己诏，开放党禁，赦免康、梁，拟定宪法。11 月初，任命袁世凯为总理大臣，即行来京组织责任内阁，并颁布《宪法信条》十九条，把起草和议决宪法的权力交给资政院，削减了过去无所不包的“君上大权”，规定皇族不得任内阁总理大臣。不久，袁世凯内阁组成，载沣退居私邸，“不再预政”。

2. 南北议和：袁世凯从中渔利

袁世凯取得清政府全部军政大权后，立即着手稳定北方局势：先使人暗杀新军第六镇统制吴禄贞，并将张绍曾免职；接着镇压了第二十镇管带王金铭、施从云、冯玉祥等人发动的滦州起义。与此同时，袁世凯用武力和谈判两手政策，对付脱离清朝统治的南方政权。他一面命令北洋军队攻陷汉口和汉阳，一面向湖北军政府提出停战议和的建议。黎元洪有意投靠袁世凯，黄兴也对袁世凯抱有幻想，希望他能以“拿破仑、华盛顿之资格，出而建拿破仑、华盛顿之事功”，推翻清廷转向革命③。以此为背景，赴汉口的各省代表通过“虚临时总统之席以待袁世凯反正归来”的议案。于是，双方达成停战协定，随后即派代表进行“南北议和”。

南北议和原拟在汉口举行，因江浙集团反对，改在上海。议和分公开谈判和秘密商

① 大陆报，1911-10-15.

② 张国淦．辛亥革命史料．台北：文海出版社，1976：108.

③ 黄兴致袁世凯函．近代史资料，1983（3）：48-54.

谈两种途径。公开谈判是在英租界的市政厅，伍廷芳、唐绍仪各为南、北正式代表。汪精卫则具双重资格。他在1910年广州新军起义失败后跑到北京，企图暗杀载沣。被捕后，为肃亲王善耆所收买。武昌起义后获释，又投靠袁世凯，随唐绍仪到上海。表面上是伍廷芳的参赞，暗中却为唐绍仪出谋划策。秘密商谈有多条渠道，但起决策作用的则是惜阴堂主人赵凤昌。无论是公开谈判还是秘密商谈，大都以赵凤昌的意见为转移。赵被时人称为“民国产婆”①。当时，各方面的头面人物都聚集在这个惜阴堂主人的周围，就连黄兴、宋教仁等同盟会领导人，遇有重要事件“也来决策于赵”②。另一秘密渠道为黄兴所委之江浙联军总参谋长顾忠琛与段祺瑞之代表廖宇春。12月20日，双方在上海签草约：确定共和政体，优待皇室，先推翻清政府者为大总统。关于南北议和的内容，开始一段时间主要是围绕停战、国体等问题。在各国驻上海领事的压力下，双方很快就停战达成协议。但对政体一事，究竟是共和还是立宪，南北意见不一，最后议定由各省派代表召开国民会议解决。而有关国民会议的具体方案，赵凤昌早在南北和谈之前即已拟就。对于袁世凯来说，君主立宪和民主共和其实都无所谓，他所想的只是将国家政权牢牢控制在自己手里。因而，他对召开国民会议决定政体一事曾在私下表示“甚为赞成而难于启齿”③。但这时由于孙中山做了临时大总统，南京临时政府成立。而袁与立宪派的设想是南方只建立以大元帅为首脑的政府，而由国民会议选袁为首任大总统。因而若再召开国民会议公决“共和政体”，是袁非从清廷，而是从南京临时政府接收政权，等于接替孙为第二任总统。他又立即宣布所订协议无效，并撤销唐绍仪代表资格，中断议和谈判。

3. 南京临时政府：困境重重

南京临时政府的成立，标志着资产阶级民主共和制度在中国的诞生。但是，新生的共和政权所要面对的却不仅仅是旧力量的抵抗和反扑，新力量的分化、内耗和由此形成的新矛盾，以及新旧矛盾的交错纠葛，终将缺乏社会基础的共和政权拖入了难以解脱的困境。

在武昌起义成功之后，尽管革命党人反复强调“秩序革命”，不敢触动帝国主义的权益，但帝国主义列强却敏感地警觉到革命如果成功，不仅将危及帝国主义在中国经营了半个多世纪的半殖民统治，而且还会在国际上引起连锁反应，威胁帝国主义在整个东方的殖民统治，甚至震撼帝国主义制度本身。因此，帝国主义列强对革命抱敌视态度，只承认南京临时政府为“交战团体”，而不承认是政权机构，并采取各种手段力图将革命政权扼杀在摇篮之中。面对迅速发展的形势，帝国主义列强表面上伪装中立，实际上暗中支持清廷。它们通过全面控制关税的办法，切断临时政府的财源，并拒绝向临时政府提供贷款，从经济上进行封锁；与此同时，它们却继续把关税送到北京，英、法、德、美四国银行团还贷给清廷白银300多万两，企图借此维持清廷的腐朽统治。在军事上，它们调兵遣将，武昌起义后的几天内，英、美、日、德、法等国的十几艘军舰聚集

① 刘厚生．张謇传记．台北：文海出版社，1975：182.

② 辛亥革命回忆录：第6集．北京：中华书局，1963：362.

③ 袁复赵凤昌电//赵凤昌藏札．北京：国家图书馆出版社，2009.

在武汉江面，日夜随时待命，准备进行武装干涉。俄国也竭力破坏中国革命，妄图乘机分裂中国。它指使一小撮蒙古王公宣布外蒙古"独立"，并出兵强占黑龙江省呼伦道（今海拉尔）、满洲里等地。临时政府成立后，派人与列强各国交涉，但各国均置之不理，甚至别有用心地宣传君主观念已成为中国的传统，从西方引进的民主学说不适合中国国情，"实行君主立宪为最适宜"。与此同时，它们还鼓吹袁世凯是中国各派政治势力"唯一可以接受的领袖"，表示只有在袁解决"南北争端"之后，才有可能承认中华民国，力图胁迫革命党人把政权让给袁世凯。

宣告独立的各省政权，大部分都落入立宪派和旧官僚政客之手，他们在分享革命果实之后，就远离或背离了革命的目标。围绕革命后政权易移而展开的政治图景，既复杂多样又充满变数：

有的是革命党人发动起义，而推立宪派人士和旧官僚为都督，如湖北、浙江、江西。

有的是革命派夺得政权后在政变中失去，如湖南，原由焦达峰、陈作新为正、副都督，后为谭延闿所夺。

有的是立宪派、旧官僚抢先宣布"独立"，如江苏、广西、安徽。广东本来也是这种情况，立宪派原推两广总督张鸣岐为都督，因张胆小逃走，胡汉民才出任都督。

有的表面不是立宪派或旧官僚掌权，但实际上却为这种势力所左右。云南都督蔡锷以发动新军起义而光复全省，自有其不可埋没之功绩，但他始终尊敬和服从梁启超，按梁启超的意旨办事。当武昌起义刚爆发时，梁启超原想利用吴禄贞、张绍曾所掌握的军队，通过宫廷政变形式搞君主立宪，及至袁世凯复出，吴、张或遇暗杀，或被革职，梁启超又决定"和袁慰革，逼满服汉"的方针，同时派人运动各省督抚独立，以逼迫清政府就范，并缓解各省起义形势。但稍后发现，清政府终将不复存在，于是便授意蔡锷"运用滇军兼并川黔，雄踞长江上游，以观天下之变"①。蔡锷谨遵师命，派兵进入四川和贵州，击垮了那里的革命派，建立起以梁、康等人物为主的政权。随后各省筹组中央政府，他们便提出不必等孙中山回国，而由梁启超出任内阁总理②。

号称中央的南京临时政府，却政令不行，权威不立。各省的立宪派和旧官僚对南京临时政府抗命不遵，进入临时政府的立宪派和旧官僚也拒不合作。汤寿潜远去南洋，程德全在上海称病，张謇也不到任。在南京临时政府成立后第三天，张謇与孙中山一起商谈政策，得出的结论是"未知涯畔"。他认为孙长期在海外，对中国四五千年之疆域、风俗、政权因革不了解，虽然知道一些国外的政治风俗，但也没有融会贯通。他们通过权衡，认为袁世凯得到列强支持，又具备孙中山所缺乏的财力与物力，因此把袁看成"统一"和"秩序"的象征，视为自己利益的代表。张謇打电报给袁世凯称："愿公奋其英略，旦夕之间戡定大局，为人民无疆之休，亦即为公身名俱泰无穷之利。"③ 他们大造"非袁莫属"的舆论，力主袁世凯上台，以便早日结束革命。

当然，从根本上动摇共和政权根基的是革命党内部的分化和蜕变。由于思想理论准

---

① 辛亥革命：（六）. 上海：上海人民出版社，2000：473.

② 陈恒安. 贵州军政府枢密院电稿摘述//辛亥革命回忆录：第6集. 北京：中华书局，1963：272.

③ 张謇. 劝告袁世凯速决之大计电//张季子九录：政闻录：卷四. 上海：中华书局，1931. 章开沅. 开拓者足迹：张謇传稿. 北京：中华书局，1986：25.

备不足，多数同盟会会员只以“驱除鞑虏”为实行共和之唯一目的，相信“共和制度万能”，认为建立起共和政体，革命就算成功。章太炎甚至喊出“革命军起，革命党消”的口号。在这种错误思想引导下，一些革命党人有的忙于经营实业，为自身谋取经济利益，有的热衷于谋权上位。如陈其美，做了上海都督即排斥光复军领袖李燮和，李退往吴淞，陈派人暗杀未成，同时陈想控制江浙，派蒋介石暗杀了党人陶成章。湖北“首义三武”也是势成水火，严重对立。主要是孙武，不仅打击文学社之蒋翊武，与张振武亦不合。孙武谋南京临时政府部长未成，就反孙。阎锡山则很快变成新军阀，把山西视为独立王国。有的生活腐化，如陈其美终日花天酒地，出入青楼，被称为“杨梅都督”。秋瑾的战友王金发，做了绍兴都督后，不但自己腐化变质，连他衙门里的其他人物，也被鲁迅批判为“穿布衣来的，不上十天也大概换上皮袍子了，天气还并不冷”①。鲁迅办报抨击之，王派人捣毁报馆，驱走鲁迅等人。与此同时，革命党内部各种政治力量开始了新的分化组合，出现了一些对抗同盟会的新政团，如章太炎和张謇、程德全于1912年1月30日在上海成立“中华民国联合会”，章太炎为会长；原共进会领导人孙武与一些官僚政客在上海成立“民社”，推黎元洪为领袖，提出反孙、倒黄、捧黎、拥袁的方针。

当帝国主义、立宪派和旧官僚都竭力要使袁世凯出掌中国政权时，内部涣散的革命党人已经失去了对整个局势的掌控和清醒的判断。所以当袁暗示“赞成共和”之后，一部分革命党人也产生了只要袁世凯能逼清帝退位，就让他当大总统的想法。黄兴认为：“袁世凯是一个奸黠狡诈、敢作敢为的人，如能满足其欲望，他对清室是无所顾惜的，否则他也可以像曾国藩替清室出力把太平天国搞垮一样来搞垮革命。”② 甚至有很多革命党人认为总统席位“非袁莫属”，并对孙中山进行非议甚至攻击。

毋庸置疑，帝国主义列强与立宪派出于完全不同的目的选择了袁世凯。但这种选择的合谋与合力对于革命，尤其是对于革命领袖的压力却是巨大的。在重重掣肘和压力下，孙中山引退了。“惊人事业随水流，爱我园林想落晖。”为共和革命事业历经十载戎马生涯的黄兴也不无凄凉之感！

4. 清帝退位：袁世凯窃国以待

孙中山对袁世凯虽有所警惕，却并无清醒的认识。在内外压力下，孙中山选择了妥协让步，不得不在当选为临时大总统后，两次致电袁世凯，表示大总统一职，自己只是“暂时承乏，而虚位以待之心，终可大白于将来”③。而精明的袁世凯在得到这些许诺后，加快了“逼宫”的步伐。

1912年1月16日，袁与内阁诸大臣联衔密奏，要求隆裕太后召开皇族会议，“速定方针”。为加强压力，还代表内阁全体，向隆裕辞职。当他从清宫出来行至东华门大街时，革命党人张先培等三人投炸弹，想把他炸死，不幸未成。三人被捕牺牲。袁受此虚惊，从此称病不朝，暗中却让原来通电反对共和的那班将领联名上奏，要求皇帝马上

---

① 范爱农//鲁迅全集：第2卷. 北京：人民文学出版社，1981：423.

② 李书城. 辛亥革命前后黄克强先生的革命活动//辛亥革命回忆录：第1集. 北京：中华书局，1963：200.

③ 章开沅，林增平. 辛亥革命史：下册. 北京：人民出版社，1980：446.

退位，确定共和政体，并扬言如不答应，就“率全军将士入京”。帝国主义也配合袁世凯“逼宫”。在袁世凯的玩弄下，清王朝已无路可走了。2月12日，隆裕皇太后带着6岁小皇帝宣统，在养心殿举行了清王朝最后一次朝见仪。孤儿寡母掩面而哭，在无限悲凄中宣告退位。清王朝终于寿终正寝了。

1912年2月12日，清帝溥仪宣告退位。第二天，袁世凯致电临时政府，宣布“共和为最良国体”。13日，孙中山向参议院提出辞职咨文，并附三个条件：建都南京，总统在南京就职，遵守《临时约法》，力图以此制约袁世凯。2月15日，临时参议院举行选举会，选袁世凯为临时大总统。随后派蔡元培、宋教仁为“迎袁专使”，到北京促请袁南下。袁不愿离开北洋老巢，指派其嫡系部队在北京驻地发动兵变，故意制造紧张气氛。于是孙再次让步，同意袁在北京就职。1912年3月10日，袁世凯在北京宣誓就任临时大总统。3月11日，孙中山在南京公布《中华民国临时约法》，这是中国第一部资产阶级性质的宪法，共56条，按西方资产阶级的民主制度和三权分立原则，规定了资产阶级民主共和国的国体和政体，规定人民享有人身、财产、言论、居住、信教等自由。《临时约法》初定时，政权组织形式原为总统制，公布时改为内阁制，规定内阁总理由议会多数党产生，总理对总统要办之事如不同意，可以驳回，总统颁布命令须有总理副署才能生效。这是企图用缩小总统权力的办法，来限制袁的专制独裁，维护民主共和制度。

4月1日，孙中山正式解除临时总统职务。4月5日，临时参议院迁往北京。南京临时政府成立不到100天，就被袁世凯政权所取代。孙中山的“让位”，是辛亥革命转向失败的起点。1924年，孙中山在《中国国民党第一次全国代表大会宣言》中对此问题做了比较深刻的总结：

> 曾几何时，已为形势所迫，不得已而与反革命的专制阶级谋妥协，此种妥协，实间接与帝国主义相调和，遂为革命第一次失败之根源。夫当时代表反革命的专制阶级者实为袁世凯，其所挟持之势力初非甚强，而革命党人乃不能胜之者，则当为当时欲竭力避免国内战争之延长，且尚未能获一有组织、有纪律、能了解本身之职任与目的之政党故也。使当时而有此政党，则必能抵制袁世凯之阴谋以取得胜利，而必不致为其所乘。夫袁世凯者，北洋军阀之首领，时与列强相勾结，一切反革命的专制阶级如武人、官僚辈，皆依附之以求生存。而革命党人乃以政权让渡于彼，其致失败，又何待言！①

三、辛亥革命的历史反思

1. 辛亥革命的历史地位

辛亥革命获得胜利的标志之一是推翻了清王朝，终结了中国的君主专制制度，建立了新的民主共和国。这是一个里程碑式的胜利。曾亲历了辛亥革命并继续亲历了共产党领导的新民主主义革命的林伯渠深有感慨：“对于许多未经过帝王之治的青年，辛亥革

① 孙中山．中国国民党第一次全国代表大会宣言//黄彦．孙文选集：上册．广州：广东人民出版社，2006：672.

命的政治意义是常常被过低估计的。这并不足怪，因为他们没有看到推翻几千年因袭下来的专制政体是多么不易的一件事。”① 当历史上的几千年的“臣民”成为“国民”、“子民”成为“公民”后，历史就在新的轨道上开始运行，并将与那个充满中世纪陈腐气息的历史渐行渐远——尽管其后的历史充满曲折与回旋。“历史向前推动了一大步，并为此后的革命打开了通道。”②

辛亥革命是一场巨大的思想解放运动。自古以来，皇帝被看作是至高无上、神圣不可侵犯的绝对权威，如今都可以被打倒，那么还有什么陈腐的东西不可以被怀疑、不可以被抛弃？林伯渠曾精辟地指出了辛亥革命的重大思想解放意义：“过去专制主义是正统，神圣不可侵犯，侵犯了就要杀头。现在民主主义成了正统，同样取得了神圣不可侵犯的地位。”③ 尽管辛亥革命后来失败了，但是它打开了思想进步的闸门，先进的知识分子不断探索拯救中国的道路。可以说，辛亥时期国民意识的崛起构成了中国近代启蒙运动的历史链条中承上启下的一个不可缺少的环节，它上承戊戌时期“鼓民力，开民智，新民德”的思想启蒙，下启五四时期唤起“多数国民自觉的新文化运动”④。正是在辛亥革命的基础上，才有了五四新文化运动及马克思主义在中国的传播。可以说，没有辛亥革命，便没有五四运动，便没有新民主主义革命的历史发展。

辛亥革命直接导致了社会经济、思想习惯和社会风俗等方面的一系列变化，推动了社会的进步和发展。南京临时政府成立后，以振兴实业为目标，设立实业部，先后颁布有利于工商业发展的一系列政策，如商业注册章程、商业银行暂行条例等。临时政府的这些政策解放了在封建社会中受到禁锢的先进生产力，可以说对经济的发展做了一次社会总动员。这种社会总动员从总体上给中国经济近代化造就了一个比较广泛而稳固的社会基础⑤。随后，中国的民族经济获得了迅速的发展，出现了资本主义发展的“黄金时代”，并随之走上了近代化的道路⑥。

革命政府成立后，大力整顿社会丑恶陋习，以扫除旧时代的“风俗之害”，包括“奴婢之蓄养，缠足之残忍，鸦片之流毒，风水之阻害”。人们见面时用鞠躬、握手取代了封建时代的跪拜礼；以“先生”“君”的互称取代了代表封建等级的“老爷”等称呼。革命后，象征清王朝统治的辫子和服饰成为革除的对象，剪辫易俗之风迅速席卷全国，一时之间，短发、西服、中山装得以流行，社会出现了新风尚、新气象。

辛亥革命对妇女解放运动的发展起到了推波助澜的作用，部分先进的妇女开始觉醒，挣脱“三从四德”的封建枷锁，一改弱质裙钗之旧貌，英姿勃发地投入革命洪流，使沉沉女界熠熠生辉，并通过一系列惊世骇俗的言论、行动为推进中国现代化事业做出了贡献⑦。

---

① 林伯渠．荏苒三十年．解放日报（延安），1941-10-10.

② 金冲及．辛亥革命的前前后后．北京：中国文史出版社，1991：674.

③ 林伯渠在孙中山先生诞辰九十周年纪念大会上的讲话．人民日报，1956-11-11.

④ 张元隆．辛亥革命与国民意识的崛起．探索与争鸣，1991（6）：32.

⑤ 虞和平．辛亥革命与中国经济近代化的社会动员．社会学研究，1992（5）：38-48.

⑥ 黄逸平．辛亥革命后的经济政策与中国近代化．学术月刊，1992（6）：36-43.

⑦ 江晓玲．辛亥革命时期妇女解放运动发展轨迹初考．成都大学学报，1990（4）：22-24．余丽芬．近代女知识分子与辛亥革命．浙江社会科学，1991（5）：58-62，78.

此外，临时政府还宣布改历改元，以公历取代中国传统的阴历，以“中华民国”年号取代清帝纪元。上述种种变化不仅改变了社会风气，也有助于人们的精神解放。

辛亥革命不仅是中国近代具有完整意义的资产阶级民族民主革命，而且是世界民族解放运动中的重要一环。辛亥革命推翻了作为“洋人的朝廷”的清王朝，在占世界人口四分之一的国家取得了胜利，不仅在一定程度上打击了帝国主义的侵略势力，而且推动了亚洲各国民族解放运动的发展。1912 年，在孙中山的支持下，越南爱国志士成立越南光复会，明确提出“驱除法国殖民者，争取越南独立，成立越南共和国”的纲领；在印度尼西亚，在辛亥革命的鼓舞下，民族主义组织迅速壮大。列宁曾高度评价：“中国人民的革命斗争具有世界意义，因为它将给亚洲带来解放并将破坏欧洲资产阶级的统治”①。

2. 辛亥革命败因析

自 1840 年鸦片战争以来，争取民族独立、人民解放和国家富强就是一代又一代先进中国人奋斗的目标。辛亥革命不仅推翻了清王朝，而且使两千余年来的君主专制制度从此结束，使民主共和的观念开始深入人心，从而推动了中国社会进步，促进了中国人民的思想解放，这是一个历史性胜利。但是辛亥革命以同旧势力妥协告终，帝国主义在中国的势力并没有受到削弱，在农村中也没有出现一次社会大变动，革命果实落到了以袁世凯为首的北洋军阀的手里，中国仍是半殖民地半封建社会。辛亥革命没有达到预期目的，从这个意义上讲，辛亥革命是失败了。

辛亥革命的失败自有其因。在当时中国的历史条件和社会条件下，资产阶级民主共和国方案很难实现。帝国主义绝不容许在中国建立一个独立、富强的资产阶级民主共和国，从而使自己失去中国这个占世界人口四分之一的剥削、奴役的对象。它们用政治、外交、军事、经济、财政等各种手段来破坏、干涉中国革命，扶植并支持它们的代理人袁世凯夺取政权。而封建守旧势力的根基也十分雄厚，它千方百计破坏和瓦解革命。正是帝国主义与以袁世凯为代表的旧势力的勾结、破坏，从外部和内部两个方面绞杀了这场革命。

当然，这场革命的失败，还在于它的领导者资产阶级革命派本身存在着许多弱点和错误。它没有提出一个彻底的反帝反封建的革命纲领；没有明确提出反帝的口号，幻想通过承认不平等条约和各国在华特权来换取帝国主义的支持；也不能彻底地反对封建的政治势力和经济基础，不敢触动封建地主土地所有制。即便能够通过武装斗争取得推翻清王朝的胜利，即便在短期内也建立了国会、制订了宪法，但由于帝国主义势力没有被铲除，由于封建军阀的根基还在，中国深层的社会结构和意识形态没有改变，民主共和制度很快被军阀专制所取代。

资产阶级革命派不敢深入地发动人民群众。没有提出土地革命的要求，因而难以动员和依靠占人口最大多数的农民。在这种情况下，孙中山虽然抱定民主共和的目标，坚持不懈地进行斗争，但始终缺少广大人民群众，尤其是反封建的主力军农民的支持，以

---

① 俄国社会民主工党第六次（布拉格）全国代表会议文献·关于中国革命//列宁全集：第 21 卷. 中文 2 版. 北京：人民出版社，1990：163.

致斗争的规模和声势越来越小，路子越走越窄。正如毛泽东所指出的：“国民革命需要一个大的农村变动。辛亥革命没有这个变动，所以失败了。”①

资产阶级革命派不能建立一个坚强的政党，作为团结一切的革命力量的强有力的核心。同盟会内部组织比较松散，派系纷杂，缺乏一个统一和稳定的领导核心。武昌起义后，马上有人鼓吹“革命军起，革命党消”。有的还另建党派，自立山头。即使后来的国民党和中华革命党，也因内部涣散和思想不一致，无法成为坚强的领导力量。

资产阶级革命派的这些弱点、错误，根源于中国民族资产阶级的软弱性和妥协性。因为中国是一个半殖民地半封建的国家，民族资本主义的主要部分是在西方资本主义的刺激下生长起来的。与此相适应，中国民族资产阶级主要是从地主、买办、官僚、商人中转化而来的，这决定了与封建势力和外国资本主义势力之间必然有着千丝万缕的联系，不能也不可能彻底地反对封建主义和帝国主义。辛亥革命仅仅赶跑了一个皇帝，却没有能够改变封建主义和军阀官僚政治的统治基础，无法完成反帝反封建的根本任务。辛亥革命的失败表明，资产阶级民主共和国的方案救不了中国，先进的中国人需要进行新的探索，为中国谋求新的出路。

虽然充满曲折与艰辛，但走向未来的历史长河，终将冲刷出属于自己的前进的河道。历史从来不会止步！

思考题

1. 试述辛亥前十年的中国社会状况。
2. 简要评价中国同盟会及其政治纲领。
3. 简述革命派与改良派论战的意义。
4. 试析辛亥革命失败原因。
5. 试述辛亥革命的历史意义。

阅读书目

1. 胡绳. 从鸦片战争到五四运动. 北京：人民出版社，2000.
2. 金冲及. 辛亥革命的前前后后. 北京：中国文史出版社，1991.
3. 章开沅，林增平. 辛亥革命史. 北京：人民出版社，1980.
4. 王先明. 末世：清王朝的最后十年. 北京：人民出版社，2018.
5. 朱育和，等. 辛亥革命史. 北京：人民出版社，2001.

---

① 毛泽东选集：第1卷. 2版. 北京：人民出版社，1991：16.

6. 周锡瑞. 改良与革命：辛亥革命在两湖. 杨慎之，译. 北京：中华书局，1982.

7. 李喜所. 近代中国的留学生. 北京：人民出版社，1987.

8. 沙健孙，龚书铎. 走什么路：关于中国近现代历史上的若干重大是非问题. 济南：山东人民出版社，1997.

9. 张鸣. 辛亥：摇晃的中国. 桂林：广西师范大学出版社，2011.

第十章

“再造共和”

——动荡的政局与军阀割据

辛亥革命后不久，一直关注中国政局的《泰晤士报》发表评论说：“历史上很少见到如此惊人的革命，或许可以说，从来没有过一次规模相等的、在各阶段中流血这样少的革命……革命的最后阶段是否已经达到目的，这是未来的秘密……在这样的国家里，是否能够突然用一个同东方概念和传统格格不入的共和国政府形式来代替君主政体?”① 历史竟然如此被言中。一个新生的充满理想的共和政府，很快就在各种传统、陈旧、腐朽力量的合力和共谋下，变得徒具形式。革命之后的中国历史，仍然是再次革命或不断革命的艰难选择!

第一节　动荡不已的民初政局

一、袁世凯：践踏《临时约法》

在上海举行的南北和议（1911 年 12 月至 1912 年 2 月）就结束南北两个政权对立局面和清帝退位等问题达成了妥协，这为袁世凯掌控全国政权提供了条件。1912 年 2 月 12 日，清宣统帝宣布退位。孙中山履行诺言，于 2 月 13 日向参议院提出辞职，并推袁世凯继任临时大总统。孙中山在其辞职咨文中附有三项条件：“临时政府地点设于南京，为各省代表所议

① 王先明. 末世：清王朝的最后十年. 北京：人民出版社，2018：314.

定，不能更改”；“候参议院举定新总统到南京受任之时，大总统及国务各员乃行辞职”；“《临时约法》为参议院所制定，新总统必须遵守颁布之一切法制章程”。试图借助共和制度或《临时约法》约束袁世凯，防止他搞专制独裁。精明狡诈的袁世凯，却运用权谋将此“三个条件”化之为无效。

1912 年 2 月 11 日，袁世凯在致南京临时政府电文中声称：“世凯极愿南行，畅聆大教，共谋进行之法，只因北方秩序不易维持，军旅如林，须加部署。而东北人心未尽一致，稍有动摇，牵涉各国。诸君洞察时局，必能谅此苦衷。”① 2 月 15 日，临时参议院通过“以南京作为临时政府地点”的决议后，袁世凯立即致电孙中山表示不能南下就职，并以“退归田园”相威逼。同时，立宪党人和革命党内部，如章太炎、宋教仁、张謇等人也反对建都南京，客观上助推了社会舆论偏向于袁世凯一方。

孙中山依然坚持建都南京。他在迭电袁世凯催其南下就职的同时，派出以蔡元培为专使的欢迎团前往北京，迎接袁世凯南下就职。2 月 27 日，蔡元培一行到达北京，袁氏组织了盛大的欢迎仪式。袁氏不仅公开表示“极愿早日南行”，而且“始终无不能南行之语，且于此两日间与各统制及民政首脑商留守之人”②。但三天后，北洋军第三镇统制曹锟发动“北京兵变”，为袁氏拒绝南下制造了借口。西方列强也向南京施压，公然为袁世凯张目。情势所迫下，蔡元培等人致电孙中山，要求允许袁在北京任职，确定“参议院及内阁全部迁北京”③。孙中山深感“惟文此时若再争之，必致强拂众论”④。

图 10－1　袁世凯与北洋将领

1912 年 3 月 6 日，南京临时参议院做出决议：允许袁世凯在北京组织政府。3 月 10 日，袁世凯在北京宣誓就任中华民国临时大总统。4 月 1 日，孙中山宣布解除临时大总统职务，以黄兴为南京留守使。4 月 5 日，参议院议决临时政府迁至北京。至此，以孙中山为代表的革命党人建都南京的努力宣告失败。民国初年的建都之争，是孙中山等革命党人与袁世凯官僚政治集团之间展开的一场共和与专制的较量。“孙中山是以法统来

① 辛亥革命资料. 北京：中华书局，1961：177-178.

② 公电. 申报，1912-03-12.

③ 蔡专使致南京政府电. 申报，1912-03-01.

④ 孙中山致蔡元培电//黄彦，李伯新. 孙中山藏档选编. 北京：中华书局，1986：194.

维护南京的首都地位，袁世凯则是以实力来确立北京的首都地位”①，法统终究难敌实力的结果，预示了民国初年政局的基本走向和共和制度的历史命运。

图 10-2 袁世凯

按照《临时约法》的规定，北京临时政府采用责任内阁制的政体形式。1912 年 3 月 13 日，袁世凯提议由唐绍仪为内阁总理，革命派坚持内阁总理由同盟会会员担任，争执结果是唐绍仪任内阁总理，但需加入同盟会。3 月 29 日，南京临时参议院表决袁世凯、孙中山协商提出的内阁名单。4 月 21 日，中华民国第一届责任内阁——国务院正式成立。此届内阁中同盟会会员占了半数，号称“同盟会中心内阁”。国务总理唐绍仪按照《临时约法》规定的内阁制度，在同盟会阁员的支持下行使总理权力，自主处理一切重大国务。“事事恪守《约法》”的唐绍仪，引起了袁世凯的猜忌与极大不快，“疑唐挟同盟会以自重，有独树一帜之意”②，特别是在英、美、日、法、德、俄六国银行团借款问题、王芝祥督直事件上，袁世凯与国务院之间的矛盾走向激化。6 月 16 日，唐绍仪愤而辞职，其他同盟会阁员也相继退出内阁，唐绍仪内阁就此瓦解。

内阁解体后，陈其美质问袁说：内阁为目下最重要者，若不速为解决，“我知非驴非马将继续出现，民国之危甚于垒卵”③。果不其然，6 月 27 日，陆徵祥继任内阁总理，但袁世凯提出的阁员名单迟至 7 月 25 日方在议会勉强通过。此后由于陆徵祥一直请假，所以“内阁政务几于停顿”④。8 月 20 日，赵秉钧代理国务总理，维持了总统府的行政中心地位，内阁之国务会议形同虚设，“陆内阁时代，事无大小，皆总统府决之。赵内

① 辛向阳，倪健中．首都中国：迁都与中国历史大动脉的流向：下．北京：中国国际广播出版社，1997：917.

② 三水梁燕孙先生年谱．1946：112.

③ 民立报，1912-06-25.

④ 张国淦．北洋述闻．上海：上海书店出版社，1998：129.

阁时代，则直移国务会议于总统府，国务院无所谓国务会议，形式上虽有会议，然仅裁决较为细微之事”①。至此，责任内阁已如同虚设，北京政府的权力运作集中于总统府。

革命党人力图通过宪政的力量规约和制衡袁世凯的权力独大局面。陆徵祥内阁组成后，宋教仁便积极从事组织政党内阁的活动，他坚信“欲建设良好政府，则舍政党内阁莫属”②。试图组建一个强大的政党，通过议会选举，争取以多数党的地位控制国会，组成政党内阁。

民国初年政党、政团林立，各种党、会、社团多达300余个，但最终形成较为成熟的三大政党。1912年5月9日，以民社、统一党为基础，联合国民公会、国民协进会等几个小党派组建而成共和党。1912年8月25日，在宋教仁等人的努力下，同盟会进行改组，并联合了统一共和党、国民公党、国民共进会、共和实进会，组成国民党，孙中山被推为理事长，宋教仁被委任为代理理事长。9月27日，以立宪党为主体的共和建设讨论会联合共和俱进会、共和统一会、共和促进会等6个政团组成民主党，与共和党、国民党形成鼎立之势。共和党的成立及其活动，得到了袁世凯的支持；民主党在政治上拥护袁世凯，在重要的政争中与共和党相呼应，发展较快；国民党则致力于在国会选举中获得优势地位，最终实现控制国会和组建政党内阁的目的。

按照《临时约法》的规定，该法公布后10个月内临时大总统召集正式国会，由临时参议院制定组织法、选举法。1912年8月，临时参议院通过了《国会组织法》《众议院选举法》《参议院选举法》，规定仿照美国国会实行两院制，这样竞选国会议员成了各党活动的中心内容。从1912年12月到1913年2月，第一届国会选举在全国范围内进行。宋教仁等周游长江中下游数省，到处发表竞选演说，国民党在选举中获得了绝对优势。1913年3月，国会选举揭晓：参、众两院共870个议席，国民党独占392席，约占45%；而共和、统一、民主三党共得223席，约占26%。获选的胜利使国民党人心振奋，然而却激怒了袁世凯。1913年3月20日，宋教仁准备返京组织第一届责任内阁，在上海火车站遇刺身亡。

二、国民党：“二次革命”

“宋案”发生以后，袁世凯电令江苏都督程德全：“穷究主犯，务得确情，按法严办。”但调查结果令国人大为震惊，直接指使谋杀的是袁世凯的亲信、内阁总理赵秉钧及其秘书洪述祖。“宋教仁的死，对政党政治是一个严重的打击，预示着政党政治的失败”③，也引起了国人对袁世凯的声讨。国民党内部形成“武力倒袁”与“法律倒袁”的争论：孙中山主张武力讨袁，大部分国民党议员则主张联合其他党派，通过国会力量“法律倒袁”。与此同时，袁世凯加紧军事筹划，准备发起针对国民党人的战争。

1913年4月，袁世凯不顾临时参议院的反对，以盐税收入作保，与英、法、德、日、俄五国银行团签订了“善后大借款”合同。“善后大借款”附有屈辱性政治条件，

① 章伯锋，李宗一. 北洋军阀：第2卷. 武汉：武汉大学出版社，1990：7.
② 陈旭麓. 宋教仁集：下册. 北京：中华书局，1981：463.
③ 朱旭红. 民初政党政治的失败及其原因分析. 社会科学战线，2005（3）：313.

协定意向公布以后，举国哗然。国民党员安徽都督柏文蔚、广东都督胡汉民、江西都督李烈钧通电反对。6月9日，北京政府宣布免除江西都督李烈钧、广东都督胡汉民、安徽都督柏文蔚三人的都督职务，并派北洋军开赴江西发起内战。国民党遂决定武装反袁，“二次革命”由此爆发①。

1913年7月12日，李烈钧在江西湖口宣布誓师，发布讨袁通电，宣告江西独立。7月15日，黄兴在南京逼迫江苏都督程德全宣布讨袁。随后，上海、安徽、湖南、广东、福建、重庆等地相继宣布独立。在江西和江苏战场，北洋军攻势猛烈，讨袁军不到两月即遭失败。9月1日，张勋武卫前军攻克南京，随后各地宣布取消独立。孙中山、黄兴、陈其美等人被通缉，相继逃亡日本，“二次革命”宣告失败。

“二次革命”期间，北方发生了白朗起义。白朗起义历时三年多，纵横鄂、豫、皖、陕、甘五省，于1914年8月被北京政府镇压。与具有时代意义的“共和革命”的追求相比，单纯的农民起义已成为历史的余响。

“二次革命”的旋起旋落，标志着辛亥革命的失败无可挽回。军事上的失败，使国民党失去了与袁世凯相抗衡的武力基础，对袁世凯破坏《临时约法》、走向独裁道路已经失去制约。此后，军权与武力越来越成为影响民初政局的主导力量。袁世凯以北洋军为后盾，在独裁专制的道路上快速地走向帝制复辟。

三、袁世凯：走向帝制

1913年7月，袁世凯授意进步党领袖熊希龄组阁。9月熊希龄内阁组成，其中只有司法、教育、农商等少数总长由进步党人梁启超、汪大燮、张謇等分别担任，由于梁启超等均为社会名流，故这个内阁被称为“第一流人才内阁”。但是，内阁的陆军、内务、外交等要害部门则牢牢控制在袁世凯的嫡系军阀和官僚手中，内阁完全听命于袁世凯。

按照国会议定的程序，应先制定宪法，然后选举总统。袁世凯为尽快获得正式总统职位，唆使黎元洪联合直、鲁、豫、黑、陕、甘、浙、川、黔、滇、桂、闽及新疆等省都督致电国会，要求先选总统后定宪法。“二次革命”失败后，一部分国民党议员被捕遇害，一部分被袁世凯拉拢和收买，国民党议员无力左右国会。1913年9月5日和8日，众、参两院先后通过选举总统案；10月4日，国会通过了宪法起草委员会公布的《大总统选举法》，完成了选举“正式大总统”的“合法”程序。10月6日，在“今天不选出我们中意的大总统，休想出院”的威逼情势下，被荷枪实弹军警围困的议员们历经14小时3次投票，最终以2/3的票数选举袁世凯为中华民国首任大总统。次日，国会选举黎元洪为副总统。10月10日，袁世凯在太和殿举行正式大总统就职典礼。

成为正式大总统后，袁世凯对宪政体制的蔑视和突破变本加厉，决意将国民党与国会全部踢开。1913年10月，国会宪法起草委员会按照三权分立的基本精神起草了《中华民国宪法（草案）》。《中华民国宪法（草案）》又称《天坛宪草》，基本上坚持了责任内阁制的精神，如国务总理的任命须经众议院通过，内阁对众议院负责；大总统发布命令须经国务员副署等。还在《天坛宪草》起草过程中，10月16日，袁世凯就向国会提

---

① “二次革命”又称“讨袁之役”“癸丑之役”“赣宁之役”。

出《增修约法案》，企图绕过宪法体制，彻底解决总统权限问题，扩大总统权限，但被国会拒绝。10月25日和11月4日，袁世凯直接通电各省都督、民政长，指责《天坛宪草》以分权为原则，是“国会专制”，并攻击国民党“但知构乱，以便其私，早已置国家危亡、国民痛苦于度外，乱国残民，于斯为极！”① 11月4日，袁世凯宣布国民党为叛逆组织，下令解散，取消国民党议员资格。11月10日，国会因不足法定人数，宣布自行解散。11月12日，袁发布命令解除所有各省国民党议员的资格，各省议会陷于瘫痪。1914年1月10日，袁世凯根据政治会议决议，下令停止全体国会议员职务，正式取消了中华民国国会。

国民党被解散，国会被取消，尚有《中华民国临时约法》的约束，它是辛亥革命留下的最主要的政治遗产。袁世凯通过政治会议遴选亲信组成约法会议，专事约法修改工作。1914年3月18日，约法会议开幕，很快炮制出《中华民国约法》，并由袁世凯于1914年5月1日公布施行，同时宣布废除《中华民国临时约法》。

《中华民国约法》将《中华民国临时约法》的责任内阁制改为总统制，明文规定“大总统为国之元首，总揽统治权”，“行政以大总统为首长，置国务卿一人赞襄之”。《中华民国约法》对总统权几乎未设限制：“新约法之唯一目的，在于增加总统权力，灭削议会之牵制，与《临时约法》之精神完全相反。全文计68条，杂采美国、日本及欧洲大陆各国宪法中最偏重行政之条文，再加以别出心裁、独自创作之集权制度，以实行‘一人政治’主义。”② 至此，针对袁世凯独裁专制的法理约束——《中华民国临时约法》被正式废弃。

1914年12月28日，约法会议还通过了《修正大总统选举法》。《修正大总统选举法》不仅将原有的《大总统选举法》合理的选举程序加以修改，而且规定：大总统任期十年，连任不限制；总统继承人由现任大总统推荐，预先题名藏之“金匮石室”；凡换届改选，得参议院2/3以上同意，大总统得留任③。至此，袁世凯在政治体制上完成了走向帝制的前期准备，为其登上皇帝宝座铺平了道路。

1915年8月23日，时任国史馆副馆长的杨度，联合孙毓筠、严复、刘师培、李燮和、胡瑛等在北京发起成立筹安会。杨度随后发表《君宪救国论》，为袁世凯称帝摇旗呐喊：“多数人民不知共和为何物，亦不知所谓法律以及自由、平等诸说为何义”，“君主乍去，中央威信远不如前，遍地散沙，不可收拾。无论谁为元首，欲求统一行政，国内治安，除用专制，别无他策”④。筹安会成立以后，袁世凯的称帝运动从学理讨论的层面跃至组织实施阶段。筹安会通电全国，要求全国各地文武官员和商会团体来京讨论国体问题。1915年8月28日，各省代表齐集北京共商国体，表决结果为“一致赞同君宪”。

袁世凯不仅制造了称帝的舆论环境，还制造了拥袁称帝的假民意氛围。9月1日，代行立法院职权的参政院举行开幕典礼，在京各省文武官吏代表分别组成“公民请愿

① 《中华民国史事纪要》编辑委员会. 中华民国史事纪要：1913年7月至12月. 台北：中华民国史料研究中心，1981：500.

② 陈茹玄. 中国宪法史. 台北：文海出版社，1977：70.

③ 修正大总统选举法（1914年12月29日）. 政府公报，1914-12-30.

④ 章伯锋，李宗一. 北洋军阀：第2卷. 武汉：武汉大学出版社，1990：954-957.

团”，向参政院请愿“变更国体”，各式各样的请愿团（如商界请愿团、学界请愿团、妇女请愿团、乞丐请愿团、人力车夫请愿团等）也纷纷登场。9月19日，梁士诒发起成立了变更国体全国请愿联合会取代筹安会，向参政院请愿要求召开国民会议，“公选”皇帝。

有了如此“民意”，参政院于10月6日决定不再召开国民会议，而“以国民会议初选当选人为基础，选出国民代表”，组成“国民代表大会”决定国体。10月8日，袁世凯公布《国民代表大会选举法》，并由各省军政长官监督“选举”出的国民代表进行所谓国体投票和推戴袁世凯为皇帝。从10月25日起到11月20日，由各省选出的国民代表先后举行决定国体的投票，各省代表1 993人全部赞成君主立宪制。12月11日，参政院将“总推戴书”上呈袁世凯，袁世凯故作推让，参政院当晚再度“劝进”。12月12日，袁世凯宣布尊重“民意”，接受推戴。12月13日，袁世凯在北京居仁堂接受文武百官朝贺，开始以皇帝身份君临天下。12月31日，袁世凯下令定新朝年号为“洪宪”，决定自1916年1月1日起，将民国纪年改为洪宪元年。至此，袁世凯完成了由总统到皇帝的转变。

在民主共和成为时代潮流的大趋势下，帝制复辟无异于逆流而行。在帝制酝酿与实施过程中，举国上下反对袁世凯的进步力量就已潜流暗涌，迅速集结。1915年底，公开倒袁的护国战争的旗帜就奋然举起。

图10-3　1916年1月3日《滇声》刊登的反袁宣传画

四、护国运动：“再造共和”的斗争

“二次革命”以后，参与武力讨袁的革命党人失去了在国内活动的政治空间，孙中山、黄兴等人流亡日本。孙中山总结“二次革命”的经验教训，认为“吾党之败，自败也，非袁败之也”，“非袁氏兵力之强，实同党人心之涣”①；对革命前途表示乐观，认为“内地各处，其革命分子较之湖北革命以前，不啻万倍。而袁氏之种种政策，尚能为

① 孙中山．致黄兴书//孙中山选集：上．北京：人民出版社，1981：96-97．

民国制造革命党”①。1914 年 7 月 8 日，孙中山在东京主持召开中华革命党成立大会。中华革命党以孙中山为总理，成立大会通过了《中华革命党总章》，提出以“实行民权、民生两主义”为宗旨，“以扫除专制政治，建设完全民国”为目的。该总章把革命过程分作“军政”、“训政”和“宪政”时期；在宪法颁布前统为革命时期，“一切军国庶政，悉归本党负完全责任”。中华革命党还强调革命精神与服从义务，将党员按入党先后顺序分为首义、协助、普通三等，所享权利并不均等，一切党员对孙中山绝对服从，这在一定程度上造成了党内的等级差别和地位鸿沟，不利于党的组织发展与党员积极性的发挥。中华革命党的成立，重新聚集了革命力量，先后设立了 18 个省支部及 39 个海外支部，最多时达到一万余名党员，对孙中山的反袁斗争起着重要作用。中华革命党先后策划了多次武装起义和暗杀活动，其中影响较大的是上海“肇和”兵舰起义以及居正在山东组织发起的反袁军事行动等，但都因实力不济而告失败。

部分原国民党人则拥护黄兴为领袖，于 1914 年 8 月在东京成立欧事研究会，以讨论正在进行的第一次世界大战的面目出现，以避免与中华革命党形成直接对立的两个政党。该会对国内政治采取“浸润渐进”主义，在反袁斗争上主张采取缓进策略，不主张立即采取过激的革命行动。欧事研究会的反袁活动侧重于积蓄力量，联合策动其他政治派别形成共同反袁的合力。随着袁世凯称帝野心日益暴露，欧事研究会在与进步党人及西南地方实力派的联络中，发挥了重要作用。

以梁启超为精神领袖的进步党对袁世凯的立场经历了明显的变化过程。自民国成立以后，进步党一直是袁世凯的追随者和支持者；梁启超尤其坚持“开明专制”理念，寄望在清末民初政权鼎革之机，依靠威权促进民主。但袁世凯却以“威权”为独裁专制开路，最终上演了称帝的闹剧。在袁世凯帝制自为的道路上，进步党人逐渐从拥袁走向了反袁。1915 年 9 月 3 日，梁启超毅然在《京报》上发表《异哉所谓国体问题者》，公开反对变更国体，一时引动社会舆情，形成举国讨袁的时代强音。

梁启超政治立场的转变，对他的弟子进步党人蔡锷影响巨大。蔡锷（1882—1916），湖南宝庆人，辛亥革命时期云南反清起义的领导者。1913 年 10 月，被袁世凯剥夺兵权调入北京，受到袁世凯的监视。1915 年 10 月中旬，蔡锷得知袁世凯称帝之意后，即与梁启超密谋，决定潜回云南发起武力讨袁。1915 年 12 月 19 日，蔡锷辗转抵达昆明，护国讨袁斗争的大幕由此揭开。

蔡锷抵滇后，会同唐继尧等进行了周密部署，制订讨袁计划。1915 年 12 月 23 日，唐继尧与云南按察使任可澄致电袁世凯：“此间军民，痛愤久积，非得有中央永除帝制之实据，万难镇劝”，限令袁世凯于 25 日上午 10 时前答复。限期届满，袁世凯未予回复，唐继尧、蔡锷、任可澄、刘显世等联名通电全国，宣布云南独立，并组成以“护国军”为名的讨袁军。护国军兵分三路：蔡锷任护国军主力第一军司令，领兵北征四川；唐继尧出任滇督并任护国军第三军司令，留守昆明；李烈钧任护国军第二军司令，领兵东出广西，以为策应。1916 年元旦，正当袁世凯在北京登上皇帝宝座、接受百官朝贺之时，云南军政府发布讨袁檄文，宣布出兵讨袁，护国战争爆发。

---

① 黄季陆，等．革命文献：第 5 辑．台北：中国国民党中央委员会党史史料编辑委员会，1968：20.

在蔡锷率领下，护国军兵分两路进攻四川与贵州，袁世凯则于1916年1月5日令曹锟率领北洋军迎击护国军。战争伊始，护国军即节节胜利，东路军一部进抵贵阳；西路军占领四川叙府，然后大举入川；刘存厚率川军一师起义，任四川护国军总司令。继云南独立之后，1916年1月27日贵州也宣布独立，此后广西、浙江、广东、山东等省相继响应独立。其他如湖北、四川、安徽、湖南、江苏等地，均在中华革命党人的策动下举行反袁斗争。面对举国一致的声讨，袁世凯于2月23日宣布帝制活动“从缓办理”。3月22日，袁世凯在孤立无援的困境下宣布取消帝制；23日，宣布废除“洪宪”年号。

袁世凯被迫取消帝制，是护国战争与讨袁阵营的重大胜利。但袁世凯于1916年4月下令恢复内阁制，由段祺瑞组织责任内阁，企图继续保留自己的大总统职位。1916年5月8日，滇、黔、桂、鄂四省在广东肇庆举行联席会议，共组中华民国军务院，唐继尧、岑春煊为正、副抚军长，蔡锷、李烈钧等为抚军，梁启超为抚军兼政务委员长。军务院最主要的诉求除要求袁世凯下台外，即为恢复国会和《临时约法》。军务院的成立，推动了全国性讨袁运动的继续发展。5月下旬，袁世凯的两位心腹四川将军陈宧、湖南将军汤芗铭迫于形势，也宣布独立，给予袁世凯以沉重打击。6月6日，袁世凯忧惧而亡。

在民主共和成为历史潮流的时代，逆流而行的帝制自为无异于自取灭亡。诚如梁启超所言：“已经挂上了的民国招牌，从今以后千千万万年再不会卸下。任凭你像尧、舜那么贤圣，像秦始皇、明太祖那么强暴……再要想做中国皇帝，乃永远没有人答应。”①

第二节 民族危机的进一步加深

一、列强对华侵略与分裂中国的活动

1. 俄国策动外蒙古“独立”活动

1904年俄国在争夺中国东北的日俄战争中战败，遂将东下东北改为南下蒙古的战略。俄国向蒙古地区派出各种各样的探险队，同时加紧收买蒙古上层喇嘛、活佛，培植亲俄势力。面对沙俄日益严重的威胁，清统治者忧心忡忡，部分封疆大吏建议朝廷采取相应措施，以应对沙俄的侵略活动。1910年，清政府在外蒙古实施新政，以争取民心和巩固西北边疆，防阻强邻沙俄的侵略，此即“外蒙新政”。清政府废止了蒙汉不得通婚的禁令，鼓励移民实边，增设兵务处、卫生局、巡警队、学校、商品陈列所等近代化机构，一定程度上推动了外蒙古的近代化进程。

但“外蒙新政”也引起部分外蒙古王公贵族的激烈反对，这也给沙俄以可乘之机。沙俄拉拢和煽动一部分封建领主和活佛，策动了叛乱。发生在1911年的蒙古“独立”运动，实际上正是沙皇集团利用中国南方的革命之机，企图分裂中国领土的阴谋活动。

---

① 梁任公近著：下. 台北：文海出版社，1978：242.

1911年7月，外蒙古“久怀携贰，蛊惑活佛，密主联俄”的杭达多尔济亲王等亲俄势力举行丹书克（大会盟典礼）时，提出所谓的“独立”，在沙俄政府及其驻库伦领事支持下策划了外蒙古“独立”运动。1911年10月武昌起义爆发后，各省相继响应实行独立，外蒙古乘机而动。沙俄派多人至外蒙古游说，离间中国外蒙古地方与中央政府的关系。11月中旬，杭达多尔济等人回到库伦，在与俄驻库伦领事密谋后，向清驻库办事大臣三多提出最后通牒，宣称“将蒙古全土自行保护，定为大蒙古独立共和国，公推哲布尊丹巴为大皇帝，不日登极”。12月1日，杭达多尔济等人率兵包围库伦办事大臣衙署。12月5日，三多等人被驱逐出外蒙古。12月16日，杭达多尔济等人发表“独立宣言”，在库伦成立“大蒙古国”，奉哲布尊丹巴为“皇帝”，杭达多尔济为“外交大臣”，年号为“共戴”。1912年1月12日，乌里雅苏台组织“临时政府”，札萨克图汗宣布“独立”，押解乌里雅苏台将军奎芳离开外蒙古。至同年8月，科布多参赞大臣溥润亦被逐走。在沙俄政府的怂恿与操纵下，外蒙古“独立”运动成为事实。

外蒙古“独立”运动发生在清末民初政权交替之际，南京临时政府与北京政府均力加谴责与抨击。1912年1月28日，孙中山致电蒙古诸王公，告以“俄人野心勃勃，乘机待发，蒙古情形，尤为艰险，希群策群力……勠力一心，共图大事”，并希望“无分汉满蒙回藏，相与共享人类之自由”①。袁世凯就任大总统后，对外蒙古“独立”亦表示反对。他致电库伦哲布尊丹巴：“外蒙古同为中华民族，数百年来，俨如一家，现在时局阽危，边事日棘，万无可分之理。”② 但沙俄与“大蒙古国”均无视中国主权，1912年11月2日，沙俄与“大蒙古国”代表订立了所谓的《俄蒙协约》，条约规定：“俄罗斯帝国政府扶助蒙古保守现已成立之自治秩序”，“蒙古主及蒙古政府，准俄国属下人等及俄国商务照旧在蒙古领土内，享有此约所附专条内开各权利及特权”，“如蒙古政府认为，须与中国或别外国立约时，无论如何，其所订新约，不经俄罗斯帝国政府允许，不能违背或变更此协约专条各条件”③。沙俄由此获取了“监护”外蒙古“内政外交”的各项特殊权益。

中国政府不承认所谓的《俄蒙协约》。从1912年11月26日到1913年6月20日，中俄双方在北京举行关于外蒙古问题的谈判，双方签订《中俄声明文件》，明定中国与外蒙古之关系：一方面，俄国承认中国对外蒙古之宗主权；另一方面，中国承认外蒙古之自治权。沙俄通过这一文件使其非法攫取的权益“合法化”。1914年9月8日，俄、中、蒙三方代表在恰克图继续进行多次谈判，于1915年6月7日签订了《中俄蒙协约》二十二条，即《中俄恰克图协定》，重申了《中俄声明文件》确认的各项原则：外蒙古承认中国宗主权，中国承认外蒙古自治。

在外蒙古自治时期，北京政府在外蒙古问题上也做出了不懈的努力，加强在外蒙古的力量，逐渐恢复中国主权。1919年11月18日，外蒙古官府向中央递交撤治呈文：“外蒙自前清康熙以来，即隶属于中国……迨至前清末年，行政官吏秽污，众心益行怒

---

① 郭寄峤. 民国以来中央对外蒙藏的施政. 台北：“中央”文物供应社，1984：40.

② 程道德. 中华民国外交史资料选编：一. 北京：北京大学出版社，1988：86.

③ 关于1911—1913年中俄外蒙问题交涉：俄国外交文件选译. 民国档案，1990（1）：66-70，55；1990（2）：64-70，37；1990（3）：57-70；1990（4）：40-54.

怨。当斯之时，外人乘隙煽惑，遂肇独立之举。嗣经协定条约，外蒙自治告成。中国空获宗主权之名，而外蒙官府丧失利权。迄今自治数载，未见完全效果……咸谓近来中蒙感情敦笃，日益亲密，嫌怨悉泯，同心同德，计图人民之途，均各情愿取消自治，仍复前清旧制。凡于扎萨克之权，仍行直接中央，权限划一。所有平治内政，防御外患，均赖中央竭力扶救。”① 11 月 22 日，北京政府以大总统命令的形式，正式宣布撤销外蒙古自治。

2. 俄国在新疆的侵略活动

辛亥革命爆发后，俄国侵略者认为有机可乘，蠢蠢欲动，伺机兵进新疆。1912 年 1 月 7 日，伊犁革命党人举行伊犁起义，次日成立新伊大都督府，采取了一系列革命政策：宣布保护外侨生命财产，要求沙俄“严守中立”，平等外交，不许沙俄武装入境。沙俄本想利用伊犁起义之机实现其侵略意图，但由于起义的迅速胜利与革命政权的强硬态度，沙俄派兵计划被迫延缓，暂时宣告“中立”。

1912 年 4 月袁世凯掌握政权以后，撤调伊犁革命政府都督广福等人职务，加强袁大化等新疆旧势力的权力，导致新疆内政不稳，为沙俄出兵进犯伊犁提供了可乘之机。1912 年 4 月 27 日，沙俄利用伊犁民军和迪化反动军队相互对峙之机，借口保护俄领、俄商和俄侨，派遣一支由 200 名哥萨克人组成的侵略军，从霍尔果斯尼堪卡伦入境，进至宁远（今伊宁）驻扎，于 5 月 8 日进入伊犁。此外，俄国侵略军 500 名步兵及 50 名炮兵，携带 4 门大炮也先后进驻伊犁。5 月 11 日，中国北京政府提出抗议，要求沙俄立即从中国领土撤兵。沙俄驻北京公使克鲁宾斯基却以“俄国政府有权采取措施保护领事馆、俄民与商业利益”② 为由拒不撤兵。可见沙俄此次出兵伊犁是久有蓄谋，名为护侨，实为乘乱侵占，重演 1871 年强占伊犁之故技。沙俄在伊犁驻扎重兵的行动，是对中国主权的严重侵犯，也对新伊大都督府和伊犁民军构成了严重的威胁。直到 1914 年 10 月，因第一次世界大战爆发，沙俄在伊犁领馆的 300 名武装人员才不得不返回俄国。

在出兵伊犁、侵占北疆的同时，沙俄还勾结英、印两国出兵喀什，谋夺南疆。伊犁起义波及喀什后，当地各族人民纷纷响应，“呼声若雷，英勇争先”。1912 年 6 月 22 日，沙俄政府又以与出兵伊犁同样的理由，不顾中国政府反对，在事先与英国达成默契的情况下，派遣由 300 名哥萨克军人、2 个步兵连及 3 挺机枪组成的部队进入喀什。北京政府再次抗议，指出俄兵已“超出双方协商领事馆卫队人数”，要求“立即撤扎俄境”；沙俄驻北京公使克鲁宾斯基表示：“我方所派军队人数从未作为谈判条件，决不可能撤军”③，强行驻扎在喀什。如此，英国承认俄国经营外蒙古与新疆，俄国承认英国染指西藏。俄国出兵喀什并与英、印取得联系，是欲借此机会对中国形成钳形攻势，以达瓜分中国、肢解新疆的目的。

此外，由于霍尔果斯河中游地区河水向中国境内改道，1915 年 6 月 12 日，中俄签

① 程道德. 中华民国外交史资料选编：一. 北京：北京大学出版社，1988：513-514.
② 俄罗斯对外政策档案馆. 中国宗，案卷 136：189.
③ 俄罗斯对外政策档案馆. 信件宗，案卷 105：255.

订《中俄沿霍尔果斯河划界议定书》，将自霍尔果斯河出山口分为几条支流的地方起，经河洲至构成霍尔果斯河河道的两条卡拉苏江合处止的双方有争议的岛平分。这是中俄西部边界签订的最后一个条约，原属中国的一部分土地被划归俄国。

3. 英国阴谋策划西藏"独立"

1911年武昌起义爆发后，英国侵略者趁中国政局动荡之际，唆使并支持十三世达赖及其追随者背叛祖国，阴谋策划西藏"独立"，妄图使西藏脱离中国，造成了中国西南边疆地区严重的民族危机。

早在1888年，英国就发动了第一次侵藏战争，打开了侵略西藏的通道。1903年12月，又发动了第二次侵藏战争，并以1904年9月《拉萨条约》的订立而告终。《拉萨条约》几乎从军事、政治、经济及对外关系方面把我国西藏地方置于英印政府的实际控制和支配之下。清政府拒绝在条约上签字，中英双方继续交涉。1906年4月，中英双方签订《中英新订藏印条约》，将《拉萨条约》"附入现立之约，作为附约"加以承认，文字上避而不提中国对西藏的主权问题。1908年4月，在印度加尔各答又签订了《中英修订藏印通商章程》，英国及其殖民地人民获得在华"商埠内租地建筑房栈""在西藏享有治外法权"的权益，英国则取得"有权拥有卫队""架设电线，兴办邮政"等特权。该章程严重破坏了中国的司法权、对西藏驻军和事务的管理权。

武昌起义爆发后，西藏拉萨等地也发生了以驻藏清军为主的武装起义。1911年11月13日，在何光燮、郭元珍等人的领导下，驻藏川军以索饷为名，在拉萨北郊清营所在地扎什城起事，并于11月15日，囚禁驻藏大臣联豫。不久，原川军统领钟颖利用其在军队中的影响，杀害起义领导人，释放联豫，窃取藏中军政大权，驻拉萨川军同色拉寺与甘丹寺发生武装冲突，西藏政局出现混乱局面。

英国政府认为中国内部战乱不已，中央政府权力空前削弱，不可能出军支援边疆地区，而沙俄正向蒙古伸出魔爪，导演外蒙古"独立"丑剧，一时还无力顾及西藏，正可乘机将西藏从中国分裂出去。英国首先利用留居印度的十三世达赖，积极策动和支持西藏亲英派分裂主义分子制造西藏"独立"的阴谋活动。1912年1月，达赖在英国的支持下派亲英分子达桑占东从印度潜回西藏，组织一万多民军，围攻驻藏清军，掀起"驱汉"运动，把当时藏族人民反抗清朝统治的斗争，引向民族仇杀和分裂祖国的道路上。达桑占东等亲英分子策动"驱汉"暴乱，西藏上层民族分裂分子极力挑拨汉藏人民之间的关系，使西藏局势迅速恶化。1912年3月，达桑占东在英国的支持下，用英国供给的武器拼凑了约万名"西藏民军"，自任"卫藏民军总司令"，向江孜与日喀则地区的清军发动进攻，于4月包围拉萨。双方战斗断断续续地打了4个多月。

1912年7月6日，"西藏民军"向拉萨驻藏清军发动了总攻击，驻军在"饷糈既竭，腹背受敌"的情况下，坚持战斗到7月30日。英国指使尼泊尔驻藏官员噶卜典出面"调停"，强迫驻藏办事长官钟颖与"西藏民军"讲和，双方达成了媾和条约四款；驻拉萨的清军交出了武器，大部分被迫于9月1日从拉萨起程，取道印度返回中国内地。9月4日，原清驻藏大臣联豫自愿离藏。随后，民国政府任命的驻藏办事长官钟颖也被迫撤离拉萨，返回内地。1913年1月，达赖返回拉萨，并发表了一份新年公告，公告虽然没有公开宣布西藏"独立"，却表露出一部分西藏上层分裂势力依靠帝国主义的支持，欲乘中国革命之机实现其西藏“独立”的图谋。

在英国的直接挑唆和插手下，经过1912年的“驱汉”运动，中央政府派驻西藏的官员及士兵被迫撤离西藏，酿成了中央政府与西藏地方政府不正常关系的开始。这一切说明西藏“独立”的图谋都是帝国主义一手制造出来的，是帝国主义侵略中国西藏的产物①。另外，英国通过外交手段向中国中央政府施加压力，以调停为借口干预中国中央政府在西藏的施政。在此期间，英国看到西藏局势有利于民族分裂主义势力，开始调整和制定新的侵略西藏的政策，其核心内容就是“反对将西藏在严格意义上包括在中国本土之内”，“要求维持西藏在中国宗主权之下的自治”②。1912年4月10日，英国外交大臣格雷指示驻华公使朱尔典：“要求中国政府做出保证，维持西藏在中国宗主权之下的自治，作为承认（民国政府）的条件。”所谓的西藏“自治”，实质上就是把西藏从中国分裂出去的代名词。5月24日，朱尔典按英国政府的要求声称，4月22日袁世凯的命令“明确将西藏视同中国一行省”，“改变了西藏的政治地位”，向中国提出“正式抗议”。同时，为全力支持西藏分裂势力，英国于1912年5月打着“保护商务”的幌子，增派军队进驻江孜和拉萨。

1912年8月17日，朱尔典又向中国政府提交了《八一七备忘录》，以断绝印藏交通、不承认中华民国相威胁，干涉中国中央政府对西藏事务的处置。《八一七备忘录》的核心内容是既不承认清末新政以来中央政府在西藏的施政，更不让中国中央政府把西藏视同内地省份，改为行省。其目的是打着“西藏内政应归西藏官吏自行处理”的旗号，阻止中国中央政府在西藏行使完全的主权，把西藏从中国分裂出去。1912年9月，民国政府不顾爱国军民的反对，下令停止西征，同时设立“川边镇抚使”管理原来的川边地区，以军队稳定川边局势，以谈判方式解决西藏问题。1913年1月，袁世凯政府为了获得英国承认和镇压国内革命力量，再次做出妥协，有保留地同意在《八一七备忘录》基础上谈判。此后，英国又在谈判方式、会议地点、代表人选和名称等方面步步相逼，袁世凯政府多次妥协让步，最后同意在印度西姆拉召开所谓的“中、英、藏三方代表会议”。

以袁世凯为首的中华民国政府于1913年8月派代表赴英属印度，参加解决所谓西藏问题的“三方代表会议”，此次会议的地点在西姆拉，故史称“西姆拉会议”。从1913年10月到1914年7月的谈判旷日持久，与会各方却未达成协议，会议以失败告终。1913年10月13日，西藏地方代表夏札就在英国代表的支持下提出西藏“独立”等六项要求，其要害是把西藏和其他各省的藏区从中国分裂出去，建立一个作为英国附庸的“西藏独立国”。这遭到中国中央政府代表陈贻范的拒绝和严厉驳斥。1914年4月27日，麦克马洪以“调停人”的身份，先是要求讨论所谓西藏与中国的“边界问题”，后又抛出内藏、外藏的划界线和《调停约稿》，向中国中央政府代表施加压力。中国中央政府代表反对内、外藏的划分和《调停约稿》，坚持中国对西藏享有主权的原则立场。1914年7月3日，英国代表勾结西藏地方政府代表私自签订了

① 许广智．论清末民初英、俄帝国主义一手炮制的“西藏独立”阴谋．西藏研究，2009（5）：1-15．

② 王远大．近代俄国与中国西藏．北京：三联书店，1993：277．

非法的《西姆拉条约》。中国中央政府郑重声明不承认非法的《西姆拉条约》，会议最终破裂，英国利用所谓“三方会议”引诱西藏“独立”、分裂中国领土的阴谋最后破产。

西姆拉会议是由中国政府、英国政府和西藏地方政府三方代表参加的多边会议，与会各方在所谓西藏的地位以及“中藏边界”等根本性问题上存在着深刻的矛盾。西姆拉会谈的破裂，不仅使英国分裂西藏的图谋活动最终流产，也使西藏地方政府谋求西藏“独立”、建立“大西藏国”的阴谋活动完全落空。但是在西姆拉会议期间，英方代表麦克马洪与藏方代表伦钦夏札·边觉夺吉交换信件，私自划定一条西自不丹东北，东至西藏、云南同缅甸接境之处的分界线，即所谓“麦克马洪线”。“麦克马洪线”将 9 万平方公里的土地划属英属印度，这一违反国际惯例的行径，当时的中国政府始终未予以承认，此后中国历届政府也都从未承认。

二、北京政府：媚外政策与“二十一条”

辛亥革命爆发以后，以英、法、德、意、美、日六国为代表的列强就以“中立”为名，观望中国政局变化，企图利用中国政治鼎革之际的动荡，巩固既得的侵华权益，进而攫取新的利权。民初，英、美、法、德的对华政策相对“稳健”，以尽可能维护中国局势稳定、避免出现内乱为对华政策的基点。英国支持袁世凯在北京建立中央集权政府，法国和德国也将袁世凯视为“能使中国避免出现一个混乱时期的唯一力量”[①]。日本与俄国的对华政策则富有侵略性和进攻性。辛亥革命爆发不久，日本政府在关于中国问题的内阁决议中公然声称：“一旦该地区发生变乱，能够紧急采取应变措施的，除帝国外，别无他国。”[②] 清楚地表明日本企图排除其他列强，变中国为其独占殖民地的图谋。沙俄同样希望“使中国保持衰弱地位，并坚决反对中国建立一个强有力的政府”，而且注重与日本的合作，“特别利用目前的有利时机，以便巩固自己在中国的地位”[③]。

袁世凯出任临时大总统以后，中国对外关系的首要问题是获得外国对新政府的承认。列强以承认中国新政府相要挟，提出了较为苛刻的权益要求。在承认新政府问题上，列强既有共同利益，如要求中国表现出履行国际义务的意志和能力，承认清政府签订的所有国际条约之有效，保证外国在华特权利益，赔偿辛亥革命期间外国人的“损失”，等等；也有各自特殊的利益，如日本对东北铁路筑路权、俄国对外蒙古、英国对西藏的权益要求等。特别是俄国与英国，在外蒙古与西藏问题上不断制造边疆危机。1913 年 5 月，美国率先承认中国新政府，其他列强也在袁世凯就任正式大总统前予以承认。

在外债方面，袁世凯为筹措战争经费以压服、消灭南方国民党的势力，提出全国“善后”问题，并以此名义把善后大借款提上了日程。1913 年 4 月，袁世凯政府同 5 国

---

① 巴斯蒂. 法国外交与中国辛亥革命//国外中国近代史研究：第 4 辑. 北京：中国社会科学出版社，1983：81. 孙瑞芹. 德国外交文件有关中国交涉史料选译：第 3 卷. 北京：商务印书馆，1960：213.

② 邹念之. 日本外交文书选译：关于辛亥革命. 北京：中国社会科学出版社，1980：110.

③ 张蓉初. 红档杂志有关中国交涉史料选译. 北京：三联书店，1957：366.

银行团签署了“善后大借款”的合同，借款总额为2 500万英镑，年息5厘，期限47年；借款指定用途，扣除偿还到期的庚子赔款和各种外债、遣散各省军队、抵充政府行政费外，仅余760万英镑，而到期归还本息竟达6 789万英镑。借款以中国盐税、海关税及直隶、山东、河南、江苏四省所指定的中央政府税项为担保。善后大借款所附的政治条件，使中国盐务从此被列强所控制。

1914年6月第一次世界大战爆发。欧洲主要列强卷入世界大战，暂时放松了对中国问题的注意，日本乘机扩大对华侵略，中日关系成为北京政府必须面对的棘手外交问题。战争爆发不久，北京政府于8月6日宣布“严守中立”，但日本以加入协约国参战为名，首先将目标瞄准了德国在华势力范围——胶州湾租借地及胶济铁路。1914年8月23日，日本对德正式宣战。北京政府援引日俄战争前例，将胶州湾及其附近区域划为战区，听由德、日军队厮杀。9月初，日军在山东龙口登陆；10月6日，不顾中国的抗议，侵占胶济路西段起点济南；11月7日，攻占青岛，占据了胶州湾和胶济铁路。1915年1月7日和16日，中国两次照会日本，声明取消战区，要求日军撤离；日本非但不予理睬，反而企图压迫中国使其在山东获得的权益合法化，同时彻底解决满、蒙等悬案，进而为独占中国创造条件。日本一系列的侵略行动，造成了民初中国外交的空前危机。

1914年11月，日本大限重信内阁通过《对华交涉外交训令提案》，提出了对中国的“二十一条”要求。1915年1月18日，由日本驻华公使日置益面交袁世凯，要求袁世凯政府“绝对保密，尽速答复”。“二十一条”共分五号，主要内容是：第一号四条，中国政府承认日本享有德国在山东的一切权利，并加以扩大，山东省不得让与或租借他国。第二号七条，承认日本人有在南满和内蒙古东部居住、往来、经营工商业及开矿等项特权；旅顺、大连的租借期限并南满、安奉两铁路管理期限，均延长为99年。第三号两条，汉冶萍公司改为中日合办，未经公司同意，不准他人开采附近矿山。第四号一条，所有中国沿海港湾、岛屿概不租借或让给他国。第五号七条，要求中国政府聘用日本人为政治、军事、财政等顾问，中日合办警政和兵工厂，武昌至南昌、南昌至杭州、南昌至潮州之间各铁路建筑权让与日本，日本在福建省有开矿、建筑海港和船厂及筑路的优先权等。

“二十一条”要求严重损害了中国的主权，充分暴露了日本加速对华扩张，攫取各项权益，最终将中国变成其独占势力范围或殖民地的野心。袁世凯对此未予接受，但消息传开，舆论哗然，反日声浪高涨。欧美列强对日本损害它们的在华权益一致不满，纷纷给予抨击。但是袁世凯称帝却需要日本的支持，遂派出外交总长陆徵祥、次长曹汝霖与日方代表秘密谈判。从1915年2月2日谈判伊始，日方就不断以武力威胁和最后通牒的方式向袁世凯施加压力。5月9日，除第五号容日后协商外，袁世凯政府接受了全部条款。

“二十一条”的内容激起了全国人民的激烈反对，各地民众纷纷集会示威，抗议日本的侵略行径。同时，反日团体纷纷涌现，并在全国范围内形成了提倡国货、拒用日货的抵制日货运动。

图 10-4　北京政府与日本签署丧权辱国的“二十一条”

第三节　军阀割据与护法运动

一、第一次护法运动

“军权政治是以强权和实力作为政治游戏的最高规则，而宪政则以宪法和制度化体制和程序作为最高规则。”①“洪宪帝制”破灭以后，北京政府落入北洋军阀控制之下，军阀政治成为民国前期政治生态的主要特征。军阀割据与军阀混战以及由此导致的政权更替，极大地影响了中国社会历史进程，民众生活也深受荼毒。为此，原国民党人、地方实力派以及其他党派首先展开了一系列反对军阀政治的斗争。

1916 年 6 月袁世凯病逝后，皖系军阀首领段祺瑞担任国务总理并拥有实权，副总统黎元洪出任总统，北京政府实际处于皖系军阀控制之下。依据《中华民国临时约法》的“总统缺位，由副总统继任”原则，应由黎元洪继任总统。但 1916 年 6 月 6 日国务总理段祺瑞以《中华民国约法》为依据，以《大总统文告》形式宣布：“依《约法》第二十九条，大总统因故去职或不能视事时，副总统代行其职权，本大总统依据《约法》宣告，以副总统黎元洪代行中华民国大总统职权。”7 日，黎元洪据此“依法接任中华民国大总统职权”②。这意味着北京政府对袁世凯法统的继承和对《中华民国临时约法》的否定。此令一出，谴责、反对之声四起。6 月 8 日，设在广东的中华民国军务院副抚军长岑春煊就通电独立各省：“夫袁世凯以非法解散国会，别以己意召集所谓约法会议，议改大法，机关既不正，所修约法应归无效。黎大总统出乘大位，本

---

① 陈希贤．军权政治的兴起及中国宪政化的衰败．战略与管理，2000（6）：76.

② 中国第二历史档案馆，云南省档案馆．护国运动．南京：江苏古籍出版社，1988：740-741.

国法程序之所当然，决非袁世凯一人之私法所得傅会。且继承与代行职权大有区别。”①6月9日，孙中山发表《规复约法宣言》，表明了“规复《(临时) 约法》，尊重国会”的立场。6月10日，唐继尧、岑春煊等人通电北方，提出恢复《临时约法》、召集旧国会、惩办帝制祸首、将抵制护国军的军队撤回原地、召集军事善后会议等条件，作为南方撤销军务院和取消西南各省独立的前提。6月11日，在上海的国会议员也发表声明："万难承认”依据《中华民国约法》由副总统代行总统之说。6月15日，冯国璋也表态：现在舍《临时约法》外别无根本之法。6月25日，驻沪海军总司令李鼎新等人也通电指责：“黎大总统虽已就职，北京政府仍根据袁氏擅改之《约法》，以遗命宣布，又岂能取信天下?”宣布“非俟恢复元年《约法》，国会开会，正式内阁成立后，北京海军部之命令，概不承受。”②

在多方强烈的反对压力下，段祺瑞不得不声明遵循《临时约法》，恢复国会。6月29日，黎元洪明令：“宪法未定之前，仍遵行中华民国元年三月十一日公布之《临时约法》。”③ 至此，新旧约法之争始告结束。中华民国军务院于7月14日宣布撤销，西南独立各省表示取消独立，听命中央政府。

暂时出现的南北统一局面，并不能消除北京政府内部的矛盾。处于权力中心的段祺瑞与黎元洪在许多问题上产生了激烈的冲突，形成总统府和国务院对立的“府院之争”。黎元洪继任大总统，《临时约法》、国会等资产阶级民主形式得以恢复，但实质上与袁世凯时代并无二致。段祺瑞以国务总理身份把持北京政府实权，但他不能缓和北洋派与其他派别以及北洋派内部的矛盾。“府院之争”可以说是当时的政治派系、私人利害关系与中外关系的集中体现。

“府院之争”的焦点集中在制定宪法与是否参加一战的问题上。在制定宪法的问题上，黎、段各以国会中的政治派系为奥援，因各自政治立场的不同导致制宪未成。1916年8月1日，国会恢复会议，着手制定宪法。国会中的前国民党系议员分化组合为三大派系，即客庐系、韬园系、丙辰俱乐部。三派因在制宪问题上意见相近，故联合组成宪政商榷会（商榷系），“以拥护宪法、巩固共和、发展平民政治为宗旨”，有议员近400人。国会中的前进步党议员则分化为由汤化龙等人组成的宪法讨论会和由梁启超、王家襄、林长民等人组成的宪法研究同志会；后为对抗国会中的前国民党系议员，两派又合组宪法研究会（研究系），有150余名议员。商榷系和研究系在制宪问题上意见对立，前者主张分权，后者主张集权。本来这不过是政见的不同，但在当时情况下，前者代表了要求自立的南方阵营的利益，而后者反映出趋向集权的北京政府的意见，政见不同上升为南北阵营的政治斗争。再由于“府院之争”的存在，黎元洪引前者为己援，段祺瑞则以后者为盟友，双方的矛盾进一步激化。从1916年9月到1917年4月，国会在审议被袁世凯废弃的《天坛宪草》时，商榷系与研究系意见严重对立，数次投票均未通过，结果制宪未成而督军团干政乱起，北京政局呈现“山雨欲来”之势。

---

① 李希泌. 护国运动资料选编. 北京：中华书局，1985：671.

② 海军宣布通电独立. 民国日报，1916-06-26.

③ 黎元洪申令遵行《临时约法》. 政府公报，1916-06-30.

1917年3月，黎元洪和段祺瑞的“府院之争”又因中国对德绝交和是否参加第一次世界大战更形复杂而多变，进而导致北京政局的极度动荡。1917年2月1日，美国对德宣战，要求中国与之采取一致行动，并表示如果中国参加对德作战，美国保证给予中国接济。原本反对中国参战以确保自己攫取德国在华利益的日本，得知美国态度后一改其立场，积极主张中国参战。与此同时，日本私下里与英、法、俄、意等国协商，得到它们对日本在战后继承德国在中国山东权益的保证。美国见形势对己不利，突然改变主意，主张中国暂缓对德宣战，要求中国政府在与美国政府协商之前不要采取进一步的行动。

国内的各派政治力量对参战问题，也形成不同立场。皖系及其首领段祺瑞主导的北京政府准备参战，他们“一方面未尝不想依赖日本的赞助，改善国际地位（这是与虎谋皮），一方面还是想取得日本的金钱和军械，坚固北洋派的实力，以制服国内的反对党”①。内外因素的纠葛，使段祺瑞的院方主张遭到黎元洪府方的反对。同时，以前国民党系议员为主导的国会，担心段祺瑞借参战为名获得各项物质资源，也支持黎元洪反对参战。在这种情况下，主张参战的一方自然主要以日本为奥援，而反对参战的一方也在寻求其他方面的支持，并利用美、日之间的矛盾。参战与否本来是在国际格局演变中，如何争取中国国家利益最大化的对外问题，却与中国国内政治纷争相纠葛，演化成中国内部的政治问题。3月3日，北京政府通过对德绝交案。3月4日，黎元洪以此事须先经国会讨论通过为由拒绝签字盖印，段祺瑞怒而辞职赴津。段祺瑞遽然离任，北京政坛顿失中心，以黎元洪的实际地位，难以应付此等突然变局，旋又被迫于6日接受副总统冯国璋的调停，请段祺瑞回京复职。3月10日和11日，国会众、参两院以压倒多数通过对德绝交案。14日，大总统黎元洪下令中国与德国断绝外交关系，对德绝交问题的争执至此落幕。

对德绝交后中国是否参战一事仍迟迟不能决定，再次形成以黎元洪和国会为一方、以段祺瑞和内阁为另一方的府院相争局面。“双方之裂痕已深，名曰外交问题，实则府方谋倒段，院方谋倒黎，已为公开之秘密矣。”②黎元洪以“舆论界皆不赞成，我是服从多数者”为说辞力阻参战；段祺瑞则以北洋团体为后盾，于1917年4月25日在北京召集各省督军代表会议，企图迫使黎元洪和国会同意参战，并以解散国会相威胁。段祺瑞的做法得到了各主要列强的支持，而美国出于和日本竞争的关系，对黎元洪表示了一定的支持。在督军团和主要列强的支持下，段祺瑞更有恃无恐。5月1日，北京内阁通过参战案。黎元洪为抵抗段祺瑞的压力，决定将参战案提交国会讨论，以谋利用国会延迟此案的通过。5月10日，当国会正式讨论参战案时，忽有数千人手持各种“公民请愿团”招牌围困会场，迫令通过参战案并殴辱议员，议员们愤而宣布停止会议以示抗议。接着，非皖系的内阁阁员相继辞职，内阁自行瓦解。5月19日，众议院做出不予承认的决定，并宣布参战问题待新内阁成立后再做讨论。

国会两度讨论参战案未能通过，段祺瑞决定以解散国会的方式解决问题。5月21

① 李剑农．戊戌以后三十年中国政治史．北京：中华书局，1980：263.

② 张国淦文集．北京：北京燕山出版社，2000：168.

日，督军团在北京召开紧急会议，联名呈请总统，要求“将参、众两院即日解散，另行组织”①。黎元洪自恃有国会、舆论以及美国的支持，也不甘示弱，23日下令免去段祺瑞的国务总理职，任命外交总长伍廷芳代理其职。北京政治一时陷入无序纷争之中。段祺瑞自恃手中实力在握，却遭黎元洪免职之辱，自然不能甘心，遂离京赴津策划解散国会并倒黎，以图重起。而张勋则因缘际会粉墨登场，以调停名义进京上演策动清室复辟的闹剧。

黎、段各不相让而又都想争取同盟军，张勋恰于此时成为双方拉拢的中心人物。1916年6月9日，长江巡阅使张勋（后兼安徽督军）邀请直、晋、豫、皖和东三省代表前往其驻节地徐州会议，“以便筹商”；并据此以各省督军会议的形式集合力量，实为其后督军团之先声。张勋为北洋守旧派的代表，民国成立后仍自认不忘前朝，因所部士兵均留辫，被人称为“辫帅”，实为当时之政治另类。他在北洋派系中并非中坚人物，但不少北洋守旧派“睹新政府之改组，旧国会之召集，深惧不利于己，有所动摇，于是密电往还”，“愿奉张勋为首领”，一时造就了张勋的地位。9月21日，张勋召集13省督军、省长举行第二次徐州会议。此次会议“公推”张勋为“领袖”，“遇有重要事体发生，应行主持争执，不及往返电商者，径由张上将军代为列名”。因为“各省区联合会”是以各省督军参加的形式组成，故又被外间称为“督军团”。他们动辄发表意见指斥国会，声讨政敌，成为北洋军人干政的极端形式。

段祺瑞假督军团之势反对黎元洪与国会（主要是前国民党系），并牵制时任副总统的北洋直系首领冯国璋；张勋则阳为北洋团体造势，阴以清室复辟为谋。1917年1月9日，张勋和倪嗣冲邀集各省督军及徐树铮等举行第三次徐州会议，提出请总统罢斥佞人、取缔国会、拥护总理淘汰阁员、促成宪法等项主张，抑黎拥段。在因参战问题而导致黎、段的矛盾达到白热化后，5月21日，因黎元洪不肯解散国会，督军团中人纷纷离京。其中鄂、闽、鲁、豫等省督军南下至徐州，23日参加由张勋主持召开的第四次徐州会议，此次会议上张勋正式确定了复辟的计划。张勋提出推倒现政府，各省团体拥戴清帝复辟，“各督军表面亦赞张意”。会后，张勋以中间人的身份，向黎元洪提出愿意进京协调黎、段矛盾，为复辟创造条件。6月1日，黎元洪发布大总统令，以张勋“功高望重，至诚爱国”为由，命其“迅速来京，共商国是，必能匡济时艰，挽回大局”②。6月7日，张勋部数千人由徐州乘车北上入京；张勋则停留天津与有关各方就调停条件讨价还价，向黎元洪开出三天之内解散国会的调停条件。6月14日，黎元洪被迫宣布解散国会。6月14日，张勋进京，开始谋划拥清室复辟之举。

7月1日，张勋拥溥仪复辟，黎元洪随后避入北京的日本使馆。当天，张勋身着蟒袍，率文武百官300余人涌进清宫，跪请溥仪“复辟”。溥仪发布“复辟登极诏”及若干道“上谕”，易五色旗为龙旗，任命伪官，通电劝谕各省响应复辟。张勋复辟之举，立即招致全国各地的强烈反对。身在幕后的段祺瑞眼见形势骤变对己有利，于7月3日

---

① 《中华民国史事纪要》编辑委员会．中华民国史事纪要：1917年1月至12月．台北：中华民国史料研究中心，1981：370-371.

② 大总统令（1917年6月1日）//黄季陆，等．革命文献：第7辑．台北：中国国民党中央委员会党史资料编辑委员会，1978：36.

在天津马厂誓师讨逆，以吴佩孚为前敌总司令攻打北京。6 日，冯国璋在南京宣布就任代理大总统职务，也组成讨逆军攻打北京。12 日，段军攻入北京，溥仪再次退位，张勋部纷纷投降，张勋本人避走荷兰使馆。张勋复辟短命而败。

黎、段之争给张勋复辟提供了一定的政治空间，而各派政治力量的分化离合，又为张勋粉墨登场的复辟闹剧制造了机运。"段祺瑞要借张勋推倒国会赶走黎元洪，黎元洪则希图借张勋以自保，张勋却以拥清室复辟为己任，本无交集之三方各有所求，并形成以张勋为主角，黎元洪、段祺瑞各捧其场的一幕活剧。"① 张勋复辟以后，段祺瑞以"三造共和"之誉重回北京，复任国务总理，下令解散国会的黎元洪却无颜回京复任大总统，副总统冯国璋出而代理大总统职，"府院之争"终以黎败段胜的结局而收场。

在"府院之争"与张勋复辟的政治动荡中，孙中山以其政治追求和对共和民主的捍卫，反对军阀干政，积极谋划未来的政治行动。1917 年 6 月 8 日，孙中山致电两广巡阅使陆荣廷等人，明示"国会为民国中心，宪法为立国大本……今日法律已失制裁之力，非以武力声罪致讨，歼灭群逆，不足以清乱源、定大局"②。为此孙中山进行了一系列准备工作。1917 年 6 月 9 日，海军总长程璧光有感于共和受到威胁，遂自行南下抵沪，向孙中山表示愿为前驱。7 月 21 日，程璧光率第一舰队林葆怿部离沪南下广东，成为孙中山护法的基本力量。其间，面对政局的混乱，粤督陈炳焜、桂督谭浩明通电宣布："国会未经恢复以前，所有两广地方军民政务暂由两省自主。"③ 孙中山权衡利弊，最后决定以广东为护法基地。

7 月 1 日张勋拥清室复辟，孙中山即于 4 日连发两电：号召国会议员全体南下，"自由集会，以存正气，以振国纪"；同时致电南方陆荣廷和桂、粤、湘、滇、黔、川六省各界，提议"时势迫亟，民国不可一日无主。唯西南六省，为民国干净土，应请火速协商，建设临时政府，公推临时总统，以图恢复。一面先行通电拒绝冯氏代理，以免人心淆惑"④。随后，孙中山离沪南下，于 19 日到达广州。虽然孙中山南行途中清室复辟已败，但段祺瑞重掌北京政府后仍不尊重《临时约法》与国会，而一意重组北京政治架构，这进一步坚定了孙中山的护法决心。

孙中山提出护法主张后，离京议员中的前国民党系议员、对军阀政治不满的议员以及一些怀抱各种企图的议员纷纷南下广东。8 月 19 日，孙中山召集国会议员 130 余人，在广州商讨召开非常国会问题。29 日，国会非常会议通过《国会非常会议组织大纲》，决定其任期至《中华民国临时约法》完全恢复效力时为止。31 日，会议通过《中华民国军政府组织大纲》，决定"为戡定叛乱，恢复《临时约法》，特组织中华民国军政府"；规定军政府设大元帅一人、元帅二人，由国会非常会议选举之；《临时约法》之效力未完全恢复以前，中华民国之行政权由大元帅行之，元帅协助大元帅筹商政务⑤。1917 年 9 月 1 日，广州国会非常会议选举孙中山为中华民国军政府大元帅；9 月 2 日，选举唐

① 汪朝光. 北京政治的常态和异态：关于黎元洪与段祺瑞府院之争的研究. 近代史研究，2007（3）：64.

② 孙中山全集：第 4 卷. 北京：中华书局，1985：102.

③ 中国大事记（1917 年 6 月 20 日）. 东方杂志，1917，14（7）：201.

④ 同②110-111.

⑤ 中国第二历史档案馆，云南省档案馆. 护法运动. 北京：档案出版社，1993：413-414.

继尧、陆荣廷为元帅。孙中山在就职宣言中重申：“竭股肱之力，攘除奸凶，恢复《约法》。”至此，以恢复《临时约法》与国会相号召的中华民国军政府正式成立，标志着以南北对峙为主要形式的护法运动的正式开始。

除云南、贵州、广西、广东作为护法运动的中心外，湖南、四川、湖北、河南、陕西、浙江、安徽、福建等省先后爆发高举护法旗帜的武装起义。1917 年 12 月初，云南、贵州、四川三省护法联军攻克重庆；在湖南战场，护法军于 1918 年 1 月 18 日占领长沙，21 日攻克岳州，军事形势对南方颇为有利。然而为时不久，形势逆转。护法军政府内部存在多重矛盾，孙中山地位并不稳固。孙中山成立之护法军政府，主要依托西南地方实力派，而西南地方实力派之赞成护法，“皆为权力之争”①。军政府成立伊始，陆荣廷和唐继尧就拒绝出任军政府元帅；护法战争开始后，西南军阀又与直系军阀暗中勾结，用各种手段削弱和排挤孙中山的势力。孙中山名为大元帅，但实际上军政大权掌握在桂系手中。不仅如此，他们还不顾孙中山的反对，自行与北京政府谋求妥协。1917 年 11 月 28 日，陆荣廷通电求和；1917 年 12 月，陆荣廷和唐继尧未经孙中山同意，在湖南、四川两个战场宣布单方面停战；1918 年 2 月，又与北京政府达成停战两周的决议，给北洋军以喘息之机，直接导致护法军在湖南战场的连续失利。此外，西南军阀还拉拢非常国会中的国民党右派议员，图谋改组军政府，推翻孙中山的大元帅地位。

1918 年 4 月 10 日，在滇、桂系军阀和政学系的胁迫下，国会非常会议上有人提出《中华民国军政府组织大纲》修正案，决定改组军政府，取消大元帅制，改为总裁合议制。1918 年 5 月 4 日，国会非常会议开会通过此修正案，孙中山愤而辞职。5 月 20 日，非常国会选举唐绍仪、唐继尧、孙中山、伍廷芳、林葆怿、陆荣廷、岑春煊等七人为总裁，孙中山的领导地位和主导作用已不复存在，军政府沦为西南军阀的工具。孙中山见护法目的无法实现，遂于 21 日离开广州前往上海，第一次护法运动就此失败。

二、军阀混战与政治动荡

袁世凯死后北洋军阀分裂为三大派系：以段祺瑞（时任国务总理兼陆军总长）为首的皖系军阀集团，得到日本的支持，主要控制皖、陕、鲁、浙、甘、闽等省；以冯国璋（时任副总统）为首的直系军阀集团，得到英、美的支持，主要控制苏、鄂、湘、直、赣等省；以张作霖为首的奉系军阀集团（时任奉天督军兼署省长），主要控制东三省，也获得了日本的支持。此外，各地方还有独立或分别依附于各大军阀集团的地方军阀。各派军阀拥兵自重，割据一方，频频发起战争以操控政权，争夺地盘。

1. 直皖战争

第一次护法运动失败后，段祺瑞力图借冯国璋代理大总统期满（自 1913 年 10 月国会选举袁世凯为第一任正式大总统到 1918 年 10 月期满）重新选举之机，排除直系势力。1918 年 3 月，段祺瑞手下的政客组织了一个以徐树铮、王揖唐为领袖的安福俱乐部（因会址在北京西单安福胡同，又称安福系），在 7 月国会选举中取得多数席位，建立了由其包办的“安福国会”。9 月，国会选举徐世昌为总统，取代了直系首领冯国璋。

① 尚明轩. 孙中山传. 北京：北京出版社，1981：208.

10月，徐世昌出任总统，解除了段祺瑞的国务总理职务，但段祺瑞仍以参战督办的名义左右北京政府，国会仍由安福系控制，段祺瑞的亲信徐树铮则在西北扩充地盘。直系与皖系的矛盾在随后的南北议和期间，仍然剑拔弩张。

冯国璋病逝后，曹锟与吴佩孚成为直系新领袖。1919 年 11 月，吴佩孚联络唐继尧、陆荣廷、谭延闿等举行衡州会议，建立救国同盟军；曹锟也积极联系奉系反皖。张作霖因徐树铮在蒙疆的扩张也积极响应。1920 年初，吴佩孚从湖南等地撤防北归时，由湘军接收防地，皖系控制的湖南地盘丢失殆尽。直、皖军阀之间的较量日见激烈。1920 年 2 月，段祺瑞企图以妻弟吴光新取代赵倜为豫督，遭到直系各省督军和西南军阀的激烈反对。1920 年 4 月 9 日，直系曹锟和吴佩孚的代表与苏、赣、鄂、奉、吉、黑、豫七省督军秘密集会，共商对付皖系的方略，标志着以直系为核心的反皖八省同盟正式形成。

1919 年 11 月靳云鹏组阁，安福国会暗中策动倒阁运动。靳内阁难以维持，于 1920 年 5 月到 6 月连续四次递交辞呈。直、奉两系在倒阁事件中支持靳云鹏内阁，要求解散安福国会，并解除徐树铮的兵权。吴佩孚并将部队布置于京汉铁路沿线，准备实行兵谏。皖系毫不退让，指责曹锟、吴佩孚军人干政，要将其撤职查办。7 月 4 日，在曹锟、张作霖支持下，总统徐世昌下令裁撤西北边防总司令一职，解除了徐树铮兵权。段祺瑞立即做出反应，在将军府召开军事会议，要求总统徐世昌查办曹锟、吴佩孚等职务，出师讨伐曹、吴。7 月 12 日，曹锟、张作霖等发出讨皖通电，公开指斥段祺瑞“专横谬妄，实为全国之公敌”①。13 日，段祺瑞再次发出讨伐曹锟、吴佩孚的传檄通电。7 月 14 日晚，直皖战争正式爆发。

直皖战争爆发以后，双方在涿州、高碑店、杨村一带交战。17 日，吴佩孚率军突袭皖军西路军指挥部得胜，奉军在东路协助直军作战，皖系全线崩溃。面对败局，段祺瑞不得不请求徐世昌下令停战，7 月 19 日，段祺瑞通电引咎辞职。23 日，直、奉军进入北京近畿，控制北京局势，直皖战争结束。随后，北京政府下令查办徐树铮，解散安福俱乐部，北京政府开始由直、奉两系共同控制。

2. 西南军阀战争

直皖战争前后，西南军阀内部也发生了数次争夺地盘与各省控制权的军阀混战。1920 年 8 月 11 日，由桂系控制的护法军政府出兵福建，讨伐驻扎在福建的陈炯明粤军。8、9 月，粤、桂两军在揭阳、陆丰、海丰、紫金、兴宁一带展开拉锯战，广东地方派军人李福林、魏邦平倒向粤军，桂军遂呈颓势。9 月 27 日，李福林、魏邦平对桂系莫荣新实行兵谏，要他“以粤省治权还之粤人，率师回桂”。10 月底，莫荣新退回广西，第一次粤桂战争结束。

1920 年，在四川还发生了川、滇、黔“三角战争”。5 月 4 日，川军熊克武部决定武力驱逐滇、黔军，川、滇、黔“三角战争”爆发。到 10 月，川省境内的外省军队被全部肃清。在“三角战争”中，川军刘湘部迅速崛起，熊克武已不能控制，11 月 29 日，熊克武通电辞职。川军各军在重庆召开军事会议，推举刘湘为临时总司令，但懋辛

① 中国第二历史档案馆. 中华民国史档案资料汇编：第 3 辑　军事（三）. 南京：江苏古籍出版社，1991：14.

为临时省长，决定四川实行自治。此后，四川境内形成了军阀派系林立的状况。湖南、云南、贵州省内也都发生了军阀之间的以自治为口号的混战①。

3. 第一次直奉战争

直皖战争以后，直、奉两系因其势力的大体平衡而形成了共主北京政府的局面，但1921年的援鄂战争，使直、奉双方原本脆弱的平衡向着有利于直系的方向摆动。直系占据两湖、控制京汉全线，吴佩孚出任两湖巡阅使，实力大增。直皖战争后的靳云鹏内阁是直、奉相互妥协的产物，靳云鹏内阁在亲奉、亲直之间游移，最终导致奉系张作霖、总统徐世昌与交通系三方共同进行倒阁运动。1921年12月17日，靳云鹏辞职，由颜惠庆暂代。12月24日，北京政府依张作霖的举荐，任命梁士诒为内阁总理。在梁士诒内阁的去留问题上，直、奉之间兵戎相见，导致了第一次直奉战争的爆发。

时值华盛顿会议期间，中、日两国就山东问题进行交涉，梁士诒准备接受日本驻华公使小幡提出的中、日两国在北京秘密直接交涉、中国向日本借款赎回胶济铁路等建议。直系吴佩孚和各省督军乘国内反日情绪高涨和声讨梁内阁亲日卖国之机，痛诋梁士诒媚日卖国。1922年1月，受英、美支持的直系军阀吴佩孚联合六省军阀，通电攻击梁士诒内阁媚日卖国，迫使梁士诒离职，直、奉矛盾日趋激化。

受日本支持的奉、皖两系开始重新合作，并联络以孙中山为首的广东政权，组成反直“三角同盟”。1922年4月14日，奉军开入山海关与直军对峙，双方剑拔弩张，战争一触即发。19日，张作霖通电全国，声称其“简率师徒，入关屯驻”，志在武力统一。22日，曹锟通电驳斥奉系武力统一论，25日，吴佩孚与直系督军齐燮元、陈光远、萧耀南、田中玉、赵倜、冯玉祥、刘镇华等联名通电，宣布张作霖十大罪状。27日，张作霖等通电历数吴佩孚六大罪状。28日晚，张作霖于军粮城下总攻击令，第一次直奉战争爆发。

奉军以张作霖为总司令，率领4个师、9个旅约12万人，分东西两路沿津浦、京汉铁路向直军发起进攻；直军以吴佩孚为总司令，指挥7个师、5个旅约10万人迎战。两军在长辛店、琉璃河、固安、马厂等地展开激战。5月3日，吴佩孚出奇兵绕道攻击奉军后方，使卢沟桥奉军腹背受敌；吴佩孚还分化奉军内部，使奉军第十六师临阵倒戈，造成全线溃退。5日，张作霖败退出关。后经英、美传教士调停，双方停战。此后，奉系在日本援助下重整军备，并与段祺瑞共同策动冯玉祥等直系将领倒戈，伺机卷土重来。

直系取胜后，完全控制了北京政府，继续推行武力统一政策。其首领曹锟于1923年10月以贿选手段当上总统，遭到国人反对，加之内部各派争权夺利，财政濒于破产，很快陷于内外交困。

---

① 1920年皖系张敬尧部退出后，谭延闿与赵恒惕进入湖南，赵恒惕策划倒谭，谭延闿出走，赵恒惕在湖南大唱“湘省自治”“联省自治”，对抗孙中山与军政府。在云南，1921年初，由川回滇的滇军顾品珍部因唐继尧阻止其返回昆明，与滇军第八军叶荃密谋倒唐，2月8日，唐继尧逃离昆明，流亡香港，顾品珍控制云南政局，也宣布“云南自治”。在贵州也发生了“民九政变”，贵州督军兼省长刘显世被以王文华为首的新派军人驱逐。1921年3月，王文华被刺身亡后，卢焘就任黔军总司令，4月亦宣布“贵州自治”。

三、第二次护法运动

1919年10月10日，孙中山等人公布中国国民党规约，宣布将中华革命党正式改组为中国国民党。孙中山为国民党首先制定了讨伐桂系以维护《临时约法》的方针①，从而拉开“二次护法”的序幕。1920年8月至10月，桂系在第一次粤桂战争中惨遭败绩，驻闽粤军返回广东，岑春煊、陆荣廷、林葆怿、温宗尧以四总裁的名义宣布撤销军政府，孙中山、唐绍仪、伍廷芳等先后通电反对岑春煊、陆荣廷的南北议和，揭露其盘踞军政府、扰乱国会的罪状。11月初，孙中山在上海召集国民党本部会议，修订和公布该党章程，决定自革命起义至宪法颁布之日为“革命”时期，“在此时期内，一切军国庶政，悉由本党负完全责任”②。11月25日，孙中山偕唐绍仪、伍廷芳等军政府三总裁由上海返回广州，重组军政府，重开政务会议。11月29日，举行第一次政务会议，推举军政府各部部长。孙中山兼任内务部部长，唐绍仪、唐继尧、陈炯明、伍廷芳、徐谦、汤廷光、李烈钧分任财政、交通、陆军、外交、司法、海军、参谋部等各部部长，同时派陈炯明为广东省长兼粤军总司令。军政府的恢复与重组，标志着南北对峙局面的再次形成。

1921年元旦，孙中山在军政府发表演讲，建议仿效辛亥革命后组建南京临时政府的先例，在广州设立“正式政府”，“以为对内对外之总机关”，“开一新纪元，巩固中华民国基础，削平变乱”③。4月7日，非常国会通过《中华民国政府组织大纲草案》，规定新政府不实行1912年为钳制袁世凯而制定的《临时约法》所规定的内阁制，实行元首制，并选举孙中山为大总统。5月4日，孙中山、唐绍仪、伍廷芳等军政府总裁宣布取消军政府。5月5日，孙中山正式就任广州正式政府大总统（因由非常国会选出，故称非常大总统），随即陆续任命国民党人担任正式政府的各部总长和次长。广州正式政府是继1912年南京临时政府成立之后，由孙中山直接领导创建的中国第二个资产阶级民主革命政权。它接受孙中山及其信赖的国民党主流派核心成员的直接领导，履行孙中山的三民主义和革命方略。

1921年6月，粤军总司令陈炯明指挥粤军分路出兵广西。7月下旬，桂系军阀陆荣廷通电下野。9月底，粤军攻占陆荣廷最后盘踞的广西边防重镇龙州，曾经称霸两广的桂系军阀统治土崩瓦解。1922年春，孙中山为了争取皖、奉二系对直，与皖、奉联络，逐步形成了孙、段、张联合反直的“三角同盟”。攻取广东后的粤军总司令陈炯明身兼广东省长、国民党粤省支部长、广州正式政府内务总长与陆军总长等党政军要职，由此萌发据粤自雄的野心，开始反对孙中山北伐统一全国的方针④。当北伐胜利进军之际，1922年6月16日凌晨，陈炯明发动叛乱，颠覆广州正式政府。孙中山在“永丰”舰上率领海军平叛，坚持50余日，终因孤立无援，被迫于同年8月9日离粤赴沪，二次护

---

① 即“今日护法，首在去彼假护法以实行破法之桂派”（孙中山全集：第5卷. 北京：中华书局，1985：197）。

② 孙中山全集：第5卷. 北京：中华书局，1985：402.

③ 同②450-451.

④ 为阻止北伐，陈炯明还勾结直系吴佩孚、湖南督军赵恒惕反对孙中山，阻止北伐军入湘，并暗杀了支持孙中山的粤军参谋长兼第二师师长邓铿。3月26日，孙中山在桂林召开紧急军事会议，决定改变北伐计划，誓师回粤。4月，孙中山回师广州，免去陈炯明的广东省长、内务总长及粤军总司令职务，但仍留任陆军总长。5月4日，孙中山发布北伐令，5月6日于韶关建立北伐大本营，以李烈钧为北伐军总司令，许崇智为总指挥，改道江西，分兵三路出师北伐。6月13日，北伐军占领赣州，直系军阀陈光远弃城而逃。随后，北伐军占领吉安，逼近南昌。

法中途夭折。陈炯明的叛变，促使孙中山等国民党领导人在 1922 年下半年相继做出联俄、联共与改进本党党务的决策。从此，以孙中山和国民党为代表的旧民主主义革命力量和以中国共产党为代表的新民主主义革命力量联合在一起，共同掀起了国民革命的狂飙。

第四节 民国初期的复古潮流

一、尊孔读经

1912 年 1 月 19 日，教育部公布《普遍教育暂行条例》，规定“小学读经科一律废除”①。不久，蔡元培发表《对于新教育之意见》，宣称：“忠君与共和政体不合，尊孔与信教自由相违。”② 这标志着近代思想文化领域里的一次巨大变革。

民国肇兴，孔教式微，尊孔读经与科学民主的现代化趋向显然违逆不合。袁世凯却借恢复尊孔读经为帝制复辟营造社会条件，通过民国政府的政令③，要求全社会“因袭历代之旧典”，尊祭孔子。1914 年 9 月 28 日，袁世凯统率文武百官至孔庙，头戴平天冠，身着古祭服，以中华民国大总统的身份对以前封建帝王曾礼拜过的孔圣牌位行三跪九叩大礼，全国各省也都在省会文庙举行隆重的祀孔大典。这是民国以来第一次全国性的祀孔活动。1914 年 12 月 23 日，袁世凯在天坛行祭天礼。

恢复旧制祭礼之后，紧接着就是尊孔读经在教育领域的全面推行。1913 年 10 月，袁世凯把“国民教育以孔子之道为修身大本”写入了《天坛宪草》，为尊孔读经制造了法律依据。迄至 1915 年 1 月，袁世凯完全抛弃 1912 年教育宗旨而因袭清季教育主旨，把“法孔孟”公然列入《颁定教育要旨》，随之又发布了《特定教育纲要》④，作为贯彻

---

① 中国蔡元培研究会. 蔡元培全集：第 2 卷. 杭州：浙江教育出版社，1997：8.

② 同①16.

③ 1912 年 9 月 13 日，北京政府教育部公布每年 10 月 7 日为孔子诞辰纪念日，令全国各学校届时举行尊孔、祀孔纪念会。北京政府在《整饬伦常令》中宣称：“政体虽更，民彝无改。”[民国经世文编（交通·宗教·道德卷). 上海：经世文社，1914：5248] 1913 年 6 月 22 日，袁世凯又公开发布《大总统尊孔令》，明确表示：“近自国体改革，缔造共和，或谓孔子言制大一统而辨等威，疑其说与今之平等自由不合，浅妄者流至悍然倡为废祀之说，此不独无以识孔子精微，即于平等自由之真相亦未有当也……天生孔子为万世师表，既结皇煌帝谛之终，亦开选贤与能之始，所谓反之人心而安，放之四海而准者。”要求“查照民国体制，根据古义，将祀孔子典礼折衷至当，详细规定，以表尊崇，而垂永远”。1913 年 11 月 26 日，袁氏颁发《尊孔典礼令》，宣布：“所有衍圣公配祀贤哲后裔，膺受前代荣典，祀典均仍其旧。”1914 年 2 月 7 日，袁氏签发《祭孔令》，宣称：“佥以崇祭孔子，乃因袭历代之旧典。议以夏时春秋两丁为祭孔之日，仍从大祭，其礼节服制祭品，当与祭天一律。”（中国第二历史档案馆. 中华民国史档案资料汇编：第 3 辑 文化. 南京：江苏古籍出版社，1991：1-6）

④ 在“教育要言”中规定：“一、各学校均应崇奉古圣贤以为师法，宜尊孔以端其基，尚孟以致其用。”“二、中小学教员宜研究性理，崇习陆王之学，导生徒以实践，教科书宜采辑学案，以明尊孔尚孟之渊源。……讲求心性之学，实教育国民必不可少之趋旨也。”在“教科书”部分，强调：“中小学均加读经一科，按照经书及学校程度分别讲读，由教育部编入课程。”并对各级学校的读经科目做了具体规定：“初等小学，《孟子》；高等小学，《论语》；中学校，《礼记》节读，如《曲礼》《少仪》《大学》《中庸》《儒行》《礼运》《檀弓》等篇，必须选读。……中小学校国文教科书除编定者外，应读《国语》《国策》，并选读《尚书》。”“建设”中则规定：“经学院，宜于大学外独立建设，按经分科……专以阐明经义，发扬国学为主。”“各省各处设立经学会，以为讲求经学之所，所冀以养成中小学校经学教员及升人经学院之预备，由教育部通咨办理。”

这个教育宗旨的基本方针①。文化观念和习俗旧制的复辟活动也因应着帝制复辟的政治要求，一波接一波地推展成潮，形成民国共和初期特有的社会文化现象。

各种尊孔会社的兴起和活动，呈现出民国初年另一种社会面相。1912 年 10 月 7 日，康有为授意陈焕章等人在上海成立孔教会，以“昌明孔教，救济社会”为宗旨。1912 年底，教育部批准孔教会的立案，称“该会阐明孔教，力挽狂澜，以忧时之念，为卫道之谋，苦心孤诣，殊堪嘉许”②。次年 2 月，孔教会发行《孔教会杂志》作为机关刊物。9 月 27 日，在山东曲阜召开第一次全国孔教大会，举行大规模祭孔活动。同年 11 月，推康有为任总会会长，张勋任名誉会长，陈焕章为主任干事，总会迁至北京，成为民初影响最大的尊孔会社③。

拥护袁世凯复辟的军阀、都督等地方长官也纷纷登台亮相，为尊孔复古思潮推波助澜。他们与袁世凯同唱尊孔之调，共图复古之梦，营造了复古思潮一时泛滥的景象。

二、开明专制论

在尊孔复古的潮流中，还不乏某些西方文人和传教士的身影。以李佳白、李提摩太和庄士敦等为代表的“中国通”纷纷来华“讲学”，鼓吹孔子是“中国独一无二之圣者”，孔孟之道是“人类共通之原理”④，助推尊孔逆流⑤。李佳白一方面上书袁世凯，支持“为君主之治”果断称帝；另一方面，发表文章反对中国走民主制道路，认为“治理中国永久之政策，舍专制必无适宜之政体”，鼓吹君主专制适合中国，“君主之治，较共和为安静而稳固”⑥。美国传教士李提摩太是尚贤堂的热心襄助人，又是孔教会的忠实支持者，积极支持孔教会定孔教为国教的运动，认为“倡立国不需宗教之说，余窃以为不然”⑦。庄士敦在致陈焕章的信中提出：“若中国人而废孔教，是自弃其所有之最宝贵者也。是故，对于定孔教为中国国教之事，或保守其原有之地位，予表完全之同情……如中国人所已经表示者，则欧洲及全世界将必免于既往之无数惨祸及其可惊可怖之流血矣。予有无穷之愿望于孔教会及其杂志之兴盛也。”⑧

还有一些外籍文人公开宣称民主共和制度不适合中国，鼓吹开明专制。1913 年 10 月，日本顾问有贺长雄发表《共和宪法持久策》，攻击国会制定的《天坛宪草》，极力吹

---

① 中国第二历史档案馆. 中华民国史档案资料汇编：第 3 辑　文化. 南京：江苏古籍出版社，1991：40-45.

② 孔教会立案之部批. 孔教会杂志，1913，1 (1).

③ 受其影响，还出现了北京孔社、济南孔道会、太原宗圣会、扬州尊孔崇道会、青岛尊孔文社、镇江尊孔会等一大批捍卫尊孔读经的文化保守社团，出现了《不忍杂志》《中国学报》《孔社杂志》《国学杂志》《国是杂志》《宗圣学报》等大批鼓吹尊孔读经的报刊。

④ 长老会牧师、尚贤堂主持人、美国人李佳白热衷于中国刮起的尊孔复辟狂潮，与康有为、陈焕章主持的孔教会过从甚密。他经常到孔教会发表演说，鼓吹基督教与孔教是“同谋人道之乐利”，呼吁孔教信徒“与异教相友相爱帮助”。(李佳白. 孔教窥见之一斑//孔教外论：卷三. 东方读经会，1938)

⑤ 孔教会十年大事：卷二.

⑥ 李佳白. 节录李佳白博士上大总统书　论中华新国体　中国果适用专制独裁乎？//尚贤堂纪事：第 6 期第 10 册.

⑦ 孔教会十年大事：卷三.

⑧ 威海卫华务司英人庄士敦君来书. 孔教会杂志，1913，1 (3).

捧袁世凯[1]。作为总统府顾问的美国人古德诺在《中国新约法论》中，攻击中国的民主革命派脱离中国国情，并于1915年8月3日发表《共和与君主论》，鼓吹中国固有之国情适宜于君主制，而不利于共和制，“中国如用君主制，较共和制为宜，此殆无可疑者也”[2]，为袁世凯称帝提供舆论助力。

民国初年的社会心态在趋新共和、趋旧复古的两个方向上始终存在着激烈的对抗与斗争。文化、思想或习俗制度方面的各种异动和逆流与社会政治的变动之间形成了更为复杂的相互影响、相互作用。从这些光怪陆离和纷然杂陈的各种社会面相中，我们既可体察出历史的曲折、反复，也能领悟出历史的必然性趋向。这也是继之而起的新文化运动的历史背景。

思考题

1. 试述围绕《中华民国临时约法》与民初国会，革命党人与北洋军阀集团进行的斗争。
2. 试评述护国运动。
3. 评述“二十一条”的订立及其影响。
4. 简述府院之争。
5. 试评述民初的复古潮流。

阅读书目

1. 尚明轩. 孙中山传. 北京：北京出版社，1981.
2. 陈茹玄. 增订中国宪法史. 郑州：河南人民出版社，2016.
3. 章伯锋，李宗一. 北洋军阀. 武汉：武汉大学出版社，1990.
4. 李剑农. 戊戌以后三十年中国政治史. 北京：中华书局，1980.
5. 王先明. 末世：清王朝的最后十年. 北京：人民出版社，2018.

---

① 赵大为. 有贺长雄及其《共和宪法持久策》. 近代史研究，1996（2）：274-278.
② 中国第二历史档案馆，云南省档案馆. 护国运动. 南京：江苏古籍出版社，1988：62-68.

第十一章

《新青年》与新文化

——社会与文化发展的新趋向

在政治、经济和社会结构的剧烈变动过程中，在社会政治力量复杂而反复的较量中，代表时代发展方向的新生力量的崛起和壮大，就预示着中国社会和中华民族未来的希望。当“新青年”举起引领新时代的旗帜，涤荡旧习俗与旧文化的新文化运动适时兴起时，新与旧的碰撞和交锋，就必然冲刷出历史发展的新通道。在每一次重大的历史事变和历史转机，青年学生和知识分子都走在新时代的潮头。新文化运动促使中国社会的现代化深入到思想文化层面，相继而起的五四运动则形成了广泛的社会动员，成为中国社会现代化过程中的重要转折点。

第一节 北京政府时期的经济与社会

一、工商业的成长与发展

民国成立，具有现代性的政治与法制的建立，有利于现代工商业的成长与发展，第一次世界大战的爆发也给中国经济发展提供了较为有利的外部环境。中国工商业获得一个相对快速的发展时期，并由此带动政治、社会、文化等诸多方面的变化。据统计，自 1912 年至 1927 年 11 月，北京政府农商部批准注册的工商企业达 1 627 家，平均每年注册 102.8 家。注册企业涵盖了纺织、矿业、化工、机械、银行、保险、电业、航运、火柴、医药、文化以及农、林、牧、渔、水利等各个方面。单就近代工业而言，依据汤纳的统计，中国雇用30名工人以上的工厂，1913年为279家，1920年为808家，1928年达到2 327家，1928年的工厂数是1913年的8.3倍①。由此可以看出，北京政府时期的资本主义工业确有较大发展。

北京政府时期轻工业是发展速度最快的部门，纺织、丝织、面粉、榨油、火柴、造纸、制碱等行业均有相当进步，特别是纺织和面粉工业，成为我国民族工业的两大支柱。据统计，1890—1911年，国内设棉纺织厂31家；而1912—1928年，新建达71家之多②。纱厂由1911年的32家发展到1928年的120家，纱锭数则由1911年的831 106枚发展到1928年的3 850 016枚，布机数从1912年的2 316台发展到1928年的29 582台③。纱厂、纱锭、布机分别是此前的3.8倍、4.6倍和12.8倍。这一时期也是中国机器纺织史上由纺纱业转向纺织业的重要阶段，“使我国棉织业骤然改观，而成为我国棉织业史上最光辉之一页”④。

中国丝织业也开始从手工生产向现代机器生产过渡。1915年上海首先引进电动织机，出现了我国第一家电机织绸厂——物华绸厂。其他各地亦在20年代初开始采用电动织机。据计，到1920年，仅杭州、苏州、湖州、上海、盛泽、嘉兴等地，已开办40余家机器丝织厂，延至1926年，更剧增至430余家。丝织业从手工工场向机器工厂的过渡，把中国传统的丝织业推上现代化的道路。

在重工业和交通运输业领域，也有一些行业获得了较快的发展。采矿业中以煤矿业发展最快，1912年全国有14家煤矿申请领照注册，到1915年已达56家。而其中不乏拥资百万的大型煤矿，如1914年设立的河南焦作中原煤矿公司，资本350万元；浙江长兴煤矿公司，资本220万元。随着新式煤矿的增加，机械开采的煤产量在总产量中的比重逐年增加：1912年为516.6万吨，1919年为1 280.5万吨，1928年达到1 798万吨。除煤矿外，铁矿产量也有所增加：1918年全国机械开采的铁矿石达97.5万吨，1928年上升到147.5万吨。有色金属中的锑、钨的开采与冶炼也发展迅速：1917年全国锑产量达到1.5万吨，居世界第一位；钨矿的开采量1918年达到1万吨，居世界首位。

从1911年到1921年，中国轮船航运企业从596家增加到1 328家，是此前的2.2倍；轮船吨数从147 087吨增加到489 190吨，是此前的3.3倍；资本总额从2 184万元增加到8 900万元，是此前的4倍。远洋、内河、江海航运开始连接起来，形成初具规模的中国轮船航运体系。此间，还出现了几个规模较大的航运集团，如以虞洽卿为首的三北航运集团，资本总额达到320万元，资产总额600万～700万元，有轮船18艘，总吨位2万余。在铁路运输方面，1912—1926年铁路共通车3 723公里。粤汉铁路武昌至株洲段、广州至韶关段，陇海铁路新浦至开封段、洛阳至灵宝段，平绥铁路阳高至包头段，均在此期间建成通车。

中国近代工商业始终在帝国主义和封建势力的夹缝中艰难发展。民国政治变动并没有从根本上改变中国社会的性质，继之以起的政权分裂、军阀割据与混战，也严重阻碍

① 汤纳. 中国之农业与工业. 南京：正中书局，1937：225.
② 严中平. 中国棉纺织史稿. 北京：科学出版社，1955：342-366.
③ 陈真，等. 中国近代工业史资料：第4辑. 北京：三联书店，1961：201.
④ 朱斯煌. 民国经济史. 上海：银行学会银行周报社，1948：333.

了社会经济的正常发展和运行。此外，第一次世界大战结束以后，随着西方资本主义势力卷土重来，许多华资企业又相继陷入困境，乃至停业倒闭。

二、农业发展的滞后性

北京政府时期，中国农业经济的商品化逐渐加速，农业经济与资本主义世界市场的联系日益密切。但总体上，农业现代化的程度非常有限，传统农业生产依然举步维艰。

棉花、大豆、花生、烟草等经济作物的种植有了较大提高。一战前后，受国内棉纺织业迅速发展以及国外需求增加的影响，棉花生产有了较大发展。据统计，1919年，全国棉花种植面积达 3 303.8 万亩，年产棉花 902.8 万担；1922 年，棉花播种面积 3 346.5 万亩，年产棉花 831 万担①。棉种引进与改良活动推动了棉花生产的发展，1915 年，农商部在正定、南通、武昌、京西设立 4 个棉种试验场，专事美棉驯化和本棉改良的工作。1918—1922 年，棉花年产 800 万担，成为主要出口农产品之一。20 世纪 20 年代中期，大豆年产超过 1 200 万吨，比 10 年前增长了 2 倍以上，中国因而成为当时世界上最大的大豆生产国和出口国之一。大豆及其制成品生产的发展，使其主要产地东北成为中国唯一的出超地区，1920—1927 年，东北出超高达 54 600 万海关两。东北的大豆种植面积已占其农田面积的 30%左右，商品率高达 80%，成为中国商品率最高的农作物。

北京政府时期的粮食生产商品化增长明显，大致达到了 20%。但受经济作物发展的影响，粮食播种面积在下降，即便是“昔多粮作”的苏南常熟地区，也“已大都改植棉作”②，造成各地粮食生产相对减少，出现粮荒。直隶正定、定州、新乐及石家庄附近各县，“年来盛行植棉。其植棉面积约占耕地十之七八，以致粮食不足”。粮食生产的不足，导致进口粮食日益增加。据统计，1912 年全国进口粮食仅 5 905 456 担，到 1927 年增加到 26 606 415 担。1912—1927 年，共进口大米 17 227.8 万担，小麦 1 535.1 万担，面粉 3 758.2 万担，合计达 22 521.1 万担③。

随着中国社会经济结构的演变，农业中的资本主义经营方式也有所发展，主要体现在新型农业公司的产生和发展，经营型地主和富农的出现与增加。

新型农业公司从总体上来说是资本主义性质的农业企业。1912 年，全国农业公司 171 家，资本总额 635 万余元④。苏北地区 1914—1920 年先后约有 40 家公司成立，广西的农业公司 1927 年有 109 家。东三省 1913—1920 年创办的农牧公司达 137 家，实收资本总额为 1 580 余万元⑤。1920 年之后因经济不景气，农业公司的经营受到严重影响，出现衰退现象。新型农业公司将资本主义大农业的经营方式引入传统农业，同时采用先进耕作技术，推广良种，对传统小农经济、农业改良也具有示范的导向作用。但其数量较少，影响力十分有限。

① 华商纱厂联合会棉产统计部．民国十二年中国棉产统计．上海：世界书局，1923：1-3.

② 张海鹏．中国近代通史：第 6 卷．南京：江苏人民出版社，2009：515.

③ 章有义．中国近代农业史资料：第 2 辑．北京：三联书店，1957：215.

④ 农商部总务厅统计科．民国元年第一次农商统计表．上海：中华书局，1914：200-206.

⑤ 孔经纬．东北经济史．成都：四川人民出版社，1986：145.

从传统农业中分化出来的经营型地主和富农的经营，也是具有资本主义性质的农业经营。据不完全统计，河北、山东两省就有经营型地主和富农39万余家，其中拥有耕地100亩以上者有4 122家，其所有耕地总数约为两省耕地总数的10%①。对于农业现代化来说，经营型地主和富农拥有较为厚实的经济力量采用新式耕作技术，引进良种、化肥与农机用具，追求利润的动机也使他们选择经济效益较高的经济作物进行种植，从而增加了农业生产的商品化程度。

农业的发展不仅受制于列强操纵的国际市场，而且也面临着军阀政权的横征暴敛，更要遭受军阀混战之下的社会动荡之苦。加上农业生产环境的破坏、频繁的天灾和不合理的土地制度制约等，这一时期中国农业经济整体上发展迟滞，许多地区甚至处于凋敝状态。

三、社会结构的新变化

北京政府时期的政治体制变革与现代工商业的发展，必然引起社会结构的深刻变化。传统的士农工商四民社会结构走向崩解并趋于复杂化。在社会结构的剧烈变动进程中，具有身份优势和权势地位的军阀、官僚、买办和地主阶层在政治生活中仍居于主导地位，凭借军阀政治与强势武力，新的军阀地主迅速增加。科举制废除以后建立的新式学制造就的现代知识分子阶层，也开始在社会结构的重构中扮演重要角色。随着现代资本主义工商业的发展，民族资产阶级与工人阶级力量不断壮大，并日渐活跃于新的时代舞台上，成为足以影响此后中国社会历史发展的决定性力量。

依靠武力崛起的大小军阀是民国初年社会结构变动的特征之一。1912—1928年，先后活跃于政治舞台上的大大小小的军阀有1 300多个。北洋军阀集团的崛起远溯至1895年袁世凯小站练兵，1916年袁世凯去世以后，北洋军阀分裂为皖系、直系和奉系。其中，皖系和直系是北洋军阀的嫡系，即所谓"小站系"。奉系军阀本与北洋军阀没有关系，1907年徐世昌任东三省总督，带领北洋军队出关，并以此为基础扩建成东北新军。张作霖的军队被改编。后来，张作霖大力扩张地盘，占领了黑龙江、吉林和奉天三个省份。在北洋军阀内部，除直系、皖系和奉系之外，还有一些依附于它们或从它们当中派生出的较小军阀或派系。例如，直系军阀中后来派生出保派（曹锟，常驻保定）和洛派（吴佩孚，常驻洛阳），洛派中又分出冯玉祥的国民军系和孙传芳部，还有依附于直系的宁派（江苏军阀齐燮元）。皖系中有浙派（浙江军阀卢永祥）和陕西军阀陈树藩，还有所谓交通系、安福系等。奉系也有新旧之分，还包括一些小的派系，像直鲁派（直军李景林，鲁军张宗昌）以及郭松龄部等。依附于北洋军阀的还有以阎锡山为首的晋系。阎锡山在辛亥革命期间任山西都督，后来投靠袁世凯。袁世凯死后，他又依附于皖系军阀段祺瑞，继续占据山西。在南方六省，存在着与北洋军阀相对立的西南军阀。西南军阀是指北洋军阀控制北京政府时期，在中国南方六个基本上不属于北洋军阀地盘的省份，如广东、广西、云南、贵州、四川和湖南，形成相对独立的地方军阀集团。在这些地方军阀中，势力最大的是以唐继尧为首的滇系和以陆荣廷为首的桂系。军阀依靠政治、军事特权掠夺霸占大量土地，成为新生的军阀地主阶层。袁世凯在河南彰德、汲

---

① 土地委员会. 全国土地调查报告纲要. 1937：26.

县、辉县等地有田400顷，徐世昌在辉县有田50多顷，罗山大地主刘楷堂拥有土地2.5万亩，广西督军陆荣廷、谭浩明在得势的时候，他们的土地占全省的1/3，而奉系军阀10个头目共拥有土地400万亩，仅张作霖拥有的土地就达151.6万亩①。此外，北京政府时期崛起的军阀已不单纯是以封建经济为基础，多少还带有资本主义的因素，投资新式企业是北洋军阀官僚的一大敛财方式。1920年，曹锟与鲍贵卿等创办恒源纱厂，自任经理，工厂资金400万元，曹氏家族的股份为82万元，占资本额的1/5强。曹氏家族还开办直东轮船公司、罐头公司，并投资于井陉煤矿、遵化兴隆铁矿、保阳火柴公司等企业。银行方面，曹锟在天津交易所、中日实业公司、北洋保商银行、边业银行、农商银行等都有投资。黎元洪投资的工矿企业有中兴煤矿、中原煤矿、长兴煤矿、六河沟煤矿、龙烟铁矿等12家，投资的银行有中华汇业银行、中华懋业银行等9家。在中华汇业银行，黎元洪投资了20万元，在中华懋业银行投资了16.7万元。张勋投资于久兴纺织公司90万两，投资于中兴煤矿80万元。张作霖1925年在边业银行的投资达500万元。据统计，在军阀官僚主要投资场所之一的天津地区，到20年代末期，仅军阀官僚投资创办的裕元、恒源、华新、裕大纱厂的资本额就达1 350万元，占当时天津工业资本总额的48.7%。

资产阶级是近代中国社会中的新兴阶级。随着资本主义工商业的发展，资产阶级队伍也进一步成长壮大。资产阶级作为一个经济利益集团，是近代中国经济现代化的中坚力量。从1903年商部成立并"劝办商会"算起，到1912年，全国商务总会已发展到57处，商务分会增加到871处，合计928处，拥有会员20万人以上，其中会董达23 800人左右②。1913年，中华商业全国联合会成立，"商联会是全国商会的联合组织，具有最广泛的资产阶级代表性"③，标志着中国资产阶级联合意识的增强、全国性组织的形成和政治参与的扩大。

工人阶级也是近代中国社会结构变动中的重要新兴力量。至19世纪末，中国近代产业工人约有10万人。中国工人队伍迅速发展壮大，是在民国时期。从1912年到1919年，中国工人队伍得到了前所未有的大发展。1913年，全国产业工人30多万。而到1919年，全国有产业工人260余万，其中铁路工人16万，邮电工人3万，工厂工人83万，矿业工人70万，建筑工人40万，搬运工人30万，海员15万，汽车、电车工人3万④。产业工人队伍壮大的主要原因是由民国初年中国民族工业的发展。1914年至1919年的6年间，中国民族工业新设厂矿379个，平均每年83个，中国民族工业发展这一短暂的"黄金时期"，为中国工人队伍的成长壮大奠定了基础。1919年后，随着中国近代工业的进一步发展，中国工人队伍也越来越壮大。到20世纪20年代末，中国产业工人已达300万。

作为一支新兴的社会阶层，工人阶级在五四运动以后开始登上政治舞台，为中国共产党的成立奠定了较为雄厚的阶级基础，并成为主导社会变迁的主体力量。

---

① 章有义．中国近代农业史资料：第2辑．北京：三联书店，1957：14-15，17-18.
② 徐鼎新．旧中国商会溯源．中国社会经济史研究，1983（1）：83-96，135.
③ 虞和平．中国现代化历程：第2卷．南京：江苏人民出版社，2001：449.
④ 刘明逵．中国工人阶级历史状况．北京：中共中央党校出版社，1985：122.

第二节 新文化运动的兴起

一、《新青年》与新文化阵营

1915 年 9 月 15 日，陈独秀主编的《青年杂志》在上海创刊，次年 9 月《青年杂志》更名为《新青年》。1916 年 12 月 29 日，蔡元培受命担任北京大学校长，并以其一贯主张之“思想自由，兼容并包”的办学方针，聘请了一批“新派”人物在北大任教。1917 年 1 月，蔡元培聘请《新青年》主编陈独秀为文科学长，《新青年》随之北迁北京。陈独秀以《新青年》为中心，凝聚了北大文科的一批同人，如李大钊、胡适、刘半农、高一涵等先后担任《新青年》的编者与作者，此外，章士钊、蔡元培、钱玄同、周作人、沈尹默、沈兼士、陈大齐、王星拱等人亦加入此列。《新青年》以全国最高学府为依托，其编辑和作者队伍逐渐扩大，发行量不断增长，读者争相传阅，社会影响也越来越大。“《新青年》遂由一个安徽人主导的地方性刊物，真正转变成为以北大教授为主体的‘全国性’刊物。”

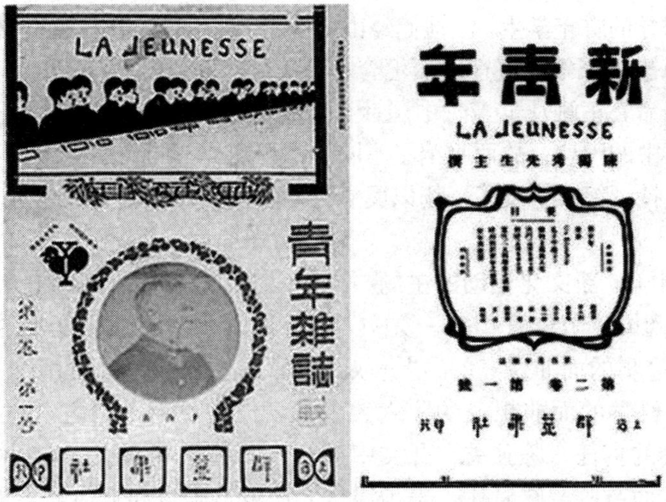

图 11-1 《青年杂志》及《新青年》

在民国初年趋新与守旧思想的交锋对抗中，新文化由涓涓细流逐渐汇成涛涛大河，《新青年》也由一个普通刊物，发展成为新文化、新思潮的领军杂志。1918 年 12 月和 1919 年 1 月，《每周评论》和《新潮》相继创刊，结束了《新青年》孤军奋战的局面。三刊同声协唱，同气相求，很快产生了群体效应。与《新青年》相比，《每周评论》直接以谈政治为宗旨，言论更趋激烈，煽动性也更大。相对每月一期的《新青年》，以小型报纸形式出现的《每周评论》更显灵活，也更具时效。五四运动以后，全国各地创办了数百种白话报刊，以报刊群的形式显示了新文化由少数精英的鼓吹发展为士庶大众参与的历史性变化。新文化由此真正成为一场空前规模的运动。

图 11－2　蔡元培

新文化运动是在对辛亥革命之失败进行反思与探索的基础上，形成的一场思想革新运动。其核心力量是以《新青年》杂志为阵地和纽带而汇聚在一起的知识分子精英群体，以及由他们启发、引导的青年学生①。他们经由地缘关系、师友同门关系、相同的政治立场以及大体一致的思想主张等几种途径而汇合、聚集到《新青年》周围。《新青年》提出的反孔主张、文学革命真正触及了当时中国社会、思想、文化演变与发展中的困境与问题，解决了当时人们心中的困惑，故而吸纳了不同学术派别、不同文学流派、不同政治立场的知识分子参与和支持，终于引发了一场以民主与科学为主题的新文化运动。

二、民主与科学：新文化运动的主题

《新青年》发刊词《敬告青年》一文中，标示了其办刊目的与方针在于弘扬“自由的而非奴隶的”“进步的而非保守的”“进取的而非退隐的”“世界的而非锁国的”“实利的而非虚文的”“科学的而非想象的”六大主张，作为更新人格之六义，供青年抉择，以担负起改造社会的责任。陈独秀在此文中还指出，科学和人权（即民主）“若舟车之有两轮焉”，“国人而欲脱蒙昧时代，羞为浅化之民也，则急起直追，当以科学与人权并重”。从而打出了作为新文化运动象征的科学（时称“赛先生”，即 science 之音译）和民主（时称“德先生”，即 democracy 之音译）的大旗。

面对复古尊孔的阵阵逆流，陈独秀锐利地提出：“要拥护那德先生，便不得不反对孔教、礼法、贞节、旧伦理、旧政治。要拥护那赛先生，便不得不反对旧艺术、旧宗教。要拥护德先生又要拥护赛先生，便不得不反对国粹和旧文学”，“我们现在认定只有这两位先生，可以救治中国政治上、道德上、学术上、思想上一切的黑暗。若因为拥护

① 杨琥．同乡、同门、同事、同道：社会交往与思想交融——《新青年》主要撰稿人的构成与聚合途径．近代史研究，2009（1）：54-72，2.

这两位先生，一切政府的压迫，社会的攻击笑骂，就是断头流血，都不推辞”①。可见，科学与民主是新文化运动的核心主题，是新文化阵营进行伦理革命、道德革命、文学革命的“两件重要武器和工具”②。科学与民主成为新文化运动的两大主题。陈独秀尤其对民主做了进一步的阐释，认为：“吾国欲图世界的生存，必弃数千年相传之官僚的、专制的个人政治，而易以自由的、自治的国民政治。”③ 他强调民主的根本就是主权在民，人民是国家的主人。“国家者，乃人民集合之团体，辑内御外，以拥护全体人民之福利，非执政之私产也”，“民主国家，真国家也，国民之公产也。以人民为主人，以执政为公仆者也”④。他要求弘扬人的自由、平等等民主权利：“个人之自由权利，载诸宪章，国法不得剥夺之，所谓人权是也。”⑤ “在真正进化的社会里，人人都应当有自由发展的机会，自然人人都应当拥有思想的自由。”⑥

冲破传统礼教的束缚，倡导女性的解放，也是新文化运动提倡的基本理念。“不自由之名节，至凄惨生涯，年年岁岁，使许多年富有为之妇女身体精神俱呈异态者，乃孔子礼教之赐也。”⑦ 胡适撰写了《贞操问题》《美国的妇人》等文章，号召中国妇女自身要树立起自立的观念：“我们中国的姊妹们若能把这种自立的精神来补助我们的依赖性质，若能把那种超于良妻贤母人生观来补助我们良妻贤母观念，定可使中国女界有一点新鲜空气，定可使中国产出一些真能自立的女子，自然产生良善的社会。”⑧

图 11－3 胡适

① 陈独秀. 本志罪案之答辩书. 新青年，1919，6（1）.
② 徐国利. 陈独秀“伦理革命”思想的再认识：兼论新文化运动的首要目标和中心内容. 安徽史学，2005（4）.
③ 陈独秀. 吾人最后之觉悟. 青年杂志，1915，1（6）.
④ 陈独秀. 今日之教育方针. 青年杂志，1915，1（2）.
⑤ 陈独秀. 敬告青年. 青年杂志，1915，1（1）.
⑥ 罗家伦. 西洋思想自由的进化. 新潮，1919，2（2）.
⑦ 陈独秀. 孔子之道与现代生活. 新青年，1916，2（4）.
⑧ 胡适. 美国的妇人//胡适文存：卷四. 上海：亚东图书馆，1921：60-61.

所谓科学，指的是近代自然科学法则，包括反对封建迷信，反对偶像崇拜，宣传进化论、唯物论、无神论等内容；提倡科学精神和科学方法，用以取代圣贤立言皆为真理的蒙昧主义思想方式。陈独秀指出，人类发展必然由“宗教迷信时代”“玄学幻想时代”进化到“科学实证时代”。在科学实证时代，“一切政治、道德、教育、文学，无一不含着科学实证的精神”①。鲁迅也指出“科学能教道理明白，能教人思路清楚”，主张用科学这味药来医治思想上迷信、愚昧、不改现状、不思变革的病。胡适则主要介绍了科学方法，鼓吹科学精神，介绍杜威的实验主义，提出了“大胆假设，小心求证”的著名命题。

三、白话文与“打倒孔家店”

新文化运动的另一重要内容是文学革命，即所谓提倡白话文、反对文言文。这个运动的首倡者是胡适②和陈独秀。1916 年，胡适在美国致函陈独秀，提倡文体改革。1917 年他将这些意见写成《文学改良刍议》一文，发表在《新青年》上，从而揭开了文学革命的序幕。

胡适提出了文学改良的八项主张——“须言之有物”“不摹仿古人”“须讲求文法”“不作无病之呻吟”“务去烂调套语”“不用典”“不讲对仗”“不避俗字俗语”③。不久，胡适又发表《建设的文学革命论》，对前述主张进行补充，鲜明地提出了“国语的文学，文学的国语”的口号，更加明确地提倡白话文写作。“这两千年来的文人所做的文字都是死的，都是用已经死了的语言文字做的，死文字决不能产生活文学。”“中国若想有活文学，必须用白话，必须用国语，必须做国语的文学。”④

陈独秀在《文学革命论》中则将文体改革提到文学革命的高度：“今欲革新政治，势不得不革新盘踞于运用此政治者精神界之文学。”陈独秀提出了文学革命的“三大主义”：“曰，推倒雕琢的、阿谀的贵族文学，建设平易的、抒情的国民文学；曰，推倒陈腐的、铺张的古典文学，建设新鲜的、立诚的写实文学；曰，推倒迂晦的、艰涩的山林文学，建设明了的、通俗的社会文学。”⑤ 文学革命的实质，是以民主的文学反对封建的文学；文学革命的目标，是实现文体到文学理念的现代化。鲁迅则把新文学的形式和内容完美地结合起来，于 1918 年在《新青年》上发表的《狂人日记》，成为其最具时代性的作品之一。1918 年，周作人发表《人的文学》一文，推进了新文学理论发展。他强调，新文学应当提倡人的文学，反对非人的文学。人的文学的理论基础是人道主义。这一点恰恰是民主文学和封建文学的本质区别。白话文是新文化运动取得的最显著、最普遍的成果⑥。

---

① 陈独秀．近代西洋教育．新青年，1917，3 (5)．

② 胡适（1891—1962），安徽绩溪人，出生于上海，1910 年到 1917 年先后在美国康奈尔大学和哥伦比亚大学学习，在哥伦比亚大学时跟随杜威学习哲学。1917 年回国由蔡元培聘为北京大学教授。在新文化运动中，胡适以宣传实用主义哲学、提倡白话文、主张文学改良而知名。

③ 胡适．文学改良刍议．新青年，1917，2 (5)．

④ 胡适．建设的文学革命论．新青年，1918，4 (4)．

⑤ 陈独秀．文学革命论．新青年，1917，2 (6)．

⑥ 从 1918 年起，《新青年》开始全部用白话文编写。1919—1920 年，全国有 400 多种用白话文出版的报刊。1920 年，教育部决定中小学开始使用白话文编写的语文教材。到 1922 年，全部小学教材都使用了白话文。

图 11－4 陈独秀

新文化运动的矛头直指以传统儒家思想为代表的旧思想、旧文化、旧礼教、旧道德。民初以来的尊孔复古逆流与袁世凯等复辟帝制的政治举动，使五四新文化运动的倡导者们选择了“孔家店”作为封建文化的总体象征，提出了“打倒孔家店”的时代口号。

新文化运动的倡导者，坚决反对定孔教为国教。“文明进化之社会，其学说之兴废，恒时时视其社会之生活状态为变迁。”① “孔教本失灵之偶像，过去之化石，应于民主国宪法，不生问题。”② 李大钊也指出，社会与道德都是随时代进化发展的，“孔子之道，施于今日之社会为不适于生存”③，不能将数千年前的孔子，“入于现代国民之血气精神所结晶之宪法”④。

批判封建伦理纲常是新文化运动重要内容之一。陈独秀指出：“儒者以纲常立教，为人子为人妻者，既失个人之独立人格，复无个人之独立财产。”⑤ 被胡适誉为“只手‘打孔家店’的老英雄”吴虞，在《礼论》一文中指出：“礼为人君之大柄”，“以尊卑贵贱上下之阶级为其根本”，痛斥儒家学说是麻木不仁的礼教，将之比作洪水猛兽。吴虞的《家族制度为专制主义根据论》《吃人与礼教》等都揭露了封建礼教的罪恶。鲁迅在批孔运动中撰写的《孔乙己》《药》《狂人日记》等短篇小说，以揭露封建礼教的“吃人”本质和批判忠孝节义等伦理道德的危害而著称。

以个人解放为核心的伦理革命是新文化运动时期与“德先生”“赛先生”齐名的

① 陈独秀. 孔子之道与现代生活. 新青年，1916，2 (4).
② 陈独秀. 宪法与孔教. 新青年，1916，2 (3).
③ 李大钊. 自然的伦理观与孔子//李大钊文集：上卷. 北京：人民出版社，1984：264.
④ 李大钊. 孔子与宪法//李大钊文集：上卷. 北京：人民出版社，1984：258.
⑤ 同①.

图 11-5　李大钊

“穆姑娘”（moral）的主要诉求①。新文化运动倡导者将伦理革命视为新文化运动的首要目标和中心内容，提出在政治革命之后，必须继之以伦理革命，“盖伦理问题不解决，则政治、学术，皆枝叶问题。纵一时舍旧谋新，而根本思想未尝变更，不旋踵而仍复旧观者，此自然必然之事也”②。否则，政治上采用共和宪政，而伦理上保守封建纲常道德，二者必相冲突，“盖共和立宪制，以独立、平等、自由为原则，与纲常阶级制为绝对不可相容之物，有其一必废其一”。陈独秀总结明清以降中国人渐次发现西方文明的觉悟史，得出的结论是：“继今以往，国人所怀疑莫决者，当为伦理问题。此而不能觉悟，则前之所谓觉悟者，非彻底之觉悟，盖犹在惝恍迷离之境。吾敢断言曰：伦理的觉悟，为吾人最后觉悟之最后觉悟。”③

第三节　激荡的思潮与主义

一、问题与主义之争

西方各种社会思潮大量被引介，中西文化交流与碰撞在更深层次上的展开，是民国初年中国思想文化变迁的一大特征。新文化运动倡导者激烈地批评传统文化以及全盘西

---

① 鲁萍．“德先生”和“赛先生”之外的关怀：从“穆姑娘”的提出看新文化运动时期道德革命的走向．历史研究，2006（1）：79-95，191.

② 陈独秀．宪法与孔教．新青年，1916，2（3）.

③ 陈独秀．吾人最后之觉悟．青年杂志，1915，1（6）.

化的思想倾向，引起了文化保守主义者的激烈反弹，东西文化优劣之比较与论争诸问题，成为当时思想界论辩的焦点。

民国肇建，人们所梦想的资产阶级民主政治并没有真正建立起来，政治依然纷乱无序，社会依然动荡不安，这就促使更多的人去深思和探索中国走向民主、富强的道路。资产阶级革命派通过革命来建立资本主义制度的愿望没有实现。实业派通过致力于发展资本主义经济取得了一定成果，但对于改变中国的落后面貌作用甚微。知识分子阶层则从主义和思想文化的高度去思考改造中国社会的问题。知识分子的选择是多元的，各种社会主义、资产阶级改良主义等新思潮，作为探索与解决当时社会问题的理论根据与工具，都被引进中国。知识界关于问题与主义的争论在1919年夏随即展开。

问题与主义之争是中国近代思想领域的一场重要争论。1919年4月底，胡适提出《多研究些问题，少谈些主义》①，他立论的基础是实验主义，主张多研究些问题，少谈些主义。他强调，空谈好听的主义，是极容易的事；空谈外来进口的主义，是没有什么用处的；偏向纸上的主义，是很危险的。“主义的大危险，就是能使人心满意足，自以为寻着包医百病的根本解决，从此用不着费心力去研究这个那个具体问题的解决法子了。”② 首先对此提出异议的是蓝公武。1919年7月24日，他在《国民日报》连续发表《问题与主义》，反对将问题和主义对立起来的主张；提出问题需要研究，主义也应当谈；解决具体的、局部的问题，只需要通过对该问题的细心研究找出解决的办法；解决广泛的社会问题、革命的问题，一定要有抽象的主义作为理论指导。1919年8月17日，李大钊在《每周评论》发表《再论问题与主义》一文，也对胡适的观点加以批评。他认为：“问题与主义，有不能十分分离的关系，所以我们的社会运动，一方面固然要研究实际的问题，一方面也要宣传理想的主义。这是交相为用的，这是并行不悖的。”不应因为存在着“假冒牌号的危险”和所谓“过激主义”的诬名而讳谈主义。最后，李大钊特别强调了社会问题“必须有一个根本解决，才有把一个一个的具体问题都解决了的希望”；而“经济问题的解决，是根本解决”，而这就需要马克思主义的唯物史观与“阶级竞争说”的指导③。

问题与主义的论争是当时中国思想界对社会、社会主义和社会改造的普遍关注和思考的体现。东西文化论争跳出孰优孰劣的价值评判，说明当时的知识分子开始将目光转向社会改造与建设，问题或主义与社会现实开始联系起来。争论的要点在于“要不要进行社会革命以求中国社会问题的根本解决”④。李大钊与胡适的观点“有的意见完全相同，有的稍相差异”⑤。胡适为进一步论证自己的观点，又相继发表《三论问题与主义》和《四论问题与主义》，着重论述了他与蓝公武、李大钊二人的不同意见。同年11月，

① 胡适先在《每周评论》第28期上发表的《欢迎我们的兄弟——〈星期评论〉》一文中说：“现在舆论界的大危险，就是偏向纸上的学说，不去实地考察中国今日的社会需要究竟是什么东西。”“要知道舆论家的第一天职，就是细心考察社会的实在情形。一切学理、一切主义都是这种考察的工具。”不久，他就将上述意见扩充成一篇独立的文章发表于7月份出版的《每周评论》第31期上。

② 胡适. 多研究些问题，少谈些主义. 每周评论，1919，31.

③ 李大钊. 再论问题与主义. 每周评论，1919，35.

④ 胡绳论“从五四运动到人民共和国成立”. 北京：社会科学文献出版社，2001：67-68.

⑤ 同④.

胡适又在《新思潮的意义》一文中做了带有总结性的论述，他认为：五四新思潮的根本意义就是人们学会了对待各种事物采取一种新的态度，即评判的态度，也就是尼采提出的“重新估定一切价值”的态度。怎样才能实现对一切价值的重新估定呢？一方面是讨论社会上、政治上、宗教上、文学上的种种问题，另一方面是介绍西洋的新思想、新学术、新文学、新信仰。前者是“研究问题”，后者是“输入学理”。二者的关系是：把全副精力贯注到研究问题上去，在研究问题里面做点输入学理的事，或用学理来解释问题的意义，或从学理上寻求解决问题的方法，绝不可把一切学理都看作天经地义的东西。

问题与主义之争提出了一个社会变革时代的根本问题。人们开始在新的起点上思考思想与社会、理论与实践的重大时代性课题，新文化运动开始从批判与颠覆（传统文化）走向改造与重建（中国社会）。

二、梁漱溟：文化保守主义

梁漱溟（1893—1988），字寿铭，广西桂林人，生于北京，20 世纪中国文化保守主义和现代新儒家的代表之一。1917 年 10 月，梁漱溟被破格聘为北京大学印度哲学讲席，1921 年梁漱溟整理出版了《东西文化及其哲学》著作，由此奠定了他在学界的地位。在五四运动时期的西化背景下，他独树一帜地提出了未来“文化三路向”说，把西方文化、中国文化和印度文化当成未来人类文化依次发展的三种路向，第一次把中国文化纳入世界文化架构中予以平等地讨论，引起了强烈反响。

梁漱溟认为“文化不过是生活的样法”，而生活的根本在意欲，因此，文化不同是由于人生路向不同，而人生路向不同又由于意欲所向不同。由于意欲所向、人生路向不同，就呈现了西方文化、中国文化、印度文化三种类型：西方文化是以意欲向前要求为其根本精神的，他们走的是第一路向；中国文化是以意欲自为、调和、持中为其根本精神的，中国人走的是第二路向；印度文化是以意欲反身向后为其根本精神的，印度人走的是第三路向。梁漱溟以“文化三路向”说解释中、西、印三大文明发展的过去，并预测世界文化的未来。他认为古希腊人、古中国人、古印度人以其种种关系因缘凑聚，分别走上了第一、第二和第三路向。西方人中世纪折入第三路向一千多年，到文艺复兴又重新去走第一路向，因其合于时宜，故在征服自然、科学、民主上取得极大成功，成就了近世的西洋文化。中国人明明还处在第一问题未了之下就拐到第二路向，中国人在以前为不合时宜而此刻则机运到来，更须坚持走第二路向。印度人更是不待第一路向、第二路向走完而径直拐到第三路向上去。都是人类文化的早熟。故从历史上看，西洋人合于时宜而大有成就，中国人和印度人步骤凌乱成熟太早，只有节节失败。但从今以后将是另一番情景：西洋人由于第一路向的过度发展而病痛百出，将从第一路向转到第二路向，因此“世界未来文化就是中国文化的复兴”。将来第二路向也会产生种种问题，“所以中国文化复兴之后将继之以印度文化复兴”。“于是古文明之希腊、中国、印度三派竞于三期间重现一遭。”[①] 可见，在梁漱溟看来，

---

① 梁漱溟．东西文化及其哲学//梁漱溟全集：第 1 卷．济南：山东人民出版社，1989：333-335．

近世至未来人类社会的发展图景将是希腊文化的复兴、中国文化的复兴、印度文化的复兴。

梁漱溟将唯识学、西方生命哲学及中国传统儒学结合在一起，提出了自己的系统的文化观——既不同于自由主义的、激进主义的观点，也有别于马克思主义的观点，更相异于守旧复古派的主张。他从哲学角度阐述世界文化的异同及其发展大势，提出了复兴中国文化的思想指向，特别是儒学复兴的问题。因此，文化保守主义者对此报以喝彩。他们认为，梁漱溟的理论正确地以孔子思想为正宗，是建立合理的人生的前提①，是"继绝学、开太平的大发明"②。但是，张君劢、张东荪、李石岑、胡适等都提出了批评。张东荪认为，西方文化与中国文化都是世界文化的组成部分，中国文化的观念显然不合时宜，应大力吸收西方文化精神为我所用。李石岑反对梁漱溟对于中国文化的推崇，认为科学、民主的精神与儒家精神是根本对立的③。胡适认为，梁漱溟对于西方、中国、印度文化精神的总结过于呆板笼统，中国和印度的落后也不是什么文化态度的不同造成的，东方文化要"翻身"的说法是错误的。梁漱溟提出的重新思考儒学的现代命运的问题，其实是一个关系到中国未来道路与方向选择的时代性问题。

三、马克思主义：主义之争中的历史成果

在新旧杂陈、中西混杂的五四时期，到底哪种思潮或主义能成为改造中国社会的理论指南，人们进行了艰难的选择与思考。对于急于找到中国出路的知识分子来说，马克思主义无疑是极好的武器。马克思主义在思想争鸣中开始广泛传播，蔚为潮流。除《新青年》外，《每周评论》《国民》《建设》等杂志，《晨报》副刊、《民国日报》副刊、《时事新报》副刊等都辟有介绍马克思主义的专版与专栏。1920 年，《共产党宣言》中文全译本出版。此后，马克思主义著作纷纷被译介出版，马克思主义的影响迅速传遍整个社会。

马克思主义作为一种先进思潮在中国迅速蔓延开来，也造成了自由主义者的分化，很多知识分子如陈独秀、李大钊等放弃了自由主义信念而转向信仰马克思主义。1918 年 7 月，李大钊发表了《法俄革命之比较观》，区分了 18 世纪法国大革命和 20 世纪俄国革命性质的不同，前者是政治革命兼含社会革命，后者则是社会革命，含有世界革命的色彩。1918 年 11 月，李大钊又发表了《庶民的胜利》的演讲和《Bolshevism 的胜利》，充满激情的欢呼："由今以后，到处所见的，都是 Bolshevism 战胜的旗。到处所见的，都是 Bolshevism 凯歌的声。人道的警钟响了！自由的曙光现了！试看将来的环球，必是赤旗的世界！"④

1919 年 10 月，李大钊在《新青年》杂志第 6 卷第 5 号上发表了《我的马克思主义观》一文，系统地阐述了马克思主义的基本立场，介绍了马克思的唯物史观、社会发展

① 严既澄．评《东西文化及其哲学》．民铎，1922，3（3）．
② 恶石．评《东西文化及其哲学》．民国日报，1922-03-28．
③ 李石岑．评《东西文化及其哲学》．民铎，1922，3（3）．
④ 李大钊．Bolshevism 的胜利．新青年，1919，5（5）．

规律学说、阶级和阶级斗争学说以及人民群众的历史作用。李大钊认为唯物史观的创立是历史观上的革命，并且把社会主义从空想变为科学；科学社会主义建立在唯物史观之上，社会主义社会的出现是“历史的命令”，而不是人意愿的产物；社会的发展变化是经济基础与上层建筑、生产力与生产关系相互作用的结果。李大钊还把生产力视为社会发展的最终动力，并认为孔子学说支配中国人心两千余年之久，根源于两千多年的农业经济组织。

李达通过对唯物史观和科学社会主义的系统介绍，阐述阶级和阶级斗争学说①。李达认为，马克思科学社会主义有五条重要原则：唯物史观、资本集中说、资本主义崩坏说、剩余价值说、阶级斗争说。陈独秀也从一个自由主义者转变为马克思主义者，对马克思主义唯物史观与阶级斗争学说进行了深入分析。陈独秀认为，唯物史观与机械意义上的自然进化观不同，历史上一切制度的变化根源于经济制度的变化，唯物史观告诉我们不要忽视社会经济这个事实，改造社会也应当从经济制度入手。陈独秀指出：阶级斗争的要义有二，一是“一切过去社会底历史都是阶级争斗底历史”，二是“阶级之成立和争斗崩坏都是经济发展之必然结果”②。蔡和森留学法国期间研读了大量马克思主义著作，1920 年在给毛泽东的通信中说：“马克思的学理由三点出发：在历史上发明他的唯物史观，在经济上发明他的资本论，在政治上发明他的阶级战争说。三者一以贯之，遂成为革命的马克思主义。”关于阶级和阶级斗争，蔡和森指出：“现今全世界只有两个敌对的阶级存在，就是中产阶级与无产阶级。中产阶级以上没有第二阶级，无产阶级以下没有第五阶级”，“阶级战争是阶级社会必然的结果，阶级专政又是阶级战争必然的结果”，“阶级战争的结果，必为阶级专政，不专政则不能改造社会、保护革命”③。

马克思主义的唯物史观、阶级斗争学说在 1920 年前后已经开始广泛传播，并由此凝聚了一批真诚而坚定的马克思主义信仰者，这为中国共产党的形成奠定了思想基础和组织基础。

第四节　新文化运动的历史地位

一、新文化运动的意义

无论立足于思想启蒙，还是立足于社会文化改造，新文化运动都是“席卷全中国的一场思想与行动的意义深远的变革”。1933 年，胡适在芝加哥大学演讲时有过一个简短的总结：“该运动有三个突出特征使人想起欧洲的文艺复兴。首先，它是一场自觉地提倡用民众使用的活的语言创作的新文学取代用旧语言创作的古文学的运动。其次，它是一场自觉地反对传统文化中诸多观念、制度的运动，是一场自觉地把个人从传统力量的

---

① 李达于 1913 年求学日本，受俄国十月革命影响学习马克思主义；1920 年回国，开始研究和宣传马克思主义哲学。

② 陈独秀文章选编：中. 北京：三联书店，1984：195.

③ 蔡和森文集. 北京：人民出版社，1980：63-74.

束缚中解放出来的运动。它是一场理性对传统、自由对权威、张扬生命和人的价值对压制生命和人的价值的运动。最后，很巧的是，这场运动是由既了解他们自己的文化遗产又力图用新的批判与探索的现代历史方法论去研究他们的文化遗产的人领导的。在这个意义上，它又是一场人文主义的运动。在所有这些方面，这场肇始于 1917 年，有时亦被称为‘新文化运动’‘新思想运动’‘新潮’的新运动，都引起了中国青年一代的共鸣，被看成是预示着并表明了一个古老民族和一个古老文明的新生运动。”①

首先，新文化运动是一场发现个性和解放个性的运动。新文化运动高扬民主与科学的旗帜，批判封建专制制度和宗法制度，提倡个性解放；“打倒孔家店”，批判孔子与儒学，否定其不容置疑的独尊地位；提倡女子解放、个性主义与自由平等；提倡移风易俗；等等。这些都是在人的解放前提下的激烈反传统，具有明显的思想启蒙意义。

其次，新文化运动是中国近代文化转型的一大枢纽，它对中国近代社会的变动与文化转型，起到了有力的推动作用②。新文化运动首先从文学革命起始，文学革命最重大的成就是白话国语的形成和广泛应用。它有利于推动新教育的发展，有利于打破精英文化与大众文化之间的壁垒，特别有利于中国与世界各国，主要是与西方国家的文化沟通。白话国语成为一种最方便的创造民族新文化的利器，是五四前后一段时期文化繁荣的重要前提条件。新文化运动还推动了新式教育的成熟。新文化运动时期，新式教育理念、教育方法、教育思想、教育制度推动了教育的近代化。新文化运动时期社会公共文化空间进一步扩展，新式教育系统、社会团体组织以及公共传媒系统在新文化运动中蓬勃发展起来，这对于新思想、新观念的传播，对于人们之间的思想交流，对于各种思想间的互相辩论和催生新的思想萌芽，起到了很大的推动作用。

最后，新文化运动时期是新思潮竞起的时代。马克思主义在新思潮中脱颖而出，是新文化运动对 20 世纪中国发展的一大贡献，为五四运动和中国民族民主革命的深入奠定了坚实的思想基础。新文化运动期间涌现出众多进步社团，如北京的少年中国学会、新潮社，长沙的新民学会，等等；五四运动以后，以宣传和传播马克思主义为主的社团如马克思学说研究会、北京大学社会主义研究会、马克思主义研究会、觉悟社等如雨后春笋般涌现出来，对促进马克思主义的传播起到了巨大推动作用。五四运动后的一年之间，全国出现的新刊物多达 400 多种，其中宣传马克思主义和在一定程度上具有宣传社会主义倾向的刊物有 200 多种。《少年中国》《湘江评论》《觉悟》《星期评论》等都以宣传新思想、新文化而风靡一时。马克思主义在各种主义和思潮竞相冲突、相互碰撞过程中，在思想的天空里横空出世，为中国共产党的成立打下了坚实的思想基础。

二、新文化运动的局限

五四前夕的启蒙运动，在拥有时代价值的同时也赢得了历史意义。当然，站在今天

---

① 胡适．中国的文艺复兴．邹小站，等译．长沙：湖南人民出版社，1998：38.

② 耿云志．关于五四新文化运动的几个问题．社会科学战线，2009（10）：218-229.

的时代高度检视新文化运动，不难发现它与生俱来的缺憾与偏向①：第一，新文化运动未和政治斗争、群众运动相结合。文化运动不和政治斗争、群众运动相结合，便不能产生巨大的物质力量，因此，新文化运动虽然有了一定的规模和影响，但是，它并没有给反动统治者以强烈的震撼。第二，形式主义的偏向。许多新文化人认为一切西方文化都是进步的，甚至帝国主义用以奴役人们的思想武器，也被他们错误地当作新文化来介绍。有些新文化人认为一切东方文化都是落后的，甚至一些优秀的民族遗产，也被他们错误地当作封建文化而一概否定。这种形式主义的偏向，必然要影响到启蒙运动后来的发展。毛泽东指出："五四运动的发展，分成了两个潮流。一部分人继承了五四运动的科学和民主的精神，并在马克思主义的基础上加以改造，这就是共产党人和若干党外马克思主义者所做的工作。另一部分人则走到资产阶级的道路上去，是形式主义向右的发展。"②

从长远的观点来看，新文化运动的批判在一些方面是肤浅的、缺乏分辨的和过于简单化的。另一方面，五四时期新知识分子对于从国外输入的新思想，缺少科学理性的分析与甄别。他们对于西方思想仍是常常含混不清地要么大力提倡，要么全盘否定。往往在时代的风云消散后，我们才能真正领悟历史的清醒和真知！

第五节　五四运动：新民主主义革命的开端

一、巴黎和会：五四运动的爆发

1919年的五四运动，是中国近代历史发展的转折点。由《新青年》掀起的思想革命开始与政治革命相连接，在获得新的领导力量和群众基础、思想基础条件下，中国革命的历史进程发生历史性转折——新民主主义革命从此拉开帷幕。

五四运动前，第一次世界大战对中国的政治、经济、文化思潮产生了重大影响。第一次世界大战不仅促使中国人反省传统文化，更重要的是，"战后中国社会文化思潮的演进发生了新的变动，即由原先新文化运动一枝独秀，衍化成了马克思主义者、自由主义者、东方文化派三派各领风骚的格局和呈现出多元演进的态势"③。五四后的新文化运动已成为宣传马克思主义的运动。十月革命在俄国的胜利，使先进知识分子认识到了马克思主义和科学社会主义。随着马克思主义的宣传与传播，马克思主义者从新文化运动阵营中分离出来。在1919年夏李大钊、胡适之间发生的主义与问题的著名论争之后，新文化运动中的马克思主义与自由主义两派，终于分道扬镳。

1919年1月18日，解决第一次世界大战善后问题的国际和平会议在法国首都巴黎正式开幕，史称"巴黎和会"。中国作为协约国的一员，以战胜国资格出席巴黎和会，

---

① 彭明．五四运动史．北京：人民出版社，1998：167.

② 毛泽东选集：第3卷．2版．北京：人民出版社，1991：832.

③ 郑师渠．论欧战后中国社会文化思潮的变动．近代史研究，1997（3）：207-234.

派出了陆徵祥、顾维钧、施肇基、魏宸祖、王正廷五人组成的代表团参加会议。北京政府为出席和会的中国代表团规定的任务有四项：收回战前德国在山东省内的一切权益，这些权益不得由日本继承；取消“二十一条”之全部或一部分；取消外国人在华一切特权，如领事裁判权、协商关税等；结束德、奥等战败国在华之政治、经济特权。然而，巴黎和会从一开始就是一个不平等的会议，和会实际的决策机构是由美、英、法、意、日各派两名代表组成的五国会议（十人会议），一切重大问题均由五国会议讨论决定，其他国家只有涉及与己相关的问题时，才能列席五国会议。

巴黎和会上的中国外交主要围绕山东问题展开。1919 年 1 月 27 日，五国会议讨论山东问题，因事关中国，中国代表顾维钧、王正廷被邀参加。日本代表首先发言，要求中国将“胶济铁路及其他利益为无条件之让与。交还中国一层，一字不提”。1 月 28 日，顾维钧在五国会议上反驳日本声明，指出“山东因历史、人种、宗教、风俗、语言、国防等关系，与别种海屿不同，应令德国将所租青岛及胶济铁路及附属权利，完全直接归还中国”①。2 月 15 日，中国代表团不顾日本阻挠，向大会提交关于山东问题的说帖，提出德国在山东的各项权利应由大会直接交还中国。另有附件 19 件，“二十一条”原文及 1915 年、1918 年签订的有关条约、合同、换文等均在内。此后，中国代表团又根据会议进程继续向大会提交了《中国提出德奥合约中应列条件》《废除民四条约》《中国希望条件》等几个说帖。

图 11－6　顾维钧（左二）在巴黎和会上

然而，巴黎和会所标榜的和平、平等只是大国进行权利交易的幌子。4 月 16 日和 17 日，五国会议两次讨论德国在中国的所有权益的处置问题，由于日本坚持将山东问题排除在外，致使中国收回山东权益的主张无法实现。此时，意大利宣布退出和会，日本也扬言退出和会，以此来要挟英、法、美等国。为避免和谈破裂，4 月 22 日，英、

① 法京陆专使电//秘笈录存．北京：中国社会科学院出版社，1984：72－73．

美、法三国首脑约见中国代表，通知中方“日方将获有胶州租借地和中德条约所规定全部权利，然后再由日本将租借地还给中国，但归还之后仍享有全部经济权利”①。中国代表团表示不能接受，但列强无视中国的要求，4 月 30 日，美、英、法三国会议决定：德国将山东的所有权益让与日本，日本将德国租借地及其他政治性权利交还中国，但保留经济性权利。因为日本坚持其后交还山东权益是日本与中国交涉的问题，非关对德合约，因此上述条款并未写入最后的条约文本，条约文本中只是写明德国将其让与日本，而“于交还中国一层不提一字”。中国关于山东问题的交涉至此失败。

巴黎和会上，中国除了对德、奥提出的条件基本得到满足以外，其余各项权利要求均遭到拒绝与失败。当巴黎和会做出将德国的山东权益交与日本的决定以后，消息很快传到国内。5 月 1 日，上海《大陆报》最早报道了这条消息，2 日北京《晨报》又有后续报道，引起国民群体激愤。5 月 3 日晚，北京大学学生 1 000 余人在北大法科礼堂召开大会，北京高等师范学校、北京法政专门学校、北京高等工业学校均有代表参加。大会气氛极为沉痛，会中还有学生当场写下血书“还我青岛”，更使参加者热血沸腾。大会通过四项决议：联合全国各界一致奋力力争，通电巴黎专使坚持不签字，通电各省于 5 月 7 日举行国耻纪念日游行示威运动，定于 5 月 4 日齐集天安门举行学界之大示威。5 月 4 日上午，各校代表又在北京法政专门学校召开了各校学生代表会，决定：通电国内外，唤醒各地国人；预备 5 月 7 日的国民大会；组织北京学生对外的永久机关；本日下午举行游行示威，游行路线由天安门经东交民巷美、英、法、意四国使馆，转入崇文门大街。

5 月 4 日下午 1 时许，北京大学、北京高等师范学校、北京高等工业学校、北京法政专门学校、中国大学、汇文大学等 13 所学校 3 000 多名学生齐集天安门，于天安门前集会演讲，高呼“外争主权，内除国贼”“还我青岛”“废除二十一条”“抵制日货”“拒绝在巴黎和约上签字”等口号，并且要求惩办签订“二十一条”的曹汝霖、章宗祥、陆宗舆。集会吸引了不少市民，壮大了学生声势。集会过后，学生们开始游行示威，前往使馆区东交民巷。由于禁止通过，游行队伍又前往赵家楼曹汝霖住宅示威，学生们怒打了正在曹宅的章宗祥，并火烧了曹汝霖住宅，制造了“火烧赵家楼”事件。北京政府出动大批警察赶到曹宅，逮捕了许德珩等爱国学生 32 人，当天的示威活动渐趋平息。

为了营救被捕同学，北京各校学生决定自 5 日起开始罢课。5 月 5 日上午，北京专科以上学校实行总罢课，抗议政府逮捕学生。5 日下午，各校全体联合大会在北大召开，通过以下决议：要求政府释放被捕学生，惩办卖国贼，各校一律罢课直至被捕同学释放为止，联合各界一起行动。6 日，北京中等以上学校学生联合会成立，成为学生运动的领导机构。以北京学生游行为标志，中国人民反对帝国主义强权、维护中国国家主权的五四爱国运动由此拉开了大幕。

学生的爱国运动得到全国各界的广泛支持，北京商会、北京农会、国民外交协会、山东旅京同乡会等团体纷纷要求释放被捕学生。以蔡元培为首的有关各大学校长也请政府释放被捕学生。在各界的压力下，5 月 7 日，北京政府释放被捕学生。学生获释后，北京政

① 顾维钧回忆录：第 1 分册. 北京：中华书局，1983：197.

府并没有改变敌视学生运动的态度，徐世昌甚至威胁要将学生“送交法庭依法办理”①。支持学生爱国运动的蔡元培也受到军阀官僚的攻击，5月9日，蔡元培悄然辞职离京，同情蔡元培的教育总长傅增湘也被迫辞职。而总统徐世昌对提出辞职的曹汝霖、陆宗舆、章宗祥却下令挽留，广大师生愤慨至极。5月19日，北京中等以上学校宣布罢课，提出巴黎和会不得签字，惩办国贼，挽回蔡元培、傅增湘，维持南北和议等要求。

自5月下旬起，北京政府加强了对学生参与政治活动的管制。5月25日，北京政府向北京地方及各省下达严厉镇压学生运动的命令，教育部下令各校校长会同教职员于3日内督率学生一律复课。6月1日，北京政府再次下令取缔爱国运动，要求学生立即复课，勒令学生“即日一律上课，毋得借端旷废，致荒本业。其联合会、义勇队等项名目，尤应切实查禁”②。此举再度激起学生更大反感，一度有所停顿的“街头政治”活动又有新的发展。6月3日，北京20多个学校的数百学生上街展开讲演活动，北京政府动用军警逮捕大批爱国学生，当晚被捕170余人，其中以北大学生居多。6月4日，学生继续上街，与警察发生更大规模冲突，又被捕700余人。5日，又有5 000余学生集合大队，分路上街演讲，军警愈捕学生，学生上街者愈多，令军警捕不胜捕。

图11-7　五四运动中被捕学生返校

从5月7日起，济南、天津、长沙、武汉、上海等地学生纷纷举行集会、游行、罢课。5月6、7日，天津中等以上十个学校代表两次聚会，成立天津学生临时联合会，并举行五七国耻纪念活动；14日，天津中等以上学校学生联合会成立。5月11日，上海学生联合会成立；26日，在上海学生联合会领导下，上海61所学校的12 000多名学生举行总罢课。学生进行了各种各样的爱国活动：组织讲演，散发传单，调查日货，介绍国货，成立义勇队，并派人联络外埠学界，壮大运动声势。

二、“三罢”：五四运动新发展

学生爱国运动很快转变为各个社会阶层广泛参与的全民爱国运动。以上海工人“三

① 五四爱国运动档案资料．北京：中国社会科学出版社，1980：188.
② 青岛潮//五四爱国运动：上．北京：中国社会科学出版社，1979：297.

罢”运动为标志，五四运动进入了以工人阶级为主体的第二阶段。

就在6月3、4日北京大批学生被捕之际，5日上午，上海的大中小学一律实行罢课。同日上午，上海学生联合会发起组织罢市行动，随后各商号陆续举行罢市。“至十二时，华租各界大小商店，已无一开门者。所余者，仅外人所设之洋行也。”“各华商店门前，皆贴有白纸，上书‘罢市请命、商学一致、挽救学生、罢市救国’等字。”① 上海工人也开始行动起来，5日上午，日本内外棉第三、第四、第五纱厂的工人首先罢工，商务印书馆、中华书局工人一律罢工，沪宁、杭甬两铁路工人部分罢工。很快，日华纱厂、上海纱厂的工人相继罢工。5日下午，上海各界举行联席会议，各界代表一致决议“工商界全体，于本日起一律辍业，与学界一致进行。卖国贼存在一日，商学工界即辍业一日，誓不反顾”②。从6月6日起，“三罢”（罢课、罢市、罢工）规模进一步扩大，罢工工人不断增加，范围不断扩大，遍及纺纱、钢铁、电车、铁路、轮船、码头、市政、印刷等各个行业。到11日为止，有六七万人加入罢工队伍中。

上海的“三罢”，震动全国，全国22个省150多个城市迅速响应。淞沪护军使卢永祥和沪海道尹沈宝昌6月8日给北京政府的急电中说：“此次沪上风潮，始由学生罢课，继由商人罢工，近且将有劳动工人同盟罢工。初因青岛外交，提倡抵制日货，后即以释放京师被捕学生，并罢斥曹汝霖、陆宗舆、章宗祥三人为要求条件。现在罢市业经三日，并闻内地如南京、宁波等地亦有罢市之说。星星之火，可以燎原。失此不图，将成大乱。”③ 直系实权派人物吴佩孚也趁机抨击皖系，致电大总统徐世昌，要求政府“一面释放学生，以培养士气，一面促开国民大会，宣示外交得失缘由，共维时艰，俾全国一致力争，收回青岛”④。北京商会、天津商会也通电指出，要平息政潮，唯罢免曹、陆、章一途。6月10日，徐世昌连下三令，免去曹汝霖、陆宗舆、章宗祥三人本职，爱国运动取得了重大胜利。

北京政府的罢免虽然缓解了社会怒潮，但对德和约签字问题却并未解决。6月11日，北京大学教授李大钊、陈独秀、高一涵等人到市区向群众散发《北京市民宣言》，提出了收回山东主权等五条关于内政外交的最低要求，运动的重心转向要求当局拒签和约。与此同时，各界群众接连发起拒签和约运动，山东各界推举代表进京请愿，要求拒绝签字，废除高徐、济顺铁路草约，惩办国贼。上海各团体通电全国，“请北京政府严拒欧洲和约对于山东问题之签字”⑤。6月16日，由各地学联联合成立的中华民国学生联合总会发出反对签字宣言。面对山东、北京、上海等地人民的拒签和约行动，6月28日，出席巴黎和会的中国代表团没有出席会议，拒绝签字，拒签和约运动取得了胜利。五四运动以中国代表拒签对德和约而胜利结束。

① 海上闲人. 上海罢市实录//五四爱国运动：下，北京：中国社会科学出版社，1979：39.

② 申报，1919-06-06.

③ 新闻报，1919-06-10.

④ 吴佩孚等要求释放学生公布外交始末电//五四爱国运动档案资料. 北京：中国社会科学出版社，1980：352.

⑤ 申报，1919-06-13.

图 11-8 中华民国学生联合总会成立

三、五四运动的历史意义

五四爱国运动的胜利，是中国外交史上破天荒的大事，也是中国近代民族主义运动取得明确胜利的一次运动。五四爱国运动标志着理性民族主义的觉醒。时任美国驻华公使的芮恩施这样评价五四运动："从巴黎和会的决议的祸害中，产生了一种令人鼓舞的中国人民的民族觉醒，使他们为了共同的思想和共同的行动而紧密地结合在一起。"①

五四运动推动中国工人阶级登上了历史舞台。五四运动动员起了学生、知识分子、商人、工人、普通市民等广大社会阶层，形成了全民族广泛动员的社会运动。特别是工人阶级的参与，不仅为五四运动本身，而且也为中国革命注入了坚强的现代产业工人的力量。自五四运动开始，中国工人阶级走上了政治舞台的历程。

将 1919 年的五四爱国运动置于民国初年中国社会变迁中可以看出，它是新文化运动的重要组成部分，五四爱国运动的发生，是新文化运动的继续与深入。"五四运动包含着两个内容：爱国运动和新文化运动。以 5 月 4 日的学生运动为坐标，新文化运动分为前后期两个阶段。新文化运动以 1915 年《青年杂志》的创办为起点，至 1919 年的'五四'为它的前期；而在此之后为它的后期，可以至 1921 年中国共产党的建立，也可以延伸到 1925—1927 年的大革命。"② 因此，1919 年的五四爱国运动表明，由知识分子发起倡导的思想革命、伦理革命、道德革命与政治运动结合起来，成为时代转换的发端。五四爱国运动与新文化运动有着密不可分的联系，新文化运动是五四爱国运动的思想准备，而五四爱国运动则使新文化运动得以更加广泛、深入地开展起来，并产生了新的面貌。新文化运动的启蒙，为五四爱国运动提供了深厚的思想基础和群众基础，使五四爱国运动得以不断深入开展下去，并在全国范围内蔓延开来；而在五四爱国运动的推动下，新文化运动又呈现出新的面貌。五四时期的新文化运动对以后中国的政治、经济、文化的发展也产生了重大的影响，具有深远的历史意义。

---

① 芮恩施. 一个美国外交官使华记. 李抱宏，盛震溯，译. 北京：商务印书馆，1982：285.

② 彭明. 五四运动与中国共产党的诞生. 社会科学，2001 (7)：3.

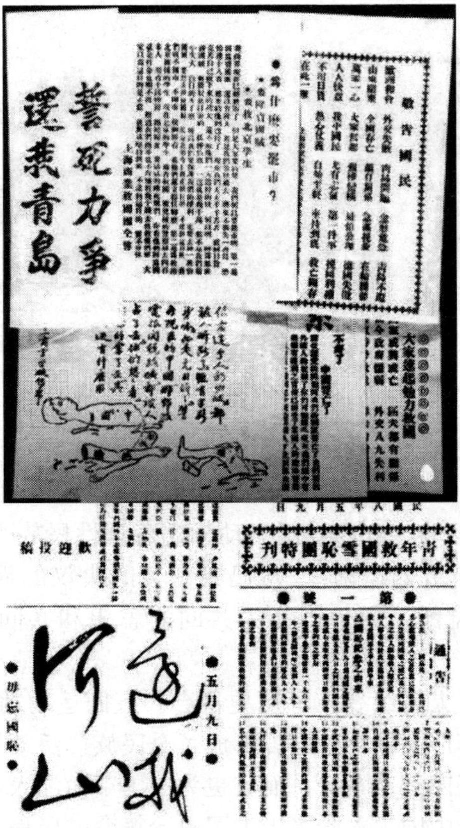

图 11－9　五四时进步报刊及《青年救国雪耻团特刊》

五四运动使中国社会的现代化深入到最深层面——思想文化层面，它加速了中国现代化的过程，成为中国社会现代化过程中的重要转折点。以李大钊、陈独秀等为代表的接受了马克思主义的知识分子，高举起人的现代化的旗帜、民主与科学的旗帜，进而高举起马克思主义的旗帜、社会主义的旗帜，从而把新文化运动这一场思想启蒙和解放运动推进到了更深层次。五四运动解放了人们的精神思想，并且找到了中国社会现代化由被动到主动的指导理论——马克思主义。五四运动不仅是中国新民主主义革命的开端，也是近代中国由资本主义现代化道路探索向社会主义现代化道路探索的转折点。

思考题

1. 简述北京政府时期经济与社会结构的变动。
2. 什么是新文化，新文化与旧文化相比，具有哪些特征？
3. 以《新青年》为例，论述新文化运动是如何发展起来的？
4. 如何从现代化的角度理解五四运动的历史意义？
5. 试述马克思主义的输入与传播。

阅读书目

1. 杨念群. 五四的另一面："社会"观念的形成与新型组织的诞生. 上海：上海人民出版社，2019.

2. 陈志让. 军绅政权：近代中国的军阀时期. 北京：三联书店，1979.

3. 周策纵. 五四运动：现代中国的思想革命. 周子平，等译. 南京：江苏人民出版社，1999.

4. 罗志田. 激变时代的文化与政治：从新文化运动到北伐. 北京：北京大学出版社，2006.

5. 张静如，刘志强. 北洋军阀统治时期中国社会之变迁. 北京：中国人民大学出版社，1992.

第十二章

开天辟地

——中国共产党的成立与国民革命

“中国产生了共产党，这是开天辟地的大事变。”① 当中国共产党自觉地将自己定位于群众党而不是精英党时②，她就为自己的未来获得了广阔的空间，也为自己的成长赢得了厚实的土壤。但轰轰烈烈拉开序幕的国民革命，并不尽然为凯歌高奏的历史；当基于利益、立场乃至观念冲突的国共两党终于由携手共进而反目成仇时，历史的天空就充满了腥风血雨。被严酷现实惊醒的共产党人，不仅在重大挫折中使得自身的力量越来越壮大，而且也在历史实践中开始探索马克思列宁主义基本原理同中国革命具体实际相结合的革命道路。

第一节　中国共产党的成立及其纲领

一、中国共产党的成立

中国共产党的成立，既是近代以来中国人民寻求救国救民道路的历史选择，也是五四运动思想解放潮流推动下马克思主义广泛传播的历史结果。政党是一个阶级的政治代表，特别是当工人阶级成长为独立的政治力

---

① 毛泽东选集：第4卷．2版．北京：人民出版社，1991：1514.

② 关于共产党的组织章程决议案（1922年7月）//中央档案馆．中共中央文件选集：第1册．北京：中共中央党校出版社，1989：90.

量并形成自己的利益诉求后，一个马克思主义政党的成立就成为紧迫的时代任务。

中国共产党成立前，近代许多志士仁人也曾进行过艰苦卓绝的斗争，特别是孙中山领导的辛亥革命，是在比较完全的意义上开始的反帝反封建的民族民主革命。但是它没能使中国真正成为一个独立的民主国家，中国人民仍然处于帝国主义和封建主义的双重压迫之下。民国成立之后的中国在“政治上、社会上种种黑暗比前清更甚，人民困苦日甚一日”[①]。资产阶级革命派领导的民族民主革命，未能真正完成反帝反封建的历史任务。未竟的历史使命期待并呼唤着一个新的力量的出现，渴望并祈盼着一个新的历史选择。中国共产党适时成立。

新文化运动以来，在中国思想界所揭橥的民主与科学两面大旗的影响下，诞生了一代新型知识分子。他们对时代的感触非常敏锐，时代的使命感非常强烈。张闻天回忆自己的思想历程时说：“我们对于这种不合理的社会，情意上早感到不安，因不安也早产生了改造的决心。”[②] 1919 年 1 月，陈独秀也指出：“社会中坚分子，应该挺身而出，组织有政见的、有良心的、依赖国民为后援的政党，来扫荡无政见的、无良心的、不依赖国民为后援的狗党。”[③] 这些站在时代潮头的先进知识分子群体，迅速成长为共产主义战士，为中国共产党的成立奠定了基干队伍。

中国共产党的成立，还与整个世界局势的变化息息相关，特别是与俄国爆发的十月革命有着紧密的联系。十月革命“是世界革命的新纪元。我们在这黑暗的中国，死寂的北京，也仿佛分得那曙光的一线，好比在沉沉深夜中得一小小明星，照见新人生的道路”[④]。胜利的俄国十月革命，为期待选择的中国共产主义者和一切先进分子提供了成功的范例——在经济文化落后的国家也可以用社会主义思想指引自己的解放道路。

率先举起马克思主义大旗的是李大钊。1918 年，李大钊连续发表了《法俄革命之比较观》《庶民的胜利》《Bolshevism 的胜利》等文章，热情讴歌十月革命的胜利，向中国人民宣传救国救民的真理，并预言：“试看将来的环球，必是赤旗的世界。”五四之后，宣传马克思主义更是成为一种潮流。除了《新青年》之外，还有诸如《每周评论》《国民》《建设》《晨报》《民国日报》等报刊，都纷纷介绍马克思主义。1919 年，李大钊发表《我的马克思主义观》，对马克思主义进行了比较系统的介绍，为中国共产党的成立奠定了思想基础。

中国共产党的成立，是马克思主义在中国广泛传播并与工人运动相结合的产物。中国早期马克思主义者和具有初步共产主义思想的知识分子，在传播马克思主义的同时，也从五四运动和工人阶级的觉醒中，看到了马克思列宁主义理论的物质力量之所在。他们深入到工人群众中进行调查、宣传和组织工作。与此同时，马克思列宁主义与中国工人运动相结合，也得到了共产国际代表的指导和帮助。1920 年 4 月，由维经斯基、杨明斋等人组成的俄共党员小组来到中国。维经斯基在了解到中国工人运动和马克思主义传播的情况后，认为中国已经具备成立共产党的条件，并对李大钊和陈独秀的建党工作

① 孙中山全集：第 9 卷. 北京：中华书局，1986：99.
② 张闻天. 中国底乱源及其解决. 党的文献，1989（3）：74.
③ 陈独秀. 除三害. 每周评论，1919（5）.
④ 李大钊文集：上卷. 北京：人民出版社，1984：608.

给予了帮助。

在维经斯基等人的帮助下，陈独秀以上海马克思主义研究会为基础，加快了建党工作的步伐。1920 年 6 月，他同李汉俊、俞秀松、施存统、陈公培等人开会商议，决定成立共产党组织，并初步定名为社会共产党，还起草了党的纲领。经过酝酿和准备，在陈独秀主持下，上海的共产党早期组织于 1920 年 8 月在上海《新青年》编辑部正式成立。这是中国的第一个共产党组织，其成员主要是马克思主义研究会的骨干，陈独秀为书记。

1920 年 10 月，在李大钊直接指导下，北京的共产党早期组织在北京大学正式成立，当时取名为“共产党小组”。党组织的最初成员有李大钊、张申府、张国焘三人。1920 年底，北京党组织召开会议，决定成立“共产党北京支部”，由李大钊任书记，张国焘负责组织工作，罗章龙负责宣传工作。

上海、北京的共产党早期组织成立后，武汉、长沙、广州、济南等地的先进分子以及旅日、旅法华人中的先进分子，也相继成立了共产党早期组织。各地共产党组织的出现及其活动，预示着中国共产党的正式成立被提上了议事日程。

1921 年 6 月初，共产国际代表马林和共产国际远东书记处代表尼克尔斯基先后到达上海，并与上海的共产党早期组织成员建立了联系。经过几次交谈，他们一致认为应尽快召开全国代表大会，正式成立中国共产党。李达、李汉俊与当时在广州的陈独秀、在北京的李大钊通过书信商议，决定在上海召开中国共产党第一次全国代表大会。

图 12-1　参加中国共产党第一次全国代表大会的部分代表

注：上排左起：李达、毛泽东、何叔衡、董必武；下排左起：陈潭秋、王尽美、邓恩铭。

1921 年 7 月 23 日晚，中国共产党第一次全国代表大会在上海法租界望志路 106 号（今兴业路 76 号）正式召开。共产国际代表马林首先致辞，对中国共产党成立表示祝贺。随后，代表们具体商讨了大会的任务和议程。进行中的会议受到意外干扰，于是代表们分批转移到浙江嘉兴南湖，在一艘游船上召开了最后一天的会议。

中国共产党第一次全国代表大会经过讨论，确定了党的名称为中国共产党。党的纲领是以无产阶级的革命军队推翻资产阶级，采用无产阶级专政以达到阶级斗争的目的，消灭阶级，废除资本私有制，以及联合共产国际等。同时提出当时的基本任务是成立产业工会，灌输阶级斗争精神，“以共产主义精神教育他们”。大会选举陈独秀、张国焘、李达组成中央局，选举陈独秀担任书记。

中国共产党的成立，是改变中国民主革命性质的一个重大历史事件，也是马克思主义在中国由理论走向实践的重要开端。近代以来的民族解放运动，正是因为中国共产党的成立而翻开了新的篇章。

与中国以往的政党有着显然的不同，中国共产党成立之始便旗帜鲜明地以马克思主义理论为基础，注重以阶级斗争的观点来分析中国问题，并且深入到工人中去做群众工作。同时，中国共产党的成立，在很大程度上又同外部世界特别是苏俄有着密切的联系。毛泽东“十月革命一声炮响，给我们送来了马克思主义”的论断，再清楚不过地昭示出，中国共产党的成立，就其基本内容和方向而言，都得益于俄国革命的影响和共产国际的规定。可以说无论是共产主义思想在中国的传播，还是共产主义事业在中国的生长和发展，都是一定的国际环境的产物。共产国际与中国共产党的这种特殊关系，加之它在认识中国问题上的局限性，导致其在认识中国国情和中国革命道路上存在着一定的误区。“中国底改造与存在，大部分要靠国际社会主义的运动帮助”，也就是说“必须与俄国打成一片，一切均借俄助”①。这在很大程度上忽视了中国革命的特殊性与复杂性。新的历史道路，也必然充满许多未知的险阻和羁绊，在推动和促进马克思主义中国化的进程中，年幼的中国共产党仍需在艰苦的探索中成长壮大。

二、中国共产党的纲领

中国共产党一成立，就积极投身到实际的革命活动中去，并在斗争中学习运用马克思主义的观点来分析和解决中国面临的实际问题，制定一个符合斗争实际的民主革命纲领便成为一个最急迫的任务。

1922年1月，中国共产党派代表出席共产国际在莫斯科召开的远东各国共产党及民族革命团体第一次代表大会（亦称“远东劳动人民代表大会”）。这次大会揭露了华盛顿会议的实质及其瓜分中国的图谋，总结和交流了远东各国人民开展革命斗争的情况和经验。会议根据列宁的民族和殖民地问题的理论，阐明被压迫民族所面临的反帝反封建的历史任务，讨论共产党人在民族和殖民地问题上的立场，以及共产党同民族革命政党进行合作的问题。根据列宁的民族和殖民地问题的理论，中国共产党开始通过革命实践探索中国革命的基本问题，并逐渐酝酿和形成了一个大体符合中国国情的革命纲领。

1922年6月15日，中共中央发表《中国共产党对于时局的主张》。这个文件着重分析了辛亥革命以后，国际帝国主义和中国封建军阀互相勾结，压迫中国人民的历史和现状，指出帝国主义的侵略和军阀政治是中国内忧外患的根源，也是人民遭受痛苦的根源。文件指出，解决时局问题的关键是用革命手段打倒帝国主义和封建军阀，建立民主政治。文件还指出，为了完成无产阶级在目前最迫切的任务，中国共产党主张同国民党等革命党派，以及其他革命团体，建立民主主义的联合战线，反对共同的敌人，使中国人民从帝国主义和封建军阀的双重压迫下解放出来。

《中国共产党对于时局的主张》是中国共产党第一次就中国民主革命的重大问题向

① 新民学会资料. 北京：人民出版社，1980：132.

社会各界公开自己的政治主张，也是党运用马克思主义分析中国社会状况、解决中国革命问题的新起点，为党的第二次全国代表大会完成制定党的民主革命纲领的历史任务，奠定了基础。

1922年7月，中国共产党第二次全国代表大会在上海召开。这次大会讨论的中心问题是有关中国革命的基本问题，特别是党的纲领问题。大会通过了《中国共产党第二次全国代表大会宣言》等文件，其中反对帝国主义、反对封建主义的民主革命纲领的制定是这次大会的杰出贡献。

《宣言》规定的党的最高纲领是："中国共产党是中国无产阶级政党。他的目的是要组织无产阶级，用阶级斗争的手段，建立劳农专政的政治，铲除私有财产制度，渐次达到一个共产主义的社会。"宣言规定的党的最低纲领是："消除内乱，打倒军阀，建设国内和平"，"推翻国际帝国主义的压迫，达到中华民族完全独立"，"统一中国本部（东三省在内）为真正民主共和国"。

对中国所处的时代特点，《宣言》指出：在第一次世界大战和俄国十月革命以后，世界已经划分为革命与反革命两大阵营。而中国人民的革命运动必须与世界无产阶级革命运动联合起来，才能迅速取得胜利。《宣言》指出：中国的反帝国主义的运动也一定要并入全世界被压迫民族的革命潮流中，再与世界无产阶级革命运动联合起来，才能迅速地打倒共同的压迫者——国际资本帝国主义。《宣言》还回顾了自鸦片战争以来帝国主义侵略中国的历史，指出帝国主义采用了军事的、政治的、经济的、文化的各种手段对中国进行侵略，使中国社会性质发生了根本的变化，"帝国主义的列强在这八十年侵略中国时期之内，中国已是事实上变成他们共同的殖民地了"。而中国社会，尚停留在半原始的家庭农业和手工业的经济基础上面，距工业资本主义化的时期还很远，所以在政治方面还是处于军阀官僚的封建制度把持之下。

对于中国革命的性质，《宣言》指出：中国当前的革命敌人是帝国主义和封建军阀，当前阶段的中国革命性质是民主主义革命，加给中国人民（无论是资产阶级、工人或农人）最大痛苦的是资本帝国主义和军阀官僚的封建势力，因此反对那两种势力的民主主义革命运动是极有意义的。《宣言》因此提出了"打倒国际帝国主义""打倒军阀"的战斗口号。

《宣言》还对中国社会各阶级的经济地位和政治态度进行了分析。宣言指出，中国新兴的资产阶级，在国际垄断资本的控制排斥下，不可能"自由发展和自由竞争而达到独立的地位，只不过做世界资本主义侵略中国的中间物罢了"。中国民族资产阶级为着改变自身这种受压抑受控制的地位，必然要起来与国际帝国主义做斗争。中国的农民，以独立耕种的小农和佃农、雇农占绝大多数，因为地主剥削和军阀暴征等因素，生活在穷困和痛苦之中，他们有很大的革命性，是"革命运动中的最大因素"；"而且那大量的贫苦农民能和工人握手革命，那时可以保证中国革命的成功"。手工业者、小店主、小雇主等小资产阶级，时刻受着失业和破产的威胁，"这个大量的群众也势必痛恨那拿痛苦给他们受的世界资本主义，加入到革命的队伍里面来"。中国工人阶级正在不断地成长壮大，工人组织的建立和罢工运动的发展，充分显示了它的伟大力量。而且由于工人阶级受着外国和本国资产阶级的剥削，又受着军阀和封建势力的盘剥和压迫，所以具有极大的积极性和坚定性，在革命中将会变成"推倒在中国的世界资本帝国主义的革命领袖军"①。

中国共产党第二次全国代表大会提出的彻底反帝反封建的民主革命纲领，明确提出了民主革命的性质、任务、动力、同盟者以及革命形式、革命目标和革命前途等问题。这是中国共产党成立之后第一次从中国实际出发全面系统分析中国革命和社会的重大突破，也表明中国共产党人在探索马克思主义基本原理同中国具体实际相结合的过程中，已经迈出了坚实的一步。她破天荒地第一次明确向全国人民提出了反帝反封建的民主革命纲领，不仅对中国共产党第一次全国代表大会纲领做了补充，更重要的是它解决了此前长时间没有弄清楚的革命的对象和动力这一重大问题。这标志着党对世界革命和中国革命的认识已经有了新的飞跃。

三、工人运动高潮的出现

中国工人运动的开展，在五四时期马克思主义传播的同时就开始了。但是中国工人运动高潮的出现，却是在中国共产党成立之后。中国共产党首先领导铁路工人、海员、矿工，即中国工人阶级中的"三个有力分子"，有效地将工人运动推向高潮②。

1921 年 8 月 11 日，中央局在上海成立中国劳动组合书记部（主任是张国焘，秘书是李启汉，干事有李启汉、李震瀛等），作为指导全国工人运动的机构（中国劳动组合书记部在北京建立了北方分部，在长沙建立了湖南分部，在汉口建立了武汉分部，在广州建立了广东分部，在济南建立了山东支部）。随着工人运动机构的建立，中国共产党人开始深入到工人中去，通过创办工人补习学校、巡回演讲等不同方式开展宣传和教育，唤醒了工人的阶级意识的觉悟，由此促成 1922 年 1 月到 1923 年 2 月中国工人运动的第一次高潮。

1922 年 1 月开始的香港海员大罢工，是中国工人阶级第一次直接同帝国主义势力进行的有组织的斗争。由于资本家拒绝工人增加工资的要求，香港海员在中华海员工会的领导下举行大罢工，先后参加罢工的海员达 10 万多人。港英当局下令封闭中华海员工会，并玩弄"调停""谈判"的骗局破坏罢工。在苏兆征、林伟民等的领导下，工人们克服种种阻挠破坏，将罢工坚持了 50 多天，使香港的海上航运、市内交通和生产事业陷入瘫痪，最终迫使港英当局取消封闭中华海员工会的命令，答应为海员增加 15%～30%的工资。"七十年来赫赫奕奕的大英帝国主义终于在中国海员的威力之下屈服了。"③

适应中国工人运动高涨形势的需要，中国共产党通过中国劳动组合书记部发起，于 1922 年五一节在广州召开了第一次全国劳动大会。大会通过了《罢工援助案》《全国总工会组织原则案》等决议案，并发表了宣言。大会决定在全国总工会成立以前，以中国劳动组合书记部为全国总通讯机关。中国劳动组合书记部成为全国工人运动最高领导机构，这次大会也成为中国工人阶级的第一次全国性的盛会。1922 年 8 月，中国共产党

① 中央档案馆．中共中央文件选集：第 1 册．北京：中共中央党校出版社，1989：99-118．
② 中共二大史料编纂委员会．中国共产党第二次全国代表大会．北京：中共党史出版社，2006：95．
③ 邓中夏文集．北京：人民出版社，1983：476．

利用直系军阀宣称恢复国会、制定宪法的时机，通过中国劳动组合书记部提出了劳动立法大纲十九条，主要内容为：承认劳动者有集会、结社、罢工、缔结团体契约、进行国际联合等权利，实行八小时工作制，保障劳动者最低工资，劳动者参加管理，等等。同时中国共产党还发表通告，号召全国工会进行劳动立法运动。中国劳动组合书记部各地分部和各地工团组织积极响应，组织劳动立法大同盟，举行游行示威，通电全国各团体和国会，要求通过劳动立法大纲。这次劳动立法运动大大促进了工人觉悟的提高，劳动立法大纲十九条也成为罢工高潮中的斗争纲领。

随着劳动立法运动的开展，主要以罢工为形式的中国工人运动在全国各地展开。以中国劳动组合书记部和各地分部所在地为中心，形成了几个罢工重点地区。其中以安源路矿工人大罢工、开滦煤矿工人罢工和京汉铁路工人大罢工最为显著。

安源路矿（安源煤矿和株萍铁路的合称）是德国、日本资本控制下的官僚买办企业。湖南党组织非常关心安源路矿工人的疾苦，1921 年秋冬，毛泽东曾到安源调查工人状况。年底又派李立三等以推行平民教育的名义到安源开展工作，开办工人夜校，建立党、团组织。1922 年“五一”节，安源路矿工人俱乐部成立，李立三任主任。1922 年秋，由于路矿当局拖欠工人工资，并阴谋解散工人俱乐部，引起工人的强烈不满。9 月初，毛泽东再到安源，通过实地调查，认为罢工时机已经成熟，对罢工做了部署。接着，党组织派刘少奇到安源工作，加强对罢工斗争的领导。9 月 14 日，1 万多工人冲出矿井、厂房，举行大罢工。路矿当局勾结军阀，调来大批军队企图镇压，由于刘少奇等领导工人做了英勇机智的斗争，迫使路矿当局于 9 月 18 日接受了工人提出的条件，达成了增加工人工资、改善工人福利、承认俱乐部有代表工人的权力等 13 项协议，罢工取得胜利。这次胜利也成为中国工人运动史上的一个壮举。

开滦煤矿包括唐山、赵各庄、林西、马家沟和唐家庄等 5 个矿区，原由中国官僚资本兴办，后借用英国贷款，改为中英合办。这是当时中国规模最大和最早采用新式技术开采的煤矿，矿工约 4 万人。中国共产党从成立时起，就对开滦煤矿工人运动给予了较大关注，中国劳动组合书记部曾先后派邓中夏等到唐山工人中进行宣传组织工作。1922 年 10 月 16 日，开滦矿工向矿方提出改善生活待遇的六项要求。23 日，开滦煤矿工人举行总同盟罢工。工人们成立了纠察队，并发表宣言，控诉英国资本家虐待工人的罪行，呼吁各地工人声援和支持。全国各界人士特别是各地工会团体，纷纷发表通电，进行募捐，对开滦工人的罢工斗争给以精神上的声援和经济上的支持。矿局资本家、直隶省警务处及直鲁豫巡阅使曹锟，调动大批中外反动武装镇压开滦罢工，制造流血惨案，封闭五矿工人俱乐部。但罢工工人仍然坚持斗争，直至 11 月 15 日，开滦矿务局和直隶省警务处答应了工人的部分要求，罢工结束。

中国工人运动高潮的最后一幕，是京汉铁路工人大罢工。京汉铁路沿线的工会组织，是中国共产党领导的铁路工人罢工中基础较好的一个。1922 年，京汉铁路各站已经建立起 16 个工会分会。在这种形势下，京汉铁路总工会筹备会决定于 1923 年 2 月 1 日在郑州召开京汉铁路总工会成立大会。中共中央及党的有关组织对这次大会十分重视，派出负责工人运动的成员出席这次大会。但是京汉铁路纵贯直隶、河南、湖北三省，是连接华北和华中的交通命脉，也是军阀吴佩孚的主要经济来源之一。所以当工人运动日益高涨时，吴佩孚终于撕下“保护劳工”的假面具，以“军事区域，岂能开会”为借口，下令禁止在郑州召开京汉铁路总工会成立大会，并派出大批军警对大会进行阻挠和破坏。

2月1日上午，郑州军警荷枪实弹，全城戒严。前来参加会议的工人代表冲破军警的重重包围，进入会场立即举行大会，宣布京汉铁路总工会成立。与会者情绪激昂，高呼“京汉铁路总工会万岁”“劳动阶级胜利万岁”等口号，把会场严密包围起来的军警企图强行解散会议。总工会决定发动全路总罢工，以抵抗军阀的武力压迫，并将总工会临时总办公处移至汉口江岸。2月4日，在总工会统一领导下，京汉路2万多工人在3小时内实现了全路总同盟罢工。总工会发表了罢工宣言，号召工人们为反抗万恶的军阀、争回人权及自由而战。

京汉铁路工人大罢工爆发后，帝国主义驻北京公使团召开紧急会议，议决向北京政府提出严重警告，要求北京政府立即采取武力镇压。2月7日，吴佩孚在帝国主义支持下，在汉口、郑州、长辛店等地对罢工工人进行血腥屠杀，结果有52人惨死，300多人受伤，40多人被捕，1 000多人被开除。江岸分会委员长、共产党员林祥谦，湖北省京汉铁路总工会和工团联合会法律顾问、共产党员施洋惨遭杀害。京汉铁路总工会和湖北省工团联合会为了保存有生力量，于2月9日下令忍痛复工。全国工人运动暂时转入低潮。

工人阶级的组织性和政治性在第一次工人运动高潮中得以体现，同时工人运动的特点也在斗争实践中呈现出来：工人运动从起初的增加工资、改善待遇而进行的经济斗争，发展到为争自由、民主权利，反对帝国主义、封建军阀而进行的政治斗争；工人的组织程度显著提高，在罢工的过程中出现了地方总工会和产业总工会。这预示中国工人阶级正在成长为具有全国影响的重要政治力量。但是，这次工人运动的事实也表明，当时历史条件下，仅仅依靠工人阶级孤军奋战并不能战胜强大的敌人。因此，建立广泛的反帝反封建的统一战线，组织人民武装力量进行武装斗争，就成为中国共产党走向胜利的进一步的选择。

第二节 北京政变与资产阶级的改良运动

一、军阀势力的演变与北京政变

袁世凯称帝败亡后，形成军阀割据与军阀混战的政局。1920年4月，直系军阀联合各地军事政治势力，形成了反对皖系政权的联合阵营。徐世昌为摆脱危局，连发三电请张作霖、曹锟、李纯一起入京会商挽救危局办法，并请张作霖为直皖冲突的调停人。曹锟、李纯皆托故不应召。6月19日，张作霖以调停人姿态应召抵京，在听取了徐世昌、段祺瑞的意见后，于6月22日南下保定，与曹锟、吴佩孚及苏、赣、吉、黑等省代表举行会议。直系提出调停办法5条，包括解散安福系、撤销边防军、免去安福系三总长及徐树铮之职等内容，结果遭到段祺瑞严厉拒绝。7月2日和4日，北京政府先后发表批准靳云鹏辞职令和免除徐树铮原职的决定。段祺瑞和安福系愤怒至极，叫嚣与徐世昌誓不罢休，非惩办吴佩孚不可。7月5日，段祺瑞令边防军紧急动员，准备对直战争。7月13日，吴佩孚公开发表通电，指名痛斥段祺瑞："自古中国严中外之防，罪莫大于卖国，丑莫重于媚外。穷凶极恶，汉奸为极。段祺瑞再秉国钧，认贼作父，始则盗卖国权，大借日款以残同胞，继则假托参战，广练军队以资敌国，终则导异国之人，用异国之钱，运异国之械，膏吾民之血，绝神黄之裔，实敌国之忠臣、民国之汉奸也。"①吴佩孚的指责正好切合当时社会舆论，一时占得人心所向之情势。直皖之间已是剑拔弩张，战争一触即发。

7月14日晚，直皖战争正式爆发。战争在北京以南的铁路沿线展开。皖系主力是边防军3个师和第五、九、十五师约37 000人，直系主力是第三师和4个混成旅约27 000人。直军以吴佩孚为前敌总司令，双方在河北的涿州、高碑店、琉璃河一带作战。起初由于日军的支持，皖军曾占有一定的优势，也获得几次胜利。但是随后吴佩孚突袭皖军前敌指挥部得胜，同时奉军在东路也协助直军作战，导致皖军全线崩溃。段祺瑞向直军求和，并通电辞职。接着直奉联军开到北京。战争以皖系失败而结束。直皖战争历时很短，双方正式交火只有7月14日至17日4天。

直皖战争后，北京政府的总统仍是徐世昌，但实际权力却转移到直、奉两系军阀手中。但是地方上的势力以直系为强，吴佩孚当上了两湖巡阅使，直系又取得了江苏督军的地位，并连续获得对陕西、湖北、四川等地的军事胜利。而对中央政府的控制力则以奉系为强。奉系虽然夺得皖军的大批贵重财物，却未抢到很多地盘。不久，两者在权力争夺上的矛盾迅速上升。

直皖战争结束后，直系为防止段祺瑞、徐树铮等伺机再起，要求严惩段祺瑞及其安福系祸首，先后向徐世昌开列了三批祸首名单。而徐世昌、靳云鹏则竭力袒护段祺瑞，并为段祺瑞等游说张作霖、曹锟。张作霖为了增加自己同直系抗衡的资本，转而支持徐世昌、靳云鹏，并指出要严惩吴佩孚。而吴佩孚提出召开国民大会以解决国是的主张，又遭到张作霖、徐世昌、靳云鹏的坚决抵制，这使吴佩孚大为恼怒，直奉矛盾渐趋尖锐。

1922年4月28日，直奉战争爆发。奉军分三路出兵，张作霖自任总司令。直军以吴佩孚为总司令，以保定为大本营。双方在东路马厂、中路固安、西路长辛店方面展开激战。开始奉军猛攻，直军坚守，双方互有胜败。5月3日晚，吴佩孚改守为攻。他以一部正面强攻牵制奉系，以主力迂回作战，绕至奉军后方，直扑卢沟桥，使西线奉军腹背受敌。5月5日，奉军张景惠部第十六师停战倒戈，引起奉军全线崩溃，卢沟桥、长辛店等要隘均被直军攻占。中路奉军，起初颇占优势，长辛店奉军失守消息传来，军心顿时大乱。东路马厂方面，奉军先后攻占青、霸等县，几乎全歼直军张国溶所部第二十六师，但闻及西路败报后，也仓皇溃退。张作霖见大势已去，被迫下令退却，率残部退回滦州。梁士诒、叶恭绰等逃往日本。在直系指使下，北京政府于5月10日免去张作霖所任的东三省巡阅使、蒙疆经略使、奉天督军和省长各职，令其听候查办，并下令通缉奉军祸首。

---

① 陶菊隐. 北洋军阀统治时期史话：武夫当国：第3册. 海口：海南出版社，2006：260.

直奉战争以后，直系控制了北京政权。直系军阀曾恢复民国初年的国会，捧出原总统黎元洪复职，借以造成其合法权力的假象。但当其自认为政权操控已经稳定时，就策划踢开傀儡黎元洪，由曹锟直接上台。1923 年 6 月，直系内阁成员在曹锟指使下制造内阁危机，迫使张绍曾内阁全体辞职；其后，直系又以总统黎元洪干涉内阁职权、破坏责任内阁制为借口，导演了所谓“国民大会”“市民请愿”“军警索饷”“公民示威”等一系列事件，逼迫黎下台而出走天津。随后，曹锟顺势出演贿选丑剧。

曹锟以 40 万元收买了国会议长，又以每张选票 5 000～10 000 元的价钱贿买了 500 多个议员。在“金元”贿赂的同时，曹锟对反直派进行威吓和镇压，并采取逮捕记者、封锁舆论的手段确保贿选总统的成功。10 月 5 日选举的当天，在大批军警宪兵的警戒和金钱利诱下，曹锟“当选”了民国总统。10 月 10 日，曹锟就职，同日颁布《中华民国宪法》。

贿选总统，举国愤怒。同时，直系军阀与其他各派军阀之间的利益纷争也趋于激化，全国性的反直运动顺势而起。孙中山发布《讨伐曹锟令》，并在同年冬天委托其子孙科同张学良、卢小嘉，在奉天举行“三公子会议”，加强“反直三角联盟”。1923 年 10 月 12 日，浙江督军卢永祥首先通电拒绝承认曹锟的贿选总统地位，并停止与北京政府公文来往。1924 年 9 月 3 日，作为第二次直奉战争的前哨战——江浙战争爆发。

江浙战争，在驻江苏的齐燮元部和驻浙江的卢永祥部之间展开，故又称“齐卢之战”。9 月 3 日凌晨，江、浙两军正式开战，在沪宁路沿线和江浙、浙闽、浙赣地区开始激战。起初，浙江的卢永祥部，几经周折打退了齐燮元部的军事进攻。但驻守湖州、长兴一带的陈乐山部在攻占宜兴的过程中失败，加之战事后来趋重在宝山、嘉定、青浦、松江方面，对卢永祥极为不利，并且随着战事的延长，到 9 月中旬江浙战争一变而为五省战争，即皖、闽、赣三省亦先后向浙发起进攻。尤其是孙传芳所部越过仙霞岭，于 9 月 17 日攻占江山，再加上浙军内变，卢永祥后方受到严重威胁。10 月 12 日，卢鉴于败局已定，宣布下野，并于次日偕同何丰林逃亡日本。至此，江浙战争遂告结束。在江浙战争之后，直系另一名将领孙传芳脱颖而出。孙传芳由福建长驱直入浙江，并以战胜者的身份收编了约 5 个师的人马。从此，孙传芳在东南形成地方割据局面，成为北洋军阀群体中的重要力量。

奉系军阀张作霖，“自知野蛮无教之高粱地军官、兵士决难作战，与文明军队对敌。是以痛改前非，急图刷新，多用学生，改编军制，期行彻底之整理，而备扬威之需用”①。并在日本帝国主义的支持下，趁机积极整修军备，扩充实力，以谋再战。1924 年 9 月 4 日，张作霖以粤、浙、奉“三角同盟”为阵营，向直系宣战，第二次直奉战争爆发。

第二次直奉战争的规模甚大。直系军阀方面包括直隶、河南、山东、热河、察哈尔、绥远六个省的兵力在内，共计达 25 万人；奉系军阀方面包括奉天、吉林、黑龙江三省的兵力约计 17 万人。双方兵力总数达 42 万人。这场战争主要在热河、山海关两大战场展开；战线则由朝阳至冀东，先后经朝阳、赤峰、山海关、九门口、石门寨诸战，

① 来新夏．北洋军阀：（四）．上海：上海人民出版社，1993：586．

成为北洋军阀史上规模空前的一次军事较量①。9月15日，直、奉两军首先在热河一线交战，奉军先后占领了开鲁、朝阳、凌源等地。9月18日，双方主力在山海关正面战场展开激战。10月7日，奉军攻破了战略要地九门口、石门寨等地，直军损失惨重。正值战事吃紧之际，参战的直系讨逆军第三路军总司令冯玉祥与直系援军第二路司令、陕军第一师师长胡景翼及北京警备副司令孙岳倒戈回京，首先派兵接管全城防务，占领了京城内外各重要据点和交通、通信机关，继而包围总统府，将贿选总统曹锟囚禁在中南海延庆楼，并强迫曹锟下令前线停战。此即震惊中外的"北京政变"，亦称"首都革命"。

冯玉祥（1880—1948），字焕章，原籍安徽巢县，生于河北青县。16岁入淮军，后转投北洋新建陆军。冯玉祥为直系吴佩孚的部下，却在第二次直奉战争的关键时刻倒戈反吴，发动北京政变。其间，个人与时势的交互作用和影响共同构成了事变发生的因缘。首先，事变是直系军阀内部矛盾激化的结果。吴佩孚驻节洛阳期间飞扬跋扈、独断专行，对冯异常歧视并进行压制。冯初到河南时，只有第十一师1个师的兵力，接着他便扩充了第七、第八和第二十五计3个混成旅。吴对冯实力的增长深怀疑忌，便用明升暗降的办法免去冯的河南督军，并强迫冯出任有职无权的陆军检阅，从而使得冯、吴之间的矛盾日益加深。其次，冯玉祥本身也具有民主革命倾向。冯玉祥不仅曾和一些革命党人交往密切，还同苏联驻华大使时有来往。1920年，冯玉祥曾给孙中山作书表达敬慕之情："中国已濒于危亡，真正救国，只有先生一人。百折不回，再接再厉，无论如何失败……始终如一。此种精神，凡谋国者，当之感奋。今虽扼于环境，未能追随，但精神上之结合，固已有日。"同时还表示只要孙中山用得着他时，"当然无不尽力以赴"②。

图12-2　冯玉祥

冯玉祥顺应时势，断然举兵发动北京政变。1924年11月5日上午9时，由鹿钟麟携带新成立的摄政内阁的指令，会同张璧、李煜瀛由警备司令部乘汽车出发，直趋故宫神武门。他们先将守卫故宫的警察缴械，继又将清室警察卫队约400人全部缴械，令其

① 来新夏．北洋军阀史：下．天津：南开大学出版社，2000：804.
② 冯玉祥．我的生活：（下）．哈尔滨：黑龙江人民出版社，1981：323.

听候改编，并到军机处将清室护军统领加以监视，令其派人传知宫内全体文武人员，一律不准自由行动。随即传见内务府大臣绍英等人，限其两小时内促使溥仪接受《修正清室优待条件》，废去帝号，迁出故宫，派员移交各项公私物品。在国民军的威慑之下，绍英入告，溥仪终于接受了《修正清室优待条件》，决定即日迁出故宫。把清废帝溥仪驱逐出宫的北京政变使冯玉祥的政治地位和社会声望大幅上扬，军事实力大增（即从原直系一名师长，跃为全国瞩目的人物，从掌握1师的兵力进而扩充为拥有6个师8万人的实力），成为影响当时社会政治格局的一支举足轻重的势力。第二次直奉战争最后以直系的失败而告终。

北京政变结束了直系军阀对中央政权的控制。1924年11月10日，冯玉祥、张作霖、段祺瑞在天津举行会议，决定组建中华民国临时执政府，推举段祺瑞为临时执政。段祺瑞一上台，就和张作霖互相勾结，联合排挤冯玉祥，迫使冯玉祥不得不提出辞职，发表下野通电。12月12日，冯玉祥又通电取消国民军名义，并解除总司令的职权。1925年1月，段祺瑞政府在奉系势力的左右下，任冯玉祥为西北边防督办，派往张家口，使其远离权力中心。北京政权被皖系和奉系势力控制。

段祺瑞执政后决定召开善后会议，并试图通过善后会议谋取独裁统治的合法性。完全被军阀官僚所操纵的善后会议，遭到包括孙中山在内的进步人士的反对。频发的军阀战争和迭起的政治变乱，已经被人们视为祸国殃民之源。因此，“打倒列强！除军阀！”就成为紧迫的时代任务。

二、资产阶级的改良运动

1. 国民大会与国是会议

在各路军阀酣战之际，中国政治舞台上的另外一支重要力量——资产阶级改良派，也在为解决中国问题而出谋划策，并力求在现代政治制度框架中寻求解决之道。国民大会原是孙中山打算在宪政时期设立的国家机关中的最高权力机关①。1920年7月直皖战争之后，直系控制了政权。为了能够统一天下，直系军阀吴佩孚于1920年7月27日提出了召集国民大会，制定宪法实行国民自决。吴佩孚通过国民大会解决时局、制定宪法的主张，自然迎合了那些主张民治的资产阶级的需要。他们认为，在南北对峙、和谈不成、旧国会废止的情况下，只有国民大会是应付时局、监督政府、建设根本大法的出路。因此，胡适、梁启超等社会名流，纷纷发表文章赞成召开国民大会。一时间北京、上海、山东、安徽等地各资产阶级团体也纷纷发起国民大会促成会、国民大会策进会、国民大会促进会、国民大会协进会等组织。各地社会贤达、硕学名流等上层人士纷纷发表政见，提出惩办卖国罪魁、制定宪法、决定内政外交等条款，并赋予国民大会以最高

---

① 国民大会是1915年7月15日孙中山在沪尚贤堂茶话会上的演说中提出的方案。1921年4月在广东省教育会的演说中有较完整的阐述。孙中山的国民大会主张是：经过“军政”“训政”两个时期后，如全国有过半数省份进入“宪政”时期，即全省的地方自治完全成立时期，就可召开国民大会。每县选出代表一人出席，国民大会选举国家官员，国民在国民大会行使政权，委托政府官员行使治权；国民大会决定宪法、颁布宪法，自宪法颁布后国民大会对中央政府官员有选举权和罢免权，对中央法律有创制权和复决权。（张磊. 孙中山词典. 广州：广东人民出版社，1994：499）

权力。

以武力为唯一权力来源的军阀政权对于现代政治理念具有天然的对立与警觉，遂假手军警力量将酝酿中的国民大会加以扼杀。尽管国民大会运动失败了，但国民自决的思想与力量依然鼓舞人们继续努力。1920年，蔡元培倡导商、教两界召开联席会议，共谋解决国家和平统一大计。这一建议得到了商、教界代表的赞同，于是召开联席会议，商讨取消不平等条约、废督裁兵、清理财政等问题，建议政府实行。但是这一建议也没有产生实际的效果，于是，他们便直接决定治国方针，号召公民实行。1921年10月，商教联席会议议决召开各团体国是会议，以谋国家问题的根本解决。17日，他们向各省省议会、商会、教育会、农会、律师公会、银行公会、报界联合会发出通电，发起七团体国是会议。

国是会议的发起者，其目的是“中国能有民治的统一”①。但是在军阀混战、武人干政的情况下，寄希望通过国民制宪的形式来实现和平统一的想法，实际上无法实现，因此这一尝试最终也就没有结果。

2. “好人政府”和“民治委员会”

北京“好人政府”是在20世纪中国社会思潮中，由自由主义知识分子提出的政治主张。代表人物有胡适、蔡元培、王宠惠、罗文干等自命为“有职业而不靠政治吃饭的人”。这些曾接受欧美教育的知识分子，希望在北京组成一个有“好人”的政府，以改变中国军阀混战、政治分裂的现状，从大乱走向大治。

1922年5月，蔡元培、梁漱溟、胡适、王宠惠等人在《努力周报》第2期上发表《我们的政治主张》一文。他们认为“好人政府”可以充分利用政治的机关为社会全体谋充分的福利，充分容纳个人的自由，保护个性的发展。他们提出了政治改革的三条基本原则：一个宪政的政府，一个公开的政府，一种有计划的政治。他们认为中国之所以败坏到这步田地，“好人自命清高”是一个重要原因，因此，社会上的优秀分子应该站出来与恶势力斗争，组织起“好人政府”，这是政治改革的唯一出路。

1922年9月19日，“好人”成员王宠惠在吴佩孚的支持下出任国务总理并正式组阁，同时“好人”成员罗文干担任财政总长，汤尔和任教育总长。因而这届内阁也被称作“好人内阁”。“好人内阁”在政治上倾向于吴佩孚，由此招致曹锟的不悦而使曹、吴矛盾激化，“好人政府”霎时间处于风雨飘摇之中。财政总长罗文干被指在签订奥国借款展期合同时受贿而被逮捕。一介书生罗文干在不知不觉中成为曹、吴矛盾旋涡中的牺牲品。当吴佩孚最终对曹锟表示服从的时候，王宠惠的“好人内阁”也失去了支持，11月25日，王宠惠宣布辞职，“好人内阁”垮台。在军阀强权的统治下，任何政治改革或社会改良只能是画饼充饥。

“好人内阁”倒台后，1923年6月13日，曹锟公然发动政变，并组织大选筹备处，准备贿选总统。曹锟的所作所为，引起全国人民特别是工商业资产阶级的强烈反对。最先对政变做出反应的是上海各界。政变发生的当天，上海工商学界和各同乡会代表50多人紧急集会，谴责曹锟为“民国罪人”，表示坚决反对曹锟继任总统，主张实行直接

① 民国日报，1922-05-10.

民权，“由人民另组国务委员会”。

1923 年 6 月 18 日，上海总商会发出召开临时会员大会通告，公开采取否认北京政权的立场。6 月 23 日，上海总商会举行临时会员大会，通过四项决议：（1）否认摄政内阁，否认曹锟有候选总统的资格。（2）通电各地军政长官维持秩序，保护外人，大局问题听候人民解决。（3）国会议员不能代表民意，其一切行动概属无效。（4）组织民治委员会，继续讨论有关建设问题的进行办法①。这四项决议实际上是民族资产阶级同北京军阀政府彻底决裂的宣言书，民治委员会就是这个阶级为建立新政权而设立的领导机关。

7 月 4 日，民治委员会举行会议，向外界公开“民治”旗帜。16 日，民治委员会全体会议推举冯少山、袁履登、虞洽卿、方椒伯、闻兰亭等 14 人为常委，组成民治委员会常务委员会。民治委员会的成立，是民族资产阶级不满于军阀专权、希望改变现实、谋求与经济地位相匹配的政治地位的一种表现。民治委员会的成立，得到中国共产党的赞成和肯定。上海总商会组织民治委员会，呼吁全国人民起来反抗军阀统治，建设民主政府，也是顺应历史潮流、合乎民意之举。

民治委员会的出现，表明民族资产阶级已试图建立自己的民主政权，以破除军阀统治。这是五四以后的中国资产阶级政治的一个重要发展。但是所谓民治运动，仅仅是上海商界中少数人的活动，因而缺乏群众基础。民治委员会成立后，除宣布否认北京非法政府和国会外，没有拿出一套彻底解决时局的可行办法，所谓行使国家权力机构的职能更是无从谈起。所以当 10 月 5 日，曹锟贿选总统“成功”，民治委员会面对如此政局，只好草草收场。

三、省宪自治与废督裁兵

省宪自治是 20 世纪 20 年代在中国盛行一时的宪政思潮和政治运动，它以各省自定省宪法、省长民选、实行省自治进而联省自治为内容。而省宪运动的思想渊源，则是发端于民初的联邦制思潮。

清末民初，西方政治、社会学说已经广泛传播，不少人对美国的联邦制表示赞赏。孙中山也曾在 1911 年 11 月的《在巴黎的谈话》中说过，中国的新政权“于政治上万不宜于中央集权，倘用北美联邦制实最相宜”，“除此之外，无论何项政体皆不宜于中国。因中国省份过多，人种复杂之故。美国共和政体甚合中国之用，得达此目的，则振兴商务，改良经济，发掘天然矿产，则发达无穷”。所以“共和联邦政府为最美备，舍此别无他法”②。但是南京临时政府成立后，为了尽早实现全国统一，中央集权的主张压倒并取代了原来实行联邦制的设想。袁世凯之后，面对严重的军阀割据和政治分裂的局面，或战或和均无显著成效，经济社会发展受到严重阻碍，人们又把希望重心由中央渐渐移向地方。同时，五四运动的经验也增添了国民的自信，使“国民能随时随事，以强有力之方法，表示有价值之意见，并借此形成压力，作为解决国家当前政治问题之手

---

① 徐鼎新，钱小明. 上海总商会史. 上海：上海社会科学院出版社，1981：318.

② 孙中山全集：第 1 卷. 北京：中华书局，1981：562-563.

段”①。联邦制又再次被提起，但是人们讨论的主题却是省宪自治。

省宪，即以一省为制宪单位、以全省人民为制宪主体制定的宪法性法律文件，是联省自治的重要内容，也是实行省自治的宪法依据和保障。省宪自治运动发轫于湖南。湖南在南北战争中首当其冲，受祸最烈，自治呼声也高。1920 年 6 月，湖南各界在驱逐皖系督军张敬尧后，以毛泽东为代表的新民学会的会员立即提出了改造湖南、保境自治的主张，要求实行湖南人民的自决自治，并联名提出由湖南革命政府召集湖南人民宪法会议，制定湖南宪法，以建设新湖南的建议。一些知名湘绅也提出了实行省自治进而联省立国的主张。谭延闿等人趁此机会宣布湖南自治，于当年 9 月邀请湖南官绅召开自治会议，企图包办省宪的制定，并通过省宪和省自治，造成割据一方的法律事实。这一做法明显违背制宪的最终目的。大多数人民要求的是真正民主的、反对军阀统治的省宪和省自治。不久谭延闿下台，赵恒惕决定直接由省政府聘请具有专门学识及经验的专家组织宪法起草委员会，负责起草宪法。草案完成后，经审查委员会审查修改后，交湖南全省人民公决通过后公布施行。11 月 1 日，对这个省宪草案进行全省总投票，12 月 11 日投票结束，并于 1922 年 1 月 1 日正式实施。

图 12－3　湖南省宪成立纪念币

《湖南省宪法》共 13 章 141 条，规定“湖南为中华民国之自治省”，“省自治权属于省民全体”。在人民权利方面，宣布在法律面前人人平等，人民有言论、结社、信仰、迁居及营业自由；有选举权与被选举权；人民之私有财产，不受非法之科罚、捐输或借贷，非依法律不得查封没收，并将选举、罢免、创制、复决权载入宪法。关于省长产生办法，规定由省议会初选 7 人，再交全省公民总投票表决，得票最多者当选；省长任期 4 年，不得连任；任满之前，如不能尽职，省议会可提交公民总投票表决，令其退职；省长下设 7 司，各司长组成省务院，省务院对省议会负责。

《湖南省宪法》是中国第一部由省制定的、以联邦制为基本原则的宪法，其影响也是很大的。在湖南省的带动下，浙江、四川、江苏、江西、广东、广西、云南、贵州、

① 胡春惠．民初的地方主义与联省自治．北京：中国社会科学出版社，2001：146.

福建、陕西、山东、河南、绥远、湖北等全国大部省区都掀起了制定省宪、实行省自治的热潮。但是省宪运动同样没有摆脱军阀的利用和干涉，最终也沦为他们制造纷争的幌子。当时地方军阀倡导和赞助联省自治，是在南北两个政府都无法统一全国，在南北矛盾和斗争中求生存、求发展的一种手段，是各派军阀集权与分权的矛盾尖锐发展的结果。

20世纪初的省宪运动未能成功，不仅仅由于中国缺乏自生自发的法治秩序和传统，而且也由于所谓的省宪自治成为各种地方势力的一种政治策略或工具。

民国以来，全国很多省份都设立督军，这些督军几乎都是一些崇尚武力、割据称雄、争权逐利的封建军阀。对此有人痛彻地指出："民国改建迄今，无岁无地不苦兵祸，始则拥兵自卫，继则争地以战，终则不戢自焚，破坏国家，糜烂社会……是不裁兵，则国与民惟有沦胥以尽而已。"①

无法与直系相抗衡的政客黎元洪，利用这一民间舆情，于1922年6月6日发表通电，宣称以废除督军作为复职条件，提出废督裁兵的主张，很快在全国各地掀起了一场颇有声势的废督裁兵运动。在北京，蔡元培等于7月2日发起组织国民裁兵促进会，提出废督裁兵的具体办法：（1）从即日起，无论如何情形不得新招一兵；（2）巡阅使、督军、护军使等职即日废止，并不得以督军改任省长或总司令；（3）即日召集全国裁兵会议。北京的各省区自治联合会发表通电，要求全国各界一致行动，促进废督裁兵运动。全国商会联合会则提出以兵在全国修筑五大铁路干线的具体计划。为了推动废督裁兵的进一步发展，10月10日，在北京天安门召开国民裁兵运动大会，蔡元培、李石曾、马君武、胡适等10余人在大会上发表演讲。会后又进行了游行请愿，向总统递交了请愿书，要求北京政府召集全国裁兵运动会，拟定具体裁兵计划。上海、浙江、安徽、四川等地的废督裁兵运动也有相当规模。孙中山也在广州提出兵工计划：全国兵额保留20万～30万人，编成国家军队，定为义务，两年一换，其余一律裁汰。所裁之兵，仍用原来编制，改为工兵，修筑道路及其他事业，移战事为工事，兵不失业，也无铤而走险之虑。

在废督裁兵运动的同时，湖南及江浙的资产阶级还开展了颇具规模的和平运动。他们认为废督裁兵是治本，和平统一为治标，只有标本兼治，才能使中国政治走向正轨。1922年2月，湖南弭兵会成立，打出"弭兵息战"的旗号，呼吁和平。弭兵会分别致电孙中山和吴佩孚，要求力促停战、人民制宪、全国裁兵。4月21日，江浙资产阶级也在上海召开紧急会议，要求吴佩孚、张作霖和苏、浙、皖督军息兵。8月16日，江浙和平协会正式成立，并积极推动苏、浙两省督军、省长及上海护军使在8月19日共同订立《江浙和平公约》，苏、浙、皖和平运动达到高潮。

当社会各界在为废督裁兵奔走呼号之时，1923年10月曹锟贿选成为总统。推行武力统一政策，遂成为曹锟政权的不二之选。1924年秋天，江浙战争和第二次直奉战争爆发，宣告了资产阶级和平运动的彻底失败。

---

① 筑路养兵意见书．东方杂志，1922，19（19）．

第三节　第一次国共合作的形成

一、中共三大与革命统一战线方针

中国共产党成立之初，曾将“推翻资产阶级”“实行社会革命”作为自己的斗争目标。刚刚诞生的中国共产党对于中国革命性质的认识也处于幼年阶段，对于现有的政党和政治力量，采取了不联系、不合作的态度。“对现有其他政党，应采取独立的攻击的政策。在政治斗争中，在反对军阀主义和官僚制度的斗争中，在争取言论、出版、集会自由的斗争中，我们应始终站在完全独立的立场上，只维护无产阶级的利益，不同其他党派建立任何关系。”① 事实上，作为从五四运动中成长起来的激进青年，他们对于国民党也有自己的看法。据包惠僧回忆：“北京区的多数同志认为国民党是一个资产阶级的党，他们只有领袖、没有群众，只有高级干部、没有中下层干部，里面有许多堕落腐化的政客，很难在他们身上找出革命的因素，我们同他们建立联合战线，既失掉了我们的阶级立场，又损害了我们党的纯洁性。这就是国共没有建立联合战线以前一般共产党人的见解。”②

对于年轻的共产党人来说，一方面，他们对中国问题的认识还略显幼稚；另一方面，作为从五四运动中成长起来的青年，多少还留存着一些年轻人的桀骜与短视。促成中国共产党改变这一态度与政策转向的则是中国的政治、经济状况和京汉铁路工人大罢工惨遭吴佩孚镇压的教训，还有共产国际及其代表马林的帮助。

1922 年 11 月 5 日至 12 月 5 日，共产国际召开了第四次代表大会。共产国际执委会政治书记处书记卡尔·伯恩哈多维奇·拉狄克就中国问题指出：“我们的任务仍旧在于，把工人阶级中正在形成的现实力量统一到两个目的上来：（一）组织年轻的工人阶级；（二）使它对资产阶级分子的客观革命力量采取明智的态度，以便组织反对欧洲和亚洲帝国主义的斗争。”③ 大会通过的《关于东方问题的总提纲》也明确指出：在半殖民地的国家里，目前所必须强调的口号是“反对帝国主义的统一战线”。

1923 年 1 月 6 日，马林向共产国际执委会做了报告。他指出：“中国唯一重大的民族革命集团是国民党，它既依靠自由资产阶级民主派和小资产阶级，又依靠知识分子和工人。”共产国际执委会决定接受马林的意见，做出《关于中国共产党与国民党的关系问题的决议》。决议认为：“由于国内独立的工人运动尚不强大，由于中国的中心任务是反对帝国主义者及其在中国的封建代理人的民族革命，而且由于这个民族革命问题的解决直接关系到工人阶级的利益，而工人阶级又尚未完全形成独立的社会力量，所以共产国际执委会认为，国民党与年轻的中国共产党合作是必要的”，所以“只要国民党在客

① 中央档案馆．中共中央文件选集：第 1 册．北京：中共中央党校出版社，1989：8.

② 五四运动回忆录：上．北京：中国社会科学出版社，1979：365-366.

③ 共产国际有关中国革命的文献资料：第 1 辑．北京：中国社会科学出版社，1981：64-65.

观上实行正确的政策，中国共产党就应当在民族革命战线的一切运动中支持它。但是，中国共产党绝对不能与它合并旗帜，也绝不能在这些运动中卷起自己原来的旗帜”①。并任命马林为共产国际东方部海参崴局（即远东局）重要人物。

1923年2月，马林来到北京，其时正值京汉铁路工人大罢工和二七惨案。这一事件的发生，对中国共产党而言，触动是很大的。特别是在这一惨案中，工人阶级的孤军奋战以及共产党员被杀害的血淋淋的现实，也使得许多共产党员对建立革命统一战线的必要性有了更深切的体会。加以这时，国民党的党务也开始有所改进，中共党内对国民党的轻视心理也在逐渐改变。由于以上各种原因，共产党员中赞成加入国民党的日渐增多。

1923年6月12日至20日，中国共产党在广州举行第三次全国代表大会。出席大会的代表30多人，共产国际代表马林参加大会。陈独秀代表第二届中央执行委员会做报告。大会的主要议题是讨论共产党员加入国民党问题。代表们依据共产国际的决议，热烈地讨论了共产党员加入国民党的问题。大家都表示赞成这个决议；对决议的原则并没有提出什么不同意见。但是在如何理解和实行这个决议的问题上，却发生了尖锐的分歧和激烈的争论。

陈独秀和马林认为中国革命目前的任务，只是进行国民革命，不是进行社会主义革命；国民党是代表国民革命运动的党，应成为革命势力集中的大本营；共产党和无产阶级现在都很幼弱，还没有形成一个独立的社会力量。因此，全体共产党员、产业工人都应参加国民党，全力进行国民革命；凡是国民革命的工作，都应当由国民党组织进行，只有这样，才能增强国民革命的力量。他们强调国民革命是党在当前阶段的中心任务，不要忽视国民党和资产阶级的革命性。张国焘、蔡和森等虽承认反帝反封建的国民革命是中国革命的重要任务，但认为共产党还有它的特殊任务，即领导工人运动，同资产阶级做斗争，这两个任务同等重要，应当同时进行。他们反对全体共产党员特别是产业工人加入国民党，认为那样做就会取消共产党的独立性，把工人运动送给国民党。他们强调的保持共产党的独立性和加强党对工人运动的领导虽然是对的，但是由于脱离了建立联合战线的任务，势必导致共产党的孤立。不难看出，争论双方的认识都有正确的一面，同时又存在片面性。

经过两天的热烈讨论，大会接受共产国际关于同国民党合作的指示，通过《关于国民运动及国民党问题的议决案》《中国共产党第三次全国代表大会宣言》等文件。这些文件指出：党在现阶段“应该以国民革命运动为中心工作”，采取党内合作的形式同国民党建立联合战线。党的三大决定采取共产党员以个人身份加入国民党的方式实现国共合作，这是当时能够为孙中山和国民党所接受的唯一合作方式。大会解决了革命发展中的这个重要问题，“就能够在孙中山这面颇有号召力的革命旗帜下，通过国共两党的共同努力，广泛发动群众，发展革命力量，加速推进民主革命的进程。这既有利于国民党的改造，使国民党获得新生；又有利于共产党走上更广阔的政治舞台，得到锻炼和发

---

① 共产国际有关中国革命的文献资料：第1辑．北京：中国社会科学出版社，1981：76-77.

展。这个问题的解决是党的三大的重大历史功绩”①。

二、孙中山与国共合作

孙中山对于国共合作思想的酝酿，是其在长期的革命斗争生涯中，基于时代潮流和革命现实的背景，并在共产国际的推动下而逐渐形成的。辛亥革命之后，同盟会改组为国民党。但是一些革命党人丧失了革命宗旨，一些党员腐化堕落，成为官僚政客，使得国民党的革命性与组织性荡然无存。1914 年，孙中山在日本成立中华革命党。但孙中山在组党方式上试图树立强人领导，引起了许多党人的疑虑和抵制。1917 年，孙中山在广东开展护法战争，也是由于党力不彰，再加之西南军阀并非真心拥护，孙中山痛感南北军阀如一丘之貉，不得不怆然离去。五四运动爆发之后，孙中山深切感受到学生、工人等民众团体所蕴含着的巨大能量。特别是中华全国学生联合会的成立，更使其深受刺激，自觉国民党虽是一个有相当历史的政党，但却不如这个全国性的学生组织。

1919 年 10 月 10 日，孙中山将国民党改称中国国民党，希望能吸收广大青年学生参加进来，以补充新的血液。但是这并没有改变原先的那种纪律涣散、组织松弛的状况。1920 年 10 月，孙中山利用各派军阀混战之际，赶走了桂系军阀陆荣廷，并委派陈炯明为广东省长兼粤军总司令。孰料在 1922 年 6 月，陈炯明发动政变炮轰总统府，又使得广东的革命事业毁于一旦。陈炯明的背叛，可谓是孙中山的刻骨铭心之痛。他说：

> 文率同志为民国而奋斗三十年，中间出生入死，失败之数，不可偻指。顾失败之惨，未有甚于此役者。盖历次失败虽原因不一，而其究竟则为失败于敌人。此役则敌人已为我屈，所代敌人而兴者，乃为十余年卵翼之陈炯明，且其阴毒凶狠，凡敌人所不忍为者，皆为之无恤，此不但国之不幸，抑亦人心世道之忧也。②

这一事件使孙中山感到这个党是迫切需要彻底改造了；同时，孙中山也认识到需要组建一支真正的革命军队。孙中山开始了“以俄为师”的改组国民党的历程。

共产国际代表马林与上海的国民党人取得联系，并积极谋求会见孙中山。随后，马林又赴广州访问，并与更多的国民党人沟通。通过考察他得出了这样的结论：“共产国际应当与孙中山国民党建立密切的联系，而不是全力去帮助中国共产党。至于力量弱小，又与工人运动毫无关系的中国共产党，最好的出路也许就是加入国民党，因为在那里他们才可能发挥自己的作用。”③ 1922 年 8 月，苏俄派越飞以特使身份来到中国。经过通盘考虑，越飞做出了全力支持国民党的决定，并给予积极援助。这对于长期致力于争取外援的孙中山来讲，无疑是雪中送炭。1923 年 1 月 22 日，越飞去往上海会见孙中山，经过几次晤谈，双方于 1 月 26 日发表了著名的《孙文越飞联合宣言》。这一宣言的发表，标志着孙中山联俄政策的正式形成。

孙中山的联俄政策，首先是基于第一次世界大战前后世界形势的发展变化而做出的选择。1917 年俄国十月革命的胜利，不仅惊醒了中国的先进分子，也使孙中山异常兴

---

① 中共中央党史研究室．中国共产党历史：第 1 卷（1921—1949）．北京：中共党史出版社，2002：109.

② 孙中山全集：第 6 卷．北京：中华书局，1985：555.

③ 杨奎松．国民党的“联共”与“反共”．北京：社会科学文献出版社，2008：3.

奋。他从十月革命中看到了新的曙光。他把它看成人类伟大希望的诞生，渴望从那里找到推进中国革命的办法。就在十月革命爆发后的第三天，在孙中山指导下的上海的《民国日报》，就用大字标题率先予以报道，还不断刊登积极评价的文章。1918 年元旦，《民国日报》又发表了欢迎十月革命胜利的社论，把这次革命视为希望所在。孙中山已经在思考一个问题：俄国革命何以能如此迅速成功，并由此来反思中国革命的未来。

当然，孙中山的联俄也有其明显的政治策略倾向，其最终目标是实现自己的理想——三民主义，而不是共产主义。在孙中山看来，未来的中国依然是一个能够与现存国际政治经济秩序相适应的国家，而不是苏俄式的与国际资本主义体系相对立的国家，他不同意在中国搞苏维埃制度和实行共产主义。当陈独秀、李大钊、马林一同会见孙中山的时候，孙中山在与他们交谈的过程中，明确指出“这些人是他的真正的革命同志”①。与此同时，孙中山也充分认识到：“国民党正在堕落中死亡，因此要救活它就需要新血液。”② 当李大钊坦率地告诉孙中山自己是第三国际的党员时，孙中山说：“这不打紧，你尽管一面作第三国际的党员，一面加入本党帮助我。”③

1922 年 9 月 4 日，中国共产党的主要领导人陈独秀、李大钊、蔡和森一起由张继介绍，孙中山亲自主盟，加入了中国国民党。孙中山接纳共产党员加入中国国民党，标志着他的容共、联共政策正式确立。孙中山的革命理想与中共的政策之间还是有着显著的区别的。那么为什么孙中山愿意吸纳共产党员加入国民党呢？

首先，国民党人与共产党人在此之前并非界限分明，他们之间还是有一定的合作基础。如陈独秀在辛亥革命时期就曾与同盟会有过合作，李大钊也与国民党人张继有过密切交往。即使到中共成立之初，双方一些主要成员之间的良好关系也并未改变，合作的事情也仍有发生。如 1920 年部分共产主义知识分子在上海筹建中国共产党时，国民党人即诚邀陈独秀前往广州担任广东政府教育委员会委员长。1921 年 8 月，中国共产党刚刚成立，就主动邀请国民党人与中共代表一起，前往莫斯科参加远东劳动人民代表大会。“只不过，最初两部分人主要是意气相投，不存在组织之间的问题。”④ 但是无论如何，国共两党之间的合作，还是有一定基础的。

其次，孙中山目睹了五四运动中青年学子所迸发出来的巨大能量，深感需要吸纳他们加入到自己的队伍中来。而中共作为五四时期成长起来的一支新生力量，从中体现出来的朝气蓬勃的活力，正是国民党所缺乏的。陈炯明叛变之后，孙中山已处于严重受挫之际，急需要补充力量襄助自己的革命事业。

孙中山的联共与其联俄是休戚相关的。苏俄对国民党帮助的力度如何，在很大程度上取决于国民党同共产党之间的关系；对孙中山而言，“让中共党员加入国民党受其约束，至少要比中共置身于国民党之外，利用苏俄和共产国际的支持，与国民党竞争政治资源来得有利”⑤。随着孙中山国共合作思想的酝酿成熟，如何改造自己的政党，以适

① 宋庆龄．孙中山和他同中国共产党的合作．人民日报，1962-11-12.

② 宋庆龄选集：下卷．北京：人民出版社，1992：393.

③ 中国国民党第二次全国代表大会政治报告．政治周报，1925，5.

④ 杨奎松．国民党的“联共”与“反共”．北京：社会科学文献出版社，2008：2.

⑤ 王奇生．国共合作与国民革命．南京：江苏人民出版社，2006：18.

应革命形势的发展，也开始提上了议事日程。

三、中国国民党第一次全国代表大会

从1922年9月起，孙中山就着手改组中国国民党的准备工作。9月4日，孙中山召开国民党各省负责人会议，研究国民党改组计划，指定专人草拟国民党改组的宣言、党纲、党章。10月25日，国民党改组会议在广州召开，会议着重讨论了改组的必要性和计划。11月，廖仲恺和谭平山同北方各省的干部讨论了改组和召开国民党一大的问题。

1924年1月20日上午，中国国民党第一次全国代表大会在广州国立广东高等师范学校礼堂正式开幕①。孙中山以中国国民党中央总理身份担任大会主席，并致开幕词。孙中山指出这次大会“是本党自有民国以来的第一次，也是自有革命党以来的第一次。我们革命党用了三十年工夫，流了许多热烈的心血，牺牲无数的聪明才力，才推翻满清，变更国体。但在这三十年中，我们在国内从没有机会开全国国民党大会，所以今天这个盛会，是本党开大会的第一次，也是中华民国的新纪元”②。

图12-4　中国国民党第一次全国代表大会会场

在这次大会上，主要讨论并通过了两个重要文件，一是《中国国民党第一次全国代表大会宣言》，一是《中国国民党章程》。由鲍罗廷、廖仲恺、汪精卫等人共同起草的《中国国民党第一次全国代表大会宣言》，是1月22日讨论通过的，它是这次大会指导思想和主要精神的集中体现。《宣言》由三部分组成：“中国之现状”“国民党之主义”“国民党之政纲”。

“中国之现状”指出：“自辛亥革命以后以迄于今，中国之情况，不但无进步可言，且有江河日下之势”，究其原因，是由于“军阀之专横，列强之侵蚀，日益加厉”。因此

① 出席这次大会的国民党员有孙中山、胡汉民、汪精卫、廖仲恺、邓泽如、冯自由、谭延闿、戴传贤、于右任、何香凝等141人，共产党员有李守常（李大钊）、谭平山、于树德、林祖涵（林伯渠）、毛泽东、罗迈（李维汉）、张国焘、瞿秋白、王尽美、于方舟、李能至（李立三）等。

② 中国国民党第一、二次全国代表大会会议史料：上．南京：江苏古籍出版社，1986：4.

进行国民革命，实行三民主义，“为中国惟一生路”。

“国民党之主义”对三民主义做了重新解释：“国民党之民族主义，有两方面之意义：一则中国民族自求解放，二则中国境内各民族一律平等。”所谓中国民族自求解放，就是要“免除帝国主义之侵略”，“使中国民族得自由独立于世界”。在反对帝国主义的斗争中，国民党必须依靠广大民众，与民众深切结合，唯有如此，“中国民族之真正自由与独立，姑有可望也”。所谓中国境内各民族一律平等，就是承认“中国以内各民族之自决权”，并宣称民主革命胜利后将“组织自由统一的中华民国”。《宣言》进一步指出，今后国民党“当得国内诸民族之谅解，时时晓示其在中国国民革命运动中之共同利益”，“渐与诸民族为有组织的联络，及讲求种种具体的解决民族问题之方法”。关于民权主义，《宣言》指出：“近世各国所谓民权制度，往往为资产阶级所专有，适成为压迫平民之工具，若国民党之民权主义，则为一般平民所共有，非少数者所得而私也。”“国民党之民权主义，于间接民权之外，复行直接民权，即国民者，不但有选举权，且兼有创制、复决、罢官诸权也，民权运动方式规定于宪法，以孙先生所创立五权分立为之原则，即立法、司法、行政、考试、监察五权分立是已。”“盖民国之民权，惟民国之国民乃能享之，必不轻授此权于反对民国之人”，“凡真正反对帝国主义之个人及团体，均得享有一切自由及权利，而凡卖国罔民以效忠于帝国主义及军阀者，无论其为团体或个人，皆不得享有此等自由及权利”。关于民生主义，有两个最重要的原则：一是平均地权，二是节制资本。平均地权就是，反对土地权“为少数人所操纵”，由国家制定土地法，私人所有的土地，“由地主估价呈报政府，国家就价征税，并于必要时依报价收买之”，从而逐渐使土地为国家控制。节制资本就是，“凡本国人及外国人之企业，或有独占的性质，或规模过大为私人之力所不能办者，如银行、铁道、航路之属，由国家经营管理之，使私有资本制度不能操纵国民之生计”。

《宣言》对“国民党之主义”的重新解释，是以“联俄、联共、扶助农工”为核心的，所以又是划分新旧三民主义的主要依据。正是由于孙中山重新解释的三民主义和中国共产党的民主革命纲领基本相同，所以成为第一次国共合作的政治基础和革命统一战线的共同纲领。

“国民党之政纲”规定了国民党的内外政策。其中对外政策共 7 条，明确规定取消一切不平等条约。指出：“外人租借地、领事裁判权、外人管理关税权以及外人在中国境内行使一切政治权力侵害中国主权者，皆当取消，重订双方平等、互相尊重主权之条约。”对内政策共计 15 条，主要内容包括实行中央及地方的“均权主义”。“凡事务有全国一致之性质者，划归中央；有因地制宜者，划归地方。不偏于中央集权制或地方分权制。”同时规定各省自定宪法，自举省长，县为自治单位；实行普遍选举制，废除以资产为标准之阶级选举；人民有集会、结社、言论、出版、居住、信仰之完全自由；严定田赋地税之法定额，禁止一切额外征收；制定劳工法，改良劳动者之生活状况；确认男女平等之原则，助进女权之发展；等等。

《中国国民党第一次全国代表大会宣言》是国民党的施政纲领和立法基础，因此备受孙中山的重视，认为它是“此次大会之精神生命”，“此宣言今后即可管束吾人之一切举动，故须详细审慎研究。大家通过后，不能随意改变，都应遵守，完全达到目的，才算大功告成”①。

这次大会的另一重要任务是制定《中国国民党章程》。在此过程中曾有一些国民党员对于联共的主张公开表示反对。对此，李大钊以章程审查委员和共产党员的身份，就共产党员跨党问题做了开诚布公的说明。由于李大钊的发言极为透彻、诚恳，因而得到大部分与会代表的赞同。

《中国国民党章程》共分13章，计86条，内容包括党员、党的组织机构、中央党部、地方党部、基层组织、党的纪律、经费、党团等。应该说国民党新章程的制定，是充分借鉴了苏俄的建党经验，与1919年12月俄共（布）颁发的《俄国共产党（布尔什维克）章程》的“机构非常相似，大部分条文几乎雷同”②。孙中山正是通过“以俄为师”来改组自己的政党的。国民党在改组之前，几乎不存在基层党组织。在这次改组的过程中，孙中山却将重点放在了基层，而这正是列宁主义政党的一个显著特点。孙中山效仿苏俄建党，其基本宗旨是很明确的，那就是：“国民党之本体不变，主义不变，政纲之原则不变。此次改组，乃改党之组织，采用俄国委员制。”

中国国民党第一次全国代表大会的召开，无疑是有着重要影响。孙中山通过重新解释三民主义，确定联俄、联共、扶助农工三大政策，不仅使之成为区别于旧三民主义的新型政治纲领，而且通过对国民党的改组，实现了国共的第一次合作，进而也使得孙中山的民主革命思想发生了伟大的转变和飞跃。与此同时，国民党一大也为中国的新民主主义革命奠定了坚实的基础。正如毛泽东所言：“一九二四年，孙中山亲自领导的有共产党人参加的国民党第一次全国代表大会……除了谁领导谁这一个问题以外，当作一般的政治纲领来说，这里所说的民权主义，是和我们所说的人民民主主义或新民主主义相符合的。只许为一般平民所共有、不许为资产阶级所私有的国家制度，如果加上工人阶级的领导，就是人民民主专政的国家制度了。”③

第四节　北伐战争与国共分裂

一、国共合作后的新局面

随着国共革命联合战线的形成，建立一支革命军队开展军事斗争以夺取政权，就成为国共两党共同面临的任务。1924年1月24日，孙中山以大元帅的名义下令筹办中国国民党陆军军官学校，并任命蒋介石为陆军军官学校筹备委员会主任。5月，学校开学。6月16日，举行开学典礼，孙中山发表演说④。

① 孙中山全集：第9卷．北京：中华书局，1986：101.

② 王奇生．国共合作与国民革命．南京：江苏人民出版社，2006：37.

③ 毛泽东选集：第4卷．2版．北京：人民出版社，1991：1477-1478.

④ 因校址定于距广州20公里的黄埔岛上，故又称作“黄埔军校”。它是仿效苏联军校建立起来的，实行以党治军，在军校还设立了党代表制度，可以说政治教育与军事训练并重，注重培养学生的爱国思想和革命精神，是这所学校的显著特点。

1924年，黄埔军校第一批学生毕业，随即组建了一支以军校学生为骨干，包括工人、农民在内的新型武装，并开展了平定广东商团叛乱和统一广州根据地的斗争。

1924年10月，在汇丰银行广东分行买办陈廉伯等人的策动下，广州商团向广州革命政府发难，甚至在广州市内制造枪杀群众的惨案，并准备发动更大规模的武装叛乱。孙中山在中共广东区委周恩来等人的配合下，对商团采取了坚决镇压的政策。10月15日，黄埔学生军向商团发起总攻，仅用半天的时间即将商团击溃，解除了广东革命政府的心腹之患。

1925年初，陈炯明举兵进犯广州，广州革命政府组织东征军兵分三路讨伐陈炯明。黄埔军校两个教导团以势如破竹之势击溃陈炯明主力，控制东江地区，取得第一次东征的胜利。6月，杨希闵、刘震寰两部在广州发动叛乱，正在东征的黄埔校军及其他部队迅速回师平息了叛乱。但是，陈炯明残部乘东征军回师广州之际，又重新占领东江地区。国民政府决定发动第二次东征，任命蒋介石为总指挥，周恩来为政治部主任。东征军在当地民众的支持下，迅速消灭了陈炯明余部，取得第二次东征的胜利。与此同时，东征军又对在海南岛负隅顽抗的邓本殷部实施歼灭，终于清除了对国民政府的威胁，使广东全省实现了统一。军事上的统一，又为国民政府着手进行财政和行政的整顿以巩固广东根据地奠定了基础。

对于中国共产党而言，在国共合作的条件下，工农运动获得了合法存在的条件，一度处于低潮的工农运动得到了逐步的恢复和发展。

在农民运动方面，在以共产党员为主的国民党中央农民部和国民党中央农民运动委员会的推动下，开始建立农民协会，组织农民自卫军，并向土豪劣绅和贪官污吏开展斗争。与此同时，为了培养农运骨干，国民党中央执行委员会决定在广州开办农民运动讲习所。从1924年7月起，广州农讲所在共产党人彭湃、毛泽东等人的相继主持下，连续举办六届，培训了大量农运骨干，有力地促进了全国农民运动的开展。为了进一步推动农民运动的开展，1925年5月，广东省举行第一次农民代表大会，并成立了省农民协会。

工人运动也逐渐恢复并形成新的高潮。1924年5月，广州召开工人代表会议，会议决定成立工人代表会议执行委员会，这次会议促进了广东工人运动的发展。7月，在外国人居住的广州沙面租界，数千名工人举行政治大罢工，抗议英、法帝国主义者限制中国居民自由出入沙面租界的“新警律”。沙面罢工持续一个多月，终于取得了胜利。这次罢工不仅轰动了广州和香港，而且也影响了其他省区。工人运动的消沉状态，在这次罢工中再次被激活。

1925年1月，中国共产党第四次全国代表大会在上海召开。这次大会强调对工人运动的领导。为了进一步指导工人运动，同年5月，在广州召开的第二次全国劳动大会上，成立了中华全国总工会，接受共产党的领导。

1925年5月15日，上海内外棉第七厂工人顾正红被厂方枪杀，激起了中国工人的义愤。面对这种形势，中共中央立即举行紧急会议，决定把工人阶级的经济斗争转变为反帝斗争，并扩大为全民族的斗争。5月30日，上海各校学生在公共租界各马路散发传单，进行讲演，揭露帝国主义枪杀工人、抓捕学生的罪行，巡捕当即逮捕学生100余名，引起学生和市民的极大愤慨，近万人聚集在南京路老闸巡捕房门口，要求释放被捕学生。帝国主义巡捕竟下令向群众开枪射击，造成震惊世界的“五卅惨案”。为抗议这一暴行，中共中央领导上海总工会、全国学生联合会、各马路商界总联合会，并推动上海总商会，实行“三罢”（罢工、罢课、罢市）斗争。

“三罢”开始后，英、美、日等帝国主义国家，一方面调集武装继续屠杀群众，进行武力恫吓，另一方面则施展种种阴谋，从内部分裂革命势力。代表大资产阶级的上海总商会首先宣布停止罢市，随后各校学生也因放假结束了罢课，最后只剩下工人在孤军奋战。鉴于当时的斗争形势，上海总工会在对方答应部分条件的情况下后相继复工。但是五卅运动的影响几乎是席卷全国，北京、汉口、长沙、哈尔滨等全国 30 多个城市都举行了罢工、罢课、罢市等斗争，其中最著名的是 6 月 19 日开始的省港大罢工。

五卅惨案的消息传到广州后，广州各界群众在 6 月 2 日举行大规模的示威游行表示声援。6 月 19 日香港的海员、电车、印务等工会也宣布罢工。罢工工人不顾英帝国主义者的阻挠和威胁，先后有 20 万人返回广东各地。6 月 23 日，香港罢工工人和广州市的工人、农民、学生、青年军人及其他群众 10 万余人，在广州举行了上海惨案追悼大会。会后，群众游行示威队伍路过沙基时，突然遭到沙面租界英国军警的射击，50 多人被打死，170 多人受重伤，轻伤无数。这便是“沙基惨案”。

“沙基惨案”进一步激起了粤、港人民的义愤。广州革命政府立即照会英、法等国，提出抗议。为了加强对斗争的领导，中国共产党发动香港、沙面罢工工人选出代表，在广州举行省港罢工工人代表大会。大会选举苏兆征、邓中夏等 13 人组成省港罢工委员会，由苏兆征担任委员长。省港罢工委员会以共产党领导的工会为核心，联合香港、广州的各种工会，并组成 2 000 多人的工人武装纠察队，团结广东沿海的广大农民群众，对香港进行封锁。这次罢工也得到了全国人民和广州国民政府的积极支持，坚持 16 个月之久。但是随着国内形势的重大变化，中共决定在维护工人利益的前提下，主动结束了罢工。

五卅运动是近代中国的一场空前的反帝爱国运动。它对中华民族的觉醒和国民革命运动的发展起了巨大的促进作用。在这次运动中，反对帝国主义成为一个强大的民族主义的政治符号而被中国各阶层普遍接受。这种民族情感“感人之深，尤胜于当年的五四运动”①。与此同时，五卅运动对中国共产党的发展也具有重要影响。作为一个仅有 4 年党龄的政党，却在这次运动中展露出其在民众运动方面的领导能力，这就为随后的革命斗争积累了丰富的经验。

二、北伐战争与工农运动的高涨

北伐是孙中山生前多年的夙愿。他曾于 1924 年 9 月兴师北伐，后因商团叛乱被迫中止。1925 年 7 月，广东大元帅府正式改为国民政府，所辖各军统一改编为国民革命军，共 6 个军 8.5 万人。对于中共而言，打倒帝国主义、推翻北洋军阀的反动统治，是中国共产党人从党的二大起就一再强调的政治主张。因此举行北伐，符合中国共产党民

---

① 张国焘. 我的回忆：二. 北京：东方出版社，1991：30.

主革命时期的最低纲领。

此时的北方政局与南方形成了鲜明的对比。奉系已取代直系，成为北洋军阀中占支配地位的势力，张作霖同段祺瑞共同操纵北京政府，不仅排斥冯玉祥的国民军，而且将势力向南扩张到长江流域的苏、皖等省，加剧了同直系军阀的冲突。1925 年 10 月，控制浙江的孙传芳纠合福建、江西、江苏等省的地方军阀，自任浙、闽、皖、苏、赣五省联军总司令，发动反奉战争，最终奉系失败。在奉系军阀的溃退中，奉军将领郭松龄在滦州倒戈，占领锦州并进逼沈阳，把反奉运动推向高潮。冯玉祥也趁势进一步扩展势力，在天津打败奉军张景林，占领了直隶全境。1926 年春，奉系军阀张作霖和直系军阀吴佩孚又结成"反赤"联盟，联合进攻倾向革命的国民军。他们计划首先打倒被他们称为"北赤"的冯玉祥，然后出兵湖南进攻唐生智；接着联合孙传芳和四川、贵州、云南的地方军阀，围攻广东革命根据地，消灭"南赤"。

国共两党只有先发制人，出师北伐，用革命的武装消灭反革命的武装，才能保护自己的根据地并最终统一全中国。1926 年 6 月下旬，广州国民政府军事委员会根据加伦的建议，开始制定北伐计划。北伐战争的目标是消灭北洋军阀的吴佩孚、孙传芳和张作霖三大派系。直系吴佩孚约有兵力 20 万，控制着湖北、湖南、河南及直隶部分地区；直系主力孙传芳约有兵力 20 万，控制着江苏、浙江、安徽、江西、福建 5 省；奉系张作霖有兵力 30 多万，占据着东北三省和热河、察哈尔及北京、天津等地。北洋军阀总兵力共计 70 余万人。而当时国民革命军的实力远不如北洋军阀，只有 8 个军约 10 万人。但北洋军阀的统治四分五裂，内部矛盾重重，无疑给北伐军提供了利用矛盾各个击破的大好时机。根据加伦的建议，北伐的作战方针是：首先向湖南、湖北进军，迅速消灭吴佩孚；同时和孙传芳谈判，并向湘赣边境和粤闽边境派出部分兵力监视和防备。待两湖战场取得胜利后，再集中兵力消灭孙传芳，最后消灭张作霖，统一全中国。

1926 年 7 月 9 日，国民革命军 6.5 万人从广州正式出师北伐。国民革命军以蒋介石为总司令，唐生智为前敌总指挥，李济深为总参谋长，白崇禧为行营参谋长，何应钦、谭延闿、朱培德、李济深、李福林、程潜、李宗仁、唐生智分任第一至第八军军长。北伐军一路连连告捷，并于 7 月 11 日攻占长沙。随后决定集中力量进军武汉打击吴佩孚，对孙传芳继续采取中立政策。8 月中下旬，北伐军相继占领平江、通城、岳阳，随即直趋湖北。

在北伐的进程中，由共产党控制掌握的叶挺独立团英勇善战，先后攻克汀泗桥与贺胜桥，并于 9 月上旬，乘胜占领汉口、汉阳。在第四、第八军攻打武昌的战斗中，因敌军负隅顽抗，叶挺亲自指挥独立团攻城。共产党员和青年团员以不怕牺牲的英雄气概和忘我精神，冒着枪林弹雨冲锋陷阵，于 10 月 10 日率先攻入武昌城，俘虏守敌 1 万余人，基本上歼灭了吴佩孚的主力，两湖战场胜利结束。

吴佩孚的失败，使孙传芳颇感震惊，于是改变了原来的中立态度。1926 年 8 月底，孙传芳派重兵从江西向湖南及湖北的北伐军侧翼进攻，企图切断北伐军的后路，以解武昌之围。1926 年 9 月初，国民革命军第二、第三、第六军和第一军第一师等部队转入江西作战。10 月中旬，由于蒋介石的指挥失误，致使再次攻打南昌遭受重大挫折。在此情况下，加伦再次拟定了江西战役的计划。11 月上旬占领南昌、九江，打垮了孙传芳的主力，扭转了江西战局。与此同时，北伐军东路部队对孙传芳所属的福建部队展开攻势，孙传芳在福建的部队纷纷倒戈，12 月上旬北伐军轻取福州。

北伐军在江西、福建战场取得胜利后，奉系、直鲁联军及孙传芳残部又组织起所谓的“安国军”，在长江两岸继续与北伐军对抗。北伐军首先开辟浙江战场。由于浙军两个师于 12 月先后起义，1927 年 2 月中旬北伐军进入杭州，下旬平定浙江全省。与此同时，程潜率江右军、李宗仁率江左军分别从江西向安徽进军，开辟苏、皖、沪战场，并于 3 月下旬相继占领安庆、南京等地；东路军前敌总指挥白崇禧率部也开进上海。至此，长江以南地区完全为北伐军占领。

北伐军所到之处，都能得到工人、农民的积极配合。作为一支新型军队，军队中的政治工作对战争的取胜也起了重要作用，特别是叶挺独立团在北伐中屡建奇功，与中共的政治工作密切相关。另外，北伐进程中的宣传工作，也起到了重要的作用。各种军事力量的密切配合也起了积极作用。如冯玉祥的国民军在西北地区与北伐军的遥相呼应、四川的泸顺起义，都给予北伐有力的配合，从而加速了北伐的胜利进程。

北伐战争的节节胜利，又推动了工农运动的蓬勃发展。北伐军所到之处，工人群众很快组织起来援助国民革命运动。特别是在 1927 年 1 月 3 日，当武汉工人、学生和市民在庆祝北伐战争胜利的时候，英国水兵用刺刀驱逐在英租界附近集会的群众，当场刺伤数十人，其中 3 人重伤。武汉市民在共产党人刘少奇、李立三、林育南等领导下，举行二三十万人的大示威，工人及市民英勇地驱逐了英国武装巡捕，占领了汉口英租界。6 日，为了声援武汉人民、回击英帝国主义在九江的暴行，九江人民也英勇地驱逐英国巡捕，占领了英租界。2 月 19 日，英帝国主义被迫与武汉国民政府签订协定，将汉口、九江的英租界交还中国，这一斗争也成为鸦片战争以来中国人民反帝外交斗争史上的一次重大胜利。

上海作为中国工人最集中的地方，在 1926 年秋至 1927 年春，连续举行三次武装起义，成为北伐战争期间工人运动的最高峰。1926 年 10 月，随着北伐军相继攻克武汉、进军江西，浙江省省长夏超宣布浙江独立，中共中央决定抓住这一时机举行上海工人武装起义，以响应北伐军占领上海。但是，第一次工人武装起义因准备不足、起事仓促而失败。1927 年 2 月 17 日，北伐军占领杭州。次日，先头部队抵达嘉兴，上海守敌一片混乱。在此情况下，上海总工会发布总同盟罢工命令，这次罢工原本是为了配合北伐军夺取上海，但北伐军到达嘉兴之后却止步不前。中共中央经过反复讨论之后，决定把总同盟罢工转变为武装起义。但终因准备不足而被残酷镇压下去。

1927 年 3 月 20 日，北伐军进抵上海近郊龙华。此前，在认真总结前两次起义失败的经验教训基础上，中共中央和上海区委联合组成了起义最高指挥机关——特别委员会，由陈独秀、罗亦农、赵世炎、周恩来等任委员，此时，特委于 3 月 21 日及时发动上海工人总同盟罢工，并随即转为武装起义。经过 30 个小时的英勇战斗，上海工人阶级以鲜血和生命的代价占领了上海，第三次武装起义取得成功。上海工人第三次武装起义，是北伐战争时期工人运动发展的最高峰，在中国革命史和工人运动史上，谱写了辉煌的篇章。

国共合作之后，特别是北伐军所经过的两湖地区，农民运动迅速发展起来。当北伐军大举进入湖南之后，农民运动立即从秘密活动状态转入公开活动时期，农民协会在湖南普遍建立起来，农民运动的目标是打倒土豪劣绅："农民的主要攻击目标是土豪劣绅，不法地主，旁及各种宗法的思想和制度，城里的贪官污吏，乡村的恶劣习惯。这个攻击的形势，简直是急风暴雨，顺之者存，违之者灭。其结果，把几千年封建地主的特权，打得个落花流水。地主的体面威风，扫地以尽。地主权力既倒，农会便成了唯一的权力机关，真正办到了人们所谓'一切权力归农会'"①。

1927年1月4日至2月5日，毛泽东到湖南的湘潭、湘乡、衡山、醴陵和长沙等县考察农民运动，在获得大量第一手材料基础上写成的《湖南农民运动考察报告》，对当时左右时局发展最关键的农民问题，做了透彻的分析，促进了农民运动的发展。此外，湖北、江西、河南等地的农民运动也如火如荼地开展起来，由此形成了中国历史上从未有过的农村大革命。

三、国共之间：合作与分离

国共两党以党内合作的形式建立的联合统一战线，从一开始就潜伏着矛盾和斗争。1924年6月18日，国民党中央监察委员邓泽如、张继、谢持联名向孙中山和国民党中央执行委员会提出"弹劾共产党案"。弹劾案一出笼，立即引起了各地国民党的响应，纷纷要求中国共产党党员退出国民党。但是由于中国共产党人和国民党左派坚持孙中山确定的联共政策，并对此进行了针锋相对的斗争，这场由"弹劾共产党案"引起的轩然大波终于平息下来。

孙中山逝世后，国民党中央执行委员会和广州革命政府内部左右两派间的斗争更加激烈。1925年11月23日至1926年1月4日，国民党右派分子林森、邹鲁、谢持等人，在北京西山碧云寺孙中山灵前召开所谓国民党一届四中全会，因而被称为西山会议派。西山会议派的主要目的就是"分共"，进而否定孙中山的联俄联共政策。与此同时，戴季陶也以宣讲三民主义为名，向中共的意识形态发起挑战。他以儒家的仁爱、道统思想来解释孙中山的三民主义，企图贬斥马克思主义。对于国共合作问题，戴季陶指出国共两党没有共同信仰，"共信不立，互信不生；互信不生，团结不固；团结不固，不能生存"，以此来排逐中国共产党。戴季陶主义的出现，助长了国民党右派势力。1925年8月20日，国民党左派领袖廖仲恺在去国民党中央党部开会时被暗杀事件，是国民党右派打击左派、破坏国共合作的又一个重大行动。廖案发生之后，国民党决议由汪精卫、蒋介石、许崇智3人全权处理此事。而蒋介石在处理廖案的过程中，又通过政治、军事手段将胡汉民、许崇智逐出广州，使其实力得到了加强。随后由蒋介石发动中山舰事件，就意味着国共冲突开始升级。

1926年1月，国民党二大在广州召开，蒋介石成为一个举足轻重的人物。他是国民党中央执行委员会常务委员、军事委员会委员、黄埔军校校长和国民革命军第一军军长，兼有政治和军事两方面的重要职务。此间，由于北伐和黄埔军校经费问题，蒋介石对苏联军事顾问团团长季山嘉产生了猜忌。一些国民党右派分子便极力挑拨苏联顾问与

---

① 毛泽东选集：第1卷．2版．北京：人民出版社，1991：14.

蒋介石的关系，他们利用孙文主义学会散布流言说："苏联和中共要反蒋、排蒋"。1926年2月26日始，蒋介石突派亲信刘峙担任国民革命军第一军第二师师长之职，为其反共行动做准备。

3月18日傍晚，一艘由上海开往广州的商轮被土匪抢劫，黄埔军校驻省（省城广州）办事处主任欧阳钟谎称"奉蒋校长的命令"，要求海军局派两艘战斗舰开赴黄埔，听候蒋介石调遣，海军局代局长李之龙（共产党员、青年军人联合会骨干）只好派中山舰前往。19日中午，李之龙获悉俄国考察团想参观中山舰，于是请示蒋介石可否将中山舰调回广州。蒋却因中山舰没有他的命令开去黄埔顿起疑心。20日凌晨，蒋介石下令广州地区戒严，并逮捕李之龙，解除苏联顾问武装。这就是著名的中山舰事件（又称三二〇事件）。

中山舰事件是国共关系发展的一个重要拐点。它"开启了蒋介石时代，确立孙中山的少壮幕僚和家属为核心的派系在党和政府中的领导地位"。中山舰事件之后，蒋介石又开始着手排挤共产党，以全面控制国民党党权的计划。1926年5月15日，国民党召开二届二中全会，蒋介石借口改善国共两党关系，提出了所谓《整理党务案》。在这份文件中，不仅规定了共产党员在国民党高级党部中所占的比例，共产党员限定的职位，同时还要求必须提交加入国民党的共产党员名单。苏联顾问鲍罗廷和在上海的中共中央为了贯彻共产国际的方针，对蒋介石继续采取妥协退让的方针，《整理党务案》在国民党二届二中全会上顺利通过，原任国民党中央各部部长的共产党员全部离职。蒋介石一手控制了国民党、国民政府和国民革命军的大权，为他随后实行独裁统治打下了基础。

随着北伐战争的顺利开展，1926年11月18日，国民党决定将国民政府和中央党部迁到武汉。但北伐军攻占武昌后，蒋介石看到两湖地区工农群众运动的高涨，国民党左派和共产党人共同掌握的武汉革命政权也不受他的控制，便提出迁都南昌，挑起了所谓"迁都之争"。

"迁都之争"是统一战线内部争夺革命领导权的斗争，是蒋介石以军权对抗党权、政权，准备公开叛变革命的一个严重步骤。1927年元旦，国民政府明令以武汉为首都，反对蒋介石迁都南昌的主张。武汉国民党中央和国民政府为了反对蒋介石的军事独裁，举行了一次高级干部会议。会议提出了实行民主、反对独裁、提高党权、扶助农工运动及召开国民党二届三中全会的方针，并推选吴玉章、邓演达、徐谦、孙科、顾孟余五人组成行动委员会，开展了一次以党权抵制军权的斗争。这无疑又增大了蒋介石的权力失落感和政治恐惧感[①]。在他看来，武汉中央的做法都是鲍罗廷和中共在幕后操纵。

1927年3月26日，蒋介石抵达上海，开始紧锣密鼓地筹划政变。4月2日，蒋介石、何应钦、吴稚晖、李石曾、陈果夫、陈立夫、李济深、李宗仁、白崇禧、黄绍竑等人开会，一致同意反共"清党"，并进行军事上的部署。4月12日凌晨，预先埋伏在租界中的车队和黑社会打手向各区工人纠察队进攻，并占领了总工会会所和上海工人纠察队总指挥处。事件发生后，上海总工会立即发动同盟总罢工并举行了游行。当游行队伍行进至宝山路时，突遭开枪扫射，100多名工人当场被打死。紧接着蒋介石又开始大肆

① 杨奎松．蒋介石从"三二〇"到"四一二"的心路历程．史学月刊，2002（7）：63-73.

捕杀共产党员。至 4 月 15 日，上海工人被杀 300 多人，被捕 500 多人，5 000 多人失踪，汪寿华、陈延年、赵世炎等共产党人遇难。四一二反革命政变后，蒋介石着手在南京另立国民党中央党部和国民政府，与武汉中央党部和国民政府分庭抗礼。

4 月 18 日，南京国民政府在原江苏省议会所在地举行成立典礼。从此，中国实际存在着南京、武汉、北京三个政权。这时的武汉国民政府几乎被包围在反革命势力之中。1927 年 4 月 19 日，武汉国民政府举行第二次北伐，进军河南。6 月初，北伐军同冯玉祥的国民军会师郑州，第二次北伐结束。但冯玉祥到徐州同蒋介石等举行会议后，完全倒向蒋介石一边，武汉政府陷入危机之局。1927 年 5 月 21 日，在武汉政府所辖第三十五军军长何键的怂恿下，驻守长沙的该军第三十三团团长许克祥发动叛乱，捣毁了湖南省总工会、农民协会等 20 多处机关、团体，解除了工人纠察队和农民自卫队的武装，释放了全部在押的土豪劣绅，肆意捕杀共产党人和工农运动领袖，这就是马日事变。事变后，许克祥宣布拥护南京国民政府。马日事变成为汪精卫、蒋介石公开合流的信号。

在革命面临严重危机的关头，以陈独秀为首的中共中央在共产国际代表鲍罗廷的指导下，企图以妥协让步来拉住汪精卫。这更加助长了反革命的气焰。1927 年 7 月 15 日，汪精卫等控制的国民党中央召开“分共”会议，在“宁可枉杀一千，不可使一人漏网”的口号下，对共产党员和革命群众实行大逮捕和大屠杀。七一五反革命政变标志着国共合作的完全破裂，宣告了大革命的失败。

国共合作的破裂，使得中共遭受到了严重的创伤，几乎陷入绝境。对于国民党人而言，他们不仅“丧失了大批知识精英”，也失去了广大工农群众，同时也“失去了苏联的援助，不得不寻求新的‘与国’”①。

四、东北易帜与北洋军阀的终结

七一五政变后，国民党内各派势力经过激烈的明争暗斗，暂时获得妥协。中国政局依然是处于分裂状态，北方奉系张作霖一人独大，把持着北京政权。1928 年 4 月，继续“北伐”的枪声再次响起，蒋介石任国民革命军总司令，下辖蒋介石、冯玉祥、阎锡山、李宗仁 4 个集团军，参战兵力 70 余万人。奉系安国军大元帅张作霖，下辖 7 个方面军，分成 4 部分，孙传芳、张宗昌、张学良、张作相各自独当一面，参战兵力约 60 万人。

战争开始后国民党军进展顺利，不到一个月，第一集团军即进占济南。5 月 3 日始，日军在济南制造惨案，屠杀中国军民，残害战地政务委员会外交处主任兼山东交涉员蔡公时等，中国军民死伤达数千人之多。面对日本的挑衅，蒋介石采取的不抵抗政策，是其对日妥协的开端。5 月中旬，各军继续向北疾进，第一集团军方振武、贺耀祖和第四集团军孙良诚部进占德州，随即向沧州一线追击，同时，冯玉祥、阎锡山部在京汉线出击，直逼京津地区。在国民党军步步逼迫的形势下，张作霖于 5 月 30 日在北京军政府召集最高级会议，决定下总退却令，京汉线奉军全部先行退至琉璃河、长辛店一带，主力撤离京津，向滦河一带总退却。6 月 2 日，张作霖通电宣布退出北京。

1928 年 6 月 4 日凌晨，张作霖专列行至沈阳城郊皇姑屯车站时，被日本关东军预

---

① 杨天石. 国民党人与前期中华民国. 北京：中国人民大学出版社，2007：587-588.

埋的巨量炸药炸毁，张作霖身受重伤不治身亡，是谓“皇姑屯事件”。张作霖去世后，保持东北局势稳定的重担就落在了年仅27岁的张学良身上。

张学良，字汉卿，张作霖长子。1919年东三省陆军讲武堂毕业，随后投身军旅，历任旅长、军长等职。张作霖被炸后，张学良从前线潜回沈阳，秘不发丧，稳住了奉系内部，掌控了东北局势，直到6月19日他才宣布张作霖伤重身亡的消息，并同时宣布自己就任代理奉天军务督办。张学良继任后，日本帝国主义多方胁迫张学良，反对东北易帜，以保持其在东北的特殊权益。日本首相田中两次电令驻奉天总领事林久治郎，要其警告张学良不得和南京国民政府妥协。与此同时，蒋介石也积极派人与张学良联系，张也派代表到北平、南京活动。1928年12月中旬，国民政府派张群、吴铁城、李石曾、方本仁送来旗帜和委任状。29日，张学良在奉天省府礼堂举行易帜典礼并发表易帜通电：“于即日起宣布，遵守三民主义，服从国民政府，改旗易帜。”东北三省及热河省各机关单位、企业、居民一律改悬青天白日旗帜。31日，国民政府正式任命张学良为东北边防军司令长官，张作相、万福麟为副司令长官，任命翟文选、张作相、常荫槐、汤玉麟分别为奉天、吉林、黑龙江、热河省政府主席。至此，张学良率全体奉军归属于国民革命军。

东北易帜是张学良本着国家统一的方针，以东北地方政府服从南京中央政府，东北地方政权由北洋旧政权转变为国民党新政权，通过和平谈判手段实现的①。张学良东北易帜，意味着南京国民政府在形式上实现了全国统一，也意味着从1912年以来统治中国16年之久的北洋军阀政治在全国的终结。

在张作霖退出关外的十多天时间，蒋介石就收复了京津之地。为了得到奉系和日本的谅解与合作，蒋介石决定由晋系阎锡山掌管京津之地。尽管日本所依靠的奉系已失势，但代之而起的阎锡山无疑“是土肥原‘以晋代奉’计划的胜利。这是一个不无遗憾的结局”②。同时，形式上统一的蒋介石南京国民政府，也未能有效合理地解决权力分配和各派利益冲突，随后发生的中原大战，宣告了更大规模的新军阀混战的开始。中国人民仍处于危难深重的困境中！

第五节　文化与学术领域的变化

一、新文学运动的深化

在剧烈的政治动荡和深刻的社会变动条件下，文化和学术领域也发生了不同于以往的历史性变化。“中国社会思想到如今，已是一大变动的时候。”③ 20世纪20年代，新文学运动有了进一步发展，这不仅体现为文学体裁的多样性，也体现为一些文艺刊物和

---

① 曾业英．论一九二八年的东北易帜．历史研究，2003（2）：78-106，191．

② 杨天石．蒋氏密档与蒋介石真相．北京：社会科学文献出版社，2002：279．

③ 瞿秋白选集．北京：人民文学出版社，1959：22．

文学社团如雨后春笋般地涌现。1921 年 1 月在北京创办的文学研究会，以及同年 6 月在日本创办的创造社，标志着新文学运动有了进一步的发展。

文学研究会是由郑振铎、周作人、沈雁冰、叶绍钧等 12 人发起创办的一个文艺团体，也是 20 世纪 20 年代最先出现并拥有最多会员的文学团体。文学研究会成立的目的是“联络感情”，“增进知识”，“建立著作工会的基础”①。文学研究会以《小说月报》为阵地，以“人生”作为“一种很切要的工作”而开展文学创作。文学研究会作为第一个全国性的文学社团，在 1921 年到 1931 年的十年间不仅创作了大量文学作品，而且也造就了诸如郑振铎、叶绍钧、王统照、朱自清、张闻天、冰心、沈雁冰、孙伏园、俞平伯、徐志摩等一大批著名的作家。

创造社是继文学研究会之后成立的第二个新文学社团，它由郭沫若、郁达夫、成仿吾、张资平、田汉、郑伯奇等人在日本创办。创造社的出现，在文坛上被称作“异军突起”。创造社成立后先后创办了《创造》季刊、《创造周报》等十余种刊物，主张构建反帝、反封建的文学内涵，由于其成员受艺术至上思潮的影响，所以又强调积极浪漫主义的风格。他们不仅与封建复古派和鸳鸯蝴蝶派等流派展开斗争，而且还着重翻译介绍了德国的浪漫主义文学。1925 年以后，在马克思主义文学主张的影响下，创造社成员又提出了“革命文学”的口号。其中郭沫若所创作的《女神》就是其中的代表，它以强烈的反帝反封建的革命精神和鲜明的革命浪漫主义特色，为中国新诗的发展开辟了一个新的趋向。此外，还有沈雁冰、郑振铎、欧阳予倩等成立的民众戏剧社，冯至、杨晦等人的浅草社，田汉的南国社，蒋光慈、沈泽民的春雷社，徐志摩等人的新月社，鲁迅、周作人的语丝社，胡适、陈源等人的现代评论社，鲁迅、高长虹等人的莽原社，鲁迅、韦素园、台静农等人的未名社，等等。由此开始，大批职业作家作为一个群体出现，促动了现代中国文学的进一步发展与繁荣。

20 世纪 20 年代的新文学运动，在继承五四新文化运动的反对封建迷信、张扬民主理性的基础上，以构建新型的国民人格和民族精神为己任，其中鲁迅的一系列小说和杂文的发表与出版，就突出地体现了这一点。从鲁迅加盟《新青年》开始，就陆续发表了一些杂文和小说。在他以白话文的形式创作了《狂人日记》之后，又相继发表了《孔乙己》《药》《阿 Q 正传》等一系列揭露社会现实、反映农村题材的作品，奠定了其在中国文学史上的不朽地位。

在鲁迅小说的影响下，一批反映农村题材的乡土小说成为众多作家的共同艺术追求。这些乡土小说一方面表现了农村的破败和农人的艰辛，另一方面则延续了五四新文化运动以来对人的解放的关注，所以带有很强的启蒙色彩。这些小说在人物塑造上更关注对被压迫者、被剥削者的描写，以揭露封建制度对下层民众的人性扭曲。这些乡土作家抛弃了传统的才子佳人的人物塑造模式，而选取劳苦大众作为表现的对象，表明他们不仅意识到小人物作为人的值得同情的一面，而且也意识到“他们若是不解放，就是我们国民全体不解放”②；意识到他们的命运关系到整个国家的前途。这也标志着他们的

---

① 文学研究会宣言//魏宏运. 中国现代史资料选编. 哈尔滨：黑龙江人民出版社，1981：273.

② 李大钊文集：上卷. 北京：人民出版社，1984：649.

图 12-5 鲁迅

价值观、审美观已发生了重大的历史性变化。

此外，在诗歌领域，郭沫若的《女神》，通过诗人的奔腾的想象与革命浪漫主义的情调，将现实的苦难、民族的悲愤和青年知识分子的革命愿望完美地结合起来，体现出了鲜明的时代色彩。另外，徐志摩、闻一多等人在诗歌领域也影响较大。如徐志摩的《翡冷翠的一夜》《猛虎集》，格调清新，形式活泼自然，洋溢着积极乐观的情调。闻一多创作的《红烛》，体现了诗人强烈的爱国热情。

与此同时，革命运动的高涨，又促进了典型的革命文学的形成。郭沫若号召作家们“应该到兵间去、民间去、工厂间去、革命的漩涡中去，你们要晓得我们所要求的文学是表同情于无产阶级的社会主义的写实主义的文学，我们的要求已经和世界的要求是一致，我们昭告着我们，我们努力着向前猛进！”[①] 将文学与现代革命等元素结合起来，这也就意味着具有时代特色的革命文学的诞生。

二、哲学领域的科玄论战

20 世纪 20 年代的中国，也是一个精神价值重构的重要历史时期。究竟该如何构建人们的精神价值体系，以实现新的人生观，就成为人们面临的一个重要课题。科学与人生观（又称科学与玄学）论战便由此而发端。

1923 年 2 月，张君劢在清华大学发表题为《人生观》的演讲，列举了科学与人生观的五点不同：“第一，科学为客观的，人生观为主观的”；“第二，科学为论理的方法所支配，而人生观则起于直觉”；“第三，科学可以以分析方法下手，而人生观则为综合的”；“第四，科学为因果律支配，而人生观则为自由意志的”；“第五，科学起于对象之相同现象，而人生观起于人格之单一性”[②]。张君劢之所以会提出上述观点，原因有二：

① 郭沫若．革命与文学．创造月刊，1926，1（3）．
② 黄克剑，吴小龙．张君劢集．北京：群言出版社，1993：111-114．

一方面，他受到西方哲学特别是柏格森哲学的影响，同时对中国儒家文化也情有独钟，因此，对五四以来思想界一再提升“科学”的地位，表示不满；另一方面，张君劢这一思想的渊薮，同样与一战之后思想界流行的西方的没落这一思潮有关。从1919年初至1920年初，张君劢曾与梁启超、丁文江等人赴欧考察。而梁启超《欧游心影录》，也在很大程度上体现了张君劢的观点。

张君劢的演讲发表后，立即遭到了一些人的批评，首先发难的恰恰是同他一起考察欧洲的丁文江。丁文江是一位地质学家，他容不得张君劢对科学的蔑视，所以指责张君劢是“无赖鬼”，是“玄学鬼附在身上”。丁文江把张君劢的讲演与当时中国阳明心学的死灰复燃联系起来，又把这种中国式的玄学同欧洲的“玄学鬼”联系起来，称之为“中外合璧式的玄学”。丁文江首先指出科学的作用：

> 科学的目的是要根除个人主观的成见——人生观最大的障碍——求人人所能共认的真理。科学的方法，是辨别事实的真伪，把真事实取出来详细的分类，然后求他们的秩序关系，想一种最简单明了的话来概括他。所以科学的万能，科学的普遍，科学的贯通，不在他的材料，在他的方法。①

基于这样的认识，丁文江认为：（1）科学能够应用于人生观；（2）欧洲文化“破产”的责任不在科学，而在某些“不科学的”政治家同教育家；（3）中国文明的可取之处，在于一直同程朱理学到阳明心学的“精神文明”相作对的“近三百年经学大师治学的方法”②。

这次思想和学术大论战的中心论题，是科学与人生观的关系问题。张君劢与丁文江之间的论战，立即引起思想界的关注并参与到这场争论当中来。5月23日，梁启超从折中的角度对张、丁二人的争论阐发了自己的观点。他指出：“人生问题，有大部分是可以而且必要用科学方法来解决的，却有一小部分或者还是最重要的部分是超科学的”，“人生关涉理智方面的事项，绝对要用科学方法来解决。关于情感方面的事项，绝对的超科学”③。而站在丁文江一边反对张君劢的则是胡适。

在问题讨论初始，胡适就曾发表过《孙行者和张君劢》一文，不过这篇文章多少带有一点讽刺意味。比较有分量的是他为《科学与人生观》一书所写的序言。在该序言中，胡适针对张君劢的观点，提出了自己的新人生观，他称之为自然主义的人生观，可概括为十个方面的内容：空间无穷之大；时间无穷之长；不存在超自然的主宰或造物者；生物界存在着生存竞争；人和动物只有程度的差别，没有种类的差别；生物及人类社会的演进有其历史和原因；一切心理现象都是有因的；道德礼教变迁的原因可以用科学方法寻求出来；物质不是死的是活的，不是静的是动的；个人——小我是可死灭的，人类——大我是不死的④。胡适的这一概括，意图说明科学和人生观之间不仅没有矛盾，而且还能够结合到一块。

---

① 李振霞，管培月．中国现代哲学史资料选辑（1919—1949）．北京：红旗出版社，1986：183．

② 钟离蒙，杨凤麟．中国现代哲学史资料汇编：第1集第6册．沈阳：辽宁大学出版社，1981：66-73．

③ 易鑫鼎．梁启超选集：上．北京：中国文联出版社，2006：275．

④ 邢贲思．哲人之路．杭州：浙江人民出版社，2002：187．

参与这场论战的还有林宰平、唐钺、任鸿隽、王星拱、吴稚晖等人。而真正对这场论战做出最终评判的则是瞿秋白和陈独秀等马克思主义者，他们以唯物史观的视角参与辩论。

针对科学与人生观之间的辩论，瞿秋白一针见血地指出："我看他们对于自然科学与社会科学之争辩实在打不着痛处。……我只说：'所论的问题，在于承认社会现象有因果律与否，承认意志自由与否'，别的都是枝节。"① 与此同时，陈独秀则鲜明地扛起唯物史观大旗，不仅批判了科学与人生观之间的论战，而且还进一步对胡适等人的自然主义人生观进行了质疑。对于张、丁等人之间展开的论战，陈独秀指出：

> 主将丁文江大攻击张君劢唯心的见解，其实他自己也是以五十步笑百步，这是因为有一种可以攻破敌人大本营的武器，他们素来不相信，因此不肯用……大家的文章写得虽多，大半是"下笔千言离题万里"，令人看了好像是"科学概论讲义"。②

与此同时，陈独秀对胡适的"自然主义人生观"进行了纠正。他说：

> 适之只重在我们自己主观的说明，而疏忽了社会一般客观的说明，只说明了科学的人生观自身之美满，未说明科学对于一切人生观之威权，不能证明科学万能，使玄学游魂尚有四出的余地；我则认为……证明科学之权威是万能的，方能使玄学鬼无路可走，无缝可钻。③

应该说，在这场大论战中，以丁文江为代表的科学派针对近代以来中国所面临的客观实际而提出的文化、政治主张，与近代以来挽救民族危亡这一时代主题是合拍的。但是科学派的说理与论证终归还是有欠缺的，因此最终也无法从根本上来驳倒张君劢的人生观。以陈独秀为代表的唯物史观派，不仅对张君劢的观点给予了有力的批驳，而且对于科学派的观点也进行了纠偏，充分显示了唯物史观在真理面前所体现出来的强大力量。

三、史学领域的论争

五四运动之后的学术研究也呈现出新的走向，学术发展的内在逻辑与社会需求的历史逻辑相互作用，形成了属于自己的时代特色。其中关于整理国故运动与古史辨的论争，就是在这种背景下而发生的。

对国故的研究，可以追溯到清末民初的国粹学派。但是五四后的新文化派学者倡导整理国故并形成一种运动，其直接的推动力则是来源于新文化运动时期所倡导的科学方法与科学精神。1919 年 11 月，胡适发表《新思潮的意义》一文，以"研究问题，输入学理，整理国故，再造文明"为纲领，提出了整理国故的主张。胡适在《新思潮的意义》一文中指出：

---

① 瞿秋白选集. 北京：人民出版社，1985：113.

② 钟离蒙，杨凤麟. 中国现代哲学史资料汇编：第 2 集第 1 册. 沈阳：辽宁大学出版社，1981：88.

③ 陈独秀文章选编：中. 北京：三联书店，1984：377.

新思潮对于旧文化的态度，在消极一方面是反对盲从，是反对调和；在积极一方面，是用科学的方法来做整理的工夫。整理就是从乱七八糟里面寻出一个条理脉络来，从无头无脑里面寻出一个前因后果来，从胡说谬解里面寻出一个真意义来，从武断迷信里面寻出一个真价值来。①

显然，胡适希望用新的眼光、新的方法对中国传统文化进行整理和研究。胡适的这一主张，立即得到积极响应，许多大学和研究机构都纷纷建立了国学研究机构和刊物，如北京大学的研究所国学门、东南大学的国学院、清华大学及厦门大学的国学研究院、燕京大学的国学研究所等，相关学术杂志有北大的《国学季刊》、清华国学研究院的《国学论丛》、东南大学的《国学丛刊》等等。当然，胡适整理国故的主张也遭到质疑和反对，特别是受到了唯物史观的批判。

如陈独秀就指出："现在中国社会思想上堆满了粪秽，急需香水来解除臭气，我们只须赶快制造香水要紧。可是胡适之、曹聚仁这几位先生，妙想天开，要在粪秽里寻找香水，即令费尽牛力寻出少量香水，其质量最好也不过和别的香水一样，并不特别神奇，而且出力寻找时自身多少恐要染点臭气。"② 与此同时，他们认为整理国故也有舍本逐末的倾向。李大钊明确指出："史学家固宜努力以求记述历史的整理，同时亦不可不努力于历史理论的研求"，"今日历史的研究，不仅以考证确定零零碎碎的事实为毕乃能事；必须进一步……于全般的历史事实的中间，寻求一个普遍的理法"③。应该说，在科学推动下的这场运动，不仅是一种研究范式的转换，而且也使得中国传统学术得以延续。"'科学'落实到以史学为中心内容的'整理国故'上这一过程，同时也是国学'科学化'的进程。没有科学的支撑，国学便上不了台面；没有'国故'这一多数中国学者耳熟能详的具体治学对象，以方法为依归的'科学'便不能落在实处。"④

与整理国故相伴而生的古史辨运动，同样是在新文化运动以来的科学大旗下兴起的，其发起者是著名史家顾颉刚和钱玄同等人。中国传统学术思想中向有疑古辨伪的传统，而新文化运动以来揭橥的科学大旗，无疑又催化了这种疑古辨伪的学风。在这种情况下，1923 年 5 月，顾颉刚提出了"层累地造成中国古史"的假说。其大体内容可分为三个部分：第一，"时代愈后，传说的古史期愈长"；第二，"时代愈后，传说中的中心人物愈放愈大"；第三，"我们在这上，即不能知道某一件事的真确的状况，但可以知道某一件事在传说中的最早的状况"。

但是，对于顾颉刚等人的疑古非古说，那些旧派学人看来无疑是洪水猛兽，离经叛道。如柳诒徵就反驳道："今人读古史，动辄怀疑，以为此为某某作伪，此为某某增窜，嚣然以求真号于众。不知古人以信为鹄，初未尝造作语言以欺后世。若谓今人始善考史，昔之人皆逞臆妄作，则由未读古书，不详考其来历耳。"⑤ 也有人认为，考辨文献记载是一件不容易的事，所以必须要注重方法。此时王国维在考古学方面的"二重证据

---

① 欧阳哲生．胡适文集：第 2 册．北京：北京大学出版社，1998：558.

② 陈独秀著作选：第 2 卷．上海：上海人民出版社，1993：517.

③ 李守常．史学要论．石家庄：河北教育出版社，2000：19.

④ 罗志田．走向国学与史学的"赛先生"．近代史研究，2000（3）：94.

⑤ 柳诒徵．正史之史料//柳诒徵史学论文续集．上海：上海古籍出版社，1991：102.

法”也得到关注，所以有人就认为：“要想解决古史，惟一的方法就是考古学。”但是这一提法立即受到了顾颉刚的批驳，认为纯粹的考古方式是有其缺陷的。针对这场争论，胡适于1924年作了《古史讨论的读后感》支持顾颉刚。他说：“顾先生的‘层累地造成的古史’的见解真是今日史学界的一大贡献，我们应该虚心地仔细研究他，虚心地实验他，不应该叫我们的成见阻碍这个重要观念的承受。”①

20世纪20年代的这场考辨古史的学术研究，对于历史学的发展起到了重要作用。“就中国史学发展而言，史学能获得完全独立，不能不归大功于这一时期的古史研究。”② 与此同时，古史辨派的这种不盲从旧说、善于怀疑的精神，也是值得认真总结的。另外，古史辨作为学术辨伪的突破，其讨论的范围扩展到儒家经典、古代典籍、先秦诸子和古代学术史问题，学术涵盖极为广泛，所以“对旧的国粹观念起到了巨大的破坏作用。古史辨派采用国学研究方法——中国传统考据学与科学方法相结合，以细密的考证方式探讨中国文献与历史上细小的学术问题，扫除国学研究中的‘因袭和谬妄’，使国学运动的意义充分显现”③。

在20年代的史学论争中，马克思主义史学在李大钊、陈独秀、瞿秋白、蔡和森、李达等人的推动下，逐渐成为史学领域的奇葩。李大钊的《史学要论》，可谓是这一时期的代表著作，也是马克思主义史学诞生的重要标志。

思考题

1. 为什么说中国共产党的成立是“开天辟地的大事变”？
2. 如何认识和评价资产阶级改良运动？
3. 简述工人运动的高潮与京汉铁路工人大罢工。
4. 概述第一次国共合作的历史进程。
5. 简述哲学领域的科玄之争。

阅读书目

1. 石川祯浩．中国共产党成立史．袁广泉，译．北京：中国社会科学出版社，2005.

2. 中共中央党史研究室．中国共产党历史：第1卷（1921—1949）．北京：中共党史出版社，2010.

---

① 胡明．胡适选集．天津：天津人民出版社，1991：176.

② 麻天祥．中国近代学术史．武汉：武汉大学出版社，2007：230.

③ 谢桃坊．古史辨派在国学运动中的意义．文史哲，2009（6）：64-71.

3. 金冲及. 二十世纪中国史纲. 北京：社会科学文献出版社，2009.

4. 郑师渠，史革新，刘勇. 文化视野下的近代中国. 北京：中国传媒大学出版社，2009.

5. 费约翰. 唤醒中国：国民革命中的政治、文化与阶级. 李恭忠，等译. 北京：三联书店，2004.

第十三章

十年较量

——南京国民政府与中国苏维埃革命

大革命失败后，占尽政权和军事优势的国民党及其军队，对苏维埃根据地反复进行“围剿”，最终迫使红军长征。当中国共产党及红军被数次“围剿”的蒋介石军队一直追到黄河的“大拐弯”处时，“红军的后撤行程长达 6 000 英里，历经 15 次大规模战役和大约 300 次小规模战斗”。走向黄河和黄土高原的共产党及其领导的红军，在艰辛备尝的历史转折中，获得了新的生机与力量，并对中国的历史进程产生了深远的影响。“黄河是华夏民族 4 000 年历史的发源地。”① 黄河见证了中国历史的“大拐弯”。

第一节　南京国民政府的内政外交

一、国民党的“训政”与国民政府的“改订新约”

1927 年 3 月 23 日，国民革命军江右军克复南京。次日，蒋介石以“上海、南京既定，百端待理，为能专力于军事发展及完成北伐大业”，电请国民政府主席谭延闿与孙科、宋子文、陈友仁三位部长到上海，处理一切事务。4 月 18 日，国民政府宣布“谨遵总理遗志，接受多数同志之主张，依据中央政治会议之决议，于四月十八日在南京开始办公”，南京国民政府成立。

---

① 师永刚，邹明. 中国时代：1900—2000：上卷. 北京：作家出版社，2009：21.

南京国民政府成立后，1928年2月28日，任命蒋介石为军事委员会主席兼第一集团军司令，任命冯玉祥、阎锡山为第二、三集团军总司令，着手发动对奉系军阀的第二次“北伐”战争。3月底，第一、二、三集团军联合对奉系军队发动攻击。4月，南京国民政府又任命李宗仁为第四集团军总司令，共同“北伐”。奉系军队节节失利，张作霖被迫于1928年6月3日仓皇退往关外，次日途经皇姑屯时被日本军队炸成重伤，不久去世①，其子张学良继任东北保安司令。

国民革命军进占北京后，各地军阀纷纷“易帜”，宣布服从南京国民政府。张学良面对日本方面的强大压力，仍于1928年12月29日宣布“易帜”，服从国民政府。南京国民政府形式上完成了中国统一。依照孙中山制定的《国民政府建国大纲》，“军政”时期结束，进入“训政”时期。

1928年8月，国民党二届五中全会召开，会议宣称：“军事既终，实施训政之一大责任，为本党所负荷，而无可旁贷。”② 早在1928年6月3日，胡汉民、孙科等人即致电蒋介石、谭延闿等军政要人，提出《训政大纲（草案）》，建议改组国民政府为五院制政府，其“训政”原则为：（1）以党统一、以党“训政”，培植宪政深厚之基；（2）本党重心，必求完固，党应担发动“训政”之全责，政府应担实行“训政”之全责；（3）以五权制度作为“训政”之规模，期五权宪政最后之完成。其后，胡汉民又在《训政大纲提案说明书》中进一步阐述了在“训政”时期国民党驾驭国民政府的基本原则和实施纲领。8月，国民党二届五中全会讨论并接受胡汉民等人改组国民政府为五院制政府的提案，通过了《政治问题决议案》，决定依照《国民政府建国大纲》设立立法、行政、司法、考试、监察五院，实施“训政”。9月20日，胡汉民被增选为国民党中央常委，负责起草《训政纲领》和与之相应的《中华民国国民政府组织法》。10月3日，国民党中央第172次常务委员会通过了《训政纲领》，交由国民政府公布实施。其主要内容有：在“训政”期间，由中国国民党全国代表大会代表国民大会领导国民行使政权；国民党在全国代表大会闭会时，以政权付托中国国民党中央执行委员会执行之；依照建国大纲所定选举、罢免、创制、复决四种政权，应训练国民逐渐推行，以立宪政的基础；治权中的行政、立法、司法、考试、监察五项，付托国民政府总揽执行，以立宪政时期民选政府的基础；指导监督国民政府重大国务的施行，由中国国民党中央执行委员会政治会议行使；《中华民国国民政府组织法》的修正及解释，由国民党中执委政治会议行使。10月8日，国民党中央第173次常务委员会决定任命蒋介石、胡汉民等16人为国民政府委员，以蒋介石为国民政府主席兼陆海空军总司令，谭延闿、胡汉民、王宠惠、蔡元培、戴季陶等人分别任行政、立法、司法、监察、考试五院院长。10月10日，国民政府主席、委员、五院院长宣誓就职，国民政府改组完成，“训政”正式开始。1929年3月，国民党第三次全国代表大会通过《训政时期党、政府、人民行使政权治权之分际及方略案》。

---

① 即“皇姑屯事件”。

② 第二届中央执行委员会第五次全体会议宣言//荣孟源．中国国民党历次代表大会及中央全会资料：上．北京：光明日报出版社，1986：533.

1929年6月，国民党三届二中全会通过《关于党与政府对于训政之权限及各级党部与同级政府关系之决议》。其中，“党与政府对于训政之权限”规定：（1）中央党部指挥并监督下级党部推行下列各事：培植地方自治社会之基础，宣传训政方针，开导人民接受四权（选举、罢免、创制、复决）使用的训练，指导人民努力完成地方自治所必备的先决条件，促进其他关于地方自治的工作。（2）中央执行委员会政治会议决定县自治的一切原则及训政的根本政策与方略。（3）国民政府执行县自治的实施计划及一切关于“训政”的根本政策与方略。本次会议同一天还讨论决定“训政”时期为6年，到1935年完成①。

1931年5月召开的国民会议通过了《中华民国训政时期约法》，共8章89条。其中第三章“训政纲领”第30条规定，“训政”时期由中国国民党全国代表大会代表国民大会行使中央统治权，中国国民党全国代表大会闭会时，其职权由中央执行委员会行使。第31条规定选举、罢免、创制、复决四种政权的行使，由国民政府训导之。第32条规定行政、立法、司法、考试、监察五种治权由国民政府行使。第72条规定国民政府主席、委员由中国国民党中央执行委员会选任。该法解释权由中国国民党中央执行委员会行使②。

九一八事变后，各界人士要求国民党“结束训政，实行宪政”。国民党统治集团内部也进一步分化，孙科于1932年4月发表《抗日救国纲领草案》，提出“于最近期间，筹备宪政之开始”。1933年1月，国民政府立法院成立以孙科为首的宪法起草委员会。宪法初稿于同年6月完成后，又进行了修改，如将国家体制由内阁制改为总统制，由总统负实际责任；将总统由选民直接选举改为国民大会选举；等等。

1935年11月12日至23日，中国国民党第五次全国代表大会在南京召开。大会宣言提出“开宪治，修内政，以立民国确实巩固之基础”，并约定“国民大会须于二十五年（1936）以内召集之，宪法草案并须悉心修订，俾益臻于完善”。大会同时通过《切实推行地方自治以完成训政工作案》《召集国民大会及宣布宪法草案》等决议案。

1936年5月5日，国民政府公布了《中华民国宪法草案》，亦称“五五宪草”，共8章148条，分别对人民的权利义务、国民大会、中央政府、地方制度、国民经济、教育、宪法之施行及修正等方面做了规定。这部宪法草案的一大特点是，在法律条文上淡化了中国国民党中央执行委员会在各项政治活动中的地位。

1937年5月21日公布的《国民大会组织法》，一方面规定国民大会制定宪法并决定宪法施行日期，另一方面又规定“中国国民党中央执行委员、监察委员及候补执行委员、候补监察委员为国民大会当然代表。国民政府委员及国民政府各院部会长官，得列席国民大会”。这一规定，与1931年4月公布的《国民会议组织法》中“中国国民党中央执行委员会、中央监察委员会各委员及国民政府委员，得出席国民会议”③ 的规定如出一辙，较之前的《中华民国宪法草案》则有较大退步。这表明国民党鼓吹了几年的制

---

① 中国第二历史档案馆. 中华民国史档案史料汇编：第5辑第1编 政治（南京国民政府的建立）. 南京：凤凰出版社，1994：2.

② 同①270-275.

③ 同①258.

宪和“还政于民”，只是其在新的历史条件下维持一党专政的表演。

在对内借助“训政”巩固政治统治的同时，国民党及其领导的国民政府对外发起了“改订新约”运动。事实上，“改订新约”并非国民党及南京国民政府首倡。早在1927年1月16日，梁士诒访晤英、美驻华公使时，即力促其修改对中国不平等之条约。同年1月17日，比利时公使华洛思拜访北京政府外交总长顾维钧，声明愿以平等及尊重领土主权相待。同日，中比“改订新约”会议在北京召开。1月22日，武汉国民政府发表对英宣言，驳斥英国对华宣言中的错误认识，说明“新中国”除贯彻中国之主权、维护国家之利益外，并尊重外侨之权益。2月27日，武汉国民政府外交部部长陈友仁致电北京的日、法、比各国公使，声明中国在未有全国性合法政府以前，各国在京所议各约一概无效。

1927年4月18日南京国民政府成立后，继续进行“改订新约”的努力。5月11日，南京国民政府外交部部长伍朝枢发表对外政策宣言，声明国民政府将采正当手续，废除一切不平等条约。伍朝枢在宣言中指出：“民国政府唯一之职责为秉承孙先生之指导，服从全国之民意，解除中国在国际上之束缚。”① 7月23日，国民政府再次发表宣言，认为协定税则等有碍国家主权，因此宣布自9月1日起实行关税自主，即颁布《国定进口税暂行条例》等，准备到时候实施。8月13日，国民政府发表取消不平等条约宣言，声称：“北伐之目的在于打倒军阀，统一全国，废除不平等条约，故此为国民政府外交之首务。继上月廿三日国民政府发出关税自主之布告后，本日，外交部长伍朝枢又代表国府，对外郑重发表宣言，谓凡从前北京政府与各国所订之各种不平等条约，当由国民政府以正当手续，概予废除。至此等条约中规定修改期限而期限亦满者，更应即予修正，由国民政府与关系各国分别改订新约。嗣后任何条约协定，非经国民政府缔结，概不生效力。”②

其后中国政局中发生“宁汉合流”等变动，但并未对对外政策产生实质影响。1927年11月2日，外交部重申了8月间发表的废约改约宣言，并分别致电驻北京各国公使，但各有关系国仍持观望态度。同年12月，中国共产党发动的广州起义客观上导致国民政府与苏联交恶，并促使欧美各国态度发生改变。此时蒋介石重新上台，政府改组，黄郛出任外交部部长，开始致力于与欧美各国建立外交关系，试图以解决南京惨案遗留问题作为突破口。1928年3月30日，中美首先就解决南京惨案遗留问题达成一致，中国除表示歉意外，允诺惩凶及赔偿；美国则仅对美舰炮击南京表示遗憾。其后，中国亦就此与英、意、法达成一致意见，中国与上述各国关系亦得以改善。

1928年6月以后，随着南京国民政府逐渐完成统一，国内局势相对稳定，“改订新约”运动进程加快。6月15日，国民政府发表正式宣言，认为随着中国统一完成，建设新国家的任务被提上日程，中国政府希望就以往与各国签订的一切不平等条约，遵照正当手续，重订新约，以实现各国平等及相互尊重主权。7月7日，国民政府外交部根

① 《中华民国史事纪要》编辑委员会．中华民国史事纪要（初稿）：1927年1月至6月．台北：中华民国史料研究中心，1977：927-928．

② 《中华民国史事纪要》编辑委员会．中华民国史事纪要（初稿）：1927年7月至12月．台北：中华民国史料研究中心，1977：383．

据国民党中央常务委员会决议发表宣言，声明废约修约应遵循两项原则：(1) 中国与各国所订条约已期满者，应当废除，另订新约；(2) 中国与各国所订条约尚未期满者，应以相当之手续解除并重新签订。与此同时，还颁布了废除旧约未订新约之前适用的7条临时办法。

当时，中国与意、丹、比、西、日等国签订的条约及中法越南商约均先后期满。于是外交部在7月分别照会各国驻华使节，声明上述条约业已期满，应当废止，并另派全权代表商订平等互惠的新条约。各国虽然均主张新约成立后旧约才能失效，但除日本外，其余六国均照复赞成早日开议新约。于是，外交部分别与各国进行谈判。到12月下旬，中国先后与比、意、丹、葡、西五国签订了新的通商友好条约。各条约条文大致相同，包括关税自主及废除领事裁判权两大原则。

对于尚未期满的各约，国民政府亦分别与各国进行交涉。其中，关于关税自主的交涉，首先得到了美国的回应。1928年6月，中国驻美公使伍廷芳开始与美国国务卿讨论关税自主问题，同时财政部部长宋子文也在北平与美国驻华公使进行交涉。7月20日，美方同意修约并承认关税自主原则。次日，双方在北平签订了《整理中美两国关税关系之条约》。条约规定旧约中关于协定关税的条款立即作废，采用国家关税完全自主原则，对两国人民给予互惠及国内待遇。《整理中美两国关税关系之条约》开辟了中外重订关税条约的新局面。国民政府随之在南京与德、瑞（典）、英、法等国签订了关税条约。

在实现关税自主过程中，中日两国间的交涉最为艰难。1928年1月，财政部部长宋子文在上海与日方代表就关税自主问题进行交涉，双方分歧很大。1929年初，随着中国完成统一和五卅惨案后中国人民抵制日货运动的开展，日本政府不得不重新考虑对华政策，派遣代表来华就五卅惨案、南京惨案遗留问题、1896年中日商约时效问题等进行谈判。经过一年多的交涉，中日双方于1930年5月6日签订《中日关税协定》，协定条文和中国与英、美各国签订的关税条约相同。只是，在协定的附件中，中日双方约定以3年为期限，各自保留一部分现行税率。至此，中国最终实现关税自主。

国民政府亦就废除领事裁判权问题与各国展开交涉，但未取得实质性进展。“由于中国受着各种类型的国家的各种不同性质的不平等条约的束缚，由于废约外交在绝大部分时期内仍属弱国外交，因此，废约的过程是渐进的，呈现出明显的阶段性。中国不得不耐心地从废除某一国家或某一方面的特权开始，利用一切机会，一步步地艰难前进，逐渐收回丧失的国家主权。最终，在历史性的机遇面前，中国终于实现挣脱百年枷锁的目标。”①

二、国民党与新军阀混战

1928年2月至4月，南京国民政府先后任命蒋介石、冯玉祥、阎锡山、李宗仁为第一、二、三、四集团军总司令，联合发动了以奉系军阀为对象的第二次“北伐”战争。以上四个集团军的组成显然是各派系之间以权力、地盘为交换条件，暂时妥协的结

① 王建朗．中国废除不平等条约的历史考察．历史研究，1997（5）：19.

果。随着战争的进行，各派军事力量不断加强，地盘随之扩大。二次“北伐”结束时，冯玉祥以第二集团军总司令兼开封政治分会主席，拥兵42万左右，据有陕西、甘肃、河南、山东四省。阎锡山以第三集团军总司令兼太原政治分会主席，拥兵20多万，据有山西、河北两省和平、津两市。李宗仁以第四集团军总司令兼武汉政治分会主席，拥兵20多万，据有广西、湖北、湖南等省。蒋介石身为第一集团军总司令和国民政府主席，拥兵50万，但只控制着江苏、浙江等省。

随着共同的敌人——奉系军阀被打败，蒋、冯、阎、桂各派之间的权力、利益之争日益尖锐。1929年1月编遣会议召开，蒋介石继续采取以阎制冯的策略，支持阎锡山提出的裁军方案。这一方案的主要内容是：第一、第二集团军各编10个师，第三、第四集团军各编8个师，其他部队编8个师，另有6～8个师由中央处理①。编遣会议进一步加剧了蒋介石与桂系和冯系的矛盾，直接导致了蒋桂战争和蒋冯战争的爆发，并进而演变为蒋、冯、阎、桂四派军阀之间的中原大战。这三次战争是1929—1930年国民党新的军阀混战中的主要战争。

蒋介石集团与桂系军阀之间的矛盾由来已久。1927年8月13日，蒋介石因受桂系军阀“逼宫”而发表《告中央各执监委员书》，标志着蒋桂矛盾的正式激化。1928年6月11日，鲁涤平担任湖南省政府主席，在政治上听命于南京政府。蒋介石试图利用鲁涤平将桂系势力赶出湖南，桂系则为占有两湖而策划更换湖南省政府主席。1929年2月22日，由桂系控制的武汉政治分会突然发布决议，免去鲁涤平湖南省政府主席兼十八师师长职务，免去谭道源五十师师长职务，任命何键为湖南省政府主席，派叶琪、夏威率军入湘。鲁涤平措手不及，慌忙外逃，桂系军队控制了湖南。这就是所谓的“湘案”。

“湘案”成为蒋桂战争的直接导火索。在采取军事行动之前，蒋介石针对桂系的弱点采取了多项措施。其一，利用李品仙所部五十一师和五十三师对桂系的不满，派被免职的刘兴到北方活动，拆白崇禧的台。同时策动唐生智重返旧部，导致白崇禧计划率师南下浦口时，部下公开哗变。白氏被迫由塘沽南下后，其部队随即被唐生智掌握，桂系在北方的势力被瓦解。其二，诱使李济深北上，分化粤系，拆散粤、桂联盟，孤立桂系老巢广西，掐断李、白等人的退路。其三，分化瓦解桂系在武汉的核心力量。蒋介石利用李明瑞、杨腾辉与李宗仁、白崇禧之间的矛盾，派与李明瑞有私交的周伯甘前往武汉策反。当得知李明瑞听命于表兄俞作柏时，蒋介石先向俞许以广西省政府主席的头衔，继而派俞前往武汉，说服李明瑞和杨腾辉伺机倒戈②。

3月26日，蒋介石发布讨伐桂系令，免去李宗仁、白崇禧、李济深本兼各职。27日，决定永远开除李宗仁、白崇禧、李济深三人党籍。29日，蒋介石亲赴前线指挥作战。30日，已听命于蒋介石的陈济棠宣布就任广东编遣特派员一职。31日，陈济棠命令在粤的桂系军队必须于24小时内离境。粤、桂从此分道扬镳，桂系更加孤立。同日，蒋介石指挥军队对武汉的桂系军队发起总攻。南京政府军队顺利进逼武汉。4月2日，

---

① 张宪文，等. 中华民国史：第2卷. 南京：南京大学出版社，2006：56.

② 张同新. 国民党新军阀混战史略. 哈尔滨：黑龙江人民出版社，1982：253-259.

李明瑞率领桂军第三路军脱离战斗，撤到孝感、花园一带集结。次日，夏威等人仓皇向沙市、宜昌败逃。4日，郑介民等人召集武汉各界代表开会，决定组成武汉临时治安委员会。5日，蒋介石兵不血刃地占领了武汉。7日，蒋介石命令张发奎、朱绍良等进攻沙市等地。11日，蒋介石发表《告粤系军队书》，夏威等人通电下野。13日，蒋介石任命俞作柏为广西省政府主席，李明瑞为广西编遣特派员，杨腾辉为副特派员，其所部待机开赴广西。

4月底，蒋介石三路围攻广西的计划准备就绪，便电告黄绍竑，要求黄将李宗仁、白崇禧押解到南京，不许收容从武汉退回广西的部队，广西境内的军队只许编为两个师，遭到黄的拒绝。面对蒋介石的紧逼，李宗仁、白崇禧、黄绍竑决定争取主动，以攻为守。5月5日，李宗仁在广西梧州打起“护党救国军”旗号，自任总司令，由白崇禧、黄绍竑兵分两路进攻广东，李宗仁本人离开广西，前往香港联络其他反蒋势力。21日，粤、桂双方军队展开激战，桂军失败，退回广西。此后，桂军虽然击退了湘军的进攻，却使粤军乘机从东面攻入广西境内。与此同时，蒋介石派李明瑞、杨腾辉率部进入广西。6月2日，李明瑞、杨腾辉率部到达梧州，随后进抵桂平附近。由于粤军和龙云所部的配合，李明瑞、杨腾辉所部进展顺利，白崇禧、黄绍竑无力抵挡，遂由广西龙州败逃越南。7月，俞作柏就任广西省政府主席，李明瑞就任广西编遣特派员。第一次蒋桂战争宣告结束。

编遣会议召开过程中，蒋介石与冯玉祥已有矛盾。因对会议结果不满，会后冯玉祥回到河南，不久通电辞去军政部部长职务，蒋、冯矛盾扩大。1929年3月国民党第三次全国代表大会召开时，冯玉祥拒绝参会，并指使河南省党部公开反对南京指定会议代表的做法。4月，冯玉祥在和蒋介石争夺山东时失败，于是命令部将孙良诚将所部撤出山东，孙随后辞去山东省政府主席职务。5月1日，蒋介石任命陈调元为山东省政府主席，蒋、冯矛盾已无法调和。15日，刘郁芬、孙良诚等通电反蒋，推举冯玉祥为“护党救国军西北路军总司令”。19日，冯玉祥在陕西华阴召开军事会议，就任“护党救国军西北路军总司令”，向蒋介石开战。为吸取桂系兵力分散、战线过长而失败的教训，冯玉祥一面将河南、山东各部撤回陕西，一面破坏河南、湖北、河北、江苏交界处的铁路交通，炸毁武胜关隧道，拆毁归德以西桥梁及黄河铁桥，以阻止蒋介石军队西进。与此同时，南京方面亦有所准备。一方面，在政治上，国民党第十四次中常会于23日决定永远开除冯玉祥党籍，免去本兼各职。24日，国民政府下令免去冯玉祥本兼各职。另一方面，在军事上，蒋介石集结“中央军”于豫西、鄂西及平汉、陇海铁路一带，集结朱培德部于徐州、开封，刘峙部于信阳、襄樊，唐生智部于洛阳、郑州。同时重金收买冯部大将韩复榘、石友三，使10余万精锐脱离冯部。27日，处于众叛亲离境地的冯玉祥通电下野，前往山西约阎锡山共同反蒋。10月10日，冯玉祥部西北军将领宋哲元等20余人通电反蒋，由河南向东南地区进军。次日，国民政府下令讨伐西北军，蒋冯战争爆发。战争初期，冯军主力沿陇海铁路东进。24日，宋哲元部进驻洛阳，蒋军全线动摇。此时，阎锡山突然声明支持中央，蒋军开始反扑。30日以后，双方在黑石关、登封、临汝一带展开激战。冯部被迫后撤。11月3日，蒋介石赴许昌督师，以唐生智为总指挥，分三路对冯军展开总攻，西北军全线崩溃。

在蒋冯战争进行期间，第二次蒋桂战争爆发。逃亡国外的李宗仁、白崇禧等重新掌握广西政权。他们和举兵反蒋的张发奎部组成“护党救国军”，挥师进兵广东，一度攻至广州附近。粤军在蒋介石的支持下发起反攻。就在战局出现僵持局面时，桂军吕焕炎部倒戈，导致桂军和张发奎部迅速溃败，退回广西。桂系再度战败。

与此同时，驻扎在郑州的唐生智联合石友三、韩复榘等部，举兵拥汪反蒋。蒋介石调刘峙北上攻唐。阎锡山、韩复榘为蒋介石收买，加入反唐阵营。1930 年 1 月，唐生智溃败。

在各地方实力派单独进行的反蒋行动屡遭失败、损失惨重的同时，据有山西的阎系在历次纷争中均站在蒋介石一方，实力不仅保存完整，而且还有相当扩充。阎锡山本人亦因站在蒋介石一方而获任海陆空军副总司令，节制西北讨逆各军。然而，阎锡山与蒋介石的合作是建立在互相利用和利益交换基础上的。当感到自身利益受损时，阎锡山与蒋介石之间的矛盾亦日趋尖锐，以致兵戎相见①。1930 年 2 月 10 日，阎锡山致电蒋介石，提出礼让为国、共同下野的要求，遭到拒绝。23 日，阎锡山、冯玉祥、李宗仁等 45 人联名通电，主张全体党员投票，以实现“整个的党，统一的国”。24 日，汪精卫通电赞成，反蒋阵线建立。28 日，阎锡山、冯玉祥以及各派代表 30 余人在太原召开军事会议，决定结成反蒋联盟，共同讨蒋。3 月中旬，阎、冯、桂三派将领 50 余人通电全国，列举蒋介石六大罪状，宣布讨蒋。4 月 1 日，反蒋各派军队被编为“中华民国军”，阎锡山任总司令，冯玉祥、李宗仁和张学良任副总司令。阎锡山、冯玉祥和李宗仁 3 人先后就职。

4 月 5 日，南京方面宣布免去阎锡山本兼各职，国民党中常会决定永远开除阎锡山的党籍。5 月 1 日，蒋介石在南京举行誓师典礼。4 日，阎锡山、冯玉祥等在郑州召开军事会议，布置各军沿津浦、陇海、平汉、粤汉各铁路线向徐州、武汉发动进攻。11 日，蒋介石下令对反蒋军队发起总攻。此后，战争双方先后投入百万兵力，在东起山东、西至襄樊、南至长沙、北至河北的广大地区展开激战，史称中原大战。

战争初期，双方在河南兰封展开激战，阎军被迫后退。冯玉祥调孙良诚、吉鸿昌、庞炳勋、刘春荣、石友三等分两路攻击蒋军，致使蒋军全线溃退，双方僵持于定陶、民权一线。与此同时，在平汉线方面，冯军孙连仲、高树勋、张自忠部大败蒋军何成濬部。在津浦路方面，阎军于 6 月 25 日攻克济南。在南方，桂系军队亦进占长沙。

战争进入 7 月份，桂系军队首先在南方失利，被迫撤回广西，战争发生转折。此后，蒋军兵分三路沿津浦线北进，8 月 15 日重新占领济南。冯玉祥为支持山东战场，于 8 月 6 日发动八月攻势，但没有取得预期效果，反而陷于被动。9 月初，蒋介石发动总反攻，阎军被迫撤退。随着在战场上逐渐占据主动，蒋介石再次施展政治手段，将国民革命军副司令一职许给张学良，以换取支持。原本就未就任“中华民国军”副总司令

① 阎锡山之所以选择与蒋介石兵戎相见，是基于两点判断：其一，在桂系、冯系以及唐生智等部遭到沉重打击之后，蒋介石下一个打击对象一定是自己，与其束手待毙，不如奋起一搏；其二，虽然“中央军”在此前的战事中不断胜利，但由于连续征战，官兵疲惫不堪，已是强弩之末。因此阎锡山决定广泛联合桂系、冯系和国民党改组派等各派反蒋力量，筹划一场更大的反蒋战争。（张宪文，等. 中华民国史：第 2 卷. 南京：南京大学出版社，2006：70）

的张学良于 9 月 18 日通电拥蒋，东北军挥师入关，逼近平、津。阎、冯腹背受敌，形势急转直下。10 月上旬，蒋介石所部军队占领开封、郑州，切断了阎、冯与桂系的联系。11 月初，阎、冯兵败，退守山西和陕西。历时 7 个月的中原大战以蒋介石集团的胜利而告终。

图 13－1　中原大战示意图

三、九一八事变与东北的沦陷

九一八事变是日本帝国主义侵略中国行动进入新阶段的重要标志之一。

1912 年中华民国成立后，日本以承认民国为条件取得四洮、吉海、开海、长洮、洮热五路借款权。1915 年 1 月 18 日，日本向中国提出“二十一条”要求，其中与东北相关的有：旅大租借期限及南满、安奉两路期限展至 99 年；日本人在南满有土地租借权或所有权；日本人在南满任便居住往来，并经营各项生意；奉、吉两省九处采矿权；改订吉长铁路合同；延筑南满、东蒙铁路借款权，以南满、东蒙租税为担保之借款权；南满聘用政治、军事、警察顾问之优先权；等等①。1922 年华盛顿会议之后，“日本对于满蒙逐渐由政治的鲸吞主义，转入经济的蚕食主义，而尤实现其两港两路政策，造成所谓‘满铁王国’为最重要之企图”②。南京国民政府成立，张学良在东北宣布“易帜”后，全国实现统一。此后，国民党内部蒋、冯、阎、桂之间发生混战，为日本帝国主义侵略东北提供了可乘之机。

1931 年 3 月，日本关东军参谋长板垣征四郎声称：中国东北丰富的资源足以使日本帝国自给自足，占领东北是占领中国的第一步，而占领中国则是实现“大东亚共荣

---

① 虎口余生．日军侵据东北记，1931：1-2.

② 同①4.

圈”的必需。一股占有东北是日本生存必需的舆论狂热掀起①。1931年6月19日，永田铁山、冈村宁次等人在参谋本部作战部长建川美次的主持下拟成《对满蒙方策》，并最终形成作为日本侵略中国东北行动纲领的《解决满洲问题方策大纲》，“为了使满洲张学良政权的排日方针缓和下来，要和外务当局紧密配合，努力实现之。至于要关东军慎重行事的问题，陆军中央部门要充分加强领导”，“虽然作了以上的努力，如果排日行动再发展下去，也许终于不得不采取军事行动”②。

1931年夏，日本又将驻中国东北军队改为永驻，任命怀抱“满蒙一元论”的军界领袖宇垣一成为朝鲜总督，任命外交界名宿、主张“二大干线主义”的外交官内田康哉为满铁总裁。“识者已知日本大陆政策已趋于尖锐化。”③ 此外，日本还利用各种机会为侵略中国东北寻找口实。

（1）始于1931年4月的“万宝山事件”。长春县农民郝永德向长春县万宝山地方萧翰林、张鸿宾、孟昭和等12人租得生熟荒地500垧，租期10年。郝永德租得土地后，将其转租给李造和等9名朝鲜人耕种，租期也为10年。为将这些旱田改为稻田，这些朝鲜人挖掘了一条长20余里、宽约3丈的水道，并准备截流筑坝引伊通河水。同时将挖出的土堆在两旁作为堤坝，长亦20余里，宽七八丈，这导致归本地农民所有的400余亩良田被毁坏。如果截流成功，则附近农民近万垧良田更可能被河水淹没。此外河中筑坝，长春、农安两县的交通断绝，本地农民切身利益受到侵害。

由于郝永德等人在租地契约内声明“此契于县政府批准日发生效力，如政府不批准仍作无效”，而长春县政府并未批准这些契约，郝永德等人订立的租地契约并不具备法律效力，而且利益受到侵害的本地农民并未和郝永德订立任何契约。因此，在长春市政筹备处向省政府请示时，省政府认为这些朝鲜人未经中国政府许可，擅入乡村，违背公约，因此于6月1日令县政府派员协同县公安局劝令朝鲜人出境。但日方一面命令朝鲜人继续工作，一面派5名警官前往保护，遂成对峙之势。长春市政筹备处处长向日本领事提出抗议，日方置之不理，暗中督促朝鲜人积极工作。后经中方一再交涉，日方才同意将日本警察撤去，由中日双方派员调查。长春市政筹备处依据调查结果向日本领事抗议，下令将种稻之人一律驱逐出境，但日本领事仍然下令日本警察保护朝鲜人继续筑坝工作。

中日双方的交涉拖延至6月底，朝鲜人认为收获已迟，加紧筑坝，中国农民则因为天降大雨，水田溢出的水淹没旱田，导致秋收无望，因此更加痛恨朝鲜人。中国农民相互约定，如果朝鲜人继续工作就群起驱逐之。同时派代表催请市政筹备处向日本领事进行最后的交涉。在交涉无效的情况下，中国农民500余人于6月30日在万宝山召开反抗朝鲜人筑堰后援大会。7月1日清晨9时，万宝山农民400余人各持锹锄，填塞朝鲜人挖掘之沟渠二里许，日警出面干涉，双方发生冲突。2日，日本警察开枪射击，打伤多名中国农民，同时捕去十五六人。与此同时，日方反诬中国农民暴动，殴杀朝鲜人，

---

① 张岂之．中国历史（晚清民国卷）．北京：高等教育出版社，2001：307.

② 复旦大学历史系．1931—1945日本帝国主义对外侵略史料选编．上海：上海人民出版社，1983：14.

③ 虎口余生．日军侵据东北记，1931：7.

于是调集军警前往捕人，搜缴中国农民自卫枪械，占据万宝山马哨等地[①]。

“万宝山事件”发生后，日方授意朝鲜各地日本人所开报馆捏造谣言，称中国官民围殴万宝山三姓堡等处朝鲜人，借此扩大恶意宣传，挑拨中、朝关系，煽动朝鲜人进行排华运动。由此导致朝鲜国内仁川、汉城、平壤、釜山等地不明真相的民众掀起大规模排华事件。

（2）发生于1931年6月间的“中村大尉事件”。日本陆军军官中村震太郎大尉假借黎明学会干事、农学士名义，持日本所发居留民护照与日军骑兵前伍长井彬延太郎以及伊木延太郎等一行5人，以游历为名进行军事调查。在经洮南返回途中，中村等于6月26日被屯垦军第三团关玉衡部扣留，次日搜出日、俄文军用地图以及日记、笔记，证实为军事间谍。于是关玉衡下令将中村震太郎一行秘密处死，并焚尸灭迹。7月底，日本特务获知中村等人被杀，随后于8月17日向辽宁省政府提出抗议。

无论是“万宝山事件”还是“中村大尉事件”，中方的处置措施并无不当。对于前者，由于郝永德等人所订契约并无法律效力，中国地方政府要求朝鲜农民离境当属合理要求。对于后者，时人即已指出：“就法理上言之，无论有无中村大尉其人，有无中村大尉被害之事，中国方面无国际法上任何责任。第一，兴安屯垦区禁止外人游历，业于民国十八年照会各国领事，中村持东三省内地游历护照前往该地，显系逾越范围。第二，中村以教育家资格领取护照，旅行目的在研究史地，今竟潜往我国防重地，调查险要，显系军事间谍……我方更无保护责任。第三，日政府宣称仅有人证，并无物证。人复拒绝引渡，安知非贿买证人，嫁祸于我？”[②]

然而，“万宝山事件”和“中村大尉事件”却成为日本加紧侵略东北的借口。1931年8月4日，日本陆军大臣南次郎发表讲演，认为欲解决“满蒙悬案”，非下最后决心不可。9月8日，南次郎宣称将对“中村大尉事件”采取武力报复手段。9月11日，日本外务、陆军、海军省联合会议，决定针对满蒙问题及“中村大尉事件”动用武力。面对日本方面的步步紧逼，蒋介石奉行不抵抗主义，严令张学良：“凡遇到日军进攻，一律不准抵抗”[③]。这种态势最终促成了九一八事变的爆发。

1931年9月18日，日本关东军由板垣征四郎、今田新太郎等负责和实施[④]，炸毁南满铁路奉天（沈阳）附近柳条湖段一处铁轨。“因炸裂所受之损坏系在路轨之一边，其长度略长于鱼尾片，两铁轨衔接处之每一端平整炸去，其余下部分未受损坏”，当晚8时30分由长春到沈阳的列车仍然安全通过，准时到达。尽管此前这段铁路已有日军周密保护，中国士兵不许进入铁路区域之内，中国军队自9月7日以后已严守命令，极力避免有任何刺激日军的行为，但日方仍置事实于不顾，反诬中方“欲中阻铁道之业务”，并借此悍然发动九一八事变[⑤]。

---

① 虎口余生．日军侵据东北记，1931：9．《中华民国史事纪要》编辑委员会．中华民国史事纪要（初稿）：1931年7月至9月．台北：中华民国史料研究中心，1977：9-13．

② 虎口余生．日军侵据东北记，1931：11-13．

③ 章伯锋，庄建平．抗日战争：第1卷．成都：四川大学出版社，1997：151．

④ 复旦大学历史系．1931—1945日本帝国主义对外侵略史料选编．上海：上海人民出版社，1983：47．

⑤ 中日问题之真相：参与国联调查团中国代表提出之二十九种说帖（1933）．台北：学生书局，1985：52．

9 月 18 日晚 10 点半，日本关东军第 29 联队分为三大队由南满铁路车站向省城进攻。第一队直攻北大营；第二队进攻位于城东东山咀子的东大营；第三队分为三路向省城发起进攻，第一路攻击商埠地南市场，第二路攻击商埠地北市场，第三路进攻沈阳城。由于事发突然且张学良判断错误，对日军武装进攻东三省认识不足①，仍然奉行避免冲突的政策，由此导致日军行动顺利展开。19 日中午，日军即占领沈阳，20 日宣布在沈阳施行“市制”，任命陆军大佐土肥原贤二为“市长”，富村顺一为“秘书长”，庵谷忱为“总务课长”，鹤冈永太郎为“警务课长”，三谷末次郎为“财政课长”，守田福松为“卫生课长”，长吉川康兼任“工程、技术及事务课长”。日军占领沈阳后大肆烧杀抢掠，仅 19—24 日即杀死中国军民 1 700 余人，造成损失 2 亿元以上。在侵占沈阳的同时，日军向辽宁省各地及吉林、黑龙江两省发动全面进攻。在 4 个多月时间内，东北三省和哈尔滨特区全部被日军攻占，东北三省沦亡于日寇铁蹄之下。

军事占领的同时日军亦着手建立日伪统治机构，谋求对东北进行长期统治。除建立以袁金铠为首的“奉天地方自治维持会”、以熙洽为首的“吉林省长官公署”和以张景惠为首的“东三省特别区治安维持会”之外，日本还秘密将清废帝溥仪接到东北，于 1932 年 2 月 16 日组织以张景惠为首的“东北行政委员会”。2 月 25 日正式定名为“满洲国”，以五色旗为国旗，以长春为“首都”（改名“新京”），“元首”称“执政”，3 月 1 日发表《建国宣言》，9 日，溥仪就任执政。

九一八事变不仅在中国，而且在整个东方和世界的历史上，都是影响巨大的事件。它是日本变中国为其独占殖民地和称霸亚洲的重大步骤；它打破了第一次世界大战后形成的凡尔赛—华盛顿体系的世界格局，标志着第二次世界大战前远东战争策源地的形成。

第二节　南京国民政府前十年：经济、思想文化与社会

一、币制改革及影响

早在 1900 年前，币制改革问题已被关注②。其后数十年间，中国货币制度“由散漫之制钱制度而逐渐进步成为现代化科学管理之法币制度，由各地纷歧之货币进为统一之货币，由金属硬币进而为管理之纸币，此乃近五十年来我国货币重大之变迁”③。南京国民政府实行的币制改革，包括确立银本位制、废两改元、实施法币及新铸辅币等多项内容。

1. 确立银本位制

清朝末年，鉴于支付巨额赔款时的汇兑给中国造成重大损失，且中美商约中有制定

① 中日问题之真相：参与国联调查团中国代表提出之二十九种说帖（1933）. 台北：学生书局，1985：50.

② 阿瑟·恩·杨格. 1927—1937 年中国财政经济情况. 陈泽宪，等译. 北京：中国社会科学出版社，1981：193.

③ 朱斯煌. 民国经济史. 台北：文海出版社，1985：270.

全国统一法币的条文，清政府开始谋求制定本位货币，于1910年（宣统二年）制定《币制则例》。此则例因辛亥革命爆发而未能彻底推行。民国成立后，政府认为尚无能力实行金本位制或金汇兑本位，于是决定采用比较容易推行的银本位制，“以整齐之，以为过渡之计”。这一构想体现于1914年颁布的《国币条例》中。该条例规定采用7钱2分的银元为本位。1933年4月，南京国民政府决定实行“废两改元”，同时公布《银本位币铸造条例》，鼓励铸造新币。这标志着银本位制的确立。

2. 废两改元

清朝末年，政府虽已铸币，但“重量未定，成色参差，流行不畅”。1914年，北京政府颁布《国币条例》，确定以银元为本位，鼓励铸造银元，但并未得到切实执行。这种银元和银两并行制存在两大弊端：一方面，在交易中既要以元易银，又要以银易元，辗转折合，亏耗很大，特别是对外贸易中，“买货以金计，买金以银计，卖货以元计”，而金银比价、二元比价均处于变动之中，由此造成重重困难。另一方面，由于各地银两的平式、宝银的成色并不相同，平式有库平、关平、漕平、市平四种，“商业上及民间通用之标准为市平，如上海九八规元，天津之行化，汉口之洋例，北京之公砝，各有其计算标准”①，极为混乱。1933年4月，南京国民政府认为统一币制、巩固金融，应以废两改元为先决条件，于是下令从4月6日起，所有公司款项的收付、订立契约票据及一切交易一律改用银币。原定用银两收付的，在上海应以7钱1分5厘折合，以银币收付。在上海以外各地，“以四月五日申汇行市折合规元，再以规元折算银币给付”②。

3. 实施法币

1929—1933年的世界经济危机促使世界银价暴涨，国内外银价差额迅速扩大，导致中国白银外流，通货紧缩，汇价上升，出口受阻，物价低落，工商业停滞，严重影响着中国经济的发展。中国政府于1934年10月15日下令对于出口银类征收出口税，课以平衡税，试图借此抑制白银外流，防止汇率随外国银价而升降。此项措施虽然收到了一时的效果，但由于国外银价仍然持续上涨，因此白银走私盛行，通货持续紧缩，进而对中国经济产生了更为严重的影响。此种情形使国民政府认识到，要谋求金融基础的巩固，必须进行彻底的币制改革。1935年11月3日，国民政府颁布实施《紧急安定货币金融办法》，其主要内容有：（1）自1935年11月4日起，以中央、中国、交通三银行发行之钞票为法币，所有完粮纳税及一切公私款项之收付，概以法币为限，不得行使现金，违者全数没收，以防白银之偷漏。如有故存隐匿、意图偷漏者，应准照危害民国紧急治罪法处治。（2）中央、中国、交通三行以外，曾经财政部核准发行之银行钞票现在流通者，准其照常行使，其发行额即以截至11月3日流通之总额为限，不得增发。由财政部酌定期限，逐渐以中央银行钞票换回，并将流通总额之法定准备金，连同已印未发之新钞及已发收回之旧钞，悉数交由发行准备管理委员会保管。其核准印制中之新钞，并俟印就时一并照交保管。（3）法币准备金之保管及其发行收换事宜，设发行准备管理委员会办理，以昭确定而固信用，其委员会章程另案公布。（4）凡银钱、行号、商

---

① 朱斯煌．民国经济史．台北：文海出版社，1985：208．

② 中国文化建设协会．抗战十年前之中国（1927—1936）．台北：文海出版社，1974：94．

店及其他公私机关或个人，持有银本位币或其他银币生银等银类者，应自 11 月 3 日起，交由发行准备管理委员会或其指定之银行兑换法币，除银本位币按照面额兑换法币外，其余银类各依其实含纯银数量兑换。（5）旧有以银币单位订立之契约，应各照原定数额，于到期日概以法币结算收付之。（6）为使法币对外汇价按照目前价格稳定起见，应由中央、中国、交通三银行无限制买卖外汇①。1936 年，政府为增加法币的保障，又规定六成现金准备，仍以金银和外汇充当，其中白银准备最低限度应占发行总额的 25%。法币制度的实施，使中国币制的地位更加独立，不至于因别国币制变动而受到影响。

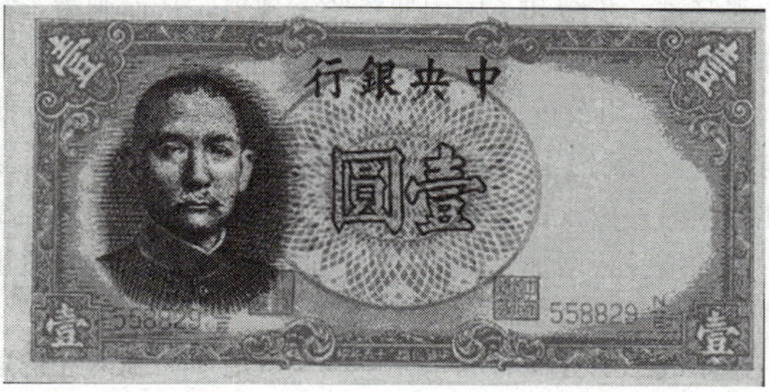

图 13－2　1936 年壹圆纸币

4. 新铸辅币

长期以来，各省将辅币视为利薮，自由铸造，由此导致辅币轻重悬殊，种类混杂，兑换价格日趋低落。以铜元为例，清末开铸铜元的时候，上海 1 银元兑换 80 铜元，民国初年至 1921 年跌至 130 左右。其后一路下跌，1935 年 9 月间跌至 346。内地兑换价更低，甚至有兑换三四百者。这种情形同样对社会经济和人民生活产生重大影响。因此，民国成立后，政府曾多次谋求整顿辅币，但均未成功。直至 1935 年 12 月，南京国民政府公布新辅币条例，下令中央造币厂开铸二十分、十分、五分之镍质辅币，一分、半分之铜质辅币。上述辅币于 1936 年 2 月由中央银行开始发行。新铸辅币政策取得重要进展。

南京国民政府推行的币制改革是我国货币制度史上的一件大事，具有十分深远的影响。这种影响可以从经济和政治两个方面进行分析②。

在经济方面，第一，币制改革废除银币、发行纸币，由银本位制、金本位制发展到不兑现的纸币制度，结束了中国货币长期混乱的局面，是中国货币发展史上的一大进步，符合货币形式发展的趋势。第二，币制改革废除了银本位制，实行管理通货。中国管理通货——法币的汇率，直接与当时世界上的强势货币如英镑、美元挂钩，实行二元联系汇率制；中央、中国、交通三家银行无限制买卖外汇，抓住了汇率问题的关键；货

---

① 陆仰渊，方庆秋．民国社会经济史．北京：中国经济出版社，1991：340-341.

② 币制改革的影响，参见：姚洪卓．1935 年国民政府的币制改革．历史教学，1995（9）：32-35．诸葛达．国民党政府 1935 年的币制改革．浙江学刊，1995（4）：119-121．李育安．国民党政府时期的币制改革与通货恶性膨胀．郑州大学学报（哲学社会科学版），1996（2）：21-25．颜翠芳．1935 年币制改革的作用和影响．安徽教育学院学报（哲学社会科学版），1999（2）：39-43．李家智．1935 年币制改革对抗日战争的积极作用．西南师范大学学报（人文社会科学版），2005（1）：126-129。

币同银本位脱钩，从而使得投机者对货币本身的价值无从下手，难以兴风作浪。这一改革措施取得显著成效，从而摆脱了世界银价波动影响通货币值的怪圈，在币制改革后的10个月内一直保持平稳状态，波动幅度极小。第三，白银风潮导致白银大量外流，筹码减少，通货紧缩。币制改革后，带有扩张性的货币政策间接地增加了纸币的发行，稳定的汇率导致了大量资金的回流，原先为了投机和转移资本而买进的外汇纷纷脱售换取国币。市场上流通筹码的增加有效地缓解了通货紧缩现象，贷款利率随之回落。第四，法币政策实行后，随着银根松动和通货紧缩现象消失，国内各大城市物价均有大幅度上涨。物价的适度上涨又进一步缓和了国内通货紧缩现象，从而刺激了社会经济的恢复和发展。1936年农业总产值比1935年增长5.9%，工业总产值增长11.1%，国内贸易总利润增长6.4%。第五，法币政策的实施确定了法币的对外汇率，方便了国内资本参与国际市场的流动与竞争，有利于国际收支的平衡。稳定的法币对外汇率不仅避免了银本位制下以白银偿还外债时，由于世界银价的波动所带来的损失，而且稳定的法币对外汇率也吸引了海外侨汇的增长，增加了国家的外汇收入，避免了过去由于银元本位不稳而带来的贸易风险，刺激了对外贸易进一步发展。

在政治方面，币制改革一方面有利于化解国民政府所面临的经济危机，增加财政收入，有利于中央对地方的控制，最终有利于国民政府强化其对全国的统治；另一方面有利于改善中国和英、美两国的关系，有利于中国经济的发展，从而为日后进行的抗日战争奠定了一定的基础。

当然，币制改革也有不容忽视的负面影响。其一，币制改革需要大量外汇储备金。在当时国内外政治、经济条件下，中国政府只能向英、美两国出售白银、举借债务，换取英镑或美元作为外汇储备，客观上强化了英、美两国对中国货币金融的影响力。其二，币制改革中的法币发行机构中央、中国、交通三大银行处于四大家族的控制之下。法币政策的实施，为四大家族最终控制全国经济命脉打开了方便之门。其三，币制改革过程中，国民政府并未将新积累的大量资金投入生产领域，而是投入商品流通市场。其后果必将是物价暴涨，货币贬值。币制改革初期，法币发行量为4亿元，1937年达到14亿多元，1945年更达到10 319亿元，其间物价上涨2 133倍。

图 13－3　中央造币厂

资料来源：苏振甲．中国历史图说：第12册　现代．台北：世新出版社，1984：518.

法币政策实施过程中的一些举措，为日后的恶性通货膨胀和物价飞涨留下了隐患，对经济发展和人民生活水平产生了严重影响，进而破坏了社会安宁和政治稳定，削弱了国民政府的统治，成为其最终走向覆亡的一个伏笔。

二、工业化、城市化的迅速发展

一般来说，所谓的工业化是指近代工业化，其含义是大力发展近代工业，使之在国民经济中占主要地位①。晚清同治年间曾国藩、李鸿章等人创办的军事工业，为中国的工业化之肇端②。此后中国近代工业企业数量日益增多，规模亦有所扩张。以纺织和面粉两大行业中的民族资本企业为例，近代纱厂在1895—1899年增设10家，共有纱锭19万余枚，资本额500余万元，平均每家纱锭1.9万枚，资本50万元；1905—1910年增设9家，平均每家纱锭1.4万枚，资本约55.6万元；1914—1922年增设44家，平均每家纱锭2.6万枚。近代面粉厂在1911年前有38家，1912—1913年增设20家，1913—1921年增设105家，拥有生产能力203 585包，其中有资本可查的85家共有资本2 318万元，平均每家资本27.3万元③。以上纺织、面粉两个最重要的行业统计数字表明，在20多年中近代民族资本企业有了较大的发展④。然而1922年后，由于国内战争频仍、国外资本主义卷土重来，近代民族资本企业发展遭受重大挫折，这种局面一直持续到1927年。

1927年后，随着南京国民政府的建立和全国的逐步统一，国民党在确立全国统治地位的同时，制定了一系列发展工业的政策，对此后的工业化进程产生了积极影响。1928年2月，国民党二届四中全会宣言要不断努力地发展农业和工业，奠定国家富强的基础。1929年6月，国民党三届二中全会又强调要“保护奖励工商业”“发展国营工业”，即一方面整理旧有国营工业，另一方面设立基本工业制造厂。1930年3月，国民党三届三中全会拟定“最近建设方针”，其具体内容有：未开发的煤铁油铜矿均归国家经营，在一定范围内准许外国人投资或合资兴办；其他特种矿，“应照总理所定，准租与私人，立约办理”；在政府提倡农业、增加原料、减轻原料价格及施行保护税则的范围内，准许普通工业自由发展；特种工业创设新厂时应由政府计划办理，准许借用外资及人员；政府应在两年之内筹设大规模制铁炼钢工厂、造船厂、电机制造厂，准借外资兴办；国民党党员应竭力扶助和提倡工农业发展，协助政府禁止一切破坏工农业发展的行为。1931年5月，国民党三届一次临时全会决议，水利、电气、钢铁、煤油、汽车等基本工业由国民政府积极兴办，其余由私人投资兴办者，政府应奖励和协助。1932年12月，国民党四届三中全会通过关于工业建设的决议案，提出整理生产运销、召集全国工业生产会议、制定工业团体组织法等多项办法。1934年1月，国民党四届四中全会通过从速实行倾销税以保护新兴工业决议案。1934年12月，国民党四届五中全会又通过由政府设法救济全国纱厂恐慌及推广土布销路五项办法的决议案。1935年11

① 李伯重. 江南的早期工业化（1550—1850）. 北京：社会科学文献出版社，2000：2.
② 刘大钧. 上海工业化研究. 上海：商务印书馆，1940：13.
③ 汪敬虞. 中国近代经济史（1895—1927）. 北京：人民出版社，2000：1609-1663.
④ 同③1596-1619.

月，四届六中全会通过《努力生产建设以图自救案》，其中与工业发展相关者有倡导兴办重工业、促成工业的合理化等数项。同月召开的国民党第五次全国代表大会通过的宣言和决议案中，关于发展工业的规定有：一切与国计民生关系重大的事业，应以国营为原则，一般工业应归民营，政府予以积极的扶助和保护。1937 年 12 月，国民党五届三中全会通过的决议案中规定，有关全国计划的工业，如重工业、基本化学工业、基本矿业及需要高深技术的工业，原则上应由中央政府举办；地方公用工业，原则上由地方政府举办；一般普通轻工业、各种农产加工业等，原则上由人民投资经营①。

对于上述政策，国民党和国民政府进行了有选择的实施：为适应内战"剿匪"和救亡图存的需要，将基础的、与军事相关的工业作为国家工业生产能力发展的第一步，公路建设、交通运输、水利及有战略意义的工业得到政府扶持；在奖励扶植私营企业的同时，自行经营多种不同的事业，表面上遵循孙中山提倡的国家经营和民营的混合经济模式，实质上未划清公私企业之间的界限；由国家投资筹备的基本工业，除个别项目投产外，其他因日本侵华的干扰而基本中断；对充实国防工业有战略意义的私营工业给予奖励、扶持等优惠政策；对某些满足国计民生需要的私营工业生产进行不同程度的监督和管制；对日益衰退的棉纺织业采取消极应付的措施②。尽管这些措施与国民党及国民政府的预期之间存在相当大的差距，但对于这一时期工业发展及工业化进程仍有一定的影响。

这一时期，近代工业发展较为迅速。近代工业在工农业总产值中所占比重由 1920 年的 4.9%提高到 1936 年的 10.8%③。其中发展较快的行业有机械、电子、电力、化学、纺织等。

（1）在机械工业方面，这一时期机械工业门类增多，由过去以造船为主发展到生产各种动力机、铁路车辆、机床、纺织机、农用机械及其他轻工食品机械等；国家集中资本建设了大型机械工厂——中央机器厂（抗战爆发后内迁），生产无缝钢管、铸钢和铸铁管等；民营机械厂显著增加。1927—1936 年，全国机械工厂增加 377 家，增长 1 倍。到 1936 年，全国 44 个城市共有公私营机械厂 753 家（不含铁路车辆工厂），资本 783.6 万元，全年产值 2 239 万余元④。

（2）在电子工业方面，1929 年，国民党出于军事需要，在陆海空军总司令部所属南京军事交通机械修造厂内增设电信工场，从事装、修 5 瓦和 15 瓦无线电收报机及电话机等。1935 年资源委员会在南京珠江路水晶台设立电气研究室，内设电话、电报、电子管研究组，用美国零件装配整机。1935 年该室研制出我国第一只 30 型号放大电子管，成为我国电子工业发展的里程碑⑤。

（3）在电力工业方面，除东北外，关内各省 1932 年有发电厂 452 家，装机容量

---

① 朱子爽．中国国民党工业政策．重庆：国民图书出版社，1943：45-70.

② 朱宝琴．论南京政府的工业政策（1927—1937）//陈红民．中华民国史新论（经济·社会·思想文化卷）．北京：三联书店，2003：3-15.

③ 吴承明．中国资本主义与国内市场．北京：中国社会科学出版社，1985：135.

④ 陆仰渊，方庆秋．民国社会经济史．北京：中国经济出版社，1991：367-369.

⑤ 同④369.

47.9 万千瓦，全年发电 12.0 亿度，投资总额 2.82 亿元。1936 年有发电厂 460 家，装机容量 63.1 万余千瓦，全年发电 17.2 亿度，投资总额 3.08 亿元。几年间，装机容量增长了 32%，发电度数增长了近 44%，投资总额增长了近 10%①。与 1928 年相比，1936 年装机容量增长了 76%，发电度数增长了 74%②。

（4）在基本化学工业方面，制酸工厂虽然已设立多年，但最初多为德州、汉阳、上海等地兵工厂附设，独立的酸类化学工厂数量很少。1936 年建成永利硫酸铔厂，拥有生产合成氨、硫酸、硫氨、硝酸四套生产设备，年产红三角牌硫酸铔（即化肥）18 700 吨，硫酸 11 500 吨，硝酸 1 520 吨。1937 年，全国 8 家主要制酸厂年产硫酸 41 万担，盐酸 6 万担，硝酸 32 650 担，三酸合计 502 650 担。同年，全国 7 家制碱厂年产纯碱 63.1 万担，烧碱 73 500 担，泡花碱和硫化碱 132 200 担，合计 836 700 担。1936 年，上海、广州、湖南、济南、青岛、天津、唐山、陕西 8 地共有酒精厂 10 家，年产酒精 200 余万加仑③。

（5）在纺织工业方面，1927 年中国共有纱厂 119 家，纱锭 3 531 588 枚，布机 29 788 台，其中华商纱厂 73 家，纱锭 2 033 588 枚，布机 13 459 台。到 1936 年时，全国共有纱厂 148 家，纱锭 5 102 793 枚，布机 58 439 台，其中华商纱厂 96 家，纱锭 2 746 392 枚，布机 25 503 台④。与 1927 年相比，1936 年全国纱厂总数增加了 29 家，增长了 24%；纱锭总数增加了 1 571 208 枚，增长了 44%；布机总数增加了 28 651 台，增长了 96%。其中华商纱厂增加了 23 家，增长了 32%；纱锭增加了 712 804 枚，增长了 35%，布机增加了 12 044 台，增长了 89%。

表 13-1　中外纱厂纱锭、线锭比较实数表（1897—1936）　单位：枚

	1897	1907	1919	1929	1936
华厂纱锭	234 304	417 316	658 748	2 146 152	2 746 392
外厂纱锭	160 548	215 388	577 010	1 615 480	2 356 401
华厂线锭			16 436	68 920	173 316
外厂线锭			2 100	185 484	358 954

资料来源：严中平，等. 中国近代经济史统计资料选辑. 北京：科学出版社，1955：134-135.

随着各类工业的发展，上海、天津、武汉、青岛、无锡等发展成为重要的工业中心。作为全国最大的工业中心，上海 1929 年共有大小工厂 1 781 家；1930 年有工厂 2 000 余家，其中有 676 家符合《工厂法》规定；1932 年有工厂近 4 000 家，其中 1 229 家符合《工厂法》规定⑤。截至抗战爆发前夕，上海民族资本棉纺织、缫丝、毛纺织、面粉、卷烟、造纸、火柴、制药、机器与船舶修造、电业 10 个行业生产总值为 37 534.1 万元，

---

① 谭熙鸿. 十年来之中国经济（1936—1945）. 台北：文海出版社，1974：388-390.

② 陆仰渊，方庆秋. 民国社会经济史. 北京：中国经济出版社，1991：371.

③ 中国文化建设协会. 抗战十年前之中国（1927—1936）. 台北：文海出版社，1974：171-174. 陆仰渊，方庆秋. 民国社会经济史. 北京：中国经济出版社，1991：372-374.

④ 龚骏. 中国新工业发展史大纲. 上海：商务印书馆，1933：123-133. 谭熙鸿. 十年来之中国经济（1936—1945）. 台北：文海出版社，1974：78.

⑤ 刘大钧. 中国工业调查报告：上册. 南京：经济统计研究所，1937：10.

若加上其他行业的43 205.5万元（其中包括小部分外资产值），则共计达到80 739.6万元。1936年，上海全部近代工业产值（包括全部外资产值）为118 225.5万元①。1927—1937年，天津工业发展呈现出两大特征，一方面，民族工业在20世纪30年代初大幅下降甚至衰退，1935年以后缓慢增长；另一方面，外资工业迅速发展，特别是日资工业在20年代末还不及欧美诸国的水平，到1936年却一跃超过其他国家，工业投资额占到整个外资工业的56%以上。据1938年日本人进行的一项调查，当时天津共有工业企业850家，资本总额为13 825万元，其中民族工业724家，资本1 737万元，占资本总额的近12.56%；日资工业86家，资本额为7 607万元，占资本总额的近55.02%；外资工业36家，资本额为3 808万元，占资本总额的近27.54%；中外合资工业4家，资本额为673万元，占资本总额的近4.87%②。武汉在1927年前有民族工业（包括较大的半手工业及手工作坊）600余家，分布于纺织、碾米、印刷、机器等20多个行业。其后，由于政局影响，武汉工业停滞不前。直到1933年，符合《工厂法》规定的工厂恢复到300～400家，加上一些小厂，总数不下500家，约有资本3 000万元。到1936年，工厂数增加到516家，有资本5 148万余元，年产值1.9亿～2亿元，在全国各大城市中仅次于上海和天津③。青岛在1926年前有近代工厂90余家，其中日商工厂占据多数，华商工厂仅为日商工厂的1/4。1932年时有外商工厂49家（其中40家共有资本7 600余万元），华商工厂125家（其中118家共有资本1 700余万元）④。无锡工厂在1929年有129家，资本1 404万余元。1930年2月有工厂211家，资本1 177万余元，其中符合《工厂法》规定者153家，有资本1 217万余元。1933年前有纺纱厂7家，织布厂20余家，丝厂49家，袜厂50余家，面粉厂4家，榨油厂五六家，碾米厂10余家，磨坊10余家，铁工厂六七十家⑤。

表13-2　　1933年全国12座城市工业比较表

	工厂		资本		工人		生产净值	
	数量（家）	百分比	数量（千元）	百分比	数量（人）	百分比	数量（千元）	百分比
全国	9 679	100	320 569	100	461 693	100	1 094 852	100
上海	3 485	36	190 870	60	245 948	53	727 726	66
天津	1 224	13	24 201	8	34 769	8	74 501	7
北京	1 171	12	13 029	4	17 928	4	14 181	1
广州	1 104	11	32 131	10	32 131	7	101 569	9
汉口	497	5	8 816	3	24 992	5	26 309	2
南京	687	7	7 486	2	9 853	2	23 438	2

① 徐新吾，黄汉民．上海近代工业史．上海：上海社会科学院出版社，1998：212-213.

② 罗澍伟．近代天津城市史．北京：中国社会科学出版社，1993：505-510.

③ 皮明庥．近代武汉城市史．北京：中国社会科学出版社，1993：413-419.

④ 龚骏．中国工业化程度之统计分析．上海：商务印书馆，1934：162．刘大钧．中国工业调查报告：上册．南京：经济统计研究所，1937：15.

⑤ 龚骏．中国工业化程度之统计分析．上海：商务印书馆，1934：107-111．刘大钧．中国工业调查报告：上册．南京：经济统计研究所，1937：20.

续表

	工厂		资本		工人		生产净值	
	数量（家）	百分比	数量（千元）	百分比	数量（人）	百分比	数量（千元）	百分比
重庆	415	4	7 345	2	12 938	3	10 496	1
福州	366	4	2 612	1	3 853	1	7 773	1
无锡	315	3	1 407	3	63 764	14	77 264	7
汕头	175	2	2 198	1	4 555	1	4 084	*
青岛	140	1	17 650	6	9 457	2	27 098	2
西安	100	1	161	*	1 505	*	413	*

注：不包括外厂，*表示所占比例不及0.05%。

资料来源：严中平，等. 中国近代经济史统计资料选辑. 北京：科学出版社，1955：106.

随着工业的发展和工业化水平的提升，这一时期的城市化水平也有较大提高。众所周知，衡量城市化水平的一个重要指标是城市总人口数占全国总人口数的比例。但要在缺乏较为精确的人口统计资料的情况下做到这一点，显然十分困难。在这种情况下，通过不同时期、不同人口等级规模的城市数量的变化，从一个侧面揭示城市化水平的变化，成为一个行之有效的途径。相关统计资料显示，在1924年前，中国人口100万～200万的城市有3个（上海、广州、北平），50万～100万的城市有6个（杭州、天津、福州、香港、苏州、重庆），10万～50万的城市有41个，5万～10万的城市有83个[①]。到1937年，人口200万以上的城市有1个（上海），100万～200万的城市有4个（北平、广州、天津、南京），50万～100万的城市有5个（汉口、香港、杭州、青岛、沈阳），10万～50万的城市有66个，5万～10万的城市有112个[②]。比较之下，100万～200万的城市增长了33%，50万～100万的城市减少了17%，10万～50万的城市增长了61%，5万～10万的城市增长了35%。

上述城市中，上海、天津、武汉、重庆、青岛、郑州、石家庄、唐山等城市分别成为这一时期通商口岸城市、新兴交通枢纽城市和新兴工矿业城市中人口迅速增长的典型代表。上海1927年有人口264.1万，1930年增至314.5万，1935年又增至370.2万[③]。1935年较1927年增长了近40%。天津市区1928年有人口112.2万，1935年增至123.7万，1936年增至125.4万[④]。1936年较1928年增长了约12%。武汉三镇城区1928年有人口85万，1930年突破100万，1935年达到129万[⑤]。1935年较1928年增长了近52%。重庆1927年有人口20.8万，1930年增至25.3万，1936年增至47.1万，10年间增加了1倍多[⑥]。青岛1927年市内（仅含第一、第二警区及海西警署之大小港两分驻所）人口已达19 615户，9.2万余人。1932年市区（大致包括第一、第二、第

① 阮湘，等. 第一回中国年鉴. 上海：商务印书馆，1926：54-55.

② 顾朝林，等. 中国城市地理. 北京：商务印书馆，1998：76.

③ 忻平. 从上海发现历史：现代化进程中的上海人及其社会生活（1927—1937）. 上海：上海人民出版社，1996：40.

④ 罗澍伟. 近代天津城市史. 北京：中国社会科学出版社，1993：457.

⑤ 皮明庥. 近代武汉城市史. 北京：中国社会科学出版社，1993：660.

⑥ 隗瀛涛. 近代重庆城市史. 成都：四川大学出版社，1991：398.

三、第四警区）人口已达 49 000 余户，24.1 万余人①。1932 年人口数较 1927 年增长了 162%。郑州 1928 年有人口 20 513 户、81 360 人，1930 年增至 22 433 户、95 482 人，1934 年又增至 27 892 户、124 377 人②。1934 年人口数较之 1928 年增长了近 53%。石家庄 1926 年人口约有 4 万人（含休门镇），1933 年增至 6.3 万人③。1933 年较 1926 年增长了近 58%。唐山 1926 年人口约有 4.8 万，1931 年一度达到 15 万，1937 年约有人口 7.8 万④。1937 年较 1926 年增长了约 63%。尽管上述统计数字并不十分精确，但这一时期城市化迅速发展应是不争的事实。

随着城市化的迅速发展，中国在 1927 年后拥有了第一批“建制市”，成为中国近代城市发展史上一件令人注目的大事。中国现代市制源于清末，始置于民国时期。1909 年初，清政府颁布《城镇乡地方自治章程》，第二条规定：“凡府厅州县治城厢地方为城，其余市镇村庄屯集等地方，人口满五万以上者为镇，人口不满五万者为乡。”⑤ 1921 年，北京政府公布《市自治制》，规定：“市自治团体以固有之城镇区域为其区域，但人口不满一万人者，得依乡自治办理。”⑥ 同时规定市分为特别市和普通市两种。此时的市仍为自治性质。1928 年 7 月 3 日，南京国民政府公布了《特别市组织法》和《市组织法》，前者规定中华民国首都、人口百万以上之都市、其他有特殊情形的都市为特别市，后者规定：“凡人口满二十万之都市，得依所属省政府之呈请暨国民政府之特许建为市。”⑦ 这两个文件的公布，标志着市正式成为中国的一级地方行政制度。1930 年，国民政府又公布了修正后的《市组织法》，其中第二条规定：“凡人民聚居地方具有左列情形之一者设市，得直隶于行政院：一、首都。二、人口在百万以上者。三、在政治上、经济上有特殊情形者。具有前项二、三两款情形之一而为省政府所在地者应隶属于省政府。”第三条规定：“凡人民聚居地方具有左列情形之一者设市，隶于省政府：一、人口在三十万以上者。二、人口在二十万以上，其所收营业税、牌照税、土地税每年合计占该地总收入二分之一以上者。”⑧ 修正后的《市组织法》公布后，国民政府确立南京、上海、天津、青岛、汉口为院辖市，1933 年決定西安为院辖市，北平、广州等为省辖市⑨。

---

① 赵琪修，袁荣叜. 胶澳志. 台北：成文出版社，1968. 实业部国际贸易局. 中国实业志（山东省）：丙. 1934：9-10.

② 刘宴普. 当代郑州城市建设. 北京：中国建筑工业出版社，1988：336.

③ 江沛，熊亚平. 铁路与石家庄城市的崛起：1905—1937 年. 近代史研究，2005（3）：170-197.

④ 王先明，熊亚平. 铁路与华北内陆新兴市镇的发展（1905—1937）. 中国经济史研究，2006（3）：149-157. 程昌志. 唐山市镇简述. 市政评论，1935，3（14）. 北宁铁路管理局. 北宁铁路沿线经济调查报告书. 1937：1247.

⑤ 故宫博物院明清档案部. 清末筹备立宪档案史料：下册. 北京：中华书局，1979：728.

⑥ 《中华民国史事纪要》编辑委员会. 中华民国史事纪要（初稿）：1921 年 7 月至 9 月. 台北：中华民国史料研究中心，1977：29.

⑦ 《中华民国史事纪要》编辑委员会. 中华民国史事纪要（初稿）：1928 年 7 月至 10 月. 台北：中华民国史料研究中心，1977：9-19.

⑧ 《中华民国史事纪要》编辑委员会. 中华民国史事纪要（初稿）：1930 年 4 月至 6 月. 台北：中华民国史料研究中心，1977：615-616.

⑨ 徐矛. 中华民国政治制度史. 上海：上海人民出版社，1992：415-417.

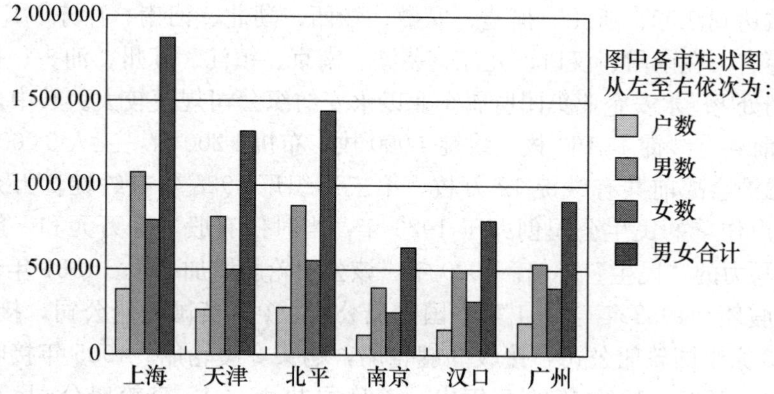

图 13-4　1932 年各都市人口比较示意图

资料来源：各都市人口比较表（民国二十一年二月份）//申报年鉴. 上海：申报年鉴社，1933.

三、经济形态的新发展

随着工业化、城市化的迅速发展，这一时期的经济形态也有了新的发展，表现在工业、手工业、商业、农业等多个方面。

这一时期工业的迅速发展在国营企业和民营企业两方面均有突出的表现。在国营企业方面，1927 年南京国民政府成立后，一方面将一些工矿企业收归国有，例如，1928 年 4 月，将金陵电厂改隶于建设委员会，到 1937 年，该厂营业区域由南京扩展至江宁、句容、六合 3 县，资本由 50 万元增至 1 300 万元，用户由 3 000 户增至 44 000 户。另一方面，进行重工业建设，1936 年建成中央钢铁厂、茶陵铁厂、江西钨铁厂、彭县铜矿、阳新大冶铜矿、中央机器制造厂、中央电工器材厂、中央无线电机制造厂、中央电瓷制造厂、高坑煤矿等。1937 年又设立湘潭煤矿、天河煤矿、四川油矿、灵乡铁矿、中央炼铜厂（后改称昆明炼铜厂）、重庆临时炼铜厂等。与此同时，各省也兴办了一批国营企业，例如，广东省在 1937 年前建有土敏土（水泥）厂、制纸厂、纺织厂、肥料厂、硫酸厂、饮料厂、麻织厂、电力厂等工厂，共有资本法币 3 500 万元①。在私营企业方面，除前文已经述及之纺织、面粉等工业行业外，一些民营企业集团也得到了进一步的发展。其中较为著名的有荣宗敬、荣德生兄弟创办的申新、福新、茂新公司企业集团，刘鸿生所创办的企业集团，郭乐、郭顺兄弟的永安企业集团，卢作孚的民生公司，等等。荣氏兄弟以经营面粉业起家，先后创办了茂新面粉厂、福新面粉厂、申新纺织厂等企业。到 1931 年，申新已有 9 个厂，纱锭 50 万枚，布机 3 000 台。1937 年前，荣氏兄弟已有面粉厂 12 家，资本 901 万元，占关内 16 省面粉厂总资本的 30.5%；钢磨数 363 部，占关内 16 省钢磨数的 28.6%；日产面粉 92 660 包，占关内 16 省日产总量的 31.4%②。刘鸿生所创办的企业，以大中华火柴公司规模较大。该公司系由荣昌、鸿生、中华等火柴厂于 1930 年合并而成。到 1937 年，其所属各厂每天产火柴 700 箱以

① 陈真. 中国近代工业史资料：第 3 辑. 北京：三联书店，1961：774-839，1171.
② 陈真，姚洛. 中国近代工业史资料：第 1 辑. 北京：三联书店，1957：372-389.

上，销售区域达到江苏、浙江、福建、安徽、江西、湖北、河南、广东、广西、四川、山东、河北等省，在南昌、汉口、九江、芜湖、南京、镇江、苏州、汕头、福州、厦门等地设有分销处①。永安企业集团所属企业以永安纺织公司规模较大。其中永安第一纺织厂1937年前共有纱锭44 160枚，线锭4 000枚，布机1 200台，工人3 000人。第二、第四纺织厂淞沪会战前共有纱锭12万枚。第三纺织厂1928年有纱锭5万余枚，布机200余台②。卢作孚的民生公司创办于1926年，当时仅有股本5万元和一艘57尺长、14尺宽、90马力的“民生”小船。1929年，该公司轮船增加3艘。1931年合并7家公司，接收11艘船。1932年合并4家中国轮船公司、1家英国轮船公司，接收7艘船。1933年合并3家中国轮船公司，接收3艘轮船，购买2艘轮船。1935年接收美籍捷江公司5艘轮船。1931—1935年的5年中，该公司共合并15家轮船公司，接收42艘船③，航线扩展到9条，总吨位24 000吨。到1936年，上海各造船厂中，民生公司造船的数目占第一位④。

图13-5　1931年9月12日第一辆国产汽车——民生牌载货汽车

1927—1937年，手工业各行业的发展状况有所不同，大体在1929年前仍有发展，1929年之后则日渐衰退，但直到30年代，在制造业总产值中，手工业仍占70%强；在矿冶业总产值中，手工业约占25%弱⑤。这10年中，手工业发展的突出表现之一，便是手工业半工业化现象的迅速发展⑥。仅就华北高阳、宝坻、定县、潍县织布业而言，1927—1937年均为其发展史上的最重要时期。其中，高阳织布业以高阳及清苑、蠡县、安新、任丘等县部分地区为范围，1927—1937年处于第二次兴盛期和衰落转变期。在1927—1929年的第二次兴盛期，高阳织布业发生的主要变化有棉布销售恢复兴盛、人造丝布兴盛、家庭工厂发达、麻丝赊购制度盛行、机器轧光厂发达等。1930年之后的

---

① 陈真，姚洛．中国近代工业史资料：第1辑．北京：三联书店，1957：410.

② 同①425-426.

③ 其中包括1934年接收数。

④ 同①431-433.

⑤ 许涤新，吴承明．中国资本主义发展史：第3卷．北京：人民出版社，2003：187.

⑥ 所谓半工业化，是指在工业化背景下，以市场为导向的、技术进步的、分工明确的专业性手工业乡村的兴起和发展。［彭南生．半工业化：近代乡村手工业发展进程的一种描述．史学月刊，2003（7）：97-108］

衰落转变期，高阳织布业发生的变化有土布销路停滞、原料输入及产布数量锐减、布机停工、失业增加等，从事织布者谋求改良产品，多织条格染色等布，赴山东潍县设厂或收布的趋势甚盛①。宝坻织布业以宝坻、香河等县为范围，经历了过渡时期（1899—1909）的市场发展、技术进步（铁轮机的使用）、分工日益精密、商人雇主制度兴起，鼎盛时期（1900—1923）的商号发达、商人雇主制盛行、布种改良之后，1924 年后开始走向衰落②。1927—1937 年，宝坻织布业虽然多有起伏，但始终未能恢复到 1923 年时的盛况。1926—1927 年，永兴布中兴，每年约生产 10 万件，可销本地、宁夏、绥远、热河、东北等地。1928 年，永兴布销路一落千丈，全年仅产 2 万～3 万件。此后产量日益减少，1934 年时，全年仅生产 2 000～3 000 件③。定县织布业在 1926 年前已经开始使用郑州豫丰纱厂、石家庄大兴纱厂生产的机制纱，织机以新式改良木机（手拉机）最多，铁机次之，产品可远销张家口、丰镇、归化城、包头镇等处④。到 1937 年，定县从事织布的户数已占到全县总户数的 20.22%。1927 年，定县共向察哈尔、山西、绥远、河北等地输出土布 810 650 匹，价值 891 716 元；1930 年，输出 1 220 240 匹，价值 1 464 288 元⑤。潍县织布业以指以潍县为中心，以其毗邻的昌邑、昌乐等数县为范围，1926 年前，全县有织户 1 万余户，新式木制织布机 4 万余台，每日产布四万数千匹⑥。1926 年后，潍县织布区开始越出县境，扩展到昌邑、寿光、昌乐三县。1934 年前，全县木机和铁机已不下 6 万台，每年产布约 390 万匹，远销云南、四川、贵州、福建、河北、河南、绥远等省⑦。

1927—1937 年，特别是 1931—1936 年，农业得到恢复并有一定发展。1931—1936 年，稻米单位面积产量除 1934 年有所下降外，由 1931 年的每市亩 336 市斤，增加到 1936 年的 355 市斤；小麦单产除 1935 年有所下降外，由 1931 年的每市亩 146 市斤上升到 1936 年的 151 市斤；高粱单产由 1931 年的每市亩 165 市斤上升到 209 市斤⑧。同一时期，粮食作物中的稻谷产量除 1934 年外，呈现曲线上升，从 1931 年的 974 369 千担上升到 1936 年的 1 034 125 千担，增长了 6.1%。棉花产量除 1935 年有所下降外，其余年份一直平稳上升，从 1931 年的 7 513 千担上升到 1936 年的 17 357 千担，增长了 131%⑨。随着粮食及其他农产品产量的增长，农业生产总值也逐年增长，至 1936 年，农业生产总值达到 199.22 亿元，比 1920 年的 173.46 亿元增长了 15%⑩。这十年间农业的新发展则主要表现为经营地主、富农经济、农业公司等方面。首先，经营地主使用较多的土地、投入较多的资本、使用雇佣劳动、从事商品生产等，这些因素有利于促进生产力的发

---

① 吴知. 乡村织布工业的一个研究. 上海：商务印书馆，1936：31.
② 方显廷，毕相辉. 由宝坻手织工业观察工业制度之演变. 天津：南开大学经济研究所，1936.
③ 殷梦霞，李强. 民国铁路沿线经济调查报告汇编：第 2 册. 北京：国家图书馆出版社，2009：591-592.
④ 定县之棉花与土布. 中外经济周刊，1926，192.
⑤ 张世文. 定县农村工业调查. 北平：中华平民教育促进会，1936.
⑥ 山东潍县之织布业. 工商半月刊，1934，6（1）. 山东潍县之经济近况. 中外经济周刊，1926，187.
⑦ 胶济铁路管理局车务处. 胶济铁路调查报告：分编三 潍县. 1934：14.
⑧ 严中平，等. 中国近代经济史统计资料选辑. 北京：科学出版社，1955：361.
⑨ 周濬宁. 中国近代经济史新论. 南京：南京大学出版社，1991：251.
⑩ 王玉茹. 论两次世界大战之间中国经济的发展. 中国经济史研究，1987（2）：97-109.

展，有利于生产的商品化、社会化，代表着一种进步的趋势。在这10年间，经营地主的发展并不稳定，既有因分家、移居城镇或外部原因导致的经营失败或改为出佃，亦不断有小农上升为经营地主。据研究，山东131户经营地主中，务农起家的有59户，占45%；兼营商业的有64户，占49%。河北经营地主中，有2/3为务农致富，1/3为经商或出去佣工致富，这些农场主只有1/6能维持到第三代①。其次，富农经济在1937年前已成为农业中一种重要的经济成分。在南方，珠江三角洲已形成“沙田中的佃农大部分是农业资本家”的局面，洞庭湖滨安乡县湖田内已普遍存在经营100～300亩农田、大量使用雇佣劳动的新式富农。在北方，吉林、黑龙江等地也出现了不少“按户数计算则约与自有田地者之中等户相等，或竟驾而上之。按经济实力言，颇有家道殷实，为许多小地主所不逮者”的新式富农②。最后，农业公司是近代中国农业中新兴的组织形式。这一组织形式兴起于清朝末年，到1912年已有171家。1912—1920年，农业公司有较大发展，资本年增长率为6.9%。1920年后，农业公司仍有发展。1931年后，随着农产品价格的下跌和农村金融枯竭，农业公司大受影响。据统计，1929年有7家新公司注册成立，1930年为6家，1931年为4家，1932年为2家，1933年为4家，1934年1—6月为3家③。

随着工业、手工业和农业发展，1927—1937年商业也有新的发展。其表现有：(1)国内市场的扩大。1920—1936年，国内市场商品值增长了82.1%，年增长率4.8%，剔除物价上涨因素，增长了54%，年增长率2.7%。(2)商品结构发生变化。进口商品方面，1920—1936年，关内各省进口的棉纱及棉制品由占进口净值的32.4%锐减为1.7%，钢铁、机械、交通器材由14.1%增长为25.2%。进口商品前5位由棉货、棉纱、煤油、糖、烟草依次变为钢铁、机器工具、交通器材、化学产品、染料颜料。国内所生产商品方面，1936年农产品占49.4%（不计进口商品，下同），手工业品占28.8%，近代化工厂产品占18.6%，矿业品占3.2%。(3)商品流向发生变化。到20世纪30年代，地方小市场已具有国内以至国际商品流通集散地的性质。就埠际贸易中国内生产的土货而言，1936年各关运出土货总值为11.847亿元，其中布匹占16.2%，棉纱占10.8%，桐油、粮食、纸烟、棉花均占不到10%，面粉、煤、茶叶、糖等均占不到5%，其运销地均为上海、汉口、天津、青岛、广州等几个大口岸。(4)商业资本的发展。1920年商业资本总量为23亿元，1936年为42亿元，较1920年增长19亿元，增长了82.6%。按可比价格计算，则增长了54.3%，年增长率为2.7%④。

1927—1937年，中国经济在工业、手工业、农业、商业等方面均有不同程度的发展，代表了这一时期经济形态的新发展。尽管经济发展在地域分布上具有极大的不平衡性，但其总体上却呈现出一个发展的高峰⑤。

---

① 许涤新，吴承明．中国资本主义发展史：第3卷．北京：人民出版社，2003：313-321．

② 许涤新，吴承明．中国资本主义发展史：第3卷．北京：人民出版社，2003：337．周澹宁．中国近代经济史新论．南京：南京大学出版社，1991：252-253．

③ 同①348-352．

④ 同①226-248．

⑤ 也有学者称之为经济发展的“黄金十年”，并有学者认为1936年是旧中国经济发展的一个高峰。[王玉茹．论两次世界大战之间中国经济的发展．中国经济史研究，1987(2)：97-109．宗玉梅．1927—1937年南京国民政府的经济建设述评．民国档案，1992(1)：94-100，79]

四、思想文化领域的变化

随着南京国民政府的建立及东北“易帜”，国民党在全国范围内建构了其权力体系。一个政权的统治地位，除了强势的军事、必要的经济支撑外，思想文化的力量更具有持久和深远的意义。因此，随着社会、经济和政治领域的剧烈变动，1927—1937年思想文化领域的新变化同样引人关注。

国民党政权需要，也只能从孙中山的三民主义中获取历史的正当性。因而，为适应新的政治、社会的需要，戴季陶、胡汉民等人对孙中山的三民主义进行了重新诠释①。当然，思想不同于政治，即使在国民党内，关于孙中山三民主义的诠释也出现完全不同的指向性。戴季陶明显突出孙中山思想与中国传统思想的联系，同时又试图将民生主义与共产主义相融通，认为民生主义在目的上、性质上与共产主义完全相同，只是在哲学基础上和实行方法上完全不同。因而，应当以国民革命的形式完成民生主义目标，同时以国家的权力建设社会的共同经济组织，而渐进地消灭阶级。人们务必团结在三民主义旗帜下②。胡汉民则认为，“以孙中山先生来正统化、孔子化，固然是错误，以孙中山先生来马克思主义化、释迦化、术士化、流氓化，尤其是无可容忍的错误”。同时，他将三民主义解释为一个世界革命的普遍理论，即“以这一个大环普遍性和博大性去满足世界革命的统一要求，以三个小环的实行性应合各部革命的特殊需要，是最适用的，最切合的”③。以孙中山三民主义信徒自居的蒋介石，也对三民主义做了诠释，将其具体化为心理、伦理、社会、政治和经济五大建设。其中的伦理建设是蒋介石对三民主义的新补充。

关于中国现代化、工业化、城市化道路的探讨，也是这一时期思想界重要议题之一。在关于工业化问题的讨论中，谷春帆和吴景超的观点颇具代表性。尽管谷氏的代表作《中国工业化通论》完成于抗战爆发之后，但若干思想在此前已经形成。谷氏对工业化的认识颇有新意，他指出：“工业化不是单纯地办工厂、筑铁路、开矿、造轮船，不是单纯地利用机器生产，不是单纯地大量为市场生产，不是单纯地采用科学管理方法，不是单纯的资本主义，而是以工业建设为中心，创立一种企业进取组织管理的精神与习惯，成为社会人群生活活动的标准，而使一切文物制度思想依着这个中心标准精神而同化。”他还认为，工业化不是中体西用，不是中国本位文化加上一套工业，也不是中西杂糅或全盘西化，而是以工业建设为中心，以工业生产组织的精神及方法为标准，其他经济、政治、社会道德方面的制度、思想合于工业精神的则推广之，违碍工业精神的则排除之，与工业精神无关者则放弃之④。吴景超在《中国工业化的途径》一书中较为全

---

① 1925年之后，戴季陶先后发表了《民生哲学系统表说明》《孙文主义之哲学的基础》等著作。胡汉民则发表了《三民主义之认识》，认为戴季陶关于孙中山的思想完全是中国的正统思想，是继承尧舜以至孔孟而中绝的仁义道德的思想的论断，抹杀了孙中山思想体系的伟大和卓绝；解释三民主义要以事实为基础，以历史为依归，凡以某一学者的主张来解释三民主义，只会误解三民主义，而不会把握到三民主义的理论核心。

② 蔡尚思．中国现代思想史资料简编：第2卷．杭州：浙江人民出版社，1982：598-611．戴季陶．孙文主义之哲学的基础．上海：民智书局，1925：6．

③ 蔡尚思．中国现代思想史资料简编：第3卷．杭州：浙江人民出版社，1982：651-661．胡汉民．三民主义者之使命．重庆：中华文化服务社，1946：5．

④ 谷春帆．中国工业化通论．上海：商务印书馆，1947：9-10．

面地阐述了其关于工业化的必要性、目标、资本、人才，工业化与政府组织的关系，工业化与同业组织的关系等方面的思想认识。在阐述其工业化思想的同时，吴景超还对城市化问题发表了自己的见解，他认为农业的改良、工业的革命和商业的发展是近代城市化的主要原因，一国乡村与城市人口的分配应有一个适当的比例，中国要进行城市化，必须步先进国家的后尘，改良农业，提倡新式工业，发展机械化运输，提供贸易便利①。

全盘西化问题的争论，也成为这一时期思想文化领域内的一个重要动向。胡适认为，全盘西化不应拘泥于做百分之百的数量解释，而应是“充分世界化”②。陈序经从四个方面论证了他的全盘西化主张，一是对近代以来出现的各种文化出路理论进行了逐一批驳，认为只有自己的全盘西化是名副其实的。二是从近代以来中西文化接触的历史说明全盘西化是中国势在必行的趋势。三是从东西文化比较的角度论证了全盘西化的必要性。四是指出西方文化的核心内容，“个人主义是近代西洋文化发展的主因”③。陈序经不同意胡适以“充分世界化”代替全盘西化的认识，而是强调，百分之百的全盘西化不但有可能性，而且是一个较为完善、较少危险的文化的出路④。

争论的另一方以王新命、樊仲云、李建芳等为主力。他们于 1936 年编辑出版了《中国本位文化建设讨论集》一书，收录了《中国本位的文化建设宣言》以及关于何谓文化、何谓中国本位、中国本位与不守旧、中国本位与不盲从、中国本位与中体西用、怎样建设中国本位的文化、西化世界化与中国本位等问题的讨论。王新命等人提出，中国是中国，不是任何一个地域，因而有其特殊性，同时中国是现在的中国，不是过去的中国，因此要注意此时此地的需要，这是中国本位的基础；徒然赞美或诅咒中国古代的制度思想都是无用的，必须检讨过去的一切，存其所当存，去其所当去；吸收欧美文化是必要而且应该的，但须吸收其所当吸收，而不是全盘承受的态度，吸收的标准是现代中国的需要；中国本位文化建设是创造，是迎头赶上去的创造；在文化上建设中国并不是抛弃大同的理想，是先把中国建设成为一个健全的单位，在促进世界大同上能有充分的力；中国本位文化建设应是不守旧、不盲从，根据中国本位采取批评态度，应用科学方法来检讨过去，把握现在，创造未来。

思想领域内的热烈论争，尽管论旨不同，思想所本有别，却有着一个共同的指向，即中国社会发展道路的选择。

文化选择的背后是哲学层面的思考。张东荪、艾思奇、李达等人的哲学著作代表了这一时期哲学的成就。张东荪的《认识论》《唯物辩证法之总检讨》等著作，提出一个主观唯心主义的本体论上的“泛架构主义”，将客观存在的物质世界归结为没有物质内容的架构。张东荪将认识论归结为多元，认为认识是由所谓“感相”“根由”“格式”“设准”等精神范畴组成的，从而取消了康德的物自体和先验的必然性与因果性，认为外界的客体和自我的主体都是不可知的。艾思奇 1934—1935 年发表了《哲学讲话》，以

① 吴景超．近代都市化的背景．清华学报，1933，8（2）．

② 蔡尚思．中国现代思想史资料简编：第 3 卷．杭州：浙江人民出版社，1982：199．

③ 刘俐娜．新编中国思想史：下册．北京：人民出版社，1995：175-179．

④ 同②643．

哲学教程形式对其绪论、本体论方面做出了唯物主义解释，并划分了唯物论、观念论及多元论的界限，在物质观、运动观等问题上提出了许多科学的见解，在认识论方面坚持可知论，在辩证法诸规律和范畴上做出了系统的论述。李达于1937年5月出版了《社会学大纲》一书，对辩证唯物主义和认识论的原理做了系统论述，并运用辩证法思想论述了生产力与生产关系、阶级和阶级斗争以及国家理论，纠正了一些无产阶级哲学家对马克思主义哲学的认识与理解上的片面的、直观的，有时甚至是错误的观点，努力从历史与逻辑的发展中去探讨马克思主义哲学的发展历史①。此外，熊十力等也是这一时期较有成就的哲学家。

经济学方面的成就，既有经济学理论方面的探讨，如刘秉麟的《经济学》、赵兰坪的《经济学》等；也有结合中国实际的成功之作，如方显廷主编的《中国经济研究》，方显廷、毕相辉合著的《由宝坻手织工业观察工业制度之演变》，方显廷的《华北乡村织布工业与商人雇主制度》，吴知的《乡村织布工业的一个研究》等大批著作。特别是后者，大都是在对当时华北手工业较为发达的河北高阳、宝坻等地进行实地调查的基础上写成的，是将经济学理论应用于研究中国现实问题的成功典范，具有深远的影响。

这一时期社会学方面的成就有孙本文的《社会变迁》、杨开道的《农村社会学》、吴景超的《都市社会学》等。其中孙氏的《社会变迁》主要吸收了乌格朋的思想观点，并在此基础上就本性与文化关系等方面提出了自己的见解。杨氏的《农村社会学》对农村社会、农村社会的起源、农村社会的进化、农村社会的人口、农村社会的环境、农村社会生活、农村社会组织等问题做了探讨，全书注重理论探讨，对农村社会特征、农村生活的基本原理进行了简明扼要的分析。吴氏的《都市社会学》对都市经济、都市人口、都市区域、都市控制等问题做了研究，强调社会学的观点与实际研究的结合，认为地图记载与发展史的调查是研究都市必不可少的工具。与此同时，另一位社会学家费孝通此时也开始对社会组织、社会变迁等问题进行初步探讨。

史学研究的成就也因应着九一八事变之后文化民族主义的高涨，具有自己的时代特征。历来强调治史不求致用的顾颉刚、傅斯年等学者，都不约而同地将史学研究与民族救亡密切联系，或者提出加强中国民族史与地理学研究，以改造民众历史观，增强民族意识②，或者以具体的《东北史纲》研究，揭露日本称“东北”为“满洲”的险恶用心③。在传统史学领域，中西交通史方面的代表作有向达的《中国印刷术之发明及其传入欧洲考》《中外交通小史》《西学东渐史》《唐代长安与西域文明》等。明清史方面的代表作有谢国桢的《晚明史籍考》《明清流寇史籍考》《清初三藩史籍考》《清开国史籍考》，孟森的《清史讲义》《心史丛刊》，等等。地理沿革史方面的代表作有刘钧仁的《中国地名大辞典》、臧励和等的《中国古今地名大辞典》、王念伦的《中华民国疆域沿革录》。方志学方面的代表作有朱士嘉的《中国地方志综录》等。史学界除重视边疆史地研究外，强烈的民族主义推动了中国通史研究和日本史研究的发展，前者如邓之诚之

---

① 史全生．中华民国文化史：中册．长春：吉林文史出版社，1990：683-689.

② 顾潮．顾颉刚年谱．北京：中国社会科学出版社，1993：3.

③ 郑大华．民国思想史论．北京：社会科学文献出版社，2010：328.

《中华二千年史》、缪凤林之《中国通史》，后者如王芸生之《六十年来中国与日本》等。

这一时期历史学的突出成就还表现在马克思主义史学和传统史学两个方面。马克思主义史学方面的代表作有郭沫若的《中国古代社会研究》、华岗的《中国大革命史（1925—1927年）》、何幹之的《近代中国启蒙运动史》、吕振羽的《中国政治思想史》等。

五、社会改良派的主张与活动

20世纪20年代末30年代初，在帝国主义的侵略、天灾人祸的打击等多种因素的影响下，中国农村危机频生①。同时，国民党新军阀混战、国民党军队对苏区的"围剿"以及繁重的苛捐杂税，进一步加重了乡村经济破产、社会动荡、秩序纷乱的整体危机。正是在这样的大背景下，乡村建设运动相继兴起。

乡村建设运动运动兴起于1927年前后，经历了一个由乡村教育向乡村建设发展的过程②，其代表人物有梁漱溟和晏阳初等。梁漱溟关于乡村建设的主张建立在其对于乡村问题重要性认识的基础之上："只有乡村安定，乃可以安辑流亡；只有乡村产业兴起，可以广收过剩的劳动力；只有农产增加，可以增进国富；只有乡村自治当真树立，中国政治才算有基础；只有乡村一般的文化能提高，才算中国社会有进步。总之，只有乡村有办法，中国才算有办法，无论在政治上、经济上、教育上都是如此。"③ 基于这一认识，梁漱溟指出，乡村建设的意义有两层，即救济乡村和积极创造新文化，而后一层才是乡村建设的"真意义所在"。"从创造新文化上来救活旧农村"，这便叫作乡村建设④。梁氏认为，乡村建设中"顶要紧"的是农民自觉和乡村组织，这二者是"解决乡村问题的基本条件"，前者是指"乡下人要明白现在乡村的事情要自己干，不要再和从前一样，老是糊糊涂涂地过日子，迷迷糊糊地往下混"⑤。要使农民自觉，必须对农民进行教育，要有代表理性的知识分子与其结合，成为"众人之师"⑥。后者则是古人所谓乡约的补充改造，即"将消极的彼此顾恤，变成积极的有所进行"；"把偏乎个人的一点看成是社会的，把有限的一点看成是永远开展的"，"改造社会，创造新文化，创造理想的社会，建立新组织"；一面从事联络，一面设立讲求进步的机关——乡学和村学；以乡村运动为主力，以现政权为助力来完成新社会之改造。乡村建设的道路是，从农业引发工业，"农业、工业为适当的结合，以乡村为本而繁荣都市，乡村、都市为自然均实的发展"⑦。

早在1922年，晏阳初即开始提倡平民教育运动，并制订定全城平民教育运动计划。1923年，晏阳初又指出，平民教育有两个要件，即要有教育的工具，要有推行的方法。1924年，晏阳初提出平民教育运动的政策是采用白话（口语），重点是在青少年，并制

---

① 出现了以土地高度集中，农产品价格低落、输出减少，农民购买力锐减，地价下跌，耕地荒芜，生产力下降，产量减少，农村金融日趋枯竭，农民绝对贫困化，大量农民流离或死亡等多种现象交织而成的危象。

② 郑大华．民国乡村建设运动．北京：社会科学文献出版社，2000：70．

③ 梁漱溟全集：第5卷．济南：山东人民出版社，1989：225．

④ 梁漱溟全集：第1卷．济南：山东人民出版社，1989：611-615．

⑤ 同④618-620．

⑥ 同②195．

⑦ 同③579．

定发展计划。1926 年他指出，平民教育的目的是使一般十二岁以上不识字的男女都能够运用日常生活必需的文字，使一般已识字而缺乏常识的男女皆受共和国民应有的基本教育。平民教育实施的步骤为：对不识字的平民先施以识字教育，对已识字的人施行平民继续教育。1926 年 11 月他指出，平民教育根本办法有四个要点，即要根本改变从前办平民教育的旧观念，要有一定的机关，要有一定的制度，要大规模地去办。平民教育的步骤则分为识字教育、公民教育和生计教育三个阶段。1927 年他指出平民教育的最后目的，"是在使二百兆失学男女皆具共和国民应有的精神和态度"。1928 年他提出平民教育的原则为：全民的，以平民需要为标准的，适合平民生活状况的，根据本国国情和人民心理的，地方自动负责的，人人有参加的可能；实施的方法为学校式的、社会式的和表证式的。1933 年他提出要从事文艺教育、生计教育、卫生教育、公民教育四大教育，其中文艺教育要解决愚的问题，生计教育是要解决贫的问题，卫生教育是要解决弱的问题，公民教育是要解决私的问题。1934 年他详细地阐述了学校式教育、家庭式教育和社会式教育三大方式，强调中国农村运动的使命是"民族再造"①。综观梁漱溟和晏阳初的乡村建设主张，可以看到，通过平民教育等方式改造农民、改造乡村、建设乡村、发展乡村是其主张的一大共同特点。

为实现其主张，梁漱溟、晏阳初等人组织进行了一系列活动。其中，梁漱溟等人在邹平创立的山东乡村建设研究院及邹平实验区，晏阳初等人进行的定县实验等，颇具声势。山东乡村建设研究院成立于 1931 年 6 月，主要任务是一面研究乡村建设问题，一面指导乡村建设的实施，其内部组织分为乡村建设研究部、乡村服务人员训练部和实施乡村建设的实验县区。设立研究部的本意在于一方面普泛地提倡乡村建设研究，以为学术界开风气，另一方面具体地研究山东本省的乡村建设方案，但实际偏重于培养受过高等教育的青年研究乡村问题的兴趣。乡村服务人员训练部负责培养为了推进山东本省乡村建设而预备到乡村服务的人才。设立实验区则是为了实地实验研究所得和便于实地训练乡村服务学生。邹平实验区创立于 1930 年 3 月，经历了乡村建设实验区和县政建设实验区两个阶段。除乡村建设研究部、乡村服务人员训练部和实施乡村建设的实验县区之外，山东乡村建设研究院还设有调查部、农场等。平民教育促进会在定县的工作始于 1926 年。1926—1930 年为准备时期，主要工作有农业教育、农民教育研究和农村调查等。1930 年后为集中实验时期，以学校式、家庭式、社会式三大教育方式推行四大教育，从事文化、经济、卫生、政治等方面的工作，推广平民学校、自助社、公共卫生保健等。

1927—1937 年，以梁漱溟、晏阳初为代表的乡村建设派在邹平、定县等地开展的具体活动包括文化教育、经济、卫生、自卫等方面。在文化教育方面，定县 1934 年前在 476 个村开办了 3 844 个识字班，注册人数总计达 21 170 人。邹平 1931 年将全县改划为 14 乡 336 村，于村设村学，于乡设乡学，同时普及民众教育，1931 年 11 月成立乡农学校 91 所，使 3 996 名成年农民接受教育；1934 年进行青年训练，受训青年达 1 500 人，其后推广至全县，第一期、第二期分别有 8 603、8 353 名青年受训；1935 年后成立

① 参见宋恩荣主编的《晏阳初全集》(一)(长沙：湖南教育出版社，1992) 相关部分。

公学处，到 1936 年 3 月共计成立 262 处，收容失学儿童 2 227 人。在农业经济方面，1934 年前定县实验区已经选出本地的优良品种并收集到最适应华北地区种植的 130 个美棉品种供研究之用，并在小米、高粱、小麦、玉米等种植方面进行实验；在工业经济方面，晏阳初等人在定县建立了一座实验车间，引进能够降低成本增加收入的技术和设备；在合作经济方面，训练合作人才，使合作事业迅猛发展，到 1935 年底，全国已登记的合作社达到 26 224 个，社员 1 004 402 人；在农场方面，于定县、邹平、青岛、江西、山西、广东等地建立实验农场，进行棉种改良和家畜的改良。在卫生方面，定县在 1934 年前按照三级行政单位（村、镇、县）建立了医疗制度，提供村卫生保健员、乡镇保健站和县保健中心等三类医疗服务；邹平在 1934 年 11 月成立卫生院，作为县政建设实验区的卫生推行机关，开办十一乡诊疗所，1935 年 1 月举办实验小学学校卫生①，5 月计划设置住院病室，11 月医院正式收留病人，1936 年 4 月成立卫生所 4 处。在自卫方面，邹平自 1933 年 7 月至 1934 年 6 月裁撤民团大队部及公安分局，成立民团干部训练所，内设干部队及训练队；改订联庄会训练办法，举办第一届联庄会训练班，以受训会员编成各乡乡队及村组，受乡学节制与警卫队指导；举办第一次乡队长补习训练；改组民团干部训练所，裁撤干部队、征训队，暂设卫士班。1934 年 7 月至 1935 年 6 月，又举办第一期村组长补习训练；举办第二届联庄会训练班；裁撤民团干部训练所，成立地方警卫队；举办第二、三期村组长补习训练；举办全县青年义务训练。1935 年 7 月至 1936 年 6 月则举办第一期联庄会会员高级训练；训练号令员；举办第三届联庄会训练班；举办第二次乡队长补习训练；扩充村组，改选村组长；等等②。在地方自治方面，不少实（试）验区（县）根据国民党有关自治事务的规定，开展户口调查，测量土地，整顿税收，修筑道路，改革政制，编制保甲，办理民团或警察局，成立自治团体组织，等等③。

除在邹平、定县开展的各项活动外，乡村建设派还在无锡、江宁、镇平等地开展实验活动，形成了声势浩大的乡村建设运动，全国从事乡村工作的团体和机构一度达到 600 个，先后设立各种实（试）验区（县）1 000 多处。尽管这些团体属性、经费来源和政治态度不一，并且形成了定县模式和邹平模式等多种模式，但就其本质而言，都属于社会改良运动，即在维护现有社会制度和秩序的前提下，采用和平的方法，通过兴办教育、改良农业、提倡合作、办理地方自治与自卫、建立公共卫生机构以及移风易俗等措施实现“民族再造”或“民族自救”。

“中国的农村经济问题，是一个根本社会制度的问题，决不是枝枝节节的改良所能解决的。”因而，定县的平民教育运动、邹平的乡村建设运动、江苏的民众教育运动及阎锡山的土地村公有等，可视为地主的自救运动。从根本上来说，这些自救运动于大局无补④。但是它们的兴起和发展，对于发展农村教育和卫生事业，促进农业生产和社会

---

① 惠民地区卫生志. 天津：天津科学技术出版社，1992：468.

② 宋恩荣. 晏阳初全集：(一). 长沙：湖南教育出版社，1992：256-285，559-571. 山东乡村建设研究院及邹平实验区概况. 1936：93-133.

③ 郑大华. 民国乡村建设运动. 北京：社会科学文献出版社，2000：514.

④ 朱其华. 中国农村经济的透视. 上海：中国研究书店，1936：664.

进步，解决农民尤其是自耕农的生产困难等仍然起到了一定的积极作用①。

第三节　苏维埃革命的兴起与艰难发展

一、武装斗争：中共的三次武装起义

1927年7月15日，国共两党合作发动的大革命宣告失败后，迭遭血腥镇压的中国共产党，开始发起了武装反抗国民党的起义。

1927年7月12日，中共中央进行改组，由周恩来、张太雷、李立三和张国焘等组成中共中央临时政治局常务委员会。18日，在周恩来、蔡和森的建议下，中共中央召开的扩大会议决定举行南昌起义，并成立了由周恩来、李立三、恽代英、彭湃组成的中共前敌委员会。8月1日凌晨，周恩来、贺龙、叶挺等人率领国民革命军第二十军、第四军、第十一军各一部及南昌军官教导团2万余人发动起义，迅速占领南昌城并歼灭南昌守军朱培德部3 000余人。起义队伍成立中国国民党革命委员会，推举宋庆龄、周恩来、朱德、贺龙、叶挺等25人为委员，宋庆龄、谭平山、贺龙、邓演达、郭沫若、恽代英等七人组成主席团；公布了革命委员会联席会议宣言，坚持三大政策的三民主义，确立革命的根据地，继续不妥协地反对帝国主义，实行土地革命，等等。8月3日，起义军按照中央在起义前的决定，开始撤离南昌。9月23日，起义部队进入广东，占领潮、汕，与黄绍竑、钱大钧等部激战于三河坝等地。9月30日，南昌起义部队退出潮、汕，起义军主力遭受重大损失，余部分为两支，一支进入海陆丰与当地农军会合，一支在朱德、陈毅等人的率领下从三河坝进入福建，转战江西，最终与毛泽东率领的秋收起义余部会师于井冈山。

南昌起义后，中共中央于8月7日在汉口召开紧急会议，对陈独秀右倾机会主义路线给予批判和纠正，确定了实行土地革命和武装推翻国民党统治的总方针。8月18日，毛泽东在长沙近郊沈家大屋召开改组后的湖南省委第一次会议，传达八七会议精神，讨论秋收起义计划。9月初，毛泽东在安源张家湾召开军事会议，决定将秋收起义队伍编为中国工农革命军第一师，卢德铭任总指挥，余洒度任师长，下辖三个团。9月9日，秋收起义开始。起义队伍分为三路，第一路在安源起义，第二路从修水向长寿街、平江进发，第三路由铜鼓向浏阳、白沙镇进发。第一路在攻克醴陵、浏阳后被张国威部击溃，第二路余洒度部进攻平江时因有人叛变而遭受重大损失，仅剩四五百人，第三路失败后与余洒度部合兵一处。9月19日，起义军到达浏阳文家市，毛泽东主持召开前委会，决定向南转移。9月25日，秋收起义部队在芦溪遭遇伏击，总指挥卢德铭牺牲，起义遭受重挫。

八七会议之后，中共中央临时政治局于8月9日召开会议，决定成立南方局，以加强对广东、广西和闽南等地武装斗争及政治、军事工作的领导，决定张太雷任中共广东

---

① 郑大华．民国乡村建设运动．北京：社会科学文献出版社，2000：456-481.

省委书记，其任务之一便是准备全省特别是东江地区的起义。8月20日，张太雷向广东省委传达八七会议精神，决定成立广州、西江和北江起义委员会。9月9日，中共中央同意广东起义计划。11月8日以后，苏兆征、张太雷等研究制定了广州起义计划。12月11日凌晨2时半，张太雷、恽代英、叶挺以及工人赤卫队代表、教导团官兵等誓师起义。3时半，起义爆发，经过数小时激烈战斗，起义军占领广州大部分地区，并于当天成立了广州苏维埃政府，颁布《苏维埃政府对内对外政纲》，规定提高工人、农民、士兵和一般劳动贫民的政治地位和经济要求。在农民政纲中特别提出“一切土地收归国有，完全为农民耕种”。起义部队在优势敌军的反攻下，经过三昼夜浴血奋战，张太雷及大部分起义人员牺牲，起义失败。起义军余部退出广州，一部转移至广东东江地区，一部转战至广西左、右江地区。

作为中共领导的三大武装起义（南昌起义、秋收起义和广州起义），一个共同的发展趋势是均在起义初期取得胜利，尔后又在优势敌军的围攻之下归于失败。起义失败的重要原因之一，在于起义部队均以夺取南昌、长沙、广州等大中城市为目标，试图借鉴苏俄革命经验，首先夺取大中城市并建立苏维埃政权。然而，在敌我力量极为悬殊的情况下，起义均遭失败。革命的实践，不断以血与火的代价检验着革命者的每一步行动与理论；而惨痛的教训，终究会被铭记为历史的经验。

二、走向农村：革命根据地的创建

毛泽东等共产党人在不断的起义与不断的失败中，认识到攻取大中城市的革命道路在中国行不通，毛泽东决定率秋收起义军余部向湘赣边界进军，在农村建立革命根据地。

1927年9月19日，秋收起义军余部到达浏阳文家市，毛泽东主持召开前委会议，经过激烈争论，否定了“夺取浏阳，直攻长沙”的意见，提出向敌人统治力量较为薄弱的农村山区进军。9月29日，部队到达江西永新三湾村，在此召开前委会议，决定对部队进行整编，将原来的一个师缩编为一个团，把工农革命军整编为工农革命军第一军第一师第一团，下辖两个营，另设军官队、卫生队；将共产党支部建立在连上，班、排设党小组，连以上设党代表，营、团以上建立党委；实行军队内部的民主制度，连以上成立士兵委员会；废除烦琐礼节，实行经济公开，取消雇佣制度，建立新型的官兵关系。由此确立了中国共产党对军队的领导。

10月3日，毛泽东率领工农革命军离开三湾村，进驻宁冈县古城；在古城召开前委扩大会议，会议总结了秋收起义以来的经验，听取了宁冈县党的负责人对当地情况的汇报，并决定建立革命根据地，开展游击战争。10月23日，毛泽东率工农革命军主力到达井冈山地区。11月中旬，毛泽东主持召开宁冈、永新、莲花三县党组织负责人会议，决定重建党的组织、深入发动群众，建立红色政权。11月18日，工农革命军攻克茶陵县城，随后成立湘赣边界第一个红色政权——茶陵县工农兵政府，由谭震林任工农兵政府主席。1928年2月，宁冈、永新、茶陵、遂川等地建立了党的县级组织并发展了少数地方武装。

1928年2月中旬，地方武装袁文才、王佐部在宁冈大陇升编为工农革命军第一军第一师第二团。随后，毛泽东率工农革命军两个团粉碎了江西朱培德部的进犯。2月21日在宁冈砻市召开群众大会，宣布成立宁冈县工农兵政府，由文根宗担任县政府主席。至此，经过4个月的艰苦斗争，毛泽东等人在茶陵、遂川、宁冈建立了红色政权，初步创立了井冈山革命根据地。4月底，朱德、陈毅率领南昌起义部分部队及湘南起义农军到达宁冈砻市，与毛泽东领导的秋收起义部队会师。5月4日宣布成立中国工农革命军第四军，毛泽东任党代表，朱德任军长，陈毅任政治部主任，王尔琢任参谋长，下辖三个师九个团。5月20日，湘赣边界特委成立，毛泽东任书记。随后建立湘赣边界工农兵苏维埃政府，袁文才任主席。6月，井冈山根据地达到全盛时期，面积达970平方公里，人口百万余。12月，彭德怀、滕代远率红五军到达井冈山与红四军会师，红军主力近6 000人。井冈山革命根据地是苏维埃革命时期中国共产党创建的第一个农村革命根据地，对于开辟农村包围城市、武装夺取政权的革命道路具有极为重要的历史意义。

三大武装起义之外，中国共产党还领导和发动了其他一系列武装起义。这些起义在遭受失败或挫折之后，也开始转向农村，开辟了大大小小的革命根据地。其中比较重要的有湘赣、闽西、中央、海陆丰、湘鄂赣、鄂豫皖、川陕、左右江、闽浙赣、湘鄂西等①。

湘赣革命根据地是在井冈山革命根据地基础上发展起来的。1929年1月，红四军主力进军赣南、闽西之后，井冈山一度失守。2月，召开永新、宁冈、茶陵三县委联席会议，选举产生临时特委。3月成立湘赣边临时特委，收复了宁冈、等三县部分失地，重建红色政权。3—4月，相继收复宁冈、莲花等地。与此同时，红五军返回井冈山，各县地方武装也有进一步的发展。5月，湘赣边界特委第四次执委扩大会议确定建立以永新为中心的湘赣苏区，到1930年秋发展到永新、宁冈、莲花等10个县的广大地区。1931年8月建立中共湘赣临时省委和苏维埃政府。10月召开湘赣省第一次党代会和第一次苏维埃代表大会，湘赣省委和湘赣省苏维埃政府正式成立。1931年10月至1933年4月，湘赣革命根据地处于全盛时期，辖25县部分地区，总面积1 000多平方公里，人口100余万。

闽西革命根据地是中央革命根据地的一个重要组成部分。1928年3—6月，郭滴人、张鼎丞、邓子恢等领导了平和长乐、龙岩后田、永定金丰等地的武装起义，建立了一支以张鼎丞为营长、邓子恢任党代表的红军部队。1929年3月至10月，毛泽东率红四军先后三次进入闽西，攻占长汀、上杭、武平、龙岩、永定县城，12月底举行了著名的古田会议。1930年3月成立闽西苏维埃政府，邓子恢任政府主席，同时将闽西各县赤卫队改编为中国工农红军第九军。4月，红九军改称为红十二军，根据地已扩展到拥有85万人口、纵横达数百里的广大地区。

中央革命根据地由赣南、闽西两块革命根据地组成。1929年初，毛泽东、朱德率红四军主力由井冈山进入赣南、闽西，先后开创了赣南、闽西两块根据地。1930年6月，红六军、红四军、红十二军合编为红军第一路军，接着又改称红军一军团，朱德任

---

① 本章关于各革命根据地的介绍，主要参考了盛学仁、张军孝编写的《中国工农红军各革命根据地简介》（北京：解放军出版社，1987）以及相关工具书。

总指挥，毛泽东任政治委员和前委书记。8 月，红一军团和红三军团合编为红一方面军，朱德任总司令，毛泽东任总前委书记兼总政治委员。1931 年 1 月，成立中共苏区中央局。9 月，赣南、闽西两块根据地连成一片。11 月，中华苏维埃共和国临时中央政府成立。随后，毛泽东、朱德等人领导工农红军相继取得了四次反“围剿”的胜利，中央根据地扩大到 21 个县，拥有 250 万人口。

湘鄂赣根据地是由彭德怀、黄公略等人领导的平江起义军建立的。1928 年 7 月 22 日，彭德怀、滕代远、黄公略领导原国民革命军独立第五师第一团 2 000 多人在平江举行起义，占领平江城，后成立红五军，下辖十二、十三、十四三个师，彭德怀任军长，滕代远任党代表，开辟了湘鄂赣根据地。10 月，中共湘鄂赣特委成立，滕代远任书记。1930 年初，根据地进入全盛时期，辖区扩展到 20 余县区。

鄂豫皖根据地是由潘忠汝、吴光浩等人率领黄安、麻城起义军建立的。1927 年 11 月 13 日，中共鄂东特委发动黄安、麻城起义，潘忠汝任总指挥，吴光浩任副总指挥。14 日占领黄安城，建立黄安农民政府，曹学楷任主席。12 月 5 日，起义军被迫转移到黄陂境内的木兰山。此后，起义军被编为红七军，1928 年又改编为红十一军三十一师，开辟了鄂豫边根据地。1929 年 5 月，徐子清等人领导河南商南起义，建立红三十二师，开辟豫东南根据地。1929 年 11 月，舒传贤等人领导安徽六（安）霍（山）起义，次年 1 月建立红三十三师，创建了皖西根据地。1930 年 9 月，上述三个师合编为工农红军第一军，许继慎任军长，徐向前任副军长。4 月以后，中共鄂豫边特委、鄂豫皖特区苏维埃政府先后成立，三块根据地连成一片，鄂豫皖根据地正式形成。该根据地在全盛时期拥有 26 县、4 万余平方公里的广大地区，人口 350 万。

此外，海陆丰、川陕、左右江、闽浙赣、湘鄂西等也是这一时期创建的重要根据地。到 1934 年时，上述十几个较大的根据地拥有人口上千万，红军 30 余万人。

三、中华苏维埃政权的建立

直到 1927 年 8 月，中共中央才在《中国共产党的政治任务与策略的议决案》中明确提及建立苏维埃政权的问题。当时主张仍停留在宣传层面，“所以我们现在就应当在党的机关报与劳动群众之中开始宣传苏维埃的意义，以便到了必要的时期，立刻可以开始组织苏维埃”，“本党现时不提出组织苏维埃的口号——城市、乡村、军队之中都是如此”①。

1927 年 8 月以后，随着革命斗争的发展，建立苏维埃政权被提上日程，“从前红军一站（占）领了某处后，即派大批同志去乡村组织苏维埃，首先召集一个群众大会，宣传苏维埃的意义，即时由群众中选举委员即产生执委”②。在中央苏维埃政权建立之前，各根据地先后建立了乡苏维埃、区苏维埃、县苏维埃和省苏维埃。其中，1927 年 11 月成立的茶陵县工农兵政府是第一个县级苏维埃政权，湘赣省苏维埃政府、湘鄂赣省苏维

① 中央档案馆. 中共中央文件选集：第 3 册. 北京：中共中央党校出版社，1989：338.

② 江西档案馆，中共江西省委党校党史教研室. 中央革命根据地史料选编：上册. 南昌：江西人民出版社，1982：49.

埃政府、赣东北省苏维埃政府、鄂豫皖特区苏维埃政府则是重要的省级苏维埃政权。中华苏维埃共和国临时中央政府则是在上述地方苏维埃政权的基础上建立的。

中华苏维埃共和国临时中央政府的成立，有三个重要的条件：其一，红军队伍的壮大和革命根据地的扩大。第三次反“围剿”胜利后，以瑞金为中心的中央革命根据地形成，拥有 250 万人口和 5 万红军主力，建立了江西、福建两省苏维埃政府和县、区、乡的红色政权。全国苏维埃区域扩大到十五六万平方公里，拥有 1 000 多万人口，红军第一、第四方面军及红二、六军团先后组建。其二，中共中央的决策和筹备。中共中央于 1930 年 2 月 4 日发出关于召集全国苏维埃区域代表大会的通告，首次提出建立全国苏维埃中央政权以统一领导全国各地苏维埃区域革命斗争的构想。1930 年 5 月 20 日，中共中央在上海秘密召开全国苏维埃区域代表大会，会议通过了《全国苏维埃代表大会政治决议案》《苏维埃组织法》《劳动保护法》等决议和法令，发表了《全国苏维埃区域代表大会宣言》。9 月 12 日，全国苏维埃代表大会中央准备委员会第一次全体会议在上海召开。会议讨论通过了《选举条例》《中华苏维埃共和国根本法（宪法）大纲草案》《土地暂行法》《劳动法》，以及全国苏维埃大会主要议程等。六届四中全会后，中共中央责成苏区中央局负责筹备召开第一次全国苏维埃代表大会和成立苏维埃中央政府的工作。1931 年 4 月，苏区中央局做出了《关于召开全国苏维埃第一次代表大会的决议》。6 月 1 日，发表了《苏区中央局为第一次全国苏维埃代表大会宣言》，宣布中华苏维埃中央革命军事委员会决定于 8 月 1 日召开全国苏维埃代表大会，成立中华苏维埃共和国临时中央政府。6 月 20 日，苏区中央局决定 11 月 7 日召开第一次全国苏维埃代表大会①。其三，共产国际的支持和帮助。1930 年 6 月，共产国际做出了《共产国际执委政治秘书处关于中国问题的决议案》，对建立苏维埃中央政府及其任务做了指示，认为组织苏维埃中央政府并改善这个政府的工作，是中国苏维埃运动给中国共产党提出的第一等重要任务。1931 年 6 月以前，共产国际“屡次指示中国党在苏维埃区域必须建立起临时中央政府”②。1931 年 7 月，共产国际在《共产国际执委主席团给中国共产党的信》中指出，为保证无产阶级在革命中的领导权，中国共产党应该首先解决以下三位一体的任务：牢牢掌握根据地并继续扩大这个根据地，在这个基础上，去建设和巩固红军；成立苏维埃中央政府，巩固苏维埃政权，在最短的期限内，应该在最有保证的区域里成立中央苏维埃政府③。此外，中华苏维埃共和国的国名、政权结构、《中华苏维埃共和国宪法大纲》的制定等，也受到共产国际的不少影响④。

1931 年 11 月 7 日，中华苏维埃第一次全国代表大会在江西瑞金叶坪村召开，与会代表 600 余人。会议于 7 日下午选出 37 人组成主席团，决定大会议程为听取毛泽东代表苏区中央局做政治问题报告，项英做劳动法草案报告，邓广仁做关于工农检查处问题报告，讨论和通过《中华苏维埃共和国宪法大纲》《中华苏维埃共和国劳动法》《中华苏维埃共和国土地法令》等法令草案和红军问题、经济政策、工农检查处问题等决议草

---

① 戴向青，等. 中央革命根据地史稿. 上海：上海人民出版社，1986：359-360.

② 中央档案馆. 中共中央文件选集：第 7 册. 北京：中共中央党校出版社，1991：312.

③ 同②748.

④ 王永祥. 戊戌以来的中国政治制度. 天津：南开大学出版社，1991：192-196.

案；选举中华苏维埃共和国中央执行委员会，成立苏维埃中央政府。大会于 19 日产生中华苏维埃共和国中央执行委员会作为全国苏维埃代表大会闭会后最高政权机关，选出中央执行委员 63 人。

会议讨论通过了《中华苏维埃共和国宪法大纲》《中华苏维埃共和国土地法令》《中华苏维埃共和国劳动法》《关于经济政策的决议案》和红军问题、少数民族问题等决议案，发表了《中华苏维埃共和国临时政府对外宣言》。其中，《中华苏维埃共和国宪法大纲》（共有 17 条），分别对中华苏维埃共和国根本法（宪法）的任务、政权性质、最高政权等做了规定，如“中华苏维埃政权所建设的是工人和农民的民主专政的国家，苏维埃全部政权是属于工人、农民、红军士兵及一切劳苦大众的”，“中华苏维埃共和国之最高政权为全国工农兵会议（苏维埃）的大会”①，等等。这部《宪法大纲》中的若干条款，在 1934 年第二次全国苏维埃代表大会上通过的《宪法大纲》中做了修改，例如，第三条修改为：“中华苏维埃共和国之最高政权为全国工农兵苏维埃代表大会”②。此外，1934 年 2 月公布的《中华苏维埃共和国中央组织法》对全国苏维埃代表大会、中央执行委员会、中央执行委员会主席团、全国苏维埃代表大会及中央执行委员会的权力、人民委员会、最高法院、审计委员会、各人民委员部及其部务委员会等做了具体的规定③。

会议选出的中华苏维埃共和国中央执行委员会于 11 月 27 日召开第一次会议，选举毛泽东为中央执行委员会主席，项英、张国焘为副主席。中央执行委员会下设人民委员会，毛泽东为人民委员会主席，项英、张国焘为副主席，王稼祥为外交人民委员，朱德为军事人民委员，项英为劳动人民委员，邓子恢为财政人民委员，张鼎丞为土地人民委员，瞿秋白为教育人民委员，周以栗为内务人民委员，张国焘为司法人民委员，何叔衡为工农检查人民委员，邓发为国家政治保卫局局长。委任朱德、彭德怀等 15 人为中央革命军事委员会委员，以朱德为主席，王稼祥、彭德怀为副主席，王稼祥为政治部主任。

根据相关法令和文件，苏维埃政权系统大致可以区分为选举系统和政府组织系统这两大系统。其中选举系统包括中华苏维埃工农兵全国代表大会、工农兵苏维埃全省代表大会、工农兵苏维埃全县代表大会、工农兵苏维埃全区代表大会和乡苏维埃五级，以及与工农兵苏维埃全省代表大会平行的中央直属苏维埃，与工农兵苏维埃全县代表大会平行的省直属市苏维埃，与工农兵苏维埃全区代表大会平行的城市苏维埃或市区苏维埃（省直属市和中央直属苏维埃下设），这当中中央直属苏维埃与市区苏维埃，省直属市苏维埃与市区苏维埃，工农兵苏维埃全县代表大会与城市苏维埃之间，又有垂直隶属关系。政府组织系统包括中央执行委员会及其主席团（设人民委员会，人民委员会之下又设各部、局）、省执行委员会及其主席团（下设各部及总务厅，其中内务部下又设刑事侦察局、市政所、民警所，总务厅下设各股）。此外，城市苏维埃组织系统包括城市苏

---

① 厦门大学法律系，福建省档案馆. 中华苏维埃共和国法律文件选编. 南昌：江西人民出版社，1984：6-7.
② 同①10.
③ 同①82-89.

维埃及其主席团，下设各科及总务处，其中内务科又设民警局、市政厅和刑事侦察局，劳动科下设劳动侦察所和失业介绍所，总务处下设各股①。

中华苏维埃共和国作为中国共产党领导下的工农民主政府，具有三个鲜明的特点。其一，就国体而言，中华苏维埃共和国从诞生之日起，就始终处于中国共产党的领导之下。其二，在中华苏维埃共和国的政权机构中，工农劳动群众及其代表占着绝对优势，这是表现其阶级本质的又一特点。其三，中华苏维埃共和国的作用，不但在于对豪绅地主和买办资产阶级实行专政，还在于它是人民生活的管理者②。中华苏维埃共和国临时中央政府的成立具有重大的历史意义。一方面，中华苏维埃共和国临时中央政府的成立，使全国苏维埃运动有了指导者和组织者，推动了革命运动的进一步发展。另一方面，中华苏维埃共和国临时中央政府建立的成功经验，为中共夺取全国政权后新的政权建设提供了宝贵的经验。

四、"围剿"与反"围剿"

中国共产党领导下的革命根据地的不断扩大及红军队伍的日益壮大，引起了南京政府和蒋介石的极度仇视。1930 年 8 月中原大战尚未结束，蒋介石便密电南京政府令武汉行营主任何应钦为"鄂湘赣三省剿匪总指挥"，先行筹划"剿匪"事宜③。10 月 28 日，蒋介石任命江西省政府主席、第九路军总指挥鲁涤平为陆海空军总司令南昌行营主任，负责指挥第一次"围剿"中央苏区战争。为此蒋介石先于 11 月 1 日下令调动何键为总指挥的第四路军、鲁涤平为总指挥的第九路军、蒋光鼐为总指挥的第十九路军，继而又调朱绍良为总指挥的第六路军和尚未入赣的第十九路军入赣"协剿"。与此同时，蒋介石制定了"长驱直入，外线作战，分进合击，猛进猛打"的作战方针。其具体部署为：三路大军由北向南，从吉安、建宁一线向中央苏区进攻，在吉安、泰和和赣州以东，永丰、南丰以南，形成半圆形的包围圈，试图将红军主力压至清江至分宜的袁水流域两岸地区予以消灭。

10 月 29 日，中共中央专门就对付敌人的第一次"围剿"的策略问题做出了详细指示。1930 年 12 月 10 日，中共中央发出了《中共中央给红军的训令》，训令规定了红一、三军团的作战方略，规定了各地红军如何支援和配合中央苏区红一、三军团的反"围剿"作战等。在中共中央发出指示和训令的同时，毛泽东等苏区领导人也根据实际情况制定了反"围剿"作战的方针。10 月 30 日，罗坊会议通过了"诱敌深入"的作战方针，确定"撒开两手，诱敌深入"，将敌人引诱至地形及群众均对红军有利的根据地内，然后集中优势兵力歼灭一路，再及其余，以打破"围剿"。为贯彻"诱敌深入"的方针，红一方面军于 11 月中旬渡过赣江。

红军东渡赣江的行动使敌人在袁水两岸的清江至分宜地区包围并消灭红军主力的计

---

① 厦门大学法律系，福建省档案馆．中华苏维埃共和国法律文件选编．南昌：江西人民出版社，1984：78-81.

② 王永祥．戊戌以来的中国政治制度．天津：南开大学出版社，1991：192-194.

③ 本部分关于"围剿"与反"围剿"的基本史实除已注明出处者外，主要参考了黄少群的《中区风云：中央苏区第一至五次反"围剿"战争史》（北京：中共中央党校出版社，1991）及相关工具书。

划落空，于是鲁涤平亦调动主力东渡赣江，向吉水、永丰、乐安、崇仁、宜黄地区追击。11月18日至20日，公秉藩、罗霖两个师进占吉安、安福、泰和，张辉瓒、许克祥两个师占领永丰、吉水，谭道源师占领乐安、宜黄，毛炳文师占领崇仁。面对敌人的进攻，红军仍然大踏步后退，于12月1日退至宁都西北黄陂、小布地区，准备反攻。12月30日，红一方面军开始反攻，至1931年1月3日5天之内，先后于龙冈全歼张辉瓒两个旅及一个师部共9 000余人，活捉张辉瓒，于东韶歼灭谭道源师一半兵力，粉碎了第一次"围剿"。

第一次"围剿"失败不久，蒋介石新的"围剿"行动就开始筹划了。1931年1月29日，蒋介石命何应钦以"湘鄂赣闽四省剿匪司令"名义代理总司令职权，同时兼任汉口、南昌两行营主任，全权负责指挥第二次"围剿"。国民党军队第五、第六、第九、第十九、第二十六路军等共计12个师、2个独立旅约20万人参加了此次"围剿"。3月下旬，国民党军队完成集结。其中，第十九路军蔡廷锴、蒋光鼐两个师置于兴国方面，徐廷瑶、阮肇昌两个师置于广信一带，王金钰部置于赣南，公秉藩、罗霖两师置于吉安一带，采取"步步为营，稳扎稳打，紧缩包围"的战术。4月15日，集结至江西的国民党军队接到何应钦的总攻击令，实行总动员，兵分四路，在从江西吉安到福建建宁700里战线上对中央革命根据地发动进攻。此时，在中央根据地的红军主力仅有3万余人，毛泽东、朱德采取"集中兵力，先打弱敌，并在运动中各个歼灭敌人"的作战方针，将红军隐蔽于东固、上固、龙冈一带，待机歼敌。5月16日，红军开始反攻。此后半个月内，红军首先歼灭东固西北富田一带的敌人，然后向东横扫700余里，五战五捷，歼敌3万余人，缴枪2万余支，毁坏敌人工事四五百里。至31日，第二次反"围剿"战争胜利结束。

1931年6月，蒋介石带领英、日、德等国军事顾问，亲赴南昌部署对苏区和红军的第三次"围剿"。在军事顾问的帮助下蒋介石制定了新的"围剿"方针，即厚集兵力，分路围攻，长驱直入，先求击破红军主力，捣毁红军根据地，然后再逐渐"清剿"，以图彻底"肃清"共产党和红军①。为此，蒋介石亲自担任总司令，坐镇南昌，调集了30万大军②。7月1日，国民党军队陆续发动进攻，左翼集团军兵分三路，先后进占黎川、德胜关、新丰市、广昌、宁都等地；右翼集团军也兵分三路，分别向富田、东固、崇贤、沙溪、莲塘、宁都等地推进。面对数倍于红军的国民党军队的进攻，毛泽东于7月28日主持召开作战会议，确定"避敌主力，打其虚弱"的作战方针。8月4日，红军开始反攻，第三十五军及三十五师在兴国地区采取游击行动，主力向莲塘转移。8月6日，红军兵分三路，红三军团、红四军从正面封锁国民党军；红十二军、红三军从两翼迂回切断敌人后路，将其包围于莲塘东北山谷地带，在全歼国民党四十七师第一旅后，又先后歼灭其五十四师主力两个团、第八师四个团。9月15日，中央红军在方石岭歼灭国民党五十二师及九师一个炮兵团、一个步兵营及师部机关，粉碎了国民党军队的第

① 黄少群：中区风云：中央苏区第一至五次反"围剿"战争史. 北京：中共中央党校出版社，1991：113.

② 以陈诚的第五十四师、罗卓英的第十一师、赵观涛的第六师、卫立煌的第十师、蒋鼎文的第九师5个师为主力，任命何应钦为前敌总司令兼左翼集团军总司令，下辖朱绍良指挥的第三军团和蒋鼎文指挥的第四军团，陈铭枢为右翼集团军总司令，下辖蒋光鼐指挥的第一军团和孙连仲指挥的第二军团。

三次“围剿”。

1932年4月19日，蒋介石任命军政部部长何应钦为“赣粤闽边区剿匪总司令”。5月1日，何应钦抵达南昌，开始策划对中央苏区新的“围剿”。5月上旬，何应钦将辖区分为九路，分别部署兵力。6月9日，蒋介石在庐山召开会议，决定先集中兵力“围剿”鄂豫皖、湘鄂西苏区，然后转兵“围剿”中央苏区。6月19日，蒋介石等在庐山召开的军事会议上提出“标本兼施”“三分军事，七分政治”的口号，决定拨军费3 500万元，于汉口设“剿共”总部。7月，蒋介石调集50万大军，对各革命根据地和红军发动第四次“围剿”。为实施这一计划，蒋介石亲自担任“鄂豫皖剿匪总司令”，首先向鄂豫皖苏区进攻。尽管此时鄂豫皖苏区红军主力已经扩大到近5万人，但作为鄂豫皖苏区最高领导人的张国焘却错误地估计了形势，放弃诱敌深入、待机歼敌等正确方针，坚持夺取中心城市。不料8月初红军在麻城一役中陷于被动，此后数月间仍无法扭转战局。10月，张国焘擅自率领红四方面军2万余人退出鄂豫皖苏区，向西转移。与此同时，蒋介石对湘鄂西根据地的“围剿”行动亦因中共中央代表、湘鄂西分局书记夏曦的错误指挥而节节胜利。此后，蒋介石便集中50万大军向中央苏区发动重点进攻。此时，中央苏区也受到“左”倾教条主义错误路线的干扰，致使反“围剿”战争一度陷于被动。1932年10月，中共苏区中央局在宁都召开全体会议，最终决定由周恩来代替毛泽东负指挥战争全责，毛泽东留任前方助理。此后，周恩来、朱德等人顶住了中共中央错误路线的重重压力，灵活运用前三次反“围剿”战争的经验，采用大兵团伏击战法，于1933年2、3月，先后在黄陂、草台岗两战中歼敌3个师，俘敌近2万，缴枪15 000支，基本上粉碎了蒋介石的第四次“围剿”。

1933年5月21日，蒋介石在南昌另行成立全权处理赣、粤、闽、湘、鄂五省军政事宜的军事委员会委员长南昌行营，亲自组织和指挥对各根据地的“围剿”。7月，蒋介石拟定新的军事方案，具体内容为：集中几个主攻方向，进行大规模的战略进攻，在每个主攻方向上造成战役优势，而在进攻时则完全依靠堡垒，采取战术防御手段，在步步推进中布下一个越来越稠密的碉堡体系①。与此同时，蒋介石积极调动军队，到1933年9月，已经调集100万大军、200架飞机，同时围攻各根据地，其中用于进攻中央苏区的兵力达到50万人。12月12日，国民党军队3个师进攻团村，被红三军团、红五军团和红九军团主力击溃。12月16—20日，国民党军队相继占领团村、东山、德胜关、黄土关等地，在东山、德胜关至光泽之间构筑碉堡封锁线，暂时采取守势。就在国民党军大举进攻的危急时刻，中共中央在瑞金召开六届五中全会，通过了《中共五中全会政治决议案》等文件，使王明所代表的“左”倾教条路线发展到顶点，否定了毛泽东的正确战略战术原则，以阵地战代替游击战和运动战，以所谓的“正规战”代替人民战争。1934年1月下旬国民党军重新发动进攻后，红军先后在南丰以南鸡公山、五都寨、东华山等阵地陷入被动，被迫撤退。此后，彭德怀、林彪等人写信要求实行运动战，采取机动灵活的战略战术，但遭到博古及军事顾问李德的拒绝，战局随之日趋恶化。4月，广昌失守；5月1日，吉安、龙冈失守。5月4日，红一军团领导人在建宁再次提出实

① 黄少群：中区风云：中央苏区第一至五次反“围剿”战争史．北京：中共中央党校出版社，1991：248.

行运动战的主张，但博古、李德等人仍采取错误战法，命令红军以堡垒对堡垒和“短促突击”的战法同敌人硬拼。5月16日，建宁失守；6月1日，连城被占。6月，博古、李德等人又采取“六路分兵”、全线防御的方针抗击敌人的进攻。9、10月，兴国、宁都相继失守。中央红军除了撤退长征之外，已别无选择。

五、走向陕北：艰难长征路

1934年10月初，中共中央、中央军委领导人博古、李德等人在未经中共中央政治局讨论的情况下，仓促决定放弃中央苏区，实行战略转移。8日确定红军第一、三、五、八、九军团及军委第一、二纵队参加战略转移，同时发出中央红军出发长征的最早命令——“军事与政治命令”①。10日，中共中央、中央军委及各军团、军委纵队共8.6万余人从瑞金等地出发，向湘西进发，长征开始。10月24日至11月15日，中央红军先后突破了三道封锁线。此时，蒋介石调集15个师70个团进行“追剿”，并命令粤、桂、黔等省军队对红军进行堵截，企图围歼红军于湘江以东地区。11月27日，红军先头部队渡过湘江，打开了渡江通道，但由于中央红军携带辎重过多，行动迟缓，12月1日才渡过湘江，此时中央红军已减员至3万余人。

中央红军渡过湘江后，蒋介石集中兵力于湘西黔阳、洪江地区，企图围歼红军于湘西地区。在危急关头，毛泽东力主放弃去湘西与红二、六军团会合的计划，改向敌人力量薄弱的贵州前进。12月18日，中共中央在黎平召开政治局会议，决定在川黔边建立新的根据地，对部队进行整顿，随后分两路西进。1935年1月2日至3日，红军强渡乌江，随即占领黔北重镇遵义。1月15日至17日，中共中央在遵义召开政治局扩大会议，史称遵义会议。会议集中批判了博古、李德在军事指挥上的错误，重新肯定了毛泽东等总结红军长期作战经验形成的战略战术原则；决定改变黎平会议以黔北为中心创造苏区根据地的决议，决定渡过长江，在成都西南或西北建立苏区根据地；增选毛泽东为政治局常委；取消三人团，取消博古、李德的最高军事指挥权；由最高军事首长朱德、周恩来为军事指挥者，周恩来为党内委托的对于军事上下最后决心的负责者；指定洛甫（张闻天）起草决议，后由常委审查通过。遵义会议结束了“左”倾教条主义在中共中央长达4年之久的统治，确立了毛泽东在党中央和红军中的领导地位，是中共党史上一个生死攸关的转折点。

遵义会议后，红军四渡赤水，夺取娄山关，再占遵义，南渡乌江，逼近贵阳、昆明，巧渡金沙江，顺利通过大凉山彝族区，作为先遣队的红一军团第一师一团于1935年5月24日晚抵达大渡河南岸安顺场，控制安顺场渡口，并由红一团二连17勇士抢渡成功。但因渡船太少，中央军委决定兵分两路夺取泸定桥。由红四团二连连长为队长的22名勇士组成的突击队于25日下午夺占泸定桥桥头堡，攻进泸定城，控制了泸定桥，使中央红军主力全部渡过大渡河。

中央红军成功渡过大渡河后，于6月8日突破芦山、宝兴防线，进抵夹金山下。6月12日，作为中央红军先头团的红一军团二师四团翻越夹金山，在懋功东南的达维镇与作为红四方面军先头团的第九军二十五师七十四团胜利会师。18日，中共中央、中

① 中国现代史学会．长征档案：第1卷．北京：中共党史出版社，2006：372.

图 13-6　遵义会议会址

图 13-7　泸定铁索桥

央军委和中央红军主力到达懋功地区，中国工农红军两大主力胜利会师。

红一、红四方面军会师后，中共中央政治局于 6 月 26 日在懋功以北的两河口召开会议。28 日通过了《关于一、四方面军会合后战略方针的决定》，指出一、四方面军会合后，红军的战略方针是集中主力北进，在运动战中大量消灭敌人，夺取甘肃南部，以创建川陕甘根据地，争取中国西北各省以至全中国的胜利；为实现这一战略方针，在战役上必须首先集中主力消灭和打击胡宗南，夺取松潘，控制松潘以北地区，使主力能够向甘南前进；大、小金川流域在军事、政治、经济条件上均不利于大部红军活动和发展，但必须留下小部分力量发展游击战争，使这一地区变为川陕甘苏区的一部分；必须坚决反对避免战争、退却逃跑以及保守偷安、停止不动的倾向。这个决定否定了张国焘依托懋功地区，避开胡敌，南下成都，向川康边发展的主张，确立了北上建立川陕甘革命根据地的方针①。

① 中国现代史学会. 长征档案：第 2 卷. 北京：中共党史出版社，2006：523.

1935 年 6 月 29 日之后，中共中央先后召开了两河口政治局常委会议、芦花政治局常委会议、沙窝会议、毛儿盖会议等一系列会议，试图加强红一、红四方面军的团结，协调两个方面军的行动，以共同北进，但张国焘仰仗人多势众，企图攫取更大的权力，消极执行中共中央的决定，最终发展到企图用武力危害中共中央。中共中央决定率红一（原红一方面军一军团）、三（原红一方面军三军团）军迅速北上后，张国焘仍然拒绝北进。9 月 12 日，中共中央在俄界召开政治局扩大会议，通过《关于张国焘同志的错误的决定》。18 日至 22 日，红军陕甘支队占领哈达铺并进行改编，其间，毛泽东等了解到陕北有一片苏区和相当数量的红军。

此后，改编后的红军陕甘支队继续北上，于 9 月 27 日占领通渭县榜罗镇，中共中央根据了解到的陕北苏区和陕甘红军的情况，做出了把红军长征落脚点放在陕北的决定。之后，陕甘支队途经固原、镇原、环县等地，于 10 月 16 日进入陕北，19 日陕甘支队 6 000 余人到达陕北保安县吴起镇，中央红军长征胜利结束。10 月底，“西北剿总”迅速调集东北军 5 个师兵力进攻陕甘革命根据地。11 月 20 日至 24 日，红一方面军歼灭一〇九师大部，击毙师长牛元峰，击退前来增援的一〇一师、一一七师，全歼一〇六师后卫部队，俘敌 5 300 余人，缴枪 3 500 余支。直罗镇战役的胜利，彻底粉碎了国民党军对陕甘革命根据地的第三次“围剿”，巩固了陕甘革命根据地，为中共中央把全国革命大本营放在西北奠定了基础。

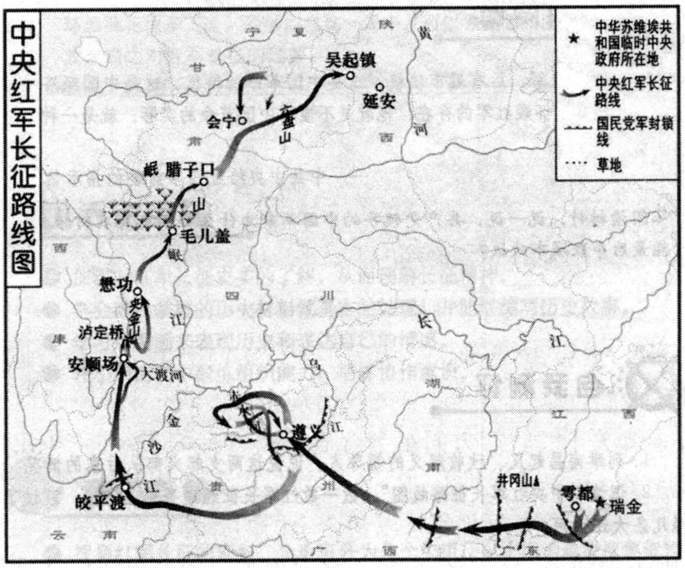

图 13－8　中央红军长征路线图

中共中央率领陕甘支队北上之后不久，张国焘置朱德、徐向前等人的反对于不顾，于 10 月公然在卓木碉另立“中央”，自任“主席”，妄图分裂党和红军。随后，红四方面军在张国焘的领导下南下，经过多次激战，由 10 万余人锐减至 4 万余人。1936 年 6 月 6 日，张国焘被迫取消另立的“中央”。7 月 2 日，红四方面军与红二、六军团会师于甘孜。随后红二、六军团合编为中国工农红军第二方面军（红三十二军编入），贺龙任总指挥，任弼时任政治委员。在中共中央的耐心争取下，在朱德、刘伯承、任弼时、徐向前等人的力争下，张国焘被迫同意北上。红二、六军团是于1935年11月开始长征，经黔西，渡金沙江，过雪山，于1936年7月2日同红四方面军会师。

1936年7月初，红二、红四方面军共同北上。10月8日红四方面军先头部队抵达会宁，与先期到达的红一方面军胜利会师，9日，朱德、张国焘抵达会宁。10月22日和23日，红二、六军团分别在将台堡、兴隆镇同红一方面军会师。至此，红军三大主力胜利会师，标志着中国工农红军成功实现战略转移，长征胜利结束。①

六、苏区社会的变动

中共领导下的苏区，实行与国民党统治区域不同的政治制度和政策。随着这些制度和政策的推行，苏区社会发生了历史性变动。

土地革命是中共领导下的苏维埃革命的最重要内容之一，土地政策在苏区各项经济政策中居于重要地位。中国共产党成立之初，就提出将土地“收归社会公有、社会公用”的主张。1928年12月，毛泽东主持制定了《井冈山土地法》，其主要内容有：没收一切土地归苏维埃政府所有，或分给农民个别耕种，或分给农民共同耕种，或由苏维埃组织模范农场耕种；经苏维埃政府没收并分配后的一切土地禁止买卖；分得土地之后，除老幼疾病没有耕种能力及服公众勤务者以外，其余人均须强制劳动；分配土地的数量标准，或以人口为标准，男女老幼平均分配，或以劳动力为标准，能劳动者比不能劳动者多分一倍土地；分配土地的区域标准，或以乡为单位分配，或以几乡为单位分配，或以区为单位分配；茶山、柴山照分田办法以乡为单位平均分配使用，竹林山归苏维埃政府所有，竹木概由县苏维埃政府出卖，所得之钱，由高级苏维埃政府支配；土地税依照生产情形分为三种，即百分之十五、百分之十、百分之五；乡村手工业工人自愿分田者，得分每个农民所得田数的一半；红军、赤卫队官兵以及在政府和其他一切公共机关服务的人，均得分配土地，如农民所得之数，由苏维埃政府雇人代替耕种②。《井冈山土地法》颁布后四个月，红军又在赣南兴国县发布了《兴国县土地法》，其中最大的变化是将“没收一切土地”改为“没收一切公共土地及地主阶级的土地”③。1929年7月中共闽西第一次代表大会制定了新的土地政策，主要内容有：“自耕农的田地不没收，田契不烧毁”；对富农采取不过重打击的政策；区别大中小地主，并给地主以生活出路；对大中小商人加以区别对待；不是废除一切债务，而是区别对待；分配土地的方法，以原耕为基础，“抽多补少，按人口平均分配土地”④。1931年11月，中华苏维埃第一次全国代表大会通过了《中华苏维埃共和国土地法》，其主要内容有：无偿没收所有封建地主、豪绅、军阀、官僚以及其他大私有主的土地，被没收的土地经过苏维埃由贫农与中农实行分配，被没收的前土地所有者不得有任何分配土地的权限；雇农、苦力、劳动农民，均不分男女，同样有分得土地的权限；乡村失业的独立劳动者在农民群

---

① 以留在鄂豫皖革命根据地的红四方面军为基础发展起来的红二十五军，于1934年11月开始长征，1935年9月与陕北红军胜利会师，亦是红军长征的组成部分之一。

② 毛泽东农村调查文集．北京：人民出版社，1982：35-37.

③ 同②38.

④ 陆仰渊，方庆秋．民国社会经济史．北京：中国经济出版社，1991：489-490.

众赞成之下，可以同样分得土地；老弱残废以及孤寡，不能自己劳动而且无家属可以依靠者，应由苏维埃政府实行社会救济，或分得土地后另行处理；红军战士均须分得土地，由苏维埃政府设法替其耕种；没收富农多余的和好的土地，不没收中等农民阶级的土地，富农在被没收土地后，可以分得较坏的劳动分地，但必须用自己的劳动耕种这些土地；等等①。

土地政策之外，中华苏维埃共和国临时中央政府还制定了其他方面的经济、文化和社会政策，如工业方面将操纵在帝国主义手中的一切经济命脉实行国有；对于中国资本家的企业及手工业，尚保留在旧业主手中者并不实行国有，但由工人监督生产委员会及工厂委员会实行监督生产，竭力促进工业发展。商业方面保证商业自由，不应干涉经常的商品市场关系；但苏维埃必须严禁商人的投机和提高价格，与非苏维埃区域的贸易，不实行“对外贸易垄断”，但苏维埃政府应实行监督，极力帮助合作社的组织与发展；在城市取消苛捐杂税，保护商人贸易②。知识分子政策方面，允许知识分子加入工农革命。婚姻政策方面，制定了《中华苏维埃共和国婚姻法》。

在各级苏维埃政权及相关政策的推动下，苏区的经济结构、社会结构及社会文化诸方面均发生了前所未有的变动。

苏区形成以前，湘、鄂、赣等省广大农村经济大都较为落后。在农业生产方式方面，大部分地区仍为旧式生产方式，土地公司及工业极少，几省交界地区的山区农村有些地方甚至还停留在杵臼时代。在生产工具方面，鄂东应城县清水湖村 1923 年时有耕畜之家仅为全村农户的 8%，1926 年时不超过 35%，江西省半数以上的农户没有牛和犁、耙等主要畜力、农具。在农作物产量方面，20 世纪二三十年代已有明显衰退。江西省粮食产量即便在粮食丰收的 1936 年，仍未超过清朝光绪年间的水平。在此情况下，除湖北黄安、麻城南部地区外，鄂东广济、黄梅等地农民所食以杂粮为多，皖西农民生活水平一天天降低，闽西农民或有田不能耕，或无田可耕，生活极为困苦③。上述情况得到当时调查报告的印证，如有报告指出，边界原来是一个小农经济区域，自耕农甚多，生活程度颇低；有些地方还处于杵臼时代；人民多务农，商人及读书人所占比例极少；苛捐杂税较重，农民生活较苦④。与此同时，土地分配极不均衡。在闽、粤、赣三省交界处的寻乌县，公田占 40%，地主占 30%，农民占 30%。地主中又以小地主土地占大多数，中等地主土地次之，大地主土地最少。在江西兴国县第十区，地主占有 40%的土地，公堂（为地主、富农所共有）占有 10%的土地，富农占有 30%的土地，中农占有 15%的土地，贫农占有 5%的土地⑤。在江西西部，60%以上土地为地主所有，兴国占总人口 6%的地主和富农占有 80%的土地，寻乌占总人口 8%的地主和富农

---

① 厦门大学法律系，福建省档案馆．中华苏维埃共和国法律文件选编．南昌：江西人民出版社，1984：370-373.

② 同①239-240，263.

③ 何友良．中国苏维埃区域社会变动史．北京：当代中国出版社，1996：18-29.

④ 江西档案馆．中共江西省委党校党史教研室．中央革命根据地史料选编：上册．南昌：江西人民出版社，1982：18-19.

⑤ 毛泽东农村调查文集．北京：人民出版社，1982：105-113，199.

占有70%的土地。在江西东北部的弋、横、贵等5县，占总人口数不足9.5%的地主和富农占有80%以上的土地。在闽北崇安县，仅朱、万、潘、邱4大户就占有全县半数土地。此外、湖北、河南、安徽等省部分地区土地集中现象亦十分严重①。

随着苏区的形成及相关制度和政策的推行，苏区农业、工商业均有不同程度的发展。

这一时期苏区农业的发展突出地表现在三个方面：其一，开展互助合作运动，促进生产发展。1929—1932年，闽浙赣根据地宁冈、上杭县首先实行劳力换工和耕牛、农具互助，进而组织耕田队，互助耕田，解决劳力、农具和耕牛缺乏问题。1931年夏，又在耕田队的基础上创立了劳动互助社。1933年后，又有犁牛合作社等组织创立。这些耕田队、劳动互助社、犁牛合作社、代耕队等在不变更个体所有制的前提下，调整了生产关系，在一定程度上打破了以一家一户为生产单位的界限，合理调剂了人力、畜力及生产关系，发挥了集体协作生产的优越性，提高了劳动生产率，促进了根据地农业生产的发展。其二，通过垦荒扩大耕地面积。据统计，1933年，江西、福建、粤赣、闽赣四省共消灭荒田21万担（以产量计）。其三，农业产量增加。1933年，中央根据地产量较1932年增加15%，闽浙赣区增加了20%②。这一时期，苏区的国营工业、合作社工业和私营工业均有较大发展。国营军需工业在中央、川陕、湘鄂、川黔等根据地均有设立，其中以官田兵工厂、罗坪山兵工厂和中央被服厂规模较大；国营民用工业有印刷厂、造纸厂、纺织厂、通讯材料厂和制盐、制糖、烟草、挖煤等工厂，其中1932年在铁山垅建立的中央钨砂公司有职工5 000人，年产钨砂1 800吨左右。合作社工业是在个体手工业基础上组织起来的。到1934年，仅中央苏区就有手工业合作社176个，社员32 761人，股金58 552元。私营工业包括私人资本主义工业和个体手工业。后来由于中共中央和中华苏维埃临时中央政府政策有所转变，即由在一定条件下允许私人资本自由投资经营工商业，转变为“左”倾政策和过高税率，由此打击了私营工业的发展，使其越来越少，最终濒临绝境③。

表13-3　　中央苏区部分国有工厂统计表

厂名	创建时间	地点	人员	机器设备	主要产品和生产能力
红军被服厂	1929年3月	长汀	60人	多架新式缝纫机	
中华织布厂	1930年	初在长汀，后迁至瑞金西门外肖家祠	200多人	手摇纺织机，100多台织布机	布、纱布
中央被服厂	1932年	瑞金七堡	180多人		毛巾、袜子、麻布、套鞋

① 何友良．中国苏维埃区域社会变动史．北京：当代中国出版社，1996：2.

② 陆仰渊，方庆秋．民国社会经济史．北京：中国经济出版社，1991：500-505.

③ 同②505-508.

续表

厂名	创建时间	地点	人员	机器设备	主要产品和生产能力
中央印刷厂	1933 年 10 月	瑞金叶坪		6 部铅印机，12 部石印机	报纸、文件
中央造币厂	1931 年	瑞金洋溪	170 人	“老鹰头”铸币机、银毫子铸币机	日铸银元 1 000 多枚
中央卫生材料厂	1932 年	瑞金新院	20 余人		自制硫酸钠、碘酒、消肿膏、龙胆酊、手术刀、镊子
中央兵工厂	1931 年	兴国官田，后迁瑞金岗面	600 人	车床发电机	修步枪、机枪、迫击炮，造子弹、地雷、手榴弹
通讯材料厂		于都	20 余人		修理无线电台、发报机、电话机
中央钨砂公司（铁山垅、盘古山、小垅砂场）	1932 年	于都	5 000 余人		年产量 1 800 吨左右，产值约 200 万银元

资料来源：余伯流．中央苏区经济史．南昌，江西人民出版社，1995：153-157.

这一时期，苏区的国营商业、合作商业和私营商业均有初步发展。其中，国营商业在 1933 年后有较大发展，当年 1—8 月，国营商业（包括国营民用工业）共计收入 107 188 元。合作商业在 1928 年后开始兴起，1931 年后迅速发展。到 1933 年 9 月，江西、福建两省 17 个县已有合作社 1 423 个，股金 30 多万元，其中消费合作社和粮食合作社各约有 50 万社员。私营商业包括个体商业（即小商贩）和私人资本主义商业，在各苏区商业中占有绝对优势，在这一时期也有所发展①。

随着农业、工商业的发展，苏区经济结构、社会结构亦有明显改变。在经济结构方面，私人经济仍然占有绝对优势，但与此前相比，已有根本区别，即由地主经济占主导地位转变为农民个体经济占主体地位，由以土地剥削为基本特征转变为以消灭封建制度和剥削为基本特征。国营经济虽然在分量上较为微弱，但在苏区经济中占有十分重要的地位，是一种主导型经济②。在社会结构方面，苏区形成以前，大地主、中等地主、小地主、游民等均在农村人口中占有一定比例，苏区形成并重新分配土地后，这一结构被打破。以寻乌为例，苏区形成前，其农村人口中，大地主占 0.045%，中等地主占 0.4%，小地主占 3%，富农占 4%，中农占 18.255%，贫农占 70%，手工工人占 3%，游民占 1%，雇农占 0.3%。苏区形成并重新分配土地后，城郊游民亦有 60%分得了土地③，原有社会结构已不复存在。与此同时，苏区的社会流动也出现了一些新特点：一

---

① 刘录开．中国革命根据地商业史．北京：中国商业出版社，1997：18-39．陆仰渊，方庆秋．民国社会经济史．北京：中国经济出版社，1991：511-515.

② 何友良．中国苏维埃区域社会变动史．北京：当代中国出版社，1996：78-80.

③ 毛泽东农村调查文集．北京：人民出版社，1982：105，169.

是被卷入流动大潮的范围和规模极为广泛，波及一切家庭和个人；二是社会流动与政权形式和性质的改换、全区域人们社会地位的改变是相联系的，或者说是为这种改变服务的；三是流动的原因和动力发生根本变化，社会成员的流动不是由于特殊的社会关系和个人的高贵门第，而是取决于个人对革命和新社会的认识及行动①。

苏区的社会文化也有较大发展。在教育方面，一方面大力开办列宁小学，普遍推行义务教育；另一方面发展广泛的社会教育，努力扫除文盲，普遍开办夜校、识字组、俱乐部和业余补习学校。据 1934 年 1 月统计，江西、福建、粤赣三省 2 932 个乡中，有列宁小学 3 052 所，学生 89 710 人。三省共办有补习夜校 6 462 所，有学生 94 517 人；有识字组（江西、粤赣两省）32 388 组，组员 155 371 人；有俱乐部 1 656 个，工作员 49 668 人。同时，妇女受教育的范围也有相当大的扩展②。在文艺方面，戏剧、新诗和歌谣均取得较大成就。在戏剧方面，先于 1931 年 12 月成立八一剧团，后又在此基础上成立工农剧社总社。剧作大都由集体创作，李伯钊、沙可夫等人也写了不少剧本。新诗以瞿秋白的《赤潮曲》、成仿吾的《战斗呵，苏维埃新中国的创造者!》、泽民的《青年士兵与快枪》较具代表性。这些新诗虽然数量不多，但真实地反映了根据地工农兵群众的革命意志和革命理想，具有很强的战斗性，其语言生动、朴实，在形式上竭力克服欧化倾向。歌谣以《穷人苦债歌》《五更鼓》《只有拥护苏维埃》《两颗福星落人间》等为代表③。

思考题

1. 简述国民政府的“改订新约”活动。
2. 试述国民政府的币制改革及其影响。
3. 概述国民政府前十年的经济发展。
4. 简述 20 世纪 30 年代的乡村建设运动。
5. 概述中华苏维埃政权建设情况。
6. 简述中央苏区的五次反“围剿”斗争。
7. 简述红军的长征过程及其影响。

阅读书目

1. 张宪文，等. 中华民国史：第 2 卷. 南京：南京大学出版社，2006.

---

① 何友良. 中国苏维埃区域社会变动史. 北京：当代中国出版社，1996：82-85.
② 戴向青，等. 中央革命根据地史稿. 上海：上海人民出版社，1986：552-553.
③ 史全生. 中华民国文化史：中册. 长春：吉林文史出版社，1990：520-523.

2. 郑大华. 民国乡村建设运动. 北京：社会科学文献出版社，2000.
3. 徐矛. 中华民国政治制度史. 上海：上海人民出版社，1992.
4. 陆仰渊，方庆秋. 民国社会经济史. 北京：中国经济出版社，1991.
5. 何友良. 中国苏维埃区域社会变动史. 北京：当代中国出版社，1996.

第十四章

同仇敌忾

——抗日战争与中国历史的转折

20世纪30年代的中国，波谲云诡的局势演变既诠释着中国政治的历史情状，又演绎着中国历史未来的进向。在国民政府以“攘外必先安内”为首要之策，并竭尽全力于“剿灭”共产党及其领导的武装之际，日本在与德、意等国的相互支持和相互推动中，加大了对中国的侵略行动，兵锋直逼华北。民族危难形成并骤然加深的历史进程激发出中华民族空前的团结和奋起。“中国，为了民族的生存，全国人民，各党各派，一致团结起来共赴国难，实行坚决的全面抗战，这不但是在中国历史上是划时代的……甚至，照目前的情势演变下去，也会造成在世界史上是划时代的。”① 在抗日战争血与火的磨砺中，决定中国历史命运的机棙已然拨动。

第一节　华北事变与民族救亡大潮

一、华北危亡：长城抗战与《塘沽协定》

从1874年发动侵略中国台湾岛的战争开始，日本每隔5～10年就进行一次对外侵略战争。随着国际法西斯势力的兴起及其相互推波助澜，日本加速了侵华战争的准备，在1925年日本制订的1926年度作战计划中，

① 华美晚报. 中国全面抗战大事记：第1辑. 台北：文海出版社，1981：编后1.

就已经将其主要兵力用于对华作战①。将日本帝国的命运与对华侵略扩张紧密相连，始终是日本军方的基本立场，关东军司令官菱刈隆在1931年5月29日发表对各部队长官的训词中，声明："环顾目前帝国情势，国难内外交逼，国家前途确实令人忧虑难当。要很好地打开这一现状以谋国运的发展，妥善处置将来世界变局而维持东洋永远和平。以此确保帝国高远使命其必然之路，第一步应该是根本解决满蒙问题。"②

日本侵华新步骤在紧锣密鼓地进行中，国民政府"攘外必先安内"之策的精心谋划也在紧张地实施着。1932年6月9日，蒋介石在庐山召集赣、湘、鄂、豫、皖五省"剿匪"会议，一方面将"攘外必先安内"定为国民党处理对外对内关系的基本国策，提出了"标本兼施"的"剿共"方针③，另一方面具体落实第四次"围剿"计划，限令6个月内"肃清"赣、湘、鄂、豫、皖五省红军。而此时，日军对热河的军事行动也迅速展开，以实施早在1931年12月就由日本内阁制订的攻取热河的计划。

1933年1月2日占领山海关④后，日军关东军司令官武藤信义即发布三道作战命令，声明"热河为满洲国之领域"。2月23日，日本领事上村向中国外交部面交备忘录，要求中国军队撤出热河，否则"难保战局不及于华北方面"⑤。27日，日军以四个师团的兵力，分三路向热河发动总攻，汤玉麟部⑥不战而退，日军竟以128名骑兵小队轻取省会承德。随即日军长驱南下，以约25万人的兵力，对热河通往河北和平、津咽喉的长城古北口、冷口、喜峰口、罗文峪、马兰峪等主要隘口形成攻势。华北危亡之势迫在眉睫！

长城沿线的中国驻军8个军团共约35万人⑦，也分三路应战敌寇。在历时80余天（1933年3月5日至5月25日）的奋战中（史称长城抗战），宋哲元、徐庭瑶等部曾在喜峰口、古北口等关隘进行了惨烈悲壮的抵抗。长城抗战是九一八事变后中国国民党军队在华北所进行的第一次较大规模的抗击日本侵略者的战役。在这次战役中，中国军队进行了近三个月的战斗，在给骄横一时的敌寇以沉重打击的同时，自己也付出了惨重牺牲⑧。

长城抗战是近代历史上又一曲交织着悲愤与壮烈情怀的史诗。尤其是宋哲元十九路军大刀队两次夜袭砍掉数千颗日军人头的战绩，迅速成为社会舆论和民众高度称颂的民族精神的典范。1933年3月17日天津《益世报》将喜峰口比拟为法国的凡尔登："法国人忘不了凡尔登的英雄，中国人永世万代亦不能忘记喜峰口的英雄。"《国闻报》则将

---

① 其兵力计划动员32个师，其分配是：对美作战3个师又1个支队，对苏作战13个师又1个支队，对华作战16个师，分别占9%、41%和50%。从兵力分配看，重心在对华作战。

② 小林龙夫，岛田俊彦. 现代史资料：7. 东京：美铃书房，1985：145.

③ 蒋纬国. 抗日御侮：第1卷. 台北：黎明文化事业公司，1979：40.

④ 位于万里长城东端的山海关，北依燕山，南临渤海，地势险要，扼辽、冀之咽喉，为平、津之屏障，素有"天下第一关"之称，自古即为军事重地。

⑤ 马仲廉. "九·一八"到"七·七". 北京：中国青年出版社，1985：162.

⑥ 华北驻军第五军团汤玉麟部所属第五十五军1个师、4个旅；汤同时任热河省政府主席。

⑦ 张玉法. 中国现代史论集：第9辑. 台北：联经出版社，1982：157.

⑧ 据第十七、第二十九、第三十二、第五十三、第六十七这五个军的统计，伤亡就达18 325人。（国民党军史研究编纂会. 抗战胜利四十周年论文集：上. 台北：黎明文化事业公司，1986：565）

宋哲元战地激励士兵的题字“宁为战死鬼，不作亡国奴”的手迹制版影印，以宣扬抗战军人的万丈豪气。北平《世界日报》在3月22日的社评中也指出，喜峰口之战使中国陆军之战斗力、中国民族之自卫力于十九路军之后又得到新的有力证明。

图14－1　十九路军大刀队战斗胜利后的喜悦

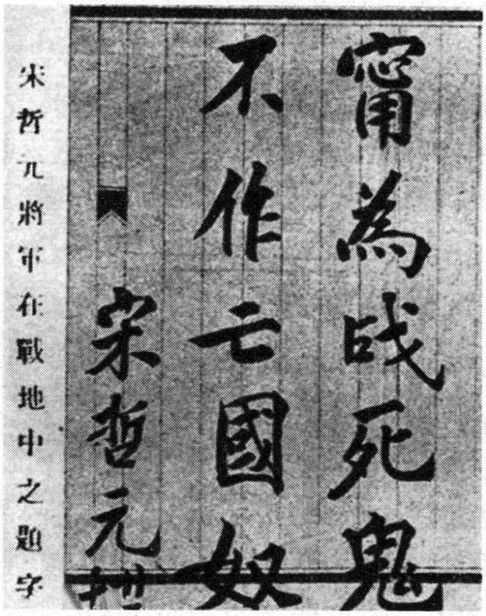

图14－2　宋哲元在战地中之题字

但是，英勇的长城抗战也未能阻敌于长城之外。至5月中旬，日军竟连陷滦东诸县，战争硝烟燃至北平近郊。

平、津危在旦夕。国民政府急筹应对之策，遂任命黄郛为行政院驻北平政务整理委员会委员长，促令其北上与日军谈判停战。5月30日，中、日双方代表在塘沽举行停战谈判。中方首席代表为国民政府军事委员会北平分会总参议熊斌，日方首席代表为关东军副参谋长冈村宁次。31 日，中国代表被迫在“一字不容修改”的《塘沽协定》上签字。依据《塘沽协定》的规定，中国军队撤至延庆、昌平、顺义、通县、香河、宝坻、宁河、芦台所连之线以西、以南之地区，今后不越该线而前进。日军即不再越该线追击，并撤归长城之线。长城线以南及上述连线以北、以东地域内之治安维持，以中国警察机关任之①。

这个让国人备感屈辱的《塘沽协定》，甚至日本学者也认为“对中国来讲，是卖国的协定”②，在蒋介石却是另一种感受：“协定成立，停战政策得告一段落，人民暂可安息；国际形势，当有进步。对内对外，得此整顿准备之余豫，其足为复兴之基乎！”③然而，举国上下对《塘沽协定》的签订的一致声讨，显然与蒋介石“协定成立”“人民暂可安息”的预料完全相悖。巨浪般涌动于神州大地上的呼声，表达的是全民族共同的义愤。

中华苏维埃共和国临时中央政府于 6 月 1 日和 10 日，两次发表谴责宣言，宣布绝不承认《塘沽协定》，号召全国民众起来，以罢工、罢课、罢市、示威和组织自己的队伍，来反对与阻止《协定》任何一条的执行④。

《大公报》于 6 月 1 日发表《中日停战协定痛言》的社评，在揭露了《塘沽协定》丧权辱国的性质之后，也对国民党政府沉痛进言：“吾人以为政府与国民，时至今日，尽可不必讳言屈辱，勿再饰词自欺，而当痛快承认失败，并求如何利用此次惨酷之教训，以谋求国家民族之复兴！”同日的《国闻周报》在《停战与华北前途》的署名文章中评论说：“如果要说那些以大刀、石头及血肉之躯英勇与日寇拼杀的抗日官兵值得后人永世颂扬的话，那么南京政府，尤其是蒋、汪二人，实是出卖中国领土主权、出卖流血牺牲的爱国官兵、出卖爱国民众的千古罪人。”

历史天平中最压重的砝码，始终是民心之所向。

二、中国在怒吼：“一二·九”运动

《塘沽协定》以后的华北局面，无时不在日本得寸进尺之操控中。《塘沽协定》签订后出现的表面平静局势不仅极为短暂，而且诡异万端充满变数。平静的背后孕育着更大的危机。战云弥漫于平、津上空，华北五省（冀、鲁、晋、察、绥）完全暴露于侵略者的炮火之下。日本中国驻屯军参谋长酒井主导“今后日方对华北之外交”，以尽快实现其“最后吞并华北之主张”。面对日方武力外交的“日益逼紧，已成无可变移之趋势”⑤，国民政府却针对性地发表了《邦交敦睦令》，训诫国人说：“中央已屡加申儆，凡我国民，对于友邦，务敦睦谊，不得有排斥及挑拨恶感之言论行为，尤不得以

① 中日签订塘沽停战协定条文//秦孝仪．中华民国重要史料初编：对日抗战时期：绪编（一）．台北：中国国民党中央委员会党史委员会，1981：665.

② 井上清，铃木正四．日本近代史：下册．北京：商务印书馆，1959：576.

③ 古屋奎二．蒋总统秘录：第 9 册．台北：“中央日报”译印，1977：115.

④ 中央统战部，中央档案馆．中共中央抗日民族统一战线文件选编：上册．北京：档案出版社，1984：114-117.

⑤ 申报月刊，1935，4（2）.

此为目的，组织任何团体，以妨国交，兹特重申禁令，仰各切实遵守。如有违背，定予严惩。”[①] 然而，让国民政府备感难堪又尽失颜面的显然不是“以妨国交”的国民，而是擅长制造各种事端的日本侵略者。《塘沽协定》签订后华北短暂的平静局势，转瞬之间就被日军刻意制造的华北事变所打破。

华北事变是指1935年日军加紧策划把华北从中国分离出去的一系列活动的统称。历史无可辩驳地表明，日本陆军的既定政策就是在中国挑起各种争端，从各种挑衅事件中取利[②]。在华北事变的精心策划中，日本对华北的图谋得以步步实现：

第一步，6月9日，当国民政府拒绝日方“索取备忘录”及其“附带项目”后，由中国驻屯军司令官梅津美治郎向国民政府军事委员会北平分会代理委员长何应钦要求形成一个“表示承诺的书面通知”。日方遂借“一如镜花水月的‘何梅协定’”，图谋强行攫取河北省的大部主权。

第二步，6月27日，以张北事件为借口，日本逼迫国民政府签订了“秦土协定”。日方通过这个协定达到了实际控制察哈尔省北部的目的，第二十九军大部被迫撤出察哈尔省北部地区，移驻河北。

第三步，察哈尔得手后，日本侵略者将目标转向了河北。日军仍然重演惯用的套路，即中国驻屯军暗中雇用杀手，将住在天津日租界两名亲日报社社长胡恩溥和白逾桓枪杀，然后嫁诬于国民党蓝衣社。在日方威逼利诱之下，国民政府对其苛刻要求竟一一照办：(1) 将河北省政府主席于学忠撤职；(2) 将于学忠第五十一军撤走；(3) 将河北省内一切国民党党部完全取消；(4) 将国民党“中央军”撤离河北；(5) 禁止全国排外、排日行动。

在日本侵华战略规划中，华北五省“在政治、经济和军事上占有极其重要的地位。察哈尔位于热河之西，河北省居热河之南，要保障他们攫得的利益和继续他们在中国的侵略，首先必须使这个地区和中国其他部分分裂开来”。“在华北是要使这五省脱离南京政府，建立一个在日本领导下同‘满洲国’有密切关系的特殊区域”[③]，是日本策动华北事变的最终目的。“秦土协定”、“何梅协定”签订后，日本加紧扶持成立汉奸政权，加快了“华北特殊化”的进程。1935年11月，由日寇策划扶植的以汉奸殷汝耕牵头的伪冀东防共自治政府在通县正式出笼，辖区包括冀东22个县。12月，国民政府在日本的压力下，同时也受宋哲元意图独揽华北权力的胁迫，被迫同意成立冀察政务委员会，由宋哲元任委员长。冀察政务委员会名义上隶属于国民政府，却具有实际上的相当大的独立性；同时，日本侵略势力和亲日汉奸势力也对其有很大影响力和控制力。

国民政府凄然无奈地失去了对华北的有效控制。1935年6月10日，国民党中央执行委员会以一个自欺欺人的理由发布《平津各级党部一律结束》的通告，声称：“为节

---

① 大公报（天津），1935-06-11.

② 日本评论家室伏高信当时即针对日本军方发表评论说：“军人处理直接问题，不应虚构捏造。日本军部之人，屡有干犯大权问题……不曰战争，而曰事变……实际上所谓事变，即战争也。”[申报月刊，1935，4 (8)]

③ 复旦大学历史系中国近代史教研组．中国近代对外关系史资料选辑（1840—1949）：下卷第1分册．上海：上海人民出版社，1977：283.

省党务经费起见，决议将河北省党部、天津市党部、北平市党部等结束”并“全部停止工作”①。但是，与国民政府完全不同的另一种悲怆与愤怒交织的历史强音，却以惊雷之势在中华大地上滚滚而起。

1935年8月1日，驻共产国际中共代表团以中国苏维埃政府和中共中央的名义，发表了《为抗日救国告全体同胞书》（即著名的《八一宣言》），宣告：“近年来，我国家我民族已处在千钧一发的生死关头。抗日则生，不抗日则死，抗日救国已成为每个同胞的神圣天职！”号召全民团结，停止内战，一致抗日，组织国防政府和抗日联军。不久，热血沸腾的平津10校学生自治会于11月1日发出了《为抗日救国争自由宣言》，表达了青年学生救亡天下的心声和对国民政府的强烈抗议。该宣言始则诉告天下：“九一八事变，三日失地万里，吾民岂不知尸责者谁，特以外患当前，不愿与政府歧趋。然政府则利用此种心理，借口划一国策，熬煎逼迫，无所不至。昔可以‘赤化’为口实，今复可以‘妨碍邦交’为罪名，而吾民则举动均有犯罪之机会矣。杀身之祸，人人不敢必免，吾民何辜，而至于斯！”继则呼吁国民党政府：“诚以国势如此，凡属国民，分应共肩负责，奋起救存。”此时，中共北平临时工作委员会不失时机地领导并推动北平爱国学生运动的开展。

12月9日，北平各大中学校的爱国学生6 000余人涌上街头请愿示威，高呼：“打倒日本帝国主义”“反对华北自治”“打倒汉奸卖国贼”“立即停止内战”等口号。当学生的游行队伍经过西单时，遭到国民党军警的阻拦和野蛮镇压。次日，北平学联筹划各校学生举行总罢课。中共北平党组织决定在这一天举行更大规模的游行示威，反对冀察政务委员会的成立。12月16日清晨，北平各校学生从四面八方涌向天桥，在天桥举行了3万多人的市民大会。会后数万人的示威游行，同样遭到国民党政府军警镇压，被大刀砍伤、刺伤及被棍棒打伤的有400多人，被捕30余人。但是，北平青年学生发起的爱国示威游行，立即得到全国各地的广泛响应，掀起了全国抗日救亡的热潮。天津南开大学、北洋大学、南开中学等校联合于12月18日举行示威游行，并做出决议到南京请愿。上海爱国学生和文化、教育各界以及广大工人、群众，于12月24日举行全市示威游行。南京、杭州、武汉、广州、开封、济南、太原等城市，爱国学生纷纷举行示威游行、请愿和罢课，形成相互声援、相互支持的一浪高过一浪的爱国运动。青年学生的一二九运动“配合着红军的北上抗日行动，促进了国内和平和对日抗战，使抗日运动成为全国的运动。所以，一二九运动是动员全民族抗战的运动，它准备了抗战的思想，准备了抗战的人心，准备了抗战的干部”②。它由此揭开了全民族抗日救亡运动的序幕。

影响并最终改变历史的进步力量在迅速汇聚着：

1935年12月20日，中共中央通过共青团发表《为抗日救国告全国各校学生和各界同胞宣言》，将青年学生的爱国运动导向一个新的方向，召唤青年学生“到工人中去，到农民中去，到商民中去，到军队中去”。12月26日，平津学生联合会在北平成立。随后，平津学联组织的南下扩大宣传团，于1936年1月初出发，对民众进行抗日救亡宣传，并帮助他们组织抗日救国会等爱国团体。

---

① 北平通信．大公报（天津），1935-06-12．

② 毛泽东文集：第2卷．北京：人民出版社，1999：253．

1936年2月1日，中华民族解放先锋队在北平师范大学举行成立大会，通过了《成立宣言》，队员已发展到1 200多人。后来，全国各地有30多个城市建立了民先队。1937年2月6日，在中共中央北方局领导下，召开了民先队第一次全国代表大会，成立了全国总队部，由李昌任总队长。中华民族解放先锋队，是抗日救国的先进青年的群众性组织，它在抗日救亡运动中产生，肩负着民族解放的使命。

1936年5月31日至6月1日，宋庆龄、何香凝、马相伯、沈钧儒、沙千里等全国知名人士在上海召开了全国各界救国联合会成立大会。大会通过《全国各界救国联合会成立大会宣言》《抗日救国初步政治纲领》等文件，作为各党各派共同抗日的基本纲领草案。大会选举宋庆龄、何香凝、马相伯、邹韬奋、胡愈之等40人为执行委员，沈钧儒、章乃器等14人为常务委员。1936年7月15日，沈钧儒、章乃器、陶行知、邹韬奋联名发表了《团结御侮的几个基本条件与最低要求》，要求国民党联合红军共同抗日，指出"先安内后攘外"的方针对敌人有利，表示坚决站在救亡阵线的立场，为中华民族解放运动的胜利而奋斗。

1936年8月，南京各界救国会成立，简称"南救"。接着，在香港成立救国会华南区总部，简称"南总"。其他各地，包括海外华侨，也纷纷建立救国会。随着全国抗日救亡运动的开展和抗日救亡团体的成立，救亡刊物大批涌现。据不完全统计，全国救亡刊物达千余种。邹韬奋主编的《大众生活》，每期发售达15万份以上。

全民抗日救亡大潮的奔涌，与国民政府应对局势的方针显有冲突。"中日必须亲善提携，方足互维东亚大局之和平。此乃我中央既定之方针，亦即蒋委员长之方针，迄今并未变更。"① 因此，恐惧于民众力量的国民党当局，遂于11月23日凌晨逮捕了全国各界救国联合会领袖沈钧儒、章乃器、邹韬奋、李公朴、沙千里、史良、王造时等7人，史称"七君子事件"。不久，中国左翼作家联盟（"左联"）、中国左翼文化界总同盟（"文总"）等左翼文化团体，积极投入文化战线的抗日救亡运动，尤其是由田汉作词、聂耳作曲的《义勇军进行曲》，以其强烈的感染力，成为激励全中国人民起来抗争的怒吼：

起来！
不愿做奴隶的人们！
把我们的血肉，
筑成我们新的长城！
中华民族到了最危险的时候，
每个人被迫着发出最后的吼声。
起来！起来！起来！
我们万众一心，
冒着敌人的炮火前进！
冒着敌人的炮火前进！
前进！前进！进！

---

① 国民政府军事机关档案（二十五）3042//中国科学院历史三所南京史料整理处. 中国现代政治史资料汇编：第2辑第29册. 1958.

图 14－3 聂耳

当全民抗日救亡运动已经汇聚为历史性的巨浪时，又岂能被违逆民意的当权者所阻遏?!

三、西安事变：第二次国共合作的历史前提

1936 年 12 月 12 日凌晨五时半，一阵短促的枪声打破古城西安的静寂。张学良的东北军和杨虎城的第十七路军协同行动，以极其迅捷和秘密的方式，将莅临西安布置“剿共”方略的蒋介石扣留，并囚禁了陈诚、卫立煌等国民党军政大员。次日，张、杨东北军和西北军高级将领联名通电全国，宣告天下：“东北沦亡，时逾五载，国权凌夷，疆土日蹙。淞沪协议，屈辱于前；塘沽、何梅协定，继之于后。凡属国人，无不痛心……我中枢领袖应如何激励军民，发动全国之整个抗战。乃前方之守土将士浴血杀敌，后方之外交当局仍力谋妥协。自上海爱国冤狱暴发，世界震惊，举国痛愤，爱国获罪，令人发指……学良等多年袍泽，不忍坐视，因对介公作最后之诤谏，保其安全，促其反省。”西安事变，不啻晴天霹雳，震惊天下。

猝然而起的西安事变，其实有着必然的历史致因。在日本侵略者的步步进逼下，东北沦陷、华北危亡，以致整个中华民族已处生死存亡之秋。停止内战、团结抗战的呼声响彻云霄，已成全民族共同心愿。不仅外有知识界、民主人士对国民政府“攘外必先安内”国策的坚执不屈的抗议和声讨，而且国民党内爱国救亡的力量也日渐成长并汇聚成具有影响的积极力量。1936 年 6 月初，两广事变发生。广东军阀陈济棠与广西军阀李宗仁联手，举起抗日救国旗帜，进行反蒋。此举迅速获得西南数十将领支持，他们联合成立军事委员会和抗日救国军，并出兵湖南，声称“纯系对外，绝不进行内战”。11 月，傅作义部在绥远抗击日军进攻，取得红格尔图战斗胜利，并乘胜收复百灵庙和大庙。全国人民发起援绥运动，并于 1936 年冬形成热潮。“全国上下，无论西南、西北的实力派，无论青年学生，无论知识阶级，除了国民党的几个寡头之外，没有不主张团结御侮，坚决抗战的。”[①]

在世界范围内，“一种新的国际关系的格局似乎正在出现”，“苏联通过促进在中国建立统一战线，希望结束国共内战，并使统一的中国转向反对日本的侵略野心”[②]。逼人的形势也导致国民政府对日政策的些微变化。1935年11月12日至23日，国民党召开第五次全国代表大会，立息内争的党内呼声很高，尽管蒋介石对日妥协仍存有幻想。国民党第五次全国代表大会后国民政府进行了改组，政府中民主人士、学界名流和国民党内部抗日力量明显上升。“此次中枢的新组织，惹起一般国际上的注意，各国都认为比较举国一致的政府，日本亦然。”[③] 引人关注的还有，国民党在着手改善中苏关系的同时，寻求打通与中共关系的渠道。中断近十年之久的国共关系开始呈现松动之征象。

1935年12月中旬至下旬，中共中央在陕北瓦窑堡召开政治局会议，通过了《关于目前政治形势与党的任务决议》。《决议》指出，在日本帝国主义正准备吞并全中国的严重形势下，我们唯一的出路就是“向着日本帝国主义及其走狗卖国贼展开神圣的民族战争”。而且“只有最广泛的反日民族统一战线，才能战胜日本帝国主义及其走狗”。瓦窑堡会议是共产党政治路线的转变的起点。瓦窑堡会议前后，中共同张学良和杨虎城已经建立了联系。在多次秘密接触和商讨后，张学良、杨虎城都接受了中国共产党停止内战、共同抗日的政治主张。到1936年9月，“逼蒋抗日”口号代替了“抗日反蒋”，表现了中共基本政策的重大变向，标志着中共建立抗日民族统一战线政策的历史性转变。

复杂而微妙的局势、各种政治力量的组合均在发生着转变，不变的却是蒋介石。他仍竭尽全力实施其“安内”的政策。1936年夏，蒋介石在处理了两广事变之后，便席不暇暖地于10月22日飞到西安，着手“围剿”红军。蒋介石调集嫡系精锐部队260个团30余万大军，“围剿”红军，并期以三个月获得功成。张学良对蒋介石的一意孤行十分愤慨，力争劝阻。10月27日，趁在洛阳给蒋祝寿之机，他曾单独进言，要求释放爱国七君子，停止内战，领导抗日救亡。蒋则蛮横指斥说：“只有我可以代表整个国家、整个民族，反对我，就是反对政府，就是奸党暴徒。”[④] 虽然如此，张学良仍然不弃不舍，努力促成“拥蒋抗日”局面的形成，不久，张学良致电蒋介石请缨驰援绥远抗战，力陈“每念家仇国难丛集一身，早想拼此一腔热血，洒向疆场”，希望“调派东北军全部或一部，克日北上助战”，“一鼓而挫敌气”。蒋介石不由分说地拒绝张的请求后，于12月4日再度飞往西安。在临潼华清池的临时行辕，蒋介石分别召见东北军和西北军的师以上将领谈话，要他们听从命令，全力“剿共”。蒋介石宣称：“剿共已达最后五分钟成功的阶段”[⑤]，如果反对“剿共”的命令，就要严加处置。在一切布置停当之后，蒋介石开始向张、杨摊牌，提出两个方案：一是服从“剿共”命令，将东北军和十七路军全部开到陕甘前线，进攻陕北苏区，“中央军”在后面接应督战；二是如不愿“剿

① 存萃学社. 为第二次国共合作铺平道路的：西安事变与张学良//中国近代史资料丛编：九. 香港：大东图书公司印行，1978：330.

② 费正清，费维恺. 剑桥中华民国史：下卷. 刘敬坤，等译. 北京：中国社会科学出版社，2007：513-514.

③ 王桧林. 中国现代史：上. 北京：高等教育出版社，2003：261.

④ 张学良. 请缨抗敌书. 解放日报（西安），1936-12-15.

⑤ 古层奎二. 蒋总统秘录：第10册. 台北：“中央日报”译印，1977：151.

共”，就由“中央军”去“剿共”，把东北军调福建，十七路军调安徽。这两个方案都是张、杨无法接受的。调离陕甘，即等于拆散东北军、十七路军和红军三位一体的联合，无异于自取灭亡。而且，他们已和红军达成了共同抗日的协议，“反对内战，坚持抗日”在官兵中已形成共识。再则，蒋介石突然亲赴西安，震慑督战之举出乎张学良意料之外，实含有对张“开始了恶意的布置”的计谋①。张学良已被逼至危崖之缘。正如周恩来指出：“蒋介石对张学良将军曾经说过这样的话：‘你的责任就是剿共，不许到绥远抗战。若要不然，就把你换掉。’以后召集西安会议……准备以蒋鼎文代替张学良的。这样就逼出来一个西安事变。”②

图 14-4　临潼——西安事变中蒋介石被拘留于此

西安事变发生后，国内外反响强烈，复杂的形势中隐藏着各种变数。西安“三十万民众欢腾鼓舞拥护民族解放运动”③。短短 3 天内，仅山西、湖南、贵州、四川、广西 5 省的民众团体和救亡组织发到西安响应张、杨通电的电报就有 1 000 余份。西安事变的当日，全国各界救国联合会、全国学生救国联合会等 18 个救亡团体发表通电，拥护张、杨之举。西北各界救国联合会致电全国武装部队和各党各派，号召加强团结抗日，共赴国难，公开批评了国民党政府的误国政策。

西安事变两天后，日本陆军省在 12 月 14 日的“西安事变对策纲要”中提出：“看一下张学良的起兵声明便知，恐将招致对日空气之恶化”，因此，“要做好准备，以便不失时机地采取自主之手段”④，伺机对中国采取新的侵略行动。不久，日本有田外相多

① 杨奎松．西安事变新探：张学良与中共关系之谜．南京：江苏人民出版社，2006：278.

② 周恩来选集：上卷．北京：人民出版社，1980：192-193.

③ 西北文化日报，1936-12-13.

④ 小林龙夫，岛田俊彦．现代史资料：8．东京：美铃书房，1985：608.

次提出，国民政府如在抗日容共之条件下与张妥协，日本则予断然排击①。

英、美基于自身利益，从需要中国牵制日本出发，主张和平解决西安事变。12月17日，英国外交大臣艾登在致英驻华大使休格森的电文中称："张学良可能被说服释放蒋介石，如果他本人的安全能得到保障的话……我们表示愿意尽我们的最大努力来保证他的安全。"并提出"将要求美国、日本、意大利和法国政府加入所提议的行动"②。苏联对事变的性质、目的虽然判断有明显错误③，却坚持和平解决之立场，认为中国目前所急需的，是一个全国性的抗日民族统一战线，因此，最重要的是团结与合作，而不是分裂与内战。明确指示中共应争取和平解决西安事变，促使蒋介石赞成抗日④。

南京国民政府很快做出反应，于12日晚即决定，"褫夺张学良本兼各职，交军事委员会严办"；同时，调集"中央军"控制陇海线战略要地潼关和华阴。不仅"中央军"进入陕西之门户洞开，而且甘肃之胡宗南部也可随时背后进攻⑤，西安处于腹背受敌之势。但是，南京政府内部关系复杂而微妙，两大派系之间的较智较勇的博弈与抗衡无处不在。以宋美龄、宋子文为代表的英美派竭力要求和谈，却苦无军权凭借；以军政部部长何应钦为首的亲日派，凭借手中军权，却导演"戏中戏"，试图乱中取利。各地方实力派对西安事变的态度，或支持或反对，或骑墙游移，整个局势紧张、混乱却又瞬息万变。

局势紧迫，情势危急。中共中央的举措对于西安事变的走向和张、杨的进一步选择至关重要。在东北军和十七路军各部队已经开始分别向预定目标运动之后，即凌晨5时左右，张学良首先用自己的电台向中共中央通报了事变的消息："吾等为中华民族及抗日前途利益计，不顾一切，今已将蒋等扣留，迫其释放爱国分子，改组联合政府。兄等有何高见，速复。"⑥中共中央迅速回应，一方面，为了应对不测，决定派周恩来赴西安协商大计，并决定成立红军、东北军与十七路军的统一军事组织，以稳定西安方面之军心，迅速布防于西安一带，"准备与中央军决一死战"⑦。另一方面，中共中央审时度势，在得到共产国际明确指示后，积极寻求和平解决之上策。

西安事变的当天，张、杨就将其政治主张宣示天下："（一）改组南京政府，容纳各党各派，共同负责救国；（二）停止一切内战；（三）立即释放上海被捕之爱国领袖；（四）释放全国一切政治犯；（五）开放民众爱国运动；（六）保障人民集会结社一切之政治自由；（七）切实遵守总理遗嘱；（八）立即召开救国会议。以上八项为我等及西北军民一致之主张，望诸公俯顺舆情，开诚采纳，为国家开将来之一线生机，涤已往误国

① 党史资料通讯，1988（1）：27.

② 党史研究资料：第2期．成都：四川人民出版社，1981：26.

③ 12月14日，苏联《真理报》社论《在中国发生的事件》中称："张学良部队叛变无疑是中国亲日分子的一个阴谋，因为他们正在千方百计地为日本帝国主义奴化中国效劳。"12月17日，该报评论员在《国际评论》中说："张学良叛变纯系日本在中国制造的又一起挑拨事件，其目的乃是阻止中国的统一，破坏日益高涨的人民抗日运动。"

④ 张国焘．我的回忆：第2册．北京：现代史料编刊社，1981：333．杨奎松．西安事变新探：张学良与中共关系之谜．南京：江苏人民出版社，2006：325.

⑤ 杨奎松．西安事变新探：张学良与中共关系之谜．南京：江苏人民出版社，2006：301.

⑥ 周恩来年谱（1898—1949）．北京：中央文献出版社，1998：338.

⑦ 同⑤353.

之愆尤。大义当前，不容反顾，只求于救亡主张贯彻，有济于国家。为功为罪，一听国人之处置。”在接下来紧张而密集的交锋中，南京方面在弄清张学良、杨虎城和共产党并不想加害蒋介石而希望和平解决此次事变的态度后，于22日派宋子文、宋美龄到西安谈判。周恩来作为中共中央全权代表也参加了谈判。他遵照中央的有关指示，在与张学良、杨虎城共同商讨并进行同南京方面的谈判中，做了卓有成效的工作。政治谈判中的进退予取，当然也伴随着军事上的彼此角力。经过两天的商谈，宋美龄等人最终做出“停止剿共”“三个月后抗日发动”等项承诺。12月24日晚，周恩来会见蒋介石，当面向蒋介石说明中国共产党抗日救国的政策。蒋介石表示同意谈判议定的六项条件：（1）改组国民党和国民政府，驱逐亲日派，容纳抗日分子；（2）释放上海爱国领袖，释放一切政治犯，保证人民的自由权利；（3）停止“剿共”，联合红军抗日，共产党公开活动，红军保持独立组织领导，在召开民主国会前，苏区仍旧，名称可冠抗日或救国；（4）召开各党各派各界各军救国会议；（5）与同情中国抗日的国家合作；（6）实行其他具体的救国办法。蒋介石还表示，“只要我存在一日，中国决不再发生反共内战”。

图14-5 西安事变中的张学良（左）、杨虎城（右）

内战阴霾消散，西安事变终于和平结束。25日下午，张学良决定释放蒋介石，亲自陪同蒋介石乘飞机离开西安回南京。一到南京，蒋介石迅即扣留张学良①。消息传出后，西安顿时出现动荡不安的局势，东北军内部也出现猜忌和分裂，主张联共抗日的王以哲军长被一部分过激分子杀害。周恩来在极端艰难的情况下，坚定而细致地进行工作，巩固了红军和东北军、十七路军的团结，基本上保持了和平解决西安事变的成果。

① 西安事变后蒋介石解除了杨虎城的兵权，又强迫改编了东北军和西北军。杨虎城被蒋介石长期囚禁，1949年9月17日在重庆惨遭杀害。张学良在国民党败退大陆时被蒋介石胁迫到台湾，2001年10月15日在美国夏威夷逝世。

张学良“以七尺之躯，换得主张实现”的期望也得以如愿。

一波三折的西安事变最终和平解决了，它所展示的历史智慧和理性将昭示未来。“西安事变的和平解决成了时局转换的枢纽：在新形势下的国内的合作形成了，全国的抗日战争发动了。”①“这是中国历史上的一件大事，从此建立了两党重新合作的一个必要的前提。”②

第二节　七七事变：日本发动全面侵华战争

一、从七七事变到八一三抗战

“北平现状，犹如火山，有随时爆发酿成九一八事变之处。”这是当年英文《大陆报》的北平通讯报道。最终，日军挑起的卢沟桥事变打破了这种极度紧张、僵持的华北局势。1937 年 7 月 7 日 19 时 30 分，驻丰台日军举行挑衅性军事演习，并诡称日军失踪士兵一名，要求进宛平城搜查。驻守宛平的第二十九军第三十一师二一九团团长吉星文拒绝了日军的要求。日方仍坚持要派兵入城，否则“将以武力保卫前进”。不久，日方虽已得知“失踪日兵现已归队”，却又提出城内中国驻军必须向西门外撤退，日军进至城内再行谈判的无理要求，复遭到中方拒绝。日军对中国守军发起攻击。中国守军奉令立即还击。

卢沟桥事变发生后，日本政府发表《派兵华北的声明》，立即增兵华北，并由天皇钦命香月清司中将为中国驻屯军司令官，以接替重病中的田代皖一郎。7 月 15 日，日军参谋部下令编成临时航空兵团，将其所辖 18 个飞行中队派往中国东北。这时，入关的日军已达 5 个师团以上，兵员 10 万之众。短暂休整后，日军向平、津发起进攻。

7 月 28 日，中国驻屯军在香月清司指挥下，对北平附近的中国第二十九军发起总攻。第二十九军驻南苑部队 7 000 余人，前敌总指挥为第一三二师师长赵登禹。日军在飞机、大炮火力支援下，首先向南苑守军猛烈攻击。在 5 个多小时的惨烈战斗中，中国守军伤亡 2 000 人以上，副军长佟麟阁不幸牺牲，师长赵登禹在指挥部队后撤时，亦壮烈殉国，南苑遂陷敌手。与此同时，日军另一部则向北苑等地进攻，中国第二十九军所部节节抵抗，终力不能支，败退保定、涿县等地。29 日，北平沦陷。

29 日，中国驻屯军司令官抽调北平第二十师的 4 个营及关东军堤支队增援天津，并以临时航空兵团对中国军队进行狂轰滥炸。在日军轰炸和猛烈炮火反击下，第二十九军转攻为守。经过 15 小时战斗，部队伤亡严重，遂于 30 日放弃天津，向马厂方向撤退，天津失陷。

卢沟桥事变与平、津两大都市的转眼间沦陷，对于日军军事行动的展开而言，整个过程可谓环环相扣，进退可据。历史进程清晰地表明，卢沟桥事变是日本大陆政策的必

---

① 毛泽东选集：第 3 卷．2 版．北京：人民出版社，1991：1037.

② 毛泽东选集：第 2 卷．2 版．北京：人民出版社，1991：363.

然发展和有计划有准备的行动。

战争在预谋中爆发。伺机把战争由华北扩展到华中，是日本侵华战争中一个重要的战略步骤。驻上海日本第三舰队司令官长谷川清于7月16日向东京提出了《对华作战用兵的意见》。他认为："欲置中国于死地，以控制上海、南京最为重要。"他主张派5个师的兵力，进行京沪会战，攻占南京、上海①。8月9日，日军在上海蓄意制造了"虹桥事件"②。13日9时30分，驻上海日本海军陆战队司令官大川内少将下令向中国军队发动全线进攻。中国守军当即予以猛烈反击。八一三淞沪会战由此开始。

淞沪会战从1937年8月13日开始，至11月12日中国军队西撤，历时三个月。8月15日，日本侵略军华中方面军编成上海派遣军、第十集团军，下辖近10个师的兵力共约28万人，动用军舰30余艘、飞机500余架、坦克300余辆，大举进犯上海。中国先后调集中央部队和驻广东、广西、湖南、四川、贵州、云南等地部队，共70余个师约70万人，海军舰艇约40艘、空军飞机250架也投入战斗。8月23日，日军在吴淞和川沙登陆，向罗店、宝山等地发起进攻。9月中旬，日军开始增兵，中日双方展开激烈争夺战。30日，增至20万人的日军发动了全线进攻。中国军队拼死抵抗，战场形势日趋严峻。10月25日，八十八师副团长谢晋元率800名战士扼守苏州河北岸四行仓库，孤军苦战四天四夜，被迫撤退。11月5日，日军增派3个师团从西线迂回上海，中国军队腹背受敌，被迫全线撤退，上海失守。

日军华中方面军攻取上海后，兵分三路向南京进攻。12月初，日军兵临南京城下。12月5日，日军向南京发起进攻，刚从上海撤退的中国守军未得补充，根本无法抵抗。13日，南京沦陷。在华中方面军司令官松井石根和第六师团长谷寿夫的指挥下，日军对中国军人和南京百姓进行长达6周的血腥大屠杀③。这是人类历史上前所未有的暴行记录。

日军的快速推进和对平、津、沪、宁等重要城市相对顺利的攻占，更张扬出侵略者的傲慢与狂妄：他们不仅声言"中国事变一个月就可解决"④，而且还"预定在三四个月内消灭中央政权"⑤。

二、全民抗战的实现：中华民族最后的关头

战争当然是实力的较量。七七事变时，中日两国国力对比悬殊。经济实力上，日本优势明显。日本的现代工业产值在国民经济总产值中已占到80%，各种轻、重工业产

---

① 小林龙夫，岛田俊彦．现代史资料：9．东京：美铃书房，1985：187.

② 8月9日18时30分前后，驻上海日本海军陆战队中尉大山勇夫和水兵斋藤与藏肆意驱车闯入上海虹桥机场警戒线内，与中国保安队卫兵发生冲突，当场被击毙，此即"虹桥事件"。

③ 据记载，日军在南京集体屠杀28案，包括被集体枪杀与活埋约计19万余人；零散屠杀858案，仅被收埋的尸体就有15万多具。日军在6周内共屠杀南京市民和放下了武器的中国官兵30万人以上。这一举世震惊的暴行，受到世界舆论的普遍谴责。1946年远东国际军事法庭在审判日本战犯的决议书中指出，"日本兵完全像一群被放纵的野蛮人似的来污辱这个城市"，"实行杀人、强奸、抢劫、放火"。这是日本帝国主义在侵华战争中犯下的一桩滔天罪行。经远东国际军事法庭审理，松井石根被判处绞刑。谷寿夫被引渡给中国政府，于1947年被处以死刑。

④ 秦郁彦．日中战争史．东京：原书房，1979：246.

⑤ 同①17-18.

品均能制造；而中国现代工业（包括帝国主义在华企业在内）在国民经济总产值中仅占10%，除沿海部分城市与长江中下游地区有少数轻工业外，大部分为手工业。1937年的工业总产值，日本为60亿美元，中国仅13.6亿美元，日本是中国的4.4倍多；生铁产量，日本为239.7万吨，中国只95.9万吨（含东北）；钢产量，日本为635万吨，中国仅55.6万吨（含东北）；石油产量，日本为39.3万吨，中国仅0.02万吨。

军事实力上，日本特色突出，机械化装备和作战能力更为强势。日本政府大量增加直接军费，1937年即达13.6亿日元，占其国家当年总预算的49%。其陆海军在质量与装备上均占绝对优势，陆军有17个常设师团，总兵力约25万人；陆海军航空兵共有91个中队、2 600余架飞机；海军共有4个舰队、200艘大型舰艇，总计77万吨。中国军需工业落后，重武器多不能自造，装备陈旧；陆军兵力虽有183个师计202.9万余人，实际能用于战场者仅80个师，不到100万人；海军舰艇57艘，总计5.9万吨；空军仅有战斗机305架。

迷信军国主义和武士道的日本决策者们认为，只需对华一击就可以迫使中国屈服。但是，战争的实力又不仅仅取决于经济与军备，正如战后日本人自己所承认的："日本在败于美国的物质力量之前，早就已败给中国的民族主义了。"卢沟桥事变是中国最后的关头，众志成城的中华民族抗日统一战线由此形成。"中国暴涨的抵抗情绪，完全改变了政治局面。"① 这是足以最终改变时局和赢得胜利的力量。

卢沟桥事变爆发后的第二天，中国共产党发表抗日通电，并致电国民政府军事委员会委员长蒋介石，提出"日寇进攻卢沟桥，实施其武装攫取华北之既定步骤"，应本"御侮抗战之旨，实行全国总动员，保卫平津，保卫华北"，"红军将士，咸愿在委员长领导之下，为国效命，与敌周旋，以达保土卫国之目的"。7月15日，中共中央将《国共合作宣言》交付国民党，主动提出"取消红军名义及番号，改编为国民革命军，受国民政府军事委员会之统辖，并待命出动，担任抗日前线之职责"。

各地、各界人民团体要求政府团结抗敌的电报纷纷到达南京。7月19日一天内，国民政府就收到国内外19个团体要求政府抗日的电报。国内外群众团体在原有组织的基础上重新组织了大量后援会、慰问团、救护团、援助抗战将士委员会、抵敌会等，展开援助前方抗日的各种活动。

国民政府也预见到日本扩大侵略战争的企图，因而一方面以列强在华北利益关系，试图通过外交努力加以和平解决；另一方面加紧应战的军事部署。7月9日，蒋介石发布电令说："倭寇挑衅，无论其用意如何，我军应准备全体动员。""我全国各地方、各部队仍应切实准备，勿稍疏懈，以防万一，是为至要。"这实际上是对全国、全军的动员令。可见国民政府虽然仍未完全放弃和平解决的意图，但基本上已定下了抵抗日本武装侵略的决心。蒋介石于7月17日的庐山谈话再次强调："如果战端一开，那就是地无分南北，年无分老幼，无论何人，皆有守土抗战之责任，皆应抱定牺牲一切之决心。"8月2日，蒋介石致电各省军政长官，声言中央已决定抗战，命速入京共商大计。随后在

---

① 柯博文．走向"最后关头"：中国民族国家构建中的日本因素（1931—1937）．马俊亚，译．北京：社会科学文献出版社，2004：399.

8月7日的国防会议及中央政治委员会联席会议上，蒋介石宣示："战争必具最后决心，乃生死存亡之关键，一切照原定方针进行。""全场中举国一致精神之表现，恐为数百年来所未曾有。"①

1937年2月，国民党召开五届三中全会。此前共产党致电该会，提出实行国共合作共同抗日的五项要求和四项保证②。国民党五届三中全会经过激烈的争论，通过了实际上接受共产党关于国共两党合作抗日构想的决议案。

国共两党经过多次谈判后，8月18日达成团结抗日的各项共识。8月22日，南京国民政府军事委员会发布命令，将陕北红军改编为国民革命军第八路军，辖3个师，人数4.6万人；并任命朱德、彭德怀分别为正副总指挥。随后，八路军即东渡黄河进入华北前线参加对日作战。9月22日，国民党通过中央通讯社发表了《中共中央为公布国共合作宣言》。23日，蒋介石发表《对中国共产党宣言的谈话》，指出团结御侮的必要，认为"此次中国共产党发表之宣言，即为民族意识胜过一切之例证"，此足以标志"中国民族既已一致觉醒，绝对团结，自必坚守不偏不倚之国策，集中整个民族之力量，自卫自助，以抗暴敌，挽救危局"③。这在事实上承认了共产党在全国的合法地位。《国共合作宣言》和蒋介石谈话的发表，标志着抗日民族统一战线的形成。1937年10月，国民政府发令改编南方八省红军游击队为陆军新编第四军，下辖4个支队，叶挺任军长，项英任副军长。新四军挺进苏南，在大江南北开展抗日游击战争。

第二次国共合作的实现，奠定了全面抗战的基础，是全民族抗日统一战线形成、发展和壮大的保证。它的实现立即得到各民主党派和爱国民主人士的欢迎，全国各界救国联合会领袖沈钧儒、邹韬奋等7人从国民党政府监狱获释后，拥护以国共合作为基础的全国抗战大团结，更加积极地从事抗日活动。中华民族解放行动委员会向国民党政府提出了普遍动员民众、实行民主政治等八项政治主张，并积极投入抗日工作。国民党内的李济深、陈铭枢等领导的中华民族革命同盟，也以大局为重，转变到拥蒋抗日的立场上。

各种爱国和进步的抗日力量的涓涓细流，在抗日民族统一战线旗帜下迅速汇聚成波澜壮阔的大潮。"这在中国革命史上开辟了一个新纪元。这将给予中国革命以广大的深刻的影响，将对于打倒日本帝国主义发生决定的作用。"④ 这是当时狂妄的日本侵略者所始料未及的。

三、血肉长城：正面防御作战的展开

从1937年日本发动全面侵华战争至1945年抗战胜利，抗日战争正面战场的作战大

---

① 李云汉．卢沟桥事变．台北：东大图书公司，1987：407-408．

② 五项国策是：一、停止一切内战，集中国力，一致对外；二、保障言论、集会、结社之自由，释放一切政治犯；三、召集各党、各派、各界、各军的代表会议，集中全国人才，共同救国；四、迅速完成对日抗战之一切准备工作；五、改善人民生活。如果国民党同意以此为国策，共产党保证：一、在全国范围内停止推翻国民政府之武装暴动之方针；二、工农政府改名为"中华民国特区政府"，红军改名为"国民革命军"，直接受南京中央政府与军事委员会之指导；三、在特区政府区域内，实施普选的彻底民主制度；四、停止没收地主土地之政策，坚决执行抗日民族统一战线之共同纲领。

③ 华美晚报．中国全面抗战大事记：第1辑．台北：文海出版社，1981：49-50．

④ 毛泽东选集：第2卷．2版．北京：人民出版社，1991：364．

致可分为三个阶段：1937 年 7 月 7 日卢沟桥事变至 1938 年 10 月武汉失守为第一阶段，武汉失守至 1941 年 12 月太平洋战争爆发为第二阶段，太平洋战争爆发至日本投降为第三阶段。

在第一阶段（即防御作战阶段），日本动员 40 万军队用于侵华战争。7 月 30 日，在平、津得手后，日军沿平绥、平汉、津浦铁路，分三路向山西、河南、山东进攻，同时增兵华东，进攻上海，以全面进攻的态势，力求快速推进并取得理想战果，造成使中国屈服的机会，尽快结束战争。面对日军迅猛快速的攻势，8 月 12 日，国民党召开国防最高会议及党政联席会议，决定蒋介石为陆海空军大元帅，以军事委员会为最高统帅部。8 月 20 日，国民政府颁布了战争指导方案，本着持久战主旨，将全国划分为 5 个战区①，其中河北及山东北部地区为第一战区，华北晋、察、绥方面为第二战区。国民政府调集了 6 个集团军、24 个军（军团、路军）、53 个师另 21 个旅和其他部队，约 60 万兵力，在平汉、津浦铁路沿线设立三道防线②，以抵御日军的进攻。

1937 年 8 月 8 日的南口—张家口战役是中日双方的前哨战。此后，分路推进的日军几乎是长驱而入。出乎意料的是，战场对决的形势呈直线演进态势，在 14 个月的连续战斗中，日军竟然连连突破中国军队的层层防线，几乎控制了整个战场的主动权。到 1938 年 10 月底，日军相继攻占了武汉和广州后，随着战线的拉长和战场空间的纵深扩展，日本失去了战略上的进攻优势。战场局势乃至整个战争历史的转变也将发生。促成这种战略性转变的因素或原因，事实上在第一阶段正面战场的较量中，尤其是在几次具有战略影响的主力会战③中就有所体现：

（1）太原会战。太原是山西的省会，同蒲铁路和正太铁路交会于此，既为华北重要的工业基地之一，亦为控扼华北的战略要地。1937 年 10 月初，日军集中 3 个师团 7 万余兵力，发动了以攻占太原为目标的作战。中国第二战区司令长官阎锡山以 8 个军又 3 个师的兵力设防晋北忻口一线。力求快速推进的日军在忻口前线被中国守军阻截了 20 余日，同时，其后方及交通运输线又受到八路军游击战的攻击，日军战场上的主动态势已经受到制约。但晋东守军防御失利，娘子关、平定、阳泉一线相继失守，导致晋北忻口一线守军全线后撤，战场形势发生逆转。5 日，东、北两线追击的日军兵临太原城下。9 日，经数日激战，“保卫太原之华军，已战至最后一人而陷落”。北平日军发言人称：“对于防卫太原之华军，殊表钦羡，日军在华北作战，从未遭遇如此之猛烈抵抗。”④

太原会战历时一个多月，中日双方动员兵力达 40 万，是华北战区中影响很大的会战，也是国共双方军队有效合作与配合的一个战役⑤。中日双方均为此付出了惨重伤

① 第一战区司令长官蒋介石（兼），辖区：河北及山东北部地区；第二战区司令长官阎锡山，辖区：晋、察、绥；第三战区司令长官冯玉祥，辖区：苏南、浙江；第四战区司令长官何应钦，辖区：闽、粤；第五战区司令长官蒋介石（兼），辖区：苏北、山东。

② 以保定—沧州之线为主要防线，以彰德（安阳）—济南之线为第二防线，以洛阳—郑州—开封—徐州—淮阴之线为第三防线。

③ 在战争学上，会战是指双方参战兵力皆达 10 万人以上规模的战役。

④ 华美晚报. 中国全面抗战大事记：第 1 辑. 台北：文海出版社，1981：十一月份 19.

⑤ 八路军发动的平型关之战，是太原会战或忻口战役的组成部分。

亡，日军伤亡 2 万余人，中国军队伤亡约 7.5 万人，其中八路军 6 000 人。日军虽取得夺城之胜，却未能完成其捕捉主力、围而歼灭、迅速结束战争的战略企图①。因此，徐州会战就成为日军战略进攻的又一重要步骤。

（2）徐州会战。位于江苏省西北部并与安徽、河南、山东三省交界之处的徐州，有“南国重镇，北门锁钥”之称，自古为兵家必争之地。日军占领南京后，立即举兵徐州，以达到歼灭中国主力，沟通南北战场的战略谋划。1938 年 3 月中旬，日军兵分两路向徐州之门户台儿庄发动进攻。台儿庄位于津浦线台枣（庄）支线和台潍（坊）公路交叉点上，西临大运河，是徐州的门户。日军第十师团是一支重装备的机械化部队，又拥有空军协同作战的能力。在攻占滕县、临城后，不待援军呼应，第十师团长矶谷廉介中将竟单兵独进，于 3 月 17 日向台儿庄扑来。但狂傲的第十师团在台儿庄却遭到出师以来的重挫。在数十次击退日军进攻后，4 月 3 日，中国军队的第五十二军、第八十五军、第七十五军在台儿庄附近向敌人展开猛烈攻势。在中国军队的四面合击下，日军遭到开战以来前所未有的一次惨败。台儿庄一战，中国军队击败日军第五、第十两个精锐师团，以损失近 2 万人为代价，取得歼敌万余人的战果。

日本为报台儿庄惨败之仇，于 4 月间纠集了 13 个精锐师团约 30 万人的军队，并配有各种重武器及飞机数百架，兵分六路对徐州形成包围之势，企图围歼云集在徐州一带的第五战区约 50 个师 60 余万人的主力。予日军以重创之后，为避免与优势之敌作消耗战，李宗仁根据蒋介石的电令，立即将部队分成五路，分别顺利突围。在规模空前的徐州会战中，面对精锐的日军合围，中国军队的防御作战和主动转移都达到了预期的目的，它不仅使日军速决战局的梦想破灭，也使日军围歼中国军队主力的计划全部落空。

占领徐州后，日军左右分兵攻取连云港、开封、新郑等地，直逼郑州，以谋尽速攻取武汉。为阻滞日军行动，蒋介石下令炸开花园口黄河大堤，致使豫、皖、苏三省 3 000 多平方公里田园沦为泽国，数十万民众被淹死。这一举措破坏了“日军沿陇海线两侧西进的计划”②，暂时拖延了日军的进攻，也为部署武汉会战赢得了更多时间。

（3）武汉会战。武汉会战是全面侵华战争爆发后的一次规模最大的会战，也是日军为迅速结束战争而做的最后一次努力。1938 年 6 月，日军调集了“14 个师团、3 个独立旅团、1 个机械化兵团和 3 个航空兵团，加上海军舰艇 140 余艘，约 35 万兵力”③，由华中派遣军司令官畑俊六指挥④，向武汉大举进犯。日军企图用中间推进、两翼包抄的战略，一举攻占武汉三镇，围歼该地区的中国最大的重兵集团，实现其“得中原者得天下”并迫使中国屈膝求和的预想。为保卫武汉，国民政府组建第九战区，陈诚为司令长官，汇集了 14 个集团军、10 个军团和战区直属部队以及海空军一部约 100 万人兵力参战。中国方面吸取抗战初期的教训，避免在弹丸之地与日军死打硬拼，而把作战重点放在武汉以东的深远外围，充分利用长江两岸的地利，节节抗击日军进攻，力求最大限度地消耗敌人，实现“以空间换时间”的持久抗战的既定方针。

---

① 日本防卫厅防卫研究所战史室. 中国事变陆军作战史：1. 东京：朝云新闻社，1983：321.

② 武汉会战：原国民党将领抗日战争亲历记. 北京：中国文史出版社，1989：2.

③ 同②前言 1.

④ 同②520.

武汉会战从 1938 年 6 月 11 日日军进攻安庆起，直至 10 月 25 日日军进占武汉止，历时四个半月。中日双方在长江沿线分五路展开激战，战线广及皖、豫、赣、鄂四省数千里。在规模空前的武汉会战中，中日双方以百万以上的兵力，在山岳、湖沼、交通沿线进行了多次大规模交战，其结果日本军队还是未能歼灭中国 100 多个师中的任何一个，只是以其伤亡近 4 万人的代价占领了一座空城。

经此一战，日军兵力和国力均受损伤。由于战线延长，日本兵力和资源明显不足，加之共产党领导创建的敌后抗日根据地和八路军、新四军的成长壮大，日本被迫放弃了速战速决的既定战略。日本侵略者从此深陷泥潭，抗日战争逐步转入战略相持阶段。

四、到敌人后方去：抗日根据地的创建

在华北战局危急的形势下，八路军不待全部改编就绪，即于 8 月 22 日在陕西三原誓师，挺进华北抗日前线。为保证中国共产党对八路军的绝对领导，8 月 29 日中共中央政治局常委会决定成立以朱德为书记、彭德怀为副书记的中央军委前方军分会（后称华北军分会）。在前方军委会领导下，各师成立军政委员会，并恢复政治委员制度。随后，八路军三支劲旅（一一五师、一二〇师、一二九师）分兵北上与东进，部署于以恒山山脉为中心的冀、察、晋、绥四省交界地区，以实现在敌人侧翼和后方展开作战的战略计划①。

一一五师在向晋东北抗日前线疾进时，不失时机地捕捉到平型关的战机。其时，日军第五师团在板垣征四郎中将率领下已侵占阳原、蔚县、广灵，并向浑源、灵丘进逼，企图突破平型关、茹越口等要隘，协同沿同蒲铁路南进的关东军察哈尔派遣兵团，击溃国民党军第二战区主力，实现右翼迂回，配合华北方面军主力歼灭平汉铁路沿线的国民党第一战区主力。战局初始，国民党在华北有 65 个师又 21 个旅的兵力，约 70 万之众，是日军的两倍，却未能有效抵御日军进攻，终使华北战场演成全局溃退之势。为配合第二战区友军防守平型关至茹越口和雁门关的内长城一线，八路军总部即令一一五师进至平型关以西的大营镇待机而动，准备迎击进犯之敌。

平型关大捷发生在山西灵丘县城西桥沟平型关附近一条不到一公里的狭长山沟。1937 年 9 月 22 日，日军第五师团第二十一旅团一部，由灵丘向平型关开进。至 25 日 7 时许，日军进入预定伏击圈，八路军一一五师迅即全线开火，机动出击，给予板垣师团以沉重打击。平型关一战歼灭日本精锐的板垣师团所属第二十一旅团共计 1 000 余人，缴获步枪 1 000 余支、机枪 20 余挺，击毁汽车 100 余辆、马车 200 余辆。八路军出师告捷，即刻在全国引起强烈反响。国民党将领、第二战区战地动员会主任续范亭著文称赞："谨按平型关战役，八路军的大捷，其估价不仅在于双方死亡的惨重，而在于打破了'皇军不可战胜的神话'"，使日寇"锐气挫折，不敢如以前那样的长驱直进"。"忻口战役敌人未敢贸然深入，我军士气高涨，未尝不是平型关歼灭战的影响。"②

---

① 军事科学院军事历史研究部．中国人民解放军全史：第 4 卷 中国人民解放军战史（抗日战争时期）．北京：军事科学出版社，2000：33．

② 聂荣臻回忆录：中册．北京：解放军出版社，1984：357．

平型关首战告捷后，八路军立即向敌后实施战略展开：聂荣臻率一一五师一部进入晋东北地区，进而开辟晋察冀边区敌后战场；林彪、罗荣桓率一一五师主力进入晋西地区开展游击战；贺龙、关向应率一二〇师进入晋西北，开辟晋绥敌后战场；刘伯承、邓小平、张浩、徐向前率一二九师进入晋东南，开辟晋冀豫边区敌后战场。自1937年8月下旬出师华北至太原失陷期间，八路军在日军侧翼和后方展开灵活机动的游击战，在战役或战斗上直接配合国民党军正面战场作战，先后取得了平型关、雁门关、阳明堡和广阳等百余次的战斗胜利，毙敌1.1万余人，毁伤敌机24架，击毁敌汽车400余辆、缴获步、马枪1 500余支、轻重机枪76挺，收复10余座县城，完全挫败了日军夺取山西、实施右翼迂回、威胁河北国民党军侧背的战略企图，有力地支援了国民党军作战。国民政府军事委员会政治部主任陈诚在回答记者关于徐州会战胜利的原因时说："山西境内我方有二十万之游击队，遂使敌第五师团之众只能据守同蒲路线，不敢远离铁道一步……故台儿庄之战胜在战略上观察，乃各战场我军努力之总和，不可视为一战区之胜利。"① 正是由于正面和敌后两个战场正规战与游击战两种作战紧密配合、相互支援，才有徐州会战的胜利。

新四军于1938年10月成立后，顺利完成了向华中敌后挺进的任务，在取得百余次战斗胜利后，在长江下游苏皖地区着手建立抗日民主政权，积极配合和支援了友军正面战场的作战。经半年多时间的努力，新四军初步实现了在华中敌后的战略展开，创建了苏南、皖南、皖中和豫中根据地，部队由1万余人扩展到2.5万余人。

八路军和新四军作为中国共产党领导的主要武装力量，把险恶的敌后局面转变为另一种烽火连天的抗日战场。被充分动员起来的民众，"在白天是个规规矩矩的农民，面朝黄土背朝天，勤勤恳恳地耕种；晚上摇身一变成了游击队员，追打日本鬼子；第二天，日本要开始报复时，他们又重新回到田里，把枪支弹药埋好，一脸的平静"，"他们以不可思议的勇气和难以置信的机智做了针锋相对的抵抗"。他们在广阔的土地上，随时随地地开展着各种形式的游击战或偷袭战，甚至"14～16岁的少年通风报信，农民们配合挖沟砍树以阻碍日军行军"②。这里形成了汪洋般人民战争的战场。

在敌寇横行中华大地的漫漫长夜中，这里仍然燃放着光照未来的希望之火。

五、战时体制与政策

在日军全面进攻下，北平、天津、上海等城市相继落入敌手，导致中国经济遭受重创。作为中国经济中心的上海，战前年工业产值可达全国的1/3，日寇的炮火瞬间摧毁了上海大部分工业建筑，工商业损失总额也超过30亿元③。国民政府对爆发全面战争准备不足，以至原有的经济体制无法适应战时之需：财税骤减，军费猛增，军需和民用物资普遍匮乏。战争打破了政府运作和政策实施的常规。国民政府为扭转形势，采取一系列措施对原有体制和政策进行大规模的调整。

---

① 陈诚．台儿庄歼敌战．半月文摘，1938，2（3）．

② 师永刚，邹明．中国时代：1900—2000：上卷．北京：作家出版社，2009：61．

③ 延安时事问题研究会．日本帝国主义在中国沦陷区．上海：上海人民出版社，1958：91-93．

1938年3月29日，国民党在临时全国代表大会上通过《抗战建国纲领》，确立了总裁制，蒋介石当选为国民党总裁。决议规定总裁可“代行总理职权”，由此，蒋介石在法理上完成了党政军大权之一统。1939年1月，国民党五届五中全会决议改组国防最高会议为国防最高委员会，以国民党总裁为委员长——成为战时统一指挥党政军的权力枢纽。国防最高委员会委员长拥有紧急处分权，“对于党政军一切事务，得不依平时程序，以命令为便宜之措施”①。

甚至国民政府外交一度也由蒋介石亲自主持②。由此，在中国外交体制中出现前所未有之局面，蒋介石既是中国外交的最高决策者，同时兼代执行机构的最高长官。这种战时元首外交，改变了中国自有现代外交以来过分依赖职业外交官的传统③。它使得重庆方面能够“越过正常的外交途径，直接与外国政府交涉”，以其“少有的灵活性”，“着眼于现实的国家利益。根据不同的对象，确立不同的外交方针”④。

为促进战时社会经济的有效运行，国民政府对经济行政管理机构进行了一系列调整，中央经济行政机构编制由战前3 684人减至1 561人，精简率达58%。经济行政职能从军事机构中划分出来，减轻了军事机构的非军事负担，也加强了战时经济管理的集中与统一。战争需要经济的支持，但战争又严重影响着经济。1939年，政府财政支出较1936年增加50%，而财政收入却减少60%。为了筹措军费支持抗战，国民政府在抗战初期陆续颁布了一系列法令和法规，加强了对财政经济的统制与管理，实施战时经济统制政策⑤。

作为应对危机状态的制度反映，战时经济统制政策是国民政府在抗战形势下，顺应战前的基本思路，针对战时时局需要做出的最重要的政策选择。政府战时经济统制政策内容主要包括：第一，依靠外援，大量借债和发行国内公债。第二，垄断金融。第三，扩增税收。第四，实行专卖制度。第五，实行统购统销。第六，增发纸币，通货膨胀。运用国家政权的力量，对于与抗战有关的国民经济各部门、各领域、各环节，按照统一的计划，实行经济统制，是保证抗战取得胜利的重要因素。

战时经济政策的调整，逐渐改变了抗战伊始的被动局面，也促进了大后方经济的发展，初步扭转了西南、西北地区的落后面貌。随着战时经济的开发与建设，大后方形成了重庆、川中、广元、川东、沅辰、桂林、宝鸡、昆明、贵阳、宁雅、甘青等11个工业区，建立了冶金、机械、化工、电器仪表、纺织、食品等上百种工业部门，生产涉及当时中国有能力生产的所有产品，形成了基本能够自给的比较完整的工业体系。

---

① 中国国民党中央委员会党史委员会．国防最高委员会常务会议纪录：第1册．台北：近代中国，1995：序言．

② 秦孝仪．中华民国重要史料初编——对日抗战时期：第3编第1册．台北：中国国民党中央委员会党史委员会，1981：325-326．

③ 这种传统外交最典型的事例是曹锟和顾维钧的关系，曹在任北京政府总统时就一再宣称：“外交，咱不懂，问少川好了。”（Chu Pao-chin．V. K. Wellington Koo：A Study of the Diplomat and Diplomacy of Warlord China，during His Early Career，1919-1924．Ann Arbor，1970：186）

④ 王建朗．抗战初期的远东国际关系．台北：东大图书股份有限公司，1996：292．

⑤ 所谓经济统制，就是在资本主义生产关系的前提下，国家财政为服从战争需要，依靠行政和法律手段，直接干预或管制生产、流通、分配等社会再生产的各个环节和国民经济各个部门，它是一种高度专断集权的资本主义战时经济模式。经济统制的全面实行，就是战时经济体制确立的表现。

毋庸讳言，从长远来看，经济统制政策的负面影响是显而易见的，例如工业统制和限价政策在一定程度上制约了私人资本企业的发展，促使官僚资本主义迅速升级；田赋征实、粮食征购、粮食征借的“三征”政策，严重地损害了农民的利益，造成农业生产萎缩，并进一步导致农村经济破产；物价管制、物资管制政策与专卖制度加强了对人民的剥削。尤其是为应对战争的巨大消耗，政府依赖印造纸币和发行公债度日，不断推升物价的飞涨，平均而言，从 1938 年至 1944 年，每年零售市价上升率约为 163%①。对经济发展危害最大、对人民掠夺最为残酷的一种方式，就是与实行财政金融统制相关联的通货膨胀政策。这是以全民为掠夺对象，在范围上更为广泛，在程度上更为深刻的掠夺政策。“通货膨胀急速恶化的结果，深深地影响到所得分配、政府效率和社会道德，并影响了人民对政府的支持和拥护。”通货膨胀虽然是一种经济现象，但最后必影响到政治的发展。“通货膨胀的真正祸害，在抗战结束以后，才明白显现出来。”②

战时体制的建构和战时政策实施，强化了中央对全国控制的力度。但是，战时政府体制建构也呈现出两极化的趋势，即增设民意机关，政权有限开放。1932 年国民政府召开国难国议，决定设立民意机关即国民参政会，并规定它至少拥有议决预算、决算、国债及重要国际条约之权。1937 年全面抗战爆发，迫于形势需要，国民党于 8 月底召集全国各主要党派领袖们组织国防参议会。1938 年 3 月国民党临时全国代表大会召开之前，中共就政府组织问题向大会建议，强调健全民意机关的问题。国民党临时全国代表大会决定，将国防参议会予以扩大，并改名为国民参政会。不久，又制定了《国民参政会组织条例》。国民参政会的组成包括国共两党及其他党派、无党派代表。同时，国民政府各级政权机构也有所开放，一些民主人士、非国民党的其他党派和地方实力派代表，加入国民政府各级政权机关。如中共领导人周恩来出任国民政府军事委员会政治部副部长，爱国民主人士郭沫若出任政治部第三厅厅长，等等。尽管政权开放面极为狭窄，但与抗战前相比，政治体制的民主化毕竟有所推进。这也是战时体制的又一个特点。

六、持久战：对日作战的军事战略

“中国政府和中国军队的生存，不能超过三个月，中国因为军备力量脆弱，政治无组织，决不能长期抵抗日军。”这段“精彩”的短视论述，出自当时日本陆相杉山元给日本天皇的奏折，代表了日本军方对华观念的基础③。战争进程当然不会以日本侵略者的意志为转移。

全国抗战前后，面对战争硝烟，各种论调此起彼伏，速亡论与速胜论随着战争风云的诡异多变与战场形势的急速演进，不时甚嚣尘上。1935 年 12 月 27 日，毛泽东在陕北瓦窑堡做《论反对日本帝国主义的策略》的报告，提出了具有远见卓识的持久战军事

---

① 侯继明．1937 年至 1945 年中国的经济发展与政府财政//张玉法．中国现代史论集：第 9 辑．台北：联经出版社，1982：329.

② 同①336.

③ 王平．抗战八年：上．台北：文海出版社，1974：8.

战略思想，认为“帝国主义的力量和革命发展的不平衡，规定了这个持久性”①。毛泽东说：“在日本进攻中国时，不管在什么时候进攻，中国都应该立起抗战。”战争展开后，“以中国的资源与自然条件，是能够支持长期作战的”，“日本对中国战争的最后结果，将不是日本的胜利，而是日本财政、经济以及政治的崩溃”②。中华民族几万万人抗击日本帝国主义全面进攻的这场亚洲大战，它的胜败和结局，不仅关乎中国的存亡，而且极大地关系着世界反法西斯战争的进程。世界各国无论就其本国利益或国际反法西斯战争的影响，都在密切注视着中国抗战的发展，担心着中国的前途和命运。全国抗战爆发前后，美国记者斯诺、英国记者贝特兰，曾向毛泽东提出：“在什么条件下，中国能战胜并消灭日本帝国主义的实力呢?”“这个战争要延长多久呢?”“这个战争的前途会要如何发展?”③“如何克服投降主义?”④

时代提出的问题，必须站在时代的高度予以回答。为了阐明中国共产党全面的全民族抗战路线和持久战的战略总方针，驳斥亡国论、速胜论的滥调，澄清人们认识上的迷雾，坚定持久抗战的胜利信心，在结合中国抗日战争的实际，总结抗战10个月的经验教训基础上，毛泽东在1938年5月连续发表文章，系统阐述了持久战的理论，并预见了抗日战争的历史进程。毛泽东不仅将战争划分为三个历史阶段（第一阶段，是敌之战略进攻、我之战略防御的时期；第二阶段，是敌之战略保守、我之准备反攻的时期；第三阶段，是我之战略反攻、敌之战略退却时期），而且还从中日双方实力的基本情况及其相互转化的演变态势上，指出了各阶段敌我力量变化的基本趋势。

1937年8月11日，周恩来、朱德、叶剑英在南京国防会议上，就中共关于全国抗战的持久防御战略方针和作战原则做了阐述。中国共产党的主张和建议，对于国民政府制定全国抗战的战略谋划产生了积极影响，南京国防会议正式确定了持久消耗的战略方针，国民政府作战规划最终落实在持久战主旨上。在国民党军队作战指导计划中，明确提出了持久战略或持久消耗战略⑤，尽管其实现持久战略的途径或方针与共产党完全不同⑥。

毛泽东提出的持久战战略思想，在国民党高级将领中产生了共鸣。白崇禧深为赞赏，认为这是克敌制胜的最高战略方针。在蒋介石的支持下，“白崇禧把《论持久战》的精神归纳成两句话：‘积小胜为大胜，以空间换时间’。并取得了周公的同意，由军事委员会通令全国，作为抗日战争中的战略指导思想”⑦。爱泼斯坦说：“中国共产党领导人毛泽东，以丰富的实践经验为依据，详细地制定了怎样对一个起初较强大的侵略者进行持久的人民战争的理论。蒋介石在他早期的抗战演说中借用了毛泽东的很多提法。”⑧

当然，最终走向失败的日本，对中国持久战战略对策的认识会更为真切，认为正是

---

① 毛泽东选集：第1卷．2版．北京：人民出版社，1991：153.

② 新华日报，1937-03-26.

③ 毛泽东选集：第2卷．2版．北京：人民出版社，1991：443.

④ 同③382.

⑤ 国防部史政局．中日战争史略：上册．台北：正中书局，1968：169.

⑥ 国民党实现持久战略的途径主要是靠内线持久的阵地防御战。

⑦ 程思远．政坛回忆．南宁：广西人民出版社，1983：119.

⑧ 伊斯雷尔·爱泼斯坦．中国未完成的革命．陈瑶华，等译．北京：新华出版社，1987：101.

这种“全民总动员、一致对敌的攻势战略”，“把百万帝国陆军弄得团团转”①。

第三节 战略相持：艰苦的对决

一、战局的转变：日军战略进攻的困境

武汉会战后，日军第一线进出于包头、风陵渡、开封、信阳、岳阳、大通、杭州之线，并占领广州，控制珠江口及长江沿岸，以及华北、华东铁路沿线十公里以内之狭长地带。中国军队主力与第一线日军相对峙，并以一部分武装于日军后方展开游击战。

经过 15 个月战争，日军虽然取得攻城略地之胜，但其所追求的战略目标成为泡影。至 1938 年底，日本已在中国战场上投入了近百万的庞大兵力，付出了近 45 万人伤亡的代价，却陷入一种骑虎难下的窘境。战争的实际进程无论在规模、时间、强度等各方面，均超出它的预料。日军仅能局促于主要城镇和主要的交通沿线地区。尽管日军已由战前的 17 个师扩大为 34 个师，并将其中绝大部分投入中国战场，但同时应付正面和敌后两个战场仍顾此失彼、疲于奔命。日本的战史著作就此指出：“占领地区内特别是华中和华北方面，由于徐州和汉口作战而兵团外调，移动频繁，造成后方兵力不足，只能保持点和线。前线方面也在扩大，以致到处配备薄弱。敌人乘此弱点，遂逐次企图扰乱我军后方乃至进行局部反攻。”②

日本的战争能力开始暴露出严重破绽。随着战线的延长，日本限于兵力，无力再组织像淞沪、徐州和武汉会战这样大规模的、以攻城略地为目标的战略进攻，而被迫转为战略保守。日本为发动和维持战争付出了巨大的人力、物力、财力，国家的经济基础因此而动摇。经济毕竟从根本上制约和影响着战争。1938 年 5 月，日满财政经济研究会在其经济国力判断报告书中就提出，应尽早结束战争，实现和平；不能和平之际，依靠缩小战争规模来全力充实国力，改善国际收支。同年 7 月，企划院也提出担忧：“在看不到生产力扩充和贸易进展的情况下，树立对今后战争的计划是至难之事。”③ 从而，日本对苏战争准备受到削弱，日苏之间的力量对比严重失衡。加之，国际局势急剧动荡，日本急欲从中国战场上抽身，去应对即将到来的“大转折”。尤其是侵华战略的破产，迫使日本在 1938 年 10 月以后对其侵华方针做出重大调整。

1938 年 11 月 3 日，日本首相近卫文麿发表了《东亚新秩序》声明，标志着日本侵华政策的转变：由军事打击为主、政治诱降为辅，改为以政治诱降为主、军事打击为辅；由以主要兵力进行正面战场的作战，改为转移兵力进行敌后战场的“治安”作战；企图以承认国民政府存在为条件，利用并扩大中国的内部矛盾，迫使国民党放弃抗战立场，实行对日妥协，把处于僵局的战争引向政治解决的路途上去。至 1939 年底，侵华

---

① 伊藤宪一. 国家与战略. 军事科学院外国军事研究部，译. 北京：军事科学出版社，1989：94.

② 堀场一雄. 日本对华战争指导史. 王培岚，等译. 北京：军事科学出版社，1988：225.

③ 日本防卫厅防卫研究所战史室. 陆军军需动员：2 实施编. 东京：朝云新闻社，1970：222-224.

日军新部署基本完成，隶属于中国派遣军（1939年9月组建）的侵华日军共有24个师、20个独立混成旅、1个骑兵团。依据新的军事战略，日军在结束武汉会战后，即着手调整部署，实行向保守占领地的持久战态势的转变。日本的侵华军事行动在整体上已由战略进攻转向战略保守，就正面和敌后两个战场而言，日军军事打击的重点已经转向后者，日军在其后方的作战活动更加频繁。自1939年1月至1940年3月，华北方面军根据大本营的意图，连续实施了3次"治安肃正"计划，其中心是用武力"讨伐肃正"，以巩固点线，扩大面的占领，然后建立各级伪政权，运用政治、经济、文化等各种手段巩固占领地区。

日方虽无力继续战略进攻，仅能实施战役性的有限攻势，而中国也还不足以进行战略反攻，仅能在抗击日军有限攻势时实施局部反击。由此开始，中国抗日战争进入战略相持阶段。

二、有限攻势与反击：国民党的正面战场

武汉失守前后，国共两党都体察到抗日战争即将进入一个新阶段。为应对战局的变化和日方的战略调整，国民政府军事委员会于1938年11月1日至3日在长沙、25日至28日在南岳（衡山）相继召开军事会议，"要求得出一个以后作战可操必胜的具体方案"。蒋介石在南岳军事会议上把抗战全过程设想为两个时期：自七七事变到武汉失守为第一期抗战，此后为第二期抗战。他强调说，在第一期战斗过程中，表面上中国是失败了，但从整个长期的战局上说是完全成功。中国争取到战略上一切布置的完成，亦就是中国已经依照预定的战略陷敌军于困敝失败、莫能自拔的地位。第二期抗战，就是中国转守为攻、转败为胜的时期。相比较而言，第二期抗战指导方针较第一期有了更为积极的内容，其侧重点不再是"以空间换取时间"，而是以有限攻势和反击与广泛的敌后游击战相结合，牵制消耗敌人，打破敌人的企图，并准备反攻。国民政府军事委员会制定的第二期作战指导方针，其特点在于，注意了游击战争的作用，决定派遣部分力量争夺敌后控制权；对正面战场的主力部队，虽然要求发动有限攻势，但侧重于整训部队，恢复和培养战斗力①。

中共中央代表、军事委员会政治部副部长周恩来参加了长沙军事会议和南岳军事会议，八路军参谋长叶剑英也参加了南岳军事会议。他们都对新的战略方针发表了重要意见，强调游击战的战略作用。蒋介石采纳了这些意见。在南岳军事会议上，他还提出"游击战重于正规战"的原则，并决定举办西南游击干部训练班，为大力开展游击战争培训骨干。

南岳军事会议决定重新划分战区，调整部署②，争取改变战争的被动态势。

---

① 中国第二历史档案馆．抗日战争正面战场：上．南京：江苏古籍出版社，1987：32.

② 第一战区，司令长官卫立煌，辖区为河南及安徽一部；第二战区，司令长官阎锡山，辖区为山西及陕西一部；第三战区，司令长官顾祝同，辖区为苏南、皖南及浙、闽两省；第四战区，司令长官张发奎，辖区为两广；第五战区，司令长官李宗仁，辖区为皖西、鄂北、豫南；第八战区，司令长官朱绍良，辖区为甘、宁、青及绥远；第九战区，司令长官陈诚（薛岳代），辖区为赣西北、鄂南及湖南；第十战区，司令长官蒋鼎文，辖区为陕西。此外，在敌后新设立两个战区：鲁苏战区，司令长官于学忠，辖区为苏北及山东；冀察战区，司令长官鹿钟麟，辖区为冀察方面。总计在第二期抗战之初，中国军队总数为242个师，40个旅，特种部队除外。

新一轮的较量就在中日双方谋定而后渐次展开。为改变师老无功、泥足愈甚的困局，日本阿部首相“决以全力解决中国事件”。面对武汉地区周围中国守军将近100个师的包围态势，日军采取以攻为守、先发制人、各个击破的方针，打击国民党军，以动摇国民党军的抗战意志，促使国民政府妥协屈服。为此，日军在1939年3月至9月先后发动南昌作战、襄东作战（即随枣会战）和赣湘作战（即第一次长沙会战）。其中，第一次长沙会战可谓典型。

1939年9月14日，日本以6个师团及长江舰队舰艇300余艘，配合海军陆战队1个联队，飞机百数十架，合计18万余人，从三个方面六路齐头并进，妄图以半个月时间占领长沙，取得战略上的主动。日军承认“此次会战与南昌、襄东两次会战相比，颇有决战之势。在部分战场上，部分战况之激烈超过了诺门坎”①。

但是，9月14日夜日军在赣北开始钳制性攻击后，在湘北、鄂南、赣北方面各路均遭到中国军队的伏击、侧击和夹击。国民政府确定的作战方针是，保持幕阜山根据地，在铁路正面逐次抵抗消耗敌人，换取时间，俟敌突入长沙附近时，则以有力兵团相机予以打击，然后依状况用主力逐次形成反击②。中国军队摆脱了以往阵地战的束缚，采用游击战和运动战的所谓“打蛇战术”，以一比二的劣势兵力③，以灵活机动的兵力调配，多次形成对进攻日军反包围的战机。

中日双方经半个月的进退攻守，至10月1日，战局逆转，中国军队变守为攻。自洞庭湖东迄锦河流域，长达700华里，中经幕阜、九岭两大山脉，以长沙为中心，在半径约百里之弧线上，中国军队全线追击，且以破竹之势，收复半月以来之失地。至10月9日，第三十集团军克复修水，15日克复三都，并继续追击，逐步收复战前阵地。一名战地记者当时报道说：“其主力被我歼灭至少在三万以上……驯至酿成全线大溃走，其惨亦可想见。”④

第一次长沙会战既是“全国的核心会战”，也是“抗战以来空前的胜利”之战。此次会战，“不仅是军事上的单纯的意义，更宝贵的，是对于我们全般的国民精神和政治上、经济上深刻的影响”⑤。

被迫停止对正面战场的大规模战略进攻后，为巩固对武汉地区的占领，迫使国民政府妥协，日军在加强政治诱降活动的同时，纠集兵力对武汉南北地区发动了南昌、长沙、随枣、枣宜作战，以及封锁中国交通线的桂南作战。中国第三、第四、第五、第九战区部队，对日军的有限攻势进行了有力抵抗，并于1939年对日军展开了冬季攻势，先后取得长沙、昆仑关及五原等地作战的胜利。在抗击日军数次的有限进攻中，基本稳定了原有的战线，并在1939年冬季攻势中，对日军实施了广泛的袭击，给敌人一定的打击和消耗，在战略上配合了敌后战场的作战。

---

① 日本防卫厅防卫研究所战史室．大本营陆军部：1．东京：朝云新闻社，1969：619.

② 蒋纬国．抗日御侮：第6卷．台北：黎明文化事业公司，1978：188.

③ “我布置第一线兵力不过十万人，敌我之比二比一。”（第九战区司令长官司令部编译组．长沙会战纪实．重庆：中兴书店，1940：20-21）

④ 第九战区司令长官司令部编译组．长沙会战纪实．重庆：中兴书店，1940：69.

⑤ 同④189.

三、“扫荡”与反“扫荡”：共产党的敌后战场

完成配合国民党正面作战的任务后，八路军转入敌后坚持抗战。至 1938 年底，八路军、新四军已在华北、华中开辟了广阔的敌后战场，创建了晋察冀、晋绥、晋西南、晋冀豫、冀鲁豫、冀鲁边、山东、苏南、皖南、皖中、豫东等抗日根据地。八路军已发展到 15.6 万人，新四军发展到 2.5 万人，敌后抗日根据地和游击区的总人口达 5 000 万人以上。

与正面战场上的大规模会战不同，八路军的敌后抗日“有一种自己的拿手好戏”——独立自主的山地游击战。敌后斗争的主要形式之一是交通战。交通线是日军的命脉。在华北敌后围绕交通进行的斗争，构成了华北抗战的主旋律。进入战略相持阶段后，八路军就开始了对日军交通线的破袭战。1938 年 2 月、4 月、7 月，晋察冀军区对平汉线等重要交通线连续发动了三次破袭。1939 年 12 月，一二九师发动了邯长路破袭战役。在 1939 年下半年到 1940 年上半年近一年的时间里，晋冀豫军区全部斗争的 60% 是交通战。其中，最有声势的当属百团大战。

1940 年的秋天，是一个令华北地区侵华日军胆战心惊、坐卧不安的多事之秋。是年 8 月，八路军为打破日军对占领区的封锁，制止国民党内部的投降逆流，激发广大人民群众的抗日热情，发动了以破袭交通线为目的的百团大战。战役历时 3 个多月，共进行大小战役 1 800 多次，毙伤日伪军 2 万多人，破坏铁路 470 多公里，使正太铁路中断一个多月，是抗日战争敌后战场历时最长、规模最大的一次战役。战役分两个主动进攻和一个反“扫荡”阶段，第一阶段从 8 月 20 日至 9 月 20 日，以破袭铁路为目标；第二阶段从 9 月 20 日至 10 月 5 日，以拔除铁路两侧据点为目标。第二阶段任务完成后，八路军又与敌进行了长时期的“扫荡”与反“扫荡”的斗争。

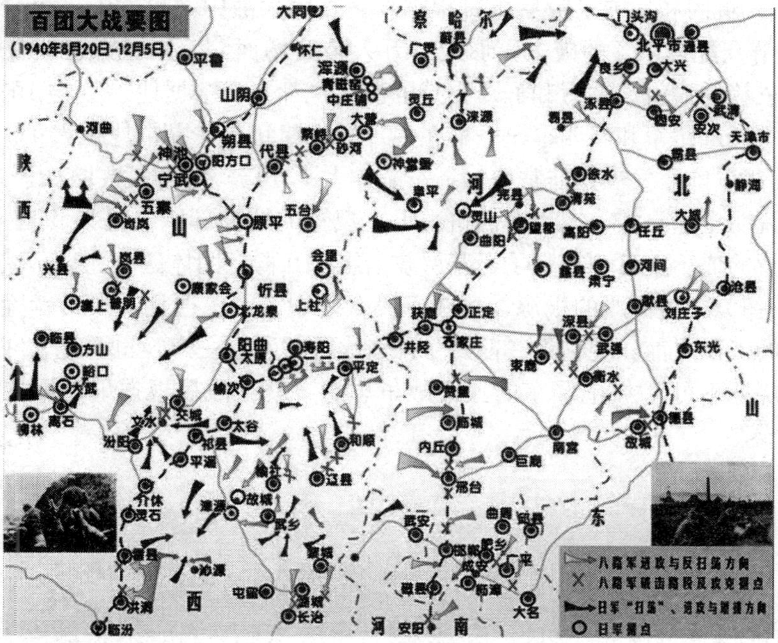

图 14-6 百团大战要图

百团大战沉重打击了敌华北方面军的“囚笼政策”，对日军震动极大。它钳制了大批在华日军，1941年初日军又将第十七、第三十三师由华中调往华北，从而进一步减轻了华中正面战场的压力。日军华北方面军司令部的1943年度综合战报说：“敌大半为中共军，与蒋军相反，在本年交战1.5万次中，和中共的作战占七成五。在交战的200万敌军中，占半数以上也都是中共军……因此，华北皇军今后的任务是更增加其重要性了。只有对于为华北致命伤的中共军的绝灭作战，才是华北皇军今后的重要使命。”①

百团大战在国际上也引起了很大反响。苏联《红星报》予以赞扬，美国合众社等驻北平记者冲破日军新闻封锁，在百团大战期间连续报道了交战消息。史沫特莱在《伟大的道路》中写道：“整个华北地区，从晋北山区到东海岸，从南面的黄河到北面的长城，都成了战场，战斗日以继夜，一连厮杀了五个月。一百团人打击了敌人的整个经济、交通线和封锁网，战斗是炽烈而无情的。敌人占有的煤矿、电厂、铁路、桥梁、公路、车辆和电讯都遭到破坏。”八路军的敌后抗战赢得了国际声誉。百团大战是中国抗战史上辉煌的一章。

百团大战第一、二阶段战役结束后，日军开始了疯狂的报复“扫荡”。日军调集了一一〇师团、三十六师团、第一独立混成旅团、第九独立混成旅团以及第四独立混成旅团共2万余人，于10月6日开始对太岳、太行军区进行“扫荡”。此后，冈村宁次又在1941年秋季的第三次“治安强化运动”中实行了以经济战为主体的“治安强化”措施，使华北根据地陷入了更加困难的境地。1941年10月统计，根据地的人口只剩下1 300万，达到了最低点。

但是，共产党依靠群众坚持抗战，以人民战争的反“扫荡”打破了日伪军一次次疯狂的“扫荡”，巩固和发展了敌后抗日根据地。百团大战中，仅冀中一个分区就动员了10万以上的群众配合广泛的破击，形成“万人破路场面”。敌后抗战的历史表明，“中共力量最终依赖的人力、物力和群众支持的源泉也都来自根据地”②。“中国共产党和它的主要部队——八路军和新四军——都在中日战争期间异乎寻常地扩大了。战争的头3年，在1940年以前，发展是非常快的，军队扩大了5倍，党员人数增长了20倍。这些数字还不能说明全部事实，因为它们略去了正规军的辅助部队（民兵和自卫队），以及在党的影响下的成千上万积极分子、基层政治组织和群众团体。”③

“战争的伟力之最深厚的根源，存在于民众之中。……把日本侵略者置于我们数万万站起来了的人民之前，使它像一匹野牛冲入火阵，我们一声唤也要把它吓一大跳，这匹野牛就非烧死不可。”④ 毛泽东的人民战争思想，就在敌后根据地的历史实践中逐步发展并走向成熟。

---

① 朱德. 论解放区战场//中国人民解放军历史资料丛书编审委员会. 八路军回忆史料：1. 北京：解放军出版社，1988：9.

② 费正清，费维恺. 剑桥中华民国史：下卷. 刘敬坤，等译. 北京：中国社会科学出版社，2007：630.

③ 同②618.

④ 毛泽东选集：第2卷. 2版. 北京：人民出版社，1991：511-512.

四、逆流与暗潮：全国抗战局面的重重危机

日本为迫使中国屈服，以解决所谓“中国事变”，在军事攻势的同时加紧其政治诱降活动。1938年11月3日，日本首相近卫文麿的《东亚新秩序》声明，在“合作”“提携”“互助”等伪善招牌下对中国发出政治诱降，提出“新秩序的建设应以日满华三国合作”为根本，“如果国民政府抛弃以往的一贯政策，更换人事组织，取得新生的成果，参加新秩序的建设，我方并不予以拒绝”①。日方的政治诱降努力，得到时任国民党副总裁、国防最高会议副主席、国民参政会议长汪精卫的积极响应。“政府中对抗日政策抱有疑虑的人的首要发言人是汪精卫。”②

这位早年留学日本，1905年就加入同盟会的国民党元老，此时担任“国民党的副总裁，他名义上是国民运动的第二号领袖人物”，在“国民党内有相当多的追随者”③。抗战爆发后，汪精卫及其集团一直奉行对日妥协投降政策。七七事变后，抗日救亡运动不断高涨，汪精卫却组织了以周佛海、陶希圣、梅思平、高宗武以及熊式辉等人为主要成员的“低调俱乐部”，鼓吹抗战失败主义，策划对日妥协活动，“酝酿和平运动”，“企图以外交方式，结束战争”④。1938年初，汪精卫集团在武汉正式成立由周佛海任总务总干事、陶希圣任研究总干事的“艺文研究会”，明确其宗旨是：“第一，要树立独立自主的理论，反对共产党的笼罩。第二，要造成一个舆论，使政府可战可和。”通过“低调俱乐部”与“艺文研究会”的活动，形成了以汪精卫为中心的妥协投降派集团势力。

近卫文麿声明发表后四天（11月7日），汪精卫、周佛海即委托梅思平与高宗武作为全权代表，与日方的今井武夫、伊藤芳男在上海虹口的“重光堂”举行会谈。12日至14日晚，双方达成初步协议，这标志着汪精卫与日本的勾结已经完成。1938年12月18日，在日本人的策动和配合下，汪精卫逃离重庆。22日，近卫文麿政府发表第三次声明，配合汪的出逃行动，呼吁国民政府“共同谋求实现睦邻友好、共同防共和经济合作”。汪精卫于29日即做出响应，发表致蒋介石等人的《和平建议》电报（又称为“艳电”），要求国民政府“与日本政府交换诚意，以期恢复和平”⑤。1940年3月，汪精卫与北平伪临时政府王克敏、南京伪维新政府头目梁鸿志等，“在日本人的实际支配下”于南京正式成立伪国民政府，汪精卫就职伪国民政府主席。汪伪政权的正式建立，表明汪精卫集团完全沦为日本侵略者的工具。

汪精卫公开投敌及其声明，形成一股险恶的妥协投降逆流，给中国的抗战形势及其前景带来了难以估量的巨大冲击。然而，危机又何仅止于此！国民党内部日渐增长的反共暗潮和层出不穷的“摩擦”，也足以使抗日战争形势的发展阴影重重。

面对日本诱降和国际绥靖主义的劝降影响，国民党内一度潜滋暗长的反共分裂和妥协投降倾向再度浮出水面。继南岳军事会议之后，1939年1月21日至31日国民党在重庆召开了第五届中央执行委员会第五次全体会议。这次会议是抗日战争进入相持阶段之

---

① 日本外务省．日本外交年表并主要文书：下．东京：原书房，1965：401.

② 费正清，费维恺．剑桥中华民国史：下卷．刘敬坤，等译．北京：中国社会科学出版社，2007：552.

③ 同②553.

④ 周佛海．回忆与前瞻．中华日报，1939-07-22，1939-07-23，1939-07-24.

⑤ 汪伪宣传部．和平反共建国文献：第1辑　中国之部．1941：1.

初召开的一次对抗战颇具影响的会议。国民党总裁蒋介石亲任主席主持了会议。五届五中全会的内容涉及第二期抗战的政治、军事、经济、外交、教育等各个方面，其中主要议题是抗战和党务问题。在这两个主要问题上，五届五中全会表现出积极与消极方面交相并存的双重性。在抗日问题上，五届五中全会基本上坚持了继续持久抗战的立场。但是，这次全会在国共两党关系上确定了“溶共、防共、限共、反共”的基本方针。国民党五届五中全会及其“溶共、防共、限共、反共”方针的提出和实施，导致又一次反共高潮的掀起。“风雨如磐暗故园”，中国团结抗战局面危机再现。

会后，国民党中央连续秘密下发《防制异党活动办法》《共党问题处置办法》等文件，对中国共产党厉行限制、防范和打击，并“加派有力部队，或忠实精干干部前往冀、鲁，俾加强本党在华北之武力，以限制共党之发展”。国民党乘八路军根据地之危，停发了八路军的薪饷和武器弹药供应，而且蒋介石“自 1939 年年中起，他就调动他的许多最精锐的部队——不同的时候在 15 万至 50 万人之间——封锁共产党人在西北的根据地”①。国民党政府反共的政策性逆转，由此引起一系列摩擦事件：1939 年 12 月至 1940 年初在陕、晋，1941 年 1 月在皖南，1943 年 7 月在陕北，国民党三次对共产党领导的抗日武装和抗日根据地进行大规模的进攻。尤其是 1941 年 1 月，国民党以 7 个师 8 万余人的兵力突袭新四军，使新四军伤亡 7 000 余人，制造了震惊中外的皖南事变。随后，蒋介石于 1 月 17 日以“违抗命令”的罪名宣布取消新四军番号。

历史性的“逆转”如此急迫地摆在国人面前，“以分裂代团结，以黑暗代光明。……道路相告，动魄惊心。时局危机，诚未有如今日之甚者”②。

五、突破危局：全民抗战的胜利之基

当战场形势进入胶着状态之后，侵华日军于 1940 年夏秋之际在华北实施以“铁路为柱、公路为链、碉堡为锁”的“囚笼政策”，企图摧毁华北各抗日根据地，以巩固其占领区。另外，汪伪投敌逆流的涌动、国民党策动的反共高潮迭起，致使抗日民族统一战线陷入危机。

显然，如何破解全民抗战的时局危机，挽既倒之狂澜，是决定抗日战争最终走向胜利的关键。继 1939 年 6 月初发出《反对投降危险的指示》后，中共中央 6 月中旬在延安召开高级干部会议，研究反对投降、反对分裂的工作。毛泽东提出，全党努力从思想上、组织上准备自己，随时可以对付事变——各种意料之外的袭击，各种大小事变。要求全党努力，同一切爱国进步分子、一切爱国进步的国民党人员（上层的、中层的、下层群众）亲密联合在一块，并和他们一道去动员群众，开展反投降斗争，公开揭穿反共即准备投降的实质，以孤立投降派与反共分子，以便继续抗日。不论何种情况，党的基本任务是巩固扩大抗日民族统一战线，坚持国共合作与三民主义。必须坚持这种方针，不能有任何的动摇。同时，对于反共摩擦事件，毛泽东直率地告诉记者说：“我们根本反对抗日党派之间那种互相对消力量的磨擦。但是，任何方面的横逆如果一定要来，如

---

① 中国抗日战争与世界反法西斯战争．北京：中共党史资料出版社，1988：94.

② 毛泽东选集：第 2 卷．2 版．北京：人民出版社，1991：773.

果欺人太甚，如果实行压迫，那末，共产党就必须用严正的态度对待之。这态度就是：人不犯我，我不犯人；人若犯我，我必犯人。”①

中共以“政治上取猛烈攻势，而在军事上暂时还只能取守势”② 的方针，竭尽全力赢得抗日民族统一战线的健康发展，“在公开场合，中共一贯把这些军事冲突描绘成地方指挥官超越上级命令挑起的，尽管他们明白事实并非如此”。即使皖南事变发生后，“中国共产党仍力求避免与重庆的国民党政府公开决裂”③。毛泽东宣布对付这些攻击的总政策是：“有理、有利、有节”④。蒋介石精心谋划的皖南事变其实最终也归于失算，因为，“如果被看作民族英雄具有政治价值，那么做个民族殉难者价值更大……在整个中日战争中，没有一件事比新四军军部在忠实执行命令时被消灭更能提高共产党对国民党的威望了”，历史证明，“中共智胜了这场宣传战，并赢得了可资利用的政治资本”⑤。

1941 年 3 月 8 日，蒋介石在参政会上发表演说，表示“决不忍再见所谓‘剿共’的军事，更不忍以后再闻有此种‘剿共’之不祥名词，留于中国历史之中”，保证“以后亦决无‘剿共’的军事，这是本人可负责声明而向贵会保证的”⑥。共产党不仅凭实力，而且凭政治智慧和历史远见，打退了国民党顽固派的两次反共高潮，从根本上遏制了反共逆流的进一步发展，对于抗日民族统一战线巩固和团结抗战到底，作用重大且意义深远。

中国共产党及其领导的深入敌后的八路军在艰险危难困境中，迅速发展。在敌后广阔的区域里，建立了晋察冀、晋绥、晋冀豫、晋西南及山东等大块抗日根据地，构建了具有战略影响的华北敌后战场。八路军在广泛动员群众、发动群众基础上，壮大自身力量，到 1940 年中已经发展到了 40 万人，逐步成为华北抗战的中坚力量。在 1944 年，周恩来不无自豪地声称：在最近半年时间里，“正面战场沦陷了十万多方公里的土地，而我们敌后战场却从敌人手中收获了五万方公里的土地。正面战场丢弃了四千多万的人员，而敌后战场却又解放了五百多万的人口。正面战场失掉了一百零二个城市，而敌后战场却又夺回了八个城市。正面战场丢失了几十万军队，而敌后战场却又扩大了十万正规军”⑦。据 1942 年 5 月日方的《华北共军现状》，北平大学生 70%投奔敌后抗日战场，大约 20%到大后方去，留在沦陷区的只有 10%。华北敌后五省共计 91 万平方公里、1 亿人口，到 1940 年被收复了 4 000 万人口的地区，加上抗日游击区的人口，共约 7 500 万人，日军切实控制的地区只占华北敌后范围的 1/4 左右。对此，日本当局也承认：“从我军兵力及治安情况来看，实际上势力所及只限于重要城市周围及狭窄的铁路沿线

① 毛泽东选集：第 2 卷. 2 版. 北京：人民出版社，1991：590.

② 军事科学院军事历史研究部. 中国人民解放军全史：第 4 卷 中国人民解放军战史（抗日战争时期）. 北京：军事科学出版社，2000：270.

③ 费正清，费维恺. 剑桥中华民国史：下卷，刘敬坤，等译. 北京：中国社会科学出版社，2007：657.

④ 同①750.

⑤ 同③665.

⑥ 《皖南事变》编委会. 皖南事变. 北京：中共党史出版社，1990：251.

⑦ 中国现代史论集：第 10 辑. 台北：联经出版社，1982：274.

地区，仅仅是点和线，其他大部是匪占地区。”①

六、历史在转折中：战场较量与国际形势

被拖入持久作战的日本侵略者，为打通平汉路，争取战场形势的主动权，寻机歼灭中国军队主力，与国民党军队继续在正面战场展开大规模的会战。在 1941 年 1 月至 3 月的豫南会战、上高会战②中，日军分别以伤亡 9 000 余人和 1.5 万余人的代价而败退。但在华北战场上的晋南（中条山）会战中，中国军队却遭到“耻败”。

晋南，西以黄河界陕西，西南以黄河界豫北，处于黄河由南北向转为东西向之弯曲部。东以太行山，南以中条山，西以吕梁山，形成箕形山地，而以汾河河谷为箕底，驻守该地区的有第一、第二战区的 7 个军 16 个师近 18 万人。

歼灭在华北山西南部的“中央军”，是日军中国派遣军于 1941 年 1 月制订的年度作战计划的重要内容。1941 年 4 月，日军开始向中条山周围地区集结。5 月 7 日下午，日军在其航空队的支援下，以 6 个师另 2 个独立混成旅，由东、北、西三个方面向中条山地区中国军队发动全面进攻。8 日晨，中国守军阵地被突破，日军分数路向垣曲直进，是日黄昏占领垣曲，至此，日军将中条山的中国守军分截为东西两部。14 日以后，日军一面封锁黄河各渡口，一面继续于中条山区内围攻中国军队。留置山区内的中国军队损失甚重，乃化整为零，分别突围，向太岳山区、吕梁山区及黄河南岸转移。28 日，会战遂告结束。中条山会战中，中国军队伤亡 4.2 万余人，被俘 3.5 万余人，日军仅以 1∶20 的极小代价“扫荡”了中条山地区的所有国民党军队。中条山会战的失败，成为“抗战史最大之耻辱”③。

是年下半年相继而起的长沙会战，则是规模更大、战局变化更为复杂的会战。第一次长沙会战后，中国第九战区仍与日军第十一集团军对峙于湘北地区。1941 年后，日军酝酿发动第二次进攻。9 月，日军发动进攻，强渡两军对峙的新墙河。日军第六师为掩护其第十一集团军主力于岳阳、临湘地区集结，向中国守军第四军大云山阵地攻击，并一度攻取（后被守军收复）。由于第九战区出现指挥失误，下达作战命令的无线电报竟被日军窃听并破译，中国军队陷入极大被动，虽多处与敌激战，但遭遇失败。月底，日军攻入长沙。直到 9 月 27 日，连日作战的日军仍未达到其统帅部“要求作战尽快结束”④ 的战略企图，遂因粮弹损耗很大，战线过长，后勤保障困难而决定结束作战，并于 10 月 1 日开始撤退。10 月 2 日，第九战区立即开始追击，相机收复岳阳，并随即发动总攻击。10 月 5 日，中国军队恢复原阵地。这次作战，虽然中国军队由于指挥失误付出了相当大的代价，但是日军并没有击溃第九战区主力，自身却付出了 2 万余人伤亡的代价，阵地完全恢复到战前状态，日军没有达到预期的战略目的。

---

① 中国抗日战争与世界反法西斯战争．北京：中共党史资料出版社，1988：94.

② 上高位于鄱阳平原西部，居锦江上游，俯瞰赣东平原，西倚万载山地，为武功山与九岭山间之前进支撑点，扼南昌经浏阳入长沙古道之交通，为长沙之东方屏障。

③ 蒋介石对于晋南作战失败之检讨（1941 年 5 月 28 日）．国民政府军令部战史会档案．中国第二历史档案馆藏．

④ 日本防卫厅防卫研究所战史室．香港·长沙作战．东京：朝云新闻社，1983：360.

1941年12月8日，日军发动了太平洋战争。日军第十一集团军为策应其第二十三集团军及南方军的作战，牵制中国军队向广东方面转移，遂决定再对长江以南发起进攻，准备第三次长沙会战。

1941年12月中旬，日军向岳阳方面集结兵力。12月23日，日军第四十师一部向中国守军第二十军油港河以南阵地攻击，日军第六师向中国守军第二十军第一三四师新墙河阵地实行渡河攻击，日军第三师主力在后方跟进。第九战区遂令各集团军于1942年1月1日子夜开始攻击前进。1942年1月1日凌晨，日军第三师开始向长沙东南郊阵地攻击。第十军坚守长沙城郊阵地，在岳麓山重炮火力支援下，击退了日军的反复突击，并将突入白沙岭的日军第三师一部歼灭。此时，处于外围的中国军队正隐蔽地从三面向长沙推进。在攻击长沙不成、背后又出现包围的情况下，日军指挥官阿南惟畿被迫于3日晚下达了“反转”命令。4日，长沙城外日军再次发起全线攻击，但在守军的顽强抵抗下，又一次受挫，日军第三、第六师于4日晚乘夜色脱离战场，组织撤退。第九战区立即命令原准备在长沙附近合围日军的各部队转为堵击、截击和追击日军，从而取得了长沙会战大捷。此役共毙伤日军5万余人，俘日军139人。日军战史也不得不承认：中国军队“引诱日军一直深入到长沙，集中长沙城内外的30万大军将日军包围。尔后，日军第一线部队几经苦战，付出了高于香港作战两倍多的牺牲……这次作战，动摇了一部官兵的必胜信念”①。

图14-7　中国军队与日军在长沙展开激烈巷战

这次长沙会战的胜利也引起了强烈的国际反响。伦敦《每日电讯报》报道：“际此远东阴雾密布中，惟长沙上空之云彩确见光辉夺目。”② 美国陆军参谋长马歇尔来电庆贺，海军部部长诺克斯发表告中国人民书，指出这是所有同盟国家的共同胜利。

中国军队的入缅作战，也是正面战场上重要的战略行动。缅甸控制着由马六甲海峡

① 日本防卫厅防卫研究所战史室．中国事变陆军作战史：3．东京：朝云新闻社，1983：478．

② 吴相湘．第二次中日战争史：下册．台北：综合月刊社，1974：793．

进入印度洋区域的要冲，且为陆上通往中国和南亚次大陆的重要门户，战略地位十分重要。中国方面于1941年6月正式向英国方面提出《中英缅共同防御意见书》，策定了中英共同防御缅甸的作战计划。1940年9月，日军进占越南北部，直接威胁中国西南大后方，危及西南门户和滇缅公路。1942年2月，英方迭次吁请中国远征军入缅。国民政府军事委员会乃于1942年3月12日正式成立中国远征军第一路司令长官司令部，以卫立煌为司令长官，杜聿明为副司令长官。总兵力约10万人的中国远征军应英方的请求紧急入缅支援英军对日作战，从3月初先头部队到达东吁参战，到8月初中英联军撤离缅甸，历时近半年，转战1 500余公里，浴血奋战，屡挫敌锋，使日军遭到太平洋战争以来少有的沉重打击，多次给英缅军以有力的支援，取得了东吁保卫战、斯瓦阻击战、仁安羌解围战、东枝收复战等胜利，中外人士莫不表示钦佩。中国远征军的苦战虽未能挽回缅甸防御战的颓势，但中国远征军首次出国与盟军协同作战及其在缅甸防御战中的重要作用，对世界反法西斯战争做出了重要的贡献。

敌后战场的形势也在发生着积极的转变。在1941年一年里，日军推行了3次"治安强化运动"，对抗日根据地进行了69次1 000人以上的"扫荡"，9次1万人至7万人的大"扫荡"，"扫荡"时间长、兵力大、重点集中，由过去的分进合击发展到"铁壁合围"和"梳篦清剿"。在这样的情况下，抗日根据地缩小，人口减少，八路军伤亡增加，财政经济相当困难。到日军推行第三次"治安强化运动"之前，1941年10月底，抗日根据地已比一年前缩小了约1/6。中共中央根据严峻的形势，在总结挫折经验的基础上，提出精兵简政、统一领导、拥政爱民、发展生产、整顿"三风"、审查干部、时事教育、三三制、减租减息等多项政策，领导根据地军民渡过难关，坚持敌后抗日斗争。经过1941年和1942年的艰苦斗争，华北敌后抗日根据地的军民粉碎了敌人残酷的"扫荡"和"蚕食"，接连战胜了敌人的5次"治安强化运动"，使日本侵略者日益陷入困境。从1942年冬起，冀南、冀中、冀东等抗日根据地开始恢复，至1943年，整个华北敌后抗日根据地均进入了恢复和再发展的新阶段，敌后战场的形势有了明显的转折。

更值得关注的是，国际形势的发展也预示了日本侵略者走向灭亡的命运。自1941年6月22日德国法西斯向苏联发动全面进攻，12月3日日本法西斯袭击珍珠港向美、英等国发动太平洋战争后，法西斯的侵略战争达到最猖獗的时期。由于中国战场始终牵制住日本陆军的主力和海军的一部，使日本的北进、南进战略难以顺利实现，这就为美、英争取了宝贵的备战时间，减轻了美、英所承受的压力，为后来较快地改变被动局面、转入反攻创造了有利条件。1942年1月1日，中、美、英、苏等26国签署《联合国家宣言》，世界反法西斯统一战线正式形成。同时，蒋介石就任盟军中国战区最高统帅，美国的史迪威中将被任命为中国战区参谋长，形成盟军共同对日作战。

中国长期以来单独抗击日本侵略的局面终于结束。这预示着抗日战争和世界反法西斯战争即将走向胜利。抗日战争即将走向胜利的研判，已经明确地体现在中共中央的号召中："咬紧牙关，渡过今后两年最困难的斗争，同时准备一切条件……迎接全世界反法西斯的胜利与新的伟大时期的到来。"①

① 中央档案馆．中共中央文件选集：第13册．北京：中共中央党校出版社，1991：265.

第四节 战略反攻：最终的胜利

一、局部反攻：敌后战场的新转机

1942年秋季以后，日军发动的“华北治安战”即一蹶不振。经过6年艰苦卓绝的斗争，敌后战场于1943年秋出现了明显的转折。1943年春夏以来，中共灵活机动的“敌进我进”方针的贯彻，事实上将斗争的重点逐渐引向敌占区，主动进攻的作战愈来愈多。晋绥军区在1943年春夏的3个月作战中，主动发动的战斗即占78%。从1943年秋开始，日军在华北敌后战场，已逐渐失去了战场的主动权，华北八路军已在若干地区逐渐占有局部的优势。

到1943年底，八路军、新四军及华南抗日游击队，都已渡过最困难的时期，尤其是八路军，在战火中得到了恢复、发展和壮大。形势的发展提出了新的历史要求，1944年4月12日，毛泽东于在延安召开的党的高级干部会议上提出：“我们要准备不论在何种情况下把日寇打出中国去。为使我党能够担负这种责任，就要使我党我军和我们的根据地更加发展和更加巩固起来，就要注意大城市和交通要道的工作，要把城市工作和根据地工作提到同等重要的地位。”① 遵照中共中央的指示，华北、华中、华南敌后抗日根据地军民，从1944年开始对日伪军普遍展开局部反攻，同时注意根据地的各项建设和巩固，进行整军，大力加强民兵建设，积蓄力量，加强城市和交通要道工作，为大反攻的到来积极准备。

经过1944年的局部反攻，中国共产党领导的敌后抗日根据地得到了很大的壮大，已拥有9 000万人口和200多万民兵、78万军队。而且经过攻势作战的锻炼和冬季大练兵运动，军队的军政素质明显提高，军政、军民关系得到进一步改善。1944年12月15日，毛泽东在陕甘宁边区参议会上发表题为《一九四五年的任务》的重要演说，他提出，1945年“我们唯一的任务是配合同盟国打倒日本侵略者”，扩大解放区是1945年敌后解放区15项工作中的第一项工作。“我们必须把一切守备薄弱、在我现存条件下能够攻克的沦陷区，全部化为解放区，迫使敌人处于极端狭仄的城市与交通要道之中，被我们包围得紧紧的，等到各方面的条件成熟了，就将敌人完全驱逐出去。”② 12月25日，中共中央在《关于目前形势的分析与任务的指示》中提出：“各地应按照自己特点部署工作，特别注意发展生产、城市工作及扩大解放区三方面。”③

在中共中央和毛泽东的指示下，八路军为执行“扩大解放区，缩小沦陷区”的战略任务，从1945年春开始对日军发动了更大规模的反攻。

---

① 毛泽东选集：第3卷．2版．北京：人民出版社，1991：945.

② 中央档案馆．中共中央文件选集：第14册．北京：中共中央党校出版社，1992：417.

③ 同①433.

二、持续会战：正面战场上的再较量

1943年后，正面战场上展开的一系列中日会战，不仅是决定中国战场形势变化，而且也是影响国际反法西斯战争形势变化的重要因素。

（1）常德会战。与湘东长沙相对的常德，是湖南省西部地区的军事、政治、经济中心，也是重庆军事补给的命脉所在，故成为日军重点谋取的战略要地。日军据此，东南可监视长沙、衡阳，西方可顾及四川东部，成为足以威胁重庆的战略要冲①。日军为常德会战集中总兵力约10万人，于1943年10月31日完成作战准备。中国军队集中了第六战区和第九战区一部共约20万人参战，于1943年10月底完成作战准备。

1943年11月2日，日军开始向第六战区第十集团军、第二十九集团军防御的一线阵地发起全面进攻，其余参战各部也相继发起进攻。中国守军利用沿江湖泊的障碍与工事，奋起抗击，予日军以消耗。日军机载伞兵于桃源空降，支援其步兵围攻桃源，中国守军伤亡严重，撤守沅水南岸，桃源遂陷。12月3日，日军对常德继续猛攻，并施放毒气。守军被迫突围，常德遂陷。中国守军防守常德，作战16昼夜。日军先后投入约3万兵力，300余门火炮。中国守军仅为1个师，兵力仅9 000余人，在敌我兵力兵器悬殊情况下孤军奋战，予日军以沉重打击。12月初，第六战区常德外围部队向常德之日军发起攻击。8日，在常德陷落6天后，重新收复该城，并向撤退之日军展开追击。在历时50余天的作战中，第六战区付出重大代价（师长中即有许国璋、孙明瑾、彭士量等三人阵亡），最终收复失去的阵地，共毙伤日军2万余人。

1944年初，日本侵略者为了挽救濒临覆灭的命运，决定发动代号为“一号作战”的豫湘桂战役。从4月初开始到12月中旬结束的豫湘桂战役，在广阔的战场上次第展开，形成了几次主要的会战。

（2）豫中会战。1944年4月初，日军先后抽调东北及华北地区兵力总计约15万人，由华北方面军司令官冈村宁次指挥，相继在博爱以东、新乡以南黄河北岸地区、开封附近地区、垣曲地区完成集结。4月18日零时，日军第三十七师及独立第七旅于河南开封以西中牟一带渡过黄河，向中国第一战区河汜守备部队发起猛烈进攻，在突破暂编第十五军阵地后，分路向郑州、新郑、尉氏、洧川等地突进。5月19日，日军集中主力部队开始向洛阳发动进攻。守军英勇奋战，坚持至25日，弹尽援绝后乃分路突围，洛阳古城沦陷，豫中会战结束。

（3）长衡会战。依照“一号作战”计划，在向豫中大举进犯的同时，日军即着手对湖南的进攻。1944年5月，日军以约17万人的兵力，分别部署于华容、岳阳、崇阳等地区，形成两线进攻态势。从5月26日日军分3路发起进攻至8月8日长衡会战宣告结束，在近三个月攻防进退的搏杀中，中国军队步、炮、空协同作战，大量杀伤日军部队，使日军地面攻势频频受挫。即使面对日军第三次进攻由西北郊突入城内的情况下，国民党军仍与日军展开巷战，不断击退其进攻。然而，在此关键时刻（8月6日），国民党军第十军军长方先觉令全军放下武器，率所属各师长向日军投降，衡阳失守。

（4）桂柳会战。日军攻占衡阳后，继续发动桂柳会战。9月上旬，日军分别从湖

① 日本防卫厅防卫研究所战史室．1942、1943年的中国派遣军．东京：朝云新闻社，1983：459.

南、广东向广西桂、柳地区发动进攻，并接连攻陷兴安、灌阳、良丰、阳朔等地，对桂林侧后构成包围态势。随后，日军一部沿湘桂路南犯，11 月 21 日后相继攻占宾阳、南宁等要地。同时，另一部日军由谅山分 3 路乘势北上策应，接连攻占龙州、宁明、明江等地，并于 12 月 10 日与由南宁南下之日军会师于绥渌。至此，打通了中越交通线。广西省内重大战斗，暂告结束。

1944 年 4 月至 12 月，日军在华发动的豫湘桂战役，即“一号作战”，历时 8 个多月，是日军在侵华战争期间发动的规模最大的战役。在这次战役中，中国军事当局对日军的冒险进攻估计不足，兵力布防不周，应战仓促，加之各战区临危慌张，指挥失当，未能以顽强持久的作战打击破坏其进攻计划，致使日军向前推进近 2 000 公里，侵占了河南、湖南、广西等省的大片地区，形式上完成了打通大陆交通线的作战计划。世界反法西斯战争正值历史性转折之际，国民党军队在豫湘桂战役中损失近 60 万军队，丢失大小 146 座城市，失去衡阳、零陵、宝庆、桂林、柳州、丹竹、南宁等 7 个空军基地和 36 个飞机场，总计丧失国土 20 多万平方公里，使 6 000 万人民陷于日军的铁蹄之下。

此次战役虽造成贵州告急、重庆吃紧之势，但日军的进攻亦成强弩之末。经长期战争的消耗，侵华日军战略上已陷入被动态势；抗日根据地军民在敌后战场上开始的攻势作战，日军也是穷于应付。在此战略态势下，日军强行突进，深入大西南远距离作战，致使其战线拉得更长，兵力更为分散，被动之势更甚。日军集中 50 余万兵力，进行长达 8 个多月的“一号作战”的战略目标，并没有为其带来重大战略转机。它在中国战线的崩溃和最后失败，已是势所难免。

三、法西斯阵线的瓦解：从《开罗宣言》到《波茨坦公告》

伴随 1943 年春天的到来，疯狂骄横的法西斯力量开始迅速地减弱下来。从 1943 年 5 月中旬起，盟军先后在太平洋战场对日军作有限的攻势作战，基本上实现了战役的主要目的。在夏、秋两季攻势中，苏军在苏德战场上的反攻凯歌高奏，德、意法西斯侵略军被迫转入战略防御。是年秋季，中国战区的敌后战场开始展开攻势作战，在正面战场还取得常德战役的胜利，130 余万人的庞大日军部队（包括在中国东北地区的关东军）被困在中国大陆。同盟国军队在东、西方各个战场的反攻，显现强势进取态势，促使法西斯集团发生分裂。墨索里尼的下台和意大利退出法西斯轴心，并对德国宣战，标志着德、意、日法西斯轴心实际上解体，这是国际反法西斯阵线的一大胜利。欧洲法西斯阵线的瓦解，已经确定无疑地宣告了日本法西斯彻底灭亡的命运。第二次世界大战的转折点，也是中国抗日战争走向胜利的转折点。正如毛泽东所言，斯大林格勒一役，迫使希特勒转入战略防御，“这一战，不但是苏德战争的转折点，甚至也不但是这次世界反法西斯战争的转折点，而且是整个人类历史的转折点”①，“这一形势，将直接影响到远东。明年也将不是日本法西斯的吉利年头。它将一天一天感到头痛，直至向它的墓门跨进”②。

1943 年 11 月 22 日至 26 日，中、美、英三盟国首脑蒋介石、罗斯福、丘吉尔在埃及

① 毛泽东选集：第 3 卷. 2 版. 北京：人民出版社，1991：885.

② 同①888.

举行了代号为“六分仪”的会议，史称“开罗会议”。这是二战中唯一一次有中国参加的国际首脑会议。会议讨论了对日作战问题，并着重讨论了战后如何处置日本的问题。不同的利益谋求和盘算虽然使会议显得复杂而多变，但最终的共同利益导致了各方根本意见的一致，会议签订了《开罗宣言》。这份宣言在会后由罗斯福带到德黑兰，征得斯大林的同意后，于1943年12月1日发布。《开罗宣言》的主要内容是：剥夺日本自1914年第一次世界大战开始以来在太平洋所夺得的或占领的一切岛屿；把日本所侵占的中国领土，如东北、台湾、澎湖列岛等归还中国；把日本从其用武力或贪欲所攫取的所有土地上驱逐出去；使朝鲜自由独立。宣言宣告：“三大盟国抱定上述之各项目标并与其他对日作战之联合国家目标一致，将坚持进行为获得日本无条件投降所必要之重大的长期作战。”① 开罗会议的召开及会后发表的《开罗宣言》都表明了对中国国际地位的承认。

图谋称霸世界的日本侵略者，最终陷入世界反法西斯正义力量的合围打击之中。1945年初，世界反法西斯战争接近最后胜利。2月11日，苏、美、英三国代表签订了关于日本问题的秘密协定（亦称“雅尔塔协定”）②。此项协定表明，美、英是以牺牲中国主权等作为条件，换取苏联政府同意在战胜德国法西斯两个月或三个月后参加对日作战；而且雅尔塔协定直至6月14日美国才通知中国政府，且在没有四大盟国之一的中国代表参加的情况下，签订了有关中国主权和利益的协定。但是，雅尔塔会议也加速了日本侵略者走向失败的历史进程。1945年2月下旬，美军攻占菲律宾首都马尼拉市，控制了吕宋全岛。接着，占领硫黄岛，并逼近冲绳岛。4月1日，美军在冲绳岛登陆，6月30日攻克全岛，直逼日本本土。5月2日，苏军完全占领柏林市。8日24时，德国陆军元帅凯特尔代表德国政府宣布向苏、美、英、法四国无条件投降，并在投降书上签字。至此，欧洲战争结束。德国投降后，盟军的作战重心迅即东移，全力对付日本法西斯。日本法西斯的灭亡，已经指日可待。

四、全面反攻：抗日战争的胜利

1945年7月26日，中、美、英三国发表《波茨坦公告》，要求日本无条件投降。日本公开拒绝《波茨坦公告》后，盟国只有对日本法西斯进行最后一战。美国杜鲁门政府为了争取掌握占领日本的主动权，遂于8月6日和9日在苏联出兵之前在日本广岛、长崎分别投下一颗原子弹。人类历史上第一次毁灭性武器——原子弹的两次轰炸，使日本两个城市遭到空前灾难。当日，广岛市民死伤17万人，长崎居民死伤6.6万人。8

---

① 国际条约集（1934—1944）. 北京：世界知识出版社，1961：403-404.

② 内容如下：“苏、美、英三强领袖同意，在德国投降及欧洲战争结束后两个月或三个月内苏联将参加同盟国方面对日作战，其条件为：（一）外蒙古（蒙古人民共和国）的现状须予维持。（二）由日本1904年背信弃义进攻所破坏的俄国以前权益须予恢复。即：（甲）库页岛南部及邻近一切岛屿须交还苏联。（乙）大连商业港须国际化，苏联在该港的优越权益须予保证，苏联之租用旅顺港为海军基地须予恢复。（丙）对担任通往大连之出路的中东铁路和南满铁路应设立一苏中合办的公司以共同经营之；经谅解，苏联的优越权益须予保证而中国须保持在满洲的全部主权。（三）千岛群岛须交苏联。经谅解，有关外蒙古及上述港口铁路的协定尚须征得蒋介石委员长的同意。根据斯大林大元帅的提议，美总统将采取步骤以取得该项同意。三强领袖同意，苏联之此项要求须在击败日本后毫无问题地予以实现。苏联本身表示准备和中国国民政府签订一项苏中友好同盟协定，俾以其武力协助中国达成自日枷锁下解放中国之目的。”（反法西斯战争文献. 北京：世界知识出版社，1955：216-217）

月 8 日，苏联对日宣战[①]。至此，投降已经成为日本侵略者的唯一选择。

在苏联红军于 8 月 9 日开始实施远东战役的同时，中国战场的大反攻全面展开。

8 月 9 日，毛泽东就苏联对日宣战发表《对日寇的最后一战》声明，宣布“最后地战胜日本侵略者及其一切走狗的时间已经到来了”，号召“中国人民的一切抗日力量应举行全国规模的反攻，密切而有效力地配合苏联及其他同盟国作战”[②]。根据中共中央的指示和毛泽东主席、朱德总司令的命令，八路军、新四军和华南各抗日游击队，利用自己处于抗日最前线的有利态势，迅即对华北、华中和华南地区日伪军占领的大中城镇及交通要道发动大规模反攻，并配合苏联红军解放东北。敌后战场的全面反攻依次迅速展开：

（1）晋察冀军区所属各部队经半月余作战，夺取县城 29 座，切断战区内日伪军控制的铁路交通，日伪军被迫龟缩于北平、天津、保定、石家庄、唐山、太原等孤城。河北、山西两省广大地区获得解放。

（2）晋绥军区部队逼近太原，攻入归绥，夺取日伪军占据的城镇据点。8 月 11 日，晋绥军区决定集中主力，在冀晋、太行军区各一部配合下，分南北两线对太原、归绥及同蒲铁路北段、平绥铁路西段日伪军发起进攻。

（3）晋冀鲁豫边区部队向太原、开封、安阳等城市逼进，切断同蒲、陇海、平汉等铁路线，驻晋冀鲁豫边区的八路军第一二九师所属部队立即向日伪军发起了全面反攻。参加反攻作战的有太行军区、太岳军区、冀鲁豫军区等共 26 个军分区的部队，计 72 个团、7 个支队约 19 万人，另有民兵 40 余万人配合作战。

（4）山东军区部队向济南、青岛、徐州等地进军，切断津浦、胶济、陇海铁路交通。

（5）新四军各部队夺取苏、皖、浙地区敌占乡村和县城。8 月 12 日，中共中央鉴于华中地区敌兵力较大，新四军难于夺取大中城市的现状，遂决定，江南力量就现地向四周扩展，夺取广大乡村及许多县城，江南各大城市不做占领打算。

…………

历史具有悲喜交集的特性，它常常在历史转机中蕴含着更深层次的危机。

8 月 10—11 日，蒋介石针对八路军、新四军对日反攻的行动连发三道命令：令“第十八集团军所属部队，应就原地驻防待命，勿再擅自移动”，令“各地伪军，应就现驻地点负责维持地方治安”，令各战区“以主力挺进，解除敌军武装”[③]。同时，国民党军队在蒋介石“以主力挺进”的指令下，在前往华北、华中和华南等地各大城市受降的同时，向解放区进逼。胡宗南部以其主力 3 个军向山西推进，其一部已过黄河；阎锡山在晋中集中 8 个师，准备进入太原，另一部拟东进争夺晋东南地区；傅作义部进入包头，2 个步兵军及 1 个骑兵军由绥远沿平绥路东进，与晋绥部队争夺归绥；李品仙、何

---

① 至此，苏联亦正式加入《波茨坦公告》，所以公告最后成为四国的对日共同宣言。远东战役，苏军歼灭关东军、伪满军和伪蒙军的全部，日军损失官兵约 70 万人，其中 8.3 万人被击毙，60.9 万人被俘。苏军伤亡 3.2 万余人。

② 毛泽东选集：第 3 卷. 2 版. 北京：人民出版社，1991：1119.

③ 秦孝仪. 先总统蒋公思想言论总集：卷三七. 台北：中国国民党中央委员会党史委员会，1984：309.

柱国等部向徐州、蚌埠进犯，争占津浦路；王仲廉、高树勋、刘茂恩等部已向郑州、洛阳、许昌一线推进……中国战场上出现更为复杂而严重的局势。

8月13日，朱德电告蒋介石，“坚决地拒绝这个命令”。解放区军民夺取中小城市和广大乡村，歼灭拒降之敌，主力立即转向夺取小城市和广大乡村，歼灭拒降的日伪军，大反攻作战进入第二阶段。八路军、新四军和华南各抗日游击队等人民武装，在1945年8月9日至年底的大反攻作战中，共歼灭日军1.37万余人、伪军38.5万余人，缴获步、马枪24.3万余支，轻、重机枪5 000余挺，各种炮1 300多门，收复县以上城市250多座，并一度攻入归绥、天津、保定、石家庄、芜湖等城市，切断平绥、北宁、同蒲、平汉、津浦、正太、德石、胶济、陇海、广九等铁路，取得了全面反攻的重大胜利。

8月9日10时30分，日本召开最高战争指导会议，讨论战与降的问题。日本临时内阁会议再次复会，通过了接受《波茨坦公告》的决议。15日中午，天皇亲自宣读的终战诏书录音向日本全国播放。由此，长达14年的侵华战争终以日本的投降而结束。

日本宣布投降的当天，杜鲁门在发布的一号通令中，指定唯有蒋介石政府才享有中国受降权；要派遣军总司令冈村宁次命令在华日军“停止一切军事行动”，“可暂保有其武器及装备，保持现有态势，并维持所在地之秩序及交通，听候中国陆军总司令何应钦之命令”。

显然，面对胜利了的抗日战争，即将到来的并不仅仅是胜利的欢呼和庆祝的弦歌。不过，在战火中已经成熟了的中华民族，自会拥有自己的历史选择！

第五节　萌生与成长：战时的社会与文化

一、战时社会、文化变迁概述

1938年12月的一天，独幕话剧《放下你的鞭子》第一次在昆明街头出演，立即引起民众强烈的反响。从1937年纪念九一八事变开始，到1938年抗战一周年止，由青年学生和文化界组织的宣传抗日救亡的话剧达100多场。这种直接面向民众的街头剧成为特定时代的一种文化景观。此外，全国许多知名的文化人士活跃在昆明、成都、桂林、重庆等地，将中国的西南变成抗战文化的中心。战争的进程，同样改变了社会文化的基本格局。

1937年7月全面抗战爆发以后，随着战争的展开和战局的急剧变化，形成三种权力结构控制的区域：

（1）国民政府一退武汉，再退重庆，实际控制区域不断缩小，并退守于经济欠发达、财政较贫穷的西南、西北诸省。自1938年底始，抗日战争进入相持阶段，400余万国民党军与200余万日伪军，在3 000公里的漫长战线上进入了胶着状态。但整个控制区域在形态上变动不大，至1945年时，国统区约有416万平方公里，占当时全国总面积的37.5%，有城市1 020个，占总数的51%。而全国未沦陷区（包括陕甘宁边区和外蒙古地区）总面积约为75.4%。

(2) 随着全面抗战的展开和抗日民族统一战线的形成，中国共产党领导的八路军、新四军分别在华北、华中区域建立了大块根据地，形成了广阔的敌后战场。两大区域的敌后根据地和游击区，人口在5 000万人以上。至1944年，除陕甘宁边区外，由中共领导的敌后抗日根据地共19块，总面积为85.8万平方公里，占整个沦陷区面积的31%；人口约1亿，占全国人口的36.6%。

(3) 随着军事进攻的日益深入，南下或北上的日军借助于其扶持建立的伪政权，使沦陷区面积日益扩大。日军控制了整个东北地区、热河省和蒙古地区一部分，东部及中部诸省相继沦陷，加上自甲午战争后占领的台湾省，这一区域约占当时国土面积的1/3。为保证沦陷区及军事供应线的稳定，日本逐渐形成"以战养战""以华治华"的政策体系，试图通过"分治合作"的原则，在占领区建立亲日政权，为对华战略服务，同时减轻日军维持地方治安的负担。1940年3月30日，汪伪政权在南京正式组建。汪伪政权形式上统一了全国的伪政权，辖区约为苏、浙、皖、赣、鲁、晋、豫、冀、粤等省的全部或大部，实际控制区仅限于南京、上海两市及江、浙、皖等省的部分地区，华北诸省实际掌握在日本华北方面军及以其为依托的伪华北政务委员会中。至1945年，日伪政权控制的沦陷区（包括东北在内）总面积为275万平方公里，约占全国总面积的24.6%，其中占有城市933个，占城市总数的47%①。

三大区域内权力结构、社会形态完全不同。这是战时中国社会变动的一大特征，也是认识和理解当时社会文化及思想变动的基本历史前提。

在这种特定历史背景下，规模性的高校西迁以及由此形成的思想文化力量的流动，构成了当时最为显著的文化结构性变动。全面抗战前夕，全国共有国立、私立及外国教会所办大学、独立学院和专修学校共108所，大部分设在北平、天津、南京、上海等大城市。抗战开始后，随着国民政府权力中心和经济重心的转移，教育部指示一些重要高校迁到西南或西北地区建立抗战教育基地。1938年，国民政府成立了全国战时教育协会，负责各地高校迁建工作。1937—1939年，内迁大后方高校有52所。如国立北京大学、清华大学与私立南开大学合并，先于1937年11月迁至长沙（成立长沙临时大学）；继于1938年4月又迁昆明，正式成立国立西南联合大学（简称西南联大）。北平大学、北平师范大学与北洋大学、北洋工学院迁至西安，合组临时大学，后改称国立西北联合大学等。内迁高校多集中于四川省，共计48所，其中重庆有25所，成都有7所。

原来在昆明的大学很少，只有云南大学。北大、清华、南开三所大学抗战开始后迁入昆明，重组为西南联大。此后不久（1939年），中法大学也由北平迁入。随着现代大学迁移的是知识与思想的力量流动和激荡。来自全国各地的青年学生、名流学者、进步知识分子、爱国民主人士也大量迁入昆明，导致西南区域社会文化结构的变动。"在战争的第一年内学术界就完成了这一任务，并在这个过程中把现代教育带进比较不发达的内地。"② 这些新知识群体与云南社会各阶层爱国民主力量相结合，促成了西南地区文

---

① 江沛. 全面抗战与中国社会变迁特征述论. 历史教学，2005 (9)：20-25.

② 费正清，费维恺. 剑桥中华民国史：下卷，刘敬坤，等译. 北京：中国社会科学出版社，2007：469.

化救亡活动日趋活跃和发展，规模也迅速壮大。其中，西南联大发挥了突出的作用，被誉为“民主的堡垒”。西南联大是抗日战争的产物，联大教员中许多是中国最有名望的学者，“到1940年，注册学生增加到3 000多人”①。它的形成乃至在战时艰险环境下的生存发展，不仅在战火硝烟里创造了“筚路蓝缕，弦歌不辍”的局面，而且继承和光大了“学术自由，民主救国”的精神，并使三校校风与特色仍得以继承、融合并发展。它所获得的骄人成绩和对未来历史的影响，至为深远。

战争打破了社会生活的常态，也破坏了科学与文化发展的必要条件。但是，学术界仍然在有限的条件下坚持着自己的追求。在中共南方局的帮助下，一部分大学教授组织了自然科学座谈会，以“适应抗战需要，普及科学知识”为号召。在此基础上，1944年底，座谈会拟订了《组织中国科学工作者协会缘起》，提出了中国科协的宗旨和任务。周恩来动员科学家们组织起来，为中国的民主和科学做出自己的贡献。这一号召得到著名科学家竺可桢、李四光、任鸿隽、丁燮光、严济慈等人的响应，他们积极行动起来，发起成立中国科学工作者协会筹备会，并于1945年7月1日在重庆沙坪坝正式成立了中国科学工作者协会，通过了《中国科学工作者协会总章》，选举竺可桢为第一届理事长，李四光为监事长，涂长望为总干事。这些组织起来的教授、科学家，成为当时科学与民主运动中的重要力量。

二、抗战时期的文学

1937年7月7日卢沟桥事变后，全民抗战局面逐步形成。“文学界知识分子的空前团结，取代了30年代早期的宗派主义。曾使左翼文学队伍严重分裂的两个口号的论争，几乎在一夜之间销声匿迹。所有的口号，都被淹没在抗战这个响亮的号召之下。”②

此外，在团结抗战的旗帜下，一切不愿做亡国奴的文化工作者联合起来，结成近代文化史上最广泛、最持久的文化界统一战线。在各地组织的文化救亡团体基础上，为使“散处四方的文艺工作者有集中团结、共同参加民族解放伟业的必要”，中华全国文艺界抗敌协会于1938年3月27日成立于武汉。成立大会通过了《中华全国文艺界抗敌协会宣言》，大会选出郭沫若、茅盾、冯乃超、夏衍、胡风、田汉、丁玲、吴组缃、许地山、老舍、巴金、郑振铎、朱自清、郁达夫、朱光潜、张道藩、姚蓬子、陈西滢、王平陵等45人为理事，周恩来、孙科、陈立夫为名誉理事。理事会推选老舍为总务部主任，主持文协日常工作。文协成立会上，提出了“文章下乡，文章入伍”的口号，鼓励作家深入现实斗争，成为各种文化团体中最具广泛性、最有号召力的组织。

文化界统一战线的主要组织，还有国民政府军事委员会政治部第三厅。1938年4月1日，国民政府军事委员会政治部第三厅正式组建。共产党派出一批干部在该厅任职，在厅长郭沫若领导下，第三厅成为国统区文化界抗日民族统一战线的一个营垒，为抗战文化建设与发展发挥了重要作用。同时，一些政府部门、战区机关和地方政府也组织起若干文艺团体，如1937年7月成立的第五战区战时工作团，1938年5月起陆续建

---

① 费正清，费维恺. 剑桥中华民国史：下卷，刘敬坤，等译. 北京：中国社会科学出版社，2007：411.

② 同①532-533.

立了 4 个“以巡回战区及边远省份乡村，流动施教”为原则的国民政府教育部巡回戏剧教育队①。在文化界抗日民族统一战线的号召下，全国抗日救亡文化运动蓬勃发展，“其规模之大、动员之广、历时之长，都超过了历史上任何时期的文化运动”②。

文学救亡理论成为进步知识界最根本的诉求，“宣传第一，艺术第二”与“文章下乡，文章入伍”一道，成为战时文化最根本的发展方向。在战争初期，不同形式的短篇报告文学——通讯、速写、海报、演说以及在街头、集市表演的独幕剧，成为最基本的文学模式，几乎取代了篇幅较长的各种虚构的作品。

卢沟桥事变数天后，中国剧作者协会便集体创作了三幕话剧《保卫卢沟桥》，它以文艺的形式传递着“保卫华北！保卫祖国!”的全民族的急切呼声。接着，一批战斗的戏剧队伍深入乡村、集镇，历尽艰险，以文艺形式传播全民抗战精神。许多作曲家，如冼星海、张曙、吕骥、贺绿汀等为抗战创作了经久不息而又脍炙人口的救亡作品，如《全民抗战》《洪波曲》《游击队之歌》《到敌人后方去》《太行山上》等，成为经久不衰的激励大众的战斗之歌!

抗战时期著名的作家中，茅盾在重庆的主要作品有《走上岗位》《第一阶段的故事》等，译著有《复仇的火焰》等。老舍则于 1944 年发表《火葬》后开始了《四世同堂》的创作。巴金则出版了《火》《长夜》等长篇小说。其中，茅盾的《霜叶红于二月花》是继《子夜》之后又一部重要的社会剖析小说，一经发表，立即引起文学界和社会各界的广泛关注。艾芜是当时创作成果最多的作家，在抗战八年中他发表了 16 部作品，其中《故乡》与《山野》是他抗战中最重要的作品，也是他一生中极为重要的长篇小说③。

如何使文化运动与大众结合起来，是五四以来文化运动中人们所关注的一个问题。抗日战争爆发后，中共领导的延安吸引和聚集了一批又一批的新青年知识分子，各种抗日文化团体纷纷建立。为了推动抗日文化事业的发展，1936 年 11 月中国文艺协会成立后，又于 1937 年 11 月在延安成立了陕甘宁边区文化界抗日救亡协会（在此基础上 1938 年 9 月成立了陕甘宁边区文化界抗战联合会，1939 年 5 月改名为中华全国文艺界抗敌协会延安分会），此后相继成立了边区文化协会与边区音协、文联、美协、剧协以及文化俱乐部等。这些文化团体团结一切爱国文艺工作者，“成为抗日民族革命战争中的战斗力量”④。

1939 年初，光未然从陕西宜川壶口附近东渡黄河，目睹了黄河船夫与狂风恶浪搏斗的情景，回延安后只用了 5 天时间便写成大合唱歌词。冼星海看到后十分激动，即以 6 天时间完成谱曲。四部八乐章的大型声乐组歌《黄河大合唱》在延安首次公演后，即受到毛泽东的赞扬。不久，《黄河大合唱》走出延安，走向重庆，走向全国，也走向世界。《黄河大合唱》风靡至今，它在最困难、最艰险的时候给人们以巨大鼓舞，极大地振奋着全国的人心，使全国人民更加了解了中国共产党人的情感世界。《黄河大合唱》

① 文天行．国统区抗战文艺运动大事记．成都：四川省社会科学院出版社，1985：80.

② 肖效钦，钟兴锦．抗日战争文化史（1937—1945）．北京：中共党史出版社，1992：8.

③ 同②352.

④ 红色中华（红中副刊），1936（1）.

不仅成为风行当时的名曲，而且也成为中国音乐史上不朽的经典之作。

1942 年后，在毛泽东《在延安文艺座谈会上的讲话》的指导下，根据地形成了独有特色的文化运动及其发展方向：文化要面向现实，文化工作者必须和新的群众的时代相结合，深入工农兵，为最广大的人民大众服务。这成为中共领导下的新文化[①]——“革命文艺”的内容与方向。这一方向性的确定，规定了文学艺术“为工农兵而创作，为工农兵而利用”的立场。

以延安为代表的根据地新文化运动，其方向性的变化，首先表现为劳动大众成为文学作品中的主人公。这是根据地文学乃至文化创作中的主要特征。小说中有赵树理于 1943 年写作的《小二黑结婚》《李有才板话》等，主要刻画了在共产党领导下逐渐觉醒和走上斗争过程的山区农民形象；孙犁于 1945 年发表的《荷花淀》，塑造了以水生嫂为主角的一群劳动妇女形象；剧作中则有歌剧《白毛女》、歌舞剧《兄妹开荒》等塑造的新旧农民形象等等。

其次，作品始终以反映现实生活，尤其是抗日战争内容为主导。马烽、西戎根据晋绥边区群英大会民兵斗争事迹写成的《吕梁英雄传》，艺术地描绘了某山村建立民兵武装，实行劳武结合，配合主力同日伪斗争的故事。这部小说以广阔的时空、大容量的思想，再现了民族解放战争的壮丽图景，被誉为抗战文艺中的一朵奇葩。对胜利充满信心的敌后人民，始终具有革命乐观主义，这种精神在孙犁的小说中十分突出。他的《荷花淀》《芦花荡》《嘱咐》等短篇小说，都以抒情风格揭示了这样一种情感：即使在环境极端残酷的年代，人民依然热爱生活，向往美好未来。

最后，作品语言的大众化、乡土化、民族化也是其最主要的特征。与工农相结合、为人民大众服务的宗旨，促使作家更多地吸收当地乡土语言、文化习俗，将民众喜闻乐见的日常生活语言大量地融入作品之中，逐步形成具有乡土气息的文学流派[②]。

三、爱国与民主：思想的力量

全民抗战局面形成后，爱国与民主的潮流也日渐发展，成为中国抗日民族统一战线不断壮大和巩固的主要动力。但是，随着爱国民主运动的日趋高涨，国民党政权却采取了一系列压制人民抗日民主运动的措施。1941 年 1 月下旬，国民党在鄂西地区拘捕了 100 多名中共党员和抗日民主人士；接着又以“破坏抗日”的罪名，查封了抗日爱国人士邹韬奋在成都、昆明、贵阳开办的宣传抗日的生活书店，并逮捕了生活书店贵阳分店的全部员工。1942 年 2 月，以“统一各地文化领导机构”为借口，国民党成立了国民党中央文化运动委员会（简称“文运会”），强化国民党“思想领导责任”，并由国民政府公布《国家总动员法》，对言论、出版、集会以及著作、通信等严加限制[③]。

1943 年，世界反法西斯战争在欧洲和太平洋战场转入反攻，这种形势也使中国抗日战争出现了胜利的曙光。在战争出现转机的关键时刻，蒋介石发表了《中国之命运》

---

① 肖效钦，钟兴锦．抗日战争文化史（1937—1945）．北京：中共党史出版社，1992：12.

② 如“山药蛋”“荷花淀”等派。

③ 文天行．国统区抗战文艺运动大事记．成都：四川省社会科学院出版社，1985：169.

一书，极力强调在中国必须是“一个主义，一个政党，一个领袖”，指责中国共产党“制造内战，破坏抗战，危害国家”。国民党在掀起了第三次反共高潮的同时，也加紧了对思想文化方面的钳制。为实行文化专制，国民党制定和颁布了一系列反动法令，如《杂志送审须知》《图书送审须知》《书店印刷店管理规则》《修正图书杂志剧本送审须知》《战时出版品审查办法及禁载标准》等等，加紧对进步文化文艺作品的压制和摧残。据不完全统计，仅1941年至1942年被查禁的书刊有1 400余种，1942年4月至1943年8月，不准上演的剧本达160种。

思想文化领域中的民主、自由是一个民族和国家不断进步与发展的基本条件。国民党及国民政府对思想文化领域中民主爱国力量的摧残，当然地激起了坚持抗日的民主党派和民主人士的不满与强烈抗议。坚持民主与爱国，才能真正保持团结抗日的局面，争取抗日战争的最后胜利。在这种形势下，1941年3月19日在重庆秘密成立了以黄炎培为中央常务委员会主席的中国民主政团同盟①。中国民主政团同盟还提出了自己对时局的纲领，提出实践民主、团结抗日、学术自由等政治主张②。

青年学生向来就是近代中国爱国民主运动的先锋。1944年后，成都、桂林、乐山等地大学生举办各种形式的演讲会、座谈会，不仅持续发出要求民主与自由的呼声，而且以斗争的实际行动来争取。1944年5月4日，以五四精神为宗旨，由李公朴、闻一多等著名教授创办的《自由论坛》，成为具有时代特色的反对专制独裁、鼓吹民主自由的喉舌。“我们需要什么？第一，是自由！第二，是自由！第三，仍是自由！”——这是它向全社会发出的疾呼！闻一多号召青年“闹起来”“打破可怕的冷静！”北京大学、清华大学、南开大学合并成立的西南联大是大后方民主运动的堡垒。该校和昆明中法大学、云南大学等校学生3 000多人，举行时事座谈会，邀请闻一多演讲，他痛斥国民党的专制统治，号召学生为民主和自由而斗争。1945年五四纪念日，昆明学生1万多人集会、游行，要求结束一党专政，召开国是会议，组织联合政府。

1944年6月，各民主党派掀起宪政运动。李济深首先在广西成立了抗战动员宣传工作委员会，发表广播演说，要清除国民党的失败主义，实行民主抗战。张澜等民主人士在成都组成了民主宪政促进会，提出10项主张，包括：切实实行约法，尊重人民的自由权利，刷新政治，革除征兵、征税中之弊端，政府用人要选贤与能，全民动员，组织人民，武装人民，等等。7月初，在重庆的沈钧儒、郭沫若、张申府等20人及在成都的黄炎培，致电响应桂林文化界的呼吁。9月，各民主党派数百人在重庆集会，强烈要求国民党立即停止一党专政，尽快召开国民会议制订改组政府的具体办法。10月，召开了由宋庆龄、张澜、郭沫若发起的追悼邹韬奋大会，会议在痛斥当局的独裁统治的

---

① 中国民主政团同盟的前身是统一建国同志会，成立于1939年11月。成立时制定了8条简章和12条信约。在简章中阐述该会的宗旨为：“以巩固统一积极建设为帜志”。在信约中强调各党派“一律以平等地位公开存在”，主张“军队国家化”，要求“实施宪政”。

② 其纲领主要内容是：一、贯彻抗日主张，反对中途妥协；二、实践民主精神，结束党治；三、加强国内团结，调整各党派间关系；四、切实执行抗战建国纲领；五、确立国权统一；六、军队属于国家，反对以武力从事党争；七、厉行法治，保障人民生命财产及身体之自由；八、尊重思想学术之自由，保护合法之言论、出版、集会、结社；九、结束党治；十、厉行后方节约，切实改善前方待遇，力谋民生之改善。

同时，号召以民主的力量奋起斗争。40 年代以来，国统区内要求自由、民主的呼声一浪高过一浪！

罗伯特·F. 肯尼迪曾经有一句名言："很少有人能伟大到使历史折腰，但是我们每一个人却能够通过自己的努力来改变事件的一小部分，这些行为的全部将谱写我们当代的历史。"是的，在人类历史进程中，无论权力结构多么强固，钳制制度多么严密，思想的力量——尤其是与民心息息相关的思想的力量——向来都不容低估！

思考题

1. 简述华北事变与一二九运动的爆发。
2. 简述西安事变与第二次国共合作局面的形成。
3. 简述抗战时期国民政府的战时体制与政策。
4. 概述抗日战争时期国民党正面战场。
5. 简述共产党敌后抗战与抗日根据地的创建。
6. 试述抗日战争进程的历史演变。
7. 简述抗战时期的社会文化变迁。

阅读书目

1. 中国第二历史档案馆. 抗日战争正面战场. 南京：江苏古籍出版社，1987.

2. 柯博文. 走向"最后关头"：中国民族国家构建中的日本因素（1931—1937）. 马俊亚，译. 北京：社会科学文献出版社，2004.

3. 杨奎松. 西安事变新探：张学良与中共关系之谜. 南京：江苏人民出版社，2006.

4. 费正清，费维恺. 剑桥中华民国史：下卷. 北京：中国社会科学出版社，2007.

5. 肖效钦，钟兴锦. 抗日战争文化史（1937—1945）. 北京：中共党史出版社，1992.

第十五章

历史的抉择

——国共对决与民心所向

抗日战争的胜利让欢快的国人充满了信心，也对中国的未来寄予了厚望。但是，这种期望很快淹没在国共之间的对决中——战争硝烟又一次让中国命运面临重大的历史选择。战场上的对决与政治上的较量，很快就迫使国民党在全国范围内处于防御地位。这一形势表明中国战局已发生了根本性的变化。“这个事变一经发生，它就将必然地走向全国的胜利。”

第一节　抗战胜利后的中国时局

一、和平建国：人民的向往

1945年8月10日夜，日本外务省通过瑞士、瑞典政府，请求转达接受同盟国《波茨坦公告》，决定无条件投降。消息传来，战时中国首都——重庆，全市欢腾，人声鼎沸。饱受战争苦难和折磨，付出了难以计数的生命、财产损失，坚持了十四年艰苦卓绝抗日战争的亿万中国人民终于迎来了胜利的一天。成千上万的市民涌到街头，表达自己对胜利的喜悦，黑暗中鞭炮的火花和天空的探照灯光相互辉映，山城沉浸在狂欢之中。

在延安，欢乐的人群举着火把，敲着锣鼓，扭着秧歌，喊着口号，涌上街头，欢庆胜利的到来。9月5日，延安各界人民举行庆祝大会，其他解放区也都沸腾起来。抗日军民以各种形式庆祝抗战的胜利。

成都《新民日报》描述当时的情景时说："疯狂了，疯狂了，日本投降消息传开后，全城都欢喜的疯狂了"，"无论是锣鼓、喇叭、口笛、口哨、脸盆、手掌、嘴、黄包车上的铃子，都为胜利发出了声音"。8月15日，蒋介石对全国军民及世界人士发表了广播演说，宣布自即日起放假三天，庆祝胜利。9月3日，重庆市在较场口举行了规模巨大的庆祝活动。南社诗人柳亚子作《四五年九月三日为庆祝胜利日有作七迭城字韵》，以表达自己激动喜悦的心情："还我河山百二城，阴霾扫尽睹光明。半生颠沛肠犹热，廿载艰虞志竟成。团结和平群力瘁，富强康乐兆民荣。嘤鸣求友真堪喜，抵掌雄谈意态京。"重庆市民争先恐后地购"号外"，《新蜀报》一篇《像爆炸了的陪都，几天来充满狂欢》的特写中描述道："卖号外的报童累得发喘，每张卖到了300元。"

沦陷区的人民在得知日本投降的消息后更是欣喜若狂。北平、上海等地鞭炮声整天不绝，国旗到处飘扬。京剧艺术大师梅兰芳兴奋地剃掉蓄了八年的胡须，重登舞台。沦陷区人民压抑在胸中的怒火也像火山一样爆发了，特别是长期在日本侵略者铁蹄下惨遭蹂躏的东北人民更是群情激奋，他们走上街头推倒日本侵略者为殖民统治"歌功颂德"的铜像。

旅居海外的华侨华人也在世界各地热烈庆祝中国抗日战争的胜利。美国旧金山的唐人街爆竹喧天，震耳欲聋，纽约华埠从8月14日到16日一连三天人流不息，人潮汹涌。另外，法国、秘鲁、缅甸、菲律宾等地的华侨华人也都举行了各种各样的庆祝活动。

1945年9月9日，中国战区日军投降签字仪式暨中国战区中国军队受降仪式在南京（国民政府中央军校大礼堂内）举行。美国、英国、法国、苏联等国的军事代表和驻华武官应邀出席观摩。中外记者、仪仗队、警卫和工作人员近千人出席。上午8时51分，何应钦作为中国战区最高统帅蒋介石的特派代表，与第三战区司令长官顾祝同、陆军参谋长萧毅肃、海军总司令陈绍宽、空军第一路司令张廷孟步入会场，就座受降席。上午9时整，何应钦将日军投降书交付冈村宁次阅读签字。冈村宁次将投降书一一阅读，签字时手微颤抖，签字盖章毕，低头俯视投降书达50秒钟。9时6分，何应钦将蒋介石第一号命令交参谋长转送冈村宁次，冈村宁次再于受领证上签字盖章。9时10分，中国战区日本受降仪式完毕，日本代表退出会场。

图15-1　1945年9月9日中国战区日军投降签字仪式在南京举行

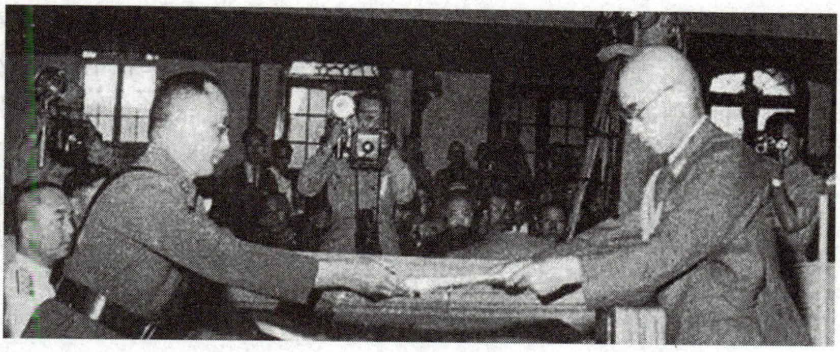

图 15－2　1945 年 9 月 9 日中国战区日军投降签字仪式上侵华日军总参谋长小林浅三郎（右）向中方代表何应钦（左）呈递投降书

南京受降，是中国抗日战区最后也是最精彩、最壮观的一幕。为了这一天，中国人民付出了伤亡 3 500 万以上人、经济损失超过 6 000 亿美元的代价。何应钦向全国及全世界人士发表广播讲话，宣布南京受降仪式顺利完成。他说："这是中国历史上最有意义的一个日子，这是八年抗战艰苦奋斗的结果，东亚及世界人类和平与繁荣亦从此升入新纪元。"

饱受长期战争苦难的中国人民在欢庆胜利的同时，都渴望能有一个和平的环境来休养生息，医治战争的创伤，重建自己的国家，希望以此为转机建设一个独立、民主、团结、富强的新中国。在如何对待抗战胜利成果问题上，在如何实现中国民主化的问题上，在如何进行战后重建、改善国计民生的问题上，中国两大政党——国民党和共产党之间，有着截然不同的选择。中国向何处去？历史的选择仍然沉重，依然充满迷茫……

二、国共之间：不同的选择

抗战胜利后，国民党发表《告全国同胞书》，提到战后重建与民主宪政问题："我们更须在四邻亲睦、四境安定之中，收拾战局，恢复秩序，救济收复区被难同胞，抚恤死伤军民的遗族，安辑闾阎，医治疾苦……今当抗战胜利结束之际，我们认为：宪政实施愈早愈好，因此召开国民大会不可再事迁延……要加紧造成地方自治，要切实保障人民权利，要从速成立各级民意机关，要充分养成尊重法治习惯。"①

但是，国民党同时更强调的是"军队国家化"："我们更要知道，国家统一是民主宪政的惟一基础。惟有统一的国家，才能收获最后胜利的成果；亦惟有统一的国家，才能保障民主制度，发扬民意，集中民力，维护主权的独立，完成建国的大计，以贡献于国际和平与世界的繁荣。我们要完成国家的统一，惟一的前提，是要我全国军队国家化，在我国家领土之内，不可有私人的军队，亦不再有任何一党军队；惟有军队不受个人私利、一党私见支配，而后国家的统一，乃有真正确实的基础。"② 国民党提出的"军队

① 中国国民党河北省党部. 抗战胜利后重要文告. 保定，1945：1-2.

② 同①.

国家化，政治民主化”，其实质即独占抗战胜利成果，继续确保国民党一党专政统治，这是国民党统治集团对于战后中国政治问题的基本方针。鉴于此，日本刚做投降的表示后，蒋介石即利用抗战最高统帅的名义，一连发出了三道命令：一面命令国民党军队“各战区将士加紧作战努力，一切依照既定军事计划与命令积极推进，勿稍松懈”；一面又命令共产党领导的八路军“应就原地驻防待命”。同时，还命令沦陷区的伪军“维持地方治安”，只准接受国民党军队的收编。蒋介石的下一步打算，便是要发动内战，消灭共产党，消灭共产党所领导的解放区和人民军队。

面对历史的转折，毛泽东于1945年8月13日在延安干部会议上做了《抗日战争胜利后的时局和我们的方针》的报告，深刻地分析了抗日战争胜利后中国政治的基本形势：“从整个形势来看，抗日战争的阶段过去了，新的情况和任务是国内斗争。蒋介石说要‘建国’，今后就是建什么国的斗争。是建立一个无产阶级领导的人民大众的新民主主义的国家呢，还是建立一个大地主大资产阶级专政的半殖民地半封建的国家？这将是一场很复杂的斗争。目前这个斗争表现为蒋介石要篡夺抗战胜利果实和我们反对他的篡夺的斗争。”① 这是中国两种命运、两种前途的斗争。毛泽东在两个中国之命运决战的关键时刻，提出了基本的革命策略与方针，为应变蒋介石发动内战做了思想准备。

抗战胜利后的民心所向，是迫切盼望中国走和平、民主、团结建国的道路。为了实现符合全国人民愿望的国内和平和国家民主进步，中国共产党在抗战胜利前就提出了建立民主联合政府的主张。鉴于形势的发展，8月25日，中共中央发表《对目前时局的宣言》，全面阐明了争取和平、民主，反对内战、独裁的方针，提出了和平、民主、团结三大口号，阐明中国共产党关于“在和平民主团结的基础上，实现全国的统一，建设独立自主与富强的新中国”的政治主张，并且要求国民党政府立即实施避免内战和实现民主政治等为主要内容的六项紧急措施：（1）承认解放区的民选政府和抗日军队，撤退包围与进攻解放区的军队，以便立即实现和平，避免内战。（2）指定八路军、新四军及华南抗日纵队接受日军投降的地区，并给予它们参加处置日本的一切工作的权利，以昭公允。（3）严惩汉奸，解散伪军。（4）公平合理地整编军队，办理复员，救济难胞，减轻赋税，以苏民困。（5）承认各党派合法地位，取消一切妨碍人民集会、结社、言论、出版、自由的法令，取消特务机关，释放爱国政治犯。（6）立即召开各党派和无党派代表人物的会议，商讨抗战结束后的各项重大问题，制定民主的施政纲领，结束“训政”，成立民主联合政府，并筹备自由无拘束的普选的国民大会。

中国共产党关于争取和平民主的基本方针，表达了全国人民反对内战、要求和平建国的共同愿望，也规定了共产党在这一时期斗争的基本策略，即以不放弃武装自卫为条件，以充分发展人民革命力量为基点，以“革命的两面政策”对付蒋介石“反革命的两面政策”为基本原则，力争通过和平方式实现中国的社会政治改革。

中国共产党的和平、民主、团结的方针和实现此方针的六条紧急措施，既合乎民心之所需，也顺应了时代之所求。它的方向性意义被未来的历史所证实。

---

① 毛泽东选集：第4卷．2版．北京：人民出版社，1991：1130．

三、中间道路：民主党派的努力

国内外因素的多重影响，战后中国政局和各种力量的分化组合形势，为政党发展留出了较大的活动空间，一时党派丛生，政见迭出，颇有政党政治的声势。据《中国党派》一书的统计，战后初期涌现了 105 个大大小小的党派，成为当时所称的中间势力①。

中间势力的中坚是中国民主同盟。1945 年 8 月 15 日，中国民主同盟发表《在抗战胜利声中的紧急呼吁》，提出“民主统一，和平建国”的口号。10 月 1 日至 12 日，在重庆举行了民盟临时全国代表大会。大会讨论了民盟的政策、组织机构、政纲，并发表宣言，提出十项主张，主要内容是：迅速召开政治协商会议；举行国民大会，通过宪法，产生政府；保证人民享受一切自由权利；立即无条件释放政治犯与废除特务制度；等等。会议通过的政治报告，对民盟纲领规划的民主共和国方案进行了全面说明和论证，指出：应把握住抗战胜利这“千载一时的机会”，实现中国的民主，把中国造成一个十足地道的民主国家②。他们的理想是：拿苏联的经济民主来充实英美的政治民主，拿各种民主生活中最优良的传统及其可能发展的趋势，来创造一种中国型的民主③。9 月 14 日，第三党负责人章伯钧就时局对《新华日报》记者发表谈话，呼吁全国各党派“应以和平建国为共同目标”，“坚决要求国民党立即结束党治，实行民主，给人民以民主权利，并承认现有一切抗日民主党派合法地位”④，等等。12 月，全国各界救国联合会改为中国人民救国会，主张建立一个“以全国绝大多数为基础的联合战线的民主联盟的民主国家制度，即是建立一个独立、自由、平等的人民共和国”。1946 年 1 月 1 日，洪门致公党在国外也发表宣言，呼吁国内停止内战，各党各派团结一致，共商建国大计。

这一时期，几个新的民主党派也宣告成立，如三民主义同志联合会（简称“民联”）、中国民主建国会（简称“民建”）、中国民主促进会（简称“民进”）、中国国民党民主促进会（简称“民促”）、九三学社，并纷纷发表声明和宣言，呼吁和平、民主，反对独裁、内战，主张和平建国。

中间党派主张在左与右之间保持中立，方法上采取和平改良的立场，协商谈判，不搞暴力革命。显然，中间势力对于抗战胜利后国内外形势的研判，尤其是对国内形势的把握，无论在理论上还是在实践上都显得有些游离于现实。理论上，他们对西式民主和苏联制度的本质及其优劣的理解流于表象而过于肤浅，以为西式民主加上苏联计划经济，就可为中国政治民主和经济平等搭上过桥。至于实践，中间势力企图以调和国共之争争取自身的地位乃至规划中国的发展道路。在当时中国特定的政治背景下，中国政治格局已经处于国共两大政党的相互制约和影响下，无论中间派的理想多么高远，事实上中间派只能周旋于国共之间，最终受到国共政治斗争的强烈影响。企图超越国共之争并

---

① 中国党派. 上海：中联出版社，1948：目录.

② 中国民主同盟临时全国代表大会政治报告（1945 年 10 月 11 日）//中国民主同盟中央文史资料委员会. 中国民主同盟历史文献. 北京：文史资料出版社，1983：50-57.

③ 同②.

④ 新华日报，1945-09-14.

在其中间保持完全中立，几乎不具有现实可能性。

随着历史进程的演进和政局的演变，他们的态度、利益和诉求与中国共产党更为接近，他们在争取国内和平、民主、团结，反对蒋介石内战、独裁政策上，与中国共产党采取了基本一致的立场。

四、和平谈判与政治协商

第二次国共合作形成之后，国共在两党关系如何定位、中共军队与政权的地位等问题上始终存在分歧。国民党内对中共问题的处理，自抗战后期起出现了两种不同思路。一是主张对中共以强硬为主，用军事手段解决；一是认为国民党正在走下坡路，用传统方法很难与中共相争，因而企图以和的方法牢笼中共，同时不无借此刺激国民党改革的意图，以最终维持国民党的执政地位。作为国民党的最高领袖，蒋介石内心更倾向于军事解决中共问题，但出于对国内外形势的考虑，主要是国民党军事准备不足，国民党军队又大多僻处西南和西北地区，要开赴华北、华东和东北，在短时间内是不可能的，加之美、苏两强对国共和谈的支持，以及国内的和平呼声，因而暂时采取了某种曲折变通的做法。蒋介石于 8 月 14 日、20 日、23 日，先后向延安发出三次电报，邀请毛泽东赴重庆面商国是，希望借和平谈判争取时间，部署内战，如果毛泽东不接受邀请，就可以说中国共产党拒绝和平谈判，把内战的责任推到共产党身上。

此时，各民主党派、人民团体，也纷纷呼吁和平。斯大林也敦促毛泽东去重庆谈判，并说毛泽东的安全由美、苏两国负责。

8 月 23 日，中共中央政治局召开扩大会议。毛泽东在会上做了长篇发言，分析了国内外的形势，说明了中共将采取的方针和对策。他认为：抗日战争已经结束，进入了和平建设阶段。国共各有有利、不利之处，但因国民党本身的困难（兵力分散、矛盾很多、实力不足），解放区的存在，共产党不易被消灭，国内人民和国际上反对国民党打内战，因此内战是可以避免和必须避免的："我们现在的口号是和平、民主、团结，过去的口号是抗战、团结、进步。和平是可能取得的，因为中国人民需要和平，苏、美、英也需要和平，不赞成中国打内战。中国过去是大敌当前，现在是疮痍满目，前方各解放区损失严重，人民需要和平，我们党需要和平。"但是，"蒋介石要消灭共产党的方针没有改变，也不会改变。他所以可能采取暂时的和平是由于上述各种条件的存在，他还需要医好自己的创伤，壮大自己的力量，以便将来消灭我们。我们应当利用他这个暂时和平时期"，"以后我们的方针仍是'蒋反我亦反，蒋停我亦停'，以斗争达到团结，做到有理有利有节。不可能设想在蒋介石的高压下，不经过斗争就可以取得我们的地位"①。

会议认为，同国民党进行谈判，争取通过和平的途径实现中国的社会改革是必要的也是可能的。8 月 25 日，中共中央政治局决定派毛泽东、周恩来、王若飞为代表赴重庆同国民党进行谈判。8 月 26 日，中共中央发出《关于同国民党进行和平谈判的通知》②，说明关于谈判的方针，谈判可能出现的结果和对策。通知指出，共产党准备在

---

① 毛泽东文集：第 4 卷. 北京：人民出版社，1999：5-7.

② 毛泽东选集：第 4 卷. 2 版. 北京：人民出版社，1991：1152-1155.

不损害人民根本利益的前提下，做出某些必要的让步，以便击破国民党的内战阴谋，取得政治上的主动地位。对谈判可能出现两种结果的局面做了估计，并提出对策：如果出现和平发展的局面，我们应当努力学会合法斗争的一切方法；如果国民党还要发动内战，它就在全世界面前输了理，我党就有理由采取自卫战争，击破其进攻。通知告诫全党，绝对不要因为谈判而放松对蒋介石的警惕和斗争；必须依靠自己手里的力量和行动指导上的正确，必须坚决依靠人民。这个通知系统地阐明了中国共产党对当前时局的态度和主张。8 月 27 日，中共中央政治局又决定，在毛泽东赴渝期间，由刘少奇代理党中央主席职务，并增选陈云、彭真为中央书记处候补书记。8 月 28 日，毛泽东偕同周恩来、王若飞在张治中和赫尔利的陪同下，从延安飞抵重庆。

毛泽东到达重庆，整个山城为之沸腾，整个国民党统治区的人们都充满了希望。毛泽东下机后，向新闻界发表了简短的谈话，再一次表明了中国共产党的立场。他说："本人此次来渝，系应国民政府主席蒋介石先生之邀请，商讨团结建国大计。现在抗日战争已经胜利结束，中国即将进入和平建设时期，当前时机极为重要。目前最迫切者，为保证国内和平，实施民主政治，巩固国内团结。国内政治上军事上所存在的各项迫切问题，应在和平、民主、团结的基础上加以合理解决，以期实现全国之统一，建设独立、自由与富强的新中国。希望中国一切抗日政党及爱国志士团结起来，为实现上述任务而共同奋斗。"毛泽东的到来，是一件轰动国内外的大事，使许多人进一步认清了中国共产党谋求和平的真诚愿望，受到舆论赞誉。诗人柳亚子赋诗，称颂毛泽东的这一行动是"弥天大勇"。

重庆谈判从 8 月 29 日开始，到 10 月 10 日结束。在此期间，毛泽东直接同蒋介石就两党关系重大问题进行过多次商谈。有关和平问题的具体谈判，是在中共代表周恩来、王若飞同国民党政府代表王世杰、张群、张治中、邵力子之间进行的。谈判中，中共提出了避免内战、实行民主改革、成立民主联合政府等主张，与国民党代表展开了激烈的斗争。斗争的焦点是军队问题和解放区政权问题。国民党妄图在"统一军令"和"统一政令"的借口下，根本取消中共领导的人民军队和解放区。中共代表严正指出：共产党领导的军队深受人民的支持和拥护，这个客观事实不容抹杀。王若飞愤慨地质问国民党代表：我们"抗战八年，守住大门，以掩护后方的安定，但反不能取得应有的地位，其地位反不如汉奸伪军，过去人民从敌人手中取得政权，而现在中央要从人民手里取回政权"①。

为了使谈判能够获得进展，中共方面先后做过多次让步。例如，在承认解放区人民政权合法地位的前提下，解放区各级民选政府可重新进行人民普选，选出的各级政府由国民政府加委，或者各解放区暂时维持现状不变，规定临时办法，以保证和平秩序的恢复；在公平合理地整编全国军队的原则下，中共愿将所领导的人民军队按照与国民党军队 1∶6 的比例，缩编为 24 个师或至少 20 个师，并且可以把广东、浙江、苏南、皖南、皖中、湖南、湖北、河南（豫北不在内）8 个解放区的部队撤退到苏北、皖北及陇海路以北地区。即便如此，国民党方面仍然拒绝接受，以致谈判陷于僵局。

---

① 重庆谈判纪实（1945 年 8—10 月）. 重庆：重庆出版社，1983：216.

图 15－3　重庆谈判期间毛泽东、蒋介石和美国驻华大使赫尔利等合影

国共双方几经交锋之后，美方对中共的态度不仅惊骇，而且慑服。当着蒋介石的面，赫尔利和魏德迈都叫“头痛”，“说毛泽东气魄不凡，远非重庆国民党人士所能比拟。特别对周恩来印象极深，他帮助毛泽东在谈判桌上和国民党代表进行针锋相对的斗争，舌战群儒，震慑敌手，在西方著名政治家中也极为少见!”①

在谈判过程中，由于共产党的积极努力，经过前后历时 43 天的谈判，于 10 月 10 日国共两方代表正式签署《政府与中共代表会谈纪要》（即《双十协定》）。在谈判中，国民党不得不接受中共提出的和平建国的基本方针。双方协议“必须以和平、民主、团结、统一为基础”，“长期合作，坚持避免内战，建设独立、自由和富强的新中国，彻底实行三民主义”。这是国共会谈取得的主要成就。《双十协定》确定召开各党派代表及无党派人士参加的政治协商会议，共商和平建国方案；同意迅速结束国民党的“训政”，实现政治民主化，承认人民享有某些民主自由权利；党派平等合法；取消特务机关；释放政治犯；积极推行自治，实行自下而上的普选；等等。对于解放区政权问题、国民大会问题、中共领导的军队的整编问题未能达成协议，留待继续商谈。

在会谈过程中，中国共产党广泛争取团结各方面的和平民主力量。毛泽东会见了宋庆龄、冯玉祥、谭平山、柳亚子、张伯苓、张澜、沈钧儒、黄炎培等民主人士和文化界、妇女界、民族工商业界的知名人士，以及外国友好人士，向他们阐述了共产党关于实现和平、民主、团结的方针，介绍了谈判情况；同时也听取他们的意见，表示了共产党对和谈的诚意。

10 月 11 日，毛泽东胜利地回到延安。17 日，毛泽东在延安干部会上做了《关于重庆谈判》② 的报告，总结了这次谈判的经验和意义，提出了今后斗争的任务。他指出，

---

① 解力夫．解放战争实录．石家庄：河北人民出版社，1991：44-45.

② 毛泽东选集：第 4 卷．2 版．北京：人民出版社，1991：1156-1166.

谈判的结果是国民党承认了和平、团结的方针。这样很好，国民党再发动内战，就在全国和全世界面前输了理，在政治上陷入被动地位。我们就有理由来采取自卫战争，粉碎进攻。周恩来、王若飞继续留在重庆同国民党谈判。重庆谈判，是抗战胜利后国共两党政治斗争的第一个回合。

五、局部内战与和谈的继续

重庆谈判虽然确认了国内和平的方针，但和平的实现仍受到多种因素的制约。第一，抗战胜利后，远在大后方的国民党军队以接收为重点，以恢复交通为主旨，将其军队向全国推进，控制要点要线，占据有利的战略地位，逼迫中共妥协。在战后最初一段时间里，国民党军队基本是沿铁路向各地尤其是华北推进，但因为国共双方未就接收问题达成妥协，国民党实行此一方针必然造成其军队在向前推进过程中，与铁路沿线的中共军队发生军事冲突。第二，《双十协定》事实上并未解决军队问题。第三，尽管签订了协定，但蒋介石的“剿共”方针已经确定不移。10 月 8 日，国民党用飞机向阎锡山发送蒋介石《剿匪手本》。13 日，蒋介石密电胡宗南：“督励所属，努力进剿，迅速完成任务。”[①]《双十协定》所确认的和平方针实际上是没有保证的。在此背景下，抗战结束初期，国共军事冲突主要围绕交通线展开。这种冲突的本质，是国共双方都企图以实力较量占据未来政治格局中的有利地位。这种军事冲突，主要发生在通往华北的各条主要道路，尤其是平汉路、平绥路，以及津浦路的两段地区。

由于对蒋介石缺乏信任，中共中央事实上也在以“革命的两手”对付“反革命的两手”。1945 年 9 月 2 日，中共中央指示各解放区彻底破坏交通以堵死国民党军利用铁路、公路北上的通道。指示要求：“凡被我包围之铁路及重要公路、电线等，必须彻底破坏。铁轨、枕木搬走、毁坏或掩藏，桥梁炸毁。”[②] 19 日，中共中央指示晋察冀及晋绥边区部队对付国民党向察哈尔、张家口之攻击，必须完全保障对察哈尔全境、绥远大部、山西及河北一部的控制。22 日，中共中央指示冀鲁豫边区部队对付沿平汉线北进之国民党军，太行、太岳区部队对付沿同蒲线、正太线北上之国民党军，山东及新四军主力对付沿津浦线北进之国民党军。10 月 15 日，中共中央重申，坚决打击沿平汉、津浦、同蒲、正太线北进之国民党军，重点放在铁路上，必须彻底破坏交通。18 日，陈毅在山东发起津浦线战役，先后攻占邹县、大汶口、滕县，破坏了徐州至济南间的铁路。24 日，刘伯承、邓小平发起平汉战役，由河南新乡北进之国民党军第三十军、第四十军在邯郸以南马头镇、崔曲地区受到重创，余部窜至漳河以北旗杆漳、辛庄、马营一带被歼，四十军军长马法五以下 1.7 万多人被俘。30 日，高树勋所部新八军起义，接受中共改编。

不断的局部冲突和军事交锋，为人们的和平愿景做着另一种注解！

---

① 胡宗南二月二十四日致高树勋电//中国人民解放军政治学院党史教研室. 中共党史参考资料：十. 1979：55.

② 抗战胜利后我党“向北发展、向南防御”战略决策//中国革命博物馆党史研究室. 党史研究资料：第 12 期. 成都：四川人民出版社，1989.

六、停战调处与政协会议召开

国民党沿铁路北上受阻，转请美军帮助。1945 年 10 月 1 日，美军一部在秦皇岛登陆，随后国民党军第九十四军占领秦皇岛，并相继占领临榆、北戴河、山海关。6 日，美国军舰开抵烟台，中共部队坚决阻止其登陆。11 月 14 日，国民党军在青岛登陆。16 日，国民党军开出山海关。25 日，占据锦州。29 日，傅作义所部国民党军与中共部队在包头发生冲突。1946 年 1 月初，锦州国民党军掉头西进，攻击赤峰、承德，旨在先取热河全境，切断关内外联系。《双十协定》墨迹未干，国内已经烽烟四起。1946 年 1 月 1 日，蒋介石发表广播讲话，称："军令、政令必须统一，军队必须一律归还国家统辖，任何割据地盘、破坏交通、阻碍复员的军事行动，必须绝对避免，则是解决目前纷争不安的惟一先决条件。"① 1 月 7 日，《解放日报》发表社论，抨击蒋介石的讲话是"强烈地但是不指名地责难并污蔑共产党，企图把内战与内战所造成的各种破坏都归罪于共产党"②。社论指责蒋介石不是先扩大政府，而是坚持中共先交出军队；不是无条件停止内战，而是坚持必须首先恢复交通；不是主张和平民主，而是坚执所谓"军令、政令必须统一"。社论指责蒋介石的主张"显然是与一切民主分子及杜鲁门总统和三国外长的观点不相容"③。

国共军事冲突引起社会各界严重不安。1945 年 11 月 2 日，民盟发言人发表谈话，称《双十协定》以来的内战是对"整个国家的生命当心一枪"，是对"四万万五千万老百姓瞄准扫射"④。谈话强烈要求 10 天内召开政治协商会议，会前国共双方下令停止军事冲突，由政协会议组织视察团分赴冲突地区视察调处，政协会议对国内政治军事问题做"全盘彻底的合理解决"⑤。12 日，中国农工民主党（1947 年 2 月由中华民族解放行动委员会易名）发表对时局宣言，呼吁制止内战，"不要让悠久的历史中断，听任民族毁灭"⑥。宣言呼吁国共双方遵守政治解决问题的方式，从速召开政治协商会议，成立统一的民主联合政府，由政协会议组织接收东北，使之成为和平安全区域。

国共军事冲突，也导致国民党统治区反内战运动的兴起。解放区反击战争胜利，表明国民党要单纯依靠发动内战来消灭共产党也有很大困难。美国政府也看到这种形势，再加上复杂的国际形势，美国政府决定对国民党施加某些影响，通过使国共双方互相妥协以避免内战的办法，使国民党"尽可能广大地在中国确立其权力"⑦。1945 年 11 月 27 日，美国政府宣布接受驻华大使赫尔利的辞职，任命前陆军参谋长马歇尔以总统特使的身份赴华"调处"国共争端。12 月 20 日，马歇尔来到中国。12 月 27 日发表的苏、

---

① 1946 年元旦的广播演说//中国人民解放军政治学院党史教研室．中共党史参考资料：十．1979：78-79.

② 蒋介石元旦演说与政治协商会议．解放日报，1946-01-07.

③ 同②.

④ 中国民主同盟发言人为制止内战发表谈话//王德贵，等．八·一五前后的中国政局．长春：东北师范大学出版社，1985：244.

⑤ 同④.

⑥ 中国第三党对时局宣言//王德贵，等．八·一五前后的中国政局．长春：东北师范大学出版社，1985：247.

⑦ 美国国务卿艾奇逊致杜鲁门总统的信（1949 年 7 月 30 日）//中美关系资料汇编：第 1 辑．北京：世界知识出版社，1960：35.

美、英三国外长莫斯科会议公报，也赞同美国政府的政策。

1945 年 12 月 27 日，中共代表团向国民党正式建议无条件停止内战。经周恩来、董必武、王若飞、叶剑英与张群、王世杰、邵力子几度会谈，于 1946 年 1 月 5 日初步达成国共双方停止军事冲突协议。协议规定，停止国内各地一切军事冲突，并恢复一切交通；所有有关停止冲突恢复交通事宜，由国共双方代表会同美国来华特使马歇尔商定办法，提交国民政府实施；由国民参政会及政协会议推定国共两党以外之公正人士 8 人，组织军事考察团，分赴各地考察并报告事实真相。1 月 10 日，张群、周恩来代表国共两党共同发表《关于防止冲突恢复交通的命令与声明》，蒋介石、毛泽东分别下令各自军队遵办。同日，国共双方还达成建立军事调处执行部的协议。执行部设北平，由国共双方代表及美国代表组成。三方委员各有表决权，一切事宜，均须一致通过。至此，国共由军事斗争转入政治协商会议的政治斗争。

政治协商会议于 1946 年 1 月 10 日召开，31 日结束，历时 22 天。出席会议代表 38 人①。会议通过了政府组织案、国民大会案、和平建国纲领案、军事问题案、宪法草案五项协议。

政府组织案规定：改组国民党一党专政的政府，成立政府委员会为政府之最高国务机关，委员共 40 名，其中一半由非国民党员充任，所讨论的议案涉及施政纲领者须有出席委员 2/3 之赞成始得议决，改组后的政府应是从结束国民党的“训政”到实施宪政的过渡时期的政府，负有召集国民大会以制定宪法的任务。

和平建国纲领案，是以中共代表提出的方案为蓝本，作为改组后的政府的施政纲领。纲领确定了政治民主化、军队国家化和党派的平等合法为达到和平建国的途径；规定要确保人民享有身体、思想、宗教、信仰、言论、出版、集会、结社、居住、迁徙、通信之自由，现行法令有与以上原则抵触者，应分别予以修正或废止之。

国民大会案规定：十年前（指 1936 年）国民党主持选举出的 1 200 名代表仍然有效；新增加台湾、东北等地区及职业代表 150 名，增加党派及社会贤达代表 700 名，总计国民大会代表 2 050 名，宪法之通过，须经出席代表 3/4 的同意。

军事问题案规定了军队属于国家，军人责任在于卫国爱民的建军原则，实行军党分立、军民分治的整军原则，实行以政治军的办法。关于军队的整编办法，规定由军事三人小组商定中共军队的整编办法并进行整编，同时按照国民政府军令部的计划整编国民党军队。

宪法草案规定：立法院为国家最高立法机关，由选民直接选举产生，相当于西方国家之议会；行政院为国家最高行政机关，对立法院负责，如立法院对行政院全体不信任时，行政院或辞职或提请总统解散立法院；省为地方自治之最高单位，省长民选，省得制定省宪。

政治协商会议的五项协议中的种种规定，特别是关于中央政权体制的规定，相当于英国或法国的议会制和内阁制，并不具有新民主主义性质。这些协议是继《双十协定》之后在更广泛的范围之内，否定了国民党的一党专政、个人独裁的政治制度，否定了国

① 1 月 10 日上午举行开幕式，36 人出席，蒋介石主持，张君劢、莫德惠因事未返渝，故缺席。

民党的内战政策。它基本上反映了当时人民的和平民主愿望，因而受到广大人民群众的欢迎。政协协议比较多地吸取了中间人士的政治主张和意见，这使他们感到振奋，更激起国民党统治区内人民的期望。在一段时间内，政协协议成为国民党统治区衡量是非的重要尺度：谁坚持政协路线，谁就得人心；谁破坏政协路线，谁就不得人心，就把自己置于人民群众的对立面。

2月1日，《解放日报》刊登《延安权威人士在政协闭幕时发表的评论》，申明了中国共产党对政协协议的态度："中国共产党始终一贯忠实于自己的诺言，对政治协商会议的一切决议，将以最忠诚的态度，在各解放区与解放区军队中加以贯彻实施，中共全体党员，将在全国致力于和平合法的奋斗，以求国家之彻底民主化，以建立独立、自由、富强的新中国。"同日，中共中央发出的党内指示，要求全党"准备为坚决实现（政协）这些决议而奋斗"，"党的全部工作，必须适应这一新形势"。但是，指示也指出，蒋介石接受协议是被迫的，英、美和中国的大资产阶级还有许多阴谋，因此，"中国民主化的道路，依然是曲折的、长期的"①，必须提高警惕。

第二节　国民党的内战部署

一、撕毁政协协议

尽管有了政协协议，但国民党统治集团的基本意图仍然是通过战争来削弱直至消灭中共力量。政协会议闭幕前后，在蒋介石主持召开的国民党中央常务委员会会议上，一些顽固分子大哭大闹，说政协协议不利于国民党，系国民党的失败。主持政协会议的蒋介石也居然说："我对宪草也不满意，但事已至此，无法推翻原案，只有姑且通过，将来再说。"② 3月1日至17日，国民党召开了六届二中全会。会上，顽固分子叫嚣政协协议的通过"等于党国自杀"，"决不能把统治权交给多党政府"。蒋介石一面要这些人"认识环境和遵循政策"，一面支持他们修改政协协议的要求，宣称政协关于宪草问题的协议"有若干点实在与五权宪法的精神相违背"，"要把握住重要之点，多方设法来补救，务使宪草内容能够不违背五权宪法和建国大纲的要旨"。3月16日，全会通过了《对政协报告之决议案》，提出五条宪草修改原则：（1）制定宪法应以建国大纲为最基本之依据。（2）国大应为有形之组织，用集中开会之方法行使建国大纲所规定之职权。（3）立法院对行政院不应有同意权及不信任权，行政院亦不应有提请解散立法院之权。（4）监察院不应有同意权。（5）省无须制定省宪。这就推翻了政协通过的民主宪政原则。二中全会还决定撤销国防最高委员会，恢复中央政治委员会。决定把各党派推选的国府委员拿到国民党中常会去选任，推翻了政协关于改组政府问题的协议。4月1日，蒋介石在国民参政会四届二次会议上发表的长篇演说中声称：政协"在本质上不是制宪

① 中央档案馆．中共中央文件选集：第16册．北京：中共中央党校出版社，1992：62-64.

② 马勇．梁漱溟评传．合肥：安徽人民出版社，1992：299.

会议，政协关于政府组织的协议案，在本质上不能够代替《约法》”。又说：在“主权接收”完成以前，在东北“没有什么内政问题可言”。这实际上就是公开撕毁政协协议和刚刚签订的东北停战协定，拒绝中共、民盟一再提出的将东北的外交与内政分开的建议，继续以“接收主权”为借口扩大东北的内战。

1946年4月的四平保卫战是中共中央从战略全局出发，为配合国内谈判斗争而进行的一次城市防御战。国民党政府为了控制东北，先后开入大批军队。截至3月底，国民党开入东北计7个军。3月中下旬，国民党军沿铁路东进吉林。4月18日，国民党军对中共军队控制的四平发动攻城战，四平保卫战开始。

四平保卫战历时一个月，双方伤亡惨重，国民党军被歼1万余人，中共部队伤亡8 000余人。4月21日，中共代表团发表声明，要求国民党在执行政协协议、停战协议、整军方案等问题上澄清自己的立场，达成通盘解决的办法，否则，中共将不考虑参加国民政府与行政院之人选，也不提交国民大会代表之名单。

至此，国共之间通过政治谈判协商国是的希望基本破灭。

二、美国援助和马歇尔调停

美国的援蒋政策，是蒋介石发动内战的一个重要外部因素。太平洋战争爆发后，美国开始重视中国战场。1941年12月31日，美国总统罗斯福致电蒋介石，建议成立中国战区（包括法属印度支那和泰国境内盟军可到达之地区），建立统帅部，由蒋介石任统帅，以史迪威任参谋长兼驻华美军司令。史迪威来华后，对国民党及其军队的贪污腐败有所了解，对国共关系尚有比较客观的看法。史迪威曾建议蒋介石调动西北地区的国共两党军队，出击山西、河南，袭击平汉线，还要求蒋介石分配部分军事装备给中共。1944年4月，日军发动河南战役，国民党军队大败。7月，罗斯福紧急建议蒋介石由史迪威指挥中国战区所有军队。7月下旬至8月下旬，包瑞德上校率领的美军观察组一行18人分两批飞赴延安。经与中共领导人会谈并考察后，向美国政府发回许多比较公正的报告。8月底，美国驻华大使高斯建议推动国共两党和解，其方案是对国民党的一党专政进行某些改革，“使若干特殊的集团或政党中干练的代表参加政府”①。高斯的建议获得美国政府的批准。赫尔利认为这一建议“既合时宜又切实际”，并认为它的出发点“不是关心中共或其他意见不合分子的本身，而是为了联合国、我们自己，同时也为了中国”②。

1944年9月，美国特使赫尔利抵重庆。10月，史迪威奉召回国，魏德迈接替他指挥缩小了的中国战区，并任蒋介石的参谋长，赫尔利则代替高斯担任驻华大使。赫尔利走马上任后立即着手调停国共关系。1944年11月7日，他飞赴延安，与毛泽东等会谈。11月10日，赫尔利与毛泽东签署了关于调整国共关系的五点协议，其中最重要的两条是：(1)“国民政府应立即改组为联合政府，由一切抗日政党及无党派之政治团体

---

① 驻华大使致赫尔国务卿（1944年8月31日）//王德贵，等. 八·一五前后的中国政局. 长春：东北师范大学出版社，1985：397.

② 赫尔国务卿致驻华大使（1944年9月9日）//王德贵，等. 八·一五前后的中国政局. 长春：东北师范大学出版社，1985：398.

所派代表构成之……军事委员会亦应同时改组为联合军事委员会，由所有抗日军队派遣代表构成之”；（2）“一切抗日武力应遵守并实施联合政府及联合军事委员会之命令，并由政府及联合军事委员会予以承认，所有获自友邦之军事配备，应公平分配与各该武力”①。这些内容，反映了中共关于建立民主联合政府的政治要求。尽管赫尔利仅仅承认五点协议可以作为国共谈判的基础，并非不可降低，但仍遭到蒋介石的坚决反对，交涉没有结果。1945年1月11日，毛泽东复信赫尔利表示：“政府没有丝毫诚意，将来的谈判应该公开进行。”毛泽东建议召开国是会议，由国民党、中共、民盟的代表举行预备会议，所有代表应有平等地位，“如果国民政府事先同意这一建议，周恩来可到重庆就国民会议问题进行磋商”②。

抗战结束后，美国政府制定的一号通令规定中国战区的日军只能向蒋介石投降。9月14日，美国总统杜鲁门宣布，将帮助国民党装备39个师。由于国民党军队处于大后方，美国用飞机运送了54万多人到达华北、华南、华东、东北各地，美国海军陆战队9万人分别进驻上海、青岛、天津、北平、秦皇岛等地，有力地协助了国民党接收沦陷区，使国民党的战略地位变得更加有利。

国共对东北的争夺，促使美国政府的立场继续变化。抗战后期，苏、美双方曾在对国民党政府的立场方面达成某种谅解。赫尔利来华前曾转道莫斯科，苏联外长莫托洛夫明确表示，“俄国没有支持中国所谓的共产党组织”，“所谓的中国共产党人根本就不是共产主义者”，“俄国希望与中国建立更密切的关系”③。但是日本投降后，十几万中共部队在东北迅速发展壮大，他们获得了大量的日军武器装备。“俄国人否认他们曾直接把这些物资交给共产党。中共则断言他们是从俄国人所未占领的日本军火库中得到这些物资的。”美国政府判断，至少中共和苏军占领军当局达成过某种默契。1945年11月1日，国民党宣布，杜聿明已与苏军马利诺夫斯基元帅达成协议，由国民党从海上和空中向东北派兵接收。20日，魏德迈报告美国陆军部，苏联正和中共合作，“在国民党从海上和陆上运兵到东北的路途上，设置强大障碍”④，国民党无力收复华北和东北。12月9日，美国国务卿贝尔纳斯通知陆军部，魏德迈“可以帮助中国国民政府运送中国军队往满洲港口”⑤。15日，杜鲁门发表对华政策声明，敦促国共实现停火，召开国民会议完成统一。声明承认国民党政府为中国唯一合法政府，但是个“一党政府”，要求将“这个政府的基础加以扩大，容纳国内其他政治党派”，而中共的军队，则应“有效地结合成为中国国民军”⑥，实现停战。

---

① 中国共产党提出的五点协议草案//王德贵，等. 八·一五前后的中国政局. 长春：东北师范大学出版社，1985：32.

② 驻华大使赫尔利致罗斯福总统（1945年1月14日）. 党史通讯，1984（7）.

③ 陆军少将赫尔利致罗斯福总统和马歇尔参谋长（1944年9月7日）. 党史通讯，1984（8）.

④ 魏德迈给美国陆军部的报告//王德贵，等. 八·一五前后的中国政局. 长春：东北师范大学出版社，1985：33.

⑤ 国务卿贝尔纳斯致陆军部的备忘录//王德贵，等. 八·一五前后的中国政局. 长春：东北师范大学出版社，1985：442.

⑥ 杜鲁门总统关于美国对华政策的声明//王德贵，等. 八·一五前后的中国政局. 长春：东北师范大学出版社，1985：449.

日本投降后，根据1949年7月30日美国国务卿艾奇逊致总统杜鲁门的信，美国对华政策曾有三种选择：(1) 美国可以一干二净地撤退。(2) 美国可以实行大规模的军事干涉，帮助国民党消灭中共。(3) 美国可以帮助国民党把它的权力在中国最广大的地区里建立起来，同时努力促成双方妥协，避免内战①。由于事态的不断演变与发展，美国最终选择了第三种方案，即一方面从政治上、经济上、军事上大力支持蒋介石集团；另一方面又采取调处策略，调停国共冲突，防止内战，建立蒋介石领导的联合政府。同时，着手改革，以换取共产党交出军队，取消边区政府，以和平方式统一中国，达到不战而控制中国的目的。另外，美国还加紧拉拢苏联，想使苏联支持国民党政府，并影响中国共产党就范。

为了体现第三种方案和美国决策人的意图，杜鲁门又派马歇尔作为总统特使，于1945年12月20日来华。杜鲁门通知马歇尔，要求他“努力说服中国政府，召开一个包括主要党派的代表所组成的全国会议，以获致中国的统一”②。万一中国人不“乖巧”，杜鲁门授权马歇尔，可以明确表示：“中国在经济方面希望得到贷款与技术援助，以及在军事方面的援助时”，应当首先考虑自己的国家成为一个统一的国家。但是，美国的底牌是，即使蒋介石拒绝让步而不能实现国共和解，美国仍要支持国民党政府。同时，美国政府就马歇尔来华调处一事与苏、英政府达成谅解。12月27日，美、英、苏三国外长联合表示：“必须在国民政府之下建立一个团结而民主的中国，必须由民主分子广泛参加国民政府的所有一切部门，并且必须停止内争。”③

为了调解国共关系，用“和平民主的方法达到统一”，马歇尔来华初期确实采取了一定的措施。马歇尔协助中国签订了“四大协定”：一是1946年1月10日的“停战协定”；二是政协协议；三是“整军方案”；四是1946年3月27日的“东北停战协定”。这表明，马歇尔来华的头两三个月是较为成功的；但其后，蒋介石依凭已进入东北的大量军队实施武力解决，美国承担了保证国民党在东北占有压倒性优势的义务。在整个调处期间，美国陆续向国民党提供大量军事、经济援助，马歇尔本人对国民党也有袒护，这直接鼓励了蒋介石的内战决心，同时又使得促蒋和谈的要求缺乏约束力，无法公正地调处。就中共方面，也已在东北地区迅速加强了实力，足以抗衡占优势的国民党军力量。共产党军队在东北的调动，从条文上说并未违反停战协定，因为禁止军队调动的条款只适用于华北，而不适用于东北。国共双方敌对行动当时已在很多方面展开。在蒋不愿谈判解决、中共东北政策变化以及马歇尔的促和与助战努力自相矛盾这三重因素的作用下，关外战火数月不熄④。

鉴于停战已名不副实，马歇尔暂时不再担任正式的调停人，但他仍继续作为双方的中间人进行活动。他以这种身份成功地安排了自1946年6月7日起为期两周的东北休战。在此期间将举行谈判，讨论如下问题：(1) 终止东北地区的战斗。(2) 恢复华北地区的铁路运输。在该地区，共产党军队不仅阻断了济南至青岛的铁路，而且也封锁了其

---

① 中美关系资料汇编：第1辑．北京：世界知识出版社，1960：450.

② 杜鲁门总统致马歇尔//王德贵，等．八·一五前后的中国政局．长春：东北师范大学出版社，1985：446.

③ 莫斯科三国外长会议关于中国问题协议．新华日报（重庆），1945-12-30.

④ 牛军．马歇尔调处与东北内战．中共党史研究，1989 (1)：34-44.

他几条南北铁路大动脉，从而阻止了国民党向北方的军事运输活动，也阻止了把煤炭装运到长江流域下游的工业基地。(3) 贯彻实施 2 月 25 日整编军队的协定。蒋介石宣称，这将是他与中共在谈判桌上解决分歧的最后时机，国民党的报纸上也出现了同样的声明。马歇尔恢复了正式调停人的身份，休战延期到 6 月底，但是并未达成协议。然而，就在这个时候，国民党政府全面进攻解放区的计划已经制订完毕，中共对此也已察觉，继续谈判已成毫无意义之举。不久，蒋介石发动全面内战。

三、人民的呼声：反内战运动

在关内，蒋介石违反停战协定，不断调动军队，部署向解放区的进攻。1946 年 1 月至 5 月，共调动 42 个军 130 余万人；1 月至 6 月，对解放区进攻 4 365 次，累计用兵达 270 万人次，侵占解放区城市 40 座，村镇 2 577 处。此外，蒋介石命令武汉行营程潜部 30 万人重重包围了战略要地中原解放区。五六月间，国民党军发动大规模的进攻，把中原解放区压缩到以宣化店为中心东西不过 100 公里、南北只有 20 多公里的狭小地区内，随时准备围歼。

国民党发动内战的政策，遭到国民党统治区广大人民的强烈反对。抗战胜利后，全国人民渴望和平，期待建设一个和平、民主的现代化中国。国民党数十万军队进攻解放区以挑动内战，激起全国人民的强烈不满，国统区兴起了反内战运动。1945 年 9 月 6 日，成都文化界叶圣陶、李劼人等 200 多人发表了《成都文化界呼吁和平反对内战的宣言》，并正确指出“内战的根源在于政治上缺乏以人民大众做主的民主制度，存在于国家的政权一直为一党的少数人所把持，由于实际上专制代替了民主，制造分裂代替了和平团结”。10 月底以后，民主同盟、第三党、中国工业协会迁川工厂联合会等民主党派、人民团体都纷纷发表宣言、谈话，呼吁制止内战，撤退美军，迅速召开政治协商会议。11 月 19 日，重庆工商界、文化界代表 500 多人举行反内战大会，并成立了陪都各界反内战联合会。25 日晚，昆明各大中学 6 000 多名学生、教职员在西南联大举行旨在反对内战的时事晚会。国民党云南当局（代省政府主席李宗黄、警备司令关麟征）派特务捣乱，派军警包围会场，并鸣枪鸣炮进行恐吓。26 日后，昆明全市学生罢课，并上街宣传反对内战，要求和平；反对独裁，争取民主。12 月 1 日，当局指派军警、特务，围攻西南联大、云南大学等校，袭击殴打师生，并向人群投掷手榴弹。联大学生潘琰、李鲁连，昆华工业学校学生张华昌，南菁中学青年教师于再 4 人被炸死，受伤数十人。这就是震动全国的一二一惨案。重庆、成都、上海等地都发生了声援昆明学生的罢课或示威游行等活动。昆明的学生运动有力地推动了国民党统治区反对内战、争取民主运动的开展。1946 年初，上海、北平等地的学生、工人也都参加了反内战的签名运动或罢工。国民党在加紧发动内战的同时，也加紧了对人民爱国民主运动和反内战运动的镇压。6 月 23 日，由中国民主促进会发起成立的上海人民团体联合会推举马叙伦、雷洁琼、蒉延芳、阎宝航、吴耀宗等 9 名代表和 2 名学生代表到南京，直接向蒋介石请愿。下午，上海 300 多个团体约 10 万人在闸北火车站召开了反内战大会热烈欢送代表。会后举行了示威游行。当马叙伦等和平请愿团到达南京下关火车站时，立即遭到大批国民党特务的围攻和殴打。马叙伦、雷洁琼、蒉延芳、阎宝航以及民盟赴下关迎接代表的叶笃义、新闻记者蒲熙修等都受重伤。

当中共代表周恩来赴医院看望代表时，马叙伦握住他的手说，中国的希望只能寄托在你们身上了！历史往往在细节中，顽强地展示出自己的方向与力量！

四、放弃幻想：解放区的备战

中共尽一切努力维护政协协议，争取同国民党谈判，实现国内和平，尽管国民党仍在加紧部署全面内战。1946 年 5 月初，国民党宣布还都南京，中共代表团由周恩来率领也到达南京，继续进行谈判活动，力争避免全面内战的发生。

中共在力争通过和平方法实现中国的社会政治改革的时候，并没有存在幻想。1946 年 6 月 19 日，中共中央发出党内指示，指出："蒋介石准备大打，恐难挽回……我军必须战胜蒋军进攻，争取和平。"随后，中共中央又在给各部队首长的指示中说："我党在南京谈判中当尽最后努力，付出最大让步，以求妥协，但你们不要幻想。"① 在蒋介石挑动内战时，中共进行自卫战争，仍准备做出让步以求避免战争。同时，中共采取一系列重大措施，加强人民军队的建设，大力巩固解放区。

1. 建立巩固的东北根据地

争取东北是中共七大提出的重要任务。1945 年 9 月，中共中央成立了东北局，并制定了"向北发展，向南防御"的战略方针。向北发展，就是调兵北上，完全控制热(河)、察（哈尔）两省，并全力争取控制东北；向南防御，就是将长江以南 8 个解放区的人民军队，收缩战线撤至江北，接替苏北、山东解放区主力北上后的防务，以集中力量屏障华北，并掩护东北的战略展开。实现这一全国性的重大战略方针的关键是争取东北，建立巩固的东北根据地。东北交通方便，工业发达，物产丰富，粮食自给有余，具有重要的战略地位。同时，东北又是蒋介石国民党统治薄弱的地区。争取东北可以使整个华北解放区与东北联起来，改变解放区长期以来在战略上被四面包围的形势，使自卫战争得到可靠的后方。而东北如被国民党完全控制，就会对解放区造成南北夹击的局面。中共中央先后派遣 1/4 以上的中央委员和中央候补委员，调集 2 万名干部和 11 万大军挺进东北。针对蒋介石"控制华北，抢占东北"的战略方针和对东北的大举运兵，12 月，中共中央及时发出《建立巩固的东北根据地》的指示，提出了把东北的工作重心放在距离国民党占领中心较远的城市和广大乡村，"让开大路，占领两厢"，以"建立巩固的军事、政治的根据地"，积蓄力量，准备将来转入反攻。

2. 放手发动群众，开展减租减息和生产两大运动

1945 年 11 月 7 日，毛泽东为中共中央起草的党内指示提出，开展减租减息和生产是保卫解放区的两件大事，只有把这两件事办好了，才能克服困难，战胜国民党的进攻。

3. 练兵运动

中共中央在《一九四六年解放区工作的方针》指示中，要求各野战军要着重练兵，地方军和民兵也是如此。1946 年 5 月 1 日，在《中央关于练兵的指示》中，要求把各地的练兵工作造成热潮。练兵的内容是：军事上练射击、刺杀、投弹三大军事技术；练

---

① 胡绳．中国共产党的七十年．北京：中共党史出版社，1991：158.

习守城，练习夜战；政治上提高战胜国民党军、保卫解放区之决心与信心。

4. 开始着手解决解放区的土地问题

1946 年 5 月 4 日，中共中央发出《关于清算、减租及土地问题的指示》（即“五四指示”），把抗日战争时期的减租减息政策改变为没收地主土地分配给农民的政策。

中共在争取和平民主的同时，领导解放区军民做好自卫战争的准备，这就为战胜国民党的军事进攻准备了物质上和精神上的条件。战争是中国共产党最不愿看到的结果。当然，在战火中成长起来的中国共产党，从来也不怕战争。

第三节　全面内战的爆发与扩大

一、战争态势：实力的对比

在军事上和经济上占尽优势的国民党摆出了主动进攻的态势。当时国民党总兵力约 430 万人，其中正规军约 200 万，有美国援助的现代化装备以及 100 万侵华日军交出的武器。美国还帮助它建立起一支海军和一支空军。国民党政府还在经济上得到美国的重大支援。它统治着全国大部分地区，控制着全国几乎所有的大城市和绝大部分交通线，这些地区，拥有 3.39 亿以上人口和丰富的资源。而中共力量则处于相对的劣势。中共部队总数为 127 万人，其中野战军 61 万人，地方部队 66 万人，而且装备较差，主要是“小米加步枪”，连大炮都很少，更没有海军和空军。解放区只有 1 亿多人口，面积仅占全国的 1/4，并且没有连成一片；尚被分割着的多个解放区的土改刚开始，后方还不巩固，也没有外援物资。由于敌我双方力量对比悬殊，所以，当时中共部队处于战略防御地位，国民党军处于战略进攻地位。

对于打一场全面内战，蒋介石和国民党军事将领曾经有过充分的自信。蒋介石认为：“比较敌我的实力，无论就哪一方面而言，我们都占有绝对的优势。军队的装备、作战的技术和经验，‘匪军’不如我们，尤其是空军、战车以及后方交通运输工具，如火车、轮船、汽车等，更完全是我们国军所独有；一切军需补给，如粮秣弹药等，我们也比‘匪军’丰富十倍；重要的交通据点、大都市和工矿的资源，也完全控制在我们的手中”，“一切可能之条件，皆操之在我，我欲如何，即可如何”①。

蒋介石的战略是，“第一步必须把‘匪军’所占领的重要都市和交通据点一一收复，使‘共匪’不能保有任何根据地。第二步要根据这些据点，纵横延展，进而控制全部的交通线”，“我们作战的纲领，可以说是先占领据点，掌握交通，由点来控制线，由线来控制面，使‘匪军’没有立足的余地”②。蒋介石还从中国古代战史中为其主张找来根据，他认为中国历来的“流寇”如要生存无非两种办法，一种是“流窜”，居无定所；一种是“负隅”，凭险顽抗。而在现代条件下，由于交通的发达，“不能流窜”；只要国

① 秦孝仪. 先总统蒋公思想言论总集：卷二二. 台北：中国国民党中央委员会党史委员会，1984：135.

② 同①112-113.

民党军能够攻占中共的根据地，使其“不能负隅，那他就不能持久”，则“剿匪”即可大功告成①。蒋介石的这一套军事逻辑，却在战争的实践中被击得粉碎。

政治上，全面内战爆发时，国民党由于要应付国内外各种压力，还要维持着国共关系及国共谈判不能破裂，因而迟迟不能进行全面动员而进入完全的战争状态，而是在所谓“自卫”“恢复交通”“难民还乡”等口号掩护下发动军事攻势。军事上，抗战胜利后中共沿交通线的阻击战，使国民党军的部署迟迟未能到位，及至战争开始，兵力调配尚未全部完成，只能就现有部署行动。攻势发起后，国民党军的进攻面越铺越大，企图实行全面进攻，但在实际上，其军队的部署无法达成全面进攻之目的，而成逐次用兵之势，结果导致全面进攻难称全面，重点进攻亦无重点，主要作战方向不断在东北、华北、苏北之间徘徊。国民党资深将领程潜曾经抱怨说：“不知蒋先生对这个仗是如何打法？最高的战略如何策定？重点摆在哪里？是关内，抑或关外？是由内往外打，还是由外往内打？由南往北打，或者由北往南打？实在令人无法揣测。”② 根据中共方面的统计，全面内战爆发之时，国民党一线攻击部队为 26 个师 72 个旅，占其总兵力的 30%，到 10 月最高峰时也不过为 43 个师 117 个旅，占总兵力的 50%③，这个数字与中共部队相比并不占绝对优势，其不能取得预期的战果也就理所当然了。

然而，军事、经济力量对比上的悬殊，并不能成为战场形势的决定性因素。对此，共产党人有着自己的清醒和智慧。中共认为国民党有着致命弱点，“除了政治上经济上的基本矛盾，蒋介石无法克服，为我必胜蒋必败的基本原因之外，在军事上，蒋军战线太广与其兵力不足之间，业已发生了尖锐的矛盾。此种矛盾，必然要成为我胜蒋败的直接原因”④，国民党军“能任野战者不过半数多一点。而这些任野战的兵力进到一定地区，又必不可免地要以一部至大部改任守备。敌人的野战军，一方面，不断地被我歼灭，另方面，大量地担任守备，因此，它就必定越打越少”⑤。事实的发展充分证明了中共的判断。

战争是一个包含了政治、军事、经济、外交等各方面目标的综合行为，国民党在准备战争之时，对政治的分裂、经济的混乱、外交的牵制未及深思熟虑，只企图以军事解决问题。然而，历史再次证明，仅仅倚仗军力的优势既不能赢得人心，也不可能打赢一场全面战争。

自内战不可避免之后，中共就在做着一系列的战争准备。1946 年 5 月 1 日，中共中央对各地发出指示：“我党必须有充分准备，能够于国民党发动内战时坚决彻底粉碎之。”为此，“各地必须抓紧练兵工作”，“将此看成决定胜负的关键之一”⑥。东北战事

---

① 秦孝仪．先总统蒋公思想言论总集：卷二二．台北：中国国民党中央委员会党史委员会，1984：20，112-113．剿匪战役之检讨与我军今后之改进（1947-02-19）．北京军事图书馆藏抄件。

② 王禹廷．胡琏评传．台北：传记文学出版社，1985：57．

③ 中国人民解放战争第一年战绩公报//中国人民解放军总部．中国人民解放战争军事文集：第 2 册．北京：中国人民解放军总部，1949：544-545．

④ 毛泽东选集：第 4 卷．2 版．北京：人民出版社，1991：1205．

⑤ 同④1206．

⑥ 中央关于练兵的指示（1946 年 5 月 1 日）//中央档案馆．中共中央文件选集：第 16 册．北京：中共中央党校出版社，1992：146．

迟迟不得停止，表明了国民党的大打意图，5月29日，中共中央军委为此又对各军区发出指示："我应有对敌作战之充分准备"，"各战略区应于电到半月至一月内完成侦察敌情、配备兵力、配备武器弹药（例如黄色炸药）及预拟作战计划等项准备工作，不得有误，对于防御方面之准备工作也是如此"①。这个指示对战争时间的估计相当精确。全面内战爆发后，7月20日，毛泽东为中共中央起草党内指示《以自卫战争粉碎蒋介石的进攻》，提出："蒋介石虽有美国援助，但是人心不顺，士气不高，经济困难。我们虽无外国援助，但是人心归向，士气高涨，经济亦有办法。因此，我们是能够战胜蒋介石的。全党对此应当有充分的信心。"要求"必须争取一切可能争取的人"，"应对整个地主阶级改取缓和态度"，"注意团结一切中间分子，孤立反动派"②。至此，中共已经将战争的准备传达给了各地区。

与思想动员的同时，中共着重军事战略战术上的部署和动员。中共强调打运动战，集中优势兵力各个歼灭敌人，不以保有城市为目的。对于放弃若干城市和地方，"不但是不可避免的，而且是必要的。暂时放弃若干地方若干城市，是为了取得最后胜利，否则就不能取得最后胜利"③。9月16日，毛泽东为中共中央军委起草对党内的指示，提出："集中优势兵力、各个歼灭敌人的作战方法，不但必须应用于战役的部署方面，而且必须应用于战术的部署方面。"在战役方面，必须集中至少三倍于敌的兵力，选择敌军中较弱的，"或者是较少援助的，或者是其驻地的地形和民情对我最为有利而对敌不利的"一路歼灭之。在战术方面，当我军集中优势兵力包围敌军后，不应平分兵力，处处攻击，而应集中优势兵力，选择敌较弱的一点，猛烈攻击之，务期必克。这个指示认为："这种战法的效果是：一能全歼；二能速决。全歼，方能最有效地打击敌军……方能最充分地补充自己。……全歼，在敌则士气沮丧，人心不振；在我则士气高涨，人心振奋。速决，则使我军有可能各个歼灭敌军的增援队，也使我军有可能避开敌军的增援队。在战术和战役上的速决，是战略上持久的必要条件。"④ 在作战时机上，强调应时而变，应地而变，不墨守成规，给予地方相当的自主权。这些方针为中共部队确立了作战的战略战术原则，而且经过实践检验，证明是中共军事胜利的重要因素之一。

7月间，中共中央根据国民党军队全面进攻的情况，认为"先在内线打几个胜仗再转至外线，在政治上更为有利"⑤，并将整个作战进程分为内线与外线两个阶段。由于内线作战取得很大胜利，至10月间中共又"估计关内蒋军攻势还可能有两个月至三个月"，"我军明春即可开始反攻，大量收复失地"，将外线作战时间推至次年春。1947年3月，中共中央明确指示，"考虑行动应以便利歼敌为标准。不论什么地方，只要能大量歼敌，即是对于敌人之威胁与对于友军之配合，不必顾虑距离之远近。转入外线之时

---

① 军委关于充分准备对付国民党大举进攻的指示（1946年5月29日）//中央档案馆．中共中央文件选集：第16册．北京：中共中央党校出版社，1992：180．

② 同①．

③ 毛泽东选集：第4卷．2版．北京：人民出版社，1991：1187．

④ 同③1198．

⑤ 先在内线打几个胜仗再转至外线（1946年7月4日）//中共中央文献研究室．毛泽东军事文集：第3卷．北京：军事科学出版社，1993：320．

间现亦不必顾虑”①。这说明中共根据形势的变化在不断调整战略，着重发挥内线作战的优势。实际上，中共部队转入外线作战是在全面内战开始的一年之后。

中共强调的是歼灭对手的有生力量，而不在乎一城一地的得失。自战争开始，中共就计算了国民党军用于进攻的总数，将应该歼灭的数字分给各个部队。最初中共定下的数字是，“在六个月至八个月内歼灭第一线全部进犯军三分之一即一六二个旅中五十四个旅”，后来这个数字被定为每年消灭国民党军 100 个旅左右②。中共的征补机制也远较国民党有效。中共部队分为野战（一线）、地方（二线）、民兵（三线）三类，可以逐级迅速递补。尤其是中共特别注重对国民党军队俘虏的教育争取工作，制定了一系列卓有成效的方针政策，以此“瓦解敌军”，“壮大我军”，最后达到了“即俘、即补、即战”，使国民党军队几乎成了中共军队的补给队。以华东野战军为例，莱芜战役后，有的部队解放战士（国民党军俘虏参加解放军后的称呼）占 50%以上，有的已经达到 70%，技术兵种的人员基本是解放战士。在整个解放战争中，华野伤亡 47 万人，但人数却从成军时的 27 万人发展到 1949 年 6 月的 63.57 万人，其中解放战士除伤亡外尚有 29.5 万人，占总人数的 46%③。此外，中共的战争之计算、情报之准确、舆论动员之得力，远远超越了国民党。

当然，面对具有军事实力的国民党军队的强势进攻，战争的前景究竟如何？不仅一般群众和舆论存有疑虑，即便在中共高级干部中，也颇多担心。中共并不希望内战的发生。中共中央在给各地的指示中，强调“使全国性内战爆发的时间尽可能推迟，方对我有利。如不能推迟半年，即推迟三个月两个月以至一个月的时间爆发，亦将使我之准备比较充分。因此，我在目前对时局的基本方针，是避免挑衅，拖延时间，积极准备”④。据胡乔木回忆，他在毛泽东身边工作二十年，有两件事是毛泽东很难下决心的，其中一件就是 1946 年与国民党的彻底决裂，毛泽东“反复思考了很长时间才下了决心”。但一旦下了决心，毛泽东就有坚持到底的决心与气魄。他在给东北李富春和黄克诚关于和战前途请示电的复电中写道：“对美蒋的压力与要求，我们应当有所让步，但主要的政策不是让步而是斗争，如果我党既有相当的让步，而对其无理压迫与无理要求又能以坚决的斗争，则其结果比较付出更多更大的让步反而要好些；如无坚决斗争精神，则结果将极坏。”⑤ 对党外人士和一般群众的思想疑虑，毛泽东则提出了一个著名的论断：“一切反动派都是纸老虎。看起来，反动派的样子是可怕的，但是实际上并没有什么了不起的力量。从长远的观点看问题，真正强大的力量不是属于反动派，而是属于人民。”⑥ 可

---

① 华中等战略区战况及对蒋军攻势的估计（1946 年 10 月 28 日）//中共中央文献研究室．毛泽东军事文集：第 3 卷．北京：军事科学出版社，1993：530．考虑作战行动以便利歼敌为标准（1947 年 3 月 6 日）//中共中央文献研究室．毛泽东军事文集：第 4 卷．北京：军事科学出版社，1993：1.

② 周恩来年谱（1898—1949）．北京：中央文献出版社，1998：691.

③ 陈士榘．天翻地覆三年间：解放战争回忆录．北京：中共中央党校出版社，1995：157.

④ 中央关于目前时局及我之基本方针的指示（1946 年 5 月 21 日）//中央档案馆．中共中央文件选集：第 16 册．北京：中共中央党校出版社，1992：168.

⑤ 毛泽东对李富春、黄克诚关于时局的意见的复示（1946 年 7 月 6 日）//中共中央统战部，中央档案馆．中共中央解放战争时期统一战线文件选编．北京：档案出版社，1988：110.

⑥ 毛泽东选集：第 4 卷．2 版．北京：人民出版社，1991：1195.

以说，到全面内战爆发前，中共也已基本完成了战争的思想动员和实际准备工作，最后的胜负只能留待战场决定了。

二、全面进攻：国民党的战略企图

1946 年 6 月至 1947 年 2 月，是国民党军队对中共解放区实行战略进攻的阶段。1946 年 6 月底，蒋介石以围攻中原解放区为起点，发动了全国规模的内战。6 月 26 日，国民党以刘峙、程潜、胡宗南所属 8 个整编师又 2 个旅约 22 万人的兵力发动了对中原解放区的围攻，妄图在 48 小时内将其一举歼灭，造成"惊人的胜利与奇迹"。接着，从 7 月开始，陆续发动了对其他解放区的进攻。蒋介石的军事部署是：以徐州绥靖公署薛岳所属 58 个旅 46 万余人进攻山东及苏皖解放区，以郑州绥靖公署刘峙所属及徐州绥靖公署一部 28 个旅 24 万余人进攻冀鲁豫解放区，以第十一战区司令长官孙连仲及第十二战区傅作义所属 18 个旅 16 万余人进攻晋察冀解放区，以第一战区司令长官（后改为西安绥靖公署）胡宗南所属 19 个旅 15 万余人进攻陕甘宁解放区，以第二战区司令长官（后改为太原绥靖公署）阎锡山所属 20 个旅 9 万余人及傅作义、胡宗南军各一部进攻晋绥解放区，以 9 个旅 7 万余人进攻广东各游击区及海南岛琼崖解放区。10 月，杜聿明所属 16 个旅 16 万余人发动对东北解放区新的进攻。总计，蒋介石用于进攻解放区的总兵力达 193 个旅 160 余万人，约占其正规军总兵力的 80%。其众多的兵力、精良的武器装备，是蒋介石全面向解放区进攻的资本和重要的信心之源。在 7 月至 10 月的头四个月内，国民党军队接连侵占解放区的菏泽、淮安等城镇 153 座。10 月 11 日，侵占张家口后达到了进攻的最高峰。当日下午，蒋介石已沉浸在胜利的喜悦之中，宣布如期召开国民大会。10 月 17 日，陈诚在北平向中外记者吹嘘：同中共军队作战，"三个月至多五个月，便能解决"，国内铁路"任何一线均可于两周内打通"。

但是，战场形势的变化复杂而微妙。国民党军虽然占领了 100 多座中小城市及大片地区，但寻求与中共部队决战并歼灭之的计划基本上没有实现，反而损失了 71 万人。国民党每占领一座城市，平均就被歼灭 7 000 人。加上它每侵占一个地方又需留下一部分兵力防守，实际成为它的一个沉重包袱。因此，它用于第一线攻击的兵力由 1946 年 10 月 117 个旅的最高点下降为 85 个旅，战线延长与兵力不足的矛盾愈来愈尖锐。这样，国民党丧失了继续进行全面进攻的能力，被迫由全面进攻改为重点进攻。事实上，国民党当局企图在三五个月短期内消灭中共军队的计划已经破产。

三、重点进攻：国民党的战略调整

国民党军队的全面进攻失败后，蒋介石在总结这段作战情况时说：国民党军在后方和交通要点上，不但要处处设防，而且每一防地必须布置一团以上的兵力。结果占地愈多，兵力愈分散，处处被中共军队牵制，处于被动。根据这种情况，今后应先划定中共军队主力所在的区域为主要战场，然后集中力量首先加以"清剿"，"再及其余战场"。蒋介石认为，凡是中共军队的"老巢"，以及其发号施令的总部所在地，必须"犁庭扫穴，切实攻占"。同时，中共军队的主力在山东，如能消灭山东境内的中共军队主力，则其他战场就容易“肃清”了[①]。据此，国民党从 1947 年 3 月起，又集中 94 个旅近 70 万人的兵力，采取双拳出击的态势，对南线解放区的东西两翼，即陕北和山东解放区，发动了重点进攻。其战略意图是：一方面，首先解决西北问题，割掉中国共产党的右臂，驱逐中共中央和解放军总部出西北；另一方面，将山东解放军压迫至沂蒙山区或胶东狭窄地区加以消灭，以解除对其心脏地区宁、沪的威胁。然后调动兵力北上，打通津浦、平绥两路，在华北与解放军主力决战，进而出关占领东北，达到各个击破解放军之目的。

1947 年 3 月初，以胡宗南部为主力，马步芳、马鸿达等部配合，国民党军共 34 个旅约 25 万人向中共中央和解放军总部所在地延安进行突然进攻。当时陕北的解放军只有 6 个旅 2 万多人，兵力仅为国民党军的 1/10。3 月 19 日，中共中央主动撤出延安，利用有利地形和群众拥护的条件，采取诱敌深入、与敌周旋的“蘑菇战术”，开始艰苦的转战。29 日，中共中央在清涧枣林沟村开会决定：书记处多数成员毛泽东、周恩来、任弼时率党中央的精干机关继续留在陕北，指挥全国各战场的作战；书记处书记刘少奇、朱德和部分中央委员组成中央工作委员会往华北，进行中央委托的工作。后来，又决定叶剑英、杨尚昆主持中央后方委员会，率党中央和中央军委大部分机关工作人员到晋西北统筹后方工作。

国民党占领延安后，急于寻找解放军主力决战而不可得。西北人民解放军在彭德怀指挥下，遵照中共中央方针，于 3 月下旬至 5 月初的 45 天内，在青化砭、羊马河、蟠龙镇三战三捷，歼敌 1.4 万多人，活捉 3 个旅长。8 月 21 日，进行沙家店战役，全歼国民党整编第三十六师 6 000 余人，其师长钟松自杀。此外，在榆林、陇东战役中，也消灭了大量敌人。这样，国民党军对陕北的重点进攻，就基本上被粉碎了。

图 15-4 中共中央转战陕北路线示意图

① 秦孝仪. 先总统蒋公思想言论总集：卷二二. 台北：中国国民党中央委员会党史委员会，1984：117.

国民党军对山东解放区的重点进攻，从1947年3月下旬开始。国民党集中24个整编师60个旅约45万人，采取密集平推、齐头并进的作战方法，由南向北推进，4月占领鲁南，5月进入鲁中。华东野战军主力集结于新泰、蒙阴、莱芜地区伺机待敌。5月中旬，在孟良崮战役中全歼国民党“五大主力”之一的整编第七十四师3.2万余人，击毙师长张灵甫。7月，华东野战军主动出击鲁南、鲁西，逼近徐州、兖州。国民党被迫撤军回守。这样，对山东的重点进攻也失败了。

在这期间，其他解放区的中共军队开始局部反攻。晋冀鲁豫野战军在豫北歼灭国民党军5万余人，解放9座城市和广大地区。晋察冀野战军沿正太线出击，歼灭5万余人，控制正太线180公里，打通了晋察冀、晋冀鲁豫两大解放区的联系，形成了对石家庄的包围。东北民主联军发起夏季攻势，歼敌8万余人，收复安东（丹东）、赤峰等36座城镇，孤立了长春、吉林城的国民党军。

从1946年6月至1947年6月，这一年的战争基本上在解放区内进行，中共军队处于防御阶段。在这一年里，中共军队歼灭国民党军97.5个旅（平均每个月8个旅）共112万人。中共军队损失35.8万人，总兵力则发展到195万人，其中野战军达百万人以上。百万大军均可机动，装备改善了，军政素质大大增强。蒋介石实行重点进攻的结果，不但损兵折将，而且在军力部署上造成了短期内难以改变的哑铃态势：重兵拖在东西两翼，中原薄弱，江南空虚。国民党又缺乏第二线部队。这就为中共军队实行由内线作战到外线作战的战略转变提供了有利之机。

第四节　战局逆转

一、解放军转入战略进攻

经过一年战争，国共双方的力量对比发生了很大变化。国民党总兵力由430万减少为373万，其中正规军由200万减少到150万；由于战线延长，大部分兵力用于守备，战略性机动兵力只有40个旅；后方空虚，长江以南和西北13个省只有21个旅担任守备。解放军方面却大大增强，总兵力由127万增加到195万，其中野战军由61万上升到100万以上，装备也大为改善。后方巩固，全部兵力都可用于机动作战。但是，战争仍在解放区腹地进行，而且国民党把正规军43%的兵力用于陕北、山东战场，这对解放区破坏极大。如果再延续下去，解放战争将难持久。

根据对战场全局的分析，中共中央决定，在解放军的数量和装备上仍处于劣势时，就转入战略反攻。为此，解放军第二年作战的基本任务是“举行全国性的反攻，即以主力打到外线去，将战争引向国民党区域，在外线大量歼敌”①。解放军选择中原地区作为战略进攻的突破口，把战略进攻的矛头指向大别山。当时，国民党的重兵集中于陕北和山东东西两头，中原地区兵力薄弱。大别山雄峙于国民党首都南京和长江中游重镇武

---

① 毛泽东选集：第4卷. 2版. 北京：人民出版社，1991：1230.

汉之间的鄂、豫、皖三省交界处，具有重要的战略地位，是国民党战略上最敏感而又最薄弱的地区。这里是老革命根据地，解放军在那里容易立足生根。占据了大别山就可以东慑南京，西逼武汉，南扼长江，瞰制中原。为实施这一战略计划，中共中央、中央军委做了三军配合、两翼牵制的部署。三军配合，即由刘伯承、邓小平率领晋冀鲁豫野战军主力从中央突破，跃进大别山；以陈毅、粟裕率领华东野战军主力挺进苏鲁皖地区；以陈赓、谢富治率领的太岳兵团挺进豫陕鄂地区。三军在江、淮、河、汉之间的广大地区，布成"品"字形阵势，互为犄角，协同作战，逐鹿中原。两翼牵制，西北野战军出击陕北榆林，调动国民党军北上；华东野战军许世友兵团在胶东展开攻势，把国民党军往东引向海边。

1947年6月30日夜，刘邓率领4个纵队13个旅共12万余人，在山东张秋镇和临濮集之间150公里的地段，一举突破国民党军的黄河防线，转入外线作战。7月，进行鲁西南战役，歼敌4个整编师师部、9.5个旅共6万余人，揭开了解放军战略进攻的序幕。8月7日，晋冀鲁豫野战军突然甩开国民党军，兵分三路，越过陇海线，渡过黄泛区，跨过沙、涡、汝、淮诸河，冲破国民党数十万军队的堵截，于8月底到达大别山区，完成了千里跃进大别山的战略任务。再经过两个多月的艰苦斗争，到11月底，先后建立了33个县的人民政权，在大别山区站稳了脚跟。

陈毅、粟裕指挥的华东野战军于9月越过陇海线进入豫皖苏平原，随后，解放了平汉路以东、洪泽湖以西、淮河以北的广大地区。8月22日，陈赓、谢富治率晋冀鲁豫太岳集团在晋南强渡黄河，挺进豫西，建立了39个县级人民政权，初步形成了豫陕鄂解放区。1947年12月30日，三大主力的各一部在河南确山地区会师，鄂豫皖、豫皖苏、豫陕鄂、桐柏、江汉五块新解放区连成一片。从1947年9月到年底的四个月间，三军共歼灭国民党军19.5万人，解放县城近百座，在自己的周围吸引和调动了国民党军90个旅，对于改变整个战争的形势起了决定性作用。1948年春夏间，中原野战军和华东野战军先后攻克洛阳、开封、襄阳等具有重要战略意义的城市。

与三路大军转入外线作战的同时，其他战场的解放军也转入外线作战或内线反攻。在西北，彭德怀领导的西北野战军和贺龙、习仲勋领导的陕甘宁晋绥联防军区部队，继沙家店战役后，9、10月间发动了黄龙战役和延长、延（延长、延川）清（涧）战役，歼灭七十六师8 000余人。10月26日至11月10日，第二次攻打榆林，歼敌八十六师一部2 400余人。随后转入新式整军运动。至1948年初，西北野战军发展为5个纵队12个旅7.5万余人。在华东，谭震林、许世友等领导的华东野战军内线兵团（后称山东兵团）接连在胶东的莱阳、平度、掖县地区发动攻势，歼敌6万余人。苏中军区部队先后进行了李堡战役和盐南战役，歼敌1.6万余人。在华北，晋察冀军区野战部队在杨得志、罗瑞卿、杨成武、耿飚指挥下先后进行了大清河北战役、清风店战役、石家庄战役，共歼敌近5万人，全歼罗历戎的第三军。华北重镇石家庄的解放具有重大的政治、军事影响。12月下旬，晋冀鲁豫野战军的第八纵队与西北野战军一部解放运城，晋南地区全获解放。在东北，民主联军发动秋季攻势，在北宁、中长两路沿线歼敌6.9万余人，迫使东北之敌龟缩于长春、吉林、四平、沈阳、营口、锦州及其附近地区。民主联军发展至12个步兵纵队和铁道、炮兵各1个纵队。1948年1月1日，正式改名为东北人民解放军。

解放军在全国各战场的攻势，构成了全国规模的战略进攻的总形势，迫使国民党在全国范围内处于防御地位。这一形势表明中国战局已发生了根本性的变化。毛泽东指出："这是一个历史的转折点。这是蒋介石的二十年反革命统治由发展到消灭的转折点。这是一百多年以来帝国主义在中国的统治由发展到消灭的转折点。这是一个伟大的事变。""这个事变一经发生，它就将必然地走向全国的胜利。"①

在这个历史转折关头，中国共产党于1947年10月10日发表了《中国人民解放军宣言》，宣布成立民主联合政府、没收官僚资本、实行耕者有其田、废除一切卖国条约等基本政策，正式提出了"打倒蒋介石，解放全中国"的口号。

二、中共的行动纲领

1947年12月25日至28日，中共中央在陕北米脂县杨家沟召开了重要会议，讨论和通过了毛泽东的《目前形势和我们的任务》② 的报告，提出了党在新形势下的军事、土改、整党、经济、政治等各方面的行动纲领和政策。

毛泽东根据长期革命战争的经验，特别是解放战争一年多来的经验，提出了解放军作战时必须遵循的十大军事原则。这十大军事原则的核心是集中优势兵力，打歼灭战，不断歼灭敌人的有生力量。在土地改革和整党方面，报告明确指出，党在土改中的方针是"依靠贫农，巩固地联合中农，消灭地主阶级和旧式富农的封建的和半封建的剥削制度"。规定在土改中必须注意两条基本原则：第一，必须满足贫农和雇农的要求，这是土地改革最基本的任务；第二，必须坚决地团结中农，不要损害中农的利益。关于整党问题，报告指出，解决党内不纯的问题，整顿党的队伍，是解决土地问题和支援长期战争的一个决定性的环节。在经济方面，报告提出了新民主主义革命的三大经济纲领，即"没收封建阶级的土地归农民所有，没收蒋介石、宋子文、孔祥熙、陈立夫为代表的垄断资本归新民主主义的国家所有，保护民族工商业"。报告还指出，发展新民主主义经济的总目标是"发展生产、繁荣经济、公私兼顾、劳资两利"。一切离开这个总目标的方针、政策和方法都是错误的。在政治方面，毛泽东重申了现阶段共产党的最基本的政治纲领："联合工农兵学商各被压迫阶级、各人民团体、各民主党派、各少数民族、各地华侨和其他爱国分子，组成民族统一战线，打倒蒋介石独裁政府，成立民主联合政府。"毛泽东总结了统一战线的历史经验，强调了革命统一战线和共产党领导的重要性，"中国新民主主义的革命要胜利，没有一个包括全民族绝大多数人口的最广泛的统一战线，是不可能的"，但"没有中国共产党的坚强的领导，任何革命统一战线也是不能胜利的"。为了保证中国共产党的政治、军事、经济纲领的胜利实现，毛泽东强调必须整顿党的队伍。

这次会议通过了毛泽东1946年4月写的《关于目前国际形势的几点估计》，会议还详细讨论了党内倾向以及土改和群众运动中的政策性问题，讨论的结果由毛泽东写在

---

① 毛泽东选集：第4卷．2版．北京：人民出版社，1991：1244.

② 同①1243-1263.

《关于目前党的政策中的几个重要问题》一文中。会议还通过了两项重要决定：（1）中国人民革命战争应该力争不间断地发展到完全胜利，应该不让敌人用缓兵之计（谈判）获得休整时间，然后再来打人民。（2）组织革命的中央政府的时机目前尚未成熟，须待解放军取得更大胜利，然后考虑此项问题，颁布宪法更是将来的事。毛泽东的报告，是中共中央打倒蒋介石统治集团、建立新民主主义中国的纲领性文件，为夺取全国革命的胜利做了充分的准备。

三、战争与政治：解放区的土改、整党与整军

革命战争的迅猛发展，解放区的不断扩大，广泛、深入地开展解放区的土地改革，成为当时最紧迫的任务。因为不彻底地改革农村封建土地制度，就无法使广大农民摆脱封建剥削和压迫，无法发动农民支援战争，也就没有解放战争的最后胜利。在解放区，中国共产党人将“战争是政治的继续”的命题，推向了社会生活的实践领域。

1947 年 9 月，在刘少奇主持下，中共中央工作委员会在河北省建屏县（今属平山县）西柏坡召开了全国土地会议，通过了《中国土地法大纲（草案）》，明确规定：废除封建性及半封建性剥削的土地制度，实行耕者有其田的土地制度；将乡村中一切地主的土地及公地，由农会接收，连同乡村中其他一切土地，按乡村全部人口，不分男女老幼，统一平均分配；在土地改革中把一切权力归农民群众，农会为改革土地制度的合法执行机关。《中国土地法大纲》是一个彻底的比较完善的土地革命纲领。《中国土地法大纲》公布后，解放区土改运动进一步广泛深入地展开。农民们郑重地将《大纲》全文书写在村落的黑板和墙壁上，并进行各种形式的宣讲，迅速做到了家喻户晓。各地区的中共中央局或党委，都召开了土地问题会议，制定了适合本地实际情况的《大纲》实施细则或补充条例，抽调大批干部组成土改工作团（队），深入农村帮助农民开展土改斗争。经过激烈的阶级斗争和各项政策的贯彻，到 1948 年底，在老区、半老区基本完成了土地改革（老区 1948 年主要是复查），在 1.5 亿人口的地区使约 1 亿农民获得了土地。

土地改革的成功，激发了农民革命和生产的积极性，促进了解放区生产的发展，巩固了新生的人民民主政权。为了保卫革命成果，农民们以“支援大反攻，参加胜利军，打倒蒋介石，拔掉老祸根”为口号，普遍掀起了参军参战和支援前线的热潮。在整个解放战争时期，华北近百万人、东北 160 万人参军。广大农民组成担架队、运输队随军前进。1946 年 7 月至 1948 年 9 月，山东有 580 万人、冀中有 480 万人随军出征。广大农民积极参加民兵，开展对敌斗争。在解放战争中，民兵参战者 228.4 万余人，作战 115 700 余次，共歼敌 20 余万。农民群众的大力支援，是解放战争取得胜利的重要保证。

解放区的土改运动，在国内外产生了强烈反响。上海《密勒氏评论报》1947 年 11 月 15 日刊文说，多少年来国民党把孙中山的耕者有其田“当作其最重要的口号之一，不幸的是他们好像有点太忙，竟至没有工夫去实行那位卓越的领袖所订的土地改革方案”，“但是中国共产党却着手实施这一计划”①。1948 年 3 月 19 日，施复亮在《论中国的土地改革》一文中说：“土地斗争与军事斗争，成为中共当前政治斗争的两个主要源

① 中华职业教育社．国讯，1947，441.

图 15－5　山东农民踊跃参军

图 15－6　辽沈战役中的农民担架队

泉”，二者是“相辅而行的，前者保障后者的成果，后者扩大前者的范围，而真正决定最后胜负的，还在于前者，不在于后者”①。这些评论立足点或有不同，立场也未必完全一致，但都说出了一个基本事实：只有中国共产党才真正以实现耕者有其田的方式，来解决中国的土地问题。

以群众运动的方式展开的一场以土地改革为中心的社会革命运动，其间发生了或右或“左”的错误。全国土地会议以后，主要表现为“左”的错误倾向。许多地方提出了诸如“贫雇农打江山，坐江山”一类的错误口号。在行动上，大量侵犯中农利益和侵犯民族工商业者利益；对地主、富农及地主的大中小、恶霸非恶霸不加区别，打击了开明绅士；等等。这些“左”的错误，搅乱了农村阶级阵线，在实际工作中造成了严重危害。

为了正确地解决土地问题，从 1947 年 12 月会议开始，中共中央着手纠正“左”的偏向，先后发出了一系列指示。1948 年 1 月 12 日，任弼时做了《土地改革中的几个问题》的报告。4 月 1 日，毛泽东发表了《在晋绥干部会议上的讲话》。这些报告和讲话，强调了正确执行党的政策和策略的重要性，指出“政策是革命政党一切实际行动的出发

① 中华职业教育社．国讯，1948，454．

点，并且表现于行动的过程和归宿"，"政策和策略是党的生命"。要求各地必须紧紧掌握党的总路线和总政策，执行党的各项政策，自觉地抵制各种错误倾向。强调党的新民主主义革命总路线和总政策是"无产阶级领导的，人民大众的，反对帝国主义、封建主义和官僚资本主义的革命"。党在新民主主义革命时期的土地改革的总路线是："依靠贫农，团结中农，有步骤地、有分别地消灭封建剥削制度，发展农业生产。""如果忘记了党的总路线和总政策，就将是一个盲目的、不完全的、不清醒的革命者，在执行具体的工作路线和政策时，就会迷失方向，'左'右摇摆，贻误工作。"

为了彻底纠正土地改革运动中的偏差，从 1947 年冬至 1948 年秋，各解放区结合土地改革开展了以三查（查阶级、查思想、查作风）、三整（整顿组织、整顿思想、整顿作风）为主要内容的整党运动。通过整党，纯洁了党的组织，改进了党的作风，密切了党与群众的联系，使全党的政治成熟程度大大前进了一步。在各解放区开展整党的同时，解放军自 1947 年 11 月起，用战争的间隙，从阶级教育入手，运用诉苦（诉旧社会和国民党反动派给予劳动人民之苦）、三查（查阶级、查工作、查斗志）、三整等方法，在全军普遍地开展了新式整军运动。这次整军运动是完全有领导地和有秩序地用民主方法进行的。首先开始于西北野战军，然后在全国解放军内普遍展开。这是解放军政治工作和军内民主运动的一个重要发展。通过整军运动，提高了全军指战员的政治觉悟，还有效地加速了把大批被俘的国民党军队士兵改造为解放军战士的过程。

四、"戡乱总动员"：面对危机的国民党

为了挽救军事连连失败、政治日趋腐败的严重社会危机，国民党政府在 1947 年 7 月 4 日举行的第六次国务会议上，通过了蒋介石提议的所谓《厉行全国总动员，以戡平'共匪'叛乱，扫除民主障碍，如期实施宪政，贯彻和平建国方针案》，并下达了《戡平'共匪'叛乱总动员令》。7 月 7 日，蒋介石发表了"戡乱建国"演说。7 月 19 日，国民党政府公布了《动员戡乱完成宪政实施纲要》，随后又陆续颁布了一系列相关法令。国民党各省市参议会和所谓"人民团体"纷纷通电表示拥护"戡乱"，并在各地召开"戡乱建国动员大会"。

《纲要》规定："戡乱所需之兵役、工役及其他有关人力，应积极动员，凡规避征雇及妨碍征雇等行为，均应依法惩处"；"戡乱所需之军粮、被服、药品、油、煤、钢铁、运输、通讯器材及其他军用物资，均应积极动员，凡规避征购征用、妨碍征购征用及囤积居奇等行为，均应依法惩处"；"对于煽动叛乱之集会及其言论行动，应依法惩处"；等等。这表明，《总动员令》只是强化法西斯式的恐怖统治，更加残酷地掠夺社会财富以供战争的需要。随着"戡乱"令的发布，国民党政府到处征粮、抓丁、派款，逮捕与屠杀号召"反内战、反饥饿"的工人、学生和爱国民主人士。

9 月 9 日至 13 日，召开了国民党六届四中全会及国民党、三青团中央联席会议，通过了《中国国民党当前组织纲领》《统一中央党部团部决议案》和会议宣言，试图以这种党团合并的办法，给国民党带来新的生机。

为了实行"总动员"，在军事方面，蒋介石在战略上实行所谓分区防御，并调整了各大区军事指挥机构及兵力部署。在北线（东北、华北）固守沈阳、锦州、四平、吉

林、长春等战略要地及锦榆段关内外通道，以及平、津、保、张、唐诸点及平绥、平汉、北宁、津浦线。1947年11月下旬，蒋介石决定撤销保定、张垣两绥靖公署，设立华北"剿匪"总司令部，以傅作义为总司令，统一指挥晋察冀热绥五省军事（太原绥靖公署仍存在，由阎锡山指挥孙楚、王靖国两个集团军）。1948年5月，正式撤销国民政府主席北平行辕。1947年8月，撤销东北保安司令长官部，由东北行辕负军政全责，参谋总长陈诚兼行辕主任。1948年1月17日，任命卫立煌为行辕副主任兼东北"剿匪"总司令。南线（包括西北、华中、华东）则划分为20个绥靖区，实行所谓经济、政治、军事三位一体的"总体战"。在指挥机构上，白崇禧坐镇九江，统一指挥华中军事并指导鄂豫皖赣湘五省政务。撤销徐州、郑州两绥靖公署，改设陆军总司令部徐州司令部（后改为徐州"剿匪"总司令部），由顾祝同统一指挥苏鲁豫皖四省军事。

上述种种努力和各种措施，未能挽救国民党政治孤立、兵力削弱、后方空虚动荡的危殆局面。1948年元旦，蒋介石在《训示军民词》中不得不承认：后方各省市"动员还未能实施"，社会民众依然对共产党"认识不清"。"前线国军一直在被动中作战，也一直在孤立中应战，以至一年之间屡受损失，将士牺牲至为惨重。"[①]

当然，内政举措之外，国民党还寄希望于美国的军事援助。

马歇尔调处的失败，宣告了美国既支持蒋介石又企图避免国共两党之间的大规模内战，避免卷入中国内战政策的落空。马歇尔回国后，逐渐使美国对华政策由鼓励国共实行联合转向支持国民党进行反共战争。但美国所给予的援助距国民党政府的需要相差太远。1947年年中，中国内战的形势发生了一个重要转折，国民党的战略攻势已难以为继，战场上的溃势促使它发起新的求援攻势。美国政府于1947年7月派魏德迈来华"调查"，目的是找出加强美援的效能和进一步控制国民党政府的办法。从7月22日到8月24日的一个多月中，国民政府的中央官员和各省政府主席，都向魏德迈报告了军事、政治、经济和教育情况；魏德迈还"巡视"了东北、华东、华北、华南的大城市。8月22日，魏德迈在南京国民政府委员和部长联席会议上发表讲演，批评国民政府军事上的无能和各级官吏的贪污腐败，要求国民政府改善政治经济状况，重新赢得人心。8月24日，魏德迈离华返美。在发表的离华声明中，他要求国民政府进行改革，认为"光靠军事力量是消灭不了共产主义的"。9月19日，魏德迈向杜鲁门提出长篇报告，报告认为：中国局势继续恶化，可能促成"一个共产党统治下的中国"，这"对美国的利益是有害的"[②]。为此，建议大规模全面援蒋和促使国民政府进行改革，尤其是急剧增加美国顾问的种类和扩大其职责范围，并承担长期经济援助义务。马歇尔担心这一方案会导致美国政府全面卷入国共内战，并包下国民党政府，没有采用魏德迈的建议。

在对华决策方面，美国行政当局内形成了两种意见：国务院倾向于提供适度的、以改革为条件的援助，得到杜鲁门赞同；军方则主张大规模全面援助而不必也不能等待国民党改革，这与国会内外亲蒋集团的大力鼓噪相呼应[③]。在魏德迈访华的同时，美国国

---

① 中央日报，1948-01-01.

② 魏德迈．魏德迈报告．程之行，译．台北：华南书局，1959：359-360.

③ 袁明．从1947—1948年的一场辩论看杜鲁门政府的对华政策//中美关系史丛书编辑委员会，复旦大学历史系．中美关系史论文集：第2辑．重庆：重庆出版社，1985：438.

会中的亲蒋议员与院外援华集团起劲地展开活动。他们强调中国现政权虽然不好，但维持它总比让它垮台而由一个共产党政权取而代之好。没有美国的援助，共产主义是不能被遏制的。在一片要求援蒋的压力下，美国政府虽未完全采纳魏德迈的方案，但对军方及亲蒋集团有所让步，即悄然打消了先改革后援助的初衷。随着杜鲁门向国会提出援华法案，美行政当局与国会中的亲蒋势力的公开辩论达到高潮。美国会最后通过的《一九四八年援华法案》，在12个月内向国民党政府提供4.63亿（后减为4亿）美元的援助，其中3.38亿（后减为2.75亿）为经援，1.25亿为军援。一般估计，日本投降后，美国政府给国民党政府以巨额援助，总数达50亿美元左右。《一九四八年援华法案》是美行政当局与国会亲蒋势力妥协的结果，但比较接近政府的有限援蒋的立场，即在抢救沉船时要量力而行，并要留有脱身的余地①。《援华法案》的通过暂时平息了国会内外的喧嚣，但它没有也不可能使美国的对华政策摆脱进退两难的困境。《援华法案》是战后美国对国民党政府做出的一项主要承诺，它表明，美国越来越深地陷入了中国内战的泥淖。

思考题

1. 评述国民党对解放区的全面进攻。
2. 试述重庆谈判的历史进程。
3. 试述解放军的战略反攻。
4. 简述解放区的土地改革运动。
5. 评述抗战结束后至三年内战结束时美国对华政策的走向。
6. 试论抗战后中间党派的政治走向。

阅读书目

1. 汪朝光. 1945—1949：国共政争与中国命运. 北京：社会科学文献出版社，2010.
2. 王奇生. 党员、党权与党争：1924—1949年中国国民党的组织形态. 北京：华文出版社，2010.
3. 杨奎松. 失去的机会：抗战前后国共谈判实录. 北京：新星出版社，2010.
4. 解力夫. 解放战争实录. 石家庄：河北人民出版社，1991.
5. 胡绳. 中国共产党的七十年. 北京：中共党史出版社，1991.
6. 费正清. 伟大的中国革命. 刘尊棋，译. 北京：世界知识出版社，2000.

① 袁明. 从1947—1948年的一场辩论看杜鲁门政府的对华政策//中美关系史丛书编辑委员会，复旦大学历史系. 中美关系史论文集：第2辑. 重庆：重庆出版社，1985：444.

第十六章

走向胜利

——战略决胜与中华人民共和国的成立

历史的抉择很快就从国共对决的迷雾中清晰地浮现出来，中国共产党以三大决战的完胜，再次诠释了“得人心者得天下”的历史走向！从战场硝烟中走出来的中共，已经拥有了夺取全国政权的胜算！随着天安门广场中央五星红旗的冉冉升起，新中国宣告成立，划时代的新纪元从此开始！“中国人民一定要建立一个独立、自由、民主和富强的新国家，不达目的誓不中止！”① 这是历史的必然！

第一节　战略决战：军事上的最后较量

一、济南战役：揭开战略决战的序幕

1948年秋，全面内战进入第三个年头。解放军已发展到280万人，用缴获敌人的大量武器改善了装备，建立了强大的炮兵和工兵，通过解放石家庄、洛阳、开封、四平等战役，部队的政治觉悟和攻坚能力，都得到了大大提高，并积累了阵地战经验。解放区土地改革的基本完成，使后方更加巩固。各主要解放区相继连成一片，可作战略上的直接支援。与此相反，国民党军队已减少到365万人，其中用于第一线的只有170万人。他们已被迫由全面防御转为重点防御，分别被钳制在西北、中原、华东、华

---

① 新华日报，1946-07-04：社论.

北和东北五个战场上。国民党统治区的政治、经济危机日益严重，国民党反动政权已经摇摇欲坠。战局的发展表明，解放军进行战略决战的时机已经成熟。

中共中央及毛泽东对于全局的战略部署是：在南线的华东战场，以攻克济南为主要的军事目标；在北线的东北战场，以占领锦州为主要的军事目标。对于华野攻击济南一役，中共中央和前敌将领对于军事部署比较一致，济南本已陷于孤立，局面比较明朗。而对于东北野战军南下作战、攻击锦州一役，中共中央军委主席毛泽东和前敌指挥员、东北野战军司令员林彪之间，一度分歧比较大，对战役部署尚未达成一致。解放军将帅正在运筹帷幄之际，1948 年 8 月间，东北降下了 50 年未有的大雨，冲垮了林彪所部的后勤补给线，在铁路运输无法恢复的情况下，东北野战军主力一时无法南下，只能加紧抢修铁路，致使林彪无法确定行动日期。

在东北野战军因雨天推迟了北宁线作战的时候，华东野战军正积极准备攻克济南的战斗。攻占济南，将华东、华北解放区连成一片，并为南进夺取南京门户徐州开辟道路，是解放军在南线作战的战略性要求。济南是国民党军重兵设防、筑有坚固工事的城市，解放军从未攻击过这样坚固设防的大城市，而徐州又有国民党的 3 个精锐兵团，因此，攻济打援是一场严峻的考验。为了保证战役的胜利，中央军委和前敌将领对战役进行了深入的研究和精心的部署，并做了最坏的打算。毛泽东曾指示："整个战役应争取一个月左右打完，但是必须准备打两个月至三个月，准备对付最困难的情况，并以此作为一切部署和工作的主要的出发点。"① 1948 年 9 月 16 日到 24 日，华东野战军首先发动了济南战役。解放军以 14 万人的攻城部队对国民党军 11 万人的守城部队，兵力上并无优势可言，但仅经过 8 天战斗，以伤亡 2.6 万余人的代价，就攻下了国民党军长期经营、坚固设防的济南，全歼守敌约 11 万人，生擒国民党第二绥靖区司令官王耀武。国民党第九十六军军长吴化文率部 2 万人起义，这给解放军各部队以巨大的鼓舞，对国民党军的士气也予以严重的打击。

图 16-1　解放济南

① 济南战役的目的和兵力部署（1948 年 9 月 11 日）//中共中央文献研究室．毛泽东军事文集：第 5 卷．北京：军事科学出版社，1993：7.

济南战役的胜利，动摇了企图据守大城市进行顽抗的国民党军阵线，使华北、华东两大解放区连成一片，这样就为解放军组织具有战略意义的辽沈、淮海、平津三大战役，创造了十分有利的条件。济南战役揭开了战略决战的序幕。战后，蒋介石对美国顾问巴大维表示，他“对济南之战的结局深表失望”，“该城失陷实出意料之外”，“必须研究中国的战略与战术以及野战部队的组织与训练，借使在济南所犯的错误不致重复”，“过去不惜任何牺牲以坚守强固据点或主要城市的老战略，必须改变”①。然而，蒋介石焉有回天之术？

二、三大战役：国共决胜之战

战略决战需要贯彻分批歼敌的方针。中共中央和中央军委在抓住决战时机的同时，又选定了决战方向，即决定把第一个歼击目标指向东北战场。当时全国五大战场的形势不同程度上有利于解放军作战，但是，东北战场的形势更为有利。

首先，东北战场是全国五大战场中解放军人数超过国民党军队人数的唯一战场。当时东北的国民党军卫立煌集团总兵力55万人，分别困守在沈阳、长春、锦州等几个孤立据点上。而东北野战军就有约70万人，加上33万地方武装，总兵力有103万人，并有一支颇具威力的炮兵部队。

其次，从经济上看，东北工业发达，经济上居各解放区之首，而且东北解放区已经连成一片，并基本上完成了土地改革。

最后，从战略上看，东北的国民党军正处在犹豫、动摇而举棋不定的状态。既想尽量延长坚守东北几个孤立据点的时间，以牵制东北野战军，使其不能入关作战，又准备把东北国民党军撤退到华中地区，以加强南线防御。

在东北战场与国民党军进行决战，将东北国民党军就地歼灭，这样既可以粉碎敌人的战略收缩企图，又可使东北野战军及时转入关内作战，还可以利用东北工业支援全国战争，从而有利于全国战局的发展。国共之间疆场决胜的宏大战役依次展开了。

1. 辽沈战役

辽沈战役是1948年9月12日到11月2日东北野战军在辽宁省西部和沈阳、长春地区所进行的一次规模巨大的战役。战役开始前，卫立煌集团企图以长春之敌牵制东北野战军，掩护沈、锦之国民党军改变态势，并作南撤的准备。因此，这场战役关键是主攻方向选在哪里。针对这种情况，中共中央军委和毛泽东为辽沈战役明确制订了南下北宁线，封闭国民党军在东北加以各个歼灭的作战方针。并指出，攻克锦州是全战役胜利的关键。因为锦州是东北通向关内的咽喉，是北宁线上的战略要地。攻克了锦州，北宁线就被切断，就能形成“关门打狗”之势，进而全歼东北国民党军。

对于中央军委的指示，林彪等东北野战军的前敌将领曾有过不同意见，多次电文往来反复讨论，这应该说是正常现象。1948年9月，东北野战军克服了水灾，修复了铁路之后，在林彪、罗荣桓等指挥下，克服了种种困难，对中央军委的指示表示“完全同

① 巴大维将军的报告//中国现代史资料编辑委员会．美国与中国的关系（白皮书）：上卷．北京：北京印刷厂，1957：273．

意”，除留下部分兵力继续围攻长春外，集中主力部队南下北宁线，发起了辽沈战役。

整个战役经历了三个阶级。第一阶段，9月12日至10月19日，东北野战军主力出敌不意地迅速分头南下，分别包围和切割北宁线上各点的敌人，将锦州层层包围起来。10月1日，攻占义县、兴城、绥中等地，扫清了锦州外围的敌人。10月2日，当锦州陷于重围之时，蒋介石慌忙从北平飞往沈阳，亲自督战。一方面紧急从华北、山东调兵增援；另一方面急令沈阳廖耀湘兵团西进，企图从南北两面来解锦州之围。东北野战军在塔山、黑山等地坚决阻击了南北两方增援之敌。10月14日，解放军对锦州发起总攻，经过31小时激战，全歼守敌10万余人，生俘敌东北“剿总”副总司令范汉杰，攻克了锦州。锦州的解放，使长春的敌人动摇。在解放军的声威震撼和政治攻势下，10月17日，长春守军第六十军军长曾泽生率部起义。21日，国民党东北“剿总”另一副总司令郑洞国被迫投降，长春遂告解放。此时，东北国民党全军覆灭的命运已成定局。

第二阶段，10月19日至10月28日，辽西会战，围歼廖耀湘兵团。锦州被攻克后，蒋介石再飞沈阳指挥，梦想夺回锦州，打通关内外联系，严令廖耀湘兵团继续向锦州前进。廖兵团在彰武、黑山地区，遭解放军顽强阻击。与此同时，东北野战军在攻克锦州后，立即向东北方向回师，从黑山、大虎山南北两翼合围廖兵团。10月26日，将廖兵团合围于黑山、大虎山、新民地区。经过一夜激战，28日全歼该敌10万人，生俘兵团司令廖耀湘。

第三阶段，10月29日至11月2日，解放沈阳、营口。消灭廖兵团后，东北野战军立即向沈阳、营口追击。11月1日，解放沈阳。东北“剿总”总司令卫立煌在解放军攻克沈阳前逃走。2日，营口解放。除万余敌人从海上逃跑外，歼敌14万余人。至此，东北全境获得解放。

辽沈战役历时52天，共歼国民党军47.2万余人。这次战役和我军在其他战场上的胜利，使解放战争的军事形势进入了一个新的转折点。从此，解放军不仅在质量上而且在数量上也超过了国民党军队，国民党总兵力下降为290万人，解放军则增至310万人。这次战役的胜利，使人民解放军取得了进行大规模歼灭战的经验。东北全境的解放，使解放战争获得了具有一定工业基础的地方，为解放华北和全国准备了必要条件。

2. 淮海战役

辽沈战役硝烟未散，中央军委和毛泽东又在华东战场上部署了歼灭南线国民党军主力的淮海战役。这次战役是国共双方在以徐州为中心，东起海州、西至商丘、北起临城、南至淮河的广大地区内进行的一次规模空前的决定性战役。参加这次战役的解放军有华东和中原两支野战军以及地方部队共约60万人。国民党军队集结在淮海地区的有徐州“剿总”总司令刘峙、副总司令杜聿明指挥下的4个兵团和4个绥靖区部队，连同以后从华中增援的黄维兵团等，近80万人。国民党以徐州为中心，同时陈兵于商丘至连云港的陇海路和临城至蚌埠的津浦路，企图阻止解放军南下，守住中原，以屏障南京。

为了统筹这次战役，中央军委决定成立由邓小平、刘伯承、陈毅、粟裕、谭震林五人组成淮海战役总前委，邓小平为书记，统一领导和指挥淮海前线的一切行动。鉴于国民党军采取“一点两线，重点密集”的设防和“固守一点，四面驰援”的战法，解放军若要取得这次战役的胜利，关键在于能否阻拦住敌人的援兵，从而赢得时间，各个击破。根据这一情况，中央军委和毛泽东在《关于淮海战役的作战方针》的电报中指出：首战应集中兵力歼灭黄百韬兵团，完成中间突破，并用一半以上兵力牵制、阻击援敌。整个战役分为三个阶段。

图 16－2 淮海战役总前委

第一阶段，从 11 月 6 日至 22 日，全歼黄百韬兵团，切断徐蚌线。1948 年 11 月 6 日，华东野战军分三路南下陇海路，位于徐州以东的黄百韬兵团企图夺路西逃。这时，国民党第三绥靖区副司令官中共地下党员何基沣、张克侠率部 2.3 万人，突然在贾旺、台儿庄地区起义，华东野战军主力立刻穿越他们的防区，迅速切断正向徐州靠拢的黄百韬兵团的退路，并将其围困于碾庄圩地区。12 日，华东野战军向黄兵团展开攻击，经过 10 天激战，一举歼灭黄兵团约 10 万人，击毙黄百韬，并以重兵阻击了徐州邱清泉、李弥两兵团的南北两路增援。同时，为配合华东野战军，中原野战军也将津浦路南线截断，阻击蚌埠之敌北援，形成对刘峙集团的战略包围。

第二阶段，从 11 月 23 日至 12 月 15 日，围歼黄维兵团，合围杜聿明集团。当黄百韬兵团被围歼时，蒋介石急忙从河南调其嫡系部队黄维兵团增援淮海战场。11 月 23 日，黄维兵团刚到宿县西南双堆集地区，即陷入中原野战军的包围圈中。蒋又急令邱清泉、李弥、孙元良 3 个兵团由徐州向南靠拢，令李延年、刘汝明 2 个兵团由蚌埠北上，妄图与黄维兵团三路会师，但都遇到人民解放军的强大阻击，未能得逞。12 月 6 日，解放军发起总攻，经过 10 天激战，全歼黄维兵团约 12 万人，黄维被俘。当黄维兵团被围时，蒋介石见徐州大势已去，又令杜聿明率领邱、李、孙兵团弃城西逃，却被华东野战军数路追击，于 12 月 4 日将 30 万国民党军合围于永城东北地区。孙元良部妄图突围，结果几乎遭到全军覆灭，孙仅率 10 余人化装逃脱。

第三阶段，从 12 月 16 日到 1949 年 1 月 10 日，全歼杜聿明集团。在这个阶段的前期，为了配合平津战役，麻痹并稳住傅作义集团，淮海前线解放军奉命在两周内暂停对杜部的军事进攻，主要展开敦促杜聿明等率部投降的政治攻势。等华北战场上完成对傅作义集团的分割包围后，1949 年 1 月 6 日，华东野战军在中原野战军的配合下，对杜聿明集团发起总攻，经 4 昼夜激战，于永城东北之陈官庄地区全歼国民党军约 20 万人，生俘徐州"剿总"副总司令杜聿明，击毙邱清泉，仅李弥等少数人逃脱。

淮海战役历时 66 天，共歼国民党军 55.5 万人，基本上解放了长江中下游以北的广大地区，彻底粉碎了国民党军在黄河、长江之间的战略防御，使国民党统治的中心地区——南京、上海、武汉直接暴露在解放军的进攻面前，从而为渡江作战创造了极为有利的条件。

3. 平津战役

1948 年 12 月，在辽沈战役胜利结束、淮海战役激战正酣之际，中央军委和毛泽东决定立即发动平津战役。这一战役由华北军区两个兵团约 13 万人、东北野战军约 80 万人，连同地方部队，共约 100 万人协同进行。当时，华北战场的国民党军傅作义集团 50 余万人，在华北解放军的牵制和打击下，又受到辽沈、淮海两大战役的震撼，已成惊弓之鸟，困守于北平、天津、张家口等地区。蒋介石一方面企图利用这个集团阻止解放军南下，另一方面又想诱使该集团经塘沽海运江南，而傅集团本身还有沿平绥路西撤绥远的企图。国民党或撤退或收缩，都将对战局的发展不利。因此，不使国民党军队撤退，不让其收缩，就成为平津战役的关键。

为了稳住国民党军队，不使其逃跑，力求就地全歼，中央军委和毛泽东命令东北野战军迅速秘密入关，配合华北兵团，出敌不意，对其实行分割包围；命令华东野战军对杜聿明集团在两星期内不做最后歼灭的部署；命令太原前线解放军缓攻太原，以麻痹平、津之敌；又命令山东解放军做好防止国民党军向青岛逃路的准备。并决定由林彪、罗荣桓、聂荣臻等组成平津战役总前委，统一领导和指挥这次战役。整个战役也分三个阶段。

第一阶段，11 月 29 日至 12 月 20 日，分割包围敌人，封闭其逃路。东北野战军和华北野战兵团以突然动作，分三路奔袭。右路奔袭平绥路，断敌退路；中路切断平津敌人联系，横扫北平外围；左路沿北宁路进军，包围天津，切断津塘间联系。从而将敌分割、包围于北平、天津、张家口、新保安、塘沽等五个孤立据点，置敌于欲战无力、欲守无能、欲退无路的困境。

第二阶段，1948 年 12 月 21 日至 1949 年 1 月 15 日，先打两头，孤立中间。12 月 22 日，解放军以优势兵力围歼了新保安之敌，24 日攻克了张家口，切断国民党军队西窜之路。1949 年 1 月 14 日，又向拒不放下武器的天津守军发起总攻，经 29 小时的激战，全歼守军 13 万余人，活捉天津警备司令陈长捷，解放了天津。塘沽守军乘船南逃，17 日，塘沽遂被解放。这就关闭了国民党军队从海上南逃的大门。

第三阶段，1949 年 1 月 16 日至 31 日，和平解放北平。解放军打下两头后，北平 15 万守军在百万解放军的严密包围下，已完全陷于绝境。为使北平这座举世闻名的古都免遭战火破坏，解放军围城后，派出代表同傅作义接触。在解放军力量的强大和北平地下党的有力配合及各界人士的敦促下，经过谈判，傅作义终于顺应人民的意愿，接受和平改编。1 月 31 日，解放军进入北平，古都北平宣告和平解放。

整个平津战役，历时 64 天，除塘沽守军 5 万余人由海上逃跑外，共歼灭和改编国民党军 52 万余人，基本上解放了华北全境。这是中共军事斗争与政治斗争、原则性与灵活性相结合的范例。另外，在绥远，中共有意地保存下一部分国民党军队，经过相当时间，在董其武率领下，于1949年9月通电起义，接受改编。这样，对今后如何解决国民党军队便有了天津、北平、绥远三种方式。

三大战役（辽沈、淮海、平津）从1948年9月12日开始到1949年1月31日结束，共历时142天，歼灭国民党军154万余人。三大战役规模之大，歼敌之多，战略战术运用之妙，在人类战争史上实属罕见。三大战役使蒋介石主力部队基本被消灭，军事对决中的国共态势发生了历史性逆转。

第二节　分化与重构：社会、政治的新变动

一、政治格局的变化

自抗战中后期起，国民党便一直酝酿召开因抗战而搁置已久的“制宪国大”，企图以“训政”向“宪政”的过渡而为自己的统治寻找能为社会接受的法理依据，并以此完成社会整合。问题在于，中国政治的发展已经超越了国民党可以一手遮天的阶段，中共和民盟对制宪有自己的主张，并成为事实上的盟友，任何一部宪法得不到它们的认可，便不具有统一全国人心的代表性。

国民党急于通过召开“国大”、制定宪法，使国内外认同其统治合法性，并使中共陷于孤立。中共坚决反对在其他问题未能完满解决前召开“国大”，实际是以此作为手段，打破国民党建立统治合法性的政治图谋。中间党派既想通过召开“国大”使中国走向民主化，又不愿意因为“国大”问题而使国共彻底破裂，因此极力调和国共，希望找出一个圆满的解决办法。为了达到召开“国大”的目的，国民党一面极力拉拢民盟，一面在战场上向中共施加压力，以战迫和。对于国民党的政治、军事攻势，中共在政治上争取民盟，在军事上坚决抵抗，显示出不妥协的姿态。

国民党召开“国大”的命令发出后，原本积极调处中国内战的美国人感到事已无可为，遂推出以民盟为代表的第三方再做努力。第三方希望“国大”能够顺利召开，以获得自己的合法参政机会，而不愿意在国共分裂的情况下召开“国大”。一个没有中共参加的“国大”，只能是国民党主宰民意的工具而已。

1946年9月间，国民党一面进攻张家口，一面催促各党派提交参加“国大”的代表名单。10月16日，蒋介石发表声明，提出了就地停战、恢复交通等八条意见，声称在共产党同意这些条件后，他就下停战令，但在下令同时共产党必须宣布参加“国大”并提交代表名单。10月17日，中共中央发表声明，严正指出：“今日一切会谈如欲其有真实结果，必须承认停战、政协两协定的神圣效力”，即承认恢复1月13日国共双方军事位置为一切军事商谈的准则，承认实行政协一切决议为一切政治商谈的准则。周恩来在南京召开的记者招待会上也指出：“这一‘国大’，是违背政协决议与全国民意，而由一党政府单独召开的。中国共产党坚决反对。”① 由于国共军事冲突扩大，且就改组

① 周恩来选集：上卷．北京：人民出版社，1980：242.

政府名额问题纠缠不让，最终未能达成一致，第三方面反复调停终告失败。在此情况下，国民党宣布为及早结束“训政”起见，将定于11月12日（孙中山诞辰纪念日）召开“国民大会”。此举立即受到中共坚决反对。11月10日，周恩来对马歇尔表示，现在争执的焦点，或者是政府取消“国大”，召集政协综合小组会议解决全部争端；或者是政府置中共及其他党派意见于不顾召开“国大”，在这种情况下，举行任何一种会议讨论政治争端的基础也就荡然无存①。

11月15日至25日，“国民大会”在南京召开。由于预先规定此届“国大”的任务仅为制宪，故又称为“制宪国大”。12月25日，以稍加修改的《五五宪草》为底本的《中华民国宪法》在大会上通过。1947年1月1日，国民政府下令公布并于同年12月25日生效。“国民大会”通过的这部宪法，是中华民国第二部正式公布的宪法。如果从1932年12月孙科等人在国民党四届三中全会提倡制宪算起，历时整整15年。

对于这个“国大”及其所通过的宪法，中共、民盟及其他民主党派都表示了严正的反对态度。中共发言人于12月21日严正指出，蒋介石召开的“国大”是非法的，因此这个“国大”所通过的任何所谓宪法是伪宪法，中国人民决不承认②。12月25日，民盟在南京记者招待会发表书面谈话，明确表示对于这次通过的宪法不予承认。对于国民党而言，即使这样一部远远谈不上完善的宪法，也因为在议会民主制方面有所突破，对其一党专政多少有些限制，因而引起党内相当多人的不满③。美国人则从他们的立场对这部宪法予以肯定。马歇尔认为，这部宪法可称为一部民主宪法，其主要部分符合政协决定之原则④。

虽然国共关系因为“制宪国大”的召开而实际破裂，战争已在大规模进行，但为了配合“国大”通过的宪法，显示和平民主的姿态，以政治解决中共问题，争取国内的支持，国民党发起了新一波和平攻势。1947年1月1日，蒋介石在元旦文告中声称：“政府对中共问题的处理，仍然要一秉以政治方法解决政治问题的方针，如果有任何机会，政府的政治解决能够实现，政府决不放弃那种机会。”⑤ 15日，蒋介石召集出席政协会议的国民党代表商谈，决定派张治中去延安恢复国共谈判。次日，国民党通过美国大使司徒雷登将恢复和谈的四项条件转达中共：(1) 国民政府愿意派员赴延安，或请中共派员来京，继续进行商谈，或举行圆桌会议，邀请各党派及社会贤达参加；(2) 国民政府与中共双方立即下令就现地停战，并协议关于停战之有效办法；(3) 整编军队及恢复交通，国民政府仍愿根据三人会议过去协议之原则，继续商谈军队驻地、整编程序，以及恢复交通之实施办法；(4) 在宪法实施以前，对于有争执区域之地方政权，国民政府愿意与中共商定公平合理之解决办法。

对国民党发动的和平攻势，中共反应冷淡。1947年1月16日，中共中央致电董必武，认为：“根据目前形势，恢复和谈，只利于蒋方重整军队再度进攻，并利于三月

---

① 周恩来年谱（1898—1949）. 北京：中央文献出版社，1998：703.

② 中国人民解放军政治学院党史教研室. 中共党史参考资料：六：220.

③ 黄香山. 国民大会特辑（1947年3月）. 南京：东方出版社，1947：180-185.

④ 评中华民国宪法草案修正案（上、下）　国民大会闭幕了. 大公报（上海），1946-11-23.

⑤ 万仁元，方庆秋. 中华民国历史资料长编：第70册. 南京：南京大学出版社，1993：5.

莫斯科会议美方好作交代，粉饰太平。故我们对美蒋所谓恢复和谈认为全是欺骗，绝不信任。我们方针，应使这种有利于美蒋的完全欺骗性的和谈恢复不成。”① 因此，中共坚持恢复1946年1月13日军事位置和取消“国大”通过的宪法两条为恢复和谈的基本条件。由于国共双方和谈条件距离相差太远，国民党的所谓和平攻势也就成了镜花水月。

拒绝和谈提议，是因为中共对于形势的判断已有了重要变化。国民党召开“制宪国大”，并未能有效地团结全国各党派；其军事进攻在占城略地的同时，丧失了相当的有生力量。中共敏感地预计到形势将起变化，从而改变自己的战略谋划。1947年2月1日，毛泽东主持召开中共中央政治局会议，通过了他起草的关于时局和任务的指示，提出：“目前各方面情况显示，中国时局将要发展到一个新的阶段。这个新的阶段，即是全国范围的反帝反封建斗争发展到新的人民大革命的阶段。现在是它的前夜。我党的任务是为争取这一高潮的到来及其胜利而斗争。”“目前军事形势，已向有利于人民的方向发展。”②

国民党的和平攻势没有得到预期的反应，一切都预示着勉强维持的国共关系即将走到尽头。1947年2月，国民党迫令中共驻军调部人员撤退，强迫中共在宁、沪、渝担任谈判联络的代表团及工作人员于3月5日前撤回延安，9日撤退完毕。行前董必武发表书面谈话，表示继续为和平民主而奋斗的决心和信心，并委托民盟保管中共代表团在宁、沪、渝及昆明、桂林的财产。3月15日至24日，国民党召开六届三中全会。蒋介石在会上宣告“政治解决的途径已经绝望”，公开破坏国共合作关系。6月25日，国民党政府最高法院检察署下令“通缉毛泽东”。7月下达《戡平‘共匪’叛乱总动员令》，后将中共参政员除名，取消中共国大代表及国民政府委员保留名额。至此，国共十年的合作关系从内容到形式完全破裂。

二、国统区：社会危机重重

“国民大会”和宪法丝毫不能挽救国民党在政治、经济和军事方面的惨败，国民党政权统治陷入全面危机。

知识分子对社会贫穷和暴力镇压极端反感。历史学家翦伯赞称中国“已临到一个比桓、灵更黑暗的时代”。他痛斥蒋介石是希特勒的“最蹩脚的徒弟”，“一个朝秦暮楚反覆无常的小人”，“是流氓，是强盗，又是西崽”，“一身而兼有三种低劣性”③。翦伯赞在这封私人通信中所表露的对蒋介石的憎恨情绪，集中发泄了知识分子对国民党20多年专制统治以及对民不聊生的社会现实的极度不满。30多年以后，一位当年的中央大学教授对极度通货膨胀下的生活恐慌仍心有余悸：“中央大学每月发薪水的那一天，可以说是最紧张的一天。各人在会计处拿到薪水，就得赶紧奔向新街口换成银元。那里有许多投机商人，专门买卖银元、黄金、美钞。纸币一日间贬值数次。投机商人都知道附

---

① 中央关于对美蒋恢复和谈阴谋所采方针给董必武的指示（1947年1月16日）//中央档案馆．中共中央文件选集：第16册．北京：中共中央党校出版社，1992：388.

② 毛泽东选集：第4卷．2版．北京：人民出版社，1991：1211.

③ 翦伯赞复冯玉祥的信（1948年4月12日）．历史档案，1981（1）：80-82.

近各单位的发薪日期，所以经常乘机抬高银元价格。去得越晚，亏就吃得越大。换了银元，立刻嘘嘘地赶到米市买米。”①

城市居民为生计所迫，对当局的抗争不断。1946年11月底12月初，上海市民5 000多人游行示威，包围警察局，反对市政当局禁止商贩在黄浦、老闸两区摆摊营业。1947年2月，上海市第三区百货业职工会发起“爱用国货抵制美货”运动。2月9日，在南京路劝工大楼召开成立“爱抵会”大会。国民党特务带着铁尺、榔头、手枪毒打与会人员。永安公司职工梁仁达被殴致死，其余重伤轻伤数十人。此即“二九血案”。中国民主促进会当天发表声明，谴责这一暴力事件。上海实业家吴蕴初等联合请愿，坚决要求实行进口配额，保护本国市场。从3月起，各大中心城市普遍粮荒，抢米风潮此起彼伏，截至1947年上半年，全国近40个大中城市发生市民抢粮，参加群众17万人以上。进入1948年，国统区生产完全停顿，百业萧条，成百万职工被抛向街头。1月31日，上海申新第九棉纺织厂7 000多工人举行罢工，要求改善待遇，遭到军警镇压，工人英勇抗击，被打死1人，打伤40余人，逮捕190余人，开除800余人。11月10日一天之内，首都南京市100家米店被抢。行政院院长翁文灏6月就任，11月辞职。政界酝酿迁都广州，达官贵人纷纷收拾细软准备南逃。在中共地下组织的发动下，青年学生冲向街头，又一次掀起震惊中外的声势浩大的学潮。

日本投降以来，国统区学潮声势越来越大，国民党采取坚决镇压手段。1946年12月24日，北京大学一女学生在东单广场遭美军士兵强暴。30日，北大、清华等校5 000余学生集会游行强烈抗议，各大中心城市迅速响应，掀起抗暴运动，全国先后约有50万学生参加。1947年4月28日，中共上海局向中共中央报告，准备发动更大规模的学生运动，“从生活斗争的不断发展中来突破”，“以增加公费，救济清寒同学，保障学业，反对会考，自治会自由选举，发展到反对借外债、打内战，增加教育经费，扩充学校设备，提高待遇，救济同学”②。5月4日，上海学生首先举行了“反饥饿、反内战”示威游行。15日，中央大学、金陵大学等校学生3 000多人向行政院和教育部请愿。行政院副院长王云五出面接见，要求学生不要“闹事”，遭到哄斥。学生们在行政院门柱大书“朱门酒肉臭，路有冻死骨”。行政院院长张群、教育部部长朱家骅，甚至蒋介石本人先后发表讲话，要对学生严厉处置。18日，国民政府颁布《维持社会秩序临时办法》，禁止10人以上一切集会。20日，南京、上海、苏州、杭州等地学生5 000余人齐集南京游行请愿。学生提出将全国教育经费增加至总预算15%等五项要求。游行队伍在珠江路口遭到军警毒打，123人受伤，其中重伤19人，被捕20余人。此即“五二〇血案”。学生获得社会普遍同情，各界纷纷表示慰问。各地学生的抗议浪潮直至6月中旬方趋平静。10月26日，浙江大学学生自治会主席于子三被军警逮捕，29日死于狱中。杭州、北平、南京、天津、上海、昆明、西安、长沙等12个中心城市大中学生举行罢课和示威，抗议此种暴行，各地总计有10万多学生参加斗争。1948年1月下旬，同济大学学生为抗议校方开除学生而罢课。1月24日，同济、交大、复旦等上海17校学生1 500

① 韩儒林．回顾与展望．南京大学报，1982-05-19.

② 群众运动复趋高潮（1947年4月28日）．文献与研究，1985（2）.

余人拟往南京请愿，在赴火车站途中遭军警镇压，数百人受伤。各地学潮此伏彼起，层出不穷。国民党血腥弹压犹如火上浇油。

图 16-3　1946 年 12 月 30 日北平学生示威游行抗议美军暴行

三、民族自治：边疆人民的反抗

我国边疆地区的人民为争取民族自治和人民解放的斗争，作为中国人民争取民主和民族解放斗争的一个组成部分，经过不断发展，最后汇入中国共产党领导的新民主主义革命的洪流中，为全国解放做出了积极的贡献。

抗战胜利后，内蒙古地区的革命人民纷纷提出了“自治”的要求，也有极少数人提出了具有分裂性质的独立口号。1945 年 10 月 23 日，中共中央提出“对内蒙的基本方针，在目前是实行区域自治”①。11 月 25 日，在张家口召开的内蒙古西部地区人民代表大会上，成立了内蒙古自治运动联合会，乌兰夫（云泽）当选为主席。随后，联合会在各盟旗普遍建立分会。1946 年 1 月，东蒙自治政府在乌兰浩特成立。这时，内蒙古的自治运动仍存在着分歧。

1946 年 4 月 3 日，内蒙古自治运动联合会代表同东蒙自治政府代表在热河承德举行会议（即四三会议），会议决议，接受中国共产党的领导和帮助；内蒙古民族解放运动的方针是平等自治，而不是独立自治；以内蒙古自治运动联合会为自治运动统一领导机构；撤销东蒙自治政府，自治运动联合会统一领导内蒙古武装部队。四三会议统一了内蒙古的自治运动，结束了内蒙古长期以来的分裂局面。

全面内战爆发后，内蒙古自卫军打退了国民党军向绥蒙解放区的进攻。

1947 年 4 月 23 日至 5 月 3 日，在乌兰浩特召开了内蒙古人民代表会议，决定成立内蒙古自治政府。会议通过的《内蒙古自治政府施政纲领》规定：自治政府是内蒙古地区的蒙古族联合其他民族实行区域自治的民主政府，自治区域是祖国不可分离的一个组成部分。1947 年 5 月 1 日内蒙古自治政府正式成立，这是我国少数民族第一个区域自

---

① 中共中央统战部. 民族问题文献汇编. 北京：中共中央党校出版社，1991：964.

治的民主政府。乌兰夫任自治政府主席。7月9日，中共内蒙古工作委员会成立，乌兰夫任书记。以后，在中共内蒙古工委和自治政府的领导下，在解放了的农村进行了土地改革，在牧区进行了民主改革。1948年1月，内蒙古自卫军改编为内蒙古人民解放军，共计1.5万人。这支军队，参加了解放内蒙古的战斗，也参加了辽沈、平津战役，为解放全中国做出了贡献。

抗战胜利后，新疆三区革命继续发展。国民党被迫派出以张治中为首的谈判代表团到达迪化（今乌鲁木齐），于1945年10月17日，同赖希木江、阿合买提江、阿布都哈依尔等组成的三区代表团进行谈判。双方代表于1946年1月2日签订了《中央政府代表与新疆暴动区域代表之间以和平方式解决武装冲突之条款》（即《十一项和平条款》）：由新疆人民选举县、省参议会；改组新疆省政府，委员25名，其中10名由中央直接派定，其余15名由各区人民代表保荐中央任命；新疆各族人民有宗教信仰、使用本民族文字、发展民族文化与艺术之自由；准予组织民族军；等等。6月，新疆省政府改组，国民政府西北行辕主任张治中兼新疆省政府主席，阿合买提江和包尔汉任副主席。1946年7月1日，新疆民族民主联合政府宣告成立。新疆一度出现了和平局面。新疆人民暂时获得了一定的自治和民主权利。三区代表在谈判过程中正式取消了“东土耳其斯坦人民共和国”的错误称号。联合政府成立前后，三区临时政府和国民党新疆省政府各将原来所拘留的人员释放。张治中还应毛泽东、周恩来请求，释放了被盛世才关在监狱中的中共党员131人，并派人护送到陕甘宁边区。

但是，1947年2月25日，国民党煽动和组织万名群众到省政府“请愿”，一伙暴徒闯进省政府内，打死警卫员等数人，妄图杀死三区领导人而未能得逞。当夜，国民党军警进行大搜捕，又打死数人，逮捕50余人。5月，张治中辞职，国民党政府任命新疆省监察使、反动的泛突厥主义和泛伊斯兰主义分子麦斯武德为省政府主席，免去包尔汉的副主席职务。三区政府代表被迫撤出联合政府。新疆联合政府完全解体。麦斯武德配合国民党当局实行一系列反动政策，激起各地人民的反对。吐鲁番、鄯善、托克逊三县发展为武装起义。国民党军队对起义人民进行血腥镇压，屠杀3 000多人。1948年8月1日，新疆保卫和平民主同盟在伊宁成立，阿合买提江为主席。同盟具有新疆各族人民统一战线性质，目的是加强各族人民的团结，反对帝国主义和国民党的统治。

由于新疆人民的反对，张治中向国民党当局建议，撤换新疆警备总司令和省政府主席。1948年10月，国民党政府任命西北长官公署副长官陶峙岳兼任新疆警备总司令；1949年1月任命包尔汉为省政府主席。这为后来新疆的和平解放打下了基础。

1949年8月，中共中央派联络员到达伊宁，向三区领导人转交了毛泽东给阿合买提江的信，邀请三区临时政府派代表参加中国人民政治协商会议。8月22日，以阿合买提江为首的5人代表团取道苏联飞北平，但不幸在贝加尔湖岸飞机撞山失事遇难。9月，改由赛福鼎等3人出席全国政协，参与新中国的筹建工作。

四、民主党派的转向

重庆谈判以来国民党日益僵硬的政治立场，导致民盟对国民党实行民主改革的希望彻底断绝。它迅速左转，逐渐与中共结成了统一战线。

国民党与民盟关系恶化，是从政协会议开始的。1946年1月16日至19日，各界人士在重庆沧白堂举行的政治协商会议陪都协进会讲演活动连续遭到捣乱，郭沫若、张东荪等被打伤。26日，政协代表黄炎培的住宅被无端搜查。2月10日，重庆各界举行庆祝政协成功大会，国民党特务捣乱会场，打伤大会主席团李公朴、郭沫若、马寅初、施复亮等多人，此即较场口事件。22日，国民党特务再次捣毁《新华日报》营业部及民盟《民主报》营业部。23日，张澜致函蒋介石，要求严惩较场口血案及捣毁《新华日报》《民主报》营业部之主使人，解散特务组织，责令重庆治安当局保证不再发生同类事件。3月，国民党六届二中全会决定，各党派所提加入国民政府委员会人员仍需由国民党中央执行委员会通过，并且还决定，如果各党派在二中全会闭会前不提交加入国民政府委员会人选，则由国民政府主席提请国民党中央常务委员会直接选任。这一决定，违背了政协协议关于组织联合政府的规定。3月30日，张澜发表谈话表示，二中全会决议的实质是“维持其国民党一党专政的实质与形式，把各党派参加政府变成清客”，故在这一问题得到澄清之前，民盟将“不愿贸然参加政府”①。6月23日，马叙伦等组织的上海人民和平请愿代表团赴宁请愿，在南京下关受到国民党特务大肆殴辱。3月至6月，民盟仍以中立者的身份积极参与国共谈判。4月至7月，西安《秦风日报工商日报联合版》顾问王任、民盟西北总支部负责人李敷仁以及民盟中央委员李公朴、闻一多先后被暗杀（其中李敷仁伤重获救）。8月18日，成都各界召开追悼李、闻大会，特务再次施暴，民盟主席张澜被打。20日，民盟向国民党提出强烈抗议。9月30日，民盟出席政协代表张澜等9人致函蒋介石，表示拒绝出席国民党包办的“国民大会”。在国民党横加政治压迫下，1947年11月5日，民盟在上海召开中央常委扩大会，决定自动宣布解散。6日，张澜发表《中国民主同盟总部解散公告》，民盟的公开政治活动暂时停止。

民盟被迫解散后，民盟中央常委沈钧儒、章伯钧等秘密离开上海，到达香港，为恢复民盟组织继续进行斗争。1948年1月5日至19日，沈钧儒、章伯钧、周新民、邓初民等民盟领导人，在香港召开中国民主同盟一届三中全会。会议庄严宣布：民盟不接受被迫解散的任何决定。会议总结了民盟过去斗争的经验教训，批判了中间路线（第三条道路），指出独立的中间路线不符合中国的现实环境，是行不通的。会议决定了新的政治路线：彻底摧毁国民党反动集团的统治，建立民主联合政府，反对美国的援蒋侵华政策，实行土地改革和没收官僚资本，实现与中国共产党的密切合作。新的政治路线标志着民盟已转向了新民主主义革命的立场。

在民盟重建前，即1947年11月12日至1948年1月1日，由李济深、蔡廷锴领导的中国国民党民主促进会，谭平山、陈铭枢等领导的三民主义同志联合会，王昆仑、许宝驹领导的中国民主革命同盟等组织，联合国民党内民主人士柳亚子、朱学范等在香港召开联席会议，宣布成立中国国民党革命委员会（简称“民革”），推举宋庆龄为名誉主席，李济深为主席，冯玉祥为政治委员会主席；在行动纲领中主张推翻蒋介石卖国独裁

---

① 新华日报（重庆），1946-03-01.

政权，反对美国干涉中国内政，实现革命的三民主义，坚持同中国共产党合作，成立联合政府，等等。

民革的成立和民盟一届三中全会的召开，是中国民主党派发展史上一个重大的转折点，这时，其他民主党派也明确表示了参加新民主主义革命的立场。这些都标志着中共领导下的人民民主统一战线进一步巩固和扩大，为夺取中国革命最后胜利打下了坚实的基础。

第三节 经济与文化的变动

一、《中美商约》的签订

1943年中美、中英新约签订后，由不平等条约体系保护的旧有经济规范取消了，如何界定中外之间新的经济关系，成为一个亟待解决的问题。从1946年6月起，美国政府全力支持国民党内战的政策明朗化。6月14日，美国国会开始审议继续对华军事援助问题。28日，美国国会通过决议：延长对中国的租借法案期限。根据这项决议，美国政府共为国民党政府提供援助7.81亿多美元，其用途包括为国民党空运军队的运输费用3亿美元。7月16日，美国国会又通过第512号公法，授权总统将总数不超过271艘之舰艇及船坞器材等以售卖、交换、租借、赠送等方式让与国民党政府。8月31日，中美双方签订《中美剩余战时财产出售协定》，规定将存于中国、印度及太平洋有关岛屿上的战时剩余物资以低价出售给国民党政府。1948年4月3日，美国国会又通过援华法案，批准美国总统在4.63亿美元的数额内继续援助国民党政府。

日本投降后，美国实业家急于返回中国，企盼把中国潜在的庞大市场变成能为美国实业家带来源源不断的丰厚利润的市场。就中美商约问题，美国催促中方开始正式谈判。美国商人提出，如果中国不同意谈判，则美国应停止对中国的贷款和援助。中美商约谈判就是在这样的大背景下展开的。

在美国的压力下，1946年11月4日，国民党政府与美国政府订立《中美友好通商航海条约》（简称《中美商约》）。条约共30条77款。主要内容是：（1）缔约双方国民在下列各方面彼此享有国民待遇，即在彼方领土全境内居住、旅行，从事经商、制造、加工、金融、科学、教育、宗教及慈善事业，购置动产，进出口商品内地税的征收，商品的销售、分配，在彼此领土内所制造商品的出口关税；（2）缔约双方在下列各方面彼此享有最惠国待遇（即所谓"不低于任何第三国国民、法人及团体所享有之待遇"），即进口关税、采矿、内河及沿海行船与通商、购置不动产①。

《中美商约》是中国废除不平等条约体系之后和外国签订的第一个商约。该条约的内容十分广泛，名为《中美友好通商航海条约》，实则涉及中美两国之间政治、经济、军事、文化等各个方面。考虑到中国近代订立的那么多单方面优惠的不平等条约，该条

① 王铁崖. 中外旧约章汇编：第3册. 北京：三联书店，1982：1429-1451.

约的平等互惠内容当然具有一定的意义。然而，《中美商约》名为“互惠”，实则是互而不惠，美国是最发达的经济大国，而中国还是一个极不发达国家，互惠平等对于两个经济发展差别极大的国家的意义显然是不一样的，美国可以充分享受的优惠，中国由于经济发展程度所限，根本不可能享受。《大公报》认为，这个商约形式上确为平等，但实质上，它几乎是一个新的不平等条约。中共抨击道：《中美商约》的签订，是国民党“把中国作为美国附属国的重大标志之一”[①]。继《中美商约》之后，国民党又同美国签订了一系列条约、协定，如《中美空中运输协定》《中美救济协定》《美国在华教育基金协定》《中美海军协定》《中美农业协定》《青岛海军基地秘密协定》等等。通过这些条约、协定，将美国与国民党政府之间特殊关系进一步固定下来，保障了美国在中国政治、经济、军事、文化等各方面的具有绝对优势的排他地位。

二、垄断资本的膨胀

战后，国民政府接收了日、德法西斯国家和南京等伪政权的资产。1946 年 3 月，行政院在国民党六届二中全会（3 月 1 日至 17 日）公布共接收敌伪物资 6 200 亿元[②]。由于法币贬值，学术界对它的实际价值的估计意见纷歧，有谓 30 亿美元[③]，有谓值战前法币 45 亿元（约合 15 亿美元），同时又指出这个估计偏低（引远东战争赔偿委员会调查，1945 年 8 月 1 日，日本在台产业共值 18.9 亿美元，而该估计只列为 109.9 亿台币，约合 0.52 亿美元）[④]。接收的日伪厂矿：经济部 2 411 家，资源委员会 292 家。

国民政府还接收了日本在中国掠夺的大量土地，其中有：日本在台湾的“官有地”，约为全台土地的 1/4，为私人土地的两倍，华北垦殖公司 50 万亩，军粮城农场稻田 43 万亩，华北农事实验场 27 万亩，东北盘山农场 30 万亩，等等。

国民政府在接收日伪财产的基础上成立了许多全国性和地方性的垄断组织。如中国纺织建设公司是在接收日本在青岛、上海、天津等地的纺织厂（接收纱锭 184.7 余万枚、布机 3.74 万台，分别占全国总数的 34％和 60％）的基础上组成的，中国蚕丝公司则是在接收日伪在上海、苏州、嘉兴、杭州等地的丝厂的基础上建立的。此外，还有中国纺织机械公司、中国石油公司、中央电工器材厂、中央造船公司、中华水产公司等等。

产业资本方面，战后官僚资本占全国总资本的 64.13％，它在全国工矿生产力中的比重为：煤 38.8％，电力 83.3％，钢铁 90％以上，纺纱 39.2％，织布 59.4％，石油、铁矿、有色金属的 100％。它还拥有全国铁路（26 857 公里）的 88.85％（23 862 公里）、全部公路（10 万多公里）及全部邮电通信设备。官僚资本在现代产业领域中处于垄断地位。

金融方面，国民政府的四行二局（中国银行、中央银行、中国农民银行、交通银行、邮政储金汇业局、中央信托局）接收了日伪和德国的金融机构，其中有：日本的朝

① 解放日报：社论　评中美商约. 1946-11-26.

② 张宪文. 中华民国史纲. 郑州：河南人民出版社，1985：639.

③ 孙健. 中国经济史：近代部分. 北京：中国人民大学出版社，1989：727.

④ 许涤新，吴承明. 中国资本主义发展史：第 3 卷. 北京：人民出版社，1993：626.

鲜、正金、住友、三菱等银行，德国的德华银行，伪中央储备银行，伪中国联合准备银行，伪各省市地方银行，伪中央保险公司，伪中央信托局，等等，接收了这些金融机构的大量黄金、白银、美元（只从伪中央储备、伪中国联合准备二行，就接收黄金 72.3 万两，白银 763.9 万两，银元 37.17 万枚，1 570 万美元，2.65 万英镑），还使四行二局的分支机构遍布全国。1946 年，只是银行系统的分支机构就有 2 473 家，占全国 3 571 家的 70%。1947 年，其资本占全国金融资本的 88.9%。

在商业方面，国民党政府设立各种专业公司垄断和控制国内外贸易。对外贸易由中央信托局、输出入管理委员会进行管理和垄断。中国纺织建设公司则是棉花进口以及棉纱以及棉布贸易的最大垄断者和控制者。中国植物油厂股份有限公司几乎垄断了全国油料收购、加工和出口贸易。1946 年，这个公司控制了上海市食油消费的 60%～70%的供应量，垄断了全国桐油出口量的 70%。蒋、宋、孔、陈四大家族还以私人名义设立许多公司和商行，如孚中公司、中国进出口公司、金山贸易公司、扬子建业公司、长江公司、太平洋兴业公司、中美实业公司等。

官僚资本的各种垄断组织都利用政权力量，享有在外汇、运输、进出口、销售等方面的特权，损害工农、城市小资产阶级以至民族资产阶级的利益，如宋氏家族控制的中国纺织建设公司，利用特权以官价进口美棉（官价外汇与黑市外汇有时相差近百倍），其产品以低于市场价格销售也可攫取高额利润，并迫使民族资本家的纺织品以低于成本价格出售，使他们日益陷于困境甚至破产。中国纺织建设公司还在市场大量抛售美棉牟取暴利，造成中国棉田减少，广大棉农破产。陈氏家族控制的中蚕公司，凭借特权，以低于成本（每担 16 万元）的牌价（每担 11 万元）强制收购蚕茧，导致农民破产，有的甚至自杀。中蚕公司还垄断蚕茧加工以出口生丝和丝织品。从中纺、中蚕公司对外国原料和出口市场的依赖性上看，官僚资本的垄断组织都具有浓厚的买办性。至于四大家族的许多商业公司，本身就是外国垄断资本家的买办。如宋系的孚中公司，是美国汽车公司在中国的最大经销商；孔系的扬子建业公司，与美、英等国的 60 多家工厂、公司签订了总经销合同，是其中 16 家美国贸易公司在华的独家代理人。由此可看出，四大家族的这些公司，在国内虽处于垄断地位，但在国际上只是充当外国资本在中国的代理人（买办）。总之，中国的大资本家与外国（在这个历史时期主要是美国）垄断资本家的利益是息息相关的，他们相互勾结，以扼杀中国的民族工业，迫使中国的农业和手工业破产，以攫取高额利润。

三、国统区：经济体系总崩溃

国民党的内战政策、政治贪腐，导致其财政经济急剧衰竭。国民党面临的经济形势的严峻性并不亚于其败局已定的战场形势：

（1）财政赤字达到天文数字。根据国民政府正式公布的数字，1946 年度财政总收入 7 万多亿元（法币，下同），1947 年度 14 万多亿元。实际执行结果，1946 年度总支出 9.42 万多亿元，财政赤字 2 万多亿元；1947 年度总支出为 43 万多亿元，财政赤字 29 万多亿元。

（2）滥发钞票疯狂无度。对于巨额财政赤字的弥补，国民政府是以直接滥发钞票来解决的。据统计，截至1945年9月，已发行法币的总额是0.6万多亿元，而1945年10月至1947年12月，新发行的法币总额是32万多亿元，是1945年9月之前已发行法币总量的53倍多。截至1948年8月21日，法币发行总额已达到663万多亿元，是1945年9月之前已发行总额的1 000余倍，是1937年6月之前已发行总数（14.1亿元）的47万余倍。1946年度，国民政府的总支出是法币9万多亿元，而当年发行的法币是约3万亿元；1947年度，国民政府的财政支出是43万多亿元，而当年发行的法币是30万多亿元①。

（3）进出口贸易巨额逆差。1946年，进出口总额为1.9万多亿元，其中进口1.5万多亿元，出口0.4万多亿元，逆差1.1万多亿元。1947年1月至6月，进出口总额为3.5万多亿元，其中进口约2.4万亿元，出口约1.2万亿元，逆差1.2万多亿元。由于与美国订立了《中美商约》，美国成了第一位进口大国。1946年中国进出口总额中，美国为1万多亿元，占中国进出口总值53.19%，美国的对华贸易顺差为约0.7万亿元。其余香港第二位，占9.6%；印度第三位，占8%；英国第四位，占4.55%。

（4）商品物价漫天飞涨。抗战胜利后，大后方和收复区物价曾有一段时间呈下跌趋势。但由于国民党巨额财政赤字，国共关系日趋紧张，货币的无节制超巨量投放，以及随着内战的发展，长江以北大片地区为中共控制，农村对中心城市的农副产品供给被基本切断，有钱人大量南逃，法币大批向日益缩小的国统区流入等原因，物价很快被拉动上涨，如脱缰之马，不可遏止。早在1945年，国民党的收入已经只及支出的三分之一，国民党依赖纸币发行来弥补财政赤字。到全面内战一触即发时，蒋介石高估了国民党军队实力，以为战争可能在短时间内结束，而美国为了对抗苏联扩张，也一定会慷慨解囊。没想到战争旷日持久，军费支出不仅居高不下，反而加速增加，连带财政赤字也出现几何式的成长。国民党不得不继续靠印钞度日，而钞票越印越无节制，法币加速贬值，物价更是加速上涨。1946年物价上涨了15倍，1947年涨了30倍。以上海为例，假定1948年上海的物价指数为1，第十二个月即上涨88倍，第十三个月上涨643倍，而第十四个月上涨370 000倍。

（5）农业生产的凋零。国民党在战后仍实行田赋征实、粮食征购、粮食征借的"三征"，再加上征兵以及各种苛捐杂税和美棉、美烟倾销，许多地方农民被迫逃亡，田园荒芜，农业凋零，农产品产量大幅度下降。1949年，农业总产值比战前1936年下降约25%。1949年粮食产量2 162亿斤，为1936年产量2 774亿斤的78%；棉花产量889万担，为最高年产量1 698万担的52%。

在财政经济严重衰竭的状况下，整个社会经济已经无法正常运转，工厂、商店大批倒闭，市民、工人、学生、职员、普通公教人员的基本生活得不到保证。城市出现大量失业人群，到处怨声载道，惶惶不可终日。国民党对此非但不做改善，反而对社会再行洗劫一次。

1948年8月19日，蒋介石发布《财政经济紧急处分令》，规定：（1）即日起发行金圆券，限期收兑法币及东北流通券；（2）限期收兑人民所有的黄金、白银、银币、外

① 吴冈．旧中国通货膨胀史料．上海：上海人民出版社，1958：95-96，130.

币，逾期不准持有；（3）限期登记人民存放国外之外汇资产；（4）整理财政，加强经济管制，稳定物价，平衡国家预算及国际收支。同时颁布的还有《金圆券发行办法》《人民所有金银外币处理办法》《人民存放国外外汇资产登记管理办法》《中央银行外汇外币存款支付办法》《整理财政及加强经济管制办法》等。这些法令实质有以下几点：（1）加剧了通货膨胀。本来在法币发行无限膨胀、法币完全丧失货币功能的条件下，以较高的比率发行新钞，也不失为一项应急措施。但这样做的前提是，必须坚决执行大力收缩银根的政策，而且新钞的发行量应严格限定在收回旧钞的总量之内。截至1948年8月21日，法币的发行总额660多万亿元，按法币300万元兑换金圆券1元的比价，收回全部法币只需金圆券2.2亿多元。截至1948年7月，东北流通券发行32万多亿元，收回只需金圆券1亿多元。但国民党预先规定金圆券发行20亿元，这就是说，新投放金圆券近17亿元。17亿元金圆券折合法币为5 100万亿元，约为法币发行总量的7.7倍。（2）用毫无价值的金圆券无偿掠夺人民手中的黄金、白银。（3）企图用金圆券无偿剥夺私人及法人、社团存放国外的外汇资产。这一条针对的当然不是普通老百姓，而是资产阶级。（4）普遍降低公教人员及国营企业员工的工资。

为了推行这些法令，蒋介石设了上海、天津、广州管理区，派俞鸿钧、张厉生、宋子文分别为沪、津、穗经济管制督导员，蒋经国等为协助督导员。上海实际由蒋经国负责。蒋介石使用政治和警察手段强力推行这些法令，处死了某些以权勒索的官员和囤积居奇的商人，将数十名巨商大户逮捕入狱。蒋经国在上海喊出了“只打老虎，不拍苍蝇”的口号，但实际上无法触动豪门。这种强制推行的办法，表面上是要“稳定物价，安定民生”，实际是对民族资产阶级和广大人民的一次大掠夺大洗劫，金圆券的信用破产比法币更加迅速。有人估计，截至1949年4月，共发行金圆券51 612.4亿元（另有估计，截至1949年5月25日，共发行60万亿元，还有说截至1949年6月共发行130多万亿元）。1949年5月24日，上海市1市斤（500克）白糖的零售价是金圆券500万元，1市斤黄牛肉2 000万元，1市斤猪肉2 500万元，1市斤腌菜160万元，1只鸡蛋150万元。5月的第一周内，上海黑市汇价是1美元比4 833 333元。国民党用发行金圆券挽救经济危机的办法，如同给垂危的病人打一针强心剂，只一时有效，加速了它的总崩溃。而经济的崩溃又促进了南京政府的灭亡。

四、国统区：文教事业的破产

抗战胜利后，国民政府决定以教育部为主，派员接收敌伪文化教育机关，销毁敌伪教科书及一切宣传品，以肃清敌伪奴化教育的流毒、恢复正常教育，对收复区学生予以正确思想之训练。在接收敌伪文化教育机关过程中，对文教部门的少数汉奸，逮捕或做其他处理；对各类学校的教师进行了登记、审查。上述方针措施，总的方面是必要的，促进了战后初期教育事业的发展。但在审查教师过程中，打击面过宽，引起许多师生不满。

1945年9月，国民政府教育部在重庆召开全国教育善后复员会议，除讨论肃清收复区敌伪教育之流毒问题外，还着重讨论了战时内迁学校的复员和各级学校在地域上合理分布、全国教育平衡发展的问题。会议决定：战时内迁的学校，一部分迁回收复区原地，一部分留设后方；一部分战时停办的学校，现在予以恢复。到1946年底，专科以上的学校，隔省迁移的有27所，省内迁移的14所，战时停顿、现在恢复的8所，留设原地的17所，接收敌伪所办学校而改建的4所，合计70所，学生64 067人。为了鼓励在战时随校内迁至后方八省（陕、甘、新、川、康、滇、桂、黔）的沿海沿江教职工继续留在后方服务，教育部制定了奖励办法，如免费供给住房家具、加薪一至二成、补助探亲旅费等。这些决定和措施，对于恢复收复区的教育，发展内陆各省的教育，都具有积极意义。

战后初期，全国教育有较大发展。1945年至1947年，高等学校由141所增加到207所，学生由8.35万人增加到15.5万人；中学由5 073所增至5 892所，中学生由155.63万人增至187.85万人；小学由26.99万所增至29.06万所，小学生由2 183.19万人增至2 381.37万人。此外，教育部还录取选派公派和自费留学生1 406人。

1946年12月，国民党召开的"国民大会"通过的宪法第47条规定，"三民主义为中华民国教育之根本原则"；第158条规定，"教育文化，应发展国民之民族精神、自治精神、国民道德、健全体格、科学及生活智能"。按照国民政府教育部解释："民族精神，自本于三民主义之民族主义；自治精神，自本于三民主义之民权主义；科学及生活智能，自本于三民主义之民生主义。"① 因此，党化教育构成其教育的基本方针。在学校管理方面则是法西斯式的训导制度，中等以上学校都派驻军训教官，建立特务组织以监视，迫害革命师生。以学生为主体的反内战、反饥饿、反迫害的第二条战线的斗争，其内容之一，就是反对国民党的法西斯党化教育和管理制度，反对特务对学生、教师的迫害和暴行，要求实施民主的、科学的爱国教育，争取学生自治。

1947年后，国民党不仅出现了军事危机和财政经济危机，也出现了严重的教育危机。全国许多农村学校因教育经费严重短缺而无法维持教职工最低生活标准被迫关门。1948年后，城市中小学教师的工资往往不能按时发放，即使发放，月工资也只能购买几十斤商品粮。大学教师也不能维持家人的最低生活，像清华大学教授、著名文学家朱自清拒领美国救济粮贫病而死者，不是孤例。学生由于家境恶化而失学者，比比皆是。到1949年，全国高等学校减少到205所，学生减少到11.65万人；中学减少到5 216所，学生减少到126.78万人②。

第四节　历史新纪元：新中国的诞生

一、蒋介石下野：国民党的政治危机

社会矛盾的全面尖锐化，导致国民党统治集团的深刻的政治危机。1948年3月28日至5月1日，国民党在南京召开"国民大会"。由于此届"国大"正式选举"总统"

---

① 黄昆辉．教育行政与教育问题．台北：五南图书出版公司，1980：747．

② 国家统计局．伟大的十年．北京：人民出版社，1959：104．

"副总统"，故又称为"行宪国大"。4月19日，蒋介石以2 430票当选"总统"。

除了选举以外，"行宪国大"没有任何宪政意义，连司徒雷登也明确指出："国民党的大亨们都显然认为立宪政府的建立是党派政治的一种运用。他们的目的，显然是要利用党的机构和蒋委员长的威望，像控制以前的政府一样，来控制新的政府。"司徒雷登认为，国民党奉行着一种反动的原则，"这些反动的原则主要地涉及蒋委员长个人及其亲信的专制统治的延续永生问题"①。蒋介石的美国朋友的看法，是国民党的所谓宪政的最好说明。

"行宪国大"的一个副产品，是使国民党的非主流派势力合法地集合起来。在选举"副总统"时，蒋介石出面支持孙科，并要李宗仁等放弃竞选，遭到拒绝。李宗仁、于右任、程潜联合抵制了蒋介石关于候选人由国民党中央提名的做法。几经较量，李宗仁当选。"副总统"选举中的复杂斗争，反映了人们对蒋介石玩弄权术朋党为私一贯作风的不满，也反映了他们对严重局势的担心。这一动向，得到美国政府的重视。司徒雷登报告："我们只能希望在副总统选举中表现得那么明显的民主的波澜，会发展而为对政府中的合法而有效的反对派。"② 7月16日，司徒雷登会见蒋介石，建议他采取切实措施，团结傅作义、李宗仁、白崇禧和李济深。而蒋介石的态度使司徒雷登感觉此项建议毫无作用。司徒雷登认为"迟早总有一运动，迫使他（指蒋介石）放弃他现有的地位"③。

"行宪国大"之后，军事形势迅速恶化。9月中旬，辽沈战役开始。下旬，济南被攻破。10月底，东北战场国民党军已成残汤剩水。平津地区和中原地区的军事布局亟待安排。蒋介石决定由华中"剿总"总司令白崇禧统一指挥华中"剿总"与徐州"剿总"部队。10月30日，国防部正式讨论中原问题。次日白崇禧突然不肯受命。11月上旬，淮海战役开始，黄百韬兵团落入重围。11月9日，蒋介石致函杜鲁门，要求美国政府发表一项支持国民党政府的声明，提供并增加援助，派高级军官来华商讨军事援助的具体计划。杜鲁门反应冷淡。13日，蒋介石的贴身幕僚陈布雷服安眠药身亡。28日宋美龄飞赴华盛顿求援，但一无所获。风雨飘摇，大厦将倾，南京当局一片绝望情绪。

桂系集团乘机加紧了活动，武汉成为策动中心。经白崇禧授意，1948年12月18日，湖北省参议会副议长李书城等召集湖北省参议会举行座谈会，主张"呼吁和平，改组政府"，因受蒋系势力干扰未有结果。蒋介石致电湖北省参议会议长何成濬及国民党湖北省党部主任方觉慧，嘱以从中掣肘，密电为白崇禧所得。李宗仁夫人郭德洁及桂籍立法委员韦永成、李任仁、张岳灵等由宁飞桂活动。22日，韦永成、李任仁等及河南省政府主席张轸应白崇禧之召赴汉密谋。23日，白崇禧授意湖北参议会副议长艾毓英、李书城与已来汉的河南省参议会议长刘积学协商和平问题。25日，湖北省参议会派出10名参议员与刘积学交换意见后当即会见白崇禧。白表示："诸位系人民之代表，人民需要和平，本人自表赞同。"并称："如诸位因此事而顾虑安全问题时，本人当可负责保障。"24日，白崇禧致电蒋介石，要求请英、美、苏出面调停，由民意机关呼吁和平，

---

① 司徒雷登致马歇尔的两个报告//中国人民解放军政治学院党史教研室．中共党史参考资料：十一：295.

② 同①296.

③ 同①298.

双方军队就地停战，听候和平谈判解决。25日，湖北省参议会致电蒋介石，要求和平。湖南省政府主席程潜、河南省政府主席张轸通电响应。26日，李书城奉命赴长沙布置，广西参议会副议长蒋继伊、省保安副司令莫树杰赴汉接受机宜。程潜“不但力主和平，并下令禁止湘省金银食粮外运及部队外调”[①]。29日，张轸返回河南信阳。他在省府会议上宣布“和平极可能实现，总统则势将下野”[②]。白崇禧并派人赴重庆，分函川省实力派王陵基、邓锡侯、杨森、刘文辉；李宗仁电召李品仙、张任民赴宁密商，决定派刘仲容为驻沪代表并寻求美国支持，由张任民赴香港联络李济深。12月22日，张任民离宁赴汉，并转赴香港。他在香港见到了李济深的代表吕集义。四川、广西、河南、安徽等省参议会也表示支持。

蒋介石对桂系集团的和平攻势无法回避。截至12月底，平津战役、淮海战役即将结束，蒋介石已山穷水尽。1949年元旦，蒋介石发表新年文告表示：“和平果能实现，则个人的进退出处，绝不萦怀。”[③] 并提出五项和谈条件：（1）无害于国家的独立完整；（2）有助于人民的休养生息；（3）不违反宪法，不破坏民主宪政，确保中华民国的国体和法统；（4）军队有确实的保障；（5）人民能够维持其自由生活方式与目前最低生活水准。

1949年1月21日，蒋介石宣布“引退”，由李宗仁代理“总统”。

二、建设新中国的纲领：中共七届二中全会

三大战役后，中共领导的解放战争在全国的胜利已成定局。为促进中国革命在全国的胜利，在理论上、政策上为建设新中国做准备，中国共产党于1949年3月5日至13日，在西柏坡村召开了七届二中全会。

毛泽东在会上做了报告，第一，提出了解决国民党在大陆残余部队100多万人的三种方式：天津方式（即战斗的方式，这是主要的方式）、北平方式（和平改编）、绥远方式（有意识保留一部分，在一个相当的时间之后再进行改编），以促进人民解放战争的胜利进程。第二，阐明在全国即将胜利的局面下，党的工作重心必须由农村转移到城市。在城市工作中，必须全心全意依靠工人阶级，以恢复和发展生产事业为中心任务。第三，着重从中国的国情出发，阐明了全国胜利后中国社会的主要矛盾和新民主主义的经济结构，以及在政治、经济、外交等各个方面的基本政策；提出了由农业国转变为工业国，把中国建设成为一个伟大的社会主义国家的目标。报告指出：当前，全国工农业总产值中，现代工业大约只占10%，农业和手工业占90%左右，这是旧中国半殖民地半封建社会性质在经济上的表现，是中国共产党在中国革命胜利以后一个相当长的时期内考虑一切问题的基本出发点，也是中国共产党采取的一系列战略、策略和政策的出发点。第四，鉴于中国革命即将在全国胜利，共产党即将成为执政党，报告特别告诫全党不要骄傲自满，不要被资产阶级的糖衣炮弹所击败，“务必使同志们继续地保持谦虚、

---

① 胡震亚．解放战争时期白崇禧等策动“和平运动”情报．民国档案，1989（3）：43-48.

② 同①.

③ 蒋介石的新年文告//中国人民解放军政治学院党史教研室．中共党史参考资料：十一：335.

谨慎、不骄、不躁的作风，务必使同志们继续地保持艰苦奋斗的作风”①。

七届二中全会提出了促进全国革命胜利的方针，规划了新中国建设的蓝图。西柏坡，成为中共走向胜利的又一个历史性转折点。

三、势如破竹：解放军攻占南京

蒋介石与李宗仁共同出演了国民党权力中枢人物下野与上台的政治活剧，尽管这个剧情的主导权仍掌握在退居幕后的蒋介石手中，但它的出演，毕竟表明国民党营垒中分化出了一个主和派。这个主和派为了达到阻止中共继续前进和同共产党“划江而治”的目的，继续进行和谈。蒋介石坚决反对和谈，他提出的五项条件旨在完整地保持国民党的全部国家机器和秩序。1 月 2 日，蒋介石电张轸：“须知今日之事，可和而不可降，能战而后能和，国族之存亡系于是，兄等自身之安危亦系于是。”② 为布置退路，蒋介石任命张群为国民党中央政治委员会秘书长、重庆绥靖主任，蒋经国为国民党台湾省党部主任委员，陈诚为台湾省政府主席兼警备司令，朱绍良为福州绥靖主任，汤恩伯为京沪警备总司令，并着蒋经国赴上海命中央银行总裁俞鸿钧将库存黄金外汇悉数运台。

1949 年 1 月 5 日，新华社发表评论，全面批驳蒋介石五项条件。1 月 14 日，毛泽东发表声明，称蒋介石的“和平”建议是虚伪的，五项条件是反动的条件。声明提出八项和谈条件：(1) 惩办战争罪犯（1948 年 12 月 25 日，中共权威人士提出头等战犯蒋介石以下 43 人名单）；(2) 废除伪宪法；(3) 废除伪法统；(4) 依据民主原则改编一切反动军队；(5) 没收官僚资本；(6) 改革土地制度；(7) 废除卖国条约；(8) 召开没有反动分子参加的政治协商会议，成立民主联合政府，接收南京国民党反动政府及其所属各级政府的一切权力。1 月 22 日，李宗仁发表声明，愿就八项条件开始商谈。同日，国民政府发言人宣布，已派定和谈代表邵力子、张治中、黄绍竑、彭昭贤、钟天心。25 日，中共中央发言人声明，接受国民党政府派出代表进行谈判，不是承认这个政府还有代表中国人民的资格，而是因为它手中尚有残余军事力量。如果它愿意接受中共八项条件，用谈判解决问题，使人民少受痛苦，当然是有利的。3 月 24 日，国民党政府决定张治中、邵力子、黄绍竑、章士钊、李蒸（后加派刘斐）为和谈代表，张治中为首席代表。26 日，中共中央决定并宣布谈判开始时间为 4 月 1 日，地点在北平，中共代表团由周恩来、林伯渠、林彪、叶剑英、李维汉（4 月 1 日加派聂荣臻）组成，周恩来为首席代表，双方谈判的基础为毛泽东 1 月 14 日声明及其所提八项条件。

1949 年 4 月 1 日，张治中等由南京飞往北平。12 日，国共双方代表在中南海举行第一次正式谈判，中共代表团提出《国内和平协定（草案）》，张治中提出 40 多条修正意见。15 日晚，中共代表团提出《国内和平协定》（最后修正案），张治中等表示接受。中共代表团宣布，以 4 月 20 日为最后签字日期。16 日，黄绍竑奉命携协定飞回南京劝李宗仁签字。协定带回南京后李宗仁不愿拍板，送溪口交蒋介石，蒋坚决否决。李宗仁召集桂系核心人员讨论对策，白崇禧等也因不能实现划江而治而激烈反对。4 月 19 日，

---

① 毛泽东选集：第 4 卷．2 版．北京：人民出版社，1991：1438-1439.

② 蒋经国．风雨中的宁静．台北：正中书局，1989：126.

李宗仁请求延长签字期限。20日，李宗仁、何应钦联合致电国民党政府代表团，要求重新考虑协定的“基本精神与内容”，事实上表示拒绝，北平谈判破裂。

国民党一面表演“和平攻势”，一面部署江防。蒋介石调集残余陆军115个师、海军第二舰队、280多架飞机，共约70万人的兵力，担任宜昌至上海1 800多公里的长江防务。以汤恩伯为江防总司令，以九江为界，东西两段分别由汤恩伯、白崇禧指挥防守。

粉碎国民党“和平攻势”的同时，解放军完成了渡江南进和发起新攻势的一切准备。李宗仁拒签和平协定之后，中国人民革命军事委员会主席毛泽东和中国人民解放军总司令朱德向人民解放军发布了向全国进军的命令：“奋勇前进，坚决、彻底、干净、全部地歼灭中国境内一切敢于抵抗的国民党反动派，解放全国人民，保卫中国领土主权的独立和完整。”

图16-4　渡江部队江边集合

4月20日20时，人民解放军第二、第三野战军百万雄师，在西起湖口、东至江阴长达500余公里的战线上，强渡长江。中路军三野第七、九兵团，首先突破了敌人安庆、芜湖间的防线，进占繁昌、铜陵、青阳、荻港、鲁港地区。接着西路军二野第三、四、五兵团，于21日下午，在贵池、湖口间突破敌人的防线，占领了东流、彭泽、至德、殷家汇、贵池等南岸阵地。与此同时，东路军三野第八、十兵团也发动了渡江攻势，歼灭和击溃了顽抗之敌，占领了扬中、镇江、江阴。地下党领导江阴要塞国民党官兵举行起义，控制了江阴要塞，封锁了长江。4月20日和21日，英国“紫石英”等4艘军舰竟然侵入长江人民解放军防线，与国民党军舰共同炮击人民解放军，打死打伤战士252人。解放军当即予以猛烈还击。英舰“紫石英”负伤搁浅于镇江附近，其他3艘战败后向江阴以东逃去。至此，国民党苦心经营三个半月的千里江防全线崩溃。

4月23日晨，南京政府如鸟兽散：

黎明时分，代总统李宗仁、总理何应钦和南京卫戍部队的指挥官们一起，迅速赶到南京机场。士兵保护着他们登上飞机，然后慌忙跳上去，用力关好舱门。他们的身后，南京正等待着新的征服者到来。

潜伏在南京的中共党员从地下现身，张贴标语欢迎中共军队进城，并准备接管南京。20 000 名由陈毅将军指挥的第三野战军士兵从西北门进入南京城，所有地方都在一声令下后被完全占领。大学里的学生聚集在一起，唱着爱国主义歌曲欢迎他们。①

当晚，中国人民解放军进入南京。当飘扬在南京国民政府门楼上的旗帜被解放军士兵轻蔑地扯下时，这个统治中国 22 年的国民党政权，就宣告覆灭了！

四、开国大典：中华人民共和国的成立

解放军渡江战役胜利后，国民党的主要残余军事力量是华南的白崇禧和余汉谋两个集团，西南的胡宗南集团，以及川滇康的地方势力。根据毛泽东制定的大迂回大包围，断其退路，先完成包围然后再聚歼的方针及总的作战部署，从 7 月起，四野主力向白崇禧集团展开攻势。8 月 4 日，湖南省政府主席程潜、第一兵团司令官陈明仁宣布起义，长沙和平解放。9—10 月，发动衡宝战役，白崇禧逃往广西。

二野四兵团和四野十五兵团自赣粤边南下，10 月 14 日，解放广州。26 日，歼灭余汉谋集团于阳江、阳春地区，并切断了白崇禧南逃之路。11 月初，四野主力及二野四兵团分 3 路进攻广西。22 日，解放桂林。12 月 4 日，解放南宁。白崇禧的部队及其指挥下的国民党军一部，除少数经大山密林逃入越南外，全部被歼。至此，除海南岛（1950 年 6 月解放）外，华南全境解放。

从 11 月 1 日起，第四、二、一野战军展开了大西南围歼战。早在夏秋之间，二野主力即秘密集结湘西。此时，五兵团及三兵团一部由湘西入贵州，15 日，解放贵阳，继续向川南兜击。三兵团及四野一部由川鄂边进击川东南。两路大军于 11 月 30 日解放重庆。接着一部迂回乐山、邛崃一线，切断胡宗南向西康的退路，一部进军成都。与此同时，屯兵秦岭的十八兵团亦如猛虎下山，兵分三路入川。胡宗南及其指挥的残敌数十万人被压缩在成都平原。在重兵包围及政治争取下，乱成一团的国民党军走投无路，纷纷投降或起义。12 月 9 日，云南省政府主席卢汉，西南军政长官公署副长官邓锡侯、潘文华，西康省政府主席刘文辉分别在昆明、彭县宣布起义。云南、西康和平解放。23 日，胡宗南只身乘飞机逃走。27 日，成都解放。除西藏外，大陆全部获得解放。

从 1946 年 6 月至 1949 年 9 月，人民解放军共歼敌 625 万人；1946 年 6 月至 1950 年 6 月共歼敌 807 万人。人民解放军在进军过程中，摧毁了国民党政府在大陆的各级地方政权，国民党集团最终退守台湾。一路凯歌猛进的解放军，为人民民主政权和新中国的建立，打出了崭新的天地！

在国民党统治迅速走向崩溃的历史条件下，各民主党派纷纷行动起来，投入了推翻国民党政权的斗争之中。1947 年 11 月 12 日至 1948 年 1 月 1 日，李济深、何香凝、冯

① 师永刚，邹明．中国时代：1900—2000：上卷．北京：作家出版社，2009：50.

玉祥等在香港正式成立中国国民党革命委员会。1月5日至19日，沈钧儒、章伯钧在香港主持召开民盟一届三中全会。在此前后，农工民主党、民主促进会、中国人民救国会、致公党、台湾自治同盟等党派的领导人也都云集香港。他们反对国民党的独裁内战，支持工人、学生的斗争，批评美国政府的援蒋反共，有的党派还积极配合中共进行军事策反。

中共中央积极进行筹备建立新中国的工作。1948年4月30日，中共中央颁布五一劳动节口号23条，其中包括“各民主党派、各人民团体、各社会贤达迅速召开政治协商会议，讨论并实现召集人民代表大会，成立民主联合政府”。5月5日，李济深、何香凝、沈钧儒、章伯钧、马叙伦、王绍鏊、陈其尤、彭泽湘、李章达、蔡廷锴、谭平山、郭沫若致电毛泽东，表示此项号召“适合人民时势之要求，尤符合同人等之本旨”①。同时，他们通电全国，号召“迅速集中意见，研讨办法，以期根绝反动派，实现民主”②。1949年3月5日到13日，中共中央在西柏坡召开七届二中全会，决定着手召开新政治协商会议，成立民主联合政府。毛泽东在会议的报告中，提出了使中国逐步地由农业国转变为工业国，建设伟大的社会主义国家的历史任务。7月1日，民革、民盟、民建、民促、农工民主党、中国人民救国会、三民主义同志联合会、致公党、中国国民党民主促进会共同致电中共中央，祝贺中共成立28周年，表示充分相信：“中国人民必然永远地团结在贵党领导之下，人民民主的工业化的中国必然建造成功。”③

1949年6月15日至19日，新政治协商会议筹备会议在北平中南海开幕，毛泽东主持，134人出席。会议决定新政协改名中国人民政治协商会议，会议选举毛泽东为新政协筹备会常务委员会主任，周恩来、李济深、沈钧儒、郭沫若、陈叔通为副主任。会议原则通过了政协组织法草案、共同纲领草案和政府组织草案。

1949年9月21日到30日，中国人民政治协商会议第一届全体会议在北平召开。会议通过了《中国人民政治协商会议共同纲领》《中华人民共和国中央人民政府组织法》《中国人民政治协商会议组织法》。会议决定，中华人民共和国国都定于北平，北平改名北京；采用公元纪年；国歌正式制定前，以《义勇军进行曲》暂代；国旗为五星红旗。会议选举了180人组成中国人民政治协商会议第一届全国委员会，毛泽东为主席；选举63人组成中华人民共和国中央人民政府委员会，毛泽东为主席，朱德、刘少奇、宋庆龄、李济深、张澜、高岗为副主席。30日下午，全体代表在天安门广场举行了人民英雄纪念碑奠基礼。

10月1日下午2时，中央人民政府委员会在北京中南海勤政殿举行首次会议，推举林伯渠为中央人民政府委员会秘书长，任命周恩来为中央人民政府政务院总理兼外交部部长，毛泽东为人民革命军事委员会主席，朱德为中国人民解放军总司令，沈钧儒为最高人民法院院长，罗荣桓为最高人民检察署检察长。

---

① 各民主党派与民主人士响应中共“五一”号召致中共毛泽东电//邱钱牧．民主革命时期的民主党派：第2辑．长沙：湖南人民出版社，1986：697.

② 同①698.

③ 各民主党派电贺中国共产党诞辰//邱钱牧．民主革命时期的民主党派：第2辑．长沙：湖南人民出版社，1986：726.

下午3时，北京30万人集会天安门广场举行开国大典。毛泽东按动按钮升起第一面五星红旗，并向全世界宣告："中华人民共和国中央人民政府今天成立了！"

图16－5　开国大典

"中国的历史，从此开辟了一个新的时代。"① "随着经济建设的高潮的到来，不可避免地将要出现一个文化建设的高潮。中国人被人认为不文明的时代已经过去了，我们将以一个具有高度文化的民族出现于世界。"② 这不仅仅是中国共产党的承诺，而且也是全世界爱好和平与民主的人民的期待！"产生中国社会革命运动的基本条件本身包含着这个运动必胜的有力因素。而且这种胜利一旦实现，将是极其有力的，它所释放出来的分解代谢的能量将是无法抗拒的"③。

思考题

1. 试述国共双方在重庆谈判中的认识与立场。
2. 评述抗战结束后至内战结束时美国对华政策的走向。
3. 试论抗战后中间党派的政治走向。
4. 评析中共的土地改革政策在解放战争中的作用。
5. 试析中国共产党取得解放战争胜利的原因。

---

① 毛泽东．中国人民大团结万岁．人民日报，1949-09-30．

② 毛泽东．中国人民站起来了．人民日报，1949-09-22．

③ 埃德加·斯诺．西行漫记．董乐山，译．北京：解放军文艺出版社，2002：365．

阅读书目

1. 汪朝光. 1945—1949：国共政争与中国命运. 北京：社会科学文献出版社，2010.

2. 王奇生. 党员、党权与党争：1924—1949年中国国民党的组织形态. 北京：华文出版社，2010.

3. 杨奎松. “中间地带”的革命：国际大背景下看中共成功之道. 太原：山西人民出版社，2010.

4. 费正清. 美国与中国. 张理京，译. 北京：世界知识出版社，2001.

5. 费正清. 伟大的中国革命. 刘尊棋，译. 北京：世界知识出版社，2000.

第2版后记

如前言所述，这部《中国近代史（1840—1949）》尽量吸收中国近代史学术研究中成熟的新成果，以期符合“新编21世纪史学系列教材”的立意。曾经参与此书初版编写的学者有：郝锦花（第二章、第四章一部分）、渠桂萍（第五章）、魏本权（第六章、第七章）、熊亚平（第九章）、杨东（第十章）、曾耀荣（第十一章），其余各章则由我负责撰写。全书内容均由我修改、定稿而完成。

《中国近代史（1840—1949）》于2011年出版后曾多次重印，获得教师们和学生们一定程度的认可、好评。我也通过各种形式和渠道了解师生对于该书的意见、建议，它们对于此书的修改和完善颇多助益。借第2版出版之机会，在充分吸纳学界意见基础上，我又做了较大修改：一是篇章结构上由原13章改为16章，以适合教学时段的合理安排；二是对部分内容也做了修改，并订正了一些错漏之处；三是删减了一些过于冗长、累赘的内容和文字，力求简洁明快。

由衷地感谢中国人民大学出版社的编辑朋友，是他们的努力和敬业，让我有足够的内在驱动力，唯有努力再努力、认真再认真地做好应该做好的一切！由于学力和学识所限，书中缺憾仍然不免，恳望识者指正，使《中国近代史（1840—1949）》日臻完善。

王先明

2019年11月

图书在版编目（CIP）数据

中国近代史：1840—1949/王先明著. --2版. --北京：中国人民大学出版社，2020.9
新编21世纪史学系列教材
ISBN 978-7-300-12701-9

Ⅰ. ①中… Ⅱ. ①王… Ⅲ. ①中国历史-近代史-1840-1949-高等学校-教材 Ⅳ. ①K25

中国版本图书馆CIP数据核字（2020）第155669号

新编21世纪史学系列教材
中国近代史（1840—1949）（第2版）
王先明 著
Zhongguo Jindai Shi（1840—1949）

出版发行	中国人民大学出版社		
社　址	北京中关村大街31号	邮政编码	100080
电　话	010－62511242（总编室）		010－62511770（质管部）
	010－82501766（邮购部）		010－62514148（门市部）
	010－62515195（发行公司）		010－62515275（盗版举报）
网　址	http://www.crup.com.cn		
经　销	新华书店		
印　刷	北京昌联印刷有限公司	版　次	2011年10月第1版
规　格	185 mm×260 mm　16开本		2020年9月第2版
印　张	37.75	印　次	2020年9月第1次印刷
字　数	858 000	定　价	79.00元